D1730671

Herausgegeben von
Niels Werber,
Stefan Kaufmann
und Lars Koch

Erster Weltkrieg

Kulturwissenschaftliches
Handbuch

Verlag J. B. Metzler
Stuttgart · Weimar

Der Herausgeber

Niels Werber ist Professor für Neuere deutsche Literaturwissenschaft
an der Universität Siegen.
Stefan Kaufmann ist apl. Professor am Institut für Soziologie
der Universität Freiburg.
Lars Koch ist Professor für Neuere deutsche Literatur und Kulturwissenschaft an der Technischen Universität Dresden.

Gedruckt auf chlorfrei gebleichtem, säurefreiem und alterungsbeständigem Papier

Bibliografische Information der Deutschen Nationalbibliothek
Die Deutsche Nationalbibliothek verzeichnet diese Publikation in der Deutschen
Nationalbibliografie; detaillierte bibliografische Daten sind im Internet
über http://dnb.d-nb.de abrufbar.

ISBN 978-3-476-02445-9

© 2014 J. B. Metzler'sche Verlagsbuchhandlung
und Carl Ernst Poeschel Verlag GmbH in Stuttgart
www.metzlerverlag.de
info@metzlerverlag.de

Einbandgestaltung: Willy Löffelhardt/Melanie Frasch
Satz: typopoint GbR, Ostfildern
Druck und Bindung: Kösel, Krugzell · www.koeselbuch.de

Printed in Germany
April 2014

Verlag J. B. Metzler Stuttgart · Weimar

Inhaltsübersicht

Inhaltsverzeichnis

IV. Nachkrieg?

I. Der Erste Weltkrieg: Zäsuren und Kontinuitäten

Der Beginn des Ersten Weltkriegs jährt sich im August 2014 zum einhundertsten Mal. Die Vielzahl historischer Analysen, die anlässlich dieses Jubiläums publiziert werden, macht den Weltkrieg zu einem zentralen, herkunftsvergewissernden Erinnerungsanlass in einem Jahrzehnt, in dem der Prozess der europäischen Einigung vor schwierigen Herausforderungen steht. Das vorliegende Handbuch beteiligt sich an der wissenschaftlichen Durchleuchtung des ›Großen Kriegs‹, wie er in England und Frankreich genannt wird, in spezifischer Weise. Anders als in der dezidiert geschichtswissenschaftlichen Beschäftigung mit dem Weltkrieg, die bevorzugt ereignis-, sozial- und erfahrungsgeschichtliche Fragestellungen in einer zunehmend globalisierten Perspektive verfolgt (vgl. den umfassenden Forschungsbericht bei Nübel 2011), interessieren sich die Autoren des Handbuchs für den kulturellen Ermöglichungszusammenhang des Weltkriegs. Ihre Fragen gelten der kommunikativen, symbolisch-kulturellen Rahmung, Formierung, Reflexion und Resonanz der sozialen, ökonomischen und technologischen Entwicklungen der ersten Hälfte des 20. Jahrhunderts, die im Krieg virulent geworden sind und die in den Selbstdeutungen und Selbstbeschreibungen der Gesellschaft nach dem Waffenstillstand von Compiègne am 11. November 1918 und den Verhandlungen und der Unterzeichnung des Friedensvertrags von Versailles ihren Niederschlag gefunden haben.

Das gemeinsame Forschungsinteresse, das alle hier versammelten Beiträge verbindet, zielt darauf ab, die kulturellen Konzepte und Narrative zu rekonstruieren, die den Weltkrieg geprägt und reflektiert haben, um so einen kulturtheoretisch inspirierten Beitrag zum Verständnis seiner Bedeutung für die kulturelle Dynamik in den ersten Jahrzehnten des 20. Jahrhunderts zu leisten. Damit ist nicht intendiert, die Geschichte des Ersten Weltkriegs neu zu erfinden, gleichwohl aber artikuliert sich darin die Annahme, dass erst die Zusammenführung von geschichts- und politikwissenschaftlichen, literatur- und medienwissenschaftlichen sowie soziologischen Perspektiven seine vieldimensionalen Ausprägungen und Folgen ins Licht rücken kann. Das Handbuch versteht sich insofern als Versuch, neue Perspektiven auf vorliegende Forschungen in systematischer Weise vorzustellen.

Deutungs- und Wahrnehmungsgeschichte des Weltkriegs im Paradigma von Zäsur und Kontinuität

Aus kulturwissenschaftlicher Perspektive steht das Interesse für Symbole, Medien, Bilder, Narrative, sinnstiftende Rahmungen und emotionale Codierungen des Kriegsgeschehens im Mittelpunkt der Deutungs- und Wahrnehmungsgeschichte des Weltkriegs. Erst in der Überblendung mit kulturellen Folien und der Anreicherung mit emotionalen Wertungen wird das Kriegsgeschehen zu einem kommunizierbaren Gegenstand der Erfahrung – und mehr noch: Diese kulturellen Folien sind konstitutive Momente des Kriegsgeschehens selbst. Das Geschehen, das in der Rückschau unter dem Begriff ›Erster Weltkrieg‹ verhandelt wird, ist *in actu* ein vielschichtiger, emergenter Prozess, der sich aus einer Vielzahl von Akteuren, Rationalitäten, Technologien und materiellen Umfeldern zusammensetzt, ein Prozess, der von der Militärorganisation bis zum Küchentisch, vom Völkerrecht bis zum Unterwasserschallempfänger, vom ›shell shock‹ bis zu Lyrikformen heterogenste gesellschaftliche Felder zueinander in Beziehung setzt und so eine spezifische Kultur des Krieges ausbildet. So sehr diese sich aus dem Strudel der Kriegsgewalt ergebenden Verflechtungen, in die sich die Gesellschaft verstrickt hat, die in der Moderne geformten Abgrenzungen sozialer Handlungsfelder durchschneiden, so wenig lassen sich eindeutige zeitliche und räumliche Koordinaten herauspräparieren, die den Ersten Weltkrieg als diskretes Ereignis bestimmen würden. Die grundlegenden Eigenschaften der Moderne – Komplexität und Kontingenz – charakterisieren auch den Ersten Weltkrieg als einen modernen Krieg, in dem zwar zahlreiche Kausalitäten zu rekonstruieren sind, aber angesichts des von Hermann Broch als ›Wertezerfall‹ beklagten und von Heinz Dieter Kittsteiner als Formproblem analysierten Schwunds von selbstverständlichen Begründungszusammenhängen kein übergeordneter, die Einzelfaktoren bruchlos integrierender Sinn mehr zu formulieren gewesen ist (vgl. Kittsteiner 2006).

Die Frage danach, was der Erste Weltkrieg war, erschöpft sich nicht in einer um die Darstellung der politischen und ökonomischen Bedingungsverhält-

nisse angereicherten Chronologie der Schlachten-
verläufe in den Jahren 1914 bis 1918. Im Gegenteil:
Seine Deutungs- und Wahrnehmungsgeschichte
steht in einer kulturellen Genealogie, die bis ins
19. Jahrhundert zurück- und weit über das Jahr 1918
ins 20. Jahrhundert hinausreicht. Die Verunsicherung der Sinne etwa, der sich das moderne Subjekt
in Form von Reiz- und Komplexitätsüberforderun-
gen ausgesetzt sieht, hat lange vor dem Ausbruch des
Ersten Weltkriegs begonnen und ist mit seinem
Ende keinesfalls zum Stillstand gekommen. Gleichwohl ist offenkundig, dass sich die Dissoziations-
und Beschleunigungserfahrungen der modernen
Welt durch die Schrecken der Vernichtung und Zerstörung in den Materialschlachten intensiviert haben, was gerade sie zu einem besonderen Deutungs-
anlass der 1920er Jahre hat werden lassen. Genau an
solchen Knotenpunkten, an denen sich Erfahrungs-
anlässe, Diskursangebote und normative Ordnungen miteinander verknüpfen, setzt das vorliegende
Handbuch an, indem es nach den semantischen und
ästhetischen Ressourcen fragt, die den Zeitgenossen
zur Wahrnehmung und Einordnung der Kriegsgeschehnisse zu Verfügung standen und aufzeigt, wie
sehr zeitgenössische Beschreibungen des Krieges zugleich medial gefasste, funktions- und wirkungsbe-
zogene Beschreibungen der Gesellschaft und der in
ihr vorhandenen (sozialen, politischen, geschlechtlichen) Identitäten waren.

Das Konzept ›Zäsur als Bewe-
gungsmuster‹

Gegenläufig zum aktuellen Trend, Geschichte als
Globalgeschichte zu schreiben, konzentriert sich das
Handbuch aufgrund seiner kulturwissenschaftlichen
Zuspitzung auf den deutschsprachigen Raum (vgl.
Hirschfeld/Krumeich 2010). Die Analysen fokussie-
ren einzelne Gegenstände, korellieren diesen zum
Teil mikroskopischen Blick aber in breit gespannten
kulturhistorischen Überlegungen mit Fragen nach
Entwicklungslinien, Kontinuitäten und Transforma-
tionen, die den Vorkrieg über die Jahre 1914 bis 1918
hinweg mit dem Nachkrieg verbinden. Das Hand-
buch versteht sich so als ein Ordnungsversuch, der
Detailuntersuchungen mit allgemeinen Kulturent-
wicklungen vermittelt. Um in einer solchen Verschränkung von Exemplarität und panoramatischer
Perspektive den vielfältigen, oft verworrenen und
überraschenden Interaktionszusammenhängen des
Krieges gerecht zu werden, folgt das Handbuch einer

aus Bernhard Waldenfels' phänomenologischem
Konzept der »Verbindung in der Trennung« (Waldenfels 2002, 218) entliehenen Idee der ›Zäsur als
Bewegungsmuster‹. Wie Waldenfels deutlich macht,
sind Zäsuren zwar als Einschnitte, nicht aber als Still-
stände zu begreifen. Um sie herum kommt es zu Un-
gleichzeitigkeiten, diskursiven Pendelbewegungen
und Perspektivenumkehrungen, die die historiografische Vorstellung einer linearen Entwicklung relativieren. Genau in diesem Sinne bezieht das Handbuch
die mit dem Ersten Weltkrieg verbundenen Formen
von Kontinuität und Diskontinuität in die Analyse
konkreter Fragestellungen – nach der Industrialisierung der Kriegsführung, nach der ›Logistik der Wahrnehmung‹ (Paul Virilio), nach der Kriegswirtschaft,
nach erinnerungspolitischen Wertungen des Krieges
in der Weimarer Republik – mit ein. Eine solche
Herangehensweise bedeutet nicht, Oliver Janz zu
widersprechen, der mit Recht feststellt:

> Er war nicht nur für Europa, sondern auch für viele
> Länder der außereuropäischen Welt die ›Urkatastrophe
> des 20. Jahrhunderts‹. Kein anderes Ereignis vor ihm hat
> das Leben so vieler Menschen auf allen Kontinenten
> verändert. Der Erste Weltkrieg zeigt, wie globalisiert die
> Welt und das internationale Mächtesystem schon 1914
> waren. Er war nicht nur der erste totale Krieg, in dem
> alle gesellschaftlichen Kräfte und wirtschaftlichen Res-
> sourcen mobilisiert wurden, sondern auch der erste wirk-
> lich globale Krieg der Weltgeschichte (Janz 2013, 10).

Die Betonung der den Krieg übergreifenden Kontinuitäten zielt aber darauf ab, die in der Semantik der
›Urkatastrophe‹ oder des ›Zeitenbruchs‹ implizierte
Vorstellung zurückzuweisen, der Erste Weltkrieg sei
ein atavistischer Rückfall hinter die oder ein zeitlich
begrenzter Auszug aus der Moderne gewesen. Im
Gegenteil: Das Handbuch begreift den Krieg als Katalysator bereits auf dem Weg befindlicher gesellschaftlicher Prozesse (vgl. Rürup 1998), die – in all
ihrer Destruktivität – zu den Möglichkeiten der Moderne hinzugehören. Wie Herfried Münkler treffend
formuliert, war der Weltkrieg ein »Brutkasten, in
dem fast all jene Technologien, Strategien und Ideologien entwickelt wurden, die sich seitdem im Arsenal politischer Akteure befinden« (Münkler 2013,
9). Gerade dort, wo über die zu konstatierenden politischen Veränderungen in der Mächtekonstellation
Europas hinausweisend, die Effekte des Krieges auf
anthropologische Konzepte, auf nationale Semantiken oder auf das politische Imaginäre der Front und
Heimatfront in den Fokus der Aufmerksamkeit geraten, wird eine Beharrungskraft von Vorstellungs-
und Deutungsmustern einsichtig, die eine radikale
Bruch-These zumindest einklammern.

Während spätestens seit Eric Hobsbawms Buch über das »Zeitalter der Extreme« (vgl. Hobsbawm 1995) weitestgehend akzeptiert ist, den Ersten Weltkrieg als Element einer größeren historischen Phase eines »Zeitalter[s] der Weltkriege« (vgl. Berghahn 2002) oder ›Katastrophenzeitalters‹ (Hobsbawm 1995, 37 ff.) zu sehen, ist die Behauptung einer kulturellen Verbindungslinie mit dem Vorkrieg, die eine dichotomische Gegenüberstellung von 19. und 20. Jahrhundert unterläuft, kaum noch konsensfähig. Hier schlägt das Handbuch mit dem Konzept einer ›Zäsur als Bewegungsmuster‹ eine Brücke, die die politischen, technologischen und mentalitätsgeschichtlichen Entwicklungen des 19. Jahrhunderts als Voraussetzungen für den Ersten Weltkrieg deutet, ohne in die Falle einer geschichtsfatalistischen Teleologie zu tappen. Stattdessen gehen die hier versammelten Beiträge davon aus, dass Erfahrungen und Ereignisse immer mittels solcher zeitgenössischen Konzepte – wie etwa kulturelle Traditionen, Denkfiguren, historische Wahrnehmungsschablonen, Rollenbilder, soziale Normen, ästhetische Formen etc. – angeeignet werden, die aufgrund kommunikativer Zirkulation als Ressourcen der Beschreibung und Selbstverortung zu Verfügung stehen. Diese Konzepte formatieren Erfahrungen und machen bestimmte Anschlusskommunikationen wahrscheinlicher als andere, determinieren aber den Geschichtsverlauf keineswegs (vgl. auch Ernst/Haring/Suppanz 2004).

Wenn im Handbuch also von ›Zäsur‹ die Rede ist, dann nicht in einem abstrakt-geschichtsphilosophischen Sinne, sondern konkret verstanden als Unterbrechung der Kontinuität von sinnorganisierenden Narrationen, als Infragestellung von Traditionen und bislang unproblematischen Wissensbeständen, als Transformation oder Zerstörung von Wahrnehmungsformen, Welt- und Gemeinschaftsbildern. Was im Einzelfall als neu, erfahrungsstürzend oder erklärungsbedürftig erachtet wird, hängt ebenso von der Position ab, von der aus die Dinge betrachtet werden, wie von dem Repertoire der Formen und Verfahren, mittels derer das Verhältnis von Vergangenheit, Gegenwart und Zukunft oder von Erfahrungsraum und Erwartungsraum jeweils bestimmt werden kann. Dementsprechend sind zeitliche Überlappungen, Diskontinuitäten, Vor- und Rückläufigkeiten in der Rede vom Krieg unter den Bedingungen der Moderne, in der alle Begründungs- und Wertungsfiguren unter Kontingenzdruck stehen, nicht die Ausnahme, sondern der Normalfall.

Der Begriff der ›Zäsur‹, wie er im Handbuch Verwendung findet, ist also nicht als starre Fixierung eines historischen Nullpunktes zu verstehen, der ein Vorher von einem Nachher strikt trennt. Vielmehr geht es den Herausgebern um die Rekonstruktion eines Bewegungsmusters, das Praktiken, Diskurse und symbolische Ordnungen der Jahre 1914 bis 1918 mit solchen der Jahre davor und danach zueinander in Beziehung setzt.

Aufbau des Handbuchs

Das Handbuch ist in drei Großkapitel und einen Epilog gegliedert, die allesamt in unterschiedlichen Schwerpunktsetzungen den Weltkrieg vor dem Hintergrund der Annahme einer ›Zäsur als Bewegungsmuster‹ auf die Frage hin untersuchen, welche kulturellen Konzepte, Formen und Narrative seinen Erfahrungszusammenhang und seine Deutungs- und Imaginationsgeschichte prägen. Die einzelnen Beiträge gehen dem Zäsurcharakter im beschriebenen Sinne u. a. in den Bereichen von gesellschaftlicher Disziplinierung und Subjektkonstitution, technisch-medialer Wirklichkeitskonstruktionen und (bio-)politisch-kultureller Formungen des Krieges nach. Zur Verhandlung stehen dabei nicht allein die sukzessiven Veränderungen des Militärischen, sondern auch die Transformation der gesellschaftlichen Kontexte im Zuge des medial, sozial und politisch bestimmten Wandels. Grundlegende Fragestellungen, die in allen Kapitel unterschiedlich gewichtet eine Rolle spielen, sind:

(1) Mit welchem Reservoir an Vorstellungen (moralischen, religiösen, ästhetischen, militärtaktischen, virilen, geopolitischen etc.) geht die deutsche Gesellschaft in den Krieg hinein? Welche militärischen Konzepte stehen bereit? Welche Medien (der ideologischen, technischen und logistischen) Massen- und Ressourcenmobilisierung werden entwickelt und genutzt?

(2) Welche Realitätskontakte ergeben sich von 1914 bis 1918 zwischen diesen Selbst- und Fremdbildern und der militärstrategischen, technischen und sozialen Faktizität des Krieges? Inwiefern sind die Körper- und Wahrnehmungsregimes des Krieges als Testfälle spezifisch moderner Subjektivierungsweisen zu verstehen, insbesondere im Hinblick auf die affektiven Konstellationen von Angst, Schmerz, Mut und Trauer?

(3) Welche symbolischen, habituellen und technischen Verarbeitungen kriegerischer Gewalt sind zu

konstatieren? Welche Konsequenzen leiten sich aus Krieg und Kriegsniederlage für die Semantiken und Politiken der Gesellschaft, der Erziehung und des Geschlechterverhältnisses ab?

(4) Welche Neuformatierungen ergeben sich nach 1918 aus der Kriegserfahrung und welche politischen, sozialen, technischen, organisatorischen, moralischen und medial-ästhetischen Konsequenzen resultieren aus Krieg und Niederlage?

(5) Auf welche ›großen Narrative‹ (Jean-François Lyotard), kulturellen Deutungsmuster und gesellschaftlichen Selbstbeschreibungsformeln wirkt der Krieg katalysierend, welche gehen dagegen im Krieg unter?

Auch wenn das Handbuch dabei nicht ohne eine historische Sortierung im Sinne einer Unterscheidung von Vorkrieg – Krieg – Nachkrieg auskommt, versuchen die einzelnen Beiträge das Motiv ›Zäsur als Bewegung‹ einzulösen, indem sie dort – wo es sich anbietet – die eigene Schwerpunktzeit zugunsten von Rück- und Ausblicken erweitern.

Während Kapitel II »Das unruhige Zeitalter« den kulturellen Vorlauf des Kriegs im Hinblick auf Geopolitik, Lebens- und Gesellschaftskonzepte, Imaginationen des Kriegs und Globalisierungsphänomene untersucht, steht im Kapitel III »Krieg« der Krieg in seinen politischen, ökonomischen und technologischen Voraussetzungen, aber auch in seinen strategischen, anthropologischen und emotionalen Grundierungen im Mittelpunkt. Das Kapitel IV »Nachkrieg?« untersucht die produktiven und negativen Nachwirkungen des verlorenen Kriegs in der Weimarer Republik, wobei es hier einerseits um konkrete erinnerungspolitische Prozesse der Ausdeutung und Sinnstiftung der zurückliegenden Kriegserfahrung und des millionenfachen Sterbens geht und andererseits die mittelbaren Sedimentierungen der Gewalt der Jahre 1914 bis 1918 in den Bereichen des Rechts, der Kultur und der Theoriebildung diskutiert werden. Abgeschlossen wird das Handbuch durch einen Epilog, der nach dem »Krieg als Katastrophe« fragt (Kap. V) und die Überlegungen zu einer ›Zäsur als Bewegungsmuster‹ noch einmal forciert aufgreift.

Dank

Die Herausgeber danken allen Beiträgern für ihr Engagement, mit dem sie zur Realisierung dieses Handbuchs beigetragen haben. Zudem gebührt Ute Hechtfischer vom Verlag J.B. Metzler großer Dank, die die Entstehung des Handbuchs von der Wiege an begleitet, die Herausgeber mit großem Engagement und Sachverstand unterstützt und mit großer Ausdauer auf die Einhaltung von Deadlines gepocht hat. Die Universität Siegen hat die Arbeit am Handbuch mit der Finanzierung einer vorbereitenden Tagung unterstützt. Niels Werber ist dankbar für die Einladung als Visiting Fellow an das Historisch-Kulturwissenschaftliche Forschungszentrum der Universität Trier und die Gelegenheit, dort seine Thesen zur Geopolitik zur Diskussion zu stellen.

Eingerichtet wurden die Beiträge von Andrea Stänicke-Skerra (Siegen).

Literatur

Berghahn, Volker: *Europa im Zeitalter der Weltkriege. Die Entfesselung und Entgrenzung der Gewalt.* Frankfurt a. M. 2002.

Ernst, Petra/Haring, Sabine A./Suppanz, Werner: Der Erste Weltkrieg – Zeitenbruch und Kontinuität. Einleitende Bemerkungen. In: Dies. (Hg.): *Aggression und Katharsis. Der Erste Weltkrieg im Diskurs der Moderne.* Wien 2004, 15–41.

Hirschfeld, Gerhard/Krumeich, Gerd: Wozu eine »Kulturgeschichte« des Ersten Weltkriegs? In: Arnd Bauerkämper/Elise Julien (Hg.): *Durchhalten! Krieg und Gesellschaft im Vergleich 1914–1918.* Göttingen 2010, 31–53.

Hobsbawm, Eric: *Das Zeitalter der Extreme. Weltgeschichte des 20. Jahrhunderts.* München/Wien 1995 (amerik. 1994).

Janz, Oliver: *14 – Der große Krieg.* Frankfurt a. M./New York 2013.

Kittsteiner, Heinz Dieter: *Wir werden gelebt. Formprobleme der Moderne.* Hamburg 2006.

Münkler, Herfried: *Der Große Krieg. Die Welt 1914–1918.* Berlin 2013.

Nübel, Christoph: Neue Forschungen zur Kultur- und Sozialgeschichte des Ersten Weltkriegs. Themen, Tendenzen, Perspektiven (2011). In: http://hsozkult.geschichte.hu-berlin.de/forum/2011-06-001.

Rürup, Reinhard: ›Weltkrieg‹ – ›Volkskrieg‹ – ›Kulturkrieg‹. Die Bedeutung des Ersten Weltkriegs für die deutsche Geschichte. In: Rolf Spilker/Bernd Ulrich (Hg.): *Der Tod als Maschinist. Der industrialisierte Krieg 1914–1918.* Bramsche 1998, 12–21.

Waldenfels, Bernhard: *Bruchlinien der Erfahrung. Phänomenologie, Psychoanalyse, Phänomenotechnik.* Frankfurt a. M. 2002.

Lars Koch, Stefan Kaufmann und Niels Werber

II. Das unruhige Zeitalter

1. Geopolitik: Vom ›Platz an der Sonne‹ zum ›Volk ohne Raum‹

Von der Staatswissenschaft zur politischen Geographie und zur Geopolitik

Noch im Jahr 1875 verstand die gelehrte Welt der Länder- und Staatenkundler unter ›politischer Geographie‹ nichts weiter als die Sammlung von statistischen Daten der Ökonomie, Demographie, Politik etc. bezogen auf ein staatlich begrenztes Territorium. Sie verbindet »Staatenkunde oder Staatzustandskunde (seither auch wohl Statistik genannt)« mit der »physischen Geographie« (Klöden 1875, 3). In von Klödens vielfach aufgelegtem, maßgeblichen *Handbuch der Länder- und Staatenkunde* finden sich beispielsweise über den Felsen von Gibraltar genaueste Informationen zur Lage nach Länge und Breite, zu Größe in englischen und deutschen Quadratmeilen und zum Klima samt jahresdurchschnittlichen Temperaturen und Niederschlägen, Bodenbeschaffenheit, Fauna und Flora, darüber hinaus Daten zur Bevölkerungszahl, ethnischer Zugehörigkeit, politischer Ordnung (Kronkolonie), zu Import (Wein, Rosinen, Nüsse, Wolle, Erze etc.) und Export (Garn, Schinken, Telegraphendraht etc.) von Gütern und den entsprechenden Bilanzen (ebd., 12, 34, 42, 51, 127–129, 623, 671 f.). Dagegen fällt auf all diesen vielen Seiten zu Gibraltar *kein einziges Wort* über die Beherrschung der Meerenge durch Großbritannien und die Funktion des befestigten Felsens im Stützpunkt-Netzwerk der britischen Flotte. Aus der staatskundlichen Perspektive des Jahres 1875 erscheint die Kronkolonie im Vergleich mit anderen Orten, die mehr importieren, verarbeiten, verbrauchen und exportieren, nicht allzu bedeutend.

20 Jahre später ordnet Friedrich Ratzel in seiner Monographie *Politische Geographie oder die Geographie der Staaten, des Verkehrs und des Krieges* (zuerst 1897) Gibraltar – neben Malta, Cypern, Suez, Singapur, Hongkong etc. – ein in eine Reihe von »festen Plätzen, Flottenstationen, Kohlenstationen, Kabelklippen« in englischem Besitz, die sich alle durch ihre »meerbeherrschende Lage« auszeichnen und aufgrund der entsprechenden Nutzung dieser Lage eine politische Funktion erfüllen: Nämlich die Seeherrschaft Großbritanniens zu sichern (Ratzel 1903, 142 f.). Gibraltar ist für Ratzel nicht nur ein Ort mit spezifischem Klima, mit einer bestimmten Bevölkerung und einer Wirtschaft, die statistisch zu erfassen und in langen, genauen Listen wiederzugeben ist, sondern der »Schlüssel des Mittelmeeres« (ebd., 120). Wer Gibraltar zu einer Festung und einem Hafen so ausbaut, dass Kanonen und Schiffe die Meerenge beherrschen, kontrolliert den Ein- und Ausgang des ganzen Mittelmeers. Es ist der geradezu optimale Stützpunkt einer Seemacht. Darauf kommt es Ratzel an, nicht auf die Handelsbilanz einer winzigen Ökonomie.

Der Unterschied liegt auf der Hand und markiert diskursgeschichtlich eine Epoche im Sinne einer scharfen Vorher/Nachher-Differenz (vgl. Luhmann 1985): Von Klödens politische Geographie ist eine nach Ländern sortierte Staatswissenschaft, eine »staatenkundliche Informationsdarbietung« (Kost 1988, 20); Ratzels politische Geographie enthält dagegen bereits wesentliche Voraussetzungen und Züge eines geopolitischen Diskurses. Sein Werk, schreibt 1936 der bekannte und international rezipierte geopolitische Geograph Otto Maull, fasse »den Staat in seinem Formenschatz und seinen raumgebundenen Lebensäußerungen gleichsam als einen Organismus, als ein Stück Boden und ein Stück Menschheit, innig verbunden durch die Staatsidee, die sich am Boden orientiert und ihn organhaft auswertet« (Maull 1936, 20). Gibraltar wäre also, wie Malta, Suez, Aden, Singapur, Hongkong, als Teil eines staatlichen Organismus aufzufassen, dessen Spezifik anders, nämlich nur ›statistisch‹, gar nicht zu verstehen wäre. Für eine politische Macht, die nicht wie England über eine bedeutende Handels- und Kriegsmarine verfügte, hätten diese Stationen gar keine Bedeutung.

Organismen entwickeln sich in einer bestimmten Umwelt und stehen angesichts endlicher Räume und Ressourcen in einem evolutionären Wettstreit, darin sind sich um 1900 fast alle politischen Akteure und Beobachter einig. Für die Politische Geographie und die auf ihr aufbauende Geopolitik gelten diese darwinistischen Grundannahmen auch für politische Lebensformen (vgl. Kaufmann 2006, 152). Die Analyse der Entwicklung dieser konkurrierenden Staatsorganismen in bestimmter geographischer Lage und auf grundsätzlich begrenztem Raum politisch für den »praktischen Staatsmann« nutzbar zu machen, sei als »Leitgedanke aller Geopolitik« bereits bei Ratzel angelegt, allerdings nicht durchgeführt, meint Maull (Maull 1936, 20). Demnach wäre Geopolitik als »angewandte politische Geographie« zu verstehen (ebd., 27). Gegen dieses Verständnis gibt es Einsprüche, etwa von Adolf Grabowsky, der Geopolitik als politische Forschung versteht und nicht als angewandte Politische Geographie (Grabowsky 1933, 3) und daher die Geopolitik zu den Geisteswissenschaften, die Politische Geographie dagegen zu den Naturwissenschaften zählt (ebd., 16), doch sind das eher disziplinäre Abgrenzungskämpfe, die etwa seine Lageanalyse Großbritanniens als Seemacht gar nicht berühren (ebd., 8 f.); der Unterschied zur Analyse Ratzels ist marginal.

»Geopolitik was simply ›applied political geography‹«, resümiert Hartshorne mit Verweis auf Maull und Haushofer in seinem Forschungsbericht jedenfalls den deutschen *common sense* (Hartshorne 1935b, 961). Geopolitik sei daher auch nicht deskriptiv, sondern normativ. Sie zeige, meist im nationalistischen Interesse, auf »what ›ought to be‹« (ebd., 961). Hartshorne macht diesen »nationalist spirit« in der Politischen Geographie zuerst in der Neuformierung des Feldes während der Epoche des Weltkrieges aus (Hartshorne 1935a, 791). Darauf wird zurückzukommen sein.

Die politische Geographie fördert die Erkenntnis vom Wesen des Staates als eines politischen Raumorganismus. Sie untersucht die Bodenverwurzelung, die bodenbedingte Artung und die funktionale Fähigkeit der einzelnen Raumorgane, ähnlich wie der Biologe Pflanze, Tier oder auch Mensch betrachtet. Beherrschung dieser gesamten Lehre ist für die Geopolitik unabweisbare Voraussetzung; doch sie macht keine Geopolitik aus. Denn der Geopolitiker hat dem Staat gegenüber nicht die Aufgabe des Biologen, sondern die des Arztes, um dessen Organismus für gesund und den raumbezoge-

nen Anforderungen des Lebens gewachsen zu erklären oder im Falle von Krankheitssymptomen Verhaltensmaßnahmen anzuraten (Maull 1936, 28 f.).

Um im Bild zu bleiben: Eine solche Diagnose des geopolitischen Arztes könnte etwa darin bestehen, dem Deutschen Reich zu attestieren, es sei etwas eingeschnürt und müsse sich einmal ein wenig Luft machen. Der Geopolitiker nutzt die Politische Geographie Ratzels und seiner Schüler als »theoretische Grundwissenschaft« für seine »Kunstlehre« (ebd., 27), die dann Prognosen abgibt (ebd., 1) oder der politischen Praxis Empfehlungen ausspricht (ebd., 27). Die Geopolitik muss zur »Prognose« kommen, das ist ihre Aufgabe, schreibt auch Grabowsky (1933, 43). Nur dort, wo die Politische Geographie der Staatsorganismen von der »Analyse von Lage, Raum und Grenzen« (ebd., 22) zur Anleitung einer »raumbezogenen Politik« weiter schreite, werde Geopolitik betrieben (Maull 1936, 31). Aus dieser »Klärung« (ebd., 27) ergibt sich, dass auch Ratzel dort, wo er, mit Maulls Metaphern (ebd., 28 f.), nicht bloß als Staatsbiologe schreibe, sondern als Mediziner des Staatsorganismus Rat gebe, bereits Geopolitik betreibe.

Bleiben wir zunächst bei der Politischen Geographie, also bei der Biologie bzw. der Analyse der »Raumgegebenheiten eines Staates« (Maull 1936, 31). Und bleiben wir weiter bei Gibraltar. Der Staatsorganismus England, konstatiert Ratzel, habe sich trotz der unabänderlichen geographischen Beschränkung des »räumlichen Wachstums« (Insel!) deshalb zur »größten Macht der Gegenwart« entwickelt, weil er »die Schranken des Raumes überwunden« (Ratzel 1903, 659), die ganze Welt von der See aus erschlossen und nun »in allen Erdteilen und Meeren besetzt hat« (ebd., 660). Obschon die britischen Inseln sehr viel kleiner sind als die Landmasse des Deutschen Reichs, diese Fakten könnte man auch bei von Klöden nachschlagen, sei die Machtstellung Englands gewichtiger, weil es seine geographische Lage zu nutzen wisse. Die ›Lage‹ meint in der Politischen Geographie viel mehr als nur eine Angabe der Länge und Breite. Sie ist für Ratzel einer der Hauptfaktoren, die das Leben des Staats als Organismus betreffen, also Einfluss auf seine »geschichtliche Bewegung« (ebd., 259), mithin auf sein Wachstum oder seine Degeneration haben. Die Lage eines Staates zeitige also – jedoch nicht monokausal, sondern vermittelt über das lebendige Volk eines Staates (vgl. Maull 1936, 38; Grabowsky 1933, 10; dazu später mehr) – »politische Wirkungen« (Ratzel 1903, 353 ff.). Für den englischen Fall meint dies konkret: Sobald

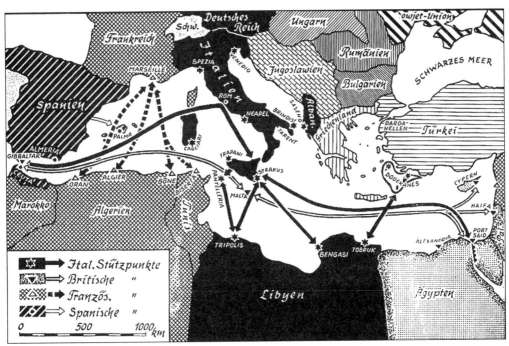

»Geopolitik des europäischen Mittelmeers« – Die britische Linie von Gibraltar über Malta bis Port Said (Suez) durchs Mittelmeer zerschneidet alle italienischen oder französischen Verbindungen (aus Haushofer 1941, 160).

die Elemente des Seeverkehrs gegeben waren, erwiesen sich die Wege zu den Inseln leichter als gleich lange Wege im Binnenland. Kein Gebirge, keine Wüste, kein Wald trennte den, der einmal den Wasserweg beschritten hatte, von seinem Ziel. Und was noch wichtiger, kein Feind verlegte den Weg und kein Rivale ließ sich den Durchgang abkaufen (ebd., 660).

Keine Landmacht kann England den Weg nach Kanada, Australien, Indien oder Afrika verlegen. Und da der Inselstaat keine großen Armeen benötigt, um sich vor einer Invasion zu schützen (ebd., 661 f.), kann es seine Energien in eine Flotte investieren, die für ihre Seeherrschaft nicht das Meer flächendeckend besetzen muss, sondern allein einige Stützpunkte an wichtigen Standorten, um die Meeresstraßen und Meerengen zu schützen (ebd., 667). Daniel Defoe hatte bereits 1728 festgestellt, dass England zwar »limited to its geographical dimensions« sei (Defoe 1928, 53), weshalb es nur in bestimmten Grenzen wachsen könne, aber als erste Seemacht doch die Welt dominiere: »Masters of the marine Power, is to be Masters of all the Power, and all the Commerce in Europe, Asia, Africa, and America« (ebd., 110).

Die deutsche Geopolitik sieht dies zwei Jahrhunderte später nicht anders: Englands »Weltherrschaft«

beruhe »unerschütterlich« auf einem »großartigem System der ›Imperial connections‹«. Und damit ist jene »Kette« von »genial ausgewählten, sehr wirksamen weltpolitischen Plätzen« wie »Gibraltar, Malta, Ceylon [...], Aden [...], Singapore [...] oder St. Helena« gemeint (Boeckmann 1924, 340). Deren »Lage« ist für die Seesuprematie entscheidend – und deshalb ist dies ein herausragender Begriff für die politische Geographie Ratzels (Ratzel 1903, Kap. 10 und 14), während von Klöden das Wort im Sinne von »schöner«, »herrlicher«, »reizender« oder »angenehmer« Lage eher ästhetisch, jedenfalls aber völlig unpolitisch und unstrategisch verwendet (Klöden 1875, passim).

Seemacht und Landmacht: Weltkrieg, Weltverkehr und Wirtschaftsgefängnis

»Land und Meer« (Ratzel 1903, 621, vgl. 684) ist eine wichtige Unterscheidung der Politischen Geographie. Denn das »Verhältnis der Staaten zum Wasser« (ebd., 679) kann je nach Lage des Staates völlig unterschiedlich ausfallen. Insofern unterscheidet Ratzel Landmächte und »Seevölker« bzw. »Seemächte«

(ebd., 708 f.). Der Biologismus des Diskurses legt nahe, hier auch zwei unterschiedliche Evolutionsgeschichten zu erzählen: Maull zieht aus Ratzels Beschreibungen die geopolitische Konsequenz, »festländische« und »maritime« bzw. »insulare« Lagen führten zu »wesensverschiedenen Raumauffassungen« der »Raumorganismen« (Maull 1936, 40). Welche raumpolitische Aufgabe sich ein Staat zu stellen habe, liege hier in der spezifischen »Raumidee« oder »Raumperspektive« begründet (ebd.). Als Lebensformen haben die Seemacht England und die Landmacht Deutschland eine völlig andere Entwicklung nehmen müssen. Das »Verhältnis der Völker zum Raum« sei eben, je nach Lage, »grundverschieden« (ebd., 41).

Es kommt aber nicht nur auf die Lage an, sondern auch auf die ›Raumauffassung‹ eines Volkes, die erst die Lage in einen geopolitischen Faktor verwandelt. Gibraltar ist nicht zufällig von einer Seemacht ›genial ausgewählt‹ worden. Auf dieser Entwicklung der simplen geographischen Unterscheidung von Land und Meer über die Lagebeschreibungen der Politischen Geographie zur geopolitischen Doktrin der Raumauffassung von Staaten und Völkern kann Carl Schmitt aufbauen, wenn er 1944 seiner kleinen Tochter Anima, so will es jedenfalls der Paratext (Schmitt 1993, 5), eine Art geopolitische Gutenachtgeschichte erzählt vom Unterschied der Land- und Seemächte. Sie handelt vom ewigen

> Kampf zwischen dem mächtigen Walfisch, dem Leviathan, und dem ebenso starken Landtier, dem Behemoth, den man sich als Stier oder Elefanten vorstellte. […] Die Kabbalisten sagen nun, der Behemoth bemühe sich, den Leviathan mit den Hörnern oder Zähnen zu zerreißen, der Leviathan dagegen halte mit seinen Fischflossen dem Landtier Maul und Nase zu, daß es nicht essen und nicht atmen kann (ebd., 16 f.).

Hinter diesem »mythischen Bild« sieht Schmitt überaus »anschaulich« die »Schilderung der Blockade einer Landmacht durch eine Seemacht, die dem Land die Zufuhren abschneidet, um es auszuhungern« (ebd., 17). Auch einem dreizehnjährigen Mädchen wird ohne weitere Ausführungen klar sein, so insinuiert der Text, dass hier die englische Seeblockade gemeint ist, die im Ersten Weltkrieg Deutschland von seinen Kolonien, Märkten, ja von der Welt abgeschnitten hat. Schmitts Unterscheidung von Landmächten und Seemächten zählt zum geopolitischen Grundinventar, übrigens nicht nur im deutschen Diskurs, sondern auch im angelsächsischen, der besonders mit der *Heartland*-Theorie Halford J. Mackinders (Mackinder 1998) und der *Sea-Power*-

These Alfred T. Mahans (Mahan 1905) verbunden ist. Diese Autoren sind allerdings Einzelfälle, denn im englischsprachigen Raum hat sich bis in die 1930er Jahre hinein offenbar kaum ein Gelehrter damit beschäftigt, was die Geographie mit politischen und zumal territorialen Fragen überhaupt zu tun habe (Hartshorne 1935a, 785). Auf die wenigen Ausnahmen, auch Isaiah Bowman zählt für Hartshorne dazu (ebd.), wird einzugehen sein (zur französischen *Géohistoire* vgl. Kaufmann 2006).

Aus der unterschiedlichen Raumauffassung ergibt sich ein völlig unterschiedlicher Blick der Staatsorganismen auf die Welt, der alle elementaren Fragen des Politischen betrifft. Während Landmächte, dies ist eine auf dieser gut eingeführten Unterscheidung von Land und Meer basierenden Grundannahmen Schmitts, den Staatenkrieg völkerrechtlich einhegten, Zivilisten und Kombattanten unterschieden und in Feldschlachten gegeneinander die Entscheidung politischer Konflikte suchten, um danach miteinander Frieden zu schließen, führe die Seemacht einen Blockadekrieg, der notwendig total sei, da nicht nur das feindliche Heer bekämpft wird, »sondern jeder feindliche Staatsangehörige und schließlich auch der Neutrale, der mit dem Feinde Handel treibt« (Schmitt 1993, 88). Im Landkrieg bekämpfen sich Armeen, der Seekrieg richte sich dagegen gegen alle, die dann unter einer »Hungerblockade« zu leiden haben, »Militär und Zivilbevölkerung, Männer und Frauen, Greise und Kinder« (ebd.). Dass Schmitt ausgerechnet im Jahr 1944, in dem die Wehrmacht in einem Landfeldzug längst die grausigsten Verbrechen gegen ›Militär und Zivilbevölkerung, Männer und Frauen, Greise und Kinder‹ begangen hat, gegen die Konsequenzen der »britischen Seenahme« im Ersten Weltkrieg polemisiert (ebd.), verweist auf die Kontingenz oder gar Beliebigkeit der Unterscheidung, anders hätte ja der Zweite Weltkrieg Schmitts zentrale Thesen zum *gehegten* »Landkrieg« (ebd., 87) vollkommen widerlegt. Aber dieser Widerspruch liefert kein Argument gegen die Attraktivität der geopolitischen Unterscheidung von Land und Meer und der auf ihr aufgebauten Ideologeme. Die in den Bildern des Leviathan und Behemoth augenfällig werdende Einheit von geographischer Lage, kulturellen Eigentümlichkeiten, militärischer, ökonomischer und auch völkerrechtlicher Weltdeutung ist einfach zu evident.

Allen Selbststilisierungen zum Trotz ist Schmitt daher auch nicht der erste, der diese Evidenz zu einer radikalen Simplifizierung der weltpolitischen Lage und zur Exkulpierung des Deutschen Reichs nutzt. Thomas Mann etwa hält es schon während des Ersten Weltkrieges für ausgemacht, dass England gegen Deutschland den totalen Krieg einer Seemacht führe. Er schreibt in einem 1918 noch im Kaiserreich, Monate vor dem deutschen Ersuchen um Waffenstillstandsverhandlungen erscheinenden Buch:

> Vom ersten Tag an hat es den Krieg aufs radikalste geführt, indem es seine Seeherrschaft nicht nur zur eigenen Sicherung, sondern dazu benutzte, Deutschland von aller Zufuhr abzuschneiden, zu dem Versuch also, es im ernstesten und sachlichsten Sinne auszuhungern. Es hat durch das einfache und brutale Mittel der Kabeldurchschneidung jene moralisch erstickende Isolierung Deutschlands bewirkt, an die man sich hierzulande immer wie an einen Albtraum erinnern wird. Es ist über den Begriff des Privateigentums mit unbewegter Stirn hinweggeschritten, worin seine Verbündeten ihm freudig Folge leisteten. Nicht gegen die feindlichen Regierungen und Armeen, gegen die Völker, gegen das deutsche Volk führt es, unbarmherzig, den Krieg (Mann 2001, 460).

Und zwar einen Krieg, der in Manns Sicht genauso ungehegt und total ist, wie sein in München stationierter Militärzensor und Leser Schmitt ihn fasst (vgl. Werber 2012b), also ohne Zivilisten und Kombattanten, Staat und Volk zu unterscheiden. Neben der Armee werde in voller Absicht auch die Bevölkerung ausgehungert. In diesen modernen, totalen Krieg sei Deutschland mit »der Naivität eines Korpsstudenten« hineingegangen (Mann 2001, 460), aber eine Seemacht hält sich eben nicht an die Regeln der Mensur. Dies, das ist später auch der Tenor weitestgehend aller geopolitischer Autoren der Zwischenkriegszeit, dürfe sich nicht wiederholen, und daher habe eine geopolitische Aufklärung des deutschen Volkes und eine entsprechende Beratung seiner Führung größte nationale Bedeutung. Ein rechtes Verständnis der Geopolitik, meint etwa Karl Haushofer, der als Herausgeber der *Zeitschrift für Geopolitik* den Diskurs in den 1920er, 30er und frühen 40er Jahre dominiert und konsequenterweise als Nestor der Geopolitik vom Nürnberger Kriegsverbrechertribunal angeklagt wird (Walsh 1946), 1940 in seinem Vorwort zu einer Ratzel-Ausgabe, »hätte dem deutschen Volk viele seiner Fehler in dem entscheidungsschweren Jahrzehnt von 1904 bis 1914 ersparen können« (Ratzel 1941a, XI; vgl. Kost 1988, 164 f.). Nun habe man die Lektion gelernt. Man muss hier kaum daran erinnern, dass die Geopolitik dem deutschen Volk auch in dem Jahrzehnt nach 1933 keinen »Fehler« erspart hat, im Gegenteil, sie hat sich, wie in Maulls Referat der französischen Rezeption der deutschen Geopolitik nachzulesen ist, in der Tat als »machine de guerre contre la Nouvelle Europe et les traités des 1919–1920« betätigt (Maull 1936, 24). Maull selbst lässt freilich keinen Zweifel daran aufkommen, dass es die Aufgabe der Geopolitik sei, die Grenzen neu und günstiger zu ziehen (ebd., 29). Das gehört zu ihrem Selbstverständnis als einer angewandten Wissenschaft.

»No German believes that such a territorial contrivance can long stand«, stellt der Direktor der Amerikanisch-Geographischen Gesellschaft, Isaiah Bowman, in seinem Aufriss der Neuen Weltordnung nach dem Weltkrieg über die neuen Grenzen des Reichs fest. Und er fügt hinzu: »Already German scholars are at work to find every historical, political, economic, and ethnological fact favorable to the argument for a return of the corridor to Germany« (Bowman 1928, 273). Auch die geopolitische Rechtfertigung für die künftige deutsche Expansion hat Bowman benannt: »It was conceived that a nation had an inherent right to the space (*Raum*) required by its expanding population and industries« (ebd., 264). Der Biologismus der deutschen »philosophy of *Lebensraum*« wird kritisiert – »there is no such thing as an ›organic boundary‹ in a territorial sense« (ebd., 266). Doch teilt offenbar auch Bowman die geopolitische Annahme eines besonderen ›Raumschicksals‹ (»geographical faith«) des Deutschen Reiches, nämlich seiner »precarious position« in seiner Mittellage. Er weist allerdings darauf hin, dass Deutschland im Krieg zwar von Feinden, im Frieden allerdings von Kunden (»ringed about from customers«) umzingelt sei, die Lage für eine Exportnation also nicht schlecht, sondern günstig sei (ebd., 261). Die Lage (»position«) ist freilich auch hier ein zentraler Begriff, auf dem Bowmans Analysen und Empfehlungen beruhen. Und auch Bowman beschreibt die Politische Geographie mit Begriffen der Evolutionstheorie als Mittel »to provide an understanding of the adaptations of group life to the environment of a given area of political control« (zit. n. Hartshorne 1935a, 798).

Haushofer hat 1941, wie oben angeführt, von Fehlentscheidungen der Jahre 1904–1914 gesprochen. Was wäre geopolitisch aus ihnen zu lernen? Im Kern dies: Deutschland liegt auf dem Kontinent, England ist eine Insel. Das gilt freilich für viele Staaten. Aber nur England hat ein Weltreich auf einer »rein maritimen Existenz« errichtet und sich in ein »Schiff« verwandelt (Schmitt 1993, 94). Manche haben sogar behauptet, in ein Piratenschiff. »Der Brite ist Pirat« (Müller-Meiningen 1917, 23). Und als Pirat führt er keine gehegten Kriege, sondern kämpft total (Sprengel 1996, 56 f.). Ratzel hat ein halbes Jahrhundert vor Schmitt, 1895, festgehalten, dass auf der

Welt allein England sich in einen »Riesendampfer« verwandelt und die »unvergleichlichen Vorteile der Inseln« zu nutzen verstanden habe, wenn auch inzwischen Japan diesem Beispiel zu folgen suche (Ratzel 1906c, 309). Die Überzeugung, dass eine Inselnation und Seemacht eine vollkommen andere Kultur darstelle als eine kontinentale Macht, setzt sich aber erst im Zuge des Weltkriegs durch. Dass England – etwa im Gegensatz zu den Franzosen und Slawen – als »stammverwandt« gilt, spielt für Geopolitiker übrigens keine Rolle mehr, denn seine Bevölkerung habe sich längst vom Kontinent, seiner Kultur und seinen Rechtsauffassungen gelöst. Daher führe es den Weltkrieg als »Pirat« (Harnack 1915, 149 f.). Das hätte man wissen können, wenn es bereits eine Geopolitik gegeben hätte. Ohne geopolitische Aufklärung habe die Landmacht Deutschland dagegen – voller »Naivität«, wie Thomas Mann behauptet – angenommen, seine Gegner in Napoleonischen »Entscheidungsschlachten« zu schlagen. Hinweise auf Gefahren einer »Seeblockade« etwa von Caprivi drangen nicht zum Generalstab durch, der seit der Berufung Alfred von Waldersees zum Chef ganz auf den später sogenannten ›Schlieffen-Plan‹ setzte (Hobson 2004, 130 f.). Dieser Plan eines Landfeldzuges scheitert dann, aus der retrospektiven Sicht der Geopolitik, auf hoher See: Wenn der Welthandel im Jahre 1914 trotz aller Flottenpolitik (Ratzel 1906b) immer noch von jener Weltmacht beherrscht wird, die schon seit drei Jahrhunderten siegreich ›den Wellen gebietet‹ (»England rules the waves«, Boeckmann 1924, 340), dann wundert es einen deutschen Geopolitiker im Rückblick nicht, dass auch der »Weltkrieg« zwar »auf dem Lande gekämpft, aber in seinen politischen und strategischen Tiefen auf dem Meere verloren und gewonnen« worden sei (ebd., 342). Diese geopolitische Deutung des Krieges und seines Ausgangs hat diskurspolitisch den großen Vorzug, es bei der sehr beliebten Vorstellung belassen zu können, das Reich sei ›im Felde unbesiegt‹ geblieben (vgl. Duppler 1999, 317, 322, 337). Verloren wurde der Weltkrieg aus deutscher geopolitischer Sicht jedenfalls nicht vom Frontsoldaten, sondern aufgrund der Mittellage des Deutschen Behemoth, dem Leviathan Mund und Nase zuhält.

An der einflussreichen (vgl. Rumpf 1942) *Mitteleuropa*-Schrift des Reichstagsabgeordneten Friedrich Naumann lässt sich diese geopolitische Sicht auf den Weltkrieg als Konflikt von Land- und Seemächten exemplarisch vorführen. Naumann blickt aus dem Jahr 1915 zurück: »Vor dem Kriege lebten wir alle in einem Zeitalter zunehmender Weltwirtschaft-

lichkeit. Wir kauften mit jedem Jahr mehr von ausländischen Märkten und verkauften an fremde Nationen«. Das Deutsche Reich sei als Importeur und Exporteur an ein »gewaltiges internationales Austauschsystem« angeschlossen gewesen (Naumann 1915, 134), von dem es jedoch seit Ausbruch des Krieges ausgeschlossen sei: »Wir wurden durch den Willen Englands vom großen Auslandsverkehr fast ganz abgeschnitten«. Statt Weltverkehr treibe Deutschland nunmehr bloß regionalen Austausch. Gemeinsam mit Österreich-Ungarn säßen die Deutschen nun in einem »Wirtschaftsgefängnis« (ebd., 135). Der von Schmitt nacherzählte Mythos der miteinander ringenden Ungeheuer Behemoth und Leviathan organisiert auch Naumanns Narrativ. Die Wirtschaft der kontinentalen Mittelmächte sei durch die nahezu vollständige Seeblockade so gravierend gestört, dass eine Wiedereröffnung der »verschlossenen Pforten« dringend zu wünschen sei, doch liege das eben allein in englischer Hand. Dies bringe nun erst der Krieg zum Vorschein:

> Wie gewaltig die Macht der englischen Seebedeutung ist, haben wir vorher oft unterschätzt. Wir wußten wohl, daß die Engländer die meisten Häfen, Kohlenstationen, Seewege und Kabel kontrollieren, aber da wir das alles mitbenutzen konnten, so nahmen wir es nicht allzuschwer, daß fast allein die Engländer die Herren des Apparates waren (ebd., 135 f.).

Der Weltverkehr inklusive die Weltkommunikation und damit der Welthandel und übrigens auch die öffentliche Meinung der Welt werden direkt oder indirekt britisch kontrolliert. »Am Morgen nach Ablauf des Ultimatums an Berlin wurde das Kabel durchtrennt«. Die allererste britische Kriegshandlung sei es gewesen, das deutsche Kabel von Emden nach Vigo zu kappen, so dass die weltweite Kriegsberichterstattung – etwa in den USA – allein auf Kabelnachrichten der Entente zurückgreifen konnte (Kunczik 2005, 253 f.). Es ist das ausdrückliche Ziel gewesen, so heißt es in einer Quelle aus dem Jahr 1911, »to isolate Germany from practically the whole world« (zit. n. ebd., 253). An die Stelle der *Restlosigkeit* des Weltverkehrs (vgl. Krajewski 2006 und s. Kap. II.2) tritt die Unterbrechung. Die deutschen Kommunikationsofferten kommen kaum über Zentraleuropa hinaus.

Während diese politischen, aber durchaus auch medientechnischen Unterschiede zwischen See- und Landmacht in den zahlreichen kosmopolitischen Weltprojekten vor 1914 kaum eine Rolle gespielt haben, sondern alle Verkehrsmittel der modernen Zivilisationen vom Telegrafen bis zu den Eisenbahnen

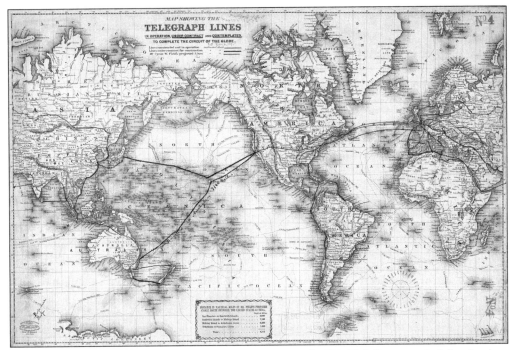

Karte der Telegraphenlinien von G.W. & C.B. Colton & Co., New York 1871. Die Leitungen verknüpfen die schon von Ratzel aufgezählten Stützpunkte von Gibraltar über Malta und Suez bis nach Singapur und Hongkong. Die deutschen Kabel wurden mit Kriegsbeginn gekappt, die seit 1911 in den Kolonien errichteten (kabellosen) Funkstationen zerstört. Die englische Flotte stand allen etwaigen Störversuchen von deutscher Seite entgegen. Auch deutschen U-Booten gelang es nicht, britische Kabelverbindungen zu unterbrechen (Hugill 1999, 104 f.).

und Schifffahrtslinien wie in Jules Vernes Roman ineinander zu greifen schienen, um die berühmte »Reise um die Welt in 80 Tagen« zu ermöglichen (Verne 1873), gilt der Weltverkehr nunmehr, 1915, als britisches Dominium. Der Krieg, so lautet Naumanns Analyse, werde genau darum geführt: »um die Oberleitung des Weltapparates« (Naumann 1915, 172). Im Weltkrieg gehe es also nicht um das Erzbecken von Briey oder die Angliederung von Lüttich und Verviers, sondern um die Hegemonie über den Weltverkehr. Dies sehen Medien- und Technikhistoriker der »global communications« heute ähnlich (Hugill 1999).

Die berühmte »great chain« (Bowman 1928, 44) oder »imperial chain«, die die Stützpunkte, Häfen und Hauptorte des Empire mit Telegraphenlinien und Funk verbindet, konnte eben nur so lange von den deutschen Kunden ›mitbenutzt‹ werden, wie es den Herren dieser Verbindungslinien gefallen hat (Hugill 1999, 97–107). Im August 1914 war damit Schluss. Die Freiheit der Meere (und Seekabel), so lautet die geopolitische Einsicht, sei in Wahrheit eine

britische Freiheit, die nach Lage gewährt oder entzogen werden kann. Nicht nur der deutsche Staat, sondern alle Organisationen, Verbände, Unternehmen, Privatleute werden 1914/15 aus dem Weltverkehr der Güter und Nachrichten ausgeschlossen. Mag die britische »battle fleet« auch das auffälligste geopolitisch bedeutende Machtmittel Englands gewesen sein, das britisch dominierte weltweite Kabel- und Funksystem war ebenso wichtig. Beides sei bis zum Weltkrieg ein Ausdruck der »british hegemony« gewesen (ebd., 1999, 106).

Dies ist ganz geopolitisch gedacht: Das »empire«, das die Infrastruktur des globalen »Austauschsystems« (Naumann 1915, 172) bzw. der »communications« (Innis 2007) beherrsche, sei die wahre Weltmacht und versetze alle Konkurrenten »in die zweite oder dritte Reihe der Souveränität« (Neumann 1915, 173). Eine wirkliche Macht muss ihre Handelsinteressen eben weltweit selbst schützen können, sonst hängt es »von dem guten Willen« der anderen ab (Ratzel 1906b, 379), ist also nicht souverän. In einem Aufsatz von 1898 hatte Ratzel »Flottenfrage und

Weltlage« in einen unmittelbaren Zusammenhang gebracht und dem Deutschen Reich – und dies wäre mit Otto Maull genuin geopolitisch im Sinne einer politischen Anwendung der Politischen Geographie (Maull 1936, 27) – die Aufgabe erteilt, »Weltmacht« zu werden und, das wäre die unmittelbare Konsequenz, am »Niedergang der Seeherrschaft Englands« mitzuwirken und davon zu profitieren (Ratzel 1906b, 377 f.). Im biologistischen Nullsummenspiel seiner Staatszoologie konnte sich Ratzel gar nicht vorstellen, dass es ein weiteres Wachstum des Deutschen Reiches ohne einen entsprechenden ›Niedergang‹ des Empires geben könnte. Die »starke Tendenz des Welthandels zu direkten Verbindungen unter Umgehung des englischen Weltmarktes« (ebd., 380) gebe in dieser Frage bereits einen Hinweis auf die Schwächung Englands. Ohne einen Blick auf die zahllosen innen- und außenpolitischen Konsequenzen einer maritimen Aufrüstung stellt Ratzel fest, eine starke »Kriegsflotte« sei unbedingt notwendig, um den deutschen Welthandel (»Reeder und Kaufleute«) überall auf der Welt zu schützen (ebd., 378; so auch Kirchhoff 1905, 31). Sein Argument ist eben geopolitisch, und dies heißt oft auch, völlig unbekümmert um andere relevante, etwa ökonomische oder diplomatische Faktoren: Ratzel fordert sichere »direkte Verbindungen« und damit Unabhängigkeit vom britischen Weltverkehr. Und dies ist nur einer Weltmacht möglich, die England in die Schranken weist, also im Grunde das *Empire* als Hegemon ablöst.

Die liberale, von England und Frankreich in Meistbegünstigungsverträgen zuerst erprobte »Freihandelsidee«, die auf der Ideologie der freien Meere und eines freien Transport- und Kommunikationsmarktes basiert, hält Friedrich Naumann für eine vom Krieg – insbesondere von der Handels-, Verkehrs- und Kommunikationsblockade – widerlegte Illusion, insofern der weltweite, freizügige »Tauschverkehr« der »Menschheit«, also *aller* Nationen *untereinander*, tatsächlich nur solange bestehe, wie dies im Einklang mit den britischen Interessen liege (Naumann 1915, 171; vgl. Schmitt 1993, 87). Für die Geopolitik wird hier ›Seemacht‹ gleichbedeutend mit einer Weltmacht, die faktisch alle anderen Mächte in die zweite Reihe zu verbannen droht, deren Wirtschaft und Wohlfahrt auf Freihandel und Weltverkehr angewiesen sind. Und wie sich 1914 herausgestellt habe, so sieht es auch Max Weber, gelte diese Depotenzierung, und zwar aufgrund seiner »geographischen Lage«, zumal für Deutschland. Denn es sehe sich trotz seiner »starken Flotte« außerstande, »den Hafen von Liverpool ebenso zu blockieren, wie […] England den von Hamburg« (Weber 1988, 65). Es ist eben Leviathan, der Behemoth das Maul und die Nase zuhält, was in Deutschland als unfein gilt, während das Zerreißen des Feindes mit »Hörnern oder Zähnen« als große völkerrechtliche Errungenschaft gewürdigt wird (Schmitt 1993, 16).

In dieser Lage – Hamburg ist blockiert, Liverpool nicht, Deutschland ist abgeschnitten von der Welt, England nicht – wendet sich auch Weber der Mitteleuropa-Idee zu und leitet sogar die Dritte Sitzung des prominent besetzten Arbeitsausschusses am 14. März 1916 in den Räumen der Deutsch-Türkischen Vereinigung in Berlin (Weber 1988, 49). Anvisiert wird bei diesem Treffen die Gründung von transnationalen »Kartellen«, um die Industrie der Mittelmächte über alle Grenzen hinweg zu organisieren und die »bestehenden Verschiedenheiten der Produktionsverhältnisse in den drei Reichen zu überbrücken« (ebd., 50). Der Weltkrieg erzeugt einen enormen Kooperations-, Standardisierungs- und Normierungszwang, dessen Konsequenzen freilich nicht weiter reichen können als auf die effektiv beherrschten Gebiete der Mittelmächte. Erster Vorsitzender des Ausschusses für Mitteleuropa ist kein anderer als Friedrich Naumann (ebd., 56). Die Alternative zum Freihandel, die er diskutieren wird, läuft auf die Autarkie des Großraums Mitteleuropa hinaus, ein auch von der Nachkriegsgeopolitik favorisiertes Konzept (Maull 1936, 37; vgl. Schmitt 1991b; dazu später mehr).

Das »Naumannsche Buch«, konstatiert Max Weber, sei zu Beginn das entscheidende »Kapital« gewesen, mit dem der Ausschuss habe arbeiten können (Weber 1988, 57). Was Weber in den Kriegsjahren mittelfristig für realisierbar hält, ist ein zunächst »zollpolitisches *Mitteleuropa*«, das dann unter gewissen politischen Umständen zur »mitteleuropäischen Einigung« drängen könne (ebd., 58). Dieser Großraum wäre dann jedenfalls blockadefrei. Als Grenzen dieses Raums stellt sich Naumann offenbar die Schützengrabenlinien der Front vor. Mitteleuropa werde sich gleichsam einmauern: »Neue Römerwälle entstehen, neue chinesische Mauern aus Erde und Stacheldraht« (Naumann 1915, 7). Zu den machtpolitischen Konsequenzen dieser europäischen Festung zählt die deutsche Hegemonie: »Mitteleuropa wird im Kern deutsch sein«, die anderen »Völkerschaften« innerhalb seiner Wälle werden sich als untergeordnete Teile der deutschen »große[n] Harmonie« zu fügen haben. ›Harmonie‹ ist hier nur ein anderes Wort für ›Hegemonie‹ (vgl. Dehio 1948). Die Sprache Mitteleuropas werde übrigens »die deutsche Welt- und Vermittlungssprache« sein (Naumann 1915, 101), also ›Wede‹, was als Abkürzung für ›Weltdeutsch‹ fungiert (s. Kap. II.2). Das Verbreitungsgebiet dieser Weltsprache wird freilich nicht die Erde sein, sondern ein kleiner Teil des europäischen Kontinents, auf dem sich die Mittelmächte einzumauern suchen.

Die hier wirksamen Unterscheidungen erweisen sich als überaus anschlussfähig, werden aber auch zumindest gelegentlich als irrelevant oder obsolet abgetan. Ernst Jünger etwa hat die von Naumann und Ratzel, von Mann oder Weber geführte Diskussion um »Blockade und Freiheit der Meere« Anfang der 1930er Jahre für reine »Ideologie« erklärt, denn im »totalen Krieg« habe schlechthin *alles* »kriegerischen Sinn« und werde darum, sozusagen aus guten Gründen, ein potentielles Ziel (Jünger 1982, 149). Kombattanten und Zivilisten, Festungen oder Fabriken, Kriegs- und Handelsschiffe, privates und öffentliches Eigentum, Staat und Wirtschaft unterscheiden zu wollen, erscheint aus dieser Sicht naiv. Der »totale technische Raum« des Arbeiters (ebd., 181) hebt die Unterscheidungen von Leviathan und Behemoth, Meer- und Landmacht, Boden und Volk oder auch Kultur und Zivilisation und Staat und Gesellschaft auf. Die hier unausgesprochene These Jüngers, dass die konsequente Anwendung der Technik in allen gesellschaftlichen Bereichen alle geopolitischen Distinktionen neutralisiert und veralten lässt (vgl. Schmitt 1988c; Werber 2007), entspricht einer Erwartung, die schon vor dem Krieg nachgewiesen werden kann; sie ist, wie noch gezeigt wird, mit geopolitischen Argumenten im und erst recht nach dem Krieg scharf zurückgewiesen worden.

Welt, Medien und Geopolitik

England sei die erste Finanz- und Handelsmacht der Welt auf der Grundlage ihrer »naval supremacy«, konstatiert der US-amerikanische Konteradmiral Alfred T. Mahan (Mahan 1905, 39, 48, 70, 242). Die »Phrase« vom »Freihandel« (ebd., 135) meine im Wesentlichen die Freiheit des britischen Handels und die Freiheit der britischen Marine, »to forbid the free use of the seas to enemy's merchant ships and material of commerce« sowie »shutting his ports to neutral ships, as well as to his own, by blockade« (ebd., 147). Die britische Freiheit ist die eines Türhüters des Weltverkehrs, dessen Politik der offenen oder geschlossenen Türen nicht universalen Normen, sondern allein seinen eigenen Interessen verpflichtet

ist. Dieser Sicht wird von Carl Schmitt in *Land und Meer* (1942) auch dreißig Jahre nach Ausbruch des Ersten Weltkriegs nichts Entscheidendes hinzugefügt (Schmitt 1993, 87 f.). Mahans Analyse wird 1915 auch von Friedrich Naumann geteilt, doch seine skeptischen Anmerkungen zum Freihandel richten sich darüber hinaus gegen die um 1900 gängige Erwartung, dass die verkehrs- und kommunikationstechnische und ökonomische Erschließung der Welt gravierende politische Konsequenzen zeitigte: nämlich die Entstehung eines »Weltbürgertums« und das Ende des weltweiten »Völkerkampfes« (Naumann 1915, 171). Gegen diese Weltgesellschafts-Semantik setzt sich der im Weltkrieg reüssierende geopolitische Diskurs immer wieder in Szene (vgl. Werber 2005b).

Alles was passiert, konstatiert Halford J. Mackinder in seinem berühmten, auch in Deutschland immer wieder zustimmend zitierten (vgl. etwa Haushofer 1941b; dazu auch Hartshorne 1935a, 788) Aufsatz »The geographical pivot of history« aus dem Jahr 1904, »is re-echoed from the far side of globe« und löse mithin weltweite Konsequenzen aus (Mackinder 1998; 27). Die These ist unterschiedlich aufgegriffen worden. Da alles nun mit allem zusammenhänge, würde die Weltgemeinschaft immer enger kooperieren, statt Krieg zu führen, hoffen die Optimisten in kosmopolitischer oder weltrepublikanischer Tradition. Der »Friede auf Erden« ergebe sich als Konsequenz der globalen Vernetzung (vgl. Czitrom 1982, 10; Holtorf 2005, 174). Man erwartete, so referiert Naumann diese Mutmaßungen, »eine friedliche Entpolitisierung der Nationen, Zurückdrängung der Streitmöglichkeiten, Hebung aller durch alle« (Naumann 1915, 171). Wer miteinander Handel und Wandel treibe, bekriege sich nicht, lautet das Argument. Weltwirtschaft und Weltverkehr hätten alle, die ganze verbundene Menschheit, zu einer Zivilgesellschaft vereint, deren gemeinsame ökonomischen und lebenspraktischen Interessen (wie Geschäft, Komfort, Gesundheit, Reisen, Konsum etc. – dies fällt natürlich alles auf die Seite der »Händler« im Sinne von Sombart 1915) die Differenzen der Nationalstaaten letztlich ausglichen. Der Weltverkehr wäre also ein Medium der »Neutralisierung« (vgl. dazu ebenfalls skeptisch Schmitt 1988c). Diese These hält, jedenfalls in der Zeit nach Beginn und vor Ende des Krieges, auch Thomas Mann für falsch. Er habe, freilich erst nach Beginn der Feindseligkeiten, bemerkt, dass »unter der Decke des friedsam internationalen Verkehrs, in Gottes weiter Welt« stets »der Hass« gegen »uns« am »Werke« gewesen sei (Mann 2001, 57). Der weit verbreitete Vorkriegsglaube habe dagegen gelautet, dass »internationale Tendenzen« der »zivilen Ideale des Verkehrs und der Sicherheit« den »Krieg [...] undenkbar« machten (ebd., 200). Der Krieg habe diese Hypothesen widerlegt. Allerdings ist Naumanns Analyse interessanter als die des »felddienstmäßig gerüste-te[n]« *Unpolitischen* (ebd., 205). Seine Abhandlung fährt mit einer für die Geschichte der Geopolitik wie der Medienwissenschaften aufschlussreichen Überlegung fort:

> *Die Folgen dieses Gedankenganges sind auf Grund der ihn weckenden und begleitenden Verkehrstechnik ganz ungeheure geworden.* Es gibt heute in der Tat eine wirtschaftlich verbundene Menschheit, die Menschheit der Dampfschiffe, Eisenbahnen, Briefe und Telegramme, eine Menschheit der Nähmaschinen, Getreidesilos, Plantagen und Warenhäuser. Es gibt den Welthandel und die Arbeitsteilung unter den Völkern (Naumann 1915, 171; Hervorhebungen von N.W.).

Naumann erinnert an die utopische Formel des Weltverkehrs: Wo der Austausch herrsche, walte Friede; wenn nun die Medien um den ganzen Globus ausgriffen, stehe ein goldenes Zeitalter ewigen Friedens bevor. Das historische Argument hinter dieser Utopie lautet: Auch auf nationaler Ebene hatte die verkehrsmäßige Erschließung und immer weitergehende funktionsspezifische Differenzierung nicht zum politischen Zerfall geführt, sondern im Gegenteil zur Gründung intern befriedeter, arbeitsteilig organisierter Staaten. Es gäbe quasi eine naturhafte Tendenz zu immer höherer Aggregation politischer Körper, deren Antrieb Techniken und Medien sind. Es lag daher nahe anzunehmen, dass sich diese Staatenbildung im Weltmaßstab dann wiederhole, wenn auch die Dimensionen der Arbeitsteilung global würden. Auf die Entstehung der Nationalstaaten im Medium der (nationalen) Nachrichten- und Verkehrsmittel folge zunächst der Zusammenschluss von Regionen und Staaten zu Großräumen und schließlich die Vereinigung der Welt stets aus den gleichen Gründen technisch realisierter und immer intensiverer kommunikativer Verknüpfung.

Der dieser Hoffnung zugrundeliegende Gedanke hat seine Ursprünge in der Philosophie Kants. 1795 schreibt Kant in der Schrift *Zum ewigen Frieden*: »Es ist der Handelsgeist, der mit dem Kriege nicht zusammen bestehen kann, und der früher oder später sich jedes Volks bemächtigt«. Welthandel bedeute Weltfrieden (Kant 1984, 33). Dieser Zusammenhang wird zu Beginn des 20. Jahrhunderts immer wieder unterstellt. Zu einem 1910 publizierten Sammelband von Prognosen ›prominenter‹ Persönlichkeiten wie

Cesare Lombroso, Hermann Bahr oder Bertha von Suttner zur Zukunft in 100 Jahren trägt Hudson Maxim – ein Erfinder von Sprengstoffen u. a. dem rauchlosen Pulver, Bruder des Maschinengewehrentwicklers und späterer Parteigänger eines Kriegseintritts der USA – die Vorhersage bei, dass aus der medialen und ökonomischen Integration des Globus eine pazifizierte Weltgesellschaft hervorgehen werde. Es sei »glücklicherweise ein wachsendes Verständnis dafür da, daß die Welt, die wir bewohnen, nur ein einziges großes, einheitliches Vaterland ist. [...] Ein zunehmender Geist internationaler Verbrüderung ist vorhanden« (Maxim 1910, 8). Die Welt werde klein und alle würden gute Nachbarn. Diese Nähe bedeutet in der deutschen Geopolitik allerdings durchweg Enge. Maxim nimmt dagegen an, der Andere werde durch Kommunikation und Nähe zum Freund und Nächsten. Für die darauf aufbauende kulturelle Verschmelzung der Welt sorgen weltweite Übertragungen »mittelst Fernseher, Fernsprecher und Fernharmonium auf dem Schirm« (ebd., 20). Außerdem werde das »drahtlose Telephon [...] die ganze Welt umfassen«, so dass jeder jederzeit mit jedem sprechen könne (ebd.). Die »schiedlich-friedliche Völkergemeinschaft«, für Thomas Mann eine gefährliche »Chimäre« (Mann 2001, 470), werde geboren aus der Möglichkeit technisch vermittelter Interaktion. Im selben Band erläutert Robert Sloss die Implikationen globaler Konnektivität:

> Sie werden sich sehen, miteinander sprechen, sie werden Akten austauschen und werden sie unterschreiben, gleichsam, als wären sie zusammen an einem Orte. Nirgends, wo man auch ist, ist man allein. Ueberall ist man in Verbindung mit allem und jedem (Sloss 1910, 43).

Das Bild, das Sloss von unserer medialen Zukunft malt, ist genau dasselbe, das Mann und Naumann als Illusion zu entlarven suchen. Sloss prophezeit:

> Die ganze Erde wird nur ein einziger Ort sein, in dem wir wohnen. Kein Raum wird uns mehr trennen, wir werden überall sein [...]. Der Apparat, der das vermag, ist auch schon erfunden und wurde erst im vergangenen Dezember [...] patentiert. Und im Grunde ist es eigentlich nichts weiter als die geniale Kombinationen von Kinematograph, Teleautograph, Telephon und wie die großartigen Vorläufer-Erfindungen desselben alle heißen (ebd., 45).

Hochtechnisierten Medienhybriden und -verbünden gelinge eine totale Vernetzung. Eine transnationale, politiklose und daher friedliche Weltgesellschaft der Kommunikation und des Kommerz stehe folglich unmittelbar bevor. Diese Erwartung kann 1914 als widerlegt gelten. Eine andere Sichtweise würde gerade hier die Stunde einer, mit Karl Schlögel gesprochen, »neuen Geopolitik« einläuten, die den Folgen der »Etablierung von technisch-territorialen Netzwerken – Eisenbahn, Telegraph, Highways« – für die »Kulturalisierung des Politischen und die Kulturalisierung der politischen Räume« nachginge (Schlögel 2003, 72 f.). Einen Schritt in diese Richtung einer Geopolitik der Medien unternimmt Friedrich Naumann.

In seinem Band *Mitteleuropa* referiert er die skizzierte kantianische, kosmopolitisch-optimistische Semantik: »Aber hat denn nicht auch inzwischen jedermann eine weitere Auffassung von der Notwendigkeit größerer Vereinigungen gewonnen? Ein halbes Jahrhundert Eisenbahn und Weltverkehr hat alle erzogen« (Naumann 1915, 132; so auch Geistbeck 1895, 536, 541–545). Folgt also auf den Weltverkehr zwingend die Weltrepublik, »eine einzige, gewaltige Organisation« der gesamten »Menschheit« in den »Vereinigten Staaten der Erdkugel« (Naumann 1915, 164 f.) oder doch wenigstens in den »Vereinigten Staaten von Europa« (ebd., 180)? Diese 1915 rein rhetorischen Fragen hatte etwa Bertha von Suttner fünf Jahre zuvor noch bejaht: Aus den neuen Verkehrsverhältnissen, die alle mit allen verknüpfen, entwickle sich der Weltstaat (Suttner 1910). Neue Transportmittel und neue Massenmedien formen eine globale Zivilisation. Im Krieg gerät ausgerechnet diese pazifistische Vision zum Alptraum Thomas Manns: Die »demokratische Zivilisationsgesellschaft der Menschheit […]; la république sociale, démocratique et universelle, empire of human civilization. Ein Trugbild unserer Feinde« (Mann 2001, 59). Der während des Krieges – nicht nur bei Thomas Mann – semantisch in den Vordergrund gespielte vorgebliche Gegensatz zwischen deutscher *Kultur* und französisch-englischer *Zivilisation* (so bei Sombart 1915; vgl. hierzu Sprengel 1996, 154; Koch 2006, 103) korrespondiert mit der geopolitischen Kritik verkehrstechnisch begründeter Weltgesellschaftsutopien. Die Weltverkehrssemantik wird der Zivilisation zugeordnet, während die geopolitische Semantik für sich selbst eine genuin deutsche Auffassung von Kultur in Anspruch nimmt.

Nach einem Jahr Weltkrieg (samt Seeblockade) ist sich Friedrich Naumann seiner Sache sicher: »Der Krieg hat bewiesen, daß der Austausch allein noch nicht der Friede ist, denn er allein ist keine verwaltende und regierende, keine den Frieden erzwingende Kraft« (Naumann 1915, 171 f.). Weltweiter Kommerz, globale Kommunikation (»Austausch«) mögen zwar dazu führen, dass bestimmte Verhaltensweisen und Umgangsformen rund um die Erde

anzutreffen sind, etwa in Häfen, Hotels, Kontoren, doch folgt aus dieser Zivilisierung eben nicht notwendig »der Friede«. Zwar überwinden die Medien wirklich den Raum, wie es Ratzel immer wieder betont hat (Ratzel 1903, 447 ff.), so dass entfernte Mächte miteinander Personen, Daten und Waren austauschen können, doch können sie dank dieser Medien eben auch miteinander Krieg führen; und der Erste Weltkrieg, der alle fünf Kontinente intensiv betrifft, werde laut Naumann gerade um die Herrschaft über die raumüberwindenden Mächte geführt, die den Weltverkehr, aber eben auch einen Weltkrieg erst möglich machten. Naumann sieht es so: Aus dem Austausch geht der Krieg hervor, und zwar *aus geopolitischen Gründen*. Denn die wirklichen Mächte der Welt, dies ist seine zentrale These, »streiten innerhalb des Austauschsystems mit ihren Mitteln um den Ertrag und um die Oberleitung des Weltapparates« (Naumann 1915, 172). Denn wie die Seeblockade und die gekappten Kabel erweisen, ist das verkehrs- und medientechnische »Austauschsystem« nicht neutral, sondern ein Machtfaktor ersten Ranges. Wie schon Ratzel in seinem Aufsatz zur Flottenfrage angedeutet hat (Ratzel 1906b), findet die Auseinandersetzung der Großmächte um die »Oberleitung des Weltapparates« statt.

Naumanns Sichtweise prägt auch die Nachkriegsdebatte um den »Sinn« des Ersten Weltkriegs. Aus dem globalen »Netzverkehr der Kultur unserer Zeit« (Frobenius 1923, 140), meint Frobenius ganz ähnlich wie Naumann, ließe sich auf die Entstehung eines planetarischen Organismus schließen, dessen Körper von den Verbindungen des Weltverkehrs durchädert wäre. Moderne Verkehrsmittel mögen nun in der ganzen Welt zum Einsatz gelangen, doch sei die Folgerung falsch, es habe sich auf dieser Grundlage eine »Weltkultur« eingerichtet, welche die distinkten Kulturen der Völker abgelöst hätten (ebd., 15 ff.). Im Gegenteil: Der »Weltkrieg« habe die Irrlehre »von der Einheit und Universalität oder Internationalität der ›modernen Kultur‹ […] in die Glut des Weltbrandes geworfen« (ebd., 17). Die »Natur der Organismen« der ›französischen, englischen« und auch »deutschen Kultur« träten nun, aufgrund des »Weltkriegs«, hinter der »Maskerade« der internationalistischen Zivilisation wieder deutlich und trennscharf hervor (ebd., 18; s. auch Kap. II.4). Der Weltkrieg als Demaskierung einer deutschen Illusion über die Entstehung einer Weltkultur! Frobenius möchte nun nach dieser Entlarvung des Internationalismus »dem denkenden Menschen eine Richtung […] weisen, in der er der rein äußeren, der geographischen Ordnung der Kulturräume ein Interesse abzugewinnen und diesem Phänomen intellektuell nahe zu kommen vermag« (Frobenius 1923, 152). »Zivilisation« bedeutet für Frobenius Deterritorialisierung, die Emanzipation des Menschen vom Raum durch die Technik (ebd., 143, vgl. 148), während »Kultur« vielmehr »an zweierlei Gebundenes« sei: »einerseits an ein Gebiet, das ihm Leben bietet, und dann an den Menschen, der sein Leben erhält« (ebd., 144). Aus dem Gegensatz von Zivilisation und Kultur leitet Frobenius einen genuin »deutschen« Weg ab, in dem sich »Kulturwissenschaft« und das Verständnis für die »geographischen Ordnung der Kulturräume« gegenseitig stützten (ebd., 150, 152). Es ist zu vermuten, dass diese Unterscheidung von Kultur und Zivilisation die berüchtigte geopolitische Distinktion von »Bodenständigen« und »Wurzellosen« (Maull 1936, 43) semantisch vorbereitet hat. Die Kultur gilt als bodenständig, die Zivilisation als wurzellos.

Der Weltkrieg, so ließen sich Frobenius' Thesen zuspitzen, weist den Weg zu einer kulturvergleichenden Geopolitik, die Kulturen – wie seit Ratzel und Kjellén üblich – als Organismen versteht. Diese Lehre werde dann »das wirklich Deutsche« (Frobenius 1923, 150) als gewachsene »kulturelle Manifestation« eines Volkes in einem »Gebietsbereich der Erde« (ebd., 146) zu erfassen wissen. Dieses Gebiet der Erde hat Naumann »Mitteleuropa« genannt und, ausgebaut zu einer autarken Festung, zum kontinentalen Gegenspieler der britischen Seemacht bestimmt. »Unsere geographische Lage ist die Lehrmeisterin einer mitteleuropäischen Politik«, stellt er 1916 nochmals fest (Naumann 1916, vi). Damit sind nunmehr zwei »Lehrmeister« des geopolitischen Diskurses benannt: Die geographische Lage und der Krieg. Auf das bei Naumann angelegte Programm, die deutsche Mittellage zum Aufbau einer mitteleuropäischen Hegemonie zu nutzen, ist noch zurückzukommen. In der Geopolitik wird diese Lage zuallererst als ein Problem der Benachteiligung abgehandelt. Das Deutsche Reich sei erstens im Verhältnis zu seiner wachsenden Bevölkerung und Wirtschaftskraft zu klein und zweitens nach fast allen Seiten von feindlichen Konkurrenten umgeben. Hundert Jahre später, so ist es aus einer Rede von Bundespräsident Gauck zum Tag der Deutschen Einheit zu erfahren, hat Deutschland nur »Freunde als Nachbarn« und betreibt »Einwanderungspolitik« (Gauck 2013, o.S.).

Landmacht und Seemacht als Lebensformen

Die von Ratzel geprägte und neu begründete politische Geographie (Kost 1988, 22) betrachtet den »Staat als bodenständigen Organismus« (Ratzel 1903, 3). Er ist eine Lebensform, der auf einem je bestimmten »Teil der Erdoberfläche« (ebd., 5) entsteht, sich hält, verändert oder vergeht wie nur sonst ein biologischer Organismus in seinem »Lebensraum« (ebd., 3). Ratzel definiert:

> Ein Staat ist uns nicht ein Organismus bloß weil er eine Verbindung des lebendigen Volkes mit dem starren Boden ist, sondern weil diese Verbindung sich durch eine Wechselwirkung so sehr befestigt, daß beide eins werden und nicht mehr auseinandergelöst gedacht werden können, ohne daß das Leben entflieht. Boden und Volk tragen beide zu diesem Resultate in dem Maße bei, als sie die Eigenschaften besitzen, die notwendig sind zum Wirken des einen auf das andere (ebd., 6).

Ein Inselvolk wird daher einen anderen Staat errichten als ein Bergvolk, Nomaden der Wüste werden eine andere Kultur entwickeln als Bewohner einer fruchtbaren, geschützten Ebene (ebd., 6 ff.). Der spezifische Lebensraum mache erst den Schweizer, den Holländer oder den Franzosen (ebd., 9). Die Lage ist demnach mit der *Kultur* einer Bevölkerung verknüpft. Der auch von der Geopolitik gepflegte Begriff der »Kulturlandschaft« hält diese Verknüpfung fest (Kost 1988, 64; Sprengel 1996, 138). Die Art und Intensität der Verbindungen zwischen Volk und Boden hängen aber immer auch vom Stand und Einsatz der Verkehrs- und Kommunikationstechniken ab. Diese der *Zivilisation* zuzurechnenden Errungenschaften, die potentiell ja jeder Nation zur Verfügung stehen, erschließen oder überwinden den Raum. Der »Verkehr« von »Menschen und Gütern« durch Wagen, Bahnen und Schiffe sowie von Kommunikationen durch »Briefpost, Telegraph und Telephon« ist für Ratzel ein »Raumbewältiger« (Ratzel 1903, 447). Die »Ströme des Verkehrs« (ebd., 452) sind in seiner organischen Staatsauffassung als ein System von »Adern« anzusehen (ebd., 456). Und dass diese »Adern des Verkehrs« (ebd., 456) für den Geopolitiker vital für den Staat sind, ist kollektivsymbolisch verständlich (vgl. Link 1978): Der Staat als Organismus muss seine Adern schützen, wenn er nicht lebensmüde ist. Die souveräne »Verkehrshoheit« (Henning 1938, 87) ist ein zentrales geopolitisches Ziel, das sich nach dem Ersten Weltkrieg revisionistisch gegen die Internationalisierung der Verkehrswege im Reich (Rhein, Kaiser-Wilhelm-Ka-

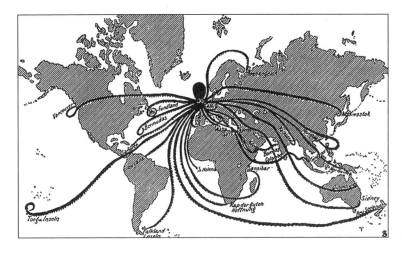

England als Krake.
»Der ›Raum‹ der
deutschen Geopolitik«
(Abb. von Haushofer
zit. bei Köster 2002, 155)

nal etc.) richtet. Für eine Weltmacht stellt dies eine globale Aufgabe dar. Da der Weltverkehr in immer größerem Ausmaß auf dem »Wasser« stattfindet (Ratzel 1903, 458, vgl. 467), erhielten schiffbare Flüsse, Kanäle, Häfen und Schifffahrtslinien eine immer größere ökonomische und politische Bedeutung. Große Kriege der Vergangenheit seien schon um »Knotenpunkte des Verkehrs« geschlagen worden, und nun sagt Ratzel voraus, dass »die entscheidenden Seeschlachten« um die Beherrschung der »Verkehrswege« der Welt gefochten werden würden (ebd., 471). Naumann behauptet, wie oben gezeigt, 1915 genau das gleiche mit seiner Formulierung, es werde um die Oberherrschaft über den Austauschapparat gekämpft.

Die für die Politische Geographie und die Geopolitik gleichermaßen bezeichnende Metaphorik der (staatlichen) Lebensformen ist keineswegs unschuldig: Als Adern können sie nur *einem* politischen Körper angehören; für Ratzels organizistischen Staatsbegriff machen internationalisierte Verkehrswege keinen Sinn. Die Metapher hat also ein polemisches *bias*. Politische Geographie und Geopolitik ordnen die ›Adern des Verkehrs‹ daher immer nur einer Macht zu, etwa Suez England, den Panama-Kanal den USA oder den Nord-Ostsee-Kanal dem Deutschen Reich. Auf den Abbildungen, die Ratzel seiner Monographie mitgibt, werden die Grenzräume des Deutschen Reiches so inszeniert, dass sich ein Vergleich zur Haut eines Lebewesens aufdrängt: Mit einem dichten Netz von Verkehrswegen auf der deutschen Seite der Grenze und einer vergleichsweisen Leere auf der anderen Seite (Ratzel 1903, 490; vgl. auch Braun/Ziegfeld 1930, 48). Auch ohne Kenntnis des völkerrechtlich festgelegten

Grenzverlaufs sieht man so anhand der Dichte der Verkehrsadern auf einen Blick, wo die Grenze der staatlichen Lebensform faktisch verläuft oder natürlicherweise verlaufen muss, damit der Körper lebensfähig bleibt. »Die Karte kann diese geopolitischen Einsichten am besten vermitteln«, schreiben Braun und Ziegfeld 1930 im Vorwort zu ihrem geopolitischen Atlas, wendet sie sich doch »an die Anschauung und hat die Mittel, diese in stärkster Weise suggestiv zu beleben« (ebd., iii). Dass der Blick auf die entsprechende Karte der Suggestion erliegen kann, es gebe auch *unnatürliche Grenzen*, kann nicht verwundern, liegen doch, nach Versailles, Adern und Haut außerhalb der völkerrechtlichen Grenzen des Deutschen Reiches (zur Kartographie als Imaginationsmatrix und Leitmedium der Operationalisierung von Raum vgl. Dünne 2008). Die Nachkriegsgeopolitik bleibt bei dieser Metaphorik und spricht denn auch von »Deutschlands Verstümmlung« (Braun/Ziegfeld, 37).

Ganz anders als die europäischen Landmächte wird der politische Körper der britischen Seemacht metaphorisiert und auf den geopolitischen Karten repräsentiert. Der Namensgeber der Geopolitik, Rudolf Kjellén, beschreibt im Jahr 1915 das Empire als »ungeheure Meeresspinne« im »Netz« ihrer globalen Verkehrs- und Kommunikationsverbindungen (Kjellén 1917b, 88). Dieses Bild der englischen Spinne oder auch Krake (Nübel 2008, 73) wird kollektivsymbolisch Karriere machen.

Die englische »Weltherrschaft« realisiere sich in ihrer »naval supremacy« (Kjellén 1917b, 89) einerseits und einem über die Welt verteilten »Schwarm von Stationen« (ebd., 92) anderseits. Zu erinnern ist an das Beispiel Gibraltar. Während eine Landmacht

ihr Staatsgebiet vollkommen seiner Hoheit unterwerfe und an jedem Punkt des Territoriums seine Ordnung durchsetze, könne sich eine Seemacht mit einigen gut gewählten Stützpunkten begnügen, um die Weltmeere und damit die Welt zu beherrschen, erläutert Carl Schmitt den geopolitischen Unterschied von Land und Meer (Schmitt 1993, 86 f.). Dafür reicht, um in Kjelléns Bild der Meeresspinne zu bleiben, ein Netz vollkommen aus. Ohne Not, die derart dominierten Gebiete, Kolonien und Einflusssphären militärisch und staatlich-verwaltungstechnisch vollständig zu durchdringen, beherrsche England so mit »kaum mehr als 10 % der Bevölkerung und noch nicht einmal 1 % des Volumens« ein Viertel der »Landmasse und der Bevölkerung der Erde«, schreibt Kjellén durchaus in bewunderndem Ton über das Prinzip der See- und Weltherrschaft (Kjellén 1917b, 92). Deutschland dagegen sei als kontinentale Macht ein »bodenständiger Organismus«, zu dessen typischen Eigenschaften Ratzel eine feste Kopplung von Staat, Boden, Kultur und Bevölkerung zählte.

Die von Ratzel übernommene Konzeption des Staates als Organismus zeitigt völkerrechtliche Konsequenzen, denn der Staat sei eben als Lebensform viel mehr als die »universitas agrorum intra fines cuiusque civitatis« des Römischen Rechts (zit. n. Bar/Dopffel 2001, 510), viel mehr als eine bloß rechtspositivistisch definierte territoriale Einheit. Denn der Staat als Lebensform blühe, wachse und gedeihe oder schrumpfe und gehe ein, und an diesem evolutionären Prozessen nehme das intensive »Gemeinschaftsgefühl« der Bevölkerung innigsten Anteil (Ratzel 1903, 23). Denn Boden, Staat, Bevölkerung, Kultur und Wirtschaftsform seien »unwiderruflich« miteinander verknüpft (ebd., 69). Sollte sich eine völkerrechtliche Grenze verschieben, bedeute dies nicht unbedingt, dass das Gebiet und seine Bevölkerung tatsächlich Teil eines anderen Organismus werden müsse; aufgrund der organischen Verknüpfung von Volk, Boden und Kultur könnte es durchaus der Fall sein, dass das betreffende Gebiet sich nicht amputieren ließe und gleichsam auf den erneuten ›Anschluss‹ an den genuinen Staatskörper warte. Die Kontinuität dieses Diskurses ist in den geopolitischen, teils revanchistischen, teils »tröstenden« (so Sprengel 1996, 96) Selbstbeschreibungen nach den Pariser Vorortverträgen leicht nachzuweisen: So werden nach dem Weltkrieg die deutschen Gebietsverluste als »Verstümmelung« bezeichnet und visualisiert, während zugleich die verlorenen Reichsteile, die völkerrechtlich Ausland sind, als »deutscher Kulturboden« geopolitisch weiter zum Inland gezählt werden. Die geopolitischen Grenzen

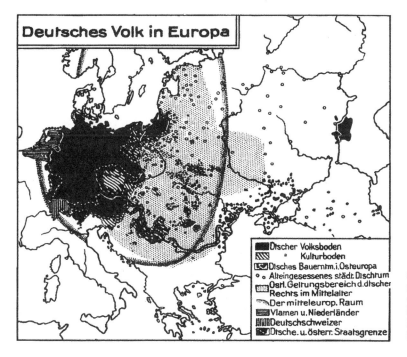

Deutsches Volk in Europa

- ■ Dtscher Volksboden
- ▨ " Kulturboden
- ▧ Dsches Bauerntm.i.Osteuropa
- ° ° Alteingesessenes städt. Dtschtum
- ▦ Ostl.Geltungsbereich d.dtscher Rechts im Mittelalter
- ▒ Der mitteleurop. Raum
- ▤ Vlamen u.Niederländer
- ▥ Deutschschweizer
- ▧ Dtsche. u.österr. Staatsgrenze

»Verstümmelung« und angestammter »Deutscher Volks- und Kulturboden« (aus Braun/Ziegfeld 1930, 37 und 43)

des Deutschen Reichs verlaufen aus der Sicht von Braun und Ziegfeld nicht dort, wo die Pariser Vorortverträge sie festgelegt haben. Die Karten suggerieren, der deutsche Volkskörper warte darauf, dass das Reich dereinst die neuen Grenzen ablegen werde wie viel zu eng geschneiderte Kleider (zum Argument der notorischen Enge vgl. Liulevicius 2002, 324; zur visuellen Rhetorik der geopolitischen Karten vgl. Jureit 2012, 258–261).

Eine Landmacht ist laut Ratzel von jener »Dichte der Beziehungen zum Boden« (Ratzel 1903, 66) geprägt, die Schmitt »Kerbung« (Schmitt 1997) und Deleuze und Guattari »Territorialisierung« nennen werden (Deleuze/Guattari 1997). Daran haben kollektivsymbolisch, wie schon gezeigt, die modernen Verkehrsmittel als Adern und Nerven des Staatskörpers einen großen Anteil: »Die Eisenbahnen und Telegraphen sind ein politisches Machtmittel ersten Ranges, in werdenden Staaten zur Befestigung des Staatsverbandes, in fertigen zur Kräftigung der Exekutive und zur Vermehrung des politischen Einflusses der Regierung« (Geistbeck 1895, 537). Der »staatliche Organismus«, schreibt Geistbeck im Vokabular der Politischen Geographie, gewinne Spannkraft und Energie aus der verkehrs- und kommunikationstechnischen Integration seines »Volkes« (ebd., 538). Freilich muss der Staat selbst souveräner

Herr seines Kreislaufes sein, andernfalls handelt es sich bei der Lebensform um eine Kolonie.

Bei Geistbeck sind, dies wäre ein weiterer Aspekt, auch die strategischen Konsequenzen dieses Diskurses nachweisbar: Es verstehe sich, dass der Kriegserfolg einer modernen Armee von dem »Geschick« abhänge, »mit den Eisenbahnen als den mächtigsten Bewegungsfaktoren zu operieren und die Schlachten, in denen nach der gegenwärtigen Art der Bewaffnung mehr die Menge der Truppen als die persönliche Tapferkeit ausschlaggebend ist, nur da zu schlagen, wo diese entscheidende Überlegenheit der Massen gesichert ist« (ebd., 534). Die Bahnbauten in Russland oder im Osmanischen Reich werden ganz selbstverständlich unter diesen Gesichtspunkten betrachtet. Der Krieg, davon geht Geistbeck aus, werde logistisch entschieden. Der Schlieffen-Plan des Deutschen Generalstabs setzt hier an (vgl. Wehler 1983, 155). Er geht von der Voraussetzung aus, dass die modernen Verkehrsmittel – angesichts des Vorsprungs des Deutschen Reiches auf diesem Gebiet – das deutsche Heer in die Lage versetzen, erst im Westen mit massierten und zumindest an diesem Angriffspunkt überlegenen Kräften Frankreich in einer Entscheidungsschlacht zu besiegen, um danach mit der in großen Teilen aus dem Westen in den Osten verlegten Armee Russland zu schlagen.

Weder Frankreich noch das Russische Reich hielten sich an diesen Plan, der einen kurzen, hochmobil geführten, schnellen Feldzug vorsah.

Auslese und Dezision: Krieg als geopolitisches Experiment

Die für den geopolitischen Diskurs grundlegende Annahme einer organischen Verknüpfung von Volk, Boden und Kultur mittels moderner Techniken, Verkehrs- und Nachrichtenmittel hat die Politische Geographie bereits vor dem Krieg vertreten (Ratzel 1903, 3 ff., 470). Inwieweit die damit verbundenen Selbstbeschreibungen des Deutschen Reiches als junger, kraftvoller, aufstrebender und vitaler Groß- oder gar Weltmacht Eingang in die Kriegsvorbereitungen oder die Kriegsbereitschaft der Oberschicht gefunden haben, kann hier nicht geklärt werden, doch passen die organizistischen bzw. vitalistischen (»Spannkraft«) Formeln der Politischen Geographie gut zur maßlosen Selbstüberschätzung bzw. Unterschätzung der gegnerischen Kräfte im Sommer 1914. Dass die Politische Geographie den Krieg ausdrücklich als experimentelle Probe auf die Richtigkeit ihrer Thesen angesehen hat, wird jedenfalls die Kriegsbereitschaft der wilhelminischen Führungsschichten sicher nicht gezügelt haben. Die stupende wie stupide Risikobereitschaft der militärischen und politischen Führung, die von Historikern festgestellt worden ist (vgl. etwa Wehler 1983, 197 oder Berghahn 2012, 34), hätte diskurspolitisch in der Politischen Geographie einen guten Verbündeten gefunden, der im Falle der Entscheidung zum Vabanque-Spiel rät. Der Grund dafür liegt in der darwinistischen Konzeption des Staatsorganismus.

Es sei nämlich ein evolutionärer Wettbewerb menschlicher »Lebensformen« (Kjellén 1917b, 3), aus dem überhaupt erst in Staaten organisierte, distinkte Völker als Bewohner prägnant unterschiedener Kulturlandschaften hervorgehen:

> Es gibt Wahlverwandtschaften zwischen dem Volk und seiner Heimat. Sie können sich natürlich erst an Ort und Stelle entfaltet haben. Und gleichwohl greifen sie so tief ins Wesen der Volkstümlichkeit ein, daß wir sie gar nicht mehr vom Volksgenius zu trennen vermögen. Das Russenvolk wäre uns z. B. undenkbar auf englischem Boden, das britische auf russischem (Kirchhoff 1905, 8).

Ein Volk ist also aus dieser Sicht genau der Umwelt angepasst, in der es evoluiert. Der »Brite« etwa sei in »tellurischer Auslese« von seiner Insel zur »Seemacht« erzogen worden (ebd., 9). Diese Auffassung

wird nach dem Krieg nahezu eine Selbstverständlichkeit. Dies erklärt auch, warum die Bewohner von Sizilien, Kuba oder Madagaskar im Unterschied zu England ihre Inseln nicht zum Stützpunkt einer Seeherrschaft haben verwandeln können, erläutert Carl Schmitt (Schmitt 1993, 90). »Selbstverständlich ist England eine Insel. Aber mit der geographischen Tatsache ist noch nicht viel gesagt« (ebd.). Auch Schmitt beschreitet den Weg von der Geographie zu einer darwinistisch fundierten geopolitischen Geschichtsphilosophie. Es komme nicht nur auf die Insellage an, sondern auch darauf, welche geschichtlichen und politischen Kräfte »ein Volk von Schafzüchtern im 16. Jahrhundert zu einem Volk von Kindern der See« werden ließen (ebd., 92). Zur ›tellurischen Auslese‹ gehört also nicht allein eine bestimmte geographische Lage, sondern zudem eine politische Lebensform, die sie im Wettbewerb mit allen anderen am besten für sich gebraucht und sich damit durchsetzt. Hätten die Briten die Lage nicht besser als andere genutzt und sich erfolgreich gegen konkurrierende Völker oder Lebensformen durchgesetzt, gäbe es sie ja gar nicht (mehr). Die wirkliche Fähigkeit zur Seeherrschaft einer Inselnation oder die echte Schlagkraft einer Landmacht erweisen sich letztlich erst im ›Kampf ums Dasein‹.

Selbstverständlich ist Deutschland keine Insel, und auch damit wäre geopolitisch noch nicht viel gesagt. Auch Frankreich oder Russland sind keine Inseln. Die Spezifität der Staaten als Organismen gehe erst aus der Entwicklung dieses Organismus in seiner geographischen Nische hervor (Kirchhoff 1905, 59). Daraus folgt in darwinistischer Lesart: »Ganz Europa ähnelt einem Versuchsfeld« der Evolution (ebd., 63). Und der wichtigste »Prüfstein« dieses selektiven Prozesses ist schon für den Zoologen Ratzel »der Krieg« (Ratzel 1906a, 417). Ob ein Volk und sein Staat sich ihr Territorium wirklich angeeignet haben (»einwurzeln« nennt Ratzel die Verbindung von »Volk« und »Boden«; Ratzel 1941b, 4), offenbare sich erst in der wirklichen Auseinandersetzung mit konkurrierenden Staaten, die entweder die Grenzen ihres eigenen Organismus immer weiter vorschieben und den Boden okkupieren oder aber zurückgeschlagen werden. Was nicht fest genug wurzelt, wird vom Sturmwind der Evolution hinweggefegt, lautet eine kollektivsymbolisch wirkungsmächtige Formulierung dieser geopolitischen Unterstellung, die im ›Dritten Reich‹ zumal die angeblich nomadischen Bevölkerungen des ›Deutschen Osten‹ meinte (vgl. Werber 2012a).

Geopolitiker wundern sich nicht über das ›Ausmerzen‹ von Völkern oder den Untergang von Reichen. Wie biologische Arten im darwinistischen ›Kampf ums Dasein‹ verschwinden im Krieg wie im Frieden, schneller oder langsamer ganze Staaten von der Landkarte. Andere entstehen. Aus Ratzels Sicht geht es aber stets um Sein oder Nichtsein, um die schiere Existenz der staatlichen Organismen. Dies wird im Kriegsfall besonders deutlich, denn im Ernstfall muss »ein Volk alles, was es hat und weiß, aufs Spiel« setzen (Ratzel 1906a, 417). Wer dazu nicht bereit ist, wird von aggressiveren, tüchtigeren Lebensformen erst verdrängt und dann ersetzt. Nur im Krieg, lehrt Ratzel, entdeckt der Staat als Organismus alle seine Kräfte. Auch diese Auffassung mag einen gewissen Einfluss auf die Mentalität der Eliten gehabt haben, Deutschland sei gerade im Ausnahmefall besonders leistungsfähig und müsse entweder siegen oder untergehen. In beiden Fällen spräche die ›Auslese‹ ein Urteil, übrigens ein Urteil ›jenseits von Gut und Böse‹, das so oder so unabänderlich wäre.

Carl Schmitt, der Theoretiker des Ausnahmezustands und des politischen Dezisionismus (s. Kap. IV.1), findet denn auch in Ratzels geopolitischer Zoologie viel von dem, was er für seinen durchaus auch geopolitisch gedachten Begriff des Politischen (Schmitt 1991a; vgl. Balke 1996) benötigt, vor allem die Befugnis des Staates, in einem »konkret vorliegenden Konfliktfall« zu ermessen, ob ein Kampf aufgenommen werden muss, um »die eigene, seinsmäßige Art von Leben zu bewahren« oder nicht (Schmitt 1991a, 27, vgl. auch 46). Es geht um die »Existenz« (Weber 1988, 51), und Kaiser Wilhelm II. hat in seinem Berliner Aufruf vom 6. August 1914 den Krieg mit den Worten erklärt, es gehe »um Sein oder Nichtsein deutscher Macht und deutschen Wesens«. In die Waagschale dieser Alternative sollte alles geworfen werden »bis zum letzten Hauch von Mann und Roß« (Wilhelm II. 1914, o.S.). Entweder Triumph oder Auslöschung. Der Darwinismus dieser Formulierung liegt auf der Hand, aber dieses Zitat lässt sich auch in die skizzierte Tradition eines geopolitischen Existentialismus einordnen. »Ein ernsthafter Krieg macht die letzten und äußersten Hilfsmittel flüssig« (Ratzel 1906a, 417), schreibt Ratzel über seine Experimentalanordnung, aus der eine weitere Linie zu Ernst Jüngers aus dem Ersten Weltkrieg gewonnenen Begriff der »totalen Mobilmachung« zu ziehen wäre (vgl. Jünger 1980).

In seiner umfassenden und fein differenzierenden Wissensgeschichte des geopolitischen Diskurses stellt Klaus Kost zurecht fest: »Jeder Krieg ist so gesehen der Ersatz für Laborversuche und Simulationen« (Kost 1988, 28). Diese Position vertritt neben

Ratzel auch Kjellén (vgl. ebd., 47). Der Darwinismus, in der organizistischen Staatsauffassung ohnehin präsent, ist hier überall zu greifen, nur dass nun endlich die Geopolitik in den aus ihrer Sicht natürlichen Vorgang der »tellurischen Auslese« (Kirchhoff 1905, 9) mit Analysen, Prognosen und Handlungsanweisungen zu intervenieren sucht. ›Auslese‹ ist dann kein Schicksal mehr, sondern ein wissenschaftlich zu erklärender Prozess, der soweit zu beeinflussen ist, wie neben den geographischen Fakten auch dem Handeln der beteiligten Akteure (Staaten) ein Anteil an der Evolution zukommt (zur Darwin-Rezeption in der Politischen Geographie vgl. auch Jureit 2012, 142–147). Die dem geopolitischen Diskurs inhärente evolutionistische Dynamik – überall wird von den Organismen »Raum gewonnen und Raum verloren« (Ratzel 1906b, 377) – legt eine existentiell-dezisionistische Deutung der Lage eines Staates nahe, wie Ratzel sie auch in der sogenannten ›Flottenfrage‹ vertritt: Deutschland müsse eben »Weltmacht« werden und wachsen (ebd.) oder sich damit abfinden, »in den Hintergrund gedrängt« zu werden (ebd., 378). Diese sozialdarwinistische und zugleich politisch-dezisionistische Zuspitzung – »Hammer oder Amboß« (ebd., 377) – findet in den wilhelminischen Oberschichten und Entscheidungsträgern breite Resonanz. ›Sein oder Nichtsein‹! Unter dem Eindruck einer existentiellen Alternative, entweder Weltmacht oder gar nicht zu sein, scheuten die militärischen und administrativen Führungsgruppen vor »dem Risiko des Krieges nicht zurück« (Wehler 1983, 197; ähnlich Erdmann 1982, 79).

Dass Deutschland auf der ganzen Welt »als junge, spät und unerwartet kommende und dadurch doppelt unbequeme Kolonialmacht« auftrete und damit insbesondere Englands »Wachstum« spürbar »hemmen« musste (Ratzel 1906b, 380), beinhaltet im Sinne der Experimentalanordnung Ratzels ohnehin das steigende Risiko eines Kriegs der kontinentalen deutschen Macht gegen die »Seeherrschaft Englands« (ebd., 378), die gebrochen werden müsse, damit Deutschland zur Weltmacht weiter wachsen könne. Wenn aber der Weltkrieg schon vor seinem Ausbruch als Experiment gilt, kann es nicht wundern, wenn der geopolitische Diskurs nach dem Weltkrieg geradezu explodiert, denn nun beginnen die Auswertungen der Versuchsreihe (vgl. Sprengel 1996, 31 f.). Es wird hier zu einer Neudeutung des ›Raumschicksals der Deutschen‹ kommen: Statt Weltmacht mit Kolonien werden zu müssen, soll es nun als kontinentale Macht Expansionsräume im Osten erschließen. Diese Umorientierung, eine der gravierenden und wirkungsmächtigen Neuformierungen der geopolitischen Semantik im Zuge des Weltkriegs, wird noch ausführlich zu diskutieren sein.

Die Mittellage: »Deutschlands geopolitische Schwäche«

»Auf drei Seiten ist der deutsche Volksraum von Land umschlossen, aber auch die vierte Seite führt nicht an den offenen Ozean, sondern nur an Nebenmeere, die von den nahen Seenachbarn leicht abgeriegelt werden können« (Springenschmid 1934, 137). Deutschland ist eine Landmacht, aber anders als beispielsweise Russland verfügt es über keine »Raumreserve«. Es ist allseits »von Nachbarn umstellt« und »ständig in Gefahr, von ihnen eingekreist zu werden« (ebd.). Das Deutsche Reich habe mit allen »Gefahren der Binnenlage zu rechnen« (ebd., 141). All dies sind geopolitische Gemeinplätze (Kjellén 1917b, 59). Frankreich dagegen, das mit Spanien, Italien, Schweiz, Belgien, Holland und Deutschland ja auch nicht gerade wenige Nachbarn besitzt, werde dagegen schon von der »Natur« hervorragend geschützt. Eingeschnürt, ja abgeschnürt, habe das Reich über so »wenig Bewegungsfreiheit« verfügt wie niemand sonst (Springenschmid 1934, 145, 153). Die geopolitische Lehre kann hier evidenterweise nur lauten, dass es sich aufzuschnüren habe, damit es sich wieder frei bewegen kann.

Die Rede von der Mittellage ist ein geopolitischer Topos. Auch Thomas Manns 1918 erschienenen *Betrachtungen eines Unpolitischen* künden von »Deutschlands gefährdeter geographischer Mittellage« (Mann 2001, 476). Das Reich habe sich 1914 in einer ungünstigen Stellung befunden: »angespanntes Dasein mit schlechten Grenzen« (ebd., 164).

Schlechtere (weniger Gebirge, Meere oder Ströme als natürliche Grenzen) und längere Grenzen (in Relation zur Gesamtgröße) etwa als Frankreich. »Es gibt also mehr als hinreichendes Material, um den Grenzrahmen Deutschlands als schlechten zu bezeichnen«, konstatiert der Namensgeber der Geopolitik, Rudolf Kjellén (Kjellén 1917b, 61). Solche Aussagen muss am Ende des Krieges niemand mehr begründen, denn die Nachteile der deutschen Mittellage gelten als evident. Diskurspolitisch war die Geopolitik ein Erfolg.

Deutschland ist, im Gegensatz zu seinen Konkurrenten Frankreich, England und Russland, also das europäische »Reich der Mitte«. Es ist von »anderen Großmächten eingekreist« (ebd., 59). Seine nach 1918 geradezu fragile Gestalt läuft permanent Gefahr, *umklammert, durchstoßen* oder *abgeschnürt* zu werden (Springenschmid 1934, 145). Als sitze es nach dem verlorenen Krieg im Gefängnis, illustrieren Braun und Ziegfeld mit ihren geopolitischen Karten – wie immer so suggestiv wie möglich – die »Einriegelung« Deutschlands von allen Seiten (Braun/Ziegfeld 1930, 40). Schon 1915 hat Naumann, mit Blick auf die Seeblockade, die deutsche Mittellage ein »Wirtschaftsgefängnis« (Naumann 1915, 135) genannt. So sieht es auch Kjellén: Die deutsche Wirtschaft sei grundsätzlich abhängig von Importen wie Exporten (Kjellén 1917b, 66), ohne dass es seine Handelswege für Rohstoffe und Produkte selbst zu sichern vermag. Die »Einkreisung«, so erläutert Kjellén kurz vor Kriegsbeginn, sei eben »Deutschlands geopolitische Schwäche« (ebd., 77). Dies heißt, dass auch ohne Krieg die deutsche Weltwirtschaft einen »hochpolitischen Charakter« habe (ebd., 79), insofern England die für den Welthandel notwendigen Verkehrs- und Kommunikationswege kontrolliere und die europäischen Nachbarn ihre Grenzen jederzeit schließen könnten. Da das Deut-

Erst die Mittellage ermöglicht die Einkreisung (aus Braun/Ziegfeld 1930, 33)

sche Reich auf die globalen Märkte angewiesen ist, sieht Kjellén Deutschland als potentielle Geisel der wahren Weltmacht: England.

Es gibt nun keine eindeutige geopolitische Agenda, die aus dieser Beschreibung abgeleitet wird, sondern mindestens zwei: Ausbruch aus der Einriegelung oder, im Gegenteil, Einigelung im Großraum Mitteleuropa. Die Geopolitik im Krieg diskutiert also die Alternativen Weltmacht und Autarkie. Das Weltmacht-Projekt geht davon aus, England zu schlagen und die Seeherrschaft zu übernehmen. Dass die deutsche »Welteroberung« unmittelbar bevorstehe, ist etwa für den rassistisch-chauvinistischen Schriftsteller Houston Stewart Chamberlain 1915 eine Gewissheit, denn bald sei der Tag gekommen, an dem »Englands Tyrannei auf dem Meer vernichtet« werde, »gründlich und für immer«. Eine deutsche »Meerespolizei« werde dann die »Schiffahrt der Welt« gegen die britische »Piraterie« schützen (Chamberlain 1915, 95).

Im Vergleich zu Chamberlains Kriegszielen, die politisch vom ultranationalistischen Alldeutschen Verband und der Deutschen Vaterlandspartei vertreten wurden, nimmt sich eine andere Strategie geradezu moderat aus, nach der England von seinen Kolonien und Verbündeten abgeschnitten werden soll. Behemoth würde sozusagen den Spieß umdrehen. Das Mittel zum Zweck einer »Blockade Englands« wäre der »verschärfte U-Boot-Krieg«, wie Max Weber es 1915 erwägt und selbst schließlich aus eher wehrtechnischen Gründen als unrealistisch ablehnt (Weber 1988, 45). Es bleibt also bei Mahans Einsicht: Seemacht ist Weltmacht, und die einzige Flotte mit globaler Machtprojektion ist die britische: »England kann unseren Handel abschneiden und unsere Kolonien nehmen«, ohne dass Deutschland aufgrund »unserer geographischen Lage« dies verhindern könnte (ebd., 18, 17).

Auch Max Weber verweist hier immer wieder auf das, was »jede Karte« sofort erweise (ebd., 21). Deutschland ist eine Landmacht, und auch den Tirpitz-Plan, der mit einer England ebenbürtigen Flotte dem Reich zum Ausbruch aus der kontinentalen Enge und einem »Platz an der Sonne« verhelfen wollte (Erdmann 1982, 39), hat der Weltkrieg als Makulatur erwiesen. Der deutschen Flotte gelang es nicht, die britische Seeblockade aufzuheben. Aus geopolitischen Gründen bleibt dem Reich als strategische Option allein das Mitteleuropa-Projekt einer »auf Ostmitteleuropa ausgerichteten kontinentalen Hegemonialpolitik« (Weber 1988, 365; vgl. Wippermann 1981, 89). Die britische Seesuprematie stünde diesem Vorhaben jedenfalls nicht im Wege.

Das Tor zur Welt und sein Türhüter: Das Bagdadbahn-Projekt

Um ›Weltmacht‹ zu werden, eine unter Politischen Geographen von Ratzel bis Kjellén (bis 1915) völlig unumstritten Bestimmung der deutschen Außenpolitik, müsse sich Deutschland aus seiner »kontinentalen Gebundenheit« lösen (Kjellén 1917b, 80), also geopolitisch die Einkreisung durchbrechen. Dieses Ziel hält Kjellén – vor Kriegsbeginn – für erreichbar im Falle einer Konzentration der Mittelmächte auf »ein [ein! Nicht viele. N.W.] imperialistisches Programm, nämlich auf das levantinische um das Rückgrat der Bagdadbahn« (ebd., 79).

»The Baghdad Railways became the chief symbol of eastern ambitions«, schreibt Isaiah Bowman in seiner geopolitischen Skizze der New World (Bowman 1928, 265). Das Bahnprojekt sollte – quasi als Alternative der britischen Linie über Gibraltar, Malta, Suez und Aden – Hamburg über Berlin, Budapest, Belgrad, Sofia, Istanbul und Bagdad mit dem persischen Golf verbinden und deren Anrainer wirtschaftlich und politisch miteinander verknüpfen. Es wurde, nach geopolitischer Lesart, sofort als Konkurrenzprojekt erkannt und von allen Großmächten (England, Frankreich, Russland) bekämpft (Hartig 1940, 545). Die geplante Bahnlinie war dem Artilleriebeschuss von See aus durchweg entzogen und konnte als wehrgeopolitisches Musterbeispiel gelten. »Eine außerordentliche strategische Bedeutung wird die jetzt ernstlich geplante Bagdadbahn […] haben, da die Beförderung aus dem Inneren zur Balkanhalbinsel eine wesentliche Beschleunigung erhalten wird«, während der »Meerweg […] für diesen Zweck ausgeschlossen« ist (Pelet-Narbonne 1900, 275). Diese Exklusion versteht sich 1900 fast von selbst, denn der besagte Seeweg führte keineswegs durch ›freie Meere‹, sondern durch eine Reihe britisch kontrollierter Sperrforts wie Gibraltar und Aden.

Nach der Einschätzung Wilhelm II. würde jedoch die Bagdadbahn seinem Reich endlich eine eigene »Pforte in die Welt« öffnen, deren Tore »kolonialpolitisch« sonst ganz nach Belieben des britischen Türhüters verschlossen seien (zit. n. van Laak 2005, 94; vgl. auch Conrad 2008, 107). ›Gerechtigkeit‹ im Sinne einer seiner militärischen und wirtschaftlichen Bedeutung entsprechenden Partizipation des Reiches am Imperialismus würde es erst dann geben, wenn die »Pforte« offen stünde. Diesen Anspruch vertritt der Staatssekretär des Äußeren und spätere Reichskanzler Bernhard von Bülow am 6. Dezember 1897 in seiner berühmt gewordenen Rede vor dem Reichs-

Strecke der geplanten Bagdadbahn (aus McMurry 1919, 6)

tag, in der er Deutschlands »gutes Recht« als Welt-macht einfordert: »Mit einem Worte: Wir wollen niemand in den Schatten stellen, aber wir verlangen auch unseren Platz an der Sonne« (Bülow 1907, 7).

Verkehr, Pforten und Türhüter

Wilhelm II. möchte eine orientalische »Pforte« öffnen. Im Sprachgebrauch der Geopolitik, zumal in der *Zeitschrift für Geopolitik*, ist die Verwendung des Begriffs der ›Pforte‹ im Sinne eines strategisch bedeutenden, verengten und militärisch daher gut zu sichernden Zugangs oder Übergangs gut nachweisbar. Schon Ratzel nennt den Felsen von Gibraltar die »Pforte zum Mittelmeer« (Ratzel 1903, 305). Auch Pässe sind »Pforten« (ebd., 812). Es versteht sich, dass der »Verkehr« hier »leicht zu bewachen« ist (ebd., 554). Wenn der deutsche Kaiser den Begriff der Pforte im Zusammenhang der Bagdadbahn gebraucht, sind diese Konnotationen aufgerufen. Insofern das Deutsche Reich die besagte »Pforte in die Welt« vergeblich für sich reklamiert hat, erinnert es an die literarische Figur eines gewissen Landmanns, den ein Türhüter am Durchschreiten gehindert hat. Die Bagdadbahn führt auf weiten Strecken durch Österreich-Ungarn und seine Interessensphäre auf dem Balkan. Auch in Kafkas Erzählungen aus der

Kriegszeit – allen voran in »Vor dem Gesetz« (1915) und »Die kaiserliche Botschaft« (1919) geht es um Verkehr, und die verwendete Metaphorik erinnert an die Rede Bülows.

Eine »Botschaft« solle »gesendet« werden, »dem winzig vor der kaiserlichen Sonne in die fernste Ferne geflüchteten Schatten« (Kafka 1982a, 139), schreibt Franz Kafka im Frühjahr 1917, und ein Bote macht sich aus »dem Inneren« (Pelet-Narbonne 1900, 275), dem Zentrum des Reiches, der »Mitte der Welt« (Kafka 1982a, 139), auf den langen Weg an die Peripherie. Es geht um die verkehrs- und nachrichtentechnische Integration des Staates, mit Harold Adams Innis um die Frage von *empire* und *communications*. Und genau wie die deutschen Militärexperten interessiert sich auch Kafka für das Verhältnis des grundsätzlich möglichen Tempos zu den Reibungsverlusten der Wegstrecke, die die Zustellung der Botschaft – oder auch ganz allgemein: von Informationen und Gütern – quasi unmöglich machen. Auf anderem Terrain würde der Bote »fliegen« (Kafka 1982a, 138), aber hier … Selbst der Verweis auf seine allerhöchste kaiserliche Mission hilft letztlich nicht, das »Tor« zu durchschreiten (ebd., 139). Findet der Bote »Widerstand, zeigt er auf seine Brust, wo das Zeichen der Sonne ist« (ebd., 138). Sonne und Schatten verbildlichen Macht und Ohnmacht eines Reiches, deren kaiserliche Kommunikationsmittel die Peripherie nicht zu erreichen vermögen: Ein geopolitisches Problem erster Ordnung, und zumal das Problem einer Landmacht.

Benno Wagner hat darauf hingewiesen, dass der geopolitische Diskurs durchaus zum Horizont von Kafkas Texten gehört:

> Kafka, dessen Literatur bekanntlich im Zeichen der Landvermessung steht, war nicht nur mit verschiedenen Aspekten der geopolitischen Praxis vertraut, sondern, mit einiger Wahrscheinlichkeit, auch mit Teilen der theoretischen Debatte. So hatte etwa im Frühjahr 1916 Friedrich Meinecke in der von Kafka regelmäßig gelesenen ›Neuen Rundschau‹ eine hymnische Rezension der geopolitischen Weltkriegsdiagnose des schwedischen Geographen Rudolf Kjellén veröffentlicht (Wagner 2009, 444).

Die Auskunft des deutschen Kaisers über die Bagdadbahn als Pforte in die Welt und die seines Ministers und Kanzlers über das Verhältnis von Sonne und Schatten zählen zwar nicht zur »theoretischen Debatte«, sicher aber zur »geopolitischen Praxis«. Da Franz Kafkas Parabel *Vor dem Gesetz* wie Rudolf Kjelléns und Friedrich Naumanns Traktate 1915 erschienen ist und ausgerechnet von einem Mann vom Lande handelt, der aus übertriebenen Sicherheitsbedürfnissen den Schritt durch das von einem Türhüter bewachte Tor nicht zu tun wagt, ließe sich zumal dieser Text vor dem geopolitischen Kontext des Projektes einer Bahn aus dem zentralen Raum Mitteleuropas an die Peripherie und mit Blick auf die Metaphorik der versperrten bzw. zu öffnenden Pforten lesen (Kafka 1982b). Obschon der Landmann mit gutem Recht das für ihn eigens bestimmte Tor passieren dürfte, zögert er sein ganzes Leben lang mit dem Eintritt, um den Türhüter nicht zu erzürnen. »Der Mann überlegt und fragt dann, ob er also später werde eintreten dürfen. ›Es ist möglich‹, sagt der Türhüter, ›jetzt aber nicht‹. [...] Solche Schwierigkeiten hat der Mann vom Lande nicht erwartet« (ebd., 131). Genau dieses fortwährende Zögern, sich entschlossen eine »levantinische« Tür zu öffnen (Kjellén 1917b, 79), hat Kjellén der deutschen Landmacht ja vorgeworfen (zur deutschen Orientpolitik, zum Bagdadbahn-Projekt, seinen Gegnern, »Englands Großes Nein« und deutschen Bedenken vgl. Schöllgen 2000, 86 ff.). Hinzuzufügen ist, dass Kjellén Österreich-Ungarn als ein geopolitisches Monstrum beschreibt, dessen zahllose innere Spannungen den Staat quasi handlungsunfähig machten und es ihm verwehrten, Deutschland als »Schlüssel zur Levante« zu dienen (Kjellén 1917b, 24, vgl. auch 10–22). Der Schlüssel öffnete nichts, die Pforte blieb

verschlossen, und die Bahn wurde nicht vor dem Krieg fertig (Hartig 1940).

»Von Saal zu Saal stehn aber Türhüter, einer mächtiger als der andere«, erläutert der Türhüter dem Landmann (Kafka 1982b, 131). Der in Kafkas Erzählung als slawisch-osteuropäische Figur entworfene »unterste« Türhüter befindet sich etwa in dem Verhältnis zu den »mächtigere[n]«, die noch folgten (ebd.), wie das serbische oder griechische Königreich zu seinen Sponsoren Russland und England. Bestechungen und Geschenke des Landmanns werden akzeptiert, führen aber nicht zum Erfolg; die Bereitschaft, das Bagdadbahn-Projekt durch Beteiligungen von französischen und englischen Banken voranzutreiben, steigt nicht, obschon alle Gaben gerne genommen werden (Mommsen 1983, 266). Der Wächter scheint mächtig zu sein, aber während der Landmann wartet, nimmt der »Größenunterschied« zum »Türhüter« sehr »zu ungunsten des Mannes« noch weiter zu (Kafka 1982b, 132). Nicht nur die Machtstruktur, auch der Zeitindex der Erzählung findet eine geopolitische Entsprechung: Das Machtgefälle zwischen Landmann und Türhüter wächst mit jedem weiteren Tag des Zauderns. Dass eine Verschlechterung der Kräfteverhältnisse zwischen Mittelmächten und Entente im Falle einer Verzögerung des Kriegsbeginns zu erwarten sei, war 1914 geradezu ein Topos. Kurz vor Kriegsausbruch ist für die Jahre 1916/17 eine »Überlegenheit des Zarenreichs« prognostiziert worden, während der militärische »deutsche Vorsprung gegenüber Frankreich« nur »bis 1915 anhalten« sollte (Wehler 1983, 198).

> Wenn man davon ausging, daß sich die militärischen Machtverhältnisse im Laufe der Jahre eindeutig zuungunsten Deutschlands verschieben würden, so lag es von den Denkvoraussetzungen der Zeit her, die den Krieg als legitimes Mittel nationaler Machtpolitik betrachtete, nahe, den Gedanken an einen Präventivkrieg in das politische Kalkül einzubeziehen (Erdmann 1982, 68; ähnlich auch Mommsen 1983, 276).

Statt zu warten, bis die Pforte endgültig verschlossen sein würde, sollte die Tür entschlossen durchschritten werden. Die Bagdadbahn würde nicht nur über befreundetes Territorium führen, sondern auf europäischem Gebiet als Balkanbahn mitten durch Serbien. Und dort müsse unbedingt, so Kaiser Wilhelm II. am 30. Juni 1914 zwei Tage nach dem Attentat von Sarajewo, »aufgeräumt werden« (zit. n. Mommsen 1983, 276; vgl. Erdmann 1980, 78). Der für die »Weltstellung« (Ratzel 1903, 268; Kost 1988, 265) Deutschlands so wichtige Landweg nach Bagdad – zu den Ölfeldern von Mossul, zum Persischen Golf –

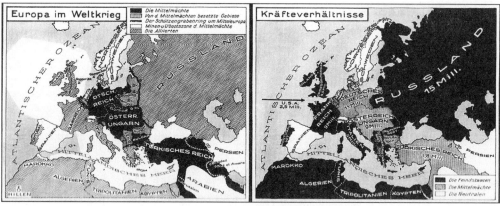

Mitteleuropa in seinen »Schützengrabengrenzen« (aus Braun/Ziegfeld 1930, 35)

führt über Belgrad. Dies spielt auch in der 1915 noch relativ leise geführten Kriegszieldiskussion eine Rolle: Ob der Weltkrieg ein Erfolg sei, hänge von der Frage ab, »ob wir eine Eisenbahnlinie bis Konstantinopel in sicheren und verbündeten Händen erlangen«, merkt Naumann an (Naumann 1915, 182).

Auch Naumanns Kollege im Mitteleuropa-Ausschuss, Max Weber, sieht die Zukunft der deutschen Machtpolitik auf der »Linie Berlin – Bagdad« (Weber 1988, 68) und nicht in einem über die Welt verstreuten Kolonialreich. Linie meint hier im Grunde: Hegemonie. Das »territoriale Zukunftsbild ›Berlin-Bagdad‹« basiert aus Kjelléns Sicht nicht nur auf der »Bagdadbahn« als Verkehrsweg, sondern auf der Beherrschung des »Balkan« als »natürlichem Ergänzungsgebiet« des Machtblocks »Deutschland-Österreich-Ungarn« (Kost 1988, 267). Dass Wilhelm II. selbst die deutsche Politik auf Kleinasien, den Balkan und das Bagdadbahn-Projekt orientiert habe, betont auch Kost ausdrücklich (ebd.). Die Mittelmächte, so lautet Kjelléns Einschätzung der geopolitischen Bedeutung der Bagdadbahn, die Franz Kafka vermutlich gekannt hat (Wagner 2009, 444), führen dann gleichsam mit dem Zug aus der »Einkreisung« heraus in ein deutsch dominiertes Mitteleuropa. Wie die »Schützengrabengrenzen« dieses Dominion verlaufen würden, deutet Naumann nur an (Naumann 1915, 182). Der *Geopolitische Geschichtsatlas* wird hier deutlicher.

Ein Blick auf die Karten zeigt, dass dieser Raum ›verkehrsgeopolitisch‹ (unter diesem Stichwort diskutiert die einschlägige *Zeitschrift für Geopolitik* das Vorhaben) auf die Bagdadbahn angewiesen sein wird. Das Projekt ist jedenfalls als »strategische Herausforderung für die konkurrierenden Mächte« auf-

gefasst und erfolgreich, ja entscheidend, ohne kriegerische Mittel verzögert worden (van Laak 2005, 94). So könnte man es sehen. Evidenz erzeugt hier die auf der Karte sichtbare Verbindung der Mittelmächte mit der Welt bzw. dem persischen Golf ohne britische »Türhüter« (Reventlow 1915, 26) in Gibraltar, Suez oder Aden. Dass aber gerade die multinational finanzierte Bagdadbahn ein Beispiel für eine wirtschaftliche und finanzielle Kooperation zwischen französischen, englischen und deutschen Interessen bei der ›imperialistischen‹ (Kjellén) Erschließung der Welt genannt werden könnte (Erdmann 1980, 55 f.; vgl. Mommsen 1983, 266), wird von den geopolitischen Autoren schlichtweg ignoriert.

Geodeterminismus oder evolutionistische Dynamik?

Die bereits mehrfach verhandelte geopolitische »Mittellage« (Ratzel 1903, 310 f.) gilt als »Raumschicksal« der Deutschen (Pflug 1941), dem das Reich sich zu stellen habe. Die Geopolitik stelle sich dem »Raum als Schicksal« (Grabowsky 1933). Solche Formulierungen haben den Eindruck erweckt, die Politik sei von bestimmten unpersönlichen Mächten – nämlich den räumlichen Faktoren – *determiniert*. Die neuere Forschung betont denn auch, »im Zentrum der Geopolitik [stehe] die Idee einer geodeterminierten Staatspolitik« (Nohr 2012, 145). Der »Geodeterminismus in Forschung und Theorie bildet eines der zentralen Verbindungsstücke zwischen Politischer Geographie und Geopolitik«, konstatiert Kost (Kost 1988, 12). »Ratzels Geodeterminismus« sei über den Begriff des »Lebensraums« »direkt mit Geopolitik und nationalsozialistischer Expansion verbunden« (Mejstrik 2005, 62).

Wären diese Beschreibungen zutreffend, müsste allerdings das Selbstverständnis der Geopolitik als Handlungswissenschaft (Kost 1988, 75 ff.) genauso als unsinnig gelten wie die Versuche ihrer staatsbiologischen, darwinistischen Grundlegung (ebd., 30), denn Evolution ist nicht das gleiche wie Determination. Ein »Geodeterminismus« (ebd., 296) der Geopolitik würde jede Politik überflüssig machen und überdies dem Staat als Organismus seine »raumprägende Kraft« (ebd., 87) absprechen, die ihm die Geopolitik von Ratzel bis Haushofer zuweist; man denke nur daran, wie die Kultivierung und Umgestaltung der Landschaft etwa durch Eindeichungen und Trockenlegungen oder der Bau von Kanälen, Brücken oder Tunneln die geopolitische Lage vollkommen zu verändern vermag. Richard Hartshorne stellt in seinem 1935 verfassten Bericht über das geopolitische Forschungsfeld fest, es sei »a gross error to assume that Ratzel tried to prove all human activities were geographically determined«. Vielmehr hätten sich die Kritiker der Geopolitik in ihren verkürzenden Lektüren einen »straw-man of geographic determinism« aufgebaut, den sie dann erbittert bekämpften (Hartshorne 1935a, 796). Epistemologisch betrachtet, handele es sich bei der Geopolitik seiner Einschätzung nach um eine »science of relationship« (ebd., 797). Was hier relational betrachtet wird, ist freilich die »Adaption« von sozialen Organismen an ihr Milieu und, *vice versa*, die Veränderung dieser Umwelt durch die soziale Lebensform (ebd., 798). Das ist Biologismus, aber nicht schon Determinismus.

Otto Maull hebt 1936 hervor, dass die »Bindung« der Geopolitik an die »Umwelt [...] niemals deterministischer Natur« sei, sondern die gegenseitige Konditionierung von »Mensch« und »Raum« untersuche (Maull 1936, 54). Hartshorne nennt diese Forschungsmeinung »environmentalism« (Hartshorne 1935a, 796). Sprengel spricht daher zurecht von einem »vermeintlichen Determinismus« (Sprengel 1996, 171); tatsächlich stünden Raum und Staat in einem Verhältnis der »permanenten Wechselwirkung« (ebd., 65). Zwar könne sich kein Staat (als Lebensform und Organismus) von seiner Lage frei machen, doch komme es eben darauf an, was er daraus mache, lautet die weithin geteilte Auffassung, die auch geopolitische Politikberatung überhaupt erst ermöglicht. Der Darwinismus, auf dessen »Grundlage« sich die Politische Geographie ausdrücklich stellt (Kirchhoff 1905, 5), wird ebenfalls nicht deter-

ministisch aufgefasst, sondern als selektiver, dynamischer, zukunftsoffener Prozess:

> Allerdings wäre es geistloser pseudogeographischer Fanatismus, wollte man dieses Verhältnis wie einen naturgesetzlichen Zwang deuten. Der Mensch ist kein willenloser Automat; er verhält sich zu den Naturanregungen seiner Heimat bald wie ein gelehriger, bald wie ein teilnahmsloser Schüler. Das Wasser des heutigen Welthafens von Neuyork diente einst den Indianern bloß zum Sammeln essbarer Muscheln; an derselben Schärenküste, die die Norweger zu so kühnen Schiffern erzog, leben die Lappen weiter als armselige Fischer (ebd., 24).

Das ist genau der Ton, den auch Carl Schmitt anschlägt, wenn er fragt, wie ein »Volk von Schafzüchtern« ein see- und weltbeherrschendes Empire hervorbringen konnte (Schmitt 1993, 92).

Die evolutionistische, sozialdarwinistische Fundierung der Geopolitik hat aber nicht nur zur Folge, dass das Verhältnis von Bevölkerung und Boden bzw. Staaten und Räumen kontingent gesetzt wird (Indianer und Yankees am gleichen Ort, dessen Lage aber völlig anders genutzt wird) und in Folge dessen völkerrechtliche Grenzziehungen und selbst ›natürliche Grenzen‹ grundsätzlich als bloß vorläufig angesehen werden (vgl. Murphy 1997, 32). Überdies wird der dynamische, evolutionäre Wettbewerb der Populationen um Räume völlig moralfrei unter den »gerechten Schiedsspruch tellurischer Auslese« gestellt: »jedes Land gehört dem, der es am besten zu verwerten und zu verteidigen weiß« (Kirchhoff 1905, 44). Der »struggle for existence« (Darwin 1860, 60) wird in der Geopolitik als »struggle for space« gefasst (Murphy 1997, 29).

Welcher Staat aus diesem Kampf ums Dasein und um Raum hervorgeht, hat aus geopolitischer Sicht das Recht des Lebens immer schon auf seiner Seite (vgl. ebd., 104). Nicht die *Legalität* von Staatsgrenzen oder Staatsgebieten ist entscheidend, sondern die aus der Kraft zur Raumnahme hervorgehende *Legitimität*. Diese Unterscheidung ist für die Rechtfertigung des Nachkriegsrevisionismus unverzichtbar. Auf dieser Grundlage kann auch Kirchhoff feststellen, dass New York mit Recht nicht mehr den Indianern gehört. Zu den diskurspolitischen Folgen derartiger Aussagen zählt die unter NS-Geopolitikern gängige, von Adolf Hitler aufgegriffene These, es im Osten von Deutschland mit slawischen »Indianern« zu tun zu haben (Madajczyk 1994, 24), denen das Land eben nach der oben angeführten geopolitischen Ansicht nur dann gehört, wenn sie es »zu verwerten und zu verteidigen« wissen (vgl. Werber 2012a). Der Osten wird semantisch und politisch zur deutschen *frontier* (vgl. Werber 2002/2003).

Geopolitische Dynamik bedeutet demnach auch: Die aggressive Vertreibung ›schwächerer‹ Kräfte von ihrem angestammten Raum erhält mit ihrem Erfolg obendrein den Rechtstitel, denn wer sein Land nicht zu verteidigen oder gar nur schlechter zu verwerten versteht, hat es nicht verdient und wird zurecht von der »tellurischen Auslese« ausgemerzt. Es ist eine der Eigentümlichkeiten der deutschen Geopolitik, aus den im Versailler Vertrag festgelegten Gebietsverlusten niemals den Schluss zu ziehen, das Deutsche Reich verliere diese Regionen zurecht, weil es sich im Kampf gegen die Okkupanten als zu schwach erwiesen habe. Im Gegenteil: Alle vorgebliche ›Dynamik‹ ist vergessen, und die geopolitischen Vordenker erinnern an die Jahrhunderte während Zugehörigkeit etwa Danzigs oder Bozens zum deutschen Siedlungs- und Kulturraum, um gegen die Abtrennung vom Reich zu protestieren (für eine militante Literarisierung dieses Protests vgl. Bronnen 1929). Die Verluste werden vielmehr als Verletzungen des Reichskörpers semantisiert (Braun/Ziegfeld 1930, 37), dessen Wiederherstellung ein – selbstredend revanchistisches – geopolitisches Hauptziel darstellt (vgl. Walsh 1946, 23).

Nicht jedes Volk findet festen »Halt am Boden«, schreibt bereits Ratzel über »Eroberung und Kolonisation«. In einer endlichen Welt ohne grenzenlose Weiten komme es daher notwendig zu »Völkerverdrängung« oder »-unterwerfung«. Denn wachsende, expansive, überlegene Kräfte machen »sich den bereits besetzten Boden frei« (Ratzel 1903, 138). Kein Vertrag, kein Gewohnheitsrecht, kein Fluss oder Gebirge, sondern nur wirkliche politische Macht kann einen vitalen Organismus am Wachstum hindern und ihm seine Grenzen zeigen (vgl. auch Hartshorne 1935b, 955). Karl Haushofer spricht von der »Freiheit zur Evolution« (Haushofer 1941b, 140) und meint damit die »großräumige Neuordnung Europas« (ebd., 176) unter der Führung des nun ›großdeutschen‹ Reiches (ebd., 160) und seines »Führers« (ebd., 144). Der ›Erfolg‹ (1941!) rechtfertigt für Haushofer die Mittel: Nämlich den zweiten deutschen Weltkrieg, in dessen Zuge Deutschland endlich »Europas Osten neu zu ordnen« vermochte (ebd., 172). An der »Führung« des Reichs und an seinem Wachstum, so fügt Haushofer sichtlich stolz hinzu, sei die Geopolitik als »politische Wissenschaft« mit Analysen, Beobachtungen, Prognosen, Warnungen und Handlungsempfehlungen aktiv »beteiligt« gewesen (ebd., 188). Geopolitik sei nicht blo-

ßer »Registrator«, sondern berufen zur »Schicksalskündung« (ebd., 189). »Tatsächlich«, stellt Edmund A. Walsh 1946 in seiner Kommentierung der deutschen Geopolitik mit guten Gründen fest, »ist dies eine Lobrede auf die Taktik und die Ziele der Nazi-Wehrmacht«, eine flagrante »Billigung der Angriffspolitik der Nazis« (Walsh 1946, 11).

Walsh weist auch auf die rechts- und staatswissenschaftlichen Konsequenzen der Geopolitik hin: In einem »Sprössling« der Geopolitik, der »Geojurisprudenz«, zu deren Protagonisten Manfred Langhans-Ratzeburg und Carl Schmitt (von Walsh Karl Schmitt benannt) zählten, habe sich in Deutschland eine eigentümliche Deutung des Völkerrechts formiert, die die Aufhebung der Grenzen und die Verdrängung von Bevölkerungen zu legitimieren suche (ebd., 13). Diese Rechtsauffassung kann sich auf Überzeugungen der Politischen Geographie berufen. Bereits Ratzel hält das Verständnis der Grenze als »Linie«, welche »die Diplomatie durch einen Vertrag festsetzt«, für »unwirklich« (Ratzel 1941a, 55). Das Recht habe überhaupt nicht verstanden, worum es sich bei einer Staatengrenze handele. Es sei nämlich ein »Volk«, dessen »Entwicklung […] im wahren Wortsinn ›Grenzen zieht‹« (ebd., 54). Die Grenze sei wie die Haut eines Lebewesens die Peripherie des sozialen Organismus; und so könne mit dem Wachstum eines Staates eine Grenze vorgeschoben oder mit dem Niedergang zurückgezogen werden. »Natürliche Grenzen« wie schwer passierbare Gebirge, Wüsten, Meere oder Ströme können diesen Vorgang beschleunigen oder verlangsamen, nicht aber aufhalten (ebd.). Nichts ist geopolitisch umstrittener gewesen als die Rheingrenze, was nicht am Fluss liegt, sondern an völlig unterschiedlichen Interessen und machtpolitischen Möglichkeiten Frankreichs und Deutschlands. »Soll Deutschland den Rhein haben?«, fragt Ratzel (Ratzel 1903, 738). Kein deutscher Geopolitiker hat je im Rhein die Grenze des Deutschen Reiches gesehen; der Strom galt vielmehr als Verkehrsader, der – wie die Elbe die östlichen – die westlichen Reichslande vom Süden bis in den Norden integriert. Die Vogesen, nicht der Rhein gelten dementsprechend als geopolitische Grenze zu Frankreich (vgl. Murphy 1997, 147). In den *Schriften für Geopolitik* wird auf dieser Grundlage gegen die Versailler Grenzziehung polemisiert: »Die neue Rheingrenze zerschneidet die alten Lebenszusammenhänge der organischen Einheit der Rheinebene, verschiedenes Recht am Strome mindert den Anteil Deutschlands und mehrt den Anteil Frankreichs an der Lebensader des westdeutschen Volksbodens«

(Trampler 1935, 17). Der Rhein ›determiniert‹ also gar nichts; entscheidend ist für die geopolitische Debatte die Frage, ob das Deutsche Reich in der Lage sein würde, den Rhein wieder in eine »Lebensader« des deutschen Staatskörpers zurückzuverwandeln, oder ob vielmehr Frankreich die Rheinlande nach Vorbild des Saargebiets auf Dauer faktisch zu okkupieren verstünde (Schmitt 1988a).

Eine Staatsgrenze ist im Sinne einer ›dynamischen‹ Geopolitik immer nur vorläufig. Im »Osten«, so Ratzel, könne man von klaren Grenzen gar nicht sprechen, sondern eher von »Grenzräumen«, in denen die Deutschen als »verhältnismäßig junges Kolonialvolk« aufträten (Ratzel 1941a, 56), als ein Volk also, das mit seinem »Wachstum« die Grenze »vorschiebt« (ebd., 54). Dass der politische Zoologe hier völkerrechtlich gezogene »Linien« nicht als Hindernisse der Evolution gelten lassen mag, kann nicht verwundern; die Geojurisprudenz setzt genau an dieser Stelle an, und es passt wiederum zu diesem diskursiven Komplex, dass auch Carl Schmitt seine Polemik gegen die »Liniengrenze« (Schmitt 1991b, 66) mit Rückgriff auf Ratzel (ebd., 76) und neuere biologische Auffassungen vom »Leistungsraum« (ebd., 76 f., 80) zu rechtfertigen sucht. Die Grenzen des »früheren kontinental-kleinräumigen Völkerrechtsdenken« werden von Schmitts biologisch-geopolitischem Großraumkonzept allesamt aufgehoben und der »lebendigen Raumgestaltung« (ebd., 82) des neuen Reichs (ebd., 67) überstellt. Die Geojurisprudenz deterritorialisiert die Grenzen des Völkerrechts. Ein »geographischer Determinismus« ist diesem Denken fremd (Murphy 1997, 29). Dass diese geopolitische Fassung des Völkerrechts einer expansionistischen Machtpolitik sehr entgegenkommt, ist offensichtlich.

Schmitt versteht seinen Großraum als eine »qualitativ-dynamische Größe«. Großräume sind »Leistungsräume« (Schmitt 1991b, 14), die in der »tellurischen Auslese« (Kirchhoff 1905, 44) bestehen oder nicht bestehen. Die Geojurisprudenz hat diese neue Perspektive auf positiv gegebene, völkerrechtlich anerkannte Staatsgrenzen eine »Kunst des dynamischen Sehens« (Manfred Langhans-Ratzeburg) genannt (Blindow 1999, 70). Die deutsche »Expansion nach Südosteuropa« sei, etwa für den NS-Juristen und Raumforscher Paul Ritterbusch, nichts als ein Ausweis der geopolitischen »Dynamik« (ebd.). Diese Deutung liegt ganz im Sinne der von der Politischen Geographie an die Geopolitik weitergegebene Lehre, Staaten als »bewegliche, dynamische Gebilde, als wachsende und absterbende Lebewesen

[zu] betrachten« (W. Vogel zit. n. Kost 1988, 71). Auch diese Auffassung lässt sich auf Ratzel zurückführen, der die »Grenze als peripherisches Organ« des Staatsorganismus definiert hat, was »Wachstum und Rückgang des Gebietes« (Ratzel 1903, 605) zu einem ganz natürlichen Vorgang des »Lebens« macht (ebd., 3). Grenzen werden vorgeschoben und zurückgenommen. »Wohin wir sehen, wird also Raum gewonnen und Raum verloren. Rückgang und Fortschritt an allen Enden« (Ratzel 1906b, 377).

Der Boden ›determiniert‹ das Wachstum des Staates genau so viel oder so wenig wie die ökologische Nische die Entwicklung einer Art. Der Staatszoologe hat daher mit »Evolution« und mit »Devolution« der von ihm studierten Organismen gleichermaßen zu rechnen (Ratzel 1912, 398). Die sich im Verlauf des Ersten Weltkriegs formierende und diskurspolitisch durchsetzende Geopolitik macht sich allerdings anheischig, die Gesetzmäßigkeiten dieser Evolution zu verstehen und danach zu handeln. Sie vermittelt, nach Haushofer, zwischen wissenschaftlichem »Wissen« und politischem »Können« (zit. n. Kost 1988, 76). Ihrer Expertise zur Folge wäre im Osten Deutschlands am ehesten Revisionen der bestehenden Grenzen zu erwarten (Kjellén 1917b, 64). Die Deutschen treten hier ohnehin den slawischen Völkern gegenüber als »junges Kolonialvolk« auf (Ratzel 1941a, 56).

Nach Osten: Umorientierung und Konjunktur der deutschen Geopolitik

Die Geopolitik sei »selbst zutiefst geo-politisch«, hat Gearóid Ó. Tuathail einmal pointiert formuliert (Tuathail 2001, 27). Das macht sie so ideologisch, zugleich aber auch so flexibel. Ihre Lagebeschreibungen folgen stets opportuner Weise der »Raum- und Machtanschauung« jener Gruppe, deren »Herrschaft« sich die Geopolitiker erwünschen oder zu rechtfertigen suchen (ebd.). Die Ratzelschen ›Gesetze‹ der Evolution des Staatsorganismus auf dem knappen Boden unserer Erde (ebd., 17 f.) lassen sich je nach politischer Lage und ideologischem Programm anwenden. Sind es vor dem Weltkrieg die Konkurrenz mit England und Frankreich, die Kolonien und der Griff nach der Weltmacht, die dem Deutschen Reich die geopolitischen Linien seines Wachstums zur Weltmacht angeblich zwingend vorgeben – bei Strafe des Untergangs! Denn »die Völker müssen Amboß oder Hammer sein«, zu den »herrschenden oder dienenden« zählen (Ratzel 1906b,

377) –, so ist es nach dem Weltkrieg dann der »Osten«, der das einzig sinnvolle Expansionsziel des Kaiserreichs dargestellt habe. Karl Haushofer kritisiert die Kriegsführung (»Westaufmarsch«) und behauptet, selbst Moltke und Schlieffen hätten aus »tiefsten wehrpolitischen Einsichten mit ganzer Kraft nach Osten geschlagen« (Haushofer 1941b, 39). Doch hat der jüngere Moltke 1913 den im Schlieffen-Plan ursprünglich vorgesehenen »Ostaufmarsch« zu den Akten gelegt (Messerschmidt 2001, 468). Die Kriegsführung und die weltpolitischen Pläne des Deutschen Reiches wiesen 1914 *nach Westen*. »The generally aggressive German foreign policy had never favoured efforts to link all ethnic Germans in regions such as the Baltic states or eastern Europe with the German Reich«, stellt David Thomas Murphy über die Vorkriegspolitik heraus (Murphy 1997, 16). Dies ändert sich noch im Lauf des Krieges. Während die Verbindung zu den Kolonien verlorengeht, wird – im Zuge der Entwicklungen an der Ostfront – das »neue ostelbische Kolonialland« entdeckt (Zorn 1916, 120). »Vast colonization schemes were devised to increase the eastward flow of German settlers, and specially German goods« (Bowman 1928, 267). Das Reich wende sich noch im Weltkrieg entschieden *nach Osten*. Derartige Formulierungen sind ab dem Jahre1916 gut zu belegen, und erst recht nach dem Vertrag von Brest-Litowsk (ebd., 266). Deutschland, so spitzt Peter Scherer zu, erlebt nach der Russischen Revolution von 1917

> eine geopolitische Wende um 180 Grad. Drei Jahre zuvor hatte es einen Weltkrieg vom Zaun gebrochen, um seine maritimen Ansprüche gegen Frankreich und England geltend zu machen. Das Reich der Julikrise war ohne allen Zweifel nach Westen orientiert (Scherer 1989, 47; zur alten »Hauptexpansionsrichtung« vgl. auch ebd., 40).

Auch Werner Köster stellt zurecht fest: »Der ›Osten‹ wird ein zentrales Thema der Raumsemantik« (Köster 2002, 103). Nach »Lebensraum« wurde nun nicht mehr in den Kolonien oder entlang der Bagdadbahn gesucht, sondern im deutschen ›Hinterland‹. Ein Geopolitiker wie Ludwig Dehio beobachtet dies rückblickend bereits 1952:

> Welche Kehrtwendung vollzog sich damit! Der deutsche Imperialismus, der 1900 mit westlicher Blickrichtung ausgezogen war, um Englands Vormacht auf dem Ozean zu brechen – er gelangte jetzt zu einer östlich-kontinentalen Pointierung (Dehio 1952, 499).

Der Kriegsverlauf selbst – die russische Armee sieht sich im September 1915 zu ihrem »großen Rückzug« gezwungen – leitet die Neuorientierung ein. Hier erweist sich erstmals die große Flexibilität oder auch der Opportunismus der geopolitischen Expertise. Die Friedensverträge von Bresk-Litowsk mit der Ukraine und der Sowjetunion bescheren den Mittelmächten große Gebietsgewinne im Osten sowie einen Kranz an Pufferstaaten an der russischen (sowjetischen) Grenze. Zur neuen Lage stellt die Geopolitik mit dem Mitteleuropa-Projekt eine passende Beschreibung zur Verfügung. Die neue »Wehrgrenze« dieses deutschen Großraums verläuft von Riga an der Ostsee in südlicher Richtung bis zu Odessa am Schwarzen Meer.

> Und weil nun ihr Wunschbild hier im Osten den Boden der Wirklichkeit berührte, verlagerten die liberalen Imperialisten umso bereitwilliger den Akzent ihres Strebens vom Westen nach dem Osten hinüber. Zwar hatten gerade sie in der Vorkriegszeit gebannt nach dem Westen und auf die Ozeane hingeschaut und Russland nur geringe Beachtung geschenkt. Aber im Kriege selbst erwies es sich nicht nur immer schwieriger, im Westen die Entscheidung zu erzwingen, sondern der Kampf nahm auch immer unheimlichere Aspekte an (ebd., 496).

Jede deutsche Gebietserweiterung im Westen hätte eine Revanche erzwungen, vermutet Dehio. Mehr als eine »Rückkehr zum status quo« habe daher im Westen niemand ernsthaft erwartet (ebd.). Im Osten dagegen ließen sich die zahlreichen »Randvölker« (Balten, Polen, Ukrainer) in eigenen Staaten gegen »Russland sichern«, wofür diese »sich Abstriche« in ihrer »Selbständigkeit von Seiten Deutschlands gefallen lassen« müssten. So haben es auch Weber und Naumann gesehen. Dehio kann 1952 in einer renommierten historischen Zeitschrift eine These zur geopolitischen Wende im Ersten Weltkrieg vertreten, auf die sich auch die nationalsozialistische Eroberungspolitik legitimatorisch gestützt hat: »Deutschland vermochte seine eigenen Ansprüche auf Sicherung und Ausdehnung im Osten zu rechtfertigen durch seine Funktion als Bollwerk des Abendlandes gegen die östliche Barbarei!« (ebd., 498). Von Naumanns und Webers ›Mitteleuropa‹ führt, dank intensiver geopolitischer Vermittlung durch Autoren wie Haushofer, ein Weg zum ›Neuen Europa‹ der Nazipropaganda.

Zurück in den Osten: Geopolitiken der Literatur

Die Umorientierung der geopolitischen Machtprojektionen im Verlauf des Weltkriegs von West nach Ost ist auch in der belletristischen Literatur nachzuweisen. Es kommt jedoch keineswegs etwa nur zu li-

terarischen Widerspiegelungen geopolitischer Diskurse. Vielmehr kann die geopolitische Semantik an
entscheidender Stelle ihres Umbaus auf Topographien der Literatur zurückgreifen (vgl. Werber
2005a). Grob lassen sich hier drei – sich freilich über-
lagernde – Phasen der Literarisierung unterscheiden:
(1) Eine Ära protogeopolitischer Literatur, die
weit ins 19. Jahrhundert hineinreicht. Diese Literatur, die eine Ostkolonisation vorschlägt und topo-
graphisch wie biopolitisch begründet ist, verhält sich
zur Politischen Geographie und Geopolitik präfigu-
rativ.
(2) Eine Kolonialliteratur, die auf den Lander-
werb des Deutschen Reiches seit den 1880er Jahren
reagiert bzw. koloniale Erschließungen imaginiert.
Diese Literatur weist Ähnlichkeiten mit der sich zu
dieser Zeit ausbildenden Politischen Geographie
auf. Literatur und Politische Geographie arbeiten
sich offenbar mit ähnlichen Mitteln an der gleichen
Problemlage ab, etwa mit sozialdarwinistischen
Thesen und nationalistischer Zuspitzung am Problem der weltweiten Knappheit von Räumen und
Ressourcen (vgl. Honold 2004, 98).
(3) Nach dem Ersten Weltkrieg entsteht eine dezidiert geopolitische Literatur, die einerseits geopolitisches Wissen transportiert und mit völkischem und
geopolitischen Vokabular und Hypothesen eine
deutsche Ostexpansion schildert oder fordert, andererseits aber formale wie motivische Elemente des
wilhelminischen (Afrika-)Kolonialromans übernimmt (vgl. Ketelsen 2004).
Auch die Literatur vollzieht eine Wende der Expansionsrichtung von West nach Ost, kann aber anders als die junge Geopolitik auf literarische, proto-
geopolitische Vorbilder zurückgreifen. Den Zug in
den Osten kennt der Leser nicht aus der vor 1914
weithin anschlusslosen Politischen Geographie, wohl
aber aus den Romanen des ›bürgerlichen‹ oder ›poetischen‹ Realismus des vergangenen Jahrhunderts.
Diese Unterscheidung gilt übrigens weder für die
französische noch für die englische Literatur, denn
es gibt zwar eine reiche Kolonialliteratur, man denke
nur an Loti, Kipling oder Conrad, doch wird weder
in der Literatur noch in der Geopolitik ein inner-
europäischer Expansionsraum aufgemacht, der mit
der geopolitischen Vorstellung eines ›deutschen Osten‹ zu vergleichen wäre. Dies liegt, wie näher zu zeigen sein wird, daran, dass kein französischer oder
britischer Autor die Kolonisierungen in Afrika, Indien, Indochina, Australien oder in der Karibik
damit zu rechtfertigen suchte, die Franzosen oder
Briten kämen zurück, um alten, angestammten,

›Kulturboden‹ erneut in Besitz zu nehmen. Genau
dies zählt aber zu den Grundüberzeugungen, die
den deutschen geopolitischen Diskurs nach dem
Ersten Weltkrieg prägen (Hampe 1921).

Kolonialromane

In den Jahrzehnten vor Kriegsbeginn dominieren in
Deutschland Kolonialromane die an Politischer
Geographie interessierten Literarisierungen. Friedrich Ratzel hat die »Verfechter einer kolonialen Ausrichtung der Geographie […] publizistisch stark unterstützt« (Hamann/Honold 2011, 119). »Raum
ohne Volk«, um mit Hamann und Honold Hans
Grimms Titel zu variieren, wurde etwa »in Afrika«
gesucht und gefunden, ein

> Raum, der noch leer, unbeschrieben und unbesiedelt sei
> oder von dessen Besiedelung zumindest abstrahiert
> werden konnte, ein herrenloses Terrain, das nur darauf
> warte, von zupackenden Eroberern und Siedlertrecks in
> Besitz genommen zu werden (ebd., 118).

Ort der Handlung sind die asiatischen und afrikanischen Kolonien und Schutzgebiete. Protagonisten
sind Soldaten oder Kolonisten – und nicht Indigene.
Eine eigene Stimme bekommt der unterworfene Andere auch in der deutschen Literatur nicht (vgl. Said
1994). Eines der populärsten und erfolgreichsten
Beispiele ist der sog. ›Feldzugsbericht‹ über die Niederschlagung des Herero-Aufstandes in Gustav
Frenssens *Peter Moors Fahrt nach Südwest* aus dem
Jahr 1910, ein Buch, das im gleichen Jahr bereits
über hundertvierzigtausend Mal verkauft worden ist
(Frenssen 1910, Imprimatur; vgl. Benninghoff-Lühl
1983, 133). Der Ich-Erzähler des Romans schildert
aus der relativ schlichten Perspektive eines einfachen
Freiwilligen (Mannschaftsdienstgrad) den Vernichtungskrieg der Schutztruppe gegen die aufständischen Hereros. Der Text lässt interessanterweise gar
keinen Zweifel daran aufkommen, dass die Hereros
als ursprüngliche Bevölkerung und rechtmäßige Bewohner von der deutschen Kolonialmacht um ihren
Besitz beraubt und vertrieben worden sind und nunmehr einen für sie existentiellen »Befreiungskrieg«
gegen die Besatzer und Unterdrücker führen (Frenssen 1910, 67). Dass die deutschen Kolonialtruppen
unter ihrem General Lothar von Trotha einen totalen Krieg führen, der auf die Vernichtung eines ganzen Volkes abzielt, wird ebenfalls sehr deutlich beschrieben und in Kommentaren des Erzählers zum
Geschehen explizit (ebd., 136, 171 ff.). Das erklärte
Ziel der Expedition, die Auslöschung der gesamten
indigenen Population, gilt jedoch ganz selbstver-

ständlich als legitime Maßnahme der deutschen Kolonialgewalt. Es gehe, so die im Universum des Textes offenbar ausreichende Begründung, um die Entscheidung der Frage, welche Rasse Südwestafrika
beherrschen solle, und diese Zuspitzung werde
durch den Krieg entschieden (zu dieser Eskalation
und ihren Reimport nach Deutschland s. Kap. IV.1).
Die Deutschen würden die Hereros oder die Hereros
die Deutschen (in Südwest) vernichten oder vertrei-
ben. Wie im Sozialdarwinismus üblich, wird dieser
Genozid durch das Prinzip der Auslese erklärt und
so zugleich gerechtfertigt. Ein Militärpfarrer erläutert den Soldaten in einer Predigt: »Gott hat uns hier
siegen lassen, weil wir die Edleren und Vorwärtsstre-
benden sind. [...] Den Tüchtigeren, den Frischeren
gehört die Welt. Das ist Gottes Gerechtigkeit« (ebd.,
200). Die Untüchtigen oder ›Unfitten‹ werden also
gerechterweise ausgemerzt.

Zwischen Gott und Darwin muss hier gar nicht
unterschieden werden, um die extremen Maßnahmen des Feldzugs zu rechtfertigen. Dabei ist der Ich-
Erzähler nicht ohne Mitleid. Und oft genug stellt er
sich die Frage, welchen Sinn das deutsche Engagement in Afrika im Allgemeinen und der furchtbar
beschwerliche, entbehrungs- und verlustreiche Feldzug haben sollen. Ökonomische oder politische Vorteile kann Moor nicht ausmachen. Die einzige Antwort lautet: Auslese. Der Schauplatz dieses Kampfes – »[w]ir müssen noch lange hart sein und
töten« – der Völker ist nicht nur Afrika, sondern die
»ganze Welt«, versteht Peter Moor letztendlich (ebd.,
201). Wer in Südwest versagte, liefe also Gefahr, im
weltweiten Kampf ums Dasein zu unterliegen.

Der Autor hat zur Vorbereitung zahlreiche Interviews mit ehemaligen Angehörigen der Schutztruppe geführt (Benninghoff-Lühl 1983, 132). Die
von den Gesprächspartnern vertretene sozialdarwinistische Sicht scheint in der Armee weit verbreitet
gewesen zu sein. Dies schließt Realismus nicht aus
(ebd., 125), jedenfalls ist der Roman weit entfernt
von den Propagandabildern der Kolonialvereine.
Das Leben in Südwest wird als überaus hart gezeichnet. Der Feldzug ist eine Strapaze, die auch ohne
Feindberührung zahlreiche Opfer fordert. Die Umwelt ist ausgesprochen feindlich. Die Soldaten wünschen sich in die Heimat zurück (Frenssen 1910, 96,
115, 186). Dass in der Kolonie einmal Millionen von
Deutschen in Sicherheit und Wohlstand leben würden, hält niemand für wahrscheinlich (ebd., 199). Es
bleibt das Argument, es gehe auch gar nicht darum,
das Land als Siedlungsraum zu sichern, sondern allein um den Sieg in einem existentiellen Konflikt.

Von genuin geopolitischen Legitimierungsversu-
chen ist der Text völlig frei: Die Lage der Kolonie – in
Analogie zur Lage Gibraltars oder Panamas – wird
nicht erörtert. Das unwirtliche, menschenfeindliche,
ressourcenarme Land zu besitzen, hat keinen er-
kennbaren Sinn für den Erzähler. Dass Südwest gigantische Ausmaße hat und kaum besiedelt ist,
schlägt nicht zu Buche. Ein Vorläufer Hans Grimms
wäre hier also nicht zu finden. Die koloniale Unternehmung wird allein als sozialdarwinistische Bewährungsprobe gerechtfertigt.

In diesem evolutionistischen Szenario spielt Raum
oder auch ›Lebensraum‹ als Umwelt der konkurrierenden »Rassen« (ebd., 195) eine Rolle; und es ist für
den Roman ein entscheidendes Argument für die
mitleidlose Ausrottung der Herero, dass sie es nicht
vermochten, ihr Land effektiv in Besitz zu nehmen.
Die »Schwarzen«, erläutert ein Offizier, hätten den
Tod nicht deshalb verdient, weil sie »zweihundert Farmer ermordet haben«, sondern »weil sie keine Häuser
gebaut und keine Brunnen gegraben haben« (ebd.,
200). Mit dem geopolitischen Diskurs teilt Frenssens
Kolonialroman also den Darwinismus in zweifacher
Hinsicht: Vor diesem Hintergrund wird erstens der
Feldzug gegen die Hereros als Probe der Auslese inszeniert – so wie später die Geopolitik den Krieg als
experimentelle Probe deuten wird. Und zweitens wird
hier ein Zusammenhang zwischen einer ethnisch definierten Population, ihrer Umwelt und ihren Ent-
wicklungschancen hergestellt – so wie im geopolitischen Diskurs die Wechselwirkung von Raum, Lage,
Volk und Kultur betont wird. Die Verknüpfung beider
Aspekte ermöglicht bereits Frenssen bei allem Mitleid
mit den gequälten Hereros die quasiwissenschaftliche
Erklärung und zugleich auch Apologie ihres Untergangs. *Peter Moors Fahrt nach Südwest* darf hier als
exemplarisch für Dutzende von Südwest-Romanen
genommen werden, deren Quintessenz Benninghoff-
Lühl in ihrer Studie zur Kolonialliteratur so zieht:

> Zur Grundaussage wird: Das koloniale Leben ist zwar
> gefährlich, lebensbedrohlich [...], dies alles sind aber
> nur willkommene Herausforderungen für die zähen
> nordischen Auswanderer. Als ›Rassetypen‹ bewältigen
> sie Widerstände durch ihre Überlegenheit in biologi-
> scher und moralischer Hinsicht, nehmen das ›Recht des
> Stärkeren‹ in Anspruch (Benninghoff-Lühl 1983, 166).

In Südafrika zeigt sich, welche ›Rasse‹ im ›Kampf
ums Dasein‹ obsiegt.

Als wirtschaftlich erfolgreich wird das Leben in
Südwest nicht geschildert. Niemand von den »nordischen« Siedlern kommt in diesen Romanen zu Wohlstand (ebd., 163 ff.). Eine Siedlerin in sauberem Kleid,

die in einem schönen Garten steht, gilt Peter Moors Truppe als »Himmelswunder« (Frenssen 1910, 111), so selten ist die Ansicht ›zivilisierter Normalität‹ (vgl. auch die ähnliche Reaktion auf Tischtuch und Teller, ebd., 113). Südwestafrika wird keineswegs zu einer deutschen Kulturlandschaft, vielmehr besteht das Risiko, dass die deutschen Siedler auf den Stand einer Gesellschaft von Jägern zurückfallen (ebd., 125). Während »frische Truppen« aus dem Reich nachkommen, wünschen sich die alten »aus diesen Affenland heraus« (ebd., 109). Sie ängstigen sich vor ihrer Devolution. Dies ist typisch für die an einer *frontier*-Semantik reflektierten kulturellen Selbstbeschreibungen: es drohen Degenerationen, Verwilderungen und Vermischungen; die Identität der Kolonisten ist in Gefahr (vgl. Kaufmann 2005, 302 f.).

Man kennt diese Sorge aus der deutschen Literatur zur amerikanischen *frontier* seit den 1850er Jahren bis hin zu Karl Mays Wildwest-Romanen. Amerikas Westen, in *Soll und Haben* ist es Tennessee, droht einen deutschen Adeligen in einen »Räuber«, »Mörder« und »Kehlabschneider« zu verwandeln (Freytag 1855, 424). Die europäischen Einwanderer verlieren ihren Charakter und ihre Kultur in einer »Gegend« Amerikas, »welche zwei Monate im Jahr unter Wasser steht und die übrige Zeit einem zähen Brei ähnlicher sieht, als irgendwelchem Lande« (ebd., 425). Dies ist keine Kulturlandschaft, wie Freytags Erzähler sie überall in Schlesien und Preußen ausmacht, sondern ein ungekerbter Raum, der weder Land noch Meer ist und sich einer ordnenden Landnahme widersetzt (vgl. Schmitt 1997) bzw. die Kolonisten depraviert. Die Siedlung in diesem Sumpf bestand jedenfalls aus »Holzhütten, die Hälfte davon Schenken, bis unter das Dach angefüllt mit einem schmutzigen und verworfenen Gesindel von Auswanderern, von denen die Hälfte an Fäulnis und Fieber darniederliegt. Auch was noch umherläuft, ist ein hohläugiges, verkümmertes Geschlecht, alle Kandidaten des Todes« (Freytag 1855, 425). Es ist ein »glatter« Raum (Deleuze/Guattari 1997), auf dem sich keine Kultur halten und – ganz anders als auf deutschem Boden (Freytag 1855, 398) – kein Volk wurzeln kann. Diese Topographie teilt die afrikanische Wüste mit der amerikanischen *frontier* und, wie zu zeigen sein wird, mit den Gebieten östlich von Deutschland, die in *Soll und Haben* als »slawische Sahara« bezeichnet werden (ebd., 629).

Auch in Peter Moors Südwest misslingen die Bemühungen um eine koloniale Landnahme und deutsche Raumordnung, und zwar nicht aus völkerrechtlichen Gründen – hier herrschte die Vorstellung eines »leeren Raums« ohne bestehende Rechtsverhältnisse vor (Jureit 2012, 126) –, sondern aus geopolitischen Gründen: Die »Lebensform« – im Sinne Ratzels oder Kjelléns – eines deutschen Gemeinwesens droht auf glattem Raum ihre eigentümliche Kultur einzubüßen. Ausnahmen bestätigen auch hier die Regel, doch sind die erfolgreichen Farmer – etwa in Hans Grimms Romanen – Buren oder mit Buren eng verbunden (Grimm 1918; 1991), und ihr Erfolg ist prekär und vorläufig, wie der Buren-Krieg erweist. Dieser britischen Probe halten Grimms Kolonisten nicht stand.

Die Analyse der Kolonialliteratur erbringt einen Surplus, da auch andere literarische Texte, die dem Genre nicht angehören, Strukturmuster aufweisen, die offenbar der literarischen Verarbeitung der kolonialen Erfahrung geschuldet sind. Alexander Honold und Uwe-K. Ketelsen stellen Rainer Maria Rilkes *Liebe und Tod des Cornets Christoph Rilke* (1912) in den Kontext der Gattung. Honold deutet den Ritt des Cornets als Revenant einer »unheimlichen Patrouillenfahrt«, wie Peter Moor sie in Südwest zu bestehen hatte (Honold 2004, 108). Die ersten Seiten, die die Monotonie eines Ritts von Soldaten durch ein unwirtliches, heißes und fremdes Land imaginieren (Rilke 1950, 7 ff.), stützen diese These. Rilke und Moor machen die gleichen Erfahrungen, und sie werden sehr ähnlich literarisiert. Ketelsen vermutet übrigens, im *Cornet* werde ein »Ritt gen Osten« beschrieben (Ketelsen 2004, 84). Beide Literaturwissenschaftler betonen den Erfolg des Büchleins, das es mit einer Auflage von 160 000 Exemplaren bis 1918 zum Bestseller und zur beliebten »Tornisterlektüre« gebracht hat (Honold 2004, 108 f.; Ketelsen 2004, 84). Dass der junge Cornet seinen Kavallerieangriff im Bett einer verheirateten Frau in postkoitaler Müdigkeit verschläft (Rilke 1950, 27–31), wird den Text kaum weltkriegspropagandatauglich gemacht haben, wohl aber der anschließende Heldentod des Fahnenjunkers, der ganz allein »tief im Feind« steht und in der Übermacht untergeht wie im Wasser eines Brunnens (ebd., 33). Dass der Feind mit einem Wasserspiel verglichen wird, spricht für Ketelsens These, denn der »Ritt gen Osten« führt, wie gleich gezeigt wird, die deutschen Kolonisten des geopolitischen Romans des Nachkriegs verlässlich in Feindesland, das als Meer semantisiert wird.

Ostkolonisationsnarrative

Um die Konsequenzen des Ersten Weltkriegs für die Geopolitik der Literatur zu ermessen, soll nun *Peter Moors Fahrt nach Südwest* Hans Venatiers *Vogt Bar-*

told. Der grosse Zug nach dem Osten gegenübergestellt werden. Der 1939 publizierte Roman wurde
1940 mit dem Wilhelm Raabe-Preis ausgezeichnet
und erreichte 1943 immerhin die 14. Auflage, was
laut Imprimatur auf 56 000 verkaufte Exemplare
schließen lässt. Die 1957 im Düsseldorfer Muth-Ver-
lag erschienene »Jubiläumsausgabe« teilt im Impres-
sum mit, es handele sich bei dieser Ausgabe um das
»150.–155. Tausend«. Bereits der Titel stellt die Neuorientierung »nach dem Osten« aus, die der Weltkrieg in der geopolitischen Semantik ausgelöst hat.
Der deutsche Kolonialroman bekommt nun, nach
dem Ersten Weltkrieg und dem Aufstieg der Geopolitik zu einem hegemonialen Diskurs, von Texten
Konkurrenz, die die Ostkolonisierungsgeschichte
des Deutschen Ordens revitalisieren und deutsche
Siedler auf diesen Spuren ostwärts schicken. Das
Genre des Kolonialromans selbst übernimmt nach
dem Krieg dezidiert geopolitische Schlagworte und
Argumentationsmuster, so dass etwa Hans Grimms
geopolitisch einschlägiger und wirkungsmächtiger
(Mattern 1942, 17f, 22 f.) Kolonialroman *Volk ohne
Raum* von 1926 – das Buch verkauft sich bereits im
Jahr des Erscheinens ca. 350 000 Mal – in gewisser
Hinsicht auch Pate für Venatiers Ostkolonisierungs-
programm stehen kann. Da ist zum einen die Initiie-
rung der Protagonisten in einen Raum, den sie sich
selbst durch Eroberung und Bearbeitung aneignen
und anverwandeln (Grimm 1991, 11 ff., 24 ff.; Venatier 1939, 7 f., 234 f.).

Zum zweiten illustrieren beide Romane, wie das
Wachstum einer Gemeinschaft – wie der Staat als
Organismus im geopolitischen Diskurs – an eine
räumliche Grenze stoßen muss, um dann diese
Grenzen entweder zu überschreiten wie Venatiers
Ostkolonisten die Elbe, Saale, Oder und Neiße, oder
zu verkümmern wie das Dorf Jürgenshagen an der
Weser (Grimm 1991, 11 ff.) oder ein übervölkertes
Dorf am Main (Venatier 1939, 22 ff.), bei dem zwei
Bauernsöhne auf Leben und Tod um das Erbe ihres
Vaters kämpfen, weil der Hof nur eine Familie er-
nähren kann (ebd., 27). Die »Enge« der »Heimat«
wird von Grimm wie Venatier immer wieder als
Grund aller sozialen Probleme der Deutschen bestimmt (Grimm 1991, 7, 11; Venatier 1939, 409). Die
Gesetzmäßigkeit der von der Geopolitik unterstell-
ten Evolution einer sozialen ›Lebensform‹ in einer
räumlichen Nische wird von den Romanen belegt,
denn ihre Wirksamkeit erweist sich im 13. Jahrhundert, in dem Vogt Bartold die katastrophalen Folgen
der Überbevölkerung im alten Reich westlich der
Elbe beschreibt, wie im 19. und 20. Jahrhundert, das

Grimms Cornelius Friebott auf die Konsequenzen
von »Heimat und Enge« (Grimm 1991, 7) beobachtet. Der Roman versorgt, so die treffende Formulierung von Ulrike Jureit, »das klaustrophobische
Raumgefühl« der Weimarer Republik mit »einer bio-
graphischen Sinnhaftigkeit, die durch wissenschaftliche Expertise kaum zu erzielen gewesen wäre« (Jureit 2012, 265 f.).

Drittens kommt es in beiden Romanen auf die
Politik an, die entweder die Ratzelschen ›Raumge-
setze‹ (Tuathail 2001, 17 f.) ignoriert oder aus der
Analyse der Lage die richtigen Konsequenzen zieht.
Eine Geopolitik des Wachstums kann, darin sind
sich die durchaus volkserzieherisch gemeinten Texte
Grimms und Venatiers vollkommen einig, nur darin
bestehen, dem deutschen ›Volk ohne Raum‹ neues
Siedlungsgebiet zu erschließen und es so von den geradezu tragischen Folgen der Enge zu befreien. Der
geopolitisch gravierende Unterschied zwischen dem
Kolonialroman und dem Ostroman liegt darin, dass
Deutschland im ersten Fall Weltmacht sein muss,
um Kolonien zu erwerben und zu schützen, im zweiten Fall jedoch kontinentale Großmacht, die an ihrer
östlichen Flanke schwach besiedelten und kaum kul-
tivierten Raum vorzufinden meint (vgl. auch Jureit
2012, 128 f., 159).

Für diese Beschreibungen des Ostens sind mehrere Unterstellungen entscheidend, die allesamt
auch in der Geopolitik oder bei geopolitisch beeinflussten Historikern der Nachkriegszeit nachzuweisen sind: (1) Der Osten ist schwächer besiedelt. (2)
Der Osten ist von Slawen besiedelt. (3) Weil der Osten von Slawen besiedelt ist, ist es ein vergleichsweise
unkultivierter, wilder Raum. (4) Im Falle einer Raumnahme durch ein zivilisatorisch überlegenes Volk
könnte der Osten aus einer Wüste in eine Kulturlandschaft westlicher Prägung verwandelt werden.
(5) Die slawische Bevölkerung würde sich einer solcher Raumnahme nicht erfolgreich widersetzen
können, weil sie kulturell unterlegen und nicht mit
dem Boden verwurzelt ist. 1921 schreibt der bedeutende Heidelberger Historiker und Mediävist Karl
Hampe, zu dessen Schülern Percy Ernst Schramm
zählt, aus diesem

> Unterschiede ergab sich die Notwendigkeit eines west-
> östlichen Austausches, und naturgemäß waren es die
> westlichen Kulturträger, welche in die östlichen Gebiete,
> die für sie Kolonialland waren, vordrangen (Hampe
> 1921, 10).

Seine historische Studie mit dem programmatischen
Titel *Der Zug nach dem Osten* stellt sich selbst auf geopolitische Grundlagen. Hampe stellt nämlich fest:

Die letzten Gründe für jenen Zug nach dem Osten, der bald stärker, bald schwächer durch die ganze deutsche Geschichte hindurchgeht, der im Mittelalter vom 12. bis zum 14. Jahrhundert nur mit besonderer Wucht auftritt, *liegen auf geographischem Gebiet* (ebd., 10; Hervorhebungen von N.W.).

Der Westen habe dank seiner klimatisch günstigeren Lage zuerst eine höhere Bevölkerungsdichte erreicht und in dessen Folge zahlreiche kulturtechnische Errungenschaften entwickeln müssen, um die »angeschwollene Bevölkerung« zu versorgen (ebd., 22). Nachdem intensivere Landwirtschaft, Handwerk und Handel sowie Landgewinnungen durch Eindeichungen oder Entsumpfung eingeführt gewesen seien, musste der Bevölkerungsüberschuss ›gen Osten‹ abgeführt werden; und schon diese frühneuzeitlichen Auswanderer sangen »Naer Ostland will wy ryden […]« (ebd., 24; zu diesem Liedgut im Nationalsozialismus vgl. Liulevicius 2002, 321 f.). Hampe stellt diese Kolonisierungsrichtung ausdrücklich der Blutverschwendung »im heiligen Lande« entgegen (Hampe 1921, 24). Das Engagement der deutschen Kaiser im Süden wird vom ihm kritisiert; es habe die Energie der Raumnahme im Osten unnötig »geschwächt« (ebd., 17). Hampes Studie ist übrigens auch insofern typisch für geopolitisch imprägnierte Geschichtsschreibung, als sie das Konkurrenzverhältnis der Völker als Nullsummenspiel darstellt: Bei knappen Ressourcen und engen Räumen kann es bei einem unvermeidlichen »Messen der Kräfte« nur zu solchen Gewinnen kommen, die zugleich als Verluste des anderen zu Buche schlagen. Auch Hampe heißt dies mit evolutionistischen Argumenten gut:

> Der stärkere Teil wird sein Gebiet, kriegerisch oder friedlich, auf Kosten des Schwächeren vorschieben. So bedauerliche Härten solches Ringen auch mit sich bringt; vom höheren Gesichtspunkt aus erscheint es insofern als gerechtfertigt, als es in der Regel die wertvolleren Eigenschaften des einen, die eben seine Überlegenheit bedingen, sein werden, die der andere ihm abzulernen sucht (Hampe 1921, 14).

Zur Konsolidierung der Grenzen kommt es also dann, wenn die Schwächeren genug vom Gegner gelernt haben und daher stark genug sind, einen »Abwehrkampf« erfolgreich zu bestehen. »Im Osten« sei diese Bewegung jedoch »bis auf den heutigen Tag nicht« zur Ruhe gekommen (ebd., 14).

Unter mehrfachem Hinweis auf die Vorarbeit Hampes erklärt Hans Sachs in einem entschieden geopolitischen Traktat namens *Kampf um Raum* (1935) die gegenwärtige Lage des Deutschen Reiches mit dem Verweis aufs Mittelalter: »Im Westen des

Reiches ist Not am Raum, im zwölften Jahrhundert wie im zwanzigsten« (Sachs 1935, 8). Das Reich habe schon im Mittelalter die wahre »Front« entdeckt, »nach Osten«, sich dann aber »in eine andere Richtung« verlaufen (ebd.). Der historische Fehler liegt für den Geopolitiker auf der Hand: Das Reich hat immer wieder die Orientierung verloren. »Denn der Osten war damals wie heute Raum ohne Volk« (ebd., 9), womit nicht gemeint ist, dass dort niemand lebe, sondern dass dort nur solche Völker anzutreffen wären, die zur Kultivierung des Raums nicht in der Lage und den deutschen »Landnehmern« weit unterlegen seien (ebd., 9 f.): »Heloten« (ebd., 20). Dass die deutsche Raumnahme im Osten dennoch gescheitert ist, im Mittelalter wie im Ersten Weltkrieg, liegt nach Sachs an der fatalen Fehlorientierung der deutsche Politik, die eben von Geopolitik meist nichts verstanden habe: »Der Strom fließt, sickert nach Westen«, statt »in den deutschen Osten« (ebd., 19). Aus diesem Grund sei Deutschland noch immer in Gefahr, »im zwölften Jahrhundert wie im zwanzigsten« (ebd., 8): Im Osten »dringt das polnische Volksmeer in Deutschland ein, überschwemmt Oberschlesien, Posen und Westpreußen und isoliert beinahe das deutsche Ostpreußen« (Kjellén 1917b, 64).

Dieses »Meer« einzudämmen und einzudeutschen, ist eines der großen geopolitischen Projekte des ›Dritten Reiches‹, in dem Imaginationen des Raums und Raumordnungsvorstellungen aus hundert Jahren zusammengeführt, geopolitisch zugespitzt und rassistisch verschärft werden (Blackbourn 2007, 300–315). Die NS-Geopolitik, und das meint die Raumforschung wie die Eroberungspolitik, zeigt sich dabei überzeugt davon, der Raumpolitik endlich die richtige Richtung »nach Osten« zurückzugeben. Sachs schreibt über die Ostkolonisation des Mittelalters, von der auch Venatiers Roman handelt:

> 1231 beginnt der Landmeister Hermann Balke mit sieben Ordensbrüdern, kommt aus dem heißen Akkon, beginnt im Kulmer Land. […] Bis 1410 wurden vom Orden über 1400 Dörfer angelegt, dabei sind die ritterschaftlichen nicht mitgerechnet […], 93 Städte wurden gebaut. Jeder Name aus Ostpreußen, jeder Name aus Westpreußen: ein Dokument deutscher Tat.
> Und wenn heute die Ortsbezeichnungen slawisiert sind, wenn heute das Deutsche als Sprache in den Grenzgebieten verschwunden ist, die Steine reden von den Taten unserer Vorfahren, in Krakau wie in Lemberg, in Kulm wie in Thorn, in Riga wie in Kauen, dem heutigen Kowno.
> Die Namen und die Steine, die Bilder und Altäre, die Mauern und die Türme gaben ein Vermächtnis, das unsere Väter und Brüder 1918 fast eingelöst hatten: sie hatten Polen erobert, es befreit, sie standen auf der bal-

tischen Einflußlinie der deutschen Ordensmeister in der Glanzzeit des Ordensstaates, von Narwa bis zur Düna (ebd., 17 f.).

Der Deutsche Orden habe es richtig gemacht. Statt seine Kräfte und Talente weiter viele tausend Kilometer entfernt von den Kerngebieten des deutschen Reiches im Heiligen Land zu vergeuden, macht er sich an die Germanisierung des Ostens. »Hunderttausende von Menschen« wurden aus der Enge und Knappheit der westlichen Städte und Provinzen »in den Osten« geleitet (ebd., 27). Genau darum geht es auch Venatier, der diese Enge besonders drastisch vor Augen stellt. Sein Vogt Bartold kann Eggo und Kunz gerade noch vom drohenden Brudermord im veritablen Kampf um Lebensraum abhalten, indem er dem jüngeren Eggo eine Perspektive aufweist, für seine junge Familie einen eigenen Hof zu erwerben – auf den Rodungen am Ufer der Oder (Venatier 1939, 28 f.). Eggo steht stellvertretend für Hunderttausende zweiter und dritter Söhne, die alle potentielle Kolonisten sind. Venatiers Bartold entwirft gegen Ende des 13. Jahrhunderts einen geopolitischen Tausendjahresplan, der – Hampe und Sachs wissen: weitsichtig wie vergeblich – dem Heiligen Römischen Reich Deutscher Nation eine permanente Ostkolonisation vorschreibt. Seinen ›Ostfahrern‹ ruft er zu:

> Was seid ihr? Den tausend Jahren, die nach Euch kommen, sollt ihr Vorreiter sein. Ich sage Euch: Breslau – Krakau – Lemberg! Das sind die Tore der Deutschen nach Aufgang. Breslau ist unser. Erobert mir Krakau (ebd., 407).

Dass die Slawen, die östlich der Elbe siedeln, von dieser Ostausdehnung des Reichs vertrieben oder unterworfen werden würden, ist eine Selbstverständlichkeit, die auch in diesem Roman mit der rassischen und kulturellen Unterlegenheit begründet wird (ebd., 15, 142). Die slawische Bevölkerung, das suggeriert der Roman, hat sich den Boden nie angeeignet, darum erscheint aus der Perspektive Vogts Bartolds Ostelbien (etwa im Jahr 1285) als »Meer« (ebd., 8), als ein ungekerbter, glatter Raum ohne Spuren menschlicher Aneignung. Diese literarische Topographie kann nicht nur auf die Raumdarstellung der Kolonialromane zurückgreifen, sondern auch auf den deutschen Amerikaroman des 19. Jahrhunderts, der den amerikanischen Raum als »glatten«, »ungekerbten« Raum entwirft und ebenfalls als »Meer« semantisiert (Werber 2007, 86). Die Amerikaerfahrung, die Fritz von Fink in *Soll und Haben* an der *frontier* machen muss, entspricht vollkommen dieser Inszenierung Amerikas als glattem Raum und der damit verbundenen Wurzellosigkeit der dort an-

zutreffenden Bevölkerung (ebd., 91). Amerika ist bei Freytag genauso die »Kehrseite« Deutschlands wie Polen bzw. die »slawische Sahara« (ebd., 92). Im Gegensatz zum Kolonialroman oder zu den Ostzugnarrationen à la Venatier fehlt der literarischen Darstellung Amerikas aber der entschiedene Darwinismus, der die Frage des Bestehens im glatten Raum zu einer Frage der Auslese zuspitzt. Dass im stets als »kulturlos« deklarierten Amerika im »Kampf aller gegen alle« nur das »Recht des Stärkeren« triumphiere, wie etwa Kürnbergers Protagonist Moorfeld (Kürnberger 1865) auf seiner Reise durch die USA beobachtet, wird nicht sozialdarwinistisch gerechtfertigt, sondern kulturkritisch kommentiert (Werber 2007, 93). Dies unterscheidet denn auch die amerikanische Prärie vom grenzenlosen Osten, auch wenn es sich in beiden Fällen um ungekerbte, glatte, deterritorialisierte Räume handeln soll.

Da das Meer, dessen Weite der Vogt Bartold im Osten bestaunt, freilich ein grenzenloser »Wald« ist, in dem auch in tagelangen Wanderungen »kein Mensch« anzutreffen ist (Venatier 1939, 7 f.), steht einer Raumnahme geographisch nichts entgegen. Nachdem erst die »Grenzsperre« verbrannt ist (ebd., 134), hält den Zug des deutschen Bevölkerungsüberflusses nichts mehr auf. Doch fehlt ihm, angesichts mancher Rückschläge, die Unterstützung eines Kaisers, der sich »in Palermo auf der Insel Sizilien« aufhält und für die Siedlungspolitik an der Ostgrenze seines Reiches kein Interesse erkennen lässt (ebd., 513). Die Westorientierung des Deutschen Reiches stellt Venatier als fatal heraus; die Kolonisierungschancen im Osten werden verpasst – und die Folgen lassen sich in Grimms *Volk ohne Raum* am Schicksal der Familie Friebott studieren. Denn statt schon im 13. Jahrhundert dem Reich ein koloniales Expansionsgebiet zu sichern, dessen Raum nur schwach und von rückständigen wie ›rassisch‹ unterlegenen Völkern besiedelt ist, verbluten das deutsche Volk und sein Adel auf Kreuz- oder Italienzügen. Dies ist im Jargon der Romane formuliert, und der Grund dafür ist, dass deren völkische Blut-und-Boden-Programmatik nicht durch eine Übersetzung in eine abstraktere, Neutralität simulierende Wissenschaftssprache ›entwaffnet‹ werden soll. Deutlich wird aber ohnehin, worauf es hier ankommt: Im Unterschied zu dem begriffspolitisch wie ökonomisch weit erfolgreicheren *Volk ohne Raum* erarbeitet *Vogt Bartold* über eine geopolitische Analyse und Kritik der Reichspolitik, die er im Wesentlichen mit Grimms Roman teilt, *eine geopolitische Alternative*, die nicht in den Westen und schon gar nicht auf afrikanischen Boden führt, sondern in den osteuropäischen Raum jenseits der Elbe, jenseits von Oder und Weichsel und schließlich noch über Lemberg hinaus vorstößt. Cornelius Friebott »dachte«,

> den Raum, der dem deutschen Volk fehlt, wird dieser furchtbare Krieg ihm verschaffen. Dieser Krieg ist gar nichts anderes als der Krieg um Raum. Und es ist beinahe zum Lachen, daß die Deutschen selber nicht zu wissen scheinen, was ihnen fehlt und worum es geht (Grimm 1991, 1015 f.).

Erst wenn die Welt gerecht verteilt sein würde, »nach Kopfzahl und Leistungsfähigkeit«, sei ein »Friede möglich« (ebd., 1016). Die Welt ist allerdings bereits verteilt, und der Krieg wird daran nichts ändern. Friebotts Hoffnung, Deutschland würde kolonialen Raum auf Kosten anderer Mächte, etwa Portugals und Belgiens, gewinnen, wird vom Kriegsausgang enttäuscht. Das deutsche Volk müsse, predigt der aus Deutsch Südwest in die Weimarer Republik zurückgekehrte Friebott, »seinen Raum und sein Recht« von der Welt fordern oder erzwingen (ebd., 1269), aber Grimm wird hier nicht konkret. Im Jahr des Überfalls der Wehrmacht auf Polen (Codename »Fall Weiß«) wird *Vogt Bartold* dagegen unmissverständlich deutlich: Von den Besitztümern des Deutschen Ordens an der Ostseeküste bis Lemberg solle der Raum für die deutsche Kolonisierung erworben werden. Die Geopolitik der Literatur kommt hier mit der Eroberungspolitik des ›Dritten Reichs‹ zur Deckung. Auch sie wird diese Raumnahme als Heimkehr inszenieren, denn es handelte sich hier, mit Hampe und Venatier, um den dritten »Zug nach dem Osten«:

> Der Herrschaftsbereich des deutschen Hochmeisters [...] dehnte sich nordostwärts etwa genau so weit aus, wie im Beginn des Jahres 1918 die deutschen Truppen vorgerückt sind, von Narwa, das nach der Lösung von Dänemark die östlichste Stadt des Reiches war, [...] bis Dünaburg (Hampe 1921, 76).

Zwar sei als »Folge des verlorenen Weltkriegs« die »ganze Linie von Memel bis in die Ostalpen« verlorengegangen, doch lässt sich Hampe von der »niederschmetternden Gegenwartslage die Hoffnung auf eine bessere Zukunft« nicht nehmen (ebd., 96). Der »Generalplan Ost«, der in verschiedenen Berliner Planungsstäben der Ministerien, Hochschulen und der SS ab dem Jahr 1940 ausgearbeitet wird und die Umsiedlung oder Vernichtung einer Millionenpopulation zugunsten eines germanischen Wehrbauerntums vorsieht, wird sich ausdrücklich in die derart aufgerufene Tradition der Ostkolonisation des Deutschordens stellen (Madajczyk 1993, 11; vgl. auch Elvert 1999, 59).

Protogeopolitik des Romans

Erst die »Friedensverträge mit ihren willkürlichen Grenzziehungen« machten in Deutschland »besonders aufmerksam auf die Geopolitik«, meint Adolf Grabowsky im Rückblick auf ein Jahrzehnt der erfolgreichen Verbreitung ihrer Erkenntnisse und Schlagworte (Grabowsky 1933, 7). Die relative Bedeutungslosigkeit der Politischen Geographie vor dem Ersten Weltkrieg ist bereits geschildert worden. Vor diesem Hintergrund versteht sich, dass die sich im Verlauf des Weltkriegs formierende Geopolitik kaum auf Vorbilder zurückgreifen kann. Ratzel und Kjellén, die hier allenfalls genannt werden, sind selbst erst im Weltkrieg in größerem Umfang rezipiert worden, nicht vorher. Anders als die akademische Geopolitik ist der geopolitische Nachkriegsroman nicht ohne bedeutende Vorgänger im 19. Jahrhundert. In einem protogeopolitischen Diskurs haben Autoren des poetischen Realismus bereits in der Mitte des 19. Jahrhunderts den Osten jenseits der deutschen Grenzen als Kolonial- und Siedlungsraum ausgewiesen. Ein typisches Beispiel wäre Gustav Freytags *Soll und Haben* aus dem Jahre 1855, ein, wie Uwe-K. Ketelsen feststellt, heute »weithin unbekannter« Roman, der für das kultur- und literaturwissenschaftliche Verständnis der deutschen Konstruktion des Ostens und des Ostzug-Narrativs gleichwohl unverzichtbar sei (Ketelsen 2004, 73). Auch der Kaufmann Anton Wohlfahrt, Freytags vorbildlicher Protagonist, macht »sich daran, frühere Kolonisationswerke im deutschen Osten wiederzubeleben« (Blackbourn 2007, 312).

Eine der Geschichten, die *Soll und Haben* entwickelt, handelt von der Familie des Freiherrn von Rothsattel. Ort der Handlung ist zu Beginn des Romans ein äußerst gepflegtes, ertragreiches, ja schönes Landgut an der Straße von Ostrau nach Breslau in der schlesischen Provinz des Königreich Preußens zur Zeit der 1820er Jahre. Der Baron, in dessen Landsitz und Tochter sich der junge Anton Wohlfahrt geradezu verliebt, »stammte aus einem sehr alten Hause. Ein Rothsattel war schon in den Kreuzzügen nach dem Morgenlande geritten« (Freytag 1855, 27). Die Familie ist gut mit ihren kriegerischen Abenteuern gefahren und kommt zu Besitz. Sechs Jahrhunderte nach den Kreuzzügen erhält der Herr des Hauses, er hatte in einem »Garderegiment« gedient (ebd., 28), von seinem König eine Auszeichnung (ebd., 286). Es handelt sich bei der Auszeichnung des Freiherrn von Rothsattel um das Ornat eines Ritterordens, nicht um ein in kriegerischen

Diensten erworbenes Ehrenzeichen. Der Orden, so erläutert der Baron selbst, ist eine »Standesdekoration«, die ihm übrigens »die liebste von allen« sei und der Tatsache gerecht werde, dass seine »Familie […] eine der ältesten« des Landes sei und König und Prinz genau darum wüssten (ebd., 287). Die Form des Kreuzes, das die Baronin Rothsattel respektvoll küsst und ihrem Mann um den Hals legt, ist dieselbe wie das Kreuz des Deutschritterordens, deren Hochmeister sich ebenfalls mit dem schwarzen Adler geschmückt haben. Dieses Kreuz weist somit auf die mit den Kreuzzügen begonnene Familiengeschichte der Rothsattel zurück, denn der Deutschorden wird im Heiligen Land, in der Stadt Akkon von Hanse-*Kaufleuten* gegründet, bevor er sich auf die Christianisierung und Kolonisierung des Deutschen Ostens verlegt und sich in einen adelsstolzen Ritterorden verwandelt, was, wie Freytag meint, sehr zu seinem Nachteil ausfällt (Freytag 1872–80, 795, 951 ff.). Ohne einen Anteil an Bürgern habe dem Orden die Substanz gefehlt. Die Verlegung des Aktionskreises des Deutschordens aus dem Heiligen Land an die Weichsel beschreibt Freytag in seinem historischen Roman *Die Ahnen* aus den Jahren nach der Reichsgründung so:

> Dort steckten die beiden mit ihren Gehilfen Pfähle für ein Standlager, welches zu einer festen Stadt werden sollte und zu einer neuen Grenzburg der Deutschen. Den Brüdern gefiel, die neue Stätte Toron zu nennen, und sie dachten dabei mit Freude an einen Berg Accon, unter dem die Bremer vor vierzig Jahren das erste Spital des Ordens aus Segeltuch errichtet hatten. Die Kreuzfahrer aber taten jetzt am Gestade der Weichsel dieselbe Arbeit, welche frühere Waller im Heiligen Lande geübt hatten, sie zogen die Gräben, erhöhten den Wall, richteten darüber aus Pfählen den Zaun einer Stadt und bauten in dem umschanzten Raum ihre Hütten (ebd., 720).

Dass sich Kaufleute durchaus auf Kreuzzüge reimt, versucht Freytag auch in *Soll und Haben* plausibel zu machen, wenn er den Händler Wohlfahrt aus der Saturiertheit und Gemütlichkeit seines Kontors in Breslau in das revolutionäre Polen führt, ihn auf einen Planwagen setzt (Freytag 1855, 493 f.) und zum Ostlandfahrer umzieht, der seinen im Kampf mit der feindlichen Umgebung erfolgenden Gesinnungswandel so beschreibt:

> Welches Geschäft auch mich, den einzelnen, hierhergeführt hat, ich stehe jetzt hier als einer von den Eroberern, welche für freie Arbeit und menschliche Kultur einer schwächern Rasse die Herrschaft über diesen Boden abgenommen haben (ebd., 624).

Dies hätte genau so auch Vogt Bartold sagen können. Freytag, der an der Universität von Breslau als Privatdozent Geschichte gelesen hat und der mit *Die Ahnen* eine Art *factual fiction novel* des Deutschordens vorgelegt hat, verwandelt einen biederen Geschäftsmann (Anton) und einen verlotterten Adelssprössling (Fink) in Eroberer und Kolonisten. Vereint treten Bürger und Adel einem Feind gegenüber, und sie bestehen einen Kampf auf Leben und Tod. Anders als Ketelsen meint, wird die aus der Raumnahme resultierende »Vernichtung des anderen« (Ketelsen 2004, 86) im Ostroman durchaus geschildert, bei Gustav Freytag wie auch bei Venatier. »Wir und die Slawen, es ist ein alter Kampf« (Freytag 1855, 624). Fink und Wohlfahrt liefern den polnischen Gegnern ihrer Ansiedlung, die als Brückenkopf einer deutschen Raumnahme verstanden werden muss, eine regelrechte Schlacht. Auch Venatier ist eindeutig in seiner Wortwahl: »Breslau ist unser. Erobert mir Krakau!« (Venatier 1939, 407).

Schlesien wird kolonisiert, die mediokren »Slawen« unterwerfen sich oder werden besiegt (ebd., 142 f.). Nach Breslau wird dann Krakau deutsch. Mit Freytags Worten, wieder aus den *Ahnen*:

> Jetzt strömte die Volkskraft der Deutschen in vielen kleineren Wellen […] nach Osten, und tausend Jahre nach der Auswanderung jener alten Germanen begannen die Thüringer und Sachsen an der Stromgrenze aufs neue den Kampf gegen die Fremden, mit stärkeren Waffen und festerer Kraft (Freytag 1953, 719).

Freytags Zug der Deutschen nach Osten arbeitet mit den gleichen Bildern und Stereotypen wie die Ostraum-Romane der Nachkriegszeit – und dies ist kein Wunder, denn zum einen wird *Soll und Haben* im Kontext der ›Blut und Boden‹-Semantik rezipiert und zitiert (Darré 1940, 92) und zum zweiten teilen sie mehrere geopolitische Strukturmomente, vor allem die Legitimation der Ostkolonisation mit dem Narrativ der Wiederherstellung einer alten, leider von den Slawen mutwillig zerstörten, verwüsteten Ordnung (vgl. Ketelsen 2004; Liulevicius 2002, 189). Die entsprechende Raumdarstellung in den Romanen reproduziert die geopolitische Agenda: Die »Volkskraft der Deutschen« strebe eben nur dahin zurück, wo die »alten Germanen« schon tausend Jahre zuvor gesiedelt hätten. Über die mittelalterliche Ostkolonisation schreibt Freytag: »Der Haufen, welcher von den roten Bergen und dem Nessebach über die Saale zog, glich in vielem den Schwärmen alter Germanen, welche tausend Jahre vorher aus dem Osten gekommen waren« (Freytag 1872–80, 720).

Bei Gustav Freytag wie bei Hans Venatier führt die Bewegung nach Osten *zurück* durch Zeit und

Raum »in das Land der Väter« (Sachs 1935, 10). Lemberg und Krakau, im Roman *Vogt Bartold* die »Tore« des »Deutschtums« gen Osten, fungieren im berüchtigten »Generalplan Ost« des NS-Reichssicherungshauptamtes (RSHA) als Pfeiler der »deutschen Volkstumsbrücke« des »Altreichs« in die Ukraine bis zur Krim (Dok. 1, Planungshauptabteilung, Berlin 1940, zit. n. Madajczyk 1994, 5). Um diese Brücke zu errichten, müssten nur die dank der Ostkolonisation seit dem 13. Jahrhundert bereits vorhandenen, »mehr oder minder großen deutschen Volkstumsinseln« untereinander verbunden werden (ebd., 6). Auch diese Brücken- und Insel-Metaphorik der Planungshauptabteilung des RSHA ist nicht originell. Als Anton Wohlfahrt das neue Gut der Rothsattel in Polen als Verwalter in Besitz nimmt, stellt der Erzähler fest: »Er war ausgesetzt, wie auf einer [...] Insel« (Freytag 1855, 499 f.). Und über die Kolonisationsarbeit des Deutschordens schreibt Freytag: »im Osten lag das verkleinerte Ordensland wie eine Insel zwischen dem Meere und dem slawischen Gebiet« (Freytag 1872–80, 724). Diese Inseln warten auf ihre Vernetzung durch deutsche »Pioniere« (Freytag 1855, 586, 654). Was Blackbourn und Liulevicius in ihren einschlägigen Studien über die deutsche Konstruktion des Ostraums an Quellen des 20. Jahrhunderts herausarbeiten, kann also in der Literatur bis in die Mitte des 19. Jahrhundert zurückverfolgt werden.

Bevor Anton und Fink in Polen einen »Wehrbauernhof« nach dem Vorbild der alten »Rittergüter der mittelalterlichen ostdeutschen Kolonisation« (Madajczyk 1994, 8) errichten, muss freilich erst der Stammsitz der Rothsattel vom Erzähler mit einer komplizierten teils anti-kapitalistischen, teils antisemitischen Intrige (vgl. Werber 2005a) aus dem ruhigen und friedlichen königlich-preußischen Schlesien nach Osten, in die Nähe Krakaus verlegt werden; eine Intrige, an der in diesem Zusammenhang nur interessiert, dass sie die Protagonisten des Romans zur Raumnahme gen Osten schickt, in die »slawische Sahara«, wie Fritz von Fink formuliert, in die »Wüste«, wie Anton Wohlfahrt und Karl Sturm mehrfach feststellen (Freytag 1855, 629, 494, 441). Dass der Raum östlich von Schlesien und Pommern eine Wüste sei, die das Ergebnis der slawischen Verwüstung darstelle, artikuliert eine Beobachtung, die offenbar prägend für die von den deutschen Erfahrungen an der Ostfront im Ersten Weltkrieg geprägte Konstruktion des Ostens gewesen ist. Die »Unternehmung Ober Ost« habe das »deutsche Bild vom Osten« entscheidend geprägt, arbeitet der Historiker

Liulevicius in seiner Arbeit über das *Kriegsland im Osten* heraus (Liulevicius 2002, 189). Zu den Topoi dieses Ostbildes zählen die Vorstellungen, es handele sich um eine »Steppe«, »Wüste« oder ein »Meer« (ebd.), jedenfalls aber um eine halt- und wurzellose, »fürchterliche Leere« (ebd., 190). Die Millionen deutscher Armeeangehöriger, die im Ersten Weltkrieg im Osten Dienst tun, beschreiben Polen, die Ukraine, Südrussland, Weißrussland als Wüsten. Man könnte vermuten, dass sie hier bereits den literarisch erprobten Stereotypen folgen, die wenige Jahre später auch der geopolitische Ostroman aufgreift. Das für *Ober Ost* symptomatische Raumbild verweist aber offenbar, folgt man Ulrike Jureit, auch auf die in Kolonien bzw. in der amerikanische *frontier*-Ideologie geprägte Differenzierungen zurück (Jureit 2012, 162, 164 f., 175). Hier müssten allerdings heterogene Beschreibungen des Gebiets als typisch deutsche Landschaft (ebd., 164) und »Spiegelbild der Heimat« (ebd., 165) einerseits und als »Fremde«, als »Kolonialland« (ebd., 167) oder »Ödland« und »Unkultur« (ebd., 170) andererseits genauer unterschieden und motiviert werden. Ein Vorschlag dazu liefert die geopolitisch motivierte Unterscheidung von »slawischer Sahara« und »germanistischem Substratum«, die auch den Ostroman strukturiert. Die gleiche Semantik ordnet offenbar die deutsch-jüdische Palästina-Reiseliteratur; hier ist es ein von indolenten Arabern vernachlässigter oder verwüsteter Raum, der auf eine erneute »jüdische Inbesitznahme des Landes« geradezu wartet (Grishina 2012, 100 ff.). Die Fortschreibung des deutschen geopolitischen Diskurses in der jüdischen Raumkonstruktion Palästinas müsste genauer erforscht werden. Die Studien von Evgenia Grishina lassen einige überraschende Parallelen zwischen den deutschen und jüdischen ›Raumnahmen‹ erkennen (ebd., 276).

Polen sei »furchtbar verwüstet«, stellt Friedrich von Fink in *Soll und Haben* fest, man könne aber »etwas daraus machen« (Freytag 1855, 632 f.). Dazu sind Fleiß und Arbeit nötig, was Freytag wie Venatier den Slawen durchweg absprechen. Wenn man erst einmal »etwas daraus« gemacht hat, dann ist – im Roman! – der von der deutschen Kultur geprägte Raum ohne weiteres als deutscher Raum zu erkennen. Denn das Ergebnis der deutschen Raumnahme ist die Kulturlandschaft, wie die Geopolitik sie nach dem Ersten Weltkrieg entwirft. Im nationalsozialistischen Staat wird aus dem literarischen Bild dann eine Norm, der das Reichskommissariat für die Festigung deutschen Volkstums in einer Anordnung Gesetzeskraft gegeben hat:

In seiner alten Heimat und in den Gebieten, die er durch seine Volkskraft besiedelt und im Verlauf von Generationen geformt hat, ist das harmonische Bild von Hofstatt und Garten, Siedlung und Landschaft ein Kennzeichen seines Wesens. Die Gliederung und Begrenzung der Feldflur durch Wald, Waldstreifen, Hecken, Gebüsche und Bäume, die natürliche Verbauung von Gelände und Gewässer und die Grüngestaltung der Siedlungen sind bestimmende Kennzeichen deutscher Kulturlandschaften (zit. n. Rössler u. a. 1993, 136).

Die »Räume«, die in Jahrhunderten von der »Wesensart« einer Kultur derart »geformt« worden sind, setzt Himmler als »Heimat« der »Verwüstung und Leere« eines ungeformten, glatten, ungegliederten, steppenartigen Raumes im Osten entgegen (zit. n. ebd.). Dieses slawische »Land [sei] nicht fest genug«, es sei »eine Wüste« (Freytag 1855, 494). Im Umkehrschluss bedeutet dies nach Freytags Logik, dass dort, im wüsten Raum, eine Bevölkerung fehlen müsse, die das Land in eine Kulturlandschaft transformieren könnte. Und tatsächlich liest man in *Soll und Haben* wiederholt, in Polen sei »keine Kultur« auszumachen – mit der Ausnahme der deutschen Inselsiedlungen im polnischen Meer, den Karawansereien in der slawischen Sahara. Die Bewohner dieser Wüste dagegen sind im Jargon des Erzählers »Wilde«, deren Organisationsfähigkeit allerhöchstens dafür hinreicht, sich in »Haufen« zusammenzurotten (ebd., 335). Erst die deutschen Kolonisten verwandeln bei Freytag durch ihre Arbeit Wüsteneien in »grüne Wiesen« (ebd., 641).

Die Stimmung in der deutschen Publizistik zwischen 1830 und 1848 war nahezu geschlossen polenfreundlich, ja, sie stand im Zeichen einer »Polenbegeisterung«. Während der Aufstände in Posen von 1846, die Freytag schildert, durchzog eine Welle der Solidarisierung selbst Preußen. Die Niederlage Polens gegen das zaristische Russland wurde von allen Liberalen bedauert. Platens Polenlieder aus den Jahren 1831/32 geben ein gutes Zeugnis von dieser Stimmung (vgl. Hahn 2005, 246–250). Es ist also alles andere als selbstverständlich, wenn Polen bei Freytag als kulturlose Barbarei, als Steppe und Wüste konstruiert wird. Es ist also auch nicht selbstverständlich, wenn in *Soll und Haben* Anton nicht als Ostrauer oder Breslauer oder Schlesier, sondern dezidiert als Deutscher in die polnische Gesetz- und Kulturlosigkeit »Ordnung einführt und einen bessern Zustand« (Freytag 1855, 569). Über die »slawische [...] Rasse« doziert sein Chef, der Kaufherr T.O. Schröter, mit großer Autorität: »sie haben keine Kultur [...]: es ist merkwürdig, wie unfähig sie sind, den Stand, welcher Zivilisation und Fortschritt darstellt

und welcher einen Haufen zerstreuter Ackerbauer zu einem Staate erhebt, aus sich heraus zu schaffen« (ebd., 330 f.). Der deutsche Kolonist betritt die slawische Wüste als »Kulturträger« (Hampe 1921).

Bereits bei Gustav Freytag lässt sich eine Umorientierung der Kolonisation von West nach Ost beobachten. In den *Ahnen* sammelt der Thüringer Ivo zuerst als Kreuzzügler Erfahrungen im Morgenland, bevor er sich dann im Siedlungsgebiet der Preußen an die Ostkolonisation macht: »Hier im Lande säen wir deutsche Saat« (Freytag 1872–80, 631, 722). Vor dem Hintergrund der großen geopolitischen Erzählung der Raumnahme im Osten macht es also Sinn, an die Tradition der Ostkolonisation des Deutschordens zu erinnern, dessen Orden auch der Baron Rothsattel trägt. Die Rolle des Deutschordens bei der sogenannten ›Ostkolonisation‹ des »subgermanischen Raums« ist vor 1933 und nach der nationalsozialistischen ›Machtergreifung‹ immer wieder betont worden. Von deutschem »Schwert« und »Pflug«, die im Osten Ordnung herstellten, ist nicht nur bei Freytag und Venatier, sondern auch in den geopolitischen Phantasien des ›Dritten Reichs‹ wiederkehrend die Rede; er wolle »das neue Reich wieder auf der Straße der einstigen Ordensritter in Marsch setzten«, bekundet Adolf Hitler (zit. n. Liulevicius 2002, 315).

Es ist typisch für den geopolitischen Diskurs: Der Raum selber legitimiert seine Eroberung, denn es handelt sich um einen Raum, den sich die dort befindliche Bevölkerung nicht angeeignet habe. »Hier im Osten werde sich zum zweiten Mal ein ähnlicher Vorgang wiederholen wie bei der Eroberung Amerikas«, führt Hitler in einem Tischgespräch des gleichen Tages aus (zit. n. Madajczyk 1994, 23). Was es an Schönem im Osten gebe, sei ohnehin deutsch, der große Rest sei »wüst und leer«, bevölkert von Nomaden und Indianern, Wilden, Heloten oder Sklaven, je nachdem, ob man Freytag, Hampe, Sachs, Venatier oder Hitler liest. »Es ist also nicht der Kolonist, der den Boden in Besitz nehmen will, sondern der Boden selbst, der nach dem Besessenwerden verlangt« (Kopp 2005, 231). Es ist die Verwandlung der Wüste in eine Kulturlandschaft, die ihre Eroberung legitimiert, erklärt Anton Wohlfahrt seinem Freund Fink mitten in Polen, weit entfernt von seinem Geburtsort Ostrau und seinem Wohnort Breslau:

»Und wer hat die große Landschaft erobert, in der ich geboren bin?« frug Anton weiter.
   »Einer, der ein Mann war.«
   »Ein trotziger Landwirt war's«, rief Anton, »er und andere seines Geschlechts. Mit dem Schwert oder durch

List, durch Vertrag oder mit Überfall, auf jede Weise haben sie den Boden an sich gezogen, in einer Zeit, wo im übrigen Deutschland fast alles tot und erbärmlich war. Als kühne Männer und gute Wirtschafter, die sie waren, haben sie ihren Boden verwaltet. Sie haben Gräben gezogen durch das Moor, haben Menschen hingepflanzt in leeres Gebiet und haben sich ein Geschlecht gezogen, hart, arbeitsam, begehrlich, wie sie selbst waren. Sie haben einen Staat gebildet aus verkommenen oder zertrümmerten Stämmen, sie haben mit großem Sinn ihr Haus als Mittelpunkt für viele Millionen gesetzt und haben aus dem Brei unzähliger nichtiger Souveränitäten eine lebendige Macht geschaffen.«

»Das war«, sagte Fink, »das taten die Ahnen.«

»Sie haben für sich gearbeitet, als sie uns schufen«, fuhr Anton beistimmend fort, »aber wir haben jetzt Leben gewonnen, und ein neues deutsches Volk ist entstanden. Jetzt fordern wir von ihnen, daß sie unser junges Leben anerkennen« (Freytag 1855, 625 f.).

Was die »Ahnen« einst taten, nämlich mit »Schwert« oder »List«, durch »Vertrag« oder »Überfall« das Hoheitsgebiet zu vergrößern, es immer weiter nach Osten auszudehnen und immer mehr kleine Staaten und Provinzen wie etwa Sachsen und Schlesien in das wachsende Reich einzuschmelzen, das soll jetzt das »junge« und »neue, deutsche Volk« fortsetzen. Fink versteht die übrigens auch monarchie- und adelskritische Lehre, die Anton ihm gibt, und der Erzähler kann am Ende von *Soll und Haben* folgendes Fazit ziehen:

Den Mann, welcher jetzt im Schloß gebietet, kümmert es wenig, ob eine Dohle schreit, oder die Lerche; und wenn ein Fluch auf seinem Boden liegt, er bläst lachend in die Luft und bläst ihn hinweg. Sein Leben wird ein unaufhörlicher siegreicher Kampf sein gegen die finstern Geister der Vorzeit; und aus dem Slawenschloß wird eine Schar kraftvoller Knaben herausspringen, und ein neues deutsches Geschlecht, dauerhaft an Leib und Seele, wird sich über das Land verbreiten, ein Geschlecht von Kolonisten und Eroberern (ebd., 830 f.).

Diesen bei Freytag geschilderten protogeopolitischen »Kampf« um die Verwandlung der slawischen Wüste in eine deutsche Kulturlandschaft nehmen die Narrative der deutschen geopolitischen Romane der 1920er und 1930er Jahre wieder auf. Dies ist deshalb so naheliegend, weil erstens die Raumkonstruktion »des Ostens«, wie der Weltkrieg sie hervorbringt, Freytags Bild eines glatten Raumes, einer Steppe, Wüste oder eines Meeres revitalisiert und wirkungsmächtig verbreitet (vgl. Liulevicius 2002, 189 ff.). Und zweitens weil die Geopolitik bereits während des Ersten Weltkriegs die Expansionsrichtung des Reiches von West nach Ost umorientiert.

In der 1905 erschienenen Ausgabe von *Meyers Großes Konversations-Lexikon* fehlt im immerhin drei Spalten umfassenden Eintrag zu Gustav Freytag jeder Hinweis auf seinen Roman *Soll und Haben*. Sein Verlag, Hirzel, unternimmt 1887 noch einmal eine Neuauflage. Die bis dahin sehr erfolgreiche Verbreitung (ca. 90 000 Exemplare) nimmt dann aber ständig ab, bis nach dem Ersten Weltkrieg der Verkauf erneut schlagartig zunimmt und bis 1939 etwa 330 000 Exemplare erreicht. Der Grund für diese vergleichsweise schwache Rezeption in den Jahrzehnten vor dem Ersten Weltkrieg könnte darin bestehen, dass erst die Erfahrungen mit ›Ober Ost‹, die Neuformierung der Geopolitik, die Niederlage im Krieg und die Forderung nach einer Revanche bzw. der Revision der im Versailler Vertrag festgelegten Grenzen sowie die erfolgreiche Verbreitung der Annahme, die Deutschen seien ein ›Volk ohne Raum‹ und könnten nur im Osten auf Raumnahmen hoffen, das Interesse an Freytags Ostkolonisierungsnarrativ erneut geweckt haben. Die intertextuellen Bezüge zwischen dem Ostroman Venatiers und *Soll und Haben* sowie die Gemeinsamkeiten in der quasi-geopolitischen Analyse von Räumen und Rassen sind groß genug, um davon auszugehen, dass Freytag bedeutenden Teilen der geopolitischen Nachkriegsliteratur als Muster gedient hat, übrigens nicht der populären *science fiction*-artigen Literatur, deren geopolitische Projektionen in alle Welt und darüber hinaus, ins Weltall, ausgreifen (Hahnemann 2010). In der Kolonialliteratur jedenfalls spielt nach dem Ersten Weltkrieg Afrika keine entscheidende Rolle mehr. Der Osten gilt nunmehr als das natürliche Kolonialland des Deutschen Reiches. Im »Osten«, um an ein anderes Merkmal des geopolitischen Diskurses zu erinnern, werde das künftige großdeutsche Reich sein »großes Experimentierfeld« finden (Hitler zit. n. Liulevicius 2002, 315).

Österreich-Ungarn als überlebte Lebensform

Ein anderes Reich dagegen erhält von der Politischen Geographie einen Nachruf zu Lebzeiten: Österreich-Ungarn. In Analogie zur evolutionstheoretischen Auffassung der Entwicklung einer Spezies in einer auch räumlich definierten ökologischen Nische wird in der Geopolitik das Agieren politischer Organe und Lebensformen auch auf geographische Parameter zurückgeführt. Ratzel gilt als Wegbereiter dieser Schule. Zu ihren Grundannahmen zählt die Verknüpfung ethnischer und kultureller Spezifität mit der eigentümlichen Gestalt des Erdraums: Die

Charakteristik eines Volkes wird von der Landschaft geprägt, die es bewohnt; und umgekehrt wird der physikalische Raum im Prozess dieser Prägung zu einer Kulturlandschaft entwickelt, die wiederum typisch für das dort siedelnde Volk ist (Kirchhoff 1905, 8). Deutschlands politische Gestalt orientiert sich an einer aus einem »Auslese«-Prozess (ebd., 11) hervorgegangenen kulturellen Verbindung von Raum und Volk und hat seine angemessene Form dann gefunden, wenn »natürliche Grenzen« (Ratzel 1903; Kjellén 1917b) das Reich als politische Entität und das Siedlungsgebiet der deutschen Nation deckungsgleich einfassen.

Diese Auffassung entfaltet – im Vergleich zu den historisch gewachsenen Grenzen der Staatenwelt des 19. Jahrhunderts – eine teils aggressive Dynamik, da der politischen Führung des Reichs die Aufgabe zukommt, dafür Sorge zu tragen, dass das wirtschaftlich und demographisch wachsende Deutsche Reich sich die passenden geopolitischen Grenzen verschafft. Es müsse, so formuliert es Rudolf Kjellén, nach französischem Vorbild »fertig« werden, also ein Reichsgebiet in »fest abgeschlossenen Grenzen« errichten. Dies sei allerdings bis 1914 noch nicht gelungen, weshalb das wilhelminische Reich auf den schwedischen Geopolitiker den Eindruck des »Unfertigen« mache (Kjellén 1917b, 61 f.). Ein zu kleines oder falsch zugeschnittenes Biotop in »schlechten« Grenzen (ebd., 61) würde das Potential des deutschen Volkes verfehlen und es verkümmern lassen. Die unter dem Titel ›Mitteleuropa‹ projektierte Osterweiterung des Reiches soll dem gerecht werden.

Die Metaphorik kommt nicht von ungefähr. Die Geopolitik betrachtet Staaten explizit als »Lebensformen« und macht sie »folglich zum Gegenstand eines biologischen Studiums« (ebd., 3). Sie nimmt damit für sich in Anspruch, durch die Zufälligkeiten und Oberflächlichkeiten der statistisch ermittelbaren ökonomischen Verhältnisse und je positiv gegebenen Rechtsformen hindurch zur »Wirklichkeit selber« vorzudringen (ebd.): dem »natürlichen Wachstum« der Staaten und ihrer »natürlichen Auslese im Kampf ums Dasein« (ebd.). Völker erscheinen aus dieser Perspektive als konkurrierende Spezies, die auf einem begrenzten Territorium nicht lange mit- und nebeneinander existieren können, weil eine die andere verdrängen würde: Wie immer die Reichsgrenzen auch verlaufen mögen: Schlesien, Posen und Westpreußen würden daher, so Kjellén, letztlich entweder ganz deutsch oder ganz polnisch werden (ebd., 64 f.). Die geopolitische Sicht auf die Außenpolitik forciert ein Entweder-Oder: »changes

in the political map of the world are possible only by taking from Peter to give to Paul« (Hartshorne 1935b, 959). Es gibt daher nur Gewinner und Verlierer, Wachstum und Niedergang, nichts Drittes, keine Kompromisse.

Wie steht es nun aus geopolitischer Sicht um Raum, Staat, Volk und Grenzen von Österreich-Ungarn, Deutschlands Verbündetem im Ersten Weltkrieg? Das evolutionistische wie dezisionistische Denken der Politischen Geographie führt dazu, der Habsburgischen Monarchie mit Blick auf seine Population und seine Grenzen die Existenzberechtigung abzusprechen: Es sei »ein geographisches Unding und voller nationaler Zersplitterung«. Das Reich würde daher im ›ewigen Krieg‹ (»all nature is at war, one organism with another«, Darwin 1909, 87; vgl. Ratzel 1903, 93 ff.) der Spezies oder Völker um das Dasein auf knappem Erdraum nicht lange standhalten. Dies wird schon vor dem Krieg so gesehen: Österreich-Ungarn im Jahr 1914 hat aus Kjelléns Sicht keine »natürlichen Grenzen«, sondern nur »schlechte« Grenzen. Die Züge des Reiches seien daher »stark künstliche«, nicht »natürliche« (Kjellén 1917b, 10). Das Völkergemisch der Donaumonarchie in seinen unnatürlichen Grenzen sei in Zeiten des »modernen Nationalitätsprinzips« ein »reiner Anachronismus« (ebd., 12). Der politische Darwinist Kjellén macht es mit einem biologischen Beispiel anschaulich:

> Ähnlich etwa wie eine tertiäre Tierform inmitten der heutigen Fauna, so steht die Großmacht Österreich-Ungarn unter den modernen Nationalstaaten als ein Überbleibsel eines primitiveren Entwicklungsstadiums, des mittelalterlichen Territorialstaates (ebd.).

Und wie man seit Darwin weiß, halten sich ›anachronistische‹ Lebensformen dann, wenn ihr Lebensraum durch natürliche Grenzen wie Meere oder Gebirge von den konkurrierenden Arten geschützt sind. Sobald dagegen die Isolation endet, beginnt die Selektion. »Die verschiedenen so gestrandeten Wesen«, schreibt Darwin über isolierte Biotope, »kann man mit wilden Menschenrassen vergleichen, die fast alle rückwärtsgedrängt sich noch in Bergvesten erhalten als interessante Überreste der ehemaligen Bevölkerung der umgebenden Flachländer« (Darwin 2008, 473 f.). Ein Vielvölkerstaat mag sich im 20. Jahrhundert im Schutz der Alpen erhalten, nicht jedoch in den »schlechten Grenzen« der Doppelmonarchie. Alfred Kirchhoff kritisiert am Reich der Habsburger die »ungeographisch am grünen Tisch zurechtgeschmiedete Zusammenschweißung von Ländern [...] verschiedenartigen Volks« und sagt

die Auflösung Österreich-Ungarns voraus (Kirchhoff 1905, 91). Auch Alfred Hettner hält Österreich-
Ungarn für das »geographisch am wenigsten organische und darum wohl am ehesten dem Zerfall ausge-
setzte Staatengebilde Europas« (Hettner 1907, 68).
Das sehen österreichische Geographen naturgemäß
anders (Schultz 2001, 41).

»So war Österreich-Ungarn«, fasst Hans-Dietrich
Schultz zusammen, »für viele reichsdeutsche Geographen ein primär *historisch* zu verstehendes Gebilde mit geographisch eingebautem Verfallsdatum«
(ebd., 40). Geopolitisch hat es keine eigene Zukunft.
Die Stunde des Deutschen Reiches würde dagegen
erst schlagen, wenn sich deutsche »Natur« und deutsche »Bevölkerung« schließlich zusammenschließen; die Reichsgründung 1871 zählte nur als eine
Etappe dieser geopolitischen Evolution (ebd., 34).
Nachdem sich das kleindeutsche Reich unter Bismarck konsolidiert habe, müsse es nun, unter Wilhelm II., »auf Expansion bedacht sein«, meint Kjellén (Kjellén 1917b, 75), es müsse nun »Großdeutsch-
land« zu werden trachten (ebd., 79). Diese Sicht wird
auch nach Ausbruch des Krieges geteilt: Der Weltkrieg sollte, so lauten etwa die Hoffnungen von
Friedrich Naumann, das Deutsche Reich als Hege-

monialmacht Mitteleuropas geopolitisch konsolidieren. Das Mitteleuropa-Projekt löst das geopolitische
Österreich-Ungarn-Problem, indem es die ganze
Region in eine deutsche Einflusssphäre integriert. In
Naumanns »Schützengrabengrenzen« (Naumann
1915, 182) zwischen »Ostsee« und »Adria« (ebd.,
184) wird »Österreich-Ungarn« auf jeden Fall aufgehoben sein (ebd., 185; vgl. Abbildung in Sinnhuber
1954, 19). Dieses Projekt wird auch nach dem Ersten
Weltkrieg weiter verfolgt (Elvert 1999).

In der Debatte um den angeblich unaufhaltsamen
Zerfall der Donaumonarchie wird gelegentlich auch
Robert Musil zitiert, dessen Skizze von »Kakanien«
im *Mann ohne Eigenschaften* (1930 ff.) von der Überlebtheit des Reichs zeuge (Remak 1969, 129, 134, 143).
Auf Remaks Frage, *How Doomed the Habsburg Empire?*, würde nicht nur die deutsche Politische Geographie und Geopolitik unisono »very« antworten,
auch bei Musil kann man nachlesen, »Kakanien« sei
»der Staat, der sich selbst irgendwie nur noch mit-
machte […], ständig im Gefühl der unzureichenden
Gründe der eigenen Existenz« (Musil 1987, 35). Musil beginnt 1921 die Arbeit an seinem Roman, die
Handlung wird in das Jahr 1913 verlegt. Aus dieser
intradiegetischen Vorkriegssicht kann Graf Leins-

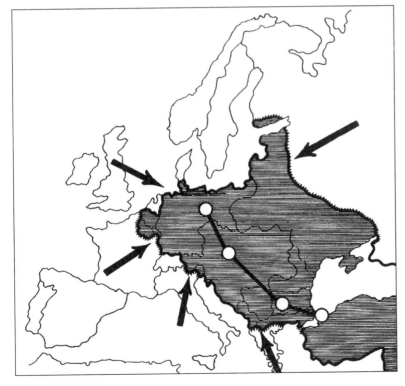

»Festung« zwischen
Ostsee und Adria:
Mitteleuropa
(aus Springenschmid
1937, 25). Im er-
läuternden Text er-
klärt Springenschmid
die »Hunger-
blockade« zum
»entscheidenden
Kriegsmittel«. Die
»Festung« wurde
durch »Hunger« zur
»Übergabe« ge-
zwungen. Autarkie
Mitteleuropas lautet
die geopolitische
Konsequenz.

dorf in einer Ansprache formulieren, die »dankbaren Völker Österreichs« stünden »wie ein Felsen um ihren Herrscher geschart«, doch lässt er es lieber unerwähnt, wie der Erzähler mitteilt, »etwas von den Zerfallserscheinungen [zu] erwähnen, denen dieser Fels [...] ausgesetzt war« (Musil 1987, 169). An der effektiven Integration der vielen Völker und Landesteile in ein Reich bestehen, folgt man weiter dem Erzähler, nicht zuletzt bei all jenen Zweifel, die – wie deutsche Geographen vor und Geopolitiker nach dem Krieg – von außen auf Kakanien schauen:

> So oft man in der Ferne an dieses Land dachte, schwebte vor den Augen die Erinnerung an die weißen, breiten, wohlhabenden Straßen aus der Zeit der Fußmärsche und Extraposten, die es nach allen Richtungen wie Flüsse der Ordnung, wie Bänder aus hellem Soldatenzwillich durchzogen und die Länder mit dem papierweißen Arm der Verwaltung umschlangen. Und was für Länder! Gletscher und Meer, Karst und böhmische Kornfelder gab es dort, Nächte an der Adria, zirpend von Grillenunruhe, und slowakische Dörfer, wo der Rauch aus den Kaminen wie aus aufgestülpten Nasenlöchern stieg und das Dorf zwischen zwei kleinen Hügel kauerte, als hätte die Erde ein wenig die Lippen geöffnet, um ihr Kind dazwischen zu wärmen (ebd., 32 f.).

Die Erde hat dieses »merkwürdige Kakanien« (ebd., 33) tatsächlich aber eher stiefmütterlich behandelt, denn die vielen und vielfältigen Länder und Völker wurden in den notorischen ›schlechten Grenzen‹ des Staatengebildes nicht anders zusammengehalten bzw. »umschlungen« als von Soldaten (Drillich) und Erlassen (Papier). Österreich-Ungarn ist denn auch, so wie das zaristische Russland, als ›Völkergefängnis‹ kritisiert worden, und auch diese Sicht auf »Kakanien« lässt Musil Graf Leinsdorf aufgreifen:

> Es war schon beim Beginn der Parallelaktion einer seiner Gedanken gewesen, gerade jenen Teil der Kakanier deutschen Stammes für sie zu gewinnen, der sich weniger dem Vaterlande als der deutschen Nation zugetan fühlte. Mochten die anderen »Stämme« Kakanien, wie es geschah, als ein Gefängnis bezeichnen und ihre Liebe für Frankreich, Italien und Rußland noch so öffentlich ausdrücken, so waren das doch sozusagen entlegenere Schwärmereien, und kein ernster Politiker durfte sie auf eine Stufe stellen mit der Begeisterung gewisser Deutscher für das Deutsche Reich, das Kakanien geographisch umklammerte und ihm bis vor einem Menschenalter einheitlich verbunden gewesen war (ebd., 516).

Es ist genau diese Differenz von Staat und Volk, »Vaterland« und »Nation«, die schon in der Politischen Geographie vor Kriegsbeginn zum Beleg für die Überlebtheit Österreich-Ungarns angeführt wird. Vor dem Hintergrund der Staatsbiologie Ratzels schreibt Kjellén, Österreich-Ungarn habe als Lebensform keine »Persönlichkeit« entwickelt: Dem politischen Organismus »fehlt die Volksseele« (Kjellén 1917b, 12). Die »[u]nter Kakaniens Krone vereinigten Völker [nannten sich] unerlöste Nationen«, weiß General Stumm von Bordwehr, der Kakaniens »unleidlichen inneren Hader« und »nationale [...] Schwierigkeiten« durch seine »Stellung im Kriegsministerium« sehr gut kennt (Musil 1987, 518). Es ist der »Nationalitätenstreit« oder »Irredentismus« (Kjellén 1917b, 12 f.), der Kjellén den Zerfall der Großmacht vorhersagen lässt.

> Kein Staat ist frei von inneren Gegensätzen [...] Eine Großmacht kann auch ohne Schwierigkeit ein Irland ertragen, wie England, ja sogar drei, wie Deutschland (Polen, Elsaß, Schleswig). Anders verhält sich die Sache aber, wenn die Großmacht *nur aus Irlanden* besteht. Das ist bei Österreich-Ungarn der Fall (ebd., 21; Hervorhebungen im Original).

Die »Zusammenhaltung« und damit auch die »Selbsterhaltung« (ebd.) stehen permanent in Frage, und der kakanische »Staat als Lebensform« (Kjellén 1917a) hat keine Zukunft. Dass das Nachkriegs-Österreich zum Nukleus für ein neues kakanisches Großreich werden könnte, scheint kein österreichischer Schriftsteller auch nur imaginieren zu wollen. In der geopolitisch instruierten Literatur des ›Deutschen Reiches‹ wird dagegen, wie oben gezeigt, das alte Narrativ vom ›deutschen Drang nach Osten‹ weiter gepflegt.

Der Erste Weltkrieg als Zäsur und Katalysator des geopolitischen Diskurses

Die bereits mehrfach herausgestellte Umorientierung der deutschen imperialistischen bzw. geopolitischen Ambitionen aus einer Süd- oder West-Richtung nach Osten (vgl. Wippermann 1981) während des Weltkriegs fällt zeitlich und sachlich mit der größeren Verbreitung und Anerkennung der Politischen Geographie bzw. Geopolitik zusammen. Der Weltkrieg erweist sich in dieser Hinsicht als Zäsur und Katalysator zugleich.

Als Zäsur, weil die Politische Geographie im deutschsprachigen Raum um 1900 unter Hochschulgeographen als unwissenschaftlich, dilettantisch, ignorant und feuilletonistisch gilt. »Begrifflich unklar, gepaart mit Ideologie und Halbwissen, scheint die Geopolitik zu Beginn des 20. Jahrhunderts keine Chance zu besitzen, zur renommierten Wissenschaft zu avancieren« (Kost 1988, 50). Theoretisch-methodisch hegt das Fach größte Zweifel an der unbedenklichen »Verabsolutierung« von Raumfaktoren, referiert Klaus Kost die Ratzel-Rezeption, die sich freilich »unter den Ereignissen des Ersten Weltkriegs« dramatisch verändert. Selbst Otto Maull, dem an einem Lob der Politischen Geographie als Grundlage der Geopolitik gelegen ist, schreibt 1936 über Ratzels Situierung in der Forschungslandschaft, dass »ein gut Teil der damals ganz vorwiegend streng naturwissenschaftlich orientierten Geographie an ihm, im besonderen an seiner Politischen Geographie, vorübergegangen ist« (Maull 1936, 20). Selbst ein so begeisterter Apologet wie Karl Haushofer konzediert, wenn auch eher indirekt, dass Ratzel zu Lebzeiten keinen Anschluss an die akademische Welt gefunden hat und seine Lehren ohne Widerhall geblieben sind (so auch Hartshorne 1935a, 789). Mit seiner *Politischen Geographie*

> begann Ratzel in seinem ganzen […] Werk der wissenschaftlichen Front seiner Zeit so einsam vorauszuwandern, wie er es bis dahin nur gelegentlich in vereinzelten kühnen Überschreitungen des Normalrahmens getan hatte; dieser Unterschied in der Schrittlänge gegenüber der durchschnittlichen wissenschaftlichen Haltung seiner Zeit zu Staat und Volkspolitik war so groß, daß ihn diese Front zuletzt fast aus dem Gesichtsfeld verlor und daß er auf diese Weise genauso zum Einzelgänger und Einzelkämpfer wurde, wie ein Menschenalter später Benito Mussolini und Adolf Hitler vorwärts der Front des etatistischen Staatsdenkens ihrer Anfangszeit und jenseits von dem Sehkreis der Demokratie (Haushofer 1941a, XVIII).

Die hier bemühten Analogien zur Laufbahn Mussolinis und Hitlers legen den Gedanken nahe, inzwischen, 1941, habe eine Art Machtübernahme der Geopolitik unter Gleichschaltung der Geographie stattgefunden. Sicher ist jedenfalls, dass Haushofer annimmt, erst die im NS-Staat etablierte, von ihm selbst seit den 1920er Jahren entscheidend geprägte Geopolitik habe Ratzels gewaltigen »poltisch-wissenschaftlichen« Vorsprung von zwei Jahrzehnten eingeholt und die Kluft zwischen Avantgarde und Front, Einzelkämpfer und Mannschaft geschlossen (Haushofer 1941a, XVI). Aber all dies impliziert eben, dass Ratzels politisches Raumdenken um 1900 ohne Resonanz geblieben ist. Dies wird in der aktuellen Forschung gelegentlich übersehen, so dass der Eindruck entstehen könnte, Ratzels Politische Geographie habe unmittelbare Folgen für die Außenpolitik des Deutschen Reiches und ihre Selbstbeschreibung gehabt (Tuathail 2001, 18; Schultz 2001, 48). Diese These ließe sich wohl kaum nachweisen. Erst nach Ratzels Tod, erst im Weltkrieg ändern sich die Rezeptionsbedingungen (Hartshorne 1935a, 789).

Als Katalysator hat der Weltkrieg gewirkt, weil Ratzel und die von ihm gleichsam vorbereitete geopolitische Sicht auf die Welt nach 1914 ein geradezu triumphaler »Durchbruch« gelingt (Kost 1988, 36, vgl. 51). »Überraschend schnell hat sich seit Kriegsende der Begriff der Geopolitik durchgesetzt, der, obwohl ihn Rudolf Kjellén schon 1900 geprägt hat, *nur wenigen geläufig war*«, blickt Adolf Grabowsky 1933 zurück (Grabowsky 1933, 7; Hervorhebungen von N.W.). Führte die Politische Geographie oder Proto-Geopolitik in den Wissenschaften vor 1914 eine Randexistenz, so gebe es nach 1918 »fast keinen Geographen«, der »nicht Geopolitik betreibt«, stellt Kost fest (Kost 1988, 9). Erst der Krieg verschaffe dem Forschungsfeld größere Aufmerksamkeit, meint auch Hartshorne (1935a, 791). Ratzels »Stunde des Ruhmes« schlage »nach dem Ersten Weltkrieg«, bestätigt Köster die Einschätzungen der 1930er Jahre (Köster 2002, 73).

Der Erste Weltkrieg fungiert in der Semantikgeschichte der geopolitischen ›Rede über den Raum‹ ganz offensichtlich als Epoche: Ein eher marginaler Diskurs rückt im Verlauf des Krieges immer weiter ins Zentrum politischer, kultureller und akademischer Selbstbeschreibungen und nimmt nach dem Krieg geradezu hegemonialen Rang bei der Deutung der weltpolitischen Lage des Deutschen Reiches und der Diskussion seiner künftigen Aufgaben ein. Die »Geschichte der klassischen deutschen Geopolitik […] beginnt im Ersten Weltkrieg«, stellt Rainer Sprengel fest (Sprengel 1996, 26). Mit Blick auf Ratzel und seine Rezeption und Resonanz ließe sich präzisierend hinzufügen, dass im Ersten Weltkrieg die Politische Geographie als Grundlagenwissenschaft der Geopolitik entdeckt wird, zumal vom Schöpfer des Begriffs ›Geopolitik‹, Kjellén (Kjellén 1917a, passim), und erst in dieser Konstellation Karriere macht. Maull hält fest, das »Gedankengut Ratzels« sei erst »in der Kriegs- und Nachkriegszeit von der deutschen Geographie wieder zurückgeholt und weitergepflegt worden«, und zwar von einer »Geographie, die, nicht zuletzt unter dem ungeheuren Eindruck des Zeitgeschehens, für diese Aufgabe ungleich empfangsbereiter war als zu Ratzels Lebzeiten« (Maull 1936, 21). Ratzel ist zehn Jahre vor Ausbruch des Krieges verstorben.

Nach dem Ausbruch des Ersten Weltkrieges ist eine »explosionsartige Zunahme« geopolitischer Betrachtungen zu beobachten (Kost 1988, 163), die nach 1918 nicht abreißt, doch ändert sich ihr Thema: Es geht nicht mehr um die Legitimation deutscher expansionistischer Kriegsziele, sondern um die Erklärung des Kriegsausgangs und das Ziehen möglicher »Lehren« aus der Niederlage für »künftige kriegerische Auseinandersetzungen« (ebd., 164). Die Nachkriegs-Geopolitik ist dezidiert revanchistisch und stützt ihre Analysen und Planungen auf die Unterstellung, die neuen Grenzen des Reichs seien unnatürlich, das Reich als Lebensform verstümmelt und eine Wiederherstellung eines geopolitisch gesunden Staates nur durch eine Revision der in der Gesellschaft der Weimarer Republik weithin abgelehnten Versailler Verträge möglich und daher auch politisch notwendig (ebd., 348). Dem Naturgesetz der ›tellurischen Auslese‹ entkommt die Geopolitik rhetorisch: Aus geopolitischer Sicht hätte dieser Krieg nicht so geführt und daher auch nicht verloren werden dürfen. Man will es nun ›besser‹ machen: Der »Ausgang des 1. Weltkriegs« sei gewissermaßen ein »Betriebsunfall der Weltgeschichte«, der sich in einer weiteren, diesmal mit »geopolitischer Wissenschaftlichkeit« geführten Raumnahme korrigieren ließe (ebd., 348 f.). Geographen erklären die »Katastrophe von 1918 mit der Schwäche der Führung in Raumfragen«, referiert Werner Köster, und daher fordern sie nun für Universitäten und Schulen Unterricht in angewandter Politischer Geographie (Köster 2002, 74), der dazu beitragen werde, den nun erneut beginnenden »Kampf um den Raum« (Otto Maull) für Deutschland zu entscheiden (Köster 2002, 75). Die »geopolitische ›Bildung‹ der Bevölkerung und der politischen Eliten« wird als »›Ausbildung‹ zum erfolgreichen Kampf um den Raum im regionalen wie globalen Maßstab« verstanden (Hahnemann 2010, 14–16). »Schulen« und »Hochschulen« hätten sich der Aufgabe zu widmen, »Staat und Volk« zu einem »geopolitischen Gewissen« zu bilden (Grabowsky 1933, 43 f.). Das »Volk«, ist sich Grabowsky mit »dem Haushoferkreise« völlig einig, benötigt nichts mehr als ein »Raumgefühl« und ein Bewusstsein für die »Grenzen« des Reichs (ebd., 42). Ausgestattet mit validen geopolitischen »Prognosen« sehe der »Einzelne« und das »Volk« dem »großen Gang der Zukunft« entgegen (ebd., 43).

Fazit

Spätestens die Unterzeichnung des Waffenstillstand von Compiègne am 11. November 1918, die einer bedingungslosen Kapitulation sehr nahe kam, hat das Scheitern aller bis dahin kursierenden geopolitischen Aspirationen (Weltmacht, Kolonialmacht, Hegemonie Mitteleuropas, Bagdadbahn etc.) offen

sichtlich werden lassen. Die von den Geopolitikern immer wieder betonten »natürlichen Grenzen«, in die das Reich einrücken solle, sind verloren worden. Die hegemoniale Stellung in einem blockadefesten mitteleuropäischen Großraum konnte nicht errungen werden. Man könnte vermuten, dass die als Katastrophe erfahrene Niederlage im Weltkrieg auch das geopolitische Denken erfasst, diskreditiert und den Diskurs seiner sinn- und ordnungsstiftenden Leistungen beraubt. Tatsächlich wird in der politischen Publizistik der 1920er und 1930er Jahre die Rede von der »deutschen Katastrophe von 1918« zu einem Topos. Von einem Niedergang des geopolitischen Diskurses kann aber gar keine Rede sein, im Gegenteil: Obschon die Einflussmöglichkeiten der deutschen Geopolitik als Programm staatlichen Handelns mit dem Ersten Weltkrieg – vorerst – erloschen sind, büßt die »Raumideologie« der deutschen Geopolitik nichts von ihrer Bedeutung ein. Sie funktioniert demnach, so schlussfolgert Werner Köster, als »Kompensationsideologie« (Köster 2002, 20). Gerade nach den »Amputationen« am politischen Körper des Reichs dient der geopolitische Diskurs als geradezu »objektiver«, metahistorischer Garant einer Korrektur der Geschichte: Das geopolitische Schicksal des Deutschen Reiches werde sich schließlich doch vollziehen, wenn nämlich der politische Körper mit allen Adern, Organen und Körperteilen und der deutsche Lebens- und Kulturraum wieder zur Deckung komme.

Erst nach der »militärisch-politischen Katastrophe des Weltkriegs« (Preuss 2008, 221) kommt es also zu einer Hochzeit geopolitischer Diskurse in Politik, Massenmedien, den Wissenschaften und der Literatur. Die geopolitische Semantik knüpft in vieler Hinsicht an die Denkformeln, Topoi und Metaphern der politischen Geographie des Vorkriegs an, doch ist eine deutliche Neuausrichtung zu beobachten: Die Geopolitik nach der »Katastrophe« gibt den »Platz an der Sonne« und die Annexionsphantasien im Westen und Süden auf und orientiert sich nach Osten. Der sog. »deutsche Osten« wird im Deutschen Reich zur neuen Leit- und Kampfformel des geopolitischen Denkens. Was man sich unter diesem Raum im Osten vorzustellen hat, bringt zuerst die Literatur zur Evidenz. Was im Kontext der Ober Ost-Besetzung imaginiert wird, ist schon nichts Neues.

Oliver Jahraus und Christian Kirchmeier konstatieren in ihrem Beitrag für diesen Band, »dass der Erste Weltkrieg insofern eine geopolitische Katastrophe war bzw. als eine solche gedeutet werden muss, als er die Strukturen von Geopolitik, soweit sie bis dahin gegolten haben, gänzlich aus den Angeln hebt und zu völlig neuen und gegebenenfalls mit der alten Ordnung inkommensurablen Strukturen führt« (s. Kap. V, S. 502). Das stimmt. Wie oben gezeigt, markiert der Erste Weltkrieg eine Zäsur. Das ist aber nicht alles. Er erweist sich auch als Katalysator, denn in der geopolitischen Semantik wird nach dem Krieg eine Strömung dominant, die in der Literatur bereits in den 1850er Jahren nachzuweisen ist, jedoch im Deutschen Reich in den letzten Jahrzehnten vor dem Krieg kaum eine Rolle gespielt hat. Der proto-geopolitische Blick geht nach Westen oder Süden. Weder in der Weltmachtsrhetorik noch im Kolonialroman kommt dem ›deutschen Osten‹ einige Bedeutung zu: Erst im Krieg und dann mit immer größerer Verbreitung und Wirkungsmächtigkeit nach dem Krieg wird der Osten als wüster »Raum ohne Volk«, aber voller Ressourcen als natürliche Einfluss- und Expansionszone der deutschen Geopolitik wiederentdeckt.

Literatur

Balke, Friedrich: *Der Staat nach seinem Ende*. München 1996.

Bar, Christian von/Doffel, Peter (Hg.): *Deutsches internationales Privatrecht im 16. und 17. Jahrhundert: Materialien, Übersetzungen, Anmerkungen*. Bd. 2. Tübingen 2001.

Benninghoff-Lühl, Sibylle: *Deutsche Kolonialromane 1884–1914*. Bremen 1983.

Berghahn, Volker: *Der Erste Weltkrieg*. München 2012.

Blackbourn, David: *Die Eroberung der Natur. Eine Geschichte der Deutschen Landschaft*. München 2007 (engl. 2006).

Blindow, Felix: *Carl Schmitts Reichsordnung: Strategie für einen europäischen Grossraum*. Berlin 1999.

Boeckmann, Kurt von: *Vom Kulturreich des Meeres*. Berlin 1924.

Bowman, Isaiah: *The New World. Problem in Political Geography* [1921]. Chicago 1928.

Braun, Franz, A./Ziegfeld, Hillen: *Geopolitischer Geschichtsatlas. Die Neuzeit*. Dresden 1930.

Bronnen, Arnolt: *O.S.* Berlin 1929.

Bülow, Bernhard von: *Fürst Bülows Reden nebst urkundlichen Beiträgen zu seiner Politik*. Berlin 1907.

Chamberlain, Houston Stewart: *Neue Kriegsaufsätze*. München 1915.

Conrad, Sebastian: *Deutsche Kolonialgeschichte*. München 2008.

Czitrom, Daniel J.: *Media and the American Mind: From Morse to McLuhan*. Chapel Hill 1982.

Darré, Richard Walther: *Um Blut und Boden. Reden und Aufsätze*. München 1940.

Darwin, Charles: *Origin of Species*. London 1860.

Darwin, Charles: *The Foundations of the Origin of Species. Two Essays written in 1842 and 1844*. Cambridge 1909.

Darwin, Charles: *Die Entstehung der Arten*. Hamburg 2008 (engl. 1860).

Defoe, Daniel: *A Plan of the English Commerce* [1728]. Oxford 1928.

Dehio, Ludwig: *Gleichgewicht oder Hegemonie. Betrachtungen über ein Grundproblem der neueren Staatengeschichte*. Krefeld 1948.

Dehio, Ludwig: Gedanken über die deutsche Sendung 1900–1918. In: *Historische Zeitschrift*, 174/2 (1952), 479–502.

Deleuze, Gilles/Guattari, Félix: *Tausend Plateaus*. Berlin 1997 (franz. 1980).

Dünne, Jörg: Die Karte als Operations- und Imaginationsmatrix. Zur Geschichte eines Raummediums. In: Jörg Döring/Tristan Thielmann (Hg.): *Spatial turn. Das Raumparadigma in den Kultur- und Sozialwissenschaften*. Bielefeld 2008, 49–70.

Duppler, Jörg/Gross, Gerhard Paul (Hg.): *Kriegsende 1918: Ereignis, Wirkung, Nachwirkung*. München 1999.

Elvert, Jürgen: *Mitteleuropa!: deutsche Pläne zur europäischen Neuordnung (1918–1945)*. Stuttgart 1999.

Erdmann, Karl Dietrich: *Der Erste Weltkrieg* [1973]. München 1980.

Frenssen, Gustav: *Peter Moors Fahrt nach Südwest. Ein Feldzugbericht*. Berlin 1910.

Freytag, Gustav: *Soll und Haben*. Leipzig 1855.

Freytag, Gustav: *Die Ahnen* [1872–80]. München 1953.

Frobenius, Leo: *Vom Kulturreich des Festlandes*. Berlin 1923.

Gauck, Joachim: Rede zum Tag der Deutschen Einheit am 3.10.2013. http://www.bundespraesident.de/SharedDocs/Reden/DE/Joachim-Gauck/Reden/2013/10/131003-Tag-deutsche-Einheit.html.

Geistbeck, Michael: *Der Weltverkehr. Seeschiffahrt und Eisenbahnen, Post und Telegraphie in ihrer Entwicklung dargestellt*. Freiburg i. Br. 1895.

Grabowsky, Adolf: *Raum als Schicksal. Das Problem der Geopolitik*. Berlin 1933.

Grimm, Hans: *Die Olewagen-Saga*. München 1918.

Grimm, Hans: *Volk ohne Raum* [1926]. Lippoldsberg 1991.

Grishina, Evgenia: *Ein Land im Licht. Studien zur Palästina Reiseliteratur (1918–1934)*. Heidelberg 2012.

Günzel, Stephan (Hg.): *Lexikon der Raumphilosophie*. Darmstadt 2012.

Hahn, Hans: Die »Polenwirtschaft« in Gustav Freytags Roman »Soll und Haben«. Studien zu Gustav Freytags kontroversem Roman. In: Florian Krobb (Hg.): *150 Jahre »Soll und Haben«*. Würzburg 2005, 239–254.

Hahnemann, Andy: *Texturen des Globalen. Geopolitik und populäre Literatur in der Zwischenkriegszeit 1918–1939*. Heidelberg 2010.

Hamann, Christof/Honold, Alexander: *Kilimandscharo. Die deutsche Geschichte eiens afrikanischen Berges*. Berlin 2011.

Hampe, Karl: *Der Zug nach dem Osten. Die kolonisatorische Großtat des deutschen Volkes im Mittelalter*. Leipzig/Berlin 1921.

Harnack, Adolf von: Was wir schon gewonnen haben und was wir noch gewinnen müssen. Rede am 19. September 1914. In: *Deutsche Reden in schwerer Zeit*. Bd. 1. Berlin 1915, 147–168.

Hartig, Paul: Die Bagdadbahn, Idee und Verwirklichung. In: *Zeitschrift für Geopolitik* 17 (1940), 543–547.

Hartshorne, Richard: Recent developments in political geography, I. In: *The American Political Science Review* 29/5 (1935a), 785–804.

Hartshorne, Richard: Recent developments in political geography, II. In: *The American Political Science Review.* 29/6 (1935b), 943–966.

Haushofer, Karl: Friedrich Ratzel als raum- und volkspolitischer Gestalter. In: Ders.: *Erdenmacht und Völkerschicksal.* Stuttgart 1941a, IX-XXVII.

Haushofer, Karl: *Wehr-Geopolitik. Geographische Grundlagen einer Wehrkunde.* Berlin 1941b.

Henning, Richard/Körholz, Leo: *Einführung in die Geopolitik.* Berlin/Leipzig 1938.

Hettner, Alfred: *Europa.* Leipzig 1907.

Hobson, Rolf: *Maritimer Imperialismus.* München 2004.

Holtorf, Christian: Die Modernisierung des nordatlantischen Raumes. Cyrus Field, Teliaferro Shaffner und das submarine Telegraphennetz von 1858. In: Alexander C.T. Geppert/Uffa Jensen/Jörn Weinhold (Hg.): *Ortsgespräche. Raum und Kommunikation im 19. und 20. Jahrhundert.* Bielefeld 2005, 157–178.

Honold, Alexander: Volk ohne Raum. Zur Imaginationsgeschichte der kolonialen Geographie. In: Miram Dabag/Horst Gründer/Uwe-K. Ketelsen (Hg.): *Kolonialismus.* München 2004, 95–110.

Hugill, Peter J.: *Global Communications since 1844. Geopolitics and Technology.* Baltimore/London 1999.

Innis, Harold Adams: *Empire and Communications* [1950]. Toronto 2007.

Jünger, Ernst: Die totale Mobilmachung [1930]. In: Ders.: *Sämtliche Werke. Bd. 7. Essay I. Betrachtungen zur Zeit.* Stuttgart 1980, 119–142.

Jünger, Ernst: *Der Arbeiter. Herrschaft und Gestalt* [1932]. Stuttgart 1982.

Jureit, Ulrike: *Das Ordnen von Räumen. Territorium und Lebensraum im 19. und 20. Jahrhundert.* Hamburg 2012.

Kafka, Franz: Eine kaiserliche Botschaft [1919]. In: Ders.: *Sämtliche Erzählungen.* Frankfurt a. M. 1982a, 138 f.

Kafka, Franz: Vor dem Gesetz [1915]. In: Ders.: *Sämtliche Erzählungen.* Frankfurt a. M. 1982b, 131 f.

Kamphausen, Georg: *Die Erfindung Amerikas in der Kulturkritik der Generation von 1890.* Weilerswirst 2002.

Kant, Immanuel: *Zum ewigen Frieden* [1795]. Stuttgart 1984.

Kaufmann, Stefan: *Soziologie der Landschaft.* Wiesbaden 2005.

Kaufmann, Stefan: Raum und Geschichte: Genealogische Spuren der *Géohistoire* als Stukturgeschichte. In: Thomas Keller/Wolfgang Eßbach (Hg.): *Leben und Geschichte. Anthropologische und ethnologische Diskurse der Zwischenkriegszeit.* München 2006, 145–168.

Ketelsen, Uwe-K.: Der koloniale Diskurs und die Öffnung des europäischen Ostens im deutschen Roman. In: Miram Dabag/Horst Gründer/Uwe-K. Ketelsen (Hg.): *Kolonialismus.* München 2004, 67–94.

Kirchhoff, Alfred: *Mensch und Erde. Skizzen von den Wechselbeziehungen zwischen beiden.* Leipzig 1905.

Kjellén, Rudolf: *Der Staat als Lebensform.* Leipzig 1917a.

Kjellén, Rudolf: *Die Großmächte der Gegenwart* [1915]. Leipzig/Berlin 1917b.

Klöden, Gustav Adolph von: *Handbuch der Länder- und Staatenkunde von Europa: Das deutsche Reich, die Schweiz, die österreichisch-ungarische Monarchie.* Berlin 1875.

Koch, Lars: *Der Erste Weltkrieg als Medium der Gegenmoderne. Zu den Werken von Walter Flex und Ernst Jünger.* Würzburg 2006.

Kopp, Kristin: »Ich stehe hier als einer von den Eroberern«: ›Soll und Haben‹ als Kolonialroman. In: Florian Krobb (Hg.): *150 Jahre »Soll und Haben«.* Würzburg 2005, 225–237.

Kost, Klaus: *Die Einflüsse der Geopolitik auf Forschung und Theorie der Politischen Geographie von ihren Anfängen bis 1945. Ein Beitrag zur Wissensgeschichte der Politischen Geographie und ihrer Terminologie unter besonderer Berücksichtigung von Militär- und Kolonialgeoographie.* Bonn 1988.

Köster, Werner: *Die Rede über den ›Raum‹. Zur semantischen Karriere eines deutschen Konzepts.* Frankfurt a. M. 2002.

Krajewski, Markus: *Restlosigkeit. Weltprojekte um 1900.* Frankfurt a. M. 2006.

Kunczik, Michael: Public Relations in Kriegszeiten – Die Notwendigkeit von Lüge und Zensur. In: Hans-Peter Preußer (Hg.): *Krieg in den Medien.* Amsterdam/New York 2005, 241–264.

Kürnberger, Ferdinand: *Der Amerikamüde* [1855]. Leipzig 1865.

Link, Jürgen: *Die Struktur des Symbols in der Sprache des Journalismus. Zum Verhältnis literarischer und pragmatischer Symbole.* München 1978.

Liulevicius, Vejas Gabriel: *Kriegsland im Osten. Eroberung, Kolonisierung und Militärherrschaft im Ersten Weltkrieg.* Hamburg 2002 (engl. 2000).

Luhmann, Niklas: Das Problem der Epochenbildung und die Evolutionstheorie. In: Hans-Ulrich Gumbrecht/Ursula Link-Heer (Hg.): *Epochenschwellen und Epochenstrukturen im Diskurs der Literatur- und Sprachhistorie.* Frankfurt a. M. 1985, 11–33.

Mackinder, Halford J.: The geographical pivot of history [1904]. In: Simon Dalby/Gearóid Ó. Tuathail/Paul Routledge (Hg.): *The Geopolitics Reader.* London 1998, 27–31.

Madajczyk, Czeslaw: Die Kontinuität des deutschen ›Drang nach Osten‹. In: Bruno Wasser (Hg.): *Himmlers Raumplanung im Osten. Der Generalplan Ost in Polen 1940–1944.* Basel/Berlin/Boston 1993, 11–18.

Madajczyk, Czeslaw (Hg.): *Vom Generalplan Ost zum Generalsiedlungsplan: Dokumente.* München/New Providence/London/Paris 1994.

Mahan, Alfred Thayer: *Sea Power in its Relations to the War of 1812.* New York 1905.

Mann, Thomas: *Betrachtungen eines Unpolitischen* [Berlin 1918]. Frankfurt a. M. 2001.

Mattern, Johannes: *Geopolitik: Doctrine of National Self-sufficiency and Empire.* Baltimore 1942.

Maull, Otto: *Das Wesen der Geopolitik.* Leipzig/Berlin 1936.

Maxim, Hudson: Das 1000jährige Reich der Maschinen. In: Arthur Brehmer (Hg.): *Die Welt in 100 Jahren.* Berlin 1910, 5–24.

McMurry, Frank M.: *The Geography of the Great War.* New York 1919.

Mejstrik, Alexander: Raumvorstellungen in Geschichts-, Sozial- und Kulturwissenschaften. In: Alexander C.T. Geppert/Uffa Jensen/Jörn Weinhold (Hg.): *Ortsgespräche. Raum und Kommunikation im 19. und 20. Jahrhundert.* Bielefeld 2005, 53–77.

Messerschmidt, Manfred: Das preußische Militärwesen. In: Wolfgang Neugebauer (Hg.): *Handbuch der preussischen Geschichte. Vom Kaiserreich zum 20. Jahrhundert und grosse Themen der Geschichte Preussens.* Bd. 3. Berlin 2001, 319–546.

Mommsen, Wolfgang J.: *Das Zeitalter des Imperialismus* [1969]. Frankfurt a. M. 1983.

Müller-Meiningen, Ernst: *Diplomatie und Weltkrieg: ein Führer durch die Entstehung und Ausbreitung der Weltkrisis auf Grund der amtlichen Materialien.* Berlin 1917.

Murphy, David Thomas: *The Heroic Earth: Geopolitical Thought in Weimar Germany, 1918–1933.* Kent, Ohio 1997.

Musil, Robert: *Der Mann ohne Eigenschaften* [1930]. Bd. 1. Reinbeck 1987.

Naumann, Friedrich: *Mitteleuropa.* Berlin 1915.

Naumann, Friedrich: *Bulgarien und Mitteleuropa.* Berlin 1916.

Nohr, Rolf, Geopolitik. In: Stephan Günzel (Hg.): *Lexikon der Raumphilosophie.* Darmstadt 2012, 145–146.

Nübel, Christoph: *Die Mobilisierung der Kriegsgesellschaft: Propaganda und Alltag im Ersten Weltkrieg in Münster.* Münster 2008.

Pelet-Narbonne, Gerhard von (Hg.): *Löbell's Jahresberichte über die Veränderungen und Fortschritte im Militärwesen.* Berlin 1900.

Pflug, Hans: *Deutschlands Raumschicksal.* Heidelberg/Berlin/Magdeburg 1941.

Preuss, Hugo: Republik oder Monarchie? Deutschland oder Preußen. In: Ders.: *Gesammelte Schriften.* Bd. 4. Hg. von Detlef Lehnert/Christoph Müller. Tübingen 2008, 221–241.

Ratzel, Friedrich: *Politische Geographie oder die Geographie der Staaten, des Verkehrs und des Krieges* [1897]. München/Berlin 1903.

Ratzel, Friedrich: Einige Aufgaben einer politischen Ethnographie. In: Ders.: *Kleine Schriften.* Bd. 2. Hg. von Hans Helmolt. München/Berlin 1906a, 402–419.

Ratzel, Friedrich: Flottenfrage und Weltlage [1898]. In: Ders.: *Kleine Schriften.* Bd. 2. Hg. von Hans Helmolt. München/Berlin 1906b, 375–381.

Ratzel, Friedrich: Inselvölker und Inselstaaten. Eine politisch-geographische Studie [1895]. In: Ders.: *Kleine Schriften.* Bd. 2. Hg. von Hans Helmolt. München/Berlin 1906c, 294–310.

Ratzel, Friedrich: *Anthropogeographie* [1891]. Stuttgart 1912.

Ratzel, Friedrich: *Erdenmacht und Völkerschicksal.* Stuttgart 1941a.

Ratzel, Friedrich: Mensch und Erde. In: Ders.: *Erdenmacht und Völkerschicksal.* Hg. von Karl Haushofer, Stuttgart 1941b.

Remak, Joachim: The healthy invalid: How doomed the habsburg empire? In: *The Journal of Modern History* 41/2 (1969), 128–143.

Reventlow, Ernst Graf: *Der Vampir des Festlandes: eine Darstellung der englischen Politik nach ihren Triebkräften, Mitteln und Wirkungen.* Berlin 1915.

Rilke, Rainer Maria: *Die Liebe und Tod des Cornets Christoph Rilke* [1912]. Wiesbaden 1950.

Rössler, Mechthild/Schleiermacher, Sabine/Tollmien, Cordula (Hg.): *Der »Generalplan Ost«. Hauptlinien der nationalsozialistischen Planungs- und Vernichtungspolitik.* Berlin 1993.

Rumpf, Helmut: Mitteleuropa: Zur Geschichte und Deutung eines politischen Begriffs. In: *Historische Zeitschrift,* 165/3 (1942), 510–527.

Sachs, Gerhard: *Kampf um Raum. Deutsches Schicksal in Zahlen.* Berlin 1935.

Said, Edward W.: *Culture & Imperialism* [1993]. London 1994.

Scherer, Peter: *Freie Hand im Osten: Ursprünge und Perspektiven des Zweiten Weltkrieges.* Kösching 1989.

Schlögel, Karl: *Im Raume lesen wir die Zeit. Über Zivilisationsgeschichte und Geopolitik.* München 2003.

Schmitt, Carl: Die Rheinlande als Objekt internationaler Politik [1925]. In: Ders.: *Positionen und Begriffe im Kampf mit Weimar – Genf – Versailles.* Berlin 1988a, 29–37.

Schmitt, Carl: Totaler Feind, totaler Krieg, totaler Staat [1937]. In: Ders.: *Positionen und Begriffe im Kampf mit Weimar – Genf – Versailles: 1923–1939.* Berlin 1988b, 268–273.

Schmitt, Carl: Das Zeitalter der Neutralisierungen und Entpolitisierungen [1929]. In: Ders.: *Positionen und Begriffe im Kampf mit Weimar – Genf – Versailles: 1923–1939.* Berlin 1988c, 138–150.

Schmitt, Carl: *Der Begriff des Politischen* [1932]. Berlin 1991a.

Schmitt, Carl: *Völkerrechtliche Großraumordnung mit Interventionsverbot für raumfremde Mächte* [1941]. Berlin 1991b.

Schmitt, Carl: *Land und Meer* [1942]. Stuttgart 1993.

Schmitt, Carl: *Der Nomos der Erde* [1950]. Berlin 1997.

Schöllgen, Gregor: *Imperialismus und Gleichgewicht: Deutschland, England und die orientalische Frage 1871–1914.* München 2000.

Schultz, Hans-Dietrich: Geopolitik avant la lettre in der deutschsprachigen Geographie bis zum Ersten Weltkrieg. In: Verein »Kritische Geographie« (Hg.): *Geopolitik. Zur Ideologiekritik politischer Raumkonzepte.* Wien 2001, 29–50.

Sinnhuber, Karl A.: Central europe: Mitteleuropa: Europe centrale: An analysis of a geographical term. In: *Transactions and Papers* (Institute of British Geographers) 20 (1954), 15–39.

Sloss, Robert: Das drahtlose Jahrhundert. In: Arthur Brehmer (Hg.): *Die Welt in 100 Jahren.* Berlin 1910, 27–48.

Sombart, Werner: *Händler und Helden. Patriotische Besinnungen.* München/Leipzig 1915.

Sprengel, Rainer: *Kritik der Geopolitik: Ein deutscher Diskurs 1914–1944.* Berlin 1996.

Springenschmid, Karl: *Großmächte unter sich. Die geopolitischen Grundlagen der Großmachtpolitik.* Salzburg 1934.

Springenschmid, Karl: *Deutschland kämpft für Europa.* Geopolitische Bildreihe. Leipzig 1937.

Suttner, Bertha von: Der Frieden in 100 Jahren In: Arthur Brehmer (Hg.): *Die Welt in 100 Jahren.* Berlin 1910, 79–87.

Trampler, Kurt: *Um Volksboden und Grenze.* Heidelberg/Berlin 1935.

Tuathail, Gearóid Ó.: Geopolitik – zur Enstehungsgeschichte einer Disziplin. In: Reinhard Zeilinger/Christian Rammer (Hg.): *Geopolitik. Zur Ideologiekritik politischer Raumkonzepte.* Wien 2001, 9–28.

van Laak, Dirk: *»Über alles in der Welt«: Deutscher Imperialismus im 19. und 20. Jahrhundert.* München 2005.

Venatier, Hans: *Vogt Bartold. Der grosse Zug nach dem Osten.* Leipzig 1939.

Verne, Jules: *Le tour du monde en quatre-vingts jours*. o. O. 1873.

Wagner, Benno: Kafkas Poetik des Unfalls. In: Christian Kassung (Hg.): *Die Unordnung der Dinge: Eine Wissens- und Mediengeschichte des Unfalls*. Bielefeld 2009, 421–454.

Walsh, Edmund A.: *Wahre anstatt falsche Geopolitik für Deutschland*. Frankfurt a. M. 1946.

Weber, Max: Zur Politik im Weltkrieg: Schriften und Reden 1914–1918. In: Ders.: *Gesamtausgabe*. Bd. 15. Hg. von Wolfgang J. Mommsen u. a. Tübingen 1988.

Wehler, Hans-Ulrich: *Das deutsche Kaiserreich. 1871–1918*. Göttingen 1983.

Werber, Niels: ›Der Gott der Materie‹. Amerika als Phantasma deutscher Autoren. In: *Komparatistik. Jahrbuch der Deutschen Gesellschaft für Allgemeine und Vergleichende Literaturwissenschaft* (2002/2003), 107–121.

Werber, Niels: Geopolitiken der Literatur. Raumnahmen und Mobilisierung in Gustav Freytags »Soll und Haben«. In: Hartmut Böhme (Hg.): *Topographien der Literatur. DFG-Symposion 2004*. Stuttgart 2005a, 456–478.

Werber, Niels: Medien des Krieges. Zur Semantik des Weltverkehrs. In: Hans-Peter Preußer (Hg.): *Krieg in den Medien*. Amsterdam/New York 2005b, 105–126.

Werber, Niels: *Die Geopolitik der Literatur. Eine Vermessung der medialen Weltraumordnung*. München 2007.

Werber, Niels: Archive und Geschichten des ›Deutschen Ostens‹. Zur narrativen Organisation von Archiven durch die Literatur. In: Thomas Weitin/Burkhardt Wolf (Hg.): *Gewalt der Archive. Studien zur Kulturgeschichte der Wissensspeicherung*. Paderborn 2012a, 89–111.

Werber, Niels: Das Politische des Unpolitischen. Thomas Manns Unterscheidung zwischen Heinrich von Kleist und Carl Schmitt. In: Alexander Honold/Niels Werber (Hg.): *Deconstructing Thomas Mann*. Heidelberg 2012b, 65–87.

Wilhelm II.: Aufruf vom 6. August 1914, in: http://www.dhm.de/lemo/html/dokumente/wilhelm143/.

Wippermann, Wolfgang: *Der »Deutsche Drang nach Osten«: Ideologie und Wirklichkeit eines politischen Schlagwortes*. Darmstadt 1981.

Zeilinger, Reinhard/Rammer, Christian (Hg.): *Geopolitik*. Wien 2001.

Zorn, Philipp/Berger, Herbert von: *Deutschland unter Kaiser Wilhelm II*. Berlin 1916.

Niels Werber

2. Globalisierungsprojekte: Sprache, Dienste, Wissen

Kulturelle Erneuerungsbewegungen vor dem Ersten Weltkrieg

Die Fortschrittsvorstellungen durchlaufen schon im frühen 20. Jahrhundert recht unterschiedliche Stadien, die von Euphorie und kultureller Zuversicht bis zu ernüchterter Skepsis, Überforderung und fundamentalem Zweifel reichen. Wie lässt sich die Lage in Mitteleuropa kurz vor dem Ersten Weltkrieg charakterisieren? Dazu ist es empfehlenswert, den Blick nicht unmittelbar auf die sich aufheizenden Sommermonate 1914 zu lenken, sondern ein wenig früher einzusetzen, etwa im Jahr 1913, das sich als der Moment einer Atempause vor dem großen Umbruch verstehen lässt: Trotz zunehmenden Säbelrasselns auf der politischen Bühne, trotz – oder vielleicht: gerade wegen – der Dekadenzvorstellungen des Fin-de-Siècle steht Europas Kultur vor dem Ersten Weltkrieg in voller Blüte. So hält etwa Adolf Loos den floralen Rankbewegungen des Jugendstil eine radikale Ornamentkritik entgegen. Den hypertrophen Ausdrucksformen der überladenen Kaiserreichsfassaden begegnet Peter Behrens mit einer modernen Industriearchitektur. Den kriegerischen Imperialgesten der Nationalstaaten antwortet die Internationalismus-Bewegung unter anderem mit ihrem geplanten Friedenspalast in Den Haag. Und auch auf den Nebenschauplätzen, in den Nischen abseits der Hochkultur ist Einiges los: In München sammelt eine Organisation namens *Die Brücke* unverdrossen das gesamte Weltwissen auf Karteikarten, der Verband deutscher Blumengeschäftsinhaber, aus dem später der Blumenvermittlungsservice Fleurop hervorgehen wird, versucht, mit seinem amerikanischen Pendant ein globales Netzwerk zum Pflanzentransfer über Weltmeere hinweg zu etablieren, während man in Paris und Großbothen bei Leipzig neben anderen neuen Weltstandards an der Einführung einer Welthilfssprache arbeitet.

So vielfältig, disparat und im Detail auch widersprüchlich sich diese Lage erweist, so unstrittig erscheint das Selbstverständnis der Zeitgenossen, in einer rasanten Phase der Modernisierung und Veränderung zu leben, die ausgehend von den großen technischen Innovationen um 1900 (Elektrizität, Telekommunikation, Verkehr) ihre Effekte bis weit hinein in den Alltag und das kulturelle Leben erstreckt. Kein Ereignis verdeutlicht diese Fortschrittsvorstellungen besser als die Serie von Weltausstellungen, die seit 1851 in immer kürzerer Folge antreten, um das 19. Jahrhundert zu bilanzieren. Auf diesen ›Erntedankfesten der Moderne‹ (vgl. Benjamin 1991, 262, 267; Laak 1999, 49) lässt sich nicht nur der aktuelle Stand der Technik ablesen. Einerseits weist eine solche Werkschau des Machbaren die gegenwärtigen Entwicklungen und Errungenschaften nach, andererseits zielt sie vor allem darauf ab, mit den künftigen Innovationen und den damit einhergehenden kulturellen Verheißungen die Welt von Morgen zu entwerfen (zur paradigmatischen Weltausstellung 1900 in Paris vgl. vor allem Kuchenbuch 1992). Wie sehr diese Aufbruchsstimmung in den Jahren bis 1914 von heute weitestgehend vergessenen Projekten bestimmt worden ist, soll im Folgenden anhand von drei exemplarischen Feldern – Sprache, Dienste, Wissen – herausgearbeitet werden. Im Mittelpunkt stehen dabei eher unbekannte Protagonisten wie Wilhelm Ostwald, Max Hübner oder Walter Portsmann, die als fast vergessene Zeugen jener von Stefan Zweig so titulierten *Welt von Gestern* (1942) dank ihrer Initiativen immer noch unser Heute beeinflussen. Auch wenn deren Projekte auf je spezifische Weise scheitern, nicht zuletzt, weil sie durch den Ersten Weltkrieg einstweilen suspendiert werden, so münden diese Ideen nach 1918 und im weiteren Verlauf des Jahrhunderts gleichwohl in Errungenschaften, die aus unserer Gegenwart kaum wegzudenken sind: Eine Verkehrssprache, die in nahezu allen Teilen der Welt verstanden wird, die Möglichkeit, Dienstleistungen – wie beispielsweise Blumensträuße – als Information global zuzustellen, oder aber die weltweit einheitlichen Abmessungen der Grundlage von Schrift und Wissen, das Papierformat mit seinem ISO-Standard (vulgo auch DIN-A4-Format).

Dem großen Narrativ von den Segnungen des Fortschritts, der Geschichte vom Optimismus, seinem unerschütterlichen Glauben an die Technik und die zivilisatorischen Errungenschaften, die für die Zeitgenossen vor 100 Jahren ebenso charakteristisch wirken wie heute bisweilen noch – man denke nur an die in regelmäßigen Abständen erneuerten

Verheißungen, die Technologiekonzerne mit ihren neusten *gadgets* verknüpfen –, begegnet dieser Handbuchbeitrag allerdings weniger auf den inzwischen gut untersuchten Hauptstraßen der Forschung und Magistralen der Alltagskultur um 1900. Sicherlich könnte man in guter Handbuchmanier einen Überblick zu den bestimmenden Technologien (Elektrizität, Öl, Telekommunikation, Röntgenstrahlung), den einflussreichen Entwicklungen auf den Gebieten der Industrieproduktion (moderne Fabrikationsverfahren und ihre soziale Auswirkungen, Wohlstandsmehrung), zur Urbanisierung und den Metropolen als kulturellen Zentren, den rasanten Verdichtungen des Weltverkehrs oder übergreifenden Phänomenen wie der allgemeinen Beschleunigung des Lebens skizzieren (vgl. Headrick 1988).

Die Geschichte vom Fortschrittsglauben vor dem Ersten Weltkrieg soll hier stattdessen jenseits der gut erforschten Wege von ihren Nebenpfaden und zugewucherten Rändern her erschlossen werden, und zwar mit drei Beispielen aus den Feldern der Sprache, Dienste und der Materialität des Wissens. Die Geschichten dieser Projekte folgen dabei zunächst der typischen Entwicklungslogik derartiger Vorhaben, nämlich als eine Art Sondierung und Versprechen auf die Zukunft über einen Anfang, eine Durchführung und ein Ende zu verfügen, das mit dem Beginn des Ersten Weltkriegs zusammenzufallen scheint. Zugleich winden sich diese Geschichten dabei ihrerseits um die zentrale These des Handbuchs herum, indem sie der Leitfrage folgen, inwieweit man den Ersten Weltkrieg tatsächlich als derart fundamentale kulturelle Zäsur zu verstehen hat: Demnach ist mit dem Ende des Kriegs nichts mehr so wie noch zuvor. Doch die Geschichte dieser Projekte kann zeigen, dass daraus – trotz vorgeblicher Zäsuren und trotz ihres jeweiligen Scheiterns – die Errungenschaften von Heute erwachsen.

Die Geschichte der Sprache, von Diensten und der materiellen Basis des Wissens, die vor dem Ersten Weltkrieg in Folge einer sich immer weiter verdichtenden, weltumspannenden Netzstruktur aus Verkehrs- und Kommunikationsverbindungen eine internationale Reichweite sowie zudem eine dezidiert völkerverständigende Geltung beanspruchen mögen, wird zwar von den Kriegsjahren weitestgehend ausgesetzt, vernachlässigt oder – im Fall eines Protagonisten der sog. Welthilfssprachenbewegung, die Esperanto oder Volapük zur allgemeinen Sprache erheben wollten – gar in ihr nationalistisches Gegenteil verkehrt. Dennoch können die vor 1914 auf den Weg gebrachten Projekte die weltkriegsbe-

dingten Diskontinuitäten nun ihrerseits unterlaufen, um nach 1919 in gewandelter Form, zum Teil unter veränderten Bezeichnungen, allerdings weiterhin mit der alten Zielrichtung, gleich Phönix aus der Asche, erneut an Fahrt aufzunehmen, um schon in der Zwischenkriegszeit unsere Zukunft – mit Englisch als globalem Idiom, von Fleurop, in Form des DIN-A4-Formats – zu bestimmen. Was diese drei Fallgeschichten eint und zugleich hervorbringt, erweist sich dabei als ein Effekt oder sogar als der Motor von Standardisierungen in globaler Reichweite.

Große Projekte für ein neues Jahrhundert I: Sprache

Bereits im 16. Jahrhundert werden Versuche unternommen, orientiert an der biblischen Verheißung einer Ursprache, den Code der Kommunikation zu standardisieren. Am Anfang dieser Serie von Projekten steht nicht von ungefähr Thomas Morus, der diese Unternehmungen leitmotivisch mit jenem Begriff belegt, worauf die Konzepte schließlich unweigerlich und allesamt hinauslaufen werden: Die so unterschiedlichen Versuche von René Descartes oder Gottfried Wilhelm Leibniz ebenso wie von George Dalgarno oder John Wilkins, eine philosophische Universalsprache zu schaffen, treffen sich wenigstens in dem einen Punkt, nämlich dass sie Utopien bleiben. Doch während sich diese zum Teil hochkomplexen Universalsprach-Projekte vornehmlich auf Gelehrtenkreise und ihre dort ohnehin längst vorhandene *lingua franca* Latein beschränken, erfährt die Idee in der Öffentlichkeit kaum Aufmerksamkeit und gerät allmählich in Vergessenheit.

Das Interesse an einer globalen Standardsprache erwacht jedoch wieder in der zweiten Hälfte des 19. Jahrhunderts, allerdings unter gänzlich anderen Vorzeichen und in einem denkbar anderen Kontext als noch in den abgeschlossenen Zirkeln von Akademien oder gelehrten Gesellschaften. Zunächst etabliert sich dieser Diskurs nicht mehr unter der Bezeichnung ›Universalsprache‹, sondern mit dem nicht weniger bescheidenen, jedoch etwas eigenartigen und programmatischen Titel ›Welthilfssprache‹. Das Ziel dieser Bewegung liegt nunmehr darin, im Zuge des sog. Weltverkehrs, also der allmählichen Ausbreitung verkehrstechnischer und kommunikativer Infrastruktur durch ein Medienverbundsystem aus internationalen Eisenbahnnetzen, interkontinentalem Telegraphenverkehr und regelmäßiger Ozeandampfschifffahrt ein weiteres ›Verkehrsmittel‹ bereit zu stellen, das an jedem Ort der Welt mühelos zum Einsatz kommen kann. Anders als die Strategien etwa von Leibniz oder Wilkins im 17. Jahrhundert gilt es nun, weder ein hoch differenziertes philosophisches Erkenntnisinstrument zu liefern noch eine etwaige biblische Ursprache zu rekonstruieren. Vielmehr soll eine Sprache entwickelt werden, um ganz der empirischen Kommunikation von Handel, Industrie und (natur-)wissenschaftlichem Austausch zu dienen. Denn, so konstatiert etwa Louis Couturat, Philosoph, Mathematiker und einer der Vorreiter der Welthilfssprachenbewegung, einer Ausweitung der nationalen Märkte auf eine internationale Ebene sowie dem rasanten technischen Fortschritt, kurzum der Ausweitung der physischen ›Hülfsmittel‹ stehe eine gleichzeitige Verkümmerung der geistigen Verkehrsmittel entgegen. Die technischen Medien um 1900 sind den darin eingebetteten konventionellen Medien wie Geld oder Sprache hinsichtlich ihrer Reichweite längst schon überlegen. »Was nützt es, daß wir von einem Ende der Welt zum anderen reisen, schreiben, sprechen können, wenn wir uns nicht verstehen?« (Couturat 1904, 4).

Die Bezeichnung ›Welthilfssprache‹ ist also Programm und zwar nicht nur mit Blick auf den Weltverkehr, dessen globaler Verbreitung diese Sprache in nichts nachstehen soll. Zudem soll es sich um eine »Hülfssprache« (ebd.) handeln, die als einzige neben der Muttersprache zu lernen, pflegen und zu entwickeln sei. Die Welthilfssprache ist, so Couturat »die zweite Sprache für Jedermann« (ebd., 5). Jedermann zum Trotz nennt Couturat dennoch drei Zielgruppen, die primär von den Vorteilen eines solchen Codes profitieren. In hierarchischer Folge heißt es da: Gelehrte, Kaufleute und Reisende. »Die Weltsprache soll daher keine technische oder aristokratische Sprache sein, die nur einigen Eingeweihten zugänglich ist, sondern eine tägliche Sprache, die ihre Anwendung auf der Eisenbahn und im Gasthofe ebenso findet, wie in den gelehrten Gesellschaften und auf den Congressen« (ebd., 6). Nun läge es nahe, insbesondere für den Leibniz-Herausgeber Louis Couturat, an eines der längst vorhandenen Konzepte anzuschließen. Dagegen allerdings formuliert er: »[N]ach dem besonderen Studium, welches ich der Logik von Leibniz gewidmet habe, darf ich vielleicht aussprechen, daß derartige Versuche ganz unausführbar sind« (ebd., 12). Auch die Anregungen, für diesen Zweck auf eine der aktuellen Sprachen wie Englisch oder Französisch zurückzugreifen, verbiete sich schon aus politischen Gründen und um Neutralität zu wahren. Anderenfalls besäße eine dieser

Sprachgemeinschaften den ungebührlichen Vorteil, bereits ihre Muttersprache verwenden zu können, und damit mithin über einen machttechnischen Vorteil zu verfügen. Mit der Vereinfachung oder Adaption toter Sprachen wie Latein verhalte es sich ähnlich. Zum einen sei es zwar von Gelehrten zu sprechen, für Herrn Jedermann jedoch zu schwierig; zum anderen bereite die unvermeidliche Inkorporation der zahlreichen neuen technischen Begriffe erhebliche Schwierigkeiten (ebd., 6).

Doch welche Sprache kommt für diese nicht geringen Anforderungen in Betracht? Wie kann es gelingen, »ein Heilmittel zu finden«, fragt etwa Friedrich Nietzsche 1878, um gleich ein vermeintlich fernes Zukunftsszenario zu entwerfen:

> und in irgend einer fernen Zukunft wird es eine neue Sprache, zuerst als Handelssprache, dann als Sprache des geistigen Verkehres überhaupt, für Alle geben, so gewiss, als es einmal Luft-Schiffahrt giebt. Wozu hätte auch die Sprachwissenschaft ein Jahrhundert lang die Gesetze der Sprachen studirt, und das Nothwendige, Werthvolle, Gelungene an jeder einzelnen Sprache abgeschätzt (Nietzsche 1988, 222).

Nietzsche kann noch nicht wissen, dass im selben Jahr für einen badischen Dorfpfarrer diese Zukunft längst begonnen hat. 1876 wird mit dem Weltpostverein in Bern die erste und für die weitere Entwicklung des Internationalismus wirkungsmächtigste Institution der globalen Standardisierung gegründet. In direktem Anschluss daran entwickelt der badische Prälat Johann Martin Schleyer (1831–1912) sein sog. ›Universalalphabet‹, das die globale Kommunikation zwischen Korrespondenten mit unterschiedlichsten Notationssystemen bündeln soll. Während diesem Alphabet die erwünschte Wirkung versagt bleibt, träumt er 1879 von der Weiterentwicklung der Notation zu nichts geringerem als der Weltsprache, die sich Schleyer in verballhornender Anlehnung an das Englische ausdenkt. Volapük, von *vol* = *world* und *pük* = *speak*, also Weltsprache, heißt dieses Konstrukt. Von der ersten Weltspracheversammlung 1882 im württembergischen Schemmerberg mit 70 Teilnehmern, über den Volapük-Kongress 1884 in Friedrichshafen bis zum dritten Weltkongress fünf Jahre später in Paris erfährt diese Kunstsprache eine ebenso rasante wie beispiellose Karriere. Doch der Aufstieg ist zugleich bereits ihr Niedergang. Während Schleyer noch die zugehörige dreistrophige Volapük-Hymne komponiert (Spielanweisung: »Ruhig feierlich, für Männerstimmen«, Zorell o. J., 63 f.), erheben sich in eben diesem Chor der Anhänger bereits Stimmen, die einerseits die

Mühsal des Erlernens kritisieren sowie jenseits der Fähigkeiten als Geschäftssprache die mangelnde Eignung für ästhetische Ausdrucksformen beklagen. Andererseits zeigen sich Schwierigkeiten, Volapük auch zu sprechen und zu verstehen.

Schleyer reagiert auf die Kritik und Wünsche nach Vereinfachung oder Revision wiederum mit Einfalt. Mit der Autorität des Erfinders verweigert er jedwede Modifikation der Sprachkonzeption. So schnell wie sie Aufmerksamkeit erregen konnte, verschwindet die erste dezidierte Weltsprache demzufolge auch schon wieder und hinterlässt allenfalls Spuren in typographischen Unsinnsgedichten (zum Einfluss des Volapük auf Christian Morgensterns *Das Große Lalulā* vgl. Thiele 1967, 201; vgl. auch Kittler 1995, 266 ff.). Von den einst 283 Volapistenvereinen existieren nach 1900 nur noch vier (vgl. Strasser 1988, 259). Doch die Anhänger der Weltsprachenidee haben sich längst auf eine neue Konzeption kapriziert, zum Teil einfach Titel und Hauptbeschäftigung der bestehenden Vereine umgewidmet zugunsten ihres neuen Favoriten, und zwar von *Esperanto*, erdacht von dem polnischen Augenarzt Lazar Ludwig Zamenhof (1859–1917). Dieser veröffentlichte 1887 unter dem Pseudonym Dr. Esperanto (= der Hoffende) seine zunächst *Lingvo Internacia* genannte Variante einer Welthilfssprache. Zamenhof lebte wie Schleyer an einem Kreuzungspunkt verschiedener Sprachen – in Białystok, beziehungsweise Warschau, treffen Polnisch, Russisch, Deutsch und Jiddisch aufeinander –, um daraus seine Erkenntnis zu gewinnen, wie dem alltäglichen Sprachgewirr abgeholfen werden könnte. Nämlich mit einer sogenannten aposteriorischen Kunstsprache, die in Anlehnung an die etablierten europäischen Sprachgemeinschaften vornehmlich Einflüsse der großen Idiome verschmilzt. Mehr noch als Volapük lehnt sich Esperanto zur leichteren Erlernbarkeit an das Vokabular gesprochener Sprachen an, vor allem an romanische (ca. 75 %) und germanische (ca. 20 %) Morpheme, und verrät damit einmal mehr, welchen globalen Zielgruppen die Konstruktion einer globalen Kunstsprache zunächst dienen soll. Als Ergebnis entsteht ein vergleichsweise übersichtliches Regelwerk, das sich mitunter auf einer einzigen Seite zur Anschauung bringen lässt (zu einer detaillierteren Analyse der »Minimalgrammatik« vgl. Blanke 1985, 226 ff.).

Während das Volapük trotz angestrengter Institutionalisierungsversuche, etwa durch die Gründung einer eigenen Akademie, von einer Krise in die nächste gerät (vgl. Schmidt 1998, 13, 22, 34) und sich seine Verbreitung vornehmlich auf Gymnasiallehrer und Angestellte in Mitteleuropa beschränkt, versammeln sich die Weltspracheanhänger zunehmend unter dem Logo der Esperanto-Bewegung, einem fünfzackigen, die Kontinente symbolisierenden Stern in der Farbe der Hoffnung. Kurz nach der Jahrhundertwende kommt es zur Gründung von zahlreichen Esperanto-Landesverbänden, zuerst im Land des Weltpostvereins, der Schweiz (1902), dann in Spanien und Mexiko (1903), in England (1904), den USA und Bolivien (1905) und schließlich, 1906, auch in Deutschland. Mit dem internationalen Esperanto-Kongress 1905 in Boulogne-sur-Mer findet zudem der Auftakt statt zu einer bis zum Beginn des Ersten Weltkriegs anhaltenden Serie von jährlichen Zusammenkünften auf internationaler Ebene (vgl. Proelss/Hanns 1922, 10 f.). Nur folgerichtig schließen sich die nationalen Verbände 1908 auch zu einem Weltbund zusammen.

Esperanto dient nicht nur, gemäß der Intention der Plansprachenkonstrukteure, als Verkehrssprache für den täglichen Gebrauch. Im Gegensatz zum Volapük bietet Esperanto auch die Möglichkeit, für ästhetische oder literarische Zwecke eingesetzt zu werden. Zamenhof selbst leistet dem Vorschub, indem er unter anderem Shakespeares *Hamlet* (1603), Gogols *Revisor* (1836), Schillers *Räuber* (1781), Goethes *Iphigenie auf Tauris* (1786), Andersens Märchen sowie das Alte Testament, Gedichte und Sprichwörter in seine Plansprache übersetzt (vgl. Blanke 1985, 212, 224). Andere fügen dem Kanon – nicht ohne den Hinweis etwa von Couturat, damit Goethes Vorstellung von »Weltliteratur« näher zu kommen – die *Illias* oder die *Monadologie* (1714) hinzu, um damit einerseits die Leistungsfähigkeit, die »wunderbare Bildsamkeit« (Couturat 1907, 15) der Kunstsprache exemplarisch unter Beweis zu stellen, andererseits um eine modellgebende Wirkung für die kommende Verwendung zu erzielen. Die Übersetzung von Weltliteratur in eine einzige Welthilfssprache trage darüber hinaus, so ist man sich einig, zur Verbreitung dieser Texte bei und spare zudem den Aufwand, sie in weitere Sprachen zu übertragen, was nichts anderes sei als eine »frivole Verschleuderung« (ebd., 14) von Zeit und Energie. Couturat verbindet diesen Anspruch einer ›Hülfssprache‹ gleich mit einem medientheoretischen Argument, das zum einen den sekundären Charakter einer Kunstsprache unterstreicht, zum anderen das Potential für eine vom Original längst abgelöste Eigendynamik birgt: »Die Weltsprache wird sich zu den nationalen Literaturen verhalten wie die Photographien zu den Originalwerken, nach denen sie hergestellt sind« (ebd., 15).

Bemerkenswert bleibt jedoch, dass sich die Geschichte der Weiterentwicklung oder Revision von Esperanto in einer Art Wiederholungszwang zum Volapük vollzieht. Der erste Esperanto-Weltkongress 1905 hat eine Spaltung zur Folge. Die Anhänger teilen sich auf in eine orthodoxe Fraktion, die eine nahezu religiöse Verehrung für die Urfassung der Sprache, das sogenannte ›fundamento‹ ausübt. Dazu zählen neben dem als ›Meister‹ apostrophierten und sektenartig verehrten Zamenhof auch Personen wie René de Saussure (programmatisches Pseudonym: ›Antido‹, Titel seiner eigenen Plansprache: *Esperantido*, 1920), der Bruder von Ferdinand, dem Begründer der modernen Sprachwissenschaft. Dem gegenüber entsteht unter konspirativen Umtrieben eine Reformbewegung, die mit weitreichenden Veränderungen vom ›fundamento‹ abzuweichen verlangt und sich 1907, unter Führung von Louis Couturat schließlich zu einer eigenständigen Sprache entschließt, dem Ido (in Esperanto: Abkömmling, Nachfolger) als einem modifizierten Derivat von Zamenhofs Plansprache. Der ›Meister‹ selbst optiert für Unveränderlichkeit und zeigt sich nunmehr ebenfalls von seiner dogmatischen Seite, nachdem er – anfangs weit weniger autokratisch als beispielsweise Schleyer – noch 1894 einer Abstimmung über mögliche Veränderungen des Esperanto zugebilligt hatte. Auf der Gegenseite steht als regelrechter Putschist neben dem zum offiziellen Schöpfer des Ido erhobenen Louis de Beaufront und Louis Couturat vor allem der Chemie-Nobelpreisträger Wilhelm Ostwald als eifriger Fürsprecher von prinzipiellen Verbesserungen. Ostwald lässt sich bereitwillig zum Sprachrohr der Reformbewegung machen, indem er nicht nur die folgenden Sitzungen des Ido-Komitees leitet, sondern überdies eine Flut von Pamphleten produziert, um die neue Sprache publik zu machen und alte Anhänger des Esperanto zur Konversion zu bewegen (vgl. etwa Ostwald 1910a, 1910b, 1911b, 1912a, 214 f.; Couturat u. a. 1913).

Während der »Bruderkrieg« (Blanke 1998, 20) zwischen den Hardlinern unter den Hoffenden und den häretischen Idisten vordergründig um Fragen wie die Beibehaltung des Zircumflex (in Esperanto) oder die Einbeziehung der Buchstaben x, y und q ins Ido-Alphabet kreist, geht es hinter den Kulissen um nichts anderes als um Macht und Einfluss bei der Durchsetzung der Welthilfssprache (vgl. dazu den Briefwechsel zwischen Ostwald und seinen Anhängern und Gegnern, dokumentiert bei Hansel/Wollenberg 1999). Uneingeschränkte Gefolgschaft können die Idisten für sich nicht verbuchen, zumal eine

ihrer ›Verbesserungen‹ darin besteht, der Sprache einen technokratischen Beigeschmack zu verleihen. Mit der ausgeprägten Möglichkeit zur Kompositabildung sowie einer noch stärkeren Romanisierung soll ein Konstrukt entstehen, das vor allem für Wissenschaft, Handel und Technik geeignet ist (vgl. Ostwald 1912a, 214 f.; Blanke 1985, 199; Blanke 1998, 18). Den Gebrauch von Ido für belletristische Zwecke schließt man zudem dezidiert aus, weil die dringendste Forderung einer Weltsprache darin besteht, dem Internationalismus und seinem übergeordneten Ziel eines uneingeschränkten Pazifismus zu dienen. »Daß die schöne Literatur nicht eine solche erste Stellung beanspruchen kann, bedarf keines Nachweises. Erst sind die Notwendigkeiten zu erledigen, bevor die Schönheit zu ihrem Recht kommt, und Wissenschaft wie Technik sind unverhältnismäßig viel allgemeiner als die Kunst« (Ostwald 1911b, 33).

Entgegen den anspruchsvollen Zielen ihrer Konstrukteure gelingt es dem Ido nicht, eine ebenso weite Verbreitung wie das Esperanto zu erlangen, geschweige denn Zamenhofs Idiom als bevorzugtes Kommunikationsmittel der Welthilfssprachenanhänger vollständig zu verdrängen. Letztlich geht Esperanto aus dem Streit der Sprachen gestärkt hervor, zumal die häufigen Modifikationen und Revisionen des Ido wenig zur Stabilität der Sprache beitragen. Esperanto erlebt dagegen in der Zwischenkriegszeit eine gewisse Blüte, nicht zuletzt hervorgerufen durch die Rezeption und Verbreitung der Plansprache in der sogenannten Arbeiter-Esperanto-Bewegung (vgl. dazu Peus 1909; Proelss/Hanns 1922). Allerdings fehlt es auch nicht an spottenden oder warnenden Stimmen, die in der Welthilfssprache eine Bedrohung ihres nationalen Selbstverständnisses erkennen, prominent vorgetragen etwa von Thomas Mann (s. Kap. II.1). Letztlich bleiben die Verbreitungsversuche stark limitiert, und so kommen die Historiographen von Zamenhofs Welthilfssprache nicht umhin, sein Konstrukt heute als das »Kommunikationsmittel einer weltweiten Diaspora-Gemeinschaft« (Sakaguchi 1996, 18) zu bezeichnen.

Wenn bislang die Rede vorrangig von Volapük, Esperanto oder Ido war, so darf dies nicht darüber hinwegtäuschen, dass sich im gleichen Zeitraum zahlreiche weitere Plansprachkonzepte in der Entwicklungs- beziehungsweise Propagierungsphase befanden. Von A wie ›Adjuvando‹ (Louis de Beaufront, 1895) bis Z wie ›Zahlensprache‹ von Ferdinand Hilbes (1897) gibt es kaum ein Konzept, was nicht seiner Realisierung entgegenharrte. Couturat und Leau listen in ihrer *Histoire de la langue universelle*

(1907) allein für die Zeit zwischen 1880 und 1907 44 Projekte auf, die sich mit der Konstruktion und Etablierung einer Welthilfssprache befassen. Richard M. Meyer spricht gar von einer entschiedenen »Mode« (Meyer 1901, 91) der Sprachbildungen allein zwischen 1883 und 1885. Ungeachtet der Vorzüge und Nachteile, insbesondere hinsichtlich der Verbreitungsstrategien der einzelnen Konzepte, liegt die Schwierigkeit, eine Weltsprache zu adaptieren, ohne Zweifel in der schieren Anzahl der Wahlmöglichkeiten, aus denen sich ein an global standardisierter Kommunikation interessierter, angehender Kosmopolit für ein geeignetes Idiom entscheiden soll. Die große Konkurrenz der einzelnen Sprachkonzepte, ihre bisweilen nur geringfügigen Unterschiede, oder aber die vollkommene Inkompatibilität untereinander wirken nicht nur hemmend auf eine von den jeweiligen Schöpfern avisierte breite Rezeption. Vielmehr noch wird die Expansion einer einzigen durch die Rivalität der Sprachen mangels Einheitlichkeit systematisch verhindert. Die Vielfalt der Welt um 1900 spiegelt sich auch in der Mannigfaltigkeit unterschiedlichster Plansprachen und ihrem jeweiligen Anspruch auf absolute Gültigkeit, um mit ihrer Durchsetzung als einzige Hilfssprache den Standard für die Welt zu setzen.

Louis Couturat, der die Welthilfssprachenbewegung als (Co-)Autor der *Histoire de la langue universelle* und maßgebliche Triebkraft in der selbsterklärenden *Délégation pour l'adoption d'une langue auxiliaire internationale* bestimmt, ist Logiker, Philosoph und Mathematiker. Insofern setzt er die traditionsreiche Entwicklungslinie der Universalsprachverfechter nur konsequent fort, zu denen Mathematiker wie Wilkins, Newton, Mersenne, Descartes oder Leibniz gehören (zu dieser Geneaologie der Logiker vgl. vor allem Knowlson 1975, 22). Auch die Streiter für eine Welthilfssprache stammen zu großen Teilen aus jenem professionellen Bereich, der sich mit formaler Logik, den Grundlagen der Mathematik oder axiomatischer Philosophie befasst. René de Saussure, der 1910 den Wortbildungsmechanismus des Esperanto weitestgehend analysiert, arbeitet ebenso als Mathematiker wie Guiseppe Peano« der nicht nur 1903 eine Weltsprache unter der selbsterklärenden Bezeichnung *Latino sine flexione* vorlegt, sondern zuvor bereits ein radikales axiomatisches Symbolsystem entwickelt hat, das zu einem »Klassiker der [mathematischen] Moderne« (Mehrtens 1990, 40) werden konnte. Es mag mehr als schierer Zufall sein, dass Couturat ausgerechnet auf dem Höhepunkt der internationalen Kongresse

im Rahmen der Pariser Weltausstellung 1900 seine *Délégation* ins Leben ruft, zu dem Zeitpunkt als David Hilbert seine berühmten 23 Thesen präsentiert oder der einstige Doyen der mathematischen Logik, Bertrand Russell, mit Guiseppe Peano anlässlich des Philosophie-Kongresses zusammentrifft. Die Gelegenheit scheint günstig, genau hier auf möglichst zahlreiche Interessenten für die Idee der Bewegung zu treffen.

Was prädestiniert nun gerade Mathematiker oder Anhänger von formaler Logik für eine freundliche Rezeption der Vorstellung, auf der ganzen Welt eine Hilfssprache zu verwenden? Neben einem hohen Anteil an Narzissmus auf beiden Seiten, so vermutet etwa der Mathematikhistoriker Herbert Mehrtens, gibt es auf programmatischer Ebene eine vage Entsprechung zwischen dem Ziel, »die Welt mit standardisierter symbolischer Ordnung [zu] überziehen« und den gegenstrebigen Tendenzen in der Mathematik jener Zeit, einerseits eine »freie Erzeugbarkeit technisch handhabbarer symbolischer Systeme« herzustellen, andererseits »die Nützlichkeit und Verbindlichkeit symbolisch gefaßter ›Wahrheit‹« (ebd., 529 f.) unter Beweis zu stellen. Doch möglicherweise lässt sich die Wahlverwandtschaft zwischen (im doppelten Sinn) berufsmäßig angestellter Symbolmanipulation und dem Ziel von eindeutiger, weltweiter Kommunikation viel konkreter lokalisieren. Henri Poincaré, neben seinem Widerpart Hilbert einer der einflussreichsten Mathematiker seiner Zeit und regelmäßiger Korrespondenzpartner von Wilhelm Ostwald, der den Mathematiker wiederum für einige seiner Standardisierungsvorhaben gewinnen kann (Poincaré wird beispielsweise förderndes Mitglied der *Brücke*, Ostwalds *Institut zur Organisierung der geistigen Arbeit* von 1911, vgl. dazu Krajewski 2006, 119 ff.), charakterisiert die Suche nach den axiomatischen Grundlagen der Mathematik als die eifrige Sammel-, Ordnungs- und Katalogisierungstätigkeit eines Bibliotheksangestellten: »Aber wenn man alles aufgezählt hat, so gibt es noch viele Arten, das alles zu klassifizieren; ein guter Bibliothekar findet immer Beschäftigung, und jede neue Klassifikation wird den Philosophen Belehrung bringen« (Poincaré 1914, 34 f.).

Wenngleich sich Poincaré hinsichtlich der exklusiven Zuschreibung des einmal Versammelten in ein nicht-kontingentes, eindeutiges, über alle Zweifel erhabenes Klassifikationsschema skeptisch zeigt, so deutet er gleichwohl jene untergründige Tendenz an, die dieser Denkstrategie zu Grunde liegt. Sie besteht im tiefen Bedürfnis der Mathematiker nach Unmissverständlichkeit, nach einer Klarheit, die sich in der Verlockung pedantischer Ordnung spiegelt. Diese geordnete Übersichtlichkeit, Reinheit und mithin vollkommene Widerspruchsfreiheit findet sich als Gestus ebenso in der Konstruktion von Plansprachen. Denn jeder Begriff besitzt hier seinen definierten Ort, der ihm von keinem anderen Begriff streitig gemacht werden kann. Keine überstrahlenden Bedeutungsebenen, keine Polysemie gefährden die klare Eindeutigkeit dessen, was der Begriff bezeichnet. Es ist dieses Versprechen von Eineindeutigkeit, von der unzweifelhaften Zuordnung, die von keinem anderen Begriff gestört oder durchkreuzt wird, der unwiderstehliche Reiz einer unzweideutigen Abbildungsrelation zwischen Zeichen und Bezeichnetem, das mathematisch Denkenden die artifiziellen Sprachen so attraktiv erscheinen lässt.

Lässt sich eine Affinität von Mathematikerkreisen für die Weltsprachenbewegung festmachen, so bleibt zu fragen, ob man die Herkunft von Multiplikatoren innerhalb der Bewegung ebenso bestimmten nationalen Debatten zuordnen kann. In Frankreich dominieren an erster Stelle Couturat und mit ihm Léopold Leau die Diskussion. Couturat wiederum verweist darauf, dass in »Deutschland […] ja die meisten derartigen Vorschläge entstanden« sind (Couturat 1907, 10). Wenngleich die Verfechter stets darauf bedacht bleiben, die internationalen Ziele und Kontexte der Weltsprachenidee hervorzuheben, so fällt dennoch auf, dass weder besonderes Interesse noch nennenswerte Unterstützung aus dem englischsprachigen Raum zu verzeichnen sind. Vorderhand betonten die Wortführer freilich stets, »politische und religiöse Neutralität, welche die Delegation auf ihr Banner geschrieben hat« (ebd., 9), zu wahren. Dennoch lassen sich, zumal aus heutiger Perspektive, Zweifel anmelden, ob die Bewegung gänzlich frei von politischen Absichten bleibt und sich das Programm nicht vor allem gegen die englische Sprache richtet, die sich im Zuge der verstärkt angefochtenen, jedoch immer noch bestehenden hegemonialen Vorherrschaft »Größerbritanniens« (Lenschau 1907) weiter auf den Vormarsch zur *lingua franca* begibt. Bereits 1899 bemüht man statistische (Hoch-)Rechnungen, um zu belegen, dass im »Kampf der Kultursprachen« nur Englisch siegen kann, währenddessen die romanischen Sprachen, statt als Ausgangspunkt von aposteriorischen Weltsprachen zu dienen, zu »Weltwinkelidiomen« herabsänken (Meyer 1901, 85). Durch die stark pazifistische Rhetorik der völkerverbindenden Zwecke und Errungenschaften, die mit einer einzigen Sprache

für alle einhergeht, wohnt der Welthilfssprachenbewegung ein latentes geopolitisches Korrektiv inne, das der englischen und ebenso der beginnenden amerikanischen Hegemonie zu begegnen sucht und die vor dem Ersten Weltkrieg durch die imperialen Rivalitäten nur noch weiter angeheizt werden.

Gleichviel, ob es nun badische Pfarrer oder französische Mathematiker sind, die ihr jeweils favorisiertes Sprachkonzept verfolgen, eines eint die Apologeten der Welthilfssprachenidee unbedingt: Sie sind allesamt Dilettanten. Mit anderen Worten, unter ihnen befinden sich – bis auf wenige Ausnahmen – keine professionellen Philologen. Es kann kaum überraschen, dass der Naturwissenschaftler Wilhelm Ostwald diese Asymmetrie produktiv wendet, sie gar als die eigentliche Methode wissenschaftlicher Erkenntnis zu legitimieren versucht. Diese Auffassung setzt den unvoreingenommenen, von wissenschaftlichen Traditionen unberührten Dilettanten als notwendige Produktionsbedingung neuen Wissens voraus:

> Jedesmal, wenn verschiedene Wissensgebiete befruchtend aufeinander zu wirken beginnen, muß die erste Pionierarbeit von Dilettanten gemacht werden. Denn wo noch kein ›Fach‹ vorhanden ist, kann es auch keinen Fachmann geben. Diese Leute kommen erst später, nachdem der regelmäßige Betrieb eingerichtet ist (Ostwald 1911a, 11).

Fraglich bleibt im Fall der Weltsprachenidee derweil, inwiefern man diese Entwicklung – spätestens seit den linguistischen Reaktionen auf das Esperanto (vgl. etwa Meyer 1893) – frei von philologischen Forschungen sehen kann. Doch auch darauf weiß Ostwald mit einer innerdisziplinären Unterscheidung zu erwidern:

> Während nämlich die gegenwärtig anerkannte Philologie noch ganz und gar im *analytischen* Stadium verblieben ist, haben jene verwegenen Dilettanten, welche versucht haben, eine künstliche Sprache zu gestalten, nichts anderes getan, als die notwendige Ergänzung der analytischen Philologie, die *synthetische* Philologie ins Leben zu rufen (Ostwald 1911c, 470).

Ostwalds Befund, der Philologie einen Mangel an ›synthetischen‹, das heißt progressiven Fragestellungen und damit prinzipielle Rückwärtsgewandtheit und fehlende Aufmerksamkeit für künftige Entwicklungen zu attestieren, zielt gleichwohl auf einen emphatischen Begriff von Fortschritt und Innovationsfähigkeit, der einzig von Naturwissenschaft und Technik angemessen begleitet werden kann. Weil die progressiven Kommunikationsmittel, vor allem im Rahmen des Weltverkehrs, längst schon vor neuen

Problematiken wie dem »täglich dringender werdenden Bedürfnisse nach einer Sprache« (Ostwald
1912a, 206) stehen, die »dieselbe Form über die
ganze Welt hat« (ebd.), kann man von »diesen Hü-
tern des alten Sprachgutes« (ebd.) kaum noch adäquate oder kompetente Hilfe erwarten. Der Philologe hat ausgedient. Doch wie stellt sich Wilhelm
Ostwald, der durch sein naturwissenschaftliches Re-
nommée zu einem der einflussreichsten Verfechter
der Bewegung aufstieg, die Verbreitung einer Welthilfssprache genau vor?

Als Konstrukt von linguistisch dilettierenden Naturwissenschaftlern oder Mathematikern bildet eine
der ersten Zielgruppen nicht von ungefähr die
Gelehrtengemeinschaft. Wie groß der Bedarf an einem international akzeptierten Kommunikationsmedium bereits ist, zeigt sich auf der Pariser Weltausstellung von 1900 im Rahmen der 127 assoziierten wissenschaftlichen Kongresse. Ostwald schildert
das Problem:

> Da standen die Männer nebeneinander, die sich gegen-
> seitig das Belangreichste zu sagen hatten, aber sie konn-
> ten sich nicht verständigen. Denn wenn die meisten
> Gelehrten und Praktiker heute auch mehrere Sprachen
> soweit beherrschen, daß sie Fachabhandlungen lesen
> können, so ist es doch von diesem Punkte noch eine
> weite und mühsame Reise zum mündlichen Verkehr in
> der fremden Sprache. So entstand aus der Not der Ge-
> danke der internationalen Sprache von neuem (Ostwald
> 1911a, 455).

Gemeinsam mit dem späteren Koautor seiner Uni-
versalsprachengeschichte, Léopold Leau, ruft Louis
Couturat eine Kommission zusammen, die noch auf
der Weltausstellung die *Délégation pour l'adoption
d'une langue auxiliaire internationale* gründet mit
dem Ziel, unter den inzwischen zahlreichen Welthilfssprachen die geeignetste auszuwählen und diesen Kandidaten daraufhin als alleinige Alternative
gemäß der programmatischen Benennung in der
ganzen Welt durchzusetzen. Die Wahl fällt dabei gar
nicht so leicht, da um 1900 etwa 250 verschiedene
Plansprachen existieren (Blanke 1985, 66 ff.). Die
Délégation macht es sich nun u. a. zur Aufgabe,
fortan renommierte Gelehrte und Wissenschaftler
für ihre Bewegung zu gewinnen. Und so findet 1901
ein Brief von Couturat auch seinen Weg nach Leipzig an die Adresse von Wilhelm Ostwald. Der zur
Jahrhundertwende schon recht bekannte Begründer
der physikalischen Chemie arbeitet zu diesem Zeitpunkt vornehmlich daran, die Energie oder besser
die Vermeidung von Energievergeudung unter dem
programmatischen Titel eines ›energetischen Imperativs‹ (›Vergeude keine Energie, verwerte sie!‹) ins

Zentrum seiner naturphilosophischen Lehre zu stellen. Als Beispiel einer solchen Energieverschwen-
dung sieht Ostwald unter anderem das Lernen von
mehreren Fremdsprachen an, die sich durch die Akzeptanz einer einheitlichen Hilfssprache wiederum
leicht erübrigen könnte. Dabei charakterisiert sich
der in Riga geborene Ostwald selbst als Opfer einer
kindlichen Sprachverwirrung, zumal er als Muttersprache Deutsch, in der Schule Russisch und im Alltag Lettisch sprechen musste. An der Universität im
estnischen Dorpat lernt er bereits in den 1880er Jahren durch seinen Lehrer und Protégé Arthur von
Oettingen das Volapük kennen. Um so bereitwilliger
sagt Ostwald daher seine Mitarbeit in der *Délégation*
zu, um in den Jahren bis zum Ersten Weltkrieg eine
unablässige Propaganda für die Idee einer Welthilfssprache zu entfalten. Seine Werbetätigkeit reicht von
Vorträgen vor dem bayrischen Bezirksverein des
Vereins Deutscher Ingenieure bis hin zur Gründung
von rund einhundert US-amerikanischen Esperan-
tisten-Clubs, die sich nach Ostwalds Wirken als erster deutscher Austauschprofessor in Harvard 1905
etablieren. Sogar seine Dankesrede für den Nobelpreis in Chemie 1909 in Stockholm handelt von den
Vorzügen der Welthilfssprache.

Wie also soll nun die Durchsetzungsfähigkeit einer einzigen Weltsprache konkret aussehen? Wie
denken sich etwa Couturat oder Ostwald die Stabilisierung ihres bevorzugten Weltidioms, nachdem
man über die zur Verfügung stehenden Distributi-
onskanäle geworben, das heißt geschickt zur Aneignung aufgerufen hat? Einem häufig aufkommenden
Einwand, eine Sprache ließe sich nicht allein durch
internationale Übereinkunft zur allgemeinen Annahme und Verbreitung bringen, begegnet Couturat
mit dem Argument, die Einführung und Pflege gelinge sehr wohl, und zwar durch eine Setzung. Dazu
müsse man Autoritäten wie Regierungen, gelehrte
Körperschaften, Akademien und internationale
Konventionen gewinnen. Als gelungene Beispiele
könnten das internationale Flaggenalphabet, das
Dezimalsystem, die Zeiteinteilung, der gregoriani-
sche Kalender, das metrische System oder die chemische Nomenklatur dienen (vgl. Couturat 1904,
25). Die *Délégation* wendet sich daher 1906 an die
Internationale Assoziation der Akademien, eine 1901
in Paris gegründete Organisation, der die führenden
Vertreter aller großen europäischen Akademien angehören (vgl. Anonym 1907). Von diesen hochrangi-
gen Repräsentanten der Wissenschaft erwarten die
Mitglieder der *Délégation* nunmehr, ausgehend von
den versammelten Vor- und Nachteilen der unter-

schiedlichen Weltsprachenkonzepte zu einer endgültigen Entscheidung zu gelangen, welches Idiom fortan als Welthilfssprache allgemeine Verwendung finden soll. Die *Assoziation* lehnt jedoch ihre Zuständigkeit »[b]ezüglich des Antrags zugunsten der Wahl einer internationalen Weltsprache« (ebd., 265) im darauffolgenden Jahr ab und erklärt sich »inkompetent« (ebd.) in dieser Frage. Gemäß den Statuten der *Délégation* gründet man daraufhin ein Exekutivkomitee, dem unter anderem Couturat, Léopold Leau und Wilhelm Ostwald angehören, um nunmehr selbst über das Problem zu entscheiden. Das Ergebnis der 18 Sitzungen, die innerhalb einer Oktoberwoche 1907 im Collège de France abgehalten werden, besteht kurzfristig darin, dass Ido als verbesserte Variante den bisherigen Favoriten Esperanto ablöst. Als mittelfristiges Resultat zeichnet sich indes der Bruch zwischen Louis Couturat und Wilhelm Ostwald ab, der vor allem im Dissenz über die weitere Ido-Politik erfolgt.

Während Couturat seine Aktivitäten vornehmlich auf unablässige Werbemaßnahmen im akademischen Bereich beschränkt, zielt Ostwalds Engagement auf das große Ganze. Seiner Ansicht nach lässt sich die Idee der Welthilfssprache nur anhand eines umfassenden Dispositivs aus Organisation und Verwaltung verfolgen, das heißt, zur Durchsetzung und Pflege der einen Sprache ist ein sogenanntes ›Weltsprache-Amt‹ vonnöten. Anfang September 1910 tourt der energische Organisator in Sachen Welthilfssprache durch die Schweiz. Im Rahmen eines Vortrags unter dem wenig bescheidenen Titel »Die Organisation der Welt« fordert er: »Wir müssen den regelmässigen Fortschritt organisieren« (Ostwald 1910a, 16). Ein entsprechendes »Sprachamt« (ebd.) müsse demzufolge dafür sorgen, »daß die gewählte Sprache nicht alsbald in eine Unzahl von Dialekten auseinanderfällt« (ebd.). Und spätestens hier wechselt Ostwalds eigener Sprachgestus in den Tonfall politischer Sonntagsreden, die am Ende eines syntaktisch inkorrekten Satzes den Gegenstand der Rede längst vergessen haben. Denn die große Aufgabe bestehe darin, »den Status aufrecht zu erhalten, in jedem zweifelhaften Falle festzustellen, ob es den Grundsätzen entspreche, über die wir übereingekommen sind und über deren Anwendung wir uns geeinigt haben, und für die Angemessenheit des Neuen zu sorgen« (ebd.).

Von erfolgreichen Beispielen für die vergleichsweise einfache Einrichtung einer derartigen Institution weiß Ostwald zu berichten. Er führt zum einen Carl Friedrich Gauß an, der mit seinem »magneti-

schen Verein« (ebd.) von 1834 die »allererste internationale Organisation in der Welt schuf« (ebd.), zum anderen das »Meteramt« (ebd.), also den Sitz der internationalen Meterkommission bei Paris, nach dessen Vorbild das Weltspracheamt zu errichten sei.

Die Forderungen fallen nur wenige Tage später in Bern auf denkbar fruchtbaren Boden. Auf Ostwalds Anregung hin nimmt sich ein Pastor namens Friedrich Schneeberger der Sache an, um im darauffolgenden Monat eine erste Versammlung mit zunächst 14 Interessenten einzuberufen. Man beschließt, ein *Initiativkomitee zur Gründung eines Verbandes für die Schaffung eines Weltsprache-Amtes* zu gründen. Das Ziel dieser Initiative besteht nicht zuletzt darin, der Bewegung ihren »mehr oder weniger sportartige[n] Charakter« (Dänzer-Ischer 1911, 34; vgl. auch Guérard 1922, 151) zu nehmen. Dank der großzügigen finanziellen Unterstützung durch Mittel aus Ostwalds Nobelpreisgeld bringt die Versammlung zudem ein ›Cirkular‹ in Umlauf, um bereits für die Aktivitäten des noch zu schaffenden Verbands zu werben. Am 27. Februar 1911 ist es dann endlich soweit: Kurz vor seinem Vortrag in Bern gründet Ostwald gemeinsam mit »einigen geeigneten Persönlichkeiten« im Rahmen einer »intimen Vorkonferenz« (Brief von Schneeberger an Ostwald vom 7.2.1911, vgl. Hansel/Wollenberg 1999, 122) feierlich den *Verband zur Schaffung eines internationalen Weltsprache-Amtes*. Daraufhin referiert Ostwald zum Thema »Sprache und Verkehr«, wobei er ausdrücklich den Genius Loci als erste Wahl zur Gründung eines Verbands zur Gründung einer Welt-Institution beschwört. Schließlich dient Bern mit dem *Weltpostverein* seit 1874 als Vorbild einer weltweiten »Zentralstelle« (Ostwald 1911b, 3; vgl. auch Ostwald 1910a, 9), deren Bedeutung das geplante Amt in nichts nachstehen soll.

Im Weltspracheamt glaubt Wilhelm Ostwald, zwei seiner primären Ziele realisieren zu können: erstens die Institutionalisierung der Bewegung als einer von allen Kulturstaaten anerkannten Autorität; zweitens die Zentralisierung der Idee durch eine solche Institution, um sowohl möglichen zentripetalen Tendenzen wie beispielsweise neuen Sprachkonzepten vorzubeugen als auch möglicherweise aufkommenden Revisionswünschen entgegenzusteuern. Wenn die fundamentale Problematik der Weltsprachenidee darin besteht, aus der Diversifikation zahlreicher konkurrierender Konzepte eine einzige Plansprache zu erwählen, also mithin die Einheit der sprachlichen Vielfalt herzustellen, meint Wilhelm

Ostwald, die Lösung mit dieser einen exklusiven Institution zu erreichen. Nachdem zunächst die Internationale Assoziation der Akademien ihre Unzu-
ständigkeit erklärt hat und die Arbeit in der *Délégation* durch das Schisma sowohl zwischen Ido und
Esperanto als auch zwischen Ostwald und Couturat
zum Erliegen kommt, bleibt Ostwalds Hoffnung allein auf das Weltspracheamt, auf diese Institution
der Dilettanten gerichtet. Ihr soll die Aufgabe zukommen, durch international anerkannte Autorität,
die zentrale Entscheidungsinstanz zur Pflege und
Anwendung der Welthilfssprache zu bilden.

Allein, wie ist es mit dieser internationalen Autorität bestellt? Auf staatlicher Ebene wünscht sich
Ostwald, dass zunächst »von seiten der schweizerischen Regierungen die Initiative für die Konstituie-
rung des internationalen Sprachamtes ergriffen wird«
(Ostwald 1910a, 18). Der Rest ergebe sich dann
praktisch wie von selbst:

> Es werden freundliche Einladungen zu unverbindlichen
> Besprechungen herumgeschickt. [...] Es gehen die De-
> legierten nach Hause zurück, es wird eine Arbeitskom-
> mission gebildet, und dann geht der Entwicklungspro-
> zeß vor sich, der davon abhängt, daß ein hinreichend
> emsiger und arbeitswilliger Mann in der Zentrale tätig
> ist, der das Ding nicht einschlafen läßt, sondern der es
> in den ersten Jahren am Leben erhält, bis es hernach von
> selbst wächst (ebd.).

Am Ende steht dann eine Welt, die Ido spricht. So
einfach ist das. Ein einzelner Mann arbeitet in der
Zentrale der standardisierten Sprache, noch einige
Unterredungen und etwas Kommissionsarbeit, und
dann läuft ›das Ding‹ von allein. Das genügt Ostwald. Das ist für ihn Effizienz.

Wenngleich sich hinter diesen Vorstellungen ganz
offensichtlich die Überzeugung verbirgt, eine Sprache nicht nur planen, sondern ebenso systematisch
administrieren und bis ins Detail kontrollieren zu
können, um damit nichts weniger als den Fortschritt
selbst zu organisieren, zeigt sich am Ende eine eher
nüchterne Bilanz. Das Resultat von Ostwalds Anregung lässt sich allenfalls rekursiv bestimmen: Die
Idee zur Schaffung eines Weltspracheamts zieht eine
›Tagung zur Gründung des Verbandes für das internationale Sprachamt‹ nach sich, die ihrerseits ein
›Initiativkomitee zur Gründung eines Verbands zur
Schaffung usw.‹ auf den Weg bringt, das wiederum
die Inauguration eines ›Verbandes zur Gründung
usw.‹ zur Folge hat. Eine Flut von Probedrucken
oder die Planung von ›Vorkonferenzen‹ untermau-
ern diese Tendenz noch zusätzlich. Kaum nötig zu
erwähnen, dass dieses Weltspracheamt seinen Betrieb niemals aufgenommen hat und daher die für

diese unausgefüllte Leerstelle vorgesehene Ido-Aka-
demie ebensowenig nennenswerte Erfolge vorwei-
sen konnte. Im Ergebnis liefern Ostwalds Bemühungen zur Welthilfssprache anstelle der Organisation
des regelmäßigen Fortschritts vielmehr die Verwaltung der andauernden Vorläufigkeit. Allerdings nur
bis 1915. Denn dann findet zumindest Ostwalds Beschäftigung mit den Vorzügen des Internationalismus ein jähes Ende.

Der potentielle Teufelskreis, in dem sich der
Gründungsverband des Weltspracheamts befindet,
steht Ostwald in aller Deutlichkeit vor Augen. Ohne
entsprechende politische Akzeptanz zumindest einiger Staaten kann das internationale Amt für eine
neutrale Sprache an einem ebenso neutralen Ort
kaum entstehen. Die Akzeptanz wiederum setzt eine
prinzipielle Bereitschaft voraus, sich sowohl der
Fremdbestimmung als auch dem souveränen Diktat
einer Welthilfssprache zumindest zu einem Teil zu
unterwerfen. Dem wären andere Regierungen erst
dann zu folgen bereit, wenn sich auf internationaler
Ebene ein Konsens oder zumindest ernsthaftes
Interesse abzeichnet. Dagegen setzt Wilhelm Ostwald auf seinen Organisationseifer und Optimismus, um durch hinreichend effiziente Initiativen
diese Problematik überwinden zu können. Aus diesem Grund ruft er die Schweiz auf, die Idee aufzugreifen, um auf diplomatischer Ebene eine Gefolgschaft zu versammeln. Doch bei allem Optimismus,
den praktischen Schwierigkeiten durch eine emphatisch vorgebrachte Heilsvorstellung aus Organisation und Verwaltung auf höchster Ebene beikom-
men zu können, bleibt die politische Interessenlage
davon doch weitestgehend unberührt. Denn auf
diplomatischem Parkett werden spätestens in den
1910er Jahren, im Spannungsfeld der europäischen
Interessenskonflikte am Vorabend des Weltkriegs,
ganz andere Probleme als die noch zu spärliche Verwendung von Ido verhandelt (vgl. dazu Fellner 1994
oder Neitzel 2003). So kann es kaum mehr überraschen, dass Wilhelm Ostwald – allen Bemühungen
zum Trotz – eine Privataudienz in Sachen Welthilfssprache etwa beim schwedischen König verwehrt
bleibt (vgl. Hansel/Wollenberg 1999, 115, 126).

Wenngleich in der Propaganda der Welthilfssprachenbewegung nicht zuletzt die pazifistischen Wirkungen beschworen werden, die einer einigenden
Sprache innewohnen (vgl. dazu etwa Baudouin de
Courtenay 1976, 105, § 54), kann das nicht darüber
hinwegtäuschen, dass die Apologeten der Bewegung
um die machtpolitischen Implikationen ihrer Initiative genau wissen. Dem fundamentalsten Argument

ihrer Gegner, dass eine Standardisierung der Sprache nur über die Ausweitung eines einzelnen Kulturkreises funktioniert, die konkrete Verbreitung einer Weltsprache also stets an politische Macht und mithin an Imperien gebunden bleibt (vgl. Meyer 1893, 37, 46), versuchen die Weltspracheverfechter derweil mit dem notorischen Hinweis auf ein Infrastrukturproblem zu entgehen. Da die Kommunikationssituation von Wissenschaftlern, Kaufleuten und Reisenden immer schon – spätestens aber unter den massiven Bedingungen des Weltverkehrs – auf Internationalität ausgerichtet ist, erweise sich eine entsprechende Struktur auf politischer Seite seit langem als überfällig. »Die Wissenschaft hat in unseren Tagen jede letzte nationale Färbung verloren« (Ostwald 1910a, 9), konstatiert Ostwald, um später an anderer Stelle hinzuzufügen, dass sich diesen Erkenntnissen allein »nationaler Fanatismus oder romantische Gefühlsduselei« (Ostwald 1911b, 16) bislang noch entziehen.

Das Konzept gegen einen drohenden (Sprach-) Imperialismus besteht also in letzter Konsequenz geradewegs umgekehrt darin, das geplante Einzugsgebiet der Sprache selbst zu einem Zwischen-Staat zu vereinigen. Das Weltspracheamt ließe sich demnach als lediglich erste Abteilung einer viel umfassender aufzubauenden Instanz begreifen, die für die Schlichtung politischer Interessenkonflikte auf internationaler Ebene ebenso zuständig wäre wie für strittige Terminologien, etwa welches Suffix der idistische Neologismus für Neurasthenie bekäme. ›Eine Sprache einer Welt‹, der Leitspruch von Schleyers Volapük, kann mitunter als Motto eines internationalistischen Herrschaftssystems aufgefasst werden, das sich als Kompetenz für völkerrechtlich verurteilungswürdige Genozide (beispielsweise der Hereros) und sprachtechnisch zu entscheidende Genitivbildungen gleichermaßen versteht. Was die Konferenzen in Den Haag 1899 und 1907 noch nicht erreichen, nämlich die Vorstellung einer internationalen Friedensorganisation institutionell zu verankern, schwelt in der Initiative zum Weltspracheamt zwischenzeitlich weiter vor sich hin. Angeregt vom Vorbild des auf freiwilliger Basis betriebenen Weltpostvereins plant Ostwald ungleich radikaler ein Amt einzurichten, eine aus verkehrstechnischer Notwendigkeit heraus geborene Pionierinstitution.

Vor diesem Hintergrund, mehr als ein Jahrzehnt für die hehren Ziele von internationaler Kommunikation auf der Basis von friedvollem, effizientem und eindeutigem Wissensaustausch geworben zu haben, nimmt sich die Peripetie buchstäblich revolu-

tionär aus, die Wilhelm Ostwald plötzlich am 31. Oktober 1915 vollzieht. Wenn seine Rede vor dem bayrischen Bezirksverein des *Vereins Deutscher Ingenieure* 1903 den Auftakt zu seinem intensiven Engagement für die internationale Hilfssprache darstellt, markiert die Sonntagspredigt im Herbst 1915 das Ende seiner Beschäftigung mit diesem Weltprojekt. Ostwald propagiert einmal mehr eine neue Plansprache, die unter dem Akronym ›Wede‹ firmiert und mit dem pazifistischen Gestus der vorherigen Konzepte nichts mehr gemein hat. Müsste man zuvor noch fragen, welchem Staat Ostwalds emsiger Weltbeamter denn verpflichtet sein soll, so liefert diese »Monistische Sonntagspredigt Nr. 36« darauf eine zweifelsfreie Antwort. Die Rede offenbart nichts weniger als die Wandlung vom Paulus zum Saulus der Weltsprachenidee.

Den Ausgangspunkt bildet eine Bestimmung der Lage, ein Jahr nach Kriegsbeginn: Europa habe sich gegen Deutschland gestellt, um die »Unterdrückung des deutschen kulturellen, wirtschaftlichen und technischen Aufschwungs« (Ostwald 1915, 545) voranzutreiben. Im Gegensatz zur englischen Kolonialherrschaft jedoch, die »abgesehen von einigen blutig niedergeschlagenen Aufständen […] keinen irgendwie erheblichen Fortschritt in wissenschaftlicher, technischer und politischer Beziehung gebracht« habe, sei Deutschland einer anderen Strategie verpflichtet. Neue Aufgaben warten: »Gegenwärtig steht uns ein neuer Höhepunkt bevor, dessen wesentlichstes Kennzeichen ja an dieser Stelle wiederholt erörtert worden ist. Es ist die Erfassung und Nutzbarmachung des *Organisationsbegriffes*, auf dem diese neue große Epoche unserer Kulturentwicklung beruht« (ebd., 550).

Man sei dazu berufen, den »neuen Zöglingen in Asien« (ebd., 557), die sich durch ein »friedliche[s] Vordringen Deutschlands nach Südosten« (ebd., 546) – im doppelten Sinn – ergeben haben, eine »kulturelle Befruchtung seitens des Mutterlandes« (ebd., 548) beizubringen. Basis dieser »großen Aufgaben, die uns im Osten für die nächsten Jahrzehnte und Jahrhunderte bevorstehen, ist natürlich die Ausbildung der Verkehrsmittel, durch welche jene uralten Kulturgebilde [Babylon, Konstantinopel etc., M.K.] der neueren Kultur erschlossen werden sollen« (ebd., 552). Über die Dringlichkeit, mit welcher die unterschiedlichen Verkehrsmittel einzurichten sind, darf kein Zweifel aufkommen. Die Ingenieure bauen Straßen, Kanäle, Eisenbahnen; man gründet sogar in Konstantinopel eine deutsche Universität. Allen voran jedoch müsse man »zu dem allerwichtigsten Verkehrsmittel [gelangen], welches in irgendeiner Weise vorhanden sein muß, um überhaupt den Verkehr zu ermöglichen, nämlich zur *Sprache*« (ebd., 557). Im Zuge dieser expandierenden Kulturentwicklung käme es dann zu einem wechselseitigen Spracherwerb: Einerseits müssten die Deutschen sich um die Sprache jener bemühen, »auf welche sie ihre Kulturarbeit auszudehnen wünschen«; andererseits müssten jene allerdings auch die Sprache ihrer ›Förderer‹ lernen, »um die Schätze deutscher Wissenschaft, Technik und Kunst sich zugänglich zu machen« (ebd., 553). Keine Frage, hier droht Energievergeudung.

Soweit liefert die Predigt eine geraffte Zusammenfassung von Ostwalds Thesen, wie sie als Zutaten einer Prosa der Weltsprachepropaganda hinlänglich bekannt sind: Sprache ist ein Verkehrsmittel und damit nur ein technisches Problem, ein wenig energetischer Imperativ hilft da weiter, verbunden mit einer Emphase der Organisation und garniert mit einem geopolitischen Machtanspruch, den die aktuelle Kriegslage nahelegt. Auch der notorische Ausfall gegen die Blindheit der professionellen Philologen fehlt selbstverständlich nicht. Bleibt allein die alte Frage, welches der üblichen Angebote an Plansprachekonzepten hier seinen Einsatz finden soll, Ido, Esperanto oder gar Volapük? Diesmal jedoch kommt Ostwald zu einem anderen, vermeintlich originellen Ergebnis:

> Ich schlage vor, für den praktischen Gebrauch zunächst in jenen Gebieten ein vereinfachtes Deutsch auf wissenschaftlich-technischer Grundlage herzustellen. In diesem müßten alle entbehrlichen Mannigfaltigkeiten, all jener für die Ästhetik so reizvolle ›Reichtum‹ der Sprache, welche ihr Erlernen so ungeheuer erschwert, beseitigt werden, so daß dieses neue Verkehrsmittel, für welches ich den Namen Weltdeutsch vorschlage, von jedermann mit leichter Mühe erlernt und gebraucht werden kann (ebd., 557).

»Weltdeutsch« oder kurz »Wede« lautet also das Gebot der Stunde. Ostwalds Vorschlag, die deutsche Sprache zu vereinfachen, beispielsweise indem man alle Genera, repräsentiert durch den Artikel »de«, auf ein einziges Geschlecht reduziert, erweist sich jedoch mitnichten als neues Projekt. Einerseits steht es ganz offensichtlich in der Traditionslinie der vereinfachenden Plansprachen von Latein, etwa von Athanasius Kircher (1659) oder durch Guiseppe Peano (1903), andererseits veröffentlicht der Orientalist Martin Schulze schon 1899 ein gänzlich artikelfreies Konzept ebenfalls unter der Bezeichnung ›Weltdeutsch‹ (vgl. Meyer 1901, 85; der zudem einen Anonymus zitiert, dessen ›Weltdeutsch‹ dann wie folgt

klingt: »Hast du einen grosser Woltäter unter die tiers als mich? Das biene fragte den mensch. Ja wol, dieser erwiderte […]«, ebd., 87).

Inwieweit eine Einheitssprache fest mit der jeweils aktuellen politischen Mächtekonstellation verzahnt bleibt, belegt einmal mehr der kaum zufällig mit Ostwalds Einlassung koinzidierende Ansatz von Adalbert Baumann, nämlich »Wede, die Verständigungssprache der Zentralmächte und ihrer Freunde, [als] die neue Welt-Hilfs-Sprache« (Baumann 1915, 1) einzusetzen. Baumann scheint ebenso wie der Autor eines weiteren gleichlautenden Konzepts, Oswald Salzmann (auch 1915), durch die Predigt des sächsischen Geheimrats maßgeblich beeinflusst zu sein.

Wenn Ostwalds Predigt auf der einen Seite nicht nur Gefolgschaft, sondern sogar Filiationen bis hin zu den Konzepten von Baumann und Salzmann zu produzieren vermag, reagieren die bisherigen Mitstreiter der Weltsprachebewegung dagegen überwiegend mit Zurückhaltung. Nur mühsam versteckte Empörung findet sich etwa in einem Brief von Leopold von Pfaundler, wenn er mahnt: »Ihr Vorschlag eines Weltdeutsch erscheint mir nicht nur eine Inkonsequenz zu unserm bisherigen Vorgehen und eine Undankbarkeit sondern auch ganz hoffnungslos in Bezug auf die Ausführbarkeit. Darum wage ich den Appell an Sie, den Plan nicht weiter zu verfolgen« (Brief von Pfaundler an Ostwald vom 30.12.1915, zit. n. Hansel/Wollenberg 1999, 137).

Der Appell von Pfaundler wirkte. In dem Maße wie mit dem Fortschreiten der Weltkriegsereignisse die von Pfaundler ebenso diagnostizierte »Einstellung des [Welt-]Verkehrs« (ebd., 138) einherging, gelangte auch Wilhelm Ostwalds Beschäftigung mit der Welthilfssprache an ein Ende. »Hierzu muß ich in erster Linie sagen, daß ich in den letzten Jahren mich mehr und mehr überzeugen mußte, daß unsere Tätigkeit für die Einführung des Ido ohne Erfolg blieb, da sämtliche, von uns unternommenen Versuche auf etwas breitere Massen zu wirken, vollständig versagt haben« (Brief von Ostwald an Pfaundler vom 12.1.1916, zit. n. Hansel/Wollenberg 1999, 139). Den Ermutigungen Pfaundlers, seine Unterstützung für Ido im Allgemeinen und das Weltspracheamt im Besonderen auch künftig nicht auszusetzen, erteilte Ostwald eine deutliche Absage, »weil gegenwärtig meine ganze Zeit und Arbeitsfähigkeit durch das Stickstoffproblem und daneben durch die Aufstellung eines absoluten Systems der Farbe in Anspruch genommen ist« (ebd.). Nach dem Krieg wird sich Ostwald, abgesehen von verschiedenen Ehrungen durch die verbliebenen Welthilfssprachenmitstreiter, die er gerne empfängt, nicht mehr um die Bewegung kümmern. Stattdessen befasst er sich nahezu ausschließlich mit Malen und der harmonischen Ordnung von Farben.

Was einstmals 1901 mit einer *Délégation* und dem ehrgeizigen Programm beginnt, eine einzige Hilfssprache in der ganzen Welt zu etablieren, verkommt unter Gefechtsbedingungen zu einer nur wenig beachteten Politposse. Bemerkenswert bleibt derweil, dass sich dieser Niedergang ausgerechnet unter dem Titel ›Weltdeutsch‹ vollzieht. Wie kommt es zu diesem scheinbar paradoxen Kompositum, wenn ›Welt‹ in Ostwalds internationalistischer Auffassung vor dem Krieg noch schlechterdings *alles* zu bezeichnen vorgibt, unter dem Eindruck des (scheiternden) Schlieffen-Plans sowie einer vermeintlich erfolgreichen Expansion nach Osten jedoch durch den dezidierten Zusatz ›-deutsch‹ komplettiert wird? Erst der Weltkrieg offenbart den zuvor noch hinter euphorischer Terminologie sorgfältig verborgenen hegemonialen Impetus, der Ostwalds Serie von Weltprojekten und der gesamten Welthilfssprachenbewegung immer schon zugrunde liegt. Denn in der internationalistischen Projektprosa bezeichnet ›Welt‹ den idealerweise größtmöglichen Zielbereich eines Vorhabens, den man ohne weitere Bedenken als homogen, bereitwillig auf Veränderungen wartend und von einem bestimmten Ausgangspunkt aus als nivellierbar begreift.

Wie stark diese Vorstellung von Methoden imperialer Politik und deren kolonialen Einflüssen durchzogen ist, darauf haben bereits frühe Kritiker der Bewegung aufmerksam gemacht. Die ›Welt‹ einer Weltsprache sei niemals, weder im Rahmen des Griechischen bei Alexander dem Großen noch im Fall von Latein im *Imperium Romanum*, »in dem Sinne einer Bezeichnung für die ganze bewohnte Erde zu verstehen«. Sie bezeichne vielmehr stets nur den »Kreis der von Gesittung erfüllten Welt«, Eskimos und ›Neger‹ also exklusive (vgl. Meyer 1893, 38). Gustav Meyer verschärft die Argumentation sogar noch zu einem gewichtigen Generaleinwand: »[M]an darf sich keinen Illusionen darüber hingeben, daß der überwiegend größte Theil aller Bewohner unseres Erdballs an der Schöpfung einer Weltsprache nicht das mindeste Interesse hat« (ebd., 43). Die Apologeten, oder besser Apostel, der Welthilfssprache scheinen dies jedoch eher als eine Herausforderung zu nehmen, den überwiegend größten Teil dennoch für ihr Ziel zu gewinnen. Denn mit diesem Argument wird die Welthilfssprachenbewegung von Beginn an zu einem Missionsprogramm,

zu einer Art sprachlicher Ordensgemeinschaft, die dazu ausersehen ist – wie einstmals bei den irischen Mönchen –, ihren ›neuen Zöglingen‹, den Heiden der gesamten Welt, eine Heilsbotschaft zu bringen. Doch anders als zu Zeiten der frühen Christianisierung stehen zum Austragen des Evangeliums nunmehr andere Mittel bereit. Angetrieben durch den Weltverkehr entsteht eine pfingstartige Weltvorstellung nicht nur der unbegrenzten Erreichbarkeit. Der ganze Erdball erscheint vielmehr wie ein mit einem geeigneten Projekt zu dominierendes Feld. Die Positionen von Geben und Nehmen, von Sender und Empfänger bleiben dabei unzweifelhaft:

> Der Dampf hat die Entfernungen abgekürzt; die Electricität hat sie aufgehoben. Daraus ist eine ebenso intensive wie extensive Entwicklung der industriellen und Handelsbeziehungen zwischen allen Völkern erfolgt. Die civilisierte Welt, welche sich vor einem Jahrhundert auf das alte Europa beschränkte, hat sich neue Nationen und ganze Welttheile einverleibt. Der europäische Markt erstreckt sich über die ganze Erde (Couturat 1904, 3).

Was heißt ›Welt‹ demnach aus Sicht der Kunstsprachen-Bewegung? Mit ›Welt‹ bezeichnet Couturat die fortschreitende Inkorporation anderer Kontinente durch Europa und seiner Marktmacht. Durch Distributions- und Kommunikationskanäle planen die Weltspracheverfechter vorderhand und zugleich jenseits aller offensichtlichen politischen Herrschaftsansprüche, ihr Vernunftprogramm eines einigenden Idioms zu lancieren. Das Welthilfssprachenprojekt pfropft sich auf den von Europa aus gesteuerten Weltverkehr auf. Doch in jenem Moment, in dem Europa selbst im kriegerischen Konflikt zu zerreißen droht, müssen die Weltsprachenapostel einerseits erkennen, dass ihr Motor und Trägermedium namens Weltverkehr plötzlich ins Stocken gerät, stellenweise sogar ganz zum Erliegen kommt. Andererseits müssen sie sich eingestehen, dass ihr vermeintlich neutrales Sprachprogramm selbst einem massiven Hegemonialanspruch folgt. Das Ganze ist immer schon ein (Geo-)Politikum. Der Kampf für die Weltsprache, so einmal mehr Gustav Meyer, »wird mit der politischen Gestaltung der Erdoberfläche aufs engste zusammenhängen« (Meyer 1893, 40).

Das (Allmachts-)Phantasma einer vollständig erreichbaren Welt muss demnach in dem Moment kollabieren, in dem sich die Bastion Europa in sich selbst zutiefst gespalten zeigt, wenn der Weltkrieg die Illusion zerstreut, eine Weltsprache sei mit dem Argument der Plausibilität oder Energievergeudung durchsetzbar, um dagegen die tatsächlichen Kräfteverhältnisse und Machtmechanismen von Sprachpolitik freizulegen. Der arglose Traum von internationalen Institutionen wie dem Weltspracheamt rückt damit in weite Ferne. Wenn innerhalb der europäischen Grenzen Krieg herrscht, schränkt sich zudem der ›Kreis der civilisierten Welt‹ noch weiter ein. Die Basis für die Weltsprachenbewegung verengt sich dann zusehends, spaltet sich zusammen mit ihren Wortführern auf in nationale Lager; ein neues Schisma, diesmal zwischen Deutschland und der *entente cordiale* droht. Doch Couturat stirbt 1914 an den Folgen eines Autounfalls. Und so muss die Welt der Weltsprache mangels Alternative oder Antagonist plötzlich mit dem Deutschen eine neue Allianz eingehen. Mit seiner Predigt, in der sich Ostwald innerhalb kürzester Zeit zum Anti-Internationalisten wandelt, macht er sich nun auch offiziell Gustav Meyers Erkenntnis zu eigen, dass die Verbreitung einer Weltsprache »auf jeden Fall eine Machtfrage« (ebd., 40) sei. Den praktischen Gebrauch von Weltdeutsch empfiehlt Ostwald zunächst in jenen Gebieten, die bereits unterworfen sind. ›Und anschließend in der ganzen Welt‹, bliebe noch zu vervollständigen. Ostwald hängt unterdessen immer noch seiner Idee einer internationalen Standardsprache an. Die Institution, die dies gewährleisten sollte, hat indes gewechselt. Statt ›Weltverkehr‹ lautet die neue geopolitische Devise nun ›Weltmacht Deutschland‹. Die Einheitsvorstellung von Welt im Sinn des Internationalismus zerbricht. Die ›Welt‹ von ›Weltdeutsch‹ bezeichnet jedoch nach wie vor den alten, allumfassenden Zielbereich. Nur ihre (politische) Unschuld hat die emphatische Vorstellung *einer* standardisierten Welt damit verloren.

Große Projekte für ein neues Jahrhundert II: Dienste

Berlin, Prinzenstraße 29, 1908. Dem Floristen Max Hübner (1866–1946) keimt eine Idee, die sich keine hundert Jahre später »zu einem gesunden, erfolgreichen und wachsenden Unternehmen« (Fleurop GmbH 1998, 20) entwickelt haben wird. »[E]in logistisch perfekter, weltweiter Lieferservice« (ebd.) von »rund 50 000 Floristen in über 140 Ländern auf allen fünf Kontinenten« (ebd., 8) nimmt hier unter der Bezeichnung ›Blumenspende-Vermittlungs-Vereinigung‹ seinen Anfang. Ein Beginn, der spätestens 1927 mit seiner Umbenennung zu Fleurop bekanntermaßen für das Angebot steht, mit Hilfe einer schlichten telegraphischen Anweisung ›Blumen in alle Welt‹ (so das Motto) zu versenden.

Die Geschichte von Fleurop lässt sich als Fiktion einer Epoche lesen, die noch ohne den Begriff der ›Globalisierung‹ auszukommen versteht. Wie im Folgenden gezeigt werden soll, fiktionalisiert die unternehmenseigene Geschichte Hübners Idee mehr noch als jede literarische Fiktion. Denn die Urheberschaft zur »UNO der Blumen« (so der Titel einer Firmenbeschreibung von Ehleben 1967) wurzelt mitnichten bei Blumenhübner in der Prinzenstraße 29, Berlin. Doch zuvor sei erst die offizielle Historiographie der Firma vorgestellt:

> Man schreibt das Jahr 1908, und in einem kleinen Blumengeschäft in der Berliner Prinzenstraße wird der Grundstein gelegt für die internationale Organisation der Fleurop: Max Hübner heißt der Mann mit der Idee. Blumenhändler ist er wie viele tausend andere auch, unterscheidet sich jedoch von ihnen durch seinen Weitblick. [… Er importiert] schon damals Blumen von der Riviera und treibt ein reges Exportgeschäft mit dem zaristischen Rußland (Fleurop GmbH 1978, 2).

Zwar übt Max Hübner den Beruf des ›Blumengeschäfts-Inhabers‹ aus wie viele andere auch. Doch stammt er wie kaum ein anderer Florist aus einer Familie, die sich ganz dem noch jungen Berufsstand des Zierpflanzenhandels sowie der Blumenbindekunst verschrieben hat. Nicht zu verwechseln mit seinem gleichnamigen Zeitgenossen, dem Schriftsteller (1854–1920), dessen Hauptwerk wundersamerweise eine Trilogie namens *Maiglöckchen, Veilchen und Kornblumen* darstellt (vgl. Hübner 1910), kommt Max Theodor Hübner am 7.12.1866 als ältester Sohn des Ehepaars Theodor und Alwine Hübner, geb. Igel, zur Welt. Der Vater gründet im selben Jahr gemeinsam mit seiner Frau die Großhandlung Blumenhübner. »Schon in den ersten Jahren wurde ein Blumenversand in großem Ausmaße betrieben, der den Namen weit über Deutschlands Grenzen trug« (Anonym 1931). Während der Vater Theodor die kaufmännische Seite des Geschäfts besorgt, trägt seine Frau Alwine, die »Seele des Geschäftes« (Olbertz 1935a, 59), maßgeblich dazu bei, einen neuen Berufsstand aus der Taufe zu heben, die Blumenbinderei oder ›Blumenkunst‹ (vgl. ebd.). Dem Erstgeborenen sind ebenso fachkundig arrangierte wie sorgfältig verpackte Bouquets demnach bereits in die Wiege gelegt. Von seinen sechs Geschwistern engagieren sich sämtliche fünf Brüder ebenfalls in Berlin als Blumengeschäftsinhaber. Zusammen mit seinem Bruder Arthur übernimmt Max 1901 die erfolgreiche Firma der Eltern. Zudem trägt sich Hübner 1904 als Gründungsmitglied Nr. 85 in die Liste des Verbands Deutscher Blumengeschäftsinhaber (VDB) ein, dessen Vorsitz er ohne Unterbrechung bis 1939 ausübt und dessen Lobbypolitik er maßgeblich bestimmt.

Das Geschäft mit den Blumen – wie könnte es anders sein – prosperiert nach der Jahrhundertwende, insbesondere der Versandhandel erfreut sich wachsender Nachfrage. »Kunden waren die meisten Offizierskorps Deutschlands, tagtäglich ging Brautschmuck nach allen Teilen Deutschlands« (Olbertz 1935a, 56). Und Max Hübner trägt sowohl als erster Vorsitzender des Verbandes wie auch als selbständiger, sein eigenes Geschäft massiv ausweitender Kaufmann zur Expansion der Branche bei wie kein zweiter. Bei Angehörigen der traditionellen Oberschicht des Kaiserreichs, also Adel, Offiziere oder Staatsbeamte, beim Bürgertum, aber auch beim ›einfachen‹ Arbeiter‹ zeigt sich das Bedürfnis, Blumen zu verschenken, wobei das saisonal beschränkte Spektrum an Zierpflanzen aus heimischer Produktion längst schon nicht mehr ausreicht. Um Blumen für alle Gelegenheiten, von der Geburt bis zum Begräbnis, zu jeder Jahreszeit zur Verfügung zu haben, bedarf es eines regen Importhandels aus den Blumenzentren des Südens. Der Transport mit frischen Blumen über vergleichsweise lange Distanzen erfordert dabei nicht nur zuverlässige Verkehrsmittel und unverzügliche Kommunikationsmöglichkeiten, wie sie mit dem sich allmählich etablierenden Weltverkehr möglich werden. Der Informationsaustausch zwischen Grossist und Florist zieht zudem einen nicht geringen Aufwand an Verwaltung nach sich, der nicht von jedem Händler ohne weiteres zu leisten ist.

Max Hübners Bemühungen als Präsident des VDB zielen daher nicht zuletzt darauf ab, die Geschäftskorrespondenz und Kommunikation zwischen Blumengeschäftsinhabern und Zwischenhändlern zu vereinfachen. Seine Maßnahmen münden schließlich 1908 in den sogenannten »Telegrammschlüssel V.D.B.«. Dahinter verbirgt sich ein Code, der auf zunächst 32 Seiten die notwendigen Formeln bereitstellt, um eine Blumenbestellung beim Grossisten in aller – durch hohe Telegrammgebühren gebotenen – Kürze abzuwickeln. »Der Telegrammschlüssel hat den Vorteil, daß er es ermöglicht, mit einem einzigen Wort einen ganzen Satz zum Ausdruck zu bringen« (Anonym 1908a, 30). Die üblichen Phrasen von Geschäftsbriefen finden sich auf jeweils ein Wort reduziert, das durch seine Anlehnung an das Lateinische beziehungsweise an romanische Wortstämme eine erstaunliche Nähe zu den zeitgenössischen Welthilfssprachen wie Esperanto, Ido oder Volapük aufweist. Dabei hat sich unter Blumenken-

nern längst ein eigener internationaler Code entwickelt, so steht etwa die Blume Ehrenpreis für den Satz: ›Alles für Dich!‹ (vgl. Bürger 1895). Während im Zeitalter der Briefe die Anschreiben noch in aufwendig geschwungener Handschrift oder mit Seufzern eröffnet werden, so genügt in der Epoche von standardisierten und maschinenübermittelten Zeichen »das einfache Kennwort: ›despera‹ für folgenden Satz: ›Da ich in größter Verlegenheit bin, senden Sie auf schnellstem Wege das Folgende ab‹« (Anonym 1908b, 45). Darauf folgt eine Ziffer, welche die gewünschte Sorte und das Arrangement bezeichnet, etwa 184 für ein Dutzend Maiblumen im Topf, Güteklasse Ia, mit Wurzeln (vgl. Hübner 1911, 75). Neben solchen Bestellungen stellt der Code auch Termini für Beschwerden wie etwa »Die folgenden Waren sind zu minderwertig und sind daher unverkäuflich. Sie müssen unbedingt eine bessere Auswahl treffen« bereit, die unter dem Begriff »pytagoras« (ebd., 49) gefasst wird oder eröffnet gar die Möglichkeit zum Feilschen: »Ihre Blumen sind mir zu teuer und [daher] ersuche ich Sie, die Sendungen auf die Hälfte zu reduzieren!«, was fortan mit »glisso« (ebd.; vgl. auch Georges 1913–1918, 2941) übermittelt werden kann (in Anlehnung an lat. *gliscere*: unvermerkt, zunehmen, überhandnehmen).

Um den internationalen Anforderungen der Geschäftskorrespondenz zu genügen, erscheint der Telegrammschlüssel bereits in der ersten Auflage zweisprachig, in Deutsch und Französisch. Allerdings nicht etwa, weil Französisch einst die Sprache der Gebildeten gewesen ist oder seitens der Diplomatie immer noch als solche gepflegt wird, sondern weil sich der europäische Blumenhandel hauptsächlich über Nizza abwickelt. »Der Telegrammschlüssel ermöglicht ohne jede Kenntnis der französischen Sprache eine Korrespondenz mit dem französischen Lieferanten« (Anonym 1908a, 30). Die hohen Telegrammkosten ins Ausland hilft der Code damit ebenso zu senken wie Missverständnisse aufgrund von Sprachbarrieren auszuräumen. Der größte Vorteil liegt jedoch darin, mit der Informationsübertragung im Telegrammstil den schnelllebigen Anforderungen des Blumenhandels zu genügen, der gleich der Börse als äußerst zeitkritischer Prozess erfolgt. »Das bedingt die kurze Haltbarkeit unseres Materials, ferner die oft in letzter Stunde erfolgenden Bestellungen von seiten unserer Kundschaft, dann aber auch – und dies nicht zum mindesten – die Schwankungen im geschäftlichen Umsatz« (Anonym 1908b, 45). Die mediterrane Witterung und logistische Engpässe diktieren das Fallen und Steigen der Blumenpreise diesseits und jenseits der Alpen. Hübners Code sieht eigens zwei umfangreiche Kategorien von Meldungen vor, die auf die Entwicklung der Marktpreise zu reagieren helfen (vgl. Hübner 1911, 43 ff.; dort heißt es in Abschnitt 46–48: »Steigen der Preise«, »Fallen der Preise«, »Zu hohe Preise«). Die Telegramme, die zwischen Floristen und Grossisten getauscht werden, regulieren daher nicht zuletzt wie ein Börsenticker oder Aktienbarometer die Preispolitik. Sie verhandeln Angebot und Nachfrage auch über lange Distanzen hinweg.

Neben den offensichtlichen Vorteilen, in die alltägliche Telekommunikation eine geld- wie zeitsparende Spracheffizienz einzubauen, verfolgt Max Hübner mit seinem Telegrammschlüssel nicht zuletzt ein verbandspolitisches Ziel. Die Standardisierung der Floristen-Kommunikation leistet nämlich nicht nur eine Vereinheitlichung der Geschäftssprache, sondern der Code selbst gerät zum willkommenen Propagandainstrument für den VDB, der damit seinen Mitgliedern – und nur ihnen – erhebliche Geschäftsvorteile in Aussicht stellt. Dienstleistungen wie der Telegrammschlüssel tragen daher nicht wenig dazu bei, noch unorganisierte Blumengeschäftsinhaber zum Entschluss zu bewegen, dem Verband als Vertretung der eigenen Interessen beizutreten. Derartige Serviceangebote stellen ihre Eignung als attraktive Lockangebote unter Beweis: Die Mitgliederzahlen des Verbands steigen unentwegt an. Demzufolge ändert der VDB auch seine ursprüngliche Preispolitik für den Vertrieb des Telegrammschlüssels, um ihn bereits kurz nach Erscheinen der ersten Auflage zugunsten eines geringen Einheitspreises anzubieten. »[D]amit diesem Unternehmen die weiteste Verbreitung – und dies ist notwendig – gesichert wird« (Anonym 1908b, 45).

Weiteste Verbreitung des Unternehmens heißt hier also, sowohl das verbandseigene Mitgliedernetzwerk auszudehnen als auch den Einfluss auf die einzelnen Mitglieder zu verstärken, indem der Verband seine Politik von zentraler Stelle aus lenkt. An dieser Schaltstelle befindet sich indes niemand anderes als Max Hübner, der neben seinem ersten Vorsitz auch als leitender Redakteur die Herausgabe der Verbandszeitschrift verantwortet. Über die *Verbandszeitung Deutscher Blumengeschäftsinhaber* läuft die exklusive Distribution von Informationen an die Mitglieder, oder aber, wie sich später zeigen wird, auch die gezielte Desinformation. 1909 übt sich die Redaktion der Verbandszeitung noch in Freimut, wenn es sich um die Frage nach der Urheberschaft von Geschäftsideen handelt. Denn die Anregung zu

dem Telegrammschlüssel des VDB geht keineswegs auf einen Einfall Max Hübners zurück. »Wohl hatten einzelne Firmen schon längst private Telegrammschlüssel, die aber – und das war der Uebelstand – nur einem verhältnismäßig kleinen Kreise der direkten Abnehmer zugänglich war« (Anonym 1909b, 151). Diesem Übelstand gelingt es – dank der treibenden Kraft des Verbandsvorsitzenden – rasch abzuhelfen. Bereits 1911 erscheint in hoher Stückzahl eine stark erweiterte dritte Auflage. Hübners Telegrammcode lässt sich fortan als wichtiges Werkzeug vor allem jener Floristen, deren Geschäftsbeziehungen über die Region hinausgehen, kaum noch wegdenken.

Die weite Verbreitung des Codes ermöglicht es dem VDB derweil, noch eine ganz andere, vermeintliche Innovation anzukoppeln. In einer Rückschau auf die frühen Verdienste von Max Hübner für den VDB heißt es kaum zwanzig Jahre später: Der Telegrammschlüssel ist »jetzt in 7 Sprachen in der ganzen Welt in Benutzung [...]: hierdurch schuf er die Grundlage zur Blumenspenden-Vermittlung (Fleurop)« (Anonym 1931, 812). Während sich der internationale Blumenhandel nicht zuletzt dank der vereinfachten Bestellprozeduren mittels des Telegraphencodes intensiviert, entwickelt der Vorsitzende des VDB zudem einen weiteren vielversprechenden Gedanken zur effizienteren Abwicklung von Geschäftsvorgängen. Zwar lässt sich die Bestellung einer Blumensendung beim Großhändler unverzüglich telegraphisch ordern. Die anschließende Lieferung muss gleichwohl noch echte Blumen beinhalten, befördert durch moderne Verkehrsmittel wie die Eisenbahn. »Wer erinnert sich nicht der staunenden Bewunderung des ersten Transportes italienischer Schnittblumen, die heute auf Grund erprobter Versendungsmittel eine vieltägige Reise überstehen, um dann in tadelloser Schönheit das Auge des Beschauers zu erfreuen« (Anonym 1909a, 99), frohlockt ein anonymer Berichterstatter in der Verbandszeitung des VDB. Der Transport gelingt jedoch allein bei umfangreicheren Lieferungen der Grossisten, weil man dank Eis und aufwendiger Kühlmaßnahmen die Frische der Blumen zu erhalten versucht. Für einzelne Bestellungen von Kränzen, Sträußen, Bouquets oder üppigeren Arrangements erweisen sich die Beförderungsarten dagegen als denkbar ungeeignet, so dass dem Empfänger oftmals nur bleibt, ›valenter‹ zu kabeln: »Die folgenden Blumen sind verfault eingetroffen« (Hübner 1911, 49). Trotz einzelner Experimente, auch solche Sendungen frisch zu halten, droht dem Gros der Lieferungen das Verwelken noch während der Übermittlung.

Zusätzlich zu den Transportproblemen sehen sich Floristen wie Blumenhübner unterdessen mit einer verstärkten Nachfrage konfrontiert, die es nicht zuletzt verlangt, eine Zustellung ihrer Ware auch an auswärtige Empfänger zu ermöglichen. Auch hier weiß der VDB Rat. Die Verbandszeitung kündigt ein Mittel an, das es erlauben soll, »ähnlich der Versendungsart der italienischen Blumen mit Eisstücken unsere fertigen Arrangements zu versenden« (Anonym 1909a, 99). Das Präparat aus künstlichem Eis gewährleiste, die Blumen bei exakt 0° C einzufrieren – ohne sie jedoch *erfrieren* zu lassen. Die Hülle halte 12 Tage vor, genug um die Blumen ans andere Ende der Welt zu befördern. Nach ermutigenden Laborexperimenten schickt man ein Bouquet auf große Fahrt: »Unsere erste Blumensendung mußte überseeisch sein und gebührte dem genialen Amerika. Den authentischen Beweis liefert uns die telegraphische Antwort des Präsidenten Taft, welcher der erste Empfänger unserer umwälzenden Erfindung sein mußte« (ebd.). Der Bericht schließt im Vertrauen auf Eis und schnelle Ozeandampfschiffe ebenso optimistisch wie poetisch: »nur einer kurzen Spanne Zeit wird es bedürfen, um Blumen und Arrangements aller Länder zum Gemeingut ihrer Antipoden zu machen« (ebd., 100).

Wenn das Antwort-Telegramm des Präsidenten der USA, William Howard Taft, als Bestätigung der unversehrt eingetroffenen Blumenspende in der Zentrale des VDB ungleich schneller anlangt als die Auslieferung der Blumen von Berlin ins Weiße Haus benötigt, so lässt sich das Prinzip der Übermittlung auch ebensogut umkehren. So oder ähnlich muss, so ließe sich spekulieren, Max Hübner gedacht haben, um weniger dem langsam dahinschmelzenden Eis als denn der rascheren Ausführung von Blumenbestellungen vorzuarbeiten. Und Hübners weitere Maßnahmen zeigen sich, indem sie die Telegraphie an die Stelle des Transportmittels setzen, auf der Höhe der Medien seiner Zeit. »Seine Idee war so einfach wie genial: Anstatt die bestellten Blumen zu versenden, vermittelt er Aufträge an Partner-Floristen in der Nähe des Empfängers. Eine bahnbrechende Idee, die sich zu weltweiter Geltung entwickeln sollte« (Fleurop GmbH 1998, 8). Der Telegrammschlüssel dient als Codebuch für das Regelwerk, mit dem die Kommunikation erfolgt. Und die Adresskartei aller im VDB eingetragenen Mitglieder zieht Hübner heran, um ein Netzwerk von Filialen aufzubauen, um mit einem »Ring von Fachgeschäften«

(Zabel 1972, 722) eine Blumenpost zu gründen. Als Resultat steht am Ende ein Unternehmen, das zunächst noch recht sperrig ›Blumenspenden-Vermittlungs-Vereinigung‹ (BVV) genannt, seit dem Zusammenschluss der europäischen Partnerorganisationen 1927 in Zürich ›Fleurop‹ heißt. Sogar von der Konkurrenz, namentlich in J. Olbertz' *Bindekunst*, erntet Max Hübner für jene Idee noch zu Lebzeiten reichlich Lorbeeren. »Die Blumenspendenvermittlung für Deutschland und ihre Ausdehnung auf ganz Europa ist sein Werk. Auch prägte er für die Blumenspendenvermittlung für Europa das Wort ›Fleurop‹. Dieser Einrichtung steht Max Hübner noch heute als 1. Präsident für ganz Europa vor« (Olbertz 1935b, 72).

So weit und so gut die offizielle Geschichte der Gründung und Frühphase von Fleurop. Allein, diese Genealogie besitzt drei Makel. Zum einen trifft der VDB seine organisatorischen Maßnahmen, die Blumenspende zunächst zu standardisieren, um sie anschließend zu zentralisieren und international auszuweiten, nicht wie heute noch stets vermerkt wird bereits 1908, sondern erst ab 1911. Zum zweiten blendet sie damit die vorgängige Verbreitung derselben Idee in den USA weitestgehend aus, die ab 1910 eine ähnliche Einrichtung wie die BVV in Deutschland zu entwickeln beginnt. Und zum dritten stammt die Idee einer Blumenspendevermittlung weder aus Amerika noch von Max Hübner.

Wenn Olbertz in seiner Erwähnung der Verdienste von Max Hübner um die – nahezu buchstäbliche – Dissemination von Blumen die Betonung vor allem auf Europa legt, so ist damit die eine Seite der Blumen-Verbindung bezeichnet. Unabhängig von der Blumenspenden-Vermittlung des VDB entwickelt sich hingegen nahezu synchron eine analoge Initiative in den USA, die sich kraft ihres ›Antipoden‹ John Valentine am 18.8.1910 anlässlich eines Treffens der Society of American Florists unter dem Namen ›Florists' Telegraph Delivery Association‹ gründet. Ähnlich wie in Deutschland geht dieser Entwicklung eine Ausdifferenzierung zwischen Gärtnern und Blumenhändlern voraus, deren Interessen sich bereits in einem 1884 gegründeten Floristenverband vereinigt zeigen. Dort versteht man es, ab 1892 und damit vergleichsweise früh den elektrischen Telegraphen als Kommunikationsmedium für die weitaus größeren Distanzen einzubinden, mit denen der amerikanische Blumenhandel seinen Geschäften nachzugehen gezwungen ist. Auf dieser telegraphischen Geschäftsgrundlage formiert sich die Florists' International Telegraph-Delivery Association, von der jedoch – abgesehen von ihrem ersten Jahresumsatz über 1641,94 $ – weder das weitere Schicksal nach 1892 bekannt ist, noch inwieweit diese Vereinigung auch tatsächlich ›international‹ operierte (vgl. Gilmartin 1985, VI). Der amerikanische Floristenverband konzentriert sich derweil hauptsächlich auf die Unterstützung von Samenzüchtern und Blumen-Großhändlern; die Belange der Einzelhändler bleiben darüber einstweilen vernachlässigt. Erst 1908, anlässlich der ersten Nationalen Blumenschau in Chicago, unternimmt man Versuche, auch die Position der Kleinhändler zu stärken. John Valentine, seines Zeichens Jurist und zuvor schon in Projekte zum Eisenbahnbau involviert, initiiert zu diesem Zweck einen neuen Verband, der sich schließlich im August 1910 unter Auslassung des Begriffs ›International‹ erneut mit der Bezeichnung *Florists' Telegraph Delivery Association* (FTD) zusammenfindet. Die ersten Mitglieder rekrutiert Valentine, indem er zahlreiche Einzelhändler anschreibt, um sie für seine Idee eines landesweiten Einzelhändlernetzwerks zu gewinnen, das via Telegraph miteinander kommunizieren soll. Die Resonanz ist zunächst spärlich. Erst mit einer aggressiveren Propaganda- und Expansionspolitik durch den Schatzmeister der FTD, Albert Pochelon, gelingt es, ab 1912 die Mitgliederzahl von ca. 50 für einige Zeit beinahe jährlich zu verdoppeln. Dank großangelegter Rundschreiben und in enger Zusammenarbeit mit Telegraphengesellschaften versammelt Pochelon umfangreiche Adresslisten von Blumengeschäftsinhabern, die er allesamt kontaktiert, um für eine Mitgliedschaft zu werben; er schaltet Anzeigen in Zeitschriften und drängt Journalisten und Verlage zur Berichterstattung über die Vereinigung. »Pochelon's tenacity ultimately cost him his job years later, but not before he pushed and pulled the association into prominence almost single-handedly« (ebd., 4). Doch bevor einige von Pochelons Briefen 1913 auch ihren Weg zu deutschen Blumengeschäftsinhabern finden, um damit in der Zentrale des VDB für allerhand Aufruhr zu sorgen, macht man in Berlin bereits eigene Erfahrungen mit der Idee einer Blumenspende-Vermittlung.

Entgegen der Selbstdarstellung des VDB, die ab den 1920er Jahren die Idee einer Blumenpost als aus dem Jahr 1908 datierenden, weitsichtigen Einfall von Max Hübner mit Erfolg zu lancieren versteht, meldet die Redaktion der Verbandszeitung tatsächlich erst am 10. März 1910 unter der ironischen Überschrift »Die Blumenpost der Zukunft« einen ersten Versuch:

> Auf unseren Redaktionstisch wurde uns das Programm einer sich noch in den Mantel der Anonymität hüllenden Gesellschaft geweht, welches uns eine glückverheißende Neuerung im Versand fertiger Arrangements und besonders von Kränzen bringen will (Anonym 1910c, 248).

Eine ›Genossenschaft der Kranz- und Blumenspende-Vermittlung‹ wirbt darin um Mitglieder, die wahlweise durch den Erwerb eines Anteils à 100 Reichsmark oder einen Jahresbeitrag von 5 Reichsmark dazu berechtigt sind, die eigenen Aufträge an die Genossenschaft zu delegieren. »Die Ausführung wird alsdann einem in dem betreffenden Orte wohnhaften Mitgliede übertragen« (ebd., 248). Die Vorteile dieses Projekts lägen darin, zum einen das Porto für den Versand zu sparen, zum anderen am zentral organisierten Einkauf teilhaben zu können. Infolge einer Statistik von Sterbefällen im Deutschen Reich, die durchschnittlich bei jedem dritten Begräbnis eine Kranz- oder Blumenspende zugrunde legt, veranschlagt die Genossenschaft für jedes Mitglied eine Dividende von stattlichen 97 %. Die Meldung des VDB schließt mit der zynischen Bemerkung: »Nun aber beeilen, damit man nur noch Anteile bekommt« (ebd.). Doch ganz so rasch scheint das Anschreiben nicht wieder vom Redaktionstisch geweht zu werden. Auf der Monatssitzung des Vereins der Blumengeschäfts-Inhaber Groß-Berlins E.V. verliest der Vorstand, das heißt Max Hübner,

> ein Schreiben der neuen ›Kranz- und Blumenspenden-Vermittelung E. G.m.b.H.‹; insbesondere wird die Rentabilitätsberechnung, in welcher die Gesellschaft im ersten Jahre schon Mk. 148975,20 als Provisionen vom Umsatz der Sterbefälle einnehmen will, mit großem Gelächter zur Kenntnis genommen. Da [...] der Sache überhaupt kein Gewicht beigelegt wird, wird zur Tagesordnung übergegangen (Anonym 1910b, 265).

In einem erneuten Anschreiben an die Redaktion korrigiert der »spiritus rector dieser Finanzoperation« (Anonym 1910d, 287), Karl Grobe aus Bochum, die Prognose zwar deutlich nach unten, die Kosten für einen Anteil etwa sinken auf 50 Reichsmark, die zu erwartende Dividende auf 48 %, doch der VDB bezieht weiterhin eine explizite Gegenposition: »[W]ir können trotzdem kein Blatt vor den Mund nehmen und müssen erklären, daß wir uns von diesem Unternehmen nichts versprechen« (ebd.). Schon aus dem Grund, dass sich der VDB bei diesem Unternehmen schlichtweg übergangen fühlt, formuliert man eine wenig wohlwollende Prognose: »Nach kurzem Scheindasein wird die Genossenschaft sanft entschlafen« (ebd.). Und tatsächlich tritt noch vor Jahresfrist das derart prognostizierte Ende dieser »bei weitem überschätzte[n] Sache« (Anonym 1910d, 288) ein; allerdings nicht infolge eines sanften Todes durch Nichtbeachtung, sondern vielmehr kraft vereinter Anstrengungen der Lobbyisten im VDB.

Denn gleichzeitig zollt man dem Vorschlag in internen Debatten durchaus Anerkennung. In einer Nachschrift der Redaktion auf einen Leserbrief, der die Rentabilitätsschätzung der Genossenschaft einer kritischen Analyse unterzieht, heißt es:

> Wir geben unverhohlen zu, daß die Sache hübsch ausgedacht ist. […Doch:] Wozu haben wir denn unseren Verband, bildet dieser nicht einen Zusammenschluß von Geschäftsleuten, die vorkommendenfalls recht wohl in Beziehung zu einander treten könnten? In der Vorstandssitzung am 6. März wurde bereits ein ähnlicher Gedanke[,] diese Vermittlung verbandsseitig zu organisieren, erwogen (Wichmann 1910, 295).

Max Hübner scheint alarmiert. Unmittelbar nach dem Eingang von Grobes Schreiben befasst sich der Vorstand unter seinem Vorsitz mit der Idee, um darauf mit einer eigenen Variante reagieren zu können. Die Adresskartei der VDB-Mitglieder sowie der Telegrammschlüssel sollen dazu als Grundlage dienen. Für Ende April beraumt man eine Sondersitzung an, bei der sich ein eigens gebildeter Ausschuss mit der Idee befasst. Doch zunächst gilt es, Zeit zu gewinnen. Man bittet die Leserschaft um weitere Vorschläge. Die Strategie lautet einstweilen, Karl Grobe und seine Genossenschaft in denkbar schlechtem Licht erscheinen zu lassen. Anfang Mai veröffentlicht die Verbandszeitung daher einen Brief von Hübner an Grobe, worin man letzterem auffordert,

> die Mitglieder [nicht] mehr als unbedingt nötig […], mit Ihren Projekten zu behelligen. Aus diesem Grund wird auch der Abdruck Ihres Eingesandt dankend abgelehnt. Das von Ihnen geplante Unternehmen kann weder der Vorstand noch der Ausschuß für aussichtsreich halten und es kann nicht befürwortet werden, daß sich Mitglieder unseres Verbandes daran beteiligen. […] Im übrigen haben die Blumengeschäfts-Inhaber den Wunsch, ihre ihnen zugehenden Aufträge selbst auszuführen und lehnen die Einmischung Dritter gerne und dankend ab (Vorstand des Verbandes Deutscher Blumengeschäftsinhaber 1910, 323).

In den nächsten Ausgaben der Verbandszeitung folgen zahlreiche weitere Warnungen vor den Machenschaften der unerwünschten Kranz- und Blumenspende-Vermittlung (vgl. Anonym 1910 g, 1910e). Unterdessen verfolgt der Vorstand des VDB die Entwicklung der Genossenschaft weiterhin mit Argwohn. Einmal kritisiert man den fehlenden Eintrag im Genossenschaftsregister, um damit nicht nur deren Existenz, sondern gleich auch noch die Existenzberechtigung anzuzweifeln (vgl. Anonym 1910f). Ein anderes Mal warnt man vor Agenten, die versuchen, Genossen unter den Blumengeschäftsinhabern zu werben (Anonym 1910a, 154). Ein drittes Mal zeigt man sich nachgerade belustigt über den anmaßenden Vergleich zwischen VDB und der Kranz- und Blumenspende-Vermittlung:

> Die Kranz- und Blumenspende-Vermittelung, e.G.m.b.H., mit dem Sitze ohne Geschäftslokal in Berlin, hat die Liebenswürdigkeit besessen, unseren Verband von 2400 Mitgliedern in Vergleich zu ziehen mit ihrem höchsteigenen stolzen Unternehmen mit am 9. August achtzehn Genossen. Daß dieser Vergleich für den klar Denkenden zu Ungunsten der Genossenschaft ausfiel, war zu erwarten und das Gelächter über den kleinen Gernegroß ist homerisch geworden (Anonym 1910h, 52).

Die Strategie des VDB führt schließlich zum Erfolg. Am 16. Februar 1911 meldet die Verbandszeitung – nicht ohne Schadenfreude –, die Kranz- und Blumenspende-Vermittlung mit zuletzt 60 Anteilseignern habe Konkurs angemeldet. »Wir haben rechtzeitig vor diesem Unternehmen gewarnt, weil wir die Gründung nicht als ein Bedürfnis erachten konnten« (Anonym 1911b, 291). Fraglich bleibt allein, ob damit der Bedarf in Abrede gestellt werden soll, Blumen auch über die Stadtgrenzen hinaus auf schnellstmögliche Weise versenden zu können. Wohl kaum. Vielmehr ist damit das mangelnde ›Bedürfnis‹ bezeichnet, einen möglichen Konkurrenten bei der Organisation von Blumengeschäftsinhabern neben sich dulden zu müssen. Als ungelegen erweist sich dabei jedoch der Umstand, dass der nunmehr erledigte Konkurrent eine vielversprechende Idee verfochten hat, die man offensichtlich nicht ohne weiteres sofort als eigene auszugeben wagt. Daher muss zunächst sprichwörtlich Gras über die Sache wachsen. Hinsichtlich der Nachfrage nach zu vermittelnden Blumenspenden gibt man sich aus diesem Grund eher zwangsläufig konservativ – nicht zuletzt in dem Sinn, die Frische eines Bouquets während der Versendung zu erhalten:

> Was die Blumenspenden anlangt, so ist, von Ausnahmefällen abgesehen, in den eigenen Reihen der Blumengeschäfts-Inhaber nicht der Wunsch rege einen solchen ständigen Vermittlungsdienst einzurichten. Wohl macht man gelegentlich von der Ueberweisung eines Auftrages an einen Kollegen in einer anderen Stadt Gebrauch, wohl stehen größere Geschäfte im Inlande und Auslande durch gegenseitige Ueberweisung von Aufträgen in Verbindung, aber alle Fälle stellen nicht die Regel, sondern Ausnahmen dar. (Anonym 1911c, 435)

So erklärt die Verbandszeitung in einer Stellungnahme zur Idee einer Blumenvermittlung, um anschließend das bewährte Mittel des Paketversandes zu empfehlen. Denn, so der einmal mehr anonyme Autor, es sei besser, ein Geschäft

> führt seine Aufträge selbst aus und befleißigt sich bester sorgfältigster Verpackung und gewissenhafter Versendung. [...] Nur zwischen Geschäften, die sich genau kennen und das gegenseitige Vertrauen zueinander haben, daß solche Aufträge nach den Gepflogenheiten eines ordentlichen Kaufmanns erledigt werden, ist ein solches Ueberweisen von Aufträgen ratsam und angebracht (Anonym 1911c, 435).

Währenddessen arbeitet man im VDB-Vorstand jedoch schon längst daran, die aussichtsreiche Idee einer zentralen Auftragsvermittlung – nach einer gewissen Latenzzeit versteht sich – in eigener Regie zu verwirklichen. Was liegt näher, als das notwendige gegenseitige Vertrauen zwischen den Handelspartnern durch den Verband selbst zu gewährleisten und die Vermittlung von Blumenspenden auch über die von Grobe zunächst konzeptionierte Reichweite innerhalb des Deutschen Reichs (vgl. Anonym 1910e) hinaus zu ermöglichen? Ein halbes Jahr nach dem Scheitern von Grobes Großprojekt sondiert Max Hübner das Feld für die eigene Unternehmung, indem er eine dritte, erweiterte Auflage seines Telegrammschlüssels ankündigt und damit verbunden eine zusätzliche Dienstleistung in Aussicht stellt:

> Da der Telegrammschlüssel jetzt bei den führenden Geschäften unseres Berufes im Inlande und Auslande eingeführt ist, kann und soll er in den Dienst einer für die Blumengeschäfte sehr wichtigen Angelegenheit, nämlich der Kranz- und Blumenspende-Vermittlung, treten. In einem besonderen Anhang zum Verzeichnis der Käufer des Telegrammschlüssels werden in dessen nächster Auflage (Januar 1912) diejenigen Firmen namhaft gemacht, die sich durch eine Erklärung unserer Geschäftsstelle gegenüber verpflichten, an der Kranz- und Blumenspende-Vermittlung zwischen Geschäften unseres Berufes teilzunehmen. Diese Vermittlung ist zur Erleichterung des interurbanen und internationalen [!] Verkehrs gedacht, und ohne daß es des Risikos einer Gesellschaft mit beschränkter Haftung bedarf, stützt sich diese Vermittlung einzig und allein auf die Reelität [sic] und Zuverlässigkeit der Firmen, welche sich für die Vermittlung bereit erklären. Der Verband wird seinerseits darauf achten, daß sich an diesem Verkehr zuverlässige Firmen beteiligen und wird diesem Vermittlungsdienst seine volle Aufmerksamkeit zuwenden (Anonym 1911a, 552).

Kein Wort mehr von der vermeintlichen Zurückhaltung seitens der Blumengeschäftsinhaber und deren Neigung, »ihre Aufträge selbst ausführen und sie nicht dem großen Unbekannten zuführen oder gar Herrn Soundso damit eine angenehme Existenz verschaffen« (Anonym 1910h, 52 f.) zu wollen, wie es

der VDB im Rahmen der Kritik an der Kranz- und Blumenspende-Vermittlung nur wenige Monate zuvor noch konstatierte. Anfang Mai 1912 ist es soweit. Die dritte Auflage des Telegrammschlüssel erscheint inklusive eines Anhangs mit einer Liste jener Geschäfte, die sich an der Blumenvermittlung zu beteiligen bereit erklären, und verbunden mit einem Aufruf an alle übrigen Mitglieder, sich diesem neuen Service ebenfalls anzuschließen. Dazu genüge es, dem Verband gegenüber folgende Erklärung abzugeben:

> Ich möchte mich an der Blumenspenden-Vermittlung beteiligen. Ich verpflichte mich, die mir von meiner Kollegenschaft aus anderen Städten zugehenden Aufträge zu Vorzugspreisen in zufriedenstellender Weise auszuführen (Anonym 1912a, 150).

Allein, die zuvor so vehemente Kritik des VDB an diesem Projekt zeigt einstweilen ihre Wirkung. Noch herrscht Zurückhaltung unter den Blumengeschäftsinhabern des Deutschen Reichs, diesem Service beizutreten. Doch im Vorstand ist dieses Zögern längst mitbedacht. Man weiß, dass »sich dieser Vermittlungsdienst erst einbürgern muß«, und zeigt sich zuversichtlich, dass, »wenn uns die Kollegen im In- und Auslande unterstützen, im Laufe der Zeit die wohltuende Wirkung einer solchen Einrichtung erkannt werde« (Anonym 1912b, 102). Über ein Jahr später gibt eine knappe Notiz in der Verbandszeitung die neueste Entwicklung der Blumenvermittlung bekannt, die »jetzt bereits 350 Orte umfaßt« (Anonym 1913c, 337). Der Dienst scheint jedoch weiterhin nicht über alle Maßen beansprucht zu werden, so dass man sich kurz vor Weihnachten 1913 mit Hilfe eines Rundschreibens zu einer großangelegten Werbekampagne entschließt, die in einem Appell mündet: »Wir bitten, daran mitzuwirken, daß diese Einrichtung sich mehr und mehr erweitert« (Anonym 1913b, 464). Die weihnachtliche Postkartenaktion erweist sich jedoch schnell als hinfällig, denn bereits eine Woche später meldet die Verbandszeitung neues Ungemach. Erneut taucht ein Störenfried auf, der die sorgsam lancierte Strategie des VDB zu durchkreuzen droht. Zeitgleich mit der Sendung des VDB ist den Blumengeschäftsinhabern

> ein vervielfältigtes Schreiben ohne Datum mit dem Kopfe einer Firma The L. Bemb Floral Company Albert Pochelon, 153–155 Bates Street, zugegangen, in welchem von der Gründung einer ›Florists' Delivery Association‹, das heißt einer Art Blumenspendenvermittlungs-Gesellschaft Mitteilung gemacht wird (Anonym 1913a, 473).

Erneut ist eine Warnung fällig: Weil das Unternehmen in Deutschland noch ganz unbekannt sei, rate man den Mitgliedern, bevor sie wie erbeten ihre eigene Adresse an Pochelon senden, ihn statt dessen aufzufordern, sich mit dem VDB in Verbindung zu setzen. Doch Hübner kommt einer möglichen Antwort von Albert Pochelon zuvor, indem er noch im Dezember 1913 einen Brief an ihn richtet, um einerseits umfangreiches Informationsmaterial über die Florists' Telegraphy Delivery Association (FTD), die Satzung, Liste der Mitglieder, Tätigkeitsberichte und Referenzen anzufordern, andererseits eine Zusammenarbeit in Aussicht zu stellen – nicht ohne allerdings auf die (eigene) Skepsis hinzuweisen, die im Deutschen Reich infolge von Grobes Scheitern herrsche.

> Wir können nicht verschweigen, daß Ihre Schreiben hier auf Mißtrauen stoßen werden, da in Deutschland ein Unternehmen, welches sich auch Blumenspenden-Vermittlungs-Genossenschaft nannte und mit großen Hoffnungen gegründet worden ist, in Konkurs geriet und den Genossen schwere Vermögensnachteile zufügte. [...] Wenn Sie also nicht Gefahr laufen wollen, mit diesem Unternehmen verwechselt zu werden, würden wir Ihnen raten, sich zunächst nur mit uns in Verbindung zu setzen und uns über die Art ihres Unternehmens zu informieren. Uns steht das beste Adressenmaterial zur Verfügung. – Wir haben sämtliche Blumengeschäfte in Deutschland registriert – und wir können einem soliden Unternehmen sehr dienlich sein (Hübner 1914, 109).

So spricht der Pate. Von einer eigenen Blumenspende-Vermittlung des VDB ist in dem Brief dagegen gar keine Rede. Die Aufmerksamkeit für das Unternehmen Blumenpost scheint damit jedoch wieder zurückgekehrt; sie gewinnt an Dringlichkeit. Fortan rückt das Thema vom Kleingedruckten der Verbandszeitung an prominentere Stellen. Pochelon bleibt derweil nicht tatenlos und schaltet, statt auf den Brief von Hübner zu antworten, auch in deutschen Fachzeitschriften Anzeigen, deren Überschrift keinen Zweifel am Anspruch und der beabsichtigten Reichweite seines Projekts aufkommen lässt: »Aufruf an die ersten und besten Blumengeschäfte jeder Stadt auf der ganzen Welt« (ebd.). Hübner bezieht dagegen weiterhin in seiner Zeitschrift Position. Der Tonfall seiner Kritik nimmt an Schärfe zu. Der Vorstand des VDB wertet Pochelons ausbleibende Antwort auf Hübners Brief als Beweis dafür, »daß er auf eigene Faust wirtschaften will« (ebd.) und weist zugleich auf die Kosten hin, die mit einer Mitgliedschaft in der FTD entstehen – ganz im Gegensatz zur Blumenspende-Vermittlung des VDB. Die gesammelte Kritik geht als entsprechendes Exemplar der Verbandszeitung auch an Pochelon nach Detroit, der nunmehr unverzüglich antwortet, um sein Bedauern

über das Missverständnis zu versichern. Er räumt bereitwillig Fehler ein, um gleichzeitig den ehrenhaften Charakter des Unternehmens zu betonen, was vom VDB wiederum gnädig aufgenommen wird (vgl. Pochelon 1914, 156).

Ein Stellvertreterkrieg zwischen Welten scheint friedlich zu Ende zu gehen. Schließlich zeigt sich auch Max Hübner versöhnlich. Er betont die große Ähnlichkeit beider Unternehmen, um schließlich auf eine mögliche Abstimmung der jeweiligen Interessen hinzuweisen. »Für die internationale Regelung bedarf es augenscheinlich eines Zusammenwirkens der Organisationen. An diesem Zusammenwirken hat es aber bisher gefehlt« (ebd.). Und er, man schreibt den 19. Mai 1914, fügt an: »Vielleicht reichen sich Ost und West und Nord und Süd noch die Hände, um dieses bescheidene Friedenswerk der Blumenspendenvermittlung auf internationaler Grundlage auszubauen« (ebd., 157). Die Korrespondenz mit der FTD in Amerika sowie die daran anschließende Berichterstattung vermag unter den Blumengeschäftsinhabern erneut großes Interesse an der Blumenspendevermittlung hervorzurufen. Prominenter als je zuvor berichtet die Verbandszeitung über den »Zweck der Blumenspendenvermittlung« und konstatiert: »Namentlich im Verkehr mit dem Auslande ist diese Einrichtung von Bedeutung« (Anonym 1914b, 232). Zehn Tage später bricht der Erste Weltkrieg aus. Was vorher noch Ausland war, heißt nunmehr besetztes Gebiet. Die für den Blumenhandel so wichtigen Plantagen in Belgien fallen den Stiefeln von im Sichelschnitt des Schlieffen-Plans eilig marschierenden Soldaten zum Opfer. Max Hübner ruft dazu auf, »daß die Gärtnereien in vermehrten Maße an Stelle von Zierpflanzen Nutzpflanzen heranziehen können, die noch bis zum Herbst und Winter gebrauchsfertig werden. Spinat, Grünkohl, Feldsalat, Radies usw.« (Vorstand des Verbandes Deutscher Blumenhändler 1914, 251). Und der Begriff der ›Blumenspende‹ erfährt eine ebenso plötzliche wie – auf die Dauer eines Weltkriegs – beschränkte Bedeutungsverschiebung:

> Blumenspenden für die ins Feld ziehenden Krieger. [...] Die dem Rufe zur Fahne gefolgten deutschen Söhne, die aus den Städten hinausziehen, werden mit freudigen Hurrarufen begleitet [...] Aber nicht die Rufe allein sollen die Begleiter der ins Feld ziehenden Mannschaften sein. Man hat auch hier wieder zu der Gabe der Natur, die in Freud und Leid im menschlichen Leben die größte Rolle spielt, der Blume, gegriffen, die sinnbildlich all die gehegten guten und herzlichen Wünsche verkörpern soll. So konnte man in vielen deutschen Städten, namentlich aber in der Reichshauptstadt, die

Bewohner, vornehmlich Damen, sehen, die den ausrückenden Truppen Blumen, der Zeit entsprechend hauptsächlich Rosen, überreichten, die dankbar angenommen und mit einem freundlichen, alles sagenden Kopf-
nicken der Krieger entgegengenommen wurden. Auch
die Vorgesetzten wurden mit Blumen geschmückt, und
hierin ließ man gern einen Verstoß gegen die sonst so
strenge militärische Disziplin zu, da man den freundlichen Gebern ihre gute Absicht nicht verleiden wollte.
Die großen und die kleinen Blumenspenden, viele kamen über und über beladen damit an, deren Darrei-
chung aus dem übervollen Herzen der patriotischen Bevölkerung kam, bildeten somit den letzten Liebesgruß
an die Abziehenden. Mögen die Blumen als gutes Zeichen eines glorreichen Sieges gelten! Mit ihnen werden
wir die heimkehrenden ruhmreichen Sieger ebenfalls
schmücken (Anonym 1914a, 256).

Wozu es bekanntlich nicht kommen sollte. Die Blu-
menspende findet derweil auch andernorts ihren
Einsatz und entfaltet ihre »wohltuende Wirkung«
(Anonym 1914c, 316) in Lazaretten und auf frischen
Gräbern – auch und gerade im nahen und entlege-
nen Ausland.

Was heute unter dem Namen ›Fleurop-Interflora‹
in Verbreitung gleichermaßen wie in Reichweite als
weltumspannendes Unternehmen mit mehr als
50 000 Floristen in über 140 Ländern operiert, nimmt
seinen Ausgang in Wahrheit also 1910 bei Karl
Grobe in Bochum. Die Verbreitung einer Blumenvermittlung auch in entlegenste Orte erweist sich jedoch als ebenso ehrgeizig im Anspruch wie gebrochen in ihrer Realisierung. Noch bevor die Idee zur
richtigen Entfaltung kommen kann, muss der Initiator ebenso zwingend scheitern und sein Vorhaben
beerdigt werden wie die Adressaten seiner Kranz-
spenden. Zur Ausführung bedarf es einer mächtige-
ren Instanz, die über genügend Einfluss und geeignete Kommunikationsstrukturen verfügt, um durch
sorgfältige Tilgung der Referenzen und eifrige Selbst-
zuschreibung, diese Idee im geeigneten Moment als
eigene auszuweisen. Erst mit Max Hübner und seinem Verband Deutscher Blumengeschäfts-Inhaber
auf der einen Seite und Albert Pochelon mit seiner
Florists' Telegraph Delivery Association auf der anderen Seite gelangt das Unternehmen einer internationalen Blumenpost zu Wachstum und Prosperität.
Karl Grobe hingegen, vom VDB mit Eifer und un-
verhohlener Freude in den Ruin gedrängt, gerät zum
ausgeschlossenen Dritten eines immer einträgliche-
ren Profits. Kurzum, die Ernte einer Innovation fällt
an den Anderen.

Die Strategie von Max Hübner folgt dabei einer
systematischen Vorgehensweise. Nicht nur die für
sich selbst beanspruchte Idee der Blumenpost steht

auf der Liste von zugunsten des VDB adaptierten
Innovationen. Auch die Anregung zu einem Telegrammschlüssel ebenso wie der Vorschlag, den Ver-
bandsmitgliedern eigene Fürsorgeeinrichtungen wie
etwa eine Sterbekasse zu verschaffen, verdankt Max
Hübner den Einfällen Dritter. Dieses Verfahren,
fremde Früchte (oder Projekte) zu eigenen zu machen, lässt sich mit Michel Serres als die Vorgehensweise des Parasiten beschreiben. Karl Grobe bestellt,
um die Floralmetaphorik einmal mehr zum Einsatz
zu bringen, das Feld mit seiner zarten Pflanze einer
Blumenpost. Die Metapher, so naheliegend sie zunächst scheint, trägt indes noch weiter: Denn erst
Max Hübner verhilft der Pflanze zur Blüte. Er wirft
Dünger auf den von Grobe umhegten Pflanzgrund,
indem er den Einfluss seines Verbandes zur Geltung
bringt. Dünger wird aus Dung gewonnen: »Der Ursprung des Eigentumsrechts im Kot« (Serres 1987,
209 ff.). Max Hübner übernimmt die Idee Grobes,
beansprucht den Garten für sich. »Diese Exkre-
mente, die das Territorium mit ihrer Tinte markieren, machen sie zu imperialistischen Eigentümern«
(ebd., 221).

Analog dazu handelt Albert Pochelon, denn dieser gesteht sogar ein, seine Idee durch die Erfahrung
mit früheren Vermittlungsprojekten gewonnen zu
haben (vgl. Pochelon 1914, 156). Und neben dem
Ursprung kann schließlich auch über die projektierte Reichweite oder Geltung dieser Vereinnah-
mungsstrategie kein Zweifel mehr aufkommen. Die
Verfechter der internationalen Blumenspende-Vermittlung zielen auf Totalität. »Die Welt ist mein mar-
kiertes Territorium, [...] die Welt ist mein Kothau-
fen« (Serres 1987, 221). Serres fasst diese beiden
Aussagen als Übersetzung eines starken Idealismus
auf, der sich auf die Formal bringen lässt: ›Die Welt
ist meine Vorstellung‹. Eben dieser Idealismus allerdings, so scheint es, eignet Max Hübner und Albert
Pochelon, wenn sie den ganzen Erdball in ihrer Vorstellung umfassen und als Wirkungsfeld für ihre
Blumenpost anvisieren.

So wie Fleurop als Dienstleistung einem Akt des
Parasitären entwächst, indem die Idee von einem
souffliert, von jemand anderem jedoch erst in die
Tat umgesetzt wird, so findet sich derselbe Übertra-
gungsprozess auf der Ebene seiner technischen
Grundvoraussetzungen. Denn ein Unternehmen wie
die weltweite Vermittlung von Blumensträußen setzt
notwendigerweise auf eine bereits vorhandene
Struktur auf, schreibt sich ein in längst etablierte
Kommunikationsprozesse, pfropft sich ihnen auf,
ohne sie selbst hervorgebracht zu haben. Doch dabei

trägt der Parasit oftmals erst zur Fortdauer, zur Stabilisierung des Systems bei. Denn ohne die Nähe zum Wirt als Träger oder Medium, kann der Parasit selbst nicht existieren. »Parasit. Die Vorsilbe *para*, die ›benachbart‹, ›neben‹, bedeutet, bezeichnet eine Distanz, einen geringfügigen Abstand; *sitos* ist die Nahrung« (ebd., 217). Es ist fast zu banal oder naheliegend (›para-sitär‹), um es eigens zu erwähnen: Doch ohne den Weltverkehr und seine Mittel wie Telegraphie, Post, Eisenbahn, Dampfschifffahrt, wäre Fleurop oder eine internationale Blumenspende-Vermittlung schlechterdings nicht denkbar gewesen. Erst das funktionierende Zusammenspiel dieser Dienste, ihre Abstimmung und Synchronisation zu einem Medienverbundsystem aus zu übertragenden Gütern (in diesem Fall Blumen), Personen (Floristen), und Informationen (Bestellungen) ermöglicht die Integration zu neuen, daraus erwachsenden Prozessen. Diese tragen als Effekt der Verkehrsmittel wiederum dazu bei, das Feld ihrer Entstehung näher zusammenzurücken, das heißt die Welt in ihrer nahezu unüberschaubaren Komplexität für die Zeitgenossen um 1900 mithin (be-)greifbarer erscheinen zu lassen. Mit anderen Worten, die seitens der Floristenverbände angepriesene Möglichkeit, selbst so wenig existentielle Dinge wie Blumen per Telegraph in die *ganze* Welt zu versenden, verhilft zu der kollektiven Vorstellung, dass die Welt in ihrer Totalität operabel oder handhabbar wird.

Große Projekte für ein neues Jahrhundert III: Wissen

Die Sprache ist ebenso ein Verkehrsmittel wie der Telegraph, der Blumenbestellungen im standardisierten Code überträgt. In der Serie von Vorhaben, denen die Fortschrittsoptimisten wie Couturat, Hübner oder Ostwald vor dem Ersten Weltkrieg vehement zur Weltgeltung zu verhelfen beabsichtigen, zielt der nächste Plan des Großbothener Geheimrats darauf ab, das Papierformat zu vereinheitlichen. Wo liegt das Problem? Die Schwierigkeit besteht – ziemlich fundamental – darin, dass menschliches Denken sowohl im Sprechen, das heißt in der Dauer der »zeitliche[n] Reihenfolge von Lauten« (Ostwald 1914a, 4), als auch in Form der linearen Schrift stets nur *eindimensional* erfolgt. Anders als bei der Schriftrolle erweitert sich zwar die Dimension des Denkens durch den Abdruck der linearen Schrift auf der Fläche eines Papierblatts ins Zweidimensionale – und übt dadurch den Leser sogar in das bildhafte Sehen ein.

So wie beim Satzspiegel herrscht auch beim Format der Seite um 1900 jene Willkür, die noch 50 Jahre zuvor in Deutschland auch bei Münzen, Maßen und Gewichten üblich war. Jeder Verlag und jeder Drucker arbeitet nach Gutdünken oder eigenen ästhetischen Vorstellungen. Zwar ist die Vereinheitlichung der Formate eine alte Geschichte, man denke nur an die Teilung der Druckbögen in Folio, Quart, Oktav und Sedez oder an die 1883 festgelegten Normalformate des Vereins deutscher Papierfabrikanten (vgl. Müller 1971, 152; Helbig/Hennig 1988, 12–19: Hier wird ein genealogischer Bogen geschlagen vom 1389 verabschiedeten Statut von Bologna bis zum DIN). Doch diese Normen wie etwa das ›amtliche Reichsformat‹ für den Schriftverkehr von und innerhalb der Behörden leiden vor allem an mangelnder Konsequenz hinsichtlich ihrer Verbreitung und Akzeptanz. Zudem profitieren davon keineswegs jene, aus professionellen Gründen von Erkenntnisgewinn und -verbreitung darauf angewiesen sind, Gedanken auf Papier zu sammeln, also vornehmlich Wissenschaftler, Publizisten und Bibliothekare. In deren Kollektionen, besonders von kleinen Schriften wie Zeitschriftartikeln, Sonderdrucken, Ausschnitten, herrscht zwangsläufig ein Wildwuchs und Durcheinander der Formate vor, das einzig, so Wilhelm Ostwald, zu Verwirrung und Widersprüchlichkeiten führe. Genauso wie bei den Medien Geld und Sprache trage insbesondere die »Vermannigfaltigung der Verkehrsbeziehungen« (Ostwald 1912c, 253) – das heißt im Schrift- wie im Weltverkehr – dazu bei, dieses Chaos im gleichzeitigen Nebeneinander der verschiedensten Papierformate nur noch zu verschlimmern. Und nicht zuletzt zählen ästhetische Kriterien, dem Formatproblem zu begegnen: »Jeder, der bisher […] mit Separatabzügen und Ausschnitten aus dickeren Werken gearbeitet hat, wird peinlich den abstossenden Mangel an Ordnung empfunden haben, der unvermeidlich durch die Willkür und Mannigfaltigkeit der Formate entsteht« (Ostwald 1914a, 19). Normierung tut Not. Manche legen dabei das Papier in Sammelkästen ab, um »diesen widerwärtigen Anblick dem Auge zu entziehen« (ebd.). Doch dies kann auch keine dauerhafte Lösung sein, denn die Ränder der zu großen Hefte stoßen sich ab, während die kleinen sich bevorzugt zwischen den großen Schriftstücken verstecken.

Von grundaus können alle diese Nachteile nur dadurch beseitigt werden, dass man sich prinzipiell entschliesst, die gesamte Literatur (dieses Wort in dem allerweitesten Umfange genommen, also alles Gedruckte, Geschriebene und sonst irgendwie Vervielfältigte einschliessend)

nur in ganz bestimmten einheitlichen Formaten heraus-
zugeben, die ein automatisches Zueinanderpassen alles
dieses Materials gewährleisten, aus welcher Quelle es
auch sonst stammen und für welche Zwecke es sonst dienen mag. Auf den ersten Blick sieht ein derartiges Verlangen ungeheuerlich aus, und man möchte überhaupt
die Möglichkeit, es durchzuführen nicht ernsthaft erwä-
gen (ebd., 20).

Zum Glück weiß der Organisationstheoretiker Ostwald auch hier einen Weg, der enormen Vielfalt(ung)
des Papiers abzuhelfen. Als historisches Vorbild der
zu erreichenden Standardisierung dient einmal
mehr die Etablierung des metrischen Systems, weil
»dieses System einheitlich und systematisch geordnet worden ist« (Ostwald 1912c, 255), das heißt,
man hat konsequent und ohne jede Willkür nor-
miert. Denn die Grundprämisse jeder Standardisierung besteht vor allem darin, »ein System von Einheiten« zu entwickeln, das die »Forderungen einer
möglichst einfachen, die Willkür auf ein Minimum
reduzierenden Definition der Grundelemente und
der zusammengesetzten Begriffe erfüllen soll« (Ostwald 1914c, 380). Das metrische System besteht aus
einer solchen logisch konsistenten Ableitung aus einem Grundelement, hier also der Definition des Me-
ters von 1799 als millionster Teil eines Viertels des
Erdumfangs, aus der sich wiederum die aus mehreren Einheiten zusammengesetzten Begriffe für die
Fläche, das Volumen etc. ableiten lassen. »Es genügt
die Feststellung, daß das metrische System durch die
restlose Durchführung des dekadischen Prinzipes
vollständig an unsere Zähl- und Rechenweise angeschlossen ist und somit das Ideal realisiert, welches
für alle derartigen Regelungen festgehalten werden
muss« (Ostwald 1914a, 22). Das theoretische Ideal
findet sogar gelegentlich Berücksichtigung in der
Praxis. Auch vor dem Ersten Weltkrieg lassen sich
bereits einige Erfolge verzeichnen, so etwa ganz konkret bei den »Schachteln der sogenannten schwedischen Streichhölzer« (ebd., 20) oder aber beim –
technisch etwas innovativeren – elektrischen Licht:

> In der ganzen Welt werden beispielsweise elektrische
> Lampen mit ganz bestimmter Schraube hergestellt, so
> dass die irgendwo fabrizierte Lampe ohne weiteres an
> jede beliebige elektrische Anlage angeschlossen werden
> kann. Und zwar sind nicht nur die Schraubenfassungen
> der Lampe übereinstimmend eingerichtet, sondern an-
> dere massgebende Grössen, z. B. die in der Praxis ver-
> wendeten Spannungen sind in einer kleinen Zahl ganz
> bestimmter Normalwerte festgestellt, für welche wie-
> derum die elektrischen Lampen usw. in der ganzen Welt
> fabriziert werden (ebd.).

Wenn es also gelänge, das Papier mit dem gleichen
Erfolg wie die Streichholzschachteln oder Glühbir-

nen zu standardisieren, könne man eine »Erleichterung des [… Schrift-]Verkehrs« (Ostwald 1912c,
254) ebenso erwarten wie eine Verbilligung der Pro-
duktionskosten.

Die Festlegung neuer Einheiten nimmt sich
schwierig aus, zumal mit ihr ein Verlust traditioneller Macht- und Repräsentationssymbolik verbunden
sein kann. Nicht von ungefähr wenden sich die europäischen Monarchen im frühen 19. Jahrhundert so
vehement gegen das metrische System als Resultat
der Französischen Revolution, denn statt beispielsweise die Distanz zwischen Ellbogen und Mittelfin-
ger von König Heinrich VII. als ›Elle‹ zu definieren,
orientiert sich die Festlegung nunmehr an unverän-
derlichen Naturkonstanten wie dem Erdumfang.
Ostwald fordert daher ein konsistentes System, in
dem sich eine Einheit schlüssig aus der anderen her-
leiten lässt. Neue Standards »müssen sich an die vorhandenen Normen restlos anschliessen, soweit sie
mit diesen in Zusammenhang stehen« (Ostwald
1914a, 23; zur Ableitung der Einheiten aus sich selbst
vgl. auch Ostwald 1914c, 398 ff.). Es gilt also, das
Blatt Papier in Zusammenhang mit dem Umfang
dieser Welt zu bringen, und zwar so, dass kein Rest
übrig bleibt (vgl. Krajewski 2006).

Um bei der Wahl der Formate ebensowenig Willkür walten zu lassen wie beim metrischen System,
stellt Ostwald drei fundamentale Forderungen auf,
wie eine systematische *Serie* unterschiedlicher Papierformate mit dennoch gleichen Eigenschaften
zu konzeptionieren ist. »Von der Briefmarke bis zum
Strassenplakat haben wir papierene Objekte von
sehr verschiedenen Abmessungen und es ist deshalb
notwendig, eine Reihe von Formaten zu bestimmen,
um alle denkbaren Anwendungen zu decken« (Ostwald 1914a, 24). Zwischen den einzelnen Zuschnit-
ten von Briefmarken oder Postern muss jedoch eine
eindeutige Beziehung bestehen: Die erste Forderung
legt fest, dass sich die jeweiligen Formate durch Hal-
bieren oder Falzen auseinander herstellen lassen,
ganz so wie man das Oktav- aus dem Quartformat
faltet. »Man will nämlich aus demselben grossen Bogen Papier alle etwa erforderlichen kleinen Formate
ohne Verlust durch Teilen herstellen« (ebd., Hervor-
hebung von M.K.). Vergeude kein Papier, verwerte
es. Ostwald fasst dieses Postulat in dem später sogenannten ›Hälftungssatz‹ zusammen, das heißt, zwei
benachbarte Formate einer Reihe gehen durch Hälf-
teln oder Doppeln auseinander hervor, wobei sich
die Flächen zueinander stets wie 1:2 verhalten. Eng
damit verbunden ist die zweite Forderung nach geo-
metrischer Ähnlichkeit, das heißt, »daß das Verhält-

nis von Seite zur Höhe bei all diesen Formaten durch die gleiche Zahl ausgedrückt wird« (Ostwald 1912c, 256). Das lasse sich wiederum nur auf eine Weise erreichen, nämlich durch die Quadratwurzel aus Zwei. Der sogenannte Ähnlichkeitssatz besagt daher, dass »die beiden Seiten der Formate sich verhalten wie die Seite eines Quadrats zur Diagonalen oder, mathematisch ausgedrückt, wie 1 : $\sqrt{2}$« (ebd.).

Die ersten beiden Postulate von Ostwald stellen noch keine neue Erkenntnis dar. Bereits Georg Christoph Lichtenberg formuliert im *Göttinger Taschenkalender* 1796 die Gesetze, wie der Schnitt des Papiers ein »sehr gefälliges und bequemes Format« (Lichtenberg 1796, 177) hervorbringen kann. Doch Lichtenbergs Einsicht zielt, obwohl sie schon den Hälftungssatz berücksichtigt, weniger auf strenge logische Konsistenz als vielmehr darauf ab, dem ästhetischen Wohlgefallen eine mathematische Regel zu geben. Erst mit Ostwalds dritter Forderung erlangt die Formatdefinition systemischen Charakter. Sie knüpft die Formatreihe schließlich an eine eindeutige Basiseinheit. Der sogenannte ›Anschlusssatz‹ legt daher fest, von welcher Einheit die Berechnung ihren Anfang nimmt. »Hier besteht natürlich kein Zweifel, dass man die Reihe an das *metrische System* anschliessen muss« (Ostwald 1914a, 24). Der Ausgangspunkt der Formatreihe ist folgerichtig ein Zentimeter.

Beginnt man nun unter Berücksichtigung der drei Sätze eine Reihe der jeweiligen Breiten und Höhen zu berechnen, »so überzeugt man sich bald, daß es sich um ein sehr hübsches, etwas kräftigeres, d. h. nicht ganz so schlankes Format handelt« (ebd., 25). Ein Vergleich mit den bisher verwendeten Papierformaten, etwa dem ›amtlichen Reichsformat‹ des Vereins Deutscher Papierfabrikanten (330 × 420 mm), ergibt, dass dieses kräftigschlanke, willkürfreie Format nur um einige Millimeter abweicht. »Wir zögern nicht, die so gewonnenen Formate alsbald *Weltformate* zu nennen, da wegen ihrer restlosen Definition aus der Natur der Aufgabe eine Konkurrenz irgendwelcher andern Formate (etwa der Mittelwerte aus dem gegenwärtig gebräuchlichen) nicht in frage kommt« (ebd., 26).

Ähnlich wie bei der Welthilfssprache oder der Vermittlung der über den Globus verstreuten Blumengeschäftsinhaber funktioniert kein Weltformat ohne eine Welt, die sich dessen annimmt. Am Ende der Ostwaldschen Werbetexte zur Einführung der Formatreihe stehen daher die unvermeidlichen Aufrufe an Verleger und Herausgeber, das so zweckmäßige Weltformat für die jeweiligen Druckerzeugnisse

auch zu verwenden. Anders als in den Pamphleten zur Weltsprache jedoch hält es Ostwald hier nicht für notwendig, eine höchste Instanz wie etwa Hübners VDB zu einem entsprechenden Dekret zu bewegen. »Denn diese Einführung kann ja […] ohne großen Nachteil sukzessive erfolgen, und es ist keineswegs etwa ein Beschluß der gesamten deutschen Verlegerschaft erforderlich« (Ostwald 1912c, 260). Die Verbreitung geht also bestenfalls nach den Regeln der Ansteckung oder Mund-zu-Mund-Propaganda voran. Den Anfang macht Ostwald selbst. Seit April 1912 erscheinen die Zeitschriften der Internationalen Assozation der chemischen Gesellschaften, deren Präsident Wilhelm Ostwald heißt, »endgültig« (ebd., 261) im Weltformat.

Aber auch Ostwald entwickelt seine Überlegungen zu weltweiten Standards ebensowenig völlig selbständig wie Max Hübner seine globalen Blumengrüße. Ganz unvermutet erhält er im Frühjahr 1911 die Anregung zugestellt, das gesamte Weltwissen auf Grundlage des Papierformats zu standardisieren. Absender und Ideengeber ist der hasardierende Schweizer Geschäftsmann Karl Wilhelm Bührer, der Ostwald ein Institut für die Organisierung der geistigen Arbeit namens *Die Brücke* zu gründen vorschlägt. Die vergleichsweise kurze, medienhistorisch jedoch höchst aufschlussreiche Geschichte der *Brücke* (vgl. Krajewski 2006, 108–120), im Zuge derer Ostwald sein Weltformat allerorten zu lancieren versucht, kennt Karl Wilhelm Bührer eher als heimlichen Helden der noch heute gebräuchlichen Papiermaße. Einmal mehr ist es der Erste Weltkrieg, der eine Diskontinuität in die Entwicklungslinie der Papierformate einfügt. Bührers Anregung jedoch, das standardisierte Papierblatt zur ›technischen Grundform aller Kultur‹ zu erheben, wirkt nach 1918 weiter, wenn auch mit abermals neu verteilten Funktionsstellen. Als maßgebliche Institution, die Papierstandardisierung durchzuführen, formiert sich nunmehr der *Normenausschuss der deutschen Industrie*. Als ausführende Kraft tritt dabei letztlich die bis heute gültige DIN-Norm 476 in Erscheinung. Doch bevor diese offiziell auf den Weg gebracht wird, profitiert Ostwald selbst noch von Bührers Einsicht in die materiale Wirkungsweise genormter Papierblätter, von der man glaubt, auf ihr basiere nichts weniger als Fortschritt und Zivilisation. Doch zur selben Zeit, in der Ostwald und Bührer in symbiotischer Eintracht von der Papieridee leben, parasitiert unbemerkt längst schon jemand anderes an dem Gedanken. Der Parasit sitzt dabei nicht etwa in München, wo er sich in Gestalt von Bührer freundlich für jeden

Scheck aus Ostwalds Hand bedankt, sondern er hockt viel näher dran am Wirt. Stets ist er zu Gast, Tag für Tag, im ›Haus Energie‹ in Großbothen als Ostwalds Sekretär.

Im Herbst 1911, die *Brücke* hat soeben ihre Arbeit aufgenommen, erreicht Ostwald erneut ein Bittbrief, diesmal allerdings von einem sächsischen Examenskandidaten, den die Angst vor einer drohenden Beamtenlaufbahn dazu treibt, bei dem »großen physiker und chemiker [anzufragen], ob in seinem geistigen königreiche nicht eine stelle frei sei« (Postmann 1927, 52). Nach dem absolvierten Examen der Physik und der angewandten Mathematik tritt Walter Postmann (1886–1959) ab 1912 in den Dienst von Wilhelm Ostwald, der den 26-Jährigen für rund zwei Jahre als Privatsekretär und Assistenten in Großbothen beschäftigt. Postmanns Tätigkeit besteht darin, die von Ostwald in seine Diktiermaschine (ein noch heute im ›Haus Energie‹ vorhandener ›Parlograph‹ der Carl Lindström A.G.) gesprochenen Texte schreibmaschinenschriftlich zu transkribieren. Darunter befinden sich auch immer wieder Aufsätze und Reden von Ostwald zur *Brücke* und der Frage der Papierformate. »[A]ls mathematiker fesselte mich der strenge aufbau der vorgeschlagenen *weltformate*. das war der erste keim zur heutigen deutschen formatordnung« (ebd.). Doch noch ist der Keim geschlossen. Noch heißt der Urheber des ersten systematischen Vorschlags, wie eine ganze Reihe von Papierformaten zu organisieren sei, Wilhelm Ostwald. Und der möchte in seiner Arbeit nicht abgelenkt werden, zumindest nicht von seinem Sekretär.

Offiziell um den Wirkungsgrad seines Schaffens zu erhöhen und in seinen ›energetischen Augenblicken‹ nicht gestört zu werden, entwirft der berührungsscheue Gelehrte eine besondere Anordnung, eine Relais-Station der Gedanken.

> Die Lösung mit dem Sekretär sah so aus: Mein Vater schraubte eigenhändig je eine Fahrradklingel – Elektrizität war noch nicht im Hause – außen an die Türrahmen seiner beiden Arbeitszimmer, und darunter wurde ein Bänkchen gestellt. Hatte er nun ein paar Walzen mit Briefen oder Buch vollgesprochen, so tat er sie, manchmal mit Anweisungszettel, in einen Bürokorb, brachte diesen auf das Bänkchen vor der Türe und klingelte an der Fahrradklingel. Der Sekretär lauschte, bis der Herr Geheimrat wieder drin war, und holte sich dann die Arbeit in sein Zimmer. War sie fertig, so wurde der Bürokorb mit den Blättern seinerseits auf das Bänkchen gestellt und geklingelt. Man Vater holte sich's herein, wenn der energetische Augenblick gekommen war (G. Ostwald 1953, 112).

Dank dieser Relais-Schaltung, die Ostwalds in Wachs geritzte Worte zu Papier bringt, kann Sekretär Postmann die Ideen seines Meisters ungehindert und Satz für Satz kopieren.

Doch etwas stört die Produktivität dieses exklusiven, maschinenbasierten Kommunikationssystems. Es kommt zu Unstimmigkeiten, und zwar sowohl hinsichtlich der ohnehin schon minimierten Mensch-zu-Mensch-Schnittstelle als auch in Bezug auf die Genauigkeit der Übertragungen. Postmann klingelt, ohne zuvor ein Klingeln gehört zu haben.

> Er stand in seinem labor, als ich ein jahr später zu ihm sagte: ›herr geheimrat, in den weltformaten ist eine unstimmigkeit insofern, als sie von der flächeneinheit und nicht von der längeneinheit abgeleitet werden sollten‹. er sah eine weile durch mich hindurch, schüttelte sich: ›das ist belanglos‹. – diese ablehnung war das erste wasser auf jenen keim (Postmann 1927, 53).

Der Sekretär lehnt sich auf gegen das Diktierte. Fortan pflegt er sein eigenes zartes (Papyrus-)Pflänzchen des Papierstandards unter der Bezeichnung *metrisches formatsystem*, das bald schon beginnen wird, die Weltformate zu umwuchern. Ostwald läutet ein letztes Mal nach seinem querulantischen Sekretär. Man trennt sich im Unfrieden. 1914, kurz nach dem Zusammenbruch der *Brücke*, sieht sich Walter Postmann gezwungen, Großbothen zu verlassen.

»[D]ie brücke ging unter, die weltformate werden von behörde und geschäft abgelehnt, der krieg kam« (ebd.), fasst Postmann die weitere Entwicklung lakonisch zusammen. Unterdessen arbeitet er jedoch eifrig daran, sein vermeintlich überlegenes *metrisches formatsystem* zu verbreiten. Der ehemalige Sekretär übt sich ganz entgegen seiner einstigen Berufung im Geheimnisverrat. Noch 1914 erscheinen zwei Artikel im *Prometheus*, denen in den Folgejahren eine ganze Serie von Einlassungen nachfolgt. In seinem Aufsatz »Flachformatnormen« von 1915 etwa zeigt sich Postmann als gelehriger Schüler und Kopist von Wilhelm Ostwald, der die unter Kriegsbedingungen bestens gedeihende Pflanze der (Papier-)Standardisierung jedoch unter seiner eigenen Gärtnerhand wahrgenommen sehen möchte. Sein kurzer historischer Abriss zur Frage von einheitlichen Formaten reicht von Lichtenberg über Karl Wilhelm Bührer bis hin zu Wilhelm Ostwald, der nach Postmanns Ansicht jedoch nur »ein auf den ersten Blick willkürfrei erscheinendes, in sich geschlossenes System von Flachformaten« (Postmann 1915a, 90) aufgestellt hat. Postmanns Schreibstrategie besteht nun darin, sich mit drei (Grund-)Sätzen selbst ans Ende dieser Entwicklung zu stellen. Der »erste Grundsatz entspringt rein praktisch-technischen Interessen, denn lediglich das Halbierungsprinzip ermöglicht die günstigste und restlose Ausnutzung der Papierfläche« (ebd., 91). Dieser erste Grundsatz ist freilich nichts anderes als Ostwalds Hälftungssatz. »Der zweite Grundsatz heißt folglich: Alle Formate sollen einander geometrisch ähnlich sein« (ebd.). Mit anderen Worten: Hier kommt Ostwalds Ähnlichkeitssatz zur Geltung. Um Ostwalds System nicht exakt zu kopieren, führt Postmann beim dritten Grundsatz, dem Anschluss an das metrische System, eine geringfügige Differenz ein. Statt wie beim Weltformat als Ausgangsmaß die Seitenlänge von einem Zentimeter zu wählen, setzt Postmann auf ein Flächenmaß, um Ostwalds Ausgangspunkt damit gleichzeitig Willkür vorzuwerfen:

> Wenn also Ostwald zum Anschluß der Reihe an das metrische Maßsystem eine Seite gleich 1 cm macht, so kann der nächste kommen und sagen, ich mache die *Diagonale* des Ausgangsformates gleich 1 cm, und ein dritter macht eine beliebige andere Linie gleich 1 cm. [...] Die Weltformate sind folglich eine Lösung, die beliebig viele andere gleichberechtigte neben sich hat, also eine *willkürliche* Lösung (Postmann 1915a, 107).

Abhilfe schaffe allein das *metrische formatsystem*, wenn es für Flachformate folglich eine *Fläche* als Ausgangsmaß annimmt: »[D]ie Fläche des Ausgangsformates der Reihe soll gleich 1 Quadratzentimeter sein. Dies ist die einzige einwandfreie Form für den Anschluß« (ebd.). Hälftung, Ähnlichkeit, Anschluss: Satz für Satz kopiert Postmann die Prinzipien der Weltformatreihe.

Postmann arbeitet weiterhin konsequent daran, sein System zu verbreiten, indem er auch dem Anschlusssatz zu einer missbräuchlichen Geltung verhilft. An die Flachformatnormierung schließt nur folgerichtig die Normierung der Raumformate an (vgl. Postmann 1916). Doch die Ähnlichkeit zwischen Ostwaldschen und Postmannschen Standardisierungsbestrebungen scheint noch nicht zu genügen. Postmann bestreitet zudem weite Teile seiner literarischen Tätigkeit mit den Themen, die er in Großbothen kopiert hat. So kümmert er sich noch im zweiten Jahr des Weltkriegs um eine allgemeine Ordnungslehre, die Ostwald bereits in seinen Vorlesungen zur *Modernen Naturphilosophie* von 1914 zu entfalten beginnt. Auch hier versucht Postmann wieder, einen umfassenderen Ansatz als Ostwald zu entwickeln, wenn er seine Ordnungswissenschaft als Obermenge der ›energetischen Wissenschaften‹ seines Meisters skizziert (vgl. Postmann 1915b; im Ge-

gensatz dazu vgl. Ostwald 1914d). Kein geringes Wagnis stellt zudem Postmanns Versuch dar, gegen Ostwalds omnipräsenten energetischen Imperativ auf dasselbe Konzept nur unter anderem Namen zu setzen. Sein *biologischer* Imperativ lautet: »Steigere die Energieverwertung. Dies hat erfreuliches Dasein, d. h. Glück zur Folge« (Postmann 1920b, 287).

Den vorläufigen Höhepunkt der Filiationen stellt jedoch Postmanns erste Monographie dar, die *Normenlehre* von 1917. Darin fusioniert er seine früheren *Prometheus*-Artikel, ergänzt durch wenige zusätzliche Kapitel, zu einem Ensemble verschiedenster Vereinheitlichungsgebiete wie Numismatik, Zeitmessung, Mengennormen bis hin zur ›Normierung der Normensysteme‹. »Über zwei Jahre gingen mir seine sämtlichen Gedanken, soweit sie für die Öffentlichkeit bestimmt waren, durch den Kopf. Er diktierte auf die Wachswalze, und ich schrieb oft fieberhaft von früh bis abends auf der Schreibmaschine« (Postmann 1928, 2). Kaum zufällig tragen einige Abschnitte der *Normenlehre* Titel, die ihm aus Großbothen bestens geläufig sind. ›Weltgeld‹, ›Kalenderreform‹, ›Weltraumformate‹ oder ›Organisationsinstitute‹ lauten die Überschriften, die Postmann nur Monate zuvor noch transkribieren musste, nunmehr aber unter seinem Eigennamen autorisieren kann. Die *Normenlehre* erfüllt schließlich ihren Zweck. Während die vorherigen Einlassungen zur Formatreform »in den büchereien begraben« bleiben, erregt das Buch an entscheidender Stelle Aufmerksamkeit: »ein stück war in normenhände geraten, das glimmte langsam weiter« (beide Zitate bei Postmann 1927, 53).

Wem gehören diese Normenhände? Niemand anderem als dem VDI-Direktor Waldemar Hellmich, seines Zeichens erster Vorsitzender des im Dezember 1917 gegründeten *Normenausschuß der deutschen Industrie*, kurz NDI, jene Institution, die sich 1926 in *Deutscher Normenausschuß* (DNA) umbenennt, aus dem dann wiederum das *Deutsche Institut für Normung* (DIN) hervorgeht (vgl. Wölker 1992, zu Hellmich insbesondere 243 ff.; zum NDI aus kulturwissenschaftlicher Sicht vgl. Berz 1995; zum militärhistorischen Zusammenhang Berz 2001, 56–76). Bereits zu Beginn des Ersten Weltkriegs erkennt man seitens der deutschen Industrie die dringende Notwendigkeit, die maschinelle Produktion, die Fertigung von zueinander inkompatiblen Maschinenteilen zu koordinieren, modularisieren und damit zu vereinheitlichen. Auch Postmann teilt diese Erkenntnis. Denn »gerade die gegenseitige Austauschbarkeit der Einzelteile ist für das Heer, für den Soldaten, für den Kraftwagenfahrer im Granatfeuer die einzige Grundlage zur restlosen Ausbeutung des Materials« (Porstmann 1918a, 369).

Was im Produktionssektor jedoch erst gegen Ende des Kriegs im NDI institutionalisiert wird, gelingt auf strategischer Ebene, im Rahmen der Standardisierung der Rohstoffzufuhr und -verwertung durch Walther Rathenau, schon im August 1914 durch die Einrichtung der Kriegsrohstoffabteilung. Der NDI gründet sich aus der Einsicht heraus, den Kampf verschiedener Produktionsverfahren untereinander zu unterbinden zugunsten einer vereinten und vereinheitlichten Produktivität der Kriegswirtschaft. Das dezidierte Ziel des Normenausschusses besteht darin, nicht nur innerhalb der Maschinenindustrie, sondern vielmehr im gesamten Produktionssektor den Grundsatz des energetischen Imperativs zu realisieren. »Jede Energievergeudung im Innern« so Waldemar Hellmich in einer Rede 1917, »schwächt die Kampffähigkeit und muß daher vermieden werden« (zit. n. Wölker 1992, 142). Für die Praxis der Produktion bedeutet dies, einerseits die Vielzahl unterschiedlichster Herstellungsverfahren auf einige wenige zu reduzieren, andererseits komplizierte Teile nach dem »Baukastenprinzip« (Berz 1995, 224) in mehrere einfache zu zerlegen, um sie in anderen Produktionsprozessen und deren Maschinen verwenden zu können.

Kein Wunder also, dass der NDI versucht, sowohl aus energetischen wie formattheoretischen Gründen »die zeichnungformate im anschluß an *ostwald* zu ordnen« (Porstmann 1927, 53). 1919 lädt man den Chefenergetiker zu Sitzungen des NDI nach Leipzig ein, um über die Normierung der Papierformate zu beraten. »Ich mußte auf der ersten Sitzung feststellen, daß ich unter den Anwesenden der einzige Sachkundige war« (Ostwald 2003, 521), resümiert Ostwald das Treffen, wo er den Versammelten einmal mehr den Dreisatz des Weltformats aufschlüsselt. Doch weiterhin stört etwas den Erfolg der Kommunikation, und zwar nachhaltig. »Bei den Verhandlungen mußte ich alsbald erkennen, daß seitens der führenden« Männer eine entschiedene persönliche Abneigung gegen mich bestand« (ebd., 307). Wenngleich die Beratungen zunächst noch im Normblatt DIN 5 für Zeichnungsformate münden, zieht der Ausschuss diese auf den Weltformaten basierende Norm jedoch wieder zurück. Die Begründung lautet, dass sich bei der versuchten Einführung in den Behörden und Unternehmen massiver Widerstand regt, weil sich die neuen Maße nur schlecht mit dem bisherigen Folioformat und den Geschäftspapieren

vertragen. Es mangele an Ähnlichkeit (vgl. Wölker 1992, 198). Die Weltformate scheitern »zum zweiten male, genauso wie damals bei der brücke, weil sie nicht allgemein annehmbar sind«, fasst Walter Porstmann (1927, 53) die Entwicklung genüsslich zusammen.

Denn zwischenzeitlich ist seine Zeit gekommen. 1920 bittet Hellmich ihn höchstpersönlich zu den Verhandlungen dazu, wo der einstige Subalterne nun seinem alten Meister aus Großbothen in triumphaler Umkehrung der Verhältnisse erneut begegnet (zum Verhältnis zwischen Porstmann und Ostwald zu diesem Zeitpunkt vgl. auch Krajewski 2005). Nach »äußeren harten kämpfe[n]«, »vielerlei taktischen maßnahmen« und »zahllosen offenen und heimlichen widerstände[n]« (Porstmann 1927, 53) beschließt der Ausschuss im folgenden Jahr 1921 eine neue, ganz auf Porstmanns Fortschreibungen basierte allgemeine Norm zu erlassen, DIN 476 mit der berühmten »Vorzugsreihe A« (Porstmann 1923, 28). Dank der Dauerhaftigkeit von DIN 476 sind die Maße eines Papierblatts bis heute in ihrem Endformat als DIN A 4, DIN A 5 usw. festgeschrieben. Zwar korrigiert man Porstmanns Vorschlag noch ein wenig, indem man statt der Fläche von einem Quadratzentimeter nunmehr einen Quadratmeter als Ausgangsmaß annimmt. Doch Porstmann, den man unterdessen an der Universität Leipzig mit einer bemerkenswerten 37-seitigen Dissertation zum Dr. phil. promoviert hat, ist am Ziel. Beim DIN erklärt man ihn zum »geistigen Vater der A-Reihe« (Helbig/Hennig 1988, 14) und »Schöpfer der DIN-Formate« (Anonym 1956, 267).

Die Formatreihe entfaltet nach dem Weltkrieg ihre Wirkung, nicht nur in den Behörden und Planungsbüros der Industrie, sondern mithin im gesamten Geschäftsleben der Weimarer Republik. Die Schriftform der Wirtschaft basiert nunmehr auf einem gleichgerichteten Papierformat und erhält dadurch eine neue, spezifische Produktivkraft, getragen vom energetischen Impetus gesteigerter Effizienz in der Handhabung der papierenen Geschäftsvorgänge und nicht zuletzt dank eines fortan minimierten Papierverbrauchs.

Als Ausgangspunkt der Erfolgsgeschichte der Papierformate figuriert die mediale Ordnung von Sekretär und Meister, von Gast und Wirt in Ostwalds ›Haus Energie‹. »In der Kette der Parasiten«, schreibt Michel Serres, »sucht der letzte sich stets an die Stelle des vorletzten zu setzen« (Serres 1987, 12). Nicht Ostwald, sondern Porstmann gilt als Vater der Formatreihe. Der Gast lebt vom Wirt, ohne dass der andere was vom einen erhält. Allenfalls unstimmige Kopien. Zielgenau hat sich Postmann diese Stelle in Ostwalds ›Königreich‹ gesucht. Der Parasit ist stets da, wo Neues entsteht, um direkt daran zu nassauern. »Ich nahm seine Lehren und Anschauungen so auf, daß ich sie bald selber ummodeln und gestalten konnte« (Postmann 1928, 2). Denn parasitäre Verhältnisse sind relational und vor allem dynamisch. Der Parasit wechselt die Seiten der Relation, sucht sich an die Stelle des Wirts zu setzen. »Der Naturwissenschaftler hat von jeher dem sonderbaren Lebensgang der Parasiten lebhaftes Interesse entgegengebracht« (Postmann 1920a, 243), schreibt Postmann 1920 nicht von ungefähr in einem Artikel über das Leben der Trichine und in dem Bewusstsein, sich auf dem Weg zur anderen Seite zu befinden. Der Physiker und angewandte Mathematiker ist im Begriff, sich sein eigenes Königreich zu schaffen. Parasitieren heißt, Unordnung zu stiften. Postmann klingelt ungebeten, um Ostwald bei seinen Weltformaten auf eine ›Unstimmigkeit‹ hinzuweisen. Nachhaltig stört er die ideale Übertragung von Gedanken zu zirkulierenden Texten.

Parasitieren heißt aber auch, eine neue Ordnung zu stiften, eine Ordnung, wie sie das gleichgerichtete Papier im einheitlichen Format hervorzubringen verspricht. Postmann errichtet sein Königreich durch eine Flut von Texten zu Fragen der Normierung. Er lebt gut von den Gedanken aus Großbothen. »Die Fruchtbarkeit der Trichine ist ungeheuer groß« (ebd.). Angeregt von den Texten, die er kopieren soll – »Ostwald ist ein fruchtbarer Schriftsteller« (Postmann 1928, 2) –, wird Postmann zum Störenfried, der nicht nur ungefragt in Ostwalds einträchtige Kommunikation mit sich selbst interveniert, sondern ebenso die Verhandlungen zwischen Ostwald und dem NDI unterbricht, indem er seine ›eigenen‹ Vorschläge zu lancieren versteht. Vom geduldeten Gast in Großbothen zur Vaterschaft der Papierformate. »Beim Wirtswechsel ist die Trichine an kein bestimmtes Tier gebunden, was bei anderen Schmarotzern nicht immer der Fall ist« (Postmann 1920a, 245). Postmann wechselt mühelos die Institutionen, verändert die Relation des Kopierten, überträgt (sich) ungestört vom ›Haus Energie‹ in den *Normenausschuß der Deutschen Industrie*.

Es bleibt noch nachzutragen, was aus Ostwalds Weltformaten geworden ist. Wenn die DIN A-Reihe, flankiert von ihren sekundären Formaten wie DIN B, DIN C, usw., den Siegeszug ins Geschäftsleben und den bürokratischen Alltag antritt, um ab 1961 in Form von ISO 216 und DIN 476 sogar als Grundlage

zur Normierung des Papiers auf internationaler Ebene zu dienen (vgl. Helbig/Hennig 1988, 102 ff.; zu den abgeleiteten Formaten vgl. ebd., 49 und zu den »Sekundären Weltformaten« vgl. Ostwald 1912b), bleibt dem Weltformat nichts anderes übrig, als sich gleich seinem Erfinder ins Private zurückzuziehen. Zwar hat Ostwald mehr als einen Versuch unternommen, die Weltformate in exemplarischer Position zu verbreiten. So präsentiert die *Brücke* zwischenzeitlich stolz eine Liste von Institutionen, die sich ganz dem Weltformat verschrieben haben. Allein von der angestrebten Restlosigkeit, das heißt einer allmählichen Übernahme des Formats durch maßgebliche, schließlich *alle* publizistischen Institutionen, bleibt man weit entfernt. Es sind daher eher die insulären Erfolge, die zählen, etwa der restlose Einsatz der Weltformate auf Brioni, einer Insel in der Adria, »deren Besitzer seinen Fremdenbetrieb ganz auf Weltformat und Brückengrundsätze eingestellt hatte« (G. Ostwald 1953, 146). Doch dies bleibt nur der Rest der geplanten Restlosigkeit. Denn selbst bei Ostwalds eigenen Projekten, etwa der Welthilfssprache, stößt die Einführung des Weltformats auf vehementen Widerstand. Nach dem Schisma der Bewegung in Idisten und Esperantisten scheitert die Zusammenarbeit von Couturat und Ostwald nicht zuletzt an der Frage, in welchem Format die eigens gegründete Ido-Zeitschrift *Progreso* erscheinen soll. Couturat widersetzt sich schließlich mit Erfolg den Abmessungen der Zeitschrift im Weltformat, was den Bruch mit Ostwald zur Folge hat (vgl. Domschke/Lewandrowski 1982, 104). Kurzum, sämtliche Versuche, Ostwalds Formatordnung auch an weniger entscheidender Stelle als im NDI zu etablieren, bleiben vergeblich.

Nach den Turbulenzen des Ersten Weltkriegs und dem Scheitern der Weltformate im NDI widmet sich Ostwald von einigen Nebenbeschäftigungen abgesehen vor allem der Entwicklung seiner wissenschaftlichen Farbenlehre. Bedeutet der Siegeszug von Postmanns ›parasitärer‹ DIN A-Reihe, dass seit den 1920er Jahren das Weltformat nicht mehr zum Einsatz kommt, das ganze Deutsche Reich also vom DIN-Format erobert wäre? Nein, denn in einem kleinen Dorf unweit von Leipzig beharrt man umso beständiger auf der eigenen Formatordnung. Auf die zahlreichen Artikel von Postmann seit 1915 im *Prometheus*, anhand derer er versucht, die Axiome der Formatnormierung als seine eigene Errungenschaft, als seine Pflanze zu platzieren, reagiert Ostwald nicht mehr. Stattdessen hält der Geheimrat in der eigenen Welt in Großbothen trotzig am Weltformat fest. Und zwar ganz buchstäblich: im Landhaus Energie gibt es Merkzettel und Brieftasche, Visitenkarten und Briefpapier, »Sofakissen, ja sogar Tischdecken und Handtücher im Weltformat« (G. Ostwald 1953, 145).

Die Zäsur und was fortdauert

Im Fall des Papierformats wird es besonders deutlich, dass die Zäsur des Weltkriegs einerseits einem kulturellen Reset gleichkommt. Die Gemengelage aus gegenseitiger Inspiration, gedanklicher Piraterie und diskursiver Entwicklung, aus der heraus das Konzept des Weltformats in der Diskussion (oder Kopieraktivität) zwischen Ostwald, Bührer und Porstmann entsteht, erfährt durch die politischen Ereignisse im Sommer 1914 eine Suspension. Der Krieg macht *tabula rasa*, danach werden die Karten neu gemischt. Manche Spieler sind nach dem Krieg ausgeschieden (Bührer und Ostwald). Für andere Akteure wie Walter Porstmann hebt das große Spiel um die Durchsetzung der Papierformate erst nach dem Krieg an. Insofern kommt man andererseits nicht umhin, die große kulturelle Zäsur des Ersten Weltkriegs auf verschiedenen Ebenen zu relativieren, wenn die Kontinuitäten innerhalb der Diskontinuitäten in den Blick geraten. So legt etwa die Geschichte der Papierformatnormung im 20. Jahrhundert eine direkte genealogische Linie frei, die von Karl Wilhelm Bührer über Wilhelm Ostwalds Weltformat bis hin zu Walter Porstmann und der DIN A-Formatreihe reicht. Der Erste Weltkrieg dient hier als willkommene Unterbrechung oder Katalysator, um anderen die Gelegenheit zu verschaffen, dasselbe weitestgehend ausgearbeitete Konzept zu entwenden und anderenorts zu institutionalisieren.

Eine solche genealogische Linie nimmt im Fall der Welthilfssprachen dagegen einen anderen Verlauf. Spätestens nach dem Ersten Weltkrieg zeichnet sich immer deutlicher die Dominanz einer neuen *lingua franca* ab, deren zunehmende Verbreitung die um Aufmerksamkeit ringenden Plansprachen-Projekte vor dem Krieg tatsächlich zu ›Weltwinkelidiomen‹ herabsinken lässt (vgl. Northrup 2013, 102 ff.). Es führt keine direkte Verbindung von Esperanto zu Englisch als zweiter Sprache für jedermann, auch wenn nicht wenige Morpheme aus der englischen Sprache etwa in Volapük, Esperanto und andere Plansprachen Eingang finden. Der Diskurs der Welthilfssprachen und seine hochpolitische Frage, welchem der Idiome der Vorzug zu geben sei, wird also

nach dem Ersten Weltkrieg von gänzlich unerwarteter Seite eine Antwort beschieden. Nicht von ungefähr ist es die Sprache der Sieger – Großbritannien auf Seiten der Entente sowie der USA –, die sich als Lösung auf eine Frage präsentiert, in deren Antwortbereich sie gar nicht vorgesehen war. Verfügt das Englische doch keineswegs über die an eine Welthilfssprache anzulegenden Kriterien wie beispielsweise politische Neutralität. Kurzum, der Erste Weltkrieg erweist sich als willkommene Unterbrechung oder Katalysator, um das weitestgehend ausgearbeitete Konzept einer Welthilfssprache aufzugreifen und mit Englisch als Idiom zu besetzen.

Der weitere Diskurs der Welthilfssprachen läuft indes, spätestens ab 1931, unter einer alternativen Bezeichnung (Plansprachen, später dann Interlinguistik) und ebenso in eine andere Richtung. Rund ein Jahrzehnt nach seiner Gründung nimmt sich das spätere Deutsche Institut für Normung beziehungsweise der damit eng verknüpfte Verein Deutscher Ingenieure (VDI) endlich auch der Normierung der Sprache an, indem Eugen Wüster die Entwicklung der Welthilfssprachen auf den Begriff der »Plansprache« (Wüster 1931, 324 ff.) bringt. Und von diesen aposteriorischen Plansprachen ist es kein allzu großer Sprung zu operativen Schriften wie Konrad Zuses *Plankalkül* (entwickelt in den 1940er Jahren, erstmals vollständig veröffentlicht 1972), die als frühe Programmiersprachen nur wenige Jahre später ein ganz anderes Feld der Informatik erschließen.

Und auch im Fall von Fleurop erweist sich die Genealogie der Idee in spezifischer Weise vom Ersten Weltkrieg bestimmt. Dieser verhindert einstweilen noch die Organisation der Blumenvermittlung auf internationaler Ebene. Das Friedenswerk aus Zierpflanzen, die zwischen Ost und West getauscht werden, missglückt, zumindest vorerst. Max Hübner und Albert Pochelon setzen ihre 1914 aufgenommene Korrespondenz für die Dauer des Weltkriegs nicht weiter fort. Erst nach dem Frieden von Versailles erfolgt allmählich wieder eine behutsame Annäherung – an die ursprüngliche Idee der Blumenspende wie auch an mögliche internationale Partner: Kaum ist die Kapitulationsurkunde in einem ausrangierten Eisenbahnwaggon, ein Symbol für den Bewegungskrieg, der zum Stellungskrieg wurde, unterzeichnet, beweist die Blumenspende-Vermittlung aufs Neue ihre Prosperität. Ein junger Florist aus Pittsburgh, Ed Ludwig, durchwandert die Schützengräben und Stellungen in Metz, um sein Auftragsbuch mit Blumengrüßen seiner Kameraden zu füllen. Mehr als 300 Bestellungen gehen als weihnachtliche Blumenpost zunächst in seine Heimatstadt, um von dort an entsprechende FTD-Mitglieder überall in den USA weitervermittelt zu werden (vgl. Gilmartin 1985, 9). Albert Pochelon und seine Mitstreiter versuchen in der Folgezeit, diesen Bestellweg zu verstärken und weiten ihre Kampagnen zunehmend auch auf die Alte Welt aus. 1926 reist der aus Stuttgart gebürtige Pochelon mit einer Delegation der FTD mehrere Monate durch Europa, um weitere Kontakte zu knüpfen und eine »Flowers by wire«-Werbekampagne zu starten. Nicht nur in Deutschland erwarten ihn freundliche Empfänge. Denn inzwischen verfügen auch andere Länder wie Schweden, Dänemark, Österreich, Norwegen, Finnland und die Schweiz über Blumenspende-Vermittlungen nach dem Muster des VDB beziehungsweise der FTD. Ein Jahr später wiederum gelingt es Max Hübner, der im Zuge seiner zweiten Ehe inzwischen nach Zürich übergesiedelt ist, dort am 25. März 1927 die europäischen Blumenvermittlungen zur Fleurop-Interflora zu vereinigen, zu deren erstem Präsidenten er außerdem gewählt wird. Auch die Zusammenarbeit mit der FTD floriert, und die amerikanische Geschäftsführung vermerkt 1929 stolz, die internationale Blumenspende-Vermittlung sei »the greatest commercial enterprise recorded in all time« (ebd., 22).

Doch erst 1946 fusionieren diese verschiedenen Blumendienste in Kopenhagen zu einem internationalen Verbund, der die FTD ebenso umfasst wie die British Unit und Fleurop-Interflora (vgl. Fleurop GmbH 1978). »Diese Organisation ermöglicht, jeden internationalen Auftrag zuverlässig abzuwickeln. In einem jährlich stattfindenden Weltkongreß werden die Richtlinien der Blumenpolitik beraten« (Ehleben 1967, 499). Die Formierung des Weltverbands der Floristen nimmt tatsächlich beinahe 40 Jahre in Anspruch. Doch deren frühe Entwicklung zeigt, wie extensiv und mithin global sowohl Max Hübner, der angeblich »von Beginn an großräumig und international gedacht hatte« (ebd.), als auch sein Antipode Albert Pochelon ihre jeweiligen Unternehmen noch vor dem Ersten Weltkrieg imaginiert haben. Das erste Logo der FTD von 1911 etwa, das »Flowers by wire to all the world« verspricht, bildet diese Vorstellung mustergültig mit einer Weltkugel ab. Doch diese Welt wird durch den Krieg 1914 ausgesetzt. Auch hier wirkt der Erste Weltkrieg als Katalysator, um das weitestgehend ausgearbeitete Konzept von globalen Blumengrüßen zu verfremden und andernorts sowie mit einer einstweilen noch beschränkten Reichweite in Form von Fleur(s-d'Eur)op(e), der FTD und anderen weiter zu institutionalisieren.

Die bisweilen detaillierte, aus den Quellen herauspräparierte Rekonstruktion dieser dreifach gewundenen Geschichte mag vor allem zwei Dinge verdeutlichen. Zum einen kann sie belegen, wie eine jeweils vielversprechende Idee mit nichts weniger als globaler Reichweite ihren Verfechtern schon im Projektstadium zum Greifen nahe erscheint, weil der Fortschrittsoptimismus vor dem Ersten Weltkrieg die Verwirklichung selbst der kühnsten Pläne ohne größere Umstände umzusetzen verspricht. Doch der Erste Weltkrieg unterbindet die weitere Ausführung der Projekte von globaler Reichweite, weil etwas anderes plötzlich Weltgeltung beansprucht. Ihre Vollendung scheitert an jener politischen Entwicklung, die im Augenblick einer historischen Zäsur die ›Welt‹ im extensiven Sinn des Internationalismus mit einem Mal rückführt auf jeweilige Nationalismen – Ostwalds Wede ist ein schlagendes Beispiel – oder auf den Partikularismus politischer Beschränkung, von Hegemonialinteressen und politischen Landnahmen ganz zu schweigen.

Zum anderen können sowohl die Blumenpost, als auch die Welthilfssprache sowie der globale Standard des Papierformats als Beispiele dienen, das komplexe Zusammenspiel von einzelnen Elementen eines Medienverbundsystems aus Personen, zu übertragenden Nachrichten und Gütern zu sondieren, das einem Prozess namens Weltverkehr ebenso aufruht wie es ihn zur Anwendung bringt. Albert Pochelon und Max Hübner haben dieses Spektrum an Möglichkeiten, die der Weltverkehr für die zu erwartende Reichweite ihrer Vorhaben bereit hält, ebenso erkannt wie Wilhelm Ostwald und Louis Couturat. Deren jeweilige Maßnahmen beweisen, dass sie die notwendigen Hebel zu betätigen wissen, um ihre Unternehmungen durch den Einsatz global funktionierender Logistik und weltweit zu denkender Institutionen voranzubringen. Die neuen Verkehrs- und Kommunikationsstrukturen erzeugen also Projekte oder – im Erfolgsfall sogar – Unternehmen, die massiv die einzelnen Dienste des Weltverkehrs (Telekommunikation, standardisierte Codes, Verkehrsverbindungen, mobile Informationsträger) miteinander kombinieren, um das System als parasitären Effekt immer höher zu verdichten, sich in der ›realen‹ Welt eine eigene (sprachliche, blumige, papierene) Welt zu erschaffen.

So wie sich heute eBay oder Amazon ohne das Internet nicht denken lassen, so stellt der Weltverkehr die Existenzbedingung für Vorhaben mit maximiertem Geltungsbereich dar, und das heißt nicht nur für eine unscheinbare internationale Blumenvermittlung vor 1914 oder ein obskures Weltwinkelidiom geschweige denn für eigenartige Maße im Weltformat. Das wäre viel zu wenig. Der Weltverkehr bildet vielmehr die *conditio sine qua non* von Internationalität als solcher. Erst die Ausweitung, Verdichtung und Beschleunigung des Verkehrs und seiner Kommunikationsmittel erzeugt die globalen Innovationen in der Welt von 1900 und nicht zuletzt auch einen Krieg von globalen Ausmaßen, der die unterschiedlichsten Vorhaben unterbricht und modifiziert, um sie für einige Jahre einzufrieren, zu suspendieren oder gar zunichte zu machen. Dass sich die nach Kriegsende in veränderter Form erneut aufkeimenden Ideen einer Weltsprache, von globalen Blumengrüßen und einheitlichen Papierformaten noch wie zuvor unter jenem ungebrochenem Fortschrittsoptimismus verbuchen lassen, scheint den Protagonisten hernach ebenso fernzuliegen wie die Epoche, aus der sie ihre Ideen übernehmen.

Literatur

Anonym: Die internationale Assoziation der Akademien. In: *Revue für Internationalismus* 1 (1907), 264–268.

Anonym: Der Verbandstelegrammschlüssel. Les indications télégraphiques de l'union des fleuristes allemands. In: *Verbandzeitung Deutscher Blumengeschäfts-Inhaber* 5/4 (1908a), 30–31.

Anonym: Noch einmal: Der Verbandstelegrammschlüssel. In: *Verbandzeitung Deutscher Blumengeschäfts-Inhaber* 5/6 (1908b), 45.

Anonym: Blumen nach Amerika! In: *Verbandzeitung Deutscher Blumengeschäfts-Inhaber* 5/13 (1909a), 99–100.

Anonym: Telegraphische Bestellungen. In: *Verbandzeitung Deutscher Blumengeschäfts-Inhaber* 6/18 (1909b), 150–151.

Anonym: Amtliches. Kranz- und Blumenspende-Vermittlung. In: *Verbandzeitung Deutscher Blumengeschäfts-Inhaber* 7/18 (1910a), 154.

Anonym: Aus dem Verein der Blumengeschäfts-Inhaber Groß-Berlins E.V. In: *Verbandzeitung Deutscher Blumengeschäfts-Inhaber* 6/32 (1910b), 265.

Anonym: Die Blumenpost der Zukunft. In: *Verbandzeitung Deutscher Blumengeschäfts-Inhaber* 6/30 (1910c), 248.

Anonym: Kranz- und Blumenspende-Vermittelung. In: *Verbandzeitung Deutscher Blumengeschäfts-Inhaber* 6/35 (1910d), 287–288.

Anonym: Kranz- und Blumenspende-Vermittlung. In: *Verbandzeitung Deutscher Blumengeschäfts-Inhaber* 7/3 (1910e), 24.

Anonym: Notizen. Die Kranz- und Blumenspende-Vermittlung. In: *Verbandzeitung Deutscher Blumengeschäfts-Inhaber* 6/45 (1910f), 377.

Anonym: Notizen. Kranz- und Blumenspende-Vermittlung. In: *Verbandzeitung Deutscher Blumengeschäfts-Inhaber* 6/43 (1910 g), 353.

Anonym: Vergleiche zwischen einem Mitgliede des Verbandes Deutscher Blumengeschäfts-Inhaber E.V. und einem Mitgliede der Kranz- und Blumenspende-Vermittelung, e.G.m.b.H. In: *Verbandzeitung Deutscher Blumengeschäfts-Inhaber* 7/7 (1910h), 52–53.

Anonym: Der Telegrammschlüssel V.D.B. in neuer Auflage. In: *Verbandzeitung Deutscher Blumengeschäfts-Inhaber* 7/63 (1911a), 552–553.

Anonym: Notizen. Die Kranz- und Blumenspenden-Vermittlung. In: *Verbandzeitung Deutscher Blumengeschäfts-Inhaber* 7/33 (1911b), 291.

Anonym: Selbstlieferung oder Kranz- und Blumenspende-Vermittlung. In: *Verbandzeitung Deutscher Blumengeschäfts-Inhaber* 7/49 (1911c), 434–435.

Anonym: Amtliches. Adressenverzeichnis zum Telegrammschlüssel. In: *Verbandzeitung Deutscher Blumengeschäfts-Inhaber* 8/19 (1912a), 150.

Anonym: Amtliches. Blumenspende-Vermittlung des V.D.B. In: *Verbandzeitung Deutscher Blumengeschäfts-Inhaber* 8/13 (1912b), 102.

Anonym: Amerikanische Blumenspendenvermittlung. In: *Verbandzeitung Deutscher Blumengeschäfts-Inhaber* 9/50 (1913a), 473.

Anonym: Amtliches. Blumenspendenvermittlung. In: *Verbandzeitung Deutscher Blumengeschäfts-Inhaber* 9/49 (1913b), 464.

Anonym: Blumenspenden-Vermittlung. In: *Verbandzeitung Deutscher Blumengeschäfts-Inhaber* 9/34 (1913c), 337.

Anonym: Blumenspenden für die ins Feld ziehenden Krieger. In: *Verbandzeitung Deutscher Blumengeschäfts-Inhaber* 10/32 (1914a), 256.

Anonym: Der Zweck der Blumenspendenvermittlung. In: *Verbandzeitung Deutscher Blumengeschäfts-Inhaber* 10/29 (1914b), 232.

Anonym: Zur Zeitfrage über Blumenspenden. In: *Verbandzeitung Deutscher Blumengeschäfts-Inhaber* 10/46 (1914c), 316–317.

Anonym: Teil II. Ortsverzeichnis der an der Blumenspenden-Vermittlung beteiligten Geschäfte. In: *Verbandzeitung Deutscher Blumengeschäfts-Inhaber* 16/47 (1920).

Anonym: Hübner, Max. In: Deutscher Wirtschaftsverlag (Hg.): *Reichshandbuch der Deutschen Gesellschaft. Das Handbuch der Persönlichkeiten in Wort und Bild*. Bd. 1, A–K, Berlin 1931, 812.

Anonym: Der Schöpfer der DIN-Formate, Walter Porstmann, 70 Jahre alt (8. März). In: *Allgemeine Papier-Rundschau* 6 (1956), 267–268.

Baudouin de Courtenay, Jan: Zur Kritik der künstlichen Weltsprachen [1907]. In: Reinhard Haupenthal (Hg.): *Plansprachen. Beiträge zur Interlinguistik*. Darmstadt 1976, 59–110.

Baumann, Adalbert, *Wede, die Verständigungssprache der Zentralmächte und ihrer Freunde, die neue Welt-Hilfs-Sprache*. Diessen vor München 1915.

Benjamin, Walter: *Das Passagen-Werk*. In: Ders.: *Gesammelte Schriften*. Band V.1. Hg. von Rolf Tiedemann/Hermann Schweppenhäuser. Frankfurt a. M. 1991.

Berz, Peter: Der deutsche Normenausschuß. Zur Theorie und Geschichte einer technischen Institution. In: Armin Adam/Martin Stingelin (Hg.): *Übertragung und Gesetz. Gründungsmythen, Kriegstheater und Unterwerfungstechniken*. Berlin 1995, 221–236.

Berz, Peter: *08 / 15. Ein Standard des 20. Jahrhunderts*. München 2001.

Blanke, Detlev: *Internationale Plansprachen. Eine Einführung*. Berlin 1985.

Blanke, Detlev: Wilhelm Ostwald, Ido und die Interlinguistik. In: Ulrich Becker/Fritz Wollenberg (Hg.): *Eine Sprache für die Wissenschaft. Beiträge und Materialien des Interlinguistik-Kolloquiums für Wilhelm Ostwald, am 9. November 1996, an der Humboldt Universität zu Berlin.* Berlin 1998, 13–31.

Brocke, Bernhard vom: Wissenschaft und Militarismus. Der Aufruf der 93 An die Kulturwelt und der Zusammenbruch der internationalen Gelehrtenrepublik im Ersten Weltkrieg. In: William M. Calder III./Hellmut Flashar/Theodor Lindken (Hg.): *Wilamowitz nach 50 Jahren.* Darmstadt 1985, 659–719.

Bürger, C.F.: *Die Blumensprache. Neueste Deutung in poetischer und prosaischer Form. Mit einem Anhang: Aphorismen über die Liebe.* Halberstadt/Leipzig [15]1895.

Couturat, Louis: *Die internationale Hilfssprache.* Berlin 1904.

Couturat, Louis: Eine Weltsprache oder drei? Antwort an Herrn Professor Diels. In: *Deutsche Revue* 32/1–2 (1907), 1–17.

Couturat, Louis, Otto Jespersen, Richard Lorenz, Wilhelm Ostwald und Leopold Pfaundler: *Weltsprache und Wissenschaft. Gedanken über die Einführung der internationalen Hilfssprache in die Wissenschaft.* 2., durchges. u. verm. Auflage. Jena 1913.

Dänzer-Ischer, Albert: Der Verband zur Gründung eines Weltsprache-Amtes. In: *Idano. Monatsschrift zur Verbreitung der Idosprache (Reform-Esperanto) in den Ländern deutscher Zunge* 4/3 (1911), 33–34.

Domschke, Jan-Peter/Lewandrowski, Peter: *Wilhelm Ostwald. Chemiker, Wissenschaftstheoretiker, Organisator.* Leipzig/Jena/Berlin 1982.

Ehleben, Hansjochen: Die UNO der Blumen. In: *Der Volkswirt. Wirtschafts- und Finanzzeitung* 21/13 (1967), 499–500.

Fellner, Fritz: Der Dreibund. Europäische Diplomatie vor dem Ersten Weltkrieg. In: Ders.: *Vom Dreibund zum Völkerbund. Studien zur Geschichte der internationalen Beziehungen 1882–1919.* München 1994, 19–77.

Fleurop GmbH: *Vor 70 Jahren den Grundstein zur Blumen-Uno gelegt. Brücke der Verständigung zwischen 127 Ländern der Welt.* Werbebroschüre. Berlin 1978.

Fleurop GmbH: *Blumen verbinden Menschen. Weltweit.* Werbebroschüre. Berlin 1998.

Flusser, Vilém: *Die Schrift. Hat Schreiben Zukunft?* Frankfurt a. M. 1992 (franz. 1987).

Georges, Karl Ernst: *Ausführliches lateinisch-deutsches Handwörterbuch, aus den Quellen zusammengetragen und mit besonderer Bezugnahme auf Synonymik und Antiquitäten unter Berücksichtigung der besten Hilfsmittel ausgearbeitet.* Hannover 1913–1918.

Gilmartin, Daniel J.: *Since 1910. A History of Florists' Transworld Delivery Association.* Southfield, Mich. 1985.

Guérard, Albert Léon: *A Short History of the International Language Movement.* London 1922.

Hansel, Karl/Wollenberg, Fritz (Hg.): *Aus dem Briefwechsel Wilhelm Ostwalds zur Einführung einer Weltsprache.* Großbothen 1999.

Headrick, Daniel R.: *The Tentacles of Progress. Technology Transfer in the Age of Imperialism, 1850–1940.* New York/Oxford 1988.

Helbig, Max/Hennig, Winfried: *DIN-Format A4. Ein Erfolgssystem in Gefahr.* Berlin/Köln 1988.

Hübner, Max: *Kornblumen. Erzählungen und Schilderungen aus dem Leben Kaiser Wilhelms I., des Großen, und der Kaiserin Augusta. Für die Jugend.* Breslau [7]1910.

Hübner, Max: *Telegrammschlüssel V.D.B. Telegrammschlüssel des Verbandes Deutscher Blumengeschäftsinhaber* [1908]. Berlin [3]1911.

Hübner, Max: Wieder eine neue Blumenspendenvermittlung. In: *Verbandszeitung Deutscher Blumengeschäfts-Inhaber* 10/14 (1914), 109–110.

Kittler, Friedrich: *Aufschreibesysteme 1800 · 1900.* München [3]1995.

Knowlson, James: *Universal language schemes in England and France 1600 – 1800.* Toronto/Buffalo 1975.

Krajewski, Markus: Walter Porstmann an Wilhelm Ostwald (1920). In: Andreas Bernard/Ulrich Raulff (Hg.): *Briefe des 20. Jahrhunderts.* Frankfurt a. M. 2005, 57–63.

Krajewski, Markus: *Restlosigkeit. Weltprojekte um 1900.* Frankfurt a. M. 2006.

Kuchenbuch, Thomas: *Die Welt um 1900. Unterhaltungs- und Technikkultur.* Stuttgart/Weimar 1992.

Laak, Dirk van: *Weiße Elefanten. Anspruch und Scheitern technischer Großprojekte im 20. Jahrhundert.* Stuttgart 1999.

Lenschau, Thomas: *Größerbritannien.* Halle a.S. 1907.

Lichtenberg, Georg Christoph: Ueber Bücher-Formate. In: *Göttinger Taschenkalender.* Hg. von Johann Christian Polykarp Erxleben u. a. Göttingen 1796, 171–178.

Mehrtens, Herbert: *Moderne Sprache Mathematik. Eine Geschichte des Streits um die Grundlagen der Disziplin und des Subjekts formaler Systeme.* Frankfurt a. M. 1990.

Meyer, Gustav: Weltsprache und Weltsprachen. In: Ders.: *Essays und Studien zur Sprachgeschichte und Volkskunde.* Bd. 2. Straßburg 1893, 23–46.

Meyer, Richard M.: Künstliche Sprachen. In: *Indogermanische Forschungen. Zeitschrift für indogermanische Sprach- und Altertumskunde* 12 (1901), 33–92.

Müller, Rainer: *Flächenformate.* Köln 1971.

Neitzel, Sönke: *Blut und Eisen. Deutschland im Ersten Weltkrieg.* Zürich 2003.

Nietzsche, Friedrich: *Menschliches, Allzumenschliches I* [1878]. In: Ders.: *Kritische Studienausgabe.* Bd. 2. Hg. von Giorgio Colli/Mazzino Montinari. München 1988.

Northrup, David: *How English Became the Global Language.* New York u. a. 2013.

Olbertz, Johannes: Führende Berufsleute in den letzten 70 Jahren. I. In: *Olbertz' Bindekunst. Erste Fachzeitschrift für Blumenbinderei, Blumen- und Pflanzenschmuck* 39/8 (1935a), 56–61.

Olbertz, Johannes: Führende Berufsleute in den letzten 70 Jahren. II. In: *Olbertz' Bindekunst. Erste Fachzeitschrift für Blumenbinderei, Blumen- und Pflanzenschmuck* 39/9 (1935b), 72.

Ostwald, Grete: *Wilhelm Ostwald – mein Vater.* Stuttgart 1953.

Ostwald, Wilhelm: *Die Organisation der Welt. Vortrag gehalten im Bernoullianum zu Basel am 7. September 1910.* Basel 1910a.

Ostwald, Wilhelm: *La organizo di la mondo. Trad. en Ido da Heinrich Peus.* Dessau 1910b.

Ostwald, Wilhelm: *Die Forderung des Tages.* Leipzig, [2]1911a.

Ostwald, Wilhelm: *Sprache und Verkehr.* Leipzig 1911b.

Ostwald, Wilhelm: Die internationale Hilfssprache und das Esperanto [1906]. In: Ders.: *Die Forderung des Tages.* Leipzig [2]1911c, 458–480.

Ostwald, Wilhelm: Die Weltsprache. In: Ders.: *Der energetische Imperativ*. Leipzig 1912a, 199–216.

Ostwald, Wilhelm: *Sekundäre Weltformate*. Ansbach 1912b.

Ostwald, Wilhelm: Weltformat für Drucksachen [1911]. In: Ders.: *Der energetische Imperativ* Leipzig 1912c, 253–263.

Ostwald, Wilhelm: *Die Brücke. Norm, Idee, vom Buch, Weltformat*. unveröffentlichtes Typoskript, Großbothen. Archiv der Berlin-Brandenburgischen Akademie der Wissenschaften, Nachlaß Ostwald 4541, 1914a.

Ostwald, Wilhelm: Referat über den VI. Kongress des internationalen Verbandes für die Materialprüfungen der Technik. In: *Zeitschrift für physikalische Chemie* 87 (1914b), 119.

Ostwald, Wilhelm: Theorie der Einheiten. In: des Associations Internationales. Office Central, Union (Hg.): *Congrès Mondial des Associations Internationales, Bruxelles, 15–18 Juin 1913*. Bd. 46, Selbstverlag, Brüssel1914c, 378–424.

Ostwald, Wilhelm: *Moderne Naturphilosophie. I. Die Ordnungswissenschaften* [1902]. Leipzig ²1914d.

Ostwald, Wilhelm: Weltdeutsch. In: *Monistische Sonntagspredigten* 36 (1915), 545–558.

Ostwald, Wilhelm: Kritische Betrachtungen über den Blumentopf. In: *Die Gartenwelt. Illustrierte Wochenschrift für den gesamten Gartenbau* 33/37 (1929), 509–510.

Ostwald, Wilhelm: *Lebenslinien – Eine Selbstbiographie*. Nach der Ausgabe von 1926/27 überarbeitet und kommentiert von Karl Hansel. Leipzig/Stuttgart 2003.

Peus, Heinrich: *Notwendigkeit, Möglichkeit und Tatsächlichkeit einer Welthilfssprache*. Selbstverlag des Verfassers, Dessau 1909.

Pochelon, Albert: Wieder eine neue Blumenspenden-Vermittlung [Offener Brief]. In: *Verbandszeitung Deutscher Blumengeschäfts-Inhaber* 10/20 (1914), 156–157.

Poincaré, Henri: *Wissenschaft und Methode*. Leipzig 1914 (franz. 1908).

Portsmann, Walter: Flachformatnormen. In: *Prometheus. Illustrierte Wochenschrift über die Fortschritte in Gewerbe, Industrie und Wissenschaft* 27/1358 (1915a), 90–93.

Portsmann, Walter: Ordnungslehre und Mikrozählung. In: *Prometheus. Illustrierte Wochenschrift über die Fortschritte in Gewerbe, Industrie und Wissenschaft* 27/1356 (1915b), 58–62.

Portsmann, Walter: Raumformatnormen. In: *Prometheus. Illustrierte Wochenschrift über die Fortschritte in Gewerbe, Industrie und Wissenschaft* 27/1368 (1916) und 27/1369 (1916), 250–254 und 266–269.

Portsmann, Walter: *Normenlehre. Grundlagen, Reform und Organisation der Maß- und Normensysteme. Dargestellt für Wissenschaft, Unterricht und Wirtschaft*. Leipzig 1917.

Portsmann, Walter: Die Norm als Waffe. In: *Die Umschau. Wochenschrift über die Fortschritte in Wissenschaft und Technik* 12/31 (1918a), 369–370.

Portsmann, Walter: *Untersuchungen über Aufbau und Zusammenschluß der Maßsysteme*. Berlin 1918b.

Portsmann, Walter: Aus dem Leben der Trichine. In: *Prometheus. Illustrierte Wochenschrift über die Fortschritte in Gewerbe, Industrie und Wissenschaft* 31/1592 (1920a), 243–245.

Portsmann, Walter: Ordnung. In: *Prometheus. Illustrierte Wochenschrift über die Fortschritte in Gewerbe, Industrie und Wissenschaft* 31/1597 (1920b), 286–288.

Portsmann, Walter: *Papierformate. Die Dinformate und ihre Einführung in die Praxis. Bearbeitet im Auftrag des Normenausschusses der Deutschen Industrie-Dinorm e.V.* Berlin 1923.

Portsmann, Walter: wie ich zu den formaten kam. In: Normenausschuß der deutschen Industrie (Hg.): *DIN 1917–1927*, Berlin 1927, 52–53.

Portsmann, Walter: Wilhelm Ostwald wird 75 Jahre alt. In: *VDI-Nachrichten. Mitteilungen des Vereines Deutscher Ingenieure und des Deutschen Verbandes technisch-wissenschaftlicher Vereine* 8/35 (1928), 2.

Portsmann, Walter: *Flott und leserlich. Anleitung zur Formung der Erwachsenenhandschrift*. Leipzig 1935.

Proelss, Hans/Hanns, Sappl: *Die bisherigen Erfolge der Welthilfssprache Esperanto auf der ganzen Welt*. Graz ³1922.

Sakaguchi, Alicja: Die Dichotomie künstlich vs. natürlich und das historische Phänomen einer funktionierenden Plansprache. In: *Lingvaj problemoj kaj lingvo-planado* 20/1 (1996), 18–39.

Schmidt, Johann: *Geschichte der Universalsprache Volapük*. Saarbrücken ²1998.

Serres, Michel: *Der Parasit*. Frankfurt a.M. 1987 (franz. 1980).

Strasser, Gerhard F.: *Lingua universalis. Kryptologie und Theorie der Universalsprachen im 16. und 17. Jahrhundert*. Wiesbaden 1988.

Thiele, Joachim: Das große Lalula. Bemerkungen zu einem Galgenlied Christian Morgensterns. In: *Muttersprache* 77/7-8 (1967), 200–204.

Verband Deutscher Blumengeschäfts-Inhaber e.V. (Hg.): 1925. *Blumenspenden-Vermittlung. Teil I: Anschriftenverzeichnis der Teilnehmer*. Eigenverlag, Berlin.

Vorstand des Verbandes Deutscher Blumengeschäfts-Inhaber: Der Kranz- und Blumenspende-Vermittlungs-Genossenschaft ins Stammbuch [Offener Brief]. In: *Verbandszeitung Deutscher Blumengeschäfts-Inhaber* 6/38 (1910), 323.

Vorstand des Verbandes Deutscher Blumengeschäfts-Inhaber: Aufruf! In: *Verbandszeitung Deutscher Blumengeschäfts-Inhaber* 10/32 (1914), 251.

Wichmann, Paul: Bemerkungen zur Denkschrift und Einladung zur Beteiligung an der Kranz- und Blumenspende-Vermittelung, e. G.m.b.H., Berlin. In: *Verbandszeitung Deutscher Blumengeschäfts-Inhaber* 6/36 (1910), 294–295.

Wölker, Thomas: *Entstehung und Entwicklung des Deutschen Normenausschusses von 1917 bis 1925*. Berlin u.a. 1992.

Wüster, Eugen: *Internationale Sprachnormung in der Technik. Besonders in der Elektrotechnik. Die nationale Sprachnormung und ihre Verallgemeinerung*. Berlin 1931.

Zabel, Hans-Henning: Hübner, Max, Blumenversandkaufmann. In: Historische Kommission bei der Bayrischen Akademie der Wissenschaften (Hg.): *Neue Deutsche Biographie*. Bd. 9 Hess-Hüttig. Berlin 1972, 722.

Zorell, Franz: Die Volapük-Hymne. In: Reinhard Haupenthal (Hg.): *Der erste Volapük-Kongreß, Friedrichshafen, August 1884. Dokumente und Kommentare*. Bd. 3a. Hg. von Artur E. Iltis. Saarbrücken o.J., 63–64.

Markus Krajewski

3. Lebensentwürfe: Irritation und Formierung

Wenn in einer Gesellschaft bisher für selbstverständlich gehaltene Rollenbilder blass werden, wenn tradierte Orientierungen bzw. Werthierarchien fragwürdig geworden sind und Nachwuchsgenerationen immer intensiver nach neuen Horizonten Ausschau zu halten beginnen, gedeihen Schlagworte, mit denen man in die Zukunft gerichtete, oft widersprüchlich begründete Perspektiven auf den Punkt zu bringen versucht. Um 1900 erlebte mit Blick auf das beginnende 20. Jahrhundert der Begriff ›Jugend‹ eine solche Konjunktur – dies mit immensen gesellschafts- und erfahrungsgeschichtlichen Folgen – letztlich bis in die Gegenwart. ›Konjunktur‹ bedeutet in diesem Zusammenhang, dass mit ›Jugend‹ nicht mehr nur eine spezielle Altersphase angesprochen war, sondern zugleich ein Lebensgefühl beschworen wurde, das über das konkrete Jugendalter hinaus ganz neue Erfahrungswelten zu erschließen versprach (vgl. hierzu immer noch lesenswert Rüegg 1974; Nipperdey 1974; Dudek 1990). Die seit 1895 in München publizierte Wochenzeitschrift *Jugend* beschreibt in ihrer ersten Ausgabe dieses Lebensgefühl geradezu programmatisch folgendermaßen: »Jugend ist Daseinsfreude, Genußfähigkeit, Hoffnung und Liebe, Glaube an die Menschen – Jugend ist Leben, Jugend ist Farbe, ist Form und Licht« (zit. n. Rüegg 1974, 56).

Angestoßen nicht zuletzt durch diese Zeitschrift, entwickelte sich in der Folgezeit im Vergleich zu den Nachbarländern ein recht spezieller deutscher Jugendkult, der geradezu eine ›Glorifizierung der Jugend‹ als eines zentralen gesellschaftlichen Leitbildes zur Folge hatte und dem beginnenden neuen Jahrhundert das erwartungsvolle Etikett ›Jahrhundert der Jugend‹ verlieh: Einen ›neuen Menschen‹ galt es zu erzeugen; er sollte den Aufbruch zu neuen geistigen Ufern in die Wege leiten und eine Verjüngung von Staat und Gesellschaft herbeiführen, um auf diese Weise Deutschland im Kreis der alten Mächte des Kontinents zu einer Leitnation in der Welt zu machen.

Dass um die Jahrhundertwende noch weitere wirksame Etikettierungen des 20. Jahrhunderts geschaffen wurden, zeigt, dass ein breites Bedürfnis nach Neuorientierung und motivierenden Zukunftsvisionen bestand. Ellen Key publizierte 1902 z. B. mit großer Resonanz ihr Buch *Das Jahrhundert des Kindes*, in dem sie dazu aufforderte, die bisherigen Schwerter zu Pflugscharen umzuschmieden, damit im neuen Jahrhundert die Menschheit zur »Heiligkeit der Generation« erwache und »dem Kampf ums Dasein edlere Formen« verliehen werde (Key 1978, 5). Ebenfalls 1902 veröffentlichte Wladimir Iljitsch Lenin in seiner epochemachenden Schrift *Was tun?* Kerngedanken eines Marxismus, der – so prophezeite er – in Zukunft zur »wahren Vorhut der revolutionärsten Klasse« werde, wenn die derzeitige Epoche des »Stimmbruchs«, d. h. des Übergangs vom Knaben- zum Mannesalter, abgeschlossen sei (Lenin 1962, 230 ff.). Auch von einem zu erwartenden »Jahrhundert der Frau« war bereits die Rede, und damals viel beachtete Philosophen und Soziologen wie Theobald Ziegler und Georg Simmel waren sich einig, dass das 20. Jahrhundert einen ganz erheblichen Umschwung der Geschlechterverhältnisse mit sich bringen werde – so programmatisch z. B. Simmel in einem Aufsatz aus dem Jahr 1902 mit dem Titel »Weibliche Kultur« (vgl. Simmel 2001; Frevert 2000). Und auch eine höchst wirksame ›Botschaft‹ für eine männerbündische Zukunft kam 1902 mit dem Werk von Heinrich Schurtz *Altersklassen und Männlichkeit* auf den Bücher- und Meinungsmarkt.

Die erwähnten Schriften erschienen alle um 1902 – diverse weitere ließen sich noch hinzufügen, etwa: *Der moderne Kapitalismus* von Werner Sombart, *Altneuland* von Theodor Herzl, »Brief an Lord Chandos« von Hugo von Hofmannsthal oder Willibald Hentschels *Varuna. Eine Welt- und Geschichtsbetrachtung vom Standpunkt des Ariers*. Sie markieren nicht nur den Beginn eines geradezu explosiven Ausbruchs von Zukunftserwartungen am Fin de Siècle, sondern sind zugleich Ausdruck einer nun immer heftiger werdenden Kritik von Angehörigen der um 1875/1880 geborenen Altersgruppe an der vorherigen Generation, die die Geschicke in Staat und Gesellschaft bestimmt hat: den sogenannten ›Wilhelminern‹, benannt nach dem seit 1889 regierenden, 1859 geborenen Kaiser Wilhelm II. Er und seine Altersgenossen hatten als Heranwachsende die Reichsgründung von 1871 mit Begeisterung erlebt, fühlten sich jedoch gegenüber ihren erfolgreichen Vätern als Epigonen und besaßen oft Persönlichkeitsmerkmale, die rückblickend sowohl als autoritätsfixiert als auch als stark harmoniebedürftig bezeichnet wurden; Persönlichkeitsmerkmale, die sich in einer Betonung des ›Eigenen‹ und intensiver Ab- und Ausgrenzung von ›Andersartigem‹ manifestierten und als Aspekte einer spezifischen, von »Angriff und Panzerung« bestimmten Aggressivität gelesen worden sind (vgl. Doerry 1986, 170). Wortführer der folgenden Generation warfen ihnen nun um 1900 in zunehmender Schärfe Starrheit, Machtanmaßung, autoritäres Gehabe und kulturelle Engstirnigkeit vor. Der damals 28-jährige Arthur Moeller van den Bruck brachte die Kritik auf den Punkt, als er 1904 in einer Streitschrift mit dem Titel *Verirrte Deutsche* schrieb, seine Generation habe sich bisher »ein Zeitalter wilhelminischer Laienhaftigkeit« gefallen lassen müssen; jetzt aber gelte es, einen »Blutwechsel« in der Nation, »eine Empörung der Söhne gegen die Väter, die Ersetzung des Alters durch die Jugend« herbeizuführen (Moeller van den Bruck 1904, 142).

Einzuordnen sind diese vor allem in Kreisen der ›Gründerzeitgeneration‹ formulierten Aufbruchappelle, utopischen Entwürfe und zeitkritischen Analysen in eine sich seit Ende des 19. Jahrhunderts immer deutlicher bemerkbar machende grundsätzliche Mentalitätsänderung in wachsenden Kreisen des Bürgertums. Seit dem frühen 19. Jahrhundert waren die rasant zutage tretenden ökonomischen, gesellschaftlichen und kulturellen Wandlungsprozesse weitgehend als positive Herausforderungen erlebt worden. ›Fortschritt‹ war das neue Zauberwort; es bezeichnete so etwas wie eine Flucht nach vorn und ein bewusstes Über-Bord-Werfen vieler traditioneller Hemmungen, aber auch die Zurückweisung des der Aufklärung entgegengesetzten romantischen Welt- und Menschenbildes. Die Lehre vom Fortschritt hatte nur noch wenig mit einer auf langer Erfahrung beruhenden Erwartungshaltung zu tun, sondern war so etwas wie eine von der Ratio bestimmte säkularisierte Heilslehre, der optimistische Glaube nämlich, dass die vielen neuen, in ihren Auswirkungen noch unüberschaubaren Innovationen, technischen Erfindungen und Aufbruchimpulse letztlich einer unwiderruflichen ›Höherentwicklung‹ des Menschen, d.h. seiner ›Emanzipation‹ und Befreiung von vielen bisherigen Zwängen, dienen werde. In den aufstrebenden Bürgerstädten entstand in diesem Zusammenhang eine Fülle von bildungs- und besitzbürgerlichen Vereinigungen, die – oft männerbündisch organisiert – im Zusammenwirken mit engagierten Kommunalpolitikern und Unternehmern das Heft in die Hand nahmen.

Doch das auf diese Weise mehrere Jahrzehnte lang erzeugte bürgerliche Selbstbild geriet gegen Ende des 19. Jahrhunderts in eine Krise, als wachsende Teile des traditionellen Bildungsbürgertums angesichts der erheblich zunehmenden Bedeutung neuer technischer, naturwissenschaftlicher und ökonomischer Eliten spürten, wie ihr bisher unbestrittener Einfluss in der Gesellschaft und ihre Deutungshoheit schwanden bzw. für fragwürdig gehalten wurden. Gleichzeitig begann eine immer vehementer auftretende Arbeiterbewegung wirtschaftlich und gesellschaftlich Einfluss zu nehmen und eine politische Profilierung der unteren Schichten voranzutreiben. Das alles ist inzwischen gesellschaftsgeschichtlich zwar detailliert untersucht worden (vgl. etwa Wehler 1995; mentalitätsgeschichtlich gewendet Bollenbeck 1994), doch soll im Folgenden der Frage nach den erfahrungsgeschichtlichen und auch psychohistorischen Folgen dieser Entwicklungen im Generationenkontext der eineinhalb Jahrzehnte vor dem Ausbruch des Ersten Weltkriegs nachgegangen werden. Die Darstellung konzentriert sich auf die für den Generationenkonflikt wesentlichen Felder, wobei das Spektrum vor allem von den Deutungskonkurrenzen zwischen Abwehr und Widerspruch einerseits, Neuaufbruch und Zukunftsplanung andererseits bestimmt war.

Verstädterung und Zivilisationskritik versus Munizipalsozialismus

Eine besonders folgenreiche Auseinandersetzung bezog sich auf die Probleme der rasant voranschreitenden Verstädterung mit ihren sozialen ebenso wie ökologischen Herausforderungen im aufstrebenden Deutschen Reich: 1910 lebte bereits jeder vierte Deutsche in einer der inzwischen 48 Städte mit mehr als 100 000 Einwohnern. Fortschrittsskepsis, Zivilisationskritik und ein vehementer Antiurbanismus entzündeten sich insbesondere am Wuchern dieser Großstädte und deren Ausgreifen in immer weitere Bereiche des Umlandes. Während die einen mit Hilfe moderner Infrastruktur, Daseinsvorsorge, Architektur und Stadtplanung den Menschen in den neuen Großstädten eine ›Heimat‹ schaffen wollten, führte nach Meinung der anderen die Zusammenballung von Menschenmassen in den großen Zentren und in den Industrieregionen zu menschenfressenden Gebilden, deren unmenschliche Qualität nicht nur von Agrarromantikern und Lebensreformern, sondern auch von vielen jungen Autoren und Künstlern angeprangert wurde. Typisch dafür ist ein Gedicht des jungen Georg Heym aus dem Jahr 1910 mit dem Titel »Der Gott der Stadt«, das mit den Versen endet: »Er streckt ins Dunkel seine Fleischerfaust. Er schüttelt sie. Ein Meer von Feuer jagt durch eine Straße. Und der Glutqualm braust und frisst sie auf, bis spät der Morgen naht« (Heym 2005, 815).

Lobten die einen den Lebensstil des Großstädters als Zeichen für das Entstehen eines neuen weltoffenen Menschen, der die höheren Ansprüche des modernen Fortschritts zu bewältigen gelernt habe, so sahen die anderen im Großstadtmenschen nur noch ein Wesen, das keine freie Natur mehr kannte und deshalb zur ›Entartung‹ verdammt war. Priesen die einen die vergangenen Jahrzehnte als Zeitalter der großen Erfindungen, der Industrialisierung und einer erfolgreichen Entwicklung von Gewerbefleiß und Wirtschaft sowie des Weltverkehrs, so betonten die anderen viele Verluste und neue Bedrohungen, mit denen der Fortschritt bezahlt werden musste. Geradezu apokalyptische Visionen wurden der Fortschrittseuphorie entgegengesetzt und gewaltige Zerstörungen in der Zukunft vorausgeahnt (vgl. Vondung 1988). Typisch ist, wie der Philosoph Ludwig Klages im Jahr 1913 aus seiner Sicht das zu erwartende Fazit der Entwicklung formuliert hat: »Wo aber der Fortschrittsmensch die Herrschaft antrat, deren er sich rühmt, hat er ringsum Mord gesät und Grauen des Todes«. Als Folge der zunehmenden Auslieferung an die vom »Fortschritt« bestimmte großstädtische Gesellschaft befürchtete Klages eine »Selbstzersetzung des Menschentums« und sah ein »Zeitalter des Untergangs der Seele« heraufziehen, in dem die Jugend »kein sorglos freies Spiel, keine fröhliche Ruhe« mehr wie einst die Väter erfreuen werde (Klages 1913, 91, 98 f., 106). Gleichzeitig begann auch Oswald Spengler seinen (allerdings erst 1918 veröffentlichten) Bestseller *Der Untergang des Abendlandes* zu verfassen, der in der Nachkriegszeit zu einer Art Bibel für alle Kulturpessimisten, für völkische Mediziner und für Rassentheoretiker werden sollte. Der Mensch als »städtebauendes Tier« habe sich – so Spengler – mit seiner Massenzivilisation zwar vom Land befreit, gehe aber an seinem Sieg letztlich zugrunde und reiße das gesamte Abendland mit in den Abgrund (vgl. Spengler 1995, 661). Der von Kritikern wie Klages und Spengler diagnostizierte Kampf zwischen Stadt und Land drohte mit der endgültigen Niederlage des Landes zu enden, wenn nicht grundsätzliche Änderungen der Entwicklungsrichtung eintraten.

Den zeitgenössischen zivilisationskritischen Bewegungen mit ihren Vorwürfen an die Gesellschaft des Kaiserreichs setzte jedoch gleichzeitig in vielen der großen Städte eine Entwicklung nicht nur deutliche Argumente, sondern auch konkrete Aktivitäten entgegen. Die Reformen angesichts der sozioökonomischen Herausforderungen liefen auf eine soziale ›kommunale Leistungsverwaltung‹ hinaus. Im letzten Drittel des 19. Jahrhunderts hatten – unterstützt oft durch Mediziner und Ingenieure, Architekten und Stadtplaner, z. T. auch durch Mäzene – sozialreformerisch eingestellte Kommunalbeamte und eine Reihe engagierter, weitschauender Bürgermeister, die aufgrund der damaligen Kommunalverfassung ihre Städte wie kleine Königreiche regieren konnten, ein immer dichter werdendes Netz von Einrichtungen der städtischen Daseinsvorsorge und modernen Infrastruktur geschaffen, die mitunter sogar weltweit von Finnland bis Japan nachgeahmt wurden. Mit dem Ziel, die immer bedrohlicher werdenden Unterschichten einzubinden und die die bürgerliche Gesellschaft potentiell zerstörenden sozialen Probleme zu bewältigen, wurden Initiativen ergriffen und Einrichtungen geschaffen, die eine befriedete Stadtgesellschaft, eine ›Sozialstadt‹ erzeugen sollten. Zugespitzt hat man diese Kommunalpolitik damals als ›Munizipalsozialismus‹, spöttisch auch als ›Gas-Wasser-Sozialismus‹ bezeichnet. Die jeweiligen Planer strebten an, auch die Großstadt zu einer Heimat zu machen, die die Zuwanderer zu integrieren in der Lage war und auf die die Bürger stolz sein konnten, wobei das differenzierte Nebeneinander der unterschiedlichen sozialen Schichten und Klassen durch eine Fülle sozialer Einrichtungen von Volksbibliotheken und Volksparks, Badeanstalten und Kinderspielplätzen bis hin zu Mütterberatungsstellen, Arbeitsnachweisbüros u. ä. im Lot gehalten werden sollte. Dass solche Einrichtungen allerdings von Stadt zu Stadt variierten und aus kommunalrechtlichen Gründen keineswegs einheitlich errichtet werden konnten, liegt ebenso auf der Hand wie die Tatsache, dass gleichzeitig zwischen den Städten Konkurrenzen existierten und Erwartungshaltungen an eine allgemeine Sozialpolitik entstanden, die dann in den Krisenjahren nach dem Ende des Ersten Weltkriegs zu erheblichen sozialen Problemen vor Ort führen konnten.

Agrarromantik, Heimatschutz und Lebensreform

Der ›Aussaugung des Landes‹ durch die ›Landflucht‹ und der Ausbreitung von immer mehr Elementen der modernen Gesellschaft auf das Land sollte, so postulierte eine sich im letzten Drittel des 19. Jahrhunderts schnell ausbreitende, vor allem bildungsbürgerlich unterstützte Heimatschutzbewegung, durch eine Neubewertung des ländlichen Lebens als einer Quelle, aus der das gesamte Volk ›Erfrischung und Erstarkung‹ schöpfte, begegnet werden. Großstädte mit ihrer ›Syphilisation‹ – so ein Schlagwort der Heimatschützer – konnten keine Heimat sein, denn Heimat galt als ein Mysterium, das menschliche Nähe, Wärme und Sicherheit vermittelte und ein Heimatgefühl als Band schuf, »welches den Menschen mit der allnährenden Mutter Erde verknüpft«. So formulierte es Georg Hansen (1915, 407), neben dem Sprecher des 1904 gegründeten ›Deutschen Heimatbundes‹, Ernst Rudorff, einer der wortgewaltigen Propagandisten der Bewegung, die eine Fülle von Impulsen zur Gründung örtlicher und regionaler Heimat-, Geschichts- und Volkskunstvereine lieferte und auch die entstehende Jugendbewegung des ›Wandervogels‹ beeinflusste (vgl. Klueting 1991).

Das Heimatschutzdenken wussten sich im späten Kaiserreich vor allem auch jene Kreise zunutze zu machen, die wie die ›Alldeutschen‹ nationale Wehrhaftigkeit und einen völkischen Nationalismus verbreiteten: Heimat war Vaterland, aber konkret, alltäglich und überall erfahrbar. Die Bereitschaft des männlichen Nachwuchses zum heldischen Einsatz für das Vaterland wurde deshalb mit dem Argument eingefordert, es gelte die jeweilige Heimat gegen Feinde von innen und außen zu verteidigen – gegen die Entfremdungen durch die Massenzivilisation, dann gegen die ›welsche Begehrlichkeit‹ im Ersten Weltkrieg und schließlich gegen ›rassische Überfremdung‹, ›bolschewistische Unkultur‹ und ›asiatische Horden‹ im NS-Regime und Zweiten Weltkrieg.

Die mit der Heimatschutzbewegung eng verbundene Agrarromantik mit ihrer Fiktion eines ›unverdorbenen Landlebens‹ lieferte überdies den Anstoß, nach Möglichkeiten eines humanen ›dritten Weges‹ zwischen den in den Ballungsräumen immer unübersehbarer werdenden Folgen eines kalten Kapitalismus und den Verführungen eines radikalen Kommunismus zu suchen – eines ›dritten Weges‹, der zur Erlösung aus dem aktuellen kulturellen Niedergang und zu einer völkischen Erneuerung zu führen versprach (vgl. zum Folgenden Kerbs/Reulecke 1998, darin besonders Krabbe 1998, sowie auch Linse 1986; 1996; Rohkrämer 1999). Ein ökologisches Bewusstsein entstand; Gemeinschaftssiedlungen, Landkommunen, lebensreformerische Kolonien wie die 1893 bei Berlin gegründete vegetarische ›Obstbaumkolonie Eden‹ und insbesondere die von vielen neu-

gierigen Zeitgenossen von Lenin bis Hermann Hesse besuchte Siedlung Monte Verità bei Ascona galten als Experimentierorte, an denen Weichenstellungen für den ›neuen Menschen‹ erfolgen sollten (vgl. Mros 2007; Landmann 2009).

Das Spektrum der Lebensreform mit ihren zahlreichen Vereinen und Einzelinitiativen reichte von der Kleidungs- und Ernährungsreform (mit ihrer Zuspitzung im Vegetarismus) über Freikörperkultur und Naturheilbewegung bis hin zu den Abstinenzlern. Im Vergleich zu den anderen Reformbewegungen sprach die Lebensreform verstärkt Kleinbürgertum und Arbeiterschaft an. So heterogen sowohl die Konzepte wie die einzelnen Initiativen auch waren, repräsentierten sie insgesamt doch so etwas wie eine »säkularisierte gnostisch-eschatologische Erlösungslehre«, wobei das dahinterstehende dialektische Geschichtsmodell und die durch die Massengesellschaft hervorgerufenen Zivilisationsschäden, Desorientierungen und Verluste hinsichtlich der natürlichen Existenzgrundlagen als der »fundamentale Sündenfall« angesehen wurden (Krabbe 1998, 74; vgl. auch Hermand 1991; Küenzlen 1994; Fritzen 2006). Eine ›Erlösung‹ davon versprach man sich nicht durch die Bekämpfung einzelner Krankheiten wie z. B. der Neurasthenie, die damals als Bedrohung des männlichen Geschlechts betrachtet wurde, oder der Hysterie, die als weibliche Form von Hypernervosität intensiv diskutiert wurde (vgl. Radkau 1998). Viel prinzipieller ging es um eine andere Lebensweise in einem zukünftigen ›vegetarischen Zeitalter‹, die einen ursprünglich ›harmonischen Dreiklang‹ von Körper, Seele und Geist wieder herzustellen versprach.

Mannhaftigkeit, Männerbund und Homoerotik

Der Hinweis auf die Neurasthenie als Grund für eine um sich greifende männliche Gefährdung führt zugleich auf eine breite damalige Debatte über das Männerbündische und die männliche Erotik hin. In seinem oben bereits kurz erwähnten Werk *Altersklassen und Männerbünde* aus dem Jahr 1902 versuchte der Bremer Volkskundler Heinrich Schurtz aufgrund umfangreicher Studien einfacher Völker nachzuweisen, dass die wichtigsten Bewegungskräfte und Grundformen des öffentlichen Lebens bis hin zur Staatsbildung männlichen »sympathischen Vereinigungen« entstammten: Die »Liebe zum Weibe«, die Ehe und die Rolle des Mannes als Familienvater seien nur Episoden, denn dem innersten Wesen des Mannes entspreche letztlich das männerbündische Zusammenwirken (Schurtz 1902, 21; vgl. hierzu Reulecke 2001). Darin liege – so Schurtz – ein tiefer, kaum überbrückbarer Gegensatz zwischen Mann und Weib, der sich in tragischen Konflikten äußern könne, aber auch den Alltag durchziehe. Von den Schurtzschen Ideen ging nachweislich eine erhebliche Wirkung aus, die bis in die männerbündischen Prinzipien der NS-Formationen und der NS-Pädagogik reichte.

Fast parallel zur Studie von Schurtz erschien 1904 eine umfangreiche Arbeit des Naturwissenschaftlers und Soziologen Benedict Friedlaender, der auf weltweiten Studienreisen ebenfalls nach den Formen und Motiven männlicher Gesellung geforscht hatte. Auch er glaubte, eine deutliche Unterscheidung zwischen der Liebe in männlichen »Freundschaftsbündnissen« und der Liebe des Mannes in der Ehe zu seiner Ehefrau gefunden zu haben: »Wie weit darf die Intimität mit Freunden gehen? Ist nicht notwendigerweise auf intellektuellem Gebiet die Intimität mit Freunden immer größer als diejenige mit der Frau?« (Friedlaender 1904, 266), fragte er beispielsweise und landete bei einer massiven Kritik an der Ehemoral und ehelichen Alltagspraxis seiner Zeit, die er tendenziell als eine »Art Galeerensklaverei auf Lebenszeit« bezeichnete, weil sie letztlich dazu führe, dass der ohne intime Freunde lebende Ehemann »denaturiert« werde: Er existiere schließlich nur noch wie jene »vergrämten, konventionell verkümmerten und würdevoll resignierten Käfigvögel und Ehekrüppel, deren Gesellschaft obendrein nur in der Gegenwart und unter Aufsicht der eigenen oder fremder weiblicher Hälften genossen werden darf« (ebd.). Friedlaender war einflussreiches Mitglied des 1897 unter der leitenden Initiative von Magnus Hirschfeld gegründeten homoerotischen Zirkels ›Wissenschaftlich-humanitäres Komitee‹, den er mit erheblichen Geldsummen unterstützte. 1905 veröffentlichte er in der damals wohl erfolgreichsten Wochenzeitschrift, der vom Journalisten Maximilian Harden herausgegebenen *Die Zukunft*, einen Disput mit dem Arzt und damals führenden Sexualwissenschaftler Albert Moll, in dem er – ausgehend von seiner Theorie der naturgegebenen ›physiologischen Freundschaft‹ – für die Abschaffung des § 175 eintrat, während Moll Homosexualität für eine zu behandelnde Krankheit hielt, die durch Verführung weitergegeben werde, weshalb er vor allem für einen wirksamen Schutz der männlichen Jugend eintrat (vgl. Hingst 1997, vor allem 32 und 44 f.).

Der Hinweis auf Maximilian Hardens Zeitschrift *Die Zukunft* bietet sich an dieser Stelle auch deshalb an, weil Harden darin kurze Zeit nach dem Friedlaender-Moll-Disput engste Freunde Wilhelms II. aus dessen ›Liebenberger Tafelrunde‹, den sogenannten ›Eulenburg-Kreis‹, der Homosexualität bezichtigte und damit einen der größten Skandale des späten Kaiserreichs provozierte. Dabei ging es Harden nicht in erster Linie um die Sittlichkeit als solche, sondern um die Abwehr von Unheil sowohl vom Kaiser als auch von der Nation als ganzer. »Wir treiben im Deutschen Reich eine viel zu süßliche und weichliche Politik«, schrieb er und begründete seine Klage damit, dass »kränkliche Männer aller Sorten sich um die Person des Monarchen« scharten; um den »deutschen Kaiser aber soll[t]en und müss[t]en *ganze* Männer sein!« Nur sie seien fähig, die großen Aufgaben zu meistern, vor denen das Deutsche Reich stehe, und nicht die »unmännlichen, weichlich-weibischen Berater« (zit. n. Sombart 1991, 40). Es kam daraufhin vor allem zwischen Harden und Philipp von Eulenburg sowie Harden und Kuno von Moltke zu Verleumdungs- und Beleidigungsprozessen, zu denen auch Magnus Hirschfeld als Gutachter herangezogen wurde. In diesen Prozessen wurde – vom Problem der Homosexualität ausgehend – das gesamte Spektrum der männlichen Charakteristika für das Wirken in der Öffentlichkeit und für die Nation debattiert, so z. B. als es um die Behauptung ging, dass von Moltke im »Notfall das Schwert« nicht zu ziehen bereit sei, er also – so Harden – zu jenen »effeminierten Männern« gehöre, mit denen man keinen Krieg mehr führen könne, weil sie die Realitäten nicht sähen und nicht zu harten Entscheidungen, wie sie richtige Männer fällen können, in der Lage seien (zit. n. ebd.). Zwar wurden die Prozesse nicht wirklich abgeschlossen, aber nachdem Wilhelm II. die beiden Freunde fallengelassen hatte, schrieb Harden am 20. Juli 1908 in der *Zukunft* triumphierend: »Ein Zauberring wird gesprengt. Die süßen Zirper und Geisterseher kehren so bald nicht zurück […]. Der Kaiser ist frei und hat, nach nützlicher Enttäuschung vom Glauben an romantische Politik, noch ein Leben vor sich« (zit. n. ebd., 47).

Dass sich auch Frauen vehement an der Debatte um das Männerbild, besonders um die Gefährdung des heranwachsenden jungen Mannes beteiligten, soll mit einem Text der Charlottenburger ›Privatgelehrten‹ Minna Kube belegt werden. Im Jahr 1906 veröffentlichte Kube, damals Direktorin des bei Glienicke in der Mark liegenden Erholungsheims

Märkischer Jungborn, eine Schrift, in der es um den »gesunden Mann« ging. Vor allem die Gefahren, die ihm in der Zeit seiner geschlechtlichen Reifung drohten, und die Verirrungen des Geschlechtslebens (Stichwort: »Fiebersumpf«) waren es, die sie zu ihrer aufklärenden Broschüre veranlasst hatten, denn – so Kube – über diese Probleme wüssten die jungen Menschen »nichts, gar nichts!!« (Kube 1985, 11). Die Verfasserin beginnt ihre Ausführungen damit, das die Herzen der Knaben früh vergiftende Laster der Onanie anzuprangern: Dies galt es, wegen der von ihr ausgehenden »entsetzlichen […] Verheerungen und Entartungen« radikal auszurotten. Dabei warb Kube nachdrücklich um »pädagogisch-ethisch begabte« Lehrer als Mitstreiter, denn »die Brutstätte dieses Lasters [sei] besonders auch die Schule!« (ebd.). Der männlichen Impotenz, der Keuschheit vor der Ehe, besonders aber den »venerischen Krankheiten« (Tripper, Schanker, Syphilis) widmete sie anschließend ausführliche Kapitel, die sie mit abschreckenden Abbildungen ausstattete. Als Heilmittel besonders für die Geschlechtskrankheiten empfahl sie Naturheilmethoden wie vegetarische Speisen, Schwitzprozeduren, Sonnenbäder u. ä. Ihr Buch lässt sie dann mit einem Kapitel über die Prostitution enden, die von ihr als alleinige Schuld der Männer gedeutet wird: Fast jeder zweite Mann habe von jungen Jahren an Prostitutionserfahrungen. Die Verfasserin kommt dann, von ihrer Klage über diesen speziellen »Fiebersumpf« ausgehend, zu folgendem Finale:

> Kaum daß der Jüngling geschlechtsreif ist, kommt ein ›guter Freund‹ und raunt ihm ins Ohr: ›Gehe zur Dirne, das macht *jeder* Mann, weil es schön und zur Gesundheit eines geschlechtsreifen Menschen notwendig ist!‹ O welch Elend, wie viele Tränen und total verpfuschte Lebensexistenzen hat diese *elende* Weisheit nicht schon auf dem Gewissen! Wann werden unsere Männer soweit sein, daß sie über ihre eigenen Körperfunktionen und natürlichen Bestimmungen etwas edler und feiner fühlen und denken? (ebd., 49).

Sahen solche und eine beträchtliche Zahl ähnlicher Schriften einen Niedergang der traditionellen Männlichkeit voraus, ging es anderen Autoren ausdrücklich darum, Empfehlungen zu verbreiten, wie die Nachwuchsgeneration angesichts der vielfältigen Verführungen in der Massenzivilisationsgesellschaft die »Ehre des Mannes in unserer Zeit« wieder erringen konnte. Dabei ging es vor allem um die Stärkung dreier Kräfte: »erstens die Kraft, mutig und tapfer zu sein, zweitens die Kraft zur Arbeit, drittens die Geschlechtskraft« (Wegener 1917, 16). Besonders deutlich äußerte sich im Herbst 1906 der streitbare Lud-

wig Gurlitt, Altphilologe am Steglitzer Gymnasium und einer der wichtigsten geistigen ›Väter‹ des ›Wandervogel‹, indem er das wilhelminische Erziehungs- und Schulsystem für die Krise der Männlichkeit verantwortlich machte. *Erziehung zur Mannhaftigkeit* lautet der Titel eines Buches, dessen Manuskript er im Oktober 1906 gerade abschließen wollte, als ihn eine Pressenachricht dazu veranlasste, noch ein besonders scharfes Nachwort zu schreiben, denn die nun bekannt gewordene Tat des »Hauptmanns von Köpenick« schien ihm der Beweis zu sein, wohin die allgemein übliche »Erziehung zur Subalternität« und der vorherrschende »Geist der Dressur« führen konnten. Das Ereignis in Köpenick war für ihn »ein trauriger Triumph preußisch-militärischer Abrichtungskunst«, ein »Triumph der geistigen Hosennaht« (Gurlitt 1906, 217; vgl. auch Reulecke 2011, 81). Stattdessen forderte er eine Männlichkeitserziehung, bei der das freie Individuum im Mittelpunkt stehen sollte und nicht die Erzwingung blinden Gehorsams mit Hilfe von Erziehungsmethoden, bei denen die Prügelstrafe an erster Stelle stand, denn »sonst wird unser ernstes Leben zum Possenspiel« (Gurlitt 1906, 227). Die erheblich zunehmende Zahl von Schülerselbstmorden war für ihn ein bedrückender Beleg dafür, wie sehr der Schulbetrieb seiner Zeit bei vielen Schülern zu »Verzweiflung und Lebensüberdruß« (ebd.) geführt hatte. »Männer setzen Knaben voraus«, lautete daher Gurlitts Kerngedanke: Nur in einer freien Knabenerziehung sah er die Voraussetzung dafür gegeben, dass in Zukunft »neue und ganze Männer« die Geschicke des Deutschen Reiches bestimmen würden und nicht »servile Lakaien mit Untertanendemut und hässlichem Strebergeist« (ebd., 243).

Der ›Aufbruch der Jugend‹: Wandervogel und Freideutsche Jugend

Gurlitt war einer der vehementesten Kritiker des wilhelminischen Schul- und Erziehungswesens, die durch Schriften und schließlich – wie Hermann Lietz, Berthold Otto, Georg Kerschensteiner, Gustav Wyneken und Paul Geheeb – durch den Ausbau von privaten Reformschulen und Landerziehungsheimen eine immer breiter werdende schulreformerische Bewegung anstießen (vgl. Schonig 1998; Schwerdt 1998; Kaufmann/Priebe 2010). Gurlitt wie Wyneken gehörten zu jenen Schulreformern, welche die sich im Deutschen Reich, z. T. auch in Österreich seit der Gründung des ›Wandervogel‹ in Steglitz um

1900 vehement ausbreitende bürgerliche Jugendbewegung nicht nur unterstützten, sondern als Ältere mit Empfehlungen nachdrücklich inhaltlich zu profilieren versuchten. Wyneken erwartete von der sich seit etwa 1910 immer deutlicher zu Wort meldenden Bewegung, dass eine eigenständige Jugendkultur entstehe, die der ›alten Welt‹ eine wirkliche Wiedergeburt und Verjüngung schenken werde. Und Gurlitt glaubte, dass sie in der Lage sei, beharrlich einen Kampf gegen alles durchzuführen, »was sie noch in der eigenen Brust und in der Umwelt als unwahr erkennt, gegen alle nur äußerlich anerzogene und nur gedankenlos mitgeschleppte Scheinkultur« (Gurlitt 1913, 162).

Herausgefordert durch solche Gesprächsangebote, durch eine seit der Jahrhundertwende vom Staat, von den Kirchen und von einzelnen Parteien betriebene Jugendpflegepolitik mit der Gründung einer Fülle von Jugendverbänden und durch einen in der Öffentlichkeit immer lautstärker geführten »Kampf um die Jugend«, begannen sich nun vor allem in Akademischen Freischaren an den Universitäten Göttingen, Marburg, Freiburg, Jena und auch Wien sammelnde ehemalige Wandervögel programmatisch zu äußern und entsprechende Pläne zu entwickeln. Dem »echten Freischärler« wurde hier die Aufgabe zugewiesen, in Zukunft ein »Kämpfer in allen Lebenslagen« vor allem gegen die gesellschaftlichen »Ordnungsphilister« und »Pharisäer« zu sein, sich von allen Vorurteilen zu befreien, »mit denen eine finstere geschichtliche Vergangenheit« die Gesellschaft belaste, und mit »kraftvollem Handeln« jeder Art von Intoleranz gegenüber »gesunden Lebenserscheinungen« und jeder Brutalität im Umgang miteinander ebenso entgegenzutreten wie im Verkehr der Völker. Die hier zitierte Selbstbeschreibung der Deutschen Akademischen Freischar endet dann mit der den Freischärler mit »Stolz und innerer Freude« erfüllenden »Erkenntnis«, ein zwar »vergängliches und dienendes, aber auch ein unentbehrliches Glied in der Kette der Generationen zu sein« (Deutsche Akademische Freischar 1988, 123–130).

Anregend wirkten in diesem Zusammenhang Denkhorizonte, die sich aus zwei nun in Mode kommenden Begriffen ergaben: dem Begriff ›Adoleszenz‹ und dem des ›Selbst‹. Zwar hatte der amerikanische Kinderpsychologe Stanley Hall mit seinem 1904 geprägten Begriff ›adolescence‹ eine von den Heranwachsenden ausgehende gesellschaftliche Gefahr benennen wollen, doch regte er im deutschen Sprachraum eine Fülle von darüber hinausgehenden Überlegungen an, die auf die Deutung der Adoles-

zenzphase als eines »Bildungs-« bzw. »psycho-sozialen Moratoriums« hinausliefen und insbesondere die Chancen wie auch die Behinderungen der Herausbildung eines individuellen ›Selbst‹ in dieser Lebensphase im Auge hatten (vgl. Dahlke 2006, 19 ff. und 34 ff.). Frühzeitig hatte z. B. der junge Freud-Schüler Siegfried Bernfeld, stark beeinflusst von Gustav Wyneken und zusammen mit Walter Benjamin und Georges Barbizon Herausgeber der jugendkulturellen Zeitschrift *Der Anfang*, im Anschluss an Stanley Hall nachdrücklich die Eigengesetzlichkeit der Jugendphase und die notwendige Abkehr von den autoritären Verhältnissen in Schule und Elternhaus betont (vgl. Bernfeld 2010, 11–42; Laermann 1985). Die Schule sei, so Bernfeld, letztlich nur ein »Lerngefängnis«, und in der Familie sei das Kind bloß »Eigentum der Eltern oder, extrem ausgedrückt, es befindet sich im Zustand der Sklaverei« (Bernfeld, zit. n. Laermann 1985, 371 f.). Bernfeld hatte im Frühjahr 1913 in der ersten Nummer des *Anfang* als Leitgedanken einer sich gegen diese Verhältnisse richtenden Jugendkulturbewegung plakativ verkündet:

> Kindheit und Jugend sind nicht die zwecklosen Durchgangsstadien zum erwachsenen Menschen, sondern notwendige, in sich geschlossene Entwicklungsstufen. Jugend und Mannheit sind nicht graduelle, sondern qualitative Unterschiede. Die Jugend ist also nicht unvollkommene, unreife Mannheit, sondern ein vollkommener Zustand für sich (zit. n. ebd.).

Solche Gedanken flossen mit ein in die Vorbereitung eines Ereignisses, das Mitte Oktober 1913 stattfand und einen außergewöhnlichen Höhepunkt der nun in Gang gekommenen jugendlichen Selbstfindungsdebatte darstellte: das Freideutsche Jugendtreffen auf dem Hohen Meißner, einem Bergrücken östlich von Kassel (vgl. Mogge/Reulecke 1988). Dort gelobten die über 2000 anwesenden jungen Leute aus den akademischen Freischaren, aus Wandervogelbünden und einigen schul- und lebensreformerischen Kreisen in bewusster Absetzung von dem gleichzeitig in Leipzig stattfindenden, säbelrasselnden Fest zur Erinnerung an die 100 Jahre zurückliegenden Sieg über Napoleon pathetisch und selbstsicher: »Die Freideutsche Jugend will aus eigener Bestimmung, vor eigener Verantwortung, mit innerer Wahrhaftigkeit ihr Leben gestalten« und fügten noch hinzu, dass man in Zukunft für »diese innere Freiheit geschlossen« eintreten wolle und alle weiteren Treffen »alkohol- und nikotinfrei« sein sollten. Dahinter stand die Vorstellung von einer zukünftigen Jugend, die – so hieß es in der Einladung zum Fest –

»ihr Selbst frei entwickeln [werde], um es dann dem Dienst der Allgemeinheit zu widmen« (»Meißner-Formel« zit. n. ebd., 52; »Der erste Aufruf« nach ebd., 85). Diese »Meißner-Formel« sollte von nun an die Geschichte der Jugendbewegung bis in die jüngste Zeit begleiten. Sie war – wegen ihrer deutlichen Fixierung auf das individuelle ›Selbst‹ immer wieder neu kontrovers diskutiert – einer der beiden Pole der aus jugendbewegtem Geist entstammenden Prinzipien für die Bewältigung der Adoleszenzphase. Der zweite, der Meißner-Formel deutlich entgegengesetzte Pol – das Versprechen, seinen Führern vertrauensvoll Gefolgschaft zu leisten – entfaltete sich dagegen mit der sich bereits vor dem Ersten Weltkrieg in Deutschland nach englischem Vorbild ausbreitenden Pfadfinderbewegung, aber auch mit den Umgangsformen in den damaligen Wehrkraftverbänden mit ihren Jugendgruppen, insbesondere in dem 1911 als Dachverband gegründeten und von Offizieren geführten Jungdeutschlandbund.

Diese Gegensätze, die das jugendbewegte Menschenbild nach dem Ersten Weltkrieg stark bestimmen und zu diversen Auseinandersetzungen führen sollten, haben führende Pädagogen wie Jonas Cohn und Theodor Litt auf die griffigen Formeln »Befreien und Binden« bzw. »Führen oder Wachsenlassen« gebracht (vgl. Reulecke 2012). Das Meißner-Treffen wurde bei immer wieder neuen Treffen an runden Erinnerungsdaten bis heute als mehr oder weniger harmonisch-begeisterndes Fest mit allgemeiner Zustimmung zur Meißner-Formel, mit klingenden Reden, besonders von Gustav Wyneken, mit Volkstanz, Volksliedsingen, Lagerfeuern usw. dargestellt. Es war jedoch von inneren Widersprüchen geprägt, die wenig später zur Herausbildung von gegensätzlichen Lagern und schon in der Zeit des Ersten Weltkriegs, besonders aber dann unmittelbar nach Kriegsende zum Auseinanderfall der bürgerlichen Jugendbewegung führten, wobei die Extreme zum einen in völkisch-nationalistische, zum anderen in kommunistische Richtung wiesen. Typisch war, dass bereits während des Festes die weit ausgreifende Jugendkulturidee, die die Herausgeber des *Anfang*, Bernfeld und Benjamin, unterstützt von Wyneken vertraten, nur geringen Erfolg hatte. Sie ernteten deutliche Kritik; Wyneken und die Zeitschrift *Der Anfang* hätten, so hieß es, die »arrogante Kühnheit« besessen, ihr Programm als das Programm des gesamten Treffens zu deklarieren und sich als das »eigentliche Sprachrohr« der Freideutschen Jugend zu stilisieren. Das »Denken und Fühlen« der Anwesenden sei jedoch »noch gesünder, natürlicher, jugend-

lich wahrhaftiger« gewesen, als die »Streitrufer« es geglaubt hätten (zit. n. Mogge/Reulecke 1988, 326). Andere dagegen lobten z. B. die »Feuerrede« des damals 25-jährigen jungen Mediziners und Mitautors der Meißner-Formel, Knud Ahlborn, der die aktuellen gesellschaftlichen Krankheiten – »Parteienkampf«, »Eigennutz«, »entseelte Arbeit« und »entseelender Genuss« – anprangerte, eine »mythische Einheit des Volksganzen« ablehnte und zur Toleranz gegenüber allen Andersdenkenden, aber ebenfalls Wahrheit suchenden Zeitgenossen aufrief (zit. n. ebd., 289 f.).

Stark polemisierend hat jedoch offenbar die Rede Gustav Wynekens, des einflussreichen Gründers der Freien Schulgemeinde Wickersdorf bei Saalfeld, gewirkt (vgl. Dudek 2009). Sprachen die einen von »hochtrabenden, verworrenen Sätzen«, die viele »misstrauische Zweifler« bestätigt hätten, so lobten andere sie als »Schauer von unendlicher Schönheit und zeitloser Wahrheit«: Wynekens Rede hatte die Gefahr einer Manipulation der Jugend angesprochen, vor einer »Mechanisierung« jugendlicher Begeisterungsfähigkeit gewarnt und chauvinistische Äußerungen einiger Anwesender, vor allem aus Österreich, angeprangert: Sie wollten »zum Waffengang mit einem Nachbarvolke anspornen«, sängen aber gleichzeitig das Lied »Seid umschlungen, Millionen« (zit. n. Mogge/Reulecke 1988, 49 f.). Eindrucksvoll und bis heute oft zitiert sind angesichts des Kriegsausbruchs in der Mitte des folgenden Jahres die Worte Wynekens: »Wenn ich die leuchtenden Täler unseres Vaterlandes hier zu unseren Füßen ausgebreitet sehe, so kann ich nicht anders als wünschen: Möge nie der Tag erscheinen, wo des Krieges Horden sie durchtoben. Und möge auch nie der Tag erscheinen, wo wir gezwungen sind, den Krieg in die Täler eines fremden Volkes zu tragen« (zit. n. ebd., 294). Dementsprechend haben die Sprecher der Freideutschen Jugend vom Hohen Meißner noch Anfang 1914 an den Kaiser ein Telegramm geschickt, in dem sie ihn beschworen, alles daran zu setzen, der Jugend einen Krieg zu ersparen.

Wie schon angedeutet: Der Versuch, durch das Meißner-Fest einen jugendbewegten Impuls zu einem selbstbewussten Aufbruch der Jugend in eine humanere Zukunft zu setzen und dies in vertrauensvoller Kommunikation mit einfühlsamen Vertretern der vorausgehenden Generationen zustandezubringen, blieb eine Vision und Illusion. Die inneren Widersprüche verhinderten eine solche Entwicklung ebenso wie die gravierenden Herausforderungen in der Folgezeit. Sie zeigten sich erstmals bereits zu Jahresbeginn 1914, als von mehreren Seiten massive Vorwürfe gegen jugendbewegte Aktivitäten erhoben wurden – beginnend mit Verboten des *Anfang* wegen Anstachelung zur Revolution in Wien und des Wandervogelliederbuchs *Der Zupfgeigenhansl* (1909) wegen angeblicher Unsittlichkeit in Bayern. Im Bayrischen Landtag fand eine kulturpolitische Debatte statt, in der vor allem von Zentrumsseite der freideutschen Jugendbewegung Kirchenfeindlichkeit, unpatriotisches Verhalten und Unsittlichkeit mit solchem Nachdruck vorgeworfen wurde, dass der zuständige Kultusminister zusagte, das »Übel im Keim zu ersticken« (zit. n. ebd., 54 f.).

Doch dies blieben Episoden, denn das sogenannte ›Augusterlebnis 1914‹ ließ bei den meisten jugendbewegten jungen Männern alle Debatten über eine eigene Jugendkultur in der Phase der Adoleszenz, über jugendbewegte Stilformen und Menschenbilder sowie über den Umgang mit den verhassten Autoritäten des Kaiserreichs zurücktreten: Für viele wurden die Schützengrabenerlebnisse und ›Stahlgewitter‹ geradezu eine männliche Initiationserfahrung. Der Krieg bot ihnen die vermeintliche Chance mannhafter Bewährung und schien zugleich die Voraussetzung zur Überwindung einer verweichlichenden ›welschen‹ Zivilisation zu liefern (s. Kap. II.4). Männliche Tugenden, so war die einhellige Meinung, waren nun in besonders extremer Weise gefragt und gefordert: Tapferkeit und Härte, Treue und eiserner Wille, Kameradschaft, Liebe zum Volk und Einsatzbereitschaft bis hin zum Opfertod. Die Kriegslyrik, die Soldatenlieder, die Heldenberichte und die Frontpropaganda enthalten alle den gleichen Topos: Der Jüngling oder junge Mann trennt sich freudig, aber ernst von der Mutter, der Geliebten und von seiner Familie, um seiner eigentlichen Bestimmung entgegenzueilen und sich in den Kämpfen gegen den Feind als Mann zu bewähren. In einem Gedicht hat der 1892 geborenen Heinrich Zerkaulen diese neue Jungmännerperspektive besonders ausdrucksstark beschworen:

> Aus zieh ich meiner Jugend buntes Kleid
> und werf es hin zu Blumen, Glück und Ruh.
> Heiß sprengt das Herz die Brust mir breit,
> der Träume Türen schlag ich lachend zu.
> Ein nacktes Schwert wächst in die Hand hinein,
> der Stunden Ernst fließt stahlhart durch mich hin.
> Da steh ich stolz und hochgereckt allein
> im Rausch, daß ich ein Mann geworden bin
> (zit. n. Böhme 1934, 11).

Eine Ausnahme stellten allerdings die jugendbewegten Wortführer des *Anfang* dar, die sich und ihrer pazifistischen Grundhaltung weiter treu blieben:

Walter Benjamin und Siegfried Bernfeld kritisierten z. B. voller Empörung ihren bisherigen Ideengeber Gustav Wyneken, nachdem dieser in einer Rede im November 1914 den Krieg als ›jungmännliche‹ Möglichkeit der Bewährung und als ›Weihe‹ bezeichnet und in einer Broschüre die junge Generation zur Verteidigung des ›Deutschen Reiches‹ aufgefordert hatte (vgl. Dudek 2002). Während Bernfeld dennoch die Beziehung zu Wyneken fortsetzte, sprach Walter Benjamin von einem »fürchterlichen scheußlichen Verrat« (zit. n. ebd., 83) und brach 1915 den Kontakt zu ihm ab, und Hans Reichenbach, ein Freund Bernfelds, schrieb an Wyneken: »Ihr Alten, die Ihr uns diese erbärmliche Katastrophe eingebrockt habt, Ihr wagt es überhaupt noch, uns von Ethik zu sprechen […]. Ihr habt das Recht verwirkt, unsere Führer zu sein. Wir verachten Euch und Eure Zeit!« (zit. n. ebd.). Wyneken erlebte nach 1918 noch eine kurze öffentliche Karriere, als er in Berlin – als Fachmann im Kultusministerium für das Schulwesen zuständig – Schulreformen anregte, für die Aufhebung des schulischen Religionszwangs eintrat und die Schülermitbestimmung ins Leben rief. Auf die nun nach ihrer ersten Phase, der des ›Wandervogels‹ und der Freideutschen, in ihre zweite Phase eintretende Jugendbewegungsentwicklung zwischen links und rechts hatte Wyneken trotz diverser Versuche keinen Einfluss mehr. Auch sein Versuch, nach 1945 zusammen mit Knud Ahlborn einen an die geistigen Wurzeln der frühen Jugendbewegung anknüpfenden ›Freideutschen Bund‹ zu gründen, scheiterte.

Deutungskonkurrenzen

Das recht heterogene Spektrum der von oft starker Kultur- wie Gesellschaftskritik geprägten Reform- und Aufbruchbewegungen besaß durchaus eine gemeinsame Ausgangsbasis, die Folge einer von Unsicherheiten und Ängsten begleiteten Fin de Siècle-Stimmung, d. h. einer weit verbreiteten wahrnehmungsgeschichtlichen und auch psychohistorischen Umbrucherfahrung war. Die in der sich vehement technisch wie strategisch modernisierenden Medienlandschaft in Umlauf gebrachten Schlagworte umfassen neben dem hier in den Mittelpunkt gestellten Begriff ›Jugend‹ auch ›Klasse‹, ›Masse‹ und ›Rasse‹. Neben den besonders in den Ballungsgebieten erlebten rasanten Veränderungen der Alltagswelt waren es zum einen technisch-rationale Zukunftsentwürfe und Handlungsstrategien, zum anderen philosophisch-soziologische Deutungsangebote, romantisierende Sichtweisen wie auch neoreligiöse Weltbilder, die insbesondere die heranwachsende Generation, also die in den 1880er und 1890er Jahren Geborenen, mit einer Fülle von Herausforderungen konfrontierte, die sie in ihrer Adoleszenz bei ihrem Bestreben, ein selbstsicheres ›Selbst‹ zu werden, zu verarbeiten hatten.

Dies alles fand in einer Phase des gerade erst geschaffenen Deutschen Reiches statt, in der – trotz vieler sozialer Probleme – Wirtschaft und Industrie florierten, die Führungseliten Selbstsicherheit und Handlungssicherheit ausstrahlten, der Erwerb von Kolonien das nationale Selbstbewusstsein stärkte und deshalb der 1889 als 30-jähriger auf den Thron gekommene Kaiser Wilhelm II. die Parole ausgeben konnte, dass ›am deutschen Wesen die Welt genesen‹ solle. Zwar wurde, wie die oben zitierten aggressiven Anwürfe Arthur Moeller van den Brucks, Walter Benjamins und Siegfried Bernfelds belegen, z. T. durchaus ein Krieg der Generationen beschworen, doch kann insgesamt nicht von einem grundsätzlichen Generationenkonflikt bzw. einer Rebellion der Jungen gegen die Alten gesprochen werden, wie sich bei Ausbruch des Weltkriegs zeigen sollte. Weder die sich nach der Jahrhundertwende ausbreitende Wandervogelbewegung noch die Freideutschen rund um den Hohen Meißner, weder die diversen auch von vielen jungen Leuten unterstützten Reformbewegungen noch die sich seit etwa 1904 stärker zu Wort meldende Arbeiterjugendbewegung bezogen ihre Antriebskräfte aus einem bewussten Kampf gegen die Vätergeneration. Maßgeblich war vielmehr jener innere Zwiespalt, den die rasanten kulturellen und gesellschaftlichen Wandlungsprozesse hervorgerufen hatten und der ein immer deutlicher wahrgenommenes Auseinanderdriften der ehemals durchaus eng zusammenwirkenden besitz- und bildungsbürgerlichen Schichten zur Folge hatte.

Dieser Zwiespalt manifestierte sich darin, dass die jugendlichen Aufbruchsbestrebungen und neuen Stilformen des sozialen Umgangs sowie die Kontroversen um eine eigenständige Jugendkultur bei vielen älteren Vertretern des Bildungsbürgertums aus den Jahrgängen 1850 bis 1875 hohe Beachtung und Unterstützung fanden. Die führenden Akteure des ›Wandervogel‹ und der ›Freideutschen Bewegung‹ nahmen dies erfreut als motivierenden Rückenwind zur Kenntnis. Die Liste der Schriftsteller, Hochschullehrer, Politiker, Journalisten, Künstler, Philosophen und Pädagogen, die wie Wyneken durchweg zum ›liberalen Lager‹ im Kaiserreich gehörend, z. B. das Treffen auf dem Hohen Meißner 1913 förderten,

›Freundesworte‹ zu einer Festschrift zu diesem Ereignis beisteuerten oder Grußworte schickten, ist bemerkenswert: Sie reicht, um nur einige zu nennen, von Eugen Diederichs, Gottfried Traub, Ferdinand Avenarius über Ludwig Gurlitt, Gerhart Hauptmann, Karl Lamprecht, Walter Goetz und Gertrud Bäumer bis hin zu Hans Delbrück, Georg Kerschensteiner, Ludwig Klages, Alfred Weber, Paul Natorp, Leonard Nelson, Gertrud Prellwitz und Ludwig Thoma.

Dass sich bereits früh in den unterschiedlichen Bewegungen und Initiativen innere Widersprüche und Kontroversen abzuzeichnen begannen, liegt auf der Hand. Die notwendige Reifezeit, sich mit solchen Herausforderungen gründlicher auseinanderzusetzen und mit Hilfe einer selbständig-selbstbewussten Jugendkultur die ›kulturelle Misere‹, das ›Spießbürgertum‹, die ›eingetrichterte Demut‹, den ›Geist der Dressur‹ und ähnliche wilhelminischen Rollenbilder überwinden zu können, gab es jedoch für jene Nachwuchsgeneration nicht, auch wenn sich die vielen älteren Anhänger erhofften, der Motor eines humaneren, friedlicheren, weltoffeneren ›Jahrhunderts der Jugend‹ zu sein. Was jedoch in langfristiger Perspektive trotz der gewaltigen Umbrüche infolge des Kriegsausbruchs und der Kriegsfolgen angemerkt werden kann, ist zweierlei:

Einerseits haben die um die Jahrhundertwende entstandenen Bewegungen und Aufbruchversuche, nicht zuletzt die Jugendbewegung, in der weiteren Zukunft durchaus hier und da beachtliche Anregungen in die jeweilige Gesellschaft eingebracht, aber z. T. auch höchst problematische Entwicklungen mit angeregt bzw. unterstützt. Andererseits aber ist letztlich doch festzustellen, dass ihr oft mit großen Worten beschworener und angestrebter politisch-gesellschaftlicher Einfluss und ihre kulturpolitische Bedeutung eher marginal blieben. Worauf jedoch ausdrücklich hinzuweisen ist: Die genannten Bewegungen hatten für viele Menschen, die in jungen Jahren, während bzw. nach dem Ersten Weltkrieg, mit ihnen in Berührung gekommen waren, eine prägende Bedeutung für die Profilierung ihres ›Selbst‹. Die beträchtliche formative Kraft der Jugendbewegung, ihr Einfluss auf ein kollektiv-generationelles wie auch individuelles Selbstbild strahlte weit über die aktive Zeit in der Jugendbewegung hinaus und prägte auch den weiteren Lebensweg und das spätere gesellschaftliche Handeln bis in die Zeit nach dem Zweiten Weltkrieg (vgl. die gesammelten Selbstaussagen in Stambolis 2013). Eine umfassendere psychohistorische Beschäftigung mit einer solchen Erfahrungsgeschichte vor, in und nach dem Ersten

Weltkrieg – mit weitreichenden Nachwirkungen z. T. bis in die Gegenwart – in dem hier angesprochenen Problemfeld der verunsicherten Rollenbilder und Deutungskonkurrenzen zu Beginn des 20. Jahrhunderts steht jedoch noch aus.

Literatur

Bernfeld, Siegfried: *Werke*. Bd. 1: Theorie des Jugendalters. Hg. von Ulrich Herrmann. Gießen 2010.

Böhme, Herbert (Hg.): *Rufe in das Reich. Die heldische Dichtung von Langemarck bis zur Gegenwart*. Berlin 1934.

Bollenbeck, Georg: *Bildung und Kultur. Glanz und Elend eines deutschen Deutungsmusters*. Frankfurt a. M. 1994.

Dahlke, Birgit: *Jünglinge der Moderne. Jugendkult und Männlichkeit in der Literatur um 1900*. Köln u. a. 2006.

Deutsche Akademische Freischar: Die Deutsche Akademische Freischar [1913]. In: Winfried Mogge/Jürgen Reulecke (Hg.): *Hoher Meißner 1913. Der Erste Freideutsche Jugendtag in Dokumenten, Deutungen und Bildern*. Köln 1988, 123–130.

Doerry, Martin: *Übergangsmenschen. Die Mentalität der Wilhelminer und die Krise des Kaiserreichs*. Weinheim/München 1986.

Dudek, Peter: *Jugend als Objekt der Wissenschaften. Geschichte der Jugendforschung in Deutschland und Österreich*. Opladen 1990.

Dudek, Peter: *Fetisch Jugend. Walter Benjamin und Siegfried Bernfeld – Jugendprotest am Vorabend des Ersten Weltkriegs*. Bad Heilbrunn 2002.

Dudek, Peter: *»Versuchsacker für eine neue Jugend.« Die freie Schulgemeinde Wickersdorf 1906–1945*. Bad Heilbrunn 2009.

Frevert, Ute: Die Zukunft der Geschlechterordnung. Diagnosen und Erwartungen an der Jahrhundertwende. In: Dies. (Hg.): *Das Neue Jahrhundert. Europäische Zeitdiagnosen und Zukunftsentwürfe um 1900*. Göttingen 2000, 146–184.

Friedlaender, Benedict: *Renaissance des Eros Uranios. Die physiologische Freundschaft, ein normaler Grundtrieb des Menschen und eine Frage der männlichen Gesellungsfreiheit in naturwissenschaftlicher, naturrechtlicher, culturgeschichtlicher und sittenkritischer Beleuchtung*. Schmargendorf-Berlin 1904.

Fritzen, Florentine: *Gesünder leben. Die Lebensreformbewegung im 20. Jahrhundert*. Stuttgart 2006.

Gurlitt, Ludwig: *Erziehung zur Mannhaftigkeit*. Berlin 1906.

Gurlitt, Ludwig: Widmung. zur Jahrhundertfeier auf dem Hohen Meißner 1913. In: *Freideutsche Jugend. Zur Jahrhundertfeier auf dem Hohen Meißner 1913*. Hg. von Arthur Kracke. Jena 1913, 78–81.

Hansen, Georg: *Die drei Bevölkerungsstufen*. München 1915.

Hermand, Jost: *Grüne Utopien in Deutschland. Zur Geschichte des ökologischen Bewusstseins*. Frankfurt a. M. 1991.

Heym, Georg: Der Gott der Stadt [1910]. In: Ders.: *Das Werk*. Frankfurt a. M. 2005, 815.

Hingst, Monika u. a. (Hg.): *Goodbye to Berlin? 100 Jahre Schwulenbewegung*. Eine Ausstellung des Schwulen Museums und der Akademie der Künste. Berlin 1997.

Kaufmann, Margarita/Priebe, Alexander (Hg.): *100 Jahre Odenwaldschule. Der wechselvolle Weg einer Reformschule*. Berlin 2010.

Kerbs, Diethart/Reulecke, Jürgen (Hg.): *Handbuch der deutschen Reformbewegungen 1880–1933*. Wuppertal 1998.

Key, Ellen: *Das Jahrhundert des Kindes*. Königstein, Ts. 1978 (amerik. 1902).

Klages, Ludwig: Mensch und Erde. In: *Freideutsche Jugend. Zur Jahrhundertfeier auf dem Hohen Meißner 1913*. Hg. von Arthur Kracke. Jena 1913, 89–107.

Klueting, Edeltraud (Hg.): *Antimodernismus und Reform. Zur Geschichte der deutschen Heimatbewegung*. Darmstadt 1991.

Krabbe, Wolfgang R.: Lebensreform/Selbstreform. In: Diethart Kerbs/Jürgen Reulecke (Hg.): *Handbuch der deutschen Reformbewegungen 1880–1933*. Wuppertal 1998, 73–75.

Kube, Minna: *Fiebersumpf. Ein medicinischer Rathgeber für Männer* [1906]. Abhandlungen mit 34 Abbildungen. Faksimileausgabe. Berlin 1985.

Küenzlen, Gottfried: *Der Neue Mensch. Zur säkularen Religionsgeschichte der Moderne*. München ²1994.

Laermann, Klaus: Der Skandal um den Anfang. Ein Versuch jugendlicher Gegenöffentlichkeit im Kaiserreich. In: Thomas Koebner u. a. (Hg.): *Der Mythos Jugend*. Frankfurt a. M. 1985, 360–380.

Landmann, Robert: *Ascona – Monte Verità. Auf der Suche nach dem Paradies*. Frankfurt a. M. u. a. ²2009.

Lenin: *Was tun? Brennende Fragen unserer Bewegung* [1902]. Berlin 1962.

Linse, Ulrich: *Ökopax und Anarchie. Eine Geschichte der ökologischen Bewegungen in Deutschland*. München 1986.

Linse, Ulrich: *Geisterseher und Wunderwirker. Heilssuche im Industriezeitalter*. Frankfurt a. M. 1996.

Moeller van den Bruck, Arthur: *Die Deutschen*. Bd. 1: Verirrte Deutsche. Minden 1904.

Mogge, Winfried/Reulecke, Jürgen: *Hoher Meißner 1913. Der Erste Freideutsche Jugendtag in Dokumenten, Deutungen und Bildern*. Köln 1988.

Mros, Eberhard: *Phänomen Monte Verità. Im Zentrum vieler Fragen*. Ascona 2007.

Nipperdey, Thomas: Jugend und Politik um 1900. In: Walter Rüegg (Hg.): *Kulturkritik und Jugendkult*. Frankfurt a. M. 1974, 87–114.

Radkau, Joachim: *Das Zeitalter der Nervosität. Deutschland zwischen Bismarck und Hitler*. München 1998.

Reulecke, Jürgen: Das Jahr 1902 und die Ursprünge der Männerbundideologie in Deutschland. In: Ders.: *Männerbünde im 20. Jahrhundert*. Frankfurt a. M. 2001, 35–46.

Reulecke, Jürgen: Befreiung von »bankrotten Vätern«. In: Carsten Gansel/Pawel Zimniak (Hg.): *Zwischenzeit, Grenzüberschreitung, Aufstörung. Bilder von Adoleszenz in der deutschsprachigen Literatur*. Heidelberg 2011, 75–94.

Reulecke, Jürgen: »Führen oder Wachsenlassen«. Zum jugendbewegten Männerbund in den Jahren um und nach dem Ersten Weltkrieg. In: Eckart Conze/Matthias D. Witte (Hg.): *Pfadfinden. Eine globale Erziehungs- und Bildungsidee aus interdisziplinärer Sicht*. Heidelberg 2012, 37–52.

Rohkrämer, Thomas: *Eine andere Moderne? Zivilisations-kritik, Natur und Technik in Deutschland 1880–1933*. Paderborn u. a. 1999.

Rüegg, Walter: Jugend und Gesellschaft um 1900. In: Ders. (Hg.): *Kulturkritik und Jugendkult*. Frankfurt a. M. 1974, 47–59.

Schonig, Bruno: Reformpädagogik. In: Diethart Kerbs/Jürgen Reulecke (Hg.): *Handbuch der deutschen Reformbewegungen 1880–1933*. Wuppertal 1998, 319–330.

Schurtz, Heinrich: *Altersklassen und Männerbünde. Eine Darstellung der Grundformen der Gesellschaft*. Berlin 1902.

Schwerdt, Ulrich: Landerziehungsheimbewegung. In: Diethart Kerbs/Jürgen Reulecke (Hg.): *Handbuch der deutschen Reformbewegungen 1880–1933*. Wuppertal 1998, 395–409.

Simmel, Georg: Weibliche Kultur [1902]. In: Ders.: *Gesamtausgabe*, Bd. 7. Hg. von Otto Rammstedt. Frankfurt a. M. 2001, 62–82.

Sombart, Nicolaus: *Die deutschen Männer und ihre Feinde*. München/Wien 1991.

Spengler, Oswald: *Der Untergang des Abendlandes. Umrisse einer Morphologie der Weltgeschichte* [1918]. Hg. von Thomas Zwenger. Wiesbaden 1995.

Stambolis, Barbara (Hg.): *Jugendbewegt geprägt. Essays zu autobiographischen Texten von Werner Heisenberg, Robert Jungk und vielen anderen*. Göttingen 2013.

Vondung, Klaus: *Die Apokalypse in Deutschland*. München 1988.

Wegener, Hans: *Wir jungen Männer. Das sexuelle Problem des gebildeten jungen Mannes vor der Ehe* [1906]. Königstein/Leipzig ²1917.

Wehler, Hans-Ulrich: *Deutsche Gesellschaftsgeschichte*. Bd. 3: Von der ›Deutschen Doppelrevolution‹ bis zum Beginn des Ersten Weltkrieges 1849–1914. München 1995.

Jürgen Reulecke

4. Der Erste Weltkrieg als kulturelle Katharsis und literarisches Ereignis

In seinem im Exil geschriebenen, autobiografischen Erinnerungsbuch *Die Welt von gestern* (1942) bemüht sich Stefan Zweig darum, eine Ordnung innerhalb der katastrophischen Geschichte des 20. Jahrhunderts zu erkennen. Für den von Depressionen geplagten österreichischen Autor, der sich im Februar 1942 das Leben nahm, erscheint rückblickend das 19. Jahrhundert wie ein goldenes Zeitalter der Stabilität und Sicherheit. Er betont den Zäsurcharakter des Ersten Weltkriegs, der wie eine Urgewalt in die sekuritären Gesellschaften Europas hinein gebrochen sei und alles verändert habe:

> Wenn ich versuche, für die Zeit vor dem Ersten Weltkrieg, in der ich aufgewachsen bin, eine handliche Formel zu finden, so hoffe ich am prägnantesten zu sein, wenn ich sage: es war das goldene Zeitalter der Sicherheit. Alles in unserer fast tausendjährigen österreichischen Monarchie schien auf Dauer gegründet und der Staat selbst der oberste Garant der Beständigkeit. [...] Jeder wusste, wieviel er besaß oder wieviel ihm zukam, was erlaubt und was verboten war. Alles hatte seine Norm, sein bestimmtes Maß und sein Gewicht. [...] Niemand glaubte an Kriege, an Revolutionen und an Umstürze. Alles Radikale, alles Gewaltsame schien bereits unmöglich in einem Zeitalter der Vernunft (Zweig 1970, 14 f.).

Kulturhistoriker, die sich rund 70 Jahre nach Zweig mit dem Stellenwert des Ersten Weltkriegs auseinandersetzen, werden dieser Beschreibung des Weltkriegs als Epochenbruch nicht ohne vielfältige Einschränkungen zustimmen wollen. Neben modernisierungstheoretischen und/oder geschichtsphilosophischen Hintergründen hat dies in systematischer Hinsicht vor allem auch damit zu tun, dass sich die Einschätzung eines von zwei Weltkriegen betroffenen Zeitzeugen nicht – oder zumindest doch nur sehr bedingt – zu einer von professionellen Historikern formulierten Bewertung in Beziehung setzen lässt, zumal wenn viele Jahre an Forschungs- und Deutungsarbeit dazwischen liegen (vgl. etwa die Argumentation bei Morris 2013, 286–309). Diese Divergenz zweier Artikulationsorte, die sowohl einen Unterschied in biografisch-räumlicher wie auch in biografisch-zeitlicher Hinsicht markiert, verweist auf ein grundlegendes Problem der Deutungsgeschichte des Ersten Weltkriegs als »Katastrophe« (s. Kap. V) oder »Zeitenbruch« (Mülder-Bach 2000):

Da alle Beschreibungen des Krieges zugleich immer auch Selbstbeschreibungen desjenigen sind, der sie formuliert, wandeln sie sich je nach historischem Standpunkt, von dem aus gesprochen wird. Als »Ereignisse« – dies war eine der zentralen Einsichten von so unterschiedlichen Theoretikern wie Gilles Deleuze (1993) und Hayden White (1991) – sind Kriege nie autonome und homogene Gegenstände einer wert- und voraussetzungsfreien Rekonstruktion (vgl. Vogl 2007). Im Gegenteil ist der Krieg als Ereignis immer das Ergebnis einer retroaktiv-performativen (Re-)Konstruktion, die im Nachhinein einen diffusen Zusammenhang von militärischer Planung, technischer Möglichkeit und politischen und ökonomischen Bedingungen zu einem mehr oder weniger kohärenten Gebilde verdichtet, das durch einen vielstimmigen Chor aus individuellen Erzählungen, Literatur, Philosophie und Akten öffentlicher Erinnerungskultur mit Bedeutung aufgeladen wird.

An dieser Vorannahme orientiert, verlässt der nachfolgende Beitrag den ›Feldherrenhügel‹ historischer Einordnung und begibt sich in die Niederungen zeitnaher Deutungs- und Sinnstiftungskämpfe. Er versucht, den Ersten Weltkrieg als einen kontingenten Erfahrungsraum zu verstehen, der mit unterschiedlichen literarischen Folien überblendet wird, die erst eine zusammenhängende Vorstellung und eine resonanzstarke kommunikative Wirklichkeit des Krieges erzeugen. Die Literatur hat in allen Phasen des Ersten Weltkriegs eine wichtige Agitations-, Reflexions- und Ordnungsfunktion, sie konfiguriert die Erwartungen, die mit ihm verbunden werden, sie »dokumentierte, ästhetisierte und idealisierte seinen Verlauf, kanalisierte seine Deutungsmöglichkeiten und stellte das wirkmächtigste Medium für frontsoldatische Kriegserinnerungen und Sinnzuschreibungen in der Nachkriegszeit dar« (Detering 2013, 9). Zwischen Krieg und Literatur wirkt eine reziproke Signifikations- und Figurationsdynamik: Einerseits ist der Krieg integraler Bestandteil der literarischen Geburt der Moderne, zugleich ist die Literatur wesentliches Mittel der Ausbildung eines Deutungsraumes, der kriegerische Erfahrung und die mit dem Krieg verbundene Realisierung von Kontingenz präfiguriert, reflektiert und kommunizierbar macht.

Ebenso wichtig wie der Zäsur-Charakter des Krieges, der auch in den zeitgenössischen literarischen Selbstbeschreibungen des ›Kriegserlebnisses‹ immer wieder betont wurde, ist somit im Fortgang der Aspekt der Kontinuität. Dementsprechend geht es um die Frage, welche ästhetisch-philosophisch und politisch-kulturell imprägnierten Vorstellungen des 19. Jahrhunderts das Bild des Krieges vor 1914 konstituierten, welche Deutungsverfahren dann während des Krieges welche, noch genauer zu bestimmenden, kommunikativen Funktionen übernahmen und wie schlussendlich nach der Niederlage von 1918 versucht wurde, einen Sinn des Krieges zu ermitteln. Der Literatur kommt dabei eine besondere Stellung zu, weil sie wie kein anderes Medium des frühen 20. Jahrhunderts dazu in der Lage war, als symbolisch verdichtete und narrativ operierende Beobachtung zweiter Ordnung die Kriegsgeschehnisse in einen Sinnzusammenhang einzugliedern. »Die Deutung des Ersten Weltkrieg vollzog sich im Rahmen von Denkfiguren der ›Moderne‹, die Kontinuität aufwiesen und über den Krieg hinaus fortgeführt wurden« (Ernst/Haring/Suppanz 2004, 24). Kommunikative Resonanzen erzeugten diese Denkfiguren, die oftmals einem kulturkritischen Kontext entstammten (vgl. Bollenbeck 2007, 155–232; vgl. auch Beßlich 2000), vor allem auch, weil sie in Form von Geschichten zirkulierten, die in der Abfolge von Anfang, Mittelteil und Schluss die Vergangenheit, die Gegenwart und die Zukunft des Krieges verhandelten (vgl. Koschorke 2012, 203–277). Als kulturelle Skripte stellten sie mit ästhetischen Mitteln emotionale und habituelle Orientierungsfolien zu Verfügung, die zur »Selbstvergewisserung gegen Kontingenzerfahrungen [beitragen konnten]« (Braungart 1996, 164).

Die Frage nach dem Krieg als literarischem Ereignis stellt also Texte vom Krieg auf mindestens zwei Problemebenen scharf: Zum einen geht es darum, den Inhalt der Kriegsliteratur im Hinblick auf Deutungsgenealogien und deren Sinnstiftungspotenziale zu untersuchen und zu zeigen, welche alternativen Geschichten vom Krieg 1914–1918 mit welchen politischen Implikationen erzählt werden, welche Wissensordnungen und Anthropologien dabei ins Spiel kommen und welche Freund- und Feindbilder konstituiert werden. Zum anderen interessiert der Krieg auch als ein extremes Geschehen, das in der Entfesselung immenser Vernichtungsenergien die tradierte Formensprache der Literatur herausfordert und an die Grenzen der Darstellbarkeit führt. Erst wenn beide Ebenen in den Blick kommen, wenn man also

die dargestellten Inhalte ebenso wie die Darstellungsmodi berücksichtig und zudem die jeweiligen Narrationen des Krieges in ihren diskursiven Ermöglichungszusammenhang einordnet, wird man dem Phänomen ›Kriegsliteratur‹ annähernd gerecht.

Diskursive und psychohistorische Ermöglichungszusammenhänge der Literatur zum Ersten Weltkrieg

Die nachfolgenden Überlegungen zielen nicht auf eine Analyse der realhistorischen politischen und ökonomischen Entstehungsbedingungen des Ersten Weltkriegs ab (vgl. hierzu Clark 2013, Teil 2; Münkler 2013, 25–215; s. auch Kap. III). Vielmehr soll versucht werden, wichtige Aspekte des diskursiven und psychohistorischen Ermöglichungszusammenhangs für bestimmte Narrative vom Krieg zu beschreiben, die einen Blick auf das politische Imaginäre der sog. ›Kriegseuphorie‹ im Spätsommer und Frühherbst 1914 (s. Kap. III.5) und deren literarische Transformation über den Verlauf des Krieges hinweg bis in die Spätphase der Weimarer Republik eröffnen.

Am Beginn steht die Beobachtung, dass ein großer Teil der kulturellen Eliten im wilhelminischen Kaiserreich den Ausbruch des Krieges im Sommer 1914 seiner machtpolitischen Rationalität entkleidet und ihn stattdessen zu einem ethisch-kulturellen Ereignis überhöht. Einerseits wird dem Krieg dabei klar die Funktion eines kulturellen Bruchs mit den verfemten soziokulturellen und politischen Tendenzen der damaligen Gegenwart zugewiesen; andererseits greift man zugleich zur Ausdeutung seiner nicht nur politischen, sondern ebenso nationalpädagogischen Bedeutsamkeit auf die semantischen Archive des 19. Jahrhunderts zurück und verwendet die von dort zusammengeklaubten Versatzstücke zur Klage über die Verlusterfahrungen der Moderne, die nun in Form einer geopolitischen Verräumlichung vorzugsweise mit den Kriegsgegnern England und Frankreich assoziiert werden (s. Kap. III.1). Eine erste, summarische Sichtung wesentlicher Diskurselemente und Argumentationsfiguren des dominanten, bildungsbürgerlich akzentuierten Kriegsnarrativs macht deutlich, dass der Krieg 1914 zum Anlass genommen wird, die Notwendigkeit einer umfassenden kulturellen Katharsis zu konstatieren, die die schlechte Gegenwart enden und eine bessere, in die Vergangenheit zurückverweisende Zukunft beginnen lässt (vgl. Fries 1995).

Kulturkritisch-philosophische Genealogien

Die Sinnstiftung des Krieges im Sommer 1914 hat einen weitverzweigten philosophisch-kulturkritischen und literarischen Vorlauf im 19. Jahrhundert. In gewisser Weise funktioniert die literarische Kriegseuphorie wie ein Aktualisierungsdiskurs, der realhistorische Referenzen und semantische Elemente des 19. und frühen 20. Jahrhunderts verbindet und auf die Geschehnisse im Sommer 1914 appliziert. Eine wesentliche Fundierung haben die Kriegsnarrative von 1914 in einem chauvinistische und sozialdarwinistische Argumente transportierenden Militarismus, der die Erinnerungen an die siegreichen Auseinandersetzungen von 1813, 1866 und 1870/71 als emotionale Ressourcen erschließt. Dieser Militarismus erfährt im Kontext der zweiten Marokkokrise 1911 eine massive Zuspitzung und blendet kritische Stimmen, die schon vor 1914 vor den fatalen Folgen eines hochindustrialisierten Krieges in Zentraleuropa warnen, aus. Wirkmächtig war etwa der Alldeutsche Verband, der zusammen mit dem 1912 gegründeten Deutschen Wehrverein einen mit starken sozialdarwinistischen und antisemitischen Imprägnierungen versehenen, radikalen Nationalismus popularisierte (vgl. Walkenhorst 2007).

Für das in bürgerlichen Kreisen virulente Sendungsbewusstsein ist zuvorderst auch Friedrich von Bernhardis Buch *Deutschland und der nächste Krieg* (1912) ein guter Beleg. Dort wird der kommende Krieg als eine sittliche und biologische Herausforderung beschrieben, die es zukünftig im Kampf um geopolitische Vorteile anzunehmen gilt (vgl. Hoeres 2004, 121 ff.; s. Kap. II.1). Für von Bernhardi ist der Krieg eine »biologische Notwendigkeit«,

> ein Regulator im Leben der Menschheit, der gar nicht zu entbehren ist, weil sich ohne ihn eine ungesunde, jede Förderung der Gattung und damit auch jede wirkliche Kultur ausschließende Entwicklung ergeben müsste. [...] Der Krieg ist im Gegensatz zum Frieden der größte Machterweiterer und Lebenserwecker, den die Geschichte der Menschheit kennt (Bernhardi 1912, 11, 21).

Eine diskursive Allianz geht der deutsche Militarismus mit der bildungsbürgerlich getragenen Kultur- und Zivilisationskritik ein, die – mit nationalstereotypen Verortungen arbeitend – die aus den »Sinnlücken der Modernisierung« (Koch 2006, 53–55) erwachsenden Frustrations- und Verunsicherungspotenziale anklagt. In der letzten Vorkriegsphase mehren sich die Stimmen, die einen *horror vacui* der Moderne anprangern und die Formulierung neuer politischer, sozialer und kultureller Utopien einfor-

dern (vgl. Hepp 1987, 50–89; s. Kap. II.3). Aus dieser Bedürfnislage entwickelt sich ein vielgestaltiger kulturkritischer Diskurs, dessen Spektrum vom radikal-chauvinistischen Nationalismus bis zu diffusen paneuropäischen Vorstellungen eines dritten Wegs zwischen Kapitalismus und Sozialismus reicht, angelagert mit lebensphilosophischen, säkularreligiösen, sozialutopischen und apokalyptischen Argumentationsmustern. Zu betonen ist das Sendungsbewusstsein, mit dem die kulturkritische Klage und Erneuerungssehnsucht vorgetragen wird, was nicht zuletzt auch als eine resonanzkalkulierende Praxis der hegemonialen Selbstvergewisserung des deutschen Bildungsbürgertums angesichts anderer aufstrebender Berufsgruppen und neuer Deutungseliten mit naturwissenschaftlich-ökonomischen Hintergrund zu verstehen ist.

Die Thematisierung des Krieges realisiert dementsprechend eine konservative Selbstbeschreibung der Gesellschaft, deren zentrale Dichotomien – Materialismus vs. Heroismus; Rationalismus vs. Vitalismus; Zivilisation vs. Kultur; Gesellschaft vs. Gemeinschaft; Stadt vs. Land – quasi den Frontverlauf der Moderne abstecken (vgl. Sieferle 1984, 155–206). Gegen die Fehlentwicklungen der Gegenwart setzt das Kriegsnarrativ die Vorstellung einer großen kulturellen Reinigung und des sozialen Aufbruchs, eine Nationalpädagogik des Krieges also, deren diskursive Wurzeln wiederum weit ins 19. Jahrhundert zurückreichen. Gerade der vor dem Hintergrund der französischen Besatzung entstehende romantische Ideenkomplex vom Krieg als Geburtsstätte des Neuen (etwa in Novalis' 1802 veröffentlichtem *Heinrich von Ofterdingen*; vgl. Mähl 1994, 320 ff.), als Erfindung soldatischer Volksgemeinschaft (so in Kleists *Hermannsschlacht* von 1808; vgl. Werber 2007, 45 ff.) und als Anstoß patriotischen Aufbegehrens (etwa bei den Dichtern der Einigungskriege, Ernst Moritz Arndt und Theodor Körner; vgl. Jürgensen 2012) ist hier von Belang (vgl. allgemein Jeismann 1992). Besonders deutlich wird die Stilisierung kriegerischer Gewalt zur pädagogischen Veranstaltung in Johann Gottlieb Fichtes *Reden an die deutsche Nation* (1808). Philosophische Bestätigung konnte man aber auch in den *Grundlinien der Philosophie des Rechts* (1821) finden, in denen Georg Wilhelm Friedrich Hegel wenige Jahre nach den für Preußen erfolgreichen ›Befreiungskriegen‹ feststellt, dass der Frieden gar kein so unbedingt erstrebenswertes Ideal sei, da er für das »Versumpfen der Menschen« sorge. Der Krieg hingegen werde »die sittliche Gesundheit der Völker [...] erhalten [...], wie die Bewegung der Winde die See vor der Fäulnis bewahrt. [...] Aus den Kriegen gehen die Völker nicht allein gestärkt hervor, sondern Nationen, die in sich unverträglich sind, gewinnen durch Kriege nach außen Ruhe im Innern« (Hegel 2004, § 324).

Fortgeführt und um antirationalistische Affekte bereichert, trägt in der zweiten Hälfte des 19. Jahrhunderts dann Friedrich Nietzsche zu einer vitalistischen Popularisierung der Denkfigur des Krieges als kultureller Katharsis bei. In der *Fröhlichen Wissenschaft* (1882) etwa erklärt er, dass erst im kriegerischen Zeitalter »der Mann in Europa wieder Herr über den Kaufmann und Philister geworden ist« (Nietzsche 1997, 236); ein paar Jahre später fabuliert er in der *Götzendämmerung* (1889) mit Blick auf die verhasste Saturiertheit des fortschrittsoptimistischen Kaiserreichs gar von einem kulturellen Barbarentum und einem heroischen Vitalismus, der zum Rüstzeug werden solle für einen Krieg »siegesfrohe[r] Instinkte« gegen eine »verächtliche Art von Wohlbefinden, von dem Krämer, Christen, Kühe, Weiber, Engländer und andere Demokraten träumen« (Nietzsche 1997, 1015; vgl. Aschheim 2000, 219 ff.). Von diesem Affektkomplex gegen das friedliche Miteinander ist es – zumindest wenn man berauscht von der Weltuntergangsmusik Richard Wagners die metaphorische Qualität der nietzscheanischen Sprachbilder übersieht – kein so weiter Weg mehr bis zu einer Romantik des jugendlichen Opfers, wie sie sich in kriegerischen Entgrenzungsphantasien Rainer Maria Rilkes literarisch und im Mythos der ›Jugend von Langemarck‹ ideologisch konkretisiert haben (vgl. Hüppauf 1993). Rilke hatte schon mit seiner Erzählung *Weise von Liebe und Tod des Cornets Christoph Rilke* (1904) zur Popularisierung der Idee des Opfertods beigetragen, insofern hier von einem jugendlichen Helden erzählt wird, der im Türkenkrieg während eines Angriffs sein Leben zum Schutz der habsburgischen Fahne opfert (vgl. Brunotte 2004, 49–63; zu den geopolitischen Implikationen der Novelle s. Kap. II.1). Zehn Jahre später, der Erste Weltkrieg ist erst wenige Tage alt, veröffentlicht Rilke mit den »Fünf Gesängen« (1914) seinen Beitrag zur »poetischen Mobilmachung« der gebildeten Deutschen (vgl. Philippi 1979), indem er seine apokalyptisch imprägnierte Erneuerungssehnsucht – in fataler Weise unpolitisch – an den Krieg als moralische Anstalt knüpft:

> Zum ersten Mal sehe ich dich aufstehn/ hörengesagter fernster unglaublicher Kriegs-Gott./ Wie so dicht zwischen die friedliche Frucht/ furchtbares Handeln gesät war, plötzlich erwachsenes./ Gestern war es noch klein, bedurfte der Nahrung, mannshoch/ steht es schon da: morgen/ überwächst es den Mann. Denn der glühende Gott/ reißt mit einem das Wachstum/ aus dem wurzelnden Volk, und die Ernte beginnt./ Menschlich erhebt sich das Feld ins Menschengewitter (Rilke 1992, 86).

Hier wird ein zentrales Element der kulturellen Deutung des Krieges deutlich, das auch in den späteren Umschriften des Kriegsnarrativs der ›Ideen von 1914‹ in den 1920er Jahren immer wieder auftauchen wird: Dass der Krieg als Befreiung von den »ewigen Ich-Sorgen« (Brief von Ernst Barlach an Karl Barlach vom 17.8.1914, zit. n. George/Gundolf 1962, 431) einen Ausbruch aus der Enge der Zivilisation und eine Erneuerung des eigentlichen Menschseins verspricht. Mit welchen semantischen Implikationen dieser Ausbruch jeweils en détail versehen wird, kann man an Rilkes Verwendung der Gewittermetapher ablesen. Während hier das »Menschengewitter« eher auf naturalistische Vorstellungen verweist und das Denken des Aufbruchs in einem organologischen Register einordnet, bricht die von Ernst Jünger nach 1918 geprägte Metapher des »Stahlgewitters« mit eben diesem Referenzrahmen. Jüngers Texte – dies wird später noch eingehender diskutiert – attestieren einen Schwund von Deutungskompetenz für die althergebrachte, romantische Lesart des Krieges. Nach vier Jahren des industrialisierten Kriegs sieht er die Technik in der Stellung jener objektiven, dem Menschen gegenübergestellten Entität, die früher einmal die Natur innehatte.

Der Krieg als nationalpädagogische Notwendigkeit

Die diskursive Vermischung von Kriegsapologetik und Kulturkritik, die Überhöhung des Krieges als kulturelle Katharsis und die Selbststilisierung der Literatur als ›Waffendienst mit der Feder‹ (Thomas Mann), markieren ein spezifisches Krisenbewusstsein des deutschen Bildungsbürgertums, das die ›poetische Mobilmachung‹ und den sog. ›Krieg der Geister‹ auch als Kampf um kulturelle Hegemonie betreibt (vgl. Bollenbeck 1994, 268 ff.). ›Kultur‹ fungiert dabei als Scharnierbegriff, der verschiedene Teildiskurse – Großstadtkritik, Massenkritik, Kapitalismuskritik – verbindet und auf die Beschwörung einer besseren Zukunft hin ausrichtet.

Strukturell arbeitet die bildungsbürgerliche Kriegssemantik mit der Differenz von Oberfläche und Tiefe: Unter der prosaischen Alltagswirklichkeit des Kaiserreichs ist – auch dies ist eine Erfindung aus der Zeit der Befreiungskriege – ein in der Tiefe verschütteter Volksgeist am Werk (vgl. Vondung 1988, 161 ff.), der im Zuge des Krieges – prägnant illustriert im »Aufbebende Germania« (1914) betitelten Gemälde des Jugendstilmalers Fidus, nachzulesen aber etwa auch in dem im Oktober 1914 von deutschen Professoren und Künstlern veröffentlichten Aufruf »An die Kulturwelt!« (s. Kap. III.5) – als eigentliche Essenz der deutschen Volksgemeinschaft wieder zum Vorschein kommt. Wie Klaus Vondung darlegt, artikuliert sich in dieser geschichtsphilosophischen Konstruktion eine trivialisierte Hegel-Rezeption, die das deutsche Volk zur Exekutive des Weltgeistes werden lässt (vgl. Vondung 1980).

Zentrales Vehikel der Selbstmobilisierung des Bildungsbürgertums ist die Stilisierung des ›Kriegserlebnisses‹ zu einem religiös imprägnierten Bildungs- und Glückserlebnis, das den Volks- ebenso wie den Individualcharakter von allen schädlichen Ablagerungen der Moderne reinigt. Damit wird der Krieg aus seinen realpolitischen, strategischen und ökonomischen Bedingungen herausgelöst und als gottgewollter Kulturkrieg rekonstituiert. Neben Walter Flex, dessen überaus erfolgreiche und bis in den Nationalsozialismus hinein wirkmächtige Weltkriegsnovelle *Der Wanderer zwischen beiden Welten* (1916; vgl. Koch 2006, 60–188) nicht umsonst den Untertitel »Ein Kriegserlebnis« trägt, kann hier als Kronzeuge z. B. auch Ernst Toller angeführt werden, in dessen Erinnerungen an die Marokkokrise von 1911 deutlich wird, dass der Krieg als Chiffre für eine Amalgamierung von Unzufriedenheit, jugendlicher Ausbruchssehnsucht und Abenteuerlust sowie ›echter‹ Charakterbildung reüssiert:

> Ein deutsches Kriegsschiff ist vor Agadir erschienen. Alle reden vom Krieg zwischen Frankreich und Deutschland. […] Wir Jungen wünschen den Krieg herbei, der Friede ist eine faule, und der Krieg eine große Zeit, sagen die Professoren, wir sehnen uns nach Abenteuern, vielleicht werden uns die letzten Schuljahre erlassen, und wir sind morgen in Uniform, das wäre ein Leben. Aber der Friede bleibt erhalten, die Lehrer auf dem Katheder vergessen die kriegerische Haltung, uns wird nicht eine Schulstunde geschenkt (Toller 2009, 47).

Dort, wo der neuhumanistische Bildungsgedanke in seiner traditionellen, im deutschen Gymnasium institutionalisierten Form aufgrund der ökonomischen und sozialen Transformationsprozesse des wilhelminischen Kaiserreichs unter Druck geraten ist (vgl. Bollenbeck 1999), statuiert die Vorstellung des Kriegs als einer anderen Schule des Lebens eine Situation der Erneuerung. Diese subkutane Rekodierung wird – und das ist der Clou der Transposition des Bildungsgedankens vom Frieden zum Krieg – bei

Autoren wie Rilke oder Flex im literarischen Modell des Bildungsromans erzählt bzw. evoziert (zu den gattungstheoretischen und kulturhistorischen Implikationen des Bildungsromans vgl. Voßkamp 2004, 13–27).

Verstärkt bzw. weiter plausibilisiert wird die nationalpädagogische Stilisierung des Kriegs zum Bildungserlebnis durch eine weitere Diskurslinie, die – aus dem Kontext der bildungspolitischen Aktivitäten des Dürerbunds, aus der Zeitschrift *Der Kunstwart* oder auch aus Julius Langbehns antimodernistischer Schrift *Rembrandt als Erzieher* (1890) gespeist – in den bildungsbürgerlichen Kriegsdiskurs hineinfließt (vgl. Lobenstein-Reichmann 2012). Die dort der Kunst zugeschriebene Aufgabe, Bildnerin des deutschen Volks zu sein, leistet der Ästhetisierung des Kriegs und dessen Auslegung als »Schule des Talents« (Scheffler 1914/15, 2) weiter Vorschub.

So erfolgreich die semantische Parallelführung von Kriegs- und Bildungserlebnis zunächst war, stellen sich schon im Herbst 1914 mit dem sukzessiven Übergang des Feldzugs in einen Material- und Abnutzungskrieg massive argumentative Probleme ein, die dessen zeitnahe Literarisierung wie auch seine spätere erinnerungsdiskursive Einordnung in der Kriegsliteratur der 1920er Jahre betreffen. Die faktische Realität des industriellen Krieges, seine strategischen und taktischen Verfahren, das Trommelfeuer oder der Gasangriff etwa, werfen schwerwiegende Fragen der adäquaten ästhetischen Repräsentierbar- bzw. Modellierbarkeit der kriegerischen Geschehnisse auf. Diese drohen das hegemoniale literarische Modell, das in der Tradition des Bildungsromans nur solche Formen der Wirklichkeit akzeptieren will, die die Möglichkeit der Selbstbildung eröffnen können, zu überfordern. Die Handlung von Flex' *Wanderer zwischen beiden Welten* ist nicht umsonst im Osten angesiedelt, an einer Front also, wo der Stellungskrieg weitaus weniger stark ausgeprägt war und dementsprechend die für den kommunikativen Appell der Novelle wichtigen romantischen Natur-Szenerien noch weniger ›unrealistisch‹ schienen. Hier ist ein Schreibverfahren, das nur solche Realität darstellt, die der bildungskompatiblen Steigerung der »Individualität zur Idealität« (Bollenbeck 1994, 154) dient, zumindest noch in Ansätzen plausibel. Der Weltkriegsteilnehmer Ernst Jünger hat sehr schnell erkannt, dass angesichts der Materialschlachten an der Westfront von Herzens- und Charakterbildung nur noch schwerlich die Rede sein kann. Auf den Schlachtfeldern bei Langemarck, an der Somme und vor Verdun sind nicht nur unzäh-

lige Soldaten als ›Kanonenfutter‹ verschlissen worden (s. Kap. III.2), sondern dort wurde auch – so
Jünger in seinem *Arbeiter*-Essay von 1932 – die bildungsbürgerliche Integration des Krieges als Bildungserlebnis in Stücke geschossen:

> Dieses Ereignis, das weniger kriegs- als geistesgeschichtli-
> che Bedeutung besitzt, ist in Bezug auf die Frage, welche
> Haltung in unserer Zeit und in unserem Raume über-
> haupt möglich ist, von hohem Rang. Wir sehen hier ei-
> nen klassischen Angriff zusammenbrechen, ungeachtet
> der Stärke des Willens zur Macht, der die Individuen
> beseelt, und der moralischen und geistigen Werte,
> durch die sie ausgezeichnet sind. Freier Wille, Bildung,
> Begeisterung und der Rausch der Todesverachtung rei-
> chen nicht zu, die Schwerkraft der wenigen hundert
> Meter zu überwinden, auf denen der Zauber des mecha-
> nischen Todes regiert (Jünger 1932, 104).

Die Kriegsmetapher der frühen Avantgarden

Mit anderen Konnotationen versehen, durchzieht
der Krieg als Bild und Reflexionsfigur krisenhafter
Bürgerlichkeit zugleich die frühen ästhetischen
Avantgarden, vor allem den Expressionismus und
den Futurismus. Im temporalisierten Strukturmo-
dell von schleichendem Niedergang und gewaltsamen Aufbruch läuft die Deutung des Krieges im bildungsbürgerlichen Diskurs zu dessen argumentati-
ver Einbettung in den Avantgarden parallel. Dort
markiert der Krieg aber eine zweite Zäsur, die auf einen fundamentalen weltanschaulichen und kunst-
programmatischen Unterschied zum Bürgertum
verweisen soll. Die offensiv artikulierte Antibürgerlichkeit, die sich nicht zuletzt in einer vitalistischen
Kriegsbejahung auszudrücken versucht, kann gleichwohl nicht darüber hinwegtäuschen, dass sich die
Avantgarden trotz ihrer habituellen und ästhetischen
Distinktionsbemühungen aus bildungsbürgerlichen
Kreisen rekrutierten und zudem in ihren Kunstformen bürgerliche Kreise adressierten (vgl. Fähnders
2010).

Wesentlich für die avantgardistische Imagination
des Krieges ist eine umfassende Krisendiagnose der
bürgerlichen bzw. modernen Kultur, verbunden mit
der rhetorisch ausgestellten Sehnsucht nach einem
radikalen Bruch, nach einer Situation der Aufhebung, die in religiösem oder säkularreligiösem Duktus auf apokalyptische Zeitmuster zurückgreift (vgl.
Vondung 1988, 360 ff.). Wenn Stefan George im Gedichtband *Stern des Bundes* (1914) den heiligen
Krieg als Purgatorium einer verrotteten Welt herbei-
wünscht (vgl. Breuer 1995a, 73) oder wenn Arnolt
Bronnen rückblickend auf die Zeit vor 1914 fest-

stellt: »Eine Lebensform hatte sich verbraucht«
(Bronnen 1954, 34), dann findet diese Form der Zeit-
diagnose eine generationenspezifische Adressierung
in einem emphatisch artikulierten Aufbruchswillen,
der einen Abschied von der Welt der Väter ankündigt. »In einer Welt, die in der Abstraktheit und
Komplexität der Verhältnisse keine echten Erfahrungen mehr zu bieten und keine echten ›Taten‹
mehr zu erlauben scheint«, so skizziert Eva Horn
den vagierenden Bellizismus in der Vorkriegszeit,
»ist der Krieg die letzte Möglichkeit unmittelbarer,
urwüchsiger Existenz und Selbstvergewisserung«
(Horn 1998, 91; zum Begriff ›Bellizismus‹ vgl. grundlegend Leonhard 2008, 3–44, 759–783). Paradigmatisch für die damit angesprochene Erneuerungshoff-
nung, die zugleich ein an der langweiligen Normalität des Kaiserreichs leidender Tatendrang ist,
formuliert etwa Johannes R. Becher 1912/13: »So
aber wir faulen an hohen Pultsitzen/ Und bröckeln
zu Mehlstaub in Wartesälen bang./ Wir horchten auf
wilder Trompetendonner Stöße/ Und wünschten
herbei einen großen Weltkrieg« (Becher 1914, 52).
Berühmt ist auch Georg Heyms postum bekannt ge-
wordenes Tagebuch-Notat vom 6. Juli 1910, wo er
ergänzend zu seinen von der Vorstellung eines kommenden Krieges faszinierten Gedichten »Der Krieg«
(1911) und »Krieg I« (1914) seinen Wunsch nach einem radikalen Bruch beschreibt:

> Würden einmal wieder Barrikaden gebaut. Ich wäre der
> erste, der sich darauf stellte, ich wollte noch mit der Ku-
> gel im Herzen den Rausch der Begeisterung spüren.
> Oder sei es auch nur, daß man einen Krieg begänne, er
> kann ungerecht sein. Dieser Frieden ist so faul ölig und
> schmierig wie eine Leimpolitur auf alten Möbeln (Heym
> 1960, 138).

Neben Georg Heym beschäftigen sich im Kontext
des Vorkriegsexpressionismus auf dem Feld der
Poesie vor allem Georg Trakl und Alfred Lichten-
stein auf ambivalente Weise mit der In-Szene-Set-
zung von Niedergang, Krieg und Erneuerung. Ebenso
wie bei Heym, finden sich auch bei diesen Autoren
jene Bilder des Kriegs als einer omnipotenten, »vita-
le[n] Urgewalt, deren vernichtender Tanz über die
toten Städte einer erstarrten Zivilisation hinwegfegt
und sie für ihre Lebensfeindlichkeit bestraft wie Gott
die Menschen für ihre Sünden« (Anz 2004, o.P.).

Bei der Lektüre weiterer expressionistischer Ge-
dichte zeigt sich, dass die Koalition von ›Reinigung‹,
›Aufbruch‹ und ›Jugend‹ leichtfüßig poetologische
Grenzen überschreiten konnte (vgl. Gestrich 1998).
Sie ist nicht nur ein zentrales Deutungsmuster in der
konservativen Kriegsliteratur eines Walter Flex, son-

dern tritt auch in Texten mit avantgardistischer Formensprache und radikalerer antibürgerlicher Stoßrichtung – etwa in Bronnens frühen Drama *Recht auf Jugend* (1913) oder in der Lyrik von Dichtern wie Ernst Wilhelm Lotz, Ernst Kahel und Ernst Stadler – als semantischer Kernbestand zutage. Stadlers Gedicht »Der Aufbruch« (1913) z. B. versammelt wesentliche Elemente der Verbindung von neuromantischer Jugendemphase, nietzscheanischen Vitalismus und Kriegsbegeisterung:

> Einmal schon haben Fanfaren mein ungeduldiges Herz blutig gerissen,/ Dass es, aufsteigend wie ein Pferd, sich wütend ins Gezäum verbissen./ Damals schlug Tamburmarsch den Sturm auf allen Wegen,/ Und herrlichste Musik der Erde hieß uns Kugelregen./ Dann, plötzlich, stand Leben stille. Wege führten zwischen alten Bäumen./ Gemächer lockten. Es war süß, zu weilen und sich versäumen,/ Von Wirklichkeit den Leib so wie von staubiger Rüstung zu entketten,/ Wollüstig sich in Daunen weicher Traumstunden einzubetten./ Aber eines Morgens rollte durch Nebelluft das Echo von Signalen,/ Hart, scharf, wie Schwerthieb pfeifend. Es war, wie wenn im Dunkel plötzlich Lichter aufstrahlen. Es war, wie wenn durch Biwakfrühe Trompetenstöße klirren,/ Die Schlafenden aufspringen und die Zelte abschlagen und die Pferde schirren./ Ich war in Reihen eingeschient, die in den Morgen stießen, Feuer über Helm und Bügel,/ Vorwärts, in Blick und Blut die Schlacht, mit vorgehaltnem Zügel./ Vielleicht würden uns am Abend Siegesmärsche umstreichen,/ Vielleicht lägen wir irgendwo ausgestreckt unter Leichen./ Aber vor dem Erraffen und vor dem Versinken/ Würden unsre Augen sich an Welt und Sonne satt und glühend trinken (Stadler 1983, 139).

Dass die expressionistische Sicht auf den Krieg als vitalistische Utopie einer neuen Gemeinschaft, die jenseits der verkrusteten Strukturen der wilhelminischen Gesellschaft eine neue Daseinsform verspricht und das geknechtete Subjekt in eine neue Freiheit führt, nach einem Realitätskontakt mit dem Krieg nicht weiter aufrecht erhalten werden konnte, steht auf einem anderen Blatt (zur Desillusionierung bei Stadler vgl. Scholdt 2010, 19–21). Auch darf man die Resonanzfähigkeit expressionistischer Lyrik nicht überschätzen – an die diskursive Reichweite von Walter Flex, dessen *Weltenwanderer* zu einem der meistverkauften Bücher in der Weimarer Republik wurde (vgl. von der Lühe 1986, 117), reicht sie bei weitem nicht heran. Nichtsdestotrotz liefert die frühexpressionistische Lyrik als Dokument der Stimmungslage der bürgerlichen Jugend am Vorabend des Ersten Weltkriegs wichtige Einsichten.

Eine andere Wendung erfährt das Kriegsmotiv hingegen im Kontext des Futurismus, der als Äquivalent seiner Sprachexperimente zwar ebenfalls Momente des Bruchs mit der bürgerlichen Gegenwart, mit Rationalismus und Ordnung in Szene setzt, zugleich aber – konträr zur bildungsbürgerlichen Kriegsdeutung – die technische Modernisierung als Subjektrelativierung begrüßt. Der Futurismus italienischer Provenienz, der auch in deutschen Intellektuellen- und Künstlerzirkeln eine vehemente Rezeption erfuhr, versucht durch Verweise auf den Libyen-Krieg von 1912, den Filippo Tommaso Marinetti als Kriegsberichterstatter aus nächster Nähe erlebt hatte, Authentizitätseffekte zu erzielen. Durch diesen ›Realitätskontakt‹ gegenüber romantischer Technikblindheit immunisiert, erweist er sich als Vorläufer der technikaffirmativen Kriegsliteratur der 1920er Jahre, etwa aus der Feder Ernst Jüngers (vgl. Benedetti 2012).

Die futuristische Ästhetisierung des Krieges adressiert vor allem zwei Aspekte: Zum einen fasst der Futurismus – nachzulesen in Marinettis »Manifest des Futurismus« (1909) – die Zerstörungstechnik des Krieges auf einer mikroperspektivischen Ebene als Lebens- und Wahrnehmungssteigerung, als Konstitutionsbedingung einer neuen heroischen Männlichkeit auf. Dabei wird der Krieg als der ultimative schockhafte Wahrnehmungsraum von Dynamik und Simultaneität imaginiert, der nicht gekannte Intensitäten des Rauschs bereithält und extreme ästhetische Erfahrungen ermöglicht. Zum anderen zeigt sich der Futurismus auf einer makroperspektivischen Ebene von der Vorstellung fasziniert, dass die im Krieg vorgestellte Apokalypse eine umfassende Heilung und Reinigung der Welt initiiert: »Wir wollen den Krieg verherrlichen – diese einzige Hygiene der Welt – den Militarismus, den Patriotismus, die Vernichtungstat der Anarchisten, die schönen Ideen, für die man stirbt, und die Verachtung des Weibes« (so Marinettis »Manifest des Futurismus«, das im *Sturm* abgedruckt wird, zit. n. Schmidt-Bergmann 1993, 78). Die in den zahlreichen futuristischen Manifesten wiederkehrend zu beobachtende Korrelation von Krieg, Vitalismus und Virilität speist sich aus der aus Elisabeth Förster-Nietzsches Edition *Der Wille zur Macht* (1906) herauszulesenden Raubtier-Anthropologie Nietzsches, kann aber auch auf die visuellen Arsenale der bildenden Kunst rekurrieren. Hier wird – angefangen bei Arnold Böcklins »Der Krieg« (1896) über Arnold Waldschmidts »Der Fußtritt« (1902) und Alfred Kubins »Der Krieg« (1903), bis hin zu Ferdinand Hodlers »Auszug dt. Soldaten in die Freiheitskrieg von 1813« (1909) – der nackte, von allen verweichlichenden zivilisatorischen Ablagerungen befreite Männerkörper als Figuration des Krieges in Szene gesetzt, der die alte Welt in den Staub stampft.

Bei Marinetti wird die Entfesselung von Gewalt somit zum Mittel, um die als krisenhaft wahrgenommene Stagnation der bürgerlichen Gesellschaft aufzusprengen. Der Krieg erscheint als eine ästhetische Entität besonderer Intensität, wobei oft unklar bleibt, wie die Zeit nach der großen Reinigung jenseits des behaupteten In-eins-Fallens von Zerstörung und Schöpfung konkreter vorzustellen ist. Offensichtlich ist bei ihm die Faszination für Maschinen und Geschwindigkeit, in seinen Schriften drückt sich eine Erotik der Kriegsmaschine, des Flugzeugs und der Kanone aus, die sich gegenüber der latenten Hoffnung auf eine vitalistische Mobilisierung der Massen durch einen kommenden Krieg prägnant in den Vordergrund spielt und damit ein Primat der Ästhetik gegenüber der Ethik etabliert.

Marinettis Strahlkraft auf deutsche Literaten war enorm. In expressionistischen Kreisen wurde sein Bellizismus als Schule der Antibürgerlichkeit rezipiert. Alfred Döblin setzte sich intensiv mit den futuristischen Kunst-Doktrinen auseinander, die futuristische Technikfaszination erscheint wie eine Präfiguration von Ernst Jüngers Nachdenken über den »gefährlichen Augenblick« (vgl. Jünger 1931). Zu einer breiten deutschen Strömung des Futurismus kam es gleichwohl nicht. Einer den wenigen dezidiert futuristischen Autoren, der auch den konstitutiven Bezug zum Krieg in sein Denken integrierte, war der spätere Kriegsfreiwillige Robert Müller. In seinen Essays »Apologie des Krieges« (1912) und »Der Futurist« (1914), tritt die ästhetische Qualität des Krieges gleichwohl wieder hinter sein nationalpädagogisches Moment zurück:

> Der Krieg ist nicht als solcher wünschbar, sondern in seinen ethischen Erscheinungen und in seiner Produktivität. Der Krieg ist immer prägnant, es handelt sich stets um den siegreichen Krieg. Ein anderer Krieg ist nämlich kein Krieg, sondern Krankheit und man führt ihn nicht. Wenn sich ein ungeheurer Körper, wie ihn unsere bürgerlichen Gesellschaften und Staaten darstellen, nicht wehrhaft erhält und das Gehirn, die Regierung – die allerdings womöglich ein Gehirn sein soll – im Staatshaushalte nicht auf alle Fälle die Wehrhaftigkeit bis zur Sieghaftigkeit budgetiert, ist es ein redender Leichnam, ist es Literatur, und die Zeit naht, wo seine Nachbarn von Nekrophilie befallen werden. Solch ein Staat ist ›Glieder ein Hackbrett voll‹, wie man's erlebt hat. Der gesunde Staat trainiert sich unausgesetzt nicht zum Kriegen, sondern zum Siegen; und die Flotte und die Armee eines Staates sind darum die Kulturmaße seiner Bewohner; denn der ethische Stand einer Bevölkerung zeigt sich in der Einsicht und Opferwilligkeit seiner Einzelglieder, für das allgemeine Interesse von einer Bequemlichkeit abzusehen. Ein Staat jedoch, in dem ein rechtschaffener Minister sich ausnahmsweise einmal getraut, den süffisanten

Säckelbürgern ihre Luxusvillen und Weinfeiertage und ihre hysterische Steuerhypochondrie vorzuhalten, und der dafür von einem Zeitungspacket erschlagen wird, ein solcher Staat trägt seine »Intelligenz« als Totenmaske. Jener Minister doch hatte recht und war er ein redlicher Durchschnittskopf, dann ist›s dies, was das staatsmännische und alles menschliche Genie ausmacht. Denn es ist das Ungeniale am Bürgerlichen, dass er eigenartig und eigensüchtig ist und nie den Durchschnitt durch das Leben eines Staates macht (Müller 1912, 3).

Auch wenn Müller den Krieg als »Königsorganisation aller Organisationen« beschreibt (ebd., 2) und den »gepanzerten Dreadnought-Menschen« martialisch zum »Bürger eines heroischen Zeitalters« bestimmt (Müller 1914, o.P.), ist der ästhetische Kult der Gewalt bei ihm weniger ausgeprägt als bei Marinetti. Anhand der in seinen Texten hergestellten Verquickung von Krieg und ethischer Erneuerung wird einmal mehr deutlich, wie stark die literarischen Imaginationen des Krieges vor 1914 noch in der Tradition des 19. Jahrhunderts verhaftet sind. Zugleich – darauf hat Joseph Vogl hingewiesen – deutet sich bei Müller aber schon an, »daß die ökonomische, politische und militärische Mobilisierung zum Schicksal moderner Gesellschaften geworden ist, die den Krieg in das Gewebe des Friedens einträgt und eine neue Konfiguration der Affekte, eine reformierte Anthropologie und eine Verwandtschaft von industriellen und soldatischen ›Arbeitern‹ in Aussicht stellt« (Vogl 2000, 558). Wie sich im Weiteren zeigen wird, sind zudem in der Gegenüberstellung von expressionistischen und futuristischen Kriegsimaginationen – die Hoffnung auf eine Befreiung des Individuums auf der einen Seite; der Ich-Verlust im Rausch der kriegerischen Gewalt auf der anderen Seite – die extremen Diskurspole der retroaktiven Sinnstiftungen des Krieges in der Weimarer Republik bereits präfiguriert. Dazwischen liegen vier Jahre Krieg, in denen die Künstler und Literaten entweder als aktive Soldaten – u. a. Richard Dehmel, Max Beckmann, Franz Marc, Otto Dix, Ernst Toller, Oskar Kokoschka, Edlef Köppen, Rudolf Leonhard und August Stramm melden sich freiwillig – oder zuhause am Schreibtisch ihren Kriegsdienst verrichten.

Nach 1914: Literatur als Waffendienst mit der Feder

Die volksfesthafte Euphorie, die noch heute das populäre Bild des August 1914 bestimmt, war ein dominant bildungsbürgerlich geprägtes, städtisches Phänomen. In der gesellschaftlichen Breite sind die

Reaktionen im ersten Kriegssommer heterogen und mit unterschiedlichen Konnotationen aufgeladen. Eine dezidiert sozialdarwinistisch ausgerichtete Kriegsbegeisterung steht neben einer eher kulturell argumentierenden Zustimmung zum Krieg. Angst um die Zukunft der Soldaten und eine sich in Hamsterkäufen manifestierende Sorge vor Lebensmittelknappheit sind ebenso zu verzeichnen wie radikalchauvinistische Ausbrüche im Rahmen offiziell organisierter Ansprachen und Aufmärsche (vgl. Verhey 2000; Janz 2013, 179–224). Unter deutschen Literaten und in Kreisen der bildungsbürgerlich geprägten Jugendbewegung ist die Identifikation mit dem Krieg zunächst ausgesprochen enthusiastisch. Richard Dehmel und Gerhart Hauptmann verfassen affirmative Kriegsgedichte (vgl. Sprengel 2000), Rainer Maria Rilke lässt sich in seinen »Fünf Gesängen« dazu hinreißen, dem »unglaublichen] Kriegs-Gott« zu huldigen (Rilke 1992, 86). »Die deutsche Literatur«, so Joseph Vogl, »wendet die Kriegserklärungen vom Juli und August 1914 zum singulären Ereignis und zur Wiederholung früherer Emphasen zugleich. Sie assoziiert die Vaterlandsmythen von 1813, sie reproduziert die Siegesfeiern von 1870/71 und präsentiert schließlich die allgemeine Mobilmachung als eine poetische« (Vogl 2000, 555).

Wichtig zu betonen ist, dass die literarische Euphorie des Kriegsbeginns immer schon eine doppelte Referenz aufweist, die politische und kunstprogrammatische Perspektiven verbindet und eine Schnittstelle herstellt, in der sich Expressionismus und Symbolismus, völkische Heimatkunst und Naturalismus treffen können. Die Kulturkritik der Vorkriegszeit fällt vor dem Hintergrund eines Funktionsverlustes der Literatur angesichts der sich entwickelnden Massenkultur zusammen mit den Fragen »nach Konzept, Stellenwert und Legitimation der Literatur« (Vogl 2000, 559). Zentrales Integrationsmoment der verschiedenen literarischen Strömungen ist die Hoffnung, dass der Krieg eine Erneuerung der Literatur und damit auch eine Re-Etablierung der diskursiven Meinungsführerschaft der Literaten bringen wird: »Auch heute, während die Stürme der Schlachten uns noch umbrausen, sagt man es überall wieder: Dieser Krieg führt für unsere Dichtung eine völlige Umwälzung herauf, eine Reformation an Haupt und Gliedern« (Hart 1914/15, 104). Die Zeichen der Zeit stehen dementsprechend auf Mittäterschaft. Programmatische Distanz, wie sie in Franz Kafkas Notat »Deutschland hat Russland den Krieg erklärt – nachmittags Schwimmschule« (Kafka 1990, 543) zum Ausdruck kommt, ist

1914 die Ausnahme. Es dominiert eine Emphase der Unmittelbarkeit, die die Betonung von Ergriffenheit mit der Hoffnung auf Erlösung zu einem ästhetischen Programm vereint, das zugleich in seiner sozialen Metaphorik Modernisierungs- und Differenzierungsverluste kompensiert:

> Da kam der Krieg. Und auf einmal ward Wirklichkeit, was die Künstler und Mystiker mit ganzer Kraft ersehnten. Die Seele zeigte sich. Ein Volk von achtundsechzig Millionen Köpfen ward mit dem Schlage aus Körper, Kleidung, Besorgung des Alltags herausgefahren, um nichts zu sein als Flutung, Geistigkeit, Wollen, Entschlossenheit. Die Seelen bildeten einen einzigen riesigen Kontaktschluß [...] (Huebner 1914, 443).

Wie bereits dargestellt, können die deutschen Literaten für ihr neu aufgelegtes Projekt einer ›poetischen Mobilmachung‹ – Gneisenau hatte schon 1811 dem preußischen König erläutert: »Auf Poesie ist die Sicherheit der Throne gebaut« (zit. n. Griewank 1939, 175) – auf ein reich gefülltes Archiv bellizistischer Formen und Formeln zurückgreifen, die nunmehr entsprechend aktualisiert, die Beilagen von Tageszeitungen, Anthologien mit Feldpostbriefen, Almanache mit Kriegslyrik etc. füllen. Verbreitet ist darin zunächst eine Einkreisungsrhetorik, die den deutschen Einmarsch in Belgien als einen notwendigen Akt der Verteidigung im Kampf um das »Sein oder Nichtsein deutscher Macht und deutschen Wesens« (so Wilhelm II. in seiner Ansprache am 6. August 1914, zit. n. Polenz 2009, 158) auslegt. Dort, wo die kulturellen Eliten, nicht alleine im Deutungsmuster von Bildung und Kultur, sondern auch in einer realpolitischen Matrix argumentieren, verweist man – nicht ohne immer wieder paranoiden Schüben zu unterliegen (s. Kap. III.1) – auf die geostrategischen Konstellationen, die einen Präventivschlag notwendig erscheinen lassen. »Der Krieg«, so Gerhart Hauptmann in einem Beitrag für das *Berliner Tageblatt* vom 26.8.1914,

> den wir führen und der uns aufgezwungen ist, ist ein Verteidigungskrieg. Wer das bestreiten wollte, der müßte sich Gewalt antun. Man betrachte den Feind an der östlichen, an der nördlichen, an der westlichen Grenze. Unsere Blutsbrüderschaft mit Österreich bedeutet für beide Länder die Selbsterhaltung. Wie man uns die Waffe in die Hand gezwungen hat, das mag jeder, dem es um Einsicht statt um Verblendung zu tun ist, aus dem Depeschenwechsel zwischen Kaiser und Zar sowie zwischen Kaiser und König von England entnehmen. Freilich, nun haben wir die Waffe in der Hand, und nun legen wir sie nicht mehr aus der Hand, bis wir vor Gott und Menschen unser heiliges Recht erwiesen haben (Hauptmann 1996a, 844).

Dies ist aber nur die eine Rechtfertigungsfigur, die im Hinblick auf die Auslegung des Gewesenen und des Kommenden zum Einsatz gebracht wurde. Weit wichtiger ist eine zweite, nämlich jene vom rückblickend so benannten ›Augusterlebnis‹, die mit einer kleinen zeitlichen Verzögerung die politische Begründung des Krieges ergänzt. Sie trägt wesentlich dazu bei, den Kriegsanlass unter Referenz auf das sommerliche Gemeinschaftserlebnis aus den profanen Tiefen des machtpolitischen Kalküls zu befreien, ihn gleichsam zum Beginn einer kulturellen Katharsis emporzuheben und in einer Flut lyrischer Texte die Rolle des Individuums als Teil der Gemeinschaft neu zu bestimmen.

Augusteuphorie, kulturelle Katharsis und das Narrativ der ›Ideen von 1914‹

Will man das ›Augusterlebnis‹ analytisch in den Griff bekommen, hilft eine Differenzierung, die die realhistorische Dynamik des August 1914 unterscheidet von einem in den ersten Kriegsmonaten retrospektiv verfassten und ideologisch klar adressierten Narrativ der Volksgemeinschaft und der sog. ›Ideen von 1914‹, das die als phantasmatisch zu bezeichnende Geburt einer nationalkulturell imprägnierten Ganzheitsvorstellung realisierte (s. Kap. III.5; zu den semantischen Umbauten dieses Narrativs in Krieg und Nachkrieg vgl. Schöning 2009a). Dieses Narrativ der ›Ideen von 1914‹ ist ein

> Darstellungsschema von lang währender Krise, ereignishafter Zäsur und sehnsuchtsvollem Aufbruch, das die Stellungnahmen, mit denen deutsche Intellektuelle dem Beginn des Ersten Weltkriegs Sinn verleihen, bestimmt. Unschwer ist in dieser sequenziellen Struktur eine Inversion des klassischen Tragödienschemas zu erkennen, der gemäß man sich bei Kriegsbeginn auf dem Umschlags- oder Sattelpunkt befindet, der die kulturelle Talfahrt der Vorkriegszeit beendet und den Beginn einer fundamentalen Umkehr der Geschichte verspricht (ebd., 43).

Schöning betont zutreffend die situative Reaktionsfähigkeit des Narrativs, weil es in der variablen Verortung der nationalen Wiedergeburt in der Zukunft dazu fähig ist, die Krisendiagnose stets so auszudehnen, dass Gegenwartskonstellationen als Zeichen der noch ausstehenden Wandlung jeweils neu integriert werden können. Während die ›Ideen von 1914‹ zunächst entsprechend zum Kriegsverlauf immer wieder neu konfiguriert werden konnten, werden sie im Nachkrieg selbst einem Prozess der ›Reinigung‹ unterzogen, der im Dienste einer ›konservativen Revolution‹ bildungsbürgerliche Roman-

tizismen aussortiert und den kulturkritisch-rückwärtsgewandten Antimodernismus gegen einen soldatisch-nationalistischen Gegenmodernismus ersetzt (vgl. Breuer 1995b; 2010). Wurde der kathartische Wendepunkt zunächst 1914 verortet, sieht ihn etwa Ernst Jünger zehn Jahre später noch bevorstehen. In seinem radikalnationalistischen Geschichtsdenken markiert das Jahr 1914 bloß einen Moment, in dem der Abschied vom bürgerlichen Zeitalter eine Beschleunigung erfährt, die sich dann in den Materialschlachten der Westfront, namentlich bei Verdun, weiter forciert und in der Zerstörung der alten Gesellschaft bis in die Gegenwart hinein andauert (vgl. Koch 2006, 260–287). Diskurspolitisch resultiert aus dieser fortgesetzten Aktualisierung des Narrativs der ›Ideen von 1914‹ eine Radikalisierungsdynamik, die vor allem nach 1918 in der Sinnstiftung der Kriegsniederlage politisch immer prekärere Konfrontationslinien produziert, in dem es immer elitärere Träger- und Aktionsgemeinschaften adressiert und die zugrundeliegenden diskursiven Ausschließungsmechanismen weiter forciert (vgl. Schöning 2009a, 44 ff.).

In der konkreten Füllung des Narrativs lassen sich mehrere Elemente unterscheiden, die an den Bellizismus der Vorkriegszeit anknüpfen konnten. Dabei kombiniert sich eine ins Phantastische tendierende Erwartungshaltung – »Dieser Krieg ist wirklich […] groß und wunderbar über alle Erwartung« (so Max Weber in einem Brief an seine Frau, zit. n. Weber 1926, 530) – mit den schon bekannten nationalpädagogischen Formeln zum Vorstellungskomplex eines deutschen Kulturkriegs:

> Die moralischen Werte des Krieges schätze ich im Ganzen sehr hoch ein. Aus dem blöden Kapitalistenfrieden herausgerissen zu werden, tat vielen gut, gerade auch Deutschland, und für einen echten Künstler scheint mir, wird ein Volk von Männern wertvoller, das dem Tod gegenübergestanden hat und die Unmittelbarkeit und Frische des Lagerlebens kennt (so Hermann Hesse in einem Brief an Volkmar Andreae vom 26.12.1914, Hesse 1973, 255 f.).

Zur massenhaften Verbreitung verhilft den ›Ideen von 1914‹ zunächst die Gattung des Gedichts, die eine kurze wie pointierte Popularisierung und symbolische Verdichtung von Erlebnisinhalten ermöglicht (vgl. Rehage 2003). So trägt eine »lyrische Sturmflut« (Busse 1915, XX) einzelner Verse vor allem in den beiden ersten Kriegsjahren dazu bei, den Krieg literarisch zu formatieren, zu kommentieren und zu reflektieren. Die »Legionen eiserner Lerchen« (ebd., XXI), die dichterisch tätig werden, rekrutieren sich vorzugsweise aus einem bildungsbürgerlichen Klientel, es sind Lehrer, Studenten, Schüler, Geistliche und professionelle Literaten, die zur Feder greifen und in großen Tages- und Wochenzeitungen wie der *Neuen Rundschau* oder dem *Simplicissimus*, in die Idee des Sendbriefs konnotierenden Flugblättern und in zeitnah zusammengestellten Sammelbänden zur ›poetischen Mobilmachung‹ und zur Konstruktion von Freund- und Feindbildern beitragen. Jenseits des im einzelnen Gedicht artikulierten Gedankengangs gilt schon alleine die schiere Menge literarischer Wortmeldungen für die zeitgenössischen Kommentatoren als Ausdruck der durch den Krieg ausgelösten kulturellen Katharsis. An die Stelle des elitären Ästhetizismus französischer und englischer Provenienz tritt – wie der Dichter und Literaturkritiker Carl Busse feststellt – eine deutsche, an der Gemeinschaft orientierte Kunst, die im ›Augusterlebnis‹ ihren Ausgang genommen habe:

> […] überwältigend, von den unzähligen Stimmen des Riesenchores aufgenommen und emporgetragen, klingt das Gelöbnis, in dieser schwersten Schicksalsstunde mit Glut und Blut zu dem angegriffenen Vaterlande zu stehen. Der wundersame Rausch der Opferseligkeit, der mit Allgewalt das ganze Volk ergriff, erhält in der Lyrik einen oft hinreißenden Ausdruck. […] Die eigene kleine Persönlichkeit mit ihrem privatem Glück und Leid versinkt und ertrinkt, geht unter und auf im Volke. Ein alle durchdringendes, in seligen Schauern empfundenes Gemeinschaftsgefühl reinigt und erhebt jede Brust (ebd., 55).

Die Betonung der Anzahl der Gedichte wird bei Busse zum Bestandteil der ideologischen Botschaft von der volksgemeinschaftlichen Verbundenheit in der Tradition der von Theodor Körner propagierten Einheit von *Leier und Schwert* (1814). Aufgrund der genealogischen Rückbindung der Kriegsdichtung an bildungsbürgerliche Wissensinhalte herrschen zunächst epigonale Formen und stabile Genremuster vor, die die mit den Vaterlandsliedern Theodor Körners und Ernst Moritz Arndts begründete Ästhetik der Befreiungskriege aktualisieren. Hinzu kommen als Vorlagen die bekannten Soldatenlieder des 19. Jahrhunderts, etwa Ludwig Uhlands »Ich hatt' einen Kameraden«, Max Schneckenburgs »Wacht am Rhein« oder Hoffmann von Fallerslebens »Deutschlandlied« (vgl. Kühne 2006, 30 f.). Gerade in den Anfangsmonaten zielt die Kriegslyrik auf Traditionsvergewisserung und erinnerungskulturelle Identitätsbildung ab, die mit einer aggressiven Feindrhetorik einhergeht. Auch hier kann exemplarisch wieder Walter Flex angeführt werden, der in seinen Gedichten – allem voran in der Ballade »Wildgänse

rauschen durch die Nacht« (1914) – klassische Formen emotionaler Ansprache mit Feind- und Opferthematiken verbindet (zur Ballade als völkischer Form vgl. Ketelsen 1976, 44 f.; zu Walter Flex' Lyrik vgl. Koch 2006, 172–182; Süselbeck 2013, 128–131). Erst später tritt die Faktizität der Materialschlacht in den Bildbereich der Kriegslyrik ein, wobei zunächst der Versuch zu beobachten ist, die neue Realität in tradierten lyrischen Mustern zu beschreiben, bevor dann auch Formexperimente realisiert werden.

Gelesen wurden Anthologien mit Kriegs- und Heldenliedern wie Waldemar von Baußnerns *Empor mein Volk. Kriegslieder aus unseren Tagen mit neuen Weisen* (1914) oder Ernst Lissauers *Worte in der Zeit* (1914) sowohl in der Heimat wie an der Front, zu Verfügung gestellt etwa durch billige Leseausgaben wie Reclams ›tragbare Feldbüchereien‹ (vgl. hierzu Natter 1999, 138–173). Die hier artikulierten Feindbilder, die immer verbunden wurden mit einer dezidierten Abwertungsrhetorik, hatten die Funktion, etwaige Unsicherheitspotenziale zu kompensieren. Insbesondere an Lissauers gleich nach Kriegsbeginn entstandenem »Hassgesang gegen England« lässt sich die Literarisierung und situative Verfertigung »asymmetrischer Gegenbegriffe« (Koselleck 1989, 211–259), die eine wesentliche Orientierungs- und Mobilisierungsfunktion ausübten, sehr gut beobachten:

> Was schien uns Russe und Franzos',/ Schuß wider Schuß und Stoß wider Stoß!/ Wir lieben sie nicht,/ Wir hassen sie nicht,/ […] Wir haben nur einen einzigen Feind:/ Den ihr alle wißt, den ihr alle wißt,/ Er sitzt geduckt hinter der grauen Flut/ Voll Neid, voll Wut, voll Schläue, voll List,/ durch Wasser getrennt, die sind als Blut./ […] Vernehmt das Wort, sagt nach das Wort,/ Es wälze sich durch ganz Deutschland fort:/ Wir wollen nicht lassen von unserem Haß,/ Wir haben alle nur einen Haß,/ Wir lieben vereint, wir hassen vereint,/ Wir haben alle nur einen Feind:/ England (Lissauer 1914, 5).

Bei Lissauer wie bei vielen anderen Kriegsdichtern stehen die Produktion von Feindstereotypen und die Propagierung von Siegesgewissheit ganz oben auf der Agenda. Allerdings finden auch andere Motivkomplexe Eingang in die Lyrikproduktion, etwa in der sog. »Mutterlyrik«, die – vorzugsweise im Verbund mit entsprechenden Bildern auf Feldpostkarten abgedruckt (s. Kap. III.6) – in der Stilisierung der opferbereiten Mutter zur Pieta eine wichtige kommunikative Funktion in der Zuweisung von weiblichen Handlungsrollen an der Heimatfront hatte. Hier zeigt sich der Versuch der Lyrik, auf die im Wandel begriffenen Gegebenheiten des sich in die Länge ziehenden, verlustreichen Kriegs einzugehen, indem sie den Zusammenhang von Opfer, Reinigung und Neubeginn auf einer zeitlichen Achse hinausschiebt und damit den Tod der Kinder als Voraussetzung einer besseren Zukunft kommuniziert.

Während die Pieta-Konstruktion letztlich doch noch den Versuch darstellt, die neuartigen Konfliktlagen mit einer tradierten Formensprache einzufangen, lassen sich in der Kriegslyrik vor allem ab 1916 neue Themensetzungen auffinden, die in der Lyrisierung des heroischen Opfers dazu beitragen, das Narrativ der ›Ideen von 1914‹ gegen Krisen weitgehend zu immunisieren. Zwar lässt sich 1916 an einer deutlichen Verringerung der Produktion von Kriegsgedichten eine Desillusionierung ablesen, zu einer grundsätzlichen Pazifizierung des Dichtens über den Krieg kommt es aber nicht. Nichtsdestotrotz wurde in den ergebnislosen Schlachten an der Somme (Juli bis November 1916) und bei Verdun (Februar bis Dezember 1916) offensichtlich, dass sich der Krieg in ein gewaltiges Hinschlachten verwandelt hat, das mit tradierten Soldatenbildern und vitalistischen Gefahrenlektüren nicht mehr zu begreifen ist. Als Konsequenz aus dieser Grunderfahrung des massenhaften Sterbens weicht der »offensive Führer- und Tatheroismus nach Kriegsausbruch [...] einem bisweilen resignativen, oft aber auch immer entschiedeneren Märtyrer- und Opferheroismus« (Detering 2013, 33; vgl. auch Hüppauf 1993), wie er sich etwa in Bruno Francks Gedicht »Der Neue Ruhm« (1916) darstellt: »Heute gilt kein buntes Heldentum,/ Nicht mehr Brust an Brust,/ Misst sich Ritterlust,/ Stiller, aber höher ward der Ruhm,/ [...] Größer, wer in nasser Höhle liegt,/ Eisengrau dem Schicksal eingeschmiegt,/ Und die Augen überfüllt mit Tod,/ [...]« (Franck 1916, 89).

Sterben und Leid, Entbehrung und Trauer verdichten sich zu einem deutungsstabilen Modell von Vernichtung und Wiedergeburt, das eine spezifische Form von Heroik aus der Evokation eines unmenschlichen Maßes an Willensstärke gewinnt: »Windet der Weg spurenzerquetscht sich endlos bergan./ Mühsam quälen die Truppen sich keuchend empor./ An den S[t]iefeln bleischwer, gummifest badet der Kot./ Aber ingrimmig blitzt aus den Augen der Wille: Durch!« (Fuchs 1916, 48 f.). Das adaptierte Opfernarrativ schließt die in Walter Flex' *Weltenwanderer* entwickelte Transzendierungsfigur, die den Sinn des individuellen Sterbens im Dienst für das Kollektiv realisiert sieht, ebenso ein wie eschatologische Vorstellungsbilder vom kollektiven Opfertod und ewigen Leben. Insbesondere dient die Passionsgeschichte Christi als narrative Form, um das Leiden und den Tod des Einzelnen als Voraussetzung für die ewige Größe der Nation auszuweisen. Die Deutungsfigur einer intergenerationellen Weitergabe, die oft mit der »biblische[n] Metaphorik des Zeugens, Wachsens, Blühens oder der Saat und Ernte« ausgekleidet wird (Detering 2013, 36 f.), erzeugt das Gefühl einer »symbolischen Unsterblichkeit« (Linse 1980, 262), die das Opfer sakralisiert und zugleich idealisiert.

Von hieraus führt einer der diskursiven Pfade in die Weltkriegsliteratur der späten 1920er Jahre, die – auch darin findet Schönings These zur semantischen Anpassungsfähigkeit des Narrativs der ›Ideen von 1914‹ eine Bestätigung – bei Autoren wie Ernst Jünger oder Hans Zöberlein nach einem Registerwechsel vom Metaphernfeld der Natur in das der Technik den Krieg als reinigendes Stahlbad deutet. Aus dessen schlimmsten Vernichtungsenergien sei der neue, zukunftsträchtige Typus des stählernen Soldaten hervorgegangen: »Denn mag auch vieles unter Fieber sterben, so braut zur gleichen Zeit die gleiche Flamme Zukünftiges und Wunderbares in tausend Retorten« (Jünger 1978, 11).

Der Kulturkrieg

Die ›poetische Mobilmachung‹ im Sommer und Herbst 1914 führt nicht nur zur Entfesselung der lyrischen Produktion, sondern geht auch mit einer kaum zu überblickenden Vielzahl von Aufrufen, Denk- und Erbauungsschriften einher, die in einer recht schmalen semantischen Variationsbreite darzulegen versuchen, dass und warum Deutschland einen gerechten Krieg kämpft und was die deutschen Nation von den anderen Kriegsteilnehmern unterscheidet. Gebündelt lässt sich das deutsche Argumentationsinventar in dem Text »Aufruf an die Kulturwelt« vom 3. Oktober 1914 nachvollziehen, einer Rechtfertigungsschrift für die Zerstörung der Bibliothek von Löwen (Ende August) und der Kathedrale von Reims (Mitte September). Organisiert von Ludwig Fulda, dem Vorsitzenden des Goethebunds, kann die Schrift, die von 93 prominenten Intellektuellen, Künstlern und Wissenschaftlern unterzeichnet wurde, als Auftakt eines »Krieg[s] der Geister« (vgl. Kellermann 1915) verstanden werden, der unter den Intellektuellen Europas um die ethische Bewertung des Kriegsgeschehens ausgefochten wurde (vgl. Meyer-Rewerts/Stöckmann 2011). Der Aufruf, der u. a. von Gerhart Hauptmann, Max Planck und Wilhelm Wundt unterzeichnet wurde, endet mit der programmatischen Erklärung:

Wir können die vergifteten Waffen der Lüge unseren Feinden nicht entwinden. Wir können nur in alle Welt hinausrufen, daß sie falsches Zeugnis ablegen wider uns. Euch, die Ihr uns kennt, die Ihr bisher gemeinsam mit uns den höchsten Besitz der Menschheit gehütet habt, Euch rufen wir zu: Glaubt uns! Glaubt, daß wir diesen Kampf zu Ende kämpfen werden als ein Kulturvolk, dem das Vermächtnis eines Goethe, eines Beethoven, eines Kant ebenso heilig ist wie sein Herd und seine Scholle. Dafür stehen wir Euch ein mit unserem Namen und mit unserer Ehre! – 93 Unterzeichnende: Manifest vom 4. Oktober 1914 (zit. n. Böhme 1975, 49).

In die gleiche Richtung zielt auch ein Brief Hauptmanns, der als Erwiderung an Romain Rolland am 10.9.1914 in der *Vossischen Zeitung* abgedruckt wurde. Rolland hatte zuvor seinerseits in einem offenen Brief Hauptmann aufgefordert, sein Gewicht als Literatur-Nobelpreisträger des Jahres 1912 einzusetzen, um im Namen der europäischen Zivilisation mäßigend auf die deutsche Kriegsführung in Belgien einzuwirken. Im Bemühen, sich keineswegs durch die Anklage seines französischen Kollegen moralisch in die Defensive drängen zu lassen, geht Hauptmann zum Gegenangriff über:

Natürlich ist alles schief, alles grundfalsch, was Sie von unserer Regierung, unserem Heer, unserem Volke sagen. Es ist so falsch, daß mich in dieser Beziehung Ihr offener Brief wie eine leere, schwarze Fläche anmutet. […] Gewiß sind Ihnen unsere heldenmütigen Armeen furchtbar geworden! Das ist der Ruhm einer Kraft, die durch die Gerechtigkeit ihrer Sache unüberwindlich ist. Aber der deutsche Soldat hat mit den ekelhaften und läppischen Werwolfgeschichten nicht das allergeringste gemein, die Ihre französische Lügenpresse so eifrig verbreitet, der das französische und das belgische Volk sein Unglück verdankt (Hauptmann 1996b, 848).

Während auch andere französische Intellektuelle wie Henri Bergson und Émile Durkheim den Krieg als Kampf der Zivilisation gegen die deutsche Barbarei und den deutschen Militarismus auffaßten, legten die deutschen Verfasser des Aufrufs Wert auf die Feststellung, dass im Krieg gegen Frankreich und Russland ein deutsches Modell von Freiheit verteidigt werde, das seine spezifische nationalkulturelle Prägung – im Unterschied zum rein negativen Freiheitsverständnis des englischen Liberalismus – in der Einbeziehung des Ordnungsdenkens und in der Wertschätzung von Autorität und Verwaltung habe (zum Konzept der ›deutschen Freiheit‹ vgl. Schmidt 2011, 82 ff.). Dementsprechend beantwortet Adolf von Harnack 1914 die Frage »Was heißt Freiheit?« auf den Spuren Kants wandelnd folgendermaßen: »Das mit Freude und ganzer Hingebung und ungehindert tun, was man tun soll, das tun wollen, was

man tun muß. Die große Selbstverständlichkeit der höchsten Pflicht, in den Willen aufgenommen und zu kräftiger Tat gebracht: das ist wahre Freiheit« (Harnack 1914, 156).

Ein anderer Vordenker der ›Ideen von 1914‹, der Nationalökonom Johann Plenge, spitzte den deutschen Freiheitsbegriff weiter zu, indem er das Jahr 1914 gegen die Französische Revolution von 1789 in Stellung brachte: »Seit 1789 hat es in der Welt keine solche Revolution gegeben wie die Revolution von 1914. Die Revolution des Aufbaus und des Zusammenschlusses aller staatlichen Kräfte im 20. Jahrhundert gegenüber der Revolution der zerstörerischen Befreiung im 18. Jahrhundert« (Plenge 1915, 173). Unter dem Einfluss der Idee eines »nationalen Sozialismus« (Plenge 1916, 82), aber auch in Anerkennung der industriellen Bedingungen des Krieges, versucht er eine Transformation des deutschen Kulturkonzepts zu erreichen, das den Zentralbegriff ›Bildung‹ durch der ›Arbeit‹ ersetzt:

Wir sind in unserem innersten Kern ein Volk von Baumeistern. In unserer deutschen Seele liegt nicht nur die Freude zur geduldigen, uneigennützigen Hingebung an die besonderen Aufgaben, die uns gestellt sind, und zur Versenkung: wir haben konstruktive Kraft. Konstrukteure von Maschinen und Gedankensystemen. Baumeister von Domen in Stein und Musik. Organisatoren von Armeen und Arbeitsbataillonen. Das ist deutsche Leistung. Wir waren ein Volk der Dichter und Denker. Wir sind ein Volk der neuen Arbeitspraxis geworden. Praktisch dichten und denken heißt: organisieren (Plenge 1915, 174).

Damit geht Plenge, der bezeichnenderweise aus ökonomischer, nicht aus literarischer Warte auf den Krieg schaut, weit über die Deutungsversuche innerhalb des philosophisch-literarischen Felds hinaus. Zwar denkt man den Krieg auch hier als »Mittel zur Revitalisierung der Kultur« (Mommsen 2002, 205), Plenges Arbeitsbegriff, der in gewisser Weise Walther Rathenaus Technik-Reflexionen in *Zur Kritik der Zeit* (1912) und *Zur Mechanik des Geistes* (1913) aufgreift, sie auf den Kriegsfall anwendet und so Ernst Jüngers spätere Verabschiedung des Individuums vorwegnimmt, spielt im literarisch-philosophischen Diskurs zunächst aber nur eine untergeordnete Rolle. In der Überblendung von diachronen (Erneuerung) und synchronen (Kultur vs. Zivilisation) Achsen geht es in den allermeisten Wortmeldungen – etwa in Max Schelers Essay »Der Genius des Krieges und der deutsche Krieg« (1915) – um die antimodernistische Feier der Überwindung der Gesellschaft zugunsten der Gemeinschaft:

Was in jedem einzelnen Falle das schöpferische Individuum vor der Inangriffnahme eines großen Werkes erlebt, bei seiner sogenannten ›Konzeption‹, dies wundersame Heraustreten der Seele aus dem festdeterminierten Gang regelhaft dahinfließender Tage, ihr Sichzurückbeugen auf ihr wahres Kräftezentrum, aus dem die Lebensquelle mit wachsender Konzentration immer reiner fließt, das stürmische Ergriffensein und Erzittern durch die gewahrten, in abwechselnden großen Gedichten spielenden Kräfte, eben das erleben im Großen die Völker und Nationen in ihren Kriegen als soziale Ganzheiten. Es befruchtet Eisen und Blut den Geist auf dunkle Weise, und das Geheimnis der ›Wiedergeburt‹ umfasst nicht nur den Staat, der in jedem echten Kriege neuersteht, sondern auch das hinter Staat und fertiger Kultur quellenden Kräfte ihrer immer neuen Hervorbringung (Scheler 1915, 65 f.).

Und auch Thomas Manns resonanzstarke »Gedanken im Krieg« (1914), die »konzentrierteste Zusammenfassung der deutschen Kriegsrhetorik der ersten Stunde« (Sprengel 2004, 799), sind gesättigt mit antizivilisatorischen Ressentiments, die die neue Gemeinschaft als Ausbruch aus der Starrheit und mechanistischen Kälte der Gesellschaft feiern. Begeistert von der Euphorie der Anfangsphase, versucht Mann, die spezifische Substanz deutscher Kultur zu bestimmen und diese vom flachen Zivilisationsdenken Englands und Frankreichs zu unterscheiden. Interessant ist der Essay darüber hinaus, weil er in seiner Gleichsetzung von Soldat und Künstler prägend für das Selbstbild vieler Literaten im Krieg wurde:

> Wir kannten sie ja, diese Welt des Friedens. Wimmelte sie nicht von dem Ungeziefer des Geistes wie von Maden? Gor und stank sie nicht von den Zersetzungsstoffen der Zivilisation? Wie hätte der Künstler, der Soldat im Künstler, nicht Gott loben sollen für den Zusammenbruch einer Friedenswelt, die er so satt, so überaus satt hatte? Krieg! Es war Reinigung, Befreiung, was wir empfanden und eine ungeheure Hoffnung (Mann 1974, 531).

An Thomas Manns Auslassungen, deren antifranzösischen und antienglischen Gehalt er auch in seinen kurz vor Kriegsende veröffentlichten *Betrachtungen eines Unpolitischen* nicht zurücknahm (im Gegenteil, noch am 16.9.1918 notiert Mann trotzig: »Was will man? Uns das Erlebnis Goethes, Luthers, Friedrichs und Bismarcks austreiben, damit wir uns in die ›Demokratie‹ einfügen. Ich bereue kein Wort der Betrachtungen«; Mann 1979, 7), ist abzulesen, dass im literarischen Nachdenken über den Krieg ökonomische oder machtpolitische Erwägungen trotz punktueller Verwicklungen in die Kriegszieldebatte keine hervorgehobene Rolle spielten. Im Gegenteil scheint immer wieder ein Leitmotiv durch, das den Krieg zur Erfüllung einer kulturellen deutschen Sendung

stilisiert. Der Philosoph *Adolph Lasson* führt entsprechend aus:

> Deutschland ist das Land der Mitte, deutsche Kultur nimmt eine zentrale Stellung ein. Die ganze europäische Kultur, die doch eigentlich allgemein menschliche Kultur ist, sammelt sich wie in einem Brennpunkte auf diesem deutschen Boden und im Herzen des deutschen Volkes. Es wäre töricht, über diesen Punkt sich mit Bescheidenheit und Zurückhaltung äußern zu wollen. Wir Deutsche repräsentieren das Letzte und Höchste, was europäische Kultur überhaupt hervorgebracht hat; darauf beruht die Stärke und Fülle unseres Selbstgefühls (Lasson 1914, 116).

Wie sehr der Erste Weltkrieg von den Intellektuellen und Schriftstellern zuallererst als ein Kulturkrieg aufgefasst wurde, der ganz wesentlich im Medium von Sprache und Literatur ausgefochten, zugleich aber auch zur Sicherung von Sprache und Kultur geführt wurde, macht etwa auch das absurde Engagement des österreichischen Sprachphilosophen *Fritz Mauthner* deutlich, der – getrieben von einer »Todesangst um Deutschland« (so ein Brief Mauthners an Gustav Landauer vom 15.11.1914, zit. n. Stachel 2004, 101) – eine ganze Reihe von radikalen kriegspropagandistischen Schriften veröffentlichte. In ihnen spiegeln sich der Unmut über einen vermeintlich aufgezwungenen Verteidigungskrieg und die Zuversicht auf Erneuerung und Reinigung der deutschen Sprache. Der Krieg werde, so Mauthners die Kritik am Alamodewesen aktualisierende Hoffnung, die volksgemeinschaftliche Substanz der Sprache von allen (jüdischen) Verwässerungen befreien und Tendenzen zur Verbreitung von internationalen Verständigungssprachen wie Volapük oder Esperanto zurückdrängen (s. Kap. II.2). Maßgebliche Maxime seiner Artikel, etwa »Wer ist Henri Bergson?« (1914) oder »Der Friede. Eine gänzlich unpolitische Betrachtung« (1915), war dabei die Einsicht, dass jedes »Wort, das dem Feinde dienen kann«, ein »Verbrechen am eigenen Volke« darstelle (Mauthner 1915, o.P.). Und er ergänzt in der damals gängigen Erneuerungsrhetorik:

> Da kam der große Krieg und der Sinn des Lebens hatte auf einmal einen neuen Inhalt, weil der Tod einen Sinn bekommen hatte. Der Instinkt der Gemeinsamkeit war in langen Friedensjahren schwächer und schwächer geworden; ein jeder, der starb, starb nur sich selber, vielleicht auch noch einigen Angehörigen. Jetzt ist der Instinkt der Gemeinsamkeit wieder da, in seiner ganzen natürlichen Stärke. Wie der Instinkt der Mutterliebe. Wie der Instinkt der Ameise. Wer stirbt, stirbt nicht mehr sich selber. Der Rausch des Todes ist über unser Land gekommen. Das ist doch etwas, was die Philosophie vom Kriege gelernt hat: den Sinn des Todes deuten. Die eigentliche Philosophie, die nüchterne Erkenntniskritik hat vorläufig zu schweigen (Mauthner 1914, o. P.).

Bei Mauthner klingt an, dass der Krieg einen massiven anti-intellektualistischen Schub auslöste. Nicht mehr die Stimme der länderübergreifenden Vernunft oder gar der den Kampfesmut pazifizierenden Aufklärung sollte zu hören sein, stattdessen ging es um das Gefühl der Gemeinschaft, um ein intuitives Vernehmen der Pflicht und um das Spüren der Vaterlandsliebe. Diese emotionalen Codierungen, die wiederum vielfache Anleihen bei der Literatur der (Neu-)Romantik nahmen, verdichten sich in der Emphase des, eine »Dialektik des Herzens« (Plessner 1981, 12; s. Kap. IV.3) ansprechenden, ›Kriegserlebnisses‹.

Das ›Kriegserlebnis‹

Die literarische Bearbeitung des Kriegs hat einen starken Bezug zur Lebensphilosophie der Jahrhundertwende und dies hauptsächlich dort, wo sie die Intensität und Wirkung der kriegerischen Auseinandersetzung auf das einzelne Individuum in Worte zu kleiden versucht. Der Begriff, der hierbei oftmals aufgerufen wird, ist der des ›Erlebnisses‹. Ursprünglich in der Philosophie Wilhelm Diltheys als kategorialer Gegenbegriff zur kalten Begriffssprache des Rationalismus konzipiert, wird das ›Erlebnis‹ im Zuge der ›poetischen Mobilmachung‹ nun kriegstauglich gemacht. Im ›Erlebnis‹ verdichtet sich der Sinn eines ganzen Lebens, zugleich wird an ihm der Zusammenhang einer individuellen Existenz wie auch deren Verbundenheit mit der Essenz der Epoche ablesbar (Dilthey 1991; vgl. hierzu Jaeger 1995, 19–70). Für das bildungsbürgerliche Projekt einer literarischen Individualisierung des Krieges ist der ›Erlebnis‹-Begriff bestens geeignet, da sich in ihm das Verhältnis von Vergangenheit, Gegenwart und Zukunft zu einem Narrativ mit »überschaubare[r] interne[r] Logik« (Horn 2000, 133) komprimiert. Zu einem dezidiert literarischen Konzept wird das ›Kriegserlebnis‹, weil man dieses nicht nur erzählen *kann*, vielmehr erzählen *muss*. Es realisiert sich erst, so Eva Horn, in der Performanz des Erzählens: »Auf dem Weg an die Front führt darum der Soldat nicht nur deutsche Klassiker im Tornister mit, sondern auch jede Menge leerer Kladden und Briefpapier. Erzähltes und Zu-Erzählendes sind 1914 Vorgaben für historische Erfahrung. Erlebt wird, was erzählbar ist – daher der Dokumentationsrausch, der diesen Erlebniskrieg begleitet« (ebd., 133). Dementsprechend wäre es verfehlt, eine einseitige Produktionsrichtung vom vorgeordneten Erlebnis zur nachgeordneten Dichtung anzunehmen. Im Gegenteil wirkt die existente Kriegs- und Bildungsliteratur einerseits immer schon als kulturelles Skript (zur Terminologie vgl. Schank/Abelson 1977), das Erlebnisse präfiguriert und deren Transformation in Erfahrungen rahmt. Die »Poetologie des Erlebnisses, d. h. die Art und Weise, wie sie ein Subjekt und eine Struktur der Erfahrung bestimmt, bildet die Matrix für alle Wissensformen und Texte, die versuchen, des Kriegsgeschehens habhaft zu werden« (Horn 2000, 132). Andererseits darf, gerade bei bildungsbürgerlichen Autoren, nicht übersehen werden, dass diese die eigene Produktion in ein Traditionsgefüge einordnen und somit einer literarischen, intertextuell und intermedial vermittelten Selbstreferenzialität folgen (zum Problem einer spezifischen Literarizität von Kriegsliteratur vgl. Fussell 1975). Insgesamt gilt es ein »wechselseitiges Imaginationsverhältnis« (Detering 2013, 22) zwischen Literatur, Front und Heimat im Blick zu behalten, inklusive der ideologischen Einflüsse, die durchaus in einem Spannungsverhältnis zur Frontsituation stehen und auch so erlebt werden können. Was schlussendlich als vermeintliche Wahrheit des Krieges artikuliert wird, hat wesentlich mit den symbolischen und politischen Schablonen des ›Kriegserlebnisses‹ und deren Passfähigkeit zum jeweiligen Geschehensraum des Krieges zu tun.

Im ›Erlebnis‹-Begriff verflechten sich die verschiedenen Diskurslinien und Bildwelten des Vorkriegsbellizismus zu einem Schulungs- und Reinigungsprogramm für das modernitätsmüde Subjekt. Als Deutungsfigur umfasst das ›Erlebnis‹ ebenso ein Versprechen auf ein die Profanität des wilhelminischen Alltags durchbrechendes Abenteuer wie die Versicherung, in einem historisch bedeutsamen Augenblick Teil einer neuen sozialen Gemeinschaft zu werden: »Jetzt aber«, so Georg Simmel in einer Rede, die er im November 1914 in Straßburg hielt, »wird unser Bewußtsein emporgerissen zu dem Punkt, wo wirklich Wende und Wandlung zwischen endgültig Vergangenem und ungeborenem Neuen geschieht, wo wir wirklich Geschichte erleben, also einen Teil des einmaligen Weltprozesses, so daß wir wissen: das Leben wird ein anderes sein« (Simmel 1917, 13).

Eine resonanzstarke literarische Ausgestaltung erfährt das ›Kriegserlebnis‹ in Walter Flex' Novelle *Der Wanderer zwischen beiden Welten*, einem Text, der unter vielfältigen Bezugnahmen auf die erlebnishungrige Kultur der deutschen Jugendbewegung von den autobiografischen Erfahrungen des Autors während der zwei ersten Kriegsjahre erzählt. Flex, der 1917 beim Sturm auf die Ostsee-Insel Ösel fiel, entwickelt im *Weltenwanderer* das Bild einer leidenschaftlichen und opferbereiten deutschen Jugend, die den Krieg vor allem als Bildungsunternehmung und Einübung in den Umgang mit Sterben und Verlust erlebt. Der Tod des zum idealen Führer stilisierten nicht-adeligen Leutnants Ernst Wurche, der den Erzähler zunächst in tiefe Verzweiflung stürzt, wird sinnhaft aufgefangen durch ein intergenerationelles Opfer-Narrativ, das den Tod zur Aufgabe für die Überlebenden bestimmt, sich noch intensiver für das Heil der deutschen Nation einzusetzen. Dementsprechend mahnt die Uhr des verstorbenen Kameraden den Erzähler:

> Und sie redete zu mir, und sprach auch heute: ›Du lebst die Lebensstunden meines toten Herrn, deines Freundes, die Gott ihm als ein Opfer abforderte. Denkst du daran? Du lebst seine Zeit, wirke seine Arbeit! Er schläft, du wachst, und ich teile dir die Stunden deiner Lebenswache zu. Ein rechter Kamerad wacht für den anderen, wache du für ihn! (Flex 1938, 253 f.).

Ein hohes Maß an Überzeugungskraft konnte die Novelle zum einen dadurch gewinnen, dass sie mit literarischem Bildungswissen, Goethe- und Bibel-Zitaten etc. angereichert ist und zum anderen den historischen Wandervogel Wurche zum Vorbild einer Heldenerzählung genommen hat (vgl. Koch 2006, 130–187), in der sich das Selbst- und Sendungsbewusstsein des Bürgertums als eigentlicher sozialer Elite des Kaiserreichs bestätigt findet. Im Tod des realen und zugleich literarischen Wurches, der extradiegetisch im Tod des Freundes und Autors Flex eine weitere Untermauerung erfährt, stattet der Text die eigene Lesart mit einer hohen affektiven Evidenz und kaum zu hintergehender Autorität aus. In Flex' Erzählung stirbt der Soldat einen wertvollen, sinnhaften Tod, der erinnert werden kann und wird:

> Ich ließ den Freund hinaustragen und half ihn in das grün ausgekleidete Grab unter den Linden senken. In seiner vollen Offiziersausrüstung bettete ich ihn zum Heldenschlafe mit Helm und Seitengewehr. In der Hand trug er die Sonnenblume wie eine schimmernde Lanze […] Dann schloß ich das Grab und der Hügel wuchs. Eine Sonnenblume steht darauf und ein Kreuz. Darauf ist geschrieben: ›Leutnant Wurche. I.R. 138. Gefallen für das Vaterland. 23.8.1915‹ (Flex 1938, 249).

Gleichwohl – dies wurde schon angedeutet – kann Flex seine Geschichte vom individuellen Opfertod und weihevoller Zeugenschaft nur deshalb plausibel erzählen, weil er sie an der Ostfront spielen lässt. Im Westen, wo in den Materialschlachten an der Marne, an der Somme und vor Verdun unzählige Soldaten zu Kanonenfutter gemacht werden, können ›Kriegserlebnis‹ und Opfertod kaum mehr oder doch nur

mit wesentlichen semantischen Umbauten weiter als Bildungsgeschehen erzählt werden.

Krieg und Opfer

Im Stellungskrieg an der Westfront kommt es schon frühzeitig zu einer Demaskierung des naiven Reinigungsphantasmas durch die Faktizität der Materialschlachten. Nicht mehr die strategische Rasterung der kurzen, begrenzten Kampagnenfeldzüge, die selbst noch den Charakter des Kriegs 1870/71 bestimmt hatte, formt das Bild. Vielmehr wird frühzeitig klar, dass es fortan um die Abnutzung von Mensch und Material in der Stagnation unbeweglicher Frontverläufe gehen wird (s. Kap. III.2). Diese neue, wesentlich von der industriellen Leistungs- und Logistikfähigkeit der Kriegsparteien bestimmte Kriegführung hat schwerwiegende Folgen für die einzelnen Frontsoldaten: »Unter den Bedingungen des Stellungskrieges waren Tapferkeit und individuelle Leistung weit weniger gefragt als Leidensfähigkeit und Durchhaltevermögen unter widrigsten Umständen. Die Ideale der persönlichen Tapferkeit und des selbstlosen Einsatzes für das Vaterland, welche den Soldaten in der Heimat gepredigt worden waren, verloren weitgehend ihren Sinn« (Mommsen 2004, 141).

Die Industrialisierung der Kriegsführung hat für die ästhetische Ausgestaltung und kommunikative Anschlussfähigkeit des literarischen ›Kriegserlebnisses‹ weitreichende Konsequenzen, weil es in seinem ethischen Aussagewert durch taktische Maßnahmen wie das Maschinengewehr-Sperrfeuer, das Trommelfeuer oder die Feuerwalze ad absurdum geführt wird und zudem die Qualität der Erzählbarkeit zunehmend einbüßt. Unter den Bedingungen der Materialschlacht, in der die Soldaten in einem Wirbel zusammenhangsloser Sinneseindrücke aller stabilen Orientierungsmarken beraubt werden, verliert das ›Kriegserlebnis‹ seine Form. Entweder kann die Intensität der Kriegsführung in das Erlebnisnarrativ integriert werden (als erhabene Lebenssteigerung, als Geburtswehe des ›neuen Menschen‹) oder es kommt zu einer völligen Entwertung des symbolischen Gehalts des Erlebnisbegriffs, bis hin zum Trauma, verstanden als ein »verfehlte[s], gescheiterte[s] Erlebnis« (Horn 2000, 134).

Die Literatur reagiert auf die normative Kraft des Faktischen, indem sie alternative Umgangsweisen erprobt, also nach einer neuen narrativen Ordnung sucht, die selbst dann noch als Ermächtigung des Erzählers (und der identifikatorischen Leser) wirken kann, wenn sie von einem Verlust von Handlungsmacht und der Überwältigung durch die Angst berichtet.

Wo eine solche narrative Struktur, die eine durchaus komplexe Verflechtung einer detaillierten, ›realistischen‹ Darstellung der Kriegsgräuel mit einer gleichzeitigen Apotheose des deutschen, nationalistischen Kämpfers und seiner Mission braucht, nicht überzeugen kann (vgl. Hüppauf 2008, 180), vollziehen einige Autoren wie von Hofmannsthal, Hesse, Rilke oder auch Hugo Ball, die sich zunächst geradezu kriegsaffirmativ geäußert hatten, eine pazifistische Distanzierung. Die pazifistische Kritik am Krieg – worauf später noch zurückzukommen ist – bleibt indes bis in die Spätphase der Weimarer Republik hinein in der Minderzahl (Schneider 2008, 8 kalkuliert den Anteil kriegskritischer Texte bei etwa 5 %).

Eine andere Reaktionsweise bestand darin, sich in der literarischen Unterstützungsleistung nicht vom Krieg, wohl aber von den Niederungen des Stellungskriegs zu distanzieren. Literarische Porträts ›großer Krieger‹ wie Manfred von Richthofen oder Gunther Plüschow zeichnen ein Bild, in dem der einzelne Held zwar mit modernster Kriegstechnik konfrontiert ist, diese aber souverän beherrscht. Zahlreiche Publikationsreihen wie *Aus großer Zeit* (Leipzig 1914, 6 Titel) oder *Feinde ringsum!* (Reutlingen 1914–1918, 100 Titel) und insbesondere die erfolgreichen *Ullsteins Kriegs-Bücher* (1915–1918, 51 Titel), die ohne großen literarischen Anspruch verfasst und teilweise mit einer Erstauflage von 500 000 Stück auf den Markt gebracht wurden (Schneider 1998, 146), kondensieren Fakten und Fiktionen des Krieges so, dass das Bild einer auf Willen, Vaterlandsliebe und Einsatzbereitschaft beruhenden Handlungsmacht des einzelnen Soldaten aufrecht erhalten werden kann. Wie Thomas F. Schneider betont, gewannen die zum Teil mit privaten Fotografien illustrierten Bände der Reihe »*Ullsteins Kriegs-Bücher* [so] ein nahezu unerschütterliches Maß an Authentizität und vermittelten gleichzeitig ein Kriegsbild, das das ›Innovative‹ des Krieges, die neuen Waffen und die veränderte Kriegführung herausstellte, zugleich die Entmenschlichung der Teilnehmer aber dadurch sublimierte, daß es ›Helden‹ produzierte« (ebd.).

In Manfred von Richthofens Erinnerung *Der rote Kampfflieger* (1917, 400 000 verkaufte Exemplare) wird der Krieg als ehrenvolle Jagd erzählt, in der die individuelle Beherrschung von Technik und Affekten das entscheidende Faktum ist, das über den Ausgang der ›ritterlichen‹ Luftduelle entscheidet. Gleichzeitig – hier stellt sich der Realitätseffekt der Erzäh-

lung ein – macht das Buch nachvollziehbar, wie sich der Protagonist mehr und mehr von einem romantischen »Waidmann« zu einem quasi-maschinellen »Schießer« entwickeln muss, sich also sein Kriegshandwerk industrialisiert. Diesen Veränderungen der Taktik gegenüber zeigt sich der Erzähler aber immer reflexiv gewachsen, er bleibt damit letztlich – konträr zur Grabenerfahrung der einfachen Soldaten – selbst handlungs- und entscheidungsführend. Eine ähnliche Strategie der Anerkennung des industrialisierten Kriegs bei gleichzeitigem Festhalten an einem vom ›Kriegserlebnis‹ grundierten Helden-Konzept, vollzieht Gunther Plüschows Buch *Die Abenteuer des Fliegers von Tsingtau* (1916, 500 000 verkaufte Exemplare), das von der Rückkehr des Flieger-Patrioten Plüschow aus dem fernen Osten, wo die deutsche Kolonie von den Japanern überrannt wurde, berichtet. Auch hier bestimmen die Individualisierung des Kämpfers und die Herausstellung seiner Einsatzbereitschaft die Erzählung. Die Angst vor und in der Schlacht – »ein unheimliches Gefühl, an das man sich schnell gewöhnt« (Plüschow 1917, 59) – ist hier Geburtswehe eines Helden.

Eine weitere, für die Deutungsgeschichte des Weltkriegs vor 1918 zentrale Literarisierungsform sucht in der Anerkennung des grauenvollen Leidens an der Westfront neue Sinnstiftungspotenziale. Eine erste größere Publikation, die die Materialschlacht in ihrer ganzen Brutalität darstellt, ist die Zeitschrift *Der Krieg 1914/15 in Wort und Bild* (1914–1918). Anders als in der Ästhetisierungsstrategie bei Walter Flex, in dessen Texten von Technik und Gewalt kaum die Rede ist, rückt hier das Grauen des Grabenkrieges ins Bild, mit dem Ziel, die ›Froschperspektive‹ der kämpfenden Soldaten mit einer Feldherrenperspektive sinnhafter Auslegung zusammenzubringen. Der Versuch einer kontingenzverarbeitenden Transzendierung, der dem Nicht-Wissen der einfachen Soldaten das von einem auktorialen Erzähler präsentierte Überblickswissen der Schlachtenbeschreibung zur Seite stellt, reagiert auf das Ende des Bewegungskriegs und die neue Faktizität des Grabenkampfes:

> Unsere Truppen ließen sich auch durch den scheinbaren Stillstand der Kriegführung im Westen nicht niederdrücken und fühlten mit dem sicheren Instinkt, den die Pflichterfüllung und ein berechtigtes Selbstvertrauen gibt, heraus, daß die Hammerschläge, die die Franzosen gegen unsere Stellung zu führen vermeinten, diese nur immer fester schmiedeten (*Der Krieg in Wort und Bild* 1915, 332).

Der Krieg 1914/15 in Wort und Bild bemüht sich in wöchentlichen Berichterstattungen, die sich vor allem an das Publikum in der Heimat richten, um eine Bedeutungsstiftung des Grauens an der Front, die an Autorität dadurch gewinnt, dass sie gar nicht erst versucht, den Schrecken des Krieges zu leugnen. Indem die Zeitschrift Tagebuchaufzeichnungen, Briefe und private Fotos mit einbezieht, vermittelt sie den Eindruck, dass hier sowohl die planerisch-strategische wie auch die ausführend-praktische Wirklichkeit des Krieges zur Sprache kommen (vgl. Schneider 1998, 143 f.). Anhand einer Kommunikationsstrategie, die durch die Angabe von geografischen und zeitlichen Daten des jeweils geschilderten Geschehens eine Re-Individualisierung des Massenphänomens ›Krieg‹ anstrebt, ist ersichtlich, dass sich das ›Kriegserlebnis‹ seit dem Spätherbst 1914 von einem theoretisch-ästhetischen Konzept zu einer praktischen Legitimationsressource wandelt. Dabei gewesen zu sein, den Krieg mit eigenen Augen erlebt und ihn möglicherweise nur knapp überlebt zu haben, wird gerade in dem immer umkämpfteren Feld der Sinnstiftung des Kriegs zu einem Distinktionsinstrument, das die Wahrheit der eigenen Aussage beglaubigt und mögliche andere Sprechpositionen diskreditiert.

Doch angesichts der unzähligen Toten bei gleichzeitiger Stagnation der Front vermag die Inklusion von Authentizitätsreferenten die Behauptung von Koordinationsfähigkeit und -kompetenz, wie sie in *Der Krieg 1914/15 in Wort und Bild* aufgestellt wird, oftmals nicht mehr zu stützen. So artikuliert sich vor allem in den in der Zwischenkriegszeit geschriebenen Frontromanen im Rückblick ein massiver Vertrauensverlust gegenüber der militärischen Führung in Form der Klage über Planlosigkeit, nutzlose Manöver, verpasste Chancen und vermeidbare Verluste. Die Dimensionen der Kriegsstrategie geraten hier in Konflikt mit der ausschnitthaften Perspektive des Frontsoldaten. Was dieser erlebt, ist Struktur- und Kopflosigkeit, die ihn und seine Kameraden das Leben kosten kann und damit die Nerven der zur passiven Befehlsausübung verurteilten niederen Dienstgrade auf eine harte Probe stellt. Zusätzlich wird die Homogenität des ›Kriegserlebnisses‹ durch die sinnliche Dezentrierung der Soldaten unter Spannung gesetzt, deren Wahrnehmungsapparat durch die Topografie des Grabenkriegs völlig verändert wird. Das Gehör wird zu einem wichtigen Ortungsmedium, während das Auge aufgrund der beschränkten Sichtverhältnisse an Bedeutung und Orientierungskraft einbüßt (vgl. Encke 2006, 111 ff.). Wie Eva Horn feststellt, scheint die Kategorie des ›Erlebnisses‹ an der Westfront insgesamt zu zerbersten:

Was also gibt es zu erleben, wo nichts zu sehen und nichts zu verstehen, nichts zu entscheiden und nichts zu bewirken ist, wo es keinen Anfang und kein Ende gibt im jahrelangen Stellung-Halten? Organisatorisches Chaos, soziale Reibung, situative Undurchschaubarkeit, zeitliche Unabsehbarkeit, Kontingenz und sinnesphysiologische Orientierungslosigkeit sind die Grundstrukturen der Kriegserfahrung spätestens seit 1915. Der erste moderne Krieg ist kein Erlebniskrieg, sondern der totale Ausfall des Erlebnisses (Horn 2000, 139).

Um die Strategie der Integration von ›realistischer‹ Frosch- und ›abstrakter‹ Kommandeursperspektive im ›Kriegserlebnis‹ überhaupt aufrechterhalten zu können, sind dementsprechend umfassende semantische Umbauten notwendig. Der romantische Opfer-Diskurs, wie er bei Walter Flex und in der frühen Kriegslyrik konstituiert wurde, wird sukzessive durch einen zweiten, am Konzept ›Haltung‹ orientierten heroischen Opfer-Diskurs ergänzt bzw. ersetzt. Für diesen Prozess der Umwandlung stehen die Chiffren ›Langemarck‹ und ›Verdun‹, die eine topografische, zeitliche und auch weltanschauliche Ausdifferenzierung des Opfer-Narrativs symbolisch übersetzen. Sowohl Langemarck wie auch Verdun fungieren in der Kriegsliteratur als mythisch aufgeladene Orte deutscher Opferbereitschaft, von denen – wie von Flex vorformuliert – ein Auftrag an die Überlebenden ausgeht, weiter für Deutschlands Größe zu kämpfen.

Zunächst ist Langemarck der eindeutig wirkmächtigere Referenzpunkt für die Literatur. Im Kampf um den kleinen belgischen Ort bei Ypern und in der dort verorteten Geschichte von den jungen Regimentern, die, das Deutschland-Lied singend, die englischen Gräben erstürmen, artikuliert sich erneut die jugendbewegt-romantische Kriegsvorstellung. Diese Aktion, die einem Selbstmordkommando gleichkam, wurde – so der Mythos – von glühender Vaterlandsliebe, von idealistischer Sterbensbereitschaft getragen, worin sie sich ganz wesentlich von der pekuniären Motivation früherer und gegenwärtiger – so die Polemik gegen England – Söldner-Heere unterschied. Einerseits als symbolische Konstellation eine »Verlängerung des ›August-Erlebnisses‹« (Krumeich 2003, 295), stellten die Ereignisse im November 1914 als Nachweis der strategischen Herrschaft der Verteidigungslinie über die Angriffsbemühung jedoch gleichzeitig das »Ende eines Krieges dar, der emotional, institutionell, logistisch und strategisch am Maßstab des 1870er Krieges orientiert gewesen war« (ebd., 293).

Als tragende Säule des Deutungs- und Erinnerungsdiskurses wurde Langemarck schon 1915 – angefangen bei Willi Vespers Gedicht »Auf den Tod der jungen Kriegsfreiwilligen vor Ypern« (1915), fortgesetzt in Hermann Stegemanns vielgelesener *Geschichte des Krieges* (1917) und in kaum zu übertreffendem Pathos reinszeniert in Werner Beumelburgs *Ypern 1914* (1925) – zu einem Vehikel, das Vergangenheit, Gegenwart und Zukunft der deutschen Nation in eine Kontinuität von Opfer, Auftrag und Erfüllung setzt. Der große Unterschied zum individualisierten ›Kriegserlebnis‹ bei Flex besteht aber darin, dass hier nicht mehr der einzelne Charakter *in actu* seines individuellen Bildungsvorgangs im Vordergrund steht. Vielmehr argumentiert der Langemarck-Mythos immer schon kollektivistisch. Seine appellative Funktion, die auch nach 1933 aktualisiert wurde (vgl. ebd., 307 ff.), lässt sich paradigmatisch an der paratextuellen Widmung in Beumelburgs Buch ablesen. Dort heißt es: »Der deutschen Jugend ist dies Buch geschrieben, damit sie derer gedenke, die mit diesem Lied auf den Lippen starben und bereitwillig ihre jungen Leiber als Einsaat für die Zukunft des Reiches hingaben [...]« (Beumelburg 1925, 11).

Während der Langemarck-Mythos eine Anpassung des Narrativs der ›Ideen von 1914‹ an die Kriegsgegebenheiten in Echtzeit darstellt, wird ›Verdun‹ erst retrospektiv zu einem einflussreichen Sinnbild des entindividualisierten, maschinellen Tötens und Sterbens. In der Nachkriegszeit verbindet sich mit der Erinnerung an den sieglosen Kampf um die französische Festung, die *pars pro toto* für den verlorenen Krieg steht, ein zweites Narrativ der Aufopferung. Kerngedanke dieser Neujustierung ist – etwa in Jüngers ›Arbeiter-Anthropologie‹ – eine Apotheose des ›namenlosen Soldaten‹, der, zum Opfer für Deutschland entschlossen, auch auf ›verlorenem Posten‹ ausgehalten hat und damit zur gesichts- und geschichtslosen Heldenfigur eines neuen erinnerungspolitischen Paradigmas werden kann, das mit der Kriegsniederlage umzugehen hat. Der namenlose Soldat, von dem es in Arnold Zweigs Roman *Erziehung vor Verdun* (1935) heißt, er sei ein »Fabrikarbeiter der Zerstörung«, tut klaglos seinen aussichtslosen Dienst, weil von ihm die »Gleichgültigkeit [Besitz ergriffen hat], die Industrie und Maschine dem Menschen aufpressen« (Zweig 1996, 180). Dieser Krieger-Arbeiter fällt nicht mehr, sondern – so ein Kerngedanke in Jüngers *Arbeiter*-Essay – fällt nur noch aus, und gewinnt aus der Anerkennung dieser Tatsache eine neue Form von Heroismus:

> Diese Zeit ist reich an unbekannten Märtyrern, sie besitzt eine Tiefe des Leidens, dessen Grund noch kein Auge gesehen hat. Die Tugend, die diesem Zustande angemessen ist, ist die des heroischen Realismus, der selbst

durch die Aussicht der völligen Vernichtung und der Hoffnungslosigkeit seiner Anstrengungen nicht zu erschüttern ist (Jünger 1932, 170).

Emblematisch kommt die Kombination aus Ausweglosigkeit, trotziger Heroik und Sinnstiftungsbedürfnis in der folgenden, in den 1920er Jahren von rechten Kreisen enteigneten Gedichtzeile des kriegskritischen Arbeiterdichters Heinrich Lersch aus dem Gedichtband *Herz! Aufglühe dein Blut. (1916)* zum Ausdruck: »Deutschland muß leben, und wenn wir sterben müssen« (Lersch 1916, 14). Im Ursprungsgedicht »Soldatenabschied« (1914), eigentlich gedacht als ein resignativer Abschiedsgruß eines an die Front ziehenden Sohnes an seine Mutter, wird die Zeile ab 1916 im radikal-nationalistischen Kontext zur Formel, in der sich die Ideologeme ›Opferbereitschaft‹ und ›Vaterland‹ emotional aufgeladen verstärken.

Ist der Langemarck-Mythos als Potenzierung aller in der Deutung des Ersten Weltkriegs als kulturelle Katharsis inkludierten antizivilisatorischen Affekte eine hoch-libidinös besetzte Erzählung von der leidenschaftlichen Liebe des einzelnen deutschen Soldaten für sein Vaterland, die insbesondere nationalistische Studenten ansprach, so wirkte das Verdun-Narrativ als eine extrem exklusive Deutungsfigur, die vor allem das Selbstbild der konservativ-revolutionär gesinnten Kriegsveteranen tangierte. Die metaphorische Rede von ›Verdun‹ stiftet in der Anerkennung der Vernichtungsmacht der modernen Kriegstechnik als »vulkanische Werkstätten« (Jünger 1932, 279) der wenigen Standhaften einen neuen Sinn, nivelliert aber den individuellen Soldaten im Zuge der Potenzierung der Heroik zum unbekannten Bestandteil einer namenlosen Elite.

Radikalisierung mit zunehmender Kriegsdauer

Während das in den ›Ideen von 1914‹ propagierte Konzept einer Volksgemeinschaft zunächst noch als ein inklusives Angebot zu verstehen ist, das alle Deutschen adressiert, verfestigen und radikalisieren sich latente Ausschließungsmechanismen im Zuge der sich verschlechternden Kriegslage. Semantisch wird sukzessive aus der Volksgemeinschaft eine völkische Gemeinschaft, deren Zugangsbedingungen zur Teilhabe am Projekt der nationalen Auferstehung nicht mehr an Wille oder Engagement, sondern an Blut und Geburt geknüpft sind. Der Herausgeber der *Kant-Studien*, Bruno Bauch, lässt in diesem Sinne 1917, also nach den desillusionierenden Ereignissen von Verdun und zu einem Zeitpunkt, wo nach der ›Juden-Zählung‹ antisemitische Ressentiments immer virulenter werden, vernehmen:

> Die Nation als Gemeinschaft der ›Mitgeborenen‹ ist natürliche Abstammungsgemeinschaft als Grundlage der völkischen Einheit. In diese Gemeinschaft werde ich hineingeboren. [...] Ohne zu fragen, und ohne Antwort zu heischen, ohne ausdrücklichen beiderseitigen Willen gehöre ich dem Ganzen meiner Nation einfach durch mein nasci, durch mein Geboren-Werden an. Die Gemeinschaft des Blutes ist das einzige Band im natürlichen Bestande der Nation, und diese ist zunächst ein natürlicher organischer Gemeinschaftsverband, eine Naturgegebenheit (Bauch 1917, 140).

Hier werden bereits die Grundzüge der späteren sog. ›Dolchstoß-Legende‹ erkennbar, die aus einer vollzogenen Divergenz von Kriegsteilnahme und kriegerischer Volksgemeinschaft entspringen. Wie auch bei Walter Flex nachzulesen, ist das Volk in Waffen von antideutschen Elementen durchsetzt, die die ›Ideen von 1914‹ verraten und damit eine nur allzu schlüssige Erklärung für die sich verschlechternde strategische Situation und die spätere Niederlage bieten (vgl. Koch 2006, 117–130). Vor diesem Hintergrund stellt Gerd Krumeich fest, dass das Narrativ der ›Ideen von 1914‹ eine Kontinuität ermöglicht, die weit über das Jahr 1918 hinausreicht:

> Man kann sogar mit gutem Grund behaupten, daß die Dolchstoß-Legende das direkte und notwendige Korrelat zum ›Mythos vom Geist von 1914‹ [...] darstellte. Der Mythos deutscher Einigkeit und gemeinsamer Anstrengung, um den ›Einkreisungs-Ring‹ zu zerbrechen, ließ sich als [...] sozial-moralische Finalität [des Krieges] nur aufrechterhalten, wenn die Niederlage von 1918 nicht als [...] Konsequenz der militärtechnischen Überlegenheit der Gegner aufgefasst wurde, sondern als Verrat (Krumeich 2001, 585).

Überblickt man die literarische Publikationstätigkeit zwischen 1914 und 1918, so erscheint die literarisch-essayistische Offensive als kulturindustrielles Äquivalent zu einer Kriegslogistik, die einen immer totaleren Charakter entwickelt. Front und Heimat werden dadurch so sehr zu Deckung gebracht, dass jede gesellschaftliche Tätigkeit Teil der Kriegsführung wird. In gewisser Weise teilen sich dabei Intellektuelle und Militärs die Arbeit: Während die einen für die kulturkritische Plausibilisierung des Narrativs von ›Verfall‹ und ›Reinigung‹ zuständig sind, versprechen die anderen die Durchführung der sich durch die Kriegsführung vollziehenden Therapie, wobei das Gesundungsversprechen auf globale Dimensionen ausgedehnt werden kann, wie etwa die massive Verbreitung von Franz Emanuel August Geibels Sinnspruch über das deutsche Wesen, an dem die Welt genesen solle, vor Augen führt.

Spätestens ab 1916 muss sich das Narrativ der ›Ideen von 1914‹ aber den veränderten militärischen Fakten und dann auch den neuen politischen Erfordernissen anpassen. In einer neuen Diskurskonstellation, die nach Niederlage und Wirtschaftskrise den Ausnahmezustand auf Dauer stellt (s. Kap. IV.1), verdichten sich nunmehr Antibürgerlichkeit und Anthropologie zur phantasmatischen Vorstellung einer neuen, den technischen Bedingungen der Moderne gewachsenen Kriegerkaste. Ihr genealogischer Vorläufer ist der Frontkämpfer des Stellungskriegs, der »es während endloser Nachtwachen längst aufgegeben hatte, nach dem Warum zu fragen« (Jünger 2001, 90) und sich daher als funktionale Ressource einer kommenden, totalen Mobilmachung der deutschen Nation bestens eignete.

Pazifistische Gegenstimmen

Krieg gehört schon vor 1914 zu den politischen und gedankenspielerischen Optionen des Kaiserreichs und durchzieht als Faszinations- und Reflexionsfigur die deutsche Kulturlandschaft. Gleichwohl wäre es verfehlt, einen linearen kausallogischen Zusammenhang zwischen künstlerisch-literarischer Kriegsaffirmation vor 1914 und dem Ersten Weltkrieg herzustellen. Genauso falsch wäre es, ein völlig homogenes Bild der deutschen Intellektuellen, Literaten und Künstler zu zeichnen, das durchweg von einem vitalistischen Bellizismus grundiert ist. Im Gegenteil gab es durchaus prominente, unüberhörbare Stimmen, die schon gegen Ende des 19. Jahrhunderts die katastrophalen Auswirkungen eines großen Krieges in Europa prognostizierten. Während Bertha von Suttners Roman *Die Waffen nieder!* (1889) ihr pazifistisches Plädoyer in eine, die zurückliegenden deutsch-dänischen und deutsch-französischen Kriege thematisierende Handlung kleidet, formuliert Friedrich Engels schon 1887 eine hellsichtige Zukunftsprognose. Mit Blick auf die geostrategische Mittellage des deutschen Kaiserreichs stellt er fest, dass der nächste Krieg in Europa ein Weltkrieg sein werde,

> und zwar ein Weltkrieg von einer bisher nie gekannten Ausdehnung und Heftigkeit. Acht bis zehn Millionen Soldaten werden sich untereinander abwürgen und dabei Europa so kahlfressen wie noch nie ein Heuschreckenschwarm. Die Verwüstungen des 30jährigen Krieges zusammengedrängt in drei bis vier Jahre und über den ganzen Kontinent verbreitet; Hungersnot, Seuchen, allgemeine, durch akute Not hervorgerufene Verwilderung der Heere wie der Volksmassen; rettungslose Verwirrung unseres künstlichen Getriebes in Handel, In-

dustrie und Kredit, endend im allgemeinen Bankrott; Zusammenbruch der alten Staaten und ihrer traditionellen Staatsweisheit, derart, daß die Kronen zu Dutzenden über die Straßenpflaster rollen und niemand sich findet, der sie aufhebt (Engels zit. n. Wehler 1983, 200).

Während Engels von sozialistischer Warte aus den virtuellen Verlauf einer zukünftigen Kriegsgeschichte skizziert, beschreibt Wilhelm Lamszus' Buch *Das Menschenschlachthaus – Bilder vom kommenden Krieg* (1912) die konkreten Konsequenzen einer umfassenden kriegerischen Auseinandersetzung hochgerüsteter Industriestaaten in Mitteleuropa. Das Buch des Volksschullehrers und wilhelminischen Reserveoffiziers, das bei seiner Veröffentlichung aufgrund seiner antimilitaristischen Tonlage einen heftigen Skandal erzeugte, handelt von einem fiktiven Krieg Deutschlands gegen Frankreich und zeigt in anschaulicher, auf die späteren Antikriegsbücher von Henri Barbusse und Erich Maria Remarque vorausweisender Sprache, welche zerstörerische Gewalt die moderne Kriegstechnik zu entfesseln in der Lage ist. Das *Menschenschlachthaus* erreicht schon vor 1914 mehr als 70 Auflagen, es erscheinen u. a. Übersetzungen ins Englische, Französische und Japanische. Trotz oder gerade wegen seines Erfolgs hatte Lamszus in Deutschland mit massiven Repressionen zu kämpfen: Wilhelm II. versuchte, ein Berufsverbot zu erreichen, Lamszus wurde bespitzelt und von der militaristischen Presse angefeindet. Nichtsdestotrotz wurde der Krieg für ihn zum Lebensthema. Dem antizipatorischen *Menschenschlachthaus*, das nach Kriegsausbruch verboten wurde, folgten mit *Das Irrenhaus* (1919), *Der Leichenhügel* (1921) und *Der Genius am Galgen* (1924) weitere kriegskritische Publikationen. Außerdem entstand das Theaterstück *Giftgas* (1925), das zum Jahrestag der Schlacht von Ypern, wo erstmals chemische Kampfstoffe eingesetzt wurden, Welturaufführung hatte (vgl. Pehnke 2003).

Wie Lamszus kämpfen auch andere Kriegskritiker mit der Zensur, die sich nach 1914 erheblich verschärft. Von den eingeleiteten Kontrollmaßnahmen sind u. a. Heinrich Mann, Johannes R. Becher, Ricarda Huch, Arthur Schnitzler und Franz Werfel betroffen. Heinrich Manns Roman *Der Untertan*, dessen Anfangskapitel noch vor dem Krieg in der *Frankfurter Zeitung* zu lesen war, kann erst nach 1918 im gesamten Umfang erscheinen, nachdem zuvor einige Fragmente in Schickeles *Weißen Blättern* abgedruckt wurden. Kriegskritische Zeitschriften wie die *Weißen Blätter* oder das von Ludwig Rubiner herausgegebene *Zeit-Echo* müssen in die Schweiz

emigrieren, andere Publikationsorgane wie etwa Erich Mühsams *Kain* stellen schon bei Kriegsbeginn das Erscheinen ein (vgl. Sprengel 2004, 788–793).

Verdeckte Kritik leistet Franz Pfempferts *Aktion*, die in Form subversiver Umgehungsverfahren eine indirekte Opposition gegen den Krieg artikuliert, indem sie Nachrufe auch auf gefallene französische und russische Autoren veröffentlicht und vor allem in der Rubrik »Ich schneide die Zeit aus« (ab 1915) analog zum poetischen Verfahren von Karl Kraus in konnotierender Zusammenstellung eine Selbstdekonstruktion von Phrasen und Ideologemen der Macht produziert. Eine weitere Unterwanderungsstrategie stellt die Rubrik »Verse vom Schlachtfeld« dar, die kontinuierlich Gedichte von Kriegsteilnehmern versammelt, die sich jeder Form einer Poesie und Ästhetisierung des Kriegs verweigern, gleichwohl aber die Emphase des authentischen ›Kriegserlebnisses‹ und dessen Literaturfähigkeit perpetuieren. Ein gutes Beispiel für die »Verse vom Schlachtfeld« ist Wilhelm Klemms Gedicht »Abend im Felde«, das ein erschütterndes Bild von der Kriegswirklichkeit zeichnet: »Dem einen riß es den Kopf herunter,/ Dort baumelte eine Hand,/ hier heulte einer ohne Fuß,/ Einem Hauptmann schmetterte es gerade in die Brust,/ Und der Regen, der Regen rinnt unaufhörlich« (Klemm 1915).

Eine zentrale Wegmarke des ästhetischen Weltkriegspazifismus stellt die Gründung von Dada und des Clubs Voltaire als einer dezidierten Antikriegsbewegung 1916 in Zürich dar (vgl. Pieper 2013, 368–395). Während sich schon zuvor einzelne Künstler entschieden abgewendet hatten – Ernst Ludwig Kirchner malt Ende 1915 sein berühmtes Selbstporträt, das ihn in Uniform mit abgehackter rechter Hand zeigt; die letzte Nummer von Paul Cassirers zunächst kriegsaffirmativer Kunstzeitschrift *Der Bildermann* zeigt auf der ersten Seite ein, einer Schutzmantelmadonna nachgebildetes, Werk Ernst Barlachs mit dem Untertitel »Dona nobis pacem« –, mausert sich die Schweiz in den mittleren Kriegsjahren zum Rückzugsort deutschsprachiger Kriegsgegner. Neben der lebensreformerisch orientierten Siedlung auf dem Monte Verità bei Ascona, wohin sich u. a. Hermann Hesse, Oskar Maria Graf, Erich Mühsam und Klabund zurückziehen, wird vor allem Zürich zum Zentrum der Kriegskritik. Dort lassen sich die aus Deutschland emigrierten *Weißen Blätter* nieder, darüber hinaus wird hier 1916 der Dadaismus ins Leben gerufen. Überdies findet sich mit dem Rascher-Verlag ein kulturelles Forum, das ganz unterschiedliche Bemühungen einer anderen, nichtbellizistischen Kriegsliteratur bündelt. Hier erscheint neben Leonhard Franks Novellensammlung *Der Mensch ist gut* (1916) auch der Erzählband *Menschen im Krieg* (1918, zuerst 1917 anonym) des ehemaligen k.u.k. Leutnants Andreas Latzko, der 1915 an den Kämpfen an der Isonzofront teilgenommen hatte und 1916 als traumatisierter ›Kriegszitterer‹ aus der Armee entlassen wurde (s. Kap. III.3). Seine Erzählungen, die in Deutschland sofort verboten werden, üben vehemente Kritik an der entindividualisierenden Wirkung des Krieges und unternehmen den Versuch, die kriegsaffirmative Literatur des Kaiserreichs auch im Bereich der wirkmächtigen Prosa zu konterkarieren. Die ebenfalls im Rascher-Verlag erscheinenden *Weißen Blätter* publizieren neben Texten von Franz Kafka, Heinrich Mann und Robert Musil ebenfalls französische Antikriegstexte von Romain Rolland, Leonhard Frank und Georges Duhamel. Am erfolgreichsten ist der dort erstmals auf Deutsch verlegte Roman *Das Feuer* von Henri Barbusse, der allerdings das Problem einer Partizipation der Antikriegsliteratur an einer Ästhetik der Erhabenheit nicht lösen konnte (zu dieser Problematik vgl. allgemein Leschke 2005).

Während die eine Strömung der pazifistischen Literatur sich vor allem daran abarbeitet, den dominierenden literarischen Bellizismus der Schönfärberei zu überführen, indem sie – wie etwa in Fritz von Unruhs Erzählung *Der Opfergang* (1916, veröffentlicht erst 1919) – gegen Romantik und Heroik eine schonungslose Ästhetik des kreatürlichen Leidens setzen, gehen dadaistische Künstler wie Hugo Ball, Emmy Hennings und Richard Huelsenbeck, allesamt aus dem deutschen Kaiserreich emigriert, einen radikaleren Weg; sie thematisieren den durch den Krieg verursachten, massiven Sinnverlust als Entwertung von Sprache und anderen kulturellen Zeichen. Die im Club Voltaire in einem »antikriegerischen Narrenspiel« (Mayer/Hossli/Magnaguagno 1998, 123) vorgeführte Zersetzung kultureller Les- und Verstehbarkeit führt einen impliziten Dialog mit der Zerstörung von Körpern und Sinnhaftigkeit an der Front. Die Dada-Ästhetik mit ihren Verfahren der Entauratisierung und der Zerstörung bürgerlicher Kunstemphase ist dementsprechend eine Reaktion auf die gängige Praxis bildungsbürgerlicher Kunstreligion, die in ihrer kulturkriegerischen Radikalisierung wesentlich zur weitverbreiteten Akzeptanz des Massensterbens beigetragen hatte. Im Aufscheinen des Absurden – dieses ästhetische Störmanöver hatte auch schon Alfred Döblin in seiner Kriegsnovelle *Die Schlacht! Die Schlacht!* (1915) aus-

probiert (s. Kap. IV.6) – will Dada eine ästhetische Wahrnehmung ermöglichen, die »den Menschen vom Wahnsinn der Zeit« (Hans Arp) heilen soll.

Auch nach 1918 bleiben pazifistische Stimmen in der deutschsprachigen Literatur trotz oder gerade aufgrund der für das deutsche Kaiserreich und die k.u.k. Monarchie verheerenden Kriegsniederlage in der Minderheit. Eine der eindringlichsten ist sicher die von Karl Kraus, der in genauer Umkehrung der bildungsbürgerlichen Überblendung von Sprache, Literatur und Krieg den Sprachverfall als Symptom eines umfassenden Kulturverfalls versteht. In seinem monumentalen Drama *Die letzten Tage der Menschheit* (1918/19) führt er in rund 200 Szenen anhand realer und fiktiver Figuren vor, wie sich angesichts der Absurdität des Krieges die Sprache der Macht selbst in ihrer menschenverachtenden Denkweise dekuviert. Von Kraus als Collage von zeitgenössischen Quellen angelegt, zeichnet der Theater-Text ein umfassendes Bild der apokalyptischen Wirklichkeitsverleugnung wie sie in den offiziellen Verlautbarungen zum Krieg, in der Zeitungs-Propaganda und in den chauvinistischen Reden auf den Straßen der k.u.k. Monarchie allgegenwärtig war. »Diese Sprache zeigt, ohne Anklage oder Klage zu erheben, ein autoritäres und militaristisches Denken, das die Straßen des friedlichen Wiens in ein virtuelles Schlachtfeld verwandelt« (Hüppauf 2008, 184; vgl. auch Krippendorff 1990). In seiner Zeitschrift *Die Fackel* führt Kraus die Diagnose eines auch die Kriegsniederlage überdauernden, völligen Maßstabs- und Werteverlusts der deutschen und österreichischen Eliten fort, wenn er angesichts der touristischen Besichtigungsreisen nach Verdun in den 1920er Jahren konstatiert:

> Nach dem ungeheuren Zusammenbruch ihrer Kulturlüge und nachdem die Völker durch ihre Taten schlagend bewiesen haben, daß ihre Beziehung zu allem, was je des Geistes war, eine der schamlosesten Gaukeleien ist, vielleicht gut genug zur Hebung des Fremdenverkehrs, aber niemals ausreichend zur Hebung des sittlichen Niveaus dieser Menschheit, ist ihr nichts geblieben als die hüllenlose Wahrheit ihres Zustands, so daß sie fast auf dem Punkt angelangt ist, nicht mehr lügen zu können, und in keinem Abbild möchte sie sich so geradezu erkennen wie in diesem (Kraus 1921, 96).

In der Weimarer Republik bleibt der Krieg präsent, ohne dass er zunächst ein zentrales Thema der Literatur gewesen wäre. Anders ist dies in der bildenden Kunst, wo die Sozialfiguren des Kriegskrüppels und des Kriegsgewinnlers in den Bildern von George Grosz und Otto Dix nicht wegzudenken sind. Einerseits ist Eva Horn sicher zuzustimmen, dass sich die

Kriegsteilnehmer als ›reale‹ Personen und Diskursprodukte nicht einfach demobilisieren lassen:

> Mit den Erfahrungen, Kompetenzen und Deformationen des Krieges gehen sie in die Zivilgesellschaft der Weimarer Republik ein. Die Herstellung des Soldaten, den der Erste Weltkrieg erzeugt, ist irreversibel: als Krüppel oder Kriegszitterer, Freikorpskrieger, kommunistischer oder konservativer Revolutionär bevölkert und prägt er Gesellschaft, Literatur, Politik und Wissenschaft der zwanziger und dreißiger Jahre (Horn 1998, 93).

Andererseits dauert es durch die Wirrungen der Revolutionszeit und der ökonomischen Krisenjahre hindurch bis 1928, bis der literarische Pazifismus anlässlich der Veröffentlichung von Erich Maria Remarques Weltbestseller *Im Westen nichts Neues*, der sich alleine in den ersten fünf Wochen 200 000 Mal verkauft (vgl. Eksteins 1990, 410–412), ernsthaft die Deutungshoheit über den zurückliegenden Krieg in Anspruch nehmen kann. Bezeichnend ist – und da schließt sich ein analytischer Bogen, der vor dem Hintergrund des weiter oben dargestellten Zusammenhangs von Erleben, Erzählen und traumatischen Sprachverlust von Dada über Karl Kraus bis zu Walter Benjamin reicht –, dass Remarques Roman die Dekonstruktion deutschnationaler Sinnstiftungspraktiken nicht in Form einer eindeutigen Ideologiekritik angeht. Sein Roman ist keine frontale Abrechnung mit den ›Ideen von 1914‹, vielmehr zeigt er in der literarisch konventionellen Schilderung einer desillusionierten und sprachlosen Frontgeneration, die unfähig ist, vom Erlebten in der Heimat zu berichten, auf, dass die Vorstellung einer alle sozialen Klassengegensätze überwindenden Gemeinschaft nie Realität geworden war. Wie es Walter Benjamin in einem Essay über den »Erzähler« 1936 beschreiben wird, hat der Krieg die Grenze der Mitteilungsfähigkeit überschritten:

> [Nie] sind Erfahrungen gründlicher Lügen gestraft worden als die strategischen durch den Stellungskrieg, die wirtschaftlichen durch die Inflation, die körperlichen durch die Materialschlacht, die sittlichen durch die Machthaber. Eine Generation, die noch mit der Pferdebahn zur Schule gefahren war, stand unter freiem Himmel in einer Landschaft, in der nichts unverändert geblieben war als die Wolken und unter ihnen, in einem Kraftfeld zerstörender Ströme und Explosionen, der winzige, gebrechliche Menschenkörper (Benjamin 1991a, 439).

Der Erste Weltkrieg hat nicht nur ganze Landstriche, nationale Ökonomien und unzählige Schicksale verwüstet, sondern auch in der kollektiven Psyche der Überlebenden massiven Schaden verursacht. Um die offene Wunde, die der Krieg als Verlust kohärenter

Erfahrung geschlagen hat, werden in der Kriegsliteratur der Weimarer Republik intensive Deutungs- und Schließungsschlachten geführt (vgl. hierzu u. a. auch Haring 2000). Trotz weltanschaulicher Unterschiede zielen sie alle darauf ab, »den Krieg zu ›retten‹ – und das heißt weniger, ihn zu befürworten oder zu verwerfen, sondern ihn zu integrieren in den Sinnzusammenhang einer Gesellschaft, einer historischen Situation, einer individuellen Vita – als persönliches Schicksal, Initiation, kapitalistischen Verschwörungszusammenhang oder als nationale Erneuerung« (Horn 2000, 141).

Literarischer Krieg im Nachkrieg

Die Erinnerungskultur der Weimarer Republik verlängert den Krieg in eine kaum befriedete Gesellschaft hinein; die Jahre 1914 bis 1918 bleiben auf der Oberflächenebene, aber – und dies umso schwerwiegender – auch subkutan, Dreh- und Angelpunkt von Politik, Kultur und Weltanschauung (s. Kap. IV.2). Der Opfer- und Totenkult wird zum dominanten Genre der nationalen Rechten, die die Erinnerung an das ›Fronterlebnis‹ zu monopolisieren versucht, indem es die ›Stahlgewitter‹ der Materialschlachten zur Geburtsstätte des neuen deutschen Mannes stilisiert. Trotz auflagenstarker Erfolge wie *Im Westen nichts Neues* schafft es die politische Linke letztlich nicht, eine kohärente zukunftsfähige Sinnstiftung der Kriegsniederlage zu formulieren. Langemarck und Verdun werden nicht zu Sinnbildern der Grausamkeit des Kriegs, von denen die Botschaft ›Nie wieder!‹ ausgeht, sondern zu Symbolorten soldatischer Willenskraft, die zur Revanche und Erfüllung eines nationalen Auftrags auffordern – Adolf Hitler wird später von einem »Vermächtnis der Front« sprechen (zit. n. Zöberlein 1934, 7; vgl. Weber 2011).

In ihrer Bearbeitung von Krieg und Niederlage sieht sich die Literatur der Aufgabe gegenüber, mit einem massiv gesteigerten Kontingenzbewusstsein umzugehen, das tradierte Kulturmuster in Frage stellt und neue Sinnstiftungsvorschläge herausfordert (vgl. Joas 2004, vor allem 53 f.). Das Modell eines ›Neuen Menschen‹, das seit der Jahrhundertwende in einer säkularreligiösen Variante alle Erneuerungshoffnungen bevölkert (vgl. Küenzelen 1994), findet in militanten Anthropologien, wie sie z. B. in Johannes R. Bechers *Levistine* (1926) oder Ernst Jüngers *Arbeiter* (1932) entwickelt werden, eine Fortsetzung. Allerdings wird es hier in ein heruntergekühl-

tes, neusachliches Setting verlagert, das den geschichtspolitischen Kampf um die Erinnerung an
den Krieg vor allem in der zweiten Hälfte der Weimarer Republik bestimmen wird (vgl. Koch 2007).
Der Blick auf die ›Natur‹ des Menschen scheint
durch den Krieg desillusioniert worden zu sein; mit
der Entwertung des einzelnen Individuums wurden
auch seine Erfahrungen ihrer Kohärenz und Mitteilungsfähigkeit beraubt. Insbesondere der Expressionismus, der den Krieg massiv utopisch-vitalistisch
aufgeladen hatte, sieht sich angesichts der schon in
Georg Trakls Gedicht »Grodek« (1915) getroffenen
Feststellung, »Alle Straßen münden in schwarze Ver-
wesung« (Trakl 1969, 167), gezwungen, die eigenen
Kriegslektüren zu überdenken. Im Verlauf des Krieges und verstärkt nach 1918 tritt daher neben die er-
lebniszentrierte Kriegsästhetik eine experimentellere
Formensprache, die – etwa in den Gedichten August
Stramms oder in den Dramen Georg Kaisers – eine
Tendenz zur Abstraktion aufweist, die den sich aufgrund der Kriegstechnik ändernden Wahrnehmungsformen zu entsprechen sucht. Im Fluchtpunkt
dieser nicht-mimetischen Literatur steht

> ein spezifischer Sensualismus, der […] eine ästhetische
> Reproduktion von Wahrnehmungen an der Grenze der
> Wahrnehmung versucht: die Unsichtbarkeit und Un-
> hörbarkeit des Gaskriegs, die synästhetisch in der
> Sturmlyrik wiederkehrt, der Luftkrieg, der Wahrneh-
> mung nach Maßgabe der Geschwindigkeit und des Ver-
> schwindens diktiert, die Kommandosprache des Tele-
> gramms […] (Vogl 2000, 561).

Anders als das nach 1918 zunächst dominierende
Genre der Offiziersmemoiren – zu denken ist etwa
an die »militärischen und politischen Rechtferti-
gungsschriften« (Baron/Müller 1990, 16) von Kriegsakteuren wie Ludendorff oder Hindenburg, aber
auch an Felix Graf von Luckners *Seeteufel* (1921) –,
will diese neuartige Kriegsliteratur nicht in einem
naiv-realistischen Sinne den Krieg dokumentieren,
vielmehr erprobt sie Muster und Wahrnehmungs-
strukturen unterhalb der kriegerischen Oberfläche
der Schlachtfelder. Ihr Authentizitätsanspruch liegt
»in ihren sprachlichen Konstruktionen« (Hüppauf
2008, 181), was sie an den breiten literaturhistori-
schen Kontext der klassischen Moderne anschließt.
Auf den Entzug der Erfahrung und die Undarstellbarkeit des Realen reagiert eine literarische Praxis,
die eine Unfähigkeit zur mimetischen Rekonstruktion anerkennt, allerdings nur, um in der eigenen
Formensprache eine Mimesis zweiter Ordnung zu
finden, deren Verweigerungshaltung gegenüber einfachen Authentizitätsbemühungen eine neue, tiefere

Authentizität beansprucht: Bildet das stabile, selbst-
identische Ich das Zentrum der dokumentarischen
Kriegsliteratur, so »löst es sich in diesen [Texten] auf.
Es war auf dem Schlachtfeld verschwunden, pulveri-
siert, hatte sich im Gaskrieg die Seele aus dem Leib
gehustet« (ebd.).

Die abstrakteren und formexperimentellen An-
eignungen der Kriegsthematik zielen an der Massen-
wirkung vorbei, weil sie die Sinnfrage zugunsten der
Formfrage unterbelichten. In der breiten Masse der
Kriegsliteratur werden die ästhetischen Standards,
die sich während der Jahre 1914 bis 1918 entwickelt
haben, eher reformiert als revolutioniert. Kaum ein
Kriegsbuch, das ohne die topoi-artigen Beschreibungen der Kameradschaft, des Trommelfeuers, des
Fronturlaubs auskäme, das seine Narration nicht
anhand der Standardfiguren des ›Kameraden‹, der
›Mutter der Kompanie‹ oder des ›unfähigen Vorgesetzten‹ entfalten würde. Auf den konstitutiven
Sinnstiftungsnotstand – ganz nach dem Motto –
»Wenn es nicht gelingt, ein kommunikativ erfolgrei-
ches heroisches Ordnungsnarrativ aufzubauen, war
der Krieg umsonst!« – antwortet die Literatur, indem sie den Krieg retrospektiv erneut als ein Erlebnis konstruiert, das Individuen und Nation aufs
Engste miteinander verschweißt hat. ›Opfer‹, ›Ehre‹
und die soziale Wärme des ›Kampfverbunds‹ werden zu Elementen einer nationalistischen, Fiktion
und Dokumentation verbindenden Ideologie (vgl.
Schneider 1998, 152), die sich im Verlauf der Weimarer Republik immer weiter radikalisiert.

Deutungsherausforderungen und Erinnerungspolitiken

Ende der 1920er Jahren erreicht die Intensität der
Auseinandersetzung mit dem Krieg gemessen an
Verkaufszahlen und Anzahl der beteiligten Autoren
ein neues Niveau. Während zunächst eine Bestandsaufnahme der körperlichen und seelischen Verwüstungen unternommen wurde – wie etwa im pazifistischen Band *Krieg dem Kriege* (1924) von Ernst
Friedrich oder in den Bildern von George Grosz und
Otto Dix –, wird die Erinnerung an den Krieg in der
zweiten Hälfte der Weimarer Republik parallel zu
den politischen Ereignissen der Jahre 1928 bis 1933
ideologisch bzw. geschichtspolitisch immens aufgeladen. Es scheint, als habe es einige Jahre der Inkuba-
tion gebraucht, bis der Krieg wieder zum zentralen
Gegenstand der Literatur werden konnte. Erst sukzessive, nachdem Revolution und Inflation überstanden sind, bildet sich in der relativen Beruhigung

nach 1923 eine Lage heraus, in der ein Bedürfnis virulent wird, die alten geschichtsmetaphysischen Narrative abzugleichen. Sie werden unter dem Gesichtspunkt beleuchtet, ob sie dazu geeignet sind, den Krieg in einen größeren politischen Rahmen zu stellen und ihn sodann als Schwellenereignis der Gegenwart und einer erwarteten bzw. befürchteten Zukunft auszuflaggen. In der Spätphase der Weimarer Republik verschärft sich die Krise und mit ihr die Sehnsucht nach Standortvergewisserung im Medium der Geschichts- und Kriegsdeutung. Dabei wird der Krieg retroaktiv-performativ im »Lichte der Erfahrungen« interpretiert, die die Interpreten »[i]n den Jahren der Weimarer Republik« gemacht haben (Müller 1986, 35). Die Kriegsliteratur dieser Zeit antwortet auf soziale, politische und weltanschauliche Problemlagen der Zwischenkriegsjahre mit dem Versuch, die Bedürfnisse nach individueller und kollektiver Erinnerung zu befriedigen. Die Literatur ist das Medium dieser Erinnerungsarbeit, weil sie in der Lage ist, Gefühle zu kommunizieren und Erlebnisse in individualisierter und zugleich repräsentativer Weise zu erinnern: »In ihr sollte die Erschütterung durch die Gewalt des Krieges nicht in der systematischen Methodik einer akademischen Disziplin verschwinden, sondern als existenzielle Grenzsituation […] aufbewahrt werden, so daß sie in gegenwärtigen, politischen, moralischen und ästhetischen Kontroversen wirken konnte« (Hüppauf 2008, 177 f.).

Grundsätzlich sehen sich alle literarischen Sinnstiftungsunterfangen mit dem Problem konfrontiert, wie das Narrativ der ›Ideen von 1914‹ über das Faktum der Kriegsniederlage hinweggerettet werden kann. Wie also lässt sich ein Sinn des millionenfachen Sterbens behaupten, dessen Ausformulierung an die Tradition früherer literarisch-politischer Selbstbeschreibungen anschlussfähig ist, diese aber nicht einfach fortschreibt, sondern sie gemäß der Faktenlage modifiziert? Die Erinnerungsliteratur des Ersten Weltkriegs umkreist auf engem Raum einen wiederkehrenden Problemkomplex, der sich hauptsächlich an drei Aspekten abarbeitet: Der »Darstellung des Krieges auf der einen Seite, deren ideologisch angeleitete Interpretation auf der anderen Seite sowie [… den] Spannungen und Brüche[n] zwischen diesen beiden Seiten« (Schöning 2007, 347). Wie Matthias Schöning betont, resultiert eine besondere Schwierigkeit der Kriegsliteratur aus der Notwendigkeit, die intensiven, schockartigen Erfahrungen der Materialschlacht mit den anderen Erlebnis- und Wirkungsweisen des Kriegs zu korrelieren. Der Erste Weltkrieg war nicht nur das räumlich lokalisierbare Inferno der ›Stahlgewitter‹, sondern zugleich auch ein komplexes Konglomerat ganz undramatischer, gleichwohl psychisch und körperlich extrem anspruchsvoller Erlebnisse. Hierzu zählen etwa die Langeweile und das ereignislose Warten, das sich mitunter über viele Wochen hinzog, Heimweh bei gleichzeitiger Entfremdung von der Heimat, Hunger aufgrund von Ressourcenengpässen sowie das Ertragen von Hunger, Nässe und Kälte. Gerade dort, wo die Literatur um ein ›authentisches‹ Bild des Fronterlebnisses ringt, muss sie akzeptieren, dass damals die Mobilmachung aller Ressourcen nicht ausgereicht hat, um den Krieg zu gewinnen, dass es zu massiven Ausfällen bei Nachschub, Kriegstechnik und Moral kam, die als ›Realfaktoren‹ alle zeitnahen und retrospektiven Sinndeutungen unter Spannung stellen. Die Entwirklichung und der Erfahrungsverlust, der die Erzählbarkeit des Krieges herausfordert, haben in dieser zeitlich gedehnten Erosion fragloser Selbstverständlichkeiten – in der Kommunikation mit den an der Heimatfront verbliebenen Familien- und Gemeindemitgliedern, aber auch im Vertrauen auf die Fähigkeit der militärischen Führung – eine ebenso wichtige Darstellungs- und Interpretationsnotwendigkeit wie in der ästhetischen Bearbeitung der kinetischen Energie der Materialschlacht (vgl. Schöning 2007, 358).

Will man die kommunikative Situation begreifen, innerhalb derer die Kriegsliteratur agiert, greift Karl Heinz Bohrers Perspektive auf eine »Ästhetik des Schreckens« (Bohrer 1978) daher insgesamt zu kurz. Die Kriegsliteratur erschöpft sich nicht in einer genießenden ästhetischen Evokation der Schlachtenrealität und ihrer zerstörerischen Wucht, wenn auch solche schwarz-romantischen und surrealistischen Momente gerade für die Literatur Ernst Jüngers zu konstatieren sind (vgl. hierzu auch Alt 2010, 455 ff.). In einer breiteren, an den Deutungskämpfen um eine ›Sinnstiftung des Sinnlosen‹ (Theodor Lessing) interessierten Perspektive müssen die literarischen Beschreibungen des Kampfes somit immer in der sozialen Rahmung der Interaktion mit weiterem literarischen Personal gelesen werden, das – man denke an den Deutschlehrer in *Im Westen nichts Neues* – ein realitätsfernes Kriegsbild besitzt. Die spezifische Frontidentität, die in der Kriegsliteratur der 1920er Jahre entworfen wird, resultiert eigentlich erst aus der Konfrontation von Erwartungen (sowohl die der auf das Kommende unzureichend vorbereiteten Kriegsfreiwilligen als auch die der propagandagläubigen Vätergeneration in der Heimat) und der Erfahrungen des Krieges.

Innerhalb dieser kommunikativen Koordinaten ist das Bild, das von der Kriegsrealität gezeichnet wird, recht homogen. So »unterschiedlich die Handlungsabläufe, Einsatzorte und Landsmannschaften sind, den Soldaten widerfährt offensichtlich immer wieder das gleiche« (Schöning 2007, 360): Langeweile, Angst, die Kameraden als interne Feinde, die sich gegenseitig den Platz im Graben streitig machen, die stinken etc. Weniger bekannte Romane wie Frank Arnaus *Kämpfer im Dunkel* (1929), Karl Brögers *Bunker 17* (1929) oder Friedrich Lehmanns *Wir von der Infanterie* (1929) legen ein wiederkehrendes Repertoire an Handlungselementen an den Tag (vgl. die umfassende Sichtung in Schöning 2009b, 193 ff.), zu dem die Enttäuschung über die in der Heimat gehaltenen Sonntagsreden und die Schwierigkeit, in der Heimat von den Toten und Schreienden im Niemandsland der Front zu erzählen, ebenso gehören wie die Serialität des entbehrungsreichen Alltags und des Sterbens. *In toto* zeigen die Kriegstexte damit das, wogegen sie ideologisch anschreiben: moderne Differenzierungs- und Dissoziationserfahrungen, eine »in sich vielfach gespaltene Gesellschaft […], die an ihren tragenden Polen, den Interaktionsbeziehungen wie den kommunikativen Netzwerken, gleichermaßen erschüttert ist« (Schöning 2007, 364). Die Kriegsliteratur drückt diesen Sinnnotstand meist nicht in einem ästhetischen Formenspiel des Fragmentarischen aus, gleichwohl vermittelt sich die Zerrissenheit der Erfahrung *en passant*. Darin artikulieren sich ganz deutlich die psycho-sozialen Folgelasten des Kriegs, die den »politischen Vorstellungshaushalt der Weimarer Republik« (ebd., 349) wesentlich bestimmen. Auf den Anstieg auf eine immense normative Höhe – nämlich die Behauptung einer homogenen Volksgemeinschaft – folgte der tiefe Fall in den Schützengraben, der sich gegen alle Erwartung als Raum eines kontingenten Gewaltgeschehens herausstellte, »in dem das Vertrauen in ursprüngliche Formen organischer Sozialität restlos untergehen muss« (ebd.).

An der Kriegsliteratur lässt sich die psychische Signatur einer fundamental destabilisierten Gesellschaft ablesen, in der die diskursiven Kombattanten mit zunehmender Brutalität und Radikalität verzweifelt versuchen, den gesellschaftlichen »Hunger nach Ganzheit« (Gay 2004, Kap. 4) zu befriedigen und unter Verweis auf die Kriegserfahrung eine neue Ordnung herbeizurufen und sie dann auch mit Gewalt zu erzwingen. Damit wird ein Spannungsbogen sichtbar, der vom Bellizismus der Vorkriegsjahre über das bildungsbürgerliche ›Kriegserlebnis‹

bis zu den Deutungs- und Weltanschauungsschlachten in der Spätphase der Weimarer Republik reicht. Hier stehen sich zwei Parteien gegenüber, die sich an keine Diskursordnung halten, sondern asymmetrische Koalitionen eingehen und sich in ›unsaubere‹ Bündnisse verwickeln. An einem Pol versammeln sich idealtypisch die nationalistischen Autoren wie z. B. Werner Beumelburg, Thor Goote, oder Hans Zöberlein, die zwar viele Elemente der alten bildungsbürgerlichen Kriegssemantik über Bord geworfen haben, gleichwohl aber am tiefenstrukturellen Modell des Kriegs- als Bildungserlebnis festhalten. Am anderen Pol stehen jene tendenziell eher dem linken politischen Spektrum zuzuordnenden Schriftsteller wie Edlef Köppen oder Adam Scharrer, die den »kulturkritischen bildungsbürgerlichen Bewältigungsdiskurs« (Müller 2002, 778) aufkündigen. Sie folgen einem ästhetischen Leitfaden der Konkretion und verstehen sich im Versuch einer sachlichen Beschreibung zuallererst als Wortführer der Perspektive der Kriegsteilnehmer, die zu Opfern geworden sind. Egal, wie die Texte des Nachkriegs in ihren Nuancen genau gelagert sind, artikulieren sich in ihnen letztendlich Selbstbeschreibungen der Nachkriegsgesellschaft, die den Status der Vergangenheit ebenso wie den der Gegenwart verhandeln.

Zentrale Texte des literarischen Nachkriegs

Erich Maria Remarques *Im Westen nichts Neues* wirkte als Katalysator für die konjunkturelle Hochphase des literarischen Erinnerungsdiskurses zum Ersten Weltkrieg. Doch hatte es auch schon vor 1928 eine breit gefächerte Debatte über den Sinn des Kriegs, die Verantwortung für die Kriegsniederlage und die Bedeutung der Kriegstoten für die Nachkriegsgesellschaft gegeben. Neben den Parteien und paramilitärischen Verbänden wie dem Stahlhelm, dem Reichsbanner Schwarz-Rot-Gold und dem Roten Frontkämpferbund waren auch Einzelpersonen wie z. B. Oswald Spengler oder Ernst Jünger mit theoretischen Essays, politischen Artikeln und – im Falle Jüngers – literarischen Texten intensiv an der Rechtfertigung des Kriegs beteiligt. Es ist daher nur konsequent, mit ihm die kursorische Durchsicht zentraler Kriegsnarrative der Weimarer Republik zu beginnen.

Ernst Jüngers Frühwerk

Jünger, dessen berühmtes Kriegstagebuch *In Stahl-gewittern* bereits 1920 in einer ersten Fassung er-scheint, macht sich schnell in radikal-nationalisti-schen Kreisen einen Namen. In seinen autobiogra-fischen Erinnerungstexten – neben seinem Erstling wäre auch an *Der Krieg als inneres Erlebnis* (1922), *Das Wäldchen 125* (1925) und *Feuer und Blut* (1925) zu denken – ist in paradigmatischer Weise die Ver-längerung und Umcodierung des Narrativs der ›Ideen von 1914‹ und die Fortführung des von bildungs-bürgerlichen Versatzstücken gereinigten ›Kriegser-lebnisses‹ als Bildungserlebnis zu beobachten. Dem-entsprechend argumentiert Jüngers Kriegsdeutung auf der Inhaltsebene mit einer Zäsursemantik – der Krieg brachte das Ende des bürgerlichen Zeitalters –, strukturell bewegt er sich aber in einer deutlichen Kontinuität, insofern seine Anthropologisierung des Kriegs – die neue nationalistische Soldatenelite ist ein Produkt der Materialschlacht – an der Denkfigur des ›Kriegserlebnisses‹ festhält (vgl. Koch 2005):

> Und doch hat auch dieser Krieg seine Männer und seine Romantik gehabt! Helden, wenn das Wort nicht so wohlfeil wäre. Draufgänger, unbekannte, eherne Gesel-len, denen es nicht vergönnt war, vor aller Augen sich an der eigenen Kühnheit zu berauschen. Einsam standen sie im Gewitter der Schlacht, wenn der Tod als roter Rit-ter mit Flammenhufen durch wallende Nebel galop-pierte. Ihr Horizont war der Rand eines Trichters, ihre Stütze das Gefühl der Pflicht, der Ehre und des inneren Wertes. Sie waren Überwinder der Furcht; selten ward ihnen die Erlösung, dem Feind in die Augen blicken zu können, nachdem alles Schreckliche sich zum letzten Gipfel getürmt und ihnen die Welt in blutrote Schleier gehüllt hatte. Dann ragten sie empor zu brutaler Größe, geschmeidige Tiger der Gräben, Meister des Spreng-stoffs. Dann wüteten ihre Urtriebe mit kompliziertesten Mitteln der Vernichtung (Jünger 1920, Vf.).

Diejenigen, so Jüngers Argument, die nicht an der »großen Nähe des Todes, des Feuers und des Blutes« zerbrochen sind, wurden einer »nie empfundenen Gemeinschaft teilhaftig« (Jünger 1932, 56 f.), die sie für die Zukunft zu »einer neuen Rasse« (Jünger 1926, 74) geprägt hat. Jüngers Typus des ›Stoßtruppfüh-rers‹ evoziert die Vorstellung eines archaischen Hel-den, der im Dickicht der Moderne längst verloren geglaubt war, jetzt aber in einer funktionalen Kom-bination von roher Körperlichkeit, militärischer Dis-ziplinierung und Technik als ›organische Konstruk-tion‹ Auferstehung feiert (vgl. Segeberg 1991; Horn 1999b; Bühler 2004, 258 ff.).

In Jüngers Deutung ist das Verständnis der ge-schichtlichen Funktion des Krieges aufs Engste ver-knüpft mit der Frage nach dem Wesen des Menschen. In seinen Texten »ist das Nachdenken über den Krie-ger immer ein Nachdenken über den Menschen an sich, über seine Grenzen und Fähigkeiten, seine ur-sprüngliche Natur und deren Überformungen durch die Künstlichkeiten der Kultur« (Horn 1998, 92). Jünger versteht, hierin Gedanken Nietzsches und Sigmund Freuds aufgreifend, den Krieg als Aktuali-sierung von ahistorischen menschlichen Aggressio-nen, als Realisation einer kollektiven Triebregung, die aufbricht, wenn der dünne Firnis der Zivilisation durchbrochen wird und die mühsam aufgebauten Sublimationsmechanismen ihre Funktion verlieren. Schon 1915 hatte man in Freuds Essay »Zeitgemäßes über Krieg und Tod« lesen können, dass der Erste Weltkrieg als Negation aller gewaltkontrollierenden Zivilisierungsphantasmen zu verstehen sei, als ein Ereignis also, das den »Urmenschen« (Freud 2000, 52) wieder zur Erscheinung kommen lässt:

> Der Krieg, an den wir nicht glauben wollten, brach nun aus, und er brachte die – Enttäuschung. Er ist nicht nur blutiger und verlustreicher als einer der Kriege vorher, infolge der mächtigen vervollkommneten Waffen des Angriffes und der Verteidigung, sondern mindestens ebenso grausam, erbittert, schonungslos wie irgend ein früherer. Er setzt sich über alle Einschränkungen hinaus, […] anerkennt nicht die Vorrechte des Verwun-deten und des Arztes, die Unterscheidung des friedli-chen und des kämpfenden Teils der Bevölkerung, die Ansprüche des Privateigentums. Er wirft nieder, was ihm im Wege steht, in blinder Wut, als sollte es keine Zukunft und keinen Frieden unter den Menschen nach ihm geben. Er zerreißt alle Bande der Gemeinschaft un-ter den miteinander ringenden Völkern und droht eine Verbitterung zu hinterlassen, welche eine Wiederan-knüpfung derselben für lange Zeit unmöglich machen wird (ebd., 38).

Elemente einer solchen negativen Anthropologie, die den Krieg als Dokument einer unterhalb der kulturellen Schranke biologisch verankerten »Mord-lust« (ebd., 56) auffasst, finden sich in Jüngers Kriegstexten zuhauf. In den *Stahlgewittern* etwa schildert er mit der seinen Stil wie den Zeitgeist prägenden ›Sachlichkeit‹, wie nach einem längeren Trommelfeuer das Signal zum Sturmangriff gegeben wird. Die Erlösung, auf dem »Tanzplatz des Todes« (Jünger 1920, 166) endlich in Aktion treten und den Gegner stellen zu dürfen, steigert sich zum Vernich-tungstrieb, der keine Konventionen und keine Gnade mehr kennt: »Die Fliehenden überschlugen sich im Laufen, und in einigen Sekunden war der Boden mit Leichen bedeckt. Nur wenige entkamen. […] Nachdem so ganze Arbeit geschafft war, ging es weiter. Der Erfolg hatte Angriffsgeist und Drauf-

gängertum jedes Einzelnen zur Weißglut entfacht«
(Jünger 1922, 200 f.). In die gleiche, auf Nietzsches
mitleidslose Raubtier-Anthropologie rekurrierende
Richtung, zielt eine Notiz aus *Kampf als inneres Erlebnis*: »Im Kampf, im Kriege [...] steigt das Tier als
geheimnisvolles Ungeheuer vom Grund der Seele
auf« (Jünger 1926, 6 f.). Die Schilderung von Angriff
und Gegenangriff führt nicht nur bei Jünger wiederholt zu Momenten der Entlastung, in denen »alles
Denken in den Stichflammen des Gefühls« (Jünger
1926, 97) aufgelöst wird und sich eine intuitive
Handlungsmacht Bahn bricht, die die diffuse Situation der latenten Gewalt ordnet und Freund-Feind-
Konstellationen stabilisiert.

Indem Jünger den Weltkrieg gemäß seiner Detail
und dahinterstehende Gestalt vermittelnden Denkfigur des später so genannten »stereoskopischen
Blicks« (Jünger 1934, 118) betrachtet, gelingt es ihm,
die Kriegsniederlage weitgehend auszublenden oder
doch so sehr an den Rand zu drängen, dass eine positive Sinnstiftung der individuellen Erlebnisse möglich bleibt. Folgerichtig endet *In Stahlgewittern* in
dem Versuch, das ›Kriegserlebnis‹ zugleich sachlich
zu beschreiben und heroisch zu interpretieren, nicht
mit der Novemberrevolution, sondern mit der Schilderung der Verleihung des Ordens »Pour le mérite«
an Jünger (vgl. Kiesel 2007, 125–127). Diese radikale
Selbstbezogenheit und »mitunter demonstrative
ethische Indifferenz« (ebd., 178) seiner Schilderungen hat Jünger vielfach heftige Kritik eingebracht.
Walter Benjamin etwa schreibt in seiner Rezension
zu Jüngers Aufsatzsammlung *Krieg und Krieger*
(1930): »Die Verfasser haben sich an keiner Stelle gesagt, daß die Materialschlacht, in der einige von ihnen die höchste Offenbarung des Daseins erblicken,
die kümmerlichen Embleme des Heroismus, die hier
und dort den Weltkrieg überdauerten, außer Kurs
setzt« (Benjamin 1991b, 239).

Das anthropologische Konzept, das in Jüngers literarischen Kriegstexten implizit enthalten und in seiner Kriegspublizistik (1925 ff.) und in den Essays *Die
totale Mobilmachung* (1931) und *Der Arbeiter* (1932)
explizit entfaltet wird, sieht davon ab, einen individuellen Protagonisten mit biografischer Tiefe darzustellen. Stattdessen sind seine Erzähler homogenisiert,
sie agieren, physisch und affektiv gepanzert mit
Stahlhelm und Gasmaske, stets situationsadäquat
und präsentieren eine gestählte Verhaltensmodula-
tion, die sie dazu befähigt, auch im größten Chaos
der »Todeslandschaft des Ersten Weltkriegs« (Geyer
2004, 113) immer verhaltenssicher ihren Dienst zu
versehen. Dergestalt typologisch ausgerichtet,

ist der narrative Gestus der ›Stahlgewitter‹ geprägt von
einem doppelten Blick: einerseits dem Versuch, die
Technizität dieses Krieges mit ihren psycho-physischen
Belastungen und Verschiebungen in Sprache zu bringen,
andererseits der Inszenierung eines Subjekts, das diese
Reorganisation des menschlichen Wahrnehmungs- und
Seelenhaushalts mit beobachtender Distanz kommen-
tiert (Horn 2000, 147).

Jünger entwirft ein an der Erfahrungswelt des Stoßtruppführers orientiertes Souveränitätskonzept, das
zwar immer wieder die Depotenzierung des Subjekts
in der Materialschlacht registriert und dementsprechend um den Wertverlust des individuellen Soldaten weiß, gleichzeitig aber in einer Denkfigur des
›Aushaltens auf verlorenem Posten‹ Potenziale einer
neuen, heroischen Ermächtigung erkennt. So sind die
aus anderen literarischen Kriegsbeschreibungen bekannten Topoi des technisierten Krieges – die Unsichtbarkeit des Feindes, das Warten, der Schlamm,
das Inferno des Trommelfeuers – auch in Jüngers
Texten anwesend. Ihre spezifische Überforderungs-
energie wird aber im Rekurs auf die schon in den
Stahlgewittern formulierte Überzeugung, »daß aller
Erfolg der Tat des Einzelnen entspringt« (Jünger 1920,
174) und unter Aufbietung geschichtsphilosophischer Argumente zur Voraussetzung eines ›Neuen
Menschen‹ umgedeutet, der sich allen Anforderungen moderner Kriegsführung als gewachsen erweist.
Prototyp dieses neuen Menschenschlags, der sich
dem entfesselten Kriegsgeschehen entgegenstellt, ist
der ›Stoßtruppführer‹, der Agent einer innovativen,
höchst flexiblen Kampftaktik, der sich, in hohen
Maße eigenverantwortlich, in vorderster Linie bewegt und gezielte Angriffe auf die feindlichen Gräben unternimmt, um das »System von ›Leben und
Lebenlassen‹, das sich an einigen Frontabschnitten
unter den gegnerischen Grabenbesatzungen eingespielt hatte, aufzubrechen« (Gudmundsson 1989, 83;
s. Kap. III.2). Die Stoßtruppsoldaten

verbinden glühenden Mut mit kühler Intelligenz, sie
sind die Männer, die im Wirbel der Vernichtung mit sicherer Hand eine schwierige Ladehemmung beseitigen,
die rauchende Handgranate dem Gegner zurückschleu-
dern, ihm im Ringen auf Leben und Tod die Absicht aus
den Augen lesen. [...] Sie sind die Besten des modernen Schlachtfeldes, von rücksichtslosem Kämpfertum
durchflutet, deren starkes Wollen sich in geballtem, ziel-
bewußtem Energiestoß entlädt. [...] Das ist der neue
Mensch, der Sturmpionier, die Auslese Mitteleuropas.
[...] Das glühende Abendrot einer versinkenden Zeit ist
zugleich ein Morgenrot, in dem man zu neuen, härteren
Kämpfen rüstet. Weit hinten erwarten die riesigen
Städte, die Heere von Maschinen, die Reiche, deren innere Bindungen im Sturm zerrissen werden, den neuen
Menschen, den kühneren, kampfgewohnten, den rück-

sichtslosen gegen sich selbst und andere. Dieser Krieg ist nicht das Ende, sondern erst der Auftakt der Gewalt. Er ist die Hammerschmiede, in der die Welt in neue Grenzen und neue Gemeinschaften zerschlagen wird (Jünger 1978, 72 f.).

Sukzessive bildet sich in den politischen Artikeln und theoretischen Essays ab 1925 aus dieser zunächst literarischen Evokation des von einem heroischen Realismus geleiteten ›Neuen Menschen‹ die geschichtsphilosophische Figur des ›Arbeiters‹ heraus, der ein umfassendes anthropologisch-geschichtsmetaphysisches Konzept repräsentiert. Dieses stattet den Krieg mit Sinn aus und verortet die Gegenwart der Weimarer Republik in der nihilistischen Übergangsphase zu einer neuen geschichtlichen Ordnung (vgl. Brenneke 1992; Lethen 1994; Dupeux 1996; Vondung 1996; Koch 2006, 287 ff.; Kiesel 2007, 178–403). In Jüngers ›Arbeiter-Soldaten‹ verdichten sich verschiedene Aspekte eines konservativ-revolutionären Diskurses vom totalen Krieg (vgl. Sieferle 1995, 132–164), an dessen Formulierung neben Jünger eine Vielzahl wissenschaftlicher, militärstrategischer, journalistischer und politischer Akteure beteiligt waren. Als Objekt totaler Erfassung ist der ›Arbeiter-Soldat‹ in allen Bereichen seiner Existenz – im Hinblick auf seinen Körper, seine psychische Konstitution, sein Sozialverhalten, sein Pflichtethos – auf den Krieg ausgerichtet (vgl. Horn 1999a). Jüngers Schriften in der Spätphase der Weimarer Republik, allen voran *Die totale Mobilmachung* und *Der Arbeiter*, übertragen die Organisationslogik dieses total gedachten Krieges mit systematischem Anspruch auf die Nachkriegszeit:

> [E]s ist eine Rüstung bis ins innerste Mark, bis in den feinsten Lebensnerv erforderlich. Sie zu verwirklichen ist die Aufgabe der totalen Mobilmachung, eines Aktes, durch den das weit verzweigte und vielfach differenzierte Stromnetz des modernen Lebens durch einen einzigen Griff am Schaltbrett dem großen Strome der kriegerischen Energie zugeleitet wird (Jünger 1930, 14).

In gewisser Weise reagiert Jüngers *Arbeiter*-Essay in seinem apokalyptischen Entwurf einer *post histoire* auf die Dissoziationserfahrung von Krieg und Nachkrieg mit einer fundamentalen Schließungsbewegung, die eine neue, metaphysisch abgesicherte Ordnung postuliert, in der alle Desintegrationen als Elemente des von ihm beschworenen, großen ›Arbeiter-Plans‹ eine Funktion erhalten. Jüngers politisch-metaphysisches Konzept, den ›Arbeiter‹ als Gestalt der Zukunft auszurufen, der das bürgerliche Zeitalter der Ausdifferenzierung und der Sinnlücken beendet, orientiert sich an apokalyptischen Geschichtsmodellen (vgl. Brockhoff 2001), insofern der Krieg als fulminanter Niedergang an ein neues Reich der Fülle und Ganzheit gebunden wird, allerdings einer Ganzheit, die das Individuum nur noch als Schwundstufe, als Kennziffer und Mobilisierungsressource kennt (vgl. Vondung 1996). »Jüngers ›Totalität‹ bezieht sich so auf zweierlei: auf den einzelnen Körper, dessen Integralität genau in seiner Leistungsfähigkeit besteht – und auf die den Einzelnen restlos erfassende Gemeinschaft, die ›organische Konstruktion‹. Funktionalität, wie sie Jünger denkt, hat also einen doppelten Charakter. Sie ist Integralität des Einzelnen und Integration ins Ganze« (Horn 2000, 149). Der blinde Fleck von Jüngers Kriegsdeutung wird freilich dort ersichtlich, wo die Angst des Soldaten, seine Konfusion und Desorientierung, die kodierte Form spezifischer Ästhetisierung durchschlägt und in kurzen Momenten unkontrolliert zur Sprache kommt (vgl. Gann 2010).

Erich Maria Remarques *Im Westen nichts Neues*

Remarques *Im Westen nichts Neues* markiert in vielen Aspekten das Gegenprogramm zum ›heroischen Realismus‹ Ernst Jüngers. Zunächst 1928 in der *Vossischen Zeitung* erschienen, ist Remarques fiktiver Roman der Startschuss für die Wiederkehr des Krieges in der Literatur. Ganz offenkundig geht es bei *Im Westen nichts Neues* nicht mehr nur um Fragen der Kriegsschuld, vielmehr steht das Scheitern einer sinnorientierten Reintegration der Jahre 1914 bis 1918 in die Biografie der deutschen Nation im Mittelpunkt. Dabei ist der Roman insofern politisch ambivalent, als er sich in der konsequenten Beibehaltung einer Erzählperspektive ›von unten‹ einer eindeutigen politischen Verortung weitgehend entzieht. Remarques Text eröffnet mehrere Deutungsdimensionen, die aus einer »geschickten fiktionalen Abdichtung des Romans gegen jegliche mögliche Festlegung auf eine kriegskritische Haltung seiner Erzählerfigur und seiner Kameraden« (Süselbeck 2013, 121) resultierten: *Im Westen nichts Neues* kann sowohl als pazifistische Anklage gelesen werden, als »Heldenlied des einfachen Soldaten« (Hüppauf 2008, 182) und nicht zuletzt – der die Sprachfloskeln der Heeresberichte karikierende Titel deutet es an – auch als Gegenerinnerung zur offiziellen sprachlichen Normalisierung des Krieges, die zugleich auch ein Vergessen der individuellen Leidensgeschichten bedeutet.

Remarques Roman verweigert sich allen nationalistischen Sinnstiftungsversuchen wie etwa dem Mythos der Jugend von Langemarck; auch Jüngers

heroische Schriften, die einerseits die individuelle
Leistung des Autors ausstellen, zugleich aber die formative Prägung der Generation der Frontsoldaten
zu einer neuen Elite betonen, meidet er. Statt um eine
Heroisierung des Kriegers geht es bei Remarques
Text in erster Linie um eine Inszenierung der kreatürlichen Existenz des kleinen Soldaten als ›Graben-
schwein‹:

> [Das] Leben ist nur auf einer ständigen Lauer gegen die
> Bedrohung des Todes – es hat uns zu denkenden Tieren
> gemacht, um uns die Waffe des Instinktes zu geben – es
> hat uns mit Stumpfheit durchsetzt, damit wir nicht zer-
> brechen vor dem Grauen, das uns bei klarem, bewussten
> Denken überfallen würde – es hat uns die Gleichgültig-
> keit von Wilden verliehen, damit wir trotz allem jeden
> Moment des Positiven empfinden und als Reserve auf-
> speichern gegen den Ansturm des Nichts (Remarque
> 1996, 268).

Der Roman exemplifiziert an der Hauptfigur Paul
Bäumer, warum sich auch noch 1928 so viele Veteranen in der zivilen Nachkriegswelt »nicht mehr zurecht finden können« (ebd., 262). Dabei betont er
die kommunikative Unwucht und fundamentale soziale Distanz, die die Kriegsteilnehmer von den an
der Heimatfront verbliebenen Deutschen trennt. Bezeichnend für die Diagnose des Romans ist der Topos des ›Heimaturlaubs‹ und die daran anknüpfend
geschilderten Fremdheits- und Isolationserfahrun-
gen der (ehemaligen) Soldaten. In *Im Westen nichts
Neues* besucht Paul Bäumer nicht nur seine alte
Schule, in der er die nationalistischen Heldentiraden
seines ehemaligen Lehrers nur mit Mühe ertragen
kann, sondern am Abend auch das heimatliche
Gasthaus, wo alle Honoratioren des Ortes gemütlich
bei einem Bier zusammensitzen und über den Krieg
schwadronieren. Die alten, nach aller Fronterfahrung Bäumers völlig absurden Phrasen vom »Franz-
mann«, der verkloppt werden solle, unterminieren
in seinen Augen den Anspruch der Vätergeneration
auf Deutungsmacht über den Krieg, den diese gleichwohl autoritär aufrecht erhält. So muss Bäumer sich
bei dem abendlichen Besuch erklären lassen, dass er
nichts begriffen habe: »Und das können Sie nicht so
beurteilen. Sie sehen nur Ihren kleinen Abschnitt
und haben deshalb keine Übersicht« (ebd., 118).

In der konfrontativen Gegenüberstellung von
Heimatgesellschaft und Frontgemeinschaft wird auf
der Matrix von ›alt und jung‹ genau wie bei Jünger
ein Bruch markiert, der das wilhelminische Kaiserreich und mit ihm das bürgerliche Zeitalter von der
Nachkriegsrealität trennt. Wie die Frontromane nationalistischer Autoren kennt aber auch *Im Westen
nichts Neues* die Emphase der Kampfgemeinschaft:

»Sie sind mehr als mein Leben, diese Stimmen, sie
sind mehr als Mütterlichkeit und Angst, sie sind das
Stärkste und Schützendste, was es überhaupt gibt: es
sind die Stimmen meiner Kameraden« (ebd., 145).
Im Unterschied zu Jünger und anderen nationalistischen Autoren, wie z. B. Franz Schauwecker, wird die
Frontgemeinschaft bei Remarque aber nicht zur
Kämpferelite überhöht (vgl. Oesterle 2011). Der Roman erzählt von der Angst, dem Leiden und der
Desillusionierung und bringt damit genau jene Er-
fahrungsinhalte zur Sprache, die Jünger mittels einer
Ästhetik des Schreckens überschreibt oder doch zumindest nur in Ansätzen artikuliert.

Diese Verweigerungshaltung gegenüber einer
Sinnstiftung des Kriegs lässt erkennen, warum *Im
Westen nichts Neues* trotz einer Auflage, die alleine
größer war als die aller rechten Kriegsromane zusammen (vgl. Müller 1986, 298 f.), dennoch keine
nachhaltigen politikfähigen Resonanzen erzeugte.
Remarque literarisiert den Krieg als eine Zäsur in
der individuellen Biografie des Durchschnittsprota-
gonisten Paul Bäumer, der wiederum als gewöhnli-
cher Repräsentant einer insgesamt verlorenen Generation zu lesen ist. Wie beim *Wanderer zwischen beiden Welten* erscheint der Krieg auch in *Im Westen
nichts Neues* als ein Bildungserlebnis, eine *conversio*,
die aber als eine völlige und erschütternde Enttäuschung von Erwartungen an den Krieg abläuft. Nicht
von individuellem Heldentum, sondern von der auf
Dauer gestellten Erwartung eines baldigen gewaltsamen Todes wird hier erzählt. Der Roman beobachtet
die psychischen Effekte und Verarbeitungsstrate-
gien, die diese ständige Todeserwartung produziert,
ohne den Ausweg in eine philosophische Transzendierung des passiven Ausgeliefertseins zuzulassen.
In diesem Sinne berichtet der Roman von den physischen und psychischen De- und Reformationen, denen der Einzelne an der Front ausgesetzt ist, von seiner sukzessiven Entortung – »[I]ch kann nicht zu-
rückfinden, ich bin ausgeschlossen […]. Ich bin ein
Soldat, daran muß ich mich halten« (Remarque
1996, 139) – und dem Verlust von Kommunikati-
onsfähigkeit.

Dort, wo der klassische Bildungsroman in der
Tradition von Wilhelm von Humboldts Schrift *Ideen
zu einem Versuch, die Grenzen der Wirksamkeit des
Staates zu bestimmen* (1792) und der Fragment ge-
bliebenen *Theorie über die Bildung des Menschen*
(1793) von der »höchste[n] und proportionier-
lichste[n] Bildung« der menschlichen Kräfte zu einem Ganzen erzählt (Humboldt 1995, 43), zeigt Remarque in einer filmartigen, eine Grammatik des

Krieges ausbildenden Aneinanderreihung von Standardsituationen die allmähliche Veteran-Werdung des Protagonisten und seiner Kameraden, die schlussendlich im Tod endet. Die Vorrede des Romans markiert den Anspruch, trotz seiner fiktiven Handlung die Wahrheit des Krieges zu erzählen. »Dieses Buch«, heißt es, »soll weder Anklage noch ein Bekenntnis sein. Es soll nur den Versuch machen, über eine Generation zu berichten, die vom Kriege zerstört wurde – auch wenn sie den Granaten entkam« (Remarque 1996, 6). Der Krieg erscheint in *Im Westen nichts Neues* als eine Agentur der Umwertung aller Werte, was der Roman, heruntergebrochen auf die Situation der Frontsoldaten, immer wieder zur Sprache bringt, etwa wenn über die kameradschaftliche Weitergabe der Stiefel eines Sterbenden verhandelt wird: »Wenn Müller gern Kemmerichs Stiefel haben will, so ist er deshalb nicht weniger teilnahmsvoll als jemand, der vor Schmerz nicht mehr daran zu denken wagte. Er weiß nur zu unterscheiden. […] Wir haben den Sinn für andere Zusammenhänge verloren, weil sie künstliche sind. Nur die Tatsachen sind wichtig und richtig für uns. Und gute Stiefel sind selten« (ebd., 24).

Insgesamt leistet Remarque eine interdiskursive Verdichtungsarbeit, die eine hohe emotionale Anschlussfähigkeit generiert. Sein Text referiert »Daten, Orte und Geschehnisse«, die »einen sehr hohen Bekanntheitsgrad und meist einen emotional besetzten Signalwert haben« (Borenbusch 1985, 120). Er schöpft aus den diskursiv zirkulierenden Erinnerungstopoi und verknüpft diese zur Geschichte des als Identifikationsfolie dienenden Paul Bäumer. Dessen fiktive Kriegserfahrung wiederum strahlt in den Kriegsdiskurs der Weimarer Republik zurück, adressiert die Veteranen und bietet eine Erklärung der eigenen Situation in der Zwischenkriegszeit an. Die zentrale Aussage des Romans lautet im Ergebnis: »Es ist das gemeinsame Schicksal unserer Generation. […] Der Krieg hat uns für alles verdorben« (Remarque 1996, 67).

Ludwig Renns *Krieg*

Neben Remarque stellt auch eine Reihe weiterer Texte den einfachen Soldaten und dessen perspektivengebundenes Erleben in den Mittelpunkt der Narration. Neben Theodor Plieviers *Des Kaisers Kuli* (1930) ist hier vor allem Ludwig Renns Roman *Krieg* (1928) zu nennen. Wie *Im Westen nichts Neues* beharrt auch *Krieg* auf der dokumentarischen Wahrheit des Erzählten. Schon der Titel deutet in seiner

größtmöglichen Verknappung an, dass hier das Wesentliche des Krieges erzählt werden soll. Dieser Rezeptionsaufforderung folgend, wurde Renns Roman durch die verschiedenen Deutungs- und Erinnerungslager hinweg als radikal-nüchterne Darstellung der Kriegswirklichkeit begrüßt und erzielte bis 1931 eine Auflage von 155 000 Exemplaren. Carl von Ossietzky sprach von Renns »fanatischem Realismus« (Ossietzky 1929, 382), was sich auch durch die Verbindung von Paratext und Haupttext dokumentiert, etwa darin, dass der Protagonist den Autorennamen ›Ludwig Renn‹ trägt.

Wie zuvor schon bei Remarques *Im Westen nichts Neues* wurde gleichwohl auch *Krieg* zum Gegenstand einer heftigen Debatte um den Status der Kriegsschilderung im Spannungsfeld von Faktualität und Fiktionalität. Hatten Gegner des Zivilisten Remarque versucht, die Sichtweise seines Romans zu diskreditieren, indem man auf den Fiktionsstatus und die mangelnde Verankerung seines Textes in einer authentischen Fronterfahrung verwies, so wiederholte sich bei Renn diese Debatte um die legitime Sprecherfunktion einer Generation, als bekannt wurde, dass Renns öffentlich kommuniziertes Autorenbild eine Fiktion war. *Krieg* wurde nicht ›erlebt‹, sondern ›fabuliert‹, der Autor hieß eigentlich Freiherr Vieth von Golßenau, war kein einfaches ›Frontschwein‹, sondern Adeliger, der den Krieg als Offizier mitgemacht hatte, sich aber mit dem einfachen Landser identifizierte und eine entsprechende Selbstinszenierung praktizierte. Der Realismus des Romans steht demnach in einer intertextuellen Konkurrenz zur heldischen Memoirenliteratur von Offizieren wie Plüschow oder von Richthofen. Anders als deren Kriegserinnerungen, aus denen sich ein geradliniger biografischer Telos heraus präparieren lässt, präsentiert *Krieg* die Lebensgeschichte des fiktiven Ludwig Renn jedoch als kontingente Abfolge typischer Kriegsstationen, die zwar in der Korrelation hierarchischer Position, Funktion und Wahrnehmung einer spezifischen Kriegslogik folgen, aber trotzdem keinen die Wirklichkeit transzendierenden Sinn ergeben.

Die Form des Romans, die sich durch die Verwendung eines »monotonen und überaus ermüdend wirkenden militärischen Protokollformat[s]« (Süselbeck 2013, 66) auszeichnet, versucht eine mimetische Anverwandlung einer soldatischen Wahrnehmung ›von unten‹ nachzuvollziehen, insofern sich so das nur begrenzte Wissen und die perspektivische Nahdistanz des Protagonisten dokumentiert. In parataktischen Sätzen wird berichtet, dass Renn 1914 einberufen wird, dann die typischen Stationen des Kriegs durchläuft und bis zum Schluss überlebt. »Bei der Gestaltung der erzählerischen Vermittlung in Renns *Krieg* handelt es sich um eine doppelte Authentifizierungsstrategie«, so Astrid Erll, »die mit der Vermitteltheit des Erzählten sowohl dessen fiktionale Anteile als auch die Konstrukthaftigkeit und den Sinnstiftungsprozeß der Erinnerung verschleiert« (Erll 2003, 207). Dementsprechend figuriert der Protagonist in *Krieg* als personale Matrix der Fronterfahrung ›an sich‹.

Wie bei anderen Autoren, so fungiert der Krieg auch bei Renn auf der Aussageebene als eine kulturelle Zäsur, die jede Traditionsvergewisserung und kulturelle Kontextualisierung der Fronterlebnisse negiert. Ähnlich wie bei Ernst Jünger etwa werden zunächst die Deutungsfiguren der anfänglichen Kriegsbegeisterung – Erlebnishunger, Heldentum, kulturelle Erneuerung – aufgerufen, dann aber als völlig inadäquat verworfen. Anders als Jünger refiguriert Renn das Narrativ der ›Ideen von 1914‹ nicht, sondern nimmt Abstand von allen Sinnstiftungspraxen. Im Ergebnis stellt der Protagonist schon nach der ersten Kampfhandlung fest: »[M]ich grauste […] vorm Kriege, diesem gräßlichen Kriege mit seinem Völkerhaß« (Renn 1928, 53). An die Stelle der Letztbegründungsbegriffe ›Bildung‹, ›Heldentum‹ und ›Vaterland‹ tritt ein Wertesystem des Kampfgrabens, das vor allem Pflichterfüllung und Kameradschaft beinhaltet; an die Stelle emphatischer Bildung tritt eine Entwicklung zur kriegerischen Professionalisierung, die sich wiederum intradiegetisch in fortgesetzten Beförderungen der Hauptfigur dokumentiert. Die Verpflichtung gegenüber den Kameraden verhindert eine Politisierung der durchaus kriegskritischen Sichtweise des Protagonisten und des Textes insgesamt. Pflichtethos und Revolte passen nicht zusammen. Zwar gesteht der Protagonist: »Auch mir wurde der Krieg immer verdächtiger« (ebd., 359), für die Auflösungserscheinungen des Kriegsendes hat er aber nur beißende Kritik auf Grabenhöhe übrig, etwa in den Worten des Unteroffiziers Höhle: »Früher haben sich die Etappenschweine hinten vollgefressen, und wir haben uns totschießen lassen, und jetzt fallen sie uns auch noch in den Rücken« (ebd., 398 f.).

In der Textwelt von *Krieg* gibt es kein Außen, keine Möglichkeit, die Geschehnisse des Alltags sinnhaft in einen höheren Ordnungszusammenhang oder in eine Analyse ihrer gesellschaftlichen Hintergründe zu integrieren. Einzig im Schreiben, verstanden als Praktik einer symbolischen Externalisierung

des Kriegsgrauens, findet der Protagonist eine Erleichterung von seinen wiederkehrenden Angst-Zuständen, wobei es hier weniger darum geht, was, sondern vor allem, *dass* geschrieben wird: »Daneben schrieb ich. Schon zum drittenmal beschrieb ich das Gefecht von Lugny. Wenn ich vom Schreiben aufstand, fror ich und war steif, aber dann war auch eine Heiterkeit in mir, die alles hell machte, was ich sah. Dagegen sah ich, wenn ich von der Philosophie aufstand, alles grau und grämlich« (ebd., 173). Renns Protagonist macht hier zumindest einen der Gründe für die Flut der Kriegsliteratur am Ende der 1920er Jahre deutlich: Neben der Auseinandersetzung mit der geschichtspolitischen Einordnung des Krieges ging es für viele der engagierten Autoren auch darum, im Schreiben eine Entlastung von den nach wie vor drängenden Erinnerungen zu schaffen. Bewerkstelligen wollte man dies dadurch, dass man sich – Traumatologen würden von einem verzögerten »Debriefing« sprechen (vgl. Groterath 2003) – die Vergangenheit möglichst unmittelbar wieder vor Augen zu stellen und als Teil der eigenen Lebensgeschichte zu kommunizieren suchte (vgl. hierzu auch Süselbeck 2013, 72–76).

Franz Schauweckers *Aufbruch der Nation*

Ein Jahr nach der Erstveröffentlichung von *Im Westen nichts Neues* erschienen, kann Schauweckers *Aufbruch der Nation* (1929) als nationalistische Antwort auf dessen Diagnose von der ›verlorenen Generation‹ verstanden werden (vgl. Fröschle 2003). Auch bei Schauwecker steht mit dem Kriegsfreiwilligen Albrecht Urach ein Durchschnittssoldat im Mittelpunkt der Erzählung, der Schritt für Schritt aus seiner alten Welt und den damit verbundenen bürgerlichen Vorstellungen herausfällt. Anders als bei Remarque, wird diese Destruktion der Vorkriegszeit aber als notwendiges, positiv besetztes Erweckungserlebnis gefeiert, verdichtet in dem im Faksimile der Handschrift des Autors dem Haupttext vorangestellten Satz »Wir mußten den Krieg verlieren, um die Nation zu gewinnen« (Schauwecker 1930, 6). Die Entsubjektivierung und Entsubstanzialisierung der Erfahrung an der Front, die bei Remarque gleichbedeutend ist mit einer fundamentalen Dehumanisierung aller Kriegsbeteiligten, erscheint in *Aufbruch der Nation* als Voraussetzung für eine tiefere, nationale Daseinskonfiguration der Soldaten wie der gesamten Nation:

> Hier wird überhaupt nicht diskutiert. Ich muß alles nehmen, wie's kommt. Menschen, Regen, Frost, Essen, Weg, Dorf, Tod, ja auch den Tod. […] Ich habe keinen

eigenen Willen. Ich bin nicht ich, sondern ich bin einer von Millionen. War das nicht eigentlich immer so gewesen, auch im Frieden? Sicher. Bloß: jetzt merkt man es, jetzt war es Wirklichkeit, die sich nicht mehr abweisen ließ (ebd., 107).

Anders als Bäumer findet Urach in den Trümmern der Individualität eine neue Ordnung und zwar die der nationalen Gemeinschaft, die – ihrerseits von allen Romantizismen der August-Euphorie entkleidet und aus der Erfahrung der Front hergeleitet – den Sinn des Krieges ausmacht:

[...] hab ich mich irgendwie um Deutschland gekümmert? [...] Aber jetzt sitze ich mit Herse hier und Radtke und den anderen allen zusammen. [...] Endlich haben wir uns gefunden, wir, die wir uns so lange nach einander gesehnt haben [...]. Da haben wir sie, die Eine, die Unlernbare, die Unverlierbare, die Einmalige, die Nation (ebd., 230).

Einmal mehr zeigt sich hier die Widerstands- und Anpassungsfähigkeit des Narrativs der ›Ideen von 1914‹. In Schauweckers nationalistischer Version wird die Frontgemeinschaft der »Westkämpfer« (Schauwecker 1927, 280) zum Nukleus einer zukünftigen, noch zu realisierenden völkischen Gemeinschaft. Alle Dysfunktionalitäten, die de facto den Frontalltag zusätzlich zur Todesangst so beschwerlich machten (Materialengpässe, soziale Reibungen, taktische und strategische Fehlentscheidungen etc.), werden in *Aufbruch der Nation* retrospektiv aus dem Narrativ der Frontgemeinschaft ausgeklammert bzw. einem Prozess imaginärer Verkennung unterzogen. Damit bestätigt Schauwecker die zentrale Aussage der ›Dolchstoßlegende‹, dass nämlich eine Verschwörung innerer und äußerer Feinde Grund für die Kriegsniederlage war (vgl. Schivelbusch 2001, 225–249), keinesfalls aber ein Mangel an Glauben, Willen und Opferbereitschaft der Soldaten.

Werner Beumelburgs *Gruppe Bosemüller*

Bei anderen Autoren der radikalen Rechten lassen sich ähnliche Sinnstiftungsstrategien wie bei Schauwecker beobachten, wobei gerade im Hinblick auf die Thematisierung soldatischen Leids gleichwohl Unterschiede auszumachen sind. So ist es keineswegs so, dass in Texten wie Edwin Erich Dwingers *Das letzte Opfer* (1928), Ernst von Salomons *Die Armee hinter Stacheldraht. Das Sibirische Tagebuch* (1929) und *Die Geächteten* (1930) oder Hans Zöberleins *Glauben an Deutschland* (1931) Schmerz und Entbehrung zugunsten eines strahlenden Heroismus komplett ausgeblendet würden. Vielmehr bleibt auch

in radikalnationalistischen Literaturkreisen die Beschreibung der kriegerischen Auseinandersetzungen stets ambivalent, kommt das Leid zur Sprache, wird es aber zügig im heroisch-elitären Opferdiskurs aufgefangen und politisiert. Dahinter steht nicht nur ein Resonanzkalkül, das mit der differenzierten Zeichnung der Fronterlebnisse den Authentizitätsmaßstäben der rechten Leserschaft zu entsprechen versucht. Vielmehr artikuliert sich hier erneut die Absicht, eine sinnhafte Deutung des Weltkriegs und seiner politischen und militärischen Nachwirkungen einzig auf dem Weg der Integration des Grauens zu bewerkstelligen. Gewissermaßen wird das Leid – etwa in den Romanen des Paramilitärs und politischen Mörders Ernst von Salomon, der nicht am Weltkrieg, wohl aber am Freikorps-Krieg im Baltikum teilgenommen hatte (vgl. Walkowiak 2007) – zum Medium, das erst ein ›höheres Deutschtum‹ ermöglicht:

O Gott, wie sahen sie aus, wie sahen diese Männer aus! Was war das, was da heranmarschierte? Diese ausgemergelten, unbewegten Gesichter unter dem Stahlhelm, diese knochigen Glieder, diese zerfetzten, staubigen Uniformen! Schritt um Schritt marschierten sie, und um sie herum war gleichsam unendliche Leere. Ja, es war, als zögen sie einen Bannkreis um sich, einen magischen Zirkel, in dem gefährliche Gewalten, dem Auge der Ausgeschlossenen unsichtbar, geheimes Wesen trieben. [...] Dies war kaum zu ertragen. Sie marschierten ja, als seien sie Abgesandte des Todes, des Grauen, der tödlichsten, einsamsten, eisigsten Kälte (Salomon 1935, 29).

Selbst in der sehr erfolgreichen Bekenntnisschrift *Glauben für Deutschland* aus der Feder des glühenden Nationalsozialisten Hans Zöberlein, die Adolf Hitler mit dem Geleitwort »Hier ist das Vermächtnis der Front niedergelegt! Ein einfacher Soldat, der nicht beabsichtigte, die Kriegsliteratur zu vermehren, hat sich in jahrelanger, mühevoller Arbeit neben seinem Beruf eine Last von der Seele geschrieben« versah (Zöberlein 1934, 7), finden sich Momente tiefster Erschütterung angesichts der entfesselten Gewalt der Technik: »Daß es gar nicht aufhören mag? – So ein Wahnsinn! Aufhören, he, aufhören – hört doch einmal auf. Ich will ja nichts weiter; ich gehe schon wieder zurück, nur aufhören!« (ebd., 89). Der entscheidende Unterschied, der diese Kriegsdarstellungen rechter Autoren von den kriegskritischen Texten Ludwig Renns oder Edlef Köppens trennt, liegt in den Konsequenzen, die sich aus der Zerrüttung von Nerven und Moral in der Schlacht letztendlich für die Protagonisten ergeben. Bei von Salomon oder Zöberlein wird selbst dort, wo der Haupttext ambivalent ausfällt, durch die kommen-

tierenden Paratexte, Vor- oder Nachworte, klarge-
stellt, dass die Erschütterungen des Krieges letztlich
doch zum Bildungserlebnis eines aus der Schlacht
gestärkt herausgehenden deutschen Soldaten tau-
gen.

Gut nachvollziehen lässt sich diese Umwertungs-
strategie anhand von Werner Beumelburgs Roman
Gruppe Bosemüller (1930), der ebenfalls als dezi-
diertes Gegenprojekt zu Remarques Bestseller zu
verstehen ist, was sich in einer analogen Sujet- und
Figuren-Auswahl dokumentiert. Gegen die Folie der
›verlorenen Generation‹ setzt Beumelburg, der zunächst als Fahnenjunker und später als Offizier den
Krieg an der Westfront erlebt hatte, die Idee einer
nationalistischen Frontelite, kombiniert mit einer
Apotheose des Führer-Prinzips, das im titelgeben-
den Unteroffizier Paul Bosemüller personalisiert ist.
Die Handlung spielt im Kontext der Kämpfe um
Verdun, an denen Beumelburg selbst teilnahm. Mit
der Chiffre ›Verdun‹ werden die semantischen Konnotationen des ›Weißblutens‹ (auf beiden Seiten
starben in den rund ein Jahr dauernden Kämpfen
insgesamt knapp 700 000 Soldaten; vgl. Münkler
2013, 413–425), d. h. der völligen Verwüstung der
Umwelt und Zerstörung des Soldaten, der diesen
Bedingungen ausgesetzt war, aufgerufen. Zusätzliche Tragik erfährt die Handlung, da es den deutschen Truppen letztlich nicht gelang, die Festung
von Verdun einzunehmen, was erneut die Frage
nach dem Sinn der vielen Opfer laut werden lässt.
Beumelburg gelangt zur Sinnstiftung, indem er die
Schlacht mythisch überhöht und die Landschaft, in
der sie stattfand, anthropomorphisiert. Die »Mond-
landschaft« (Beumelburg 1930, 283) ergreift mehrfach selbst das Wort und kommentiert die Geschehnisse, wodurch das entindividualisierte, äußerst
kontingente Sterben und Töten eine ortsbezogene
Naturalisierung erfährt, die einen höheren Sinn behauptet. So erklärt der Kriegsfreiwillige Siewers, ein
Gegenpart zu Remarques Bäumer, der allerdings am
Schluss des Romans nicht stirbt, sondern mit dem,
eine erfolgreiche Entwicklung symbolisierenden Eisernen Kreuz ausgezeichnet wird, in einem Brief an
seine Kameraden:

> Ich habe jetzt eine andere Heimat, ich bin hinausgegan-
> gen mit jugendlichem Unverstand und leichtsinnigen
> Vorstellungen. Und nun ist da draußen etwas entstan-
> den, was stärker ist als alles andere. [... A]lles ist fort,
> nichts hat standgehalten, gar nichts, und auf einmal
> mußte ich auch noch erkennen, daß mir das Vaterland
> nur als Vorwand gedient hatte für meinen Ehrgeiz und
> die Sucht, es anderen vorauszutun. Aber statt dessen ist
> mir ein Neues aufgegangen, ein hundertmal Größeres,

> ein Ungeahntes. Das seid Ihr, Du und Bosemüller und
> Schwartzkopf und die anderen. Und vielleicht, wenn ich
> es richtig bedenke, sind wir so auf dem Wege zum Va-
> terland. Vielleicht ist die Kameradschaft nur der kleine,
> sichtbare, für uns faßbare Teil des Ganzen. [...] Später
> aber, wenn wir zurückkommen, [...] dann wird aus den
> vielen kleinen Kreisen der große Kreis, der das Ganze
> umfaßt. So ist es wohl, wir müssen von vorn anfangen,
> vom kleinen Kreis, von Mensch zu Mensch, damit wir
> nachher das Ganze begreifen können, den großen Kreis,
> Und das war früher unser Fehler, daß wir den großen
> Kreis begreifen wollten, ohne den kleinen zu kennen.
> Jetzt hat uns das Schicksal in eine grausame Lehre ge-
> nommen. Wen es aber durchkommen läßt, der hat be-
> standen (ebd., 260 f.).

Beumelburg reaktualisiert den Bildungsgedanken
einmal äußerlich, durch die Wahl des Mediums
›Brief‹, dann inhaltlich, indem er die individuelle
Bildungsgeschichte des Kriegsfreiwilligen Siewers
mit der Bildungsgeschichte der Nation korreliert.
Damit wird die Frontgemeinschaft zum harten Kern
einer neuen Gemeinschaft der deutschen Nation,
deren Zusammenhalt im Kampf geschmiedet wurde.
Interessant ist, dass Beumelburg, der dem Nationalsozialismus näherstand als Ernst Jünger, in seinen
Darstellungsmitteln und in Form der mitgeführten
Semantiken in auffälliger Weise hinter dessen Elite-
konzept zurück fällt. Etwa in der Szene, in der die
Kameraden einen Heldenhain für die Gefallenen der
eigenen Gruppe improvisieren (ebd., 192 f.), ist die
Nähe zu Walter Flex' tendenziell nach wie vor reso-
nanzstärkeren Konzept des intentionalen Gedenken-
kens offenkundig, das auch in der nationalsozialistischen Gedenkpraxis – etwa im Kontext der
jährlichen Märtyrer-Feiern für den von einem französischen Besatzungsgericht während der Ruhrun-
ruhen 1923 hingerichteten Freikorps Albert Leo
Schlageter – ein wichtige Rolle spielte (zu Schlageter
vgl. Friedrich Georg Jünger 1928).

Arnold Zweigs *Der Streit um den Sergeanten Grischa*

Die bisher betrachteten Romane und Kriegserinnerungen konservativ-kriegsbejahender wie kriegskritischer Ausrichtung zeichnen sich alle durch eine
um den Protagonisten und seine Erlebnisse zen-
trierte Handlungsführung aus. Der Anspruch ist, aus
einer unmittelbaren, ungeschönten Sicht auf die
Front zum Verständnis des Wesens des Krieges zu
gelangen. Während die radikalnationalistischen
Autoren aus dem Fronterlebnis eine politikfähige
Ontologie des Krieges entwickeln, dekonstruieren
Remarque und Renn genau diese Sinnstiftung im

Paradigma der ›verlorenen Generation‹. Arnold Zweigs Roman *Der Streit um den Sergeanten Grischa* (1927) erprobt eine ganz andere Lesart. Er veranschaulicht, dass sich der Krieg weder als Bildungserlebnis literarisieren lässt, noch dass man ihm überhaupt in der Form kohärenter Narrationen gerecht werden kann. Im Gegenteil stellt *Der Streit um den Sergeanten Grischa* klar, dass der Erste Weltkrieg Formen der Einheitlichkeit – des Erzählens wie des Wissens – sprengt und Identitätsbildung – individuelle wie kollektive – verunmöglicht.

Zweigs Roman, den Kurt Tucholsky einen »Meilenstein auf dem Weg zum Frieden« (Tucholsky 1927, 892) nannte, spielt an der Ostfront. Er handelt von der Flucht und der Wiedergefangennahme des russischen Soldaten Grischa, dem bürokratischen Ringen um sein weiteres Schicksal und von seiner schlussendlichen Exekution wegen Spionage. Der Text führt anhand dieses Gerichtsverfahrens von einem quasi-ethnographischen Beobachterpunkt aus die Dysfunktionalität und die Interesseninterferenz des militärischen Großapparats vor. Am kleinen Gefangenen zeigt Zweig die unentwirrbare Verflechtung von Zufälligkeiten, Interessen, Planungsfehlern und Strategien, die ein letztlich autopoetisches Kriegssystem erzeugen, in dem Menschen nur als Ressource vorkommen. Die Romanhandlung experimentiert mit den Bedingungen der Möglichkeit moderner Kriegsführung: »Der Verlauf des Falles [Grischa] Paprotkin erweist vor allem dies: Daß alles mit allem zusammenhängt und daß in dieser zugleich geschlossenen und undurchsichtigen Ordnung winzige Zufälle über Leben und Tod entscheiden« (Horn 2000, 152).

Interessant ist der Roman vor allem deshalb, weil Zweig ein Erzählverfahren entwirft, das die verschiedenen großen und kleinen Protagonisten des Krieges (Deutsche, Österreicher, Russen; Christen, Juden, Atheisten; Männer und Frauen; Arbeiter, Bildungsbürger, Adelige; Frontsoldaten, Offiziere, Generalstäbler) in Form multiperspektivischer Innensichten in Szene setzt. Die psychische Signatur des Ludendorff nachgebildeten Generalmajors Schieffenzahn etwa ermöglicht es, das Psychogramm des deutschen Machtwillens in seinen Genealogien exemplarisch darzustellen. Das Erkenntnisinteresse, dem Zweig auch in dem im gleichen Jahr veröffentlichten Essay »Caliban« nachgeht, begründet den übergeordneten Titel des Romanzyklus, als dessen Teil der *Grischa*-Roman veröffentlicht wurde: *Der große Krieg der weißen Männer* (vgl. Lützenkirchen 2008). Dieser Perspektive folgend, weist Zweigs Roman eine Vielzahl psychoanalytischer Diskurspartikel und intertextueller Anspielungen auf, die eine Überblendung individueller und kollektiver Bewusstseinslagen unternehmen – so beispielsweise mit Blick auf den ›Gruppenaffekt‹ des Antisemitismus, der in den 1920er Jahren den nationalistischen Diskurs prägte und hier als Symptom der Verdrängung der Schuldgefühle angesichts des verlorenen Krieges figuriert. Von Schieffenzahns Mitleidslosigkeit wiederum, die ihn als typischen Vertreter der Verwaltungstätigkeit deutscher Militärs im Osten ausweist (vgl. Holzer 2007), wird durch einen erzählten Traum, der Momente seiner Kindheit erinnert, lesbar als die emotionale Panzerung eines einstmals »empfindliche[n] Jungen« (Zweig 1994, 323). Angesichts der wilhelminischen Männlichkeitssozialisation und der damit verbundenen psychischen Deformationen hat sich der Junge von einst eine »Verhaltenslehre der Kälte« antrainiert – eine Form habitualisierter Affektkontrolle, in der Helmut Lethen in Reaktion auf die Beschämung durch den verlorenen Krieg eine wesentliche Konfiguration von deutscher Nachkriegsmännlichkeit ausgemacht hat (vgl. Lethen 1994, 7 ff.).

Darüber hinaus zeigt Zweig, dass der Krieg mehr ist als die Summe der beteiligten Psychen, dass er immer schon ein Akteur-Netzwerk ist, in dem ökonomische und logistische Notwendigkeiten ebenso wie technische Konstellationen eine eigene Handlungsmacht entfalten. Erst in der vielfachen Zersplitterung von Intentionen, Rationalitäten, Handlungsimpulsen, Techniken und Medien wird der Krieg zum Krieg. Er lässt sich – anders als Jünger und Schauwecker dies suggerieren – nicht mehr als kohärentes, wohlgeordnetes Gebilde denken. Der Multiperspektivismus des Romans *Der Streit um den Sergeanten Grischa* will genau für diese Diagnose der Unmöglichkeit einer nicht-kontingenten, durch einen archimedischen Punkt organisierten Lage-Erfassung eine narrative Form finden, indem er immer wieder unterschiedliche Erzähl-Schablonen ins Spiel bringt, mit denen das Romanpersonal versucht, Ereignisse und Begebenheiten in eine sinnhafte Ordnung zu überführen. Dieses Verfahren, das zugleich ein poetologischer Selbstkommentar auf die Bedeutsamkeit und formative Kraft des Erzählens von Kriegsgeschichten in der Weimarer Republik ist, wird etwa in der Episode deutlich, in der Grischa seinen Fall mit einem alten russischen Juden diskutiert. Dieser bemüht sich, Grischas Verhalten mittels Übertragung in das narrative Schema des Alten Testaments zu verstehen:

Da Thora und Talmud das gesamte Leben enthalten, denkt er [der Jude Täwje] die Geschichte Grischas in ihren Kategorien. [...] Er sieht: da ist ein Mensch, der heimkehren wollte wie Tobias aus der Fremde [...], der unterwegs falsche Ratgeber gehört hat wie Absalom, der sich mit einem unechten Namen versündigt hat, fast wie Abraham, als er sein Weib Sara für seine Schwester ausgab [...]. Darauf ward er in die Grube geworfen wie Joseph oder Daniel und ein Todesurteil über ihn gesprochen wie über Uria (Zweig 1994, 192).

Indem Arnold Zweig in seinem Roman wiederholt tradierte Erzählungen als Folien diegetischer Geschehnisse aufruft, sensibilisiert er für die Normalisierungsleistung des Erzählens als einer kulturellen Praxis des Einordnens und Sinnstiftens. Der Roman zeigt, dass kulturelle Traditionen nur eine bedingte Fassungskapazität haben, dass es mithin Ereignisse gibt, die einen kulturellen Rahmenbruch erzeugen und Deutungsmuster umfassend destabilisieren. Wenn etwa General Schieffenzahn erläutert, dass Kriegsführung den Zweck zu haben scheine, den »lieben Gott in seine Schranken zurückzuweisen« (ebd., 315), dann macht der Roman über die Kritik an religiösen Deutungen des Kriegsgeschehens hinausweisend zugleich deutlich, dass der militärischen Konfrontation auch auf prinzipieller Ebene ein dezisionistischer Krieg der Semantiken nachgefolgt ist (vgl. auch Bolz 1989), der nach 1918 weitertobte und gar noch an Intensität zunahm.

Edlef Köppens *Heeresbericht*

Edlef Köppens *Heeresbericht* (1930) führt Zweigs Aufklärungsarbeit im Medium der Form fort. Der Roman erscheint relativ spät, d. h. er ist nicht nur Beitrag zur erinnerungspolitischen Debatte um den Ersten Weltkrieg, sondern reflektiert diese zugleich. Köppen knüpft an Zweigs Verfahren des Polyperspektivismus an, wendet es aber auf die grundsätzliche Frage nach den Konstitutionsbedingungen miteinander konkurrierender Vergangenheitsversionen und greift dabei auf das von Döblins *Berlin Alexanderplatz* (1929) popularisierte neusachliche Prinzip der Dokumentencollage zurück.

Heeresbericht collagiert historischen Dokumenten des Krieges (offiziellen Verlautbarungen der Regierung und des Kaisers, Gefechtsvorschriften, militärische Lehrbücher, Zeitungsberichte, Werbeanzeigen, Propagandaschriften, Beiträge der ›literarischen Mobilmachung‹), die mit den persönlichen Erlebnissen des Protagonisten Adolf Reisiger eine dissonante Kriegstextur bilden (vgl. Bornebusch 1985, 138 ff.). Damit wird der Krieg als ein diskursives,

durch Selektion und Variation formiertes Text-Produkt durchsichtig, das seinerseits wiederum auf die Ebene der faktischen Kriegsführung und der Kriegswahrnehmung durchschlägt. Im Ergebnis wird der Krieg in *Heeresbericht* zu einem vielstimmigen Textarchiv, in dem sich die einzelnen Perspektiven gegenseitig kommentieren und brechen oder verstärken, ohne dass eine Sichtweise die Deutungshoheit über das Geschehen für sich reklamieren dürfte. Das von Köppen verwendete Montageverfahren erinnert entfernt an Karl Kraus oder Sergej Eisenstein, wobei die zentrale Textorganisation durch Konfrontation der Amorphizität des Fronterlebens mit differenzierten, oftmals datierten Diskurseinsprengseln realisiert wird. Die Schwammigkeit des Frontkriegs wird – paradox gesprochen – in seiner spezifischen subjekt-, wahrnehmungs- und ordnungszersetzenden Wirkung dadurch begreifbar, dass er mit den präzisen offiziellen Kommentaren in Beziehung gesetzt wird. Letztere simulieren eine Referentialität, die sie gar nicht einlösen können. Im Ergebnis macht Köppens *Heeresbericht* klar, dass jedwede Auslegung des Ersten Weltkriegs ihre augenscheinliche Homogenität und Deutungsautorität nur dadurch gewinnt, dass sie die für die eigene Geschlossenheit notwendigen Aussparungen, Gewichtungen und Konstruktionen unsichtbar macht, mithin ihre jeweilige ›Weise der Welterzeugung‹ und die eigenen Produktionsprozesse durch rhetorisch-ästhetische Evidenzbehauptungen so auszublenden vermag, dass ein quasi-ontologischer Eindruck von der Faktizität des Krieges entsteht (vgl. Goodman 1984).

Köppens elaboriertes Montageverfahren wird schon im ersten Textzitat wirksam, das dem Roman vorangestellt ist. Dabei handelt es sich um die »Verordnung 123« der Oberzensurstelle vom 23.3.1915. In seiner exponierten Platzierung markiert das Zitat in ironischer Brechung die Friktion zwischen vermeintlich strategischem Überblick, der ›Froschperspektive der Front‹ und der von Publikationsprojekten wie *Der Krieg 1914/15 in Wort und Bild* behaupteten Möglichkeit, beides darstellerisch zu vermitteln: »Es ist nicht erwünscht, daß Darstellungen, die größere Abschnitte des Krieges umfassen, von Persönlichkeiten veröffentlicht werden, die nach Maßgabe ihrer Dienststellung und Erfahrung gar nicht imstande gewesen sein können, die Zusammenhänge überall richtig zu erfassen« (Köppen 2012, 6). Zugleich veranschaulicht die Montage von Prä- und Haupttext, dass es eine literarische Erinnerungspraxis jenseits der offiziösen Gedächtnispolitik gibt, die eine eigene, andere Wirklichkeit des Ersten Weltkriegs erzählt. Genau eine solche Parallelführung von Diskurselementen ganz unterschiedlicher Herkunft und der erzählten Grabenrealität inszeniert der Roman im Fortgang der Handlung. Dies ist z. B. der Fall, wenn eine Nachkriegs-Werbeannonce für eine Besichtigungsreise zu den ehemaligen Schlachtfeldern, die man nach »freundliche[r] Aufnahme« in einem Hotel »ohne Schwierigkeiten« besuchen könne (ebd., 266), mit der sachlichen Beschreibung des Frontgrauens kombiniert wird: »Neben ihm steht ein Mensch, schwankt hin und her. Der Mensch hat keinen Kopf mehr. Da, wo der Kopf saß, schießt ein schwarzer Strahl nach vorn« (ebd., 265). Einem ähnlichen Kompositionsprinzip folgt auch die nachfolgende Kontrastierung einer sachlichen, militärtechnischen Beschreibung der Eigenschaften der 7,5-Zentimeter-Granate der leichten Feldartillerie mit dem Inferno, das die im Trommelfeuer dieses Granattyps gefangenen Soldaten erleiden. In einem Auszug aus Friedrich Seeßelbergs Rekonstruktion *Der Stellungskrieg* aus dem Jahr 1926, der von Köppen in den Roman einmontiert wird, ist zu lesen:

> Die 7,5-Zentimeter-Granaten der leichten Feldartillerie, die ein Gewicht von 5,6 Kilogramm und eine Sprengladung von 0,608 Kilogramm haben, dringen 1,80 Meter in die Erde, 12 Zentimeter in Beton ein, haben eine Gesamtwucht aus Aufschlag und Explosion von 230 Meter und schleudern 508 Splitter umher. [...] – Ein 30,5-Zentimeter-Geschoß hat ein Gewicht von 324 Kilogramm, entfaltet eine Explosionswucht, die vergleichbar ist mit einem D-Zug von zehn 50-Tonnen-Wagen bei 85 Kilometer Stundengeschwindigkeit, schleudert 8110 Splitter umher und dringt 8,80 Meter tief in die Erde und 90 Zentimeter in Beton ein (Seeßelberg, 1926, 260; Köppen 2012, 251).

Diese sachliche-informative Beschreibung wird in ihrer menschenverachtenden Kontextlosigkeit dekonstruiert, indem der Text im Anschluss auf den Protagonisten Reisiger *zoomt*, der der Zerstörungskraft genau dieser Waffe ausgesetzt ist:

> Der Feind trommelt./ – Die 7,5-Zentimeter-Granaten der leichten Feldartillerie dringen 1,80 Meter in die Erde ein –/ Zuweilen regt sich der eine von ihnen, zuckt mit dem Knie, zieht das Kinn fester an die Brust. Ein Zeichen für den anderen: Ich lebe noch – und was machst du?/ [...] Der Feind trommelt./ – Ein 30,5-Zentimeter-Geschoß schleudert 8110 Splitter umher –/ Der Kopf wird nur gehoben, ruckartig auf einen blitzschnellen Augenblick, wenn eine Feuersäule so dicht am Rand des Loches hochzischt, daß man die Glut spürt (ebd., 252).

Köppen fragt in der textspezifischen Mischung von Diskursen nach den »Bedingungen der Möglichkeit von Aussagen über den Krieg« (Horn 2000, 154),

sein Text zeigt in seiner eigenen poetischen Form, dass die Rede vom ›Krieg‹ immer einer Politik und Aufteilung des Sicht- und Sagbaren unterliegt, die ihre vermeintliche Evidenz erst diskursiv produziert. *Heeresbericht* ist weder eine bloße Traumageschichte noch eine reine Aktualisierung der Semantik des ›Kriegserlebnisses‹, wenn auch Bezüge zu diesen Bereichen hergestellt werden. Köppen bietet seinen Lesern keine Kompensation der Gräuel durch die Narrative von ›Bildung‹ oder ›Mobilmachung‹ an, sondern konfrontiert sie mit einer diskontinuierlichen Diskursverfransung, die durch die Form eine Sensibilität für die Produktionsmechanismen der Wahrnehmung des Krieges erreichen will. Als Fazit präsentiert *Heeresbericht* zwei Einsichten: Reisigers Grabenerkenntnis – »Der Krieg ist das größte Verbrechen, das ich kenne« (Köppen 2012, 396) – und die offizielle Statistik der Toten:

> Es fielen in den Jahren 14–18: Einemillionachthundertundachttausendfünfhundertfünfundvierzig Deutsche, Einemilliondreihundertvierundfünfzigtausend Franzosen, Neunhundertachttausenddreihunderteinundsiebzig Engländer, Sechshunderttausend Italiener, Einhundertundfünfzehntausend Belgier, Einhundertneunundfünfzigtausend Rumänen [...]. Zusammen: Achtmillionenzweihundertfünfundfünfzigtausendfünfhundertvierunddreißig Menschen (ebd., 397).

Die Überführung der Toten in Buchstabenkolonnen, die in ihrer wortbezogenen Ausdehnung eine optische Entsprechung zur Ungeheuerlichkeit der Opferzahlen andeuten, ist ein Versuch, eine poetisch-visuelle Form des Krieges zu finden, die eine Mimesis des kulturellen Rahmenbruchs jenseits vordergründiger Authentizität anstrebt.

Auf der Ebene der Diegese werden wieder und wieder völlig undurchsichtige Schlachtensituationen geschildert, durch die der Protagonist ziellos irrt. Krieg geht zunächst immer einher mit Desorientierung, Mangel an Informationen sowie dem Ausfall von Kommunikationstechniken (Virilio 1989, 157 ff.). Der Kampfverlauf kann erst retrospektiv durch die statistische Auswertung der Opferzahlen und Geländeverluste oder -gewinne bestimmt werden. Daher ist die Szene des Romans, in der Reisiger einen Fabrikschornstein besteigt und so einen Überblick über das Schlachtfeld bekommt, vor allem eine Szene der Entlastung, die zeigt, worum es im literarischen Nachkrieg der Weimarer Republik eigentlich geht:

> Fricke klettert, Reisiger folgt. Ein schlimmes Stück Arbeit. [...] Endlich sind sie an der Spitze. Sie hängen mit den Armen aufgestützt über dem Rand, 40 Meter über der Erde, 40 Meter über dem Feld, das Freund und

Feind birgt. Ein überwältigender Anblick. Sie vergessen, daß ein Fehltritt oder das Versagen der Arme genügt, um 40 Meter in den Schacht hinabzustürzen. Sie vergessen, daß Krieg ist. Sie schauen nur. [...] Fricke ist der erste, der sprechen kann: ›Na, was sagen Sie jetzt, Reisiger. Ist das schön?‹ (Köppen 2012, 175 f.).

Heeresbericht stellt klar, dass eine authentische Aufbereitung des ›Kriegserlebnisses‹ stets eine Fiktion ist, mehr noch, dass Fiktionen das Erleben einer Situation immer schon mit konstituieren. Anschaulich wird dieses Verfahren der Problematisierung des Wahrheitsanspruchs der Kriegsliteratur etwa in der Szene, in der Reisiger eine Nacht in einem Graben verbringt, nur wenige Meter entfernt von einer französischen Stellung. In einer Mischung aus Angst und Nachdenken sinnt Reisiger über die Absurdität der Situation nach, bevor sich dann im Fortgang der Handlung herausstellt, dass der gefürchtete Körperumriss gegenüber von einem schon toten Soldaten stammt. Die Szene spielt somit intertextuell auf die wohlbekannte Feindschaftsreflexion von *Im Westen nichts Neues* an und führt so vor, dass die Handlungselemente der Kriegsliteratur eine eigene Geschichte innerhalb der Kriegsliteratur haben.

Ausblick: *Der Jahrgang 1902*

Wie dieser Beitrag anhand ausgewählter Beispiele und der Skizzierung zentraler Diskurslinien darlegt, verfügt der Erste Weltkrieg als literarisches Ereignis über eine wirkmächtige kommunikative Dimension, deren Analyse wesentliche Einsichten in das politische Imaginäre des wilhelminischen Kaiserreichs und der Weimarer Republik eröffnet. Ausgehend von einer Profilierung des deutschen Vorkriegsbellizismus lag das Hauptaugenmerk auf der Transformationsgeschichte des Narrativs der ›Ideen von 1914‹, das bis in die Spätphase der Weimarer Republik hinein aufgrund seiner Fähigkeit, sich immer wieder veränderten Kriegs- und Nachkriegslagen anzupassen, als dominante Matrix für die (bürgerliche) Selbstbeschreibung der Gesellschaft fungierte und in völkisch radikalisierter Version auch zum wichtigen Baustein der nationalsozialistischen Traditionsverortung wurde.

Die entscheidende Herausforderungslage der Kriegssemantik – so die Argumentation – resultierte aus der Notwendigkeit, überkommene Vorstellungen vom Krieg mit der Faktizität einer zunehmend industrialisierten Kriegsführung und den nach der anfänglichen Einheitseuphorie erneut aufbrechen-

den sozialen und politischen Friktionen des Kaiserreichs zu vermitteln. Diese an sich schon schwierige Aufgabe verkomplizierte sich nach 1918 angesichts von Niederlage, wirtschaftlicher Not und politischer Zerrissenheit der Nachkriegsgesellschaft. Die Literatur antwortete auf diesen Deutungs- und Sinnstiftungsnotstand ab 1928 in Form einer literarischen Erinnerungskonjunktur, in der eine Vielzahl von namhaften wie auch weniger bekannten Autoren um die Auslegungshegemonie des individuellen wie kollektiven ›Kriegserlebnisses‹ stritten. Bei aller weltanschaulichen und politischen Zwistigkeit wies die »Wiederkehr des Weltkriegs in der Literatur« (Jirgal 1931) eine signifikante Kontinuität auf, insofern sie ihr Hauptaugenmerk unter der Fragestellung ›Was ist der Krieg?‹ stets auf die Auslegung des Geschehens an der Front richtete und daraus entsprechende Adressierungen der Heimat abzuleiten versuchte.

Mit Ernst Glaesers Buch *Jahrgang 1902* kommt ein neues Element in den auf den Weltkrieg bezogenen Deutungskampf hinein, das sehr viel stärker als sonst üblich, die Sichtweise der Heimatfront auf den Krieg betont. Erschienen 1928, artikuliert der bezeichnenderweise als ›Bericht‹ und nicht als ›Roman‹ titulierte Text das spezifische Selbstbewusstsein der Generation der ab 1902 Geborenen, die zu jung waren, um am Ersten Weltkrieg aktiv teilzunehmen, aber alt genug, um von seinen Auswirkungen auf die Heimatfront geprägt zu werden. Nicht die heroischen ›Stahlgewitter‹ Ernst Jüngers oder der zermürbende Frontalltag wie in Erich Maria Remarques *Im Westen nichts Neues* waren für die Jugendlichen des Jahrgangs 1902, zu denen auch Glaeser selbst zählte, wirklichkeitskonstituierend, sondern die Auswirkungen des Krieges auf ihre Lebenswelt in Deutschland, die durch die Abwesenheit der Väter, Brüder und Lehrer, durch Siegesschulfeiern und Heeresberichte, vormilitärische Übungen und Kriegsspiele, vor allem aber durch Hunger, Not und die Trauer um gefallene Angehörige geprägt war.

Glaesers *Jahrgang 1902*, von dem sich bis Ende 1929 bereits 200 000 Exemplare verkauften (vgl. Klein 2013, 321), zeichnet die psychologische Genese dieser Generation nach, die »sich nicht über die (wahlweise als heroisch oder zerstörend erfahrenen) Fronterlebnisse definieren« konnte (ebd.). Gerade der Umstand, dass der Krieg trotz seiner permanenten Präsenz in Form von agitatorischen Reden, Zeitungsnachrichten und Stammtischdiskussionen sich dem Erleben der Jugendlichen eigentlich entzieht, macht ihn zu einem maßgeblichen Faktor. Dieser etabliert mit fortschreitender Dauer – so zumindest die retrospektive Lesart Glaesers – neben der Differenz von Front und Heimat auch die von ›jung‹ und ›alt‹ als wesentliche Koordinate des generationellen Selbstverständnisses. Das nicht zufällig in der Sprache des Feindes formulierte Motto von *Jahrgang 1902* – »La guerre, ce sont nos parents« (Glaeser 2013, 5) – markiert dementsprechend ein tiefes Misstrauen gegenüber einer Herrschaft der Väter, die nichts gebracht hat außer millionenfachem Tod und völliger Desillusionierung angesichts eines tradierten Wertehorizonts, der in offiziellen Verlautbarungen bis 1918 weiter lauthals propagiert wurde, aber im Alltag schon längst jede Aussagekraft eingebüßt hatte.

Glaesers Bericht, der sich als Manifest einer ›vergessenen Generation‹ versteht, realisiert seine Deutung des Krieges in Form einer Komposition, die die Vor- und die Kriegszeit in zwei großen Textblöcken gegenüberstellt. Teil eins schildert unter dem Titel »Der Aufmarsch« ein Panorama des Kaiserreichs unter Wilhelm II. in seiner kulturellen Mischung aus Chauvinismus, Militarismus und Sendungsbewusstsein. Paradigmatische Figuration dieses Zeitgeistes ist auf der Ebene der Diegese der Sportlehrer Dr. Brosius, der als ehemaliger Burschenschaftler, antisemitischer Reserveoffizier und Vorsitzender des örtlichen Flottenvereins zentrale Aspekte des deutschen Bellizismus verkörpert (Glaeser 2013, 7 ff.). Zunächst fungiert er als Identifikationsfigur für die Mehrheit der männlichen Jugendlichen, aufgrund seiner Hohlheit und Borniertheit wird er vom Ich-Erzähler aber schon frühzeitig abgelehnt.

Der mit »Der Krieg« überschriebene zweite Teil des Berichts beobachtet dann den Zerfall der Fiktion einer durch den als kulturelle Katharsis wirkenden Krieg geeinten Gesellschaft, wobei im ironischer Weise mit »Heldentod« überschriebenen Kapitel wiederum ›Verdun‹ zum Emblem des industriellen Tötens wird:

> Das geschah 1916, eine deutsche Armee kämpfte um Verdun, die Verlustlisten wuchsen über Nacht, sprunghaft kletterten sie hoch, sie überschlugen sich fast, man kam kaum dem Druck nach – so häufte sich der Tod. […] Jedesmal, wenn ich mittags aus der Schule nach Hause kam, lief mir meine Mutter schon auf dem Hof entgegen und sagte mir mit einer Angst und Hast: ›Der und der ist wieder gefallen!‹ Fragte ich: ›Wo?‹, schlug es zurück: ›Bei Verdun …‹, immer bei Verdun, das war damals für uns der Refrain des Todes. […] Die Erwachsenen starben einen Tod, dessen Schnelligkeit ich nicht begriff, wie ich vorher ihr Leben auch nicht begriffen hatte. Mir war als seien alle Türen aufgesprungen und das Dach weggeflogen. […] Ich verstand den Krieg nicht mehr. Warum hatten die Männer so gelacht, als sie auszogen und warum weinten die Frauen jetzt, wenn sie an ihre Männer dachten? (ebd., 245–247).

Jahrgang 1902 macht nachvollziehbar, wie entscheidend der Krieg zu einer umfassenden Verunsicherung der Jugend beigetragen hat, weil er – hier wäre wieder Karl Kraus hinzuziehen – die Sprache als Medium der Macht der Eltern diskreditiert und ein Moment der Substanzlosigkeit und des Vertrauensverlusts in alle Formen der öffentlichen und privaten intergenerationellen Rede eingetragen hat. Dementsprechend kritisiert Glaesers Bericht die ideologische Funktion der ›Ideen von 1914‹ in einem Inversionsverfahren, das die kriegsaffirmative Rhetorik einerseits mit den Nachrichten von der Front und den Entbehrungen in der Heimat konfrontiert und andererseits mit der Schilderung der individuellen Lebenswirklichkeit des Ich-Erzählers verbindet, in der alle Zukunftsoptionen durch den Krieg vernichtet scheinen. Diesen Anspruch, in der narrativen Dekonstruktion der offiziellen Sprache das authentische Sprachrohr seiner Generation zu sein, formuliert ein autoreflexiver Zwischenkommentar Glaesers, der die beiden Buchteile verschaltet: »Im Folgenden berichte ich, was meine Freunde und ich im Krieg gesehen haben. Es sind nur Episoden. Wir waren ganz unseren Augen ausgeliefert. Was wir sahen, haben wir behalten. […] Ich will die Wahrheit, selbst wenn sie fragmentarisch ist wie dieser Bericht« (ebd., 216). In *Jahrgang 1902* artikuliert sich so ein Generationenbewusstsein, das in Konkurrenz zum Selbstanspruch der Frontgeneration gerät, insofern auch hier der Krieg als wirklichkeits- und erfahrungsprägendes Ereignis in Besitz genommen wird.

Zu einer Rekonstruktion der Transformationsgeschichte des Ersten Weltkriegs als literarisches Ereignis gehört Glaesers Buch nicht nur hinzu, weil erst mit ihm die kursorische *tour d'horizon* der verschiedenen Kriegsdeutungen vollständig ist, sondern auch, weil *Jahrgang 1902* als Dokument der emotionalen Grundierung einer Jahrgangskohorte eine mentalitätsgeschichtliche Perspektive eröffnet, die über das Jahr 1933 hinausweist: Während die Vielzahl der in der Weimarer Republik veröffentlichten, radikal-nationalistischen Kriegsromane Teil einer semantischen Passage zwischen Erstem Weltkrieg, Zwischenkriegszeit und Zweiten Weltkrieg ist – zumal hier in den Deutungsmustern von ›Kriegserlebnis‹, Opfer und Vermächtnis dazu beigetragen wurde, den ideologischen Boden für Hitlers Revanchismus zu bereiten –, liefert Glaesers Porträt einer Generation Ansätze für die Analyse des psychodynamischen Resonanzraums dieses prekären Gedankenguts.

Wie Ulrich Herbert und Michael Wildt herausgearbeitet haben, war die »Kriegsjugendgeneration«

(vgl. Herbert 1996) bzw. die »Generation des Unbedingten« (Wildt 2002) in besonderer Weise für den Fanatismus des Nationalsozialismus disponiert. Angesichts von Rezession, außenpolitischer Depression und bürgerkriegsähnlichen Zuständen schien die Demokratie von Weimar von vorneherein nicht als Alternative, sondern als Fortsetzung der Welt der Väter. In einem Klima der allgemeinen Sinnsuche und Verwirrung waren gerade akademisch gebildete junge Männer vor dem Hintergrund schwieriger ökonomischer Zukunftsaussichten nicht länger gewillt, die gesellschaftlichen Verhältnisse hinzunehmen. Sie wollten stattdessen aktiv an ihrer Gestaltung mitwirken und die von Joseph Goebbels angefeindete »Republik der Greise« (1926, 5) durch die Herrschaft einer ›jungen Generation‹ ablösen. »Obwohl oder wohlmöglich gerade weil« – so Wildt – »diese junge Elite das Schlachtfeld nicht aus eigener Erfahrung kannte, konnte sie den Krieg als heroisches Erlebnis stilisieren und das Soldatische, das Kämpferische, das Harte und Erbarmungslose zu ihren Tugenden erheben« (Wildt 2002, 45).

In dem Versuch, die generationelle Erfahrungsdifferenz des verpassten Fronterlebnisses positiv umzucodieren, entwickelte die (akademisch gebildete) Nachkriegsjugend in der Weimarer Republik ein gewaltbereites, das Eigenwertbewusstsein der Vorkriegsjugendbewegung in seiner Radikalität noch weit übertreffendes Selbstbild, für das die Autoren der Konservativen Revolution mit ihrer Rede von einer unumgänglichen »Barbarisierung des Lebens« (Niekisch 1965, 45) und ihrem Appell an eine notwendige »Sendung der jungen Generation« (Gründel 1932) die diskursiv anschlussfähigen Formeln lieferten. Affektive Hochwertwörter wie ›Gemeinschaft‹, ›Aktivismus‹ und (antisemitische) ›Militanz‹ wurden im diskursiven Dunstkreis des propagierten historischen Bruchs mit der Vergangenheit zu semantischen Feldzeichen eines revolutionären, an einer virulenten »Philosophie der Destruktion« (Suhrkamp 1932, 694) ausgerichteten Habitus. Dieser trug dazu bei, den kollektiven Erwartungshorizont der nachrückenden akademischen Eliten fest auf antidemokratische Handlungsoptionen hin auszurichten, die vor und nach 1933 oftmals eine institutionelle Entsprechung in den jeweiligen Kampforganisationen des Nationalsozialistischen Deutscher Studentenbunds, der SA oder anderer rechter Splittergruppen fanden (vgl. Reichardt 2000). Die normative Enthausung der Generation von 1902, die Grundierung ihrer Lebenswelt mit Angst und Unsicherheit, war – folgt man Hermann Broch – schließlich ein wesentlicher Grund dafür, warum die Gestalt eines nationalen Führers auf so unumwunde Begeisterung stieß (vgl. Broch 1978, 301 ff.). Ernst Glaeser ist einen anderen Weg gegangen, der ihn politisch zunächst ins linke Lager und nach 1933 auch in die Emigration führte. Dass er 1939 nach Deutschland remigrierte, lässt jenseits aller ökonomischen Gründe (vgl. Klein 2013, 342 ff.) gleichwohl vermuten, dass für ihn wie für viele seiner Jahrgangsgenossen die Suche nach einem tragfähigen weltanschaulichen Obdach eine zentrale Lebensnotwendigkeit blieb.

Literatur

Alt, Peter-André: *Ästhetik des Bösen*. München 2010.

Anz, Thomas: Literatur der Moderne und Erster Weltkrieg. Rausch des Gefühls und pazifistische Kritik. In: literaturkritik.de 8 (August 2004), http://www.literaturkritik.de/public/druckfassung_rez.php?rez_id=7306 [31.12.2013].

Aschheim, Steven E.: *Nietzsche und die Deutschen: Karriere eines Kults*. Stuttgart/Weimar 2000 (amerik. 1992).

Baron, Ulrich/Müller, Hans-Harald: Weltkriege und Weltkriegsromane. Die literarische Bewältigung des Krieges nach 1918 und 1945 – eine Skizze. In: Helmut Kreutzer (Hg.): *Weltkriege in Literatur und Film*. Göttingen 1990, 14–38.

Bauch, Bruno: Vom Begriff der Nation. In: *Kant-Studien* 21 (1917), 139–162.

Becher, Johannes R.: Beengung [1912/13]. In: Ders.: *Verfall und Triumph*. Berlin 1914, 52.

Benedetti, Andrea: The war diaries of Filippo Tommaso Marinetti and Ernst Jünger. In: *International Yearbook of Futurism Studies* 2/1 (2012), 226–252.

Benjamin, Walter: Der Erzähler. Betrachtungen zum Werk Nikolai Lesskows [1936]. In: Ders.: *Gesammelte Schriften*. Bd. II.2. Hg. von Rolf Tiedemann/Gerhard Schwepenhäuser. Frankfurt a. M. 1991a, 438–465.

Benjamin, Walter: Theorien des deutschen Faschismus. Zu der Sammelschrift ›Krieg und Krieger‹ herausgegeben von Ernst Jünger [1930]. In: Ders.: *Gesammelte Schriften*. Bd. III.3. Hg. von Rolf Tiedeman/Hermann Schweppenhäuser. Frankfurt a. M. 1991b, 238–250.

Bernhardi, Friedrich von: *Deutschland und der nächste Krieg*. Stuttgart ⁵1912.

Beßlich, Barbara: *Wege in den Kulturkrieg. Zivilisationskritik in Deutschland 1890–1914*. Darmstadt 2000.

Beumelburg, Werner: *Ypern 1914*. Oldenburg/Berlin 1925.

Beumelburg, Werner: *Die Gruppe Bosemüller*. Oldenburg 1930.

Böhme, Klaus (Hg.): *Aufrufe und Reden deutscher Professoren in Ersten Weltkrieg*. Stuttgart 1975.

Bohrer Karl Heinz: *Die Ästhetik des Schreckens. Die pessimistische Romantik und Ernst Jüngers Frühwerk*. München/Wien 1978.

Bollenbeck, Georg: *Bildung und Kultur. Glanz und Elend eines deutschen Deutungsmusters*. Frankfurt a. M. 1994.

Bollenbeck, Georg: Warum der Begriff ›Kultur‹ um 1900 reformulierungsbedürftig wird. In: Christoph König/Eberhard Lämmert (Hg.): *Konkurrenten in der Fakultät*.

Kultur, Wissen und Universität um 1900. Frankfurt a. M. 1999, 17–27.

Bollenbeck, Georg: *Eine Geschichte der Kulturkritik. Von Rousseau bis Günther Anders*. München 2007.

Bolz, Norbert: *Auszug aus der entzauberten Welt. Philosophischer Extremismus zwischen den Kriegen*. München 1989.

Bornebusch, Herbert: *Gegen-Erinnerung. Eine formsemantische Analyse des demokratischen Kriegsromans der Weimarer Republik*. Frankfurt a. M./Bern/New York 1985.

Braungart, Wolfgang: *Literatur und Ritual*. Tübingen 1996.

Brenneke, Reinhard: *Militanter Modernismus: vergleichende Studien zum Frühwerk Ernst Jüngers*. Stuttgart 1992.

Breuer, Stefan: *Ästhetischer Fundamentalismus. Stefan George und der deutsche Antimodernismus*. Darmstadt 1995a.

Breuer, Stefan: *Anatomie der konservativen Revolution*. Darmstadt 1995b.

Breuer, Stefan: *Die radikale Rechte in Deutschland 1871–1945: Eine politische Ideengeschichte*. Stuttgart 2010.

Broch, Hermann: *Massenwahntheorie. Beiträge zu einer Psychologie der Politik*. Kommentierte Werkausgabe Bd. 12. Hg. von Paul Michael Lützeler. Frankfurt a. M. 1979.

Brokoff, Jürgen: *Die Apokalypse in der Weimarer Republik*. München 2001.

Bronnen, Arnolt: *Arnolt Bronnen gibt zu Protokoll*. Hamburg 1954.

Brunotte, Ulrike: *Zwischen Eros und Krieg. Männerbund und Ritual in der Moderne*. Berlin 2004.

Bühler, Benjamin: *Lebende Körper. Biologisches und anthropologisches Wissen bei Rilke, Döblin und Jünger*. Würzburg 2004.

Busse, Carl: Einleitung. In: Ders.: *Deutsche Kriegslieder 1914–1915*. Bielefeld/Leipzig 1915, VII-XIII.

Clark, Christopher: *Die Schlafwandler. Wie Europa in den Krieg zog*. München 2013 (amerik. 2012).

Delabar, Walter: Aufhören, aufhören, he aufhören – hört doch einmal auf! In: Thomas F. Schneider (Hg.): *Von Richthofen bis Remarque. Deutschsprachige Prosa zum Ersten Weltkrieg*. Amsterdam/New York 2003, 399–421.

Deleuze, Gilles: *Logik des Sinns*. Frankfurt a. M. 1993 (franz. 1969).

Der Krieg 1914/15 in Wort und Bild 41 (1915).

Detering, Nicolas: Kriegslyrik im Ersten Weltkrieg – Germanistische Perspektiven. In: Ders./Michael Fischer/Aibe-Marlene Gerdes (Hg.): *Populäre Kriegslyrik im Ersten Weltkrieg*. Münster 2013, 9–40.

Dilthey, Wilhelm: *Erlebnis und Dichtung* [1906]. Leipzig 1991.

Dupeux, Louis: Der ›Neue Nationalismus‹ Ernst Jüngers 1925–1932: vom heroischen Soldatentum zur politisch-metaphysischen Totalität. In: Peter Koslowski (Hg.): *Die großen Jagden des Mythos. Ernst Jünger in Frankreich*. München 1996, 15–40.

Eksteins, Modris: *Tanz über Gräben. Die Geburt der Moderne und der Erste Weltkrieg*. Reinbek bei Hamburg 1990 (amerik. 1989).

Encke, Julia: *Augenblicke der Gefahr. Der Krieg und die Sinne 1914–1934*. Paderborn 2006.

Erll, Astrid: *Gedächtnisromane. Literatur über den Ersten Weltkrieg als Medium englischer und deutscher Erinnerungskulturen in den 1920er Jahren*. Trier 2003.

Ernst, Petra/Haring Sabine A./Suppanz Werner: Der Erste Weltkrieg – Zeitenbruch und Kontinuität. Einleitende Bemerkungen. In: Dies. (Hg.): *Aggression und Katharsis. Der Erste Weltkrieg im Diskurs der Moderne*. Wien 2004.

Fähnders, Walter: *Avantgarde und Moderne 1890–1933*. Stuttgart/Weimar ²2010.

Flex, Walter: Der Wanderer zwischen beiden Welten. Ein Kriegserlebnis [1916]. In: Ders. *Gesammelte Werke*. Bd. 1. Hg. von Konrad Flex. München ⁸1938, 185–265.

Franck, Bruno: Der neue Ruhm. In: Carl Busse (Hg.): *Deutsche Kriegslieder 1914/1916*. Bielefeld/Leipzig ³1916, 89.

Freud, Sigmund: Zeitgemäßes über Krieg und Tod [1915]. In: Ders.: *Studienausgabe*. Bd. IX: Fragen der Gesellschaft. Ursprünge der Religion. Hg. von Alexander Mitscherlich u. a. Frankfurt a. M. 2000, 33–59.

Fries, Helmut: *Die große Katharsis: Der Erste Weltkrieg in der Sicht deutscher Dichter und Gelehrter*. 2 Bde. Konstanz 1995.

Fröschle, Ulrich: ›Radikal im Denken, aber schlapp im Handeln‹? Franz Schauwecker: ›Aufbruch der Nation‹ (1929). In: Thomas F. Schneider (Hg.): *Von Richthofen bis Remarque. Deutschsprachige Prosa zum Ersten Weltkrieg*. Amsterdam/New York 2003, 261–298.

Fuchs, Friedrich W.: Durch! In: Bogdan Krieger (Hg.): *Feldgraue Dichter. Kriegsdichtungen unserer Soldaten*. Berlin 1916, 48 f.

Fussell, Paul: *The Great War and Modern Memory*. London/Oxford/New York 1975.

Gann, Thomas: Angst. Zu Transformationen einer Emotion in Ernst Jüngers ›In Stahlgewittern‹ und seinen originalen Kriegstagebüchern 1914–1918. In: *Jahrbuch der deutschen Schillergesellschaft* 54 (2010), 398–429.

Gay, Peter: *Die Republik der Außenseiter: Geist und Kultur in der Weimarer Zeit 1918–1933*. Frankfurt a. M. 2004 (amerik. 1968).

George, Stefan/Gundolf, Friedrich: *Briefwechsel*. Hg. von Robert Böhringer/Georg Landmann. München/Düsseldorf 1962.

Gestrich, Volker: ›Leicht trennt sich nur die Jugend vom Leben‹. Jugendliche im Ersten Weltkrieg. In: Rolf Spilker/Bernd Ulrich (Hg.): *Der Tod als Maschinist. Der industrialisierte Krieg 1914–1918*. Bramsche 1998, 33–45.

Geyer, Michael: Vom massenhaften Tötungshandeln, oder: Wie die Deutschen das Krieg-Machen lernten. In: Peter Gleichmann/Thomas Kühne (Hg.): *Massenhaftes Töten. Kriege und Genozide im 20. Jahrhundert*. Essen 2004, 105–142.

Glaeser, Ernst: *Jahrgang 1902* [1928]. Göttingen 2013.

Goebbels, Joseph: *Die zweite Revolution. Briefe an Zeitgenossen*. München 1926.

Goodman, Nelson: *Weisen der Welterzeugung*. Frankfurt a. M. 1984 (amerik. 1978).

Griewank, Karl (Hg.): *Gneisenau. Ein Leben in Briefen*. Berlin/Leipzig 1939.

Groterath, Angelika: Notfallpsychologie im Krieg – Psychodramatisches Stress Debriefing und PTSD Behandlung in Gaza im Herbst 2001. In: *Zeitschrift für Psychodrama und Soziometrie* 2 (2003), 173–188.

Gründel, Günther E.: *Die Sendung der jungen Generation. Versuch einer umfassenden revolutionären Sinndeutung der Krise*. München 1932.

Gudmundsson, Brian I.: *Stromtroop Tactics: Innovation in the German Army 1914–1918.* New York 1989.

Haring, Sabine A.: Ernst Jünger, Erich Maria Remarque und der Erste Weltkrieg. Eine literatursoziologische Betrachtung. In: Helmut Konrad (Hg.): *Die Moderne und der Erste Weltkrieg.* Wien 2000, 351–371.

Harnack, Adolf von: Was wir schon gewonnen haben und was wir noch gewinnen müssen. In: Zentralstelle für Volkswohlfahrt/Verein für volkstümliche Kurse von Berliner Hochschullehrern (Hg.): *Deutsche Reden in schwerer Zeit Gehalten von den Professoren an der Berliner Universität.* Berlin 1914, 156.

Hart, Julius: Der Krieg als Umgestalter unserer Literatur [1914]. In: *Literarisches Echo* 17 (1914/15), 104.

Hauptmann, Gerhart: Gegen die Unwahrheit [1914]. In: Ders.: *Sämtliche Werke.* Bd. XI: Nachgelassene Werke, Fragmente. Hg. von Hans-Egon Hass/Martin Machatzke. Berlin 1996a, 843–847.

Hauptmann, Gerhart: Antwort an Herrn Romain Rolland [1914]. In: In: Ders.: *Sämtliche Werke.* Bd. XI: Nachgelassene Werke, Fragmente. Hg. von Hans-Egon Hass/Martin Machatzke. Berlin 1996b, 847–849.

Hegel, Georg Wilhelm Friedrich: *Grundlinien der Philosophie des Rechts* [1821] (= Werke in 20 Bänden, Bd. 7). Frankfurt a. M. [8]2004.

Hepp, Corona: *Avantgarde. Moderne Kunst, Kulturkritik und Reformbewegungen nach der Jahrhundertwende.* München 1987.

Herbert, Ulrich: Best. *Biographische Studien über Radikalismus, Weltanschauung und Vernunft 1903–1989.* Bonn 1996.

Hesse, Hermann: *Gesammelte Briefe.* Bd. 1: 1895–1921. Hg. von Ursula Michels/Volker Michels. Frankfurt a. M. 1973.

Heym, Georg: *Dichtungen und Schriften.* Bd. 3: Tagebücher, Träume, Briefe. Hg. von Karl Ludwig Schneider. München 1960.

Hoeres, Peter: *Krieg der Philosophen. Die deutsche und britische Philosophie im Ersten Weltkrieg.* Paderborn 2004.

Holzer, Anton: *Die andere Front. Fotografie und Propaganda im Ersten Weltkrieg.* Darmstadt 2007.

Horn, Eva: Der Krieg als Ort anthropologischer Erkenntnis. In: *Newsletter des Arbeitskreises Militärgeschichte* 7 (1998), 14–16.

Horn, Eva: Der totale Soldat. Zur anthropologischen Konstruktion des Krieges zwischen 1914 und 1939. In: *Berliner Debatte* 0/1 (1999a), 90–101.

Horn, Eva: Krieg und Krise. Zur anthropologischen Figur des Ersten Weltkriegs. In: Gerhart von Graevenitz (Hg.): *Konzepte der Moderne.* Stuttgart/Weimar 1999b, 633–656.

Horn, Eva: Erlebnis und Trauma. Die narrative Konstruktion von Ereignissen in Psychiatrie und Kriegsroman. In: Inka Mülder-Bach (Hg.): *Modernität und Trauma. Beiträge zum Zeitenbruch des Ersten Weltkriegs.* Wien 2000, 131–162.

Huebner, Friedrich Markus: Krieg und Expressionismus. In: *Die Schaubühne* 10 (1914), 441–443.

Hüppauf, Bernd: Schlachtenmythen und die Konstruktion des »Neuen Menschen«. In: Gerhard Hirschfeld/Gerd Krumeich/Irina Renz (Hg.): *»Keiner fühlt sich hier mehr als Mensch«. Erlebnis und Wirkung des Ersten Weltkriegs.* Essen 1993, 43–84.

Hüppauf, Bernd: Kriegsliteratur. In: Gerhard Hirschfeld/Gerd Krumeich/Irina Renz (Hg.): *Enzyklopädie Erster Weltkrieg.* Paderborn [2]2008, 177–192.

Humboldt, Wilhelm von: *Ideen zu einem Versuch, die Grenzen der Wirksamkeit des Staats zu bestimmen* [1792]. Stuttgart 1995.

Jaeger, Michael: *Autobiographie und Geschichte. Wilhelm Dilthey, Georg Misch, Karl Löwith, Gottfried Benn, Alfred Döblin.* Stuttgart/Weimar 1995.

Janz, Oliver: *14 – Der große Krieg.* Frankfurt a. M. 2013.

Jeismann, Michael: *Das Vaterland der Feinde. Studien zum nationalen Feindbegriff und Selbstverständnis in Deutschland und Frankreich 1792–1918.* Stuttgart 1992.

Jirgal, Ernst: *Die Wiederkehr des Weltkrieges in der Literatur.* Altenburg 1931.

Joas, Hans: Kontingenzbewusstsein. Der Erste Weltkrieg und der Bruch mit dem Zeitbewusstsein der Moderne. In: Petra Ernst/Sabine A. Haring/Werner Suppanz (Hg.): *Aggression und Katharsis. Der Erste Weltkrieg im Diskurs der Moderne.* Wien 2004, 43–56.

Jünger, Ernst: *In Stahlgewittern. Aus dem Tagebuch eines Stoßtruppführers.* Leisnig 1920.

Jünger, Ernst: *In Stahlgewittern. Aus dem Tagebuch eines Stoßtruppführers* [1920]. Berlin [2]1922.

Jünger, Ernst: *Der Kampf als inneres Erlebnis.* Berlin [2]1926.

Jünger, Ernst: Die totale Mobilmachung [1930]. In: Ders. (Hg.): *Krieg und Krieger.* Berlin 1930, 9–30.

Jünger, Ernst: *Der gefährliche Augenblick. Eine Sammlung von Bildern und Berichten.* Mit einer Einleitung von Ernst Jünger. Berlin 1931.

Jünger, Ernst: *Der Arbeiter. Herrschaft und Gestalt.* Berlin 1932.

Jünger, Ernst: Brief an den sizilianischen Mann im Mond [1929]. In: Ders.: *Blätter und Steine.* Hamburg 1934, 107–121.

Jünger, Ernst: *In Stahlgewittern. Aus dem Tagebuch eines Stoßtruppführers* [1920]. Stuttgart [3]1998.

Jünger, Ernst: Der Kampf als inneres Erlebnis [1922]. In: Ders.: *Sämtliche Werke.* Bd. 7: Essays I. Stuttgart 1978, 9–103.

Jünger, Ernst: Der Krieg als äußeres Erlebnis [1925]. In: Ders.: *Politische Publizistik 1919–1933.* Hg. von Sven Olaf Berggötz. Stuttgart 2001, 85–90.

Jünger, Friedrich Georg: Albert Leo Schlageter. In: Ernst Jünger (Hg.): *Die Unvergessenen.* München 1928, 302–311.

Jürgensen, Christoph: Der Dichter im Feld oder Dichtung als Kriegsdienst – Strategien der Mobilisierung in der Lyrik der Befreiungskriege. In: Søren Fauth/Kasper Green Krejberg/Jan Süselbeck (Hg.): *Repräsentationen des Krieges. Emotionalisierungsstrategien in der Literatur und den audiovisuellen Medien vom 18. bis zum 21. Jahrhundert.* Göttingen 2012, 297–315.

Kafka, Franz: *Tagebücher. Kritische Ausgabe.* Hg. von Hans-Gerd Koch/Michael Müller/Malcom Pasley. Frankfurt a. M. 1990.

Kellermann, Herrmann (Hg.): *Krieg der Geister. Eine Auslese deutscher und ausländischer Stimmen zum Weltkriege 1914.* Weimar 1915.

Ketelsen, Uwe-K.: *Völkisch-nationale und nationalsozialistische Literatur in Deutschland, 1890–1945.* Stuttgart 1976.

Kiesel, Helmuth: *Ernst Jünger. Die Biographie.* München 2007.

Klein, Christian: Nachwort. In: Ernst Glaeser: *Jahrgang 1902*. Göttingen 2013, 321–389.

Klemm, Wilhelm: Abend im Felde. In: *Die Aktion* 4 (1915), 834 f.

Koch, Lars: Geburt des Arbeiters aus dem (Un-)Geiste des Krieges – Ernst Jüngers Antwort auf die deutsche Krise der Moderne. In: *Weimarer Beiträge* 4 (2005), 547–561.

Koch, Lars: *Der Erste Weltkrieg als Medium der Gegenmoderne. Zu den Werken von Walter Flex und Ernst Jünger*. Würzburg 2006.

Koch, Lars: Die Depotenzierung des Menschen im kollektivistischen Denken der Weimarer Republik – Zu Johannes R. Becher und Ernst Jünger. In: Hans Jörg Schmidt/Petra Tallafuss (Hg.): *Totalitarismus und Literatur. Deutsche Literatur im 20. Jahrhundert – Literarische Öffentlichkeit im Spannungsfeld totalitärer Meinungsbildung*. Göttingen 2007, 19–38.

Köppen, Edlef: *Heeresbericht* [1930]. Hamburg 2012.

Koschorke, Albrecht: *Wahrheit und Erfindung. Grundzüge einer Allgemeinen Erzähltheorie*. Frankfurt a. M. 2012.

Koselleck, Reinhart: Zur historisch-politischen Semantik asymmetrischer Gegenbegriffe. In: Ders.: *Vergangene Zukunft. Zur Semantik geschichtlicher Zeiten*. Frankfurt a. M. 1989, 211–259.

Kraus, Karl: Reklamefahrt zur Hölle. In: *Die Fackel* 23/577–582 (1921), 96.

Krippendorff, Ekkehart: Kriegsursachen und Antipolitik: Karl Kraus' Die letzten Tage der Menschheit. In: Ders.: *Politische Interpretationen*. Frankfurt a. M. 1990, 141–177.

Krumeich, Gerd: Die Dolchstoßlegende. In: Etienne François/Hagen Schulze (Hg.): *Deutsche Erinnerungsorte*. Bd. 1. München 2001, 585–599.

Krumeich, Gerd: Langemarck. In: Etienne François/Hagen Schulze (Hg.): *Deutsche Erinnerungsorte*. Bd. III. München 2003, 292–309.

Küenzelen, Gerd: *Der neue Mensch. Zur säkularen Religionsgeschichte der Moderne*. Frankfurt a. M. 1994.

Kühne, Thomas: *Kameradschaft. Die Soldaten des nationalsozialistischen Krieges und das 20. Jahrhundert*. Göttingen 2006.

Lasson, Adolph: Deutsche Art und deutsche Bildung. In: Zentralstelle für Volkswohlfahrt/Verein für volkstümliche Kurse von Berliner Hochschullehrern (Hg.): *Deutsche Reden in schwerer Zeit Gehalten von den Professoren an der Berliner Universität*. Berlin 1914, 116.

Leonhard, Jörn: *Bellizismus und Nation. Kriegsdeutung und Nationsbestimmung in Europa und den Vereinigten Staaten 1750–1914*. München 2008.

Lersch, Heinrich: *Herz! Aufglühe dein Blut. Gedichte im Kriege*. Jena 1916.

Leschke, Rainer: Von den Schwierigkeiten vom Krieg zu erzählen – Zur medialen Choreographie eines gesellschaftlichen Ereignisses. In: Wara Wende (Hg.): *Krieg und Gedächtnis. Ein Ausnahmezustand im Spannungsfeld kultureller Sinnkonstruktionen*. Würzburg 2005, 306–327.

Lethen, Helmut: *Verhaltenslehren der Kälte. Lebensversuche zwischen den Kriegen*. Frankfurt a. M. 1994.

Linse, Ulrich: ›Saatfrüchte sollen nicht zermahlen werden!‹ Zur Resymbolisierung des Soldatentodes. In: Klaus Vondung (Hg.): *Kriegserlebnis. Der Erste Weltkrieg in der literarischen Gestaltung und symbolischen Deutung der Nationen*. Göttingen 1980, 262–275.

Lissauer, Ernst: Haßgesang gegen England. In: Ders.: *Worte in der Zeit. Flugblätter*. Göttingen/Berlin 1914, 5.

Lobenstein-Reichmann, Anja: Julius Langbehns ›Rembrandt als Erzieher‹. Diskursive Traditionen und begriffliche Fäden eines nicht ungefährlichen Buches. In: Marcus Müller/Sandra Kluwe (Hg.): *Identitätsentwürfe in der Kunstkommunikation. Studien zur Praxis der sprachlichen und multimodalen Positionierung im Interaktionsraum ›Kunst‹*. Berlin/New York 2012, 295–318.

Lützenkirchen, H.-Georg: Gegen das Verdrängen. Anmerkungen zu Arnold Zweigs Zyklus ›Der große Krieg der weißen Männer‹. In: www.literaturkritik.de 12 (2008), o.P. [abgerufen 10.09.2013].

Mähl, Hans-Joachim: *Die Idee des goldenen Zeitalters im Werk des Novalis: Studien zur Wesensbestimmung der frühromantischen Utopie und zu ihren ideengeschichtlichen Voraussetzungen*. Tübingen 1994.

Mann, Thomas: Gedanken im Krieg [1914]. In: Ders.: *Gesammelte Werke in dreizehn Bänden*. Bd. 13: Nachträge. Frankfurt a. M. 1974, 527–545.

Mann, Thomas: *Tagebücher 1918–1921*. Hg. von Peter de Mendelssohn. Frankfurt a. M. 1979.

Mauthner, Fritz: Die Philosophie und der Krieg. In: *Berliner Tageblatt* 43 (11. Oktober 1914), o.P.

Mauthner, Fritz: Der Friede. Eine gänzlich unpolitische Betrachtung. In: *Berliner Tageblatt* 44 (4. Juli 1915), o.P.

Mayer, Reimund/Hossli, Judith/Magnaguagno, Guido (Hg.): *Dada Global. Die Sammlung des Kunsthaus Zürich*. Zürich 1998.

Meyer-Rewerts, Ulf Gerrit/Stöckmann Hagen: Das ›Manifest der 93‹. Ausdruck oder Negation der Zivilgesellschaft? In: Johanna Klatt/Robert Lorenz (Hg.): *Manifeste. Geschichte und Gegenwart des politischen Appells*. Bielefeld 2011, 113–134.

Mommsen, Wolfgang J.: Die europäischen Intellektuellen, Schriftsteller und Künstler und der Erste Weltkrieg. In: Ders.: *Bürgerliche Kultur und politische Ordnung. Künstler, Schriftsteller und Intellektuelle in der deutschen Geschichte 1830–1933*. Frankfurt a. M. ²2002, 196–215.

Mommsen, Wolfgang J.: *Der Erste Weltkrieg. Anfang und Ende des bürgerlichen Zeitalters*. Frankfurt a. M. 2004.

Morris, Ian: *Krieg. Wozu er gut ist*. Frankfurt a. M./New York 2013 (amerik. 2013).

Mülder-Bach, Inka (Hg.): *Modernität und Trauma. Beiträge zum Zeitenbruch des Ersten Weltkriegs*. Wien 2000.

Müller, Hans-Harald: *Der Krieg und die Schriftsteller. Der Kriegsroman der Weimarer Republik*. Stuttgart 1986.

Müller, Hans-Harald: Bewältigungsdiskurse. Kulturelle Determinanten der literarischen Verarbeitung des Kriegserlebnisses in der Weimarer Republik. In: Bruno Thoß/Hans-Erich Volkmann (Hg.): *Erster Weltkrieg – Zweiter Weltkrieg. Ein Vergleich: Krieg, Kriegserlebnis, Kriegserfahrung in Deutschland*. Paderborn 2002, 773–781.

Müller, Robert: Apologie des Krieges. In: *Der Ruf* 3 (1912), 2.

Müller, Robert: Der Futurist. In: *Allgemeine Flugblätter deutscher Nation* 5 (Juli 1914), o.P.

Münkler, Herfried: *Der große Krieg: Die Welt 1914–1918*. Berlin 2013.

Natter, Wolfgang G.: *Literature at War 1914–1940. Representing the ›Time of Greatness‹ in Germany*. New Haven 1999.

Niekisch, Ernst: Die Tragödie deutscher Jugend. In: Ders.: *Politische Schriften*. Köln 1965, 41–46.

Nietzsche, Friedrich: Die fröhliche Wissenschaft [1882]. In: Ders.: *Werke in drei Bänden*. Bd. 2. Hg. von Karl Schlechta. Darmstadt 1997, 7–274.

Nietzsche, Friedrich: Götzen-Dämmerung [1889]. In: Ders.: *Werke in drei Bänden*. Bd. 2. Hg. von Karl Schlechta. Darmstadt 1997, 939–1032.

Oesterle, Günther: Das Kriegserlebnis im für und wider. ›Im Westen nichts Neues‹ von Erich Maria Remarque (1929). In: Dirk van Laak (Hg.): *Literatur, die Geschichte schrieb*. Göttingen 2011, 213–223.

Ossietzky, Carl von: Ludwig Renn. In: *Die Weltbühne* 25/10 (1929), 381–383.

Pehnke, Andreas (Hg.): *Antikrieg: die literarische Stimme des Hamburger Schulreformers gegen Massenvernichtungswaffen*. Frankfurt a. M./Berlin u. a. 2003.

Philippi, Klaus Peter: *Volk des Zorns. Studien zur ›poetischen Mobilmachung‹ in der deutschen Literatur zu Beginn des Ersten Weltkriegs, ihren Voraussetzungen und Implikationen*. München 1979.

Pieper, Ernst: *Nacht über Europa. Kulturgeschichte des Ersten Weltkriegs*. Berlin 2013.

Plenge, Johann: *Der Krieg und die Volkswirtschaft*. Münster ²1915.

Plenge, Johann: *1789 oder 1914. Die symbolischen Jahre in der Geschichte des politischen Geistes*. Berlin 1916.

Plessner, Helmuth: Grenzen der Gemeinschaft. Eine Kritik des sozialen Radikalismus [1924]. In: Ders.: *Gesammelte Schriften*. Bd. V. Hg. von Günter Dux/Odo Marquard/Elisabeth Ströker. Frankfurt a. M. 1981, 11–133.

Plüschow, Gunther: *Die Abenteuer des Fliegers von Tsingtau. Meine Erlebnisse in drei Erdteilen*. Berlin 1917.

Polenz, Peter von: *Geschichte der deutschen Sprache*. Berlin/New York ¹⁰2009.

Rehage, Georg Philipp: ›*Wo sind Worte für das Erleben‹. Die lyrische Darstellung des Ersten Weltkriegs in der französischen und deutschen Avantgarde*. Heidelberg 2003.

Reichardt, Sven: *Faschistische Kampfbünde in Italien und Deutschland. Ein Vergleich der Ursachen, Formen und Funktionen politischer Gewalt in der Aufstiegsphase faschistischer Bewegungen*. Berlin 2000.

Remarque, Erich Maria: *Im Westen nichts Neues* [1929]. Köln 1996.

Renn, Ludwig: *Krieg*. Frankfurt a. M. 1928.

Rilke, Rainer Maria: Fünf Gesänge [1914]. In: Ders.: *Sämtliche Werke*. Bd. 2: Gedichte zweiter Teil. Hg. vom Rilke-Archiv in Verbindung mit Ruth Sieber-Rilke. Frankfurt a. M. 1992, 86–93.

Salomon, Ernst von: *Die Geächteten*. Berlin ²1935.

Schank, Roger/Abelson, Robert P.: *Scripts, Plans, Goals, and Understanding: An Inquiry into Human Knowledge Structures*. Hillsdale 1977.

Schauwecker, Franz: *Das Frontbuch*. Halle 1927.

Schauwecker, Franz: *Aufbruch der Nation*. Berlin 1930.

Scheffler, Karl: Der Krieg. In: *Kunst und Künstler* XIII (1914/15), 1–4.

Scheler, Max: *Der Genius des Krieges und der deutsche Krieg*. Leipzig 1915.

Schivelbusch, Wolfgang: *Die Kultur der Niederlage: Der amerikanische Süden 1865 / Frankreich 1871 / Deutschland 1918*. Frankfurt a. M. 2001.

Schmidt, Hans Jörg: *Die deutsche Freiheit. Geschichte eines kollektiven semantischen Sonderbewusstseins*. Frankfurt a. M. 2011.

Schmidt-Bergmann, Georg: *Futurismus. Geschichte, Ästhetik, Dokumente*. Reinbek bei Hamburg 1993.

Schneider, Thomas F.: Zwischen Wahrheitsanspruch und Fiktion. Zur deutschen Kriegsliteratur im Ersten Weltkrieg. In: Rolf Spilker/Bernd Ulrich (Hg.): *Der Tod als Maschinist. Der industrialisierte Krieg 1914–1918*. Bramsche 1998, 142–153.

Schneider, Thomas F.: Einleitung. In: Ders. u. a. (Hg.): *Die Autoren und Bücher der deutschsprachigen Literatur zum Ersten Weltkrieg 1914 – 1939*. Göttingen 2008, 7–15.

Scholdt, Günter: Der Erste Weltkrieg und die Autoren im deutsch-französischen Grenzraum. In: Ralf Georg Bogner (Hg.): *Internationales Alfred-Döblin-Kolloquium Saarbrücken 2009: im Banne von Verdun*. Frankfurt a. M. 2010, 11–38.

Schöning, Matthias: Programmatischer Modernismus und unfreiwillige Modernität. Weltkrieg, Avantgarde, Kriegsroman. In: Sabina Becker/Helmuth Kiesel (Hg.): *Literarische Moderne*. Berlin/New York 2007, 347–366.

Schöning, Matthias: Eskalation eines Narrativs. Vier Idealtypen zur Entwicklung der ›Ideen von 1914‹. In: Natalia Borissova/Susie K. Frank/Andreas Kraft (Hg.): *Zwischen Apokalypse und Alltag. Kriegsnarrative im 20. und 21. Jahrhundert*. Bielefeld 2009a, 41–58.

Schöning, Matthias: *Versprengte Gemeinschaft. Kriegsroman und intellektuelle Mobilmachung in Deutschland 1914–1933*. Göttingen 2009b.

Schöning, Matthias (Hg.): *Ernst Jünger-Handbuch. Leben – Werk – Wirkung*. Stuttgart/Weimar 2014.

Seeßelberg, Friedrich: *Der Stellungskrieg 1914–1918*. Berlin 1926.

Segeberg, Harro: Regressive Modernisierung. Kriegserlebnis und Moderne-Kritik in Ernst Jüngers Frühwerk. In: Ders. (Hg.): *Vom Wert der Arbeit. Zur literarischen Konstruktion des Wertkomplexes ›Arbeit‹ in der Literatur (1770–1920)*. Tübingen 1991, 337–378.

Sieferle, Rolf Peter: *Fortschrittsfeinde? Opposition gegen Technik und Industrie von der Romantik bis zur Gegenwart*. München 1984.

Sieferle, Rolf Peter: *Die konservative Revolution: fünf biografische Skizzen*. Frankfurt a. M. 1995.

Simmel, Georg: Deutschlands innere Wandlung [1914]. In: Ders.: *Der Krieg und die geistige Entscheidung*. München/Leipzig 1917, 13–21.

Sprengel, Peter: ›Im Kriege erscheint Kultur als künstlicher Zustand‹. Gerhart Hauptmann und der Erste Weltkrieg. In: Uwe Schneider/Andreas Schumann (Hg.): *Krieg der Geister. Erster Weltkrieg und literarische Moderne*. Würzburg 2000, 39–74.

Sprengel, Peter: *Geschichte der deutschsprachigen Literatur 1900 – 1918. Von der Jahrhundertwende bis zum Ende des Ersten Weltkriegs*. München 2004.

Stachel, Peter: ›Die nüchterne Erkenntniskritik hat vorläufig zu schweigen.‹ Fritz Mauthner und der Erste Weltkrieg oder Die Geburt der Sprachkritik aus dem Geiste des Nationalismus. In: Petra Ernst/Sabine A. Haring/Werner Suppanz (Hg.): *Aggression und Katharsis. Der Erste Weltkrieg im Diskurs der Moderne*. Wien 2004, 97–138.

Stadler, Ernst: *Dichtungen, Schriften, Briefe.* Kritische Ausgabe. Hg. von Klaus Hurlebusch/Karl Ludwig Schneider. München 1983.

Suhrkamp, Peter: Söhne ohne Väter und Lehrer. Die Situation der bürgerlichen Jugend. In: *Neue Rundschau* 43 (1932), 681–696.

Süselbeck, Jan: *Im Angesicht der Grausamkeit. Emotionale Effekte literarischer und audiovisueller Kriegsdarstellungen vom 19. bis zum 21. Jahrhundert.* Göttingen 2013.

Toller, Ernst: *Eine Jugend in Deutschland* [1933]. Reinbek bei Hamburg [20]2009.

Trakl, Georg: Grodek [1915]. In: Ders.: *Dichtungen und Briefe.* Historisch-kritische Ausgabe. Bd. 1. Hg. von Walther Killy/Hans Szklenar. Salzburg 1969, 167.

Tucholsky, Kurt: Der Streit um den Sergeanten Grischa. In: *Die Weltbühne* 50 (1927), 892.

Verhey, Jeffrey: *Der ›Geist von 1914‹ und die Erfindung der Volksgemeinschaft.* Hamburg 2000.

Virilio, Paul: *Krieg und Kino. Logistik der Wahrnehmung.* Frankfurt a. M. 1989 (franz. 1984).

Vogl, Joseph: Krieg und expressionistische Literatur. In: *Hansers Sozialgeschichte der Literatur.* Bd. 7: Naturalismus, Fin de siècle, Expressionismus 1890–1918. Hg. von York-Gothart Mix. München 2000, 555–565.

Vogl, Joseph: Was ist ein Ereignis? In: Peter Gente/Peter Weibl (Hg.): *Deleuze und die Künste.* Frankfurt a. M. 2007, 67–83.

Von der Lühe, Irmela: Der Wanderer zwischen beiden Welten von Walter Flex. In: Marianne Weill (Hg.): *Werwolf und Biene Maja. Der deutsche Bücherschrank zwischen den Kriegen.* Berlin 1986, 107–125.

Vondung, Klaus: Geschichte als Weltgericht. Genesis und Degradation einer Symbolik. In: Ders. (Hg.): *Kriegserlebnis. Der Erste Weltkrieg in der literarischen Gestaltung und symbolischen Deutung der Nationen.* Göttingen 1980, 62–84.

Vondung, Klaus: *Die Apokalypse in Deutschland.* München 1988.

Vondung, Klaus: Metaphysik des apokalyptischen Aktivismus: Ernst Jüngers Geschichtsdenken vor 1933. In: *Études Germaniques* 51 (1996), 647–656.

Voßkamp, Wilhelm: ›Ein anderes Selbst‹. Bild und Bildung im deutschen Roman des 18. und 19. Jahrhunderts. Göttingen 2004.

Walkenhorst, Peter: *Nation – Volk – Rasse. Radikaler Nationalismus im Deutschen Kaiserreich 1890–1914.* Göttingen 2007.

Walkowiak, Maciej: *Ernst von Salomons autobiographische Romane als literarische Selbstgestaltungsstrategien im Kontext der historisch-politischen Semantik.* Frankfurt a. M. 2007.

Weber, Marianne: *Max Weber. Ein Lebensbild.* Tübingen 1926.

Weber, Thomas: *Hitlers erster Krieg. Der Gefreite Hitler im Weltkrieg – Mythos und Wahrheit.* Berlin 2011.

Wehler, Hans-Ulrich: *Das Deutsche Kaiserreich 1871–1918.* Göttingen [5]1983.

Werber, Niels: *Die Geopolitik der Literatur. Eine Vermessung der medialen Weltraumordnung.* München 2007.

White, Haydon: *Metahistory: die historische Einbildungskraft im 19. Jahrhundert in Europa.* Frankfurt a. M. 1991 (amerik. 1973).

Wildt, Michael: *Die Generation des Unbedingten. Das Führungskorps des Reichssicherheitshauptamtes.* Hamburg 2002.

Zöberlein, Hans: *Der Glaube an Deutschland. Ein Kriegserlebnis von Verdun bis zum Umsturz 1931* [1931]. München [2]1934.

Zweig, Arnold: *Der Streit um den Sergeanten Grischa* [1927]. Berlin 1994.

Zweig, Arnold: *Erziehung vor Verdun* [1935]. Berlin 1998.

Zweig, Stefan: *Die Welt von Gestern. Erinnerungen eines Europäers* [1944]. Frankfurt a. M. 1970.

Für Becca
Lars Koch

III. Der Krieg

1. Politische Paranoia, Zäsur des Stillstands und die Soziologie der ›totalen Mobilmachung‹

Der größte Krieg der Weltgeschichte wäre somit der unwesenhafteste von allen (Emil Lederer 1915, 383).

Eine Welt von Feinden: Politische Paranoia oder »Rüstung bis ins innerste Mark«

So wenig wie der Erste Weltkrieg kultur- und wissensgeschichtlich 1914 beginnt (Dülffer 1986, 12), so wenig endet er mit der Einstellung der Kriegshandlungen 1918. Alle rhetorische Emphase der Zäsur, mit der die überwiegende Mehrheit der Gelehrten in Deutschland 1914 den Kriegsausbruch begrüßte und ihn zugleich als kollektive Erhebung fingierte (Verhey 1998, 48 f.), ändert nichts an dem Befund, dass die politische und kulturelle Dynamik, die man sich von dem Waffengang versprach, rasch in der Immobilität des Stellungskriegs und eines sich vier Jahre hinschleppenden militärischen Patts zum Erliegen kam. Die dadurch entstandene Situation war durch das fundamentale Paradox gekennzeichnet, dass die später von Ernst Jünger so genannte »totale Mobilmachung« (Jünger 1980), also der umfassende Einsatz aller waffen- und verkehrstechnischen Mittel sowie die vollständige Ausschöpfung aller Ressourcen und des den Staaten zur Verfügung stehenden Menschenreservoirs einen Zustand der totalen Stagnation hervorgebracht hatte: eine grandiose Beweglichkeit auf der Stelle bzw. ›im Graben‹, die den kriegführenden Parteien trotz des betriebenen Aufwands überraschenderweise weniger militärischen und politischen Handlungsspielraum verschaffte, als er zu den Zeiten bestand, in denen der Krieg als »eine zwar außerordentliche, doch keineswegs grenzenlose« Verausgabung erschien (ebd., 124). Die »Rüstung bis ins innere Mark« und die Verwandlung des kriegerischen Geschehens in das »Bild eines gigantischen Arbeitsprozesses« (ebd.,

126) steigert zwar die Destruktivität der kriegerischen Leistung ins Unermessliche, indem sie sogar den »Unterschied zwischen Kämpfern und Nichtkämpfern« ignoriert (ebd., 128); da sie diese Destruktivität aber auf allen Seiten steigert, schließt sie die einander bekämpfenden Parteien zu einem sie übergreifenden System zusammen, das sich so lange auf einer sich immer weiter verlängernden Stufenleiter reproduziert, bis eine Partei ›aus Erschöpfung‹ ausscheidet.

Obwohl die ›totale Mobilmachung‹ im Kern an Vorgänge der technischen Leistung geknüpft ist, kommt sie doch nicht ohne begleitende juristische, ökonomische und ›subjektformierende‹ Anstrengungen und Maßnahmen aus. Jünger führt sie aus der Rückschau überblicksartig in Form eines knappen Katalogs an: Sie reichen vom Einsatz von Freiwilligen gleich zu Beginn des Krieges über Ausfuhrverbote von Gütern, Zensurbestimmungen, währungstechnische Veränderungen und die Einführung planwirtschaftlicher Elemente bis hin zur »ungeahnten Ausdehnung der Befugnisse der Generalstäbe«, die schließlich im Deutschen Reich eine »Identität von militärischer und politischer Führung« (ebd., 126) und damit den »Ausnahmezustand als Paradigma des Regierens« (Agamben 2004) herbeiführt.

Nicht nur im Deutschen Reich, sondern in der Mehrheit der kriegführenden Staaten geht der Erste Weltkrieg mit einem »permanenten Ausnahmezustand« einher, der juristisch als Belagerungszustand konstruiert wurde und zu einer weitgehenden Übertragung von legislativen Vollmachten auf die Exekutivgewalt führte (ebd., 20), von der auch nach dem Ende des Krieges immer wieder Gebrauch gemacht wurde. Die »Rüstung bis ins innerste Mark« setzt allerdings noch die Aktivierung eines anderen Mechanismus voraus, der sich in der Terminologie Louis Althussers als die fundamentale ›Anrufung‹ (*inter-*

pellation) des kriegsbereiten Subjekts bezeichnen lässt. Nicht zufällig beschreibt Althusser diesen Mechanismus in Begriffen, die der militärischen Sphäre entnommen sind: Die Anrufung »›rekrutiert‹« aus der Masse der Individuen Subjekte (Althusser 1977, 142). Die sogenannten ›Ideen von 1914‹ tun genau dies: Sie ›rekrutieren‹ an der Heimatfront aus der Masse der Zivilisten ›geistige‹ Soldaten, organisieren bei denen, die nicht ins Feld ziehen müssen, die ›freiwillige‹ Zustimmung zu einem Krieg, der andernorts geführt wird. Dieser ideologische Mechanismus vereint die ansonsten polemisch oder doch kritisch aufeinander bezogenen öffentlichen Sprechakte der staatlichen Führung und der den öffentlichen Diskurs bestimmenden publizistischen bzw. gelehrten Rede und erzeugt so »ein Volk von 70 Millionen, das wirklich ein einziges Heer geworden ist« (von Müller 1954, 144), wobei das rhetorische »wirklich« die »imaginäre Transposition« (Althusser 1977, 134) der realen Existenzbedingungen der Angerufenen unkenntlich macht.

Von der Ansprache, die der Kaiser am 6. August 1914 vom Balkon des Berliner Schlosses hält und in der er die Bevölkerung »zu den Waffen ruft«, bis hin zu den ›Ideen von 1914‹, die die Gelehrten, Intellektuellen und Schriftsteller ausarbeiten, ist der Mechanismus einer paranoischen Subjektivierung maßgebend, die in der vielbeschriebenen Figur einer *Einkreisung* Deutschlands ihren rhetorischen Ausdruck findet: »Das Gefühl, *umstellt* zu sein von einer *Meute von Feinden*, die es alle auf einen abgesehen haben, ist ein Grundgefühl der Paranoia« (Canetti 1980, 514). Für den Paranoiker ist charakteristisch, dass er davon überzeugt ist, dass sein »Hauptfeind« sich nicht damit begnügt, »ihn allein anzugreifen«. Er wird eine »Meute« gegen ihn »aufzuregen« suchen »und sie im richtigen Augenblick auf ihn loslassen. Die zur Meute Gehörigen halten sich erst versteckt, sie können überall sein. Sie stellen sich harmlos und unschuldig, als wüßten sie nicht, worauf sie lauern. Aber die durchdringende Geisteskraft des Paranoikers vermag es, sie zu entlarven« (ebd.).

Auch der Kaiser operiert in seinem »Aufruf an das deutsche Volk« vom 6. August 1914 mit dem rhetorischen Anschein, über eine derart durchdringende Geisteskraft zu verfügen. Denn bevor er die Entscheidung über den politischen Konflikt an »das Schwert« überweist, diagnostiziert er eine Lage, in der das ›Deutsche Reich‹ von »offenkundiger und heimlicher Feindschaft« aus Ost und West und »von jenseits der See« umstellt ist, die man bislang »ertragen« habe: »Nun aber will man uns demütigen. Man

verlangt, daß wir mit verschränkten Armen zusehen, wie unsere Feinde sich zu tückischem Überfall rüsten« (Johann 1966, 126). Der Totalisierung und Virtualisierung der Feindschaft entspricht die Bereitschaft zu einem totalen Krieg, wobei die Rhetorik des Kaisers einmal mehr die technischen Bedingungen der anstehenden Materialschlachten zugunsten einer archaisierenden Bildlichkeit, die ins Zeitalter der »partiellen Mobilmachung« (Jünger 1980, 125) zurückverweist, unkenntlich macht und damit die Verwüstungsdynamik des neuen Krieges gezielt verharmlost: »Wir werden uns wehren bis zum letzten Hauch von Mann und Roß. Und wir werden diesen Kampf bestehen auch gegen eine Welt von Feinden. Noch nie ward Deutschland überwunden, wenn es einig war« (Johann 1966, 126). »Eine Welt von Feinden« – die politische Paranoia wird hier ausdrücklich als ein Genre der politischen Rede und nicht als ein Konzept der psychopathologischen Stigmatisierung verstanden. Sie ist allerdings auch kein beliebiger, auswechselbarer rhetorischer Kunstgriff, da die Vorstellung einer unmittelbar bevorstehenden Bedrohung der Existenz aller die ideologische Bedingung einer »Rüstung bis ins innerste Mark« ist.

Aus der unübersehbaren Zahl publizistischer Stellungnahmen zur Kriegserklärung von 1914 sei auf einen Aufsatz Robert Musils verwiesen, der sich trotz aller Nuancierungen seiner Stellungnahme zum ›Augusterlebnis‹, dessen kulturellen Möglichkeitsbedingungen ja nicht zuletzt auch der *Mann ohne Eigenschaften* (1930/1942) nachgeht, das paranoische Phantasma der politischen und »literarischen Einkreisung« (vgl. Schwabe 1969, 22) als den Kern der Rechtfertigung dieses Krieges vollständig zu eigen macht. Musil macht klar, dass nicht ein antiquierter Begriff von »Heldenhaftigkeit«, sondern nur das paranoische Phantasma die existentielle Dissoziation ganzer Völker, die doch »durch eine europäische Kultur sich immer enger« verbunden gefühlt hatten, bewirken kann:

> Als gieriger mit jeder neuen Stunde Todesfinsternis um unser Land aufzog und wir, das Volk im Herzen Europas und mit dem Herzen Europas, erkennen mußten, daß von allen Rändern dieses Weltteils eine Verschwörung herbrach, in der unsre Ausrottung beschlossen worden war, wurde ein neues Gefühl geboren: – die Grundlagen, die gemeinsamen, über denen wir uns schieden, die wir sonst im Leben nicht eigens empfanden, waren bedroht, die Welt klaffte in Deutsch und Widerdeutsch, und eine betäubende Zugehörigkeit riß uns das Herz aus den Händen, die es vielleicht noch für einen Augenblick des Nachdenkens festhalten wollten (Musil 1981, 1021).

Stereotype der inneren und äußeren Feindschaft: Händler und Helden

Anders als in vielen der Schriften, die mit Kriegsbeginn von den »Heroen des Katheders« (Ringer 1987, 170) in den Druck gegeben wurden – »Wie müssen die Druckereien in jenen Jahren gearbeitet haben«, mutmaßt Ringer, »um mit der ungeheuer umfangreichen Literatur fertig zu werden, die sich aus den Universitäten in die Öffentlichkeit ergoß« (ebd.) – hatte Musil immerhin den Primitivismus der neuen Situation akzentuiert, in der der »Einzelne«, ganz gleich welcher Nation er angehört, »plötzlich wieder nichts ist außerhalb seiner elementaren Leistung, den Stamm zu schützen« (Musil 1981, 1022). Vor allem aber ließ Musil keinen Zweifel an der grenzüberschreitenden kulturellen Zirkulation des »neuen Gefühls«, wenn er seine Leser ermahnt, nicht zu vergessen, »daß stets auch die andern das gleiche erleben« und wie wir »genau so in ihr Volk hineingerissen« sind (ebd., 1021). Für die forcierte Propagandaliteratur des *Kulturkriegs*, wie sie in den ›Ideen von 1914‹ eine spezifische Gestalt annahm, die lange Zeit unter Historikern als Beleg eines deutschen politischen ›Sonderwegs‹ oder einer bloßen Kontinuierung zivilisationskritischer Topoi gewertet wurden (Mommsen 1992; Beßlich 2000; zur Problematik dieses geistestypologischen Etiketts aus Sicht der neueren Forschung vgl. Bruendel 2003, 20–22), ist dagegen fast durchweg die Verwendung *asymmetrischer Gegenbegriffe* charakteristisch.

Greift man Ringers Begriff des ›Kulturkriegs‹ auf, um die Stoßrichtung der (intern durchaus diversifizierten) ideologischen Operationen auf dem Feld der öffentlichen Meinung und der Massenpublizistik zu bezeichnen, dann verbindet sich damit eine Distanznahme zu dem in der Forschung lange Zeit dominierenden Konzept der Kriegskultur, das die Gesamtheit der Dispositionen zusammenfasst, die den bis zum Äußersten getriebenen Krieg ermöglicht haben sollen. Man hat zurecht bemerkt, dass ein derart totalisierender Begriff »große methodische Probleme« (Offenstadt 2010, 61) aufwirft, die im Kern daraus resultieren, dass der Begriff nichts erklärt, sondern lediglich ein konzeptueller ›Abklatsch‹ des Krieges ist: Das Durchhaltevermögen der Soldaten an der Front verdoppelt bloß den patriotischen Durchhaltewillen der ›Nation‹ und umgekehrt. Die Rede vom Kulturkrieg setzt dagegen voraus, dass spezifische intellektuelle Praktiken und Diskurse kombiniert und eingesetzt werden müssen, um eine ›geistige Kriegsfront‹ zu eröffnen, die eben voraus-

setzt, dass die Adressaten noch nicht in Kombattanten verwandelt sind und selbst an der militärischen Front die Möglichkeit des Widerspruchs bzw., kriegsrechtlich gesprochen, der Meuterei, wie sie dann ab 1917 auch als ernstzunehmendes politisches Phänomen auftaucht, nicht verschwindet: »Auch für Soldaten gilt, ›dass die Uniform nicht die Identitäten abschafft‹« (ebd.).

Die Kriegskultur, von der die Historiker lange Zeit im Hinblick auf die »Brutalisierung des politischen Lebens in Deutschland« (ebd., 62) gesprochen haben, geht dem Krieg nicht voraus, um ihn zu ermöglichen, sondern muss zusammen mit ihm organisiert werden: Sie ist der ideologische Einsatz einer diskursiven Praxis, die eine totale ›Umformung‹ der Gesellschaft anstrebt, weil sie in ihr noch genügend kulturelle Elemente und überkommene ›zivile‹ Gewohnheiten aufspürt, die die restlose Selbstabschließung und geistige Formierung des Kollektivs behindern. Der Kulturkrieg wird trotz aller öffentlichkeitswirksam inszenierten Kriegsbegeisterung im Rahmen des ›Augusterlebnisses‹ nötig, weil es die Kriegskultur nicht gibt, da überhaupt keine Kultur vorstellbar ist, die sich restlos der Unterscheidung von Freund und Feind unterstellt. Selbst in den Bereichen einer Kultur, die vollständig der militärischen Befehlsgewalt unterworfen sind, manifestieren sich Phänomene von Widersetzlichkeit, wie die historiografische Beschäftigung mit den Graffitis der Soldaten oder die Forschungen zur Geschichte der Fraternisierungen im Grabenkrieg dokumentieren (ebd., 73).

An derartige Befunde verdient erinnert zu werden, wenn man Werner Sombarts *Händler und Helden. Patriotische Besinnungen* (1915) betrachtet, in denen sich auf geradezu idealtypische Weise eine Mobilisierung asymmetrischer Gegenbegriffe vollzieht. ›Händler‹ und ›Helden‹ werden hier zwei distinkt voneinander unterschiedenen ›Volksgeistern‹, den ›Hauptfeinden‹ Deutschland und England zugeordnet, nämlich so, dass eine gegenseitige Anerkennung der Selbst- und Fremdbezeichnung kategorisch ausgeschlossen werden. Die Gegenseite des heldischen Volkes, das englische ›Händlervolk‹, findet sich zwar »angesprochen, aber nicht anerkannt«. Derartige »nur einseitig verwendbare, auf ungleiche Weise konträre Zuordnungen« nennt Reinhart Koselleck »»asymmetrisch«« (Koselleck 1989, 211). Die ›Ideen von 1914‹ bestehen darin, diese asymmetrischen Gegenbegriffe mit einer Semantik und Symbolik auszustatten, die sie in einen Mythos verwandeln, dem zugetraut wird, nicht nur die Gelehrten, sondern ein ganzes (lesendes) Volk zu erfassen. Die ›Ideen von 1914‹ kommen durch den von Althusser beschriebenen ideologischen Umkehreffekt zustande, der darin besteht, die reale Determinationsfolge, in die das Subjekt und seine Vorstellungen (niemals vollständig) eingefügt sind, umzudrehen. Die ›Ideen von 1914‹ sind der Effekt einer kalkulierten diskursiven Positionsverschiebung der Institutionen von 1914. In Sombarts Pamphlet wird dieses Verfahren der ideologischen Umkehrung in dem Abschnitt offengelegt, in dem er den ›ausländischen‹ Vorwurf des deutschen »Militarismus« auf die eigene Kappe nimmt und ihn für die unvermeidliche *Konsequenz* »aller wahrhaft heldischen Weltanschauung« ausgibt (Sombart 1915, 87). Althusser verwendet die Begriffe des ideologischen Apparats, der Praktik, des Rituals und der materiellen Handlung, um kenntlich zu machen, dass das imaginäre Verhältnis zu seinen Existenzbedingungen vom Subjekt zwar als etwas Ursprüngliches erlebt wird, tatsächlich aber am Ende einer Serie von institutionellen Handlungsvorschriften steht, die vom ›einexerzierten‹ Subjekt nicht mehr als solche erfahren werden. Er beruft sich dabei auf eine religionskritische Beobachtung Pascals, die die Materialität der sogenannten ›Ideen‹ zu denken erlaubt. Das gläubige Subjekt steht am Ende einer Kette von Imperativen, als deren Initiator es sich ›fühlt‹, obwohl es doch seine Existenz ihrer sorgsamen Befolgung verdankt: »Knie nieder, bewege die Lippen zum Gebet, und Du wirst glauben« (Althusser 1977, 138).

Sombart scheint dieser Beobachtung Rechnung zu tragen, wenn er den Zusammenhang von »heldischer Weltanschauung« und »Militarismus« folgendermaßen beschreibt:

> Was in aller wahrhaft heldischen Weltanschauung [...] eingeschlossen ist, das löst der Militarismus gleichsam aus: er weckt das heldische Empfinden in der Brust des letzten Tagelöhners im Dorfe, er popularisiert die Gedanken, die in den Köpfen unserer Größten zuerst aufgesprungen sind. Die Idee des Vaterlandes wird erst zu einer Leben weckenden Kraft durch die Mittlerrolle des Militarismus. Was Heldentum im tiefsten Sinne bedeutet, wird dem Ärmsten im Geiste lebendig vor die Augen gestellt, wenn er in Reih und Glied mit seinen Kameraden in den Kampf zieht, um das Vaterland zu verteidigen (Sombart 1915, 87).

Militarismus und heldische Weltanschauung haben in dieser ideologischen Beschreibung des Ideologie- bzw. Popularisierungseffekts ihre Plätze getauscht, insofern die militärischen Apparate, Praktiken und Handlungsformen nur mehr zu ›Auslösern‹ einer zuvor bereits virtuell bestehenden Weltanschauung

herabgestuft sind. Der Militarismus ist strikt auf die Funktion einer »Mittlerrolle« begrenzt, die allerdings in dem Maße an Bedeutung gewinnt, als er auf Subjekte trifft, die nicht an der konzeptuellen Ausarbeitung der militaristischen Weltanschauung beteiligt sind, also die »Ärmsten im Geiste«.

Sombart hat den Mechanismus der Verkehrung der ideologischen Produktionsverhältnisse, der sich sein Pamphlet verdankt, im Abschnitt über den »deutschen Militarismus« genau erkannt, aber nur um diese Verkehrung als »Grundfehler« der »fremdländischen Auffassung« des Militarismus zu brandmarken: Dieser Grundfehler bestehe darin, dass eine solche Auffassung »als das Primäre eine bestimmte Institution ansehe [...], aus der ein bestimmter Geist fließen soll, daß sie also Ursache und Wirkung umkehre, da es doch nur ein bestimmter Geist ist, dessen äußere Erscheinungsform die soziale und staatliche Einrichtung ist« (ebd., 83). Eine ideologische Schrift, die vom erträumten deutschen Sieg nicht etwa den Frieden, sondern die Fortsetzung des Krieges mit anderen Mitteln »in der Heimat« erwartet (ebd., 145), weil nur so die beschriebene »Sinnesart« ›rein‹ von jedem Händlergeist gehalten werden könne: Eine solche Schrift muss den Militarismus nicht nur als ein außergewöhnliches Mittel des »deutschen Geistes« im kriegerischen Ausnahmezustand zugestehen, sondern als das *reguläre* Weltverhältnis dieses Geistes begreifen: »Militarismus ist die Sichtbarwerdung des deutschen Heldentums« (ebd., 84). Obwohl doch auch andere Völker in den Krieg eingetreten sind, gilt nur vom deutschen Volk, dass es *per definitionem* und gewissermaßen konstitutionell ein »Volk von Kriegern« ist, bei dem daher zu allen Zeiten, auch im Frieden, der »Primat der militärischen Interessen« gilt (ebd., 85). Diesen »Vorrang« vermögen alle jene Staaten nicht zu verstehen, die noch an der Unterscheidung von Krieg und Frieden, Kombattanten und Nichtkombattanten festhalten, denn der deutsche »Kulturkrieg« hat diese Unterscheidungen längst aufgelöst, was Sombart wiederum an lauter folkloristischen Einzelheiten zu erkennen glaubt, deren institutionelle Arbitrarität durch den Mechanismus ihrer Verwandlung in die Erscheinungsform eines Volkstypus unkenntlich gemacht wird:

> Was äußerlich in so vielen Dingen, die dem Fremden auffallen, in die Erscheinung tritt: unser Kaiser erscheint selbstverständlich offiziell immer in Uniform, bei feierlichen Gelegenheiten tun desgleichen auch unsere höchsten Beamten und unsere Abgeordneten, wenn sie in einem Militärverhältnis stehen; die Prinzen kommen sozusagen als Soldaten auf die Welt und gehö-

ren von Jugend auf der Armee. Alle andern Zweige des Volkslebens dienen dem Militärinteresse. Insbesondere auch ist das Wirtschaftsleben ihm untergeordnet usw. (ebd.).

Für die Position des Kulturkriegers ist charakteristisch, dass die Oppositionen, in die sich die ideologische Differenz der Hauptkriegsgegner entfaltet, der Titelformulierung des Sombartschen Pamphlets zum Trotz keine stabile ist. So unzweideutig sich Deutschland und England geografisch und politisch voneinander unterscheiden lassen, so trügerisch ist doch die Übersetzung dieser kartografischen Differenz in die semantisch-symbolische Unterscheidung von »englischem Händlertum« und »deutschem Heldentum«. Die von Carl Schmitt zitierte Formel Theodor Däublers: »Der Feind ist unsre eigne Frage als Gestalt« (Schmitt 1950, 90), strukturiert auch die Argumentation Sombarts, der die »Sendung« des Intellektuellen, der nicht an der *militärischen* Front kämpft, darin sieht, die ›außenpolitische‹ Unterscheidung von Händler und Helden zugleich innenpolitisch wirksam werden zu lassen: Die Unterscheidung erreicht dort ihren »äußersten Intensitätsgrad« (Schmitt 1963, 27), wo sie in den Bereich des Unterschiedenen eintritt, denn anders als die ›nationalistische‹ Monopolisierung des Heldentums, deren rabiater Emphase die Unsicherheit eingeschrieben ist, hier ein deutsches ›Alleinstellungsmerkmal‹ identifiziert zu haben (vgl. Münkler 1988, 107–118), operiert das Händlertum im Zeitalter des Kapitalismus, dem Sombart vielbeachtete wirtschaftsgeschichtliche Untersuchungen gewidmet hatte, international. Seine Stärke liegt daher in der Dynamik, mit der es jene identitären Kollektivsubjekte auflöst, die die Schrift Sombarts aufmarschieren lässt. Der Kampf gegen die »händlerische Weltanschauung« kann deshalb mit dem militärischen Sieg über England nicht zu Ende sein, weil sie als ein *Supersubjekt* imaginiert wird, das sich beliebiger Nationen bedient, um sie für sich arbeiten zu lassen: »So viel steht fest: in England war die Menschheit zuerst an der händlerischen Weltanschauung erkrankt. Aber die englische Krankheit hatte dann weiter um sich gegriffen und hatte vor allem auch den deutschen Volkskörper bereits befallen« (Sombart 1915, 99). Die militärische, kriegerische und politische Beziehung zwischen Händler und Helden wird, indem Sombart sie in das Register der Krankheit einträgt, zugleich als eine biologische bzw. *biopolitische* markiert, denn die Feinde, derer es sich zu erwehren gilt, sind nicht nur außenpolitische Gegner mit konkret benennbaren Machtinteressen, sondern »äußere und innere Gefahren in

bezug auf oder für die [eigene] Bevölkerung« (Foucault 1999, 302).

Die biopolitische Verschärfung der Feindschaft bedarf wiederum der kulturpolitischen Übersetzung bzw. Rekonkretisierung: Es sind zwei Grundbestandteile moderner Massenkulturen, die Sombart zunächst als »englische Originalerzeugnisse« (Sombart 1915, 100) deklariert, um sie zugleich zu exemplarischen ›Krankheitssymptomen‹ abzuwerten: *Komfort* und *Sport*. Dass Gesichtspunkte des Komforts und die sportliche Auffassung sozialer Beziehungen nicht nur die zivilen Beschäftigungen der Menschen zunehmend bestimmen, ist für Sombart bereits bedrohlich genug, weil »Behaglichkeit und Annehmlichkeit« ebenso wenig wie die Verwandlung aller Leistungen in messbare und quantitativ vergleichbare »Rekorde« mit dem Ethos der heldischen Weltanschauung vereinbar seien (ebd.). Den Gipfel der Perversion erreicht diese Durchsetzung neuer massenkultureller Gewohnheiten, Praktiken und Produkte jedoch dann, wenn sie in den Kernbezirk der heldischen Weltanschauung, in das kriegerische Geschehen selbst eindringen. Wenn deutsche Soldaten sich von dem höheren Komfort ihrer Gegner beeindruckt zeigen und »mit einer gewissen Ehrfurcht von den Rasierapparaten« sprechen, »die man ganz allgemein bei den englischen Soldaten selbst in den Schützengräben fände«, dann zeigt sich Sombart aufs Höchste irritiert, dass Helden »inmitten so großer Ereignisse Andacht haben für die Entfernung der Bartstoppeln aus dem holden Angesicht« (ebd., 101).

Am schärfsten herausgefordert fühlt sich die heldische Weltanschauung aber durch die Agonalisierung des Krieges und seines Einsatzes: »Der Krieg als Sport« (ebd., 104)! Dass Sombart darin nichts weiter als eine »Ausgeburt englischen Krämergeistes« sehen kann, verweist auf sein fundamentales Desinteresse an den konkreten Körper- und Anthropotechniken, die der sportlichen wie der kriegerischen Mobilmachung zugrunde liegen und die ein schreibender Krieger mit langjähriger Frontpraxis, wie Ernst Jünger, sofort erkannte. Den ›Sportgedanken‹ musste Sombart aber noch aus einem anderen Grund brandmarken: Als es zu Weihnachten 1914 Verbrüderungen an der Front zwischen englischen und deutschen Soldaten gab, über die sogar in der jeweiligen Presse ausführlich berichtet wurde, wurde nach dem Ende der ›Feiertage‹ die Wiederaufnahme der Kämpfe auf deutscher Seite mit dem Hinweis versehen, dass Krieg kein Sport ist (vgl. Williams 2009, 79) und daher auch nicht nach sportlichen Regeln ausgetragen werden darf. Die »Erkrankung des

deutschen Volkskörpers« (Sombart 1915, 105) verlagert die militärische Konfrontation an der Front auf
das Feld einer Biopolitik des ›Rassenkampfes‹ und
bereitet zudem den Weg für die spätere antisemitische Umbesetzung des internationalen ›Händler-
tums‹. Wenn also Sombart sein Pamphlet auch den
»jungen Helden *draußen* vor dem Feinde« (ebd.,
V) widmet, zielt die eigentliche Stoßrichtung des Textes
doch auf die Rekrutierung *zukünftiger* ›Helden‹ bzw.
Kämpfer, die die innere, kulturkriegerische Front eröffnen. Damit nimmt Sombart die für die Nachkriegszeit charakteristische innenpolitische Verschärfung des Begriffs des Politischen (vgl. Schmitt 1963,
46–48) vorweg.

Im Schlusskapitel seines Buches, das noch einmal
rhetorisch die Unverwechselbarkeit der Geistestypen durch die Gegenüberstellung »Die anderen
und wir« bekräftigt, wird der Krieg daher nicht nur
als ein Stellvertreterkrieg imaginiert, den Deutschland als der »letzte Damm gegen die Schlammflut
des Kommerzialismus« führt, dem die anderen Völker zu erliegen drohen, »weil keines von ihnen gegen
die andringende Gefahr gepanzert ist durch heldische Weltanschauung« (Sombart 1915, 145); Sombart lässt darüber hinaus keinen Zweifel daran, dass
selbst der militärische Sieg, der für ihn außer Frage
steht, die Konfrontation der fundamental antagonis-
tischen Geistestypen nicht beendet und alle zukünftige Politik daher die Fortsetzung des Krieges mit
anderen, nämlich ›geistigen‹ Mitteln sein wird. Die
»Sendung« der Intellektuellen bestimmt er daher abschließend in seiner Adresse an die ›jungen Helden‹
als die Bereitstellung geistiger »Schwerter«, mit denen die von der Front in die Heimat Zurückgekehrten »den großen und schwierigen Kampf gegen die
inneren und äußeren Feinde Eures geistigen Heldentums« (ebd.) *fortführen* sollen, womit er die Lizenz
zum innenpolitischen Mord formuliert, wie sie dann
von den Freikorps nach der militärischen Niederlage
tatsächlich beansprucht wurde.

Fritz Ringer hat Sombarts Schrift ein »Meister-
werk« innerhalb seiner Gattung genannt, weil ihr
»fulminanter Ton und ihre undisziplinierte Assozia-
tionsbreite« nur selten von ähnlichen Schriften auf
dem Gebiet des gelehrten Kulturkriegertums erreicht wurden (Ringer 1987, 173). Ringers Einschätzung ist zuzustimmen, wenn er auch die Dynamik
der vorweggenommenen innenpolitischen oder ›en-
demischen‹ Radikalisierung einer scheinbar ausschließlich außenpolitisch gemeinten mythischen
Unterscheidung auf der Basis asymmetrischer Gegenbegriffe ignoriert. Die Asymmetrie der Gegenbe-

griffe von ›Händler‹ und ›Helden‹ ist nämlich in
Sombarts mythologischer Bricolage nicht länger mit
der Gewissheit der ›natürlichen‹ Überlegenheit der
›stärkeren‹ Seite der Unterscheidung verknüpft. Der
Ausgang des Krieges ist deshalb so ungewiss, weil er
nicht länger ausschließlich gegen Feinde geführt
wird, die militärisch besiegt werden können, sondern gegen anonyme, langfristige oder sogar permanente und in diesem Sinne kulturelle Ursachen, die
zu einem ›schleichenden‹ Entzug von Kräften führen, zu einer allmählichen ›Verminderung‹ der eigenen Stärke oder Auszehrung des ›politischen Körpers‹. Die »Krankheit als Bevölkerungsphänomen«
(Foucault 1999, 287) ist daher der diskurskonsti-
tutive Mechanismus der Sombartschen Schrift und
der Propaganda des Kulturkrieges insgesamt: Die
»Krankheit als Bevölkerungsphänomen«, das heißt
»nicht mehr als Tod, der sich brutal auf das Leben
legt« (das ist das Geschäft der ›Helden‹ an der Front):
»das ist die Epidemie –, sondern als permanenter
Tod, der in das Leben hineinschlüpft, es unentwegt
zerfrißt, es mindert und schwächt« (ebd.): Das ist
der Vorgang eines *Endemisch- und Permanentwer-
dens* der politischen Feindschaft.

Max Webers Kampf gegen die ›Verfälschung‹ des paranoischen Phantasmas

Ringers These »Trotz allem, was zu seiner Unterstützung vorgebracht wurde, hielt sich der ›Geist von
1914‹ nicht über den Krieg hinaus« (Ringer 1987,
177), wird man daher bestreiten müssen, da gerade
das Aufbrechen innenpolitischer Konflikte und
Feindschaften noch während des Krieges, vor allem
aber nach dessen Ende ein Beleg dafür sind, dass die
Strategie der Kulturkrieger, den Krieg in die Friedenszeit hinein zu retten und den Staatsapparat in
eine Bürgerkriegspartei zu verwandeln, die über das
Recht der *hors-la-loi*-Setzung verfügt, aufging. Denn
auch wenn das Modell des Burgfriedens, also die
parteiübergreifende Einigkeit (s. auch Kap. III.5),
im Verlauf des Krieges rasch erodierte und sich die
Gelehrten entlang der Unterscheidung von ›Siegfrieden‹ und ›Verständigungsfrieden‹ neu ausrichteten,
betont doch Ringer zu Recht, dass sich die ›Realisten‹ von den ›Extremisten‹, die sich für einen unbeschränkten U-Boot-Krieg einsetzten und weitreichende territoriale Annexionen forderten, »nur
darin« unterschieden, »daß ihre Forderungen relativ
gemäßigt waren« (ebd., 178). Realisten und »Ultra-

Annexionisten« unterschieden sich aber weder in der grundlegenden Frage der Führbarkeit und Fortsetzbarkeit des Krieges noch auch in ihrer Einschätzung, dass ein Sieg der deutschen Seite weiterhin möglich war, wenn auch die ›Realisten‹ zu seiner Herbeiführung neben militärischen Mitteln auf eine konzertierte diplomatische Aktion setzten. Die moderate Minderheitsfraktion innerhalb der deutschen Gelehrten argumentiert vielmehr im Namen eines erneuerten Burgfriedens, indem sie den Ultras die Rückkehr zu den »Zeiten des Klassenkampfes« (Friedrich Meinecke, zit. Ringer 1987, 181) vorwirft. Dies tut sie allerdings in der Absicht, diesen Kampf nicht etwa zu führen, sondern durch die Erneuerung eines ›realistischeren‹ Kriegszielkonsenses zu überwinden.

Ringer lässt seine Darstellung des deutschen Mandarinentums nach 1914 auf die heroisch überhöhte Figur des ›nüchternen Patrioten‹ Max Weber zulaufen, der für die »hyperpatriotische und fremdenfeindliche Hysterie, die nach 1914 einsetzte«, »nichts als Verachtung« übrig hatte (ebd., 184). Der »Zorn« Max Webers gilt den Schriftstellern und soziologischen Semiliteraten vom Typ Sombarts, deren »Gerede und Geschreibe« (ebd., 185) eine unlösbare Verbindung zwischen der wilhelminischen Staatsstruktur, die sich im Lauf des Krieges zu einer Militärdiktatur radikalisiert, und einer erfolgreichen Kriegsführung hergestellt habe. Webers Forderung, diesen Zusammenhang aufzulösen und an seine Stelle die Kombination eines »sachlichen Friedens auf Grundlage der Verständigung« und eines innenpolitischen Reformprogramms zu setzen, das die strenge parlamentarische Kontrolle der »Beamtenherrschaft« gewährleistet (ebd., 184), ändert nichts daran, dass auch er dem paranoischen Ursprungsphantasma und damit der mythischen Verschärfung des Kriegsgeschehens verpflichtet bleibt. Weber wendet das paranoische Phantasma gegen seine innenpolitischen Gegner, wenn er den Ultras vorwirft, dass sie von Kriegsbeginn an »unseren nationalen Existenzkampf umzufälschen getrachtet« haben »zu einem Kampf für die jetzige, angeblich spezifisch ›deutsche‹, rein bürokratische Staatsstruktur« (ebd.). Die Soziologie Max Webers rührt nicht am Phantasma des nationalen Existenzkampfes. Sie ist im Gegenteil bemüht, es in seiner originären Reinheit wiederauferstehen zu lassen und muss zu diesem Zweck seine ›Fälschung‹ suggerieren, eine Operation, die unweigerlich die Möglichkeit der Wahrheit des Phantasmas impliziert.

Unbestimmtheit der Zäsur: Simmel und der Krieg als Medium des ›neuen Menschen‹

Georg Simmels Anfang November 1914 in Straßburg gehaltene Rede »Deutschlands innere Wandlung« bemüht ein spezifisch lebensphilosophisches Narrativ, um die durch den Kriegseintritt bewirkte »maßlose Erschütterung« (Simmel 2003, 274) als nationales Wiedergeburtsereignis zu beschreiben. Simmels soziologisch akzentuiertes Räsonnement kommt weitgehend ohne fremdreferentielle Stereotypisierung aus. Der militärische und politische Feind wird nicht stigmatisiert, wie in den Kriegspamphleten Sombarts oder Schelers, der seine über vierhundert Seiten umfassende Abhandlung *Der Genius des Krieges und der Deutsche Krieg* von 1915 mit einer »Kategorientafel des englischen Denkens« (Scheler 1915, 442 f.) abschließt, die dem Feind die »Tendenz« unterstellt, alle zentralen epistemischen, ethischen, politischen und religiösen Begriffe in ein Idiom zu übersetzen, das ihre ›geistige‹ Qualität ignoriert: Diese Kategorientafel ist eine Übersicht systematischer *Kategorienfehler*, »verwechselt« werde im englischen Denken z. B. Kultur mit Komfort, Denken mit Rechnen, Vernunft mit Ökonomie, Charakter mit Borniertheit, das Gute mit dem Nützlichen, Welt mit Umwelt, menschliche Natur mit Engländer, Liebe mit Interessensolidarität, Demokratie mit »Mißtrauen aller mit allen, die sich gegenseitig hierdurch in Schach halten«, Gemeinschaft mit Gesellschaft, Stimme Gottes mit »öffentlicher Meinung Englands«, Europäische Gemeinschaft mit europäischem Gleichgewicht usw. (vgl. ebd.).

Obwohl sich auch Simmel als ein kulturhistorischer Zäsuremphatiker erweist, der einen »Abgrund von kaum abschätzbarer Breite zwischen ehemals und künftig, vor dem wir stehen«, diagnostiziert (Simmel 2003, 273) und die Heraufkunft eines »andern Deutschland« prophezeit, über dessen zukünftige Struktur allerdings noch nichts soziologisch Belastbares gesagt werden könne, bedient er sich bestimmter Elemente der modernen *französischen* Geschichte, um den geschichtsphilosophischen Sinn des Krieges auszubuchstabieren. Für Simmel besteht dieser Sinn in dem, was er die »Vollendung von 1870« (ebd., 280) nennt, denn die sich an die Reichseinigung anschließenden »Gründerjahre« sind ihm ein »schreckhaftes Symbol von volkswirtschaftlicher Ausschweifung, Unsolidität, übermütigem Materialismus«, der nur »etwas Vorläufiges« sein könne: »1870 bedeutete für die Freilegung dieser deutschen

Kräfte etwa, was 1789 für die des *tiers Etat* bedeutete« (ebd., 281), ein fundamentales politisches Grün-
dungsereignis, »das Jahr Null der neuen Welt« (Furet 1980, 9).

Wenn das Deutsche Reich sich also 1870 in der
Situation der Französischen Revolution befindet, die
zu immer neuen revolutionären Anläufen ansetzte,
dann lässt sich der Krieg als ein Medium der inneren Konsolidierung des Gründungsereignisses der
Reichseinigung imaginieren, das sich für Simmel in
der hemmungslosen ökonomischen Dynamik der
Gründerjahre erschöpfte. Seine Rede ist daher von
einer charakteristischen *affektiven Spaltung* gekennzeichnet: Zum einen feiert er, wie die übrige gelehrte
Kriegspublizistik auch, die Wiedergewinnung eines
»gemeinsamen Grunds« und die Überwindung aller
soziologisch beschreibbaren Differenzierungs- und
Trennungserscheinungen der modernen Gesellschaft:»du hast nur noch eine Existenz, in der das
Individuellste und das Allgemeinste sich an jedem
Punkt zur Lebenseinheit durchdringen« (Simmel
2003, 274); auf der anderen Seite dämpft Simmel die
hochfahrenden Erwartungen an einen glücklichen
Kriegsausgang, indem er keinen Zweifel daran lässt,
dass selbst im Fall eines später sogenannten »Siegfriedens« Deutschland »vergleichsweise arm zurück-
bleiben« wird – »selbst wenn ein glücklicher Ausgang des Krieges ihm Milliarden zurückgibt. Was an
Industrien, an Handelsverbindungen, an Einrichtungen, an gut begründeten wie an gewagten Unternehmungen heute schon zusammengebrochen ist,
was durch den Stillstand der Betriebe verloren gegangen ist, kann kein Mensch übersehen« (ebd., 276 f.).

Simmel ist sich Ende 1914 schon sicher, dass die
kriegsbedingten Zerstörungen »jedes Maßstabes
spotten« (ebd.), und zwar nicht nur die ökonomischen, sondern auch die politischen, denn, wie er
hellsichtig bemerkt, auch der »europäische Haß«
wird wohl die »Erbschaft dieses Krieges« sein und
den Neuaufbau nach dessen Ende auf »lange Zeit«
begleiten. Statt nun aber die absehbare Ungeheuerlichkeit der Kriegsfolgen zu einem Austritt aus der
semantischen Eskalationsdynamik zu nutzen, schiebt
Simmel all diese klar benannten Folgen des Krieges
auf seine Außenseite, um ihr eine »mysteriöse In-
nenseite« (ebd., 284) gegenüberzustellen, auf der
sich die ökonomischen Verluste der Außenseite als
ebenso viele kulturelle Gewinne verbuchen lassen.
Man muss in der Kritik an dem, was Simmel mit
einem ungelenken Kunstwort »Mammonismus«
(ebd., 277) nennt, nicht nur eine zeitdiagnostische
Zuspitzung seiner Kritik an der Gründerzeit sehen,

sondern auch eine Abrechnung mit seiner eigenen
Philosophie des Geldes (1900), denn die Ausdifferenzierung einer selbstreferentiell operierenden Geldwirtschaft, die Simmel dort historisch beschrieben
und in ihren kulturellen Auswirkungen unter dem
Stichwort einer »Mobilisierung der Werte« (Simmel
1989, 20; 710 f.) analysiert hatte, verfällt jetzt dem
Verdikt, dass es sich bei ihr um eine »Anbetung des
Geldes und des Geldwertes der Dinge, ganz gelöst
von dem eigentlich Praktischen und dem persönlich
Begehrlichen« handle (Simmel 2003, 277).

Dass sich die Operationsweise sozialer Systeme,
darunter auch die Geldwirtschaft, von psychischen
Dispositionen unabhängig machen muss, um die
Komplexitätsgewinne zu erzielen, die mit ihr möglich sind, wird ihnen nun, ausgerechnet von einem
Soziologen, der ja professionsbedingt die Differenz
von psychischen und sozialen Formgebilden berücksichtigen muss, zum Vorwurf gemacht. Dass der
»Mammonist« das Geld nicht aus Gier, sondern »sozusagen selbstlos, in reiner Ehrfurcht« verehrt (ebd.,
278), ist für Simmel der psychische Reflex dieser
geldwirtschaftlichen Autonomisierungstendenz, die
er in seiner Rede in das alttestamentarische Bild
eines »Transzendentwerdens des goldenen Kalbes«
(ebd.,) übersetzt. In Simmels Rede werden wir Zeuge
des epistemischen Paradoxes, dass ein Soziologe unter Berufung auf seine spezifische Kompetenz in der
Beschreibung sozialer Ordnungen und Strukturen
antritt, den »in unsäglichen Kompliziertheiten ver-
feinerten Aufbau« (ebd., 273) der modernen Gesellschaften (darunter eben auch: Deutschlands) zu de-
nunzieren, um diesen Kompliziertheiten das Bild
einer nicht länger soziologisch beschreibbaren »absoluten Situation« (ebd., 279) gegenüberzustellen. In
dieser Situation tritt an die Stelle der vielfältigen
»mechanischen Teilungen« und der »Indifferenz«
der modernen Geldkultur gegen die spezifischen
Differenzen der Dinge (Simmel 1989, 335) die große
Alternative eines Entweder-Oder. Nun erweist sich
ein »Kräfteeinsatz« als notwendig, der »keine Aus-
balancierung von Opfer und Gewinn, kein Wenn
und kein Aber, keinen Kompromiß, keinen Gesichtspunkt der Quantität mehr kennt« und in der
tatsächlich die »absolute Entscheidung«, die der Kaiser selbst in seiner Rede zur Mobilmachung formulierte, allen sonstigen Erwägungen vorgeordnet ist:
»*soll Deutschland sein oder nicht sein*« (Simmel 2003,
279). Diese absolute Situation hat Simmel in der *Philosophie des Geldes* noch als einen Pseudobruch mit
den Relativitäten und Wertnivellierungen der modernen Geldkultur durchschaut, wenn er dort un-

zweideutig feststellte, dass »auch die Erlösung« des Lebens »aus seinen Müdigkeiten wie selbstverständlich in einem bloßen, seine Endbedeutung verschweigenden Mittel: in der Tatsache des ›Anregenden‹ schlechthin – gesucht wird« (Simmel 1989, 337).

Der Krieg, den Simmel in seiner Rede feiert, ist genau ein derartiges ›Anregendes schlechthin‹. Die »absolute Situation« hat auch bei ihm die Struktur eines Einkreisungsphantasmas, wenn es heißt, dass in diesem Krieg »nicht nur Frankreich, sondern sozusagen die ganze Welt gegen uns steht« (Simmel 2003, 279 f.). Trotz dieser paranoischen Selbstwahrnehmung überzieht Simmel jedoch den Feind nicht mit asymmetrischen Gegenbegriffen, die bereits, wie bei Sombart, fix und fertig an das Kriegsgeschehen herangetragen werden. Statt den Archaismus von Helden und Händlern mit einer neuen Funktion zu versehen, ist Simmels Ziel insofern ehrgeiziger, als er den Krieg als ein Medium der Bildung eines »*neuen Menschen*« (ebd., 282) begreift, als den psychohistorischen Ermöglichungsgrund für die Aktualisierung der ›geistigen‹ Potentialitäten, die im Zuge der Gründerjahre zugunsten der Ausschöpfung der wirtschaftlichen Möglichkeiten vernachlässigt worden waren. Während Sombart aus Simmels Sicht zu jener Gruppe gehört, die um 1880 herum bereits ihre »geistige Entwicklung« abgeschlossen hatte, so dass sein Rückgriff auf die Pathetik des Helden und die Stereotypie des Händlers nur folgerichtig ist, sind diejenigen Intellektuellen, zu denen sich Simmel zählt, zu diesem Zeitpunkt noch »bildsam«, denn auf sie haben

> Nietzsche und der Sozialismus gewirkt, der Naturalismus und das neue Verständnis der Romantik, Richard Wagner und die Technik der modernen Arbeit, das Wiederaufleben von Metaphysik und Religiosität und die spezifisch moderne, aus Veräußerlichung und Vergeistigung zusammengewebte Ästhetik der Lebensgestaltung (ebd., 282).

Simmel leitet für sich und seine Generation aus dieser kulturhistorischen Zusammenballung von typischen modernen ›Strömungen‹, die sie geprägt hat, den Auftrag ab, den Krieg als jenen »*Schmelztiegel*« (ebd., 274) zu verherrlichen, in dem nicht nur ganz buchstäblich täglich ungeheure Leichenberge akkumuliert wurden (vgl. Jünger 2010, 33), sondern der »moderne« Vorkriegsmensch, der von den kulturellen »Spannkräften« ›geistig‹ zerrissen wurde, zu einem »neuen Menschen« umgebildet werden sollte: »Jetzt wissen wir«, lautet daher Simmels Fazit, »nicht viele Dinge sollen anders werden, sondern die Einheit Mensch« (Simmel 2003, 283). Wenn der Soziologe am Ende seiner Rede sogar von einem neuen

»*Typus* des Menschen«, den der Krieg ausprägt, spricht, dann liefert er damit ein Stichwort, das Ernst Jünger aufgreifen wird, um im Arbeiter, der nicht länger als ein Individuum begriffen werden kann, sondern nur mehr als ein »Gebilde kristallischer Art« (Jünger 1982, 143) zu verstehen ist, die anthropologische und herrschaftstechnische Konkretisierung dieser kriegerischen ›Subjektivität‹ zu propagieren (vgl. Koch 2006, 287–329).

Epistemologischer Bruch: Emil Lederers Soziologie des Weltkriegs

Ideengeschichtliche Darstellungen erwecken häufig den Eindruck, als stünden ausnahmslos alle Gelehrten, die sich vom nationalen Enthusiasmus der Augusttage anstecken ließen, im Bann der ›Ideen von 1914‹. Für diese Ideen ist charakteristisch, dass sie die Zäsur des Kriegsbeginns und seine Ausweitung zu einem Weltkrieg, der sich in der Form einer ›totalen Mobilmachung‹ entfaltete, zugleich als eine ›geistige‹, ›moralische‹ und geschichtsphilosophische Zäsur lesbar zu machen versuchten. Genauer: Die »Heroen des Katheders« hielten an der Vorstellung fest, dass die unabsehbare Steigerung der kriegerischen Leistung nur der Ausdruck einer ›inneren Wandlung‹ war, die sich an der eigenen Gesellschaft und dem bisherigen ›Menschentyp‹ vollzog. Dieser Vorstellung einer ›geistigen‹ bzw. kulturellen Urheberschaft des ersten totalen Krieges wird *rückblickend* am schärfsten in Ernst Jüngers Essay »Die totale Mobilmachung« widersprochen, insofern es gerade nicht ein ethisch oder geschichtsphilosophisch fundiertes Heldentum ist, das sich in diesem Krieg bewährt, sondern eine komplexe »Maschinerie«, eine Freunde und Feinde übergreifende soziotechnische Anordnung, die eine umfassende »Umsetzung des Lebens in Energie« bewirkt (Jünger 1980, 125; vgl. Koch 2006, 277–287):

> So fließt auch das Bild des Krieges als einer bewaffneten Handlung immer mehr in das weitergespannte Bild eines gigantischen Arbeitsprozesses ein. Neben den Heeren, die sich auf den Schlachtfeldern begegnen, entstehen die neuartigen Heere des Verkehrs, der Ernährung, der Rüstungsindustrie – das Heer der Arbeit überhaupt (Jünger 1980, 126).

Der blinde Fleck propagandistischer Traktate wie desjenigen von Sombart besteht schlicht darin, dass dieser vor lauter Helden und Händler, die sein mythopolitisches Kriegstheater bevölkern, die Figur des planetarischen Arbeiters, der nicht länger im Feld

der politischen und kulturellen Antagonismen ver-
ortbar ist, vollständig ignoriert. Jüngers Schrift über
»Die totale Mobilmachung« erschien 1930, sein
Essay über den *Arbeiter*, in dem er einen neuen
nachbürgerlichen anthropologischen Typus entwirft,
liegt 1932 vor. Beide Texte sind Auseinandersetzungen mit der Erfahrung des Ersten Weltkriegs nach
dessen Ende, die dadurch gekennzeichnet sind, dass
sie die Problematik der Zäsur auf charakteristische
Weise verschieben. Musste man erst bis zum Ende
des Krieges warten, um ihm eine Diagnose zu stellen, die, wie das bei Jünger erklärtermaßen der Fall
ist, jede »romantische Perspektive« auf den Vorgang
der ›totalen Mobilmachung‹ zu vermeiden versucht?
Bevor man diese Frage beantwortet, ist auf die grundsätzliche Zweideutigkeit der Haltung Jüngers zur
Wirklichkeit, die er beschreiben will, hinzuweisen.
Jünger hält zwar daran fest, dass sich abenteuerliche
Träumerei oder konventioneller Patriotismus angesichts von Materialschlacht und Stellungskrieg rasch
als »unzulänglich« erweisen und die Wirklichkeit
des Kampfes »andere Reserven« erfordere (Jünger
1982, 56). Dennoch zeigt seine Anhänglichkeit an
einen sogenannten »heroischen Realismus« (ebd.,
66), darauf haben unabhängig voneinander Walter
Benjamin (1991) ebenso wie Martin Heidegger
(Heidegger 2004; Balke 2013, 381–384) hingewiesen, dass ihm die Abschwörung jeder Romantik keineswegs vollständig gelingt. Auch Jünger muss mit
der Erfahrung eines »Außerordentlichen« (Jünger
1982, 56) locken und bindet Technik und Metaphysik der ›totalen Mobilmachung‹ damit an einen »las-
terhaften Mystizismus«, der in der Materialschlacht
»die höchste Offenbarung des Daseins« erblickt und
damit zugleich die »kümmerlichen Embleme des
Heroismus« restauriert, die »hier und da den Weltkrieg überdauerten« (Benjamin 1991, 239). In Kenntnis des gigantischen Arbeitsprozesses, als der sich
der Krieg erweist, phantasiert Jünger den Krieg beharrlich als einem »Kampf Mann gegen Mann«, der
im Zeitalter der entfesselten Destruktionskräfte die
»Formen der Urzeit« (Jünger 1982, 58) wiederbrin-
gen soll und die Gestalt des Arbeiters ausgerechnet
derjenigen des Ritters annähert (ebd., 67). Jünger
macht, wie es Heidegger auf den Punkt gebracht hat,
aus der Wirklichkeit, die er schonungslos beschreibt,
»noch eine ›Utopie‹« (Heidegger 2004, 183; 241 f.).

Weil die »Rüstung bis ins innerste Mark« ganz
selbstverständlich auch die intellektuelle und wissenschaftliche Bewältigung des Krieges betrifft, und
zwar ganz gleich, ob diese nun aus einer bürgerlich-
romantischen Perspektive oder aus derjenigen eines

heroischen Realismus erfolgt, weil dem Krieg gegenüber also ein distanzierter Beobachterstandpunkt
oder gar die Haltung politischer Unparteilichkeit
von vornherein ausgeschlossen ist – Ludendorff
wird entsprechend die »seelische Geschlossenheit
des Volkes« als »Grundlage des totalen Krieges« (Ludendorff 1935, 11) propagieren –, verdient eine wissenschaftliche Untersuchung umso mehr Aufmerksamkeit, die nicht erst *nach* dem zeitlichen Ende der
Kriegshandlungen, sondern noch in deren *Anfangs-
stadium* die unvoreingenommene und umfassende
Diagnose eines Kriegs neuen Typs vorlegte, die alle
spätere Publizistik zur ›totalen Mobilmachung‹ und
zum totalen Krieg in den Schatten stellt.

1915 erscheint im *Archiv für Sozialwissenschaft
und Sozialpolitik*, das von Edgar Jaffé in Verbindung
mit Max Weber und – ausgerechnet – Werner Sombart, herausgegeben wird, Emil Lederers umfangreiche Studie *Zur Soziologie des Weltkriegs*. Lederer
stellt gleich eingangs fest, dass sich seine Arbeit »ab-
sichtlich bemüht« habe, »mitten im Kriege schon einen Standpunkt *außerhalb* desselben einzunehmen.
Daraus folgt schon das Bemühen peinlichster Objektivität *allen* kriegführenden Staaten gegenüber«
(Lederer 1915, 23; s. auch Kap. IV.1). Im Kontext der
rauschhaften Erweckungspublizistik, die zu dieser
Zeit die öffentliche Diskussion des Krieges weithin
bestimmt, kann die intellektuelle und politische Provokation einer solchen methodologischen Distanznahme gar nicht hoch genug eingeschätzt werden.
Lederer vollzieht einen epistemologischen Bruch
mit der dominierenden Literatur des Kulturkriegs
und entzieht das Denken des Krieges damit der Rhetorik der epochalen Zäsur und massenpsychologischen »Erschütterung« (Simmel 2003, 273). Die *Soziologie* des Weltkriegs schließt dabei durchaus an
die strukturierende Differenz einer »reinen Soziologie« an, die Ferdinand Tönnies vorgeschlagen hatte:
Die Unterscheidung von Gemeinschaft und Gesellschaft, die 1887 als ein akademischer Buchtitel ihre
semantische Karriere beginnt, wird zur Leitdifferenz
der frühen Weltkriegskathederpublizistik, die den
kriegerischen Konflikt als die politische Übersetzung einer konzeptuell gemeinten soziologischen
Unterscheidung ›deutet‹, wobei die eigene, deutsche
Kriegspartei als Sachwalterin dessen firmiert, was
Tönnies als das »vertraute, heimliche, ausschließli-
che Zusammenleben«, also das »Leben in Gemeinschaft« dem nur »mechanischen Aggregat und Arte-
fakt« (Tönnies 1979, 3 f.) der Gesellschaft gegenüberstellt. Wenn Tönnies aperçuhaft zugespitzt
formuliert: »Man geht in die Gesellschaft wie in die

Fremde« (ebd.), dann bietet sich dieser Satz als ein basales Skript für seine kriegerische Zuspitzung an: Der Gang in die Fremde wird in den Pamphleten des ›Augusterlebnisses‹ zum Waffengang.

Wie verfährt nun Lederer mit dieser soziologischen Leitdifferenz? Er greift sie zunächst zustimmend auf und verwendet sie als einen ›prägnanten Ausdruck‹ für eine »Umformung des Sozialen«, die »der Krieg besonders in den ersten Wochen mit sich gebracht« habe: »Wir können sagen, daß sich am Tage der Mobilisierung die *Gesellschaft*, die bis dahin bestand, in eine *Gemeinschaft* umformte« (Lederer 1915, 349). Auf den ersten Blick scheint Lederer also lediglich die Position der gelehrten Kriegspropaganda zu wiederholen, obwohl doch die zeitlichen Bestimmungen, die Lederer anbringt (»in den ersten Wochen«; »am Tage der Mobilisierung«), Zweifel an der Dauerhaftigkeit dieser Umformung erregen; es ist im Übrigen auch kein Zufall, dass Carl Schmitt im *Begriff des Politischen* dort, wo er die politische Einheit als die »maßgebende Einheit« von allen übrigen sozialen Gruppierungen abhebt, in einer Fußnote ausgerechnet diesen Satz aus dem Aufsatz Lederers ohne weiteren Kommentar zitiert (Schmitt 1963, 45), genauer gesagt: als einen (vorweggenommenen) Kommentar und eine vermeintliche Bestätigung seiner Festlegung des Politischen auf die Unterscheidung von Freund und Feind in seinen Text einfügt. Schneidet man diesen Satz aus dem argumentativen Kontext des Aufsatzes heraus, wie es Schmitt tut, entgeht dem Leser allerdings das Ausmaß, in dem Lederer sich jedes propagandistischen Gebrauchs der Unterscheidung enthält, um ihren ›harten‹ kriegssoziologischen Kern freizulegen. Die durchaus singulär zu nennende Leistung des Aufsatzes besteht darin, dass er den von der gelehrten Weltkriegspublizistik und ihrer späteren theoretischen Verlängerung im Werk Carl Schmitts vorgenommene Bestimmung des Politischen als des »äußersten Intensitätsgrads einer Verbindung oder Trennung, einer Assoziation oder Dissoziation« (Schmitt 1963, 27) aufgreift, nicht um sie rhetorisch als »seinmäßige Wirklichkeit« und »reale Möglichkeit« (ebd., 28 f.) zu bekräftigen, sondern um ihr *soziales und technisches Apriori* offenzulegen. Während die Kriegspublizisten und diejenigen, die den Krieg nach seinem Ende im Medium ›abgekühlter‹ juristischer oder politiktheoretischer Diskurse fortzusetzen gesonnen sind, die von Lederer beobachtete »Umformung des Sozialen« zu einem sozialen ›Existential‹ aufwerten, versucht Lederer diese Umformung zu *denken*. Er tut das, indem er zunächst

jede Form einer exklusiven Aneignung des Gemeinschaftsbegriffs zurückweist:

> Dieser Umwandlungsprozeß vollzog sich nicht bloß in Deutschland, sondern genau in derselben Weise in Frankreich, Oesterreich-Ungarn und wie es scheint selbst in Rußland und auch in einigen neutralen Staaten, zuletzt (wenn auch nicht im entferntesten mit der gleichen Intensität) in England (Lederer 1915, 349 f.).

So sehr Lederer auch die spätere These Carl Schmitts vorwegnimmt, dass die soziale Umformung darin besteht, »daß alle gruppenbildenden Einflüsse suspendiert« (ebd., 350) werden, die das funktionale Differenzierungsmuster der modernen Gesellschaft kennzeichnet, so wenig ist er doch bereit, bei diesem Befund stehenzubleiben und die Umwandlung als einen selbstevidenten, also nicht weiter erklärbaren massenpsychologischen Vorgang in Rechnung zu stellen. Die Überführung einer hochgradig arbeitsteiligen und international vernetzten Gesellschaft in eine soziale Superform, die jede Binnendifferenzierung zugunsten einer rigiden Selbstabschließung nach außen ›suspendiert‹, ist nicht die unmittelbare oder spontane Manifestation eines Kollektivwillens, sondern das Ergebnis komplexer organisatorischer Maßnahmen. Der ›Rückfall‹ der Gesellschaft in Gemeinschaft erweist sich aus soziologischer Sicht im Übrigen überhaupt nicht als Ausdruck eines kulturellen Archaismus, sondern schöpft das soziale Potential einer spezifisch modernen staatlichen Organisationsform rücksichtslos aus, nämlich die Existenz des auf der allgemeinen Wehrpflicht beruhenden modernen Heeres und entsprechender medialer Möglichkeiten der Massenmobilisierung. Diese institutionalisierte Sozialform weist die Besonderheit auf, dass sie »einen eigenartigen Komplex sozial ausgebildet hat, innerhalb dessen alle soziale Besonderheit suspendiert« (ebd.), also *zeitweise* aufgehoben ist; mit dem Hinweis, dass in diesem Komplex »jedermann erst nach dem Ganzen und als Teil des Ganzen gegeben« (ebd.) ist, benennt Lederer den zentralen ideologischen Mechanismus, der dieser sozialen ›Transsubstantiation‹ zugrunde liegt.

Von Ideologie in einem systematischen Sinne ist deshalb zu sprechen, weil die neue »Gegebenheit«, die aus der Umformung resultiert, »eine durchaus zwangsweise [ist], vom Willen des Einzelnen nicht nur unabhängig, sondern ihn, wo er entgegensteht, beugend« (ebd.). Jede Ideologie hat eine »materielle Existenz« (Althusser 1977, 136), das heißt, sie ist keineswegs der Effekt eines falschen Bewusstseins oder einer kollektiven Einbildung, sondern an konkrete soziale Praktiken und Rituale gebunden, deren Aufgabe darin besteht, den Zwang, von dem Lederer spricht, in freie Zustimmung oder sogar höchste Affektintensität zu verwandeln.

»Im Kriege«, schreibt Lederer, »dehnt und reckt sich das Heerwesen zum Volke aus« (Lederer 1915, 350), das heißt: nicht nur alle derzeit und zukünftig Erfassten, sondern auch diejenigen, die vom Kriegseinsatz verschont bleiben, gliedern sich in einen Apparat ein, der neben seiner gewaltförmigen Seite eine ideologische umfasst, die es auch den zivilen Subjekten, die noch nicht ›hineingezogen‹ sind, erlaubt, sich als ›Soldaten‹ angerufen und *rekrutiert* zu fühlen. Das »Heerwesen« ist in vielerlei Hinsicht – das gilt *a fortiori* von seiner Institutionalisierung im Wilhelminismus – eine »soziale Form *neben* der Gesellschaft, unabhängig von ihr« (ebd.), deshalb entsteht die *Vorstellung*, als handle es sich bei ihm um eine »universale soziale Form«, die in vollständiger Unabhängigkeit von der Gesellschaft stehe, zumal ihre Aktivierung im Ernstfall »unter Wachrufung jeder gesellschaftlichen Kraft zur nationalen Verteidigung« (ebd., 351) geschieht; aber selbst unter den Bedingungen der Mobilmachung besteht für Lederer kein Zweifel daran, dass ein derartiges Heerwesen einer Gemeinschaft (im Sinne Tönnies) nur »ähnelt«, denn dieser Gemeinschaftseffekt entsteht nur, weil unter der vorausgesetzten paranoischen »Bedrohung der Existenz aller« die Verbindung aller zu einem einheitlichen Heer »im *Bewußtsein* aller Einzelnen nicht als Zwang des Staates, überhaupt nicht als Konsequenz staatlicher Aktion, sondern als übermächtiges Schicksal erscheint« (ebd.; Hervorh. F.B.). Lederer greift also die kriegstreiberische Rhetorik der »grandiosen Erhebung« auf, nicht um sie ideologisch zu verstärken und auszubeuten, sondern um sie ›soziologisch‹ zu entzaubern. Der erste Schritt einer soziologischen Entzauberung besteht darin, dort, wo für das ideologische Verhältnis zu den sozialen Existenzbedingungen nur ›Ideen‹, ›Evidenzen‹ und ›Schicksalsmächte‹ ausschlaggebend sind, die Wirksamkeit profanen, staatlichen Zwangs festzustellen.

Versteht sich die Rolle der Ideologie für die diskursive Mobilmachung und die Verwandlung auch der Heimat in eine ›kämpfende Front‹ von selbst, wirft Lederer die ungleich brisantere Frage auf, ob sich nicht auch bei den Planern und Strategen ein fundamental imaginäres Verhältnis zu den Bedingungen des modernen Krieges nachweisen lässt, das sich bereits in den ersten Wochen und Monaten verhängnisvoll auswirkt. Was man den Ideologen an der Heimatfront sofort zugesteht, nämlich dass ihr Ver-

hältnis zum modernen Krieg durch die Wiederbelebung aller möglichen Spielarten eines längst verschlissenen Heldentums bestimmt ist, würde man den Militärs und politisch-diplomatischen Akteuren nicht ohne weiteres nachsehen. Auch hier bricht Lederer, Anfang 1915, mit einem Tabu, indem er auch für die Experten der Kriegsführung nachweist, dass ihre Erwartungen über den wahrscheinlichen Kriegsverlauf durch eine »imaginäre Verzerrung« (Althusser 1977, 135) bestimmt sind: »Soviel ist klar, daß der Charakter des Krieges, selbst von den militärischen Fachleuten, nicht vorausgesehen wurde«, was Lederer sofort mit einer lakonisch formulierten Einsicht untermauert, die seitdem immer wieder bemüht wird, um eine ›dogmatische‹ Verirrung insbesondere der deutschen Kriegsplaner zu belegen: »die Bedeutung der Aufmarschschlachten wurde überschätzt«: »die Entscheidungen der ersten großen Schlachten erwiesen sich – im Gegensatz zu früheren Kriegen – nicht als richtunggebend für den Verlauf des Krieges«; die »Taktik der Schützengräben« wurde dagegen von militärischer Seite nicht »*gewünscht*«, wie Lederer formuliert (Lederer 1915, 352; Hervorh. F.B.), um damit die Verkennung der zeitgenössischen Kriegswirklichkeit zu bezeichnen, die durch die »Reichweite, Streuwirkung und Durchschlagskraft der modernen Feuerwaffen in Verbindung mit der Masse der Kämpfer« (ebd., 353) bestimmt ist. Das »vernichtende Feuer der modernen Waffen« führt – aller asymmetrischen Kriegsrhetorik zum Trotz – zu einer ›Gleichstellung‹ von Angreifer und Verteidiger und zwingt die Truppen, »wie wir überall sehen, in die Erde hinein« (ebd., 352).

Neben der waffentechnischen Revolutionierung des Kriegstheaters und der weitgehenden Inklusion der Bevölkerung in den Komplex des modernen Heeres führt Lederer als drittes Moment, dem er im weiteren die größte Aufmerksamkeit widmet, die »hohe Organisationsstufe« an, »auf der die modernen Heere stehen«, eine Organisation, von der er wiederum betont, dass sie nicht das Privileg einer der im Feld stehenden Kriegsparteien sei, sondern »in ganz Europa *gleichartig*« ist (ebd., 353). Die hohe Organisationsstufe ist die Voraussetzung für die »Massenverwertung« (ebd.), wie Lederer unter bewusster Verwendung bevölkerungsökonomischer Semantik formuliert; aus der Verwertung großer Bevölkerungsmassen in der kämpfenden Truppe folgt – entgegen der im Gemeinschaftsbegriff angelegten Tendenz zur Subjektivierung des kämpfenden Kollektivs –, dass tatsächlich »nirgends die Heeresmassen als psychische Einheit gegeben sind, welche sich wirklich geschlagen fühlen können«, so dass im resultierenden Stellungskrieg »nirgends ein so entscheidender Schlag geführt werden« kann, der »eine Weiterführung des Krieges für einen Teil unmöglich« erscheinen lässt (ebd.).

Der Erste Weltkrieg erweist sich damit zugleich als ein biopolitischer Krieg, da die Chance zu Frieden erst gegeben ist, »wenn das Menschenreservoir wirklich ausgeschöpft ist, die Menschenmassen verbraucht sind. Es hat daher der moderne Krieg wieder in die Form des Vernichtungs- und Ausrottungskrieges zurückgeführt«, dem gegenüber »die Methoden diplomatischer Aktion schwer eine Möglichkeit des Eingreifens bieten« (ebd., 354). Lederer nimmt damit Michel Foucaults These vorweg, dass die Regime niemals »vergleichbare Schlachtfeste unter ihren eigenen Bevölkerungen« anrichteten wie im Zeitalter der Biomacht, weil der Krieg nicht länger »im Namen eines Souveräns geführt [wird], der zu verteidigen ist, sondern im Namen der Existenz aller. Man stellt ganze Völker auf, damit sie sich im Namen der Notwendigkeit ihres Lebens gegenseitig umbringen. Die Massaker sind vital geworden« (Foucault 1977, 163).

Lederer diagnostiziert nicht nur bereits 1915 die spezifisch biopolitische Vernichtungsdynamik des Ersten Weltkriegs, die aus der Totalinklusion oder, wie Ernst Jünger später formulieren wird, der »existenzielle[n] Einbeziehung« (Jünger 1982, 150) der Bevölkerung in die Kriegsmaschinerie resultiert; er diskutiert bereits alle entscheidenden Merkmale jenes Vorgangs, den Jünger dann mit dem prägnanten Schlagwort der ›totalen Mobilmachung‹ versieht und auf die Formel einer »wachsenden Umsetzung des Lebens in Energie« (Jünger 1980, 125) bringt. Was Lederer der Kriegsmaschinerie als »die größte geschichtliche Homogenisierung von ursprünglich als soziale Schichten vorhandenen Massen« (Lederer 1915, 354) attestiert, diese »abstrakte Natur des Heerwesens« (ebd., 357), die alle qualitativ-symbolischen Unterschiede ignoriert, beschreibt Jünger, nicht ohne gelegentliches Bedauern, als »Verwischung der Stände« und Auflösung des Begriffs der »Kriegerkaste« (Jünger 1980, 125) zugunsten eines »gigantischen Arbeitsprozess[es]«, in den sich das kriegerische Geschehen verwandelt hat. Die Verwandlung des Heeres in einen funktionsfähigen Mechanismus (Lederer 1915, 356) ist genau jenes Phänomen, das Jünger vor Augen hat, wenn er davon spricht, dass die ›totale Mobilmachung‹ »weit weniger vollzogen [wird], als sie sich selbst vollzieht« (Jünger 1980, 128), also nicht länger einem politi-

schen oder kollektiven Subjekt (›Nation‹, ›Volk‹, ›Gemeinschaft‹) zurechenbar ist. Dass die Absonderung des Heeres vom Volk aufgehört hat, bedeutet nicht, dass das Heer nun im Auftrag des Volkes operiert; vielmehr ist umgekehrt auch die psychologische Mobilisierung der Bevölkerung eine Dimension des totalen kriegerischen Geschehens, ›Leben‹, das nur zählt, weil es sich in ›Energie‹ umsetzen lässt: »die nationale Eigenart, der soziologische Unterbau, die ökonomische Basis ist gleichgültig geworden – ähnlich wie eine Baumwollspinnerei, gleichgültig ob in Amerika oder Rußland, dasselbe Garn auf denselben Maschinen leistet« (Lederer 1915, 357).

Obwohl die Leistung des Heeres eine »solche des *Volkes*« ist, liegt sie notwendigerweise »jenseits jeder Volkseigenart, ist *abstrakte Energie*; und ist weiterhin *überall* Energie« (ebd.). Das technische *Apriori* des Weltkriegs, wie ihn Lederer beschreibt und Jünger mit gehöriger Verspätung im ›Nachkrieg‹ auf den Begriff der ›totalen Mobilmachung‹ bringt, gibt sich als ein elektromechanisches zu erkennen: »In der letzten, schon gegen Ende dieses Krieges angedeuteten Phase geschieht keine Bewegung mehr – und sei es die einer Heimarbeiterin an ihrer Nähmaschine – der nicht eine zum mindesten mittelbare kriegerische Leistung innewohnt« (Jünger 1980, 126).

Jüngers These, dass sich die kriegerische Handlung immer mehr in einen umfassenden Arbeitsprozess einfügt und der Soldat daher bloß als die höchste Ausprägung des Arbeiters anzusehen ist, wird von Lederer auf ihren sozialhistorischen Kern zurückgeführt: Während die schlecht ausgerüsteten Söldner- und Freiwilligentruppen der früheren Heere »am besten aus bäuerlicher Bevölkerung zu rekrutieren« waren, »wird der psychische Habitus des modernen Industriearbeiters (des gelernten wie des angelernten) immer ähnlicher dem des Soldaten im modernen Heer« (Lederer 1915, 369). Die entscheidende und bleibende theoretische Leistung Lederers besteht nun aber darin, dass er von der ›totalen Mobilmachung‹ keineswegs wie Jünger ein metaphysisches, ›gestaltmäßiges‹ Bild zeichnet, das den Arbeiter als das mythische Subjekt einer technisch mobilisierten Welt vorstellt, sondern durch »Erwägungen über die Natur des modernen Staates« (ebd., 357) in ihren sozialen und politischen Voraussetzungen zu erhellen versucht. Lederer hält die verbreitete, von Jünger wie Schmitt geteilte Auffassung, die die Geschichte des modernen Staates als die eines zunehmenden Prestige- und Machtverlustes schreibt, für soziologisch nicht haltbar. Der Entwicklung des modernen Staates liege vielmehr eine »Antinomie« (ebd., 360) zu Grunde, insofern er zwar nach innen hin »immer mehr Ausdruck gesellschaftlicher und wirtschaftlicher Machtverhältnisse wird«, zugleich und im selben Maße jedoch nach außen hin »immer mehr selbständige, von jeder konkreten Unterlage losgelöste Realität mit eigner Intensität und eigner Zielstrebigkeit wird« (ebd., 360 f.). Die politische ›Schwäche‹ des Staates nach innen ist paradoxerweise die Voraussetzung für seine ungeahnte Machtentfaltung nach außen, die historisch ihresgleichen sucht. War der absolute Staat nämlich nur dem Namen nach absolut, wird es der moderne wirklich, aber das nur unter der Voraussetzung, dass er sich im Inneren von der Dynamik des sozialen Klassenaufbaus *abhängig* macht und sich abwechselnd die mit dieser Struktur verbundenen sozialpolitischen Forderungen zu eigen macht. Die »wichtigsten Maßnahmen im Staat« haben daher, wie dieser selbst, stets ein »doppeltes Gesicht«: »sie sind Konsequenz sozialer Machtverhältnisse«, also etwa einer staatlich moderierten und garantierten Übereinkunft zwischen Kapital- und Arbeiterseite, »und *steigern* auch zugleich den Staat als abstrakte Organisation« (ebd., 365).

Der von marxistischer Seite vielfach pauschal behauptete Zusammenhang von Kapitalismus, Imperialismus (als seiner »höchsten Entwicklungsstufe«) und Krieg wird von Lederer machtanalytisch spezifiziert: Die Kriegsmaschinerie funktioniert nur durch die Ausweitung der Fabrikdisziplin auf weite Teile der Bevölkerung, Arbeiter und Soldaten teilen einen »psychischen Habitus«, längst bevor sie der militärischen Disziplin unterworfen werden, weil es in der Fabrik wie an der Front um die gleiche lückenlose »instrumentelle Codierung des Körpers« geht (Foucault 1981, 197), also um die Errichtung einer permanenten (Selbst-)Kontrolle, die »zur besten Beziehung zwischen den erforderlichen Gesten und der Gesamthaltung des Körpers« zwingt (ebd., 195). Der Kapitalismus richtet auf der Ebene seiner betriebswirtschaftlichen Operationseinheiten eine Zwangsbindung an den Produktionsapparat ein, die sich ohne weiteres auf die Zwangsbindung an den Destruktionsapparat des Heeres übertragen lässt. Neben den Machtprozeduren der Disziplin, die die Steigerung der Fähigkeiten jedes individuellen Körpers und damit das Anwachsen seiner Nützlichkeit und Gelehrigkeit zum Ziel hat, entwickeln sich im Kapitalismus Regierungstechniken, die die Steigerung des ›Wohlstands‹ und der ökonomischen ›Sicherheit‹ der Bevölkerung beabsichtigen – etwa durch die Eta-

blierung umfassender Versicherungsdispositive zur Abmilderung der spezifischen Risiken einer industriellen Produktionsweise (vgl. Ewald 1993).

Die von Lederer diagnostizierte »Antinomie« zwischen Staat im Innern und Machtstaat nach außen trägt der Doppelgesichtigkeit der modernen ›Bio-Macht‹ Rechnung trägt: Um die kollektiven Lebensprozesse einer Bevölkerung zu steigern, muss sich der Staat bis zu einem gewissen Maße an die Klassen ausliefern, die die soziale Dynamik des Kapitalismus tragen. Der Staat wird zum »Ausschuß« nicht *einer* dieser Klassen, sondern *beider*, indem er abwechselnd die Unternehmermacht und die Macht der Arbeiterklasse befördert: »steigende Unternehmermacht bedeutet zweckmäßige Organisation der Wirtschaft auf den Profit hin und strenge Fabrikdisziplin. Steigende Macht der Arbeiterklasse: gehobene Lebenshaltung der breiten Masse und Zwang zur rationellsten Fabrikorganisation« (Lederer 1915, 370). Die ›Schwäche‹ des (nur mehr moderierenden) Staates nach innen, der der relativen Stärke der sozialen Klassen entspricht, ist die Voraussetzung für jenen Vorgang, den Lederer eingangs als die »Umformung des Sozialen« unter Kriegsbedingungen beschrieben hatte: Weil sich die Klassen innenpolitisch in ›ihrem Staat‹ wiedererkennen, kann sich die Gesellschaft, »auch dort, wo sie schon Objekt des Staates ist, noch immer als Gesellschaft, also als *Subjekt, aktiv*« fühlen (ebd., 371).

Wenn Jünger 1930 rückblickend die Totalität der Mobilmachung daran bemisst, dass sie auch die Kräfte ergreift, »die gegen den Krieg selbst gerichtet sind«, indem die Mobilmachung nach den Heeren des Krieges nun die »Massen des Bürgerkriegs in Bewegung zu setzen beginnt« (Jünger 1980, 136), wenn er anerkennend darauf hinweist, dass es nur »vereinzelte Intelligenzen« waren, die sich »vom ersten Tage an auf neutrales Gebiet begaben und sich zu einer offenen Sabotage der Kriegführung entschlossen« (ebd., 137), dann findet sich auch diese Einschätzung in dem Aufsatz Lederers von 1915 vorformuliert. Dass der moderne Machtstaat wirklich ein »›Kulturstaat‹« geworden ist, erkennt man daran, dass »auch jenseits aller offiziellen Publizistik […] eine völlige Umbiegung und sozusagen Einexerzierung der Argumentation auf den Krieg« stattgefunden hat, und zwar, wie Lederer erneut betont, nicht nur in Deutschland, sondern durchaus »in allen Staaten« (Lederer 1915, 372). Das Wort von der »Einexerzierung« trifft exakt den Befund, den die Analyse der Kampfschrift Sombarts ergeben hatte, die ein idealtypisches Beispiel für die Fähigkeit des modernen Machtstaates im Krieg darstellt, »auch die geistigen und kulturellen Strömungen aller Art als Motor« zu benutzen (ebd.). Lederer zeigt allerdings zugleich, dass die totale ›geistige‹ Unterwürfigkeit der intellektuellen Eliten unter die Erfordernisse einer totalen Kriegsführung schon zu Beginn des Krieges keineswegs alternativlos war, wenn er den Duktus soziologischer Neutralität an einer Stelle seines Aufsatzes unterbricht, um aus der abhängigen Position des »Redaktions-Sekretärs« für die Zeitschrift, in der er seinen Aufsatz veröffentlicht, die Unterwürfigkeit der kriegstreibenden Intellektuellen zu brandmarken, zu denen jedenfalls auch einer der drei Herausgeber des *Archivs* gehört:

> Eine spätere Zeit wird es kaum begreifen können, mit welcher Willenlosigkeit, um nicht zu sagen welcher Unterwürfigkeit sich alle Strömungen in die Tatsache des Krieges selbst verloren haben und in ihr zu neuem Leben wiederfinden zu können glaubten. Es gibt keine geistige und keine kulturelle Strömung in Deutschland und außerhalb desselben, welche nicht bereit gewesen wäre, dem Kriege als Ideologie zu dienen. Jede möchte den Krieg als Kraftquelle benutzen. Anschauungen, welche den Sinn aller Entwicklungen in dem Erscheinen und Auswirken von Helden sahen, ebenso wie solche, die von einem Erwachen des ›Volkes‹ träumen (ebd., 373 f.).

Während Jünger die Funktionsweise der ›totalen Mobilmachung‹ immer noch an ein metaphysisches, gestaltmäßiges ›Bild‹ des Krieges zu binden versucht, um ihm weiterhin eine kultische Substanz zu sichern, lässt Lederer keinen Zweifel daran, dass sich in diesem Krieg »nur die Organisationsstufe der einzelnen Staaten« misst, so dass hier »nichts mehr von dem *Wesen* eines Volkes, einer Kultur als *Qualität*« eingeht. Vielmehr wird in diesem Prozess alles »quantitativ«: »Damit ist die abstrakte Organisation zum ersten Mal zu welthistorischer Bedeutung gelangt« (ebd., 380). Weil der Krieg »lebendige Kraft in einer Maschine« ist, weist er im Grunde jede intellektuelle Sinnzuschreibung ab und verwandelt sie in eine ›Kraftquelle‹. Wenn sich der »größte Krieg der Weltgeschichte […] somit als der unwesentlichste von allen« (ebd., 383) erweist, dann will Lederer damit keineswegs sagen, er sei zugleich der unwichtigste. Im Gegenteil: Mit einer »wahnsinnigen Hyperbel« beschließt er seine Soziologie des Weltkriegs, indem er das Projekt einer zukünftigen, »utopischen« Geschichtsschreibung des Weltkriegs formuliert, die diesen »in einer Anmerkung« erledigen würde, wie das mit »Ereignissen unhistorischen Charakters – dem Untergang der Titanic und dem Erdbeben von Messina etwa in phantastischer Ver-

größerung« geschehe (ebd., 384). Indem Lederer den Weltkrieg damit in die Kategorie des (größten anzunehmenden) *Unfalls* einordnet, nimmt er ihm nichts von seiner Gewalttätigkeit; er verweist das Denken der politischen Katastrophe aber auf eine Rationalität, die mit Risikokalkülen operiert und die Versicherungstechnik einsetzt.

Das Primat des Krieges über die Politik

Die Schützengräben des Ersten Weltkriegs, wie sie Ernst Jünger beschreibt, sind nicht nur der Schauplatz des organisierten Tötens, sondern zugleich der idyllischen Unterbrechungen der Kriegsmaschine, wenn sich der Kämpfer eine Pfeife ansteckt, die Post durchsieht, die ihn an das Leben außerhalb der Gräben denken lässt, oder wie zu Hause, die Zeitung liest. Die morgendliche Zeitungslektüre im Graben nimmt Jünger in seinem Tagebuch *Das Wäldchen 125* aus dem Jahr 1924 zum Anlass für die folgende Bemerkung: »ich vertiefe mich in die Politik, die wir hier nach Clausewitz mit veränderten Mitteln fortsetzen sollen« (Jünger 1978, 324). Die feine Ironie der Formulierung zielt darauf ab, beim Leser einen antipolitischen Affekt hervorzurufen, denn für Jünger steht außer Frage, dass die Politik von dem, was sie den Kämpfern zu tun aufgibt, nichts versteht. Eben deshalb muss ein dekorierter Offizier in immer neuen Anläufen ein Bild vom ›Kampf als innerem Erlebnis‹ erzeugen, das mit der ›naiven‹ Vorstellung, auch dieser Krieg ließe sich noch als ein Instrument der Politik begreifen und führen, gründlich aufräumt. Nicht allein die routinierte Entfesselung äußerster Gewalt, wie sie nie zuvor in dieser Größenordnung auf Schlachtfeldern beobachtet wurde, verlangt nach einer neuen Darstellungstechnik des Geschehens; Jünger lässt keinen Zweifel daran, dass sämtliche diskursiven Formen, in denen bislang das Wissen vom Kriege fabriziert wurde – handele es sich nun um die militärische Strategie, die Festlegung politischer Vorgaben und Zielsetzungen oder die massenmedialen Kontroversen (um seinen Nutzen oder seine Sinnlosigkeit) – die Besonderheit *dieses* Krieges vollständig verfehlen. Jünger ist sich sicher, dass es anderer kultureller Skripte bedarf, um das Geschehen dieses Krieges zu erzählen. Die Zäsur, die dieser Krieg – der erste von zwei Zivilisationsbrüchen, die sich in Europa der ersten Hälfte des 20. Jahrhunderts ereigneten – markiert, ist keine Zäsur der (politischen oder militärischen) Bewegung, sondern eine des Stillstands und der Stagnation. Die sich auf einer

sich immer weiter verlängernden Stufenleiter repro-
duzierende Materialschlacht führt die erhoffte »Total-
entscheidung« (Clausewitz 1980, 34) über den Krieg
gerade nicht herbei, sondern verlagert sie mit jeder
neuen Aktion in die Zukunft.

Jünger schließt sich ausdrücklich in die Gruppe
der Kämpfer ein, die für die Lektionen der Clausewitzschen Kriegstheorie vollständig unempfänglich
sind. Zu diesem Krieg gehört es, dass nicht nur der
einfache Soldat, sondern auch der gebildete Offizier
sich außerstande sehen, für das Geschehen Begriffe
zu finden, die über die Perspektiven und Beschreibungen derer, die in die Kämpfe verwickelt oder
›verbissen‹ sind, hinausgehen. Für Clausewitz bestand
ja die Leistung der ›instrumentellen‹ im Unterschied
zur ›existentiellen‹ Definition des Krieges (vgl.
Münkler 1992, 92–110) darin, dass sie gerade nicht
den *Kämpfern* das Monopol auf die Deutungshoheit
des Geschehens überließ und auf die Notwendigkeit
einer Unterbrechung der kriegerischen Selbstrefe-
renz und der ihr entspringenden Eskalationsdynamik beharrte. Gerade weil Clausewitz keineswegs
die Augen vor dem ›absoluten Krieg‹ verschloss, also
dem Krieg, der seinem abstrakten Begriff so nahe
wie möglich kommt, wie ihn die Französische Revolution und die napoleonischen Feldzüge auf die Tagesordnung gesetzt hatten (Hahlweg 1975, 245),
prangerte er umso hartnäckiger die Täuschung an,
dass der Krieg jemals ein bloßer Kampf auf Leben
und Tod werden könne, der sich vollständig aus sich
selbst heraus versteht und nicht politisch erzeugt sei
(Clausewitz 1980, 44 f.; vgl. Münkler 1986, 96). Jünger dagegen schließt das kriegerische Geschehen,
das er literarisch in Schriften wie dem *Wäldchen 125*
protokolliert, in den Horizont dieses Protokolls ein
und opfert die Möglichkeit inkongruenter Perspektiven und ihrer kommunikativen Artikulation einer
gezielt herbeigeschriebenen Naivität:

> Die meisten von uns sind einfache Menschen, die, wenn
> sie über die Entstehung des Krieges oder seine großen
> Ziele und Zusammenhänge befragt würden, nur eine
> verworrene Antwort zu geben wüßten. Und wenn ihnen
> jemand sagte, daß der Gewinn oder Verlust eines so
> nichtswürdigen Landfetzens [wie des titelgebenden
> Wäldchens 125, F.B.] doch ohne jede Bedeutung sei, so
> würden sie wohl auch nicht viel erwidern können. Aber
> sie würden trotzdem fühlen, daß ihnen dieses Land
> mehr bedeutet als ein Gemisch aus Kreide und Sand,
> das mit zersplitterten Baumstümpfen bestanden ist, des-
> sen Lage man nach der Karte bestimmen und dessen
> Ausdehnung man messen kann (Jünger 1978, 419).

Der Diminutiv des Titels – »Wäldchen 125« – will
vor diesem Hintergrund zugleich als eine ironische

Absage an die von politischer und publizistischer
Seite vorgetragenen ›großen‹ und ›erhabenen‹ Ziel-
projektionen gelesen werden: Um derartig geringfügige ›Einsätze‹ ging der Kampf ›vor Ort‹ in Wahrheit. Obwohl es nur ein namenloser Ort ist, dem lediglich eine Zahl zur kartografischen Identifizierung
beigegeben ist und obwohl es aus militärischer und
erst recht politischer Sicht den Einsatz von Material
und Menschen, die zu seiner Verteidigung benötigt
werden, niemals zu rechtfertigen vermöchte, wissen, genauer: »fühlen« die Kombattanten vor Ort es
besser.

Jüngers Kriegsliteratur und Kriegsessayistik bekräftigt eine Auffassung der Beziehung von Krieg
und Politik, die allerdings kein Privileg des Literaten
ist, sondern bereits lange vor Ausbruch des Ersten
Weltkriegs die militärischen Strategen und Planer
beherrschte: Alfred von Schlieffen, der strategische
›Meister‹ auf Seiten der deutschen Militärs, verlieh
seinen Namen einem Plan, der dadurch gekennzeichnet war, dass er eine Reflexion auf das Verhältnis von Krieg und Politik weitgehend vermissen ließ.
Kritik an von Schlieffens einseitiger Ausrichtung
aller Planungen am Konzept der Vernichtungsschlacht soll dieser mit der ironischen Bemerkung
gekontert haben: »Ja, es mag ja langweilig sein; es
kommt eben immer auf das dumme Gesiege
heraus!« (Wallach 1970, 65; zur Fortschreibung der
Vertauschung der Positionen von Politik und Militär
und der daraus resultierenden Totalisierung des
Krieges durch Ludendorff vgl. Wehler 1969, 238 ff.).
Die Formulierung ist unfreiwillig erhellend, als es
eben die Fixierung auf das von Wallach sogenannte
»Vernichtungsdogma« ist, die sich in der Tat als
›dumm‹ herausstellt, weil das Dogma das komplexe
Beziehungsgeflecht von Krieg und Politik nicht berücksichtigt und an seine Stelle einen militärischen
Voluntarismus setzt. Dass von Schlieffens Planungen darauf basierten, den Krieg rasch zum Äußersten zu treiben und er ausgerechnet den von Clausewitz ausführlich diskutierten Ursachen, »welche den
kriegerischen Akt *ohne inneren Widerspruch zum
Stehen bringen können*« (Clausewitz 1980, 40), kaum
Bedeutung beimaß, ist keineswegs allein einer tech-
nizistischen Verkürzung der Kriegswissenschaft geschuldet, wie sie für den deutschen Generalstab insgesamt häufig beschrieben wurde. Die selektive
Clausewitz-Lektüre verdankt sich einmal mehr der
Anhänglichkeit an das paranoische Phantasma der
Einkreisung Deutschlands durch eine ›Welt von
Feinden‹. In seinem Aufsatz »Der Krieg der Gegen-
wart« zeichnet von Schlieffen ein Bild von der politi-

schen Situation, in der Deutschland »von seinen Feinden unter Führung des ›eifersüchtigen‹ England völlig eingekreist« ist (Wallach 1970, 69):

> Der gewaltige Aufschwung seiner Industrie und seines Handels hat Deutschland einen weiteren unversöhnlichen Feind eingebracht. Der Haß gegen den früher verachteten Konkurrenten läßt sich weder durch Versicherungen aufrichtiger Freundschaft und herzlicher Sympathie mildern noch durch aufreizende Worte verschärfen (Schlieffen 1936, 238).

Man konnte sich den in dieser Situation neu zu entfesselnden ›Befreiungskrieg‹, der den imaginären ›Belagerungsring‹ der Feinde durchbrechen würde, nur als einen Krieg vorstellen, dessen Entscheidung von den, wie Lederer formulierte, »ersten großen Schlachten« (Lederer 1915, 352) abhing. Schlieffen erhob Cannae zum strategischen Modell für den zukünftigen Krieg, weil Hannibal gezeigt habe, »wie man einen zahlenmäßig überlegenen Gegner vollkommen vernichten und nicht nur schlagen kann« (Wallach 1970, 76), nämlich indem man ihn aus vier Richtungen angreift, also, während man ihn frontal beschäftigt, zugleich von den Seiten bzw. Flügeln her umfasst und damit von seinen rückwärtigen Verbindungen abschneidet. Schlieffens Cannae-Faszination geht auf die Darstellung Hans Delbrücks zurück, der den »Begriff der völligen Einschließung entwickelt« hatte (ebd.). Die völlige Einschließung ist gewissermaßen die militärische Transposition des Phantasmas der Einkreisung, das nun ›offensiv gewendet‹ wird: Was die Feinde uns politisch und wirtschaftlich angetan haben, das tun wir ihnen nun auf dem Schlachtfeld an.

Die Fetischisierung einer 2000 Jahre zurückliegenden Schlacht zum Paradigma des zukünftigen Krieges erklärt, warum aus dieser Perspektive die ›Taktik der Schützengräben‹ weder gewünscht noch überhaupt als eine relevante oder dominante Form des künftigen Krieges betrachtet wurde. Man arbeitete ausschließlich »auf Steigerung des Elans im Angriff hin« (Lederer 1915, 352). Lederer zitiert eine Äußerung eines namentlich nicht genannten deutschen »Theoretikers«, die deshalb so charakteristisch ist, weil sie unfreiwillig den faktischen Verlauf des Kriegsgeschehens antizipiert: »Der Schützengraben kann nur zu leicht zum Grab des Angriffsgedankens werden« (ebd.). Die Möglichkeit einer derartigen Verlagerung und Immobilisierung des Kriegstheaters muss einem militärischen Denken, das die Vernichtungsschlacht zum Dogma erhebt und sich dem Offensivkult sowie dem Glauben an einen kurzen Krieg (*short war illusion*; vgl. Farrar 1973) ver-

schreibt, unzugänglich bleiben. Eine »Ermattungsstrategie« hielt von Schlieffen unter modernen hochindustrialisierten Bedingungen für ausgeschlossen, da der Unterhalt von Millionenheeren die Volkswirtschaften überfordern mussten (Wallach 1970, 95), während die industrielle Produktionsweise tatsächlich genau eine solche zeitliche Zerdehnung des Krieges durch die Mobilisierung aller Ressourcen im Rahmen einer Kriegswirtschaft begünstigt.

Noch Jünger variiert im *Arbeiter* das Dogma der Vernichtungsschlacht und erweist sich insofern als ein treuer Gefolgsmann Schlieffens, als er dessen strategische Doktrin mit essayistischen Mitteln fortsetzt: »Nicht der Wunsch, nicht geschlagen zu werden, sondern das brennende Verlangen, den Feind zu schlagen, muß die Einschließungen bestimmen« (Schlieffen 1937/38, 86 f.), schreibt Schlieffen und Jünger sekundiert dem General mit dem Hinweis: Der Bürger, der nur den »Verteidigungskrieg« kenne, kenne den Krieg »überhaupt nicht«, denn er lehne die einzig mögliche und zugleich die »höchste Begründung des Krieges, den Angriff«, ab und zwar deshalb, weil er kein Soldat sei und sich des Soldaten ausschließlich als eines Instruments bediene, selbst wenn er »sich selbst als Soldat verkleidet« (Jünger 1982, 21).

Die existentielle Auffassung des Krieges leugnet also das Ergebnis der Clausewitzschen Argumentation, indem sie bei deren Ausgangspunkt stehenbleibt. Die existentielle Auffassung geht von der »Definition« des Krieges bei Clausewitz aus – der Krieg als »erweiterter Zweikampf«, in dem die Gegner einander »*niederzuwerfen*« trachten (Clausewitz 1980, 27) –, ohne sich um die unaufhebbaren Komplizierungen bzw. »*Modifikationen der Wirklichkeit*« (ebd., 31) zu scheren, deren Berücksichtigung Clausewitz dann zu seiner berühmten ›zweiten‹ und entscheidenden Definition führt, der zufolge der Krieg nicht nur »ein politischer Akt« ist, »sondern ein wahres politisches Instrument«, »eine Fortsetzung des politischen Verkehrs, ein Durchführen desselben mit andern Mitteln« (ebd., 44). Die existentiellen Kriegstheoretiker müssen sich bereits durch zwei unscheinbare rhetorische Gesten in dieser *resultativen* (im Unterschied zur *initialen*) Kriegsdefinition provoziert fühlen: Ausgerechnet ein Militär sieht im Krieg, dem er erstmals ein philosophisches und wissenschaftliches Statut verleiht, das über die bislang bekannten Kriegsmanuale hinausgeht, eine »bloße« Fortsetzung der Politik (mit anderen Mitteln); und die »Wahrheit« des Krieges vermag er nicht in dessen maximaler Entfesselung, sondern allein in dessen ›demütiger‹ Unterordnung unter die Zwecksetzungen der Politik erkennen. Der Krieg ist also bei Clausewitz selbst dort, wo er sich seiner »abstrakten Gestalt« nähert (ebd., 44), also kriegerisches Ziel (die Vernichtung des Feindes) und politischer Zweck zusammenzufallen scheinen, in letzter Instanz weder etwas ›Großes‹ noch etwas ›Eigenständiges‹, »kein *selbständiges Ding*« (ebd., 45).

Das Ausmaß, in dem es Schlieffen umgekehrt darum ging, den Krieg wieder in ein »selbständiges Ding« zu verwandeln, erkennt man an seiner Betonung der mechanischen Seite des Geschehens, wenn einmal die Maschinerie durch den Feldherrn in Bewegung gesetzt ist. Der Feldherr ist der Meister des überraschenden Angriffs, der es versteht, den Feind durch die »Plötzlichkeit« der Aktion zu verwirren und eine »Schockwirkung« (Wallach 1970, 85) zu erzielen; damit ist seine Rolle aber auch schon erschöpft. Der »moderne Alexander« ist nach Beginn der Kriegshandlungen »in seinem Büro durch Draht, Funk und motorisierte Melder mit der Truppe verbunden« (ebd., 94), von wo aus er kaum noch in das Kampfgeschehen eingreift und nicht in der Lage ist, fundamentale Richtungsalternativen zu bestimmen. Ironischerweise entspricht der Entmachtung der Politik in den Kriegsszenarien der militärischen Planung eine entsprechende Relativierung des Strategen, der zu einem bloßen Rad innerhalb der Kriegsmaschinerie wird: »Der Oberbefehlshaber wird, nachdem er den verschiedenen Marschkolonnen die Marschrichtung befohlen und sie in Bewegung gesetzt hat, fast überflüssig. Sobald der Apparat in Bewegung ist, arbeitet er beinahe automatisch« (ebd.). Schlieffen geht sogar so weit, die Möglichkeit, »einen besonderen Befehl für die Schlacht zu geben«, in Frage zu stellen: »Ein Angriffsbefehl konnte gegebenenfalls durch einen Marschbefehl ersetzt werden, und dieser Vormarsch konnte zum Zusammentreffen mit dem Gegner führen«. Der »Glaube an die Planung« und damit an die Ausschaltung aller Kontingenzen und Friktionen, die das Kriegstheater bestimmen und die planerische Intelligenz durchkreuzen, führte Schlieffen zu der Behauptung, »daß, wenn alles gut ging, der Truppe nichts übrigbleiben würde als anzugreifen« (ebd., 92).

Alle Versuche, ausgerechnet in seiner technischen Vervollkommnung zur perfekten Kriegsmaschinerie den Triumph einer existentiellen Auffassung zu sehen, blamieren sich im Falle des Ersten Weltkriegs eben an dem Befund der Unentscheidbarkeit bzw. der räumlichen Ausweitung und zeitlichen Dehnung dieses Krieges. Die technische Mobilisierung aller Kräfte und die ungeahnte Steigerung ihrer Vernichtungswirkung konterkarierten paradoxerweise den strategischen Offensivkult der Militärs: »Angreifer und Verteidiger werden durch Angriffswaffen und Verteidigungsmittel einander gleich, der Verteidiger wird durch die Feuerwirkung seiner Waffen in der Verteidigung überlegen und zum Angreifer, der Angreifer ist zugleich stets in der Verteidigung« (Lederer 1915, 352 f.). Die existentielle Auffassung des Krieges ist der Sache nach eine technizistische Verkürzung, wobei der Technizismus zu definieren wäre als die Verkennung der ›gleichmacherischen‹ Wirkungen der Technik, die die erwartete Hoffnung auf die Nutzbarmachung ihres Potentials für den eigenen Sieg im ›erweiterten Zweikampf‹ durchkreuzen. Der Technizismus der ›totalen Mobilmachung‹ verschließt an entscheidender Stelle gerade die Augen vor der neuen militärischen Technik, weil er sie auf die Rolle eines Instruments festlegt, allerdings nicht eines Instruments in den Händen der Politiker, sondern der Militärs und der ›kämpfenden Truppe‹. Die Instrumentalisierung der Technik nimmt hier die Form einer imaginären Appropriation an, für die eben die Chiffre ›existentiell‹ steht. Imaginär ist diese Appropriation, weil sie ignoriert, dass Technik (und die dazugehörige organisatorische Implementierung) Mittel sind, die wandern, die getauscht und enteignet bzw. *übertragen* werden. Technische Mittel sind »internationale Phänomene par excellence, und es gab nie eine ›internationale‹ Grenze, die in der Diffusion von Techniken und ihren Utensilien nicht überwunden werden konnte – und mußte« (Schüttpelz 2002, 166). Die nationalistische (und okzidentalistische) Illusion besteht eben in einem spezifisch ›säkularen‹ Fetischismus, der sogar die internationalsten Phänomene in den »Besitzanspruch eines Staates« einschließen möchte, ohne dass dies jedoch jemals effektiv gelänge, eine Haltung, die unverkennbar eine politische ist und »geradewegs in den Ersten Weltkrieg führte« (ebd., 167). Die Technik also, mit der man die eigene Überlegenheit über alle anderen ein für alle Mal durchsetzen will, indem man sie monopolisiert, ist immer schon die Technik der anderen. Die kulturellen Semantiken und Skripte, die den Krieg begleiten, sind von einer charakteristischen ›Blindheit‹ gegenüber der Zirkulation technischer Errungenschaften geprägt. Sie entwickeln mythische Szenarien technischer Überlegenheit, die sich als austauschbare Kulissen vor die Wahrnehmung einer prinzipiell *verteilten* kriegerischen *agency* schieben und damit das Denken des Krieges als eines sozialen Systems, das die nationalen bzw. nationalistischen Akteure übergreift und ihnen ihren Platz anweist, verhindert.

Man würde allerdings ebenfalls einem Mythos aufsitzen, wenn man das militärische Wissen und die taktischen Konzeptionen, wie sie den Stoßtrupp-formationen zugrunde lagen, ausschließlich an der strategischen Grundausrichtung messen würde und somit zu dem Ergebnis käme, dass die Militärs nicht wussten, welchen Krieg sie führten (Raths 2009, 2). Zieht man die neuere Forschung zur Entwicklung der deutschen Landkriegstaktik seit Beginn des 20. Jahrhunderts bis zum Ersten Weltkrieg zur Rate, wird deutlich, dass für die mit taktischen Fragen befassten Militärs viele der Entwicklungen des Krieges weniger überraschend kamen als für die strategischen Planer. Gelegentlich geht man heute sogar so weit, im Stellungskrieg nicht nur keine Überraschung, sondern »schlicht die mustergültige Umsetzung der Reglements und Überlegungen der Friedenszeit« zu sehen, indem man darauf hinweist, dass ohne einen »solchen Vorlauf im Frieden« der Stellungskrieg »nachgerade undenkbar gewesen« wäre: »Der Grabenkrieg erwies sich als nichts weiter denn die Manifestation der Friedensplanungen« (ebd., 206). Und in der Tat: Der Krieg, auch der Erste Weltkrieg, »entsteht nicht urplötzlich« (Clausewitz 1980, 23). Die Formen, die er ›vor Ort‹, auf dem Kriegstheater annimmt, haben ihre Vorgeschichte. Allerdings wird der Krieg nicht deshalb schon *kalkulierbar*, weil sich Taktik und Kampfformen auf Reglements und Überlegungen der Friedenszeit zurückführen lassen; selbst, wenn sich zeigen lässt, dass man bereits in Friedenszeiten auf der operativen Ebene einen »deutlichen Prozess der Entschleunigung« bei der Ansetzung der Kampfhandlungen beobachten kann (Raths 2009, 206), führt dieser Gedankengang doch keineswegs zur »Vorstellung eines ›Grabenkriegs‹ als Dauerzustand im strategischen Rahmen« (ebd.). Das konnte er nicht, weil es sich für die militärische Betrachtungsweise verbot, dem Gedanken näherzutreten, dass ein taktisches Formelement die strategische Gesamtwirklichkeit des Krieges beherrschte.

Das Wesentliche des Stellungskrieges, als der sich der Weltkrieg schnell manifestierte, betrifft nämlich das »Aufgliedern der das Gefecht tragenden Einheiten« (ebd., 204), das so weit gehen konnte, dass das »Hauptgewicht« gegen Kriegsende »zweifellos bei der Gruppe als Träger der Kampfhandlungen« lag, ja dass »sogar der Einzelschütze […] zeitweise als elementartaktischer Träger des Gefechts angesprochen« (ebd.) wurde. Die ›totale Mobilmachung‹ äußert sich nicht nur als Massenphänomen und Materialschlacht, sondern zugleich auch, entsprechend der Janusköpfigkeit der Biopolitik, als eine nie zuvor gesehene soldatische Individualisierungstechnik, so dass für den Arbeiter-Soldaten die Solidarität der kämpfende Gruppe, der er angehört, nur mehr von emotionaler Bedeutung ist: »Zwar sollten die Soldaten die Gräben noch geschlossen verlassen, aber das hatte rein sozialpsychologische Gründe. Der Angriff selbst sollte mit extrem ›gebrochenen‹, völlig individuell ausgeführten Sprüngen der Schützen durchgeführt werden« (ebd., 205). Neben dieser Verlagerung des Gefechtsschwerpunkts auf den einzelnen Kämpfer und der daraus resultierenden extremen ›Auflockerung‹ der Linien (vgl. dazu bereits Wallach 1970, 93) ist die »Annäherung an den Erdboden« und die damit verbundene »liegende Kampfweise des Soldaten« (Raths 2009, 205) der dritte Vorgang, der bereits in den Reglements der Friedenszeit kodifiziert war. Dass die Gefechtstaktik unter den Kriegsbedingungen »zunehmend vom Spaten bestimmt« wurden (ebd.), kam insofern nicht unerwartet, als bereits die Feldbefestigungsvorschriften von 1906 den Kampf gegen Feldbefestigungen zu einem zentralen Bestandteil der Landkriegstaktik aufwerteten. Im Hinblick auf die zeitliche und räumliche Ausdehnung des Gefechts im Krieg kommt die neuere militärhistorische Literatur daher zu dem Schluss, dass sich die »geschlossenen Grabenlinien«, die seit 1914 entstanden, vor allem deshalb »mit einer solcher Schnelligkeit entfalten« konnten, »weil bereits im Frieden der Kampf an jedem Ort akzeptiert worden war. So gesehen, stellte der Krieg, der in jedem denkbaren Gelände ausgefochten wurde, ebenfalls das Ergebnis einer Friedensentwicklung dar« (ebd., 207).

Der Bedeutung dieser landkriegstaktischen Relativierung der dem Krieg zugeschriebenen Zäsur wird man jedoch nicht gerecht, wenn man sie zum Vorteil der militärischen Eliten interpretiert, die sich bereits in Friedenszeiten der »Vorstellung teils sehr lang anhaltender Grabenkämpfe angenähert« (ebd., 206) hätten. Die Blindheit der Eliten resultiert nicht auf der Verkennung der Bedeutung dieser neuen Kampfformen, sondern aus ihrer Weigerung, aus der Vertrautheit mit diesen Formen eines lang anhaltenden taktischen Krieges Konsequenzen für die strategische Beurteilung der Führbarkeit eines solchen Krieges zu ziehen. Während die taktischen Planer und Reglementsredakteure den Stellungskrieg ganz selbstverständlich als das operative Apriori ihrer Sicht auf den Krieg behandelten, legten die Strategen das Gewicht ihrer Pläne vollständig auf die ersten großen Schlachten, die die Entscheidung bringen *mussten* (wenn die Taktiker nicht zum Zuge kommen sollten). Es ließe sich sogar argumentieren, dass die strategischen Fixierungen auf den großen Schlachtplan und die Anhänglichkeit an das Vernichtungsdogma, so sehr sie auch den Krieg dem der »logischen Träumerei« und dem »Büchergesetz« (Clausewitz 1980, 31) angenähert haben, implizit dem strukturellen Kräftegleichgewicht auf dem Schlachtfeld Rechnung trugen: Diese Pläne orientierten sich deshalb an 2000 Jahre alten Modellschlachten (»Cannae«), weil man allein in der Planung und Durchführung eines strategischen Coups von allergrößtem Ausmaß überhaupt die Chance sah, in einem Krieg, in dem alles und auf allen Seiten, wie Lederer wusste, »quantitativ« (Lederer 1915, 380) wurde, eine einseitige militärische Überlegenheit auszuspielen.

In einem Krieg der »totalen Mobilmachung«, in dem sich »nur die Organisationsstufe der einzelnen Staaten« (ebd.) misst, bedarf es neben der Entwicklung der Kriegsmaschinerie ausgerechnet der unermüdlichen Arbeit am militärischen Mythos der Antike, um die Möglichkeit eines zukünftigen ›Siegfriedens‹ zu suggerieren. Das paranoische Phantasma der Einkreisung lässt sich nicht als eine ideologische Ausgeburt der Mandarine, die allen militärischen Fragen der Kriegsführung gegenüber ahnungslos gegenüberstehen, abtun; es ist ebenso wenig allein das Phantasma der politischen Führung, die mit seiner Hilfe die öffentliche Rechtfertigung des Krieges betreibt und die generalisierte Folgebereitschaft der Bevölkerungen gewährleisten will; das Phantasma durchdringt die strategische Intelligenz der kriegführenden Generalität im gleichen Maße, die sich, mit Clausewitz zu sprechen, wie die Politiker und die Gelehrten, »fest an das Absolute haltend, alle Schwierigkeiten mit einem Federstrich umgehen und mit logischer Strenge darin beharren wollte, daß man sich jederzeit auf das Äußerste gefaßt machen und jedesmal die äußerste Anstrengung daran setzen müsse« (Clausewitz 1980, 31).

Literatur

Agamben, Giorgio: Der Ausnahmezustand als Paradigma des Regierens. In: Ders.: *Ausnahmezustand (Homo sacer II.1)*. Frankfurt a. M. 2004, 7–41 (ital. 2003).
Althusser, Louis: Ideologie und ideologische Staatsapparate. In: Ders.: *Ideologie und ideologische Staatsapparate. Aufsätze zur marxistischen Theorie*. Hamburg/Berlin 1977, 108–153 (franz. 1970).
Balke, Friedrich: Ernst Jünger. Kontroversen über den Nihilismus. In: Dieter Thomä (Hg.): *Heidegger-Handbuch. Leben – Werk – Wirkung*. Stuttgart ²2013, 381–389.

Benjamin, Walter: Theorien des deutschen Faschismus. Zu der Sammelschrift »Krieg und Krieger«. Herausgegeben von Ernst Jünger [1930]. In: Ders.: *Gesammelte Schriften*. Bd. III: Kritiken und Rezensionen. Hg. von Hella Tiedemann-Bartels. Frankfurt a. M. ²1991, 238–250.
Beßlich, Barbara: *Wege in den ›Kulturkrieg‹. Zivilisationskritik in Deutschland 1890–1914*. Darmstadt 2000.
Bruendel, Steffen: *Volksgemeinschaft oder Volksstaat. Die »Ideen von 1914« und die Neuordnung Deutschlands im Ersten Weltkrieg*. Berlin 2003.
Canetti, Elias: *Masse und Macht* [1960]. Frankfurt a. M. 1990.
Clausewitz, Carl von: *Vom Kriege* [1832–1834]. Ungekürzter Text. Berlin 1980.
Dülffer, Jost: Einleitung: Dispositionen zum Krieg im wilhelminischen Deutschland. In: Ders./Karl Holl (Hg.): *Bereit zum Krieg. Kriegsmentalität im wilhelminischen Deutschland 1890–1914. Beiträge zur historischen Friedensforschung*. Göttingen 1986, 9–19.
Ewald, François: *Der Vorsorgestaat*. Frankfurt a. M. 1993 (franz. 1986).
Farrar, L.L.: *The Short-War-Illusion. German Policy, Strategy and Domestic Affairs, August-December 1914*. Oxford 1973.
Foucault, Michel: *Sexualität und Wahrheit 1. Der Wille zum Wissen*. Frankfurt a. M. 1977 (franz. 1976).
Foucault, Michel: *Überwachen und Strafen. Die Geburt des Gefängnisses*. Frankfurt a. M. ²1981 (franz. 1975).
Foucault, Michel: *In Verteidigung der Gesellschaft. Vorlesungen am Collège de France (1975–76)*. Frankfurt a. M. 1999 (franz. 1996).
Furet, François: *1789 – Vom Ereignis zum Gegenstand der Geschichtswissenschaft*. Frankfurt a. M./Berlin/Wien 1980 (franz. 1978).
Hahlweg, Werner: Clausewitz und die Französische Revolution. Die methodische Grundlage des Werkes »Vom Kriege«. In: *Zeitschrift für Religions- und Geistesgeschichte*. XXVII (1975), 241–251.
Heidegger, Martin: *Zu Ernst Jünger*. In: Ders.: Gesamtausgabe. IV. Abteilung: Hinweise und Aufzeichnungen. Band 90. Hg. von Peter Trawny. Frankfurt a. M. 2004.
Johann, Ernst (Hg.): *Reden des Kaisers. Ansprachen, Predigten und Trinksprüche Wilhelms II.* München 1966.
Jünger, Ernst: Das Wäldchen 125. Eine Chronik aus den Grabenkämpfen 1918 [1924]. In: Ders.: *Sämtliche Werke*. Erste Abteilung. Tagebücher I. Bd. 1. Stuttgart 1978, 301–438.
Jünger, Ernst: Die totale Mobilmachung [1930]. In: Ders.: *Sämtliche Werke*. Zweite Abteilung. Essays I. Bd. 7. Stuttgart 1980, 119–142.
Jünger, Ernst: *Der Arbeiter. Herrschaft und Gestalt* [1932]. Stuttgart 1982.
Jünger, Ernst: *Kriegstagebuch 1914–1918*. Hg. von Helmuth Kiesel. Stuttgart 2010.
Koch, Lars: *Der Erste Weltkrieg als Medium der Gegenmoderne. Zu den Werken von Walter Flex und Ernst Jünger*. Würzburg 2006.
Koselleck, Reinhart: Zur historisch-politischen Semantik asymmetrischer Gegenbegriffe. In: Ders.: *Vergangene Zukunft. Zur Semantik geschichtlicher Zeiten*. Frankfurt a. M. 1989, 211–259.
Lederer, Emil: Zur Soziologie des Weltkriegs. In: *Archiv für Sozialwissenschaft und Sozialpolitik* 39 (1915), 347–384.

Ludendorff, Erich Friedrich Wilhelm: *Der totale Krieg*. München 1935.

Mommsen, Wolfgang J.: Der Geist von 1914: Das Programm eines politischen ›Sonderwegs‹ der Deutschen. In: Ders.: *Der autoritäre Nationalstaat. Verfassung, Gesellschaft und Kultur des deutschen Kaiserreichs*. Frankfurt a. M. 1992, 407–421.

Müller, Karl Alexander von: *Mars und Venus. Erinnerungen 1914–1916*. Stuttgart 1954.

Münkler, Herfried: Carl von Clausewitz. In: *Pipers Handbuch der politischen Ideen*. Bd. 4. Hg. von Iring Fetscher/ Herfried Münkler. München/Zürich 1986, 92–103.

Münkler, Herfried/Storch, Wolfgang: *Siegfrieden. Politik mit einem deutschen Mythos*. Berlin 1988.

Münkler, Herfried: Instrumentelle und existenzielle Auffassung des Krieges bei Carl von Clausewitz. In: Ders.: *Gewalt und Ordnung. Das Bild des Krieges im politischen Denken*. Frankfurt a. M. 1992, 92–110.

Musil, Robert: Europäertum, Krieg, Deutschtum [September 1914]. In: Ders.: *Gesammelte Werke 8. Essays und Reden*. Hg. von Adolf Frisé. Reinbek bei Hamburg 1981, 1020–1022.

Offenstadt, Nicolaus: Der Erste Weltkrieg im Spiegel der Gegenwart. Fragestellungen, Debatten, Forschungsansätze. In: Arndt Bauerkämper/Elise Julien (Hg.): *Durchhalten! Krieg und Gesellschaft im Vergleich 1914–1918*. Göttingen 2010, 54–77.

Raths, Ralf: *Vom Massensturm zur Stoßtrupptaktik. Die deutsche Landkriegstaktik im Spiegel von Dienstvorschriften und Publizistik 1906 bis 1918*. Freiburg/Berlin/Wien 2009.

Ringer, Fritz K.: *Die Gelehrten. Der Niedergang der deutschen Mandarine 1890–1933*. München 1987.

Scheler, Max: *Der Genius des Krieges und der Deutsche Krieg*. Leipzig 1915.

Schlieffen, Graf Alfred von: Der Krieg in der Gegenwart. In: Ders.: *Cannae*. Berlin 1936, 273–285.

Schlieffen, Graf Alfred von: *Dienstschriften*. 2 Bde. Berlin 1937/38.

Schmitt, Carl: Weisheit der Zelle [April 1947]. In: Ders.: *Ex Captivitate Salus. Erfahrungen der Zeit 1945/47*. Köln 1950, 79–91.

Schmitt, Carl: *Der Begriff des Politischen*. Text von 1932 mit einem Vorwort und drei Corollarien. Berlin 1963.

Schüttpelz, Erhard: Der Fetischismus der Nationen und die Durchlässigkeit der Zivilisation. Globalisierung durch technische Medien bei Marcel Mauss (1929). In: Stefan Andriopoulos/Bernhard J. Dotzler (Hg.): *1929. Beiträge zur Archäologie der Medien*. Frankfurt a. M. 2002, 158–172.

Schwabe, Klaus: *Wissenschaft und Kriegsmoral. Die deutschen Hochschullehrer und die politischen Grundfragen des Ersten Weltkrieges*. Göttingen/Zürich/Frankfurt a. M. 1969.

Simmel, Georg: *Philosophie des Geldes* [1900]. *Gesamtausgabe*. Bd. 6. Hg. von Ottheim Rammstedt. Frankfurt a. M. 1989.

Simmel, Georg: Deutschlands innere Wandlung [1914]. In: Ders.: *Gesamtausgabe*. Bd. 15. Hg. von Ottheim Rammstedt. Frankfurt a. M. 2003, 271–285.

Sombart, Werner: *Händler und Helden: Patriotische Besinnungen*. München 1915.

Tönnies, Ferdinand: *Gemeinschaft und Gesellschaft. Grundbegriffe der reinen Soziologie* [1887]. Darmstadt 1979.

Verhey, Jeffrey T.: Der Geist von 1914. In: Rolf Spiker/ Bernd Ulrich (Hg.): *Der Tod als Maschinist. Der industrialisierte Krieg 1914–1918*. Bramsche 1998, 47–53.

Wallach, L. Jehuda: *Das Dogma der Vernichtungsschlacht. Die Lehren von Clausewitz und Schlieffen und ihre Wirkung in zwei Weltkriegen*. München 1970.

Wehler, Hans-Ulrich: ›Absoluter‹ und ›totaler‹ Krieg. Von Clausewitz zu Ludendorff. In: *Politische Vierteljahresschrift* 10 (1969), 220–248.

Williams, John F.: *Modernity, the Media and the Military. The Creation of National Mythologies on the Western Front 1914–1918*. London 2009.

Friedrich Balke

2. Den Krieg führen: Organisation, Technik, Gewalt

Aus Sicht einer, möglicherweise pessimistischen, Anthropologie verhält es sich so: »Technik hat stets dazu gedient, Gewalt auszuüben und Gewalt gewaltsam abzuwehren. Das ist mindestens seit der Bronzezeit eines der führenden Motive des technischen Fortschritts. Was Menschen an technischen Objektivationen hervorbringen, steht immer auch im Zeichen von Aggression und von Angst« (Popitz 1986, 124). Gründete der bürgerliche Fortschrittsoptimismus nicht zuletzt in den Technisierungsprojekten der industriellen Moderne, wie sie sich etwa mit den Weltausstellungen feierte, so setzte der Erste Weltkrieg die andere, die zerstörerische Seite industrialisierter Technik in Szene. In der Entfesselung industrialisierter Gewaltpotentiale liegt der Kern der zeitgenössischen Katastrophendeutung, der sich in der Erfahrung des Krieges als ›Materialschlacht‹, als einem industriellen Massenschlachten von Menschen, einem ›Menschenschlachthaus‹, wie es Wilhelm Lamszus 1912 kommen sah, manifestierte. Dafür stehen, zumindest im kollektiven Gedächtnis Mitteleuropas, die Schlachten an der Westfront, an der Marne, bei Verdun, an der Somme und in Flandern.

Die überwältigende Zerstörungsgewalt industrialisierter Technik bildet freilich nur ein Element in der Gewaltökonomie des Krieges. Mehr noch als die Gewalt der Technik scheint das Organisationspotential im Industriezeitalter ein entscheidendes Medium oder gar eine eigenständige Triebkraft der Gewalteskalation zu sein. Die Entladung der industrialisierten Gewalt an der Front ist nicht ohne jene Organisationsmacht zu denken, mit der die gesamte Gesellschaft in den Kriegsdienst gestellt werden sollte. Es ist diese gesellschaftliche Mobilisierung – die ideologische Mobilisierung der Massen, die Mobilmachung von Massenarmeen, die Mobilisierung der Volkswirtschaften, die Nivellierung der Differenz von Soldaten und Zivilisten durch Mobilmachung, Blockade, U-Boot-Krieg und Luftkrieg – und die durch diese Mobilisierungen bedingte räumliche und soziale Ausdehnung des Krieges, in denen Militärhistoriker im Ersten Weltkrieg die »Wasserscheide« (Förster 2000, 4) hin zu einem ›totalen Krieg‹ sehen (vgl. Thoß 2002; Förster 2002). Aber nicht nur die Materialschlachten im Westen, auch der Krieg im Südosten Europas hat diese Epochen-

schwelle passiert. Die Verwüstungen und Vertreibungen, die Gewaltakte gegen die Zivilbevölkerung und schließlich der Völkermord an den Armeniern sind weniger das Ergebnis hochgradig technisierter denn organisierter Gewalt.

Die Entfesselung industrialisierter Gewaltpotentiale in den Materialschlachten, die den Krieg im Westen kennzeichneten, bildet zwar nur ein Moment einer umfassenderen Gewalteskalation im Ersten Weltkrieg. Ihren prominenten Ort im kollektiven Gedächtnis wie in der historischen Reflexion nimmt sie dennoch nicht zu Unrecht ein. Das Gewaltpotential der Moderne manifestierte sich hier in seiner offensichtlichsten Form. Wenn bis 1914 trotz aller Gegentendenzen noch ein Kriegsbild dominierte, das den antinapoleonischen Kriegen entsprang, und sich als romantisch charakterisieren lässt (vgl. Spreen 2008, 117–159, 179–184), so offenbart danach gerade der Blick auf den radikal beschleunigten Umbruch in der Art und Weise der Kriegführung, worin die Spezifik einer modernen, industriellen Gewaltökonomie besteht. Diesen katalysierenden Effekt werden die folgenden Abschnitte systematisch entfalten.

Traditionen und Bruchlinien des Militärischen: Die romantische Konzeption des Krieges zeigte sich in den Kriegsbildern von 1914 – insbesondere als Kult der Offensive, wie auch in den Soldaten- und Offiziersbildern, die im Laufe des Krieges einen radikalen Wandel durchlaufen sollten.

Kriegführung 1914: Pläne und Wirklichkeit: Der Fahrplankrieg, wie er den Schlieffen-Plan bestimmte, scheiterte bekanntlich. Die Folge war nicht etwa ein Ende des Krieges, sondern der Übergang vom Bewegungskrieg zu einem anderen Kriegstyp, dem Stellungskrieg, in dem sich eine eigene Lebens- und Sozialwelt ausbildete. Zur Kriegswirklichkeit zählt auch, was in keiner traditionellen militärischen Planung für den europäischen Kriegsschauplatz bedacht wurde: der ›wilde‹ Krieg im Osten.

Industrialisierte Gewalt: Es sind zwei unterschiedliche Bilder, zwei unterschiedliche kulturelle Muster, welche die industrialisierte Gewalt der Westfront prägten. Da ist zum einen das enorme Destruktionspotential industriell gefertigter und wie in Maschinenarbeit bedienter Waffensysteme, das sich in einem verwaltungstechnischen Zug manifestiert, der die Materialschlachten bestimmt. Zum anderen entwickelt sich – als Pendant – mit dem tendenziell individualisierten infanteristischen Kampf, mit der Stoßtruppentaktik, ein zweites Muster der Gewaltdynamik.

Aufklärung: Zur Logistik der Wahrnehmung: Die Reorganisation des Tötens und des Kämpfens geht mit einer Transformation militärischer Aufklärung einher. Auf dem industrialisierten Schlachtfeld reichten schlichtes Beobachten und Melden nicht mehr hin; zur Aufklärung entwickelt sich vielmehr eine organisatorisch differenzierte und medientechnisch hochgerüstete Logistik der Wahrnehmung. Diese Formung der Wahrnehmung kann als Beispiel dafür gelesen werden, wie sich in einer hochgradig komplexen und chaotischen Moderne, deren Destruktionspotential das Schlachtfeld prägt, Ordnung und Orientierung ausbilden.

Körperlichkeit, Materialität und Überleben: Körperlichkeit verweist auf vielfältige Lebensformen in den Graben- und Trichterlandschaften, zu denen auch Tiere – zum einen Tiere im Kriegseinsatz, zum anderen Ungeziefer in jeglicher Form – zählen. Der Körper des Soldaten ist nicht nur verletzt und verwundet, sondern auch von Seuchen befallen. Dieser geschundene Körper hat ebenso wie der psychisch verletzte, traumatisierte Soldat seine Spuren in Opfer-, Furcht- und Feindbildern hinterlassen wie auch in medizinisch-psychiatrischen Institutionen. Schließlich riefen die Bestialität und das Bestiarium des Krieges Fluchten hervor – idealisierte Fluchtbilder wie die ›Stahlgestalt‹ und reale Fluchten in Form von Verweigerungen ebenso wie in Form von kleinen und großen sexuellen Freiheiten.

Technische Fluchtlinien aus dem Stellungskrieg: Gas, U-Boot, Panzer, Flugzeug: Dem Stellungskrieg zu entkommen, dies galt nicht nur für individuelle Fluchten, dies wurde zum Ziel der Kriegführung schlechthin – alle erdenklichen Mittel technisch-industrieller Zivilisation wurden für dieses Ziel mobil gemacht. Mit dem Gas-, U-Boot-, Panzer- und Luftkrieg entstanden neue, technologisch induzierte Kriegsformen und neue Formen kriegerischer Gewalt. Mit ihrer Anwendung werden teils völkerrechtliche, teils moralische und sittliche Grenzen überschritten, in jedem Fall wird aber der Kriegsraum neu definiert: als Atmosphäre, als Tiefe des Meeres, als ›Hinterland‹ unmittelbar hinter und gänzlich jenseits der Frontlinien. Die Extension, die Ausweitung und Ausbreitung militärischen Vernichtungspotentials wurde in Technisierungsprojekte überführt.

Traditionen und Bruchlinien des Militärischen

In seinem viel zitierten Aufsatz »Der Krieg in der Gegenwart« charakterisierte im Jahr 1909 der schon zu Lebzeiten zum Mythos seiner selbst avancierte Generalstabschef Alfred Graf von Schlieffen den Schlachtenlenker des Zukunftskrieges, der keinerlei Ähnlichkeit mehr mit dem traditionellen Bild des heroischen »Feldherrn« hatte:

> Kein Napoleon, umgeben von einem glänzenden Gefolge, hält auf einer Anhöhe. […]. Der Feldherr befindet sich weiter zurück in einem Hause mit geräumigen Schreibstuben, wo Draht- und Funkentelegraph, Fernsprech- und Signalapparate zur Hand sind, Scharen von Kraftwagen und Motorrädern, für die weitesten Fahrten gerüstet, der Befehle harren. Dort, auf einem bequemen Stuhle vor einem breiten Tisch, hat der moderne Alexander auf einer Karte das gesamte Schlachtfeld vor sich, von dort telephoniert er zündende Worte, und dort empfängt er Meldungen der Armee- und Korpsführer, der Fesselballons und der lenkbaren Luftschiffe, welche die ganze Linie entlang die Bewegungen des Feindes beobachten, dessen Stellungen überwachen (zit. n. Pöhlmann 2006, 268).

Das Schlachtfeld der Zukunft würde, so die Vision Schlieffens, kein eng begrenzter Ort, sondern ein weiter Raum sein, den in seinen drei Dimensionen zu überschauen und zu kontrollieren es vielfältiger technischer Hilfsmittel bedarf. Der Feldherr würde kein heldenhafter, auf dem Schlachtfeld anwesender oder gar selbst in das Kampfgeschehen eingreifender *roi connétable* sein, für den oft der Preußenkönig Friedrich II. als idealisierte Vorlage diente. Kein kühner, heldenhafter Kämpfer würde zukünftig das Schlachtengeschick lenken, sondern ein weit hinter der Front sitzender Schreibtischtäter.

Schlieffen erlebte den Ersten Weltkrieg nicht mehr, doch diese Vorhersage erwies sich als erstaunlich präzise. Seine Überlegungen waren Teil einer in den Jahren vor 1914 intensiv geführten Debatte um den »Krieg der Zukunft«, in der die bereits eingetretenen oder sich zumindest schon abzeichnenden technischen Revolutionierungen der Kriegführung diskutiert wurden. Vor allem der Luftkrieg regte die Phantasien an, schien sich durch ihn der Krieg doch entscheiden zu lassen, bevor er richtig begonnen hatte. »Mit Land- und Seemacht ist nichts mehr zu wollen. Die Zukunft liegt in der Luft«, lautete die Quintessenz eines Luftkriegsszenarios bereits im Jahre 1910 (Brown 1910, 102). Ebenso intensiv diskutiert wurde die Frage, was die technischen Fortschritte für die strategische und operative Planung, das Bild vom Soldaten, für die Vorstellungen von Ehre, Tapferkeit und Heldenmut bedeuten werden.

Kriegsbilder

Die Erfahrungen des Zeitalters der Französischen Revolution und der Napoleonischen Kriege hatten nach 1815 im Militär, wie in allen gesellschaftlichen Bereichen, den Willen zur Bewahrung der vorrevolutionären Zustände gefördert (vgl. zum Folgenden Storz 1992, 25–42; Meschnig 2008, 31–60). Die Ideen des ›Volkskrieges‹, der ›levée en masse‹ und der allgemeinen Wehrpflicht (deren tatsächliche Umsetzung freilich nur begrenzt erfolgte, vgl. Frevert 2001) veränderten die sozialen und politischen Grundlagen der Kriegführung ebenso radikal wie die durch den sich herausbildenden modernen Nationalismus bewirkte Ideologisierung und Emotionalisierung breiter Volksschichten.

In waffentechnischer Hinsicht hatte die napoleonische Ära freilich keine Innovationen hervorgebracht. Diese kamen erst durch die einsetzende Industrialisierung zum Tragen. 1841 führte die preußische Armee den Hinterlader ein, der eine Revolution der Infanterietaktik herbeiführte. Der Vorderlader musste durch einen komplizierten Vorgang im Stehen geladen werden. Um angesichts dessen geringer Reichweite, Durchschlagskraft und Zielgenauigkeit überhaupt eine Wirkung auf die feindliche Armee zu erzielen, ging die Infanterie in geschlossener Linie vor. Mit dem Hinterlader konnte nun auch im Liegen gekämpft werden. Deckung zu suchen, die geschlossene Linie zu Gunsten kleinerer, beweglicher Einheiten aufzulösen, lag daher nahe. Weil damit aber ein Kontrollverlust der Militärführung über die Soldaten verbunden war, wurde diese Schlussfolgerung nur langsam gezogen. Das eine höhere Feuergeschwindigkeit ermöglichende hinterladende Zündnadelgewehr war ein Erfolgsgeheimnis des Sieges der preußischen über die österreichischen Truppen 1866.

Dass traditionelle Frontalangriffe angesichts der gestiegenen Feuerkraft der modernen Gewehre aussichtslos waren, hatte zuvor schon der US-amerikanische Bürgerkrieg (1861–1865) gezeigt. Die theoretische Konsequenz, dass diese Entwicklung die »ausgedehnte und einfache Anwendung des zerstreuten Gefechts« (zit. n. Storz 1992, 27) erfordere, hatte der ältere Moltke daher schon 1869 gezogen, doch wurde diese Lehre im ›deutsch-französischen‹ Krieg 1870/71 praktisch noch nicht befolgt.

Die Frage, ob und wie angesichts der zunehmenden Technisierung und Industrialisierung in Zukunft überhaupt noch Kriege zwischen ebenbürtigen Gegnern geführt werden können, trieb die Militärtheoretiker in den Jahren vor 1914 um. Die weitsichtigste Analyse des Zukunftskrieges stammte freilich von einem Laien, dem polnisch-jüdischen Bankier und Industriellen Johann von Bloch, dessen 1899 erschienenes sechsbändiges Werk *Der Krieg* empirisch gesättigt über die technischen, volkswirtschaftlichen und politischen Bedingungen und Folgen einer militärischen Konfrontation zwischen den europäischen Großmächten reflektierte. Aufgrund der enorm gestiegenen Feuerkraft moderner Waffen prognostizierte er, dass »das Aufsuchen von Deckungen gegen das Feuer des Gegners« entscheidend sein werde: »Die Schaufel ist heute für den Krieger ebenso unentbehrlich wie das Gewehr«. Um die defensiven Positionen werde sich, so Bloch weiter, ein »Gürtel« legen, »den kein einziges lebendiges Wesen zu überschreiten im Stande ist, um den Kampf durch das Bajonett zu entscheiden« (zit. n. Storz 1992, 43). Obwohl der Zukunftskrieg hauptsächlich in der Defensive zu führen sein werde, beharrten die Militärführungen aller Länder auf der Offensivdoktrin, so Bloch abschließend. Tatsächlich wurde der ›Kult der Offensive‹ vor 1914 und ebenso während des Krieges von allen Armeen gepflegt, ungeachtet aller theoretischen und praktischen Erfahrungen, die bewiesen, dass die Entwicklung der Waffentechnik einseitig den Verteidiger gegenüber dem Angreifer bevorzugte. Hohe Verluste bei ›schneidigen‹ Angriffen galten nicht als Zeichen mangelhafter Planung, sondern vielmehr als Ausdruck militärischer Tapferkeit und Todesverachtung (zu den literarischen Opferbildern s. Kap. II.4). Der ›überlegene Kampfgeist‹ der Soldaten sollte stärker sein als die modernen Waffen, diese Überzeugung teilten die Militärführungen aller europäischen Länder (Howard 1986).

Diesem ›Kult der Offensive‹ auf taktischer Ebene entsprach die Strategie des ›Vernichtungskriegs‹, die auf einen alles entscheidenden großen Wurf setzte, um den Gegner mit überwältigender Macht außer Gefecht zu setzen, ohne Rücksicht auf eigene Verluste oder die diplomatisch-politischen Folgen eines solchen Vorgehens. Der Schlieffen-Plan, mit dem die deutsche Armee 1914 in den Krieg zog, war die bis ins Detail ausformulierte Umsetzung dieses Grundgedankens.

Nach dem Krieg waren viele Stimmen zu hören, die eine Rückständigkeit und Furcht vor dem Neuen bei Ausbildung und Ausrüstung der Vorkriegsarmee als das »Erbübel des preußisch-deutschen Heerwesens« geißelten, eine »Unterschätzung der Technik zugunsten der unwiderstehlichen Moral der Truppe« und eine Art »Ahnenkultus«, einen »Hang am Alten« konstatierten (Storz 1992, 12). Eine deutsche Besonderheit war diese kritische Rückschau freilich nicht, denn alle diese Klagen wurden auf Seiten der Alliierten nach 1918 in ähnlicher Weise geäußert. Dabei war es keineswegs so, dass die technischen Entwicklungen ignoriert wurden – sie wurden jedoch, wie das bei Innovationen meist der Fall ist, in die bestehenden Denkstrukturen integriert, ohne diese sofort zu revolutionieren. Das geschah erst während des Krieges und vor allem in der Auswertung der Kriegserfahrungen nach 1918.

Soldatenbilder: Drill, Gehorsam, Eigeninitiative

Nicht nur das Bild des Krieges wandelte sich in den Jahrzehnten vor 1914, sondern auch das des Soldaten. Das hing nicht zuletzt mit dem viel debattierten Wechsel von der Befehls- zur Auftragstaktik zusammen. Letztere betonte nicht länger das wortwörtliche Ausführen eines Befehls, sondern zielte darauf ab, dass die Unterführer und einfachen Soldaten auf dem Schlachtfeld den Sinn eines Befehls erfassten und gegebenenfalls selbständig vom Wortlaut der ursprünglichen Order abwichen, um den Auftrag auch unter veränderten Umständen erfüllen zu können. Vor der Konsequenz, den Angriff in geschlossener Linie aufzugeben und völlig auf die Initiative des einzelnen oder kleiner Gruppen zu vertrauen, schreckte man aber in allen europäischen Armeen zurück, nicht zuletzt, weil man befürchtete, der derart auf sich und seine Urteilsgabe gestellte Soldat werde seine größere Unabhängigkeit dazu nutzen, sich der Schlacht zu entziehen. »La solidarité n'a plus la sanction d'une surveillance mutuelle«, formulierte der einflussreiche französische Militärtheoretiker du Picq diese Befürchtung schon vor 1870 (zit. n. Howard 1986, 513; vgl. Gat 1990). Die Bedeutung, die der selbstbewusst handelnde Einzelkämpfer in Zukunft haben würde, ist trotzdem vereinzelt schon vor dem Weltkrieg erkannt worden. Die daraus resultierenden, widersprüchlichen Anforderungen an die einfachen Soldaten formulierte unmittelbar vor Kriegsbeginn Hugo von Freytag-Loringhoven. Einerseits könnten »die Ergebnisse soldatischer Erziehung stets nur oberflächlich sein«, ohne »Liebe zur Sache«, ohne »Anhänglichkeit an die Person des Vorgesetzten, die freilich eine heilsame Strenge bei diesem zur Voraussetzung hat«. Andererseits wurde die Bedeutung des unbedingten, mechanischen Gehorsams aufgrund der Fortentwicklung der Kriegs-

technik und Taktik für noch wichtiger als bisher gehalten: »Dem Soldaten die Gewohnheit des Gehorchens anzuerziehen, ist bei der heutigen Fechtweise um so wichtiger, als sich die Einwirkung des Führers auf den Mann im Kampfe nicht mehr so unmittelbar zu äußern vermag wie ehedem« (Freytag-Loringhoven 1914, 202 f.).

Die von der Kriegstechnik erzwungenen Änderungen des Kriegs- und Soldatenbildes wurden im Weltkrieg zusätzlich ideologisch überhöht. Der Altphilologe Eduard Meyer äußerte 1915 in einer Propagandaschrift, dass die angeblich allein durch härtesten Zwang zusammengehaltene britische ›Söldnerarmee‹ »für die moderne Kriegführung nicht ausgebildet werden kann, welche ganz auf die Durchdringung jedes einzelnen Mannes mit patriotischer Hingabe an seine Pflicht und auf den moralischen Zusammenhalt der Truppe im zerstreuten Gefecht gebaut ist« (Meyer 1915, 31 f.). Auch hier fällt, wie bei den militärtheoretischen Schriften, die Betonung der »moralischen Qualitäten« des Soldaten auf. Verbal wurde also schon vor 1914 bzw. sehr schnell nach Kriegsbeginn die Selbständigkeit des Individuums betont, weil ein bloß von außen erzwungener, ohne innere Überzeugung geleisteter Gehorsam unter den modernen Kampfbedingungen für unzureichend erachtet wurde. Schon im Laufe der Herausbildung des modernen Heeres im 19. Jahrhundert hatte die Emotionalisierung, Ideologisierung und Nationalisierung des Krieges neue Integrationsmechanismen nicht nur zur Verfügung gestellt, sondern zugleich auch notwendig gemacht (Bröckling 1997, 89–128).

Die von außen gesteuerte Disziplinierung durch die traditionellen Mittel – Drill und Strafe – sollte durch eine von innen gesteuerte Selbstdisziplinierung ergänzt werden. Auch der einfache Soldat musste wissen, wofür er kämpft, und diese Erkenntnis sollte ihm heilig sein bis zur Selbstaufgabe. Äußerliche ›Disziplin‹ sollte durch eine innerliche Dienstfreudigkeit aus subjektiver Einsicht, eine hohe ›Moral‹ ergänzt werden. Auf eine hohe ›Moral‹ durch Sinngebung (›wofür wir kämpfen‹) und emotionale Integrationsmechanismen (›Kameradschaft‹) zu setzen, ist freilich ebenfalls nicht unproblematisch. Wenn eine Armee durch einen Konsens über das ›Wie‹ und ›Warum‹ der Kriegführung zusammengehalten wird, stiftet das eine hohe Gruppenkohärenz und fördert Leistung im Sinne der Militärführung. Bricht aber dieser Konsens kollektiv zusammen, kann aus einem willigen Instrument des Offiziers eine meuternde Einheit werden, deren guter ›Gruppengeist‹ sich nunmehr gegen die Führung richtet. Der Soldat sollte einerseits bedingungslos gehorchen, andererseits sich aber soweit in übergeordnete militärische Zusammenhänge hineindenken, dass er Befehle sinngemäß ausführen konnte. Der Offizier besaß die Befehlsgewalt, hatte zugleich aber die Fürsorgepflicht gegenüber seinen Untergebenen. Zusätzlich musste er das, was er von anderen verlangte, vorbildhaft verkörpern. Die Konflikte zwischen diesen verschiedenen Anforderungen wurden zwar zwischen einzelnen Personen ausgetragen, lagen aber nicht in diesen begründet, sondern in den Strukturprinzipien der Armee.

Die Erkenntnis, dass mit einem ohne eigene Initiative gehorchenden Soldaten der moderne Maschinenkrieg nicht mehr zu gewinnen sei, setzte sich auf den Schlachtfeldern ab 1914 erst nach den schmerzhaften Erfahrungen der ersten Kriegshälfte wirklich durch. In dem Erfahrungsbericht einer Division hieß es 1918: »Je mehr der Feind seine Aufstellung in einzelne Widerstandsnester [...] auflöst, um so mehr tritt der Einzelkampf [...] in den Vordergrund. An Stelle des Drills tritt daher die Gesinnung und die Erziehung. Aber auch Lohn und Strafe müssen eine größere Rolle spielen« (zit. n. Hobohm 1929, 387–388).

Hier ist die Konsequenz aus den veränderten technisch-taktischen Bedingungen des Weltkrieges deutlich formuliert, denn die populäre Vorstellung, dass im Stellungskrieg der einzelne Soldat eine nur noch statistisch erfassbare Größe sei, auf dessen Motivation und Verhalten es im Einzelnen gar nicht ankomme, erfasst nur einen Teil der Wirklichkeit. Die traditionellen Formen der Machtausübung in der Armee wurden teilweise aufgelöst, das labile Gleichgewicht zwischen Befehl und Gehorsam musste neu definiert werden (vgl. Geyer 1986). Je stärker es auf den Kampfes- und Durchhaltewillen des einzelnen Soldaten ankam, desto mehr wurde paradoxerweise im industrialisierten Massenkrieg das Individuum aufgewertet, und die ›inneren Werte‹ des Soldaten gewannen an Bedeutung (s. auch den Abschnitt »Industrielle Gewalt«, S. 182). Erziehung statt Drill wurde jetzt das primäre Disziplinierungsmittel. Dieses Denken hatte freilich eine Schattenseite: Wer sich vom Drill nicht disziplinieren ließ, war lediglich ein ›schlechter‹ Soldat, doch wer sich der gut gemeinten ›Erziehung‹ durch seine Vorgesetzten verweigerte, offenbarte damit ein moralisch-sittliches Defizit. Seine Gesinnung galt dann als ›niedrig‹, ›gemein‹ und ›ehrlos‹. Solch eine Stigmatisierung stellte die Lebensberechtigung des Einzelnen viel grundlegen-

der in Frage, als dies das Prädikat militärischer ›Untauglichkeit‹ in einer Zeit vermocht hatte, als vom einfachen Soldaten gar nicht mehr erwartet wurde, als sich den Befehlen seiner Vorgesetzten widerstandslos zu unterwerfen. Die potentiellen Risiken für die Militärführung bei der Betonung der ›moralischen Qualitäten‹ des einzelnen Soldaten schildert retrospektiv Erich Ludendorff, dessen Funktion als Bindeglied zwischen dem radikal-nationalistischen Bürgertum des Kaiserreichs und dem völkischen Milieu der Weimarer Zeit seinen Aussagen erhöhte Bedeutung verleiht:

> Die Taktik individualisierte sich immer mehr und mehr. Höhere Anforderungen an den unteren Führer bis zum einzelnen Mann zu stellen, war bei der immer schlechter werdenden Ausbildung des Offizier-, Unteroffizier- und Mannschaftsersatzes und dem damit verbundenen Sinken der Mannszucht ein gewagtes Unternehmen (Ludendorff 1919, 306 f.).

Die immer ›höheren Anforderungen‹ an den einzelnen waren in dieser Deutung der kriegsentscheidende Faktor gewesen, und das individuelle ›Versagen‹ gewann damit eine neue Qualität: Nicht die Militärführung war für den Verlust des Krieges verantwortlich, sondern das ›unzureichende Menschenmaterial‹. Hier verbanden sich die ›Dolchstoßlegende‹ des Jahres 1919 und ein lange zuvor schon fest etabliertes, sozialdarwinistisches Denken zu einer gefährlichen Mixtur, deren Brisanz während der nationalsozialistischen Herrschaft deutlich werden sollte.

Offiziersbilder: Auf dem Weg zur postheroischen Führungselite

Die Vorstellung vom deutschen Offizier vor 1914 ist von den militärkritischen Karikaturen der Satirezeitschrift *Simplicissimus* geprägt: Dort erscheinen die Offiziere als monokeltragende, hochnäsige, von Bildung und künstlerischer Empfindsamkeit unberührte Ignoranten mit reaktionärer politischer Gesinnung (zum Folgenden vgl. Jahr 2004). Die Inkarnation dieses Typs war der aus der ostelbischen Junkerkaste stammende ›schneidige Leutnant‹, der zusammen mit seinesgleichen auch als Hauptverantwortlicher für die fatale innenpolitische Entwicklung Deutschlands im Kaiserreich und in der Weimarer Republik gilt und wesentlich dazu beigetragen habe, Hitler 1933 in den Sattel zu heben (vgl. Albrecht 1999; Förster 2005; Malinowski 2009; Reif 2001).

Eine differenziertere Sicht ist gleichwohl der Sachlage angemessener: Der Dienst als Offizier war zwar lange Zeit das Monopol des Adels gewesen, doch in der preußischen Reformära nach 1806 wurde der Offiziersberuf für das Bürgertum geöffnet. Die Trägheit des Militärwesens im Allgemeinen und des Offiziersstandes im Besonderen zeigt sich jedoch darin, dass noch bei der Reichseinigung 1870/71 zwei Drittel aller Offiziere adliger Herkunft waren. Aufgrund der Heeresvermehrungen in den folgenden Jahrzehnten war der Adel allein jedoch schon numerisch nicht mehr in der Lage, alle Offiziersstellen zu besetzen. Bereits in den 1860er Jahren hatte der Chef des preußischen Militärkabinetts, Edwin von Manteuffel, bemerkt, dass die Macht des Adels dort ihre Begrenzung findet, »wo unser Junkermaterial zur Besetzung der Offizierstellen aufhört« (zit. n. Conze 2003, 107). In einer bekannten Kabinettsordre Wilhelms II. vom März 1890 wurde der aus der Sicht der Monarchie ideale Offiziersnachwuchs beschrieben:

> Nicht der Adel der Geburt allein kann heutzutage wie vordem das Vorrecht für sich in Anspruch nehmen, der Armee ihre Offiziere zu stellen. Aber der Adel der Gesinnung, der das Offizierkorps zu allen Zeiten beseelt hat, soll und muß demselben unverändert erhalten bleiben. Und das ist nur möglich, wenn die Offiziersaspiranten aus solchen Kreisen benannt werden, in denen dieser Adel der Gesinnung vorhanden ist. Neben den Sprossen der adligen Geschlechter des Landes, neben den Söhnen Meiner braven Offiziere und Beamten, die nach alter Tradition die Grundpfeiler des Offizierkorps bilden, erblicke Ich die Träger der Zukunft meiner Armee auch in den Söhnen solcher ehrenwerten bürgerlichen Häuser, in denen die Liebe zu König und Vaterland, ein warmes Herz für den Soldatenstand und christliche Gesinnung gepflegt und anerzogen werden (zit. n. Messerschmidt/Gersdorff 1964, 197).

Offizier sollte also werden können, wer aus einer adligen oder bürgerlichen Offiziers- bzw. Beamtenfamilie stammte, mit monarchischer und konservativer Gesinnung erzogen sowie christlich geprägt war. Daraus ergibt sich auch, wer kein Offizier werden konnte. Wer aus dem kleinbürgerlichen oder gar proletarischen Milieu stammte, politisch liberal oder sozialdemokratisch orientiert war und konfessionslos oder gar jüdisch war, hatte keinen Platz in diesem idealisierten Bild des deutschen Offiziers. Die soziale Exklusivität des Offizierskorps wurde noch dadurch verstärkt, dass das Gehalt bis etwa zum 40. Geburtstag bzw. dem Rang als Major nicht ausreichte, um eine eigene Familie zu ernähren. Wer die Offizierslaufbahn einschlug, brauchte also eigenes Vermögen oder eine Familie, die ihn jahrzehntelang unterstützen konnte. Dazu waren in der Regel nur der Adel und das wohlhabende Bürgertum in der Lage.

Während Arbeiterschaft und Kleinbürgertum schon allein auf Grund der ökonomischen Schranken und der Bildungsvoraussetzungen praktisch keine Chancen auf den Aufstieg in die Offizierskaste hatten, war das für die überproportional gebildeten und wohlhabenden deutschen Juden anders. Doch für sie war das Schicksal Walther Rathenaus paradigmatisch. Wie viele andere vor und nach ihm hatte er vergeblich den zum Offiziersrang befähigenden Einjährig-Freiwilligendienst abgeleistet und musste sich doch mit dem Rang eines Vizewachtmeisters zufrieden geben, weil die Offiziere des Regiments, in dem er seinen Dienst leistete, die Aufnahme in das Offizierskorps in geheimer Abstimmung verweigert hatten. So gab es seit den 1880er Jahren keine ungetauften jüdischen Offiziere in der deutschen Armee mehr, abgesehen von einigen wenigen Reserve- und Landwehroffizieren in der Bayerischen Armee. Erst angesichts der Personalnot des Weltkrieges wurden 2000 ungetaufte Juden zu Offizieren befördert (vgl. Angress 1999).

Ebenfalls diskriminiert, wenngleich nicht derart systematisch, wurden in der preußischen Armee, die drei Viertel der deutschen Armee stellte, die Katholiken. Obwohl 35 % der preußischen Bevölkerung katholisch waren, waren 80 % aller preußischen Offiziere evangelisch. Die bürgerliche Herkunft war 1914 allerdings nicht mehr die Ausnahme, sondern die Regel im preußischen Offizierskorps, denn zwischen 1860 und 1913 war der Anteil der Adligen unter den Offizieren von 65 % auf 30 % zurückgegangen. Trotzdem kann man nur bedingt von einer ›Verbürgerlichung‹ des Offizierskorps sprechen, denn je höher der Rang war, umso höher lag auch der Anteil der Adligen. Vor 1914 waren bei der Infanterie zwar nur 30 % der Leutnante adlig, jedoch fast 50 % der Majore und über 90 % der hohen Generäle (vgl. Deist 1991a, 51).

Auch zwischen den Waffengattungen gab es große Unterschiede, denn der Adel konzentrierte sich – neben der Infanterie – vor allem in der Kavallerie; auch nach dem Krieg wurde der Mythos der Kavallerie als einem elitären, ›ritterlichen‹ Truppenteil zäh verteidigt (vgl. Pöppinghege 2009b). Dagegen dominierten die bürgerlichen Offiziere in jenen Waffengattungen, die ein besonders großes Maß an technischem Fachwissen voraussetzten, vor allem in der Artillerie und in den Pioniertruppen. Gerade diese Truppenteile wurden im Weltkrieg besonders wichtig, weshalb auch die bürgerlichen Offiziere im Weltkrieg zunehmend das Erscheinungsbild der deutschen Armee prägten. Eine Bastion des Adels blieben dagegen die Generalstabsränge, in die nur wenigen Bürgerlichen wie Erich Ludendorff oder Wilhelm Groener der Aufstieg gelang. Praktisch völlig verschlossen für Bürgerliche waren, abgesehen von dem sprichwörtlichen ›Konzessionsschulzen‹, auch die Garderegimenter, die nicht nur soziale Exklusivität versprachen, sondern auch eine besondere Nähe zum Hof verbürgten. Vor ähnlichen Herausforderungen hinsichtlich der Vereinbarkeit von elitärem Anspruch, sozialer Exklusivität und Überlagerung adliger mit bürgerlichen Normen und Ehrvorstellungen im Zeichen der enormen Flottenrüstung seit der Jahrhundertwende sah sich im Übrigen auch das Marineoffizierskorps gestellt (vgl. Wolz 2008, 14–41).

Die Zusammensetzung des Offizierskorps spiegelt recht gut die wilhelminische Klassengesellschaft wider. Adlige und Bürger stellten die Offiziere, das Kleinbürgertum die Unteroffiziere, die Bauern und Arbeiter die einfachen Soldaten. In diesem Sinn war jeder Offizier ein Kämpfer für die Aufrechterhaltung der wilhelminischen Klassengesellschaft. Doch dieser Herrschaftskompromiss zwischen Adel und Bürgertum war nicht ohne Spannungen, denn viele adlige Offiziere akzeptierten ihre bürgerlichen Kameraden nicht als ebenbürtig. Wenn sich das Offizierskorps in seiner sozialen Zusammensetzung ohnehin nur langsam verbürgerlichte, blieben die äußeren Formen, der Habitus oder die Ehrbegriffe noch sehr stark vom Adel geprägt. Doch vor allem die langsame Herausbildung einer nationalen, wenn auch stark von Preußen geprägten Armee beförderte jenen Prozess der adlig-bürgerlichen Amalgamierung, der für das Offizierskorps vor 1914 typisch war.

Eine weitere Anforderung an den Offizier als Vertreter der herrschenden Klasse war der Erwerb von Bildung, doch auch hier konnten sich die bürgerlichen Leistungskriterien nur bedingt gegen die aristokratischen Vorrechte durchsetzen. Zwar war seit 1871 das Abitur die Eingangsvoraussetzung für die Offizierslaufbahn, doch aufgrund zahlreicher Ausnahmegenehmigungen wurde diese Bestimmung häufig umgangen. Noch 1912 besaß etwa ein Drittel des Offiziersnachwuchses kein Abitur (Bald 1982, 113). Etwa 15 % des Offiziersnachwuchses hatten eine Kadettenschule besucht, die zwar nicht mit den Standards des zivilen Gymnasiums mithalten konnte, aber doch eine relativ breite Bildung vermittelte.

Entgegen der vielfach vertretenen These (Ostertag 1990), dass das preußische Offizierskorps unprofessionell und rückständig, ein Relikt der vormodernen, vorindustriellen Zeiten gewesen sei, war es zunehmend auch von bürgerlichen Werten wie Bildung, Leistung sowie rationaler Lebens- und Karriereplanung geprägt. Die Neofeudalisierung des Offizier-Habitus unter Wilhelm II. war weniger ein Zeichen von Rückständigkeit als vielmehr eine Reaktion auf die rasch voranschreitende Modernisierung und teilweise soziale Öffnung des Offizierskorps. Wenn die preußisch-deutsche Armee sich äußerlich an alten aristokratischen Formen und Riten orientierte, dann tat sie das vor allem, um den durch die Vergrößerung und Modernisierung drohenden Verlust sozialer Homogenität auf symbolischer und kultureller Ebene aufzufangen (Stoneman 2001).

Die Karriereaussichten waren für Offiziere in Friedenszeiten allerdings nicht sehr gut. Erst nach durchschnittlich 15 Dienstjahren konnte ein Leutnant 1913 mit der Beförderung zum Hauptmann rechnen. Bei Kriegsbeginn waren sogar über 2200 Offiziersplanstellen unbesetzt, weil sich der Preußische Generalstab und das Preußische Kriegsministerium nicht über die Kriterien für den geeigneten Offiziersnachwuchs einigen konnten. Wer keine Verbindungen zum Militärkabinett hatte, das über Beförderungen und Stellenbesetzungen entschied, hatte daher selbst als Berufsoffizier kaum eine Chance, über den Rang eines Majors hinauszukommen und die sprichwörtliche ›Majorsecke‹ zu überspringen. Die berufliche Leistung war zwar ein wichtiges Kriterium, das über den Karriereerfolg entschied, aber bei weitem nicht das einzige. Hier waren die alten Adelsfamilien mit ihren weit verzweigten Kontakten ohne Zweifel im Vorteil gegenüber dem Bürgertum, das über dieses soziale Kapital in der Regel nicht verfügte. Doch obwohl solche Adelsprivilegien der Modernisierung der deutschen Armee entgegenstanden, wandelte sich das Berufsbild des Offiziers unaufhaltsam. Das Offizierskorps war bereits vor 1914 immer weniger ein ›Stand‹ und wurde mehr und mehr ein ›Beruf‹ wie andere auch.

Im Laufe der von einer großen sozialen, wirtschaftlichen und technischen Dynamik geprägten Jahrzehnte vor 1914 veränderte sich die Lebens- und Berufswelt der Offiziere ungeachtet der scheinbaren Kontinuität und Dominanz adliger Werte sehr stark. Die Berufung auf König, Nation und Vaterland, das uneingeschränkte Bekenntnis zu den militärischen Werten wie Ordnung, Gehorsam, Disziplin, der Wille zur Gewaltanwendung, zur Tötungs- und Todesbereitschaft war für Offiziere selbstverständlich. Auch beanspruchten sie eine hervorragende Stellung in Staat und Gesellschaft, weil sie von Idealismus und Opferbereitschaft statt von materiellem Besitzstreben erfüllt seien. Doch jenseits dieser Gemeinsamkeiten zeigen die an das Offiziersbild geknüpften Männlichkeitsvorstellungen drei deutlich unterscheidbare Leitbilder. Da ist zum ersten das Bild des aristokratisch-pompösen, neofeudalen Offiziers, der jenen dandyhaften ›Dekorationsmilitarismus‹ verkörperte, als dessen Prototyp Kaiser Wilhelm II. gelten kann. Eine kriegerisch-aggressive Selbstdarstellung und die zur Schau gestellte Verachtung bürgerlicher Werte und Tugenden waren für dieses Offiziersmodell essentiell. Doch die Liebe zu bunten Phantasieuniformen, zum Casino-Leben mit Kartenspiel und Sektgelagen und zu den prachtvollen Hofbällen hatte eine oft übersehene ›weiche‹, homoerotische Seite. An ihr entzündete sich heftige bürgerliche Kritik, besonders, als dem aus vielen Offizieren exklusiver Garderegimenter bestehenden Liebenberger Kreis um Philipp Graf zu Eulenburg homosexuelle Handlungen vorgeworfen wurden. Die Kritik richtete sich nicht gegen das Militär an sich, sondern vielmehr gegen die angebliche Vernachlässigung militärischer Tugenden durch eine dekadente Klasse.

Daher trat ein anderes Offiziersbild zunehmend in den Vordergrund, das man als ›bürgerlich-radikalnationalistisch‹ beschreiben kann und zu dem nicht aristokratische Prachtentfaltung und Höfischkeit zählten, sondern ›Härte‹ und Kompromisslosigkeit. Der Vorwurf angeblicher Verweichlichung und ›Verweiblichung‹ des Adels war seit dem Vorabend der Französischen Revolution fester Bestandteil der bürgerlichen Adelskritik gewesen, die in der Regierungszeit Wilhelms II. zunehmend auch auf die adligen Offiziere ausgedehnt wurde, die zuvor davon ausgenommen worden waren. Nationalliberale Intellektuelle wie der Soziologe Max Weber wandten sich nicht nur gegen die Adelsprivilegien im Offizierskorps, weil diese Überreste der Feudalzeit ihrer Meinung nach nicht zu einer modernen Industriegesellschaft passten, sondern vor allem, weil der Adel schon personell gar nicht mehr in der Lage war, allein jene große und schlagkräftige Armee und Flotte aufzubauen, die Deutschland den als notwendig erachteten Aufstieg zur Weltmacht ermöglichen sollten. Um dieses Ziel zu propagieren, wurden nationalistische Verbände wie der Alldeutsche Verband, der Flottenverein oder der Wehrverein gegründet, die den Wunsch nach imperialistischer Expansion in der deutschen Gesellschaft verankern sollten und hauptsächlich vom Bürgertum getragen wurden. Seine literarische Verkörperung fand dieser sich an gewalttätigen militärischen Machtphantasien berauschende Bürger in Diederich Heßling, dem Protagonisten von Heinrich Manns Roman *Der Untertan* (Zeitungsvorabdruck 1914, Buchfassung 1918).

Der Militärhistoriker Stig Förster spricht nüchterner von einem »doppelten Militarismus« (Förster 1985). Der eine, hauptsächlich vom niederen Landadel getragene Militarismus war sozial konservativ und erblickte in der Armee vor allem die Stütze der bestehenden monarchisch-konservativen Ordnung und der privilegierten Stellung des Adels. Um das Offizierskorps möglichst homogen zu erhalten, waren die Vertreter dieses Militarismus bereit, auf den weiteren Ausbau der Armee und damit auch auf die imperialistische Expansion Deutschlands zu verzichten. Der andere, hauptsächlich vom aufstrebenden Bürgertum propagierte Militarismus forderte dagegen die Abschaffung der Adelsprivilegien, um dem Bürgertum die führende Rolle in der Gesellschaft zu sichern. Innenpolitisch verlangte man die Liberalisierung, um das Ziel außenpolitischer Expansion verfolgen zu können.

Das dritte Offiziersbild ähnelte in vieler Hinsicht dem zweiten, doch ohne den lautstark nach außen getragenen nationalistischen Eifer. Stattdessen galten kühle Sachlichkeit, Arbeitsfleiß und Professionalität als höchste Tugenden. Die Prototypen dieser Variante sind vor allem die Generalstabsoffiziere, die sich selbst als die eigentliche Elite des Offizierskorps begriffen. Für die Auslösung und Führung des Weltkrieges trug diese winzig kleine Gruppe, die 1914 lediglich 625 Offiziere umfasste, die entscheidende Verantwortung. Nach 1918 drängten eine ganze Reihe hoher Offiziere, die während des Weltkrieges im Preußischen Generalstab oder im Generalstab großer Truppenverbände gedient hatten, in die Politik. Die bekanntesten von ihnen sind Wilhelm Groener und Erich Ludendorff.

Der Typus des Offiziers war in seinen verschiedenen Ausprägungen über weite Strecken des 19. und 20. Jahrhunderts ein prägender Bestandteil der deutschen Kulturgeschichte. Bis weit ins 18. Jahrhundert hinein hatten sich Bürgertum und Soldatenwelt eher feindselig gegenübergestanden, doch dies hatte sich mit der Französischen Revolution und der Aufwertung des Soldatendienstes zur nationalen Ehrenpflicht geändert (vgl. Frevert 2001). Im wilhelminischen Deutschland endgültig zum männlich-nationalen Leitbild schlechthin erhoben, stellte der Offiziersstand gerade wegen seiner Prägung durch die Wertewelt des Adels eine ideale Projektionsfläche für bürgerliche Phantasien dar. Auch mitten im Krieg pflegten die Offiziere ›typisch adlige‹ Verhal tensweisen wie stundenlange Ausritte mit ihren Kameraden.

Eine zentrale Kategorie für das Selbstverständnis der Offiziere ist der »Wille«. Der Offizier verstand sich als »Willensmensch« (vgl. Breymayer/Ulrich/Wieland 1999). Kampf, Töten und Sterben, gesellschaftlicher Status und politische Macht, Habitus und Sexualität, selbst die individuelle Physiognomie – all das sollte der Formungskraft des Willens unterworfen sein. Damit das gelingen konnte, kam es vor allem auf den ›Charakter‹ des Offiziers an, den zu festigen und zu entwickeln eine beständige Herausforderung war. So hieß es 1909 über die Eigenschaften eines guten Offiziers:

> Der Offizier ist das Vorbild seiner Leute, sein Beispiel reißt sie mit vorwärts. [...] Nur wenn es gelingt, zu Erziehern der heranwachsenden Generation des deutschen Offizierkorps in allen Instanzen der militärischen Hierarchie Männer zu wählen, die, selbst Charaktere, fest in soldatischer Gesinnung, frei von kleinlichem erniedrigendem Strebertum, Charaktere zu schätzen, zu dulden und zu erziehen wissen, wird nach dieser Richtung hin die Gewähr für die Zukunft gegeben werden (zit. n. Ostertag 1990, 125).

Die Sprache zeigte dabei im Laufe der Zeit eine »Wende zur Härte« (Radkau 1998, 357), durch die der »Erosionsprozess der habituellen Adelsdominanz im Offizierkorps« (Funck 2002, 83) beschleunigt wurde. Dieser ermöglichte aber zugleich die im Ersten Weltkrieg notwendige soziale Öffnung des Offizierskorps, auch wenn der Adel weiterhin den Führungsanspruch als ›Erzieher der Nation‹ erhob. Die jahrzehntelang vom Offizierskorps in die zivile Gesellschaft hineingetragenen militärischen Männlichkeitsattribute wurden in radikalisierter Form von dieser wieder ins Militär und ins Offizierskorps zurückgetragen, wodurch aber auch Forderungen nach der Modernisierung der Armee leichter durchgesetzt werden konnten, etwa die Einführung der feldgrauen Uniformen oder die Aufwertung der technischen Truppenteile.

Die Militarisierung der Gesellschaft zeigte sich zum einen darin, dass militärische Tugenden wie Disziplin und Gehorsam einen hohen Stellenwert hatten; zum anderen darin, dass die Gesellschaft insgesamt auf den kommenden Krieg ausgerichtet wurde, der nicht nur vorhergesehen, sondern geradezu herbeigesehnt wurde. Der um die »Wehrerziehung« des deutschen Volkes besorgte Colmar Freiherr von der Goltz wünschte »dem deutschen Vaterlande freilich von allen guten Dingen zwei, nämlich völlige Verarmung und einen mehrjährigen harten Krieg. Dann würde sich das deutsche Volk noch ein-

mal wieder erheben und für Jahrhunderte vor moralischer Auflösung schützen« (zit. n. Förster 1999, 33; zur nationalpädagogischen Semantisierung eincs zukünftigen Krieges s. Kap. II.4). Am bekanntesten, wenn auch in seiner Bedeutung völlig überschätzt, ist sicher General Friedrich von Bernhardi, dessen 1913 erschienenes Buch *Deutschland und der nächste Krieg* versuchte, die deutsche Gesellschaft auf den als unausweichlich betrachteten Krieg vorzubereiten. Die Hoffnung, durch einen Krieg den vermeintlich drohenden sittlich-moralischen Verfall der Gesellschaft aufhalten zu können, war im Fin de Siècle allerdings keineswegs auf Deutschland beschränkt, sondern auch in allen anderen europäischen Nationen präsent (vgl. Jahr 2005; Vogel 2005).

Der »Topos vom unvermeidlichen Krieg« (Mommsen 1990) hatte wohl nirgends so viele Anhänger wie im Offizierskorps, obwohl manche Offiziere sich keineswegs in der Illusion eines ›kurzen‹ Krieges à la 1870/71 wiegten, sondern sich darüber im Klaren waren, dass ein mit Millionenheeren im Industriezeitalter ausgetragener Krieg viele Jahre dauern, hohe Opfer mit sich bringen und für Deutschland kaum zu gewinnen sein würde (Förster 1995).

Deutschland trat also mit einem im Umbruch befindlichen Offizierskorps in den Weltkrieg ein. Einerseits standen die Armee und mit ihr die Offiziere in hohem Ansehen, genossen sie Macht und Privilegien wie niemals zuvor. Andererseits war diese Vormachtstellung jedoch einem langsamen, aber unaufhaltsamen Erosionsprozess unterworfen. Das Offizierskorps wurde nicht nur von Pazifisten, Sozialdemokraten und Linksliberalen kritisiert. Auch im Lager der Militärbefürworter gab es heftige Auseinandersetzungen darüber, wie das Offizierskorps der Zukunft aussehen sollte. Als der Weltkrieg begann, war es zwar noch stark von vormodernen Traditionen geprägt. Doch mehr und mehr hatte es sich in den Jahrzehnten davor modernisiert und von einem Stand zu einer Profession gewandelt.

Der Erste Weltkrieg, den viele Offiziere nach vierzig Friedensjahren herbeigesehnt hatten, brachte nicht nur ein auch für die Berufsoffiziere bis dahin unvorstellbares Maß an Tod und Zerstörung mit sich, sondern auch das Ende der traditionellen Offizierswelt, die sich in den vier Jahren zwischen 1914 und 1918 radikaler wandelte als in den hundert Jahren davor. 45 923 aktive und 226 130 Reserveoffiziere kämpften im Ersten Weltkrieg, von denen 11 357 (=24,7 %) bzw. 35 493 (=15,7 %) fielen. Die Welt vor 1914 war im Feuer des Weltkrieges verbrannt, und zugleich hatten viele Offiziere für die neue Zeit nach 1918 nur Unverständnis und Verachtung übrig. Ein Reserveoffizier und Großgrundbesitzer schrieb nach 1918 desillusioniert: »Nichts mehr von Ehre und Ritterlichkeit, nur noch kalte Vernichtungstechnik der Physik, der Chemie, der Schwerindustrie. [...] Nicht einmal der Tod hat seine Würde, seinen Anstand und seine Ehre bewahrt« (zit. n. Funck 1999, 234).

Im Weltkrieg ging aber auch die vor 1914 nur mühsam aufrecht erhaltene Homogenität des Offizierskorps endgültig verloren. Für den aristokratischen, im Reitsattel ebenso wie im Ballsaal eine gute Figur machenden Offizier war kein Platz mehr. Er wurde ersetzt durch den Typus des mit ›stählernen Nerven‹ ausgestatteten Stoßtruppführers, dessen literarische Gestalt niemand so intensiv und wirkungsvoll modelliert hat wie Ernst Jünger (s. Kap. II.4; Kap. IV.2). Die Kriegsniederlage hinterließ bei den meisten Offizieren ein tiefes Trauma und machte sie anfällig für die Heilsversprechen nationalistischer Parteien. Nur wenige Offiziere zogen aus ihrem ›Kriegserlebnis‹ die Konsequenz, sich dem Pazifismus zuzuwenden (Wette 1999). Die meisten wurden nach 1918 zu erbitterten Feinden der demokratischen Republik und zu Trägern jenes radikalen »soldatischen Nationalismus« (Mommsen 1997), von dem der Weg zu Hitler sehr kurz war.

Kriegführung 1914: Pläne und Wirklichkeiten

Der Schlieffen-Plan

Deutschland zog mit nur einem einzigen aktuellen Aufmarschplan in den Weltkrieg, dem ›Schlieffen-Plan‹. Dieser Plan war als Denkschrift im Winter 1905/6 zum Ende der Amtszeit Alfred Graf von Schlieffens als Chef des Preußischen Generalstabs entstanden. Schlieffen war ein scharfsichtiger Beobachter der Entwicklungen seiner Zeit, der die zunehmende Technisierung und Industrialisierung der Kriegführung und ihre Folgen für das Schlachtfeld der Zukunft im Blick hatte. Die Schlussfolgerungen, die er aus diesem Wissen im Jahr 1909 für den Gesamtcharakter des Krieges zog, sollten sich freilich als unzutreffend erweisen, denn er setzte weiterhin auf die Idee einer großen Entscheidungsschlacht. Eine »Ermattungsstrategie«, wie sie die Kriege des 18. Jahrhunderts geprägt hatte, hielt er in der Zeit der Massenheere, in der »der Unterhalt von Millionen den Aufwand von Milliarden erfordert« (zit. n.

Ehlert/Epkenhans/Groß 2006, 9), dagegen für nicht mehr möglich – und zwar nicht trotz, sondern wegen der fortgeschrittenen Industrialisierung der Kontrahenten.

Der als unvermeidlich angesehene Zweifrontenkrieg gegen Frankreich und Russland sollte gewissermaßen in zwei aufeinander folgende Einfrontenkriege zerlegt werden (vgl. Groß 2006a, 155). Statt gleichzeitig an der West- und Ostfront jeweils ein ›halber‹ sollten unmittelbar nacheinander zwei ›ganze‹ Kriege geführt werden. Für diese Kalkulation war der Entwicklungsstand der modernen Kommunikations- und Transportmedien entscheidend. Während in Mittel- und Westeuropa ein dichtes Eisenbahnnetz zur Verfügung stand, das eine geradezu fahrplanmäßige Mobilmachung ebenso ermöglichte wie das schnelle Verlegen von Truppen von West nach Ost und umgekehrt, war das in Osteuropa in sehr viel geringerem Umfang der Fall, wobei das Nebeneinander von europäischer Normalspurbreite und russischer Breitspur der Eisenbahn zusätzlich erschwerend wirkte. Auf Grund der großen Bedeutung der Eisenbahn für die Mobilmachung wurde der Chef der Eisenbahnabteilung des Großen Generalstabs, Wilhelm Groener, 1914 als Techniker und Bürokrat des Krieges einer der ›Helden neuen Typs‹. Nicht zuletzt diesem in den frühen Kriegstagen erworbenen Ruhm verdankte er seine spätere politische Karriere, die ihn 1920 ins Amt des Reichsverkehrsministers, 1928 in dasjenige des Reichswehrministers und 1931 zusätzlich in das des Reichsinnenministers führte.

Geleitet von der Annahme, dass der russische Aufmarsch langsam und schwerfällig ablaufen würde, sollte als erstes Frankreich unter Aufbietung fast aller deutschen Kräfte besiegt werden, um danach alle Energien auf Russland konzentrieren zu können. Der Vormarsch auf Frankreich musste durch Belgien, Luxemburg und die Niederlande unter Bruch ihrer Neutralität erfolgen, weil der französische Festungsgürtel und die Ardennen einen Angriff weiter südlich wenig aussichtsreich machten. In einem großen Bogen sollte die deutsche Armee Paris von Nordwesten her umfassen und die französische Armee Richtung Jura und Schweizer Grenze abdrängen. Modell für diese großräumige Operation stand die Schlacht von Cannae, in der der karthagische Feldherr Hannibal im Jahr 216 v. Chr. die römische Armee besiegt hatte – um den Feldzug am Ende doch zu verlieren.

Schlieffen hinterließ seinem Nachfolger als Generalstabschef, Helmuth von Moltke (dem Jüngeren), ein übermächtiges Erbe, das dieser allerdings durchaus selbständig und flexibel verwaltete und weiterentwickelte (vgl. Mombauer 2001; 2006). Die wichtigsten Änderungen Moltkes an Schlieffens ursprünglichen Überlegungen waren der Verzicht auf den Einmarsch in den Niederlanden, um Deutschland einen Zugang zur Nordsee über ein neutrales Land zu erhalten sowie die stärkere Absicherung der Fronten in Lothringen, im Elsass und in Ostpreußen. Trotzdem blieben die Prinzipien Schlieffens, vor allem der Gedanke der schnell im Westen herbeizuführenden Vernichtungsschlacht, bis 1914 bestimmend.

Da Schlieffens Plan, wie er selbst zugestehen musste, mit den 1905 bestehenden Kräften nicht realisierbar war, hatte er von vornehein etwas Utopisches. Nicht der Plan wurde an der Realität orientiert, sondern die Realität sollte den Erfordernissen des vermeintlich den Sieg garantierenden Plans angepasst werden. Eine weitere – und 1914 elementar zur Eskalation beitragende – Folge dieser ›Alles-oder-Nichts-Mentalität‹ war, dass die militärischen Planungen die Politik unter extremen Zeitdruck setzten. Da ein defensives Abwarten ebenso wenig möglich war wie ein Vorgehen gegen nur einen der beiden erwarteten Hauptgegner, war es aus Sicht der militärischen Planer die Aufgabe der Politik, genau jene Situation herbeizuführen, auf die der Schlieffen-Plan passte.

Die polemisch vorgetragene Deutung Terence Zubers (2002), es habe vor 1914 überhaupt keinen Schlieffen-Plan im eigentlichen Sinne gegeben, weil Schlieffen im Wesentlichen nur kleinräumige Defensivplanungen vorgelegt habe, statt eine großräumige Vernichtungsschlacht zu entwerfen, hat sich nicht durchsetzen können, ebenso wenig wie seine Behauptung, der Schlieffen-Plan sei von ehemaligen Generalstabsoffizieren erst im Nachhinein zu dem Zweck ›erfunden‹ worden, ihr Versagen 1914 zu vertuschen. Schlieffens Plan wurde nach 1918 nur von wenigen Autoren wie dem langjährigen Chef der Operationsabteilung in der OHL, Generalmajor Georg Wetzell, als grundsätzlich verfehlt angesehen. Das dominante Deutungsmuster gab Hermann von Kuhl vor, im Weltkrieg unter anderem Stabschef der Heeresgruppe Kronprinz Rupprecht von Bayern, der verkündete, dass »der Feldzugsplan des Grafen Schlieffen zum Siege hätte führen müssen, wenn wir daran festgehalten und ihn folgerichtig durchgeführt hätten« (zit. n. Pöhlmann 2002, 316).

Kriegsbeginn: Das Scheitern des Schlieffen-Plans

Mit der ›Erklärung des Zustandes drohender Kriegsgefahr‹ am 31. Juli sowie der die allgemeine Mobilmachung auslösenden Kriegserklärung an Russland einen Tag später, wurde das Räderwerk des Schlieffen-Plans in Gang gesetzt. Dessen Paradoxon wurde nun offenkundig: Obwohl die unmittelbare Kriegsursache auf dem Balkan lag, Deutschlands Eingreifen mit der Bündnistreue gegenüber Österreich-Ungarn begründet wurde und propagandistisch zunächst Russland als Hauptfeind aufgebaut wurde, musste der Krieg vor allem im Westen geführt werden, da seit dem Frühjahr 1913 kein alternativer Feldzugsplan mehr bereitstand. Nicht aktiviert werden mussten die Pläne, Truppenteile zur Niederschlagung möglicher Unruhen, insbesondere in den Industrierevieren des Reiches, bereitzustellen; das Einschwenken der SPD in den ›Burgfriedenskurs‹, obwohl sie in den letzten Julitagen noch Antikriegsdemonstrationen mit Hunderttausenden Teilnehmern organisiert hatte, machte dies überflüssig (vgl. Kruse 1994; s. auch Kap. III.5).

Nicht mit der angeblich die gesamte Bevölkerung erfassenden Begeisterung, die als ›Augusterlebnis‹ mythisch überhöht wurde, aber doch ohne substantielle Störungen verlief die Mobilmachung und Bereitstellung der Truppen (vgl. Raithel 1996; Verhey 2000). Eine zentrale Rolle spielte hierbei die Eisenbahn, die entlang der Aufmarschgebiete an der West- und Ostgrenze vor 1914 systematisch unter Berücksichtigung militärstrategischer Überlegungen ausgebaut worden war, so etwa durch die Vermehrung der Rheinübergänge und die Optimierung des Bahnnetzes im linksrheinischen Gebiet. Über fünf Millionen Mann wurden mobilisiert, etwa 1,5 Millionen davon in sieben Armeen an der Westgrenze zusammengezogen.

Die erste bedeutsame Kampfhandlung war die handstreichartige Einnahme Lüttichs am 7. August, durch die Erich Ludendorff seinen militärischen Ruhm begründete. Da sich die deutschen Truppen nur dort durch das enge Tal der Maas westwärts in Richtung Paris bewegen konnten, war diese Schlacht essentiell für den weiteren Kriegsverlauf. Die französische Armee dagegen konzentrierte sich gemäß ihrem ›Plan XVII‹ ganz auf die lothringische Front. Zwar war der Schlieffen-Plan zumindest in seinen Grundzügen auch der französischen Militärführung bekannt, doch spekulierte diese darauf, dass eine Offensive in Lothringen den gesamten deutschen Plan zusammenbrechen lassen würde, weil sie die deutsche Armeeführung dazu zwingen würde, ihre Kräfte zur Abwehr dieser Bedrohung neu zu strukturieren, wodurch die Wucht des Angriffs auf dem rechten Flügel zwangsläufig geschwächt werden würde. Der französische Gegenangriff in Lothringen Mitte bis Ende August scheiterte jedoch unter großen Verlusten, und auch der kurzfristige Einbruch französischer Verbände ins Elsass vermochte die deutsche Angriffsmaschinerie nicht zu stoppen.

Als in einer Fernsehsendung über den Ersten Weltkrieg der bekannte Publizist Sebastian Haffner den Zuschauern die dramatischen Ereignisse an der Westfront im August und September 1914 nahezubringen versuchte, deutete er auf die Landkarte, zeigte dabei auf Lothringen und kommentierte in gewohnt pointierter Weise: »Alles, was sich hier am südlichen Teil der Westfront abspielte, können wir vergessen. Hier wurde die ganze Zeit blutig gekämpft, aber es wurde nichts entschieden« (zit. n. Storz 2006, 161). Das ist insofern eine Übertreibung, als sich der »Weg vom Bewegungskrieg über den Stellungskrieg bis an den Rand der Materialschlacht […] in Lothringen mit einer im Sommer 1914 einzig dastehenden Radikalität« (ebd., 203) vollzog.

Die Entscheidung fiel dennoch unzweifelhaft nahe Paris. In den ersten Septembertagen schien der Schlieffen-Plan weitgehend geglückt zu sein, denn die deutschen Truppen hatten die Marne überquert und standen 40 km vor der französischen Hauptstadt, die von schweren Eisenbahngeschützen beschossen wurde. Tatsächlich jedoch war der Schlieffen-Plan zu diesem Zeitpunkt bereits gescheitert, denn im Laufe des Vormarsches, bei dem die Soldaten der ganz rechts stehenden 1. Armee unter Kampfbedingungen täglich Entfernungen bis zu 40 km zurückgelegt hatten, war die Front immer mehr nach Osten abgeschwenkt, nicht zuletzt, weil die 1. Armee in zwei Schlachten am 23. August bei Mons und zwei Tage später bei Le Cateau auf das mit 100 000 Mann zwar sehr kleine, aber als Berufsarmee hervorragend trainierte, ausgerüstete und kampferfahrene britische Expeditionsheer getroffen war. Dieses konnte dem zahlenmäßig weit überlegenen deutschen Heer erheblichen Schaden zufügen und es immer weiter nach Osten und damit weg von dem ursprünglichen Operationsziel abdrängen.

An eine westliche Umfassung von Paris war nun nicht mehr zu denken, zumal sich immer deutlicher die Schattenseite des Schlieffen-Plans offenbarte (vgl. Kaufmann 1996, 145–158). Je weiter die deutsche Armee vordrang, umso länger wurden ihre Ver-

sorgungswege aus der Heimat und umso weiter entfernte sie sich von den letzten intakten Eisenbahnstationen, da die Franzosen beim Rückzug die Verkehrsinfrastruktur unbrauchbar machten. Die deutsche Armee musste daher zunehmend auf die Transportleistung von Pferd und Wagen zurückgreifen. Für die französische Armee wurde die Lage in der Nähe von Paris, auf das das gesamte Eisenbahnnetz des Landes zentriert war, dagegen immer günstiger. Die von der deutschen Armee dargebotene offene rechte Flanke eröffnete die Chance zum französischen Gegenangriff. In dieser kritischen Situation entsandte die in Luxemburg – unter damaligen Kommunikationsbedingungen beurteilt – weit entfernt von den Geschehnissen residierende Heeresleitung den Oberstleutnant Richard Hentsch zu seiner berühmten ›Mission‹. Am 8. und 9. September fuhr er die Armeeoberkommandos des deutschen rechten Flügels ab und kam zu dem Schluss, dass sich zwischen der 1. Armee (von Kluck) und der 2. Armee (von Below) eine große Lücke auftue, die die Gefahr der Abdrängung und Einkesselung der 1. Armee heraufbeschwor. Ohne Rücksprache mit der Heeresleitung ordneten beide Armeekommandos am 9. September daher den Abbruch der Kämpfe und den Rückzug ihrer Armeen an. Die Unzulänglichkeit der Kommunikationsmöglichkeiten zwischen den beteiligten Stellen hatte zu einer den gesamten weiteren Kriegsverlauf prägenden Entscheidung geführt.

Die extreme Anspannung, die aus der dem Schlieffen-Plan inhärenten Notwendigkeit erwuchs, Tag für Tag ambitionierte Ziele zu erreichen, war einer der Gründe für die Brutalität des deutschen Vormarsches. Die deutsche Armee kämpfte nicht nur gegen die französische, britische und belgische Arme, sondern führte auch einen blutigen Krieg gegen die Zivilbevölkerung, in der sie heimtückische Feinde, sog. ›Franctireurs‹, vermutete (vgl. zum Folgenden Horne/Kramer 2004). Zwischen August und Oktober 1914 kamen bei über zweihundert Zwischenfällen fast 6500 Zivilisten ums Leben, davon über 4500 in Belgien. In der belgischen Stadt Dinant wurden allein 674 Menschen, fast 10 % aller Einwohner, getötet und 1100 Gebäude zerstört. Traurige Berühmtheit erlangte auch Löwen, das am 19. August 1914 kampflos besetzt worden war (vgl. Schivelbusch 1993). Am Abend des 25. August hielten sich deutsche Soldaten, angefacht von fernem Kanonendonner und wohl zusätzlich vom Alkohol benebelt, gegenseitig für schießwütige feindliche Freischärler. In der ›Strafgericht über Löwen‹ genannten Racheaktion der deutschen Militärbehörden wurde Haus um Haus in den angeblich von Franctireurs besetzt gewesenen Straßen aufgebrochen, geplündert und dann in Brand gesetzt. Schließlich wurde auch die berühmte Universitätsbibliothek angezündet und brannte drei Tage lang.

Der erste Höhepunkt dieser Kriegsverbrechen lag in den ersten Tagen des deutschen Einmarsches in Belgien und Nordfrankreich, die Mehrzahl der Vorfälle ereignete sich im letzten Drittel des Monats August. Im letzten Drittel des Monats Oktober kam es nochmals zu einigen derartigen Ereignissen. Die Gründe für diese Massaker sind vielgestaltig. Die deutschen Soldaten waren bei ihrem Vormarsch über die Grenze ihrer physischen und psychischen Leistungsfähigkeit gefordert. Ständig überreizt und erschöpft, schlugen Nervosität und Unsicherheit in nackte Panik um, sobald vermeintlich oder tatsächlich ein Schuss fiel. In den meisten Fällen war der von den eigenen Kameraden abgegeben worden. Dass die belgische Armee hartnäckigen Widerstand leistete, statt die deutschen Truppen kampflos passieren zu lassen, steigerte die Verbitterung vieler deutscher Soldaten zusätzlich. Eine spezifisch deutsche ›Militärkultur‹, die stärker als in den anderen europäischen Armeen der Zeit auf Terror als Mittel der Kriegführung setzte, lässt sich dagegen nicht belegen (vgl. Jahr 2013).

Die Ereignisse beim Einmarsch in Belgien lieferten all jene antideutschen Motive, die bis zum Kriegsende immer wieder aktualisiert und variiert wurden. Die alliierte Propaganda war sehr aggressiv, wobei den Deutschen auch Untaten zugeschrieben wurden, die sie nicht begangen hatten. Neben angeblichen Massenvergewaltigungen wurde ihnen das Abschlagen von Kinderhänden vorgeworfen – ein Motiv, das ironischerweise im Zusammenhang mit der belgischen Kolonialherrschaft im Kongo in den Jahren vor 1914 die öffentliche Meinung in Europa erregt hatte und die unter anderem in Joseph Conrads Novelle *Heart of Darkness* (1899) literarisch verarbeitet wurde. Die dramatischen Ereignisse bei der Besetzung Belgiens 1914 fanden ihren Niederschlag beispielsweise in dem 1917 entstandenen Theaterstück *Le bourgmestre de Stilmonde* des frankophonen belgischen Literaturnobelpreisträgers Maurice Maeterlinck.

Die Vorkommnisse beim deutschen Vormarsch im Sommer und Herbst 1914 waren schrecklich, doch diese Gewaltwelle ebbte mit dem Erstarren der Front im Stellungskrieg vollständig ab. Das abrupte Ende der unmittelbaren Gewalt gegen die Zivilbevölkerung in Belgien und Nordfrankreich zeigt, dass es, anders als im Zweiten Weltkrieg, insbesondere in Osteuropa, keinen Vernichtungswillen gegenüber der Bevölkerung der besetzten Gebiete gab.

Der vielfach als schwach und zögerlich geltende Generalstabschef Helmuth von Moltke wurde am 14. September durch den bisherigen Preußischen Kriegsminister Erich von Falkenhayn abgelöst, was der deutschen Öffentlichkeit vorerst verheimlicht wurde; erst zwei Monate später wurde der Wechsel an der Spitze der Obersten Heeresleitung auch offiziell bekanntgegeben. Angesichts der bereits Mitte September 1914 weitgehend verfestigten Frontlinie verzichteten beide Seiten darauf, in dem Frontabschnitt östlich von Paris bis zur Schweizer Grenze noch größere Angriffsoperationen durchzuführen. Um den Krieg trotzdem in Bewegung zu halten und vielleicht doch noch eine schnelle Entscheidung zu erzwingen, begann stattdessen der von beiden Seiten forcierte ›Wettlauf zum Meer‹. Da frontale Angriffe an der östlichen und zentralen Front keinen Erfolg mehr versprachen, wurde versucht, durch einen schnellen Vormarsch nach Westen den Gegner an seiner Flanke zu umfassen. Am 9. Oktober wurde das lange belagerte Antwerpen von deutschen Truppen besetzt, am 20. Oktober begann die entscheidende Schlacht im Raum der alten flämischen Handelsstadt Ypern (fläm. Ieper). In heftigen Kämpfen, die zu schweren Zerstörungen der mittelalterlichen Stadt führten, gelang den deutschen Truppen jedoch nicht der Durchbruch, auch nicht durch den überhasteten Einsatz von sechs nur ungenügend ausgebildeten und schlecht ausgerüsteten Reservekorps, deren Einsatz in der Nähe des Dorfes Langemark aufgrund des denkwürdigen Heeresberichtes ungeachtet der geringen militärischen Bedeutung zu einem ikonischen Ereignis des Krieges wurde (s. auch Kap. II.4).

Blickt man auf die Westfront Mitte November 1914, dann zeigt sich ein Bild der Erstarrung. Wo immer möglich, hatten sich die deutschen Truppen auf Höhenzügen eingegraben, die trockener waren als das Flachland und von denen aus das umliegende Gebiet gut zu beobachten und zu beschießen war. Auch wenn es oft nur 10 oder 20 Höhenmeter Unterschied waren: Für die kommenden vier Jahre Krieg im Westen war diese geringfügige Differenz in der dritten Dimension wichtiger als der Luftkrieg.

Strategien im Osten

Anders sah es an der Ostfront aus. In einer militärisch zwar beeindruckenden, aber keineswegs derartig außergewöhnlichen Operation, wie es die spätere Mythisierung wollte, wurden in der ›Schlacht von Tannenberg‹ (26.–30. August) – die Namensgebung sollte die ›Schlacht von Grunwald‹, als 1410 eine polnische Streitmacht das Heer des Deutschen Ordens besiegte, ungeschehen machen – die beiden nach Ostpreußen eingedrungenen russischen Armeen nacheinander geschlagen, wodurch der russische Vormarsch vorerst gestoppt war (vgl. Groß 2006b, 50–59). Zeitlich parallel zur Marne-Schlacht im Westen konnte dieser deutsche Erfolg in der Schlacht bei den Masurischen Seen (6.–15. September) konsolidiert werden, so dass Mitte September die unmittelbare Bedrohung des östlichen Teils Deutschlands abgewendet war.

Diese Erfolge machten den Oberbefehlshaber der 8. Armee, Paul von Hindenburg, und seinen Generalstabschef Erich Ludendorff zu beinahe unangreifbaren Nationalhelden. Ab August 1916 sollten sie als ›Doppelspitze‹ der 3. Obersten Heeresleitung die militärischen und politischen Geschicke Deutschlands bis zum Kriegsende und, auf andere Art, weit darüber hinaus, prägen. Hindenburg und Ludendorff standen für zwei unterschiedliche Offizierstypen (s. den Abschnitt »Traditionen und Bruchlinien des Militärischen«, S. 165). Hindenburg hatte eine erfolgreiche, aber traditionelle militärische Laufbahn durchlaufen und war 1911 bereits in den Ruhestand verabschiedet worden. Er kann als Prototyp eines noch ganz in der Welt des 19. Jahrhunderts verwurzelten, aus altem Adel entstammenden und zutiefst konservativen und der monarchischen Ordnung verpflichteten Offiziers gelten. Ludendorff dagegen war die Verkörperung des bürgerlich-technokratischen Aufsteigers, der bedingungslos auf die Modernisierung der Armee setzte, um sie zu einem schlagkräftigen Instrument einer expansiven Machtpolitik zu machen, womit er aber auf Widerstand in der etablierten Militärelite gestoßen und 1914 karrieretechnisch auf dem Abstellgleis gelandet war.

Die Lage im Osten blieb im Herbst trotz der Erfolge in Ostpreußen angespannt. Zum einen musste Deutschland Truppen aus dem Westen abziehen (für Tannenberg waren sie zu spät gekommen), um die wankende k.u.k Armee zu unterstützen. Zum anderen zeigte sich beim Überschreiten der russischen Grenze, dass der eine moderne Infrastruktur, vor allem die Eisenbahn und gepflasterte Fernstraßen voraussetzende Bewegungskrieg angesichts schlechter Wege- und Witterungsverhältnisse schnell zum Erliegen kam. Nachdem ein erneuter russischer Vorstoß nach Ostpreußen durch die Winterschlacht in Masuren (7.–21.2.1915) abgewehrt worden war, kam es auch an der Ostfront zu einer längeren Phase des Stellungskrieges. Trotz aller taktischen deutschen Erfolge hatte sich allerdings gezeigt, dass die russische Armee als Ganzes kaum zu besiegen war, da sie das defensive Operieren in unwegsamem Gelände perfekt beherrschte.

Der Stellungskrieg

Militärisch endete das Jahr 1914 mit dem Scheitern der Vorkriegspläne aller Kriegsparteien und damit, dass der Schützengraben zum eigentlichen Charakteristikum des Weltkrieges wurde. Der Seekrieg war durch zwei Kennzeichen geprägt. Zum einen kam es nur zu einigen kleineren Scharmützeln, die das Übersetzen des britischen Expeditionsheeres nach Frankreich nicht behindern konnten. Zum anderen errichtete die Royal Navy eine völkerrechtswidrige Blockade Deutschlands, die bis Kriegsende (und sogar darüber hinaus) andauern sollte und durch das Abschneiden der überseeischen Zufuhrwege langfristig verheerende Folgen hatte. Der U-Boot-Krieg, der sich primär gegen die britischen Versorgungswege richtete, wurde daher folgerichtig zum eigentlichen, militärisch wie politisch folgenreichen Kriegsschauplatz zur See (s. den Abschnitt: »U-Boot: Maritimer Terror«, S. 217).

Das Schicksal des Krieges entschied sich jedoch an Land, und hier wiederum an der Westfront, so blutig auch die Schlachten an der Ostfront, auf dem Balkan, im Nahen Osten oder in den Kolonien waren. Nur an der Westfront standen sich während des gesamten Krieges die stärksten Kriegsparteien mit ihrer Hauptstreitmacht gegenüber: Deutschland auf der einen, Frankreich, Großbritannien und, ab 1917, die USA auf der anderen Seite.

Die Gleichsetzung der Westfront mit dem Stellungskrieg und der Ostfront mit dem Bewegungskrieg ist zwar vereinfachend, dennoch prägte der Stellungskrieg – abgesehen von den Bewegungskriegphasen 1914 und 1918 – das Geschehen an der Westfront. Doch auch die Ostfront war keineswegs ausschließlich vom Bewegungskrieg gekennzeichnet, sondern kannte ebenfalls lange Phasen der Erstarrung. Dennoch: Jede Darstellung des Grabenkriegs wird sich auf die Westfront konzentrieren, weil er für sie emblematisch war und bis heute in der Landschaft vielfach noch immer oder, nach konservatorischen Eingriffen, sogar wieder mehr als vor einigen Jahrzehnten Spuren hinterlassen hat. Das ›In Flanders Fields‹-Museum in Ypern weist der »heutigen Landschaft als einem der letzten greifbaren Zeugen der Kriegsgeschichte« (In Flanders Fields-Museum 2013, o. P.) sogar eine zentrale Bedeutung für die Erinnerungsarbeit zu.

Das Anlegen von Gräben, um die eigene Position kurzfristig zu stabilisieren, gehörte stets zum freilich wenig geliebten Handwerk der Soldaten. Doch nachdem im Herbst 1914 die ursprünglichen Feldzugsplanungen gescheitert waren und die gesamte Front auf über siebenhundert Kilometer Länge im Stellungskrieg erstarrte, wurden die zunächst provisorischen Schützengräben immer tiefer gegraben und besser befestigt. Besonders ausgefeilt waren die Gräben der deutschen Frontlinie, da die deutsche Armee wegen des Zweifrontenkrieges und der alliierten Überlegenheit mit möglichst wenigen Soldaten auskommen musste. Weil die Frontlinien überwiegend auf dem Territorium der Entente-Staaten verliefen, wurde es auf Seiten der Alliierten auch als ein psychologisch wichtiges Moment angesehen, die eigene Frontlinie nicht allzu dauerhaft zu befestigen, weil dies symbolisch die Besetzung eines Teils des eigenen Territoriums verewigt hätte.

Die erste (Front-)Linie, von der oft noch in regelmäßigen Abständen Horchposten ›feindwärts‹ führten, lag meist nur wenige hundert Meter, manchmal deutlich weniger, von der gegnerischen ersten Linie entfernt; bei den vorgeschobenen gegnerischen Horchposten lag die Distanz bisweilen nur bei Ruf- bzw. Handgranatenwurfweite (vgl. zum Folgenden Seeßelberg 1926, 106–230; Ellis 1977, 26–42, 174–188; Ashworth 1980, 1–23; Meyer 1991; Jahr 1998, 93–98). Nach vorne war die erste Linie mit einem tief gestaffelten Stacheldrahtzaun einerseits gegen feindliche Angriffe geschützt, andererseits bildete er zugleich ein ernsthaftes Hindernis bei Überlaufversuchen. Die Unterstände, in denen sich die Mannschafts- und Offiziersunterkünfte befanden, waren mehr oder weniger tief in die Erde eingegraben, so dass sie gegen Artilleriebeschuss leidlich geschützt waren, ebenso wie die meist betonierten MG-Unterstände. Wurden solche Unterstände durch Artilleriebeschuss verschüttet, bedeutete das für die Insassen den Erstickungstod oder zumindest psychische Traumata.

Der ersten Linie folgte in ca. 100 bis 200 m Abstand die zweite Linie und schließlich, ca. 1 km dahinter, die Reservestellung (dritte Linie). Diese Linien waren durch quer dazu verlaufende Transportgräben verbunden, durch die alle Menschen und alles Material von hinten nach vorne und umgekehrt mussten. Um zu verhindern, dass der Gegner aus ei-

ner erhöhten Position oder aus der Luft die Gräben in ihrer gesamten Länge beschießen konnte, verliefen sie im Zickzack-Kurs, weshalb das Grabensystem äußerst unübersichtlich war und deshalb vielfach durch Wegweiser strukturiert werden musste. Bezeichnungen wie ›Schwabenfestung‹ verwiesen auf landsmannschaftliche Verbundenheiten und waren eine Form der Aneignung einer lebensfeindlichen Umgebung durch die Soldaten.

Weil der Gegenseite das gesamte Grabensystem durch Flieger- und Ballonaufklärung mehr oder weniger bekannt war und deren Artillerie genug Zeit hatte, sich exakt einzuschießen, konnten größere Truppen- und Materialbewegungen nur im Schutz der Dunkelheit erfolgen, weshalb die Ablösung der Truppenteile im vordersten Graben fast immer nachts stattfand. Bei gegnerischem Dauerfeuer, das oft einen Großangriff vorbereitete, aber auch der Ablenkung und Irreführung dienen konnte, waren die Verbindungen nach hinten für Stunden, manchmal Tage unterbrochen.

Die Tiefe des Raums, der ständig der Gefahr feindlichen Beschusses unterlag, betrug etwa zehn Kilometer, definiert durch die Reichweite der schweren Feldartillerie. Zwei klar definierte Grenzen markierten den ›gerichteten Raum‹, das unmittelbare Lebensumfeld der Soldaten. Zum Feind hin war die Frontlinie fast vollkommen undurchlässig und von dort drohte permanent Gefahr; in der anderen Richtung durfte der Soldat das eigene Grabensystem nicht ohne Genehmigung verlassen, was den Lebens- und Handlungsraum auch zum eigenen Hinterland hin begrenzte. Aus diesem streng kontrollierten Raum auszubrechen, war daher kaum möglich.

Die Lebensbedingungen der Soldaten wurden einerseits durch die ständige Bedrohung durch Gewehr- und Artilleriebeschuss geprägt, andererseits durch die äußerst primitiven hygienischen Lebensumstände. Dreck und Schmutz waren allgegenwärtig, die Gräben fast immer feucht, bei länger anhaltendem Regen standen sie unter Wasser. Im Winter kamen Kälte, Eis, Schnee und Nebel hinzu, im Sommer Hitze und staubige Trockenheit. Vielfach berichten die Soldaten auch von einem spezifischen Gestank in den Gräben, der sich aus menschlichen und tierischen Fäkalien, Schweiß und Verwesungsgerüchen zusammensetzte.

Die Erstarrung des Krieges, die durch das Grabensystem im Großen versinnbildlicht wurde, setzte sich im Kleinen im Alltagsleben der Soldaten fort. Die Fortbewegung außerhalb der Unterstände war nur mit größter Vorsicht möglich, denn ständig drohten gegnerische Scharfschützen oder einzelne Artilleriesalven. Wer auch nur den Kopf über den Grabenrand streckte, setzte sich daher tödlicher Bedrohung aus. Wie gefährlich das Leben in einem Frontabschnitt aber tatsächlich war, hing von dem Ausbauzustand der eigenen Stellung ab und davon, ob der Gegner sie ganz oder teilweise einsehen konnte. Auch nur wenige Meter höher zu liegen als die gegnerische Stellung, bedeutete einen großen Vorteil, weshalb auch um kleine Anhöhen oft erbittert gekämpft wurde.

Die Intensität des Kampfgeschehens variierte zeitlich und örtlich sehr stark. Befand man sich in einem strategisch weniger bedeutenden Frontabschnitt, wie z. B. in den Vogesen, verlief das Frontleben in der Regel ruhiger als an einem der Dauerbrennpunkte des Krieges wie z. B. an der Somme, in der Champagne oder rund um die flämische Stadt Ypern. Aber auch dort variierte die Kampftätigkeit sehr, je nachdem, ob es sich um eine Periode des statischen Stellungskrieges oder eine Phase intensiver Kämpfe im Rahmen einer großen Durchbruchsschlacht handelte. Über die ganze Kriegsdauer und auf die gesamte Frontlänge hin gerechnet, herrschte das stumpfsinnige, in Routine erstarrte, untätige Warten vor, das von Phasen des symbolischen Gewaltaustausches unterbrochen wurde, um sowohl den Gegner als auch die eigenen Soldaten daran zu erinnern, dass immer noch Krieg herrschte. Denn nichts fürchteten die Armeeführungen mehr, als dass »der Glaube genährt wird, als befänden wir uns gewissermaßen in einem halben Kriegszustand«, wie es in einem Armeeerlass vom April 1915 hieß (zit. n. Jahr 1998, 94). Wäre die Materialschlacht im Stil der von Ernst Jünger beschriebenen *Stahlgewitter* tatsächlich vorherrschend gewesen, hätte keine der beteiligten Armeen das Kriegsjahr 1915 überstanden. Im Übrigen waren die Verlustraten nicht in der Periode des weitgehend statischen Stellungskrieges am höchsten, sondern in den beiden Phasen des großräumigen Bewegungskrieges: in den ersten Kriegsmonaten 1914 sowie ab dem Frühjahr 1918.

Der Alltag an der Front war klar strukturiert. Den Rhythmus gaben die Einsätze an den verschiedenen Teilen der Front vor. Normalerweise befand sich von einer Division, die einen etwa 10 km langen Frontabschnitt hielt, ein Drittel im ersten Graben, ein weiteres Drittel in den zweiten und dritten Gräben, der Rest in Reservestellungen weiter hinten, außerhalb der Reichweite der gegnerischen Artillerie. Eine Kompanie lag gewöhnlich jeweils etwa eine Woche in der ersten, dann in der zweiten und der Reserve-

linie, schließlich ein bis zwei Wochen in Ruhestellung. Dazu kamen noch in unregelmäßigen Abständen längere Ausbildungs- und Ruhephasen weit hinter der Front. Insgesamt war ein Soldat also ein gutes Drittel bis knapp die Hälfte eines Jahres an der Front oder in ihrer unmittelbaren Nähe eingesetzt, etwa ein Drittel der Zeit lag er in der Etappe in Ruhestellung, wobei diese Zeit oft mit kasernenähnlichem Dienst, Exerzieren und weiterer Ausbildung angefüllt war. Der Rest der Zeit war mit verschiedenen Aktivitäten wie Reisen, Schulungen, Hospitalaufenthalten und Heimaturlaub angefüllt.

Die Strukturierung im Großen setzte sich im Kleinen fort, denn auch der Tagesablauf war festen Rhythmen unterworfen. In der Morgen- und Abenddämmerung bestand für alle höchste Alarmbereitschaft, da zu dieser Zeit die Gefahr eines gegnerischen Überraschungsangriffs am größten war. Der Tag war geprägt von Routine und dem Wechsel von Wachdienst und Ruhepausen. Alle größeren Ausbesserungsarbeiten an den Befestigungen, ebenso wie die Zufuhr von größeren Mengen an Material aller Art sowie der Austausch der Einheiten konnten dagegen nur nachts, im Schutz der Dunkelheit, stattfinden. Große Angriffsunternehmungen fanden nachts nicht statt, wohl aber kleinere Überfälle durch Spähtrupps, um den Zustand des gegnerischen Grabens zu erkunden. Manchmal drangen diese Kommandotrupps auch in den gegnerischen Graben ein, um dort Dokumente zu erbeuten und Gefangene zu nehmen, um so möglichst viele Informationen über die Feindarmee zu sammeln. Darüber hinaus waren diese nächtlichen Exkursionen Teil der symbolischen Gewaltanwendung, um Freund wie Feind nicht in der Illusion eines Quasiwaffenstillstandes zu wiegen.

Das Leben im Schützengraben war also von einer eigentümlichen Polarität geprägt. Einerseits herrschte eine fast schon an eine Fabrik erinnernde, arbeitsteilige Struktur- und Regelhaftigkeit mit festen Arbeits- und Ruhezeiten; andererseits drohten jederzeit Tod und Zerstörung. »Der Krieg ist zur Maschine geworden, zur automatischen Maschine. Infanterieangriff: Sperrfeuer. Artilleriekampf: Antwort«. So fasst der Kanonier Adolf Reisiger, Protagonist von Edlef Köppens 1930 erschienenem Roman *Heeresbericht*, das Wesen dieses Krieges zusammen (Köppen 1976, 233; s. Kap. II.4), und auch die Soldaten im Krieg verglichen ihr Tun mit industrieller Arbeit in einer Fabrik (s. auch den Abschnitt »Körperlichkeit, Materialität und Überleben«, S. 206). Die Front war nicht als Ganzes das Gegenbild zum Zivil-

leben: Die Extreme stießen vielmehr im Graben
selbst aufeinander. Entsprechend war das Verhalten
der Soldaten, bei denen sich ein festes Repertoire an
Reaktionsmustern herausbildete, um dem Grabenalltag gerecht zu werden. Insofern hatten die Soldaten einen gewissen, wenn auch sehr begrenzten
Handlungsspielraum. Trotz des Ausgeliefertseins
des einzelnen an den anonymen Militärapparat und
der Gräuel des Maschinenkriegs waren die Soldaten
in engen Grenzen auch Subjekte des Handelns, nicht
nur Objekte eines fremden Willens.

Rollenklischees und Rollenkonflikte

Grundlegend für die sozialen Beziehungen an der
Front war die Unterscheidung von Offizieren, Unteroffizieren und Mannschaften. Der Offizier als Inhaber der Befehls- und Sanktionsgewalt wachte über
die Einhaltung des dichten Geflechts von Vorschriften, wobei der einfache Soldat in einer ›Normenfalle‹ gefangen war: Der Vorgesetzte vermochte jederzeit eine Situation herbeizuführen, die als Normbruch des Untergebenen geahndet werden konnte.
Der einfache Soldat konnte darauf nur reagieren, indem er versuchte, sich möglichst unauffällig zu entziehen (Treiber 1973, 72). Die soziale Unterscheidung zwischen Offizieren und Mannschaften verstärkte dieses Gefälle noch. Die Machtfülle und die
herausgehobene soziale Stellung der Offiziere waren
schon zu Beginn des 20. Jahrhunderts nur noch unter der Annahme zu rechtfertigen, dass sie durch
dienstliche Notwendigkeiten bedingt seien. Nicht
umsonst wurden daher die ›sozialen Heeresmissstände‹ und die Fälle von Untergebenenmisshandlung in Deutschland in der Öffentlichkeit und im
Reichstag immer wieder debattiert. Die meisten Differenzen zwischen Offizier und Mann blieben im
Krieg gleich oder verschärften sich sogar, so z. B. die
Strafandrohungen und damit die Disziplinargewalt
›im Feld‹. Die separaten Offiziersquartiere und die
unterschiedlichen Essensrationen wurden auch in
den Schlammlöchern Flanderns nicht aufgegeben.
Die Lebensgefahr war dagegen für alle grundsätzlich
gleich hoch, wobei die Quote der getöteten Offiziere
wohl um rund 30 bis 50 % höher lag als bei den
Mannschaften (Altrock 1922, 69).

Im Schützengraben verkörperte der Offizier einerseits weiterhin die Disziplinierungsgewalt des
Staates. Andererseits waren die wechselseitigen Kommunikations- und Kontrollprozesse sehr viel intensiver und symbolische Distinktionsrituale schwerer
aufrechtzuerhalten als in der Kaserne. Der Offizier

musste die dem Soldaten abverlangten Verhaltensweisen vorbildhaft verkörpern. Dem Beharren auf
den Vorrechten des Offiziers stand die Forderung
entgegen, dass der Gleichheit des Dienstes und der
Gefahr für Leib und Leben auch eine zumindest annähernde Gleichbehandlung aller Heeresangehörigen zu entsprechen habe. Das wurde in dem Erlass
eines Armee-Oberkommandos vom Juni 1916 über
die Pflichten des Offiziers deutlich ausgesprochen.
Der Offizier dürfe »sich den Entbehrungen, die der
Krieg in Bezug auf Unterkunft und Verpflegung mit
sich bringt, nicht entziehen und muß die notwendigen Opfer und Entbehrungen vorbildlich für seine
Person in den Kauf nehmen, soll anders sein Verhalten nicht zu Mißstimmungen Veranlassung geben«
(zit. n. Hobohm 1929, 16).

Verstieß ein Offizier offenkundig gegen diese
Forderungen, musste das negative Folgen für die
Stimmung der Mannschaftssoldaten haben (vgl.
Thoß 1982, 118–120). Entsprach ein Offizier aber
tatsächlich dem egalitären Ideal der ›Schützengrabengemeinschaft‹, geriet er in Konflikt mit dem sozialen Leitbild der Gesellschaftsordnung, die er zu
verteidigen hatte. Erich Ludendorff sah darin eine
ernsthafte Gefahr: »Das Leben im Schützengraben
verwischte zum Schaden der Mannszucht die Rangunterschiede; die Gefahr, daß sie [die Offiziere] in
ihrer Autorität geschädigt würden, war nicht zu vermeiden« (Ludendorff 1919, 309).

Die Unteroffiziere nahmen die Mittel- und Vermittlungsposition zwischen Offizieren und Mannschaften ein (Bald 1982, 49–58). Sie sollten als Instrument der Offiziere die alltägliche Disziplinierungsarbeit übernehmen, ohne selbständig Initiative
zu entwickeln. Aufgrund der Technisierung der Armee, eigneten sich die Unteroffiziere jedoch Spezial- und Fachkenntnisse an, die den Offizieren oft
fehlten. Im Weltkrieg wuchs ihre Bedeutung, doch
obwohl sie oft Offiziersfunktionen wahrnahmen,
wurde ihnen aus Gründen der sozialen Homogenität
meistens die Aufnahme in das Offizierskorps verwehrt. Sie konnten zwar Feldwebelleutnants werden,
hatten damit jedoch keinen Anspruch auf das Reserveoffizierspatent erlangt. 1914 bis 1918 wurden im
preußischen Heer ganze 150, im sehr viel kleineren
bayerischen Heer immerhin 91 Unteroffiziere zu Offizieren befördert (vgl. Ledebur 1939, 493–494). Der
massenhafte Aufstieg von Mannschaftsdienstgraden
in das Unteroffizierskorps dürfte dieses tendenziell
von einem Exponenten der Militärführung zu einer
Interessenvertretung der Mannschaften gemacht haben (Kruse 1996, 540).

Die Ostfront:
Der vergessene und der andere Krieg

Während Deutschland im Westen allein stand, führte es im Osten und Südosten einen Koalitionskrieg mit Österreich-Ungarn, Bulgarien und dem Osmanischen Reich als Verbündeten. Er war lange Zeit ein ›vergessener Krieg‹, da er aus mitteleuropäischer Perspektive stets im Schatten der Westfront stand, wo die Entscheidung über den Ausgang des Weltkrieges fiel. Während in Westeuropa die kriegführenden Staaten nach 1918 (und auch nach 1945), abgesehen von vergleichsweise geringfügigen (wenn auch zeitgenössisch hochgradig emotionalisierten) Grenzverschiebungen, weiter bestanden, verwandelten sich große Teile Osteuropas nach 1918 in eine Zone großer Instabilität, in der Imperien zerfielen, neue Staaten gegründet wurden, Millionen Menschen als Flüchtlinge umherzogen und der Weltkrieg nahtlos in eine Reihe von Bürgerkriegen und Staatsgründungskriegen überging, so dass viele alternative, aber einander ausschließende Neuordnungsszenarien erprobt wurden – oft als eine Geschichte der Diskriminierung und Gewalt (Heppner/Staudinger 2001). Der Verarbeitung des Weltkrieges dienende nationale Narrative zu entwickeln, war daher sehr viel schwieriger, zumal die Erinnerung an den Stalinismus, den Nationalsozialismus und den Zweiten Weltkrieg sowie die damit einhergehenden Erfahrungen von Deportationen und Vertreibungen, Massenmord und Genozid das Geschehen des Ersten Weltkrieges in den Hintergrund drängten. Auch gibt es keine Orte, die – wie Ypern oder Verdun im Westen – seit dem Kriegsende 1918 durchgehend als Erinnerungsorte gepflegt worden wären. Erst langsam gelingt es, auch die Ostfront wieder ins visuelle Gedächtnis zurückzurufen (Holzer 2007).

Doch der Krieg im Osten war auch ein ›anderer‹ Krieg, weil die Bedingungen der Kriegführung sich sehr von denen im Westen unterschieden. Anders war der Krieg im Osten zunächst aufgrund der deutlich größeren räumlichen Ausdehnung, so dass die Konzentration an Truppen und Material nicht die von der Westfront gekannte Dichte erlangte. Hinzu kam, dass sich weder die Habsburger Monarchie noch das Zarenreich in Hinsicht auf ihren Industrialisierungsgrad mit Mittel- und Westeuropa messen konnten. Ein hochgradig industrialisierter Krieg wie im Westen war hier unmöglich. Das galt ebenso für die Infrastrukturverhältnisse, Straßen, Eisenbahn- und Telegraphenverbindungen.

Anders als im Westen kam es im Osten zu großräumigen militärischen Operationen, wobei die Führungsrolle des Bündnisses zunehmend stärker bei Deutschland lag; zu einem gemeinsamen Oberkommando mit Österreich-Ungarn kam es freilich nicht. Folgenreich war vor allem die Besatzungsherrschaft. Während das Generalgouvernement Warschau zivil verwaltet wurde, konnte der Oberbefehlshaber Ost, Paul von Hindenburg – ab August 1916 Prinz Leopold von Bayern –, in dem nördlich davon gelegenen Gebiet, das die Gegend um Bialystok und Grodno sowie große Teile des heutigen Litauen umfasste, 1915 einen ›Militärstaat‹ errichten, das ›Land OberOst‹ (zum Folgenden vgl. Strazhas 1993; Liulevicius 2002). In diesem multiethnischen, sprachlich, kulturell und religiös äußerst vielfältigen Gebiet versuchte die Militärverwaltung, alle Lebensbereiche der Bevölkerung unter ihre ökonomischen Ausbeutungsinteressen zu stellen, wozu unter anderem eine rigide ›Verkehrspolitik‹ betrieben wurde, um alle Waren- und Personenbewegungen in den Dienst von ›OberOst‹ zu stellen. Zugleich war ›der Osten‹ (wie Belgien im Westen) auch eine Quelle von Zwangsarbeitern für das Deutsche Reich (vgl. Westerhoff 2012; Thiel 2007).

Neben diesen Aspekten ökonomischer Ausbeutung stand die Vorstellung der Militärverwaltung, ›Kulturarbeit‹ in einem weiten, scheinbar kontur- und geschichtslosen ›Kolonialland‹ zu treiben (s. Kap. II.1). So wurden Publikationen in den Landessprachen gefördert, ebenso wie Theater, Schulen und wissenschaftliche Forschungen zur Geschichte der Region. Die Hoffnung, die lokale Bevölkerung dadurch an Deutschland zu binden, erfüllte sich jedoch nicht. Die ambitionierte, aber uneinheitliche und durch Ressourcenknappheit geprägte Politik der Ethnisierung seitens ›OberOst‹ scheiterte am Ende – und förderte damit die Vorstellung unter den deutschen politischen, administrativen und militärischen Eliten, dass sich ›der Osten‹ nicht reformieren ließ. Wie stark die Kontinuitätslinien zur deutschen Besatzungspolitik ab 1941 sind, ist ein weiter zu diskutierendes Thema.

Der Gedanke, ›im Osten‹ ein weites, unzivilisiertes und gewissermaßen geschichtsloses Land vor sich zu haben, das nur darauf wartete, ›von deutscher Hand‹ gelenkt zu werden, durchzog auch die weiteren deutschen Planungen. Dieses, das Bild des Ostens konstituierende Denken kulminierte in dem überaus harten oktroyierten Friedensvertrag von Brest-Litovsk mit dem revolutionären Russland, und leitete auch das ›Eisenbahnvormarsch‹ genannte, weiträumigen Ausgreifen deutscher Truppen im Jahr 1918, das sie bis in den Kaukasus führte und der Linie äußerster Expansion sehr nahe kam, die die Wehrmacht 1942 erreichen sollte.

Als Träger überlegener Kultur sah sich auch die Armee Österreich-Ungarns (Bachinger/Dornik 2013). Seit 1915, dem Kriegseintritt Italiens auf Seiten der Entente, war der Kampf gegen den italienischen Irredentismus das zentrale Kriegsziel Österreichs, das auch den Krieg im Alpenraum prägte (vgl. Kuprian/Überegger 2006). Seinen ikonischen Ausdruck fand diese Tatsache in dem Foto des wegen Hochverrats hingerichteten italienischen Politikers Cesare Battisti und seines feist lächelnden Henkers (Holzer 2008). Österreich-Ungarn führte aber nicht nur in Richtung Italien einen brutalen Kampf gegen den ›inneren Feind‹, der vor allem in den slawischen Völkern vermutet wurde, seien es die Tschechen oder die ebenfalls als russlandfreundlich geltende Bevölkerung Rutheniens. Zahllose Hinrichtungen von Zivilisten, deren Bilder Assoziationen mit dem Zweiten Weltkrieg wecken, waren ein weiteres Charakteristikum der österreichischen Besatzungsherrschaft, ebenso wie Internierungen und Deportationen (vgl. Eisfeld/Hausmann/Neutatz 2013). Das bekannteste literarische Mahnmal dieses Krieges gegen die Zivilbevölkerung ist Karl Kraus' *Die letzten Tage der Menschheit* (1919).

Auch die Balkanregion war durch Besonderheiten in der Kriegsführung gekennzeichnet (vgl. Angelow/Gahlen/Stein 2011). Durch die kleinteilige, multiethnische und multireligiöse Beschaffenheit der Region, aber auch die praktizierte Koalitionskriegsführung trafen unterschiedliche kulturelle Traditionen, Stereotype und Empfindlichkeiten aufeinander, die eine rationale Zusammenarbeit der Mittelmächte in vielerlei Hinsicht erschwerten. Die Themenbereiche ›Kriegsverbrechen‹, ›Kriegsalltag und Kriegserfahrungen‹, ›Erinnerungskultur und Rezeptionsgeschichte‹ bieten ein für die Zukunft vielversprechendes Forschungsfeld, ebenso wie die Untersuchung der Verbindungslinien mit den Geschehnissen an den anderen Fronten in Europa.

Industrialisierte Gewalt

Industrialisiertes Töten

Die ›Materialschlacht‹ ist der Inbegriff des industrialisierten Tötens im Ersten Weltkrieg. Der Begriff nahm seinen Aufstieg mit den Schlachten von Verdun und an der Somme. Schlachten, mit denen ›Abnutzung‹ in ganz anderer Form als im 18. Jahrhundert erneut zu einer Strategie avancierte, die Falkenhayn mit einem »Weißbluten des Feindes« begründen

sollte und die Gerhard Ritter, einen Veteranen der Somme-Schlacht, von einem »stumpfsinnigen, gegenseitigen Massenmord« (zit. nach Schwabe 1984, 203) sprechen ließ; Schlachten auch, die sich in ähnlicher Weise 1917 in Flandern fortsetzten und die das Bild des Ersten Weltkriegs in Deutschland wie auch in Frankreich und Großbritannien prägten. Die Verlustziffern verleihen diesen Schlachten eine monumentale Stellung in der »Todeslandschaft des Ersten Weltkriegs« (Geyer 2004, 113).

Jay Winter beziffert die Verluste bei Verdun (Februar bis Dezember 1916) mit 720000, davon 338000 auf deutscher und 382000 auf französischer Seite, die an der Somme (Juli bis November 1916) mit 1070000, davon 652700 auf Seiten der Entente und 417300 auf deutscher Seite (Winter 2010, 253). Allein an zwei lokal begrenzten Orten wurden innerhalb eines Jahres mehr als 1,7 Mio. Soldaten getötet, vermisst, vom Feind gefangengenommen, verwundet oder waren erkrankt. Nimmt man die Angaben bei Winter als Grundlage, dann waren im Ersten Weltkrieg bei den französischen Truppen 22 von 100 auf den Verlustlisten geführten Soldaten getötet worden, bei den deutschen mehr als 27 und bei den Truppen des britischen Empires mehr als 28. In absoluten Zahlen sind dies auf französischer Seite 1375000 Tote von 6178800 Verlusten, für die deutsche Seite 2037000 Tote von 7405858 Verlusten, für das britische Empire 908371 Tote von 3190235 Verlusten (ebd., 249).

Die Daten sind nicht unumstritten, da die zugrundeliegenden Statistiken nicht als gänzlich zuverlässig gelten und nicht alle vollständig sind (vgl. ebd., 250; Herwig 2010, 63), dennoch weichen die Angaben in Standardwerken nicht wesentlich voneinander ab (vgl. Overmans 2003, 664 f.). Wenn man die Hauptschlachten des Weltkriegs an der Westfront mit den höchsten Verlustziffern zusammenzählt – Winter führt acht auf – so entfällt nahezu die Hälfte aller Verluste auf zwei Schlachten: »The two battles of Verdun and the Somme dwarf the other mayor encounters before and after in the human toll they took« (Winter 2010, 254).

Der Blick auf die Daten kann als Ausgangspunkt weiterer Überlegungen dienen. Jay Winter etwa weist darauf hin, dass sich die Bedeutung der ›Materialschlachten‹ im Westen relativiert, wenn man in Betracht zieht, dass sie bestenfalls ein Zehntel der über 38 Mio. militärischen Gesamtverluste des Ersten Weltkriegs verursacht haben (ebd., 252 f.). So spiegelt sich etwa die Brutalität des Kriegs im Südosten wider, wenn man vergleicht, dass auf deutscher Seite 15 %, auf französischer Seite 16 % der eingesetzten Soldaten getötet wurden, dieses Verhältnis aber für die Türkei mit 20 %, für Montenegro mit 26 %, für Rumänien und Serbien mit 33 % weitaus höher liegt (Overmans 2003, 664 f.).

Auch für die Analyse des Kriegs an der Westfront lassen sich aus den Daten wichtige Anhaltspunkte gewinnen (vgl. zum Folgenden Geyer 2004). Auffällig sind zunächst die enorm hohen Verluste im Jahr 1914. Allein in der Marne-Schlacht vom 5.–12. September wurden 550 000 Soldaten getötet oder verwundet (Winter 2010, 253), die nur eine Woche andauernden Kämpfe waren nach der Somme und Verdun die verlustreichsten überhaupt. Bis zum Ende 1914 werden die Verluste an der Westfront bei den Deutschen wie auf Seiten der Entente auf je 800 000 Mann geschätzt (Herwig 2010, 53 f.). Hochgerechnet auf die kurze Zeitdauer war diese Phase des Kriegs deutlich verlustreicher als alle anderen. Allein im August und September 1914 betrugen die Verlustraten der Deutschen 12,5 % bzw. 16,5 %, bis zum Ende des Jahres summierten sich diese auf 63,3 %. Nahezu zwei von drei eingezogenen Soldaten waren getötet, verwundet oder gefangengenommen worden. Nur in den Durchbruchsschlachten im Osten 1915 und für das Jahr 1918 sollten die Heeressanitätsberichte ähnlich hohe Verlustraten verzeichnen (Ziemann 2003, 156; Geyer 2004, 112 f.).

So sehr sich das Kriegsbild in den Materialschlachten verdichtet, so war der Bewegungskrieg gemessen an Opfern deutlich gewaltsamer als der Stellungskrieg – das galt auch für die Entente (vgl. Kramer 2007, 33–35). Wenn Verdun und die Somme sinnbildlich für den Stellungskrieg stehen, dann findet dies seine Plausibilität weniger in der absoluten Destruktionskraft der industriellen Waffen, denn in der Fähigkeit, intensive Kämpfe über lange Zeiträume hinweg zu führen. Die enorm hohen absoluten militärischen Verluste bei Verdun und an der Somme sind vor allem auf die lange Dauer der beiden Schlachten zurückzuführen. Dies gilt für den Krieg insgesamt. Es ist weniger die Vernichtungskraft des industriellen Materials als solchem, das den unvorstellbaren Einbruch der Gewalt in das kulturelle Selbstverständnis des 20. Jahrhunderts kennzeichnet, als vielmehr erst der Wille und die Fähigkeit, die Produktivkraft der Nationen auf Dauer für den Krieg zu mobilisieren. Die Organisationsfähigkeit, die Kriegsmaschinerie über mehr als vier Jahre am Laufen zu halten, bedeutet unter anderem, den allergrößten Anteil der Wehrpflichtigen für die Streitkräfte zu mobilisieren – in Deutschland und

Frankreich 81 %, in Österreich-Ungarn 78 %, selbst in Großbritanniens Freiwilligenarmee noch 53 % (Overmans 2003, 664). Das hieß auch, dass ein Großteil einer ganzen Generation junger Männer Kriegsverletzungen am eigenen Leib erfahren hat: Im Verhältnis zu den eingezogenen Soldaten betrugen die Verlustziffern für Deutschland 56 %, für Österreich-Ungarn 77 %, für Frankreich gar 78 % (Winter 2010, 249).

Der Blick auf die Verluste verdeutlicht auch, dass Tod und Verwundung in der Mehrzahl der Fälle die Folge artilleristischen Beschusses sind. Der deutsche Heeressanitätsbericht führt ca. 80 % der tödlichen Verwundungen auf Artilleriegeschosse und Wurfminen zurück, weniger als 20 % auf Maschinengewehr- oder Gewehrkugeln, ca. 1 % auf Nahkampfmittel wie Stichwaffen, Handgranaten oder Pistolen (Geyer 2004, 118 f.). Dies ist sicher auch ein Effekt des während des Kriegs enorm gesteigerten Artillerieeinsatzes, der sich schon allein daran ablesen lässt, dass auf deutscher Seite der monatliche Munitionsverbrauch zu Kriegsbeginn mit 343 000 Schuss berechnet wurde und bei Kriegsende bei 11 Mio. lag (Linnenkohl 1996, 239). Bemerkenswert ist, dass die Effekte des Gaskriegs, der in den Kriegsdarstellungen eine große Rolle einnimmt, sich kaum in den Statistiken niederschlugen: Auf Vergiftungen durch chemische Waffen werden weniger als 2 % der Verwundungen zurückgeführt, nimmt man die Verluste der Entente hinzu, bewegen sich die Schätzungen auf 3 % bis 4 %. Die Diskrepanz zwischen Repräsentation, wohl auch soldatischer Imagination, und Statistik gilt noch stärker für die Relevanz von Hieb- und Stichwaffen: Statistisch schlagen dadurch verursachte Verletzungen mit 0,1 % kaum zum Buche (vgl. dazu Ziemann 2003, 157 f.).

Dominanz des ›Materials‹, de facto der Artillerie, ist eine wesentliche Erfahrung der Kriegsgewalt im Ersten Weltkrieg. Dennoch ist die Entfaltung kriegerischer Gewalt keineswegs eine bloße Konsequenz industrialisierter Kriegsmittel. Ein Vergleich zwischen den Verlustziffern der Entente und der Deutschen deutet daraufhin, dass diese Gewalt durchaus mit unterschiedlichen Effekten zur Geltung gebracht wurde. Ob an der Marne 1914, bei Ypern 1915, bei Verdun, an der Somme, am Chemin des Dames 1917, wieder bei Ypern 1917 oder bei der Deutschen Michael-Offensive 1918: Überall waren die deutschen Verluste deutlich geringer als die der Alliierten – am Chemin des Dames betrugen sie ein Drittel, an der Somme knapp zwei Drittel, bei Verdun knapp 90 % –, lediglich in der Marne-Offensive der Alliierten von 1918 kehrte sich das Verhältnis zu Gunsten der deutschen Kriegsgegner (Winter 2010, 253).

Unter den technischen Bedingungen des Ersten Weltkriegs, dies ist eine naheliegende Erklärung für diese Diskrepanz, war die Defensive der Offensive überlegen. An der Westfront waren es vom Frühjahr 1916 bis zum Frühjahr 1918 stets die Alliierten, die die Offensive aus dem Stellungskrieg heraus suchten. Insbesondere in der angelsächsischen Militärgeschichte wurde darüber hinausgehend gefragt, wieso die Deutschen trotz deutlicher Unterlegenheit an Kriegsmaterial seit 1916/17 kampftechnisch überlegen waren. Man stieß dabei vor allem auf die taktischen Innovationen in der Defensive wie in der Offensive, welche die deutsche Seite mit und um die Diversifizierung der infanteristischen Waffen herum entwickelte (vgl. Lupfer 1981; Gudmundsson 1989; Samuels 1995). Neuere Arbeiten bezweifeln zwar, ob sie damit der britischen Seite tatsächlich voraus waren – und auch ob die üblichen Vergleiche der Verlustzahlen korrekt sind (vgl. Griffith 1994; Bond 2002). Unbestritten bleibt dennoch, dass sich im Laufe des Ersten Weltkriegs ein radikaler Wandel in den Praktiken industrialisierten Tötens vollzog, indem – sozusagen im Schatten der großen Maschinerie – Kampfkraft auf die Ebene kleiner Gruppen verlagert wurde; unbestritten ist auch, dass die deutschen Truppen bemerkenswerte Disziplin und einen erstaunlichen ›Kampfgeist‹ an den Tag legten. Vielfach werden die Gründe dafür in einer kollektiven Mentalität gesucht. Plausibler scheint, dass die deutschen Truppen in einer besonders gründlichen Weise lernten, Krieg zu führen (vgl. Strachan 2002; Geyer 2004).

Von einer industrialisierten Form der Kriegführung zu sprechen, verweist zunächst auf die Notwendigkeit permanenter Arbeit, um den Krieg zu unterhalten. Und zwar nicht nur im Sinne der Produktion, sondern auch im Sinne einer Logistik der Kräfte und der permanenten Materialentwicklung. Aber nicht nur das Arsenal der Waffen, sondern auch der Techniken und Taktiken der Kriegführung, wurde stets verfeinert und erweitert – sowohl der artilleristischen wie der infanteristischen. Man kann davon sprechen, dass sich zwei kulturelle Muster des Tötens und Kämpfens im Ersten Weltkrieg herausgebildet haben. Kriegsgewalt ist zum einen durch die distanzierte, maschinisierte Form der Kriegführung bestimmt. Der Bezug darauf bringt die soldatische Erfahrung der Ohnmacht im Graben zur Sprache, der Soldat wird zum Opfer, Erfahrungen einer radikalen Sinnlosigkeit des kriegerischen Geschehens werden mit ihm ebenso thematisiert wie die Kritik

an einer ebenso überforderten wie brutalen, nahezu verbrecherischen Militärelite. Kriegsgewalt meint zum anderen auch die Herausbildung von Formen, das Kämpfen auf der Mikroebene des Gefechts unter industriellen Bedingungen fortzusetzen. Der infanteristische Kampf wurde nicht obsolet, vielmehr sollte er sich an die neuen Verhältnisse anpassen, der Kampf individualisierte sich, er wurde mit neuen Mitteln wie der Handgranate ausgefochten – und er wurde härter. Die Kultivierung kriegerischer Gewalt, die Frage nach ihrer technologischen und technischen Verfeinerung und Intensivierung wird zum Thema, der Soldat rückt als Täter in den Blick. Diese beiden Muster der Kriegsgewalt durchziehen auch die literarischen Formen, das industrialisierte Töten im Ersten Weltkrieg zu verarbeiten; Erich Maria Remarque und Ernst Jünger etwa lassen sich als Antipoden anführen (vgl. auch Ziemann 2003).

Das Arsenal der Artillerie

Die vorwiegend praktizierte Form des Tötens, die Form, in der die industrialisierte Kriegführung ihre stärkste Ausprägung fand, war im Ersten Weltkrieg ein Töten auf Distanz. Distanz durch artilleristischen Kampf bedeutet zunächst, sich außerhalb der Reichweite der Infanteriewaffen zu bewegen und in einen hochgradig arbeitsteiligen Prozess eingebunden zu sein. Zielerkundung, Munitionierung, Einrichten, Schießen, Schussbeobachtung waren auf verschiedene auch räumlich entfernte Instanzen und Operationen verteilt. Der Artillerist schoss nicht auf sichtbare Gegner, er folgte nicht der eigenen Beobachtung, sondern der Berechnung – sei es, dass Infanteriestellungen mit einem bestimmten Quantum an Artilleriegeschossen belegt oder dass gegnerische Positionen wie ein Maschinengewehrnest oder eine Artilleriestellung per Karte und Schussberechnung bombardiert wurden. Arbeitsteilige und waffentechnische Distanz bewirken eine spezifische Indifferenz zum eigenen Gewalthandeln, dessen Folgen – unmittelbar jedenfalls – unsichtbar geworden sind. An den Batterien in Frankreich sei es so ruhig zugegangen wie auf dem heimischen Übungsgelände, berichtet Victor Klemperer (vgl. Ziemann 2003, 157). Gewaltarbeit und Industriearbeit dürften – zumindest solange die Artillerie nicht selbst unter Beschuss geriet – kaum voneinander zu unterscheiden gewesen sein. Genau dies bestimmte auch die Erfahrung des industriellen Kriegs durch die Infanteristen. Diese empfanden sich als passive Opfer einer übermächtigen Gewalt – insbesondere bei den massiven, manchmal tagelangen Artilleriebeschießungen, die den Großoffensiven vorangingen. Von einem Kampf kann nicht gesprochen werden. Den Krieg zu führen, bedeutete, Töten und Getötetwerden in Form eines anonymen Kriegsgeschehens zu erfahren. Dieses radikale Ausgesetztsein, nichts anderes tun zu können, als in den Unterständen auszuharren, brachte denn auch massenhaft eine gänzlich neue Form der Kriegsverletzung hervor: den ›shell shock‹, den nervlichen Zusammenbruch, das unwillkürliche Zittern am ganzen Leib (vgl. ebd.; s. auch Kap. III.3).

Die zunehmende Fähigkeit zum distanzierten Töten war Ergebnis einer Entwicklung, die Ende des 19. Jahrhunderts ihren Ausgang nahm und im Wesentlichen an vier Momenten ansetzte: der Entwicklung neuer Schießpulver, der Diversifizierung von Geschützen, der Diversifizierung der Munitionierung und der Ausdifferenzierung der Beobachtung. Diese Entwicklungen vollzogen sich mit geringfügigen Varianten bei allen kriegführenden Staaten in gleicher Weise: Industrialisierung des Tötens bedeutet auch, einem beschleunigten Pfad der Leistungssteigerung und Ausdifferenzierung zu folgen, dem in hohem Grad eine eigene Dynamik, eine Eigenlogik zugrunde liegt (vgl. zum Folgenden Griffith 1994, 135–158; Linnenkohl 1996, 56–114, 216–285; Storz 2003).

Eine neue Generation von Schießpulvern ermöglichte Ende des 19. Jahrhunderts eine enorme Steigerung der Reichweite der Geschütze, während infanteristische Schussweiten kaum anstiegen, selbst schwere Maschinengewehre reichten nur wenig über 2000 m hinaus. Die neuen Pulver waren überdies rauchlos, weder blendeten sie die Schützen, noch verriet der Pulverdampf die Lage der Stellung. Geschütze konnten nun sinnvoller Weise verdeckt aufgestellt werden. Da nicht mehr gewartet werden musste, bis sich der Rauch verzogen hatte, wurde in die Entwicklung von Schnellfeuergeschützen investiert, die mit Rücklauflafetten versehen wurden, was eine Beschießung ermöglichte, ohne dass das Geschütz vor jedem Schuss neu ausgerichtet werden musste. Neue Maßstäbe setzte die französische 75 mm Feldkanone, die bis zu 20 Schuss pro Minute abgeben konnte, und eine Reichweite von 9800 m besaß. Mit derartigen Geschützen konnte die Infanterie in bis dahin unerreichter Effizienz auf Distanz gehalten werden.

Die ›Soixante-Quinze‹ der französischen Artillerie sollte dann auch in den Feldschlachten von 1914 eine vernichtende Rolle spielen. Mit ihrer flachen Schussbahn war sie allerdings weniger wirksam in der Bekämpfung eingegrabener Truppen oder gedeckter Artillerie. Auf deutscher Seite ging man da-

von aus, auch im Bewegungskrieg gegen Festungen und befestigte Stellungen vorzugehen. Entsprechend war man weitaus besser mit schweren Steilfeuergeschützen ausgerüstet, die sich für den Grabenkampf eigneten. Die Diversifizierung der Geschütze im Krieg verläuft nach einsichtigen Pfaden. Sie erfolgte aus dem ökonomischen Kalkül, alle vorhandenen Belagerungsgeschütze für den Stellungskrieg zu nutzen. Sie ergab sich aus einem Rüstungswettlauf zwischen gesteigerter Geschützleistung in punkto Durchschlagskraft und Reichweite gegen verstärkte Stellungen und besser gedeckte Artillerie. Diversifizierung resultierte auch aus dem einfachen Umstand, dass Leistungssteigerungen in bestimmten Dimensionen Kosten in anderen mit sich bringen. So verursacht Schnellfeuer eine enorm erhöhte Abnutzung, und eine gesteigerte Durchschlagskraft und Reichweite schwerer Artillerie ging zu Lasten der Mobilität und damit der Offensivtauglichkeit der Geschütze.

Die artilleristische Aufrüstung im Ersten Weltkrieg lässt sich in Zahlen festhalten: Das deutsche Heer war 1914 mit über 6300 leichten Geschützen sowie etwa 2400 schweren Geschützen ausgestattet, 1917 hatte man etwa doppelt so viele leichte und über 7100 schwere Geschütze zur Verfügung. Beeindruckender noch ist die Aufrüstung der schweren Artillerie auf französischer Seite: Zog man mit nur 308 veralteten Geschützen in den Krieg, so verfügte man schließlich über knapp 5500. Die französische Armee sah im Laufe des Kriegs zunehmend in der Artillerie und nicht mehr in der Infanterie ihre Hauptwaffe. Während bei ihr der Anteil der Infanterie von 70 % auf 48 % schrumpfte, stieg der der Artilleristen von 20 % auf 38 %; auch auf britischer Seite waren 30 bis 40 % der Soldaten der Artillerie zugeordnet (vgl. zu den Daten Storz 2003, 345 f.; Griffith 1994, 147). An manchen Offensiven soll mehr Artillerie als Infanterie beteiligt gewesen sein.

Die Munitionsentwicklung des ausgehenden 19. Jahrhunderts brachte nicht nur das rauchlose Pulver, sondern auch hochexplosive Geschossfüllungen. Genau diese Munition, das wurde schnell festgestellt, war insbesondere bei größeren Kalibern in der Lage, Soldaten auch ohne physische Verwundung in einen Schock zu versetzen. Die Produktion hochexplosiver Munition allerdings war industriell voraussetzungsvoll, die Herstellung erlaubte wenig Toleranz. Daher war die auf allen Seiten nach den Eröffnungsschlachten eingetretene Munitionskrise nicht einfach zu beheben. Fertigungsmängel führten zu häufigeren Rohrkrepierern oder auch zu schlechten Flug- oder Detonationseigenschaften, einfacher zu verarbeitende Schrapnells hingegen waren gegen gedeckte Ziele im Stellungskrieg weniger wirksam. Vielfach wurden – zum Beispiel bei den Briten an der Somme – bis 1916 aus Mangel an Kapazitäten auch im Stellungskrieg Schrapnells verschossen. Weitere Spezialisierungen der Munition führten zu hochempfindlichen Zündern, die ab 1916/17 in Gebrauch kamen und die Geschosse nicht mehr erst, nachdem sie sich in die Erde gebohrt hatten, explodieren ließen, sondern unmittelbar beim Einschlag. Der Explosionsdruck richtete sich in diesem Fall nicht vorwiegend nach unten, sondern nach oben und erhöhte damit die Oberflächenwirkung etwa zur Zerstörung von Drahthindernissen oder zur Bekämpfung exponierter MG-Nester. Insbesondere aber war es das Aufkommen von Gasmunition, das zur erheblichen Diversifizierung des Schießens führte: Brisanzmunition oder Mischungen von Brisanz- und Gasmunition, wenn der Feind möglichst vernichtet werden sollte; sich relativ schnell verflüchtigendes Grünkreuz (Phosgene), Blaukreuz (Clarkstoffe) oder Buntkreuz als Mischung von beiden, wenn feindliche Aktivitäten auf einer größeren Fläche lahmgelegt oder massiv behindert werden sollten; lange im Gelände haftendes Gelbkreuz (Senfgas), wenn Widerstand in einem bestimmten Raumabschnitt neutralisiert werden sollte, ohne diesen zu erobern. Die Briten verwendeten überdies in erheblichem Maße Rauchmunition, um gezielte Sichtbarrieren für feindliche Maschinengewehre oder Artillerie aufzubauen.

Zu Beginn des Kriegs wurde die Reichweite der Geschütze in der Regel nicht durch deren technische Merkmale, sondern durch die Grenzen der direkten Beobachtung aus unmittelbarer Geschütznähe gesetzt. Diese reichte kaum über 5000 m hinaus. Mit dem Stellungskrieg wurde die Auslagerung der Beobachtung unumgänglich, eine »Logistik der Wahrnehmung« (Virilio 1986) mit Luftbild, Schallmessung und kartografischer Berechnung entwickelte sich; Beobachtungs-, Berechnungs- und Schießverfahren wurden verfeinert, so dass die direkte Bekämpfung der gegnerischen Artillerie – insbesondere für die beobachtungs- und messtechnisch überlegene britische Seite – zunehmend Erfolg versprach (s. auch den Abschnitt »Aufklärung: Zur Logistik der Wahrnehmung«, S. 196).

Bombardements

Die Logik industrieller Vernichtung manifestierte sich in signifikanter Weise im Trommelfeuer, das im Stellungskrieg die Offensiven einleitete. Die massive Intensivierung des Artilleriefeuers vor einem Infanterieangriff sollte die entscheidende Grundlage aller Offensivbemühungen werden. Und auch hier zeigte sich eine Tendenz zur Steigerung. Noch aus jedem Misslingen eines Durchbruchs ließ sich die Folgerung ziehen, dass mehr vom Gleichen zum Erfolg führen sollte. Wenn die Franzosen im September 1915 in der Champagne 49 Geschütze pro Kilometer Frontbreite zusammenzogen, so setzten die Briten an der Somme 1916 bereits 70 ein, im Oktober 1917 wurden an der Aisne schließlich 160 Geschütze aufgefahren. Startete die deutsche Offensive bei Verdun im Frühjahr 1916 mit einem dreieinhalbtägigen Trommelfeuer, so dauerte es an der Somme im Sommer 1916 bereits sieben Tage an, sollten bei Verdun 1916 bis zu 1000 t Munition pro Kilometer Frontbreite verschossen werden, so war es an der Aisne 1917 im Durchschnitt die achtfache Menge (vgl. Storz 2003, 347). Die an Geschützen und Munition unterlegene deutsche Seite versuchte, Dauer durch zeitliche Intensivierung zu kompensieren. Während die britische Artillerie zur Vorbereitung an der Somme 1,5 Mio. Granaten in sieben Tagen verschoss, feuerten die Deutschen bei der Michael-Offensive 1918 in fünf Stunden knapp 1,2 Mio. ab (Middlebrook 1979, 39).

Das zweite zentrale taktische Element, das bei Verdun erstmals in großem Maßstab eingesetzt wurde, bestand in der Feuerwalze, die zum Abschluss des Trommelfeuers ansetzte (vgl. Linnenkohl 1996, 271 f.; Griffith 1994, 142–147). Diese sollte die letzten Hindernisse, insbesondere Drahtverhaue, beseitigen und den Angreifer, wenn nicht ganz vernichten, dann zumindest solange in seinen unterirdischen Stellungen binden, dass ihm keine Zeit blieb, vor dem Infanterieangriff die Brustwehr zur Verteidigung zu erreichen. Die Verfahren entwickelten sich von einer einfachen Walze zu komplizierten Verfahren mit mehreren tiefgestaffelten Walzen, überraschendem Vor- und Zurückspringen und auch in verschiedenen Abschnitten zeitlich versetzten Walzen. Viel Expertise wurde auch auf effiziente Munitionsmischungen und Geschützkombinationen verwendet, wie auch auf die Frage des Tempos beim Vorwärtsverlegen der Walze. Die Infanterie sollte dicht folgen, zunächst waren Abstände von 150 bis 200 m vorgesehen, schließlich sollte man diese auf 30 bis 50 m verkürzen, trotz der Gefährdung durch Fehlschüsse. Das Grundproblem aber blieb, das Fortschreiten der Walze mit dem Vordringen der Infanterie zu koordinieren. Trotz vieler Versuche, die Artilleriebeschießung im Gefecht per Signalgebung, mittels Leuchtmunition oder Blinkgeräten, über Telefonleitungen von vorne, durch Funkverbindung mit Ballon- oder Fliegerbeobachtung u. Ä. zu leiten, blieb es weitgehend bei einem zeitlich vorprogrammierten Ablauf. Einmal in Gang gesetzt, konnte die Walze in der Regel nicht mehr reguliert werden.

Die Verdichtung des Artilleriefeuers mit Trommelfeuer und Feuerwalze verband sich mit unterschiedlichen taktischen Zielen. Die deutsche Seite setzte stärker auf eine überraschende Wirkung und Lähmung des Gegners durch intensives Feuer – je deutlicher ihre materielle Unterlegenheit seit 1916 wurde, umso mehr. Die britische und französische Artillerie hingegen intendierte eine möglichst vollständige Zerstörung der Stellungen. Damit kehrte das mathematische Kalkül, das das militärische Denken des 18. Jahrhunderts auf allen Ebenen bestimmt hatte, auf das Schlachtfeld zurück. Zumindest auf britischer Seite suchten die Taktiker nach einer mathematischen Formel dafür, wie viele Geschütze und wie viel Munition auf den laufenden Frontmeter – genauer: auf die laufenden Yards – notwendig seien, um das Grabensystem des Gegners zu zerstören und diesen auszuschalten. Die schon mit den Gewehrsalven einsetzende Tendenz, nicht mehr auf einen spezifischen Feind zu zielen, sondern, wie Hegel es ausdrückte, ins »Allgemeine« zu schießen, hatte eine ganz neue Qualität erreicht. Industrialisierte Gewalt stellte darauf ab, ganze Räume so zuzurichten, dass ein Überleben nicht möglich war: »Nothing can exist at the conclusion of the bombardement in the area covered by it and the infantry would only have to walk over and take possession«, so die Imagination zu den Effekten des Bombardements im Vorfeld der Somme-Offensive (zit. n. Howard 1986, 525).

Die umfassende räumliche Vernichtung gegnerischer Stellungssysteme war das eine Ziel. Daneben sollte aber zunehmend ein zweites an Bedeutung gewinnen. Während die Artillerie zu Kriegsbeginn, vom Festungskampf abgesehen, nahezu ausschließlich auf die Bekämpfung der Infanterie eingestellt war, entsprang dieses zweite Ziel der Aufgabe, die gegnerische Artillerie zu bekämpfen. Dies erforderte präzisere Schießtechnik sowie genauere Beobachtung und Vermessung (s. auch den Abschnitt »Aufklärung: Zur Logistik der Wahrnehmung«, S. 196). Gegen Ende des Kriegs jedenfalls sollte neben das großflächige Beschießen bei den Materialschlachten, und teils auch in dieses integriert, eine aufklärungs- und schießtechnische Exaktheit treten, die zu

regelrechten Duellen zwischen einzelnen feindlichen Batterien führte. Mit der Fähigkeit zu präzisem Schießen auch auf größere Distanzen stellte sich die Artillerie – insbesondere auf Seite der Entente – zunehmend auf das Bombardement weiter entfernter Artillerie, Reservestellungen, Lager, Verkehrsknoten und Ähnlichem ein. Die Aufgabe, die Infanterie unmittelbar zu unterstützen, konnten Panzerkräfte und andere Unterstützungstruppen übernehmen, die Artillerie sollte dagegen den Nachschub des Feindes unterbinden (vgl. Bailey 1996).

Management I:
Technokratische Gefechtsplanung

Der Stellungskrieg, der sich seit Ende 1914 an der Westfront entwickelte, brachte eine gänzlich neue Form hervor, den Krieg zu organisieren: einen nahezu verwaltungstechnisch gesteuerten Modus (zum Folgenden vgl. Kaufmann 1996, 235–239; Creveld 2000). Verwaltungstechnische Regulationsmuster bestimmten auf allen Ebenen die Kriegführung, Ad-hoc-Maßnahmen, wie sie zu Kriegsbeginn häufig getroffen worden waren, wichen längerfristigen Planungen. In erster Linie waren es die fortwährenden logistischen Erfordernisse, der stets notwendige Nachschub an Munition, an Nahrung, an Waffen, an Soldaten und an sonstigen Ausrüstungs- und Versorgungsgütern, denen mit dauerhaften Lösungen entsprochen werden musste. Diese Expansion logistischer Anforderungen war der Mobilisierung von Massenarmeen geschuldet. Dies war aber nur ein Moment.

Das zweite bestand darin, dass im Zeitalter industrialisierter Armeen der Bedarf pro Einheit immens gestiegen war. Verglichen mit 1870 war die Anzahl der Eisenbahnwaggons mit dem Bedarf für das Hauptquartier eines Armeekorps von 30 auf 60 im Jahr 1914 gestiegen, der Munitionsverbrauch pro Gewehr lag allein aufgrund der Schusskapazitäten drei bis viermal so hoch, der Verbrauch eines Maschinengewehrs entsprach dem eines halben Bataillons von Schützen, insgesamt war der tägliche Bedarf an Material um das Zwölffache gestiegen (Creveld 2000, 65). Und diese Bedarfssteigerung setzte sich im Krieg in manchen Bereichen, wie bei der Artilleriemunition nicht nur linear, sondern geradezu exponentiell fort.

Der kontinuierlich benötigte oder gar steigende Güter- und Personalzufluss setzte den Ausbau von Verkehrsnetzen voraus, wie auch der bautechnische Stellungsausbau der Notwendigkeit entsprach, sich auf ein längeres Verweilen in der Stellung einzurichten. Die logistischen Aufgaben ließen sich mit bürokratisch geregelten Verwaltungsmaßnahmen bewältigen: systematische Bedarfserfassung, eine zentral geregelte Güter- und Kräfteallocation und zuletzt eine Regulierung des Güter- und Personaleinsatzes.

Die Ausbildung solcher Aufgaben führte zu einer Expansion verwaltungstechnischer Prozeduren auf allen Ebenen der Organisation. Nicht allein bei der Obersten Heeresleitung sowie den Armee- und Generalkommandos expandierte aufgrund der logistischen Erfordernisse der Verwaltungsaufwand: Regelmäßige und fortwährende Berichterstattung wurde bis hinunter zur Bataillonsebene zur unerlässlichen Bedingung der Steuerung des Material- und Personalbedarfs. Eine zunehmende Bürokratisierung des Stellungskriegs griff um sich, indem Schreibarbeit oder die telefonische und telegrafische Abarbeitung von Verwaltungsaufgaben häufig zur wichtigsten Tätigkeit der leitenden Stellen wurde. Klagen wie die eines Stabschefs einer Heeresgruppe sind Legion: »Leider nahm das Schreibwesen im Heere in erschreckender Weise zu. [...] Die dauernden organisatorischen Änderungen, die Ausbildung, die vielen technischen Fragen, die Bearbeitung der Munition usw. verursachten einen steigenden Schriftverkehr« (Kuhl 1920, 199).

Von der Bataillonsführung bis zur Obersten Heeresleitung wurde Kriegführung tendenziell zu einem Prozess rein verwaltungstechnisch geregelter Nachrichten- und Nachschubsteuerung, die sich entlang hierarchisch gegliederter Kommunikationsstrukturen abspielte. Diese Transformation zum bürokratisierten Krieg band die Befehlsstellen an die Kommunikationsnetze, deren Funktionieren umso sicherer war, je weiter sie von der Front entfernt lagen. Die nicht zuletzt verwaltungstechnisch bedingte Bindung der Befehlshaber an das Kommunikationsnetz war ein Moment, das zur häufig kritisierten ›Frontdistanz‹ führte. Korrelierend zur Frontentfernung mutierte der Krieg sukzessive von einer blutigen Auseinandersetzung zu einem Telefon- und Papierkrieg. Er war ohne Frage ein Krieg der Statistik und der großen Zahlen.

Rief der operative Stillstand diese Form des Managements hervor, so bildete er zugleich die Bedingung der Möglichkeit, Offensiven bis ins kleinste Detail durch akribische Stabsarbeit vorzubereiten. Schließlich griff dieses Planungsmuster noch auf den taktischen Ablauf durch. Das Sinnbild für diese Form, noch den Kampf selbst als »timetable war« (Creveld 1985, 155–168), als programmierten maschinellen Destruktionsprozess zu planen, sollte die Schlacht an der Somme, insbesondere der erste Angriffstag werden (vgl. auch Keegan 1978, 241–338; Travers 1987). Großoffensiven waren 1916 zu Projekten mit mehrmonatiger Vorbereitung geworden. Sie begannen als Bauunternehmung: Straßen, Eisenbahnstrecken, Verladestationen, Lazarette, Wasserpumpstationen und andere Infrastrukturen wurden geschaffen, nicht zuletzt um auf einem ca. 25 km breiten Frontstreifen knapp 3 Mio. Schuss Artilleriemunition, über 1500 Geschütze, 100 000 Pferde und das gesamte Material, das 20 Angriffsdivisionen mit durchschnittlich 12 000 Mann benötigten, bereitzustellen. In Haigs Zentrale, dem Oberkommando der britischen Armee, liefen während der Vorbereitung zur Somme-Schlacht durchschnittlich 10 000 Telegramme, 20 000 Telefongespräche und 5000 schriftliche Meldungen pro Tag ein (Creveld 1985, 158). Die Offensive baute darauf, das, was die Verwaltung beherrschen konnte, optimal zu nutzen. Das bedeutete, entlang der eingespielten Strukturen logistisch das maximal Mögliche verfügbar zu machen und dann ein exakt geplantes Programm abzuspielen.

Mit dem Trommelfeuer sollten bis in etwa 2 km Tiefe der gegnerischen Linien Batterien, Maschinengewehrnester, Stacheldrahtverhaue und auch die betonverstärkten Unterstände weitgehend zertrümmert werden. Überdies sollten zumindest die zentralen Batterien in den hinteren Positionen ausgeschaltet werden und letztlich eine Feuerwalze als Schutzschirm vor der Infanterie herlaufen. Bei Teilen der Infanterie wurde die Erwartung geschürt, in mehreren hintereinander gestaffelten Linien dem Sperrfeuer in einer Art Spaziergang über das Niemandsland zu folgen, um die gegnerischen Gräben einzunehmen. Pro Division sollten dann in der Regel zwei Bataillone zu je 1000 Mann als erste Welle mit Hilfe von Leitern über die Brustwehr klettern. In Kompaniestärke zu vier Reihen auseinandergezogen, sollten die Soldaten dann im Abstand von 2 bis 3 m zur Seite und die Reihen im Abstand von 50 bis 100 m vorrücken. Da die Soldaten nach dem Verlassen der Gräben von den logistischen Bahnen und Nachrichtenverbindungen abgeschnitten waren, führte jeder Soldat ca. 30 kg Munition und Verpflegung mit sich. Die Kompanie- und Gruppenführer hatten exakte Pläne im Gepäck, wieweit sie in die gegnerische Stellung vordringen sollten, um das Nachziehen der Artillerie abzuwarten, bis dann auch die zweite Linie in gleicher Form angegriffen werden konnte. Erwartet wurde Planerfüllung – und das um jeden Preis, keinesfalls aber vom Plan abweichende Initiative. Die

Pläne selbst entsprangen der Kalkulation von Schussweiten und Schussdichten, die ganze Operation wurde im Wesentlichen auf der Basis solcher ingenieurstechnischen Kalküle durchgeführt – nicht etwa auf der Basis dessen, was man vom Verteidigungssystem des Gegners wusste, oder auf der Basis der Entwicklung der Schlacht.

Während die britischen Stellungen 1916 noch in linearer Logik planten und das Feuer im Wesentlichen auf die Gräben einstellten, waren die deutschen Stellungen an der Somme bereits als tiefengestaffeltes System angelegt, dessen Widerstandsschwerpunkt nicht mehr nur in den Gräben selbst, sondern auch in dazwischenliegenden MG-Positionen bestand. Aus solchen Positionen feuerten die schweren Standard-MG 1916 mit einer Geschwindigkeit von 400 bis 600 Schuss in der Minute auf bis zu 2000 m Entfernung. 20 der 60 angreifenden Bataillone gerieten im Niemandsland sofort unter MG-Beschuss, von dem sie kaum ausmachen konnten, woher es kam. Das Ergebnis des ersten Tags der Somme-Schlacht war, dass sich bei den ca. 35 000 Verteidigern, die auf deutscher Seite in der ersten Linie kämpften, die Verluste bei etwa 6000 bewegten, bei den 120 000 britischen Angreifern bei 57 470, unter diesen 19 240 tödlich Verwundete (Keegan 1978, 302 f.; Kramer 2007, 211). Die Schlacht wurde nicht abgebrochen, die in Gang gesetzte logistische Maschinerie wurde, wie in vielen anderen Fällen auch, vier weitere Monate am Laufen gehalten. War ein strategischer Durchbruch das ursprüngliche Ziel, so stellte die Begründung der weiteren Offensivmaßnahmen auf eine Abnutzungsstrategie um.

Am ersten Tag der Schlacht an der Somme kommen einige Momente zusammen, die ebenso sinnbildlich für die Materialschlachten stehen wie für den Kulturbruch eines massenhaften Abschlachtens – »the butcher of the Somme« wurde Haigs Beiname: die ungeheuren Materialmengen, der Terror von sieben Tagen Trommelfeuer, denen die deutschen Stellungsbesatzungen ausgesetzt waren, das technokratische Vertrauen auf Planungen gesamter Gefechtsverläufe, die gleichzeitige Fehlkalkulation etwa bei der Planung des Artilleriefeuers, das trotz der imposanten Munitionsmengen auf einer Fläche von 50 qkm gegen teils 10 m tief vergrabene Stellungen keine flächendeckende Zerstörung erreichen konnte, die Unfähigkeit, in ein desaströses Geschehen einzugreifen usw.

Im kollektiven Gedächtnis wie in der Historiographie dominierte denn auch lange Zeit das Erschrecken über die Logik einer Abnutzungsstrategie und damit verbundener Materialschlachten als »unnecessary slaughter and ultimate futility« (Bond 2002, 100). Die Ursachen für das Desaster an der Somme wurden in der Organisationskultur der britischen Armee verortet (vgl. Travers 1987; Kennedy 1988). Sie habe an einem ›Kult der Offensive‹ und an strikten formalen Hierarchien festgehalten, die keine Möglichkeiten zur Artikulation von Bedenken und Kritik geboten hätten. Zugleich habe sie sehr stark auf Technik und ein technokratisches Planungskalkül gesetzt. ›Technokratisch‹ meint eine Planung im top-down-Modus, die kaum Spielraum für Initiative und Anpassung lässt. Die Organisation setzte an der Somme auf das, was ihre Stärke war: auf Organisieren, auf Ordnen, auf Planen – ohne die Grenzen des Planbaren ins Kalkül zu ziehen. Inzwischen verbindet die britische Historiographie die Schlacht an der Somme aber auch mit dem Beginn einer »learning curve« (Bond 2002, 99) in punkto taktischer Verfahren. Und überdies: Betrachtet man die gesamte Schlacht und nicht nur den ersten Tag, dann zeige sich, dass die Deutschen die enormen Verluste an der Somme nicht mehr kompensieren konnten. Die Entfesselung militärischer Gewalt erfährt dergestalt in der Retrospektive eine Unausweichlichkeit (vgl. ebd., 91): Krieg zu führen, bedeutete auf der Höhe industrieller Mobilisierung des frühen 20. Jahrhunderts eben schlicht und einfach, nahezu fabrikmäßig auf die Produktion und das Management von Verlustziffern abzuzielen.

Management II:
Expertenkultur und Kampftaktik

Im Laufe des Ersten Weltkriegs vollzog sich ein Wandel in den Gewaltpraktiken. Die Materialschlachten hörten nicht auf, im Gegenteil, die Bombardements wurden immer intensiver, die Planungen für die Feuerwalzen immer ausgefeilter, das technokratische Planungskalkül verschwand nicht, aber es transformierte sich. Tatsächlich kann man sagen, dass Armeen eine ›Lernkurve‹ durchliefen – jedenfalls was das taktisch-operative Problem betrifft, wie die Kriegsmaschinerie effektiver am Laufen gehalten werden kann. Zu diesem Lernen gehört zweifellos die Entwicklung technischer Präzision (s. auch den Abschnitt »Aufklärung: Zur Logistik der Wahrnehmung«, S. 196), dazu zählt auch die Suche nach Auswegen aus dem Stellungskrieg mittels Gas-, Panzer- und Luftkrieg (s. auch den Abschnitt »Technische Fluchtlinien aus dem Stellungskrieg: Gas, U-Boot, Panzer, Flugzeug«, S. 213). In gleichem Maße aber zählt dazu die Entwicklung der Taktik, insbesondere bei der Infanterie. Als maßgebliche Innovationen im taktischen Bereich gelten die Vorschriften für die Verteidigung und den Angriff im Stellungskrieg, die im Dezember 1916 bzw. Januar 1918 unter Ludendorff herausgegeben wurden (vgl. Lupfer 1981; Audoin-Rouzeau 2010, 179, 181). Die Vorschriften setzten auf eine effizientere Form des Kräfteeinsatzes, die durch größere Flexibilität und intensivierte Kooperation zwischen und innerhalb verschiedener Truppenteile erreicht werden sollte. Insbesondere in der Verteidigung sollten Kräfte geschont werden, indem man sie dem feindlichen Artilleriefeuer entzog. Dennoch muss man diese Innovationen als eine Radikalisierung der Kriegführung begreifen: Im Ergebnis wurde mit ihnen das Gewaltpotential auf ›unterster‹ Ebene, auf der der infanteristischen Gruppen, letztlich auf der des einzelnen Soldaten in intensivierter Form mobilisiert: »Die Gruppe, deren Bedeutung viele einsichtige Führer schon vor dem Kriege scharf betont hatten, wurde ausgesprochen die Einheit im Gefechtsaufbau der Infanterie. Die Stellung der Unteroffiziere als Gruppenführer gewann dadurch erheblich an Bedeutung. Die Taktik individualisierte sich immer mehr und mehr« (Ludendorff 1919, 306 f.).

Die Oberste Heeresleitung (OHL) unter Hindenburg und Ludendorff nahm nicht zuletzt die erheblichen Verluste an der Somme zum Anlass, im Spätsommer 1916 ein neues Verteidigungskonzept zu entwickeln. Fragebögen wurden verteilt, persönlicher und telefonischer Austausch mit den Armeestäben und Kommandeuren der Fronttruppen aufgenommen, erste Versionen einer Vorschrift erstellt, die an Stabsstellen der Armeen verschickt wurden, um Kommentare einzuholen. Mehr noch entstand ein System permanenter Rückkopplung von Fronterfahrungen und Verfeinerung der schriftlich verbreiteten taktischen Leitlinien (vgl. Samuels 1995, 124–197). Die Vorschriften können als Ergebnis von »corporative efforts« (Lupfer 1981, 8) gesehen werden, sie entstammen einer militärischen Kommunikationskultur, die hierarchieübergreifende Expertendiskussionen kennt. Der Gegensatz dieses militärischen Führungsverständnisses zu dem in der britischen und französischen Armee, in der ähnliche Fronterfahrungen an maßgeblichen Stellen kein Gehör fanden, wurde häufig betont (vgl. Kennedy 1988, 60–72; Porch 1988, 210–225; Samuels 1995, 7–60). Unter Ludendorff hatte sich, so die Klage mancher Kommandeure, eine ›Generalstabswirtschaft‹ ausgebreitet, die als eine Art informeller Organisation die

wesentlichen Entscheidungen an sich zog (vgl. Kaufmann 1996, 239–244).

Mit der Technisierung der Kriegführung, der zunehmenden Komplexität des Artillerieeinsatzes, der Nachrichten- und Aufklärungstechnik, dem Fliegereinsatz, logistischen Regelungen gewann die in funktionaler Differenzierung verankerte technische Expertise der Stabsstellen zunehmend an Bedeutung. Bis auf die Bataillonsebene wurden den Kommandeuren Stabsoffiziere beigeordnet, was zugleich bedeutete, dass sich Stabsarbeit immer weiter auf die Ebene taktischer Entscheidungen erstreckte. Die Kommunikation der OHL lief im Wesentlichen über diese Stabsstellen, nicht über die Kommandeure, insbesondere dann, wenn es um Fragen der Bewaffnung, Kampfmittel oder taktische Belange ging.

Wenn der permanente, geregelte Schriftverkehr das Medium strikt hierarchischer Ordnung war, dann war das Telefon das Medium »eines heimlichen Nachrichtensystems« (Rosinski 1970, 145) der Stabsoffiziere (vgl. Kaufmann 1996, 239–244). Die Stabschefs standen täglich miteinander in Telefonverbindung, die der OHL mit denen der Heeresgruppen und Armeen, diese wiederum mit denen ihrer Korps, was sich über die Divisionen bis zur Bataillonsebene fortsetzte. Eine tendenziell informelle, funktionsspezifische Kommunikation, die auch viele Verzweigungen wie etwa zwischen Infanterie und Artillerie kannte, bildete sich neben der formalen hierarchischen Kette. Darüber hinaus entsandte die OHL häufig Experten vor Ort – als Beobachter, Berater oder in Leitungsfunktion. Die Stäbe und von der OHL abgesandte Experten machten sich die offene und pragmatische Kommunikationsmöglichkeit des Telefons zunutze, um Probleme oder auch Entscheidungen oft auch jenseits von formaler Zuständigkeit zu erörtern oder auszuhandeln. Somit verfügte die OHL stets über einen Draht zum Frontgeschehen. Experten für taktische Probleme im Generalstab, wie etwa Oberst Bauer oder Hauptmann Geyer, nahmen folglich die *bottom up*, teils in Elitetruppen entstandenen Praktiken und Erfahrungen auf, und systematisierten sie, um daraus einheitliche Regularien und Anleitungen für die Ausbildung zu gewinnen.

Mit der Etablierung dieses Expertensystems vollzog sich auch ein radikaler sozialer Wandel, der etwa darin seinen Niederschlag fand, dass mit Geyer »a mere captain« – wie der in der amerikanischen Militärtradition stehende Timothy Lupfer schreibt (Lupfer 1981, 41) – als offizieller Koautor der beiden wesentlichen Vorschriften firmierte. Das logistischtechnokratische Kalkül wurde um eine zweite Form von Expertise ergänzt, die an den Grenzen der Planbarkeit in der Gefechtsführung ansetzte. Daraus resultierte eine Flexibilisierung der Verfahren bei der Artillerie und Infanterie sowie eine Verlagerung kampftechnischer Initiative auf untere Ebenen taktischer Verbände bis hin zu den infanteristischen Kampfgruppen. Die OHL machte sich zunutze, was Marshall McLuhan als generelle Potenz des Mediums sieht: »die Macht des Telefons, jedes Unternehmen zu dezentralisieren und dem Stellungskrieg […] ein Ende zu bereiten« (McLuhan 1968, 290).

Das Arsenal der Infanterie

Die Kampfmittel der Infanterie und damit verbunden auch der Kampfformen durchliefen im Weltkrieg eine enorme Diversifizierung. Vorangetrieben wurden Entwicklungen im Waffen- und Kampfmittelbereich durch die 1915 auf deutscher Seite etablierten Sturmbataillone, die neue Waffen und Vorgehensweisen erprobten. Diese Sturmabteilungen dienten zugleich als Ausbildungsformationen, sie gelten als Katalysator für die Verbreitung von technischen und taktischen Entwicklungen in der Armee (vgl. Gudmundsson 1989; Samuels 1995, 86–93). Mehr noch aber bildete der langjährige Stellungskampf eine Art Experimentierfeld, auf dem sich außerordentlich diverse Kampfpraktiken in unzähligen Kampfaktionen ausbildeten – und dies auf allen Ebenen, vom Nahkampf bis zur Gefechtsführung auf Divisionsebene. Insbesondere in den Trichtern und Gräben konnten die tatsächlich angewandten Techniken gänzlich von dem abweichen, was die Doktrinen lehrten. In der britischen Armee – so Paddy Griffith – sei eine Anarchie an persönlichen Marotten, Voreingenommenheiten und regelrechten Verrücktheiten festzustellen, die daran zweifeln lasse, ob es überhaupt so etwas wie eine kohärente taktische Lehre gab (vgl. Griffith 1994, 25–29). Die von der OHL herausgegebenen Doktrinen, insbesondere die von 1918 zum Angriff, gewannen ihre Bedeutung denn auch nicht daraus, dass sie prinzipiell Neues formulierten. Vielmehr legitimierten und systematisierten sie Praktiken und Entwicklungen, die sich in den Jahren des Stellungskriegs herausgebildet hatten – und die für erfolgversprechend und verallgemeinerungsfähig gehalten wurden. Sie lieferten nicht nur eine Grundlage für Operationsplanungen, sondern auch für die Gefechtsausbildung der Soldaten.

1914 bildete die mit Gewehren ausgestattete Schützenlinie die Hauptwaffe der Infanterie. De facto dominierten allerdings neben der Artillerie die Maschinengewehre das Gefecht. Die deutsche Seite verfügte pro Regiment über sechs Stück, die zu einer Maschinengewehrkompanie zusammengefasst waren. Das Maschinengewehr ist nicht nur wegen seiner technischen Effizienz, sondern auch in seiner soziokulturellen Verankerung eine Waffe des Industriezeitalters. Maschinengewehre waren Spezialwaffen, deren Bedienung Fachkenntnisse erforderte. Fehler, wie z. B. Ladehemmungen, traten relativ häufig auf, sie gehörten sozusagen zum normalen Betrieb; die Ursachen zu erkennen und zu beheben, war aufgrund des komplizierten Mechanismus aber nicht einfach. Dazu benötigte man Mechanikerkenntnisse. Dies konnte noch 1913 ein Grund sein, dass Skeptiker, die sich den durchschnittlichen Infanteristen als Landarbeiter vorstellten, Zweifel am Sinn der Einführung des Maschinengewehrs erhoben, weil die Armee kaum über hinreichend kompetente Mannschaften zur Bedienung verfüge (vgl. Linnenkohl 1996, 22).

Maschinengewehre waren mit ihren 40 bis 60 kg in der Tat auch kleine Maschinen; um Gewehr und Munition zu tragen, wurden sechs Mann benötigt, für den Kriegseinsatz waren pro MG 12 Mann und 7 Pferde vorgesehen. Insgesamt zog das deutsche Heer mit rund 5000 Maschinengewehren in den Krieg, was etwas unter der Anzahl der leichten Feldgeschütze lag. Im Stellungskrieg taugten solche Gewehre vorwiegend als Verteidigungswaffe, sie über das Trichterfeld zu schleppen war mühsam, aber selbst der Aufbau am Grabenrand war umständlich. Ab 1915 wurde daher bei allen Armeen an der Westfront die Aufrüstung mit leichten Maschinengewehren vorangetrieben (vgl. ebd., 179–187).

Zum Standardmodell sollte auf deutscher Seite der Umbau des schweren MG-Modells Maxim 08 werden: das Modell 08/15. Im Zuge dieser Aufrüstung wurde der Prozess der Waffenproduktion radikal umgestellt (vgl. Berz 2001). Beruhte die Waffenherstellung bis dahin auf hochgradig spezialisierter und qualifizierter Präzisionsarbeit, so sorgten neue Prinzipien der Modularisierung und Normierung der Bauteile dafür, dass auch Rechenmaschinen-, Nähmaschinen-, Teppich- und Fahrradfirmen zur Produktion herangezogen werden konnten. Damit wurden generelle Industriemaßstäbe gesetzt. Aus dem Königlichen Fabrikationsbüro Spandau, das die Normungsprinzipien, die der Produktion der Maschinengewehre zugrunde lagen, eingeführt hatte, ging im Dezember 1917 der Normenausschuss der Deutschen Industrie hervor (s. Kap. II.2). Der kriegstechnische Effekt dieser Standardisierungsarbeit war enorm – und auch über den Krieg hinaus äußerst wirkungsmächtig. Leichte Maschinengewehre wurden zunächst den Spezialwaffen zugewiesen, die einer besonderen Einheit der Kompanie unterstanden. Mit wachsender Zahl sollten sie als reguläre Waffe integriert werden. Kam zu Beginn des Kriegs auf etwa 200 Schützen ein Maschinengewehr, so wurde 1918 in den Angriffsdivisionen in der Regel jedem Infanteriezug, also 20 bis 24 Mann, ein Maschinengewehr zugewiesen (vgl. Gudmundsson 1989, 100 ff.; Linnenkohl, 1996, 18).

Die Infanterie wurde für den Nahkampf auch artilleristisch aufgerüstet. Diese Aufrüstung war eng mit der Entwicklung der Sturmtruppenabteilungen und der Stoßtruppentaktik verbunden (vgl. Samuels 1995, 86–93; Gudmundsson 1989, 43–53, 77–90). Um der Infanterie auch eigenständig Angriffe auf stärker befestigte Positionen zu ermöglichen, wurden 1915 leichte Infanteriekanonen getestet, während des Kriegs verschiedene Modelle für Infanteriezwecke umgerüstet, 1918 schließlich eine neue Infanteriekanone in geringer Stückzahl ins Feld geschickt (vgl. Samuels 1995, 90 f.). Die Pioniere, als technische Spezialtruppe, verfügten von Kriegsbeginn an über schwere Minenwerfer für den Festungskampf, d. h. Steilgeschütze, die auf kürzere Entfernung, meist um oder unter 1000 m, die Sprengkraft eines schweren Artilleriekalibers erreichten. Minenwerfer eigneten sich zur Zerstörung von Drahthindernissen oder zur Sprengung tief verbunkerter Anlagen, massierte Minenwerferüberfälle auf oft dicht gegenüberliegende Gräben wurden zur Eröffnung von Offensivaktionen eingesetzt, oder schlicht und einfach, um den Gegner mit dem Terror des Kriegs zu zermürben. Leichte Minenwerfer sollten, wie auch die Infanteriekanonen, bei Offensiven mit nach vorne gezogen werden. Da die Modelle zwischen 90 kg und – mitsamt Lafette und fahrbarem Gestell – 275 kg wogen, gestaltete sich dies bei schnellem Vordringen nicht einfach. An Artillerie unterlegen, investierte die deutsche Seite seit 1916 zur Kompensation in starkem Maße in Minenwerfer. Anfang 1918 soll das Heer in etwa über 16 000 Minenwerfer, davon knapp 12 500 leichte, verfügt haben – deutlich mehr als die britische und französische Seite (vgl. Linnenkohl 1996, 188–197).

Weitere ähnliche Waffen kamen dazu: Granatwerfer, die etwa 250 m Reichweite hatten oder auch Gewehrgranaten, die mit etwa 200 m Reichweite abgeschossen werden konnten. Die prominenteste Waffe dieses Typs ist sicherlich die Handgranate.

Wie die anderen Explosivwaffen auch, gehörten Handgranaten ursprünglich zu den Pionierwaffen – gedacht für den Festungskampf. Sehr schnell wurde die Handgranate die Waffe schlechthin im infanteristischen Grabenkampf. An Tagen mit intensiven Kämpfen soll eine Division täglich etwa 30 000 Handgranaten verbraucht haben (Samuels 1995, 92 f., 113 ff.). Der verbreitete Gebrauch zog auch militärische Kritik auf sich. 1918 ermahnten die Doktrinen der OHL die Infanterie, ihre einstige Hauptwaffe nicht zu vergessen. Auch im Nahkampf um gegnerische Stellungen gelte es, die Feuerkraft einzusetzen, da die Handgranate dazu verleite, im verdeckten Kampf zu verharren. Dies war nicht der einzige Grund, Skepsis an der Einführung der hochexplosiven Kampfmittel zu äußern. Der Umgang mit ihnen war nicht ohne Risiken: Rohrkrepierer und Granatexplosionen waren keine Seltenheit – sei es wegen unsachgemäßen Umgangs oder wegen Herstellungsfehlern. Minenwerfer zum Beispiel wurden, als sich solche Vorfälle 1916 häuften, lange Zeit abgelehnt. Letztlich aber setzten sich die Waffen durch: Der Infanterie wurden Mittel in die Hand gegeben, sich von der Artillerieunterstützung unabhängiger zu machen.

Wurden zur Produktion neuer Waffen, wie den leichten Maschinengewehren, ganze Industriezweige umgekrempelt, so setzte die Suche nach neuen Kampfmitteln auch die Phantasie einzelner Tüftler in Gang. Da Konversion in solchen Fällen naheliegt, ist es wenig verwunderlich, dass die Initiative zur Entwicklung von Flammenwerfern von einem Feuerwehrmann ausging; genauer von einem Branddirektor, der als Führer einer Pionierkompanie eingezogen worden war (vgl. Reddemann 1932). Nach ersten Versuchen mit in Handwerksarbeit konstruierten Prototypen wurde 1915 ein Flammenwerfer-Bataillon aufgestellt und 1916 zum Regiment aufgestockt. Die Flammenwerfer hatten zwei Gerätetypen entwickelt, operierten aber meist mit ihren kleineren, die mit 10 l Ölvorrat mehrere Stichflammen von etwa 25 bis 30 m Reichweite erzielten. Die 12 Kompanien des Pionierregiments wurden für besondere Aufgaben jeweils an die Sturmbataillone verschiedener Divisionen überwiesen. Eingesetzt wurden die Flammenwerfertruppen vor allem bei Kämpfen um Fortifikationen, gegen MG-Nester und zum ›Aufrollen‹ feindlicher Gräben, insgesamt hatten sie 653 Kampfeinsätze, 294 davon im Jahr 1918. In solchen Sturmtruppen hatten sich schon früh Kampfformen herauskristallisiert, die zur generellen Maßgabe für die Infanterie werden sollten: »indianermäßiges Vorpirschen« (ebd., 18), arbeitsteiliges Vorgehen in Koordination mit Handgranatenwerfern, Gewehr- und Maschinengewehrschützen, autonomes Kämpfen – »die wenigen Flammenwerferpioniere, die allein oft weit vor der Infanterie in Trupps gegen den Feind vorpirschten, waren dabei ganz auf sich angewiesen« (ebd., 18 f.).

Und nicht allein mit ihren Kampfformen, auch in punkto Kampfgeist sollten solche Elitetruppen mit dem Totenkopfabzeichen die Maßstäbe setzen. Die Radikalisierung des Krieges war von Beginn an Aufgabe von Sturmgruppen. Sie wurden gezielt für Überfälle auf feindliche Gräben eingesetzt, um das System von ›Leben und Lebenlassen‹, das sich an einigen Frontabschnitten unter den gegnerischen Grabenbesatzungen eingespielt hatte, aufzubrechen (Gudmundsson 1989, 81–83). Die Truppengeschichte der Flammenwerfer rühmt sich denn auch mit ihrem »bekannten ›Flammenwerfer-Geist‹«, den sie als »Geist der todesverachtenden Kampfesfreude« (Reddemann 1932, 47) näher bestimmt.

Infanteristische Kampfkraft

Die Infanterie konnte spätestens seit der massiven Aufrüstung mit Maschinengewehren nicht mehr als einheitlich bewaffnete Truppe verstanden werden. Die Kampfpraktiken hatten sich, nicht nur bei den Sturmtruppen, schon allein durch die Diversifizierung der Bewaffnung erheblich geändert. Die deutschen Doktrinen und die daran orientierte Ausbildung gaben dieser Transformation eine konzeptionelle Gestalt, sie forcierten und radikalisierten sie zugleich (zur Radikalisierung vgl. Geyer 2004). Die ›Individualisierung‹ der Taktik, die radikale Dezentralisierung der Führung resultierte aus drei Momenten: aus einer neuen arbeitsteiligen Form der Kampfführung, aus einem Übergang von linearen zu flexiblen Bewegungskonzepten in Angriff und Verteidigung und aus einer aus diesen beiden Transformationen sich ergebenden Steigerung der Anforderungen an den ›Kampfgeist‹ der Soldaten.

Die unterschiedlichen Waffen gaben die Funktionsteilung der Truppen und die Kampfform vor. Die Schützenlinie hatte 1918 weitgehend ausgedient. Zwar kannten die Vorschriften für den Angriff noch ein Vorrücken in Linien, unmittelbar gedeckt durch eine vorrückende Feuerwalze, die Kämpfe um die Stellungen sollten jedoch in Sturmtruppenformation bzw. Stoßtrupptaktik durchgeführt werden (vgl. Gudmundsson 1989, 154–170; Samuels 1995, 245 ff.; Kaufmann 2002, 354–365). Dies hieß, dass nicht mehr uniforme Schützenlinien kämpften, sondern

aus Gruppen zusammengesetzte Infanteriezüge, deren ›Zusammenwirken‹ – so der reglementarische Begriff – sich nicht durch Befehl, sondern durch Arbeitsteilung ergab. Im Regelfall sollten Züge aus einer Maschinengewehrgruppe, einer Gewehrgruppe und einer Nahkampfgruppe, die mit Handgranaten, Pistolen, Dolchen und Ähnlichem ausgerüstet war, zusammengesetzt werden. Unterschied die Kampflehre zwischen Feuerkraft und Stoßkraft, die zuvor beim einzelnen Schützen mit Gewehr und Bajonett vereint war, so wurden diese Komponenten nun auf unterschiedliche Kräfte verteilt.

Kampfkraft sollte der kombinierten Aktion, dem Zusammenwirken dieser Kleingruppen von je acht Mann entspringen: Das Maschinengewehr sollte den Gegner niederhalten, während sich die anderen beiden Gruppen an ihn heranarbeiteten, und umgekehrt sollte das Maschinengewehr nachziehen, sobald die Lage für günstig gehalten wurde. Die Einheitstruppe der Schützen war folglich durch einen neuen Funktionszusammenhang ersetzt. Der Angriff wurde nicht mehr als eine kontinuierliche Bewegung, sondern als eine Serie von Attacken aufgefasst, die Feuer- und Stoßkraft kombinierten und an verschiedenen Stellen punktuell die Überlegenheit zu erringen suchten. Weitere Unterstützungswaffen, schwere Maschinengewehre, Minenwerfer und Granatwerfer, wurden den Kompanien aus den Bataillonskräften zugeteilt. Für Großoffensiven standen 1918 spezielle Bataillone bereit, die stärker mit den schweren Waffen bestückt waren und überdies über Flammenwerferzüge und Infanteriekanonen verfügten (vgl. Samuels 1995, 253 ff.). Wenn taktische Entscheidungen zur Verteilung und Anordnung der Waffen und zur Art und Weise des Vorgehens zu Beginn des Kriegs im Prinzip mit dem Ansatz der Schützenlinie und der Vorgabe eines Ziels festgelegt waren, sollte und musste nun permanent neu entschieden werden.

Die Dezentralisierung der Führung, ihre Verlagerung auf untere Stellen, war auch eine schlichte Konsequenz der Diversifizierung der Waffen (vgl. Lupfer 1981, 24–29; für die britische Seite vgl. Griffith 1994, 21 ff.). Sie fand ihre Ursache aber auch in der Struktur der Nachrichtenverbindungen. Das Medium des Stellungskriegs war das Telefon. Man verfügte über operative Fernsprechnetze, Infanterie-, Artillerie-, Minenwerferfernsprechnetze, Fernsprechnetze für die Flugabwehr, für die Artilleriemesstrupps, zum Teil auch für die Fesselballone. Vom Regiment nach vorne zog sich ein dichtes taktisches, teils tief vergrabenes Fernsprechnetz. So sehr man auch auf Redundanz setzte: Sobald das Artilleriebombardement begann, rissen die Verbindungen. So vielfältig auch der Ersatz – Leuchtsignale, Blinkzeichen mit Taschenlampen oder Scheinwerfern, Blinklampen mit ausgeklügelten Spiegelkonstruktionen, teils mit Infrarotoptik, Erdtelegraphie, oder auch klassische Medien wie Hunde, Brieftauben und Meldegänger – mit sicherer Verbindung war nicht zu rechnen. Selbst im Abwehrkampf war ein Befehl von der Division bis nach vorne zwei bis acht Stunden unterwegs. Funkverbindungen wurden im Laufe des Kriegs bis zum Bataillon hergestellt, für Gefechtsstände weiter vorne war ihr Strombedarf zu hoch. Flugzeuge, sofern sie in der Schlacht etwas erkennen konnten, waren immerhin in der Lage, Funkmeldungen nach hinten abzusetzen; in der Regel konnte damit bestenfalls Artilleriefeuer geleitet werden. In der Offensive gestalteten sich die Verbindungen oft noch schwieriger (vgl. Kaufmann 1996, 209–221, 252–256). Die infanteristische Kampfkraft zunehmend durch flexible Streuung und technische Diversifizierung zu steigern, geht Hand in Hand mit der Verlagerung taktischer Entscheidung auf die untere Ebene. Wenn mit dieser Bewegung der technisch und taktisch versierte Unteroffizier seinen Aufstieg nahm, lässt sich in ihr die Mikrostruktur der sozialen Revolution erblicken, in der die Welt des alten Offizierskorps verbrannt ist (s. auch den Abschnitt »Traditionen und Bruchlinien des Militärischen«, S. 165).

Der Grundgedanke, der mit den linearen Verteidigungskonzepten brach und dann in die Angriffslehre übersetzt wurde, bestand darin, die Verteidigung beweglich zu machen. Der Übergang zur flexiblen Flächenverteidigung folgte konsequent der Erfahrung, dass jede Form von Truppenmassierung in den vorderen Grabenstellungen nur die Verluste erhöht – und der allmählich sich herauskristallisierenden Beobachtung, dass die vorderen Truppen auch kämpfen, wenn sie aus engen Befehlsverhältnissen entlassen sind. Mit drei Konzepten wurde diese neue Verteidigungsform beschrieben: Flächenverteidigung, Leere des Gefechtsfeldes und Schlagkraft (vgl. Lupfer 1981, 7–21; Samuels 1995, 158–197; Geyer 2004, 133–136).

Flächenverteidigung hieß, die Hauptkräfte der Infanterie und Artillerie zurückzuverlegen, die Angriffstiefe von den ersten Stellungen bis zur eigentlichen Kampfzone zu vergrößern. Die Besatzungen in den vorderen Positionen sollten sich nicht mehr tief verschanzen, sondern Angriffen innerhalb ihres Gefechtsstreifens ausweichen; Stellungswechsel, Ausweichen ins Trichterfeld, auch in die Tiefe des Ge-

ländes, wurde üblich. Zahlreiche Betonunterstände waren in den Stellungen verstreut, Widerstandspunkte sollten sich um Infanteriekanonen, Minenwerfer, schwere Maschinengewehre herum bilden, die sich teils verschieben ließen. Daraus resultierte eine Leere des Schlachtfeldes: Für die gegnerische Artillerie würden aufgrund dieser Streuung und Mobilität keine markanten Zielpunkte erkennbar sein.

Schlagkraft resultierte aus dem Grundprinzip, durch die Ausweichbewegung den Angreifer in die eigene Stellung zu locken, um ihn dann mit Gegenstößen zu attackieren. Der entscheidende Moment in der Kampfdynamik hatte sich verlagert. Bis dahin galt es im Grabenkrieg, das gegnerische Artilleriefeuer zu überstehen, um dann aufzutauchen, bevor die Infanterie in die Stellungen eindringen konnte. Dies schien mit gesteigerter Intensität des Trommelfeuers mit dicht folgender Infanterie nicht mehr möglich. Nun sollte die feindliche Infanterie genau dann angegriffen werden, wenn sie erste Positionen besetzt, aber sich noch nicht konsolidiert hatte. Sie sollte auf engem Raum in Gefechte verwickelt werden, die es der feindlichen Artillerie unmöglich machten, unterstützend einzugreifen. In flexibler Gelände- und Stärkenutzung durch Gegenstöße, unterstützt auch durch flexibel eingesetzte Reserven, sollte die feindliche Infanterie vernichtet werden: »Der Zweck der Schlachtverteidigung besteht darin, den Angreifer sich abringen und verbluten zu lassen, die eigenen Kräfte aber zu schonen« (Ludendorff 1920, 606).

Das Offensivkonzept war im Prinzip das Spiegelbild des Konzepts der tiefengestaffelten Verteidigung (vgl. Lupfer 1981, 37–45; Samuels 1995, 230–247). Das zentrale Prinzip des Angriffs bestand darin, auf ein Infiltrieren der feindlichen Stellung zu setzen. Die Kampfgruppen sollten den Angriff an den Stellen des geringsten Widerstands vorantreiben. Es galt, das Gelände auszunutzen, Schwachstellen zu finden, um durchzustoßen. Die Kampfgruppen sollten möglichst in der Tiefe vordringen, der umgangene Gegner sollte isoliert werden, die Einbruchstellen dann durch nachziehende, mit schweren Waffen verstärkte Kräfte, vernichtet werden. Der Angriff war als mehrfache punktuelle Stoßbewegung konzipiert, seine Geschwindigkeit durfte nicht nachlassen. Der Feind sollte keine Zeit finden, sich in rückwärtigen Stützpunkten erneut zu formieren. Geschwindigkeit durch Infiltrieren, kein breitgefächerter Vernichtungsangriff, sondern flexibles, tief gestaffeltes und stoßförmiges Vorgehen – dies waren die neuen Angelpunkte taktischer Offensiven.

Ob im Angriff oder in der Defensive – Infiltrations- und Gegenstoßkonzepte forderten permanente Initiative, ein permanentes Aktivitätsniveau, eine aggressive Suche nach entscheidenden Positionen des Angreifers, die es zu vernichten galt, oder nach Schwachstellen, an denen man sich durchkämpfen sollte: »Entschlossenes, rücksichtsloses Draufgehen und Selbsttätigkeit jedes einzelnen Mannes bringen den Erfolg« (Ludendorff 1920, 657). Die Doktrinen, die den selbständigen Kämpfer forderten, scheinen durchaus ein gutes Stück Realität eingefangen zu haben. Davon zeugen nicht nur literarische Kriegsverarbeitungen wie die von Ernst Jünger. An der Somme 1916, bei Arras im April 1917, bei Messines im Sommer 1917, bei Ypern im Herbst 1917 haben sich die Gefechte nach enorm intensivem und wirkungsvollem Trommelfeuer der Briten dieser Form verbundener Mikrogefechte genähert (vgl. Samuels 1995).

Die Taktik des Infiltrierens hatte ihr Pendant in der artilleristischen Vorbereitung der Offensive im Stellungskrieg (vgl. Bruchmüller 1921, 26–39; Jochim 1928). Diese setzte darauf, den Gegner durch Überraschung zu neutralisieren. Dies wurde durch neue Schießverfahren möglich, die es erlaubten, ein Trommelfeuer ohne wochenlanges Einschießen der Geschütze zu eröffnen. Das überraschende, äußerst intensive, aber kurze Feuer sollte den Gegner weniger vernichten, denn lähmen. Überdies wurde der Artillerieüberfall auch weit ins gegnerische Hinterland gerichtet – je nach Kaliber bis zu 25 km oder 47 km. Das schlagartige Einsetzen des Feuers, seine Vehemenz und seine Reichweite sollten dabei in kurzer Zeit die Kommunikationslinien zertrümmern, Schrecken und Panik bei den hinteren Stellen erzeugen. Durch diesen Beschuss, so das Ziel der OHL, sei »im wesentlichen moralische Wirkung anzustreben« (zit. n. Solger 1939, 208); in Munition ausgedrückt, bedeutete dies die Verwendung von Gas- statt von Brisanzgeschosse. Es sollte verhindert werden, dass sich die feindlichen Kräfte im Hinterland konsolidieren, um zu einem Gegenangriff anzusetzen.

Wenn das disziplinarische Kernproblem im Ersten Weltkrieg darin bestand, dass die Nerven der Soldaten unter Dauerbeschuss versagten, setzten die Angriffsverfahren darauf, dass die Kommandozentralen unter gänzlich ungewohntem Beschuss die Nerven verlieren würden. Die Beschießung rückwärtiger Stellungen war ebenso wie das Infiltrieren die taktisch-operative Antwort auf ein logistisches Problem: An der Westfront ist noch jede Offensive am logistischen Vorteil der Defensive gescheitert. Es war weitaus einfacher, hinter den eigenen Linien Verstärkung nachzuführen als diese durch Trichterfelder an tiefgestaffelte feindliche Stellungen heran- und dann auch hindurchzubringen. Prinzipiell wiesen die Raum- und Bewegungskonzepte, die die deutsche Seite für den Angriff 1918 entwickelte, den Weg aus dem Stellungskrieg. Realisieren sollte dies aber die Entente: Ihren Kräften eröffneten sich mit der Kombination von Lastkraftwagen, Artillerie, Panzer und Flugzeug in der zweiten Hälfte von 1918 andere operative Möglichkeiten (vgl. Groß 2002, 147–153; s. auch den Abschnitt »Technische Fluchtlinien aus dem Stellungskrieg«, S. 213).

Im Winter 1917/18 sollte die OHL eine Ausbildungsoffensive starten (vgl. Strachan 2002, 275–278). Die für den Angriff 1918 vorgesehenen Divisionen wurden einer verschärften Ausbildung unterzogen, einschließlich gefechtsnaher Übungen mit scharfer Munition. Zugleich wurde kein Zweifel daran gelassen, dass diese Gefechtsausbildung den Kampfgeist der Truppen, um den Ludendorff sich sorgte, stärken sollte. Seit Mitte des 19. Jahrhunderts wurde darüber gestritten, welcher Anteil dem formalen Drill, der dem Soldaten den militärischen Geist einimpfte, und welcher der Gefechtsausbildung, die ihn zum Kampf befähigte, zukommen sollte. Wollen und Können wurden unterschiedlichen Programmen, Soldaten zu formen, zugeschrieben. 1918 setzte man darauf, dass die Gefechtsausbildung den Soldaten beides einpräge. Diese Überlegung folgt, wie Michael Geyer ausgearbeitet hat, einem einsichtigen Kalkül (vgl. Geyer 2004, 132–142).

Die neuen Formen des Kampfes entlassen den Soldaten aus der Deckung und dem Befehl. Flexibel zu sein, um zurückschlagen zu können, schützte mehr, als in Deckung zu verharren. Infiltrieren setzte in gleicher Weise auf die Aktivität der Gruppen und einzelner Soldaten. Ob in der Verteidigung oder im Angriff: Der flexible Kampf war nur in der Gruppe zu führen, in der alle aufeinander angewiesen sind. Diese kampftechnische Abhängigkeit macht jeden dafür verantwortlich, dass die Kampfgemeinschaft funktioniert. Kämpfen wird ein Akt des Überlebens – des eigenen und des der anderen.

Mit Émile Durkheim, der 1917 starb, kann auf das generelle Muster dieser Gemeinschaftsbildung verwiesen werden. Mit funktionaler Arbeitsteilung, wie sie in der Moderne seit dem 19. Jahrhundert üblich wird, sieht Durkheim den Modus der Vergesellschaftung von ›mechanischer‹ zu ›organischer Solidarität‹ übergehen. ›Organische Solidarität‹ ist nicht primär auf ideologischen Überbau, auf Tradition und Sanktion angewiesen, sie ist in der Sache, der sachlichen Verpflichtung, begründet. Und die Sache, um die es hier geht, ist evident: »Um diesen Sachverhalt auf einen knappen Nenner zu bringen: Es blieb den Soldaten nichts anderes übrig, als sich aus ihren Unterständen auszugraben, sich im Feuer zu bewegen und zu kämpfen (und sich damit dem Tod auszusetzen), wenn sie nicht andere und letztendlich sich selbst gefährden wollten« (ebd., 136).

Nimmt man die trotz immenser artilleristischer Überlegenheit relativ hohen Verlustziffern der Entente in den Schlachten von 1917, die Anfangserfolge der deutschen Offensiven 1918 und die enorm hohen Verlustziffern beim deutschen Rückzug zum Maßstab, hat die deutsche Infanterie außerordentlich hartnäckig gekämpft. Im Herbst 1918 sollte die Gegenstoßtaktik angesichts der immensen Überlegenheit der Entente zur Selbstvernichtung führen. Realität war aber auch, dass bei der Frühjahrsoffensive 1918 selbst Stoßtruppführer Ernst Jünger eine Diskrepanz zwischen Doktrin und Sturmtruppentaktik beobachtete (vgl. Jünger 1922a, 205 f.). Schon die Angriffsgruppen waren gezielt ausgewählt und die Armee in 56 Angriffs- und 192 Stellungsdivisionen unterteilt worden (Lupfer 1981, 48). Bei weitem nicht alle Einheiten wurden für tauglich befunden; sei es, weil die Soldaten die ungeheuren Strapazen und Belastungen eines solchen Kriegs nicht auf sich nehmen konnten oder weil sie dies nicht wollten und sich der Kampfsituation von vornehrein entzogen (vgl. Geyer 2004, 131, 136). Sie entzogen sich dem permanenten Aktivierungsgebot, das die Gegenstoß- und Infiltrationstaktik einforderte. Zur Logik dieser Forderungen zählte, dass das eigene Überleben und das der Gruppe, trotz aller Materialschlachten, tatsächlich vom eigenen Kampfgeist abzuhängen schien. Fürchteten nicht wenige Kritiker Ludendorffs, dass eine Dezentralisierung militärischer Führung zum Defätismus führe, so lief sie eher auf Radikalisierung der Kriegführung hinaus. Eine Radikalisierung, die sich über den Krieg hinaus fortsetzen sollte. Der ›Flammenwerfergeist‹ z. B. fand auch nach dem Krieg noch Verwendung. 1919 wurden die Flammenwerfertruppen auch innenpolitisch eingesetzt, unter anderem beim Kampf um das Verlagsgebäude des *Vormärz*.

Aufklärung: Zur Logistik der Wahrnehmung

»Logistik der Wahrnehmung« – mit diesem Untertitel versieht Paul Virilio seine Arbeit zur Verbindung von *Krieg und Kino*, mit der er einen radikalen, letztlich von kriegerischer Vernichtungslogik bestimmten Bruch mit anthropologischen Mustern der Wahrnehmung einhergehen sieht (Virilio 1986). Man muss nicht an Virilios apokalyptisch gestimmte Geschichtsphilosophie anschließen – die Metapher »Logistik der Wahrnehmung« scheint dennoch prägnant. Erstens ist die immens forcierte medientechnische Aufrüstung des Militärapparats in den Wandel kriegerischer Auseinandersetzungen eingeschrieben. Mit der Entfesselung des industriellen Gewaltpotentials wird der alte Antagonismus von Verteidigung und Angriff, von Befestigung und Bewegung, von Panzerung und Feuer, durch den von Tarnung und Aufklärung, von Techniken des Verschwindens, Versteckens und Verdeckens gegen Technologien des Sichtbarmachens, Aufspürens und Entdeckens überlagert. Alles was sichtbar ist, kann vernichtet werden: Dies galt zumindest für die – teils tiefgestaffelte – Front, weshalb Tarnung oberstes Gebot wurde.

Zweitens sind diese Technologien des Sichtbarmachens, Aufspürens und Entdeckens eng an die militärische Aneignung und Weiterentwicklung der Innovationen des späten 19. Jahrhunderts im Bereich optischer Medien gebunden. Der Krieg überstieg die Kapazitäten des menschlichen Wahrnehmungsapparats. Verdrehte er den Soldaten im Graben die Sinne, so stellte die taktisch-operative Aufklärung vom menschlichen Auge auf mediale Technologien um, die neue Wahrnehmungsverhältnisse begründeten: Die Luftaufnahme beendete die Vorherrschaft der horizontalen Perspektive, die Artilleriebeobachtung verschob sich vom sichtbaren Bereich in akustische Messungen, die Nachrichtentruppen operierten im Bereich elektromagnetischer Wellen. Franz Kafkas Erzählung *Der Bau* (1928) legt davon Zeugnis ab.

»Logistik der Wahrnehmung« verweist nicht nur auf diese apparatetechnische Präzisierung, Differenzierung und Ausdehnung des Wahrnehmbaren, sondern, drittens, auch auf den enormen Ausbau und die Spezialisierung des organisatorischen Apparats: Die Luftbildgewinnung basiert auf einer infrastrukturellen Kette, die in Großbritannien bereits 1917 zu einem eigenständigen Streitkräfteteil werden sollte; versierte Formen der Artilleriebeobachtung entsprangen einem Experimentieren auf hochgradig wissenschaftlich-technischem Niveau; aus der Nachrichtengewinnung im ›Äther‹ entwickelte sich eine neue Art von Informationskrieg, den spezialisierte Einheiten führten.

Techniken des Verschwindens

Im Laufe des Ersten Weltkriegs bildeten sich im Wesentlichen drei Techniken heraus, um die eigenen Kräfte dem feindlichen Blickfeld zu entziehen: Eingraben, Bewegungen vom Tag in die Nacht verlegen, Soldaten und Stellungen tarnen. Die Entwicklung lief bei allen drei Techniken des Verschwindens von einer eher improvisierten Anwendung zu systematischer und reglementarischer Durchbildung.

›Stellungskrieg‹, ›Grabenkrieg‹, ›unterirdischer Krieg‹, ›Maulwurfskrieg‹: Wie auch immer die mehr oder weniger gängigen Bezeichnungen lauteten, sie benannten das wesentliche Charakteristikum der Kriegführung im Westen. Feuer- und Sichtschutz waren überlebensnotwendig. Von den ersten mit dem Spaten ausgehobenen Löchern während der Eröffnungsschlachten, über die linearen Frontgräben bis zu den tiefgestaffelten Stellungssystemen aus betonierten, eisen- und stahlbewehrten Linien mit Verbindungsgräben, Schutzstellungen und Ausbuchtungen sowie den vor, zwischen und hinter den Linien befindlichen Verteidigungspunkten und tiefergelegten Stollen ab 1916/17: Der Krieg grub sich in die Erde ein, aus Frontlinien wurden Verteidigungszonen.

Nachts ruhte der Krieg nicht. Jede Bewegung außerhalb der Gräben wurde in die Nacht verlegt. Gräben wurden ausgehoben, an ihrer Ausbesserung gearbeitet, Drahtverhaue im Niemandsland errichtet oder Telefonleitungen geflickt, Horchposten nach vorne geschoben, Positionen im Trichterfeld bezogen oder Verpflegung nach vorne gebracht. Das vielleicht ausgeklügeltste Beispiel der Verlagerungen der Bewegungen in die Nacht bot der deutsche Aufmarsch zur Offensive im Frühjahr 1918. Auf einer 70 km breiten Angriffsfront wurden über 6600 Geschütze und über eine Million Soldaten zusammengezogen. Sämtliche Maßnahmen, die Bewegungen der Truppen, die Munitionstransporte, das Heranziehen der Geschütze sowie der Ausbau der Stellungen, der Depots und der Lager, vollzogen sich im Dunkeln. Tagsüber wurde der Verkehr hinter der Front auf sein übliches Maß beschränkt, die Truppen blieben in Wäldern und kleinen Ortschaften versteckt. Jede auffällige Bewegung wurde verboten:

»Jeder Frontsoldat wußte, daß schlechte Tarnung, und sei es auch nur ein aufflammendes Streichholz, Leben und Blut kostet« (Anonym 1938, 2490; vgl. Der Weltkrieg 1944, 101).

Während die französischen Einheiten zu Kriegsbeginn noch mit roten Hosen in den Kampf zogen, hatte sich das Feldgrau sehr schnell als die Tarnfarbe der Uniformen auf allen Seiten durchgesetzt. Auch die blinkenden Abzeichen der Offiziere wurden von den Uniformen entfernt. Bis 1918 freilich hatten sich viele Techniken des Versteckens, Tarnens und Täuschens entwickelt. Dabei konnte sich die Camouflage durchaus avantgardistischer Ästhetik bedienen. Picasso soll beim Anblick getarnter Militärlastwagen in Paris gerufen haben: »ja, wir haben das gemacht, das ist Kubismus« (zit. n. Kern 1998, 341), und der Maler Lucien-Victor Guirand de Scévola, der die erste nach der Marne-Schlacht gegründete Tarnungsabteilung leitete, soll geäußert haben:

> Um Gegenstände vollständig zu deformieren, nutzte ich die Mittel, die die Kubisten gebrauchten, um sie darzustellen – später erlaubte mir dies, ohne Angabe von Gründen, in meiner Abteilung einige Maler auszustellen, die aufgrund ihrer ganz besonderen Sichtweise eine Befähigung dazu hatten, Gegenstände jeder Form zu denaturalisieren (zit. n. ebd., 342 f.).

Gegen Ende des Kriegs beschäftigten die Tarnungsabteilungen in Frankreich, die während des Kriegs die Maßstäbe setzten, ca. 3000 Soldaten; Muster mit kubistischen Zeichnungen für den Landkrieg wurden auch an die Briten, die in der Navy schon zu Beginn des Kriegs mit Tarnanstrichen experimentierten, weitergereicht. Aber auch auf deutscher Seite griff man auf die künstlerische Avantgarde zurück. So fand etwa Franz Marc bei Verdun Verwendung, um Tarnnetze und Planen zu bemalen (vgl. ebd.), und Paul Klee arbeitete an der Tarnbemalung von Flugzeugen. Das Hauptproblem war der Schutz gegen Fliegereinsicht. Da die Lufthoheit an der Westfront ab 1917 zunehmend an die Entente überging, mussten die Vorbereitungen zur Frühjahrsoffensive 1918 systematisch getarnt werden. So sollten Neuanlagen von Depots, Infanterie- oder Artilleriestellungen, Verkehrswegen u. Ä. auf das Nötigste beschränkt, weitgehend dezentralisiert angelegt und permanent getarnt werden. In Experimenten wurde versucht, die geeignetste Tarnung herauszufinden, wie etwa die Verwendung netzartiger Überzüge aus Gestrüpp, ein Aufwerfen von gestrüppbedeckten Hügeln oder ein Überziehen von bemalten Planen. Spuren, die bei der Massierung der Kräfte entstanden, wie etwa Fahrzeug- oder Schleifspuren auf freiem Feld, die den

Standort eines Munitionsdepots oder einer Batterie-
stellung verraten konnten, sollten sofort beseitigt
werden. Alles, was irgendwie Aufmerksamkeit erregen konnte, jedes sichtbare Anzeichen von besonderen Vorbereitungen sollte verschwinden. Tarnung
und Aufklärung wurden dabei zu einem rückgekop-
pelten Prozess verschaltet. Flugzeuge und Ballons
sollten das eigene Hinterland genauso erfassen wie es
feindlichen Fliegern möglich war, um aus der Luft er-
kennbare Spuren, die auf eine Offensive hinwiesen,
möglichst verwischen zu können (vgl. Anonym 1926;
Jochim 1928, 49 ff.; Jochim 1929; Samuels 1992, 92 f.).

Luftaufklärung: Zum Aufstieg eines Dispositivs

»Die großen wichtigen Aufgaben der Flieger bei uns
wie bei unseren Gegnern im Weltkriege lauteten anfangs: *Fliegen, Sehen und Melden*« – berichtet der
1915 zum Chef des Flugwesens bestellte Major
Thomsen (1939, 502). Als Aufklärungseinheiten waren die Flieger zunächst folgerichtig der Kavallerie
zugeordnet. Die bodengebundene Beobachtung, die
Beobachtungsnotizen und die Geländeskizzen wurden schon seit dem ausgehenden 19. Jahrhundert
durch Ballonbeobachtung und Fotografie ergänzt.
Der erste Kriegseinsatz dieser Kombination soll bei
der Belagerung von Richmond 1862 während des
amerikanischen Bürgerkriegs stattgefunden haben:
Ein Ballonfahrer der Konföderierten stieg auf und
fotografierte das gegnerische Hinterland, dessen Infrastruktur sich samt der Truppenansammlungen
auf dem Foto deutlich erkennbar abbildete. Man
stellte zwei Abzüge her und teilte die Abbildung in
Planquadrate ein. Der Beobachter stieg mit einem
der Abzüge ausgestattet erneut auf und konnte nun
mittels Benennung der Felder Mitteilungen über
Bewegungen und Veränderungen beim Gegner machen (vermutlich per Abwurf von Meldungen). Der
Blick von oben, die fotografische Fixierung der
Landschaft, die planquadratische Lokalisierung der
Objekte und ihrer Bewegungen – diese drei Momente werden auch die Luftaufklärung aus dem
Flugzeug im Ersten Weltkrieg bestimmen.

Und dennoch, die Form der Ballonbeobachtung
ähnelte in mancher Hinsicht noch eher der Beob-
achtungsform des Kavalleristen als der des zukünftigen Flugzeugbeobachters. Der Ballonbeobachter
verlässt die Zentralperspektive nicht, sein Blick richtet sich nicht senkrecht nach unten, sondern nach
wie vor am Horizont aus. In der Praxis wird sich genau darüber der entscheidende Unterschied zur späteren quasi-kartografischen Fixierung der Land-

schaft und Lokalisierung der Objekte aus dem Flugzeug heraus manifestieren. Die Ballonfotografie
konnte – mit Ausnahme von Aufnahmen des Geländes hinter der eigenen Front – immer nur einen
schrägen Blickwinkel reproduzieren. Dies erschwert
zum einen eine präzise Lagebestimmung der beobachteten Objekte und zum anderen blieb dem schrägen Blick unter den Bedingungen des Stellungskriegs weitaus mehr verborgen (vgl. Gretsch 1921,
65 f.). Dennoch wird die Ballonbeobachtung noch
1918 eine wesentliche Rolle spielen (vgl. Siemer
2007, 95 f.): »Dem Flieger entgingen beim raschen
Dahingleiten sehr viele wichtige Einzelheiten auf der
Erde, die der Luftschiffer vom Standpunkt des Ballons in Muße feststellen und beobachten konnte«
(Jochim 1929, 40). Fliegen verträgt sich nicht mit
Kontemplation, zumal sich die üblichen Flughöhen
den gesteigerten Leistungen der Flak anpassen
mussten. Lagen sie zu Beginn bei 800 m, so stiegen
sie im Verlauf des Kriegs auf 3000 m und mehr, so
dass auch einer der neuen Helden der Lüfte, Manfred von Richthofen, einräumen musste, es sei zweifelhaft, »ob es überhaupt einen gibt, der etwas Genaues aus fünftausend Meter Höhe auf einer Chaus-
see erkennen kann. Man photographiert also all das,
was man für wichtig hält, und was man photogra-
phieren soll« (zit. n. Siegert 1992, 43).

Der Fotoapparat hatte zwar schon eine längere, jedoch sehr randständige militärische Karriere hinter
sich. Dennoch konnte die Luftbildfotografie im Ersten Weltkrieg an drei Formen des militärischen Gebrauchs der Fotografie anschließen. Die erste machte
sich zunutze, dass die Fotografie auf den Regeln der
projektiven Geometrie basiert. Mittels eines in den
1860er Jahren entwickelten Messbildverfahrens,
›Photogrammetrie‹ genannt, ließen sich zunächst
Gebäude durch fotografische Aufnahme und in späterer Weiterentwicklung auch ganze Landschaften
durch die Kombination der fotografischen mit einer
topografischen Landesaufnahme vermessen. Bei der
Artillerie, etwa für den Festungskampf, sollte diese
Form der Fernerkundung bei der Preußischen Armee bereits vor dem Weltkrieg etabliert werden (vgl.
Siemer 2007, 72–77).

Die zweite Verwendung setzte auf die »Interesse-
losigkeit«, auf die »Objektivität« des Fotoapparats,
der »in wenigen Sekunden eine Ansicht [entwirft],
auf der alle Gegenstände des Geländes mit mathe-
matischer Genauigkeit aufgenommen sind, an ihr ist
nichts zu deuten, nichts an ihr ist vergessen, worauf
sich der Erkundende später vielleicht nicht mehr
besinnen kann« (Rieckeheer 1900, 515). Anders als

menschliche Beobachter muss sich die Maschine auf nichts fokussieren, sie zeichnet alles auf; Relevanz lässt sich im Nachhinein herausarbeiten, sie muss nicht – oder bestenfalls bedingt durch die Bildauswahl – *a priori* schon festliegen. Der Fotoapparat konnte mithin als universell verwendbares Aufklärungsmittel empfohlen werden und wurde folglich auch bei der Kavallerie eingesetzt. Drittens konnte an Projekte angeschlossen werden, die ein automatisches Auslösen der Aufzeichnung anvisierten: Projekte wie etwa die Brieftaubenfotografie, wobei die Kameraauslösung durch ein Uhrwerk erfolgte, oder auch Luftfotografie durch Flugdrachen und Ähnliches (vgl. Rieckeheer 1900; Thurn 1911, 149 ff.; Denkschrift 1920).

Konstitutive Elemente des »Luftkrieg[s] als Bildverarbeitungssystem« (Siegert 1992) sind nicht nur Fluggerät, Kamera, Aufnahme und Bildverarbeitungstechniken, sondern auch die Piloten und ihre Apperzeption. Fliegen war nicht nur gefährlich, physisch belastend und psychisch herausfordernd, es stellte auch enorme Ansprüche an die Wahrnehmungsfähigkeit. Bereits vor dem Krieg wurde berichtet, dass selbst erfahrene Flieger sich häufig in erstaunlicher Weise verirrten, da die Geschwindigkeit und der Blick von oben eine Orientierung nach der Karte enorm erschwerten (vgl. Siemer 2007, 87 ff.). Bevor überhaupt an Beobachtung zu denken war, mussten Flieger lernen, sich zu orientieren. Gertrude Stein, die 1906 von Picasso porträtiert wurde, liefert die Stichworte für Stephen Kerns Aufsatztitel »Der kubistische Krieg«. Sie spricht davon, dass Amerika ihr bei ihrem ersten Flug als kubistische Landschaft erschien, und mehr noch sah sie 1938 im Rückblick den Ersten Weltkrieg als kubistischen Krieg:

> In Wirklichkeit war die Struktur dieses Kriegs, 1914–1918, nicht so wie die der vorherigen Kriege, es handelte sich nicht um eine Struktur, bei der ein Mann im Zentrum war, umgeben von vielen Männern, sondern um eine, die weder einen Anfang noch ein Ende hatte, eine Struktur, bei der eine Ecke genauso wichtig war wie jede andere: tatsächlich die Struktur des Kubismus (zit. n. Kern 1998, 319).

Mehr als nur eine geistreiche Analogie zu liefern, trifft diese Charakteristik das praktische Problem der Luftaufklärung (zum Folgenden vgl. Siegert 1992, 42 f.; Kehrt 2010, 157–169).

Der Blick des Fliegers ist ein enorm beschleunigter Blick: Der Zeitraum zur Lageerfassung ist enorm verdichtet, vieles, was er erfassen soll, blitzt nur kurz in seinem Blickfeld auf. Nicht nur der Zeitfaktor, oft sind auch die Umstände zur Beobachtung äußerst widrig: Feindlicher Beschuss droht ebenso wie feindliche Flieger; grelle Sonne, wechselhaftes Licht oder Regen können die Sicht erschweren; oft herrscht böiger Wind, die Sitze sind eng, aus den Motoren spritzt Öl. Der Beobachter sollte zugleich die Flugroute im Blick haben, auf potentielle Angreifer achten, wie auch die Erkundung bewerkstelligen, Fotos machen, Notizen anfertigen, gegebenenfalls Meldungen absetzen. Schließlich erforderte Fliegen einen ganz neuen Blick, denn aus mehr als 400 m Höhe ist kein plastisches Sehen mehr möglich, die Landschaft schrumpft auf zwei Dimensionen. Schon das Zurechtfinden kann von oben schwierig sein, noch größer waren die Anforderungen, von oben die »winzigen Striche, Punkte und Linien«, die in der Landschaft erschienen, zu deuten. »Büsche konnten« – so zitiert Kehrt aus Truppendienstverordnungen – »mit Truppenansammlungen, Feldküchen mit MG-Stellungen und Scheinwerfer mit Geschützen« (Kehrt 2010, 168) verwechselt werden. Notwendig wurde, wie es in einer Anleitung für Beobachtungsoffiziere hieß, sich ein »körperliches Sehen« (zit. n. ebd., 167) anzueignen, das die fehlende dritte Dimension über Schattenbildung, Flussverläufe und Kartenstudium wahrnimmt.

Psychologische Experimente zur Wahrnehmung von Piloten arbeiteten mit Luftbildern, und auch die Vorschriften empfahlen dies als Schulungsmaßnahme. Die Experimente wollten mittels Reaktions- und Aufmerksamkeitstests herausfinden, welche Probanden sich am besten für den Flugdienst eigneten. Ein Flug wurde simuliert, indem unter einer Versuchsperson in einer Endlosschleife eine aus Luftbildern zusammengesetzte Karte abrollte, wobei diverse Ziele zu erkennen waren und entsprechend reagiert werden sollte, während zugleich jede Menge Störsignale, wie Flakbeschuss oder Motorgeräusche ertönten. Bei Eignung und fliegerischer Schulung jedenfalls konnte sich die menschliche Wahrnehmung immerhin soweit für den »kubistischen Krieg« formieren, um sich über dem Schlachtfeld zurechtzufinden.

Um Flugzeug, Kamera und Beobachter zu einem produktiven Bildverarbeitungssystem zusammenzubinden, bedurfte es weiterer Elemente. Das erste Element ist die Innovation des ›Grundrissbildners‹, der ein apparatetechnisches Messbildverfahren nicht für die horizontale, sondern für die vertikale Perspektive darstellt. Unter idealen Bedingungen wäre ein solcher Apparat überflüssig. Luftbilder haben nämlich eine ganz spezifische Eigenschaft: »Luftbilder

tragen [...] ihren Namen zu Unrecht: sie sind vielmehr immer schon Karten« (Siegert 1992, 44). Luftbilder sind, sofern sie aus der Senkrechten aufgenommen sind, Bilder, die keine perspektivische Verzerrung aufweisen, von daher sind sie bereits
Messbilder. Dies machten sich Verfahren zur Herstellung von »Photokarten« bereits vor dem Ersten
Weltkrieg zunutze (vgl. Siemer 2007, 77–86). Da
aber Flugzeuge im Kriegseinsatz nur selten anvisierte Feindobjekte waagrecht überfliegen konnten, weil sie so die größte Angriffsfläche boten, wiesen auch Flugzeugbilder in der Regel perspektivische Verzeichnungen auf. Lassen sich diese mit
beträchtlichem Aufwand wieder aus dem Bild her-
ausrechnen, so sollte der Grundrissbildner, der auf
die 1898 entwickelte Idee eines österreichischen
Hauptmanns zurückging, in automatisierter Projektion Schrägaufnahmen in Senkrechtaufnahmen um-
wandeln. Seit 1915 jedenfalls konnten Luftbilder in
kartografische Grundrissbilder umgewandelt werden (vgl. Siegert 1992, 44 f.).

Das zweite Element ist in einem wandelnden Bedarf festzumachen. Luftaufklärung war bis 1914 eher
ein Hobby von Flugbeobachtern und nicht reglemen-
tarisch verankert. Überdies wurde trotz der mobilisierten 33 Fliegerabteilungen – bis auf die Schlacht
von Tannenberg, wo Sichtmeldungen eine wichtige
Rolle für die Entscheidungen spielten – bei den deutschen Truppen kaum auf Fliegermeldungen zurück-
gegriffen. Für Joffres Entscheidungen an der Marne
hingegen sollen Fliegermeldungen zu deutschen
Truppenbewegungen ausschlaggebend gewesen sein.
Solange der Krieg in Bewegung war, schienen Bildmedien zu langsam – der ab 1915 für das Luftbildwesen verantwortliche Carl Fink (»Luftbild-Fink«) berichtet, dass die von ihm beim Vormarsch aufgenom-
menen Stellungen immer schon geräumt gewesen
seien, wenn er die Bildmeldungen abgab (ebd., 52).

Wenn zu Kriegsbeginn überdies unklar war, ob es
neben Sichtbeobachtungen überhaupt detaillierter
kartenähnlicher Luftbilder bedurfte – die bayrische
Armee etwa verfügte noch nicht einmal über eine
Fotogrammetrieabteilung –, so zeichnete sich für
den Stellungskrieg ein akuter Mangel an geeignetem
Kartenmaterial ab (vgl. Boelcke 1921, 443–449).
Auch die Stäbe, die bis dahin wenig mit den detail-
reichen Luftaufnahmen anfangen konnten, sollten
ihr Lektüreverhalten umstellen. Sie mussten ähnlich
wie der Flieger ein ›geschultes Auge‹ für die neue
Perspektive entwickeln. Die Probleme, die Landschaft aus dem Flugzeug zu entziffern, kehrten bei
der Bildbetrachtung von Luftbildern wieder:

Vollends in schräger Blickrichtung und wohl gar mit
verkanteter Aufnahmekammer geschaffene Bilder ber-
gigen Geländes enthalten selbst für den Fachmann Fall-
stricke übelster Art. So konnte es vorkommen, dass der
Ungeübte einen über den Berg führenden Landweg als
Bach in einem kühlen Grunde ansah. Das alles sind alltägliche Landschaftsbilder, deren Merkmale bei Wind
und Wetter, Frost und Hitze und deren perspektivische
Verzerrungen unter bestimmten Voraussetzungen freilich nur das geschulte Auge und der mathematisch geschärfte Verstand sicher erkennt. Ratlos jedoch standen
selbst die gewieftesten Auswerter den taktischen Erscheinungsformen gegenüber, die der Grabenkrieg anfangs in erdrückender Fülle und in schillernd wechselnder Form, später nur spärlich, kaum angedeutet und
dann auch noch als Bildfallen, als Täuschung, zutage
förderte (ebd., 452 f.).

Anders als dem Flieger allerdings, standen der Bild-
auswertung vermehrte Zeitressourcen und die Möglichkeit des Vergleichs zur Verfügung. Das Charakteristikum der Fotografie, ein genaues und bezogen
auf den Ausschnitt vollständiges Bild zu liefern,
wurde im Zuge der Luftbildaufklärung um ein weiteres Moment ergänzt. Als permanent wiederhol-
bare quasi-kartografische Aufnahme sollte das Bild
darauf abstellen, Veränderungen zu entdecken: Eine

bis ins einzelne und weit in die Tiefe des feindlichen Gebietes reichende Kontrolle, der keine Veränderung ent-
ging, verlangte ein schärferes Auge als das menschliche.
Der Feldherr forderte es, und die Technik erfüllte es.
Die Linse der Kamera mußte leisten, was dem flüchti-
gen Blick der Augen verborgen blieb und mußte heim-
bringen ein untrügliches Dokument für die Nachprü-
fung des beobachteten Geländes (Thomsen 1939, 506).

Die Forderungen, die Thomsen 1918 formulierte,
waren freilich erst mit einer weiteren Innovation zu
erfüllen. Solange man mit Fotoplatten arbeitete, ließen sich bei einem Flug nur wenige Aufnahmen machen, da der Austausch der Platten recht umständlich war. Oskar Messter, der als einer der Begründer
des deutschen Film- und Kinowesens gilt, sollte
schließlich – dies ist das dritte neue Element der
Weltkriegsfotografie – im Auftrag der Luftwaffe mit
dem Reihenbildner eine Kamera entwickeln, die
zum einen nach anfänglich semi-automatischen Ge-
räten die Idee automatischer Fotoaufnahmen realisierte und zum anderen, wie der Name schon sagt,
eine serielle Bildproduktion ermöglichte. Messter
gelang, woran schon lange gearbeitet wurde: von der
Platte auf Film umzustellen, indem er das Rohfilm-
material verbesserte. Bei einem Testflug im Mai 1915
wurde bei einer Flughöhe von 2500 m ein 60 km langer und 2,4 km breiter Landstreifen im Maßstab
1:10 000 aufgenommen. Im optimalen Flug sollten

alle drei bis fünf Sekunden Aufnahmen gemacht werden, die Überlappung der Einzelbilder bei ca. 20 % liegen, um Anschlüsse zu garantieren. Die Kamera war quer zur Flugrichtung ausgerichtet und lieferte ca. 250 Fotos auf einem Film. Das angestrebte Ergebnis war, wie Messter in der Patentschrift formulierte, »ein ein Ganzes bildendes Blatt oder eine Karte, die das gesamte Panorama erkennen läßt« (zit. n. Siegert 1992, 45; vgl. Mühl-Benninghausen 1994, 106 ff.; Carrozza, 1994, 122 ff.).

Genau dies wurde jedoch von den Vermessern bestritten: Das Luftbild sei keine Karte. Diese Kritik erstreckte sich auf zwei Punkte. Zum einen fehle ihm die »Hauptsache: der Zusammenhalt durch eine mathematisch genaue, gewissermaßen umrahmende und innerlich verstrebende trigonometrische Vermessung. Diese erst weist jedem erfassten Punkte zahlenmäßig und unzweideutig seinen Ort auf der Erdoberfläche an« (Boelcke 1921, 449), monierte der Chef des Kriegsvermessungswesens Siegfried Boelcke. Das Fliegerbild mag in sich stimmig sein, zur Karte wird es erst, wenn es in einer übergreifenden Struktur der Landvermessung verortet ist, ansonsten »schwankte und schwamm alles« (ebd., 450). Die zweite Kritik erstreckte sich darauf, dass das Luftbild – jedenfalls üblicherweise – keine Höhendifferenzen verzeichnet. Das detaillierte Verzeichnis von Höhendifferenzen war aber gerade für den Hauptabnehmer von Karten, die Artillerie, essentiell: Messverfahren zur Zielerkundung und Zielerfassung mussten Höhenunterschiede in Rechnung stellen, sie waren somit auf Darstellungen, die Höhenangaben bzw. Höhenlinien verzeichneten, angewiesen (ebd., 449, 454).

Der selbstreferenzielle Kreislauf des Bildverarbeitungssystems, in dem das Luftbild als Inschrift des Realen in zirkulären Schleifen mit Wahrnehmungsformen von Beobachtern und Interpretationsformaten von Auswertern verschaltet war, schien keineswegs geschlossen. Das Luftbild war eine Art Karte, der es an topografischer Fixierung und an Höhenlinien mangelte – und die in dieser Form nur bedingt kriegstauglich schien. Es benötige, so die Kritik, eine Verankerung, die nur die herkömmliche topografische Vermessung leisten könne. Erst durch die Anbindung an ein heterogenes Element könne man die neue Form technisierter Wahrnehmung begründen. Der Konflikt zwischen tradierten Formen der Landvermessung und Luftbildproduktion wurde schließlich per Befehl entschieden: Das Luftbildwesen wurde 1915 dem Kriegsvermessungsamt unterstellt, und dies untersagte den Fliegereinheiten die Herstellung von Karten (ebd., 451).

Der fehlende Schritt vom Luftbild zur Karte konnte auch technisch bewerkstelligt werden. Dabei erlaubte die Weiterentwicklung von Messters Erfindung zum Doppelreihenbildner und anderen ähnlichen Kameras, die mit Stereoaufnahmen arbeiteten, die Bodenformungen im Großen und Ganzen auch in dreidimensionaler Form zur Anschauung zu bringen. Hinreichend präzise für kartografisch relevante Höhenbestimmungen waren sie zunächst nicht. Lösungen für dieses Problem und auch dafür, die topografische Verortung zu automatisieren, zeichneten sich erst am Ende des Kriegs ab (vgl. Chasseaud 2002, 194 f.).

Der Intensivierung der Bildbeobachtung tat die Kritik der Vermesser keinen Abbruch. Wurden Anfang 1915 täglich etwa 400 Bildmeldungen abgesetzt, so waren es 1918 etwa 4000. Wöchentlich soll an der Westfront ein Areal von der Größe Sachsens aufgenommen worden sein (Schmidt 2003, 352). Ohne Frage avancierte die Luftaufklärung »zum Wahrnehmungsorgan der Oberkommandos, zur wichtigsten Prothese der Kammerstrategen in den Generalstäben« (Virilio 1986, 157). Selbst wenn die taktische Auswertbarkeit der Luftbilder mit der Perfektionierung von Camouflage sank, so nahm – das musste schließlich auch Boelcke einräumen – »ihre Bedeutung für die Vervollkommnung der rein topografischen Darstellung stetig zu. [...] Hunderte von Bildern derselben Geländeabschnitte standen häufig zur Verfügung. Sie ergänzten einander und zeigten, nach Aufnahmetagen geordnet, wie Wälder zusammenschmolzen, neue Wege und Trichterfelder sich bildeten usw.« (Boelcke 1921, 454).

Bestanden die Vermesser darauf, dass nur trigonometrische Vermessung – die im Prinzip nichts anderes war als ein nach den Regeln der Zentralperspektive vervielfältigter Blick – den Luftbildern eine Verankerung verschaffen könnte, so kehrte sich in der Praxis das Verhältnis in der Regel um. Maßgebend wurde das Luftbild. Messtechnische Ortsbestimmungen, wie sie in der topografischen Karte ihren Niederschlag fanden oder durch die Messverfahren der Artillerie vorgenommen wurden, mussten ihre Stimmigkeit im Abgleich mit dem Luftbild erweisen: »Soviel war sicher, einen unanfechtbareren Zeugen als die belichtete Platte gab es nicht« (ebd., 452): Die Luftaufklärung stieg für Planung, Kommando und Führung zum dominanten Wahrnehmungsdispositiv auf.

Artilleriebeobachtung:
Zur Entwicklung einer Kultur der Präzision

Rauchloses Pulver, Schießen aus verdeckten Stellungen, Camouflage – die technischen und taktischen Entwicklungen, die seit dem ausgehenden 19. Jahrhundert die Artillerieentwicklung bestimmten, führten dazu, dass die »Geschützformation […] im heutigen Kampfe *blind*, vollständig *blind*« (Kaiser 1928, 571) geworden war. Was im 19. Jahrhundert und teils noch 1914 die Aufgabe von mit einem Fernglas ausgerüsteten Beobachtern war, wurde im Laufe des Stellungskriegs durch das Zusammenspiel verschiedener hochspezialisierter technisierter Verfahren ersetzt. Die Wahrnehmung auf Luftaufklärung einzustellen, war ein wesentliches Moment. Zur Lokalisierung feindlicher Positionen für Artilleriezwecke bedurfte es allerdings, nicht zuletzt wegen zunehmender Camouflage, erweiterter vermessungstechnischer Präzision. Dazu setzte man auf zwei Verfahren: Lichtmessverfahren und Schallmessverfahren, die sich zum einen an den optischen, zum anderen an den akustischen Spuren von verdeckt stehenden Geschützen orientierten.

Das Lichtmessverfahren war in Deutschland bereits um die Jahrhundertwende bei der schweren Artillerie entwickelt worden, konnte aber im Bewegungskrieg nicht angewandt werden – und war deshalb zunächst in Vergessenheit geraten. Die – wenn man so will verräterische – Spur, an der sich die Beobachtung orientierte, war das aufblitzende Mündungsfeuer von Geschützen. Das Prinzip der Beobachtung basierte darauf, den Blitz eines Geschützes von mehrere Kilometer auseinanderliegenden Beobachtungsstellen über eine Visierlinie anzupeilen und die Winkeldifferenz der Visierlinie zu einer vorher festgelegten Richtungslinie per Telefon an eine Auswertungszentrale weiterzugeben. Aus der Gleichzeitigkeit der Beobachtung wurde geschlossen, dass alle dasselbe Geschütz beobachtet hatten. Die Auswertungszentrale hatte auf einer Karte die Standpunkte der Beobachter verzeichnet und konnte die Richtung der Visierlinien auf eine Karte übertragen. Aus dem Schnittpunkt der Visierlinien ergab sich die Position des anvisierten Geschützes. Das Verfahren beruhte auf drei infrastrukturellen Voraussetzungen: einem Telefonnetz, das Beobachter und Zentrale verband, einer trigonometrischen Vermessung der Beobachterstandpunkte und Kartenmaterial. Von der Präzision der Lichtmessung, derjenigen der Vermessung der Beobachterstandpunkte und der der kartografischen Grundlage (z. B.

in Bezug auf eventuelle Höhendifferenzen) hing die Genauigkeit der Lagebestimmung ab. Lichtmessung bedeutete freilich, die Spur, d.h. das Mündungsfeuer, auch sehen zu können – das funktionierte nur nachts (vgl. Gretsch 1921, 68 ff.; Linnenkohl 1996, 255–257).

Schallmessverfahren orientierten sich an einer zweiten Spur, dem dumpfen Knall eines feuernden Geschützes. Die Messung nutzte die Eigenschaft des Schalls, sich konzentrisch mit einer Geschwindigkeit von 331 m/sec in alle Richtungen auszubreiten, ohne dass Geländehindernisse die Geschwindigkeit beeinflussen; lediglich Temperatur und Wind beeinträchtigen die Ausdehnung. Die erste erfolgreiche Erfassung eines feindlichen Geschützes im Oktober 1914 basierte auf einer Anordnung, die drei Messpunkte hatte (Linnenkohl 1996, 257): einen Beobachter mit Kopfhörer in der Mitte und zwei Außenmikrofonen, die jeweils in 2 km Entfernung links und rechts der Messzentrale etwa in gleicher Distanz zur Front positioniert waren. Jedes Mikrofon war per Kabel direkt an eine Kopfhörermuschel angeschlossen. Der Geschützschall wurde folglich an drei Stellen gemessen: im linken Mikrofon (bzw. der linken Muschel), in der Zentrale und im rechten Mikrofon (bzw. der rechten Muschel). Sobald der erste akustische Impuls (rechts oder links) einging wurden zwei Stoppuhren in Gang gesetzt, die erste wurde angehalten, wenn der Knall dann beim Beobachter eintraf, die zweite, wenn er aus der anderen Kopfhörermuschel ertönte. Aus den gemessenen Zeiten und der Schallgeschwindigkeit konnte die Laufstrecke des Geschützknalls bis zu den Messstellen errechnet und der Standort dann auf einer Karte (im Maßstab 1:10 000) ermittelt werden.

Dieses sog. ›subjektive‹ Schallmessverfahren wurde verfahrenstechnisch verfeinert und auf mehrere Beobachter an verschiedenen Stellen aufgeteilt: Ein vorgeschobener Beobachter sollte die Kette in Bereitschaft versetzen, der Beobachter, der den Schuss zuerst hörte, einen Summer betätigen, weitere Beobachter stoppten die Zeit vom Summersignal bis zum Eintreffen des Knalls. Da bereits aus einer Abweichung von $1/_{10}$ Sekunde bei den üblichen Distanzen 300 m Fehlmessungen resultierten, musste intensiv an der Präzision gefeilt werden: durch Stoppuhren, die mit einer Genauigkeit von $1/_{50}$ Sekunde aufzeichneten, durch wiederholte Übungen, durch Versuche, die durchschnittlichen Reaktionszeiten individueller Beobachter zu ermitteln usw. (vgl. Bochow 1933, 47–51). Neben dem Präzisionsproblem war es überdies nicht einfach, die akustischen Spuren richtig zuzuordnen. So musste zwischen (etwas hellerem) Geschossknall, der bei Überschallgeschwindigkeit, also bei den meisten Geschossen auftrat, und Geschützknall unterschieden werden, und auch gleichzeitig feuernde Geschütze waren in der Messkette – ebenso wie beim Lichtmessverfahren – nur schwierig voneinander zu unterscheiden (vgl. Bochow 1933, 75 f.; Gretsch 1921, 114 ff.; Linnenkohl 1996, 257 ff.).

Präzisere Lagebestimmungen und präzisere Unterscheidungsfähigkeit sollten letztlich ›objektive‹ Schallmessverfahren liefern, die mit automatisierter Registrierung arbeiteten. Die französische und insbesondere die britische Seite waren in der Entwicklung solcher Verfahren führend. Die unterschiedlichen Konzepte, die verfolgt wurden, basierten alle auf der Grundidee, Schallwellen in elektronische Impulse umzusetzen, die auf einer Zeitachse automatisch eingetragen wurden. Mitte 1916 waren die Entwicklung geeigneter Mikrofone und Aufzeichnungssysteme bei der britischen Armee in einer Form gelöst, die bis weit über das Kriegsende hinaus Grundlage blieb. Gelöst war mit dem ›Tucker-Mikrofon‹ das grundlegende Problem, einen Impulsgeber zu entwickeln, der niedrige Frequenzen aufnimmt – und zwar nur diese, um nicht alle möglichen Umfeldgeräusche mit aufzuzeichnen. Das Tucker-Mikrofon wandelte die Schallwellen in elektrische Widerstandsschwankungen um. Diese setzten die Saite eines in einer Registriervorrichtung angeschlossenen Saitengalvanometers in Schwingungen, die entsprechenden Ausschläge wurden mittels Lichtstrahl auf einen durchlaufenden Film projiziert, über den sich Zeitdifferenzen mit einer Genauigkeit von $^1/_{100}$ Sekunde bestimmen ließen. Das System operierte letztlich mit sechs Mikrofonen, die im Abstand von 1 bis 2 km positioniert waren und der Zentrale mit der Registriervorrichtung. Ein vorgeschobener Vorwarner gab das Signal, die Registriereinrichtung in Bewegung zu setzen, sobald ein Geschossknall zu hören war. Die zeitliche Präzision erlaubte, mit einer Fehlertoleranz von 30 m Standorte bestimmen zu können. Zudem verzeichnete die Apparatur den Schallausschlag mit einer Genauigkeit, dass Geschoss-, Mündungs- und Einschlagsknall eines Geschütztyps, teils sogar eines einzelnen Geschützes sich unterscheiden ließen. Mit dieser Automatisierung des Hörens konnten auch im Trommelfeuer noch Ergebnisse erzielt werden, sofern die Verbindungen intakt blieben. Aber auch diese waren deutlich unempfindlicher als die Telefonleitungen der Lichtmessverfahren (vgl. Bochow

1933, 67–70; Linnenkohl 1996, 257–263; van der Kloot 2005).

Das Problem, die Artilleriestellungen des Feindes zu identifizieren, bietet – wie Anne Rasmussen darlegt (vgl. Rasmussen 2010, 309) – ein prototypisches Beispiel für die Einbeziehung der Wissenschaft in die Kriegführung. Die spezifische Anwendungsorientierung brachte eine Reihe ganz unterschiedlicher Disziplinen zusammen, die normalerweise nicht miteinander in Verbindung stehen. Die Probleme der Schallmessung bewegten sich auf dem Gebiet der Mathematik, Geografie, Geodäsie, Kartografie, Meteorologie, Astronomie, Optik, Physik, Elektrotechnik, Fernmelde- und Filmtechnik. Für die französische Seite nennt Rasmussen eine Gruppe, die von den Physikern Pierre-Ernest Weiss und Aimé Cotton organisiert wurde und Mathematiker wie Emile Borel und Jacques Hadamard einschloss. Auf britischer Seite war mit Lawrence Bragg ein Nobelpreisträger maßgeblich an der Entwicklung beteiligt. Generell arbeiteten im Krieg Wissenschaftler, die sich in Friedenszeiten mit rein theoretischen Fragen beschäftigten, nun an praktischen Problemen; das Labor wurde großteils gegen Feldversuche und Einsatzerfahrungen getauscht. Diesen Arbeiten verdanken sich unter anderem Verfahren und Technologien der Zielbestimmung, der Luftfotografie oder auch der Funkübertragung. »As a result, a whole culture of precision developed which had to be applied to the alien battlefield, rather than the usual controlled peacetime world of the laboratory« (ebd.).

Die »Kultur der Präzision«, die Laborexperten auf das Schlachtfeld übertrugen, sollte – was die Artillerieaufklärung anging – Wirkung zeigen: »[...] the British had achieved the ability to land predicted fire on their target almost with the first shot and even at long range. [...] a new standard of economy and accuracy had certainly been attained during the final year of the war« (Griffith 1994, 158). 1917 stellten die Briten bei Offensivbewegungen im Nachhinein fest, mehr als 95 % der deutschen Geschütze korrekt erfasst zu haben, 1918 hatte die britische Seite die Zeitspanne zur Erfassung feindlicher Geschütze von ca. 3 Wochen im Jahr 1916 auf 2 bis 3 Tage reduziert. ›Präzision‹ war somit auch für den Bewegungskrieg lieferbar. Dies umso mehr, als die Briten während ihrer Offensiven 1918 entdeckten, dass die deutschen Flieger die Schießbefehle für die Artillerie per Funk übermittelten. Die Meldung war zugleich der Befehl, den Film des Registrierungsgeräts anzustellen (van der Kloot 2005, 282).

Neue Medien und die Entstehung eines informationstechnischen Kriegs

Das Luftbild fixierte in objektivierter, quasi-kartografischer Form die Lage, eine ›objektive‹ Schallmessung erfasste die gegnerische Artillerie mit unerreichter Präzision, die dritte Dimension der Aufklärung bildete das Abhören der gegnerischen Kommunikation, das authentische Informationen zu Absichten, Vorgängen und Lagen beim Gegner liefern sollte. Zahlreiche Technologien, dies zu bewerkstelligen, wurden entwickelt, und umgekehrt wurde daran gearbeitet, ein Abhören zu verhindern oder es zu nutzen, um Fehlinformationen zu produzieren. Analog zum Kampf zwischen Technologien des Sichtbarmachens und des Verschwindenlassens entstand ein Kampf zwischen Informationsgewinnung und Informationsverschleierung. Die informationstechnischen Aufklärungsverfahren knüpften vor allem am gegnerischen Funk- und Telefonverkehr an und entwickelten sich von anfänglich akzidentiellen Unternehmungen zu organisatorisch verankerten Aufgaben (vgl. zum Folgenden Kaufmann 1996, 227–234, 272–276).

Die Eigenschaft des Funks, ohne spezifische Begrenzungen in alle Richtungen abzustrahlen und von beliebigen Empfangsgeräten aufgenommen zu werden, wurde in der Militärliteratur bereits um 1900 als gravierendes Problem thematisiert, als die Funktelegrafie sich noch weitgehend im Versuchsstadium befand. Dass der Feind mithört, gehörte zum militärischen Funkverständnis hinzu – und ebenso die Option, feindlichen Verkehr abzuhören. Und dennoch – generelles Wissen und eingespielte Erfahrung, allgemeine Warnungen und habitualisierte (Funk-)Disziplin können weit auseinander liegen. Die Funkaufklärung im Vorfeld der Schlacht bei Tannenberg, wo deutsche Funker den Funkverkehr der russischen Seite mithörten, ist ein typisches Beispiel dafür. Die mitgehörten Funksprüche gaben Aufschluss über die geplanten russischen Bewegungen, was der deutschen Führung die Isolierung und Vernichtung einer der beiden russischen Armeen in der Schlacht von Tannenberg ermöglichte – bekanntlich die Schlacht, mit der der Stern des Duos Hindenburg/Ludendorff aufging.

Charakteristisch für die erste Kriegsphase ist zum einen, dass der Funkverkehr des Gegners der gängigen Version nach aus Langeweile – jedenfalls keineswegs im Rahmen ihrer formalen Aufgaben – abgehört wurde. Zum zweiten ist charakteristisch, dass die russische Seite noch nicht einmal mit Verschlüs-

selung arbeitete, sondern Klartext funkte. Der Erfolg dieser bis dahin fast nur von festen ›Heimatstationen‹ sporadisch durchgeführten Funkaufklärung des Gegners veranlasste das Oberkommando der 8. Armee zur Aufstellung einer Funkabteilung, deren Aufgabe ausschließlich im Abhören des gegnerischen Funkverkehrs bestand. Damit setzte eine direkt an der Front durchgeführte Überwachung des gegnerischen Funkverkehrs ein. Ganz neu war eine systematische Überwachung nicht. Österreich z. B. war 1912 während des italienisch-türkischen Kriegs dazu übergegangen, den italienischen Diplomatenverkehr zu überwachen. Auch die Royal Navy setzte, nachdem sie die deutschen Überseekabel gekappt hatte, auf die Überwachung des Funkverkehrs. In dem Maße, in dem die Rolle des Funkverkehrs in der operativen Aufklärung (zunächst bei der Kavallerie, dann bei der Luftwaffe) und auch auf taktischer Ebene im Grabenkrieg wuchs, breitete sich auch das Abhörwesen in den Armeen aus.

Neben dem Mithören des Funkverkehrs praktizierte man seit Ende 1915 auch Methoden der Funkpeilung, um den genauen Standpunkt eines Senders herauszufinden. Ähnlich wie bei den Artilleriemessverfahren wurde mit drehbaren Rahmenantennen ein Sender angepeilt, indem die Richtung des stärksten Signalempfangs bestimmt wurde. Führte man diese Richtungspeilung von mehreren – in der Regel genügten zwei – Standorten durch, ließ sich die Position aus der Schnittstelle der Peilrichtungen bestimmen. Einen geringen Stellenwert nahm zunächst die Chiffrierung ein. In den deutschen Streitkräften war sie zu Beginn des Kriegs an keiner zentralen Stelle verankert. Während des Kriegs gelang es keiner Nation, Verschlüsselungsverfahren zu entwickeln, die dauerhaft Sicherheit boten. Die enormen Datenmengen, der große Kreis von Nutzern und ein Mangel an existenten Verfahren, auf die man hätte aufbauen können, standen dem entgegen.

Seiner Bedeutung im Nachrichtenverkehr entsprechend, entwickelten sich im Laufe des Kriegs zahlreiche Praktiken, Telefone zu überwachen. Die taktischen Abhörstationen arbeiteten vor allem mit drei Methoden: Leitungen wurden direkt angezapft – allerdings eher selten, da sie meist außerhalb der eigenen Reichweite lagen –, Mikrofone zum Abhören der meist laut geführten Gespräche wurden möglichst nah an die gegnerischen Stellungen gebracht, und schließlich wurden seit 1915 mittels Mikrofon und Verstärkerröhren (›Arendt-Stationen‹) die Abstrahlungen des feindlichen Telefonverkehrs, die über die Leitungen durch die Erde übertragen werden, abgefangen (vgl. Schmidt 1921, 214 f.; Fellgiebel 1936, 496 f.).

Die informationstechnische Aufklärung beschränkte sich keineswegs auf die Erfassung der gegnerischen Kommunikationsinhalte und die Ermittlung der Standorte der Funkstationen des Gegners. Vielmehr ging man zur systematischen Analyse seines Nachrichtenverkehrs durch Zusammentragen, Entziffern, Auswerten und Weiterleiten der Aufklärungsergebnisse auf verschiedenen Kommandoebenen über. Die Auswertungsstellen bei den Stäben erfassten exakt, welche Stationen der Gegenseite miteinander im Verkehr standen, welche Eigenarten – wie Tonfarbe der einzelnen Stationen, Zeiten und Häufigkeit des Verkehrs, Ruf- und Betriebszeichen usw. – den Verkehr kennzeichneten und inwiefern diese Eigenarten wechselten. Durch solche systematischen Analysen ließen sich zum einen die gegnerischen Schlüsselverfahren fast immer aufdecken, zum anderen gelang es zumeist, nicht allein über mitgehörte Kommunikationsinhalte, sondern auch über Veränderungen in den Kommunikationsverfahren genauen Aufschluss über die gegenüberliegenden Kräfte, deren Verstärkung, Schwächung oder Ablösung zu gewinnen. Im Kampf um Information verband sich somit eine systematische Organisation mit detektivischen Aufklärungsmethoden und mit einem Kleinkrieg um den Zugang zu Informationen.

Aufklärungserfolge rufen neue Tarnmaßnahmen hervor. So wurde im Bereich der telefonischen Infrastruktur an der Verbesserung von Sicherheitsstandards gearbeitet: Statt Einfachleitungen wurden gering abstrahlende Doppelleitungen verbaut, eine strikte Trennung zwischen Netzen an der Front und hinteren Netzen angeordnet, oder auch Geräte, wie der Utel auf deutscher, das Fuller-Phone auf britischer Seite entwickelt, die kaum abhörbar sein sollten (Fellgiebel 1936, 494). Tarnung war im Nachrichtenbereich mit einem Strom permanenter Pädagogisierung verbunden. ›Funkdisziplin‹ lautete das Stichwort, Vorsichtsregeln sollten habitualisiert, ein risikobewusstes Verhalten Standard werden. Beim Funk boten sich drei Mittel zur Regulation des Gebrauchs an: ein häufiger Wechsel der Rufzeichen, der Wellen und auch der Schlüssel. In der Praxis allerdings waren einem häufigen Wechsel der eigenen Kommunikationsverfahren technische und praktische Grenzen gesetzt: So konnten die Kleinfunkstellen nur mit wenigen Wellenbereichen funken; eine oftmalige Änderung von Schlüsselverfahren scheiterte an druck- und verteilungstechnischen Problemen, da jeweils neue Satzbücher ausgegeben werden

mussten; mit der Sicherheit von Chiffriersystemen stieg die Kompliziertheit ihrer Anwendung, was wiederum »unfeldmäßig starke Geistesarbeit« (ebd., 502) nach sich zog. Das rigoroseste Mittel waren freilich Nutzungsbeschränkungen: »Funkverbote wurden erlassen, Funkbeschränkungen auferlegt. An jedem Fernsprecher beinahe prangte ein Schild: ›Achtung Feind hört mit‹. Versiegelte Fernsprechapparate sah man« (ebd., 499). Die Einhaltung der Regeln wurde wiederum durch eigene Stationen überprüft.

Arbeitete die Camouflage im Feld nicht nur damit, die eigenen Kräfte zu verbergen, sondern auch damit, den Gegner zu täuschen, indem man ihm Scheinziele und Attrappen jeglicher Art anbot, so lautet die Gegenstrategie zum Abhören von Informationen ihre Simulation oder Dissimulation. Man hielt etwa Fernsprech- und funktechnischen Verkehr aufrecht, der nicht mehr notwendig war, führte an Stellen, an denen sich keine neuen Truppen befanden, auffälligen Nachrichtenverkehr durch oder erließ ein striktes Funkverbot an Abschnitten, an denen kein Angriff geplant war (vgl. Schmidt 1921, 216; Fellgiebel 1936, 499 f.). Der Kampf um Nachrichten wie auch die Täuschung durch Falschmeldungen waren schon immer Bestandteil des Kriegs, auf den Schlachtfeldern des Ersten Weltkriegs erlangt dies jedoch eine gänzlich neue Dimension: Mit der nachrichtentechnischen Interzeption entwickelt sich ein Informationskrieg im elektronischen Bereich – erst seither lässt sich berechtigter Weise von einem informationstechnischen Krieg zu sprechen.

Von der Erzählung zur Information

Die Kriegslandschaft formte sich zu einem Raum radikaler Destruktion, »Chaos«, »Auflösung«, »Ende der Welt«, »Wüste« lauten die Begriffe, mit denen sie beschrieben wurde (Hüppauf 1991, 116). »Grabenkrieg«, »Maulwurfskrieg«, »unterirdischer Krieg« bilden den zweiten semantischen Code für das Ende tradierter Formen visueller Orientierung. Ordnung und Orientierung ließen sich nur noch mittels einer differenzierten Logistik der Wahrnehmung stiften, mittels hochgradig technisierter und arbeitsteiliger Verfahren, und mehr noch mittels systematischer Analytik in den Armee- und Divisionsstäben. Nicht die einzelne Beobachtung oder Meldung, nicht die einzelne Information und auch nicht ein einzelnes Verfahren: Erst aus der Zusammenführung, dem Ordnen, dem Abgleichen unterschiedlichster Daten ergaben sich Lagebilder. Dabei avancierte die Kartografie, die kartografische Notation jeweils aktueller Lagen, zum zentralen Aufschreibesystem.

Die britischen Karten- und Vermessungseinheiten sollen während des Kriegs 34 Mio. Feldkarten, die französischen über 30 Mio. und die deutschen inklusive der Karten für die Ostfront 775 Mio. ausgegeben haben. Hatte man 1914 Karten im Maßstab von vorwiegend von 1:60 000 und 1:80 000 und kleiner vorgehalten, so hatten die Karten für den Grabenkrieg Maßstäbe von 1:25 000, meist 1:10 000, gelegentlich, etwa zur Berechnung von Minenwerferzielen, 1:2000. Zwei Drittel dieser Karten waren rein für artilleristische Zwecke erstellt (Chasseaud 2002, 171 f., 180). Die kartografische Repräsentation der Lage war Effekt einer Art zirkulären Referenz: Luftbilder bildeten einen ersten Referenzrahmen, der durch trigonometrische Vermessungen präzisiert und mit Höhenlinien ergänzt wurde, neue Verfahren der Artilleriebeobachtung wurden mit Luftbildaufklärung abgeglichen, um feindliche Stellungen zu bemessen, in Verbindung mit Gefangenenaussagen, Fernmelde- und Funkauswertung ließen sich Truppen identifizieren, Stärken bemessen, Verschiebungen aufklären, Angriffsabsichten erschließen.

Im Ersten Weltkrieg haben die soldatische Beobachtung und Meldung weitgehend abgedankt, an ihre Stelle sind Medienverbünde des Aufzeichnens, Verarbeitens und Speicherns getreten, welche die Lage(-bilder) definieren. Militärische Aufklärung wird In-Formation gebracht, um der Destruktion räumlicher Kontinuität und Kohärenz zu begegnen, sie wird technisch objektiviert, wissenschaftlich präzisiert und ins elektromagnetische Spektrum verlagert. Taktische und operative Orientierung entspringt dann Aufschreibesystemen wie Karten, Tabellen und Statistiken, die sich eignen, aus den informatisch erfassten Spuren des Feindes ein Gesamtbild zu kompilieren.

Körperlichkeit, Materialität und Überleben

Das Bestiarium des Krieges

Tiere begleiten den Menschen bei allem was er tut, so auch beim Führen seiner Kriege (vgl. Pöppinghege 2009a, 7–11). Wie im Frieden werden auch im Krieg spezifische Eigenschaften der Tiere vom Menschen genutzt: Die Fähigkeit, schwere Lasten zu ziehen oder zu tragen, große Distanzen zurücklegen zu können, sich zu Land, zu Wasser und in der Luft auf eine dem Menschen nicht mögliche Weise fortzube-

wegen und schließlich die Empfänglichkeit für dem Menschen verborgene Sinneseindrücke. Tiere dienen Transport-, Kampf- und Kommunikationszwecken oder als Regimentsmaskottchen. Anders, als das Etikett vom ›industrialisierten Krieg‹ suggerieren mag, blieben Tiere ein zentrales Element der Kriegführung im 20. Jahrhundert. Das trifft etwa für Pferde zu, von denen die deutsche Armee über 1,5 Millionen im Verlauf des Ersten Weltkriegs als Last-, Zug- und Reittiere einsetzte (vgl. Wese 2009). Eine stabile Futterversorgung und ein funktionierendes Veterinärwesen waren wichtig für die Kriegführung, insbesondere unter den Bedingungen des Bewegungskrieges im Osten. Pferdeseuchen stellten daher eine ernsthafte Bedrohung der Einsatzfähigkeit der Armee dar; ihrer Bekämpfung wurde folglich große Aufmerksamkeit gewidmet. Zugleich wurde der Einsatz von Rotzbakterien zur Verseuchung ›feindlicher‹ Pferdebestände als Form der biologischen Kriegführung erwogen, wenn auch nicht in die Tat umgesetzt.

Der Militärdienst war für die Tiere oft tödlich. So betrug die durchschnittliche Fronteinsatzdauer eines Artilleriepferdes im Sommer 1918 ganze zehn Tage (Tempest 2009, 218). Um sie vor dem Inbegriff des industrialisierten Krieges, dem Giftgas, zu schützen, wurden für Pferde und selbst für Brieftauben artgerechte Gasmasken entwickelt. Im Leiden der Kreatur wurde das eigene, menschliche Leiden gespiegelt, etwa wenn Erich Maria Remarque in *Im Westen nichts Neues* (1928) den Soldaten Detering sagen lässt: »Möchte wissen, was die für Schuld haben. […] Das sage ich euch, das ist die allergrößte Gemeinheit, daß Tiere im Krieg sind« (Remarque 1964, 47).

Vor 1914 setzten die Militärführungen freilich auf moderne Kommunikationstechnologien und bauten beispielsweise die Bestände an Brieftauben, die im Krieg von 1870/71 noch eine wichtige Rolle gespielt hatten, ebenso wie diejenigen von Meldehunden sukzessive ab (Kaufmann 1996, 212–214; Pöppinghege/Proctor 2009). Mit dem Stellungskrieg schlug jedoch erneut ihre Stunde, erwiesen sich doch Telefon- und Telegrafenleitungen als äußerst anfällig für Zerstörungen und Meldegänger als nicht immer zuverlässig. Brieftauben kamen auf Tagesflugleistungen von über 500 km und hatten damit einen Einsatzradius, der auch von motorisierten Boten oder den 40 000 Meldehunden (Münch 2006, 135), die gewöhnlich in einem Radius von 2 km eingesetzt wurden, nicht ansatzweise erreicht werden konnte. 1917 etwa taten 44 000 Brieftauben ihren ›Dienst‹ in der deutschen Armee, im gesamten Krieg waren es rund 120 000. Während das Abliefern von Brieftauben an die Armee durch die Züchter im eigenen Land als patriotische Tat überhöht wurde, konnte das illegale Halten dieser Tiere in den besetzten Gebieten den Vorwurf der Spionage mit entsprechend harten Strafandrohungen nach sich ziehen. Auch in der Kriegspublizistik wurden die Tauben gewürdigt, und 1918 hatte der Londoner Zoo sogar 30 ›kriegsgefangene‹ deutsche Brieftauben in einem ebenfalls erbeuteten mobilen Taubenschlag ausgestellt.

Andere Tiere galten aus anderen Gründen als Feinde: Unfreiwillig und unvermeidlich war der Kontakt der Soldaten mit Ratten und Mäusen, für deren Bekämpfung mitunter Katzen in den Gräben gehalten wurden. Darüber hinaus machten vor allem Wanzen, Flöhe, Läuse und Speckkäfer den Soldaten das Leben zusätzlich schwer. Wanzen befielen vor allem die Schlafplätze und mussten mit Mitteln wie heißem Seifenwasser, Kresol, Karbol, Salmiakgeist oder Petroleum bekämpft werden. Haar- und Kleiderläuse lösten heftige Juckreize aus, doch schlimmer noch, die Kratzstellen boten Einfallstore für Infektionen aller Art, die schnell zu Epidemien führen konnten. Der Läusebekämpfung wurde daher größte Aufmerksamkeit seitens der Armeeführungen geschenkt. Ein ausgeklügeltes Entlausungssystem wurde errichtet, das die Soldaten bei jedem Transfer von der Front in die Heimat, aber auch sonst in regelmäßigen Abständen zu durchlaufen hatten. Dazu gehörten die Entlausung der Kleidung durch Dampfdesinfektion in Schwefelkammern oder durch Begasung mit Blausäure; regelmäßige Gemeinschaftsbäder und Entfernung der Körperbehaarung setzte an den Körpern der Soldaten an, die zudem regelmäßig mit dem ›Läuseknacken‹ beschäftigt waren.

Die Bekämpfung der Läuse, die kurz vor 1914 als Typhus-Überträger identifiziert worden waren, verknüpfte auf unheilvolle Weise medizinische, rassenhygienische und antisemitische Diskurse und Praktiken miteinander, galten doch ›der Osten‹ und insbesondere die ›Ostjuden‹, von denen 11 000 zwischen September 1916 und März 1918 zur Zwangsarbeit nach Deutschland verbracht wurden, als Typhusherd, so dass in antisemitischer Imagination die Heimat ›verseucht‹ wurde. Dass das in der deutschen Armee zur Entlausung von Kleidung herangezogene Gas unter dem Namen ›Zyklon‹ vertrieben wurde, gibt der Debatte um mögliche Kontinuitäten zwischen Erstem und Zweitem Weltkrieg eine sinistre, scheinbare Plausibilität – deren Stichhaltigkeit freilich nicht überschätzt werden sollte (Weindling

2000, 73–110; Weindling 1996). Der unstrittig enge Zusammenhang der Entwicklung von Giftgasen und Schädlingsbekämpfungsmitteln wird an Personen wie dem Pharmakologen Ferdinand Flury deutlich, der seine Forschungen an Fritz Habers Kaiser Wilhelm-Institut in Berlin-Dahlem betrieb und dort nach 1918 zusammen mit Albrecht Hase über die Lehren des Weltkrieges für die Schädlingsbekämpfung forschte (Jansen 2003, 335–372).

Medizinierung und Psychiatrisierung: Geschundene menschliche Körper und Seelen

Die Herausbildung der ›modernen‹, technisierten und industrialisierten Kriegführung in der Mitte des 19. Jahrhunderts verlief parallel mit der Entstehung des modernen Medizinalwesens, das gekennzeichnet war durch die Standardisierung der medizinischen Ausbildung, die Herausbildung des ärztlichen Berufsmonopols und eines teilautonomen Berufsstandes (vgl. zum Folgenden Harrison 2009; Neuner 2009). Hinzu kamen schnelle Fortschritte in der medizinischen Forschung und eine darauf basierende Entwicklung neuer Heilmethoden. So war schon in den Jahren nach 1800 die verpflichtende Pockenschutzimpfung in vielen europäischen Ländern eingeführt worden; 1882 wurden der Tuberkelbazillus, 1884 die Erreger des Wundstarrkrampfes und der Cholera entdeckt.

Mit den Möglichkeiten wuchsen auch die Ansprüche an das Medizinalwesen, nicht zuletzt im Zeichen der sich anbahnenden Totalisierung des Krieges, für die der Krimkrieg (1853–1856) eine wichtige Etappe darstellte: Militärs und Ärzte waren gleichermaßen unvorbereitet gewesen auf die neue Dimension des Schreckens. Bemerkenswert ist, dass erstmals die Öffentlichkeit großen Anteil am Schicksal der verwundeten Soldaten nahm. Das humanistische Engagement von Frauen wie Florence Nightingale oder der russischen Großfürstin Elena Pawlowna ist hierfür das deutlichste Zeichen. Nach dem Krimkrieg begannen die europäischen Armeen mit dem systematischen Aufbau eines Kriegsmedizinalwesens. Dabei waren militärische Bedürfnisse und medizinische Forschung aufs engste miteinander verflochten. So hatte beispielsweise Rudolf Virchow seine Forscherkarriere als Militärarzt begonnen, und Robert Koch konnte seine militärisch relevanten Forschungsreisen in die Tropen unter militärischer Protektion durchführen.

Die Schlacht von Solferino (1859) gab dem Genfer Geschäftsmann Henri Dunant 1863 den Anstoß zur Gründung des Internationalen Komitees der Hilfsgesellschaften für die Verwundetenpflege, das seit 1876 den Namen ›Internationales Komitee vom Roten Kreuz‹ trägt. Völkerrechtlich verankert wurde seine Arbeit durch die Erste Genfer Konvention vom 22. August 1864. Im Krieg von 1870/71 wurde das preußische Sanitätswesen als vorbildlich wahrgenommen. Nun setzte ein Wettlauf der Regierungen und Armeen um das bessere Kriegsmedizinalwesen ein. Die Frage, wer sich am besten um seine eigenen Soldaten kümmert, hatte im Zeitalter der allgemeinen Wehrpflicht unmittelbare politische Rückwirkungen auf die Herrschaftslegitimation des jeweiligen Staates.

Der relative Erfolg all dieser Bemühungen zeigt sich daran, dass im Weltkrieg – zumindest an der Westfront – erstmals weniger tote Soldaten durch Krankheiten als durch Verwundungen zu verzeichnen waren. Mit dem Stellungskrieg entwickelte sich parallel ein engmaschiges und tief gestaffeltes Netz von frontnahen Verbandsplätzen und im Hinterland gelegenen Feldlazaretten, von denen insgesamt 592 im Laufe des Krieges angelegt wurden. In sicherer Entfernung von der Front lagen die Kriegslazarette in der Etappe, so auch die Heimatlazarette, in die im Monatsschnitt fast 90 000 Verwundete eingeliefert wurden. Pferdebespannte und motorisierte Sanitätswagen, Eisenbahnen und Lastkähne standen für die Evakuierung und Versorgung der Verwundeten der Westfront zur Verfügung, deren Medizinalwesen daher »an eine große Fabrik« erinnert, »in der die menschlichen Trümmer des Krieges verarbeitet wurden« (Harrison 2009, 23). An den anderen Fronten war die Verwundetenversorgung dagegen schlechter und instabiler. In der deutschen Armee kamen 1914 bis 1918 rund 24 000 Ärzte und 200 000 freiwillige Krankenpfleger, zumeist Frauen, zum Einsatz (Gradmann 2009). Wie die Analyse von autobiografischen Zeugnissen von Ärzten, Krankenschwestern und Sanitätsunterpersonal zeigt, kam es beim Aufeinandertreffen der traditionellen ärztlich-humanitären Leitbilder und der heroischen Selbstbilder, die durch den als patriotische Tat überhöhten Kriegseinsatz virulent wurden, zu zahlreichen ethischen Konflikten, mit denen sich das Sanitätspersonal häufig alleine gelassen fühlte (Nitschke 2003).

Dass der Weltkrieg vor allem ein Artilleriekrieg war, zeigt sich an der Quote von Verwundungen durch Artilleriebeschuss, die auf bis zu 85 % geschätzt wird, während noch im Burenkrieg zu 90 % Schussverletzungen zu verzeichnen waren. Neben den Verwundungen durch Geschosse aller Kaliber

und durch Giftgas, das aufgrund seiner sich über Stunden hinziehenden Tötungswirkung und der geringen ärztlichen Eingriffsmöglichkeiten einen besonders »qualvoll-beängstigenden Charakter« (Gradmann 1996, 154) entwickelte, hatten die Lazarette auch gegen die im Stellungskrieg häufig auftretenden Erkältungs-, Nieren-, Magen- und Darmerkrankungen zu kämpfen. Der Ausbruch von Epidemien konnte trotz aller Vorsichtsmaßnahmen nicht immer verhindert werden, so etwa im Fall der Cholera und des Typhus. Besonders dramatisch entwickelte sich die Influenza-Epidemie (›Spanische Grippe‹), die zwischen 1918 und 1920 weltweit wohl um die 50 Millionen Menschenleben kostete, davon über 300 000 in Deutschland, nicht zuletzt, weil ihre Gefährlichkeit lange Zeit sträflich unterschätzt wurde (Michels 2010; Witte 2006).

Nicht hinsichtlich der Opferzahlen, wohl aber in Bezug auf ihre kultur- und mentalitätsgeschichtliche Bedeutung vielleicht noch verheerender war die an der Front und insbesondere in der Etappe grassierende Angst vor der Syphilis, die als ›Lustseuche‹ zugleich stark antisemitisch aufgeladen wurde. In einem 1931 von dem ›Kolonialhelden‹ Paul von Lettow-Vorbeck herausgegebenen Sammelband über die »Weltkriegsspionage« räsoniert ein Autor über »Frauen als Kampfmittel«, sei doch eine Syphilis-Epidemie Anfang 1916 in Lille und Roubaix von Prostituierten ausgegangen, hinter denen der »feindliche Nachrichtendienst steckte« (zit. n. Theweleit 2000, 20); doch auch in der Heimat habe es Frauen gegeben, »die von feindlichen Agenten dazu aufgehetzt, ihren kranken Körper in den Dienst der Feinde stellten« (zit. n. ebd., 21).

Der Diskurs um Verseuchung, Verrat und Verfall setzte im Rahmen der allgemeinen Debatten um die Neurasthenie im *Zeitalter der Nervosität* (Radkau 1998) nicht nur an den Körpern, sondern auch an den Seelen der Soldaten an (vgl. zum Folgenden Binneveld 1997; Lengwiler 2000; s. auch Kap. III.3). Zwar waren im US-Bürgerkrieg erstmals 10 000 Soldaten der Nordstaatenarmee wegen »Nostalgie« und 20 000 wegen »Epilepsie« aus dem Kriegsdienst entlassen worden (Harrison 2009, 19–20), doch erst nach dem Krieg 1870/71 erwachte das Interesse des Militärs an der Psychiatrie für die Ausbildungspraxis, das Rekrutierungswesen, die Militärstrafverfahren und das Sanitätswesen. Dabei gab es Rückkopplungsprozesse zwischen militärischer Praxis und medizinischer Wissensbildung. Die militärgerichtliche Gutachterpraxis trug dazu bei, juristisch definierte Delinquenz auf die Psychopathologie des

Straftäters zurückzuführen. Die Psychiater wiederum erkannten im Militär ein großes empirisches Forschungs- und Betätigungsfeld. Die Militärpsychiatrie steht beispielhaft für den Wandel von der Anstaltspsychiatrie hin zur »medizinischen Sozialtechnologie« (Quinkert/Rauh/Winkler 2010, 13).

Die Psychiatrie verstand sich als gesellschaftliche Leitwissenschaft und trug zur Pathologisierung sozialer Probleme bei. Auf die Herausforderungen, die 1914 auf sie zukamen, erwies sie sich als ebenso wenig vorbereitet wie andere Bereiche der Medizin. Schnell erkannten die Psychiater nach Kriegsbeginn die Chance, ihre noch junge Wissenschaft zu etablieren, indem sie sich dem Militär unentbehrlich machten, versprachen sie doch als »Maschinengewehre hinter der Front« (Riedesser/Verderber 2004) die aufgrund psychischer Krankheitssymptome ›ausgefallenen‹ Soldaten wieder der Front zuführen zu können. Darüber hinaus maßten sie sich einen psychopathologischen Gesundungsbeitrag am gesamten Volk an, der Psychiater verstand sich als »Kulturkrieger, Nationalpatriot, Technokrat und Zauberheiler« (Hofer 2004, 386; s. auch Kap. III.3).

Zu Kriegsbeginn schien sich die Befürchtung, der moderne Zivilisationsmensch sei den Strapazen eines Kriegs nicht mehr gewachsen, zunächst nicht zu bestätigen. Der Freiburger Neurologe Adolf Friedländer etwa stellte 1915 euphorisch fest, dass »der Sieg deutscher Nervenkraft, deutscher Ruhe, deutschen Willens« (zit. n. Lerner 1996, 90) an allen Fronten zu beobachten sei. Sein am gleichen Ort wirkender Kollege Alfred Hoche stellte metaphorisch die Verbindung zwischen menschlichem Seelenleben und moderner Kommunikationstechnologie her, in dem er das »in einen einheitlichen geschlossenen Organismus höherer Ordnung« verwandelte Volk pries, in dem die Telegrafendrähte »die Nervenfäden dieses neuen großen Körpers« seien, durch den »identische Gefühle, identische Willensstrebungen unter Aufhebung von Zeit und Raum im selben Augenblick und bei gleicher Schwingung hindurchoscillieren« (zit. n. ebd., 92).

Doch statt zu seelischer Gesundung führte der Krieg zum massenhaften Auftreten psychischer Erkrankungen bei den Soldaten (vgl. zum Folgenden grundlegend Lerner 1996; 2003). Laut dem offiziellen Sanitätsbericht (1934, 145–149) wurden im deutschen Feldheer in rund 315 000 Fällen Soldaten einer Behandlung wegen Nervenkrankheiten unterzogen; hinzu kamen ähnlich viele Fälle im Besatzungsheer. Die an unkontrollierbarem Zittern erkrankten Soldaten beispielsweise wurden durch verbale Suggestion und schmerzhafte Stromschläge (›Kaufmann-Kur‹) behandelt. Die nach einem Trauma verstummten Soldaten mussten gar die Einführung einer Metallkugel in den Kehlkopf mit dem Ziel, mittels der dadurch ausgelösten Erstickungsangst die Sprache zurückzubringen, über sich ergehen lassen (›Muck'sche Kehlkopftherapie‹). Diese Therapien, die freilich nicht immer mit der theoretisch gebotenen Konsequenz und eigentlich vorgesehenen Härte angewandt wurden, wären nach heutigen Maßstäben als Folter zu charakterisieren.

Die Debatte um die traumatische Neurose war das große Thema der Tagung des Deutschen Vereins für Psychiatrie und der Gesellschaft Deutscher Nervenärzte im September 1916 in München. Die von dem Berliner Neurologen Hermann Oppenheim lange vor dem Krieg entwickelte Theorie, dass den traumatischen Neurosen psychische Vorgänge und nicht-spürbare molekulare Veränderungen im Gehirn und im Rückenmark zugrunde lägen, konnte sich nicht durchsetzen. Die herrschende Lehrmeinung deutete die Kriegsneurosen stattdessen als Flucht aus dem Krieg durch Flucht in die Krankheit, die durchaus als solche (d. h. nicht als bloße Simulation) anerkannt wurde. Doch sie wurde etwa von dem einflussreichen, in Tübingen lehrenden Neurologen Robert Gaupp, als »relative Insuffizienz des Willens gegenüber den psychischen und moralischen Anforderungen des militärischen Dienstes« (zit. n. Lerner 1996, 99) gedeutet. Emil Kraepelin, Gaupps akademischer Lehrer, formulierte 1919 die radikale Negation der 1914 erhofften positiven Wirkung des Krieges auf das deutsche Volk: »Der Krieg hat eine fürchterliche Auslese unter unseren fähigsten und opferwilligsten Männern gehalten; verschont blieben in erster Linie die Untauglichen und Selbstsüchtigen« (zit. n. ebd., 100). Noch brutaler formulierte Max Nonne 1922 diese darwinistische Umkehrung: »Die Besten werden geopfert, die körperlich und geistig Minderwertigen, Nutzlosen und Schädlinge werden sorgfältig konserviert, anstatt daß […] eine gründliche Katharsis stattgefunden hätte, die zudem durch den Glorienschein des Heldentodes die an der Volkskraft zehrenden Parasiten verklärt hätte« (Nonne 1922, 112).

Obwohl die mehrheitlich deutsch-national orientierten Psychiater die ›Kriegszitterer‹ zu Mitverantwortlichen für die Niederlage machten, waren fast 50 % der 600 000 ärztlich anerkannten rentenberechtigten Kriegsinvaliden nach 1918 psychische Fälle (Neuner 2011). Die Kontinuitätslinie zur nationalsozialistischen Euthanasiepraxis wird dennoch deutlich erkennbar, nicht zuletzt in der von Alfred Hoche und dem Strafrechtler Karl Binding 1920 veröffentlichten Schrift *Die Freigabe lebensunwerten Lebens* (1920). So weit ging zwar die Mehrzahl der Psychiater nach 1918 noch nicht, doch erodierten die vor 1914 für selbstverständlich gehaltenen Grundsätze der Humanität auf breiter Linie. Die psychiatrische Interpretation des Weltkrieges bot eine kulturelle Sinndeutung, »ein Ordnungsmuster für die Erfahrung von Abweichung« (Kaufmann 1999, 223; ähnlich Hofer 2004, 387). Für die Psychiatrie wie auch für die anderen Bereiche der Medizin war der Erste Weltkrieg insofern eine Zäsur, als er den Weg hin zur generalpräventiven, sich der ›Ausmerze‹ der angeblich Schwachen verschreibenden Medizinpraxis in der NS-Zeit ebnete (Prüll 2010).

Metaphern des Industriellen: Fabrik, Arbeiter, Stahlgestalt

In den Selbstzeugnissen der Soldaten finden sich häufig Stellen wie diese: »Die ganze Arbeit spielt sich ja auch direkt an der Erde ab – meist diese 30 Sekunden fabelhaftester Arbeit und Eile, bis das M.G. in Stellung feuerbereit ist – und dann geht das Mörderhandwerk los« (Flemming 1998, 55). Der Kampf wurde in Metaphern der Arbeit, der Industrie- und Fabrikarbeit beschrieben – und umgekehrt war das Reden über die Fabrikarbeit voller militärischer Metaphern. Am eindrücklichsten hat wohl der Stoßtruppführer Ernst Jünger das Kriegserlebnis derart verarbeitet, schrieb er doch vom »Walzwerk des Krieges«, von der »Arbeit des Angriffs« und von der »Schlacht als fabrikmäßigem Geschehen« (alle Zitate nach ebd., 55; s. auch Kap. II.4). Auf die Spitze trieb er diese Deutung in seinem 1922 erschienenen Essay *Der Kampf als inneres Erlebnis*:

> Aber hier scheint der Seidenglanz der Fahnen zu verblassen, hier spricht ein bitterer und trockener Ernst, ein Marschtakt, der die Vorstellung von weiten Industriebezirken, Heeren von Maschinen, Arbeiterbataillonen und kühlen, modernen Machtmenschen erweckt. Hier spricht das Material seine eisenharte Sprache und der überlegene Intellekt, der sich des Materials bedient. Und diese Sprache ist entschiedener und schneidender als jede andere zuvor (Jünger 1922b, 105).

Im industrialisierten und technisierten Krieg, so Jünger an anderer Stelle, veränderten nicht einfach Individuen ihre Gestalt unter dem übermächtigen Eindruck der Ereignisse – in dem Sinn, in dem auch Elias Canetti den gedrillten Soldaten als »stereometrische Figur« (Canetti 1960, 358) beschrieben

hatte –, sondern es sei etwas die menschliche Physis dauerhaft und grundlegend Veränderndes entstanden, eine neue »Rasse«:

> Der Geist der Materialschlacht und des Grabenkampfes […] erzeugte Männer, wie sie bisher die Welt nicht gesehen hatte. Es war eine ganz neue Rasse, verkörperte Energie und mit höchster Wucht geladen. Geschmeidige, hagere, sehnige Körper, markante Gesichter, Augen in tausend Schrecken unterm Helm versteinert. Sie waren Überwinder, Stahlnaturen, eingestellt in den Kampf in seiner gräßlichsten Form (Jünger 1922b, 32).

Der menschliche Körper hatte sich in Stahl, den Grundstoff der industriellen Welt, verwandelt; das war nicht nur Metaphorik, denn tatsächlich wurden den Soldaten Brustpanzer aus Stahl angepasst, die sie vor Granatsplittern und Gewehrkugeln schützen sollten. Dieser Soldat als ›Arbeiter des Krieges‹ hatte mit dem ›Arbeiter als Soldaten‹ im Krieg allerdings nichts gemein, denn nichts lag Jünger ferner, als sich mit der Klassengesellschaft im Krieg auseinanderzusetzen; davon abstrahierte dieses Deutungsangebot vielmehr (Latzel 1998). Stattdessen ging es ihm um die Verschmelzung des Soldatenleibes und seiner Seele mit der Technik, die ihn schützte und die ihn zur Ausübung von Gewalt in bis dahin ungekannter Intensität befähigte. Der neue Soldatentypus wurde zum Helden, »weil er die Instrumente der Technik beherrschte« (Hüppauf 2008, 589) und weil ihm der Kampf zum existentiellen Ereignis wurde (Wulff 2010).

Die Sprache des Stahls fand sich keineswegs nur in der artifiziellen Kriegsliteratur. Seit 1916 war in den Kriegszeitungen zunehmend von »eisernen Herzen«, »stahlfesten Siegeswillen«, »eisernen Zwang der Pflicht« und vom deutschen Heer als »erze, eisenstarre Wand« (Lipp 2003, 154) die Rede. Dieser Diskurs schloss sich unmittelbar an den um die ›stählernen Nerven‹ an: Wer die besaß, würde den Krieg gewinnen (vgl. Ulrich 1992). Die soldatischen Kriegserfahrungen wurden in das Bild »eines technisierten Mannes« (Lipp 2003, 156) übersetzt; der neue Soldatentypus zeigte die Eigenschaften »einer perfekten und unverwundbaren Menschmaschine« (ebd.).

Dieser Wandel lässt sich auch an den Schlachtenmythen des Weltkrieges zeigen. Hier gab es einerseits den eher traditionellen »Mythos von Heldentum und Opferbereitschaft unter dem emotional aufgeladenen Namen ›Langemarck‹«, daneben aber auch den sich 1916 unter dem Eindruck von Verdun und der Somme-Schlacht herauskristallisierenden, aggressiven »Mythos mit futuristischen und nihilistischen Zügen« (Hüppauf 1993, 43). Dieses Bild des stahlhelmbewehrten Frontkämpfers wurde später ein zentrales Element der nationalsozialistischen Kriegsdeutung.

Kleine und große Fluchten

Ungeachtet solcher Metaphorisierungen und Sinndeutungsangebote kämpften im Ersten Weltkrieg Menschen aus Fleisch und Blut mit den aus dieser anthropologischen Banalität erwachsenden Bedürfnissen und Wünschen. Die Forschungen zum Kriegsalltag an der Front haben seit den 1990er Jahren ein neues Bild vom »Krieg des kleinen Mannes« (Wette 1992) gezeichnet. Das Kriegserlebnis war von Tag zu Tag, von Ort zu Ort, von Einheit zu Einheit sehr unterschiedlich, und die Handlungsspielräume der Soldaten waren groß genug, um den Charakter des Krieges in einem lokalen Umfeld zu beeinflussen (s. auch Abschnitt »Kriegführung 1914: Pläne und Wirklichkeiten«, S. 173). Nachdem die anfänglichen »romantischen« Vorstellungen eines Krieges, für den derjenige von 1870/71 Modell stand, angesichts der brutalen Realität des industrialisierten Krieges verflogen waren, lässt sich die Vielfalt soldatischen Erlebens und Handelns als ein zwischen den Begriffen ›Durchhalten‹ und ›Verweigern‹ oszillierendes Kontinuum fassen (Lipp 2003, 129–172); die bisweilen in der Forschungsliteratur feststellbare einseitige Betonung soldatischen Dissenses und Ungehorsams (Kruse 1996; Ulrich/Ziemann 2008, 5–15; Ziemann 1995) führt analytisch dagegen nicht weniger in die Irre als die ›heroische‹ Kriegsdeutung der Zwischenkriegszeit. Unzweifelhaft ist freilich, dass angesichts der Vielfältigkeit des Kriegsalltags die Versuche der Armeeführung, ihre Vorstellungen von strenger Disziplin und offensiver Kriegführung durchzusetzen, schnell an Grenzen stießen. Die Annahme, in der Zeit eines sich über eine hunderte Kilometer lange Front und viele Jahre hinziehenden Krieges noch genauso die Kontrolle über das Schlachtfeld wahren zu können, wie das in den zeitlich und räumlich eng begrenzten Schlachten früherer Zeiten zumindest theoretisch möglich war, ging an der Realität des Weltkrieges vorbei. Doch hielten die Militärführungen an diesem Wunschbild totaler Kontrolle des Kampfgeschehens fest, auch wenn die Notwendigkeit eingestanden wurde, den Soldaten eine große Eigenständigkeit im Gefecht einräumen zu müssen.

Die während und nach dem Krieg vielfach beschworene klassenlose ›Schützengrabengemeinschaft‹ ist immer ein Mythos gewesen, denn Unzu-

friedenheit und Strategien, sich zu entziehen, waren weit verbreitetet und vielschichtig. Es herrschte ein Klima allgemeiner Unzufriedenheit, das sich verbal bisweilen recht drastisch Luft verschaffte und auch handlungsleitend werden konnte.

Die ›kleinen Fluchten‹, die die Soldaten aus dem Krieg wählten, waren vielgestalig. Dazu zählten kurzfristige unerlaubte Entfernungen, Selbstverstümmelungen und das bewusste Herbeiführen von Krankheiten oder zumindest Krankheitssymptomen, wofür auch Anleitungen – teils von den Kriegsgegnern in Umlauf gebracht – kursierten. Die Funktionsfähigkeit des militärischen Systems wurde dadurch aber bis in die letzten Kriegsmonate hinein nicht substantiell gefährdet. Trotz aller heute kaum nachvollziehbaren Belastungen des einzelnen wie der Gesellschaft durch den Krieg stotterte die Kriegsmaschine zwar bisweilen, stand aber erst nach vier Jahren still, als der Krieg militärisch verloren war und sich das auch nicht mehr verheimlichen ließ. Meutereien und ähnliche Vorgänge sind die Ausnahmen, die die Regel bestätigen. Der vielfach belegte Offiziershass schuf ein im Sinne der Militärführung durchaus funktionales Ventil und war daher bis zu seinem systemsprengenden Grenzwert hin stabilisierend. Von einem »verdeckten Militärstreik« (Deist 1991b) zu sprechen, ist besonders deswegen nicht unproblematisch, weil diese Deutung eine positiv gewendete Umkehrung der ›Dolchstoß‹-Legende darstellt, setzt der Begriff ›Streik‹ doch ein Mindestmaß an Koordination und politischer Zielgerichtetheit voraus. Das Risiko, Ursache und Wirkung zu verwechseln, liegt bei derartigen Forschungsmeinungen auf der Hand: Die kollektive Erkenntnis, dass der Krieg *militärisch* verloren war, ging den im Herbst feststellbaren massenweisen Verweigerungen voraus, nicht umgekehrt (Jahr 1999, 256–263; Lipp 2003, 145–147). Die verschwindend kleine Minderheit erklärter Pazifisten und Kriegsdienstverweigerer in Deutschland hatte auf die zur Revolution 1918 führenden Ereignisse keinen nennenswerten Einfluss.

Für das ›Durchhalten‹ des Soldaten essentiell waren die Austauschprozesse zwischen Front und Heimat, vor allem durch den Urlaub (Ziemann 1997, 77–97). Dieser war einerseits zur Reproduktion der Kampfkraft unerlässlich, führte dem Soldaten aber andererseits das Extreme seiner Situation vor Augen, weil er mit der Eisenbahn je nach Lage des Heimatortes in wenigen Stunden aus einer von Kriegsgräueln, Brutalität und Zerstörung geprägten Umwelt in die vergleichsweise idyllische Normalität des zivilen Lebens in der Heimat wechselte. Da der Soldat während dieser Zeit dem Disziplinierungsdruck der Armee entzogen war, blickte die Militärführung sorgenvoll auf diese wenigen Tage, die ihren Argwohn nährten, allerlei ›schädliche Einflüsse‹ könnten sich bei dem Soldaten bemerkbar machen.

Die fiktionalen wie autobiographischen Berichte über die Hölle der Materialschlachten an der Westfront prägen unser Bild vom Weltkrieg bis heute, und tatsächlich bedeutete dieser Krieg eine neue Stufe der Gewalteskalation. Das Bild ist aber auch hier vielgestaltig und differenziert zu zeichnen. Schon sehr früh hat sich eine Gewaltbeschränkung durch Ritualisierung der Kampfhandlungen herausgebildet. Bereits Anfang November 1914 berichtete der Oberbefehlshaber der 6. Armee, Kronprinz Rupprecht von Bayern, von der Front vor Ypern, dass »abends zur Essenszeit wie auf ein Zeichen zu beiden Seiten automatisch eine vorübergehende Waffenruhe eingetreten sei« (Rupprecht von Bayern 1929, 246). Bisweilen kamen die Kampfhandlungen auch ganz zum Erliegen, wie Rupprecht im Januar 1915 berichtete, als »die Mannschaften ungehindert vor den Schützengräben Pfähle einschlagen und das Drahthindernis verstärken [konnten]. Auch ging dort ein Generalstabsoffizier des Korps mitten zwischen den beiderseitigen Schützengräben hindurch, ohne daß ein Schuß fiel« (ebd., 292).

Ungeachtet der Versuche der Militärführung, solche Verhaltensweisen zu unterdrücken, gelang es den Soldaten mitunter, ihren kollektiven Wunsch nach Gewaltbegrenzung durchzusetzen. In der Regel ist diese zwar von den einfachen Soldaten ausgegangen, doch auch weiter oben in der Kommandohierarchie wurde sie bisweilen gern gesehen und sogar aktiv gefördert, beispielsweise wenn dadurch dringend notwendige Ausbesserungsarbeiten am eigenen Grabensystem auch bei Tag möglich wurden. Üblicherweise gingen die Armeeführungen allerdings gegen solche Erscheinungen vor. So erblickte die Oberste Heeresleitung darin bereits Ende November 1914

> eine ausserordentliche Gefahr. Der feste Wille jedes Einzelnen, jederzeit u. überall mit allen Kräften dem Gegner Abbruch zu tun, darf unter keinen Umständen Einbusse erleiden. […] Auch der Positionskampf […] muss überall der Vernichtung des Gegners gelten! (zit. nach Jahr 1998, 95).

Die spektakulärste Form eines stillschweigenden temporären Waffenstillstandes bildeten die sog. ›Weihnachtsverbrüderungen‹ 1914 (Jürgs 2003; Bunnenberg 2006; Rieker 2007). In den Tagen ab dem 24. Dezember kam es an vielen Stellen der West-, aber auch der Ostfront zu spontanen Verbrüderungen, gemeinsamem Singen von Weihnachtsliedern, Austausch von Geschenken oder gar im Niemandsland zwischen den feindlichen Linien ausgetragenen Fußballspielen. Der Weihnachtsfrieden hielt an vielen Frontabschnitten für Tage, vereinzelt sogar Wochen und wurde nicht nur durch die Feldpostbriefe der Soldaten und ihre Erzählungen in der Heimat bekannt, sondern ebenso durch Zeitungsberichte und Fotos. Auch finden sich derartige, häufig bunt ausgeschmückte Berichte in vielen Kriegserinnerungen und sind, etwa durch Christian Carions Film *Merry Christmas* aus dem Jahr 2005, Teil des kollektiven Bildes vom Ersten Weltkrieg geworden (Paletschek 2008).

Der Ort der normierten und militärisch ›erlaubten‹ Flucht aus dem Frontalltag war die Etappe. Zum Ersten sollte sie Ort der Wiederherstellung soldatischer Zucht und Ordnung sowie der Regeneration der Kampfkraft und des Kampfeswillens der Soldaten sein. Zum Zweiten stand sie für das Gegenteil, die Auflösung militärischer Disziplin, für Feigheit, Schlendrian und Korruption sowie für den Exzess, den sexuellen zumal. Zum Dritten war die Etappe der reale und imaginierte Übergangsraum zwischen Front und Heimat. Dadurch stand ›die Etappe‹ im Schnittpunkt der Praktiken und Diskurse um Kampfkraft und ›Moral‹ des Einzelnen wie des ›Volkskörpers‹. Dafür bot sich vor allem das Thema ›Sexualität‹ an, durch das sich individuelles Verhalten, gesellschaftliche Moralvorstellungen, Debatten um ›Volksgesundheit‹, Geburtenraten und physische oder psychische ›Degeneration‹ verbinden ließen (Sauerteig 1996).

Das wird anhand der offiziell verdammten, inoffiziell jedoch geförderten Prostitution in den Etappenorten besonders deutlich. Die Militärbehörden versuchten, mit freilich mäßigem Erfolg, durch strenge Hygienevorschriften beim Besuch der extra eingerichteten Bordelle für Militärangehörige und anschließender Desinfektionsprozedur die Ausbreitung von Geschlechtskrankheiten zu unterbinden. Diesem Zweck diente auch die strenge Erfassung und Überwachung der Prostituierten sowie ihre Zwangsbehandlung bei festgestellten Geschlechtskrankheiten. Der Diskurs um eheliche Treue und Untreue wurde im Hinblick auf die Frontsoldaten, aber auch mit Verweis auf das Verhalten der Soldatenfrauen in der Heimat geführt. Insbesondere die Anwesenheit der vielen Kriegsgefangenen gab hier Anlass zur Sorge. Auch wenn die Rate an Geschlechtskranken im Feldheer von ca. 1,5 % der Ist-

stärke 1917/18 auf 2,0 % stieg und im Besatzungsheer bei 2,5 bis 2,9 % lag, war die imaginierte Gefahr
einer von der Etappe ausgehenden Schwächung der
Kampfkraft deutlich größer als die reale (Eckart/
Plassmann 2009).

Anhand der ›Etappe‹, die der ›Dolchstoßlegende‹
folgend zusammen mit der ›Heimat‹ als Ausgangspunkt der ›Zersetzung‹ des Heeres galt, wurde auch
der Kampf um die Kriegsdeutung nach 1918 ausgetragen. Der linke Publizist Heinrich Wandt entwarf
in seinen Büchern – die ihm zahlreiche Strafprozesse
eintrugen – das Bild der Etappe als eines Ortes, an
dem sich die privilegierten Kreise des kaiserlichen
Deutschland und ihre Handlanger der Völlerei, Korruption und sexuellen Ausschweifungen ergaben
und dadurch der offiziellen »Volksgemeinschafts-
rhetorik« Hohn sprachen (Wandt 1921; Wandt 1928);
ähnlich empörend auf das konservative Bürgertum
wirkte die »Sittengeschichte des Weltkrieges« (Hirsch-
feld/Gaspar 1930), an der Wandt ebenfalls mitwirkte.

Technische Fluchtlinien
aus dem Stellungskrieg:
Gas, U-Boot, Panzer, Flugzeug

Der Stellungskrieg war der Alptraum aller Kommandeure und Generalstäbe: »Die Kriegführung aus
diesem Zwang zu befreien, war das heiße Bestreben
aller denkenden Soldaten, die die Gefahren des Stellungskrieges wohl erkannten« (Geyer 1936, 284). In
diesem dringenden Bemühen, so fährt Hermann
Geyer, Spezialist für Artillerie und Taktikfragen in
der Operationsabteilung des Generalstabs, fort, wäre
es »Vogelstraußpolitik gewesen, sich ein Mittel zu
versagen, in dem wir Dank unserer chemischen
Wissenschaft und Industrie vielleicht die Vorhand
gewinnen konnten« (ebd.). Die Mobilisierung von
Wissenschaft und Industrie eröffnete nicht allein
mit dem Gaskrieg eine andere Form der Kriegführung. Mit uneingeschränktem U-Boot-Krieg, der Entwicklung der Panzerwaffe und der Entstehung des
Luftkriegs vollzog sich ein technologischer Sprung,
der den Kriegsraum gänzlich verwandelte. Jede dieser hochtechnisierten Waffengattungen eröffnete
eine neue Gewaltdimension. Teils wurden diese im
Ersten Weltkrieg realisiert, teils erst als Option am
Ende des Kriegs virulent: Die Verseuchung des
Kriegsraums, der Krieg unter der Wasserlinie, die
mit dem Panzer eröffnete Form des Flächenkriegs
und die Einebnung von Front und Hinterland im
Horizont des Luftkriegs waren je andere Fluchtlinien,

um den Grabenkrieg zu überwinden oder ihm zu
entgehen.

Gaskrieg: Die Vergiftung der Umwelt

»Das 20. Jahrhundert« – so Peter Sloterdijk – »brach
spektakulär enthüllend am 22. April 1915 an mit
dem ersten Großeinsatz von Chlorgasen als Kampfmittel durch ein eigens hierfür eingerichtetes ›Gas-
regiment‹ der deutschen West-Armeen gegen fran-
zösisch-kanadische Infanteriestellungen im nördli-
chen Ypern-Bogen« (Sloterdijk 2004, 90). Bei Ypern
wurden aus den deutschen Stellungen aus 1600 großen und 4130 kleineren Gaszylindern, die in langer
Vorbereitung an den Grabenrändern eingebaut worden waren, ca. 150 t Chlorgas ›abgeblasen‹. Auf ca.
6 km Breite entwickelte sich eine 600 m bis 900 m
tiefe Wolke, die durch den Wind gegen die französischen Stellungen getrieben wurde. Die Front brach
im betreffenden Abschnitt fast vollständig zusammen. Dass nicht genügend Reserven zur Verfügung
gestanden hätten, um diesen Vorteil zu nutzen, sollten die Gaskriegstreiber den verantwortlichen Kommandeuren noch lange ankreiden. Offizielle französische und amerikanische Pressemitteilungen sprachen von 15000 Vergifteten, davon 5000 Tote, der
britische Gasdienst sprach von 7000 Vergifteten, davon mehr als 350 Tote, ein französischer Sanitätsbericht gibt 625 Gasvergiftete an, von denen drei starben, der Sanitätsbericht der 4. Armee, in deren Sek-
tor der Angriff stattfand, berichtete von 150 bis 200
gegnerischen »Gaskranken«, von denen 12 verstorben seien (Martinetz 1996, 24). Die Zahlen blieben
umstritten – noch lange nach dem Krieg wurde der
Kampf um die moralische Berechtigung und den
militärischen Sinn des chemischen Kriegs auch auf
der Ebene von Statistiken ausgefochten.

Die These, dass mit dem Angriff bei Ypern tatsächlich das 20. Jahrhundert in spektakulärer Weise
als »atomterroristische[s] Muster« (Sloterdijk 2004,
89) eingebrochen ist, ließe sich mit einer Reihe von
Hinweisen auf die deutlich weniger spektakuläre Geschichte der Entwicklung der chemischen Kampftaktik im Ersten Weltkrieg entkräften. Schon vor
dem Weltkrieg wurde mit Gaswaffen experimentiert; die französische Seite verschoss schon vor dem
Blasangriff bei Ypern Reizgase; Gas war nie als Wun-
derwaffe gedacht gewesen, von der man sich die
Kriegsentscheidung erhoffte; die erzielten und erwarteten Erfolge waren bestenfalls taktischer Natur.
Sein militärischer Nutzen war begrenzt, und bestenfalls am Ende des Krieges zeichnete sich ein Radika-

lisierungspotential mit der in Erwägung gezogenen Bombardierung von Städten ab – wenn man genau hinschaut, entpuppte sich die waffentechnische Revolution bestenfalls als beschleunigte Evolution (vgl. Müller 2000). Überdies scheint der Unterschied zwischen den Möglichkeiten, Stellungen mit Gas zu verseuchen, um den Feind herauszutreiben, oder ein Trommelfeuer zu entfachen, dessen vernichtender Gewalt niemand entgehen kann, minimal.

Und dennoch bleibt ein Erschrecken: »Ich muß gestehen, daß die Aufgabe, die Feinde vergiften zu sollen wie die Ratten, mir innerlich gegen den Strich ging«, schreibt der als »Säbelrassler« geltende General Berthold von Deimling, in dessen Abschnitt der Angriff bei Ypern stattfand, in seinen signifikanter Weise mit *Aus der alten in die neue Zeit* betitelten Erinnerungen (Deimling 1930, 202). Genau dieses Erschrecken verweist auf einen Abgrund, in dem sich das Grauen vor dem Terror manifestiert, der mit dem Gaskrieg losgetreten wird.

Dieser neuartige Terror – so expliziert Sloterdijk mit Recht – besteht darin, nicht mehr einen Gegner, einen Feind, direkt zu treffen, sondern ihm die Lebensfähigkeit durch die Vergiftung seiner Umwelt abzuschneiden. Dieser Terror zielt darauf, den Alltag zu zerstören, die Alltagsgewohnheiten zu nutzen oder gar zu Waffen umzukehren, um sie gegen die Opfer einzusetzen. Terror ist ein Eingriff in das, eine Vernichtung dessen, was unverzichtbar ist für den Lebensvollzug; es handelt sich um kein direktes, sondern um ein indirektes Töten. »Der Verteidiger« – so formulierte Fritz Haber das Problem, das er sich zu eigen machte – »konnte nicht vor dem Sturme in seiner Erddeckung niedergekämpft werden, weil ihn die fliegenden Eisenteile nicht genügend erreichten. Es war eine Sache der naturwissenschaftlichen Phantasie, diesen Zustand vorauszusehen und auf die Abhilfe zu verfallen, die der Stand der Technik möglich machte. Diese Abhilfe war der Gaskrieg« (Haber 1924, 28).

Wenn der Gegner dem Eisen des Industriezeitalters schlichte Erdwälle entgegensetzte, sollte der zweiten Stufe der industriellen Revolution die Lösung entspringen: Die chemische Waffe sollte den Raum verseuchen, den Eisenteile nicht beherrschen konnten. Durch diese chemische Verseuchung seiner Umwelt wird das Opfer dazu gezwungen, an seiner eigenen Tötung mitzuwirken: »Im Gaskrieg werden tiefste Schichten der biologischen Kondition des Menschen in die Attacke auf sie einbezogen: Die unaufhebbare Gewohnheit zu atmen wird so gegen die Atmenden gekehrt, daß diese zu unfreiwilligen

Komplizen ihrer Zerstörung werden« (Sloterdijk 2004, 103). Weil das Opfer nicht darauf verzichten kann zu atmen, stirbt es. Terror lebt von der Umweltabhängigkeit seiner Opfer. Der Giftgasangriff bei Ypern bringt das Prinzip des Terrors in reinster Form zur Anschauung. Und der Terror, das betont Sloterdijk, ist nicht, wie dies üblicherweise behauptet wird, die Waffe der Schwachen, die Waffe derjenigen, denen keine anderen Mittel zur Verfügung stehen. Der Terror hat sich im 20. Jahrhundert als Staatsterror ausgebildet (vgl. ebd., 89–98).

Auch militärintern wurde Kritik an dieser Radikalisierung des Kriegs geäußert, die sich allerdings eher in Widerwillen, jedoch kaum in Widerstand manifestierte. Schließlich war der Gaskrieg ein Verstoß gegen die Haager Landkriegsordnung, die Geschosse zum Ausbringen giftiger Gase verbot (vgl. Geyer 1922, 485, 492; Martinetz 1996, 20 ff.). Kritik konnte auch ganz anders als moralisch oder völkerrechtlich motiviert sein: Blasangriffe gefährdeten die eigenen Truppen, der logistische Aufwand war enorm, technisch-wissenschaftliche Experten übernahmen das Kommando. Beim späteren Artillerieschießen mit Gasmunition war dies ähnlich, hier mussten etwa eigene Schießtafeln für die Winkeleinstellungen der Geschütze aufgrund des anderen Flugverhaltens von Gasmunition erstellt werden. Jedenfalls legitimierten die Protagonisten gegen interne wie auch öffentliche Kritik den Gaskrieg als schlichte Konsequenz einer »technischen Kulturentwicklung«. Fritz Haber etwa setzt, wie viele andere auch, die Kritik an den chemischen Kampfmitteln mit der des Ritters an dem Mann mit der Feuerwaffe gleich (Haber 1924, 34). Deutsche und amerikanische Experten wie Rudolf Hanslian oder Augustin Prentiss, die umfassende Werke zum chemischen Krieg verfasst haben, verbinden mit dem Gaskrieg eine neue Stufe von Wissenschaftlichkeit und Humanität (vgl. Hanslian 1937, 253–262; Prentiss 1937, 647–696). Und Hermann Geyer, der zu einem Gaskriegsexperten in der Operationsabteilung der OHL avancierte, schreibt: »Der Fortschritt der technischen Kultur besteht darin, daß die geistige Überlegenheit, gestützt auf die Hilfsmittel der Naturwissenschaft, die Entscheidung bringt. Ein Verbot der chemischen Kampfmittel würde diesem Grundsatz technischer Kulturentwicklung widerstreben« (Geyer 1919, 19).

Gaskrieg ist Terror auf der Basis einer Umwelttheorie. Der Gaskrieg war, folgt man Sloterdijk, zugleich die Entdeckung der Umwelt in Form einer »Giftwolkenkunde« oder einer »Theorie unlebbarer Räume« (Sloterdijk 2004, 100). Terror, Umwelttheorie und Produktdesign laufen zusammen: Wie muss die Atmosphäre beschaffen sein, um darin umzukommen? Die Antwort auf diese Frage einer Theorie »unlebbarer Räume« ging Hand in Hand mit der Forschung zum Design von Gaswaffen (vgl. zum Folgenden Haber 1986; Martinetz 1996).

Im Herbst und Winter 1914 hatten Versuche mit verschiedenen Reizstoffgranaten keine brauchbaren Ergebnisse geliefert. Fritz Haber, der 1918 für die Entwicklung der Ammoniaksynthese den Nobelpreis erhalten sollte, lieferte schließlich die entscheidenden Ideen; er dachte sofort an einen Masseneinsatz, um hohe Konzentrationen zu erzielen. Er schlug die Verwendung von Minenwerfern mit großem Fassungsvermögen vor, was wegen Materialmangels zunächst nicht umsetzbar war. Der Einsatz von Gaszylindern, aus denen man Chlor oder auch Phosgen abblasen könnte, war seine nächste Idee. Chlor war in den Farbstofffabriken reichlich vorhanden, Phosgen wäre schnell herzustellen gewesen, und die Industriebehälter konnten auch militärisch verwendet werden. Nach kleineren Tests auf einem Truppenübungsplatz, bei dem Haber mit Max Bauer, der als Leiter der ›technischen Sektion‹ mit der Planung und Durchführung des Gaskriegs betraut wurde, in die Wolke ritt und nur mit Mühe und Not wieder herauskam, gab Falkenhayn die Zustimmung zum Blasverfahren. Nach dessen militärischem Erfolg lief die Forschung an. Haber machte eine Blitzkarriere in der Armee, wurde vom Vizefeldwebel zum Hauptmann befördert und für die Entwicklung von Gaskampfmittel und Gasschutz verantwortlich.

Die Entwicklungsarbeit zu Gaskampfmitteln und Gasschutz wurde nahezu ausschließlich an dem von ihm geleiteten Kaiser-Wilhelm-Institut für physikalische und Elektrochemie (KWI) durchgeführt. Das Institut nahm seine Arbeit im Frühjahr 1915 mit fünf Mitarbeitern auf, 1918 waren es etwa 150 Mitarbeiter und ca. 1850 Hilfskräfte (vgl. Haber 1986, 107). Der Gaskrieg war durch und durch ein Krieg der Wissenschaftler. Das KWI stimmte die Ansprüche und Aufgaben von Kriegsministerium, Industrie und Militär aufeinander ab. Seine Mitarbeiter erkundeten an der Front den militärischen Bedarf, sie erarbeiteten in Zusammenarbeit mit Artillerieexperten Einsatzverfahren, sie leiteten die Ausbildung der Artillerie- und Gasoffiziere an der Heeresgasschule. Die Kampfstoffsuche folgte klaren Schritten: Rohstofflagen und Herstellungsmöglichkeiten prüfen, Verwendungsmöglichkeit in Granaten (Abfüllung, Transport, Lagerung, Schussstabilität) ermitteln, Wirkung (Giftigkeit) und sonstige Eigenschaften (Flüch-

tigkeit, Dampfdruck, Siedepunkt, Schmelzpunkt, Verdampfungsgeschwindigkeit, Vergasbarkeit bzw. Verstäubbarkeit, spezifisches Gewicht, Farbe, Absorptionsmöglichkeiten, Beständigkeit, Löslichkeit usw.) evaluieren. Alle Stoffe, die im Verlauf des Kriegs für hinreichend giftig, feldtauglich und handhabbar gehalten werden sollten, waren bekannt. Chlor und Phosgen wurden bereits für den Krieg produziert, auf die anderen – Chlorpikrin, Diphenylarsinchlorid (›Clark I‹) und Dichlordiäthylsulfid (›Senfgas‹) – stieß man durch Literaturstudien; 15 verschiedene Arsenverbindungen und 150 verschiedene Senfgasverbindungen wurden untersucht (vgl. ebd., 109). Schien ein Stoff geeignet, erfolgte der Test: Zunächst in Kammern an Tieren und Freiwilligen, dann wurde das Detonationsverhalten untersucht, schließlich die Versuche im Freien fortgesetzt. Gassperren wurden verschossen, Beobachter liefen mit oder ohne Maske zu den Einschlagstellen und schilderten ihre Eindrücke.

Die »schwarze Meteorologie, die sich mit Niederschlägen ganz besonderer Art beschäftigte« (Sloterdijk 2004, 104), zieht als Krieg mit wissenschaftlicher Beratung ins Feld. Nach Habers und Bauers forschungsstrategisch erfolgreichem Ritt wurden Pioniertruppen (1600 Mann) unter der Tarnbezeichnung ›Desinfektionstruppen‹ aufgestellt, die vom Transport bis zum Abblasen und Abbau den Einsatz organisierten. Ihnen waren Meteorologen und Chemiker zugeteilt, bei Ypern waren 30 Wissenschaftler als Beobachter zugegen – unter ihnen auch die späteren Nobelpreisträger Otto Hahn, James Franck und Gustav Hertz. Die Einflussgrößen mussten abgeschätzt werden: Geländeverhältnisse, Temperatur, Wetter, Wind, Tageszeiten und vieles mehr konnte das Verhalten der Stoffe beeinflussen. Viele Chemikalien zerfallen bei Regen, bei Kälte verdampfen die Flüssigkeiten nicht, besonders kritisch waren drehende Winde. Die deutsche Seite führte bis Januar 1917 etwa 50 Angriffe mit Blasverfahren durch – sehr bald mit einem giftigeren Chlor-Phosgen-Gemisch –, die meisten an der Ostfront, auch aus dem Grund, dass die russischen Soldaten nur über unzureichenden Maskenschutz verfügten. Die Briten und Franzosen, die ein halbes Jahr benötigten, um ihrerseits mit Gasangriffen zu antworten, behielten das Verfahren länger bei. Sie waren durch die vorherrschende Windrichtung an der Westfront begünstigt. Blasverfahren waren mit Transport und Einbau enorm aufwändig, die Gefährdung der eigenen Truppe durch gegnerischen Artilleriebeschuss war groß, das Verfahren überdies stark wetterabhängig.

Bei besser werdendem Maskenschutz verloren die Blasverfahren, mit denen man den Gegner kaum überraschen konnte, an Effizienz. Der Gaskrieg wurde artilleristisch fortgesetzt.

Angriff und Verteidigung bedeutete im Gaskrieg das Gegenspiel von Gasmaskendesign und Kampfmittelentwicklung. Das erste, was am KWI entwickelt wurde, waren keine neuen Kampfstoffe, sondern Masken. Im September 1915 war ein erstes Modell, das gegen Chlor zuverlässig schützte, bereits an der Front ausgegeben, ab Frühjahr 1916 verfügte man auch über einen guten Phosgenschutz. Auf französischer und britischer Seite standen jeweils ein paar Monate später ähnlich gute Masken zur Verfügung. Wenn die Ratio des Gaskrieges darauf abstellt, die Umwelt zu vergiften, um dem Soldaten das Überleben unmöglich zu machen, so musste der Schutz des Körpers vor der Umwelt, die Gasmaske, überwunden werden. Dies wurde mit zwei Methoden angestrebt: neue Kampfverfahren, an denen Techniker und Artilleristen arbeiteten, oder neue Kampfstoffe, mit denen Wissenschaftler befasst waren.

Zu den Kampfverfahren zählte die List: Bei Verdun verschoss die französische Artillerie im Februar 1916 Phosgengranaten zusammen mit Reizstoff- und Brisanzmunition. Die Truppen schützten sich gegen den Reizstoff, der aber weniger gefährlich war, während sie den anderswo sich absetzenden Gasschleier nicht bemerkten und dort keine Masken aufsetzten. Eine andere von Technikern erarbeitete Innovation war der britische ›Livenswerfer‹, eine Art einfacher Granatwerfer mit 1 bis 2 km Reichweite, der großförmige Projektile mit 13 bis 14 kg Phosgen verschießen konnte. Mehrere solcher Granatwerfer wurden in Reihe gestellt und gleichzeitig gezündet. Überraschung oder hohe Konzentrationen konnten den schützenden Mikroraum der Maske ausschalten: So wurde verhindert, dass sie rechtzeitig aufgesetzt werden konnte oder ihre Filter wurden überfordert. Der erste derartige Angriff erfolgte bei Arras mit 2300 Werfern im April 1917, 500 Soldaten erlitten Vergiftungen, von denen 100 starben (Prentiss 1937, 665; Martinetz 1996, 74).

Die spezifische Expertise der deutschen Seite bestand hingegen in der Kampfstoffentwicklung. Mit den Clark-Kampfstoffen (als ›Blaukreuz‹ geführt) setzte man auf ein Mehrkomponentendesign. Die entsprechend entwickelten Granaten sollten als ›Maskenbrecher‹ funktionieren: Zusammen mit Brisanzmunition sollte sich der Kampfstoff hinreichend fein verteilen, um durch die Filter der Masken zu dringen und starken Husten und Erstickungsgefühle auszu-

lösen. Gezwungen, ihre Maske herunterzureißen, sollten sich die Bombardierten den Phosgengranaten (›Grünkreuz‹) aussetzen. Allerdings waren die Experimente zur optimalen Vernebelung nicht sehr fortgeschritten, als die Artillerieexperten gegen Habers Protest die Einführung durchsetzten. Zum Glück für die Soldaten der Entente schien die wissenschaftliche Expertise recht zu behalten: Blaukreuz blieb weitgehend wirkungslos. Die nächste Eskalationsstufe bestand in der Verseuchung ganzer Landstriche mit Senfgas (›Gelbkreuz‹). Senfgas, auch als ›Lost‹ bezeichnet, ist ein Zellgift, das auch auf die Haut einwirkt, es ruft schon in kleinsten Spuren Verletzungen hervor. Als Flüssigkeit verschossen, verteilt es sich tropfenförmig im Gelände, auch auf der Kleidung und verdampft erst allmählich. Gegen ›Lost‹ war kaum ein Schutz möglich – ein Leben in Vollgummianzügen war noch nicht einmal an der Front denkbar. Mit ›Lost‹ konnten große Flächen verseucht und somit unzugänglich gemacht werden.

Im Juli 1917 beschossen die Deutschen britische Truppen bei Ypern erstmals mit Senfgas – 10 Tage lang mit mehr als einer Million Granaten, was 14 000 Gelbkreuzvergiftete verursachte, von denen 500 starben (Martinetz 1996, 79). Die britische und französische Forschung und Industrie benötigte fast ein Jahr, um nachzuziehen. ›Lost‹ kam auf Seiten der Entente erst in den letzten beiden Kriegsmonaten zum Einsatz. 1918 jedenfalls war der Höhepunkt der Gaseinsätze. Die deutsche Artillerie verschoss mit 30 000 t doppelt soviel Kampfstoff wie ein Jahr zuvor. Auch die Engländer und Franzosen verdoppelten die chemische Munition bei der Artillerie auf 6200 t bzw. 15 650 t. Am Ende des Krieges betrug der Anteil der Gasgranaten bei der deutschen Artillerie 50 %, der französischen 35 %, der englischen 25 % und der amerikanischen 15 %. Seit der Einführung von ›Lost‹ stieg der Anteil an Gasvergifteten bei der britischen Armee auf über 16,5 % aller Verluste, bei den amerikanischen Truppen lag der Anteil bei 27 % (vgl. Prentiss 1937, 656, 680; Martinetz 1996, 79; Müller 2000, 105). Auf den gesamten Krieg bezogen, betrug der Anteil an Gasverseuchten unter den Verlusten, zwischen 3 % bis 4 % – »however, the use of gas left an enduring memory of terror« (Audoin-Rouzeau 2010, 182).

Der Gaskrieg ist durch Terror, Umwelttheorie und experimentelles Design bestimmt; Design der Kampfstoffe, der Verfahren, aber auch der Masken. Die Maske, die Schutz bot, war zugleich schwer zu ertragen. Den Kampf mit aufgesetzter Gasmaske fortzusetzen, war nicht einfach. Bei Hitze konnte körperliche Anstrengung mit aufgesetzter Maske unerträglich werden. Laufen war aufgrund des hohen Atemwiderstands, der bei allen Filtern mehr oder weniger gegeben war, fast unmöglich. Auch andere Tätigkeiten, wie z. B. das Laden der Geschütze bei der Artillerie, wurden enorm erschwert. Unter der Maske war man isoliert, da weder Sprechen, Rufen noch Befehlen möglich war. Zudem war die Sicht erheblich eingeschränkt, die Maske engte das Sichtfeld ein, die Gläser beschlugen oft, und der Kampfstoffnebel konnte so stark sein, dass man fast gar nichts mehr sah. Unter der Maske konnte man weder essen, noch trinken, noch rauchen – und das bei manchmal tagelangem Beschuss. Die Mikrowelt unter der Maske war kaum auszuhalten. Wenn der Feind schon nicht vernichtet und vergiftet werden konnte, so sollten die Gaskampfmittel die Soldaten einer verstärkten psychischen und physischen Belastung aussetzen. Mit den Livenswerfern war eine Waffe geschaffen, die in besonderem Maße dazu beitrug, den chemischen Krieg zu einem ›moralischen‹ Krieg werden zu lassen. Bis 3 km hinter der Frontlinie bestand nun erhöhte Gasbereitschaft, die Soldaten mussten jederzeit auf Gasbeschuss gefasst sein. Am Ende des Kriegs waren in vorderster Linie zwar Leute ohne Waffen, nie aber ohne Gasmaske anzutreffen.

Der Gaskrieg ist eine Folge der Kulturentwicklung – so sahen es seine Protagonisten. Dieses Argument lässt sich auch umkehren. Im KWI etablierte sich im Krieg eine Kultur anwendungsorientierter Forschung und interdisziplinärer Zusammenarbeit, die bis dahin weitgehend unbekannt war. Herbert Freundlich, der für die Atemeinsätze der Gasmasken verantwortlich war, schrieb:

> Man war damals überrascht über die Ausbeute, die sich erzielen ließ, wenn Wissenschaftler ganz verschiedener Richtung Wand an Wand nebeneinander arbeiteten, der Physiker neben dem Chemiker, dem Pharmakologen, dem Mediziner. Dies veranlaßte Haber sein Institut nach dem Krieg umzugestalten (Freundlich 1928, 1060).

Eine spezifische Form der Expertise, die sich im KWI ausbildete, war die der Schädlingsbekämpfung, insbesondere durch die Arbeit mit Blausäure, die sich für den Gaskrieg letztlich nicht eignete. Peter Sloterdijk verfolgt schließlich auch die genealogischen Spuren, die sich von der Schädlingsbekämpfung des KWI im Jahr 1917 zu Zyklon A und Zyklon B, wie auch zur Erfindung von Gaskammern ziehen (Sloterdijk 2004, 110–117).

Im militärischen Sinne hieß Kulturerziehung im Gaskrieg »Gasdisziplin«. Eine verschärfte Disziplin, darauf verwiesen die Gaskriegstreiber, sei notwendig, um dem Terror, den man selbst erzeugt hatte, zu widerstehen: »Das Maß soldatischer Erziehung aber«, so formulierte Fritz Haber,

> dessen es zur richtigen Pflege des persönlichen Gasschutzgerätes, zu seiner Handhabung und vor allem zur Fortführung der Kampftätigkeit unter der Gasmaske bedarf, ist außerordentlich groß. Eine strenge Auslese scheidet die Mannschaft, die vermöge dieser Gasdisziplin standhält und ihre Kampfaufgabe erfüllt, von der soldatisch minderwertigen Masse, die zerbröckelt und ihre Gefechtsposition aufgibt (Haber 1924, 38 f.).

Diese Verbindung von Kultur und »Gasdisziplin« ließ sich kaum ohne eine rassistische Komponente denken. Der Stabsapotheker Rudolf Hanslian, der von der Reichswehr für Vorträge zum Gaskrieg bezahlt wurde, schrieb: »Es hat sich gezeigt, daß Naturvölker wie Russen und farbige Truppen dem psychischen Druck eher unterlagen als die kulturell höher stehenden Deutschen, Amerikaner, Engländer und Franzosen« (Hanslian 1937, 250).

U-Boot: Maritimer Terror

Anders als das Land gilt die See als glatte, ebene Fläche, Schiffe sind nicht prinzipiell an vorgebahnte Wege gebunden (Schmitt 1997, 13, 143, 258). Die Blockade, die Großbritannien mit Beginn des Krieges aufzog, war neuartig. Klassischerweise bestanden Blockaden darin, vor der feindlichen Küste die Zufahrten zu den Häfen zu blockieren. Die britische Blockade war allerdings viel weiträumiger angelegt (ebd., 288–293). Sie kerbte den Meeresraum ein, zog Kanalisierungen in den glatten, ebenen Raum, um ihn kontrollierbar und regulierbar zu machen. Carl Schmitt merkt an, dass »ganze Räume des freien Meeres zu Kriegszonen oder Sperrgebieten erklärt werden, also aus dem Raum der Meeresfreiheit ausgegrenzt werden« (ebd., 292). Der Verkehr wurde in Spuren gelenkt: Das Auslegen von Minenfeldern im Kanal verengte die Passagen, eine Patrouillenlinie zwischen Schottland und Norwegen sperrte die Passage. Kaum ein Schiff konnte passieren, ohne in einen Hafen verwiesen zu werden und sich dort kontrollieren zu lassen. Und entgegen der von Großbritannien 1910 unterzeichneten ›Londoner Erklärung‹ zum Prisenrecht, das die Blockade-, Beute- und Kontrollpraxis im Kriegsfall regelt, sollten alle Güter, nicht nur Waffen und mittelbar als Kriegsgüter verwendbare Stoffe, die für die Mittelmächte bestimmt waren, beschlagnahmt werden (vgl. Offner 2000; Schröder 2000, 79–85). Holger Herwig beschreibt die Effekte, die der Blockade zugeschrieben werden – wobei stark umstritten bleibt, ob eine andere deutsche Politik der Kräfteallokation die Folgen für die Zivilbevölkerung hätte vermeiden oder zumindest drastisch reduzieren können: Rückgang der Schweinezucht um 77 %, der Rinderzucht um 32 %, die durchschnittlichen Fleischrationen sanken von 1050 gr auf 135 gr, die Sterblichkeitsrate von Kindern unter fünf Jahren stieg um 50 %, die von Frauen um 51 %; die deutsche Seite rechnete 730 000 Tote der Blockade – und eben nicht der eigenen Ressourcenpolitik – zu (Herwig 2000, 189).

Diese Form der Blockade hätte sich nur durch die Vernichtung oder den unmittelbaren Kampf der deutschen Hochseeflotte mit der *Royal Navy* durchbrechen lassen. Dies wagte die deutsche Flotte nicht. Die U-Boote, von denen die Deutschen 1914 über 28 Stück verfügten, waren eigentlich zur Unterstützung des Flottenkampfes vorgesehen, doch dann entdeckte man in ihnen ein Mittel, um eine Art Gegenblockade zu organisieren. Die technische Form, in der eine solche Gegenblockade durch U-Boote wirksam werden kann, sieht freilich anders aus. Rein von der Zahl und der Operationsweise her, können U-Boote nur punktuell auftauchen, und nicht wirklich im Sinne einer Sperre wirken. U-Boote ›gehen auf Jagd‹ und kennen ›Jagdreviere‹, diese Form der Kriegführung konnte keine Blockade im Sinne des geltenden Seerechts sein. Insbesondere nach dem Übergang zum uneingeschränkten U-Boot-Krieg galt für diese Kriegführung: »Sie war wahllos, willkürlich und ganz bewusst auf Terror angelegt« (Stevenson 2006, 310).

Den Handelskrieg mit U-Booten zu betreiben, brachte als zweites Moment der Radikalisierung mit sich, dass de facto nicht Beschlagnahmung, sondern nur die Versenkung des aufgegriffenen Schiffes möglich war. Dies war die Praxis von 1914. Eine weitere Radikalisierung – und dies ist der Übergang zum ›uneingeschränkten U-Boot-Krieg‹ – bestand darin, ein aufgespürtes Boot ohne Vorwarnung zu versenken, also ohne den an Bord befindlichen Personen die Möglichkeit zu lassen, sich in Rettungsboote zu begeben. An dieser Form der Radikalisierung entzündete sich der diplomatische Konflikt mit den USA.

Der U-Boot-Krieg spielte sich nicht zuletzt als Kampf um die Radikalisierung des Krieges ab (vgl. zum Folgenden Schröder 2000). Schematisch skizziert, lassen sich drei Positionen ausfindig machen. Erstens die Kräfte in der deutschen Politik und Marine, die sich für eine Hegung des Kriegs stark machten – zu denen lange Zeit Reichskanzler Bethmann

Hollweg zählte. Die Position war, einen Handelskrieg gegen Großbritannien zu befürworten, aber dies unter den Vorbehalt zu stellen, dass die Prisenordnung zu beachten sei. Die Haltung konnte politisch motiviert sein, um einen Konflikt mit den USA zu verhindern, sie konnte auch moralisch motiviert sein. Bei vielen U-Boot-Kommandanten war letzteres wohl tatsächlich der Fall. Nicht wenige führten selbst nach der Anordnung, den U-Boot-Krieg uneingeschränkt zu führen, keine Angriffe durch, die gegen die Prisenordnung verstießen. Mancher Kommandeur forderte sogar, große U-Boote zu bauen, um Besatzungen angegriffener Schiffe an Bord nehmen zu können.

In der Marine kristallisierten sich sehr bald Kräfte heraus – dies die zweite Position –, die vehement für einen uneingeschränkten U-Boot-Krieg eintraten. Großadmiral Tirpitz etwa sollte bereits im November 1914 in einem Zeitungsinterview verkünden: »Wir werden London an hundert Stellen in Brand stecken. Aber ich glaube, eine Unterseebootblockade wäre eher noch wirksamer« (zit. n. Schröder 2000, 85). Zu diesem Zeitpunkt verfügte die Marine gerade mal über eine Handvoll U-Boote, die sich überhaupt zum Einsatz für einen Handelskrieg eigneten. In der historischen Forschung gilt es als ausgemacht, dass die U-Boote die Existenzberechtigung der Marine, deren Hochrüstung Unsummen gekostet hatte, die sich jetzt aber nicht in der Lage sah, gegen die Blockade vorzugehen, retten sollte.

Das dritte Moment in diesem Konflikt um die Radikalisierung bestand in den Maßnahmen Großbritanniens. Viele Schutz- und Kampfmaßnahmen führten, ob beabsichtigt oder nicht, dazu, die Einhaltung des Prisenrechts durch die U-Boote zu erschweren. Die eigenen Schiffe unter fremder Flagge fahren zu lassen, Handelsschiffe mit Waffen zur U-Boot-Bekämpfung auszustatten, U-Booten Fallen durch schwerbewaffnete, aber als kleine Handelsschiffe, Fischerboote oder Segler getarnte Schiffe, sog. ›Q-Ships‹, zu stellen: All dies sorgte in der Konsequenz dafür, einen prisengerechten Handelskrieg weniger wirksam oder gefährlicher werden zu lassen.

Die deutsche Flottenführung jedenfalls begründete den Übergang zum uneingeschränkten U-Boot-Krieg mit dem Argument der Effizienzsteigerung – das Prisenrecht einzuhalten, sei zu gefährlich. Dieser Entscheidung, 1917 zum uneingeschränkten U-Boot-Krieg überzugehen, liegt ein Kalkül zugrunde, das zu einem der tragenden Grundmuster des Kriegs gehörte: Die Überzeugung nämlich, die Kriegsentscheidung ließe sich berechnen, sie könnte bis zur letzten Konsequenz durchkalkuliert werden. Dieses

Denken manifestierte sich im Schlieffen-Plan, Falkenhayn sollte es auf strategisch-operativer Ebene als ›Abnutzungskrieg‹ konkretisieren, in den Planungen zur Somme-Schlacht zieht es auf taktischer Ebene ein, und mit dem U-Boot-Krieg wird es ebenfalls strategisch wirksam. Zugleich manifestiert sich darin – zumindest, was die deutsche Seite angeht – stets ein Phantasma: der verzweifelte Glaube an das gewählte Mittel, das einfach wirken *muss*. Beim U-Boot-Krieg lässt sich die Vermischung von Technokratie und Phantasma paradigmatisch im Memorandum von Admiralstabschef Holtzendorff vom Dezember 1916 nachvollziehen, das die Grundlage für die Eskalation der Kriegsstrategie bildete.

Die Überlegungen, wie man eine Großmacht in die Knie zwingt, sollten von wenigen Daten ihren Ausgang nehmen. Berechnet wurde die Höhe des Handelsvolumens in Schiffstonnagen mit angenommenen Versenkungsquoten. Erwartet wurde, vier Monate lang ca. 600 000 Bruttoregistertonnen (BRT) vernichten zu können und anschließend auf ca. 500 000 BRT zu kommen, da das Volumen ja zurückgehe. Berechnet wurde auch, dass sich neutrale Handelsnationen durch die Maßnahme abschrecken ließen und ca. 40 % dieses Handels, das waren weitere 1,2 Mio. BRT, wegfielen. Weitere 1,4 Mio. Schiffstonnagen deutscher Herkunft, die festgehalten wurden, sollten der Sabotage zum Opfer fallen. Auf der Grundlage, dass Großbritannien über 10 Mio. BRT Schiffstonnagen verfügte, stellte das Memorandum ein schnelles Ende in Aussicht: Binnen acht Monaten würde Großbritannien einbrechen. In das Memorandum war immerhin das Wissen eines Stabs aus finanziellen, kommerziellen, agrarischen und industriellen Experten eingeflossen (vgl. Herwig 2000, 192–199).

Die Planungen sollten nicht aufgehen, obwohl die versenkten Tonnagen in den ersten vier Monaten nach Eröffnung des uneingeschränkten U-Boot-Kriegs bei einem Durchschnitt von etwa 630 000 BRT lagen und in den nächsten beiden noch bei knapp über 500 000 BRT stagnierten, bevor sie rapide sanken. Grundlegende Fehleinschätzungen, etwa zur Fähigkeit einer modernen Volkswirtschaft, Ressourcen umzugruppieren, die landwirtschaftliche Produktion zu erhöhen und den Schiffsbau massiv voranzutreiben, sowie des Willens der Bevölkerung, auch mit Rationierungen umzugehen, waren ein Grund für das Scheitern. Gleichermaßen können aber auch operative Gegenstrategien der Briten als ein weiterer Grund genannt werden. Drei Strategien schienen besonders erfolgreich: Verstärkte Minenanlagen im Kanal und

dann auch in der Ausfahrt zwischen Schottland und Norwegen verknappten den Spielraum der U-Boote. Mit der Entzifferung der deutschen Funkschlüssel im ›Room 40‹ des britischen Nachrichtendienstes konnten die Standorte der U-Boote ausfindig gemacht und durch eigene Kreuzer, die nun mit Echolot zum Aufspüren der U-Boote ausgestattet waren, bekämpft werden. Schließlich, als erfolgreichste Strategie, fasste man die Handelsschiffe zu Konvois zusammen, die durch Kriegsschiffe geschützt wurden. Schiffe waren so schwerer aufzufinden, zumal die Konvois durch die Informationen von ›Room 40‹ um die U-Boote herumgelenkt wurden. Überdies war damit auch der uneingeschränkte U-Boot-Krieg für die Angreifer selbst gefährlich geworden. Die Briten hatten folglich in Form der Konvois eine Kerbung des Raums ins offene Meer gezogen. Die deutsche Strategie, eine neue Raumdimension als Gegenblockade ins Spiel zu bringen, scheiterte.

Allerdings lässt sich dieses Scheitern auch anders als mit der Fehleinschätzung der gegnerischen Handlungsoptionen und seinen Gegenstrategien begründen: Die Deutschen verfügten selbst nach einem eigenen Gutachten von 1914/15, das 222 Boote für einen Erfolg voraussetzte, schlicht und einfach über viel zu wenige U-Boote, um eine solche Strategie umzusetzen. 1914 waren es 28, 1915 54, 1916 133, zu denen bis 1918 nicht mehr viele dazukamen. Durchschnittlich war nur ein Drittel davon im Gefecht, da sich ein Drittel auf der Hin- oder Rückfahrt befand und ein Drittel zu Überholungsarbeiten in Werften verblieb. Auf dem Höhepunkt des Einsatzes waren 58 U-Boote zugleich unterwegs, die zudem auf die Einsatzgebiete in der Nordsee und im Mittelmeer aufgeteilt waren (vgl. Herwig 2000; Stevenson 2006, 296–318, 384–388). So konnte schon kurz nach dem Krieg aus Marinekreisen auf mangelnde Rüstung hingewiesen werden:

> Die Marine war durch die Unentschiedenheit der Reichsleitung in die üble Lage gebracht worden, für beide Eventualitäten U-Boote zu schaffen zu müssen, einerseits für den Handelskrieg nach der Prisenordnung, wobei das Hauptgewicht auf die Überwasserfahreigenschaften […] zu legen war, andererseits solche für den uneingeschränkten U-Bootskrieg, wobei die Unterwassereigenschaften in den Vordergrund zu stellen waren [Es war] selbstverständlich unmöglich […], wirklich großzügig und planmäßig den U-Bootsbau zu betreiben, solange die Ablehnung des U-Bootskrieges durch die Reichsregierung vorlag (Bartenbach 1920, 393 f.).

Dass die Marine selbst auf die Rüstung für einen Krieg gedrängt hatte, den sie dann gar nicht führen konnte oder wollte, wird in solchen Stellungnahmen unterschlagen. Dennoch lässt sich festhalten: Die Waffe hatte ihren eigenen Krieg geschaffen. Die realen Effekte mögen begrenzt gewesen sein – »the rhetoric was total« (Herwig 2000, 205). Und nicht nur die Rhetorik: Mit dem uneingeschränkten U-Boot-Krieg wird das gewalttätige Kalkül, mit dem Verlustziffern auf Schlachtfeldern aufgerechnet wurden, in Maßeinheiten von Bruttoregistertonnen und Kalorienzahlen auf die gesamte Bevölkerung ausgedehnt.

Panzer: Flächenkrieg

Winston Churchill setzte im Februar 1915 ein der Admiralität unterstehendes ›Landship Committee‹ ein, das die Aufgabe hatte, ein gepanzertes Fahrzeug zu entwickeln, das in der Lage wäre, Schützengräben zu überqueren. ›Landship‹ – der Name war zukunftsweisend. Er bringt das Potential, besser sollte man wohl sagen: das Phantasma, das der Panzer birgt, zur Sprache. Er sollte das Schlachtfeld in einen glatten Raum verwandeln, in dem er sich bewegt wie ein Schiff auf dem Meer:

> Der Allwegpanzerwagen beseitigt alle Hindernisse. Mit ihm existiert die Erde nicht mehr; man sollte ihn lieber *Ohne-Weg-* als All-Weg-Panzer nennen, er […] bricht aus dem alten linearen Verlauf von Straßen und Eisenbahnen aus; er eröffnet der Geschwindigkeit und der Gewalt eine ganz neue Geometrie. […] von jetzt an kann alles zur möglichen Bahn eines Sturmlaufes werden, wie das maritime Glacis ist das Schlachtfeld hindernislos geworden (Virilio 1980, 72 f.).

Der ›Mark I‹, dessen Entwicklung durch das Vorbild eines Landwirtschaftstraktors angeregt war, sollte gemessen an diesen Bestimmungen jedoch ein reichlich defizitäres ›Landship‹ – aus Tarnungsgründen war die Bezeichnung in ›Tank‹ gewandelt worden – sein (vgl. zum Folgenden Harris 1995). Von den 49 Panzern, die im September 1916 an der Somme zum ersten Mal in eine Schlacht geworfen wurden, gelangten 13 erst gar nicht in ihre Ausgangsstellung. Das Modell Mark I wurde in zwei Varianten, einer ›männlichen‹ und einer ›weiblichen‹ ausgeliefert: Die eine Variante war mit einer 57 mm-Kanone bestückt, die andere mit 6 Maschinengewehren. Das Gewicht lag bei ca. 28 t, die Motorleistung betrug 100 PS, die Geschwindigkeit lag bei 5 bis 7 km, seine Reichweite bei 36 km. Einsätze über einen längeren Zeitraum wurden für die Mannschaften zur Qual: Im Innenraum konnte es extrem heiß werden, die Luft war von Kohlenmonoxid verpestet, die Sicht

war stark eingeschränkt, es herrschte höllischer Lärm, der Panzer war schwer zu manövrieren und überdies sehr störanfällig (vgl. Stevenson 2006, 232).

Erst das ab 1918 gelieferte Modell ›Mark V‹ galt als zuverlässiger, geländegängiger und war leistungsstärker. Die französische Seite stellte 1917 den Bau ihrer ersten beiden schweren Panzerreihen ein und investierte in einen kleineren Panzer von Renault, der von zwei Mann bedient wurde, 6,7 t wog und ab Mitte 1918 bis Kriegsende in einer Stückzahl von über 3000 ausgeliefert wurde. In Deutschland wurde die Entwicklung von Kampfpanzern erst spät aufgenommen, bis Ende des Kriegs wurden nur 20 Exemplare ausgeliefert.

Referenzpunkt jeder Geschichte der Panzerwaffen ist die Schlacht bei Cambrai am 20. November 1917, bei der die Briten erstmals Panzerkräfte zu einem massierten Einsatz mit 350 Fahrzeugen zusammenzogen und ein tiefer Einbruch in das deutsche Stellungssystem gelang. Das ›Tank Corps‹, das schon länger gefordert hatte, die Panzerkräfte zu bündeln, um operative Wirkung zu erzielen, hatte sich durchgesetzt. Wegweisend bei dieser Offensive wurde, dass die britische Armee eine neue Taktik umsetzte, bei der Überraschung der Schlüssel war. Die Artillerie startete mit einem nur kurzen Feuerüberfall, die Luftwaffe tarnte mit Fliegerlärm den Anmarsch der Panzer, die zusammen mit der Infanterie die deutschen Stellungen erobern sollten, während die Luftwaffe die Bodenkräfte unterstützte.

Auch bei Amiens am 8. August 1918, dem ›schwarzen Tag des deutschen Heeres‹, wurden sämtliche Kräfte des ›Tank Corps‹ zusammengezogen – etwa 430 überwiegend schwere Kampfpanzer und über 100 gepanzerte Unterstützungsfahrzeuge. Die nach dem Krieg prominent gewordenen Protagonisten und Theoretiker der Panzerwaffe – allen voran der Stabsoffizier des ›Tank Corps‹, John Frederick Charles Fuller, auf den die Planungen für den Einsatz der Panzerkräfte zurückgingen – rechneten die Erfolge bei Cambrai wie bei Amiens dem massierten Einsatz von Panzern zu. Schon der Blick auf schlichte Zahlen kann verdeutlichen, dass die Überlegenheit nicht (nur) auf Panzerkräfte zurückzuführen war. Bei Cambrai kämpften die überraschten Deutschen im Prinzip ohne Artillerie, ca. 1000 Geschützen der Briten standen gerade einmal 34 auf deutscher Seite gegenüber. Bei Amiens waren nicht nur Panzerkräfte, sondern 2000 Geschütze und 1900 französische und britische Flugzeuge zusammengezogen, denen lediglich 369 Flugzeuge auf deutscher Seite gegenüberstanden. Die Vorstellungen, einen Durchbruch auf Panzerwaffen zu bauen, schien den kampftechnischen Gegebenheiten weit enteilt zu sein: In Amiens etwa wurden die Panzer von berittenen Offizieren aufs Feld geführt, weil die Sicht aus dem Panzer allzu eingeschränkt war. Bei Cambrai zeigte sich, dass die Panzer in bebautem oder bewaldetem Gebiet kaum einsetzbar waren; es gab auch zu wenige Panzer für operative Durchbrüche – nach der Offensive bei Amiens standen nur noch 248 bereit. Und überdies, so sehr die Panzer auch – insbesondere bei Amiens, wo sie an den meisten Stellen aus dichtem Nebel auftauchten – Schrecken unter den deutschen Truppen verbreiteten, waren sie doch recht verwundbar (vgl. Travers 1992, 20–31, 115–130; Griffith 1994, 159–169; Harris 1995, 120–194).

Dennoch versprachen Panzer, oder zumindest ihre Theoretiker, die Rückkehr zum Bewegungskrieg, und nach dem Ende des Weltkriegs sollten sie neben dem Flugzeug als entscheidende Waffe gesehen werden, deren Einsatz einen in der militärischen Kritik als ›geistlos‹ charakterisierten Stellungskrieg erst gar nicht entstehen lassen würde. In den 1920er Jahren avancierten die britischen Militärtheoretiker Fuller und in seinem Gefolge Basil Henry Liddell Hart zu den international führenden Protagonisten einer weitgehenden Forcierung der Panzerwaffe und Motorisierung der Armee. Mit der Rezeption ihrer Veröffentlichungen setzte international eine Diskussion ein, die sich um die Frage drehte, ob Panzerkräfte als raumgreifende selbständige Einheiten oder in enger Anlehnung an Infanterie und Artillerie operieren sollten. In diesen Diskussionen spiegelten sich weitergehende Fragen des Kriegsbildes und der strategischen Konzeptionen wider (vgl. Gat 2000).

Von Fuller in den frühen 1920er Jahren bis zum ›Schöpfer der deutschen Panzerwaffe‹, Heinz Guderian Mitte der 1930er Jahre, sprachen die Protagonisten motorisierter, panzerzentrierter Operationsführung von einem radikalen Bruch in der Kriegführung. Fuller etwa schrieb in seinem »Plan 1919«, den er 1918 als strategischen Plan für eine Frühjahrsoffensive im folgenden Jahr entworfen hatte, dass der Panzer nicht einfach nur eine neue Waffe sei, sondern dass seine Einführung die Kriegführung »gänzlich revolutioniere« (Fuller 1937, 282). Auf der Basis einer Art von Trivialpositivismus, von dem seine Schrift *The Foundation of the Science of War* von 1926 zeugt, leitete Fuller die Entstehung des Panzers als evolutionäre Notwendigkeit aus der industriellen Revolution ab: Erst brachte diese die Mittel hervor – Eisenbahn, Dampfschiff –, um Millionenheere zu transportieren und zu versorgen, dann

habe sie mit Verbrennungsmotor und Lastwagen für die Verbindung von Eisenbahnnetz und Schlachtfeld gesorgt. Allein am Ende stünden noch die alten Armeen mit ihren Fußsoldaten unterstützt von ihren Lasttieren. Der nächste logische Schritt lag für Fuller auf der Hand: Man müsse die Möglichkeiten des Verbrennungsmotors konsequent weiterdenken und die alte Armee der Fußsoldaten mechanisieren (Fuller 1937, 282–295; Gat 2000: 531–560).

Fuller gab damit das Argumentationsmuster vor, das die Debatten nach dem Ersten Weltkrieg bestimmte: Wer immer Motorisierung und Mechanisierung, worunter die Automatisierung von Waffen und die Panzerung von Fahrzeugen verstanden wurde, nicht entschieden vorantrieb und nicht auf die Schlagkraft weitgehend unabhängig agierender Panzerkräfte setzte, wurde bezichtigt, nicht auf der Höhe der Zeit zu sein und einem veralteten Denken nachzuhängen. Im politischen Kampf um Rüstungsetats, Ressourcenverteilung und militärische Vorrangstellungen mobilisierten die Panzerbefürworter in den 1920er Jahren Zukunftserwartungen und einen ungeheuren technologischen Fortschrittsglauben. Den Krieg völlig neu, gänzlich modern zu denken, hieß vor allem, ihn technisch und organisatorisch auf ein neues Fundament zu stellen. Fuller propagierte eine Armee, die dem neuen Zeitalter entsprechend »von Wissenschaftlern geführt wird und mit Mechanikern kämpft« (zit. n. Wallach 1972, 205). Hatten die deutschen Doktrinen von 1918 eine arbeitsteilige Differenzierung der Infanterie kodifiziert, so würde nun eine weitergehende Spezialisierung den Einheitsinfanteristen der Massenheere ablösen. Mehr noch: Fuller wie Liddell Hart setzten auf eine entschiedene Professionalisierung des Landkriegs, um die Massenheere obsolet zu machen. Die Mechanisierung der Armeen sollte den klassischen Infanteristen weitgehend wegrationalisieren. Liddell Hart etwa präsentierte 1924 den Entwurf einer »New Model Army«, deren Divisionen aus Panzerkräften und vollständig motorisierten Infanterie-, Artillerie-, Nachrichten-, Versorgungs- und Transporteinheiten bestanden. Bei einer Reduktion des Personalbedarfs um 40 % sollte diese »New Model Army« weitaus schlagkräftiger als eine Armee alten Typs sein (vgl. ebd., 204–207, 225–228; Gat 1998; Baumann 2002, 232–234).

Fuller wie Liddell Hart sahen in der Motorisierung und Professionalisierung die Möglichkeit, den Krieg wieder führbar zu machen. Das zermürbende, wechselseitige Abschlachten der Massenheere im Stellungskrieg sei so zu verhindern. In Fullers »Plan

1919« sollte diese Mechanisierung das Kriegsraum-konzept fortschreiben, das den deutschen Offensiv-plänen für 1918 zugrunde lag. Die Aufgabe, die dort den Fernkampfbatterien zugewiesen war, sollten in Fullers Plan Panzerkräfte in Koordination mit Flug-zeugen übernehmen: die Kommandostellen bom-bardieren, Knotenpunkte der Infrastrukturen zer-stören, Verwirrung, Desorganisation und Panik in den hinteren Reihen stiften. 1918 lief eine solche Operationsweise der Technik weit voraus: Eine Ge-schwindigkeit von 30 km/h und eine Reichweite von 200 bis 300 km, wie sie Fuller als Leistungsanforde-rung an neue Panzer stellte, überstieg die Kapazitä-ten der ›Mark‹-Modelle bei weitem. Mehr als ein Jahrzehnt später war dies anders. 1932 wiederholte Fuller in einer Kritik britischer Manöver, dass der Panzer nicht die gegnerischen Truppen, sondern das Hinterland zum Hauptziel habe Es gehe um eine »Strategie der Zerstörung der feindlichen Moral«, um die »Ablösung des linearen Kriegs durch einen Flächenkrieg« (zit. n. Wallach 1972, 205 f.). Das Kal-kül, das sich 1918 in den deutschen Vorschriften ma-nifestiert hatte, pflanzte sich fort. Gewalt sollte weni-ger durch physische Vernichtung, sondern durch Geschwindigkeit, durch die Überrumpelung des Gegners realisiert werden. Flächenkrieg heißt, dass das Ziel eines Angriffs die Knotenpunkte sind, die das Verteidigungsnetz zusammenhielten.

Strategisch ließen sich mit dieser Professionalisie-rung und Beschleunigung des Kriegsverlaufs unter-schiedliche Konzepte verbinden. Liddell Hart ver-knüpfte damit die Vorstellung, zu einem moderaten Frieden gelangen zu können. Fuller hingegen setzte nicht auf moderaten Frieden, sondern auf eine mili-tarisierte Gesellschaft. Für den General, der sich der britischen faschistischen Bewegung anschloss, wurde Kriegführung mit der Motorisierung zur Aufgabe einer professionellen Garde, die sich von der gesell-schaftlichen wie der soldatischen Masse abhob. Al-lerdings schätzten sowohl Fuller als auch Liddell Hart im Lauf der 1930er Jahre die Offensivkraft von Pan-zerkräften skeptischer ein: Mit den neuen Panzerab-wehrkanonen und -minen sahen sie nun eher die Defensive im Vorteil. Technisierung, so ihre Mei-nung, konnte den Krieg verkürzen, die Kämpfe selbst aber würden nun härter werden (vgl. Liddell Hart 1937; Gat 1998, 146–265; Gat 2000, 20–24).

Zu einem Zeitpunkt, als die britischen Theoreti-ker große Panzeroffensiven für ein fragwürdiges Un-ternehmen hielten, setzten die deutschen Planer für den Westfeldzug genau auf diese Karte. In der Kon-kurrenz um unterschiedliche Kriegführungskon-zepte und Operationsplanungen, die sich in der Wehrmachtführung breit gemacht hatte, sollte sich das radikalste, am weitesten reichende und militä-risch riskanteste Konzept durchsetzen. Aus dem Vorstoß von 30 km, den Fullers »Plan 1919« vorsah, um die gegnerischen Schaltzentralen lahmzulegen, sollte im deutschen Plan für 1940 schließlich ein Operationsraum werden, der sich über 400 km bis zur Kanalküste erstreckte (vgl. Geyer 1986, 584–594; Deist 1994, 373–380; Frieser 1995). Das Phantasma, dass der Panzer alle Hindernisse beseitige, ein hin-dernisloses Schlachtfeld entstehe, schien real gewor-den. Das Licht des ›Blitzkriegs‹ verdunkelte, dass die motorisierten deutschen Verbände bereits beim An-marsch in den Ardennen einen über 200 km langen Stau verursachten.

Luftwaffe: Raumkrieg

Wenn der Gaskrieg der Krieg der Chemiker war, dann kann der Luftkrieg als Krieg der Ingenieure gelten (vgl. Braun 2002). Wechselnde Dominanz im Luftkrieg, die Lufthoheit, lässt sich an der Einfüh-rung neuer, leistungsfähigerer Flugzeugtypen fest-machen (vgl. Murray 2000, 33–45, 51–65; Stevenson 2006, 234 ff.). Die auf allen Seiten erst in den Jahren kurz vor dem Weltkrieg etablierten Fliegertruppen waren zu Beginn des Kriegs in aller Regel unbewaff-net, bestenfalls schoss man mit Gewehren oder Pis-tolen aufeinander. Sehr schnell aber entwickelte sich in der Luft ein Krieg zwischen den Flugzeugen, der zur Ausdifferenzierung von Jagd-, Aufklärungs- und Bombenfliegern führte. In diesem sollte die deut-sche Seite im Frühjahr 1915 zunächst die Oberhand mit einsitzigen Fokker-Maschinen gewinnen, deren Maschinengewehr so mit dem Flugzeugmotor syn-chronisiert war, dass es automatisch durch den Pro-peller an der Schnauze hindurchfeuerte: »Pilot, Ma-schinengewehr und Motor bilden eine Einheit und fixieren den Gegner frontal« (Kehrt 2010, 183). Flie-gen und Zielen wurden eins.

Im Frühjahr 1916 konterten die Alliierten mit wendigeren Maschinen und gleichem Feuerprinzip; von September 1916 bis Anfang 1917 brachte die deutsche Seite nochmals technisch überlegene Flug-zeuge an die Front, verlor aber dann endgültig die Vorherrschaft im Luftkrieg. Sowohl die französische als auch die britische Industrie waren seither an Produktionskapazitäten und an Fertigungsqualität zunehmend überlegen. Waren die Deutschen mit 232 Flugzeugen in den Krieg gezogen, so lag der Höchststand der Flugzeugproduktion im Jahr 1917

ähnlich wie bei den Alliierten bei knapp 14 000 Maschinen. Während die Produktionsziffern bei den
Deutschen fielen, stiegen sie in Frankreich bis Ende
Juli 1918 auf annähernd 25 000 und in Großbritannien auf über 30 000 (Murray 2000, 58 f., 72).

Der Luftkrieg entwickelte sich in ähnlicher Weise
zu einer Abnutzungsschlacht wie der Krieg am Boden. Seit Verdun 1916 wurde in Großoffensiven immer auch um die Lufthoheit gekämpft. Flugzeugbe-
satzungen starben nicht nur im Kampf, sondern
auch bei Unfällen im Einsatz und in der Ausbildung.
Bei den Briten lagen die Verlustziffern der ab Mitte
1917 eingesetzten Besatzungen bei 64 %, bei den
Franzosen in den letzten neun Kriegsmonaten bei
71 %; von der hohen Anzahl von Unfällen zeugt,
dass sie beim US Air Service 75 % der Todesfälle aus-
machten (vgl. Morrow 2010, 163).

Die Kriegsformen folgten der Logik funktionaler Differenzierung: Aus der Aufgabe, Luftaufklärung zu betreiben, entwickelte sich ein Krieg um
die Lufthoheit; Jäger, Aufklärungsflieger, bodenge-
stützte Flugzeugabwehr und schließlich auch Ansätze eines koordinierten Luft-Bodenkriegs bildeten sich aus. In der deutschen Märzoffensive von
1918 war dies taktisch in großem Maßstab durch-
geplant. Bereits 1917 waren ›Schlachtstaffeln‹ mit
speziell für den Einsatz gegen Bodenkräfte gebau-
ten Maschinen gebildet worden. Für die Offensive
wurden 38 solcher Staffeln mit je sechs Flugzeugen
als eine Art fliegende Artillerie eingesetzt. Aus geringer Höhe sollten sie Kommando-, Artillerie-
und Maschinengewehrpositionen mit MG-Feuer,
Wurfgranaten und leichten Bomben möglichst aus
dem Rücken der britischen Stellungen angreifen.
Die geplante enge Kooperation mit der Infanterie
gelang allerdings nicht. Aus der Luft war kaum erkennbar, wo die eigene Infanterie Unterstützung
benötigte, und den hinten liegenden Funkstationen
der Infanterie beim Regimentskommando fehlte
ebenfalls der Überblick. Der Einsatz der Schlacht-
flugzeuge jedenfalls stellte darauf ab, die Nerven
des Gegners zu erschüttern – daran konnten die
mit Sirengeheul bewaffneten Sturzkampfbomber
in den Eröffnungsschlachten des Zweiten Weltkriegs anknüpfen (vgl. Muller 1996).

Der Luftkrieg war in der kulturellen Imagination
der Vorkriegszeit schon längst präsent, bevor italie-
nische Flieger im Libyenkrieg 1912 erstmals Bomben abwarfen. Und auch dies war in den literarischen Antizipationen bereits evident: Der Luftkrieg
wird ein Bombenkrieg gegen Städte und gegen die
Bevölkerung werden (vgl. Kehrt 2010, 49–59). Seit

das Völkerrecht und seit die Organisation kriegerischer Gewalt zwischen Kombattanten und Nichtkombattanten, zwischen Militär und Bevölkerung
unterscheiden, wurde diese Grenze allerdings in
zahlreichen Kriegen überschritten. Mit der Entstehung der Luftfahrt aber stellt sich die kollektive Erwartung darauf ein, dass die Grenze fallen wird –
mehr noch: Die Streitkräfte arbeiten seit dem Krieg
intensiv an organisatorischen, technischen und taktischen Formen, um diese Entgrenzung der Gewalt
zu realisieren. Der Luftkrieg wird zum ungehegten
»Vernichtungskrieg« (Schmitt 1997, 294).

Konzentrierte sich der Luftkrieg im Ersten Weltkrieg noch auf die Fronten, so avancierten nach dem
Krieg die Ideen des italienischen Generals Giulio
Douhet, die er 1921 in *Il dominio dell' aria* zusam-
menfasste, zum Kernpunkt der Überlegungen zukünftiger Luftkriegskonzeptionen. Mehr noch als
mit Panzern wurde mit der Luftwaffe Zukunft,
Fortschritt und Modernität assoziiert. Douhet, eng
mit der künstlerischen Avantgarde Italiens verbunden, selbst Maler und Dichter, übersetzte futuristische Maschinenbegeisterung und Geschwindig-
keitseuphorie in Kriegsvision, Rüstungsprogramm
und Luftwaffentheorie. Während in den Luftkämp-
fen an der Westfront eine neue Elite individueller
Heroen aufstieg, deren vielleicht populärste Figur
der ›rote Baron‹ Manfred von Richthofen als Kom-
mandant eines ›Fliegenden Zirkus‹ wurde, während
der mit Douhet befreundete Dichter Gabriele D'An-
nunzio sich in spektakulären Aktionen, wie der
Bombardierung Wiens mit Flugblättern, in Szene
setzte, plante Douhet eine andere Aufgabe für die
neue Waffengattung. Seit er sich mit dem Flugzeug
beschäftigte, glaubte er, dass sich damit eine ganz
neue Möglichkeit der Kriegführung eröffne. Nicht in
der Aufklärung, in der Unterstützung von Boden-
kämpfen, oder in der Jagd auf gegnerische Flugzeuge
sah er dessen Aufgabe. Vielmehr war für ihn das eigentliche Metier des Flugzeugs der Bombenkrieg.
Wurde die Art, in der Panzerverbände im Raum
agieren, mit der von Flottenverbänden verglichen, so
sollte Douhet explizit von »Luftflotte« (Douhet 1935,
27) sprechen: Flugzeuge seien keine Waffen im Sinne
eines Hilfsmittels der Armee oder der Marine, vielmehr eröffnen sie eine neue Kriegsdimension, sie
schaffen den »völlig neuen Begriff des ›Raumkrie-
ges‹« (ebd., 15).

›Raumkrieg‹ hieß für Douhet Bombenkrieg –
nicht an der Front, sondern über den städtischen
Zentren des Gegners. Und dieser Krieg wurde schon
im Ersten Weltkrieg geführt. Zeppeline warfen be-

reits beim deutschen Angriff auf Lüttich Bomben auf die Stadt ab; Paris wurde 1914 bombardiert; 1915 wurden Küstenregionen Großbritanniens angegriffen; im Mai 1915 erstmals London. 1917 wurde der Bombenkrieg gegen Großbritannien mit neu entwickelten Bombenflugzeugen fortgeführt. Im Mai 1918 wurde dieser Luftkrieg gegen die Zivilbevölkerung von deutscher Seite wegen der großen Flugzeugverluste aufgegeben. Er kostete 1413 Briten und 267 Franzosen das Leben (Murray 2000, 27; Stevenson 2006, 383). Die Alliierten führten seit 1914 Luftangriffe gegen Zeppelinbasen u. a. in Düsseldorf und Friedrichshafen, sie griffen Kasernen auf deutschem Boden an, erweiterten die Angriffsziele auf Infrastruktur und Industriebasen in grenznahen Regionen, um ab Mitte 1915 auch Städte wie Freiburg oder Karlsruhe anzugreifen als »reprisal raids« (Geinitz 2000, 212), wie auf abgeworfenen Flugblättern zu lesen war. Setzten sich die alliierten Bomber beim Angriff auf Industrieanlagen, der aus recht geringen Höhen erfolgen musste, dem Feuer der Abwehr aus, so konnten sie Städte – anders als die Deutschen – aus einer Höhe bombardieren, die sie unangreifbar machte. Das alliierte Bombardement beinhaltete Eskalationsstufen, und die Planungen für das Jahr 1919 sahen eine weitere Eskalation vor, die den Bombenkrieg nach Berlin tragen sollte. 670 Zivilisten kamen bis Kriegsende bei solchen Angriffen ums Leben (vgl. Geinitz 2000, 208).

Raumkrieg hieß, der ›begrenzten Kampfzone‹ ein Ende zu bereiten. Der moderne Krieg, so hatte Douhet schon vor den Grabenkämpfen gesagt, werde ein Maschinenkrieg werden, in dem ganze Nationen nichts anderes als Fabriken des Krieges, die Produktionsstätten für die Front seien. Der Luftkrieg sei das Spiegelbild dieser Kriegsproduktion: »Alle Volksgenossen der kämpfenden Nation sind Kämpfer, da sie ausnahmslos den unmittelbaren Angriffen des Feindes ausgesetzt sind« (Douhet 1935, 16). Während die Panzertheoretiker, wie Liddell Hart, von einer indirekten Strategie sprachen, die Nachschubwege der Armeen zu unterbinden, kehrt Douhet das Verhältnis von Militär und Nation um: Bei ihm ist der Kampf an der Front die indirekte Auseinandersetzung: »die Raumwaffe, welche die Quellen des Widerstands zu erreichen vermag«, versucht diesen »direkt, also schneller und mit größerer Wirksamkeit zu brechen« (ebd., 71). Kriegführend und zugleich Kriegsziel – so der Gedanke – ist die Nation, die Armee bildet nur deren Schutzschild, das der Bomber überspringt. Was der mit Ludendorffs Veröffentlichung von 1935 populär gewordene Begriff des ›totalen Kriegs‹ implizierte,

dass nämlich die Nation gänzlich in den Dienst der Kriegführung tritt, hatte Douhet aus den zu Ende gedachten Möglichkeiten des Luftkriegs schon längst zuvor konzipiert. In der Logik des Luftkriegs erscheint es evident, dass noch bevor die Nation zum Täter werden konnte, die Bevölkerung Opfer werden musste.

Douhet setzte noch vehementer als die Panzerprotagonisten auf Überraschung und Geschwindigkeit: Ohne Vorankündigung sollte, solange sie sich noch am Boden befand, zuerst die gegnerische Luftwaffe zerstört, dann systematisch die Industriezentren bombardiert werden, bis der Gegner aufgeben würde. Der Luftkrieg verkehre die Verhältnisse des Landkriegs. Während am Boden die Defensive der Offensive überlegen sei, kehre sich dies in der Luft um: Der Angreifer könne seine Kräfte massieren, der Verteidiger müsse seine zerstreuen. Douhet glaubte an die Epochenverwandtschaft von Gas- und Luftwaffe, da Gas analog zur raumgreifenden Luftwaffe, anders als Brisanzmunition, nicht punktuell, sondern ebenfalls auf einer größeren Fläche wirke. Douhets Szenario, das darauf setzt, die feindlichen Luftstreitkräfte und die Industriezentren schnell ausschalten zu können, geriet jedoch zunehmend in die Kritik. Die Wirkung der Gaswaffe bei großflächigen Bombenabwürfen wurde bezweifelt; bezweifelt wurde auch, dass in hochindustrialisierten Ländern mit der Bombardierung einiger Zentren die nationale Produktion zum Stillstand komme. Dennoch wurde das von ihm propagierte strategische Bombardement zum selbstverständlichen Auftrag aller Luftstreitkräfte. Vor allem die US-amerikanische und die britische Luftwaffe bauten ihre Flotten für einen strategischen Bombenkrieg aus (vgl. Murray 1996; Gat 1998, 43–79; Kaufmann 2004, 45 f.). Das Konzept des schnellen Kriegs ging jedoch bekanntlich nicht auf. Der Krieg aus der Luft, wie er erstmals aus dem Kreis der mit Mussolini eng verbundenen futuristischen Avantgarde heraus formuliert worden war, wurde wieder zum Krieg in der Luft – nicht mehr als ›Fliegender Zirkus‹, sondern als industrialisierter Abnutzungskrieg: »Trotz der Annahmen seiner Theoretiker vor 1939 glich der Luftkrieg schließlich und sonderbarerweise den schlimmsten Zermürbungsschlachten des Ersten Weltkrieges, nur dass es nun um das Zermürben von teuren Maschinen, von Offizieren und Besatzungen ging« (Murray 2000, 131).

Die Begründungen für den Luftkrieg gegen die Bevölkerung waren stets gleichlautend: »Zwar sind« – so ein Kommandeur der Royal Air Force im Oktober 1918 – »bislang im Vergleich zur moralischen Wirkung nur leichte Sachschäden verursacht worden. Es gilt jedoch als sicher, dass die Zerstörung der Moral vor der Zerstörung der Fabriken beginnt« (zit. n. Murray 2000, 74). Auch Douhet sollte dies betonen: Ein strategisches Bombardement erziele auch und vielleicht in erster Linie einen moralischen Effekt, weil sich Luftangriffe nicht gegen »moralisch gefestigt[e] und geschult[e]« (Douhet 1935, 71) Teile der Nation, also nicht gegen die Soldaten, sondern gegen Zivilisten richte. In Reichswehr und Wehrmacht gehörte es geradezu zum institutionellen Selbstverständnis, dass das eigentlich verwundbare und schwache Element im Ersten Weltkrieg nicht das Heer, sondern die ›Heimat‹ gewesen sei.

Ludendorff formulierte in seiner Schrift zum totalen Krieg, dass die »seelische Geschlossenheit« (Ludendorff 1935, 11) der Nation den Ausschlag im Krieg gäbe. Feldherrentum würde mithin psychologische Führerschaft nicht allein auf militärischer, sondern auch und vor allem auf nationaler Ebene bedeuten, und seelische Geschlossenheit war durch einen Disziplinierungsprozess auf gesamtgesellschaftlicher Ebene herzustellen. Der Gas- und Panzerkrieg zielten auf die Psyche des feindlichen Militärs, das U-Boot und das Luftbombardement zielten immer schon auf die Gesellschaft. Die neuen Waffen haben keinen Massenkrieg verhindert, sondern eine Eskalationsspirale verursacht. Die Expansion des Kriegsraums von einem linearen zu einem Flächen- und schließlich zu einem Raumkrieg, sollte mit Projekten einer ungeheuren Intensivierung gesellschaftlicher Disziplinierung und radikalen Militarisierung einhergehen. Nicht nur bei Ludendorff hieß dies ›totaler Krieg‹. Diese radikale Mobilisierung basierte auf Technikvisionen, deren inhärente Logik sich als ›Raumrevolution‹ (Schmitt 1993, 104 f.) rekonstruieren lässt; dies sollte nicht darüber hinwegtäuschen, dass Visionen in vielerlei Hinsicht Phantasmen sind.

Literatur

Albrecht, Ulrich: Der preußisch-deutsche Militarismus als Prototyp – Aspekte der internationalen wissenschaftlichen Debatte. In: Wolfram Wette (Hg.): *Militarismus in Deutschland 1871 bis 1945. Zeitgenössische Analysen und Kritik*. Münster 1999, 38–60.

Altrock, Constantin von: *Vom Sterben des deutschen Offizierkorps. Die Gesamtverluste unserer Wehrmacht im Weltkrieg*. Berlin ²1922.

Angelow, Jürgen/Gahlen, Gundula/Stein, Oliver (Hg.): *Der Erste Weltkrieg auf dem Balkan. Perspektiven der Forschung*. Berlin 2011.

Angress, Werner T.: Der jüdische Offizier in der neueren deutschen Geschichte, 1813–1918. In: Ursula Breymayer/ Bernd Ulrich/Karin Wieland (Hg.): *Willensmenschen. Über deutsche Offiziere*. Frankfurt a. M. 1999, 67–78.

Anonym: Die Tarnung bei der Infanterie. In: *Heerestechnik* (1926), 259–265.

Anonym: Der 21. März 1918 von der Truppe aus gesehen. In: *Militärwochenblatt* 123 (1938), 2490–2492.

Ashworth, Tony: *Trench Warfare 1914–1918. The Live and Let Live System*. London 1980.

Audoin-Rouzeau, Stéphane: Combat. In: John Horne (Hg.): *A Companion to World War I*. Malden, Mass/Oxford 2010, 173–187.

Bachinger, Bernhard/Wolfram Dornik (Hg.): *Jenseits des Schützengrabens. Der Erste Weltkrieg im Osten: Erfahrung – Wahrnehmung – Kontext*. Innsbruck 2013.

Bailey, Jonathan: British artillery in the great war. In: Paddy Griffith (Hg.): *British Fighting Methods in the Great War*. London/Portland, Or 1996, 23–49.

Bald, Detlef: *Der deutsche Offizier. Sozial- und Bildungsgeschichte des deutschen Offizierkorps im 20. Jahrhundert*. München 1982.

Bartenbach (Korvettenkapitän): Unterseeboote. In: Max Schwarte (Hg.): *Die Technik im Weltkriege*. Berlin 1920, 391–424.

Baumann, Timo: Die Entgrenzung taktischer Szenarien. Der Krieg der Zukunft in britischen Militärzeitschriften. In: Stig Förster (Hg.): *An der Schwelle zum Totalen Krieg. Die militärische Debatte über den Krieg der Zukunft 1919–1939*. Paderborn u. a. 2002, 179–266.

Berz, Peter: *08/15. Ein Standard des 20. Jahrhunderts*. München 2001.

Binding, Karl/Hoche, Alfred: Die *Freigabe der Vernichtung lebensunwerten Lebens. Ihr Maß und ihre Form*. Leipzig 1920.

Binneveld, Hans: *From Shell Shock to Combat Stress. A Comparative History of Military Psychiatry*. Amsterdam 1997.

Bochow, Martin: *Schallmeßtrupp 51. Vom Krieg der Stoppuhren gegen Mörser und Haubitzen*. Stuttgart 1933.

Boelcke, Siegfried: Das Kartenwesen. In: Max Schwarte (Hg.): *Die Organisationen der Kriegführung*. 1. Teil. Berlin 1921, 443–474.

Bond, Brian: *The Unquiet Front. Britain's Role in Literature and History*. Cambridge 2002.

Braun, Hans-Joachim: Krieg der Ingenieure? Technik und Luftkrieg 1914–1915. In: Bruno Thoß/Hans-Erich Volkmann (Hg.): *Erster Weltkrieg – Zweiter Weltkrieg. Ein Vergleich. Krieg, Kriegserlebnis, Kriegserfahrung in Deutschland*. Paderborn u. a. 2002, 193–210.

Breymayer, Ursula/Ulrich, Bernd/Wieland, Karin (Hg.): *Willensmenschen. Über deutsche Offiziere*. Frankfurt a. M. 1999.

Bröckling, Ulrich: *Disziplin. Soziologie und Geschichte militärischer Gehorsamsproduktion*. München 1997.

Brown, Frederik Wolworth: Die Schlacht von Lowestoft. In: Arthur Brehmer (Hg.): *Die Welt in 100 Jahren*. Berlin 1910, 91–102.

Bruchmüller, Georg: *Die deutsche Artillerie in den Durchbruchschlachten des Weltkriegs*. Berlin 1921.

Bunnenberg, Christian: Dezember 1914: Stille Nacht im Schützengraben – Die Erinnerung an die Weihnachtsfrieden in Flandern. In: Tobias Arand (Hg.): *Die »Urkatastrophe« als Erinnerung – Geschichtskultur des Ersten Weltkriegs*. Münster 2006, 15–60.

Canetti, Elias: *Masse und Macht*. Hamburg 1960.

Carrozza, Tiziana: The eye over the hill. Aerial photography up to the First World War. In: *KINtop* 3 (1994), 117–128.

Chasseaud, Peter: British, french and german mapping and survey on the western front in the First World War. In: Peter Doyle/Matthew R. Bennett (Hg.): *Fields of Battle. Terrain in Military History.* Dordrecht 2002, 171–204.

Conze, Eckart: Vom »vornehmsten Stand« zum »Volksoffizierkorps«. Militärische Eliten in Preußen-Deutschland 1850–1950. In: Franz Bosbach/Keith Robbins/Karian Urbach (Hg.): *Geburt oder Leistung? Elitenbildung im deutsch-britischen Vergleich.* München 2003, 101–117.

Creveld, Martin van: *Command in War.* Cambridge, Mass./London 1985.

Creveld, Martin van: World war I and the revolution in logistics. In: Roger Chickering/Stig Förster (Hg.): *Great War, Total War. Combat and Mobilization on the Western Front, 1914–1918.* Cambridge 2000, 57–72.

Deimling, Berthold von: *Aus der alten in die neue Zeit.* Berlin 1930.

Deist, Wilhelm: Zur Geschichte des preußischen Offizierkorps 1888–1918. In: Ders.: *Militär, Staat und Gesellschaft. Studien zur preußisch-deutschen Militärgeschichte.* München 1991a, 43–56.

Deist, Wilhelm: Der militärische Zusammenbruch des Kaiserreichs. Zur Realität der »Dolchstoßlegende«. In: Ders.: *Militär, Staat und Gesellschaft. Studien zur preußisch-deutschen Militärgeschichte.* München 1991b, 211–233.

Deist, Wilhelm: The road to ideological war: Germany 1918–1945. In: Williamson Murray/MacGregor Knox/Alvin Bernstein (Hg.): *The Making of Strategy. Rulers, States, and War.* Cambridge 1994, 352–392.

Denkschrift über den Wert und die Verwendungsgebiete der Photographie von 1911. Abgedr. in: Erich Ludendorff (Hg.): *Urkunden der Obersten Heeresleitung über ihre Tätigkeit 1916/18.* Berlin 1920, 44–49.

Der Weltkrieg 1914–1918. Bearbeitet im Reichsarchiv und von der Kriegsgeschichtlichen Forschungsanstalt des Heeres. Bd. 14. Berlin 1944.

Douhet, Giulio: *Luftherrschaft.* Berlin 1935 (ital. 1921).

Dupuy, Trevor N.: *A Genius for War. The German Army and the German Staff, 1807–1945.* Fairfax, Virg. 1984.

Eckart, Wolfgang U./Plassmann, Max: Verwaltete Sexualität. Geschlechtskrankheiten und Krieg. In: Melissa Larner/James Peto/Colleen M. Schmitz (Hg.): *Ausstellung Krieg und Medizin, 2008–2009, London; Dresden: Krieg und Medizin.* Göttingen 2009, 101–116.

Ehlert, Hans/Epkenhans, Michael/Groß, Gerhard P.: Schlieffen und Schlieffenplan im Wandel der Geschichtsschreibung. In: Dies. (Hg.): *Der Schlieffenplan. Analysen und Dokumente.* Paderborn 2006, 7–19.

Eisfeld, Andreas/Hausmann, Guido/Neutatz, Dietmar (Hg.): *Besetzt, interniert, deportiert. Der Erste Weltkrieg und die deutsche, jüdische, polnische und ukrainische Zivilbevölkerung im östlichen Europa.* Essen 2013.

Ellis, John: *Eye-deep in Hell. Trench Warfare in World War I.* London 1977.

Fellgiebel, Erich: Aufklärung und Propaganda durch Nachrichtenmittel. In: *Militärwissenschaftliche Rundschau* 1 (1936), 493–510.

Flemming, Thomas: Industrialisierung und Krieg. In: Rolf Spilker/Bernd Ulrich (Hg.): *Der Tod als Maschinist. Der industrialisierte Krieg 1914–1918.* Bramsche 1998, 55–67.

Förster, Stig: *Der doppelte Militarismus. Die deutsche Heeresrüstungspolitik zwischen Status-Quo-Sicherung und Aggression 1890–1913.* Stuttgart 1985.

Förster, Stig: Der deutsche Generalstab und die Illusion des kurzen Krieges, 1871–1914. Metakritik eines Mythos. In: *Militärgeschichtliche Mitteilungen* 54 (1995), 61–95.

Förster, Stig: Militär und Militarismus im Deutschen Kaiserreich. Versuch einer differenzierten Betrachtung. In: Wolfram Wette (Hg.): *Schule der Gewalt. Militarismus in Deutschland 1871 bis 1945.* Berlin 2005, 33–54.

Förster, Stig: Der Krieg der Willensmenschen. Die deutsche Offizierselite auf dem Weg in den Ersten Weltkrieg, 1871–1914. In: Ursula Breymayer/Bernd Ulrich/Karin Wieland (Hg.): *Willensmenschen. Über deutsche Offiziere.* Frankfurt a. M. 1999, 23–36.

Förster, Stig: Introduction. In: Roger Chickering/Ders. (Hg.): *Great War, Total War. Combat and Mobilization on the Western Front, 1914–1918.* Cambridge 2000, 1–15.

Förster, Stig: Einführende Bemerkungen. In: Bruno Thoß/Hans-Erich Volkmann (Hg.): *Erster Weltkrieg – Zweiter Weltkrieg. Ein Vergleich. Krieg, Kriegserlebnis, Kriegserfahrung in Deutschland.* Paderborn u. a. 2002, 33–42.

Freundlich, Herbert: Fritz Haber im Karlsruher und Dahlemer Laboratorium. In: *Naturwissenschaften* 16 (1928), 1060 – 1062.

Frevert, Ute: *Die Kasernierte Nation. Militärdienst und Zivilgesellschaft in Deutschland.* München 2001.

Freytag-Loringhoven, Hugo Frhr. von: *Die Grundbedingungen kriegerischen Erfolges.* Berlin 1914.

Frieser, Karl-Heinz: *Blitzkrieg-Legende. Der Westfeldzug 1940.* München 1995.

Fuller, John Frederick Charles: *The Foundation of the Science of War.* London 1926.

Fuller, John Frederick Charles: *Erinnerungen eines freimutigen Soldaten.* Berlin 1937.

Funck, Marcus: In den Tod gehen. Bilder des Sterbens im 19. und 20. Jahrhundert. In: Ursula Breymayer/Bernd Ulrich/Karin Wieland (Hg.): *Willensmenschen. Über deutsche Offiziere.* Frankfurt a. M. 1999, 227–236.

Funck, Marcus: Bereit zum Krieg? Entwurf und Praxis militärischer Männlichkeit im preußisch-deutschen Offizierskorps vor dem Ersten Weltkrieg. In: Karen Hagemann/Stefanie Schüler-Springorum (Hg.): *Heimat-Front. Militär- und Geschlechterverhältnisse im Zeitalter der Weltkriege.* Frankfurt a. M. 2002, 69–90.

Gat, Azar: Ardant du Picq's scientism, teaching and influence. In: *War & Society* 8/2 (1990), 1–16.

Gat, Azar: *Fascist and Liberal Visions of War. Fuller, Liddell Hart, Douhet, and Other Modernists.* Oxford 1998.

Gat, Azar: *British Armour Theory and the Rise of the Panzer Arm. Revising the Revisionists.* Houndmills u. a. 2000.

Geinitz, Christian: The first air war against noncombatants. Strategic bombing of German cities in World War I. In: Roger Chickering/Stig Förster (Hg.): *Great War, Total War. Combat and Mobilization on the Western Front, 1914–1918.* Cambridge 2000, 207–225.

Geyer, Hermann: *Denkschrift betreffend des Gaskampf und Gasschutz vom 27.3.1919.* In: Nachlass Geyer, Bundesarchiv Militärarchiv N 221/23.

Geyer, Hermann: Der Gaskrieg. In: Max Schwarte (Hg.): *Der große Krieg 1914–1918.* Bd. 4. Leipzig 1922, 485–528.

Geyer, Hermann: Wie sich der Gaskrieg entwickelte. In: Friedrich Felger/Walter Jost (Hg.): *Was wir vom Gaskrieg nicht wissen*. Leipzig 1936, 281–299.

Geyer, Michael: German strategy in the age of machine warfare, 1914–1945. In: Peter Paret (Hg.): *The Makers of Modern Strategy. From Machiavelli to the Nuclear Age*. Princeton, NJ 1986, 527–597.

Geyer, Michael: Vom massenhaften Tötungshandeln, oder: Wie die Deutschen das Krieg-Machen lernten. In: Peter Gleichmann/Thomas Kühne (Hg.): *Massenhaftes Töten. Kriege und Genozide im 20. Jahrhundert*. Essen 2004, 105–142.

Gradmann, Christoph: »Vornehmlich beängstigend« – Medizin, Gesundheit und chemische Kriegführung im deutschen Heer 1914–1918. In: Wolfgang U. Eckart/Christoph Gradmann (Hg.): *Die Medizin und der Erste Weltkrieg*. Pfaffenweiler 1996, 131–154.

Gradmann, Christoph: Sanitätswesen. In: Gerhard Hirschfeld/Gerd Krumeich/Irina Renz/Markus Pöhlmann (Hg.): *Enzyklopädie Erster Weltkrieg*. Aktualis. und erw. Studienausg. Paderborn 2009, 812–813.

Green, Howard: *The British Army in the First World War. The Regulars, the Territorials and Kitchener's Army*. London 1968.

Gretsch (o.V.): Zielerkundung und Betrachtung durch Photographie, Ballon, Licht- und Schallmeßtrupps. In: *Technik und Wehrmacht* 24 (1921), 65–71, 114–125.

Griffith, Paddy: *Battle Tactics of the Western Front. The British Army's Art of Attack, 1916–18*. New Haven/London 1994.

Groß, Gerhard P.: Das Dogma der Beweglichkeit. Überlegungen zur Genese der deutschen Heerestaktik im Zeitalter der Weltkriege. In: Bruno Thoß/Hans-Erich Volkmann (Hg.): *Erster Weltkrieg – Zweiter Weltkrieg. Ein Vergleich. Krieg, Kriegserlebnis, Kriegserfahrung in Deutschland*. Paderborn u. a. 2002, 143–166.

Groß, Gerhard P.: There was a Schlieffen Plan. Neue Quellen. In: Hans Ehlert/Michael Epkenhans/Gerhard P. Groß (Hg.): *Der Schlieffenplan. Analysen und Dokumente*. Paderborn 2006a, 117–160.

Groß, Gerhard P.: Im Schatten des Westens. Die deutsche Kriegführung an der Ostfront bis Ende 1915. In: Ders. (Hg.): *Die vergessene Front. Der Osten 1914/15. Ereignis, Wirkung, Nachwirkung*. Paderborn 2006b, 49–64.

Gudmundsson, Brian I.: *Stromtroop Tactics: Innovation in the German Army 1914–1918*. New York 1989.

Haber, Fritz: *Fünf Vorträge aus den Jahren 1920–23*. Berlin 1924.

Haber, Ludwig Fritz: *The Poisonous Cloud. Chemical Warfare in the First World War*. Oxford 1986.

Hanslian, Rudolf: *Der chemische Krieg*. Berlin 1937.

Harris, J.P.: *Men, Ideas and Tanks. British Military Thought and Armoured Forces, 1903–1939*. Manchester/New York 1995.

Harrison, Mark: Krieg und Medizin im Zeitalter der Moderne. In: Melissa Larner/James Peto/Colleen M. Schmitz (Hg.): *Ausstellung Krieg und Medizin, 2008–2009, London; Dresden: Krieg und Medizin*. Göttingen 2009, 11–29.

Heppner, Harald/Staudinger, Eduard (Hg.): *Region und Umbruch 1918. Zur Geschichte alternativer Ordnungsversuche*. Bern/Frankfurt a. M. 2001.

Herwig, Holger: *The First World War. Germany and Austria-Hungary, 1914–1918*. London 1997.

Herwig, Holger: Total rhetoric, limited war. Germany's U-boat campaign, 1917–1918. In: Roger Chickering/Stig Förster (Hg.): *Great War, Total War. Combat and Mobilization on the Western Front, 1914–1918*. Cambridge 2000, 189–206.

Herwig, Holger: War in the west, 1914–1916. In: John Horne (Hg.): *A Companion to World War I*. Malden, Mass/Oxford 2010, 49–65.

Hirschfeld, Magnus/Gaspar, Andreas (Hg.): *Sittengeschichte des Weltkrieges*. 2 Bde. Leipzig 1930.

Hobohm, Martin: Soziale Heeresmißstände als Teilursache des deutschen Zusammenbruchs von 1918. In: *Die Ursachen des deutschen Zusammenbruchs*. Bd. 11.1. Berlin 1929.

Hofer, Hans-Georg: *Nervenschwäche und Krieg. Modernitätskritik und Krisenbewältigung in der österreichischen Psychiatrie (1880–1920)*. Wien 2004.

Holzer, Anton: *Die andere Front. Fotografie und Propaganda im Ersten Weltkrieg*. Darmstadt 2007.

Holzer, Anton: *Das Lächeln der Henker. Der unbekannte Krieg gegen die Zivilbevölkerung 1914–1918*. Darmstadt 2008.

Horne, John/Kramer, Alan: *Deutsche Kriegsgreuel 1914. Die umstrittene Wahrheit*. Hamburg 2004.

Howard, Michael: Men against fire. The doctrine of the offensive in 1914. In: Peter Paret (Hg.): *Makers of Modern Strategy from Machiavelli to the Nuclear Age*. Oxford 1986, 510–526.

Hüppauf, Bernd: Räume der Destruktion und Konstruktion von Raum. Landschaft, Sehen, Raum und der Erste Weltkrieg. In: *Krieg und Literatur/War and Literature III* 5/6 (1991), 105–123.

Hüppauf, Bernd: Schlachtenmythen und die Konstruktion des »Neuen Menschen«. In: Gerhard Hirschfeld/Gerd Krumeich/Irina Renz (Hg.): *Keiner fühlt sich hier mehr als Mensch... Erlebnis und Wirkung des Ersten Weltkriegs*. Essen 1993, 43–84.

Hüppauf, Bernd: Fliegerhelden des Ersten Weltkriegs. Fotografie, Film und Kunst im Dienst der Heldenbildung. In: *Zeitschrift für Germanistik* 3 (2008), 575–595.

In Flanders Fields-Museum: Geschichte, http://www.inflandersfields.be/de/mission [28.10.2013].

Jahr, Christoph: *Gewöhnliche Soldaten. Desertion und Deserteure im deutschen und britischen Heer 1914–1918*. Göttingen 1998.

Jahr, Christoph: Bei einer geschlagenen Armee ist der Klügste, wer zuerst davonläuft. Das Problem der Desertion im deutschen und britischen Heer 1918. In: Jörg Duppler/Gerhard P. Groß (Hg.): *Kriegsende 1918. Ereignis, Wirkung, Nachwirkung*. München 1999, 241–271.

Jahr, Christoph: De Pruisische officier. Feiten en vermoedens over een mythe. In: Piet Chielens/Armand Deknudt/Christoph Jahr/Annick Vandenbilcke: *Rudolf Lange 1874–1918. Oorlogsgetuige*. Brugge 2004, 13–19.

Jahr, Christoph: British Prussianism. Überlegungen zu einem europäischen Militarismus im 19. und frühen 20. Jahrhundert. In: Wolfram Wette (Hg.): *Schule der Gewalt. Militarismus in Deutschland 1871 bis 1945*. Berlin 2005, 246–261.

Jahr, Christoph: Verbrechen. In: Markus Pöhlmann/Harald Fritz Potempa/Thomas Vogel (Hg.): *Der Weltkrieg 1914–1918. Der deutsche Aufmarsch in ein kriegerisches Jahrhundert.* München 2013, 301–319.

Jansen, Sarah: *»Schädlinge«. Geschichte eines wissenschaftlichen und politischen Konstrukts 1840–1920.* Frankfurt a. M. 2003.

Jochim, Theodor: *Die Vorbereitungen des deutschen Heeres für die große Schlacht in Frankreich im Frühjahr 1918.* Heft 2,2: *Artillerie.* Berlin 1928; Heft 2,3: *Luftstreitkräfte,* Berlin 1929.

Jünger, Ernst: *In Stahlgewittern. Aus dem Tagebuch eines Stoßtruppführers.* Berlin ²1922a.

Jünger, Ernst: *Der Kampf als inneres Erlebnis.* Berlin 1922b.

Jürgs, Michael: *Der kleine Frieden im Großen Krieg. Westfront 1914: Als Deutsche, Franzosen und Briten gemeinsam Weihnachten feierten.* München 2003.

Kaiser, Nikolaus: Kampfprobleme. Auge und Ohr der Artillerie. In: *Deutsche Wehr* 1 (1928), 570–572.

Kaufmann, Doris: »Widerstandsfähige Gehirne« und »kampfunlustige Seelen«. Zur Mentalitäts- und Wissenschaftsgeschichte des I. Weltkriegs. In: Michael Hagner (Hg.): *Ecce Cortex. Beiträge zur Geschichte des modernen Gehirns.* Göttingen 1999, 206–223.

Kaufmann, Stefan: *Kommunikationstechnik und Kriegführung. Stufen telemedialer Rüstung 1915–1945.* München 1996.

Kaufmann, Stefan: Kriegführung im Zeitalter technischer Systeme – Zur Maschinisierung militärischer Operationen im Ersten Weltkrieg. In: *Militärgeschichtliche Zeitschrift* 61/2 (2002), 337–367.

Kaufmann, Stefan: Raumrevolution – Die militärischen Raumauffassungen zwischen dem Ersten und dem Zweiten Weltkrieg. In: Rainer Rother (Hg.): *Der Weltkrieg 1914–1918. Ereignis und Erinnerung.* Berlin 2004, 42–49.

Keegan, John: *Das Antlitz des Krieges.* Düsseldorf/Wien 1978 (engl. 1976).

Kehrt, Christian: *Moderne Krieger. Die Technikerfahrungen deutscher Militärpiloten 1910–1945.* Paderborn u. a. 2010.

Kennedy, Paul: Britain in the First World War. In: Allan R. Millett/Williamson Murray (Hg.): *Military Effectiveness.* Bd. I: *The First World War.* Boston u. a. 1988, 31–79.

Kern, Stephen: Der kubistische Krieg. In: Christoph Conrad/Martina Kessel (Hg.): *Kultur und Geschichte. Neue Einblicke in eine alte Beziehung.* Stuttgart 1998, 319–361.

Kiebitz, F.: Die funkentelegraphische Aufklärung an der Ostfront im Weltkrieg. In: *Die F-Flagge* 12 (1936), 56–58.

Köppen, Edlef: *Heeresbericht* [1930]. Kronberg, Ts. 1976.

Kramer, Alan: *Dynamic of Destruction. Culture and Mass Killing in the First World War.* Oxford 2007.

Kraus, Karl: *Die letzten Tage der Menschheit. Tragödie in fünf Akten mit Vorspiel und Epilog.* Wien 1919.

Kruse, Wolfgang: *Krieg und nationale Integration. Eine Neuinterpretation des sozialdemokratischen Burgfriedensschlusses 1914/15.* Essen 1994.

Kruse, Wolfgang: Krieg und Klassenheer. Zur Revolutionierung der deutschen Armee im Ersten Weltkrieg. In: *Geschichte und Gesellschaft* 22 (1996), 549–561.

Kuhl, Hermann von: *Der deutsche Generalstab in Vorbereitung und Durchführung des Weltkriegs.* Berlin 1920.

Kuprian, Hermann J. W./Überegger, Oswald (Hg.): *Der Erste Weltkrieg im Alpenraum. Erfahrung, Deutung, Erinnerung / La Grande Guerra nell'arco alpino. Esperienze e memoria.* Innsbruck 2006.

Latzel, Klaus: Die Soldaten des industrialisierten Krieges – »Fabrikarbeiter der Zerstörung«? Eine Zeugenbefragung zu Gewalt, Arbeit und Gewöhnung. In: Rolf Spilker/Bernd Ulrich (Hg.): *Der Tod als Maschinist. Der industrialisierte Krieg 1914–1918.* Bramsche 1998, 125–141.

Ledebur, Ferdinand von: *Die Geschichte des deutschen Unteroffiziers.* Berlin 1939.

Lengwiler, Martin: *Zwischen Klinik und Kaserne. Die Geschichte der Militärpsychiatrie in Deutschland und der Schweiz 1870–1914.* Zürich 2000.

Lerner, Paul: »Ein Sieg deutschen Willens«: Wille und Gemeinschaft in der deutschen Kriegspsychiatrie. In: Wolfgang U. Eckart/Christoph Gradmann (Hg.): *Die Medizin und der Erste Weltkrieg.* Pfaffenweiler 1996, 85–107.

Lerner, Paul Frederick: *Hysterical Men. War, Psychiatry, and the Politics of Trauma in Germany, 1890–1930.* Ithaca 2003.

Liddell Hart, Basil. *Europe in Arms.* London 1937.

Linnenkohl, Hans: *Vom Einzelschuß zur Feuerwalze. Der Wettlauf zwischen Technik und Taktik im Ersten Weltkrieg.* Bonn 1996.

Lipp, Anne: *Meinungslenkung im Krieg. Kriegserfahrungen deutscher Soldaten und ihre Deutung 1914–1918.* Göttingen 2003.

Liulevicius, Vejas Gabriel: *Kriegsland im Osten. Eroberung, Kolonisierung und Militärherrschaft im Ersten Weltkrieg.* Hamburg 2002.

Ludendorff, Erich: *Meine Kriegserinnerungen 1914–1918.* Berlin 1919.

Ludendorff, Erich: *Urkunden der Obersten Heeresleitung über ihre Tätigkeit 1916/17.* Berlin 1920.

Ludendorff, Erich: *Der totale Krieg.* München 1935.

Lupfer, Timothy T.: *The Dynamics of Doctrine: The Changes in German Tactical Doctrine During the First World War.* Fort Leavenworth, KS 1981.

Malinowski, Stephan: Ihr liebster Feind. Die deutsche Sozialgeschichte und der preußische Adel. In: Sven Oliver Müller/Cornelius Torp (Hg.): *Das Deutsche Kaiserreich in der Kontroverse.* Göttingen 2009, 203–218.

Martinetz, Dieter: *Der Gaskrieg 1914/18. Entwicklung, Herstellung und Einsatz chemischer Kampfstoffe. Das Zusammenwirken von militärischer Führung Wissenschaft und Industrie.* Bonn 1996.

McLuhan, Marshall: *Die magischen Kanäle.* Düsseldorf/Wien 1968 (amerik. 1964).

Meschnig, Alexander: *Der Wille zur Bewegung. Militärischer Traum und totalitäres Programm. Eine Mentalitätsgeschichte vom Ersten Weltkrieg zum Nationalsozialismus.* Bielefeld 2008.

Messerschmidt, Manfred/Gersdorff, Ursula von: *Offiziere im Bild von Dokumenten aus drei Jahrhunderten.* Stuttgart 1964.

Meyer, Eduard: *England. Seine staatliche und politische Entwicklung und der Krieg gegen Deutschland.* Stuttgart 1915.

Meyer, Jacques: *La vie quotidienne des soldats pendant la Grande Guerre.* Paris ²1991.

Michels, Eckard: Die »Spanische Grippe« 1918/19. Verlauf, Folgen und Deutungen in Deutschland im Kontext des Ersten Weltkrieges. In: *Vierteljahrshefte für Zeitgeschichte* 58 (2010), 1–33.

Middlebrook, Martin: *Der 21. März 1918. Die Kaiserschlacht*. Berlin u. a. 1979.

Mombauer, Annika: *Helmuth von Moltke and the Origins of the First World War*. Cambridge 2001.

Mombauer, Annika: Der Moltkeplan: Modifikation des Schlieffenplans bei gleichen Zielen. In: Hans Ehlert/Michael Epkenhans/Gerhard P. Groß (Hg.): *Der Schlieffenplan. Analysen und Dokumente*. Paderborn 2006, 79–99.

Mommsen, Hans: Militär und zivile Militarisierung in Deutschland 1914 bis 1938. In: Ute Frevert (Hg.): *Militär und Gesellschaft im 19. und 20. Jahrhundert*. Stuttgart 1997, 265–276.

Mommsen, Wolfgang J.: Der Topos vom unvermeidlichen Krieg: Außenpolitik und öffentliche Meinung im Deutschen Reich im letzten Jahrzehnt vor 1914. In: Ders.: *Der autoritäre Nationalstaat. Verfassung, Gesellschaft und Kultur des deutschen Kaiserreiches*. Frankfurt a. M. 1990, 380–406.

Morrow, John H. Jr.: The war in the air. In: John Horne (Hg.): *A Companion to World War I*. Malden, Mass./Oxford 2010, 156–169.

Mühl-Benninghausen, Wolfgang: Oskar Messters Beitrag zum Ersten Weltkrieg. In: *KINtop* 3 (1994), 103–115.

Muller, Richard R.: Close air support. The German, British, and American experiences, 1918–1941. In: Williamson Murray/Allan R. Millett (Hg.): *Military Innovation in the Interwar Period*. Cambridge 1996, 144–190.

Müller, Rolf-Dieter: Total war as a result of new weapons? The use of chemical agents in World War I. In: Roger Chickering/Stig Förster (Hg.): *Great War, Total War. Combat and Mobilization on the Western Front, 1914–1918*. Cambridge 2000, 95–111.

Münch, Matti: *Verdun. Mythos und Alltag einer Schlacht*. München 2006.

Murray, Williamson: Strategic bombing. The British, American, and German experiences. In: Williamson Murray/Allan R. Millett (Hg.): *Military Innovation in the Interwar Period*. Cambridge 1996, 96–143.

Murray, Williamson: *Der Luftkrieg von 1914 bis 1945*. Leipzig 2000.

Neuner, Stephanie: Medizin und Militär in der Moderne. Deutschland 1814–1918. Eine Einführung. In: Melissa Larner/James Peto/Colleen M. Schmitz (Hg.): *Ausstellung Krieg und Medizin, 2008–2009, London; Dresden: Krieg und Medizin*. Göttingen 2009, 31–43.

Neuner, Stephanie: *Politik und Psychiatrie. Die staatliche Versorgung psychisch Kriegsbeschädigter in Deutschland 1920–1939*. Göttingen 2011.

Nitschke, Anja: *Helfen im Menschenschlachthaus? Tätigkeit und Selbstverständnis des deutschen Sanitätspersonals im Ersten Weltkrieg*. Berlin 2003.

Nonne, Max: Therapeutische Erfahrungen an den Kriegsneurosen in den Jahren 1914 bis 1918. In: Karl Bonhoeffer (Hg.): *Handbuch der ärztlichen Erfahrungen im Weltkriege 1914/1918*, Bd. 4. Leipzig 1922, 102–121.

Offner, Avner: The blockade of Germany and the strategy of starvation, 1914–1918. An agency perspective. In: Roger Chickering/Stig Förster (Hg.): *Great War, Total War. Combat and Mobilization on the Western Front, 1914–1918*. Cambridge 2000, 169–188.

Ostertag, Heiger: *Bildung, Ausbildung und Erziehung des Offizierkorps im deutschen Kaiserreich 1871–1918*.

Eliteideal, Anspruch und Wirklichkeit. Frankfurt a. M. 1990.

Overmans, Rüdiger: Kriegsverluste. In: Gerhard Hirschfeld/Gerd Krumeich/Irina Renz (Hg.): *Enzyklopädie Erster Weltkrieg*. Paderborn u. a. 2003, 663–666.

Paletschek, Sylvia: Der Weihnachtsfrieden 1914 und der Erste Weltkrieg als neuer (west)europäischer Erinnerungsort. Epilog. In: Barbara Korte/Sylvia Paletschek/Wolfgang Hochbruck (Hg.): *Der Erste Weltkrieg in der populären Erinnerungskultur*. Essen 2008, 213–220.

Pöhlmann, Markus: *Kriegsgeschichte und Geschichtspolitik. Der Erste Weltkrieg. Die amtliche deutsche Militärgeschichtsschreibung, 1914–1956*. Paderborn 2002.

Pöhlmann, Markus: Der »moderne Alexander« im Maschinenkrieg. Erich Ludendorff (1865–1937). In: Stig Förster/Markus Pöhlmann/Dierk Walter (Hg.): *Kriegsherren der Weltgeschichte. 22 historische Portraits*. München 2006, 268–286.

Popitz, Heinrich: *Phänomene der Macht. Autorität – Herrschaft – Gewalt – Technik*. Tübingen 1986.

Pöppinghege, Rainer: Einleitung. In: Ders. (Hg.): *Tiere im Krieg. Von der Antike bis zur Gegenwart*. Paderborn 2009a, 7–11.

Pöppinghege, Rainer: Abgesattelt! – Die publizistischen Rückzugsgefechte der deutschen Kavallerie seit 1918. In: Ders. (Hg.): *Tiere im Krieg. Von der Antike bis zur Gegenwart*. Paderborn 2009b, 235–250.

Pöppinghege, Rainer/Proctor, Tammy: »Außerordentlicher Bedarf für das Feldheer« – Brieftauben im Ersten Weltkrieg. In: Rainer Pöppinghege (Hg.): *Tiere im Krieg. Von der Antike bis zur Gegenwart*. Paderborn 2009, 103–117.

Porch, Douglas: The French army in the First World War. In: Allan R. Millett/Williamson Murray (Hg.): *Military Effectiveness*. Vol I: *The First World War*. Boston u. a. 1988, 190–228.

Prentiss, Augustin M.: *Chemicals in War*. New York/London 1937.

Prüll, Cay-Rüdiger: Die Bedeutung des Ersten Weltkriegs für die Medizin im Nationalsozialismus. In: Gerd Krumeich (Hg.): *Nationalsozialismus und Erster Weltkrieg*. Essen 2010, 363–378.

Quinkert, Babette/Rauh, Philipp/Winkler, Ulrike: Einleitung. In: Dies. (Hg.): *Krieg und Psychiatrie: 1914–1950*. Göttingen 2010, 9–28.

Radkau, Joachim: *Das Zeitalter der Nervosität. Deutschland zwischen Bismarck und Hitler*. München 1998.

Raithel, Thomas: *Das »Wunder« der inneren Einheit. Studien zur deutschen und französischen Öffentlichkeit bei Beginn des Ersten Weltkrieges*. Bonn 1996.

Rasmussen, Anne: Science and technology. In: John Horne (Hg.): *A Companion to World War I*. Malden, Mass./Oxford 2010, 307–322.

Reddemann (Major): *Geschichte der deutschen Flammenwerfertruppe*. o. O. 1932.

Reif, Heinz: Die Junker. In: Etienne François/Hagen Schulze (Hg.): *Deutsche Erinnerungsorte*. Bd. I. München 2001, 520–536.

Remarque, Erich Maria: *Im Westen nichts Neues* [1929]. Köln 1964.

Rieckeheer (o. V.): Die Photographie im Dienste des Heeres. In: *Kriegstechnische Zeitschrift* 3 (1900), 383–397, 439–450, 513–525.

Riedesser, Peter/Verderber, Axel: »*Maschinengewehre hinter der Front«. Zur Geschichte der deutschen Militärpsychiatrie*. Frankfurt a. M. ²2004.

Rieker, Heinrich: *Nicht schießen, wir schießen auch nicht! Versöhnung von Kriegsgegnern im Niemandsland. 1914–1918 und 1939–1945*. Bremen 2007.

Rosinski, Herbert: *Die Deutsche Armee. Eine Analyse*. Düsseldorf 1970.

Rupprecht von Bayern: *Mein Kriegstagebuch*. Hg. von Eugen von Frauenholz, Bd. 1. Berlin 1929.

Samuels, Martin: *Doctrine and Dogma: German and British Infantry Tactics in the First World War*. New York 1992.

Samuels, Martin: *Command or Control? Command, Training and Tactics in the British and German Armies, 1882–1918*. London 1995.

Sanitätsbericht über das Deutsche Heer im Weltkriege 1914/1918. Bd. III: Die Krankenbewegung bei dem Deutschen Feld- und Besatzungsheer. Berlin 1934, 145–149.

Sauerteig, Lutz: Militär, Medizin und Moral: Sexualität im Ersten Weltkrieg. In: Wolfgang U. Eckart/Christoph Gradmann (Hg.): *Die Medizin und der Erste Weltkrieg*. Pfaffenweiler 1996, 197–226.

Schivelbusch, Wolfgang: *Eine Ruine im Krieg der Geister. Die Bibliothek von Löwen August 1914 bis Mai 1940*. Frankfurt a. M. 1993.

Schmidt, Rudolf: Die Nachrichtenmittel. In: Max Schwarte (Hg.): *Der große Krieg 1914–1918*. Bd. 8(1): Die Organisationen der Kriegsführung. Leipzig 1921, 197–230.

Schmidt, Wolfgang: Aufklärung. In: Gerhard Hirschfeld/Gerd Krumeich/Irina Renz (Hg.): *Enzyklopädie Erster Weltkrieg*. Paderborn u. a. 2003, 352.

Schmitt, Carl: *Land und Meer* [1942]. Stuttgart 1993.

Schmitt, Carl: *Der Nomos der Erde im Völkerrecht des Jus Publicum Europaeum* [1950]. Berlin 1997.

Schröder, Joachim: *Die U-Boote des Kaisers. Die Geschichte des deutschen U-Boot-Krieges gegen Großbritannien im Ersten Weltkrieg*. Lauf a. d. Pegnitz 2000.

Schwabe, Klaus/Rolf Reichardt (Hg.): *Gerhard Ritter. Ein politischer Historiker in seinen Briefen*. Boppard 1984.

Seeßelberg, Friedrich: *Der Stellungskrieg 1914–1918*. Berlin 1926.

Siegert, Bernhard: Luftwaffe Fotografie. Luftkrieg als Bildverarbeitungssystem 1911–1921. In: *Fotogeschichte* 12 (1992), 41–54.

Siemer, Stefan: Bildgelehrte Geotechniken: Luftbild und Karthographie um 1900. In: Alexander Gall (Hg.): *Konstruieren, Kommunizieren, Präsentieren. Bilder von Wissenschaft und Technik*. Göttingen 2007, 69–108.

Sloterdijk, Peter: *Sphären III. Schäume*. Frankfurt a. M. 2004.

Solger (o.V.): Der Durchbruchsangriff, dargetan an den Kämpfen im Jahre 1918. In: *Militärwissenschaftliche Rundschau* 4 (1939), 204–228, 361–388, 547–572, 667–692, und 5 (1940), 69–90, 140–157.

Spreen, Dierk: *Krieg und Gesellschaft. Die Konstitutionsfunktion des Krieges für moderne Gesellschaften*. Berlin 2008.

Stevenson, David: *1914–1918. Der Erste Weltkrieg*. Düsseldorf 2006.

Stoneman, Mark R.: Bürgerliche und adlige Krieger. Zum Verhältnis zwischen sozialer Herkunft und Berufskultur im wilhelminischen Armee-Offizierkorps. In: Heinz Reif (Hg.): *Adel und Bürgertum in Deutschland*. Bd. 2:

Entwicklungslinien und Wendepunkte im 20. Jahrhundert. Berlin 2001, 25–63.

Storz, Dieter: *Kriegsbild und Rüstung vor 1914. Europäische Landstreitkräfte vor dem Ersten Weltkrieg*. Herford 1992.

Storz, Dieter: Artillerie. In: Gerhard Hirschfeld/Gerd Krumeich/Irina Renz (Hg.): *Enzyklopädie Erster Weltkrieg*. Paderborn u. a. 2003, 344–349.

Storz, Dieter: »Dieser Stellungs- und Festungskrieg ist scheußlich!« Zu den Kämpfen in Lothringen und in den Vogesen im Sommer 1914. In: Hans Ehlert/Michael Epkenhans/Gerhard P. Groß (Hg.): *Der Schlieffenplan. Analysen und Dokumente*. Paderborn 2006, 161–204.

Strachan, Hew: Ausbildung, Kampfgeist und die zwei Weltkriege. In: Bruno Thoß/Hans-Erich Volkmann (Hg.): *Erster Weltkrieg – Zweiter Weltkrieg. Ein Vergleich. Krieg, Kriegserlebnis, Kriegserfahrung in Deutschland*. Paderborn u. a. 2002, 265–286.

Strazhas, Abba: *Deutsche Ostpolitik im Ersten Weltkrieg. Der Fall Ober Ost 1915–1917*. Wiesbaden 1993.

Tempest, Gene M.: All the muddy horses: Giving a voice to the »dumb creatures« of the Western front (1914–1918). In: Rainer Pöppinghege (Hg.): *Tiere im Krieg. Von der Antike bis zur Gegenwart*. Paderborn 2009, 217–234.

Theweleit, Klaus: *Männerphantasien 1+2*. Bd. 2: Männerkörper – zur Psychoanalyse des weißen Terrors [1977–1978]. München/Zürich 2000.

Thiel, Jens: »*Menschenbassin in Belgien«. Anwerbung, Deportation und Zwangsarbeit im Ersten Weltkrieg*. Essen 2007.

Thomsen, Hermann: Die Luftwaffe vor und im Weltkriege. In: Georg Wetzell (Hg.): *Die deutsche Wehrmacht 1914–1918. Rückblick und Ausblick*. Berlin 1939, 487–527.

Thoß, Bruno: Menschenführung im Ersten Weltkrieg und im Reichsheer. In: *Menschenführung im Heer*. Hg. vom Militärgeschichtlichen Forschungsamt. Herford 1982, 113–138.

Thoß, Bruno: Die Zeit der Weltkriege – Epochen als Erfahrungseinheit? In: Ders./Hans-Erich Volkmann (Hg.): *Erster Weltkrieg – Zweiter Weltkrieg. Ein Vergleich. Krieg, Kriegserlebnis, Kriegserfahrung in Deutschland*. Paderborn u. a. 2002, 7–30.

Thurn, Hermann: *Die Verkehrs- und Nachrichtenmittel im Krieg*. Leipzig 1911.

Travers, Tim: *The Killing Ground. The British Army, the Western Front and the Emergence of Modern Warfare 1900–1918*. London 1987.

Travers, Tim: *How the War Was Won. Command and Technology in the British Army on the Western Front, 1917–1918*. London/New York 1992.

Treiber, Hubert, *Wie man Soldaten macht. Sozialisation in »kasernierter Vergesellschaftung«*. Düsseldorf 1973.

Ulrich, Bernd: Nerven und Krieg. Skizzierung einer Beziehung. In: Bedrich Loewenstein (Hg.): *Geschichte und Psychologie. Annäherungsversuche*. Pfaffenweiler 1992, 163–192.

Ulrich, Bernd/Ziemann, Benjamin (Hg.): *Frontalltag im Ersten Weltkrieg. Ein historisches Lesebuch*. Essen 2008.

van der Kloot, William: Lawrence Bragg's role in the development of sound-ranging in World War I. In: *Notes and Records of the Royal Society of London* 59/3 (2005), 273–284.

Verhey, Jeffrey T.: *Der »Geist von 1914« und die Erfindung der Volksgemeinschaft*. Hamburg 2000 (amerik. 2000).

Virilio, Paul: *Geschwindigkeit und Politik. Ein Essay zur Dromologie.* Berlin 1980 (franz. 1979).

Virilio, Paul: *Krieg und Kino. Logistik der Wahrnehmung.* München/Wien 1986 (franz. 1984).

Vogel, Jakob: Der »Folkloremilitarismus« und seine zeitgenössische Kritik. Deutschland und Frankreich 1871–1914. In: Wolfram Wette (Hg.): *Schule der Gewalt. Militarismus in Deutschland 1871 bis 1945.* Berlin 2005, 231–245.

Wallach, Jehuda L.: *Kriegstheorien. Ihre Entwicklung im 19. und 20. Jahrhundert.* Frankfurt a. M. 1972.

Wandt, Heinrich: *Streiflichter zum Zusammenbruch.* Berlin 1921.

Wandt, Heinrich: *Erotik und Spionage in der Etappe Gent.* Wien/Berlin 1928.

Weindling, Paul: The First World War and the campaigns against lice: Comparing British and German sanitary measures. In: Wolfgang U. Eckart/Christoph Gradmann (Hg.): *Die Medizin und der Erste Weltkrieg.* Pfaffenweiler 1996, 227–239.

Weindling, Paul Julian: *Epidemics and Genocide in Eastern Europe 1890–1945.* Oxford 2000.

Wese, Anne-Kathrin: Die Tierseuche als medizinisches Problem. Zur Bedeutung des Rotzes im Ersten Weltkrieg am Beispiel der 11. Bayerischen Infanterie-Division. In: Rainer Pöppinghege (Hg.): *Tiere im Krieg. Von der Antike bis zur Gegenwart.* Paderborn 2009, 119–133.

Westerhoff, Christian: *Zwangsarbeit im Ersten Weltkrieg. Deutsche Arbeitskräftepolitik im besetzten Polen und Litauen 1914–1918.* Paderborn 2012.

Wette, Wolfram (Hg.): *Der Krieg des kleinen Mannes. Militärgeschichte von unten.* München 1992.

Wette, Wolfram (Hg.): *Pazifistische Offiziere in Deutschland 1871 bis 1933.* Bremen 1999.

Winter, Jay: Demography. In: John Horne (Hg.): *A Companion to World War I.* Malden, Mass./Oxford 2010, 248–262.

Witte, Wilfried: *Erklärungsnotstand. Die Grippe-Epidemie 1918-1920 in Deutschland unter besonderer Berücksichtigung Badens.* Pfaffenweiler 2006.

Wolz, Nicolas: *Das lange Warten. Kriegserfahrungen deutscher und britischer Seeoffiziere 1914 bis 1918.* Paderborn 2008.

Wulff, Aiko: Todesmut und Durchschlagskraft. Der industrialisierte Krieg und seine Helden. In: LWL-Industriemuseum (Hg.): *Helden. Von der Sehnsucht nach dem Besonderen.* Essen 2010, 164–179.

Ziemann, Benjamin: Verweigerungsformen von Frontsoldaten in der deutschen Armee 1914–1918. In: Andreas Gestrich (Hg.): *Gewalt im Krieg. Ausübung, Erfahrung und Verweigerung von Gewalt in Kriegen des 20. Jahrhunderts.* Münster 1995, 99–122.

Ziemann, Benjamin: *Front und Heimat. Ländliche Kriegserfahrungen im südlichen Bayern 1914–1923.* Essen 1997.

Ziemann, Benjamin: Soldaten. In: Gerhard Hirschfeld/Gerd Krumeich/Irina Renz (Hg.): *Enzyklopädie Erster Weltkrieg.* Paderborn u. a. 2003, 155–168.

Zuber, Terence: *Inventing the Schlieffen Plan. German War Planning 1871–1914.* Oxford 2002.

Christoph Jahr und Stefan Kaufmann

3. Krieg der Nerven, Krieg des Willens

Zwei Nervenzusammenbrüche

Der Erste Weltkrieg beginnt und endet in Deutschland mit einem Nervenzusammenbruch – und zwar nicht etwa bei Irgendjemandem. Vielmehr sind sowohl im August/September 1914 als auch ungefähr im gleichen Zeitraum des Jahres 1918 die jeweiligen militärischen Führer betroffen – zum einen der Chef des Generalstabes und der 1. Obersten Heeresleitung (OHL), Generaloberst Helmuth von Moltke (der Jüngere), zum anderen General Erich Ludendorff, Erster Generalquartiermeister und seit Sommer 1916 in der 3. OHL als zweiter Mann hinter General-Feldmarschall Paul von Hindenburg der eigentliche strategische und taktische Kopf der deutschen Kriegführung.

Die Rede von den starken oder schwachen Nerven, vom ›Versagen der Nerven‹ oder gar ›Nervenzusammenbrüchen‹ hat nicht – und nicht allein in Deutschland – mit dem Ersten Weltkrieg begonnen und auch nicht mit ihm geendet. Bereits Ende des 18. Jahrhunderts – darauf hat schon Edward Shorter hingewiesen – tauchten Patienten aus der Oberschicht namentlich in Badekurorten »in den Ordinationsräumen der Ärzte« mit der Klage auf, »sie hätten so ein Gefühl, als seien ihre Nerven ganz angespannt« (Shorter 1994, 53 f.). Bis in unsere Alltagssprache hinein ist das Wort von den Nerven, die zu reißen drohen oder besser sind als die der Mitmenschen, allgegenwärtig. Von der Pharmaindustrie werden für unser ›Nervenkostüm‹ Präparate offeriert, die Hilfe versprechen für jene, die über Hektik, Stress und die vielen Belastungen des modernen Lebens Gefahr laufen, ihre Nerven zu verlieren. Die Börse kann ebenso ›nervös‹ reagieren wie ein Fußballspieler und schließlich ganze Nationen, die wiederum, umgekehrt, angesichts nationaler Provokationen die ›Nerven behalten‹ müssen. Kurz – als Qualitätsbefund mentaler, psychischer, emotioneller Zustände sind Aussagen über die Nerven eine Art kommunikative Mehrzweckwaffe, die es etwa erlaubt, vom ›Nervenkrieg‹ zu sprechen, bevor der kalte zum heißen Krieg eskaliert. Nicht zuletzt werden bis heute auch in der einschlägigen Forschungsliteratur die Vorgänge um Moltke und Ludendorff zu Beginn und am Ende des Ersten Weltkriegs mit der

Nerven-Begrifflichkeit charakterisiert (vgl. z. B. Afflerbach 1994a, 147 ff.).

Das ist auch kein Wunder und hat seinen Grund u. a. darin, dass vor allem die Moltke aufgrund seiner ›schwachen‹ und durch seine häufigen Kuren in Karlsbad noch zusätzlich ›geschwächten Nerven‹ attestierte Wankelmütigkeit und Entschlusslosigkeit – ohne jeden festen Glauben an einen Sieg – von seinen Kritikern als wesentlicher Grund für die frühe Niederlage an der Marne wahrgenommen wurden. Eine Niederlage überdies, die alsbald ihre Stilisierung zur Entscheidungsschlacht des gesamten Krieges erfuhr. Sie verloren zu haben aufgrund der nervösen Reizbarkeit des Oberbefehlshabers, bot auch eine Art Entlastung für den Vorwurf einer von Anfang an verfehlten Strategie.

Tatsächlich zeigte der schon zuvor als ›nervös‹ und ›sensibel‹ bekannte Moltke Nerven, das heißt, er offenbarte Gefühle, wo deren Kontrolle und eine ausgeglichene psychische Stabilität erste Offizierspflicht war: Im Generalstab, dem ›Gehirn‹, dem Zentrum aller strategischen Pläne und aller operativen und taktischen Entscheidungen. Nervosität aber wäre hier völlig fehl am Platze. Wenn hingegen die »Truppen […] nervös« würden, seien sie »zum Putschen geneigter«. So hielt Harry Graf Kessler am 7. November 1918 in seinem Tagebuch die Äußerung eines Hauptmanns fest (Kessler 1996, 11). Den General der Kavallerie von Werder, stellvertretender Kommandierender General eines Armeekorps, fand Kessler am selben Tag »ziemlich zusammengebrochen vor seinem Schreibtisch« an, ein ›fetter, müder Mann«, ohne »Zutrauen« in sich oder seine Truppen (ebd.). Die Protagonisten der beginnenden Revolution aber charakterisierte Kessler drei Tage später als »diszipliniert, kaltblütig und ordnungsliebend« (ebd., 21).

Diese Eigenschaften der Revolutionäre waren zuvor den militärischen Führern vorbehalten geblieben: Zu Beginn des Krieges hatte Kessler als Garde-Ulanen-Offizier 1915 in einem Feldpostbrief an den Freund Hugo von Hofmannsthal über die Routine in den Generalstabsbüros an der deutschen Ostfront berichtet: »Die Leichen, das Blut, selbst der Schlachtendonner sind weit«, schreibt Kessler, man merkt in diesen ordentlichen Büros, in denen so viele Beamte ein und ausgehen, Aktenmappen aufgestapelt liegen und Telefone immerfort gehen, nichts vom Krieg. Während der Schlacht von Warschau war ich im Generalkommando beim alten Woyrsch [General der Infanterie Remus von Woyrsch, Kommandeur der gleichnamigen Armeeabteilung, B.U.], und es mußte auf Fußspitzen gegangen werden, weil der Kommandeur sein Mittagsschläfchen hielt (zit. n. Rothe 2008, 239).

Woyrsch ließ sich nicht aus der Ruhe bringen, im Generalkommando hatte bürokratische Routine zu herrschen. Anfang und Ende des Krieges wurden dagegen als nervöser Ausbruch und Willensschwäche semantisiert.

Gerade auch Moltke wurde von Kessler ein »fester [...] Wille« (Kessler 1996, 193) abgesprochen. Er galt als Zerrissener; noch während der Julikrise 1914 drängte er die Reichsregierung zum Losschlagen, dabei wie viele seiner Kollegen der simplen, vermeintlich vernünftigen Logik folgend, dass der Krieg geführt werden müsse, so lange er noch führbar und ein schneller Sieg in einem projektierten kurzen Krieg erwartbar war. Zugleich fürchtete er, nachzulesen in seinen Aufzeichnungen und Briefen, den kommenden als einen »Volkskrieg, der nicht mit einer entscheidenden Schlacht abzumachen sein wird, [...] und der auch unser Volk, selbst wenn wir Sieger sein sollten, bis aufs äußerste erschöpfen wird« (Moltke 1993, 242 f.).

Der Generalstabschef hatte mutmaßlich zu diesem Zeitpunkt schon die feste Überzeugung eines schnellen Sieges auf der Grundlage des von ihm modifizierten Schlieffen-Plans verloren, der von seinem Vorgänger als Chef des Generalstabs, Alfred von Schlieffen, entwickelt worden war. Doch hielt er an ihm eisern fest und nahm ihn weiterhin als Garant des schnellen Sieges. Der Plan sah vor, dass das Gros des deutschen Heeres – sieben Armeen mit über 2,6 Millionen Soldaten – unter Brechung der belgischen und luxemburgischen Neutralität südöstlich an Paris vorbei aufmarschieren und das gesamte französische Heer in dessen vermutetem Aufmarschgebiet durch eine alsbald geplante Schwenkung des rechten Flügels umfassen und vernichten sollte. Nach nur sechs Wochen – so die von Moltke in den Besprechungen mit dem verbündeten österreichisch-ungarischen Generalstab vor dem Krieg gegebene Zusicherung – sollte die Niederlage Frankreichs sowie die Ausschaltung des britischen Expeditionskorps besiegelt sein, die dadurch frei gewordenen Armeen an die Ostfront verlegt werden, um die dort stehenden schwachen deutschen Kräfte und den österreichisch-ungarischen Bündnispartner beim sicher erwarteten

Bezwingen des russischen Gegners zu unterstützen. Ein gewaltiges Vorhaben, für dessen Verwirklichung die reibungslose Umsetzung des genau geplanten und zumeist über die Eisenbahnen erfolgenden Aufmarsches und die Bereitstellung der Truppen unverzichtbar waren.

Man wird sich daher vorstellen können, wie es auf Moltke wirkte, als er am 1. August, an jenem Tag, da sich das fein abgestimmte Räderwerk der Mobilmachung eben in Bewegung gesetzt hatte, vom Kaiser aufgefordert wurde, alles anzuhalten, die bereits über die luxemburgischen Grenze gegangenen Patrouillen zurückzurufen und den für den nächsten Morgen angeordneten Einmarsch der in Trier stehenden 16. Infanteriedivision zu widerrufen. Als Begründung wurde ein vages Signal aus Großbritannien angegeben, nach dem das *Empire* unter Umständen nicht eingreifen wollte, wenn vor allem die belgische Neutralität gewahrt bliebe. Ein Signal, das sich bereits am Abend als diplomatisches Gerücht entpuppte (zur Schilderung des Ablaufs vgl. Afflerbach 1994b, 163 ff.; Clark 2008, 279 ff.).

Für Moltke aber war eine Welt zusammengebrochen, er saß in den Stunden, da der Kaiser den Stopp des Aufmarsches verlangt und ihn kurz darauf widerrufen hatte, »blau und rot angelaufen«, wie seine Frau Eliza von Moltke es beschrieb, in seinem Generalstabsbüro, bis sich die »Spannung in einem Weinkrampf gelöst« habe (Moltke 1993, 399–401, 403). In seinen unmittelbar nach diesen Ereignissen abgefassten »Betrachtungen und Erinnerungen« vom November 1914 charakterisierte Moltke seine damaligen Stimmung als »eine fast verzweifelte«, er wäre »wie gebrochen« und hätte »Tränen der Verzweiflung« vergossen, kurz: Er habe »die Eindrücke dieses Erlebnisses nicht überwinden können, es war etwas in mir zerstört, das nicht wieder aufzubauen war, Zuversicht und Vertrauen waren erschüttert« (ebd., 399–401, 404).

Dieses von seiner Umgebung als ›nervös‹ und ›überreizt‹ geschilderte Verhalten Moltkes sollte auch die kommenden Wochen bestimmen. Er beschrieb etwa in den Briefen an seine Frau die unter der »namenlosen Schwere der Verantwortung« entstehende »schreckliche Spannung dieser Tage« und zeigte sich bei seinen wenigen Frontbesuchen erschüttert durch die »Ströme von Blut« und vom »namenlose[n] Jammer«, der »über die ungezählten Unschuldigen gekommen« ist: »Mich überkommt oft ein Grauen, wenn ich daran denke« (ebd., 312, 313).

Schließlich, nach dem aus französischer Sicht so erlebten ›Wunder an der Marne‹ zwischen dem 5.

und 11. September 1914, dem Rückzug der deutschen Truppen bis zur Aisne und dem allmählich offenbar werdenden Scheitern des Schlieffen-Plans, ist Moltke in den Augen seiner Offizierskameraden nicht mehr zu halten. Sein Agieren in der Krise des französisch-britischen Gegenangriffs, vor allem seine Rückzugsbefehle, verdeutlichten etwa für Erich von Falkenhayn, der kurz darauf Moltkes Nachfolger wurde, »daß unser Generalstab den Kopf gänzlich verloren hat« (zit. n. Afflerbach 1994a, 185). Auch Moltke selbst, nach eigenen Angaben geschwächt durch eine Entzündung der Gallenblase und Leber, räumte nun ein, »daß meine Nerven durch alles, was ich erlebt hatte, sehr herunter waren und daß ich wohl den Eindruck eines kranken Mannes gemacht habe« (Moltke 1993, 402).

Diese Selbstdiagnose war ganz der Zeit geschuldet. Vor dem Hintergrund der in den rund drei Jahrzehnten vor 1914 geführten Neurasthenie-Debatte um schwache und reziprok auch bald um starke Nerven, war der Seelenhaushalt der Nation im Allgemeinen und der von höheren und mittleren Offizieren als einer besonders betroffenen Berufsgruppe verhandelt worden. Dies rückte nun auch in der kurzen Phase des Bewegungskrieges wieder in den Fokus (vgl. Radkau 1998, 357 ff.). In dem Bericht des Berliner Neurologen Kurt Mendel etwa, der im August 1914 kriegsfreiwillig zu den Fahnen geeilt war, wird deutlich, in wie starkem Maße der neurasthenische Befund auch auf Frontoffiziere angewendet wurde. »Häufiger als bei Mannschaften«, so Mendel, sei er unter Offizieren auf »neurasthenische Krankheitsbilder« gestoßen, die durchweg »das gleiche Bild« boten, »welches am besten als ›nervöser Erschöpfungszustand‹ zu benennen ist: eine allgemeine Energielosigkeit, ein Mangel an Dispositions- und Entschlußfähigkeit, das Gefühl des völligen körperlichen Zusammenbruchs und besonders eine starke Neigung zum Tränenvergießen« (zit. n. Hofer 2004, 221). Das war eine diagnostische Einschätzung, mit der wenig heroisches oder auch unprofessionelles Verhalten gleichsam medizinisch aufgefangen und ertragbar gemacht werden konnte (vgl. Reimann 2000, 25 ff.).

Im Falle Moltkes blieb dieser ›Schutzraum‹ der nervlichen Erkrankung indessen verschlossen. Als momentane Erklärung für sein ›Versagen‹ akzeptiert, verfestigte sich in der bald auch öffentlich werdenden Kritik am Generalstabschef seine ›Nervosität‹ zum Stigma seines Versagens. Die Kritik nahm an Schärfe noch zu, als nach dem frühen Tod Moltkes – er starb, abgeschoben auf den nicht sonderlich

kriegswichtigen Posten des Stellvertretenden Generalstabschefs, am 18. Juni 1916 – bekannt wurde, dass ihn am 27. August 1914 in Koblenz, wo sein damaliges Hauptquartier lag, der Begründer der Anthroposophie, Rudolf Steiner, besucht hatte. Das Treffen fand im Privathaus eines der Anthroposophie verpflichteten Ehepaares statt und vermutlich auch im Beisein Eliza von Moltkes, seit 1904 Mitglied in Steiners Esoterik-Schule und Vermittlerin zwischen ihrem Mann und Steiner, der bereits vor 1914 Gast im Hause Moltke war. Von dieser Zusammenkunft, über deren Verlauf und Inhalt wir nichts Sicheres wissen, wurde kolportiert, »Steiner«, so sein letzter Biograph Helmut Zander, könne »dem Generaloberst Moltke Trost zugesprochen« und ihm »möglicherweise« überdies »meditative Mantren gegeben« haben (Zander 2011, 345). Das Treffen jedenfalls wurde von seinen Gegnern dazu benutzt, Moltke im Zentrum einer esoterisch-anthroposophischen Verschwörung zu verorten. Insbesondere Ludendorff kaprizierte sich nach dem Krieg und unter dem Einfluss seiner zweiten Frau, Mathilde von Kemnitz – einer fanatischen Antisemitin, Katholiken-, Freimaurer- und Anthroposophenhasserin –, in seinen Büchern und Artikeln auf die Rolle Steiners, dessen verhängnisvolle Einwirkung auf Moltke im Verein mit dessen Nervosität zur Niederlage an der Marne geführt hätte.

Als Moltkes Antipode in der Semantik der Nervosität kann Erich Ludendorff gelten. Er war von anderem Schlag als der sensible und emotionell berührbare Moltke, als dessen Schüler er sich gleichwohl lange sah und dessen Mentorenschaft er sicher sein konnte. Ludendorff erfüllte in seinem Rollenverständnis die Voraussetzungen eines kühl kalkulierenden, seine Affekte kontrollierenden Offiziers und Generalstäblers, durchaus polyglott, politisch interessiert, unberührt, ja, ablehnend gegenüber aller wilhelminisch-barocken aber zugleich auch in weiten Teilen rückständig wirkenden Militär-Herrlichkeit, dem zeitgenössisch modernen ›Volksheer‹ zugeneigt, in seinen Karriere- und Aufstiegsambitionen von unermüdlichem Arbeitseifer und vorbildlicher Pflichtauffassung, ungeduldig und in seinen Umgangsformen oft von kaum tolerierbarer Schroffheit.

Während des Krieges zehrte er von seinem früh entstandenen Nimbus als Feldherr, der sich vor allem auf seine Truppenführerqualitäten bei der Eroberung Lüttichs Anfang August 1914 und sein kurz darauf gezeigtes strategisches ›Genie‹ bei der Schlacht von Tannenberg gründete. Auf diesen Nimbus baute er, nachdem er mit der Installierung der 3. OHL unter Paul von Hindenburg als Erster Generalquartiermeister zu einem der mächtigsten Männer des Kaiserreichs wurde. Seine massive Einflussnahme auf praktisch alle Gebiete der sich unter seiner Leitung neu formierenden Kriegsgesellschaft vermochte er, wenn seine Anordnungen oder Überzeugungen nicht akzeptiert wurden, immer wieder erfolgreich mit der Androhung seines Rücktritts durchzusetzen. Auf ihn konzentrierten sich alle noch verbliebenen Siegeshoffnungen, vor allem nach dem Ausscheiden des zaristischen Russlands und der vertraglichen Sicherstellung des deutschen Sieges durch den ›Diktatfrieden von Brest-Litowsk‹, vorangetrieben nicht zuletzt durch den auf ein deutsches ›Ostimperium‹ hoffenden Ludendorff.

Vor diesem Hintergrund plante und organisierte er seit Herbst 1917 die große, entscheidende, alles auf eine Karte setzende Offensive im Westen, die den Sieg bringen sollte, bevor größere Truppenkontingente der seit April 1917 mit Deutschland im Krieg befindlichen USA eingreifen konnten. Am 21. März 1918 begannen die massiven Angriffe, die zunächst auch zu überraschend tiefen Frontdurchbrüchen führten. Die erzielten Erfolge konnten allerdings nicht entscheidend genutzt werden, denn es zeigte sich schnell, dass den deutschen Truppen die dafür unerlässliche Beweglichkeit fehlte. Fehlender Treibstoff für die sowieso nur unzureichend vorhandenen, zumeist sehr abgenutzten Lastwagen, abgekämpfte und unterernährte Pferde, terrainbedingte Nachschubprobleme – der Vormarsch erfolgte teils durch das völlig zerstörte Gelände der Somme-Schlacht von 1916 –, zunehmende Verluste, ab Juli 1918 die grassierende Grippe-Epidemie, die eine sowieso schon erschöpfte und ausgehungerte Truppe belastete – Angriffsdivisionen hatten sich in eroberten alliierten Lebensmitteldepots regelrecht ›festgefressen‹ – und die immer stärker spürbare Überlegenheit der allmählich durch amerikanische Verbände gestärkten Alliierten besiegelten bis zum Juli 1918 die bereits absehbare Niederlage.

Ludendorff indessen blieb trotz aller unübersehbaren Rückschläge fest »auf das Ziel des Siegfriedens fixiert« oder wenigstens darauf, wie er selbst es formulierte, »den Feind friedensmürbe zu machen« – freilich zunehmend selbst zermürbt durch eine vielfach belegte »innere Zerrissenheit« und Nervosität (Nebelin 2010, 421, 424). Für jemanden wie Ludendorff wäre ein durch die ›nervöse Erschöpfung‹ oder die Diagnose der Neurasthenie gebotener ›Schutzraum‹ für die eigene Labilität oder die nun auch von

seiner Umgebung zunehmend beobachtete Entschlusslosigkeit nicht hinnehm- und wohl auch kaum vermittelbar gewesen. Mehr als alles andere, so weiß Ludendorffs Biograph Manfred Nebelin zu berichten, »fürchtete Ludendorff, daß man ihm – wie Mitte September 1914 seinem Mentor Moltke – den Vorwurf machen könnte, ›er habe die Nerven verloren‹« (ebd., 440).

Immerhin akzeptierte der General, dass ihn – vermittelt durch enge Vertraute – schließlich Anfang September 1918 der einstige Oberstabsarzt und mittlerweile in Berlin praktizierende Nervenarzt Dr. Hochheimer aufsuchte. Der verschrieb ihm einen »Heilplan«, den Ludendorff offensichtlich auch fast einen Monat lang bis Anfang Oktober »mit Kraft und Gehorsam« erfüllte, wie Hochheimer in einem Brief an seine Frau vermerkte. Der Plan umfasste einen

> ganz andere[n] Tageslauf mit Ruhepausen, Spaziergängen, mehr Schlaf (jetzt nur von 1 – 5 Uhr nachts), mehr Freude, Atmen, Sinneüben und -ablenken, Massage zur Entspannung des Körpers, mit anderer Stimme sprechen lernen (jetzt angespannte hohe Kommandostimme), Augen ausruhen (jetzt fortwährend Karten lesen mit falschem Glase); auf die Berge sehen, Wind und Wolken genießen, lesen (zit. n. Foerster 1952, 77, 75).

Was sich wie die an natürlichen Heilmethoden orientierte therapeutische Empfehlung für einen Neurasthenie-Patienten des frühen 20. Jahrhunderts liest, wurde offiziell als Behandlung einer Ischiaserkrankung kaschiert (Nebelin 2010, 455), während Hochheimer wie auch enge Mitarbeiter Ludendorffs nach der Niederlage pflichtschuldigst gegen die Behauptung auftraten, der General sei »gegen Kriegsende mit den Nerven zusammengebrochen«. Vielmehr »blieb auch in den schweren Tagen des Augusts, Septembers, Oktobers 1918 seine straffe Haltung, Arbeitskraft und Energie« erhalten (zit. n. Foerster 1952, 80).

Derlei Erklärungen richteten sich vor allem gegen die bereits während des Krieges laut gewordenen Vorwürfe, die von Ludendorff am 29. September 1918 erhobene Forderung an die Reichsregierung, einen sofortigen Waffenstillstand herbeizuführen, verdankte sich einem ›Nervenzusammenbruch‹ des Generals. Doch folgte Ludendorff gegen Kriegsende und im Schatten der drohenden Niederlage sowieso schon einem anderen Skript des Krieges, das er selbst in der Durchhalte- und Siegespropaganda der Schlussphase mit verfasst hatte und das sich innerhalb der Diagnose- und Therapiekonzepte eines Teils der deutschen Kriegspsychiatrie schon ausbuchstabiert fand: So wie es den kriegstraumatisierten Soldaten in den heimatlichen Lazaretten einzig am Willen fehle, zu gesunden und weiterzukämpfen, so seien auch insgesamt nicht mehr starke Nerven allein für Sieg und Niederlage verantwortlich, sondern der auf ihnen gründende Willen, den Sieg auch gegen einen womöglich materiell überlegenen Feind zu erringen. Dieser ›Siegeswillen‹ aber habe namentlich der Heimatfront gefehlt, während der Entente, wie er in seinen unmittelbar nach Kriegsende verfassten *Kriegserinnerungen* (1919) formulierte, ein »machtvoller Vernichtungswille«, ein »eiserner Willen« bis zum Schluss eigen gewesen sei (zit. n. Schivelbusch 2007, 257).

Moltkes und Ludendorffs wie auch immer definierte psychische Labilität und deren Folgen illustrieren vor allem eines: Es dürfte keinen anderen Krieg geben, in dem man sich intensiver über die mentalen Befindlichkeiten der Front und Heimatfront Gedanken machte. Insbesondere in den ersten Monaten des Krieges und zumeist im Kontext eines herbeigesehnten, die Nation einenden ›Geistes von 1914‹, wurde die Kraft der Nerven, ja, endlich gar die nervenstärkende Kraft des Krieges selbst beschworen. Zugleich aber nahmen die ›Nervenerkrankungen‹ unter den Soldaten aller beteiligten Nationen massiv zu, bis diese psychischen Opfer des Krieges aufgrund ihrer körperlichen Symptome in Gestalt von ›Kriegszitterern‹ und ›Kriegsschüttlern‹ schließlich in Erscheinung traten und nicht mehr zu übersehen waren (vgl. Lerner 2003; Hofer 2004).

Nervöse Soldaten

In der immer mehr von militärischen Erfordernissen bestimmten und der Hege und Pflege ›vaterländischen Geistes‹ verpflichteten Psychiatrie, die als behandelnde Institution zusammen mit der Neurologie und der Psychoanalyse die erste Adresse für die Therapie der ›Nervenopfer‹ geworden war bzw. werden sollte, führte diese Entwicklung zu teils brutalen Behandlungsmethoden; andererseits konnten solche, aber auch humanere Therapien den Betroffenen Wege aus der unmittelbaren Gefahr eröffnen. Den psychisch versehrten Opfern des ›Maschinenkriegs‹ unterstellte man zusehends einen fehlenden Willen zu gesunden oder einen durch sogenannte Rentenbegehrungsvorstellungen und durch einen ›timor belli‹ (Kriegsfurcht) erst ausgelösten Willen zur Erkrankung.

Das ›Nervenversagen‹ Moltkes und Ludendorffs kann nicht umstandslos dieser Entwicklung zuge-

ordnet werden, zumal beider Zusammenbrüche in der Öffentlichkeit zunächst unbemerkt blieben, ja, im Falle Ludendorffs sorgfältig versucht wurde, den nervlichen Zusammenbruch in Abrede zu stellen. Damit soll nicht angedeutet werden, dass zwischen den psychischen Befindlichkeiten des wilhelminischen Führungspersonals in der Politik – auch der Kaiser galt bekanntlich als hypernervös – sowie im Militär und dem Kriegsausbruch sowie der Kriegführung ein kausaler Zusammenhang bestünde. Wenngleich insbesondere der Zusammenbruch Moltkes das ›psychopolitische‹ Profil des nervösen wilhelminischen Kaiserreichs geradezu idealtypisch spiegelte (Radkau 1998, 357 ff.; Breymayer/Ulrich/ Wieland 1999, passim) und Ludendorffs Überbewertung deutscher Willensstärke angesichts der drohenden Niederlage ganz auf der Höhe der zeitgenössischen, psychiatrisch durchdrungenen Wahrnehmung mentaler Kampfpotenziale lag. Dies unterstreicht ihre Bedeutung in einer sich formierenden bzw. auflösenden Kriegsgesellschaft zu Beginn und am Ende des Krieges – einer Kriegsgesellschaft, die vor allem angesichts der vor dem Krieg geführten Neurasthenie-Debatte ein feines Sensorium für die Leistungsanforderungen der Moderne und den dafür zu zahlenden psychischen Preis entwickelt hatte.

Jenseits der Kuriosität der beiden Fälle und der an Sarkasmen nicht armen deutschen Geschichte – in der ›nervöse Militärs‹ zunächst in der Julikrise 1914 jede Stunde zählen, bis der herbeigesehnte Krieg beginnt, und es gut vier Jahre später kaum erwarten können, möglichst schnell damit aufzuhören – dürfen die beiden ›Nervenzusammenbrüche‹ Aufmerksamkeit beanspruchen (vgl. Afflerbach 1994b, 309). Sie vollzogen sich nicht allein angesichts veränderter, jeweils von Moltke und Ludendorff vertretener Kriegskonzepte. Sie müssen darüber hinaus vor dem Hintergrund einer sich seit 1914 rapide verändernden sozialmedizinischen, insbesondere neurologischen und psychiatrischen Verständigung darüber gesehen werden, wie die seelischen und emotionellen Auswirkungen des Krieges zu bewerten und zu therapieren sind.

Sowohl im Fall Moltkes wie auch in dem Ludendorffs galten der Zustand der ›Nerven‹ und des ›Willens‹ als Gradmesser psychischer Gesundheit und psychischen Versagens und des davon abhängigen professionellen, von den beiden Akteuren erwarteten Verhaltens. Dies durfte auch deshalb hohe Plausibilität beanspruchen, weil die Termini vor dem Hintergrund ihrer allenthalben anzutreffenden Verwendung im politisch-militärischen und psychiatrisch-psychologischen Kriegsdiskurs, aber auch in individuell sinnstiftenden Zusammenhängen, wie sie etwa in den Ego-Dokumenten der Soldaten zu beobachten sind, längst Eingang in die Alltagssprache gefunden hatten (vgl. Ulrich 1997; Reimann 2000). Sie waren zu einer Art interdiskursivem Element geworden, das in der Sprache der öffentlichen Meinung schnell eine größere Rolle spielte als in dem ursprünglich von der Medizin geprägten, kulturgeschichtlich bedeutsamen Feld ihrer Herkunft seit den großen Neurasthenie-Debatten um die Jahrhundertwende. Aufgrund dieser zumindest angenommenen Allgemeinverständlichkeit vermochten ›Nerven‹ und ›Willen‹ in der Integrationsideologie der ›Ideen von 1914‹ ebenso ihre propagandistische Potenz zu entfalten wie in der Durchhalteideologie der letzten Kriegsphase und endlich – wie sich bald zeigen sollte – in der Verarbeitung der Niederlage nach 1918.

Vor diesem Hintergrund bildet das ›Nervenversagen‹ der beiden militärischen Führer hier den Auftakt zu einer vertiefenden Betrachtung der diversen Stränge der Nervositäts- und Willensdiskurse seit Ende des 19. Jahrhunderts in Deutschland. Sie sollten sich während des Ersten Weltkriegs – und in der folgenden Zwischenkriegszeit – in ihrer Gesamtheit zu einem medizinischen und endlich auch politisch-propagandistisch geprägten Skript des Krieges in der Moderne verfestigen. Diese Entwicklung vollzog sich auf der Folie einer bereits Ende des 18. Jahrhundert beginnenden, zunächst rein medizinisch-naturwissenschaftlichen Auseinandersetzung mit der ›Reizbarkeit‹ der Nerven. Sie konkretisierte sich schließlich in rasch auch kultur- und gesellschaftspolitisch aufgeladenen psychosomatischen Erkrankungskonzepten, die auf die Zumutungen der Moderne in allen gesellschaftlichen, wirtschaftlichen und politischen Lebensbereichen reagierten.

Nerven- und Nervositätsdebatten vor 1914

Es kann im Folgenden nicht darum gehen, eine Geschichte der Nervosität und ihrer engen Verquickung mit jener der Psychiatrie in ihrem historischen Kontext des 19. und beginnenden 20. Jahrhunderts zu liefern. Angestrebt wird vielmehr eine kursorische Skizzierung der damit verbundenen Krankheitskonzepte, wie sie sich bis zum Beginn des Ersten Weltkriegs in Gestalt der Neurasthenie, der

traumatischen Neurose und der Hysterie darstellen (Fischer-Homberger 1975a; Lerner 2003). Es sind diese Konzepte, die nach ihrer bereits vor 1914 einsetzenden gesellschaftspolitischen Instrumentalisierung die Wahrnehmung des Krieges sowie vor allem die Therapie der ›nervenkranken‹ Opfer im Ersten Weltkrieg bestimmen werden.

Nerven-Empfindlichkeiten

Der »Nerv«, ein »aus parallel verlaufenden Fasern bestehender, von Bindegeweben umhüllter Strang des Nervensystems«, ist als Begriff dem lateinischen *nervus* entlehnt und urverwandt dem griechischen *neuron*. Seine Etymologie und Bedeutung – Nerv, Sehne, Muskel, Flechse, aber auch Kraft, Spannkraft – sind bis in das 19. Jahrhundert hinein immer verbunden mit der Entwicklung der Medizin, zu dessen Fachterminologie er gehört. In der antiken Medizin waren Nerven und Sehnen praktisch identisch – eine Gleichsetzung, die sich noch im 19. und im frühen 20. Jahrhundert findet und in der Form »nervig, nervös« (statt »sehnig«) gleichbedeutend mit »kräftig, stark« vielfach verwendet wurde (Deutsches Wörterbuch 1989, Spalte 615).

Sprachlich lässt sich auch nachvollziehen, was im Lauf des 18. Jahrhunderts immer deutlicher in der Medizin zu Tage trat: Eine Annäherung der gängigen Krankheits- und Wahnbilder Hysterie und ihres männlichen Pendants in Gestalt der Hypochondrie als ›Krankheiten des Nervensystems‹. Die Nerven übernahmen dabei die »Rolle eines Verteilers eines Übels, dessen Ursprung die Eingeweide sind« (Foucault 1989, 299). Allerdings erwies sich diese Verortung des »Ursprungs«, gleichsam der Nervenzentrale, in den Eingeweiden des Unterleibs oder in der Bauchhöhle spätestens dann als überholt, als dem schottischen Physiologen Robert Whytt um 1750 aufgrund von Tierversuchen der Nachweis gelang, »daß das Rückenmark die Zentrale der nervösen Leitungsverbindungen ist« (Shorter 1994, 51). Whytt ging aber spekulativ noch einen Schritt weiter und stellte in seiner 1765 publizierten Arbeit über Nervenerkrankungen fest, dass deren Symptome nicht allein von der Störung innerer Organe herrühren, sondern auch in »allzu großer Zartheit und Empfindlichkeit des gesamten Nervensystems« begründet sein können (ebd.). Kurz darauf entwickelt der schottische Mediziner William Cullen in seinem 1777 publizierten Werk über die Gebiete der Heilkunde mit dem Titel *First Lines of Physics* eine erste Systematik aller damals bekannten Krankheiten, in dem er die nicht entzündlichen Erkrankungen des Nervensystems unter dem Begriff ›Neurosen‹ (Nervenkrankheiten) subsumierte, die bereits psychische Störungen einschlossen (ebd., 51, 46).

Um diese Funktion übernehmen zu können, mussten den ›Nerven‹ Eigenschaften zugeordnet werden, die im Grunde genommen mit der antiken Auffassung von Nerven und Sehnen korrespondierten. Die ›Nerven‹ reagierten in diesem Sinne auf Außenreize oder Innenreize des Körpers und setzten sie in Aktionen um: Sie bildeten quasi eine Art Resonanzboden, dessen Ausmaß noch an Bedeutung gewann, nachdem die ›Nerven‹ quasi als organischer Ort der Seele ausgemacht wurden. Die sowohl reizbare als auch Reize weitergebende Beschaffenheit der Nerven, ihre, wie es der Göttinger Arzt Albrecht von Haller 1752 formulierte, »Sensibilität und Irritabilität« (zit. n. Fischer-Homberger 1975b, 74), bewirkte in der Folge etwas, was Michel Foucault eine »Ethik der nervlichen Sensibilität« genannt hat (Foucault 1989, 295) und Edward Shorter hinsichtlich potenzieller Störungen oder gar Erkrankungen des Nervensystems so auf den Punkt brachte: »Es war überreizbar« (Shorter 1994, 48).

Die Empfindlichkeiten der ›Nerven‹ – und vor allem die von der Außenwelt abhängenden Formen dieser Empfindlichkeit – bedingten einen radikalen Umschlag in der »moralischen Bedeutung der Nervenkrankheit« und schufen auch neue »Körperzusammenhänge des Wahns«. Künftig, so Foucault, »ist man krank, weil man zu viel empfindet, und leidet unter einer äußersten Solidarität mit allen Wesen in der Umgebung« (Foucault 1989, 300). Der Erkrankte ist »Opfer all dessen, was an der Oberfläche der Welt den Körper und die Seele herausfordert« (ebd.). Das seelische Leiden ist gleichsam die über die Nerven vermittelte »psychologische Wirkung eines moralischen Fehlers« oder konnte es zumindest sein; seien es zeitgenössisch so wahrgenommene sexuelle Exzesse, die Versuchungen der Stadt, denen jemand erliegen kann, seien es anrüchige Lesestoffe oder Theateraufführungen (ebd., 301; vgl. auch Fischer-Homberger 1975a, 74 f.).

Die schwer fassbare Überreizung der Nerven und die nach wie vor massiv mit dem spezifisch weiblichen ›Irresein‹ oder – allgemeiner – mit der als feminin geltenden ›Überspanntheit‹ verbundenen Hysterie machten es erforderlich, wie Shorter es salopp formuliert, dass »ein neues diagnostisches Schlagwort« her musste, um das »zentralnervöse Paradigma« durchzusetzen (Shorter 1994, 371). Das zeigte sich besonders deutlich, als ab etwa 1880 das

Krankheitsbild der ›Neurasthenie‹ – der schwachen, kraftlosen Nerven – von den USA aus und durch den amerikanischen Arzt George M. Beard definiert, in Europa rascheste Verbreitung fand (vgl. generell Gay 1996, 628 ff.; Radkau 1998). Besonders in Deutschland und Österreich-Ungarn, wo Beards Buch bereits 1881 in einer Übersetzung erschien, entwickelte sich das Krankheitskonzept der ›Neurasthenie‹ zu jenem »vorherrschenden körperlichen Leiden«, in dem sich »die socialen und Culturverhältnisse einer Zeit« widerspiegelten, wie es der Arzt Leopold Löwenfeld in seinem 1889 publizierten Buch *Die moderne Behandlung der Nervenschwäche (Neurasthenie), der Hysterie und verwandter Leiden* formulierte (Löwenfeld 1904, 1; Hofer 2004, 45–88).

Dabei verschränkten sich in Diagnose und Therapie nervenärztlicher Praxis die traditionell der Hysterie zugeordneten Symptome mit denen der Neurasthenie, ja, es bestünde, so Löwenfeld, kein Zweifel, »daß unter den Ursachen der Neurasthenie kein Umstand figurirt, der bei Hysterie sich nicht fände und umgekehrt« (Löwenfeld 1904, 6). Allerdings blieben in der Behandlung eben jene Ursachen für die Neurasthenie einzig weiblichen Patientinnen vorbehalten, die zuvor der Hysterie zugeordnet waren – obgleich Jean Martin Charcot bereits in den 1870er Jahren hysterische Symptome nach traumatischen Ereignissen auch bei Männern nachzuweisen versucht hatte. Es handelte sich um Symptome, die, so Löwenfeld, die »Beziehungen der nervösen Schwächezustände zu den Sexualerkrankungen« (ebd., 10) betrafen, während solche Beziehungen in der spezifisch männlichen Form der Neurasthenie kaum eine Bedeutung hatten. Kurz, die Neurasthenie als psychosomatische Erkrankung war »ein soziales Refugium für Männer, die sich zu viel zugemutet hatten«, für Männer, »die sich selbst einem hohen Erfolgsdruck aussetzten oder ausgesetzt sahen«, wie insbesondere – das zeigt eine Vielzahl von Selbstzuschreibungen – Unternehmer, Ärzte und Offiziere (so Hofer 2004, 162, 171).

Insgesamt subsumierte man unter der Diagnose ›Neurasthenie‹, die im Übrigen auch oft mit dem Terminus ›Nerven‹ und dessen Komposita umschrieben wurde, solche auslösenden Ursachen, die ebenso wie ihre (heterogenen) Symptome historisch gesehen längst vorlagen: Es waren geistige wie körperliche Überanstrengungen und daraus folgende Erschöpfungen, Sorgen, Schrecken, »sexuelle Excesse und Verirrungen«, Ehrgeiz, aber auch übermäßiger Genuss von Kaffee, Tee, Alkohol, Tabak, »Morphinismus« sowie »heftige Körpererschütterungen durch

Eisenbahnunfälle, Sturz vom Pferd etc.«, die zu Müdigkeit, Aufgeregtheit, Konzentrations- und Willensschwäche oder Tatenlosigkeit führten (Steiner 1964, 100 ff.).

Historisch neu waren allenfalls die Symptom-Auslöser, die – neben der vermuteten Vererbbarkeit der Neurasthenie – vor allem abhängig vom »raschen Kulturfortschritt des letzten Jahrhunderts« gesehen wurden, wie der Arzt August Hoffmann 1904 in seiner Arbeit zu *Berufswahl und Nervenleben* ausführte (Hoffmann 1904, 23). Namentlich die veränderten Lebens- und Produktionsbedingungen in den Fabriken und Metropolen, die Beschleunigung in Handel und Verkehr evozierten nun jene Schockzustände, die im Zusammenhang mit den Eisenbahnunfällen des frühen 19. Jahrhunderts und deren Folgen bereits Eingang in die medizinische Diagnostik gefunden hatten.

Es sollte sich zeigen, dass im semantischen Gewand der Neurasthenie die Nervosität zum alles beherrschenden Stigma der Moderne wurde, zur »Modeneurose unserer Tage«, zur »›Nervenkrankheit‹ par excellence«, die überdies »in tausend wunderbaren Formen« erscheine, wie der Mitbegründer der Neurologie, Wilhelm Erb, schon 1882 in einer Besprechung der von Beard vorgelegten Neurasthenie-Lehre die Lage charakterisierte (zit. n. Hofer 2004, 69). Allein unter den Patienten des Berliner Landesversicherungssanatoriums Beelitz stieg der Anteil der ›Neurastheniker‹ zwischen 1897 und 1904 auf mehr als das Doppelte, von 18 % auf 40 % (Radkau 1989, 226). Diese enorme Verbreitung der medizinischen Diagnose ›Nervosität‹ wie auch der Selbstwahrnehmung der Patienten, die sich selbst als ›nervös‹ bezeichneten, beschäftigten die Bürokratien der unter Bismarck geschaffenen Kranken- und Unfallversicherung und lösten kontroverse Debatten unter den medizinischen Kapazitäten aus. Das änderte aber nichts daran, dass das Diagnose- und Therapiekonzept der Neurasthenie »zum Ausgangspunkt für eine Vielzahl von Deutungsoptionen« geriet, »mit denen die Auswirkungen des modernen Lebens auf die Menschen beschrieben werden konnten« (Hofer 2004, 181).

Sigmund Freud fand in diesem Zusammenhang zu einer originellen ›Deutungsoption‹. In zwei Aufsätzen – »Die Sexualität in der Ätiologie der Neurosen« (1889) und vor allem in »Die ›kulturelle‹ Sexualmoral und die moderne Nervosität« (1908) – beschäftigte er sich mit den eigentlichen »ätiologisch wirksamen«, mithin ursächlichen Bedingungen für die Formen moderner Nervosität. Die aber sah er

nicht im modernen Hasten und Jagen nach Geld und Besitz oder in den Fortschritten auf technischem Gebiet, kurz, in den aktuellen, epochalen »Umwälzungen in den politischen, sozialen, merkantilen, agrarischen und industriellen Verhältnissen«. Vielmehr »reduziert sich der schädigende Einfluss der Kultur im Wesentlichen auf die schädliche Unterdrückung des Sexuallebens der Kulturvölker (oder Schichten) durch die bei ihnen herrschende ›kulturelle‹ Sexualmoral« (Freud 1974, 16). Damit aber befand sich Freud – ohne dass hier näher auf die Theorie der Triebunterdrückung eingegangen werden kann – im Gegensatz zur vorherrschenden Auffassung, in der die Nervosität bzw. Neurasthenie als Form nicht organisch bedingter Neurosen quasi als menschliche Kehrseite industriellen und sozialen Fortschritts betrachtet wurde und durchaus geschlechtsspezifisch oder auch klassenspezifisch instrumentalisiert werden konnte. Freud legte das Schwergewicht auf einen Aspekt der Moral, die er als Quelle der Unterdrückung ausmachte, namentlich dann, wenn jemand kraft seiner unbeugsamen Konstitution diese Triebunterdrückung nicht mitmachen kann und »der Gesellschaft als ›Verbrecher‹, als ›outlaw‹ gegenüber« steht und der »Nervosität« bzw. der Neurose anheimfiel (ebd., 16,18).

Von der ›Spinalirritation‹ zur traumatischen Neurose

Die Durchsetzung des Nervensystems als gleichermaßen psychisch wie physisch verantwortlichem Leitorgan für Geisteserkrankungen und psychische Irritationen aller Art hätte eigentlich nahegelegt, es dem von William Cullen in den 1770er Jahren geprägten Neurose-Begriff zu subsumieren. Doch war mit Beginn des 19. Jahrhunderts zunächst die Rückenmarkreizung oder -entzündung (›Spinalirritation‹) in den Mittelpunkt des ärztlichen Interesses gerückt, die in ihrer »Häufigkeit und Salonfähigkeit« die Hypochondrie des 18. Jahrhunderts ablöste (Fischer-Homberger 1975a, 12 ff.). Sie spielte zunächst die entscheidende Rolle bei der Diagnose und Behandlung der Opfer von Eisenbahn- und Fabrikunfällen, mit denen sich bereits seit dem frühen 19. Jahrhundert die Ärzte vermehrt konfrontiert sahen. Die Verunglückten erfuhren häufig kaum sicht- oder bemerkbare Verletzungen, litten aber umso mehr unter den psychischen Folgen. Insbesondere die körperlichen Erschütterungen, denen Eisenbahn-Reisende bei den damals vorherrschenden Geschwindigkeiten (40–80 km/h) durch Entgleisungen oder Zusammenstöße ausgesetzt waren, schienen seelische Wirkungen bisher unbekannter Intensität zu haben.

Jene Mediziner, die auf Grund der in den westeuropäischen Ländern etwa seit der Mitte des 19. Jahrhunderts festgeschriebenen, privaten Haft- und Unfallversicherungspflichten der Eisenbahngesellschaften als Gutachter gefragt waren, verorteten bei den Opfern eine physische, durch mechanische Einwirkungen erfolgte Beschädigung des Rückenmarks oder Gehirns, aus der die beobachtbaren Wirkungen für das Affektleben und/oder etwa motorische oder sensorische Defizite hervorgingen. Sie folgten dabei den Erkenntnissen des Londoner Chirurgen John Eric Erichsen, der seit Anfang der 1860er Jahre Verletzte und offenbar traumatisierte Opfer von Unfällen untersucht hatte und für deren Symptome den Begriff *Railway Spine* (Eisenbahn-Rücken- oder Wirbelsäule) prägte, im Folgenden aber eher für die von ihm beschriebenen Erkrankungen einer organischen Rückenmarksläsion (in diesem Falle die Störung und/oder Verletzung der anatomischen Struktur der Wirbelsäule) mit traumatischem Ursprung den Terminus *Spinal concussion* (Wirbelsäulen- oder Rücken-Erschütterung) bevorzugte (vgl. Fischer-Homberger 1975a, 16 ff. und 36 ff.; Schivelbusch 1989).

Für solche, aus körperlich erfahrenen Erlebnissen resultierende Leiden schlug der deutsche Neurologe Hermann Oppenheim 1889 – aufgrund seiner in der Berliner Charité über fünf Jahre hinweg entwickelten Kasuistik – den Begriff ›Traumatischen Neurose‹ vor (Oppenheim 1889; vgl. Lerner 1997; 2003). Oppenheim wurde von dem französischen Arzt Jean Martin Charcot beeinflusst, der in seinen medizinisch-naturwissenschaftlichen Untersuchungen zur Hysterie in den 1870er Jahren bereits immer wieder auftauchende Symptome in den Krankheitsverläufen beobachtet hatte, die seines Erachtens – nicht zuletzt aufgrund ihrer Regelmäßigkeit – auf eine Schädigung oder Störung in der anatomischen Struktur des Nervensystems zurückzuführen wären. Dies bildete wiederum quasi die materielle Grundlage für die von Wünschen, Hoffnungen und Befürchtungen, kurz, von »Zwangsvorstellungen« und »Suggestionen« bestimmten Verläufe der Hysterie bzw. der hysterischen Neurose, die vor allem Sigmund Freud in seiner Konzeption der Neurosen befruchteten (vgl. Fischer-Homberger 1975a, 26–29).

Oppenheim vertrat die These, dass den von ihm beobachteten Symptomen nach Unfällen – wie etwa Schwindelgefühle und Desorientierung, Sprach-

oder Schlafstörungen bis hin zum Zittern oder Schütteln einzelner oder aller Gliedmaßen – nicht sicht- und behandelbare, molekulare oder chemische Störungen im Nervensystem und im Gehirn zugrunde liegen mussten. Der durch den Unfall verursachte Schock oder Schreck – die »Gemütsbewegung« – hingegen bilde erst die krankhaft erregten, die »abnormen« Beschwerden der Psyche aus, »wo eine äußere Verwundung nicht vorliegt«, wie Oppenheim schreibt (Oppenheim 1889, 178). Und zwar ganz ohne die noch von Charcot und anderen vermuteten Wünsche und Befürchtungen der Betroffenen. Kurz: In der von Oppenheim definierten traumatischen Neurose haben die psychischen Ausdrucks- und Verlaufsformen einer etwa durch einen Unfall verursachten Nervenerkrankung ihre Ursache in körperlichen Schäden oder Störungen, die sich zwar noch nicht nachweisen ließen, aber in ihrer monokausalen, funktionellen Bedingtheit für die Neurose unabweisbar wären (ebd. vgl. Lerner 1997, 17; Radkau 1998, 340). Falls die Symptome der traumatischen Neurose sich im Verlauf von bis zu zwei Jahren nicht entscheidend gebessert hätten, müsse, so Oppenheims rentenrechtlich bedeutsame Prognose, von einer anhaltenden Schädigung des Nervensystems ausgegangen und daher dem Betroffenen eine Rente gewährt werden.

Die deutsche Reichsversicherungskammer schien auf ein griffigeres Diagnosekonzept, als es vor allem die Neurasthenie darstellte, nur gewartet zu haben. Freilich hatten die Diagnose- und Therapiekonzepte der Neurasthenie die Ärzte erst für die Wahrnehmung der »Erscheinungsformen der Unfallneurose als Krankheitssymptom« sensibilisiert (Radkau 1998, 351). Noch im Jahr 1889 jedenfalls, da Oppenheims grundlegende Arbeit erschienen war, wurde die gutachterlich festgestellte (post-)traumatische Neurose etwa nach Unfällen als erstattungspflichtig und rentenwürdig anerkannt.

Im gleichen Maße, in dem daraufhin die Zahl der an traumatischen Neurosen Erkrankten wuchs – freilich keineswegs in der damals behaupteten, geradezu epidemieartigen Zunahme (ebd., 345) –, mehrten sich auch jene Stimmen, die eine kausale Verbindung zwischen organischer Verletzung und traumatischer Neurose bestritten und von einer reinen, quasi innerpsychischen Ursache für die Neurose ausgingen und nicht von einer somatischen, also körperbedingten. Neben der damals diskutierten höheren Plausibilität einer psychischen Verursachung von Neurosen – nicht zuletzt im Kontext der Debatte um die Neurasthenie –, hatte dieser diagnostische und therapeutische Ansatz überdies einen potentiellen wirtschaftlichen Vorteil: Mit ihm ließen sich Entschädigungs- und Rentenansprüche der Erkrankten leichter abweisen, während Oppenheims Konzept dies ungleich erschwerte. Oppenheim hatte die psychogenen Faktoren zwar nicht in Abrede gestellt, ja, ihnen sogar als »Gemütsbewegungen des Rentenkampfes« einen die Symptome »verschlimmernden Einfluß« zuerkannt, wie er 1915 rückblickend auf diese Phase schrieb (zit. n. Lerner 1997, 18). Doch insgesamt favorisierte er den organischen Schaden und die durch ihn erst verursachten neurotischen Symptome.

Insbesondere die schnell geäußerte Vermutung, die Symptome der von Oppenheim definierten Neurose – wie etwa das Zittern, Lähmungserscheinungen oder Sprachverlust – ließen sich problemlos simulieren, konnte die Abwehr von Entschädigungsansprüchen erleichtern. Dabei darf man sich die Fronten, die zwischen den unterschiedlichen Lehrmeinungen bestanden, nicht zu statisch vorstellen. Dies gilt es vor allem im Zusammenhang des sogenannten ›Simulationsstreits‹ zu bedenken, der auf dem 10. Internationalen Ärztekongress in Berlin (1890) besonders intensiv ausgetragen wurde. Zwar wurde im Verlauf des Kongresses gefordert, generell jedes Unfallopfer, das auf eine Entschädigung nach der Diagnose »traumatische Neurose« nicht verzichten wollte, in speziellen Krankenhäusern zu überprüfen und bei Bestätigung des Simulationsverdachts nicht allein die »Rückzahlung der Unkosten« zu verfügen, sondern überdies eine »Gefängnisstrafe mit Zwangsarbeit« zu verhängen, die »bürgerlichen Ehrenrechte« abzuerkennen sowie das »Vergehen und die Strafe« in den »gelesensten Zeitungen« publik zu machen (zit. n. Fischer-Homberger 1975a, 68). Doch blieben solche Vorschläge ohne mehrheitsfähigen Widerhall. Aber es ist weder in Abrede zu stellen, dass tatsächlich von Unfallopfern Symptome simuliert wurden, um in den Genuss einer Rente oder Abschlagszahlung zu kommen, noch kann umstandslos aus dem Vorwurf der Simulation geschlossen werden, dass all jene Ärzte, die ihn erhoben, die Existenz der traumatischen Neurose generell bestritten.

Dennoch etablierte sich nach der Durchsetzung des von Oppenheim definierten, für die Zuerkennung von Renten bedeutsamen Konzepts der traumatischen Neurose innerhalb des psychiatrischen und neurologischen Diskurses mehr und mehr eine Entwicklung, in der die »Gewolltheit des Syndromes«, ja, eine sich im neurotisch bzw. hysterisch Er-

krankten ausbildende »Begehrungs-Vorstellung« den zentralen Platz einnahm (zit. n. ebd., 130ff., 130). Der Arzt für Innere Medizin und Hochschullehrer Adolf von Strümpell, der 1895 den Begriff der ›Begehrungs-Vorstellung‹ in die Debatte werfen sollte, verband damit bereits einen auch *ex post* noch gewagt erscheinenden Versuch, den menschlichen Willen zum Maßstab der Krankheitswürde der traumatischen Neurose bzw. der Hysterie zu erklären. Nicht allein der teils absichtliche, teils auch unbewusste Wille des Kranken – das immerhin räumt Strümpell ein –, aus seiner psychischen Erkrankung Kapital in Form einer Rente oder Einmalzahlung zu schlagen, sei hier zu bedenken. Vielmehr vollziehe sich nur allzu oft quasi eine »Übertragung des Wollens auf das somatisch-zentrale motorische Zentrum« (zit. n. ebd., 130/131), wirke ergo direkt etwa auf das Zittern des Erkrankten nach einem Schreck oder Unfall ein. Deshalb schlug er auch schon in seiner frühesten Arbeit *Über traumatische Neurosen* (1888) vor, »durch methodische Willensübungen dem Willen allmälig [sic] wieder den ›rechten Weg zum Einlenken in die motorischen Bahnen‹ zu zeigen« (zit. n. ebd., 131).

Der Psychiater und Neurologe Georg Flatau – er wurde 1942 in Theresienstadt ermordet – sinnierte 1928 in seiner Arbeit über *Neue Anschauungen über die Neurosen*, dass Strümpells Begriff der ›Begehrungs-Vorstellungen‹, in dem der vorhandene bzw. fehlende Wille zur Erkrankung bzw. zur Gesundung aufgehoben ist, ein für allemal im Krankheitskonzept der Neurose bzw. Hysterie verankert habe, »was auf eine Annahme einer mehr oder minder bewußten Mitwirkung des Verletzten bei der Entstehung und Fortdauer der Symptome hindeutete« (zit. n. ebd., 133).

Das ›Willensproblem‹

Die zeitgenössische Kritik an dieser neuen Deutungsvariante von traumatischer Neurose bzw. Hysterie zielte vor allem auf die damit einhergehende unscharfe und letztlich allein dem Gesamteindruck des Arztes überlassene Einschätzung, was noch Erkrankung und was schon Simulation ist. Aber eben mit dieser, über das Willenskonzept inkorporierten Unschärfe in der Definition der Erkrankungsursachen wurde »der medizinischen Gutachtertätigkeit ein flexibles Instrument in die Hand« gegeben, das dem begutachtenden Arzt viel Raum für die Ablehnung oder Anerkennung von Entschädigungszahlungen bot (vgl. ebd., 135). Zugleich – so fasste es

Oppenheim rückblickend in seinem 1915 publizierten, vier Seiten kurzen Aufsatz »Der Krieg und die traumatische Neurose« zusammen – wurde das von ihm entwickelte Krankheitsbild »fast überall ausgemerzt und verpönt« und hingegen »der Begriff traumatische Hysterie anerkannt, aber mit dem Beigeschmack, daß es zwischen ihr und Simulation keine scharfe Grenze gibt«. Kurz: »Das Trauma wird nicht von dem Unfall, sondern von den Begehrungsvorstellungen gebildet« (zit. n. Lerner 1997, 18).

In der einschlägigen Literatur verfestigte sich in den Jahren vor dem Weltkrieg »das Willensproblem« zum »A und O der Hysterie« und der traumatischen Neurose, wie Willy Hellpach 1904 in seiner Schrift zur *Psychologie der Neurose* festhielt (zit. n. Fischer-Homberger 1975a, 133). »Die häufigste Form der hysterischen Willensrichtung«, erklärte 1911 auch Karl Bonhoeffer in einem Beitrag für die *Allgemeine Zeitschrift für Psychiatrie* apodiktisch, »ist der Wille zur Krankheit« (zit. n. Fischer-Homberger 1971, 127). Überhaupt wurde auch in der zunehmenden »Psychisierung der Neurasthenie« ab Ende des 19. Jahrhunderts deutlich, »daß der Kern dieses Leidens nicht mehr in bestimmten funktionellen Störungen sondern in der Willensschwäche gesehen wird« (Radkau 1998, 357 ff., 368).

Eine präzise medizinische Definition des ›Willens‹ erfolgte nicht, wenngleich sich dafür medizingeschichtlich das Konzept der Hypochondrie angeboten hätte, zu deren Bekämpfung bereits im späten 18. Jahrhundert der »eigene feste Wille, die eigene Seelenkraft« (Christoph Wilhelm Hufeland, zit. n. Radkau 1998, 361) empfohlen wurden. Aber ›Wille‹ und ›Härte‹ lagen als erwünschte nationale Selbstzuschreibungen in der Wertehierarchie des wilhelminischen Deutschland ebenso in der Luft, wie sie für die Modellierung eines Idealbildes von Männlichkeit die Stichworte liefern konnten. Vermutlich hat Joachim Radkau recht, wenn er schreibt: »Der Nervendiskurs, der an und für sich eher die ›weiche‹ Seite des wilhelminischen Deutschland dokumentierte, konnte abseits des Therapiesektors abrupt in Härte und Aggressivität umschlagen« (Radkau 1996, 314 f.; zur internationalen Entwicklung des Topos vom Willen vgl. ebd., 391 f.; Ulrich 1992, 179 f.).

Im gleichen Zeitraum wurden auch erste Bemühungen erkennbar, den Fokus der medizinisch-psychiatrischen Wahrnehmung von Nervenerkrankungen in den gesellschaftspolitischen Bereich hinein zu erweitern. Einen unvermittelten Versuch, die Nerven als elementaren Bestandteil einer sozialen Diagnose zu nutzen, unternahm der 1899 zum Dr. phil.

(Psychologie) und 1903 zum Dr. med. promovierte Arzt und spätere Politiker Willy Hellpach, als er in seiner 1906 publizierten Abhandlung über *Nervenleben und Weltanschauung* einen direkten Bezug zwischen sozialen Klassen und körperlich-seelischen Dispositionen herstellte. Seine Schrift kann auch als Einführung in die Kulturgeschichte der Neurasthenie gelesen werden. Aber vor allem ging es Hellpach um die »Anwendung psychopathologischer Begriffe auf gesellschaftliche und geschichtliche Zusammenhänge«, wie er im Vorwort vermerkte. Eine Methode, die zu einer massiven Kulturkritik des wilhelminischen Bürgertums führte, dessen einziger Nutzen aus der »nervösen Epoche« in einem »sensibelsten Persönlichkeitsbewusstsein« bestehe (Hellpach 1906, 78).

Hellpach konnte sich auf den Historiker Karl Lamprecht stützen, der eben erst in seinen methodisch originellen, sozialpsychologisch inspirierten Reflexionen *Zur jüngsten deutschen Vergangenheit* (1902) die Modekrankheit Nervosität in einen historischen Zusammenhang gestellt hatte. Dabei charakterisierte Lamprecht insgesamt die zurückliegenden zwei Jahrhunderte als die des »Subjektivismus«, deren erste Phase – die der »Empfindsamkeit« – nach den Einigungskriegen von jener der »Reizsamkeit« abgelöst worden sei. Die aber sei »psychisch längst als Nervosität erkannt« worden. Lamprecht zitierte nicht allein Zeugnisse moderner Kultur als sichtbaren Beweis für die Nervosität – sei es der »neurologische Impressionismus«, sei es die »Nervenbeobachtung« bei Hofmannsthal –, sondern er stellt auch schon einen Zusammenhang zwischen »nervösen Haltungen« und freiem Unternehmertum her (Lamprecht 1902, Einleitung; vgl. Steiner 1964, 23–32; Hank 1984, 55 ff.).

Genau in dieser Richtung dachte Hellpach, Lamprecht rezipierend, weiter. Während die Nervosität als Zeitkrankheit am Landadel, an den Bauern und der Arbeiterschaft vorübergegangen sei, hätte sie sich quasi zur historischen Psychose des hochkapitalistischen Bürgertums entwickelt. Verantwortlich dafür sei insbesondere die moderne Lebensführung, namentlich in den Großstädten:

> Es ist die spezifische Gestaltung der Berufssorgen, wie sie der Hochkapitalismus erzeugt, mit anderem Wort: die ›Unternehmung‹ in ihrem modernen Charakter, und ist im Bunde damit die kapitalistische Entfesselung des Verkehrs – was zu einem unablässigen Spiel von Spannung und Lösung, weiter von Unlust und Lust und auch von Erregung und Hemmung führen muss. Das sind die beiden grundlegenden Potenzen (Hellpach 1906, 50).

Hellpach nahm sich darüber hinaus auch der Lebensbedingungen des großen ›Gegenspielers‹ des Bürgertums, des Proletariats, an. Als prägende Faktoren für das »Nervenleben« des Proletariers nennt er die »Freudlosigkeit seines Daseins, bedingt durch die Freudlosigkeit der von der Maschine atomisierten Arbeitsweise, und die Zwecklosigkeit seines Daseins, bedingt durch die Existenzfristung von heute auf übermorgen, die Atomisierung des Lebensplanes« (ebd., 18).

Angesichts solcher »Besonderheiten der proletarischen Existenz« (ebd., 14) macht Hellpach vor dem Hintergrund der bereits gelaufenen Debatte um die traumatische Neurose eine ganz andere »Berufspsychose« aus als beim Bürgertum. Es ist, besonders nach Arbeitsunfällen, »die Abneigung, man kann sagen die angstvolle Abneigung gegen die Wiederaufnahme der Arbeit und die Anklammerung an die Versorgungsmöglichkeit, die diese Wiederaufnahme überflüssig zu machen geeignet ist« (ebd., 16). Kurz: »Rentenbegierde« oder auch »Rentenhysterie« und »Arbeitsscheu« stellen – im Übrigen »genau wie das Erotische die Weibspsyche viel mächtiger regiert als den Mann« – die »historische Seelenerkrankung der proletarischen Klasse« dar (ebd., 17).

Damit hatten die unter dem Oberbegriff der ›traumatischen Neurose‹ versammelten Krankheitsbilder Neurasthenie, Hysterie und die alltagssprachlich manifeste Nervosität endgültig den Bereich medizinisch-psychiatrischer Diagnostik verlassen. Seit der von Hellpach und anderen erwähnten ›Rentenhysterie‹, der innerhalb der Gerichts- und Militärmedizin eine immense Bedeutung zukam, wurde der (vorhandene oder aber fehlende) ›Wille‹ des Kranken, gesund zu werden, der freilich schwer einschätzbare Gradmesser für die ›Krankheitswürde‹ des Leidens (vgl. Fischer-Homberger 1975a, 149). Einer politisch-moralischen Kritik der Opfer sowie ihrer auf eine »Stärkung und Stählung des Willens« und der Nerven abzielenden Behandlung war damit der Weg geebnet und zwar umso mehr, als sich im gleichen Zeitraum die »Aufmerksamkeit« mehr und mehr auf die »Prädisposition [d. h. die ererbte oder genetisch bedingte Veranlagung; B.U.] zu geistigen und nervösen Störungen« richtete (Lerner 1997, 19; vgl. auch Lerner 2003).

Wie weit dieser Weg bereits vor dem Krieg beschritten wurde, zeigt ein kurzer Blick auf die Verbindungen zwischen Psychiatrie und Militär vor 1914. Nach den Einigungskriegen war einerseits das Interesse des Heeres an der Psychiatrie, vor allem als begutachtende Instanz bei der Rekrutierung und in

militärischen Strafverfahren, stark angestiegen, andererseits suchte auch die Psychiatrie in ihren Professionalisierungsbemühungen und vor dem Hintergrund ihrer Gutachtertätigkeit bei Versicherungs- und Rentenverfahren die Nähe zum Militär, dessen Angehörige reichlich Stoff für Fallgeschichten boten (Lengwiler 2000, 300 ff.).

Seit Anfang des 20. Jahrhunderts nahm der psychiatrische Einfluss namentlich im Ablauf der Musterungsuntersuchungen zu, bei denen die Militärärzte »auf eine Häufung von ›Degenerationszeichen‹ zu achten« hatten, »wozu unter anderem angewachsene Ohrläppchen, asymmetrische Fleckung der Iris, auffallende Behaarung, Anomalien der Zahnbildung und -stellung oder Linkshändigkeit gerechnet wurden« (Bröckling 1998, 175). Überdies sollten schon bei der Erfassung der Rekruten in ihren Stammrollen nicht allein Schulbesuche oder Vorstrafen, sondern auch Aufenthalte in Nervenheilanstalten sowie weitere, sozusagen amtlich gewordene Verhaltensauffälligkeiten vermerkt sein. Insgesamt, so fasst Bröckling zusammen, stand nicht so sehr das »vermeintlich kranke Individuum« im Mittelpunkt des militärpsychiatrischen Interesses, »sondern der gesamte ›Heeres‹- beziehungsweise ›Volkskörper‹, deren Leistungsfähigkeit angeblich durch ›Infektionskeime‹ in Gestalt ›minderwertiger Elemente‹ bedroht war« (ebd., 176). Diese Erweiterung psychiatrischer Konzepte zum *modus vivendi* einer ›nationalen Hygiene‹ wird im Ersten Weltkrieg fortgeführt und radikalisiert.

Starke Nerven?
Zwischen ›Mobilmachungspsychosen‹ und ›Kriegsneurosen‹

Die Nerven-Debatten, begleitet und immer stärker verquickt mit der Frage nach der Beteiligung des Willens, entfalteten sich in den letzten Monaten des Jahres 1914 zu einem Kriegsnerven-Diskurs. In seiner komplexen Gesamtheit wurde er zu einem bedeutenden Repräsentationsmedium, durch das sich die deutsche Kriegsgesellschaft in vielfältiger Weise über die Wahrnehmung des Krieges und dessen ›nervliche‹ und ›seelische‹ Auswirkungen verständigte. Dies basierte zwar auf den vor dem Krieg entwickelten und insbesondere in dem institutionalisierten, gutachterlichen Zusammenspiel zwischen Ärzten und Staat bzw. Militär bereits erprobten Sichtweisen. Aber durch den zunächst als kurzen Feldzug erwarteten, sich aber bald zum nicht enden wollenden, zunehmend von industriellen Ressourcen abhängigen Materialkrieg weitenden Weltkrieg schoben sich andere – wenn auch nicht neue – psychiatrische Diagnose- und Therapiekonzepte über die tradierten.

Nach wie vor – auch das sollte sich zeigen – boten Nervenerkrankungen und ihre militärpsychiatrischen Diagnosen und Therapien Nischen für das Überleben im ›Maschinenkrieg‹ oder eröffneten kleine oder größere Möglichkeiten der Flucht vor den Zumutungen der Moderne in Gestalt des Trommelfeuers, Maschinengewehrs oder der Giftgase. Doch insgesamt war die Entwicklung zur Stigmatisierung der kampfunfähigen ›Nervenopfer‹, zur Pathologisierung und gewaltsamen ›Überwindung‹ ihrer Leiden mithilfe von ›Willenstherapien‹ unübersehbar. In der deutschen Kriegsgesellschaft des zunehmend spürbaren Mangels und der knappen Ressourcen gehörte schließlich auch die ›nervenstarke‹ Kampfbereitschaft der Soldaten zu den raren Gütern. Und in gewisser Weise boten psychiatrische Diagnose- und Therapiekonzepte eine Art psychische Mangelbewirtschaftung, die Ersatz oder Kompensation dort offerierte, wo der personellen und materiellen Überlegenheit der Gegner eigentlich nichts mehr entgegenzusetzen war.

Euphorien des Anfangs

Die zeitgenössischen Beobachter zeigten sich zunächst überrascht, dass der Krieg eine vermutete ›nervenstärkende‹ Kraft zu entfalten vermochte bzw. dass überhaupt – man denke an Hellpachs psychiatrisch inspirierte Sozialdiagnose des wilhelminischen Bürgertums und des Proletariats – mit diesem neurasthenischen Volk ein Krieg geführt werden konnte. Im sozialmedizinischen und politischen Nervendiskurs unmittelbar vor 1914 herrschte die Ansicht vor, dass gute Nerven eine unabdingbare Voraussetzung für den Krieg wären und nicht etwa, dass der Krieg in der Lage sei, starke Nerven erst herzustellen. Ein Nexus, der auch die Folie abgab für die seit der Jahrhundertwende nicht nachlassende Kritik an den vorgeblich zu »schwachen Nerven« der politisch Verantwortlichen und insbesondere des zu ›nervösen‹ Kaisers, um den Herausforderungen des immer wieder drohenden Krieges zu begegnen, während umgekehrt die »nervöse Reizbarkeit« jenes Führungspersonals in Militär und Politik herausgestellt wurde, das den Krieg je eher desto lieber »herbeireden« wollte (Radkau 1998, 405, 383 f.).

Mit Beginn des Weltkriegs schien es zunächst unübersehbar, dass sich der Kausalzusammenhang umgekehrt hatte – auch wenn die namentlich von Pädagogen noch unmittelbar vor 1914 heftig diskutierte »ethische Willenskultur« innerhalb der wehrfähigen Jugend die Frage nicht verstummen ließ, was genau unter einer »Willenserziehung« zu verstehen sei, wie es 1911 in dem pädagogischen Periodikum *Pharus* hieß (*Pharus*. Katholische Monatsschrift für Orientierung in der gesamten Pädagogik, 1911, 2. Halbbd., 320–332, 323, 325). Aber derlei Befürchtungen wurden nun zunächst von einer neuen, mit dem Krieg beginnenden, so psychiatrisch geprägten wie »mächtige[n] kulturelle[n] Bedeutungsproduktion« um die Nervenerkrankungen und die »Heilsamkeit« des Krieges überwölbt (vgl. Hofer 2004, 34 f.; Radkau 1998, 400 ff.).

Zu den am häufigsten zitierten Äußerungen Kaiser Wilhelms II. in den ersten Monaten des Weltkriegs gehörten immer wieder modifizierte Passagen einer Rede, die er ursprünglich 1910 vor Offizieren und Kadetten der Marineschule Flensburg-Mürwik gehalten hatte: »Der nächste Krieg und die nächste Seeschlacht fordern gesunde Nerven von Ihnen. Durch Nerven wird er entschieden.« Zwar zielte Wilhelms Bemerkung vor allem auf die seines Erachtens »entnervende«, das heißt hier, quasi noch praepsychiatrisch, »schwächende« Wirkung des Alkohols innerhalb der Marine; für die in der Marine »besondere Eigentümlichkeiten des Dienstes« und dem daraus folgenden »Nervenverschleiß« gegenüber dem Landheer wären das »ungewohnte Klima« bei Einsätzen auf den Weltmeeren, »die hohe Unfallgefahr, ungesunde Ernährung, das Eingesperrtsein auf dem Schiff und – last but not least – Alkohol und Syphilis« zu veranschlagen (alle Zitate nach Radkau 1998, 403 f.).

Für den Ersten Weltkrieg aber bekam die eingängige Formel vom Wert der ›besseren Nerven‹ eine Bedeutung, die nur kurzfristig überlagert wurde durch des Kaisers Bekenntnis vom August 1914, er kenne nunmehr keine Parteien mehr, sondern nur noch Deutsche. Zwar schrieben einige Journalisten die Bestimmung vom Krieg als »Nervensache« dem »Helden von Tannenberg« zu, General-Feldmarschall Paul von Hindenburg, der sich im November 1914 – in der Sache ähnlich – gegenüber dem Korrespondenten der in Wien erscheinenden Zeitung *Neue Freie Presse* geäußert hatte. Wilhelm II. ließ es sich kurz darauf nicht nehmen, am 3. Dezember 1914 seine alte, in Flensburg gehaltene Vorkriegsrede – ohne den Bezug zum Seekrieg – vor Truppen an der Ostfront zu wiederholen (vgl. Hofer 2004, 209 f.; Radkau 1998, 405 f.).

Zeitungen und Magazine jedenfalls nahmen die Charakterisierung des Weltkriegs als reinen ›Nervenkampf‹ begierig auf. Ungezählt sind die Artikel, in denen das Thema variiert und ergänzt wurde. Ihre Botschaft ist immer die gleiche: Der Krieg sei ein mit »fast allmächtiger Heilkraft ausgerüstetes Stahlbad für die im Staub langer Friedensjahre und einförmiger Berufstätigkeit verdorrenden und verschmachtenden Nerven«, wie es der Arzt, Neurologe und Begründer der ärztlichen Sexualwissenschaft Albert Eulenburg in seinem rasch Verbreitung findenden Artikel über die »Kriegsnervosität« verkündete. Allerdings räumte er ein, dass der Krieg schon zum Ende des Jahres 1914 hin von »mannigfaltigen nervös-seelischen Störungen« begleitet werde und es daher verfehlt wäre, die aus der Vorkriegszeit stammenden Spezialkrankenhäuser für Nervenkranke aufzulösen oder sie allein für die Versorgung der körperlich Verwundeten zu nutzen (alle Zitate nach Radkau 1998, 404, 430 f.).

Unablässig in diesen ersten Kriegswochen und -monaten durchzog das Mantra von der nervenheilenden Kraft des Krieges die öffentliche Meinung – und geriet überraschend schnell zu einem Teil der Integrationsideologie der ›Ideen von 1914‹ (vgl. Hofer 2004, 195 ff.). Der propagierte Kampf der ›Kultur gegen die Zivilisation‹, der ›Gemeinschaft gegen die Gesellschaft‹, der ›Helden gegen die Krämer und Händler‹ wurde – mit den Nervenärzten als laut vernehmbarem Sprachrohr – durch den der ›Gesunden gegen die Kranken‹ komplettiert. Denn, wie der österreichische Nervenarzt und Psychoanalytiker Wilhelm Stekel in seiner kleinen Schrift *Unser Seelenleben im Kriege* (1916) betonte:»Die große historische Mission, die Führung der Welt liegt jetzt in den Händen der Deutschen. Das verträgt kein Neurotiker« (Stekel 1916, 30).

Die Feind-Nationen, gleichsam ihre nationalen Körper und Seelen, wurden im Folgenden mit psychiatrischen Begriffen abqualifiziert: Russland sei nichts als ein ›sadistischer Hypochonder‹, England von einer ›Angstneurose‹ besessen und vor allem Frankreich sei zu sehen als das so weichlich-verweiblichte wie intrigante Land der ›Hysterie‹. Die in der »psychiatrischen Diffamierungsliteratur« (Hofer 2004, 230) auftauchenden Stereotypen – wobei sich insbesondere der Nervenarzt und Pionier der Sexualpathologie Leopold Löwenfeld mit seiner Schrift *Über den Nationalcharakter der Franzosen und dessen krankhafte Auswüchse – die Psychopathia gal-*

lica – in ihren Beziehungen zum Weltkrieg (1914) hervortat, sollten bald darauf – und zum Entsetzen der Psychiater und Neurologen – in den Diagnosen der Nervenkranken, der psychisch Kollabierenden an den Fronten, wieder auftauchen: Der psychiatrisch definierte äußere war quasi zum inneren Feind geworden.

Dies zeigte sich auch schon bei Kriegsbeginn, in der Phase der Mobilmachung, und seiner zeitgenössischer Wahrnehmung als ein die Seele, die Nerven der Beteiligten affizierendes Ereignis. Zwar schienen die ersten Prokriegsversammlungen knapp einen Monat nach der Ermordung des erzherzoglichen Paares in Sarajewo zu bestätigen, dass die »Ergänzung der individuellen durch eine Kollektivseele« gelungen war, wie es der Arzt Robert Sommer rückblickend in seiner Schrift *Krieg und Seelenleben* (1916) behauptete. Doch waren diese ersten, von den »besten und besseren Gesellschaftsklassen« (Sommer 1916, 9) initiierten Demonstrationen wenig später durch die machtvollen Antikriegskundgebungen der SPD mit nahezu 750 000 Teilnehmern konterkariert worden (vgl. Kruse 2009, 17 ff.). Wichtiger aber noch als die Stärke oder Schwäche solcher und folgender Demonstrationen waren die darin sich zeigenden Emotionen, die durch einen Großteil der bürgerlichen Presse – nur einige sozialdemokratische Blätter machten hier eine Ausnahme (vgl. Verhey 2000, 134 f.) – durch ständig neue, bisweilen einander widersprechende Extrablätter und eine Vielzahl von Gerüchten angeheizt wurden, die wie »Bakterienbrut auf Nährgelatine« zunahmen (Binswanger 1914, 28).

Die durch das ›nervöse Zeitalter‹ forcierte, an der Nervosität als Inbegriff eines Bruchs traditioneller Erfahrungen geschärfte Psychologisierung der Wahrnehmung ließ den Krieg, so Sommer, »als ein Massenexperiment über die Auslösung von Affekten« erscheinen (Sommer 1916, 13). ›Affekte‹ oder ›Gemütsbewegungen‹, die letztlich der individuellen Bereitschaft zum Töten und Sterben vorausgingen. Nach allem, was wir bisher wissen, ist dieses Experiment bei Beginn des Weltkriegs nicht so reibungslos verlaufen, wie die rein organisatorisch und technisch zu bewerkstelligende militärische Mobilisierung der Armeen seit dem 1. August 1914. Diese Diskrepanz zwischen der psychischen Mobilisierung und der davon unabhängig sich entfaltenden Kriegsmaschine wird den psychosozialen Verlauf des Krieges prägen und sich schließlich vor allem in den psychischen Zusammenbrüchen seiner Opfer manifestieren.

›Anspannung‹ und ›Entspannung‹ sind jene Charakteristika, die ab Juli 1914 bis zum ersten Mobilmachungstag am 1. August und darüber hinaus bis zum Oktober 1914 – also etwa bis zur Erstarrung der Front im Westen – zur Beschreibung des seelischen Zustands der Menschen am häufigsten von den Zeugen der Geschehnisse genannt wurden. Es waren dies die Stichworte für den »psychologischen Aufbau des Krieges«, wie es der Psychologe und Begründer der Parapsychologie, Max Dessoir in seinen *Kriegspsychologischen Betrachtungen* (1916) ausführte (Dessoir 1916, 6). Dieser »Aufbau« wurde von Theologen, Soziologen und Medizinern aller Fachrichtungen wahrgenommen und beschrieben. Vor allem aber taten sich die ›Nervenärzte‹ und psychologisch interessierte Pädagogen dabei hervor. Ihnen fiel es, vermutete der Arzt und Psychologe Kurt Walter Dix 1915, angesichts der allgemein auffallenden emotionellen Irritationen zu Kriegsbeginn vermeintlich leichter, »ins Seelenleben unserer Mitmenschen zu blicken« (Dix 1915, 6).

Diagnostiziert wurden in einer Vielzahl von Artikeln und Broschüren die zu beobachtende Unruhe der Bevölkerung bei Kriegsbeginn als ›Erregung‹ und ›Spannung‹ darüber, ob und wie die Deutschen den Krieg verkraften werden. Dem folgte, nach ersten, publizistisch aufgebauschten Siegen, die ›Entspannung‹, verbunden mit »lustbetonten Lösungsgefühlen« (Dessoir 1916, 6; Binswanger 1914, 8). Damit wurde die Befreiung vom tradierten Zivilisationskorsett begrüßt, näherte sich doch »die durch den Krieg erregte seelische Haltung in vielen Punkten der Haltung niederer Kulturen: sie ist urzeitlichen Charakters«, so Karl Lamprecht rückblickend in seiner Betrachtung *Seelische Erscheinungen des Krieges*, die 1916 in der von Ernst Jaeckh edierten Sammlung *Der Große Krieg* (Bd.1, 214) erschien. »Todesverachtung, Opferbereitschaft und Kameradschaftlichkeit« standen dabei als vermeintliches Ergebnis »primitiver Seelenzustände« im Mittelpunkt, und sei es, weil sie Schutz boten, »Schutz vor haltlosem Versinken in ein Meer von Jammer«, wie ein Artikel in der *Neuen Preußischen Zeitung* am 7. August 1914 zu vermelden wusste.

Psychotechniken der Mobilisierung

Zum zentralen Begriff wurde im zeitgenössischen, psychologisch-psychiatrischen Kontext die ›Suggestion‹. Dieser vom Pariser Hysterie-Forscher Charcot in die Diskussion um die Entstehung der traumatischen Neurose bzw. der Hysterie eingeführte Terminus, betraf ursprünglich eine krankmachende Idee oder Vorstellung, die der Patient selbst nach einem organisch folgenlosen Schock oder Schreck zu entwickeln vermochte. Unter Ausschaltung der Bewusstseinskontrolle gelangte sie ins Unterbewusstsein und konnte sich dort als fixe Idee oder Zwangsvorstellung festsetzen. Dieser angenommene Krankheitsverlauf ließ nur noch die Option einer gleichsam antisuggestiven Therapie unter Hypnose zu; ein Verfahren, das sich um so mehr anbot, als die krankmachende Selbstsuggestion des Patienten ebenfalls quasi unter Hypnose, nämlich im Zustand des Schocks, erfolgt war.

Für den Psychiater und Neurologen Karl Bonhoeffer, einem Doyen der deutschen Kriegspsychiatrie, war es nach dem Krieg mit Bezug auf den August 1914 klar, dass es zwischen dem 28. Juni und 1. August 1914 gelungen war, die »fixe Idee« der persönlichen Lebensgefährdung in die »überwertige Idee« eines »Gefühls der Lebensbedrohtheit der Nation« zu kanalisieren (Schjerning 1922, 9). Man konnte diesen Vorgang indessen auch, wie der Medizinalrat Walter Fuchs am 18. April 1916 in der *Münchener Medizinischen Wochenschrift* (565), vulgärpsychologisch die »erhabene Ausschaltung des Großhirns« nennen.

Die Beschreibung der »nationalen Opferbereitschaft« unter dem Begriff der »Suggestion« – die natürlich nicht allein in der Psychiatrie und Psychologie vor 1914 als *terminus technicus* eine Rolle spielte – also »gerade die Bedeutung, welche der Suggestion, besonders, wenn es sich um gewaltige Menschenglieder handelt, zukommt, macht die Ausschaltung aller Schädlinge notwendig« (Friedländer 1914, 25). Denn sie bedrohten mit quasi ›schädlichen‹ Suggestionen die nationale und individuelle Einheit des Empfindens.

In den ersten Wochen des Krieges fielen besonders jene kaum erwarteten Ereignisse ins Auge, die unter den zeitgenössischen Begriffen ›Spionitis‹ oder ›Spionagefanatismus‹ Eingang in Meldungen, Artikel und Betrachtungen fanden (vgl. Ziemann/Ulrich 2005, 19ff.). Diese Entwicklung wurde teils im Zuge der Selbstmobilisierung, teils auch noch forciert durch staatliche Behörden »in eine bestimmte Richtung gelenkt, um die Bereitschaft zum Krieg unter den Massen zu erhöhen und diese gleichzeitig von dem propagierten Charakter eines Verteidigungskrieges zu überzeugen« (Ziemann 1997, 52). Nur vereinzelt kamen auch vernünftige, zur Zurückhaltung mahnende Stimmen zu Wort, wie beispielsweise in einem Artikel im *Vorwärts* vom 3. August 1914, dessen Verfasser die Dynamik erwünschter und nicht erwünschter »Suggestionen« durchschaute: »Es war, als ob eine allgemeine Suggestion die Gemüter ergriff und in den Strudel menschlicher Leidenschaften zu ziehen suchte. Und wenn dieses Menschenmeer Berlins hier und da wieder auf kurze Zeit zu verebben schien, stieg sofort die Brandung von neuem, sobald die Presse durch Extrablätter die Straßen mit alarmierenden Nachrichten überschüttete« (zit. n. Verhey 2000, 135 f.). Erst zur Jahreswende 1914/15 wurde eine Genehmigungspflicht für Extrablätter erlassen, da die ›Sensationsnachrichten‹, oft frei erfunden oder aufgebauscht, sich für die Stimmung als eher kontraproduktiv erwiesen hatten.

Zuvor hatte das sich schlagartig verbreitende Misstrauen gegen alles Fremde und vermeintlich Unerklärbare ›groteske Formen‹ angenommen. So erinnerte sich der Psychiater und Neurologe an der Universität Tübingen und damalige Generaloberarzt Robert Gaupp 1916 in seiner Schrift *Wahn und Irrtum im Leben der Völker*: »Wahrnehmungs- und Erinnerungstäuschungen folgten der Einzelsuggestion mit drolliger Geschwindigkeit, Thermosflaschen wurden zu Bomben«. Und »auf der Tübinger Neckarbrücke«, so Gaupp, »traf ich einen Kreis gelehrter Herren und Damen, die Planeten und Fixsterne des Himmels als feindliche Flieger beobachteten« (zit. n. Ulrich/Ziemann 2005, 19). Mitunter wuchsen sich derartige Suggestionen geradezu ansteckungsartig zur Verdächtigung und realen Bedrohung von auch nur entfernt fremd aussehenden oder sonst auffällig wirkenden Menschen aus. Bereits kurz nach solchen Ereignissen wurde diese ›Volkskrankheit‹, die erst durch behördliche Mahnungen und Verbote beendet werden konnte, literarisch verarbeitet. Der junge expressionistische Schriftsteller und Kriegsgegner Alfred Lemm schilderte 1915 in seiner kurzen Erzählung *Der Herr mit der gelben Brille* das Schicksal eines jungen Mannes, dessen »sonderbare Brille«, deren Gläser »wie böse grüne Blasen« über einer »begeisterten« Menschenansammlung »schwammen«, Anlass zu Befremden und Argwohn gab: Er wird schließlich gelyncht, »zerknäult, zerquetscht, zerrührt, zerstreut. In wenigen Minuten war nichts mehr von ihm zu sehen« (Lemm 1918, 11, 18).

Mobilmachungspsychosen

Weitaus besorgniserregender noch wirkten jene Verhaltensweisen, an denen abgelesen werden konnte, wie groß die Kluft zwischen der propagierten und eingeforderten Bereitschaft zum Sterben und Töten war und der aktiven Teilnahme am Krieg war. Dass der Krieg »das beste gegen die Nervosität ist«, nach dem von Otto Dornblüth, Arzt und Leiter einer Pflegeanstalt, geprägten Motto »wenn es ernst wird, hört die Empfindsamkeit auf«, erwies sich als Trugschluss (Dornblüth 1916, 138). Am weitesten in der Beurteilung der eigentlich »beherrschenden Stimmungen der Mobilmachungstage«, die aus »Sorge, Furcht und Angst« bestand, ging der Medizinalrat Walter Fuchs. Er führte dafür Anfang 1915 in einem gleichnamigen Artikel in der *Aerztlichen Sachverständigen-Zeitung* den Begriff der »Mobilmachungspsychosen« ein (Fuchs 1915, 25). Gemeint war damit eher das, was heute unter einer ›Affektiven Psychose‹ versammelt ist, also im Wesentlichen eine aus dem Wechsel von Euphorie und Verstimmung hervorgehende psychische Störung.

»Im Anfang des heurigen August« 1914, wusste der in einer badischen Heil- und Pflegeanstalt beschäftigte Fuchs mitzuteilen, »noch vor den ersten Gefechten füllten sie [die Kranken] mit erschreckender Plötzlichkeit die Anstalten« (ebd.). Unter den Kranken überwogen jene Fälle, »bei denen aus einer primären, durch die Mobilmachung bzw. die Einziehung zur Armee erzeugten Erregung hilfloser Angst die Psychose mit einer Art von logischer Steigerung herauswuchs« (ebd.). Dabei verhielten sich die nervenschwachen Rekruten oder Kriegsfreiwilligen im Grunde nicht anders als die in Mitleidenschaft gezogenen Zivilisten. Denn auch unter denen fänden sich, so Fuchs, zwar immer »ein paar Leute, deren Temperament weder Furcht noch Gefahr kennt«, aber die Mehrheit könne nur durch die »Hemmungen, die ihr militärische Erziehung und wohlentwickelte Nerven und Willenskraft ermöglichen«, der Furcht Herr werden, wenn sie nicht »direkt hilflos feig oder doch nur dann zum Standhalten zu bringen ist, wenn sie sich beobachtet weiß« (ebd., 26). Hinter den Beobachtungen von Fuchs verbargen sich unzählige Einzelschicksale in der Zivilbevölkerung und vor allem unter den Rekrutierten und Freiwilligen, deren ›Feuertaufe‹ noch ausstand, die sich aber schon dem unvermutet brutalen Ausbildungsdrill und den Anforderungen des Vormarsches in der Hitze des Sommers 1914 nervlich nicht gewachsen zeigten. Ihr als atypisch definiertes Verhalten schien einer »habituellen Erlebnisunfähigkeit« zu entspringen, sie selbst wurden von Fuchs als »psychisch Wurmstichige« stigmatisiert und »per defektum vaterlandslos« erklärt, weil hier »keine Spur eines durch Intellekt und Gemüt erfaßten und getragenen Patriotismus« sich zeigte (ebd.).

Fuchs war gewiss einer der härtesten Diagnostiker in der Frühzeit des Krieges, seine Sprache brutal und gewalttätig, und er gehörte zu den vernehmbarsten »neuro-nationalistischen Stimmen«, wie es Hans-Georg Hofer für andere Ärzte seines Schlages charakterisiert hat (Hofer 2004, 214). Die Krankenberichte der zwar unverwundet, aber »nervlich erschöpft« aus den ersten Gefechten zurückkehrenden Freiwilligen sprachen eine andere Sprache. Viele litten unter »nervösen Angstzuständen« und unter »Schreckträumen« – »ein 25jähriger Offizier fühlte nach einem Volltreffer auf seinen Unterstand und anschließender Verschüttung« immer wieder »Atemnot, glaubt ersticken zu müssen.« Andere bekamen »schwere Nervenchoks« von Granateinschlägen in nächster Nähe, durch deren Luftdruck sie »fortgeschleudert« wurden. Manche fühlten sich nach der »Nervenprobe« eines viermaligen Durchquerens der Feuerzone »zeitweise ganz weg« oder hatten erfahren müssen, wie in rasendem Artillerie- oder Maschinengewehrfeuer die »ganze Kompagnie aufgerieben« worden war (alle Zitate n. Ulrich/Ziemann 2005, 71, 72).

Insgesamt scheinen in den ersten Monaten des Krieges eher neurasthenisch inspirierte Diagnosen an der Tagesordnung gewesen zu sein, ja, die Neurasthenie erlebte »eine erneute Konjunktur«, insbesondere bei nervös zusammengebrochenen Offizieren, die bereits vor 1914 neben Unternehmern und Ärzten zur favorisierten Patientengruppe gehört hatten, sowie bei Kriegsfreiwilligen der ersten Monate (Hofer 2004, 221, 236). Sie, »die mit dem Strohfeuer der Begeisterung im Herbst 1914 ins Feld rückten und nach wenigen Wochen ›erschöpft‹ als ›schwere Neurastheniker‹ wieder heimgesandt werden mußten«, wie sich Robert Gaupp erinnerte (Schjerning 1922, 69).

Zwar galt es auch schon in diesen ersten Wochen als oberste Tugend des »Kriegspsychiaters«, eine Zunahme »geistiger Invaliden und lebenslänglichen Kriegsrentenempfängern« zu verhindern, so etwa Gaupp in seinem im März 1915 in der *Münchener Medizinischen Wochenschrift* publizierten Artikel über »Hysterie und Kriegsdienst« (361). Doch zugleich bescheinigte er namentlich den aus gutem Hause kommenden Freiwilligen, dass sie eigentlich »recht tüchtige und moralisch einwandfreie Menschen« wären. Als geeignetes Mittel galt ihm, ihre »nervöse Erschöpfung«, ihre »chronischen Symptome der hypochondrischen Verzagtheit«, ja, mitunter ihre geradezu »hysterischen« Angstzustände fern der Front und jeden »Kriegsdienstes« in speziellen Sanatorien oder Krankenhäusern zu behandeln (ebd., 363).

Schlagzeilen machten indessen zunächst vor allem die ›Nervenzusammenbrüche‹ von Personen des öffentlichen Lebens oder besonders spektakuläre Vorfälle, die sich bis zur Jahreswende 1914/15 in einer Vielzahl von allgemeinärztlichen sowie psychiatrischen und neurologischen Fachperiodika geschildert fanden. So wurde etwa der Berliner Schauspieler Viktor Arnold, der an Max Reinhardts Theater engagiert war, von der ›Kriegskrankheit‹ Nervenzusammenbruch betroffen. Er brach, von »Angstzuständen vollständig erfüllt«, auf der Bühne zusammen. In der Annahme, er müsse im Krieg verhungern, bat er darum, »ihn im Bureau anzustellen« (zit. n. Ulrich 1992, 177). Als Folge »anlagebedingter, neurasthenischer Überreizung« hingegen wurde der Tod einer Berliner Bürgerin dargestellt, die sich im August 1914 in der Spree ertränkt hatte. Sie litt, wie es in einem Bericht hieß, »unter der Vorstellung, die Russen seien nahe vor Berlin und könnten jeden Tag sengend und mordend hier einziehen« (ebd.). Nach der Nervositätsdiskussion der Vorkriegsjahre durfte man solche Vorfälle einer breiteren Öffentlichkeit durchaus ebenso mitteilen wie den Fall einer jungen Frau, die, »melancholisch verstimmt, lebensmüde geworden« war, weil der von ihr erwartete Tod »so vieler Soldaten ihr jede Aussicht auf Verheiratung nehme« (Alzheimer 1915, 5).

Bedrohlicher erschien, wenn die Trennung vom Ehemann zum öffentlichen Suizid führte und dadurch die Kampfmotivation der Umstehenden Einbußen erlitt. So muss im August 1914 ein eingezogener Schuhmacher erleben, wie sich die »Frau eines eingerückten Reservisten nachdem sie von ihrem Manne sich verabschiedet hatte, unter die Räder des davonfahrenden Zuges warf« (zit. n. Ulrich 1995, 415). In der Folge machen ihn Seh- und Sprachstörungen nur noch »etappendienstfähig« (ebd.). Gänzlich demotivierend und disziplingefährdend wirkte die »zwangsmäßig auftretende Gegenvorstellung« eines 26-jährigen Unteroffiziers – »schon in Friedenszeiten sehr nervös« –, der seine Mannschaften zur Zeit nicht auf die Feinde schießen lassen wollte, weil »die feindlichen Männer Frauen und Kinder haben« (ebd.). In all diesen Fällen erlaubten die vom Krankheitskonzept ›Neurasthenie‹ inspirierten Diagnosen und Therapien eine humane Behandlung der Betroffenen, wie es auch schon bei Offizieren und Kriegsfreiwilligen der Fall war.

Aber der Ton in den psychiatrischen und neurologischen Periodika und im Bereich der kriegspsychologisch animierten Publikationen verschärfte sich angesichts zunehmender nervlicher Labilität an Front und Heimatfront merklich. Das zeigte sich nicht zuletzt am neuerlichen Aufkommen eines Willensdiskurses. Dem wahrgenommenen »Trieb nach Leben, der Furcht vor dem Tode« war nicht mehr nur durch solche Militärärzte zu begegnen, die sich in vordersten Stellungen oder in der Heimat als »moralische Hoffmannstropfen« versuchten, wie der Nervenarzt Max Rhode Anfang 1915 in dem Artikel »Neurologische Betrachtungen eines Truppenarztes« in der *Zeitschrift für die gesamte Neurologie und Psychiatrie* anmerkte (406). Vielmehr galt es generell, »aus dem Affektstadium in eine Stimmung zu gelangen, die den gewaltigen Anforderungen eines mehrjährigen Krieges entspricht, in eine Entschlossenheit, die dauernd wärmt« (Dessoir 1916, 7). Max Dessoir, der zwischen August und Oktober 1915 auf Einladung von Paul von Hindenburg und Erich Ludendorff die Ostfront bereist hatte, empfahl in seinen daraufhin Anfang 1916 veröffentlichten *Kriegspsychologischen Betrachtungen* den »Primat des Willens« als wirksames Gegenmittel gegen alle aufkommende Verzagtheit. Auch die »härteste Prüfung, die des Trommelfeuers«, glaubte Dessoir und mit ihm viele andere, sei auf diese Weise »zu bestehen. Alles das vermag der Wille. Solange er unversehrt ist, winkt der Sieg; diese strömende Quelle deutschen Lebens kann auch der Tod nicht ausschöpfen« (ebd., 10; vgl. auch Lerner 1996, 90 ff.).

Nerven und Willen im industriellen Krieg

Nach der kurzen Phase des Bewegungskrieges im Westen veränderte der Stellungskrieg in radikaler Weise die Strategie und Taktik. Der Krieg wird, in dem Bemühen, die erstarrten Fronten wieder in Bewegung zu bringen, zum Materialkrieg. Der periodisch auftretende, mitunter nahezu ununterbrochene Einsatz, der die in vorderster Linie eingesetzten Männer in Atem hielt, und die sich temporär immer wieder auf einen Frontabschnitt verdichtenden Großoperationen führten dazu, wie es der Militärhistoriker Herbert Rosinski formuliert hat, dass »der Soldat für keinen Augenblick aus dem Teufelskreis von Tod und Vernichtung entlassen« werden konnte (Rosinski 1977, 147). Bis zum Frühjahr 1918 änderte sich im Westen an der rund 700 Kilometer langen, zwischen Schweizer Grenze und belgischer Nordseeküste verlaufenden Front mit ihren schließlich – so die Schätzungen – rund 40 000 km langen Schützengräben jeglicher Bauweise und jeglichen

Zwecks kaum etwas. Fünfzig bis zu achthundert Meter betrug im Allgemeinen die Entfernung zwischen den feindlichen Gräben, bis sie sich schließlich in ein Feld von Granattrichtern und wenige noch vorhandene Stellungen aufzulösen begannen.

Angriff und Gegenangriff bestimmten an einigen Frontabschnitten die Tage. Ganze Divisionen, so die bald dem industriellen Abnutzungskrieg angepasste Sprachregelung, ›brannten‹ um kleinerer Geländegewinne willen ›bis zur Schlacke aus‹. Für die militärische Führung auf allen Seiten galt es als unabdingbar, den Krieg an ausgesuchten Abschnitten wieder in Bewegung zu bringen, um einen Durchbruch durch das feindliche Grabensystem und damit Raumgewinne zu erzielen. Der vermehrt angewandte Dauerbeschuss mit Granaten aller Kaliber, das sogenannte ›Trommelfeuer‹, und der anschließende Infanterieangriff galten als probates Mittel.

Schon Anfang 1915, mit Beginn der Winterschlacht in der Champagne, begann dieses Angriffsverfahren Realität zu werden. Vor allem aber verbindet es sich mit den Schlachten um Verdun (Februar bis Dezember 1916), an der Somme (Juli bis Dezember 1916) und mit der dritten Flandern-Schlacht (Juli bis November 1917). Nach mitunter monatelanger logistischer Vorbereitung – das Anlegen von Munitionslagern, der Bau von Anfahrtswegen für den Munitionstransport und die Geschütze, die möglichst unbemerkte Massierung von Truppen – begann das Trommelfeuer, das zunächst Stunden, schließlich tagelang mit wechselnden Geschützen und Bedienungsmannschaften anhalten konnte. Vor diesem Hintergrund verwundert es kaum, dass Artilleriegeschosse und die durch sie verursachte Splitterwirkung für bis zu 80 % aller oft tödlichen Wunden verantwortlich waren. Freilich blieben die unter hohen Verlusten errungenen, oft bald wieder verlorengehenden Raumgewinne minimal. Bereits ein paar gut getarnte und geschützte Maschinengewehrnester konnten ganze Regimenter aufhalten oder vernichten.

Ein solcher Krieg – für viele Soldaten Inbegriff für einen »langsamen Selbstmord« – verlangte eine Einstellung der Kämpfenden, in der der »passive Mut der Nerven den aktiven Mut der Muskeln« ablöste (Plaut 1920, 42, 43). Kaltblütig und ruhig inmitten der Schlacht, das heißt, trotz eigener Furcht handlungsfähig zu bleiben – diese Aspekte der Kampfmoral hatten auch schon vor 1914 im zivilen Leben an Bedeutung gewonnen, als es darum ging, in der sich rapide verändernden industriellen Welt der psychischen Stabilität nicht verlustig zu gehen. Zorn oder Hass auf den Feind – als Bestandteile des kollektiven

Bezugs soldatischer Kampfmotivation –, das waren keine Emotionen mehr, die ein verlässliches Kennzeichen für die Gefechtstauglichkeit der Truppen darstellten. Gefragt war vielmehr die kognitive Orientierung und Aufgabenerfüllung in einer von Unübersichtlichkeit geprägten, von teils unvorstellbarem Lärm berstender Granaten erfüllten und ständig durch das eigene und das jeweils feindliche Feuer bedrohten ›Kriegslandschaft‹, die sich in so starkem Maße von der des Friedens schied, wie es ein Begründer der experimentellen Sozialpsychologie und der Gestaltpsychologie, Kurt Lewin, in seinem kurzen Aufsatz zur »Kriegslandschaft« herausgearbeitet hatte, der 1917 in der *Zeitschrift für angewandte Psychologie* erschienen war. Der moderne Krieg, so Hans-Georg Hofer, verlangte geradezu nach einem »Idealtypus des modernen Kriegers«, nach einem Soldaten mithin, der nicht allein über »körperliche Kraft« verfügte, vielmehr auch »hinsichtlich seiner mentalen Eigenschaften Stabilität zu beweisen« hatte: »eine ängstliche, zitternde Hand am Abzug, ein von Kopfsausen, Lähmungen und Schüttelkrämpfen geplagtes Nervenbündel – mit solchen Männern konnte kein Krieg gewonnen werden« (Hofer 2004, 197).

Eben solche ›Krieger‹ produzierte der Krieg im sprichwörtlichen Sinne nun in wachsender Zahl,– was freilich, wie wir noch sehen werden, nicht verhinderte, dass am Ideal des ›nervenstarken Kämpfers‹ festgehalten wurde. Auch in Feldpostbriefen und Tagebüchern fanden sich vermehrt Hinweise auf die angegriffenen Nerven, deren Qualität in Fortführung der Vorkriegsentwicklung zum Synonym für die seelisch zermürbenden Anforderungen des Krieges geworden war. Zwar wirkte auf manche, namentlich höhere Offiziere, der »Kanonendonner durchaus beruhigend«, wie der Kommandeur einer Infanteriebrigade im Juli 1916 nach Hause schrieb (zit. n. Ulrich 1997, 209). Doch im Allgemeinen und mit »der Länge der Zeit« hatte das »Leben im Schützengraben mit seinen Entbehrungen und Gefahren« für »Gemüt und Nerven« ungünstige Folgen, schrieb etwa ein sächsischer Grenadier im März 1915 nach Hause (ebd., 210). Jede Möglichkeit zum Schlafen müsse genutzt werden, damit »die Nerven auch mal zur Ruhe kommen«. Wenn nicht gar gleich »Nerven aus Eisen« gewünscht werden, um den Schrecknissen psychisch standhalten zu können, so ein Unteroffizier im November 1915 (ebd.). Statt von ihren Nerven sprachen und schrieben Soldaten auch vermehrt – und parallel zu den seit Beginn des Stellungskrieges zunehmenden Granattreffern auf

Gräben und Unterstände – von »Verschüttung«. Die davon Betroffenen waren, wie der Neurologe Jörg von Steinau-Steinrück unmittelbar nach dem Krieg in einer kurzen Studie zu den *Psychosen im Schützengraben* anmerkte, »nach dem Sprachgebrauch der Fronttruppe einfach alle, die ›nicht mehr konnten‹ ohne verwundet oder krank zu sein. Das Wort wird geradezu als sinnfälliger Ersatz für den bei den Gebildeten beliebten ›Nervenshock‹ gebraucht« (ebd.). Hinter solchen Umschreibungen verbarg sich, namentlich in den Formulierungen der Soldaten selbst, häufig die pure Angst oder die »konkrete Furcht vor Artilleriefeuer oder der unmittelbaren Todesgefahr« (Neuner 2011, 50; vgl. auch Michl/Plamper 2009).

In den psychiatrischen und neurologischen Fachorganen sowie auch in Teilen der Presse, die erstaunlich offen über die Lage an der ›Nerven-Front‹ berichteten, sind eine große Zahl von Fallgeschichten überliefert, aus denen die Gründe für die ›Nerven-Störung‹ oder ›Verschüttung‹, die daraus folgenden ›Angstzustände‹ und körperlichen Symptome eindrucksvoll hervorgehen (eine sehr dichte und brillante Beschreibung der »Nerven im Maschinenkrieg« findet sich bei Hofer 2004, 254 ff.).

Ein Beispiel – aus der Kasuistik des Beirats für Nerven- und Geisteskrankheiten im Bereich des 21. und 16. AKs (Armeekorps), Prof. Dr. Friedländer – mag genügen:

> Fall 421. 25jähriger Offizier, 1915 Oberarmdurchschuß. Unterstand durch Volltreffer verschüttet (1917). Versucht sich mit seinen Kameraden auszugraben. Letztere verläßt allmählich die Kraft. Sie starben wohl an Erstickung; der Kranke kann nichts darüber angeben. Auch er fühlt zunehmenden Luftmangel. Eine zweite Granate öffnete den verschütteten Unterstand. Dadurch gerettet. Seither nervöse Angstzustände, Schlaflosigkeit, Schreckträume, Erregbarkeit (zit. n. Ulrich/Ziemann 2005, 71).

Der österreichische Arzt und Psychoanalytiker Wilhelm Stekel, der während des Krieges in verschiedenen Spitälern als Militärpsychiater tätig war, schilderte 1916 die aus solchen Geschehnissen folgenden, auf ihn skurril und vorgetäuscht wirkenden Symptomatiken so: »Da ist ein Mann, der von Schüttelkrämpfen gebeutelt wird; dort beginnt einer im Zimmer zu springen wie ein Frosch; der dritte geht mit gespreizten Beinen, als trüge er eine mannsdicke Tonne zwischen den Beinen« (Stekel 1916, 87; für weitere Beispiele vgl. Hofer 2004, 236 ff.; Ulrich/Ziemann 2005, 70–75). Im Verlauf des Jahres 1915 nahmen solche Symptomatiken, wie Willy Hellpach in seinen *Lebenserinnerungen* berichtet, »einen erschreckenden Umfang an; die ›Schüttler‹ und ›Zitterer‹ wurden zu einem grausigen Straßenschauspiel, das die Bevölkerung fast mehr noch als die Amputierten, die Blinden und die im Antlitz Entstellten erregte; man suchte fieberhaft nach kundigen Nervenärzten, um dieser psychischen Seuche Herr zu werden« (Hellpach 1949, 34 f.).

Freilich zeigte sich rasch, dass in dem Versuch, die »psychische Seuche« zu bekämpfen, »ein wahres Sammelsurium an diagnostischen Bezeichnungen« vorherrschte, wie Stephanie Neuner nüchtern und im Hinblick auf die von ihr »ausgewerteten Berentungsgeschichten zwischen 1914 und 1939« vermerkte (Neuner 2011, 48 f.). Die Sammel-Diagnose »Kriegsneurose« war dabei »nur eine unter vielen« (ebd., 49), allerdings, wie sich bald und im Schatten der »Traumatischen Neurose« des Vorkriegs zeigen sollte, auch jene, die am meisten polarisierte (ebd., 56). Wie schon vor dem Krieg unter dem Oberbegriff ›Traumatische Neurose‹, so fanden sich nun auch unter dem der ›Kriegsneurose‹ die Erkrankungskonzepte der Neurasthenie und der Hysterie versammelt, jeweils erweitert zur ›Kriegsneurasthenie‹ bzw. ›Kriegshysterie‹. Sie »bildeten die häufigsten Diagnosen in der Kategorie ›Nervenkrankheiten‹« (ebd., 49), – wobei, einem alten Vorkriegsmuster folgend, die Neurasthenie eher höheren Dienstgraden, die Hysterie unteren Dienstgraden und Mannschaftssoldaten zugeordnet wurde –, »gefolgt von Melancholie, Epilepsie und Psychopathie« (ebd.), wenn nicht einfach »Zitter- oder Schüttelneurose« oder »Granatschock« (ebd.) in den Begutachtungsakten verzeichnet wurde (vgl. auch Hofer 2004, 220 f., 226 f., 241 f.).

Angesichts der körperlich Verwundeten hatten einige Ärzte bereits in einer frühen Phase des Krieges eine volkswirtschaftliche Rechnung aufgemacht und dabei auf die Vorkriegserfahrung als Gutachter bei Unfällen und Rentenbewilligungen verwiesen: »Der kriegsverletzte Soldat«, hieß es bündig in einem Artikel zur »Nachbehandlung Kriegsverletzter« schon vor Beginn des Krieges, »und der unfallverletzte Arbeiter sind bezüglich der volkswirtschaftlichen Bedeutung identische Werte« (zit. n. Ulrich 1997, 215).

Aktualisierung von Vorkriegsdebatten

Alsbald lösten auch die zunehmenden ›Nervenkollapse‹ Erinnerungen an alte Kämpfe aus, insbesondere um die rentenrechtliche Bedeutung der traumatischen Neurose, die im Verlauf des ›Simulationsstreits‹ seit 1890 an Heftigkeit zugenommen hatten. Der später als Mitverfasser der Schrift *Die Freigabe*

der Vernichtung lebensunwerten Lebens (1920) bekannt und berüchtigt gewordene Psychiater und Neurologe Alfred Hoche beharrte etwa Anfang 1916 in der *Monatsschrift für Psychiatrie und Neurologie* auf »schonungslose[r] Härte« gegenüber den »Rentenbegehrungsvorstellungen« der »psychisch erkrankten Feldzugteilnehmer« (zit. n. Ulrich 1992, 179). Schließlich, so Hoche in seinem Vortrag im Reichsausschuss der Kriegsbeschädigtenfürsorge, hätte man es mit einer Bevölkerung zu tun, in deren Bewusstsein tief verankert sei, »daß für jeden wirtschaftlichen Schaden ein Ersatz erreichbar ist«, ganz im Sinne der schon vor 1914 erkannten, vor allem der »proletarischen Klasse« attestierten »Rentenbegierde« (ebd.).

Dahinter verbarg sich zugleich die seit dem Streit um die von Oppenheim definierte traumatische Neurose weiter verbreitete Ansicht, zwischen dem eigentlichen Schreck oder Unfall und den neurotischen Symptomen bestehe keinerlei kausaler Zusammenhang. Sie würden vielmehr durch die Sorge oder Angst um eine Entschädigung ausgelöst und/oder verdankten sich einer vorhandenen neurotischen oder hysterischen Disposition. Und wie schon im Zusammenhang mit den ›Mobilmachungspsychosen‹ behandelten viele Nervenärzte auch die Kriegsneurosen bzw. Kriegshysterien im Schatten dieser pathologischen Kausalkette, in der das an der Front durchlebte traumatische Ereignis allenfalls eine auslösende Rolle spielte, aber keinesfalls die eigentliche Ursache darstellte. »Konnten wir in den ersten Jahren des Krieges sagen«, so Robert Gaupp in einem Ende April 1918 in der *Münchener Medizinischen Wochenschrift* publizierten Artikel »Über die Neurosen und Psychosen des Krieges« in gewohnt apodiktischer Diktion, »daß die Angst vor den Schrecken des Krieges, vor dem Grauen der Zerstörung die hauptsächliche Ursache der meisten Kriegsneurosen ausmachte, so sehen wir leider mit der längeren Dauer des Krieges den Kampf um die Rente, um die Versorgung auf Kosten des Reiches immer deutlicher hervortreten« (Gaupp 1918, 494).

Dass dem durch die Kriegspsychiater ein Riegel vorzuschieben sei, war spätestens seit der 8. Jahresversammlung des Deutschen Vereins für Psychiatrie und der Gesellschaft Deutscher Nervenärzte am 21. und 22. September 1916 in München beschlossene Sache, zumindest innerhalb des öffentlich geführten militärpsychiatrischen Diskurses. Insgesamt war die Versammlung eine Art Wiederholung der Tagung von 1890 (›Simulationsstreit‹) unter den verschärften Bedingungen des Krieges. Und wiederum richtete sie sich auch gegen Hermann Oppenheim persönlich. Er nämlich, der seit Ende 1914 in einem provisorisch eingerichteten Berliner Militärkrankenhaus ausgiebig Gelegenheit hatte, erste, aus den Stellungskämpfen des Winters 1914/15 kommende Nervenerkrankte zu behandeln, fand nach ersten Zweifeln seine früheren Erkenntnisse über die traumatische Neurose bestätigt. Seines Erachtens gab es einen direkten Zusammenhang zwischen den Anforderungen des Krieges an Leib und Seele, insbesondere den schreckensreichen Erlebnissen etwa im Zusammenhang mit Granatexplosionen, und der von ihm beobachteten neurotischen Symptomatik. Dabei konzedierte Oppenheim wie schon im Verlaufe des ›Simulationsstreits‹, dass es »rein psychisch bedingte Neurosen« durchaus gebe und psychische Faktoren die Ausbildung der neurotischen Symptome beeinflussen, ja, sie gar zur Simulation ermuntern könnten, – aber der eigentliche Auslöser sei doch das an der Front erfahrene »physikalische Trauma« (zit. n. Lerner 1997, 20).

Genau darum ging es in der nun losbrechenden Diskussion in München, die freilich dank guter Vorbereitung von vornherein für die Anhänger des psychogenen Neurosenmodells als entschieden gelten konnte: Gab es eine direkte Verbindung zwischen diesem »physikalischen Trauma« und der Kriegsneurose? Sprachen nicht allein schon jene eifrig zusammengetragenen Beobachtungen dagegen, wonach bei Kriegsgefangenen, auch bei solchen, die aus schwerstem Trommelfeuer kamen, angeblich kaum neurotische oder hysterische Symptomatiken zu verzeichnen waren? War nicht auch ganz analog zu werten, dass sich bei körperlich Schwerstverletzten so gut wie nie ›hysterische Erkrankungen‹ den Verwundungen hinzugesellten? Und schien es nicht erstaunlich bzw. ein sicherer Hinweis darauf zu sein, dass es vorrangig um die »Angst vor der Rückkehr an Front« ging, wenn Soldaten, mitunter schon vor ihrem ersten Fronteinsatz ›nervöse Schüttellähmungen‹ zeigten (vgl. ebd., 19 f.)?

Am überzeugendsten für die Teilnehmer erwiesen sich indessen, neben den Ausführungen des federführenden Robert Gaupp, die suggestiv-hypnotischen Demonstrationen gleichsam am lebenden Objekt durch den Hamburger Psychiater Max Nonne. An einigen aus der von ihm geleiteten Hamburger Klinik mitgebrachten ›Kriegsneurotikern‹ demonstrierte er, wie deren Zittersymptomatik unter Hypnose sowohl zum Verschwinden als auch wieder zum Erscheinen gebracht werden konnte. Die Selbstinszenierung Nonnes als eine Art ›Magier‹

zeigt sich auch in einem der raren Filmdokumente über psychiatrische Therapien bei Nervenkranken, die Nonne 1916 in seiner Psychiatrischen Klinik Hamburg-Eppendorf als Lehrfilm anfertigen ließ; er kam unter dem Titel *Funktionell-motorische Reiz- und Lähmungs-Zustände bei Kriegsteilnehmern und deren Heilung durch Suggestion und Hypnose* in Umlauf (vgl. Lerner 2003, 86–88).

Für Nonne und die Mehrheit seiner ärztlichen Zuschauer war damit in München der unwiderlegbare Beweis für die rein innerpsychische, nur allzu oft pathologisch vorbelastete Genese der Neurose und Hysterie erbracht. »Kurzum« – so Paul Lerner zusammenfassend über die Münchener Tagung – eine Mehrheit der dort anwesenden Kriegspsychiater und Neurologen zeige sich davon überzeugt, »daß die ›Kriegsneurosen‹ wenig mit Krieg zu tun haben; im wesentlichen identisch mit den Unfallneurosen in Friedenszeiten, konnten sie als psychologische oder ›hysterische‹ Reaktionen bei verängstigten, willensschwachen oder faulen Männern erklärt werden« (zit. n. Lerner 1997, 20).

Auch der ›Wille‹, und zwar der Wille zur Erkrankung und der Wille zu gesunden, rückten auf der Münchener Tagung – wie schon im Zusammenhang mit der Unfallneurose vor 1914 und den neurasthenischen Zusammenbrüchen der ersten Kriegsphase – in den Mittelpunkt des kriegspsychiatrischen Interesses. Und erneut wurde das ›Willensproblem‹ vor allem mit jenen ›Nervenkranken des Krieges‹ in Zusammenhang gebracht, bei denen nun vermehrt die Diagnose ›Hysterie‹ gestellt worden war, wenn nicht eine sowieso kaum trennscharfe Diagnostik und Symptomatik darin gleich auch die ›Neurose‹ mit einschloss.

Die ›Hysterie‹ war seit jeher ein ganz auf das weibliche Geschlecht konzentriertes Erkrankungskonzept, das aufgrund einer latenten Mysogynie zugleich von der Aura des ›weibischen‹, ›unmännlichen‹ und – im Kontext des alle Ressourcen abfordernden Weltkriegs – auch des ›unheldischen‹ Verhaltens geradezu durchtränkt war. Auf dieser Grundlage, auf der ein ›Kriegshysteriker‹ sich schon von vornherein denunziert fand, wurde nun von den Anhängern der ›Willenstherapie‹ unter den Psychiatern ermittelt, inwieweit es sich um einen ›gesunden‹ oder womöglich schon ›krankhaften‹ Willen handelte, dessen für den kriegführenden Staat verhängnisvollen Eigenschaften etwa in der Vorgeschichte des Patienten zu eruieren waren. Die Hysterie wurde, wie es Paul Lerner konzise zusammenfasst, »nicht mehr als eine Krankheitsentität, sondern zunehmend als eine Reaktionsweise« verstanden (Lerner 1996, 98; zur Willensproblematik vgl. auch Fischer-Homberger 1975a, 143 ff.).

Krankheitsursachen fanden sich im ›minderwertigen Erbgut‹ oder im Lebenswandel der Opfer: Eine ›nervöse Mutter‹, Alkoholismus oder auch ›reizbares Querulantentum‹ gehörten ebenso dazu wie etwa angeblich verhaltensauffällige, religiöse ›Schwärmerei‹ oder pazifistische Einstellungen, wenn es sich nicht gleich um ›Kriminelle‹ oder ›Entartete‹ handelte. Damit war zugleich allen nur denkbaren rassistischen, klassen- oder landesspezifischen Vorurteilen Tür und Tor geöffnet. Generell schienen nationale oder ethnische Minderheiten wie etwa Polen, Elsässer oder Juden leichter zu erkranken als Deutsche, aber auch Rheinländer häufiger als Pommern, Soldaten häufiger und auffälliger als Offiziere, wie nach dem Krieg Robert Gaupp im *Handbuch der ärztlichen Erfahrungen* bilanzierte (Schjerning 1922, 70, 71).

Ab Ende 1916 mehrte sich in der Bevölkerung des Reiches der massive Unmut darüber, wie Ärzte und Militärs die nervenkranken Patienten in sogenannten ›Quällazaretten‹ behandelten, erinnert sich Willy Hellpach in seiner 1949 publizierten Autobiographie. Es ging, so Hellpach, »die Fama um, durch mittelalterliche Folterverfahren sollten widerspenstige, schwer mitgenommene Kranke ›k.v.‹ [Abkürzung für: kriegsverwendungsfähig, B.U.] gepreßt werden« (Hellpach 1949, 69). Tatsächlich hatte sich – schon vor der Münchener Tagung und ihrer offiziösen Festlegung auf die rein psychogene Verursachung der Kriegsneurosen – in aller Drastik erwiesen, dass trotz teils spektakulärer, aber oft eben auch nur temporärer Heilerfolge, etwa durch Nonnes ›Suggestiv-Hypnose‹, der Zustrom der Nervenkranken unvermindert anhielt.

Ab 1916 errichtete man daher zunehmend spezielle Nervenlazarette, mitunter in der Nähe der Front, und Kliniken, die sich auf die Kriegsneurotiker und deren Heilung spezialisierten. ›Heilung‹ – das hieß vor allem, die Betroffenen wiederverwendungsfähig zu machen für den Front- oder Garnisonsdienst oder den Arbeitseinsatz in der Kriegsindustrie, in der Landwirtschaft oder doch zumindest in administrativen Berufsfeldern. Wenigstens sollten etwaige aus der nervösen Zerrüttung erwachsene Rentenansprüche verhindert werden. Auch hier galt der Grundsatz, dass »vor dem Einzelwohl das Gesamtwohl, vor der Liebe für den Kranken die zum Vaterland kommen« müsse, wie es ein Autor bereits 1914 formuliert hatte (Friedländer 1914, 25 f.).

Robert Gaupp und viele seiner Kollegen begannen nun damit, Vorträge zur »Mahnung und Aufklärung weiter Kreise in der Bevölkerung« (Gaupp 1917) zu halten, begleitet von einem anschwellenden Strom von Publikationen in den einschlägigen Fachperiodika, der seinen Niederschlag durchaus auch in der Presse fand. Die Bevölkerung dürfe sich nicht im »Klagen und Bemitleiden« der nervlich Zerrütteten ergehen, so ließe sich der Tenor all dieser Berichte und Vorträge mit Gaupp zusammenfassen. Vielmehr seien alle Wege erlaubt, die »Nervenschwächlinge« zu kurieren, bevor sie zu »wertlosen Parasiten der menschlichen Gesellschaft, zu wehleidigen Hypochondern und willenlosen Schwächlingen« werden (ebd., 13). Von Elektroschocks – wobei es zu Beginn zu Todesfällen kam – über Kehlkopfsonden, die bei stumm gewordenen Soldaten Erstickungsanfälle hervorrufen und dadurch die Stimme wiedererwecken sollten, bis hin zu langwierigen ›Bade- und Hungerkuren‹, zum ›Zwangs- oder Gewaltexerzieren‹ und völliger Isolation reichte die ›Therapie‹-Palette. Dabei fand der Wille nicht allein als Diagnosesurrogat seine Rolle, sondern auch als therapeutisch eingesetzter ›Willenskampf‹ zwischen Arzt und Patient. Für Max Nonne etwa war es selbstverständlich, dass er als »Therapeut der Überwertige sei«, weshalb der Erkrankte vor der Hypnose auch gar nicht erst um Erlaubnis gebeten werden müsse, ihn »in einen willenlosen Zustand« zu versetzen. Überdies, so Nonne, habe er »die Kranken sich stets ganz nackt ausziehen lassen, denn ich finde, daß dadurch das Gefühl der Abhängigkeit bzw. der Hilflosigkeit erhöht wird« (Schjerning 1922, 109 f.).

Vom ›nervösen Klimbim‹ zur ›Herrschaft des Willens‹

Die teils diffamierende Diagnostik und therapeutische Brutalität der Kriegspsychiater prägte zwar spätestens seit der Münchener Tagung den gleichsam offiziellen Diskurs über den Umgang mit den ›Nervenopfern‹ des Maschinenkriegs. Eine Entwicklung, die sich auch in den Verlautbarungen und Merkblättern der Militärbehörden ganz offen zeigte, etwa wenn in einem Erlass des Preußischen Kriegsministeriums vom 9. Januar 1917 der »Kriegsneurotiker« als jemand definiert wurde, bei dem »Sorge und Unlust« angesichts des Krieges »auf dem Boden der krankhaften Anlage abnorm leicht und abnorm lange in körperliche und seelische Krankheitszeichen« übergegangen wären (zit. n. Neuner 2011, 56).

Aber die bemerkenswert weit verbreitete Psychologisierung ›nervlicher Zerrüttung‹ durch den Krieg bedeutete nicht, dass der Diskurs psychiatrischer Kontrolle und Denunzierung sowie bald auch, namentlich in der Frage der Simulierung kriegsneurotischer Symptome, der ›rassehygienischen‹ Deutungen unisono die alltägliche Praxis bestimmte. Genauso wenig war es selbstverständlich, dass etwa die der Wiederverwendungsfähigkeit dienenden ›Arbeitstherapien‹ bei den Erkrankten und ihren Angehörigen nur Verdruss hervorriefen – schließlich und nicht zuletzt blieben sie ja dadurch der Front und damit dem dort drohenden Tod bzw. den Risiken eine physischen und psychischen Verstümmelung entzogen.

Insbesondere das offiziös vorgegebene Diagnose- und Therapiekonzept der ›Kriegsneurose‹ und der ›Kriegshysterie‹ war offensichtlich, so Stephanie Neuner, »in der kriegspsychiatrischen Praxis weder praktikabel, noch konnte [es] sich als Leitmaxime in der psychiatrischen Begutachtung durchsetzen« (ebd., 66). Relativ unbekümmert durch die Münchener Vorgaben orientierten sich viele Psychiater und Neurologen beispielsweise weiterhin an dem von Oppenheim entwickelten und im Krieg bestätigt gefundenen Konzept der traumatischen Neurose oder diagnostizierten ihre Patienten auf der Grundlage einer je nach persönlicher Einschätzung variierenden Mischung aus funktionellen oder psychogenen Störungen: Mit den daraus folgenden lang andauernden Therapien fern der Front und ohne kurzfristige zu erwartende ›Heilerfolge‹ entsprachen sie mithin gar nicht den »Erfordernissen des Militärs« (Hermes 2012, 465). Und gerade im Kontext der rauen und inhumanen Diktion, derer sich die Kriegspsychiater in Vorträgen und Veröffentlichungen bei der Illustrierung ihrer ›Fälle‹ bedienten, wurden erstaunlich viele Rentenanträge von »psychisch Versehrten« schon während des Krieges positiv begutachtet (Neuner 2011, 66).

Auch die in der letzten Kriegsphase verstärkt herangezogenen, von der Schulpsychiatrie vielfach belächelten, psychoanalytisch geschulten Militärärzte boten mit ihren Behandlungsmethoden durchaus so etwas wie einen ›Schutzraum‹ für die Kriegsneurotiker. Im Kontext der letzten Kriegsphase und aufgrund der beklagten Grausamkeit der Therapien, war das Interesse der Behörden an den als sanfter charakterisierten Methoden der Psychoanalytiker gewachsen. Der im September 1918 in Budapest abgehaltene Kongress der Psychoanalytiker – unter prominenter Beteiligung Sigmund Freuds – sollte

die noch engere Zusammenarbeit mit den deutschen und österreichisch-ungarischen militärischen Sanitätseinrichtungen festigen und voranbringen, wozu es dann wegen des knapp zwei Monate später endenden Krieges nicht mehr kam (Hofer 2004, 361 ff.).

Die psychoanalytisch arbeitenden Ärzte zogen ebenfalls eine Parallele zwischen dem »Kampf um das individuelle und nationale Überleben« und identifizierten den »inneren Kampf des Ichs um seine ›Selbsterhaltung‹« als Kernkonflikt des Kriegsneurotikers, kurz: »Das Ich ist selbst zu einem Schlachtfeld geworden«, wie es der Arzt und Psychoanalytiker Ernst Simmel, seit Mitte 1917 Leiter eines Spezialllazaretts für Kriegsneurosen im damaligen Posen, in einer späteren Arbeit formulierte, in der er nach der Emigration seine Erkenntnisse bilanzierte (Simmel 1993b, 226). Da an der »Psycho-Pathogenese der Kriegsneurose«, wie Simmel in seinem Referat auf dem Budapester Kongress ausführte, »kein Einsichtiger mehr zweifelt«, könne die innerpsychische Kausalität »selbstverständlich nur durch die Psychoanalyse aufgehellt werden« (Simmel 1993a, 21). Jenes »System von Qualen«, so Simmel über die weithin verbreiteten kriegspsychiatrischen Methoden, mit denen die »Preisgabe der neurotischen Symptome« geradezu erpresst werden sollte, brauchte es dafür nicht, wenngleich einige seiner Kollegen sich von der vermeintlichen Effizienz beeindruckt zeigten (ebd., 34/35; vgl. auch Hofer 2004, 365). »Eine Kombination von analytisch-kathartischer« – und eben nicht suggestiv überwältigender und den Willen brechender – »Hypnose mit wachanalytischer Aussprache und Traumdeutung« brachte »durchschnittlich in zwei bis drei Sitzungen eine Befreiung von den kriegsneurotischen Symptomen« (Simmel 1993a, 21).

In militärischen Gerichtsverfahren etwa wegen Gehorsamsverweigerung, unerlaubter Entfernung von der Truppe, Fahnenflucht und anderer Delikte mehr eröffneten sich weitere Möglichkeiten einer eher human agierenden Kriegspsychiatrie (vgl. Jahr 1998, 142 ff.; Hofer 2004, 262 ff.; Neuner 2011, 62 ff.). Das deutsche Militärstrafgesetzbuch sah – ebenso wie das zivile Strafgesetz im § 51 – die Möglichkeit einer Begutachtung auf ›Zurechnungsfähigkeit‹ vor. Die strafrechtliche Verantwortlichkeit musste in der Regel durch die psychiatrischen Abteilungen der Armeelazarette durchgeführt werden. Zwar versuchte man hier oftmals mit gewohnt brutalen Methoden – mitunter als ›psychotherapeutisch-pädagogische Mittel‹ verbrämt – herauszufinden, ob es sich um Simulation handelte. Doch vermochte diese Praxis weder zu verhindern, dass Soldaten zur Erklärung eines militärischen Fehlverhaltens auf ihre desolate psychische Verfassung verwiesen, noch dass damit oft erfolgreich und auf der Grundlage eines psychiatrischen Gutachtens die Verurteilung verhindert oder das Strafmaß verringert werden konnte.

Natürlich waren hier auch Tricks und Kniffe der angeklagten Soldaten zu beobachten, die sich gleichsam die psychiatrischen Wahrnehmungsraster zunutze machten. »Bei der Verhandlung vor dem Kriegsgericht«, berichtete ein Stabsarzt empört über das Verhalten des Angeklagten: »[...] allgemeines Schüttelzittern. Erregte damit sehr das Mitleid des Gerichts. Urteil nur 8 Tage Mittelarrest. Sofort nach der Verhandlung ist das Zittern vorbei, was dem Verteidiger nachträglich doch Zweifel an der Echtheit erweckt« (zit. n. Ulrich 1997, 224).

Die Simulation psychischer Symptome erwies sich generell für die Soldaten von Vorteil, konnte damit doch jede Eigenverletzung (›Selbstverstümmelung‹) oder Selbstinfektion, etwa durch die Infizierung mit Gonorrhö-Erregern oder die bewusst provozierte Ansteckung mit Fieber- oder Durchfallerkrankungen, umgangen und potenziell dennoch die Entfernung aus dem Frontbereich bzw. die Rückkehr an die Front verhindert oder verzögert werden. Freilich waren es nach dem Bericht eines Kriegsgerichtsrats, der 1919 seine »kriminalpsychologischen Kriegserfahrungen« zu Papier gebracht hatte, neben der »Kriegsmüdigkeit« und der »Sehnsucht nach der Heimat« auch das »Versagen der Nerven« und »Willen- und Mutlosigkeit«, die »den meisten die Waffe gegen sich selbst in die Hand gedrückt haben« (zit. n. ebd., 221). Nicht unterschätzt werden darf überdies auch der Druck, der durch die vaterländisch-patriotisch gefärbten und durch den Willensdiskurs nochmals intensivierten Erwartungen an das erwünschte militärische Verhalten auf manchem Soldaten lastete. In solchen Fällen verlieh erst die psychische Erkrankung bzw. ihre durch diesen Erwartungsdruck forcierte Simulation eine »moralische Legitimation für den Aufenthalt im Hinterland« und für den »Wunsch, die Schrecken des Feldlebens, insbesondere natürlich des Artilleriefeuers loszuwerden«, wie es der Wiener Psychiater Erwin Stransky in seinem 1918 publizierten Beitrag zu »Krieg und Geistesstörung« formulierte (ebd.).

Erstaunlich bleibt jedenfalls, dass sich die ›Simulanten‹ mitunter ganz auf der Höhe militärpsychiatrischer Diagnostik und Therapie befanden. Robert Gaupp berichtete von einem Nervenarzt, der während einer Bahnfahrt das Gespräch einiger Soldaten mit anhören konnte:

Einer der Feldgrauen erläuterte unter lebhaftem Hallo seiner Kameraden, wie man am besten und sichersten von der Front nach der Heimat komme. Man setze sich in den vordersten Wagen eines Lazarettzuges, sage auf Befragen, man habe eine Gasvergiftung erlitten, mache etwas ›nervösen Klimbim‹ (wobei er den Schütteltremor der Hände markierte) und lasse sich in ein Heimatlazarett schicken (Gaupp 1917, 12).

Die völlige propagandistische Funktionalisierung des Willensdiskurses

Zu diesem Zeitpunkt hatte sich der psychiatrisch geprägte Willensdiskurs bereits endgültig in den Gefilden der Politik und Propaganda ausgebreitet. Ähnlich wie die Nerven als Inbegriff ›geistiger Gesundheit‹ relativ rasch Teil der Integrationsideologie des ›Geistes von 1914‹ geworden waren, gewann ab 1916 der Willensbegriff unübersehbar an Boden in den Deutungen des ›Maschinenkrieges‹.

Dies geschah umso leichter als die definitorische Unschärfe darüber, was genau den aus der Alltagssprache quasi eins zu eins übernommenen Willensbegriff eigentlich in seiner ätiologischen oder physiologischen Substanz bei ›Kriegshysterien‹ bestimmte, schon innerhalb der Psychiatrie und Neurologie dazu geführt hatte, ihn nationalpolitisch und moralisch hoch aufzuladen. »Einerseits«, so Paul Lerner schlüssig,

wurde ein starker Wille als wesentlicher Bestandteil der geistigen und nervösen Gesundheit gesehen; wenn dieser jedoch vom nationalen Interesse abwich, wurde er ausdrücklich als pathologisch diagnostiziert. So hatte der Willensbegriff zwar keine feste Bedeutung, aber diente der ideologischen Verknüpfung des Individuums mit der Gemeinschaft und half, eine erhöhte gesellschaftliche Verantwortung der psychiatrischen Profession zu definieren (Lerner 1996, 107).

Seine ›Bedeutungen‹ erlangte der Willensbegriff indessen durch Zuordnungen, innerhalb der Kriegspsychiatrie insbesondere durch jene zum willensschwachen Hysteriker, der feige versucht, sich der Front zu entziehen, und umgekehrt zum nerven- und daher auch willensstarken Kämpfer, der sich den Anforderungen des ›Maschinenkriegs‹ gewachsen zeigte. Daran änderte auch die gleichsam neuropsychiatrische Variante der Dolchstoßlegende nichts, nach der die »psychisch Minderwertigen in den Heimatlazaretten und Heimatkasernen« (Schjerning 1922, 111) die nervenschwache Rolle des Hagen von Tronje zu übernehmen hatten. Sie betonte vielmehr noch die im offiziellen, während des Krieges entwickelten psychiatrischen Willensdiskurs offerierten Zusammenhänge für den ›tapferen‹ und ›feigen‹ Soldaten. Insgesamt wurde in diesem Interpretationskontext der Krieg, so könnte man mit Max Nonne bilanzieren, zur »Darwin‹schen Zuchtwahl im umgekehrten Sinne«:

> Die Besten werden geopfert, die körperlich und geistig Minderwertigen, Nutzlosen und Schädlinge werden sorgfältig konserviert, anstatt daß bei dieser günstigen Gelegenheit eine gründliche Katharsis stattgefunden hätte, die zudem durch den Glorienschein des Heldentodes die an der Volkskraft zehrenden Parasiten verklärt hätte (Schjerning 1922, 112).

Unter diesen Bedingungen mutierten endlich während des Krieges jene zu wahrhaften »Siegfriednaturen«, die »der Krieg in vier Jahren nicht zerstört hatte« und die – als »Männer ohne Nerven« – dem Materialkrieg insbesondere in den sogenannten Sturmbataillonen und Stoßtrupps als »kleine Elite der Fronttruppen« getrotzt hatten und mitunter auch noch in den Freikorps des Nachkriegs weiter kämpften, wie es der spätere Sportfunktionär Carl Diem am 17. Oktober 1918 in einem Artikel des Berliner Lokal-Anzeigers formuliert hatte. Sie waren der »Kern jeder Truppe«, rissen die anderen mit oder kämpften allein; und allenfalls dann, wenn »Zähigkeit und Geschicklichkeit« an ihre Grenzen, das hieß, auf die natürlich nur punktuelle Überlegenheit des Materials stießen, trat die »›Ergebung‹ in das Schicksal« ein, wie es 1919 in einer Untersuchung zur Psyche des Infanteristen im Kampfe hieß (Schmidt 1919, 63, 66).

Um diesen nerven- und willensstarken Soldaten, namentlich der deutschen Westfront, rankten sich ab 1916/17 viele Legenden, und es entstanden bis weit in den Nachkrieg hinein ideologisch aufgeladene Typologien der »Überwinder des Grauens und der Furcht, die in schmalen Gräben ausharren, wenn alle Höllen toben«, wie es 1930 in dem verbreiteten Band Die Front im Spiegel der Seele hieß (zit. n. Ulrich/Ziemann 1997, 157). Sie fanden ihre Entsprechung auf österreichisch-ungarischer Seite, wie Hans-Georg Hofer zeigen konnte, in der Gestalt des »Dolomitenkämpfers« und ›Isonzokriegers‹ (Hofer 2004, 271 ff.). Nicht zuletzt entstand auch schon früh eine eigene Ikonografie des willensstarken ›Nervenprotzes‹, innerhalb derer das Plakat zur sechsten Kriegsanleihe von Fritz Erler (»Helft uns siegen!«) von Anfang 1917 das bekannteste Beispiel ist. Kein anderes Bildplakat hat während des Krieges eine solche Verbreitung gefunden und überstieg mit 13,1 Milliarden Mark an gezeichneten Anleihen alle Erwartungen. Erlers Zeichnung zeigt das Bild eines Frontsoldaten am Stacheldrahtverhau, die Gasmaske

hängt bereit zum Aufsetzen auf der Brust, ein seitlich getragener Beutel enthält die in der deutschen Armee üblichen Stielhandgranaten, der entschlossene Blick ist direkt auf den Betrachter gerichtet. Dieses Motiv wird von nun an in vielen Varianten das Bild des willensstarken Kämpfers prägen, immer bedeckt vom seit Januar 1916 nach und nach eingeführten Stahlhelm, der in seiner ritterähnlichen Anmutung »Archaik und Moderne auf suggestive Weise kombinierte« (Hüppauf 1993, 84).

In welchem Ausmaß das im Willensdiskurs verhandelte Deutungsangebot der Kriegspsychiatrie über Mut und Feigheit auf der Ebene der Selbstwahrnehmung der Soldaten angekommen war, zeigte schließlich ein prominentes Beispiel, auf das schon Esther Fischer-Homberger in ihrer wegweisenden Studie zur »traumatischen Neurose« hingewiesen hat (Fischer-Homberger 1975a, 144 f.): »Immer, wenn der Tod auf Jagd war«, so Adolf Hitler in Mein Kampf über seine angeblich grundlegende Erfahrung als Meldegänger eines Regimentsstabs an der Westfront,

> versuchte ein unbestimmtes Etwas zu revoltieren, bemühte dann sich als Vernunft dem schwachen Körper vorzustellen und war aber doch nur die Feigheit, [...]. Schon im Winter 1915/16 war bei mir dieser Kampf entschieden. Der Wille war restlos Herr geworden. Dieses aber war das Dauerhafte. Nun erst konnte das Schicksal zu den letzten Proben schreiten, ohne daß die Nerven rissen oder der Verstand versagte (Hitler 1940, 181).

Die Nerven- und Willenssemantik und die mit ihr verbundene Bereitstellung eines Wahrnehmungsrasters für den feigen respektive mutigen, nerven- und willensstarken Soldaten wird Hitler durchaus vertraut gewesen sein – vermutlich sogar in ihrer kriegspsychiatrischen Ausprägung. In der Nacht vom 13. auf den 14. Oktober 1918 war Hitler als Meldegänger seines Regiments an der Westfront in einen Giftgasangriff geraten, erblindete kurzzeitig und wurde schließlich im Reservelazarett der pommerschen Kleinstadt Pasewalk auf der dortigen kriegspsychiatrischen Abteilung wegen »hysterischer Blindheit« behandelt (vgl. Weber 2011, 293 f.).

Auch nach Ende des Krieges behielten die Topoi von den ›besseren Nerven‹ und der ›Willenskraft‹ ihre Bedeutung. Zwar wurde unmittelbar nach Kriegsende, unter Bezug auf das vielfach zitierte Hindenburg-Wort von den »festeren Nerven, die den Krieg gewinnen«, den Deutschen bescheinigt, dass sie den Krieg verloren, weil »ihre Nerven versagten, ihr Wille erschlaffte« und etwa in der englischen Nation der Siegeswillen eben stärker ausgeprägt gewesen wäre: Allein, dies war letztlich – wie es 1919 im *Türmer*, einer »Monatsschrift für Kultur und Geist«, hieß – nur ein weiterer Ansporn, es das nächste Mal besser zu machen und durch »Stählung der Nerven« sowie »Befruchtung des Willens« das »Deutschtum im reinen und mannhaften Geiste zu neuer Herrlichkeit« zu erziehen (*Der Türmer* 22/1, Okt. 1919–März 1920, 148–150, 150).

Solche willensreiche Visionen finden sich von nun an allenthalben im Schrifttum der nationalen Rechten. In ihnen verbarg sich, wie etwa Ernst Jünger 1926 in seinem Text »Vom absolut Kühnen« analysierte, »im Grunde nur ein Gefühl«. Ein Gefühl, »dessen Reinheit und Schärfe« allein der »Nationalismus« zu definieren weiß: »Es ist der Wille, das Leben von der Schicksalsseite, von der Blutseite aus sehen und gestalten zu wollen. Es ist der Wille einer neuen Aristokratie, die der Krieg geschaffen hat, eine Auslese der Kühnsten, deren Geist kein Material der Welt zerbrechen konnte und die sich zur Herrschaft berufen fühlt« (zit. n. Ulrich/Ziemann 1997, 184).

Literatur

Afflerbach, Holger: *Falkenhayn. Politisches Denken und Handeln im Kaiserreich.* München 1994a.

Afflerbach, Holger: Die militärische Planung des Deutschen Reiches im Ersten Weltkrieg. In: Wolfgang Michalka (Hg.): *Der Erste Weltkrieg. Wirkung, Wahrnehmung, Analyse.* München/Zürich 1994b, 280–318.

Alzheimer, Alois: *Der Krieg und die Nerven.* Breslau 1915.

Binswanger, Otto: *Die seelischen Wirkungen des Krieges.* Stuttgart 1914.

Bonhoeffer, Karl: Über die Bedeutung der Kriegserfahrungen für die allgemeine Psychopathologie und Ätiologie der Geisteskrankheiten. In: Otto von Schjerning (Hg.): *Handbuch der Ärztlichen Erfahrungen im Weltkriege 1914/1918.* Bd. IV: Geistes- und Nervenkrankheiten. Hg. von Karl Bonhoeffer. Erster Teil. Leipzig 1922, 3–44.

Breymayer, Ursula/Ulrich, Bernd/Wieland, Karin (Hg.): *Willensmenschen. Über deutsche Offiziere.* Frankfurt a. M. 1999.

Bröckling, Ulrich: *Disziplin. Soziologie und Geschichte militärischer Gehorsamsproduktion.* München 1997.

Bröckling, Ulrich: Psychopathische Minderwertigkeit? Moralischer Schwachsinn? Krankhafter Wandertrieb? Zur Pathologisierung von Deserteuren im Deutschen Kaiserreich vor 1914. In: Ders./Michael Sikora (Hg.): *Armeen und ihre Deserteure. Vernachlässigte Kapitel einer Militärgeschichte der Neuzeit.* Göttingen 1998, 161–186.

Büttner, Peter: *Freud und der Erste Weltkrieg. Eine Untersuchung über die Beziehung von medizinischer Theorie und gesellschaftlicher Praxis der Psychoanalyse.* Heidelberg 1975.

Clark, Christopher: *Wilhelm II. – Die Herrschaft des letzten deutschen Kaisers.* München 2008.

Dessoir, Max: *Kriegspsychologische Betrachtungen.* Leipzig 1916.

Deutsches Wörterbuch von Jacob und Wilhelm Grimm. Bd. 13. Bearb. von Matthias Lexer. München 1989.

Dix, Kurt Walter: *Psychologische Betrachtungen über die Eindrücke des Krieges auf einzelne wie auf die Masse.* Langensalza 1915.

Dornblüth, Otto: *Gesunde Nerven.* Leipzig [5]1916.

Fischer-Homberger, Esther: Der Begriff des freien Willens in der Geschichte der traumatischen Neurose. In: *Clio Medica* 6 (1971), 121–137.

Fischer-Homberger, Esther: *Die traumatische Neurose. Vom somatischen zum sozialen Leiden.* Bern/Stuttgart/Wien 1975a.

Fischer-Homberger Esther: *Geschichte der Medizin.* Berlin u. a. 1975b.

Foerster, Wolfgang: *Der Feldherr Ludendorff im Unglück. Eine Studie über seine seelische Haltung in der Endphase des ersten Weltkrieges.* Wiesbaden 1952.

Foucault, Michel: *Wahnsinn und Gesellschaft. Eine Geschichte des Wahns im Zeitalter der Vernunft.* Frankfurt a. M. [8]1989 (franz. 1961).

Freud, Sigmund: Die ›kulturelle‹ Sexualmoral und die moderne Nervosität [1908]. In: Ders.: *Studienausgabe.* Bd. IX: Fragen der Gesellschaft. Ursprünge der Religion. Hg. von Alexander Mitscherlich u. a. Frankfurt a. M. 1974, 13–32.

Friedländer, Adolf Albrecht: *Nerven- und Geisteskrankheiten im Felde und im Lazarett.* Wiesbaden 1914.

Fuchs, Walter: Mobilmachungspsychosen. In: *Ärztliche Sachverständigen- Zeitung* 21 (1915), 25–29.

Gaupp, Robert: *Die Nervenkranken des Krieges, ihre Beurteilung und Behandlung. Ein Wort zur Aufklärung und Mahnung an weite Kreise unseres Volkes.* Stuttgart 1917.

Gaupp, Robert: Über die Neurosen und Psychosen des Krieges. Vortrag, gehalten am 21. November 1917. In: *Münchener medizinischen Wochenschrift* 18 (1918), 493 f.

Gaupp, Robert: Schreckneurosen und Neurasthenie. In: Otto von Schjerning (Hg.): *Handbuch der Ärztlichen Erfahrungen im Weltkriege 1914/1918.* Bd. IV: Geistes- und Nervenkrankheiten. Hg. von Karl Bonhoeffer. Erster Teil. Leipzig 1922, 68–101.

Gay, Peter: *Kult der Gewalt. Aggression im bürgerlichen Zeitalter.* München 1996 (engl. 1993).

Hank, Rainer: *Mortifikation und Beschwörung. Zur Veränderung ästhetischer Wahrnehmung in der Moderne am Beispiel des Frühwerkes Richard Beer-Hofmanns.* Frankfurt a. M./Bern/New York 1984.

Hellpach, Willy: *Nervenleben und Weltanschauung. Ihre Wechselbeziehungen im deutschen Leben von heute.* Wiesbaden 1906.

Hellpach, Willy: *Wirken in Wirren. Lebenserinnerungen.* Bd. II: 1914–1925. Hamburg 1949.

Hermes, Maria: *Krankheit: Krieg. Psychiatrische Deutungen des Ersten Weltkrieges.* Essen 2012.

Hitler, Adolf: *Mein Kampf.* Zwei Bände in einem Band. Ungekürzte Ausgabe. München 1940.

Hofer, Hans-Georg: *Nervenschwäche und Krieg. Modernitätskritik und Krisenbewältigung in der österreichischen Psychiatrie (1880–1920).* Wien/Köln/Weimar 2004.

Hoffmann, August: *Berufswahl und Nervenleben.* Wiesbaden 1904.

Hüppauf, Bernd: Schlachtenmythen und die Konstruktion des »Neuen Menschen«. In: Gerhard Hirschfeld/Gerd Krumeich/Irina Renz (Hg.): *»Keiner fühlt sich hier mehr als Mensch …«. Erlebnis und Wirkung des Ersten Weltkriegs.* Frankfurt a. M. 1993, 53–103.

Jahr, Christoph: *Gewöhnliche Soldaten. Desertion und Deserteure im deutschen und britischen Heer 1914–1918.* Göttingen 1998.

Kessler, Harry Graf: *Tagebücher. 1918–1937.* Hg. von Wolfgang Pfeiffer-Belli. Frankfurt a. M. ⁵1996.

Kruse, Wolfgang: *Der Erste Weltkrieg.* Darmstadt 2009.

Lamprecht, Karl: *Zur jüngsten deutschen Vergangenheit.* Erster und zweiter Ergänzungsband der Deutschen Geschichte. Bd. 1. Berlin 1902.

Lemm, Alfred: Der Herr mit der gelben Brille. In: Ders.: *Mord.* Bd. II: *Versuche.* München 1918, 9–18.

Lengwiler, Martin: *Zwischen Klinik und Kaserne. Die Geschichte der Militärpsychiatrie in Deutschland und der Schweiz 1870–1914.* Zürich 2000.

Lerner, Paul: »Ein Sieg deutschen Willens«. Wille und Gemeinschaft in der deutschen Kriegspsychiatrie. In: Wolfgang U. Eckart/Christoph Gradmann (Hg.): *Die Medizin und der Erste Weltkrieg.* Pfaffenweiler 1996, 85–107.

Lerner, Paul: »Nieder mit der traumatischen Neurose, hoch die Hysterie«: Zum Niedergang und Fall des Hermann Oppenheim (1889–1919). In: *Psychotherapie* 2 (1997), 2/1, 16–22.

Lerner, Paul: *Hysterical Men. War, Psychiatry, and the Politics of Trauma in Germany, 1890–1930.* Ithaca 2003.

Löwenfeld, Leopold: *Die moderne Behandlung der Nervenschwäche (Neurasthenie), der Hysterie und verwandter Leiden* [1889]. Wiesbaden 1904.

Micale, Marc S./Lerner, Paul (Hg.): *Traumatic Pasts. History, Psychiatry, and Trauma in the Modern Age, 1870–1950.* Cambridge 2001.

Michl, Susanne/Plamper, Jan: Soldatische Angst im Ersten Weltkrieg. Die Karriere eines Gefühls in der Kriegspsychiatrie Deutschlands, Frankreichs und Russlands. In: *Geschichte und Gesellschaft* 35 (2009), 209–248.

Moltke, Helmuth von: *1848–1916. Dokumente zu seinem Leben und Wirken.* Hg. von Thomas Meyer. 2 Bde. Basel 1993.

Nebelin, Manfred: *Ludendorff. Diktator im Ersten Weltkrieg.* München 2010.

Neuner, Stephanie: *Politik und Psychiatrie. Die staatliche Versorgung psychisch Kriegsbeschädigter in Deutschland 1920–1939.* Göttingen 2011.

Nonne, Max: Therapeutische Erfahrungen an den Kriegsneurosen in den Jahren 1914. In: Otto von Schjerning (Hg.): *Handbuch der Ärztlichen Erfahrungen im Weltkriege 1914/1918.* Bd. IV: Geistes- und Nervenkrankheiten. Hg. von Karl Bonhoeffer. Erster Teil. Leipzig 1922, 102–121.

Oppenheim, Hermann: *Die traumatischen Neurosen nach den in der Nervenklinik der Charité in den 5 Jahren 1883–1889 gesammelten Beobachtungen.* Berlin 1889.

Plaut, Paul: *Psychographie des Kriegers.* Leipzig 1920.

Radkau, Joachim: *Technik in Deutschland. Vom 18. Jahrhundert bis zur Gegenwart.* Frankfurt a. M. 1989.

Radkau, Joachim: Nationalismus und Nervosität. In: Wolfgang Hardtwig/Hans-Ulrich Wehler (Hg.): *Kulturgeschichte Heute.* Göttingen 1996, 285–315.

Radkau, Joachim: *Das Zeitalter der Nervosität. Deutschland zwischen Bismarck und Hitler.* München/Wien 1998.

Reimann, Aribert: *Der große Krieg der Sprachen. Untersuchungen zur historischen Semantik in Deutschland und England zur Zeit des Ersten Weltkriegs.* Essen 2000.

Roelcke, Volker: *Krankheit und Kulturkritik. Psychiatrische*

Gesellschaftsdeutungen im bürgerlichen Zeitalter (1790–1914). Frankfurt a. M./New York 1999.

Rosinski, Herbert: *Die Deutsche Armee. Vom Triumph zur Niederlage.* Düsseldorf/Wien 1977 (amerik. 1966).

Rothe, Friedrich: *Harry Graf Kessler. Biographie.* München 2008.

Schivelbusch, Wolfgang: *Geschichte der Eisenbahnreise. Zur Industrialisierung von Raum und Zeit im 19. Jahrhundert.* Frankfurt a. M. 1989.

Schivelbusch, Wolfgang: *Die Kultur der Niederlage. Der amerikanische Süden, Frankreich 1871, Deutschland 1918.* Frankfurt a. M. ²2007.

Schjerning, Otto von (Hg.): *Handbuch der Ärztlichen Erfahrungen im Weltkriege 1914/1918.* Bd. IV: Geistes- und Nervenkrankheiten. Hg. von Karl Bonhoeffer. Erster Teil. Leipzig 1922.

Schmidt, Fritz: *Über die Psyche des Infanteristen im Kampfe.* Greifswald 1919.

Shorter, Edward: *Moderne Leiden. Zur Geschichte der psychosomatischen Krankheiten.* Reinbek bei Hamburg 1994.

Simmel, Ernst: Zur Psychoanalyse der Kriegsneurosen (1918). In: Ders.: *Psychoanalyse und ihre Anwendungen. Ausgewählte Schriften.* Hg. von Ludger M. Hermanns/Ulrich Schultz-Venrath. Frankfurt a. M. 1993a, 21–35.

Simmel, Ernst: Kriegsneurosen (1944). In: Ders.: *Psychoanalyse und ihre Anwendungen. Ausgewählte Schriften.* Hg. von Ludger M. Hermanns/Ulrich Schultz-Venrath. Frankfurt a. M. 1993b, 204–226.

Sommer, Robert: *Krieg und Seelenleben.* Leipzig 1916.

Steiner, Andreas: »Das nervöse Zeitalter«. Der Begriff Nervosität bei Laien und Ärzten in Deutschland und Österreich um 1900. Zürich 1964.

Stekel, Wilhelm: *Unser Seelenleben im Kriege. Psychologische Betrachtungen eines Nervenarztes.* Berlin 1916.

Ulrich, Bernd: Nerven und Krieg. Skizzierung einer Beziehung. In: Bedrich Loewenstein (Hg.): *Geschichte und Psychologie. Annäherungsversuche.* Pfaffenweiler 1992, 163–192.

Ulrich, Bernd: Kampfmotivationen und Mobilisierungsstrategien: Das Beispiel Erster Weltkrieg. In: Heinrich von Stietencron/Jörg Rüpke (Hg.): *Töten im Krieg.* Freiburg/München 1995, 399–420.

Ulrich, Bernd: *Die Augenzeugen. Deutsche Feldpostbriefe in Kriegs- und Nachkriegszeit 1914–1933.* Essen 1997.

Ulrich, Bernd/Ziemann, Benjamin (Hg.): *Krieg im Frieden. Die umkämpfte Erinnerung an den Ersten Weltkrieg.* Frankfurt a. M. 1997.

Ulrich, Bernd/Ziemann, Benjamin (Hg.): *Frontalltag im Ersten Weltkrieg. Ein historisches Lesebuch.* Essen 2005.

Verhey, Jeffrey: *Der »Geist von 1914« und die Erfindung der Volksgemeinschaft.* Hamburg 2000 (amerik. 2000).

Weber, Thomas: *Hitlers erster Krieg. Der Gefreite Hitler im Weltkrieg – Mythos und Wahrheit.* Berlin 2011 (engl. 2010).

Zander, Helmut: Der Generalstabschef Helmuth von Moltke d. J. und das theosophische Milieu um Rudolf Steiner. In: *Militärgeschichtliche Zeitschrift* 62 (2003), 423–458.

Zander, Helmut: *Rudolf Steiner. Die Biografie.* München/Zürich 2011.

Ziemann, Benjamin: *Front und Heimat. Ländliche Kriegserfahrungen im südlichen Bayern 1914–1923.* Essen 1997.

Bernd Ulrich

4. Kriegswirtschaft: Szenarien, Krisen, Mobilisierungen

Im Dezember 1887 beschäftigte sich Friedrich Engels intensiv mit der Möglichkeit künftiger Kriege und ihres Charakters. Dabei griff er auf den neuen Begriff eines ›Weltkrieges‹ zurück, der von Kontinentaleuropa ausgehend nie geahnte Konsequenzen mit sich bringen werde:

> Und endlich ist kein anderer Krieg für Preußen-Deutschland mehr möglich als ein Weltkrieg, und zwar ein Weltkrieg von einer bisher nur geahnten Ausdehnung und Heftigkeit. 8 bis 10 Mill. Soldaten werden sich untereinander abwürgen und dabei Europa so kahl fressen wie noch nie ein Heuschreckenschwarm. Die Verwüstungen des 30jährigen Krieges zusammengedrängt in 3 bis 4 Jahren und über den ganzen Kontinent verbreitet (Engels 1981, 350 f.).

Engels war sich sicher, dass dieser künftige Weltkrieg auch in den wirtschaftlichen Ruin führen werde: Die »rettungslose Verwirrung unseres künstlichen Getriebs in Handel, Industrie und Kredit; endend in allgemeinem Bankrott« (ebd., 351), dieser werde aber nur den Auftakt zu einem allgemeinen Umbruch der politischen Systeme bilden. Der wirtschaftliche Kollaps gehe dem »Zusammenbruch der alten Staaten und ihrer traditionellen Staatsweisheit« voraus, »derart, daß die Kronen zu Dutzenden über das Straßenpflaster rollen und niemand sich findet, der sie aufhebt« (ebd.). Aus dem ruinösen »System der gegenseitigen Überbietung in Kriegsrüstungen« (ebd.) werde, so seine Hoffnung, am Ende nicht nur »die allgemeine Erschöpfung« (ebd.), sondern auch »die Herstellung der Bedingungen des schließlichen Sieges der Arbeiterklasse« (ebd.) resultieren.

Der Krieg der Zukunft wurde seit dem letzten Drittel des 19. Jahrhunderts zu einem Leitmotiv der politischen Publizistik, der militärischen Experten, aber auch der populären Literatur. Der Kampf um die Deutung der Zukunft hatte viel damit zu tun, wie man die Chancen auf Krieg und Frieden einschätzte und wie man sich einen möglichen Krieg der Zukunft vorstellte. Damit einher ging nicht nur in Deutschland eine intensive Diskussion des Zusammenhangs von wirtschaftlicher Entwicklung und Bellizität, also der Fähigkeit eines Staates und einer Gesellschaft, sich auf die Bedingungen eines künftigen Krieges einzustellen und ihn erfolgreich zu führen. Dahinter standen wichtige strukturelle Veränderungen. Denn mit dem endgültigen Durchbruch der Industriegesellschaft seit der zweiten Hälfte des 19. Jahrhunderts veränderten sich die Kriterien, mit denen die Machtpositionen eines Landes bestimmt wurden: Nicht mehr allein Landbesitz, sondern die Erschließung und Mobilisierung wirtschaftlicher Ressourcen in Form von Rohstoffen, Investitionskapital und Arbeit rückten in den Vordergrund. Zugleich erlaubten die demographische Entwicklung und die industrielle Mobilisierung es europäischen Gesellschaften zum ersten Mal, Massenheere auszurüsten, neue Waffentechnologien, vor allem Artilleriewaffen und Maschinengewehre mit hoher Schussfolge, sowie die notwendigen Verkehrsinfrastrukturen zu entwickeln, um diese Massenarmeen in kurzer Zeit zu transportieren.

Das machte die begrenzten Kriege seit der zweiten Hälfte des 19. Jahrhunderts – vom Krimkrieg und den italienischen und deutschen Nationalkriegen zwischen 1859 bis 1871 bis zum Südafrikanischen Krieg ab 1899 und dem Russisch-Japanischen Krieg von 1904/5 – auch zu Testphasen für die wirtschaftliche Leistungskraft von Staaten. Eisenbahn- und Flottenbau wurden vor diesem Hintergrund nicht zufällig zu Schlüsselbereichen, in denen sich industrielle Leistung, Kapitalinvestitionen, militärisch-strategische Überlegungen und der Anspruch auf imperiale Ausgriffe miteinander verbanden. Die Niederlage Russlands im Krimkrieg 1856 reflektierte für die Zeitgenossen auch die wirtschaftliche Rückständigkeit des Reiches, der Sieg Preußens bei Königgrätz 1866 über die Österreicher schien seine ökonomische Stärke und überlegene logistische Infrastruktur zu bestätigen. Der Blick auf die unterschiedlichen wirtschaftlichen Entwicklungspotentiale europäischer Staaten spiegelte für die meisten Zeitgenossen ihre Fähigkeit wider, der Herausforderung eines künftigen Krieges zu begegnen.

Diese Ausgangssituation erklärte vor 1914 vor allem das hochambivalente Verhältnis zwischen dem Deutschen Kaiserreich und Großbritannien. Nachdem die kolonialen Einflusssphären sowohl mit Frankreich in Afrika als auch mit Russland in Asien abgegrenzt waren, also nach dem Sudanvertrag 1899 und der Entente 1907, wurde die Rivalität mit Deutschland ein zunehmend wichtiger Faktor in der britischen Politik. Dessen dynamische wirtschaftliche Entwicklung, zumal in der zweiten Industrialisierung in den Bereichen Elektrotechnik und Chemie, sein dynamisches Bevölkerungswachstum, aber auch die Modernität seiner Bildungseinrichtungen und die Anfänge sozialstaatlicher Maßnahmen zur Integration der Industriearbeiter machten es zu einem Modell, mit dem man sich auseinandersetzen und an dem man die eigene Effizienz, die Zukunftsfähigkeit und die Kriegsfähigkeit des eigenen Landes sowie des ganzen Britischen Empire messen musste. Mit dem Wandel des deutschen Selbstbildes einer saturierten Kontinentalmacht zum Anspruch auf gleichberechtigte Weltmachtstellung seit 1890 verschärfte sich diese Spannung. Bis zum Kriegsausbruch im Sommer 1914 blieb die deutsch-britische Beziehung jedoch ambivalent, gekennzeichnet von einer Mischung aus Rivalität und Faszination. Ihr Symbol war seit 1898 ein spezifisch deutscher Navalismus, der mit dem Bau einer Hochseeschlachtflotte und einer nationalistischen Propaganda im Flottenverein einherging, während zugleich britische Experten die Grundzüge des deutschen Sozialversicherungssystems vor Ort studierten (vgl. Ritter 1983; Hennock 2007).

Industrielle Leistung, die für einen Krieg der Zukunft, für den Unterhalt von Massenarmeen, die Produktion von Artillerie und Munition wie für Schlachtflotten unerlässlich war, war vor diesem Hintergrund vor 1914 von entscheidender Bedeutung und verstärkte den internationalen Konkurrenzdruck. Zeitgenössische britische Befürchtungen, in diesem globalen Wettbewerb zurückzufallen, vor allem im Blick auf die Dynamik industrieller Produktion in Deutschland und den Vereinigten Staaten, schienen sich zu bestätigen (vgl. Fisch 2002, 348; Mulligan 2010, 180–186). Diese ökonomische Selbstpositionierung war ohne den Sozialdarwinismus als Deutungsfolie im Hintergrund nicht zu verstehen.

Alfred Graf von Schlieffen, der mit seinem gleichnamigen Plan das deutsche strategische Kalkül im Sommer 1914 bestimmen sollte, einen künftigen Krieg durch eine frühe Entscheidungsschlacht im Westen gegen Frankreich zu begrenzen, entwarf 1909 ein Kriegsszenario, in dem er der Prämisse seines eigenen Plans widersprach, sich im kommenden Krieg auf eine möglichst schnelle Entscheidung im Westen zu konzentrieren. Aus der Sicht des militärischen Experten stellten vor allem die technologischen Veränderungen alle bisherigen Annahmen über den Krieg grundlegend in Frage: »Die Waffentechnik feiert ihre herrlichsten Triumphe. Das aber, was

Deutschland wie Frankreich erstrebt und was sich alle übrigen Mächte gewünscht hatten: eine Erleichterung im Kampfe, eine Überlegenheit über den Gegner brachte sie niemand« (Schlieffen 2001, 194). Der Krieg der Zukunft war nicht mehr mit einer kühnen Angriffsstrategie zu entscheiden, sondern stellte sich als mühsamer Abnutzungskrieg von Staaten und Gesellschaften dar, dessen Ausgang entscheidend von den ökonomischen Ressourcen abhängig sei:

> Der Feldzug schleppt sich hin. Solche Kriege sind aber zu einer Zeit unmöglich, wo die Existenz der Nation auf einen ununterbrochenen Fortgang des Handels und der Industrie begründet ist, und durch eine rasche Entscheidung das zum Stillstand gebrachte Räderwerk wieder in Lauf gebracht werden muss. Eine Ermattungsstrategie läßt sich nicht treiben, wenn der Unterhalt von Millionen den Aufwand von Milliarden erfordert (zit. n. ebd.).

Aus dieser skeptischen Sicht resultierte Schlieffens Drängen auf eine schnelle Entscheidung des Krieges, die in seinen Augen allein einen solchen Abnutzungskrieg verhindern konnte.

Im Gegensatz zu diesen Szenarien und Wahrnehmungsmustern der Zeitgenossen stand der reale Anteil von Rüstungsausgaben in den Industriegesellschaften vor dem Ersten Weltkrieg. Obwohl die Rüstungsausgaben weltweit anstiegen, konnte von einer wirtschaftlichen Auszehrung der Staaten und einer umfassenden Militarisierung aller Lebensbereiche keine Rede sein. Denn angesichts der enormen industriellen Wachstumsraten blieb der Anteil militärischer Ausgaben an den Gesamtbudgets im 19. Jahrhundert trotz höherer nominaler Ausgaben relativ konstant. In Großbritannien lag er zwischen 1853 und 1913 zwischen 30 und 40 Prozent, in Frankreich zwischen 1815 und 1914 bei ca. 30 Prozent, in Deutschland 1907 bei 27 Prozent. Obwohl der Anteil der Militärausgaben am gesamten Volkseinkommen stieg, blieb er im Vergleich zu späteren Phasen des 20. Jahrhunderts noch vergleichsweise niedrig: In Großbritannien lag er 1910 bei 3,6 Prozent, in Frankreich 1914 bei 4,8 Prozent, in Deutschland bei 4,6, in Italien bei 3,5, in Russland bei 6,3, in den Vereinigten Staaten nur bei 0,8 und in Japan bei 4,8 Prozent (alle Angaben für 1914). Ebenso war der Anteil der Bevölkerung, der vor 1914 tatsächlich unter Waffen stand, noch immer relativ gering: In Frankreich betrug er 1910 nur 1,53, in Deutschland nur 0,79 Prozent (vgl. Wright 1965, 670 f.; Flora 1983, 361–449; Andersen 1985, 317; Schremmer 1994, 46– 49, 100 f., 188; Fisch 2002, 348). Anderseits sagen diese Zahlen nichts über die gesellschaftliche Präsenz des Militärischen, seine kulturelle Orientierungskraft aus, die sich in Deutschland, aber auch in anderen europäischen Gesellschaften vor allem in der Wehrpflichtpraxis, dem militärischen Vereinswesen, aber auch an Festtagen, Denkmälern und der Omnipräsenz der Uniformen gezeigt hat. Allein dem Deutschen Flottenverein gehörten 1913 mehr als 1,1 Mio. Mitglieder an (vgl. Rohkrämer 1990; Vogel 1997).

Der Zusammenhang zwischen wirtschaftlicher Leistung und Kriegsfähigkeit war um 1900 keinesfalls unumstritten. Wenn sich in dieser Phase internationale Konflikte verdichteten, so verstärkte sich auch das Bewusstsein, in einer Phase transnationaler Kooperation und friedlichen Internationalismus als Zeichen des allgemeinen Fortschritts zu stehen. Wissenschaftliche und technologische Erfindungen und wirtschaftliche Entwicklungen waren in den Augen der Zeitgenossen untrennbar damit verbunden. In seinem weitverbreiteten, reich illustrierten Band über die Pariser Weltausstellung im Epochenjahr 1900 hebt Georg Malkowsky hervor, dass das zeitgenössische Schlagwort vom »friedlichen Wettstreit der Nationen« (Malkowsky 1900, V) gerade nicht als Konkurrenzkampf gemeint sei, der unrettbar auf einen Krieg hinauslaufen müsse:

> Nicht um ein *Konkurrieren* allein handelte es sich, sondern vor allem um ein *Lernen*. Wie sehr man bestrebt war, die Arena in ein Gymnasium zu verwandeln, dafür zeugte die Unzahl der Kongresse, die Gelehrte und Techniker, Handels- und Socialpolitiker, Künstler und Literaten aller Nationen zum Austausch ihrer Meinungen und Erfahrungen auf dem Ausstellungsterrain zusammenführte (ebd.).

Auf der Grundlage der wirtschaftlichen Errungenschaften gehe es jetzt vor allem darum, den sozialen Problemen der fortgeschrittenen Industriegesellschaften zu begegnen:

> Bedeutsam vor allem und der Zeitströmung entsprechend war die glänzende Vertretung der *Socialpolitik* und der *Arbeiterwohlfahrtseinrichtungen*, der Sicherheitsventile, die sich unser Jahrhundert für die unvermeidlichen Begleiterscheinungen der Massenproduktion geschaffen hat. Sie setzten dem sich in Paris dokumentierenden Konkurrenzkampf der Völker ein neues *ethisches Element* zu und schufen gewissermaßen ein neutrales Gebiet, auf dem man sich ohne Mißgunst in demselben Streben zusammenfinden konnte (ebd.; vgl. auch Herren-Oesch 1993).

Auch die publizistisch einflussreichen Pazifisten argumentierten mit der wirtschaftlichen Entwicklung. Für sie widerspricht der Krieg der Zukunft den Gegebenheiten und rationalen Interessen erfolgreicher

Industriegesellschaften. 1899 erschien das nicht weniger als 4000 Seiten umfassende Werk *Der Krieg* von Johann von Bloch, eines russischen Geschäftsmanns, der durch den Eisenbahnbau zum Millionär geworden war und sich rühmte, Zar Nikolaus habe nach der Lektüre seines Buches den Plan für eine internationale Friedenskonferenz in Den Haag entworfen (vgl. Sheehan 2008, 54). Anders als die meisten zeitgenössischen Pazifisten ging es Bloch nicht darum, den Krieg moralisch zu disqualifizieren. Vielmehr begründet er dessen Sinnlosigkeit analytisch und empirisch, indem er dem Leser akribisch die Konsequenzen der industriellen und technologischen Dynamik für einen Krieg der Zukunft vorführt.

Schon 1884 hatte Herbert Spencer in *The Man versus the State* den Krieg mit einem traditionalen Typ von Gesellschaft identifiziert, der durch den Fortschritt des *industrial type* der Gegenwart überwunden werde (vgl. Spencer 1994, 170 ff.). Bloch verweist darauf, dass mit dem rauchlosen Pulver, der neuen Technik der in allen Armeen verwendeten Repetiergewehre, die auf bis zu 1500 Meter treffsicher waren und die Feuergeschwindigkeit von ehemals ein bis zwei auf vier bis fünf Schuss pro Minute steigerten, mit neuen Waffen wie dem Maxim-Maschinengewehr und schweren Artilleriewaffen, jede Verteidigungsposition so stark werde, dass sie den klassischen Infanterieangriff in Schützenlinie mit aufgepflanzten Bajonetten aussichtslos mache. Wie der Militärexperte Schlieffen prognostiziert Bloch, dass der Krieg der Zukunft sich lange hinziehen müsse. Ein solcher unabsehbar langer Krieg werde die Gesellschaften ökonomisch und sozial ausbluten und am Ende zusammenbrechen lassen. Am Ende stehe nicht »der Kampf, sondern die Hungersnot, nicht das Sterben von Männern, sondern der Bankrott ganzer Nationen und der Zusammenbruch der gesamten sozialen Organisation« (zit. n. Sheehan 2008, 55 f.).

Noch größere Resonanz fand der britische Journalist Norman Angell mit seinem Buch *The Great Illusion* von 1910, das einer der frühen Bestseller des 20. Jahrhunderts wurde. Im Kern argumentiert auch Angell rational gegen den Krieg: Die historische Phase, in militärische Macht die Basis von Wohlstand garantiert habe, sei vorbei. Wirtschaftliche Leistungskraft sei im Zeitalter der Arbeitsteilung von dynamischen Verkehrsverbindungen, vom weltweiten Austausch von Gütern, Ideen und Menschen abhängig. Moderne Gesellschaften könnten sich den Krieg nicht mehr leisten, er widerspreche jeder Einsicht in die wirtschaftlichen Zusammenhänge der

Gegenwart. Gewinn resultiere nicht mehr aus dem Besitz von Territorien wie in vergangenen historischen Epochen, sondern sei die Folge von Handelsbeziehungen, dem Austausch von Gütern und Kapital. Gerade deshalb seien die deutsche Annexion Elsass-Lothringens und die Reparationsforderungen gegenüber Frankreich nach 1871 ein teurer Fehler gewesen, weil sie den potentiellen Handelspartner des neuen Nationalstaates geschwächt hätten (vgl. Angell 1910; Ceadel 2009; Sheehan 2008, 58 ff.). Diese Argumente für den Pazifismus beruhen anders als etwa bei Berta von Suttner nicht auf moralischen Positionen, sondern auf dem Anspruch einer wissenschaftlichen Widerlegung des Kriegs, bei der der Stand der wirtschaftlichen Entwicklung und Verflechtung eine entscheidende Rolle spielte.

»Deutscher Krieg und deutsche Wirtschaft«: Die Ökonomie als Teil des intellektuellen Kulturkrieges seit 1914

Der Große Krieg brach dennoch aus. In der verbreiteten Hoffnung auf einen kurzen Feldzug mochten sich viele Politiker und Militärs mit langfristigen Konsequenzen im Sommer 1914 noch nicht beschäftigen. Aber als sich nach den Schlachten an der Marne und bei Ypern und dem offenkundigen Scheitern des Schlieffen-Plans im Herbst 1914 zeigte, dass es ein langer Krieg werden würde, dessen Ende mit dem Übergang zum Stellungskrieg und den Strategien gegenseitiger Ermattung und Abnutzung unabsehbar wurde, veränderte sich auch das Verständnis von Wirtschaft und Gesellschaft. Der Krieg stellte die tradierte Ordnung von öffentlichen und privaten Finanzen, von Ökonomien, von Produktion und Handel in Frage. Im Kern forderte der totalisierte Krieg alle Gesellschaften heraus, indem er durch die enormen Opfer zum Testfall von Kohäsion, Integration und Loyalität, von Mobilisierung und Kontrolle, aber auch von Überzeugungen und Rechtfertigungen wurde. Staat und Nation wurden nicht nur nach außen zu Kriegsakteuren, sondern ihrem Anspruch nach auch nach innen. Mit der Einforderung von Pflicht und Opfer gegenüber Millionen von Menschen veränderten sich zugleich deren Ansprüche auf Teilhabe und Anerkennung. Dadurch gerieten die Begründungen von überkommenen Ordnungen unter Druck.

Es war kein Zufall, dass es gerade in Deutschland seit Kriegsbeginn zu programmatischen Neuinterpretationen einer aus dem Krieg erwachsenden

neuen Wirtschafts- und Sozialverfassung kam. Darin wurde eine vor 1914 zurückreichende Diskussion um die Probleme des deutschen Nationalstaates und seine Paradoxien fortgesetzt. Auf sie hatte Karl Helfferich 1901 verwiesen, der in Deutschland »eine agrarische Politik in einem industriellen Staat« (Helfferich 1901, 259) konstatiert und damit die Spannungen und Integrationsdefizite des jungen Nationalstaates mit seiner besonders erfolgreichen Industriegesellschaft anspricht (vgl. Mai 1995, 160). Mit diesem Paradoxon war nicht die ökonomische Basis, sondern die Machtverteilung der gesellschaftlichen Gruppen angesprochen: Ein ›agrarischer‹ Nationalstaat verweist nach dieser Interpretation auf eine Großmachtpolitik nach außen, bei der das Heer, auf die Vorstellung agrarischer Autarkie gestützt, von der industriellen Arbeiterschaft und einem bürgerlichen Offizierskorps weitgehend unabhängig bliebe. Als konsequenter Industriestaat dagegen musste sich das Reich dem Weltmarkt stellen. Folgt man dieser Interpretation, dann sollten ein kurzer Krieg und der ihm zugrunde liegende Schlieffen-Plan eine industrielle Mobilmachung und damit auch das Bündnis mit der Industriearbeiterschaft umgehen (vgl. ebd., 159 ff.). Gegen diese ›agrarische‹ Interpretation stand die Überzeugung führender Militärs wie Ludendorff, dass der Krieg die wirtschaftliche Mobilisierung und ein Zusammengehen mit der Industriearbeiterschaft zwingend erforderlich mache. Insofern radikalisierte der Krieg ein Leitmotiv des liberalen Imperialismus, dem Friedrich Naumann 1900 mit dem Motto »Sozialreform nach innen, die Macht nach außen« (Naumann 1964, 348) Ausdruck verliehen hatte.

Wie man vor diesem Hintergrund ab August 1914 in Deutschland wirtschaftliche Strukturen, Zusammenhänge und Veränderungen im Krieg erfuhr und deutete, welche Krisenmomente oder Handlungsmöglichkeiten sich daraus ergeben mochten, hing von je besonderen Umständen ab. Aber innerhalb der ersten Wochen wurde für jeden erkennbar, dass dieser Krieg auch ein Krieg der Wirtschaft und der Finanzen werden würde. Das aber verband militärische Front und Gesellschaft eng miteinander und führte zu neuen Gewinnern und Verlierern in der Heimat. Noch im September 1914 schrieb die Stettiner Hausbesitzerin Redepenning unter dem Eindruck der deutschen Siegesmeldungen an ihre Mietparteien und kommentierte die epochalen Ereignisse der vergangenen Wochen:

> Die gewaltige Wendung, die durch die Gnade des Allmächtigen Gottes unsere durch seine Macht und Kraft

bewaffneten Truppen uns errungen haben, lassen uns in eine große gesegnete kommende Zeit blicken. Möchte unser Volk so viel Gnade nie vergessen, nie den alten Gott, der Staat und Volk vor allem Übel bewahrt. Ihre Wohnung kostet vom 1. Oktober ab 30 Mark mehr (zit. n. Johann 1968, 57).

Jenseits dieser Alltagserfahrung wurde der Blick auf die wirtschaftlichen Zusammenhänge des Krieges von Anfang an ein Teil des intellektuellen Kulturkrieges. Der in Heidelberg lehrende liberale Theologe Ernst Troeltsch setzt in seiner Rede vom 2. August 1914 auf politisch-konstitutionelle Fortschritte und eine soziale Versöhnung im Zeichen des Krieges, die seit 1871 unvollkommen geblieben seien und alle Erfolge des jungen Nationalstaates stets ambivalent erscheinen ließen. Vor allem erkannte er in diesem modernen Krieg bereits zu diesem Zeitpunkt einen Widerspruch zwischen Rationalität, Planung, Sachverstand auf der einen und einem Einbruch des Irrationalen, Unberechenbaren auf der anderen Seite. Der Krieg stelle alle überkommenen bürgerlichen Sekuritätsversprechen, die auf Rationalität beruhenden sozialen und staatlichen Ordnungen aus dem 19. Jahrhundert und damit auch die Basis bürgerlicher Kultur radikal in Frage:

> So zerbrechen auch uns heute alle rationellen Berechnungen. Alle Kurszettel und Kalkulationen, die Versicherungen und Zinsberechnungen, die Sicherstellungen gegen Unfälle und Überraschungen, der ganze kunstreiche Bau unserer Gesellschaft hat aufgehört, und über uns allen liegt das Ungeheure, das Unberechenbare, die Fülle des Möglichen (Troeltsch 1994, 10 ff.).

Das ist bei aller Zuspitzung von nationalen Selbstentwürfen und Feindbildern eine klarsichtige Analyse, und sie nimmt viele Aspekte der militärischen, politischen und sozialen Erfahrungsräume des Krieges, nicht zuletzt seiner Bedeutung als Ausgangspunkt für ganz neue Entwicklungen vorweg (vgl. ebd., 10 ff., 15 f., 17 f.).

Weist Troeltsch hier auf den Krieg als Umbruch eines gerade in Deutschland besonders stark entwickelten wirtschaftlichen Sicherheitsdenkens hin, betont der klassische Philologe Ulrich von Wilamowitz-Moellendorff, seit 1894 an der Berliner Universität und seit 1902 Präsident der Preußischen Akademie der Wissenschaften, dass in diesem Krieg Großbritannien den ideologischen Hauptfeind Deutschlands darstelle. In einer Rede vom 27. August 1914 unterstreicht er den britischen Neid auf Deutschlands wirtschaftliche und wissenschaftliche Erfolge. Hier deutet sich ein Leitmotiv der ökonomischen und der von hier aus abgeleiteten politisch-kulturellen Selbstdeutung an: Deutschland nämlich kämpfe im Wissen darum, dass der englische Krieg ein unehrlich ausgetragener Kampf einer von bloßem Materialismus geprägten Gesellschaft sei. England schicke nicht wie Frankreich »alle seine Söhne, sondern es schickt angeworbene Mannschaft[en]« (Wilamowitz-Moellendorff 1999, 23), ein Söldnerheer, das seiner Neigung zur Feigheit entspreche. Deshalb sei dort auch »der eigentlich treibende böse Geist« zu finden,

> der diesen Krieg emporgerufen hat aus der Hölle, der Geist des Neides und der Geist der Heuchelei. Was gönnen sie uns nicht? Unsere Freiheit, unsere Selbständigkeit wollen sie untergraben, jenen Bau der Ordnung, der Gesittung und der freilich selbstbewußten Freiheit […]. Wenn der englische Marineoffizier jetzt durch ein feines, schönes Glas hinausschaut, umschaut nach deutschen Kreuzern, so ärgert ihn […], daß das Glas in Jena geschliffen sein wird, und die Kabel, die durch die Meere ziehen, sind zum größten Teil in Charlottenburg am Nonnendamm verfertigt. Die Güte der deutschen Arbeit wurmt ihn« (ebd., 23 ff.).

Der Münsteraner Soziologe und Ökonom Johann Plenge hielt noch 1914 eine Vortragsreihe *Der Krieg und die Volkswirtschaft*, die 1915 publiziert wurde. Darin leitet er die ›Ideen von 1914‹ aus einer weltgeschichtlichen Auseinandersetzung mit dem historischen Geltungsanspruch des revolutionären Frankreich in der Tradition von 1789 ab (s. auch Kap. III.5). Hatten die französischen ›Ideen von 1789‹ in einer universalgeschichtlichen Stufenfolge die bürgerliche und kapitalistische Ordnung hervorgebracht, so sei es nunmehr an Deutschland, mit den ›Ideen von 1914‹ ein ganz neues politisches und soziales Ordnungsmodell durchzusetzen, das auf der ›Volksgenossenschaft des nationalen Sozialismus‹ gründe. Darin bestand für ihn der epochale Umbruch der Gegenwart:

> Seit 1789 hat es in der Welt keine solche Revolution gegeben wie die deutsche Revolution von 1914. Die Revolution des Aufbaus und des Zusammenschlusses aller staatlichen Kräfte im 20. Jahrhundert gegenüber der zerstörenden Befreiung im 19. Jahrhundert […]. Zum zweiten Mal zieht ein Kaiser durch die Welt als der Führer eines Volkes mit dem ungeheuer weltbestimmenden Kraftgefühl der allerhöchsten Einheit. Und man darf behaupten, daß die ›Ideen von 1914‹, die Ideen der deutschen Organisation, zu einem so nachhaltigen Siegeszug über die Welt bestimmt sind, wie die ›Ideen von 1789‹ (Plenge 1916, 82).

Dies schließt an Troeltschs Idee eines besonderen deutschen Freiheitsverständnisses an, das sich von französischer und englischer Demokratie unterscheide, indem die ›deutsche Freiheit‹ auf das über dem einzelnen Individuum stehende Bekenntnis zur Gemeinschaft, auf eine aufgeklärte Bürokratie und vor allem auf die Effizienz der Organisation als Gegensatz zur überkommenen Klassengesellschaft hinziele (vgl. See 1975; Verhey 2004; Bruendel 2003).

Die frühe Mobilisierungskrise: Kriegswirtschaft als Handlungschance

Jenseits dieser Kriegsdeutungen, die den hohen Stellenwert des wirtschaftlichen Erfolges und des auf ihm basierenden Ordnungsdenkens des deutschen Bürgertums dokumentieren, zwang der Krieg sehr bald zu einschneidenden Veränderungen in den Wirtschaftsstrukturen aller beteiligten Gesellschaften. Dabei waren die ökonomischen Ausgangspositionen von Mittelmächten und Entente zu Beginn des Krieges 1914 sehr unterschiedlich. 1914 lebten in Großbritannien, Frankreich und Russland 259 Mio. Menschen, in Deutschland und Österreich-Ungarn nur 118 Mio. Die Entente war den Mittelmächten demographisch also 2,2-fach überlegen. Das Sozialprodukt lag 1,8-fach über dem der Mittelmächte. Allerdings lagen die Mittelmächte hinsichtlich des Sozialprodukts pro Kopf vor der Entente, was auf die relativ schwache Produktivität Russlands zurückzuführen war. Durch den Kriegsaustritt Russlands und den Eintritt der Vereinigten Staaten 1917 verstärkte sich die wirtschaftliche Überlegenheit der Alliierten. Nur Großbritannien verzeichnete während des Krieges ein reales Wirtschaftswachstum, was vor allem auf die Tatsache zurückzuführen war, dass das Land keine direkten Kampfhandlungen auf eigenem Territorium zu erleiden hatte und von den globalen Ressourcen des Britischen Empire profitierte. Dagegen erlebte die französische Wirtschaft an der Jahreswende 1917/18 einen scharfen Einbruch, der das Land an den Rand des Zusammenbruchs führte. Nach der durch die britische Blockade verursachten Isolierung vom Weltmarkt konnten sich Deutschland und Österreich-Ungarn 1916 auf niedrigerem Niveau stabilisieren. Insgesamt entwickelte sich das ökonomische Kräfteverhältnis zwischen Entente und Mittelmächten von 1,8:1 im ersten Kriegsjahr 1914 über 2,1:1 (1915 und 1916) bis auf 3,7:1 (1917) und 3,2:1 (1918), wobei hier der faktische Kollaps der französischen Wirtschaft zum Tragen kam (vgl. Broadberry/Harrison 2005, 7, 10 ff.; Burhop 2011, 192 ff.).

Die unmittelbaren wirtschaftlichen Auswirkungen des Krieges zeigten sich nach wenigen Wochen an zwei Entwicklungen. Zum einen kam es kurzfris-tig zu einem extremen Anstieg der Arbeitslosigkeit durch die wirtschaftlichen Turbulenzen des Kriegsausbruchs. In Deutschland stieg die Arbeitslosenquote von 2,7 Prozent im Juli 1914 auf 22,7 Prozent im September, in Österreich-Ungarn von 5 Prozent auf 18,3 Prozent im August, in Frankreich nach der Mobilmachung sogar auf 40 Prozent. Mit den fortgesetzten Massenrekrutierungen und der Umstellung der Friedens- auf die Kriegswirtschaft kehrte sich die Situation dann um: Arbeitskräfte wurden immer knapper, bis es zu einer sich verschärfenden Konkurrenz zwischen Militär und Industrie um die Arbeitskräfte kam (vgl. Ullmann 2004, 200, 226).

Der zweite wirtschaftliche Engpass betraf die Rohstoffversorgung in einem Krieg, der von Anfang an mehr Material verbrauchte als je vorgesehen worden war. Nirgendwo offenbarte sich das Versorgungsproblem eines Weltwirtschaftskrieges allerdings so frühzeitig wie in Deutschland. Wegen des Zweifrontenkrieges im Westen und Osten und vor allem der britischen Fernblockade sämtlicher Seehandelsrouten war es davon besonders betroffen. Das unterschied das deutsche Kaiserreich seit Herbst 1914 auch von Großbritannien, wo man zunächst auf ein politisches und wirtschaftliches *business as usual* setzte. Hier glaubten die meisten politischen und militärischen Führer zunächst an eine vom kontinentaleuropäischen Krieg weitgehend ungestörte Wirtschaftsordnung im Rahmen der durch die britische Flotte gesicherten weltweiten Verkehrs- und Handelswege. Nachdem die außerhalb Europas operierenden deutschen Marineverbände ausgeschaltet worden waren, konnte Großbritannien weitgehend ungehindert auf die Ressourcen des Britischen Empire zurückgreifen. Doch warnte der neue Kriegsminister Herbert Kitchener bereits wenige Wochen nach Kriegsbeginn vor der Illusion eines kurzen Krieges und skizzierte die Gefahr einer Nachschubkrise, die sich in ihrem ganzen Ausmaß aber erst Ende 1914 und dann vor allem ab dem Frühjahr 1915 zeigte, als die Versorgung der Artillerie mit ausreichenden Mengen an Munition nicht mehr gewährleistet war (vgl. Burke 1982, 35).

Mit der Berufung von David Lloyd George zum Rüstungsminister nach dem Schock der Munitionskrise an der Westfront, als im Frühjahr 1915 vor allem die Artillerie wegen unzureichender Kapazitäten in der britischen Munitionsindustrie nicht mehr genügend Munitionsnachschub erhielt, setzte auch in Großbritannien eine entscheidende Phase der Zentralisierung ein, die mit einem ganz neuen Verständnis der Exekutive im Verhältnis zur Kriegswirtschaft einherging. Doch weder hier noch in Frankreich erreichten die Maßnahmen die Intensität wie in Deutschland. Zwar litt Frankreich von Anfang an darunter, dass große Teile des wirtschaftlich wichtigen Nordens Kriegsgebiet waren und die französische Industrieproduktion davon erheblich betroffen war, doch waren die Außengrenzen und Häfen des Landes nicht blockiert. Auch hier wurde erst 1915 im Kontext von akuten Versorgungskrisen des Militärs ein eigenes Munitionsministerium unter Leitung des Sozialisten Albert Thomas gegründet (vgl. Zilch 2004, 787–800).

Die britische Blockade prägte daher die deutsche Wahrnehmung des Krieges als Wirtschaftskrieg von Anfang an, und sie verstärkte das antibritische Feindbild ganz erheblich. Ab März 1915 wurde sowohl der Schiffsverkehr zu den Häfen der Mittelmächte als auch der indirekte Handel über neutrale Häfen unterbunden. Deutschland wurde damit von überseeischen Importen abgeschnitten, nicht aber von den Importen aus europäischen Ländern. So gelangten schwedisches Eisenerz, Nickel aus Norwegen, Lebensmittel aus Dänemark und den Niederlanden sowie Erdöl aus Rumänien nach dessen Niederlage im Herbst 1916 nach Deutschland (vgl. Hardach 1973, 28–35; Burhop 2011, 197). Angesichts des quantitativ enormen Verbrauchs von Rüstungsgütern in kurzer Zeit wurde genau in dem Moment, in dem der Krieg die deutschen Handels- und Versorgungsrouten unterbrach, das Ausmaß der weltweiten Verflechtung zwischen Wirtschaftsräumen als besondere Abhängigkeit Deutschlands von Rohstoffimporten erkennbar (vgl. French 1982; Ullmann 2004, 221).

Salpeter, der für die Herstellung von Munition und Artilleriesprengstoffen benötigt wurde, hatte Deutschland bisher vor allem aus Chile importiert. Obwohl in den Häfen von Hamburg, Antwerpen und Ostende zu Kriegsbeginn noch größere Vorräte beschlagnahmt werden konnten, überstieg der Verbrauch bald alle früheren Planungen. Hatten die Militärs zunächst mit einem Bedarf von 600 Tonnen Sprengstoff und 450 Tonnen Pulver pro Monat gerechnet, schätzte man im August 1915 allein den Monatsbedarf des Heeres auf 10 000 Tonnen. Das Hindenburg-Programm von 1916 ging schließlich von einem Monatsbedarf von 20 000 Tonnen aus. Darin waren weder die Bedürfnisse der Marine noch die des Verbündeten Österreich-Ungarn und auch nicht die der Landwirtschaft oder anderer Industriezweige berücksichtigt (vgl. Szöllösi-Janze 1998, 273 f.).

Diese exorbitante Steigerung des Verbrauchs rüstungswichtiger Rohstoffe führte in Deutschland bereits nach der Marne-Schlacht im Herbst 1914 zu Engpässen bei der Versorgung mit Munition. Dahinter wurde ein existenzielles Problem der deutschen Kriegführung erkennbar:

> Blicken Sie um sich: Was uns umgibt, Gerät und Bauwerk, Mittel der Bekleidung und Ernährung, der Rüstung und des Verkehrs, alle enthalten fremdländische Beimengung. Denn die Wirtschaft der Völker ist unauflöslich verquickt; auf eisernen und auf wässernen Straßen strömt der Reichtum aller Zonen zusammen und vereinigt sich zum Dienst des Lebens. So bekommt der Begriff der Rohstoffversorgung seine Farbe, und diese Farbe tritt um so ernster hervor, wenn es sich um das Problem der Rüstung und der Verteidigung handelt (Rathenau 1925, 26 f.).

Walther Rathenaus Analyse der Situation und seine Erfahrungen führten ihn schnell in eine der neuen Schaltstellen der Kriegswirtschaft. Seine Biographie spiegelt aber auch die Widersprüchlichkeit von Juden und Wirtschaftsbürger im Kaiserreich wider. Rathenau identifiziert als Hauptproblem der Mittelmächte die geostrategische Lage mit ihren Konsequenzen für die Kriegswirtschaft:

> Ja, wir grenzen freilich an drei Meere, wir mit unsern Verbündeten; aber was sind sie? Binnenseen. Die Ostsee, durch eine Meerenge nur geöffnet; die Nordsee abgesperrt durch den Kanal, durch die Orkney- und Shetland-Inseln; das Mittelmeer verriegelt durch die beiden Stützpunkte im Osten und im Westen. Und hinter diesen Binnenseen dehnt sich aus im Norden ein bedürftiges Land mit geringer Versorgung unentbehrlicher Stoffe; im Süden hinter dem Mittelmeerkessel ein Wüstenrand, durch den keine Bahnen und Verkehrsstraßen nach den Produktionszentren der Welt führen (ebd.).

Wenige Tage nach Kriegsausbruch überzeugte er den preußischen Kriegsminister Falkenhayn von der Notwendigkeit, der Krise der deutschen Rohstoffversorgung durch eine neue Organisation zu begegnen. Am 13. August nahm die neu gegründete Kriegsrohstoffabteilung ihre Arbeit auf, und Rathenau wurde ihr energischer Abteilungsleiter im Range eines Generals – ein symptomatischer Auftakt für den kriegswirtschaftlichen Einfluss des Militärs in Deutschland. Mit dem Aufbau der Kriegsrohstoffabteilung erwarb sich Rathenau in den Worten seiner Kollegen schnell den Ruf eines »wirtschaftlichen Generalstabschefs hinter der Front« (zit. n. Gall 2009, 184). Doch schon im März 1915 gab er das Amt auf, wohl auch aus Enttäuschung darüber, dass nicht er, sondern Karl Helfferich zum neuen Finanzstaatssekretär berufen wurde, und nicht zuletzt angesichts wachsender Anfeindungen gegen ihn als Zivilisten und Juden, dem man vorwarf, von den Direktiven der Behörde in seinem eigenen Industrieunternehmen zu profitieren (vgl. ebd., 186 f.)

1867 als Sohn des deutsch-jüdischen Industriellen Emil Rathenau geboren, war er früh mit der Dynamik der deutschen Industrieentwicklung des späten 19. Jahrhunderts vertraut geworden und schon von daher für die neue Aufgabe prädestiniert. Sein Vater hatte 1883 die Allgemeine Electricitäts-Gesellschaft AEG gegründet, die nach Siemens & Halske den deutschen Erfolg in der zweiten Industrialisierung der Elektro- und Chemieindustrie symbolisierte. Walther Rathenau begann trotz vielfältiger literarischer und künstlerischer Interessen nach einem naturwissenschaftlich-technischen Studium in der Wirtschaft, wo er sich früh für Syndikate, Kartelle und Unternehmensfusionen als neue wirtschaftliche Organisationsformen und Krisenstrategie interessierte. In die neue Funktion brachte er vor allem ein Gespür für die Möglichkeiten effizienter Organisation, der Konzentration von Wirtschaftskraft und der weltweiten Verflechtung von Rohstoffmärkten, Arbeitskraft, Wissen und Finanzen mit. Vor 1914 wünschte er sich, Deutschland könne auf diesem Weg weltwirtschaftlicher Verflechtung seine zunehmende außenpolitische Isolierung überwinden. Den Krieg lehnte er mit Argumenten ab, die in ihrem Appell an ökonomische Gegebenheiten und Fortschrittsmöglichkeiten an Bloch und Angell erinnerten. Entscheidend seien, so Rathenau, nicht Probleme der Macht und imperialen Expansion, sondern »Fragen der Wirtschaft. Verschmilzt die Wirtschaft Europas zur Gemeinschaft, und das wird früher geschehen als wir denken, so verschmilzt auch die Politik«. Davon sei nicht der Weltfriede zu erwarten, aber doch »Milderung der Konflikte, Kräfteersparnis und solidarische Zivilisation« (zit. n. Gall 2009, 177).

Doch Rathenau begriff die ökonomischen Chancen seiner Gegenwart stets als Auftakt zu einer viel weitergehenden Transformation, die nicht in einen inhaltsleeren Materialismus münden dürfe. In seinen 1912 und 1913 erschienenen Büchern, darunter *Zur Mechanik des Geistes*, setzt er seine Hoffnungen auf ein erneuertes Bürgertum in Politik, Wirtschaft und Kultur. Obwohl diese Hoffnungen zunächst durch den Ausbruch des Krieges zerstört wurden, bot der Krieg doch auch neue Handlungschancen und Entwicklungsmöglichkeiten. Daraus ergab sich eine besondere Ambivalenz: Einerseits betont Rathenau, wie »innerlich notwendig« dieser Krieg sei, weil er von ihm den Durchbruch eines neuen Bürgertums erwartete: »Wie löst sich das Alte, Unerträg-

liche in neuer Hoffnung« (zit. n. ebd., 178). Doch andererseits sah er den Krieg, anders als die überwiegende Mehrheit des deutschen Bildungs- und Wirtschaftsbürgertums, als ein Verhängnis an, und sein Pessimismus über den Ausgang steigerte sich von Jahr zu Jahr. Seine Positionswechsel und Widersprüche reflektieren die Möglichkeiten und Zwänge, die sich aus der deutschen Kriegswirtschaft ergaben.

Dass er zu Beginn des Krieges »nicht an unser Recht zur endgültigen Weltbestimmung« (zit. n. ebd., 175 f.) glaubte, bewahrte Rathenau nicht davor, eine mitteleuropäische Zollunion mit Österreich-Ungarn zu favorisieren und 1915 den Plan zu verfolgen, durch umfassende Eroberungen Russland in ein antibritisches Bündnis zu zwingen. Auch setzte er sich mit zunehmender Dauer des Krieges für eine rücksichtslose Mobilisierung der Heimatfront ein und forderte dazu auch den Einsatz belgischer Zwangsarbeiter. Zugleich wandte er sich gegen den unbeschränkten U-Boot-Krieg. Auch in der Situation des Kriegsendes blieb die Ambivalenz erhalten: Anfang Oktober 1918 rief er nach dem Waffenstillstandsgesuch zum Volkskrieg gegen die Alliierten auf und setzte sich dann schließlich für einen Verständigungsfrieden ohne Annexionen und eine konsequente Parlamentarisierung Deutschlands ein (vgl. Sabrow 2004, 786 f.; Thiel 1932, 260).

Aus dem 1914 so bezeichneten ›Rohmaterialamt‹ wurde innerhalb kurzer Zeit eine erfolgreiche Wirtschaftsorganisation (vgl. Goebel 1930; Feldman 1985). Seine Vision der Kriegswirtschaft formulierte Rathenau, als er hinter der Idylle des Gartens im Kriegsministerium einen Schornstein erkannte, der

> auf das Riesengebiet der deutschen Wirtschaft [deutete,] das sich jenseits ausbreitete bis zu unsern flammenden Grenzen. Dieses Gebiet der donnernden Bahnen, der rauchenden Essen, der glühenden Hochöfen, der sausenden Spindeln, dieses unermeßliche Wirtschaftsgebiet dehnte sich vor dem geistigen Auge, und uns war die Aufgabe gestellt, diese Welt, diese webende und strebende Welt zusammenzufassen, sie dem Kriege dienstbar zu machen, ihr einen einheitlichen Willen aufzuzwingen und ihre titanischen Kräfte zur Abwehr zu wecken (Rathenau 1925, 29).

Mit Sonderbefugnissen ausgestattet, wuchs die Kriegsrohstoffabteilung schnell zu einer Zentralbehörde an, die 1914 aus drei und bei Kriegsende aus bis zu 2500 Mitarbeitern bestand. Im Spätjahr 1914/15 wurden in Anlehnung an Syndikate und Kartelle einzelne Kriegsrohstoffgesellschaften zur Beschaffung und Verteilung von Rohstoffen gegründet, zum Beispiel eine Kriegsmetall AG oder eine Kriegswollbedarf AG. Kennzeichnend war dabei die Verbindung von staatlich-behördlicher Aufsicht und privatwirtschaftlichem Charakter: Äußerlich Aktiengesellschaften und ergänzt um Beamte oder Mitglieder von Handelskammern wurde hier ein neues Organisationsmodell der Wirtschaft erkennbar, das auch noch Albert Speer als Rüstungsminister im Zweiten Weltkrieg als Vorbild diente (vgl. Roth 1997; Gall 2009).

Doch in der Praxis kam es zu erheblichen Kompetenzkonflikten. Zu einer zentralen Lenkungsstelle wurde die Kriegsrohstoffabteilung nicht, weil sich durch die Vielzahl von Beschaffungsinstitutionen des Militärs, der Kommunen und einzelner Unternehmen eine polykratische Struktur herausbildete, während gleichzeitig die Aufgaben dieser Behörde neuen Stils in kurzer Zeit enorm zunahmen: Dazu gehörte auch die Festsetzung von Höchstpreisen, wobei entsprechende Verordnungen zu Eisen und Stahl 1917 unter Verweis auf militärische Notwendigkeiten umgangen wurden, so dass es zu massiven Preissteigerungen kam, die das Haushaltsdefizit noch vergrößerten.

Als erfolgreich erwies sich dagegen die von der Kriegsrohstoffabteilung forcierte Produktion von Ersatzstoffen. Das Haber-Bosch-Verfahren zur industriellen Herstellung von flüssigem Ammoniak aus Sauerstoff und Stickstoff, von Fritz Haber und Carl Bosch in enger Kooperation mit der BASF bereits vor dem Krieg auf den Weg gebracht, stand in diesem Kontext sowie auch das Frank-Caro-Verfahren zur Kalkstickstoffsynthese. Mit der vom Kriegsministerium geförderten Produktion von Ammoniumnitrat und Salpetersäure aus Ammoniak stand bald nach Kriegsbeginn ein Ersatzstoff für den zur Sprengstoffherstellung dringend benötigten Salpeter zur Verfügung. Als die Rüstungswirtschaft 1916 im Rahmen des Hindenburg-Programms mit einem zentralen Kriegsamt neu geordnet wurde, hatte die Kriegsrohstoffabteilung seit August 1914 entscheidende strukturelle Veränderungen in der deutschen Kriegswirtschaft durchgesetzt – auch wenn ihre Wirksamkeit durch die zunehmende Zahl von Behörden und konkurrierende Kompetenzen eingeschränkt wurde (vgl. Zilch 2004, 799 f.).

›Gemeinwirtschaft‹ und ›organisierter Kapitalismus‹: Die Deutung der Kriegsökonomie zwischen Neuordnungskonzepten und radikalisierten Feindbildern

Seit Kriegsbeginn fragten sich aufmerksame Zeitgenossen, was dieses neue Verhältnis zwischen den Wirtschaftsakteuren und dem Kriegsstaat bedeutete

und ob sich hier nicht eine spezifisch deutsche Antwort auf die Integrationsprobleme moderner Industriegesellschaften abzeichnete – zwar unter den besonders erschwerten Bedingungen eines immer tiefer den Alltag der Menschen eindringenden Weltwirtschaftskrieges, aber doch mit Tendenzen, von denen man hoffen konnte, dass sie über den Krieg hinausweisen würden. Nach den ersten Monaten des Krieges rückte die industrielle Kriegführung mit der staatlich organisierten Mobilisierung und Zentralisierung aller Ressourcen ins Zentrum. Damit traten Gemeinschaftsvorstellungen in den Vordergrund, die über den eher situativen Burgfrieden von 1914 hinausweisen mussten, um auch bei noch so hohen Opferzahlen glaubwürdig zu bleiben. Den politischen Status quo der Industriearbeiter nur fortzuschreiben, würde nicht ausreichen, wenn die Verbindung von militärischer und industrieller Front gelingen sollte. Doch zeigte sich gerade 1914/15, dass es, anders als in Frankreich und Großbritannien, in Deutschland nicht zu substantiellen politischen oder sozialen Zugeständnissen kam. Reichskanzler Bethmann Hollweg setzte sich zwar für eine »weitsichtige Sozialpolitik« ein, forderte aber zugleich die »Reform der Sozialdemokratie nach der nationalen und monarchischen Seite« (zit. n. Mai 1993, 173 ff.; vgl. Mühlhausen 1994, 649–671).

Schon im Laufe des Jahres 1915 zeichnete sich in Grundrissen eine Kriegsgesellschaft ab, in der die Rollen von sozialen Gewinnern und Verlierern neu verteilt wurden. In einem Krieg, der nicht nur militärisch, sondern auch industriell bewältigt werden musste, gewannen kriegsrelevante Industrien und ihre Arbeitskräfte rasch an Bedeutung. Während diese ökonomisch profitierten, sanken die Realeinkommen in der Landwirtschaft sowie im bürgerlichen Mittelstand, vor allem bei höheren Angestellten und Beamten, die in nicht unmittelbar kriegsnotwendigen Bereichen arbeiteten. Wo es immer weniger um hergebrachte Kriterien wie Besitz und Bildung ging, sondern um spezifische Funktionen innerhalb der Kriegsökonomie, waren Konflikte unvermeidbar. Nicht zufällig bündelten sich diese Probleme in der Ernährungsfrage, hinter der die Fragen nach der gerechten Lastenverteilung und nach der Fähigkeit des Kriegsstaates standen, diese überzeugend zu organisieren. Das um sich greifende Feindbild der ›Kriegsgewinnler‹ und ›Profiteure‹ verband auch in Deutschland militärische und Heimatfront miteinander.

Diese Hintergründe sind wichtig, um die neuen Begriffe zu verstehen, mit denen man den radikalen

Erfahrungswandel zu deuten und zugleich die künftige Entwicklung programmatisch zu fassen versuchte. Auch hier entwickelte sich eine neue Sprache
wirtschaftlich-sozialer Ordnungsmodelle, mit denen man zumal in Deutschland den durch den Krieg
erzwungenen Wandel in eine Fortschrittsidee übersetzen wollte. Als Walther Rathenau und sein Nachfolger Wichard von Moellendorff die Begriffe ›Neue
Wirtschaft‹ und ›Gemeinwirtschaft‹ prägten, unterstrichen sie damit, dass der industrielle Massenkrieg
zu einem sozialkorporativen Interessenausgleich
führen und damit die überkommene Definition von
Klassenloyalitäten überwinden musste. Dass ›Gemeinwirtschaft‹ und ›Kriegssozialismus‹ von vielen
zustimmend oder ablehnend, aber jedenfalls zunehmend synonym verwendet wurden, unterstreicht
den Zusammenhang zwischen nationaler Integration,
ökonomischer Mobilisierung und sozialer Partizipation. Konservative Nationalökonomen gingen so weit,
aus der im Krieg praktizierten Gemeinwirtschaft
eine »Volksgenossenschaft eines nationalen Arbeits-
staats aus der nationalen Kriegswirtschaft« abzuleiten (Krüger 1983, 127; vgl. auch Mai 1995, 165).

Auch der Begriff ›Volksgemeinschaft‹ stand in
diesem Zusammenhang. Um 1870 bei Antisemiten
wie Zionisten zum ersten Mal verwandt und um
1900 zunächst von der Jugendbewegung, dann von
völkischen und militärischen Gruppen aufgenommen, verwies seine Verwendung seit 1914 auf die
klassen- und konfessionsübergreifende Mobilisierung aller gesellschaftlichen und industriellen Kräfte
im Zeichen der Verteidigung des Nationalstaates
von 1871 (vgl. Mai 1994, 583–602). Die idealisierte
klassenlose Volksnation versprach eine gleichberechtigte Integration aller nationalen Außenseiter.
Das erklärte, warum ›Volksgemeinschaft‹ gerade in
diesen Gruppen, in der Sozialdemokratie, im katho-
lischen Zentrum und von vielen Juden, aufgenommen und gegen den exklusiven Nationsbegriff der
Konservativen eingesetzt wurde. Nation und Sozialismus schienen sich hier einander anzunähern,
doch war dies nur möglich durch einen starken
Kriegsstaat, dem als neutraler Institution oberhalb
von Parteien, Interessengruppen und Schichten die
Aufgabe einer gerechten Verteilung von Gütern zukommen sollte. Max Scheler resümierte 1915: »Eine
erste Erkenntnis, die der Krieg möglich macht, und
die an die Form der ›Kriegserfahrung‹ in ihrer vollen
Fülle geradezu gebunden ist, ist die Erkenntnis der
Realität der Nation als geistige Gesamtperson.« Die
Nation, im Frieden »für ihre Glieder mehr ein symbolischer Begriff«, werde jetzt »für das geistige Auge

wahrhaft sichtbar und greifbar« (Scheler 1915, 119 f.;
vgl. Koselleck u. a. 1992, 391).

Aber nicht nur von Sozialphilosophen und Experten der Kriegswirtschaft wurden neue Konzepte
formuliert. Der Sozialdemokrat Rudolf Hilferding
entwickelte 1915 den Begriff des ›organisierten Kapitalismus‹. Ausgehend von seiner Kritik an der
Strategie der SPD, die wie bereits vor dem Krieg, so
auch seit August 1914 in erster Linie auf sozialpolitische Fortschritte zu setzen und die Frage der politischen Teilhabe zu vernachlässigen schien, ging es
ihm darum aufzuzeigen, wie sich durch den Krieg
eine neuartige Wirtschaftsverfassung herausbildete.
Auf eine hochentwickelte Industriegesellschaft wie
die Deutschlands passte danach die Vorstellung eines revolutionären Zusammenbruchs des Kapitalismus nicht mehr. Das Proletariat habe sich sehr flexibel in diesem Kapitalismus eingerichtet, in dem sich
die Lebensbedingungen für die Industriearbeiter
durch die Politik der SPD und der Gewerkschaften
stetig verbessert hätten. Gerade das seit den 1890er
Jahren immer mehr dominierende Finanzkapital
stehe für eine »Umwandlung der anarchisch-kapita-
listischen in eine organisiert-kapitalistische Wirtschaftsordnung« (Hilferding 1982, 66), die mit den
Vorstellungen der Massenverelendung nicht mehr
übereinstimmt. Die durch den Krieg beschleunigte
und vom Staat organisierte Bildung von Monopolen
und Oligopolen verstärke diese Tendenz noch. Hilferding schlussfolgerte, dass die künftige Entwicklung der Gesellschaft weniger in einer revolutionären Überwindung des Kapitalismus durch den Sozialismus bestehe, sondern in einer evolutionären
Weiterentwicklung des Kapitalismus, wie dies in der
Kriegswirtschaft exemplarisch zu erkennen sei. Er
kritisierte aber die zutiefst undemokratische Organisation dieses Prozesses, in dem sich die Arbeiter den
Wirtschaftsmonopolen und staatlichen Institutionen unterordneten, während SPD und Gewerkschaften diesen Kurs unterstützten (vgl. ebd., 63–76;
Wendt 1974, 117–149). An die Stelle der Überwindung der kapitalistischen Gesellschaft durch den Sozialismus trete »die den unmittelbaren materiellen
Bedürfnissen der Massen besser als bisher angepasste Gesellschaft des organisierten Kapitalismus«
(Hilferding 1982, 66 f.). Aus der Sicht des Staates
würden mit dieser Politik der unmittelbaren Bedürf-
nisbefriedigung zugleich die Machtverhältnisse der
Klassen konserviert und eine tiefgreifende Revolution unwahrscheinlich. Dagegen forderte Hilferding,
die Sozialisten müssten die durch den Krieg geschaffenen Voraussetzungen für die Durchsetzung des

Sozialismus nutzen und mit dem Staat zusammen eine demokratische Wirtschaftsordnung etablieren. Die sich jetzt abzeichnende Alternative zwischen dem ›organisierten Staatskapitalismus‹ oder dem ›demokratischen Sozialismus‹ bedeutete für Hilferding, dass die SPD ihre bisherige Opportunitätsstrategie aufgeben müsse. Wo sich durch den Krieg eine Veränderung der Wirtschaftsordnung im Sinne des organisierten Kapitalismus abzeichnete, war für ihn die politische Teilhabe entscheidend. Genau hier aber differierte seine Argumentation von der Position der SPD-Führer, die sich sozialpolitische Verbesserungen auch im monarchischen Staat vorstellen konnten.

Die andere Seite der Diskussion um ein neues Verhältnis zwischen Staat und Gesellschaft im Zeichen der Kriegsökonomie war die Wendung gegen vermeintliche Spekulanten und Kriegsprofiteure – mit zunehmend antisemitischen Konnotationen – sowie die Zuspitzung des antibritischen Feindbildes. Im Zeichen der neuen ideologischen Konzepte wie Gemeinwirtschaft oder Kriegssozialismus erschien die britische Kriegführung wie die Fortsetzung eines unehrlichen Kapitalismus, in dem die eigenen Kriegsopfer wenn möglich verhindert wurden – dem entspräche das angekaufte Söldnerheer im Gegensatz zur deutschen Nation in Waffen. Schon im Oktober 1914 hatte Wilhelm Dibelius in seiner Schrift *England und wir* betont, die englischen Imperialisten und Unternehmer hätten das einfache englische Volk verführt. Nicht gegen das englische Volk führe man Krieg, der Gegner sei vielmehr ein »niedriger Krämergeist« und die puritanische Heuchelei (Dibelius 1914, 3, 8).

Hatte Dibelius immerhin noch auf dieser Unterscheidung bestanden, radikalisierten Werner Sombart und Max Scheler 1915 diese Feindbilder. Eine Unterscheidung zwischen Eliten und Volk ließ dies nicht mehr zu. An ihre Stelle trat ein Manichäismus kultureller Unterschiedlichkeit, der jede Verbindung von vornherein negierte. In seinem Buch über *Händler und Helden. Patriotische Besinnungen* von 1915 operierte Sombart geschickt mit den Stereotypen kleinlich-geiziger *shopkeeper* in England und heroischer deutscher Individuen, die den Kampf als Testfall der historischen Auslese begriffen und annähmen. Für Sombart bedeutete der Krieg einen gewaltsamen Kampf der Prinzipien: Englischer Materialismus und Komfort standen gegen die Fähigkeit der Deutschen, in einer Situation über sich hinauszuwachsen und die Gesinnung des Einzelnen fortzuentwickeln. Der Krieg offenbarte diesen Gegensatz,

indem die deutschen Soldaten als Verkörperungen von Goethes Klassizität und Nietzsches heroischem Menschen gegen die angekauften Söldner Englands als Verteidiger der englischen Krankheit, der völligen Kommerzialisierung und moralischen Degeneration aller Werte, kämpften (vgl. Sombart 1915, 34, 64, 108, 138). Scheler schließlich unterscheidet zwischen dem an materiellen Werten orientierten Utilitarismus der Engländer, den er mit Nützlichkeit, Pragmatismus und Diskretion identifiziert, und den Werten der deutschen Kriegsnation, die sich durch Mut, die Bereitschaft, sich existenziellen Gefahren auszusetzen, Ritterlichkeit, Loyalität und Opferbereitschaft, Ehre und Ruhm auszeichnen (vgl. Mommsen 1996, 229).

Was zeigt diese anhaltende Flut von Selbstvergewisserungen und ideologischen Abgrenzungen? Wenn sich hier ein Leitmotiv konfiguriert, dann liegt es in der besonderen Auseinandersetzung mit Deutschland, hinter der sich eine Konkurrenz unterschiedlicher Fortschrittsvorstellungen abzeichnet. Das macht die Kriegsbegründungen zugleich zu Debatten um Modernitätsansprüche, und es legt im Blick auf das Kaiserreich eine Ungleichzeitigkeit von historischen Entwicklungsprozessen offen. Ob in der Selbstdefinition deutscher Autoren, die vor dem Hintergrund von Kriegskorporatismus, Gemeinwirtschaft und Kriegssozialismus die Abkehr vom britischen Kapitalismus betont, in der Kritik französischer und britischer Autoren am deutschen Machtstaatsideal oder in der von ihnen wahrgenommenen Ambivalenz von kulturellen und wissenschaftlichen Leistungen und einem Militarismus, der im Krieg die Enthemmung jeglicher Gewalt bedeutet: Das Janusgesicht dieses deutschen Nationalstaats als Kulturträger und als effiziente Kriegsmaschine, das Nebeneinander von Modernität und Fortschritt sowie Barbarei und Rechtsbruch, bildet einen entscheidenden Referenzpunkt zahlloser Kriegsschriften, egal ob darin Deutschland verteidigt oder verurteilt wird. Das geht weit über Europa hinaus.

Der amerikanische Soziologe Thorstein Veblen bringt dieses Nebeneinander von Modernität der wirtschaftlichen und technologischen Entwicklung und Rückständigkeit der politisch-konstitutionellen Strukturen in seinem Buch *Germany and the Industrial Revolution* von 1915 auf den Punkt. Das Land habe von Großbritannien die Industrialisierung gelernt und vor 1914 das Vorbild fast überholt. Aber Deutschland fehle die positive Erfahrung einer politischen Revolution, um sich Freiheitsrechte zu erkämpfen. Aus dieser Konstellation erklärt Veblen die

Sonderstellung agrarischer Eliten wie der ostelbischen Junker und die des Militärs als einen extra-konstitutionellen Machtfaktor. Als Repräsentant der amerikanischen *progressive era* befürwortet er daher schon früh einen Kriegseintritt der Vereinigten Staaten, weil die angloamerikanische Welt nur so das Modell von Demokratie und Selbstbestimmung gegen die archaische Kombination aus Kriegsstaat und Autoritarismus durchsetzen könne, für die Deutschland in diesem Krieg stehe (vgl. Winkler 2011, 31 f.).

Mangel, Hunger und Zwang: Die Kriegswirtschaft im totalisierten Krieg zwischen Mobilisierungsutopien und Herrschaftserosion

Die Praxis der Kriegswirtschaft, die tägliche Erfahrung, stand für die meisten Menschen im Widerspruch zu diesen Projektionen und Idealisierungen. Das war schon 1915 erkennbar, sollte sich aber ab 1916 immer mehr zuspitzen. Zwar griff der Kriegsstaat auf die Semantik der ›Volksgemeinschaft‹ zurück, um die immer neuen Anstrengungen zu rechtfertigen, aber gerade in Deutschland wurden die damit verbundenen Partizipationsversprechen bis in die zugespitzte Krisenphase 1917/18 nicht eingelöst.

Anders als in Großbritannien und Frankreich wiesen die Bedingungen des Burgfriedens dem Militär in Deutschland seit Beginn des Krieges eine entscheidende Rolle für die Entwicklung der Gesellschaft und Kriegswirtschaft zu. Aber im Gegensatz zu den Entwicklungen in Frankreich und Großbritannien wurde die Bereitschaft der SPD und der Gewerkschaften, sich dem innenpolitischen Kriegskompromiss unterzuordnen, zunächst allenfalls symbolisch honoriert. Von der Aufnahme von SPD-Politikern oder Gewerkschaftlern in die Regierung war man in Deutschland auch 1915 noch weit entfernt. Dass die SPD und die Gewerkschaften den Burgfrieden dennoch unterstützten, hatte viel mit der Angst zu tun, sich dem Vorwurf eines unpatriotischen Verhaltens auszusetzen – ein Reflex auf die Stigmatisierung als ›innerer Reichsfeind‹ im Kaiserreich nach 1871, der auch hinter der Zustimmung zu den Kriegskrediten im Sommer 1914 gestanden hatte. Doch verstärkte diese Tendenz, die eigene nationale Loyalität immer neu unter Beweis zu stellen, die innerparteilichen Konflikte, wie sich im Laufe des Jahres 1915 zeigte (vgl. Wehler 2003, 45 ff.).

Die deutsche Kriegswirtschaft war wie in den anderen Kriegsgesellschaften dadurch charakterisiert, dass die bei Kriegsbeginn stark ansteigende Arbeitslosigkeit seit Ende 1914 von einer stark ansteigenden Nachfrage nach Arbeitskräften abgelöst wurde. Armee und Industrie begannen nun, um verfügbare Arbeitskräfte zu konkurrieren. Diese Situation wurde durch die starke administrative Dezentralisierung im Rahmen der stellvertretenden Generalkommandos und ziviler Verwaltungsstellen in Deutschland noch erheblich verkompliziert. Jedenfalls widersprach diese ausgesprochene Polykratie von Akteuren und zum Teil konkurrierender Zuständigkeiten dem Bild eines wohlgeordneten und rational-bürokratischen Staates, der auf einen längeren Krieg gut vorbereitet war. Im Gegenteil entwickelte sich ein System mit vielen improvisierten Entscheidungen, das den enormen und in diesem Ausmaß unbekannten Belastungen kaum gewachsen war.

Besonders deutlich zeigte sich dies schon nach wenigen Monaten in der Frage der Arbeitskräfte: Während das Militär möglichst alle Soldaten einziehen wollte, die kriegsverwendungsfähig waren, suchten die Unternehmer ihre Facharbeiter zu behalten, ohne die sie die explosionsartig ansteigenden Rüstungsaufträge nicht glaubten bewältigen zu können. Bis Ende 1915 kam es zu schwierigen Kompromissen zwischen Kriegsministerium, Zivilbehörden und Unternehmen, die ihre Interessen im neugegründeten Dachverband des Kriegsausschusses der deutschen Industrie vertreten ließen, so dass 600 000 kriegsverwendungsfähige Rekruten, etwa 20 Prozent der Rüstungsarbeiterschaft, vom Frontdienst freigestellt wurden. Diese Zahl stieg bis Herbst 1916 auf 1,2 Millionen und 1917 auf 1,7 Millionen und blieb dennoch zu gering, um die enorm gestiegene Produktion zu sichern. Wie in den anderen Kriegsgesellschaften wurde diese Lücke vor allem durch Frauenarbeit, den Einsatz von Jugendlichen sowie langfristig durch Kriegsgefangene und Zwangsarbeiter geschlossen (vgl. ebd.; Cornelißen 2004, 857 ff.). Der enge Zusammenhang zwischen Kriegswirtschaft und Besatzungsregime zeigte sich vor allem in Russisch-Polen und Belgien, von wo aus zahlreiche Männer zur Zwangsarbeit nach Deutschland deportiert wurden (vgl. Herbert 1984, 285–304; Feldman 1985, 75; Mommsen 2002, 80 f.).

Anders als in Großbritannien und Frankreich hatte sich die Rohstoffabhängigkeit Deutschlands – 43 Prozent der deutschen Importe waren bis zum Beginn der britischen Fernblockade Rohstoffe gewesen – bereits in den ersten Kriegswochen gezeigt und mit der staatlichen Kriegsrohstoffbewirtschaftung unter Rathenau und den immer zahlreicheren

Kriegsgesellschaften ein vielschichtiges und immer weniger transparentes Geflecht von Institutionen hervorgebracht (Rohlack 2001). Vertreter von Unternehmen hatten je nach Branche sehr gute Ausgangsbedingungen, um ihre Interessen durchzusetzen, und konnten auf bewährte Methoden ihrer Interessenvertretung zurückgreifen. Aber obwohl sich die Kriegsgesellschaften von ihnen nicht ohne weiteres instrumentalisieren ließen, konnten sie keine wirklich eigenständige Politik zwischen Staat und Wirtschaft durchsetzen. Eher wirkten sie als Instrument, um staatliche, und das hieß primär militärische, Vorgaben durchzusetzen. Am ehesten fungierten die militärischen Instanzen als Schaltstelle der Kriegswirtschaft. Doch auch ihre Machtfülle und ihr Autoritätsvorschuss änderten nichts daran, dass viele Entscheidungsprozesse inkremental blieben und keinesfalls dem Ideal eines ›Durchregierens‹ entsprachen. Konflikte innerhalb der eigenen Reihen, mit Vertretern der Wirtschaft sowie mit zivilen Stellen waren an der Tagesordnung (vgl. Roth 1997, 420 f.).

In der Praxis der deutschen Kriegswirtschaft offenbarte sich mit zunehmender Dauer des Krieges eine immer größere Spannung zwischen programmatischen Annahmen und Planungen auf der einen und konkreten Krisenerfahrungen sowie dem Zwang zur Improvisation auf der anderen Seite. Die Kriegsrohstoffgesellschaften konzentrierten sich auf kriegsrelevante Industrien, deren Beschäftigtenzahl um 44 Prozent zunahm, während Konsumgüterindustrien, etwa der Textil- und Nahrungsmittelbereich, aber auch das Handwerk und Kleingewerbe unter den Bedingungen der Kriegswirtschaft litten. Insbesondere Klein- und Mittelbetriebe wurden bei der Zuteilung von Rohstoffen benachteiligt. Zwar kam es in der deutschen Kriegswirtschaft zu einer charakteristischen Mischung aus privatwirtschaftlichen und bürokratisch-dirigistischen Elementen. Aber die zeitgenössische Beschreibung als ›Kriegssozialismus‹, hinter der die Hoffnung auf eine bessere Integration von Kapital und Arbeit stand, war irreführend, da der Planungsanteil staatlicher Stellen letztlich begrenzt blieb. In der Praxis bildete sich keine staatssozialistische ›Gemeinwirtschaft‹ aus, die Rathenau 1916 in seinem Buch *Von kommenden Dingen* als zukunftsweisendes Modell beschrieb. Eher ließ sich beobachten, wie die Unternehmer ihre Interessen durch einen effizienten Lobbyismus durchsetzen konnten, während das Reichsschatzministerium unter Karl Helfferich auf weitgehende Zurückhaltung setzte (vgl. Michalka 1994, 485–505; Krüger 1994, 506–529; Mommsen 2002, 82 f.).

Insbesondere der Kriegsausschuss der deutschen Industrie gewann deutlich größeren Einfluss auf die Kriegswirtschaft als die staatlichen Stellen, so sehr man sich hier auch bemühte, durch immer neue Organisationen die Vergabe von Aufträgen zu zentralisieren, so im September 1915 durch die Einrichtung einer Zentraleinkaufsgesellschaft als Monopolstelle für den Import von Lebensmitteln und 1916 schließlich durch die Gründung eines Kriegsernährungsamtes (vgl. Burhop 2011, 201). Aber diese bürokratischen Maßnahmen änderten nichts an der Grundkonstellation: Das letztlich nicht regulierte Verhältnis zwischen begrenztem Angebot und enormer Nachfrage erlaubte zum Teil erhebliche Gewinnmargen für die kriegswirtschaftlichen Industrien, auch wenn die Ermittlung von Kriegsgewinnen schwierig ist, zumal wenn man Inflation, Abschreibungen und Investitionen berücksichtigt (vgl. Burchardt 1987, 71–123; Baten/Schulz 2005, 35–56).

Der Unterschied zwischen Friedens- und Kriegsindustrie trat mit zunehmender Dauer des Krieges immer stärker hervor. Viele exportorientierte Unternehmen verloren durch die Blockade innerhalb kurzer Zeit ihre Absatzmärkte, und nicht allen gelang es, dies so erfolgreich durch neue kriegsbedingte Aufträge zu kompensieren wie dem Chemiekonzern Bayer Leverkusen, der bisher 85 Prozent seiner Produkte exportiert hatte, nun aber von der Entwicklung neuer Ersatzstoffe wie im Haber-Bosch-Verfahren profitierte und damit die Ausfälle ausgleichen konnte. Der enorme Aufschwung kriegswichtiger Industriezweige konnte insgesamt das Absinken der deutschen Industrieproduktion im Verlauf des Krieges um nicht weniger als 40 Prozent nicht verhindern. Dazu trugen vor allem die immer massiveren Mängel in der Versorgung mit Rohstoffen und Brennstoffen, der Mangel an Arbeitskräften und die sinkende Produktivität durch den Einsatz ungelernter und seit 1916 zunehmend unterernährter Arbeitskräfte bei (vgl. Wehler 2003, 50).

Vergleichbar der Entwicklung in den anderen Ländern, zogen bereits 1915 in Deutschland die Preise für Rüstungsmaterial durch die große Zunahme staatlicher Aufträge erheblich an. Auf die stark dezentralisierte Auftragsvergabe mit nicht weniger als 40 verschiedenen Beschaffungsstellen reagierte Anfang des Jahres 1915 die Politik, indem das Kriegsministerium versuchte, die Beschaffungen zu zentralisieren, und den Zwischenhandel untersagte, um die Preisentwicklung in den Griff zu bekommen. Insgesamt entwickelte sich ein System, in dem die militärischen Behörden die Versorgung und Beschaffung der Rohstoffe und Arbeitskräfte sicherstellten, während Eingriffe in Gewinne der Rüstungsindustrien bis Sommer 1917 ausblieben. Das stand in deutlichem Gegensatz zur Politik von Lloyd George und seinem Ministerium in Großbritannien, der mit der Besteuerung der Gewinne in der Rüstungsindustrie bereits seit 1915 auch den Gewerkschaften gegenüber ein politisches Zeichen setzte (ebd., 52 f.).

Gemessen an den Gewinnen der kriegsrelevanten Industrien, die vor allem aus der Bevorzugung durch die Militärbehörden resultierten, blieben die sozialpolitischen Maßnahmen bescheiden. Indem viele Unternehmer der kriegsrelevanten Industrien einen Teil der Risiken und Entwicklungskosten auf die gesamte Kriegsgesellschaft abwälzen konnten, wurde die gerechte Verteilung der Kriegslasten zum Anlass für politische Auseinandersetzungen. Gleich zu Beginn des Krieges hatten die freien Gewerkschaften erklärt, während des Krieges auf Streiks und andere Maßnahmen zur Erzwingung höherer Löhne zu verzichten. Aber auch mit solchen Vorleistungen konnten sie nicht verhindern, dass viele Arbeitsschutzregelungen für Frauen und Jugendliche sowie für den stark expandierenden Bereich der Heimarbeit für die Dauer des Krieges faktisch aufgehoben wurden.

Auf der anderen Seite zeichneten sich nach wenigen Monaten Krieg auch neue sozialpolitische Akzente ab – nicht als Ergebnis einer besonders arbeiterfreundlichen Unternehmerpolitik oder eines entsprechenden Konzepts staatlicher Sozialpolitik, sondern häufig aus der schlichten Einsicht in die Notwendigkeit, zu sozialpolitischen Kompromissen zu gelangen, um die Kriegswirtschaft und damit das militärische Überleben Deutschlands nicht zu gefährden. Zu diesen Maßnahmen zählte ab 1915 der Aufbau tariflicher und freiwilliger Schlichtungsstellen gegen den entschiedenen Widerstand der Arbeitnehmer, die sich als eine wichtige institutionelle Basis für das spätere Hilfsdienstgesetz vom Dezember 1916 erwiesen. Zudem reagierten Unternehmer und Gewerkschafter auf die ab 1915 zunehmenden Konflikte, die sich regelmäßig beim Wechsel von Arbeitsplätzen wegen höherer Löhne ergaben. Als das Kriegsministerium im Januar 1915 Unternehmen damit drohte, keine Aufträge mehr an sie zu vergeben, wenn sie Arbeiter ohne Zustimmung des früheren Betriebes einstellten, kam es zu wütenden Protesten des Berliner Metallarbeiterverbandes. Als Reaktion wurde im Februar 1915 ein Kriegsausschuss

für Berliner Metallbetriebe eingerichtet, in dem in wöchentlichen Sitzungen Streitfälle einvernehmlich entschieden werden sollten. Die Vertretung von Unternehmern und Gewerkschaften in diesem Ausschuss und ihre gegenseitige Anerkennung als Interessenvertreter markierten einen wichtigen Schritt hin zu einer paritätisch zusammengesetzten Institution (vgl. ebd., 55 f.; Cornelißen 2004, 858 f.).

Die hohe Arbeitslosigkeit führte in den ersten Kriegsmonaten zu erheblichen sozialen Problemen. Bis Ende Juli 1915 zahlten die gewerkschaftlichen Unterstützungskassen über 200 Millionen Mark an ihre Mitglieder aus. Nichtversicherte waren allerdings auf die geringe kommunale Unterstützung angewiesen. Von einer ausreichenden Unterstützung der Familien, deren Männer an der Front waren und deren Frauen häufig keine Arbeit fanden, konnte keine Rede sein. Sie waren allein auf die kommunale Fürsorge und Spenden angewiesen. Angesichts der auch in Deutschland steigenden Mieten wuchs die Gefahr von Obdachlosigkeit. Dieses Problem wurde von der Politik immerhin erkannt: Noch Anfang August 1914 erließ der Bundesrat eine Verordnung, der einen bis zu dreimonatigen Zahlungsaufschub bei Schuldnern ermöglichte. Zudem wurden spezielle kommunale Ämter eingerichtet, die Konflikte zwischen Mietern und Vermietern schlichten sollten (vgl. Whalen 1984; Cornelißen 2004, 857 ff.). Das Tempo dieser Neuregelungen spiegelt wider, für wie drängend die Behörden diese Fragen hielten.

Neben den steigenden Mieten wurde vor allem der Preisanstieg bei Lebensmitteln zu einem akuten Problem. Ganz im Gegensatz zu der auch in der deutschen Öffentlichkeit zu Kriegsbeginn verbreiteten Auffassung, dass Deutschland hinsichtlich der Lebensmittelproduktion autark sei, war das Land schon vor 1914 der weltweit größte Importeur landwirtschaftlicher Produkte gewesen, die 38 Prozent seiner Einfuhren ausgemacht hatten. Weil auch hier Arbeitskräfte fehlten, die im Lauf des Krieges mit deportierten Landarbeitern vor allem aus den besetzten Gebieten Osteuropas zum Teil kompensiert werden konnten, und weil die Versorgung mit Düngemitteln stockte, gingen die Anbauflächen und entsprechend auch die Produktion zurück. Sie schrumpfte im Lauf des Krieges insgesamt um ein Drittel, die Viehproduktion um 40 Prozent, die Produktion von Getreide um 36 Prozent und die von Kartoffeln um 35 Prozent. Die unmittelbare Folge waren seit Herbst 1914 steigende Lebensmittelpreise und wachsende Spannungen zwischen den Vertretern der SPD sowie der Gewerkschaften, die den Burgfrieden schon jetzt bedroht sahen, und den Vertretern der Landwirtschaft, die in der Blockade auch Gewinnchancen erkannten (vgl. Wehler 2003, 57–64).

Angesichts dieser Entwicklungen veränderte sich bereits im Sommer 1915 die Stimmung in der deutschen Bevölkerung. Im Bericht des Berliner Polizeipräsidenten vom Juni 1915 heißt es:

> Die Margarine ist knapper und teurer geworden [...]. Die übrigen Lebensmittel sind bei dem hohen Preisstande verblieben. Irgendeine Verbilligung steht nicht zu erwarten. Wessen Lohn durch den Krieg erheblich gewachsen ist, der kann unter den gegenwärtigen Umständen die frühere Lebenshaltung fortsetzen (Bericht 1991a, 131).

In allen anderen Haushalten zwinge das zu immer größeren Einschränkungen, die man noch gelassen ertrage, so dass noch keine »Hungerrevolten« zu befürchten seien. »Wohl aber leidet unter dieser Teuerung die Stimmung, zumal die Dauer des Krieges nicht abzusehen ist [...] und in der Masse die durch eine geschickte Agitation gestärkte Auffassung vorherrscht, daß ein großer Teil der hohen Preise fast ganz auf gewissenlose Spekulation zurückzuführen ist« (zit. n. ebd.). Schon im September 1915 wurden die Warnungen deutlicher: Die bisherige »Fruchtlosigkeit der meisten Maßnahmen zur Erzielung niedrigerer Preise« wirke nicht nur »entmutigend«, sondern politisierte den Konflikt, indem sie der Forderung nach einem baldigen Frieden »zahlreiche neue Gläubige zugeführt hat, zumal der Radikalismus seine auf dieses Ziel gerichtete ›unterirdische Arbeit‹ emsig fortsetzt« (Bericht 1991b, 146).

Im Oktober 1914 hatte die Regierung bereits eine Höchstpreisverordnung in Kraft gesetzt. Nach dem Beispiel der Kriegsgesellschaften in der Rohstoffbewirtschaftung wurden danach eigene Institutionen gegründet, so noch im November 1914 eine Kriegsgetreidegesellschaft zur zentralen Aufsicht über alle Getreideimporte und ihre Verteilung. Doch auch hier kam es zu einer Konkurrenz verschiedener Institutionen mit zum Teil überlappenden Zuständigkeiten. Neben den Kriegsgesellschaften konkurrierten vor allem die Beschaffungsstellen des Militärs, der Kommunen und großen Unternehmen darum, Lebensmittel zu beschaffen und verteilen. Die Folgen dieser strukturellen Ineffizienz wurden bereits seit dem Winter 1914/15 und dem Frühjahr 1915 offenkundig: Es kam zu Engpässen bei der Versorgung mit Brotgetreide und Kartoffeln, und im Januar 1915 wurden für Berlin, ab Juni für das ganze Reich Brotkarten eingeführt. Die in immer kürzeren Abständen gegründeten Behörden, ihre Regelungs- und

Kontrollwut spiegelten keine kohärente Krisenstrategie wider, sondern waren Ausdruck einer von zunehmendem Mangel diktierten Improvisation. Von der im Juni 1915 eingerichteten Reichsgetreidestelle, der im Oktober 1915 eine Reichskartoffelstelle und schließlich eine Reichspreisprüfungsstelle folgte, bis hin zur Erlaubnis für Gerichte, in Konflikten die letzten Friedenspreise für verbindlich zu erklären, bildete sich weniger eine staatliche dirigierte Zwangswirtschaft heraus als vielmehr eine Mangelökonomie. Die Entwicklung korporativ geprägter Behörden erreichte im Mai 1916 mit der Gründung des Kriegsernährungsamtes einen Höhepunkt. In den Vorstand dieser Behörde trat mit August Müller zum ersten Mal ein Sozialdemokrat in ein Regierungsamt ein.

Aber allen staatlichen Anstrengungen zum Trotz zeichnete sich schon früh ab, dass ein immer größerer Teil von Lebensmitteln – auf dem Höhepunkt zwischen 30 und 50 Prozent – auf den expandierenden Schwarzmärkten gehandelt wurde. Es kam zu einer schleichenden Kriminalisierung des Alltags. Schon 1915 stellte das Reichsgesundheitsministerium bei Reihenuntersuchungen Mangelerscheinungen und Unterernährung vor allem in den Großstädten fest. Mochten die Importe landwirtschaftlicher Güter aus dem besetzten Rumänien im Winter 1915/16 noch eine kollektive Hungerkatastrophe verhindern, so wuchs sich die stetige Verschlechterung in der Versorgung der Bevölkerung nun zu einer beginnenden Krise des Kriegsstaates und seiner Fähigkeit aus, eine gerechte und ausreichende Minimalversorgung der Zivilbevölkerung sicherzustellen. Im Winter 1915 kam es zu ersten Demonstrationen und städtischen Hungerkrawallen gegen die Unterversorgung mit Lebensmitteln (vgl. Wehler 2003, 58–61). Obwohl man über die Zahl von 700 000 zivilen Opfer durch die Blockade streiten kann, machte die Lebensmittelkrise viele Menschen sehr viel anfälliger für Krankheiten (vgl. Davis 2000, 117; dagegen Offer 1989, 51–53; 2000, 169–188). Der Aktionismus neuer Behörden provozierte die Erwartung, der Staat könne die Versorgungsprobleme lösen – erst die Enttäuschung darüber, dass dies immer weniger der Wirklichkeit entsprach, ließ die Autorität des Staates in der Lebensmittelkrise schließlich erodieren (vgl. Roerkohl 1991; Huegel 2003).

Wo die Wirkungsgrenzen der staatlichen Maßnahmen zur Kontrolle und Sicherung der Nahrungsmittelbestände lagen, illustrierte der sogenannte ›Schweinemord‹ vom Frühjahr 1915. Vor Ausbruch des Krieges konnte Deutschland sich weitgehend eigenständig mit Fleisch versorgen, vor allem mit

Schweinefleisch. Als aber mit Kriegsbeginn die Importe von Futtergetreide ausblieben, vor allem Gerste aus Russland, führten die Behörden Anfang 1915 eine Bestandsaufnahme durch. Jetzt zeigten sich völlig entgegengesetzte Handlungslogiken: Da die meisten Bauern eine Zwangsrequirierung ihrer Futtermittelbestände aus Getreide und Futterkartoffeln befürchteten, gaben sie erheblich niedrigere Bestände an als tatsächlich vorhanden waren. Auch hofften sie durch diese imaginäre Verknappung auf höhere Preise. Dagegen fürchteten die Behörden unter dem Druck ohnehin steigender Lebensmittelpreise eine Verknappung des Brotgetreides durch zu hohe Viehbestände und ordneten die Schlachtung von über fünf Millionen Schweinen an. Daraus sollten Fleischkonserven für die Bevölkerung angelegt werden. Die wirtschaftlichen Folgen zeigten, wie wenig die staatlichen Maßnahmen in die Eigenlogik des Marktes eingreifen konnten. Zunächst verfielen wegen des Überangebots von Fleisch die Preise, dann stiegen sie in der zweiten Jahreshälfte wegen Verknappung massiv an. Schließlich setzten die Behörden Höchstpreise fest, die aber wirkungslos blieben, weil ein erheblicher Teil der Produktion längst auf den Schwarzmärkten umgesetzt wurde (vgl. Baudis 1986, 129–152).

Die Mangelgesellschaft führte zu ganz neuen Phänomenen. So beschrieb Georg Simmel 1915 den paradoxen Zusammenhang zwischen den steigenden Nahrungsmittelpreisen und dem Sparverhalten verschiedener sozialer Klassen: »Leute, die an Hummersalat, junge Karotten und Rebhühner gewöhnt waren«, würden nur noch »grüne Heringe, alte Mohrrüben und Lungenhaschee« essen und dabei überzeugt sein, »dem Vaterland um so mehr damit zu leisten, je schlechter es ihnen schmeckte«. Doch sei genau das Umgekehrte richtig: »Solange die billigen Nahrungsmittel unbeschränkt am Markt waren, mochte es eine Tugend der Reichen sein, sich an ihre Einfachheit zu halten. Jetzt aber, wo ihr Maß begrenzt und kaum vermehrbar ist, müssen die Reichen möglichst auf sie verzichten zugunsten derjenigen, die keine teuren bezahlen können.« Sparten die Wohlhabenden also, so verknappten sie »den Substanzvorrat, an den die Armen gewiesen sind« (Simmel 2000, 120).

Die militärische Krise im Sommer 1916 und die Berufung der Dritten Obersten Heeresleitung unter Hindenburg und Ludendorff wirkten sich ab Herbst auch unmittelbar auf die Kriegswirtschaft aus. Um die ausufernde Schaffung immer neuer Behörden zu verhindern, die Entscheidungsprozesse zu zentralisieren und vor allem die Priorität der Kriegsproduk-

tion sicherzustellen, wurde Ende August 1916 das sogenannte Hindenburg-Programm beschlossen, mit dem die Kriegswirtschaft neu organisiert werden sollte. Vor dem Hintergrund der verlustreichen Schlachten von Verdun und an der Somme bestand die OHL darauf, die Rüstungsproduktion innerhalb kurzer Zeit, bis zum Frühjahr 1917, enorm zu steigern und die Prioritäten der Kriegswirtschaft neu zu definieren. Die Herstellung von Munition und Minenwerfern sollte verdoppelt, die von Artilleriegeschützen und Maschinengewehren sogar verdreifacht werden. Dahinter stand eine neuartige Ökonomisierung des Krieges, ein Aufrechnen von Kriegsdemographie und Maschinenkrieg. Die erlittenen Menschenverluste würden sich, so die Erwartung, durch Maschinen kompensieren lassen. Kriegsminister Wild von Hohenborn beschrieb diesen Zusammenhang Mitte September 1916 vor Industrievertretern:

> Je mehr wir mit unserem Menschenmaterial schließlich einmal in die Hinterhand kommen, desto mehr muß die Maschine, das Geschütz, das Maschinengewehr, die Granate usw. an die Stelle des Menschen treten und daraus folgt, daß wir nicht nur mit unseren Gegnern mindestens Schritt halten müssen, sondern daß wir sie überflügeln müssen (zit. n. Geyer 2004, 557).

Finanzierungsfragen sollten hinter den Primat dieser Rüstungsexpansion zurücktreten, nicht kriegsrelevante und unproduktive Betriebe sollten ganz stillgelegt werden. Das Anfang Dezember 1916 erlassene Hilfsdienstgesetz setzte auf die Mobilisierung aller Arbeitskräfte und Zwangsmaßnahmen. So wurde die Freizügigkeit der Arbeiter bei der Arbeitsplatzwahl massiv eingeschränkt. Zunächst war sogar ein allgemeiner Arbeitszwang als Äquivalent zur Wehrpflicht vorgesehen, doch tatsächlich handelte es sich bei dem Gesetz um einen Kompromiss, der auch den Gewerkschaften nutzte. Die Reichsregierung unter Bethmann Hollweg setzte darauf, der SPD und den Gewerkschaften in einigen Punkten entgegenzukommen, um den ›Burgfrieden‹ unter schwierigen Bedingungen zu erneuern. Betriebe mit mehr als 50 Beschäftigten mussten Arbeiter- und Angestelltenausschüsse einrichten. In Schlichtungsausschüssen waren Arbeitgeber und Gewerkschaften nun paritätisch vertreten. Während sich Konflikte zwischen OHL und Reichsregierung sowie zwischen konservativen Unternehmen und Gewerkschaften verschärften, vertiefte sich zwischen Staat, Militär und Gewerkschaften im Zeichen der Kriegsmobilisierung die Kooperation (vgl. Feldman 1985, 169–206; Mai 1985; 2004, 553–554). In der wirtschaftlichen Praxis zeigten sich sehr bald die Probleme des Hindenburg-Programms, dem letztlich kein kohärenter Plan, sondern die situative Krise vom Sommer 1916 zugrunde lag. Die Produktionssteigerung gelang zwar, aber deutlich später als avisiert: Erst im Winter 1917/18 wurden erste Erfolge erkennbar. Zugleich aber verschärfte die radikale Umstellung auf die Kriegsproduktion die Kohlekrise, überforderte die Verkehrsinfrastrukturen und Transportkapazitäten und blieb bis den Herbst 1917 weit hinter den gesetzten Zielen zurück (vgl. Geyer 2004).

Drei Probleme charakterisierten die beiden letzten Kriegsjahre immer deutlicher und machten aus der Kriegs- eine Krisenwirtschaft: Neben der Lebensmittelkrise führte die Teuerung sowie die Lohnentwicklung der abhängig Beschäftigten zu einer neuen Verteilung der Rollen von Gewinnern und Verlierern in der Gesellschaft. Dabei war nicht so sehr der Gegensatz zwischen Kapital und Arbeit entscheidend, als vielmehr die unterschiedliche Entwicklung in den Friedens- und Kriegsindustrien. Der Kriegswirtschaft ging es dabei signifikant besser als der Friedenswirtschaft: Sanken hier die indizierten Gewinne von 100 Prozent (1913) auf 85 Prozent (1915) und 51 Prozent (1917), so waren die Rückgänge in der Kriegsindustrie deutlich moderater (1915: 84 %, 1917: 82 %). Die kumulierten Reallöhne der Arbeiter, die neben der Reallohnentwicklung auch die Arbeitsproduktivität berücksichtigen, veränderten sich vor allem in den letzten beiden Kriegsjahren: Sie stiegen von 1914 (100 %) zu 1915 zunächst auf 109 Prozent, stagnierten 1916 dann bei 103 Prozent, bevor sie sich 1917 bei 87 Prozent und 1918 bei 96 Prozent einpendelten. Nicht die Gegensätze selbst, sondern die subjektive Wahrnehmung des Gegensatzes zwischen Lohnempfängern und Kapitalempfängern veränderte sich, zumal angesichts des bereits niedrigen Versorgungsniveaus der Arbeiter und der Lebensmittelkrise gerade in den industriellen Zentren und Großstädten jeder Rückgang existenzielle Bedeutung hatte, was sich bei Nutznießern von Kapitaleinkünften, die über insgesamt höhere Einkommen und häufig über Sachwerte verfügten, ganz anders darstellte (vgl. Kocka 1973, 9–64; Ritschl 2005, 54–55; Burhop 2011, 208–210). Hier driftete die Kriegsgesellschaft in der zeitgenössischen Wahrnehmung immer weiter auseinander und stellte den politischen Burgfrieden wie die neuen Integrationskonzepte – von ›Gemeinwirtschaft‹ und ›Kriegssozialismus‹ bis zur ›Volksgemeinschaft‹ – grundlegend in Frage.

Das dritte Problem war die Finanzierung des Krieges, die schleichende Verschuldung des Reiches und damit zusammenhängend die Geld- und Kreditinflation. Auch die Reichsbank hatte mit einem kurzen Krieg gerechnet, und der in der Zitadelle von Spandau bereitgehaltene Staatsschatz war angesichts der exorbitanten Kriegskosten innerhalb kurzer Frist aufgebraucht worden. Im Haushaltsjahr 1914/15 war nur noch ein Viertel der Reichsausgaben durch laufende Einnahmen gedeckt, und seit 1915/16 lag dieser Anteil immer niedriger als 10 Prozent (vgl. Burhop 2011, 210 f.).

Um das Alltagsleben der durch die großen Verluste an Toten und Verwundeten ohnehin enorm belasteten Bevölkerung nicht zusätzlich zu erschweren und damit den Zusammenhalt der Kriegsgesellschaft in Frage zu stellen, griff man zur Kriegsfinanzierung nicht auf das Mittel höherer Steuern zurück. Mit 14 Prozent lag diese Finanzierungsquelle in Deutschland deutlich niedriger als etwa in Frankreich und Großbritannien. Stattdessen wurde der Krieg mit Anleihen und vor allem durch eine Vermehrung der Geldmenge mit der Folge schleichender Inflationierung finanziert (vgl. Balderston 1988, 222–244; Gross 2009, 223–252). Es lag in der Logik der Kriegsanleihen, die in groß angelegten Werbeaktionen mit Hilfe staatlicher Stellen, Banken und Sparkassen als patriotische Pflicht aller Deutschen beworben wurden, den Krieg mit einem Siegfrieden zu beenden – denn nur dann würden die Anleihen in voller Höhe von den Gegnern zurückgezahlt werden. Insofern trug die Kriegsfinanzierung durch Anleihen zu einer kollektiven Erwartungshaltung bei, welche die Möglichkeit eines Kompromissfriedens oder gar des Eingeständnisses einer Niederlage einschränkte. Mit einem Zins von 5 Prozent, ab 1916 von 4,5 Prozent erschien die Anleihe als attraktive Anlagemöglichkeit, zumal angesichts der Verknappung des Warenangebots relativ viel Geld zur Verfügung stand. Bis zur vierten Anleihe im März 1916 stieg der Anteil von Kleinzeichnungen bis 2000 Mark auf über 4 Millionen Zeichner, brach dann aber in der fünften Anleihe im Herbst 1916 ein. In den verlustreichen Schlachten von Verdun und an der Somme zwischen Frühjahr und Herbst 1916, die trotz der enormen Opferzahlen keine militärische Entscheidung des Krieges herbeiführten, erlitt offenkundig auch das Vertrauen vieler Kleinsparer auf einen Siegfrieden einen Rückschlag. Die Kleinanleger wurden nun immer stärker von Großinvestoren abgelöst, die steuerlich von der Anlage in Kriegsanleihen zu profitieren hofften (vgl. Mommsen 2002, 84–87).

Ab September 1916 überstieg die Verschuldung die Erlöse aus den Kriegsanleihen – 1917 wuchs die Geldmenge um 56 Prozent, 1918 gar um 76 Prozent. Insgesamt versechsfachte sich die Basisgeldmenge in Deutschland von 7,2 Mrd. Mark 1913 auf 43,6 Mrd. 1918. Insbesondere stieg der Druck auf Städte und Gemeinden, die für die Versorgung der Kriegerfamilien zuständig waren und sich zum Teil durch ausländische Valutakredite verschulden mussten. Das System der Preiskontrollen und Höchstpreisverordnungen verhinderte den Ausbruch der Inflation während des Krieges, aber es verschob die Probleme allenfalls bis nach Kriegsende. Während die Hyperinflation nach 1918 die Geldvermögen weiter Teile der Gesellschaft vernichtete, entschuldete sich der Staat: Hatte die deutsche Staatsschuld 1913 40 Prozent des Sozialprodukts betragen, waren es 1928 noch 8,4 Prozent (vgl. Ferguson 2000, 409–434; Burhop 2011, 212 f.).

Zusammenfassung: Erwartung und Erfahrung der deutschen Wirtschaft im Krieg

(1) Der neuartige Zusammenhang von Wirtschaft, Gesellschaft und Krieg war ein entscheidendes Thema in allen Vorkriegsgesellschaften gewesen. Industrialisierungs- und Differenzierungsprozesse waren immer wieder im Blick auf die Kriegsfähigkeit von Staaten hin verglichen worden. In diesem Zusammenhang standen Effizienzdebatten, der zeitgenössische Vergleichsdruck und die Selbstdarstellung von Wirtschaftsnationen. Angesichts der wirtschaftlichen und technologischen Dynamik hatte sich neben dem moralischen ein Pazifismus aus der Sicht rationaler Wirtschaftsanalyse entwickelt: Hier ging es darum, den Krieg im Zeitalter des fortgeschrittenen Industriekapitalismus als Prinzip zu überwinden. Aber nicht nur auf der Ebene von Wirtschaftsdiskursen ergaben sich wichtige Kontinuitäten zwischen Vorkriegszeit und Erstem Weltkrieg. Gerade in Deutschland hatten sich bereits vor 1914 in den rüstungsrelevanten Industrien einige Trends ausgebildet, die im Weltkrieg beschleunigt und intensiviert wurden. Dazu zählte die von den Unternehmern formulierte Forderung nach einer nationalen Kontrolle und Zentralisierung aller wirtschaftlichen Ressourcen, das Drängen der Militärs auf eine umfassende Mobilisierung der ganzen Gesellschaft als »Volk in Waffen« sowie überhaupt die Tendenz zu einem technokratisch-gesamtstaatlichen Denken,

das die Organisation der Ökonomie von den Rüstungsanstrengungen und der Ressourcenlogik in einem möglichen Materialkrieg abhängig machte (Geyer 1984, 83 ff.)

(2) Den Übergang von der Friedens- zur Kriegswirtschaft seit dem Sommer 1914 kennzeichneten mehrere Prozesse: Der deutsche Kriegsnationalismus und zumal der Kulturkrieg der Intellektuellen hatte auch eine ökonomische Bedeutungsdimension. Der Erweis nationaler Loyalität wurde nun höher bewertet als die Erfahrung transnationaler Wirtschaftsbeziehungen, von denen gerade Deutschland vor 1914 besonders profitiert hatte. Verstärkt wurden die in diesem Zusammenhang ausgebildeten antibritischen Feindbilder durch die Erfahrung der britischen Blockade. Sie setzte eine doppelte Krise in Gang: Die abgeschnittene Rohstoffzufuhr bedingte eine Krise der militärischen Front, und die ausbleibenden Lebensmittelimporte machten den Kampf um die Nahrung an der Heimatfront zu einer Alltagserfahrung. Die Folge waren ein Prioritätenwandel zwischen Friedens- und Kriegswirtschaft sowie eine dramatische Veränderung des Verhältnisses zwischen Staat, Militär und Wirtschaft. Im Zeichen der Ressourcenverknappung und der industriellen Mobilisierung veränderten sich die Wahrnehmungen von Gewinnern und Verlierern des Krieges.

(3) Zugleich entwickelten sich damit neue Deutungsmuster der Kriegsökonomien im Spannungsfeld von Kontinuitäten und Brüchen gegenüber der Vorkriegszeit. Auch mit neuen Begriffen wurde der Weltkrieg zum Weltwirtschaftskrieg und provozierte Utopien für ein neues Verhältnis zwischen Staat, Wirtschaft und Gesellschaft. Die semantischen Formeln ›Gemeinwirtschaft‹, ›Kriegssozialismus‹, ›Volksgemeinschaft‹ und ›organisierter Kapitalismus‹ bildeten aber weniger die Realität der deutschen Kriegswirtschaft ab, sondern unterstrichen, wie sehr der Krieg auch als Ausgangspunkt für neue Ordnungsmodelle gelten konnte, die über das Ende des Kriegs hinaus weiterwirken sollten. Dagegen reflektierte die Karriere der neuen ökonomischen Feindbilder, der englischen ›Händler‹ oder der jüdischen ›Schieber‹ und ›Spekulanten‹, eine zunehmend polarisierte Kriegsgesellschaft, die sich von der imaginierten Einheit des Burgfriedens vom August 1914 immer mehr entfernte.

(4) In der Praxis zeigten sich Ausmaß und Grenzen der wirtschaftlichen Totalisierung des Krieges: Auch in Deutschland wirkte die Kriegswirtschaft als exemplarischer Effizienztest für den Staat, während sich zugleich eine neuartige komplexe Tektonik von

Beziehungen entwickelte, hinter denen die Anerkennung von Kriegsleistungen stand: zwischen Pflichten und Rechten, Mobilisierung und Partizipation, Opfer und Versorgung. Die Organisations-, Kontroll- und Regelungswut des Staates nahm enorm zu; aber in dem Ausmaß, in dem dieser Aktionismus die Erwartung steigerte, alle Probleme der Kriegswirtschaft auch wirklich zu lösen – von der Rohstoffkrise über die Sicherung der Ernährung bis zur Finanzierung des Krieges und der gerechten Verteilung der Kriegslasten – kehrte sich die Nichterfüllung dieser Versprechen in der Praxis gegen den Staat und seine Glaubwürdigkeit. So entwickelte sich am Ende ein Zusammenhang von Versorgungskrisen, Verteilungskonflikten und Legitimationsdefiziten. Soziale und ökonomische Krisenerfahrungen wurden schließlich in nationale, ethnische und ideologische Feindbilder konvertiert.

Literatur

Andersen, Matthew: *The Ascendancy of Europe 1815–1914*. London ²1985.

Angell, Norman: *The Great Illusion. A Study of the Relation of Military Power to National Advantage.* London 1910.

Balderston, Thomas: War finance and inflation in Britain and Germany, 1914–1918. In: *Economic History Review* 42/2 (1988), 222–244.

Baten, Jörg/Schulz, Rainer: Making profits in wartime: Corporate profits, inequality, and GDP in Germany during the first world war. In: *Economic History Review* 58 (2005), 34–56.

Baudis, Dieter: »Vom Schweinemord zum Kohlrübenwinter«. Streiflichter zur Entwicklung der Lebensverhältnisse in Berlin im Ersten Weltkrieg (August 1914 bis Frühjahr 1917). In: *Jahrbuch für Wirtschaftsgeschichte* (1986), 129–152.

Bericht des Berliner Polizeipräsidenten vom 25. Juni 1915. In: Wolfdieter Bihl (Hg.): *Deutsche Quellen zur Geschichte des Ersten Weltkriegs.* Darmstadt 1991a, 131.

Bericht des Berliner Polizeipräsidenten vom 18. September 1915. In: Wolfdieter Bihl (Hg.): *Deutsche Quellen zur Geschichte des Ersten Weltkriegs.* Darmstadt 1991b, 146.

Bloch, Johann von: *Der Krieg. Übersetzung des russischen Werkes des Autors: Der zukünftige Krieg in seiner technischen, volkswirtschaftlichen und politischen Bedeutung.* 6 Bde. Berlin 1899.

Broadberry, Stephen N./Harrison, Mark: The economics of world war I: An overview. In: Dies.: *The Economics of World War I.* Cambridge 2005, 3–40.

Bruendel, Steffen: *Volksgemeinschaft oder Volksstaat. Die »Ideen von 1914« und die Neuordnung Deutschlands im Ersten Weltkrieg.* Berlin 2003.

Burchardt, Lothar: Zwischen Kriegsgewinnen und Kriegskosten: Krupp im Ersten Weltkrieg. In: *Zeitschrift für Unternehmensgeschichte* 32 (1987), 71–123.

Burhop, Carsten: *Wirtschaftsgeschichte des Kaiserreichs 1871–1918.* Göttingen 2011.

Burke, Kathleen (Hg.): *War and the State. The Transformation of British Government, 1914–1919.* London 1982.

Ceadel, Martin: *Living the Great Illusion: Sir Norman Angell, 1872–1967.* Oxford 2009.

Cornelißen, Christoph: Sozialpolitik (Deutsches Reich). In: Gerhard Hirschfeld/Gerd Krumeich/Irina Renz (Hg.): *Enzyklopädie Erster Weltkrieg.* Paderborn ²2004, 857–859.

Davis, Belinda J.: *Home Fires Burning. Food, Politics, and Everyday Life in World War I* Berlin. Chapel Hill 2000.

Dibelius, Wilhelm: *England und wir. Deutsche Vorträge Hamburger Professoren.* Bd. 2. Hamburg 1914.

Engels, Friedrich: Einleitung zu Sigismund Borkheim: Zur Erinnerung an die deutschen Mordspatrioten, 1806–1807 [1888]. In: Karl Marx/Ders.: *Werke,* 39 Bde. Ergänzungsbd. Teil 1–2. Berlin ¹³1981, 350–351.

Feldman, Gerald D.: *Armee, Industrie und Arbeiterschaft in Deutschland 1914–1918.* Berlin 1985 (amerik. 1966).

Ferguson, Niall: How (not) to pay for the war. Traditional finance and »total« war. In: Roger Chickering/Stig Förster (Hg.): *Great War, Total War. Combat and Mobilization on the Western Front, 1914–1918.* Cambridge 2000, 409–434.

Fisch, Jörg: *Europa zwischen Wachstum und Gleichheit 1850–1914.* Stuttgart 2002.

Flora, Peter u. a.: *State, Economy and Society in Western Europe 1815–1975.* Bd. 1. Frankfurt a. M. 1983, 361–449.

French, David: *British Economic and Strategic Planning 1905–1915.* London 1982.

Gall, Lothar: *Walther Rathenau: Portrait einer Epoche.* München 2009.

Geyer, Martin H.: Hindenburgprogramm. In: Gerhard Hirschfeld/Gerd Krumeich/ Irina Renz (Hg.): *Enzyklopädie Erster Weltkrieg.* Paderborn ²2004, 557–558.

Geyer, Michael: *Deutsche Rüstungspolitik 1860–1980.* Frankfurt a. M. 1984.

Goebel, Otto Heinrich: *Deutsche Rohstoffwirtschaft im Weltkrieg.* Stuttgart 1930.

Gross, Stephen: Confidence and gold: German war finance 1914–1918. In: *Central European History* 42 (2009), 223–252.

Hardach, Gerd: *Der Erste Weltkrieg.* München 1973.

Helfferich, Karl: *Beiträge zur neuesten Handelspolitik.* Berlin 1901.

Hennock, Ernest P.: *The Origin of the Welfare State in England and Germany, 1850–1914: Social Policies Compared.* Cambridge 2007.

Herbert, Ulrich: Zwangsarbeit als Lernprozeß. In: *Archiv für Sozialgeschichte* 24 (1984), 285–304.

Herren-Oesch, Madeleine: *Internationale Sozialpolitik vor dem Ersten Weltkrieg. Die Anfänge europäischer Kooperation aus der Sicht Frankreichs.* Berlin 1993.

Hilferding, Rudolf: Arbeitsgemeinschaft der Klassen [1915]? In: Cora Stephan (Hg.): *Zwischen den Stühlen, oder Über die Unvereinbarkeit von Theorie und Praxis. Schriften Rudolf Hilferdings 1904 bis 1940.* Berlin 1982, 63–76.

Huegel, Arnulf: *Kriegsernährungswirtschaft Deutschlands während des Ersten und Zweiten Weltkriegs im Vergleich.* Konstanz 2003.

Johann, Ernst (Hg.): *Innenansicht eines Krieges. Bilder – Briefe – Dokumente.* Frankfurt a. M. 1968.

Kocka, Jürgen: *Klassengesellschaft im Krieg 1914–1918.* Göttingen 1973.

Koselleck, Reinhart u.a.: Volk, Nation, Nationalismus, Masse. In: Otto Brunner/Werner Conze/Reinhart Koselleck (Hg.): *Geschichtliche Grundbegriffe*. Bd. 7. Stuttgart 1992, 141–432.

Krüger, Dieter: *Nationalökonomen im wilhelminischen Deutschland*. Göttingen 1983.

Krüger, Dieter: Kriegssozialismus. Die Auseinandersetzung der Nationalökonomen mit der Kriegswirtschaft 1914–1918. In: Wolfgang Michalka (Hg.): *Der Erste Weltkrieg. Wirkung, Wahrnehmung, Analyse*. München 1994, 506–529.

Mai, Gunther: *Arbeiterschaft in Deutschland 1914–1918. Studien zu Arbeitskampf und Arbeitsmarkt im Ersten Weltkrieg*. Düsseldorf 1985.

Mai, Gunther: *Das Ende des Kaiserreichs. Politik und Kriegführung im Ersten Weltkrieg*. München ²1993.

Mai, Gunther: »Verteidigungskrieg« und »Volksgemeinschaft«. Staatliche Selbstbehauptung, nationale Solidarität und soziale Befreiung in Deutschland in der Zeit des Ersten Weltkrieges 1900–1925. In: Wolfgang Michalka (Hg.): *Der Erste Weltkrieg. Wirkung, Wahrnehmung, Analyse*. München 1994, 583–602.

Mai, Gunther: Der Erste Weltkrieg. In: Hans-Ulrich Wehler (Hg.): *Scheidewege der deutschen Geschichte. Von der Reformation bis zur Wende 1517–1989*. München 1995, 159–171.

Mai, Gunther: Hilfsdienstgesetz. In: Gerhard Hirschfeld/Gerd Krumeich/Irina Renz (Hg.): *Enzyklopädie Erster Weltkrieg*. Paderborn ²2004, 553f.

Malkowsky, Georg (Hg.): *Die Pariser Weltausstellung in Wort und Bild*. Berlin 1900.

Michalka, Wolfgang: Kriegsrohstoffbewirtschaftung, Walther Rathenau und die »kommende Wirtschaft«. In: Ders. (Hg.): *Der Erste Weltkrieg. Wirkung, Wahrnehmung, Analyse*. München 1994, 485–505.

Mommsen, Wolfgang J.: Das Englandbild der Deutschen und die britische Sicht seit dem Ende des 18. Jahrhunderts. In: Hans Süssmuth (Hg.): *Deutschlandbilder in Dänemark und England, in Frankreich und den Niederlanden*. Baden-Baden 1996, 215–234.

Mommsen, Wolfgang J.: *Die Urkatastrophe Deutschlands. Der Erste Weltkrieg 1914–1918*. (=Gebhardt – Handbuch der deutschen Geschichte. Bd. 17). Stuttgart ¹⁰2002.

Mühlhausen, Walter: Die Sozialdemokratie am Scheideweg – Burgfrieden, Parteikrise und Spaltung im Ersten Weltkrieg. In: Wolfgang Michalka (Hg.): *Der Erste Weltkrieg. Wirkung, Wahrnehmung, Analyse*. München 1994, 649–671.

Mulligan, William: *The Origins of the First World War*. Cambridge 2010.

Naumann, Friedrich: Demokratie und Kaisertum [1900]. In: Ders.: *Werke. Politische Schriften*. Bd. 2: Schriften zur Verfassungspolitik. Hg. von Theodor Schieder. Opladen 1964, 1–351.

Offer, Avner: *The First World War. An Agrarian Interpretation*. Oxford 1989.

Offer, Avner: The blockade of Germany and the strategy of starvation, 1914–1918. An agency perspective. In: Roger Chickering/Stig Förster (Hg.): *Great War, Total War. Combat and Mobilization on the Western Front, 1914–1918*. Cambridge 2000, 169–188.

Plenge, Johann: *1789 und 1914. Die symbolischen Jahre in der Geschichte des politischen Geistes*. Berlin 1916.

Rathenau, Walther: Deutschlands Rohstoffversorgung. Vortrag, gehalten in der »Deutschen Gesellschaft 1914« am 20. Dezember 1915. In: Ders.: *Gesammelte Schriften*. Bd. 5: Wirtschaft, Staat und Gesellschaft. Berlin 1925, 24–58.

Ritschl, Albrecht: The pity of peace: Germany's economy at war, 1914–1918 and beyond. In: Stephen N. Broadberry/Mark Harrison (Hg.): *The Economics of World War I*. Cambridge 2005, 41–76.

Ritter, Gerhard A.: *Sozialversicherung in Deutschland und England: Entstehung und Grundzüge im Vergleich*. München 1983.

Roerkohl, Anne: *Hungerblockade und Heimatfront. Die kommunale Lebensmittelversorgung in Westfalen während des Ersten Weltkriegs*. Stuttgart 1991.

Rohkrämer, Thomas: *Der Militarismus der »kleinen Leute«: Die Kriegervereine im Deutschen Kaiserreich 1871–1914*. München 1990.

Rohlack, Momme: *Kriegsgesellschaften (1914–1918)*. Frankfurt a. M. 2001.

Roth, Regina: *Staat und Wirtschaft im Ersten Weltkrieg. Kriegsgesellschaften als kriegswirtschaftliche Steuerungsinstrumente*. Berlin 1997.

Sabrow, Martin: Walther Rathenau. In: Gerhard Hirschfeld/Gerd Krumeich/Irina Renz (Hg.): *Enzyklopädie Erster Weltkrieg*. Paderborn ²2004, 786f.

Scheler, Max: *Der Genius des Krieges und der deutsche Krieg*. Leipzig 1915.

Schlieffen, Alfred von: Der Krieg in der Gegenwart [1909]. In: Bernd Ulrich/Jakob Vogel/Benjamin Ziemann (Hg.): *Untertan in Uniform. Militär und Militarismus im Kaiserreich 1871–1914. Quellen und Dokumente*. Frankfurt a. M. 2001, 193–195.

Schremmer, Eckart: *Steuern und Staatsfinanzen während der Industrialisierung Europa England, Frankreich, Preußen und das Deutsche Reich 1800–1914*. Berlin 1994.

See, Klaus von: *Die Ideen von 1789 und die Ideen von 1914. Völkisches Denken in Deutschland zwischen Französischer Revolution und Erstem Weltkrieg*. Frankfurt a. M. 1975.

Sheehan, James: *Kontinent der Gewalt. Europas langer Weg zum Frieden*. München 2008 (amerik. 2008).

Simmel, Georg: Geld und Nahrung [1915]. In: Ders.: *Gesamtausgabe*. Bd. 13: Aufsätze und Abhandlungen 1909–1918. Hg. von Otthein Rammstedt. Frankfurt a. M. 2000, 117–123.

Sombart, Werner: *Händler und Helden. Patriotische Besinnungen*. München 1915.

Spencer, Herbert: The man versus the state [1884]. In: Ders.: *Political Writings*. Hg. von John Offer. Cambridge 1994, 61–175.

Szöllösi-Janze, Margit: *Fritz Haber 1868–1934. Eine Biographie*. München 1998.

Thiel, Rudolf: *Die Generation ohne Männer*. Berlin 1932.

Troeltsch, Ernst: Nach der Erklärung der Mobilmachung, 2. August 1914. In: Peter Wende (Hg.): *Politische Reden*. Bd. 3: 1914–1945. Frankfurt a. M. 1994, 9–19.

Ullmann, Hans-Peter: Kriegswirtschaft. In: Gerhard Hirschfeld/Gerd Krumeich/ Irina Renz (Hg.): *Enzyklopädie Erster Weltkrieg*. Paderborn ²2004, 220–232.

Verhey, Jeffrey: Ideen von 1914. In: Gerhard Hirschfeld/Gerd Krumeich/Irina Renz (Hg.): *Enzyklopädie Erster Weltkrieg*. Paderborn ²2004, 568f.

Vogel, Jakob: *Nationen im Gleichschritt. Der Kult der »Nation in Waffen« in Deutschland und Frankreich, 1871–1914*. Göttingen 1997.

Wehler, Hans-Ulrich: *Deutsche Gesellschaftsgeschichte*. Bd. 4: Vom Beginn des Ersten Weltkriegs bis zur Gründung der beiden deutschen Staaten 1914–1949. München 2003.

Wendt, Bernd Jürgen: War socialism. Erscheinungsformen und Bedeutung des Organisierten Kapitalismus im Ersten Weltkrieg. In: Heinrich August Winkler (Hg.): *Organisierter Kapitalismus: Voraussetzungen und Anfänge*. Göttingen 1974, 117–149.

Whalen, Robert Weldon: *Bitter Wound German Victims of the Great War, 1914–1939*. Ithaca 1984.

Wilamowitz-Moellendorff, Ulrich von: Krieges Anfang, 27. August 1914. In: Peter Wende (Hg.): *Politische Reden*. Bd. 3: 1914–1945. Frankfurt a. M. 1999, 20–29.

Winkler, Heinrich August: *Geschichte des Westens*. Bd. 2: Die Zeit der Weltkriege. München 2011.

Wright, Quincy: *A Study of War*. Chicago [2]1965.

Zilch, Reinhold: Rohstoffbewirtschaftung. In: Gerhard Hirschfeld/Gerd Krumeich/Irina Renz (Hg.): *Enzyklopädie Erster Weltkrieg*. Paderborn [2]2004, 797–800.

Jörn Leonhard

5. Ideologien: Mobilmachungen und Desillusionierungen

Die Semantik nationaler Einheit

»Nur Deutsche«

»Ich kenne keine Parteien mehr, ich kenne nur Deutsche«. So lautete die zentrale Aussage der Thronrede Wilhelms II. vom 4. August 1914. An diesem Tag eröffnete der Kaiser im Weißen Saal des Berliner Schlosses die außerordentliche Reichstagssitzung, in der über die Kriegskredite abgestimmt werden sollte. Der Kaiser beendete seine Rede, indem er die Abgeordneten aufforderte, »ohne Parteiunterschiede, ohne Standes- und Konfessionsunterschied zusammenzuhalten« und mit ihm »durch dick und dünn, durch Not und Tod zu gehen« (zit. nach Kruse 2009, 16). Es war Wilhelms wohl bedeutendste Rede. Sein Bekenntnis, fortan nur Deutsche zu kennen, sollte zum geflügelten Wort sowie zu einem im kollektiven Gedächtnis der Deutschen verankerten Topos werden, auf den schon die Zeitgenossen vielfach Bezug nahmen (Bruendel 2003, 68). Zuweilen geschah das durchaus ironisch, wie zum Beispiel in Ernst Jüngers rückblickender Beschreibung eines verheerenden Artillerieangriffs im letzten Kriegsjahr, den er 1920 wie folgt kommentierte: »Die Artillerie kannte keine Parteien mehr« (Jünger 1994, 279).

Die Kaiserrede bedeutete eine Zäsur im politischen Diskurs. Erstmals wurden alle Parteien gleichermaßen angesprochen und nicht nur die, die als staatstragend galten. Zwar fehlten die SPD-Abgeordneten im Schloss, da sie die dortigen Reichstagseröffnungen traditionell boykottierten, aber der kaiserliche Aufruf zur nationalen Geschlossenheit wirkte auch auf sie, war es doch der Monarch gewesen, der die Sozialdemokraten in zahlreichen früheren Reden als ›Reichsfeinde‹ und ›vaterlandslose Gesellen‹ verteufelt hatte. Diese abwertenden Bezeichnungen bezogen sich auf den Internationalismus der Arbeiterpartei, ihre klassenkämpferische Rhetorik und ihr revolutionäres Parteiprogramm. Als national unzuverlässig galten aber auch ethnische Minderheiten in der Provinz Posen, in Nordschleswig und in Elsass-Lothringen. Seit die SPD bei den Reichstagswahlen 1912 stärkste Partei geworden war, schien die Gefahr eines ›Umsturzes‹ zu wachsen. Zumindest war die SPD ein politischer Macht-

faktor, der nicht ignoriert werden konnte. Da befürchtet wurde, die Arbeiterschaft werde eine militärische Mobilmachung behindern, gab es schon seit Jahren Pläne, führende Sozialdemokraten im Falle eines Krieges umgehend zu verhaften. Doch erkannte die Reichsleitung 1914, dass sie Massenproteste im Kriegsfall militärisch kaum unterdrücken konnte, weil alle Kräfte an den Fronten gebraucht würden und eine nationale Geschlossenheit der Regierung ein überzeugendes Mandat verleihen würde, die nötigen Kriegsanstrengungen zu unternehmen. Die diskurspolitische Zäsur, die sich in der Kaiserrede ausdrückt, beruhte auf einem politischen Paradigmenwechsel, der während der ›Julikrise‹ eingeleitet worden war (Nübel 2008, 32–35; Kruse 2009, 12 ff.).

Das preußische Kriegsministerium hatte verfügt, politische Parteien und ihre Presseorgane zu überwachen, aber nicht zu behindern. Die Reichsregierung unter Reichskanzler Theobald von Bethmann Hollweg suchte das Gespräch mit führenden SPD-Funktionären, um ihre Friedensbemühungen zu erläutern. Da dem Reichstag das Budgetrecht zustand, waren die Kriegskredite von seiner Zustimmung abhängig. Die Regierung strebte eine einstimmige Bewilligung an. Dass dies gelingen würde, war zweifelhaft, weil die deutsche Sozialdemokratie im europäischen Vergleich besonders pazifistisch und internationalistisch eingestellt war. Bis Ende Juli hatten die Sozialdemokraten zu großen Friedenskundgebungen aufgerufen, an denen sich über eine halbe Million Menschen beteiligten. Eine Zustimmung der SPD zu den Kriegskrediten war deshalb nur zu erreichen, wenn Deutschland einen Verteidigungskrieg führte. Die Reichsleitung hatte daher bis Ende Juli gezögert, militärische Vorbereitungen zu treffen. Zwar unterstützte sie Österreich-Ungarn, hoffte aber, dass der Konflikt auf den Balkan beschränkt bliebe. Die österreichische Kriegserklärung an Serbien am 28. Juni verschärfte die Situation. Die russische Generalmobilmachung vom 31. Juli, die sich nicht nur gegen die Habsburgermonarchie, sondern auch gegen Deutschland richtete, schien zu beweisen, dass das Reich bedroht werde (Clark 2009, 265–288; Kruse 2009, 10 ff.).

Diese Lageänderung bewog führende Sozialdemokraten dazu, sich auf einen Verteidigungskrieg einzustellen. Antikriegsdemonstrationen fanden nicht mehr statt. Begänne der Krieg, schrieb der sozialdemokratische Journalist Friedrich Stampfer am 31. Juli unter dem Titel »Sein oder Nichtsein«, müsse auch das klassenbewusste deutsche Proletariat seine Haltung überdenken. Es gelte, den Zarismus zu bekämpfen und eine Invasion Deutschlands abzuwenden. Denn jenseits aller Schrecken des Krieges erblickte er eine Vision: »Ein freies, deutsches Volk, das sich sein Vaterland eroberte, indem es dieses sein Land verteidigte« (zit. n. Kruse 2009, 15). Durch eine dezidiert patriotische Haltung hofften führende Repräsentanten der SPD, nationale Anerkennung zu erhalten und den Weg für politische Reformen zu bereiten. Der Reformbedarf des Kaiserreichs war groß. So gab es in Preußen und anderen deutschen Staaten restriktive Klassenwahlrechte, welche die Arbeiter benachteiligten. Auch der Zuschnitt der Wahlkreise war für die SPD nachteilig. Zwar war das Reichstagswahlrecht sehr demokratisch, aber der Reichskanzler war nicht dem Parlament, sondern dem Kaiser verantwortlich. Die Macht des Reichstags beruhte somit vor allem auf seinem Budgetrecht.

Der Ausschluss aller Parteien von einer verantwortlichen Mitbestimmung begünstigte, dass sie in dogmatischen Streitereien verharrten und keine parteiübergreifende Zusammenarbeit – z. B. zwischen SPD, Zentrum und Fortschrittlicher Volkspartei – zustande kam. Von einer vorrevolutionaren Situation in Deutschland konnte allerdings nicht die Rede sein, auch wenn die Agitation von rechts wie links ein anderes Bild zeichnete. Zwar hielt die SPD am Marxismus und ihrer klassenkämpferischen Rhetorik fest, war aber über ihre parteieigene Infrastruktur letztlich in das politische System integriert. Diese »negative Integration« (Groh 1973) bedeutete, dass die Sozialdemokratie im Falle einer deutschen Niederlage gegenüber Russland auch um ihre innenpolitische Stellung fürchtete. Sie hatte somit ein klares Eigeninteresse an einer siegreichen Verteidigung Deutschlands. Schließlich kam Ende Juli 1914 eine resignativ-fatalistische Stimmung hinzu. Nun, da der Krieg nicht verhindert werden konnte, lag es nahe, die Verteidigung zu unterstützen und alle innenpolitischen Auseinandersetzungen zu verschieben (Kruse 2009, 9 f., 12–16). Dementsprechend wurde die für den 1. August angeordnete deutsche Mobilmachung von den Sozialdemokraten nicht behindert. Wichtig für den Burgfriedensschluss, der Anfang August inszeniert wurde, waren die Reden des Kaisers vom 31. Juli und 4. August 1914.

Kaiserliche Kriegsreden

Wie kaum eine andere Persönlichkeit wurde Wilhelm II. seit Beginn seiner Regentschaft über seine Reden wahrgenommen. Das entsprach seinem Wunsch, durch mediale Präsenz das monarchische System zu stärken und Wortführer der Nation zu sein. Feiertage und Denkmalseinweihungen, Staatsbesuche und Zusammenkünfte mit Politikern, Wirtschaftsvertretern, Künstlern und Wissenschaftlern sowie Manöver und Militäreinsätze boten ihm viele Gelegenheiten für Ansprachen, Tischreden und Aufrufe. Dabei äußerte er sich zu einem breiten Themenspektrum. Wenngleich – oder gerade weil – seine Reden dem Denken seiner Zeit entsprachen und die Gedankenwelt patriotisch-konservativer Kreise in Worte fassten, wurden sie von der politischen Opposition, kritischen Intellektuellen und späteren Historikern kritisiert. In der Tat finden sich Formulierungen und Aussagen, die taktlos und anmaßend, bramarbasierend und säbelrasselnd erscheinen. Deshalb gelten sie in der fach- wie populärwissenschaftlichen Literatur oft als rhetorische Sinnbilder der »nervösen Großmacht« (Volker Ullrich) und ihres höchsten Repräsentanten (Clark 2009, 334 f.; Obst 2011, VII–XIV).

Die ›Hunnenrede‹ vom Juli 1900, mit der Wilhelm II. die zur Niederschlagung des chinesischen Boxeraufstandes ausrückenden Truppen in Wilhelmshaven verabschiedete, gilt bis heute als besonderes Negativbeispiel kaiserlicher Rhetorik. Die *Daily-Telegraph*-Affäre von 1908 bewirkte sogar eine innenpolitische Krise. Im Gespräch des Kaisers mit einem englischen Obristen, das später veröffentlicht wurde, hatte sich Wilhelm II. probritisch geäußert, was in der überwiegend englandfeindlichen deutschen Öffentlichkeit für Empörung und Kritik an der verfassungsmäßig starken Stellung des Monarchen und seines ›persönlichen Regiments‹ sorgte. Man sollte aber zurückhaltend darin sein, alle Formulierungen des Kaisers wörtlich zu nehmen oder sie nur auf persönliche Defizite zurückzuführen, denn Wilhelm II. liebte die Zuspitzung. Als Deutscher Kaiser und König von Preußen vereinigte er zudem viele Titel und Funktionen auf sich, so dass er – auch rhetorisch – verschiedene Rollen besetzen und seine Ansprachen auf unterschiedliche Zielgruppen ausrichten musste (Clark 2009, 159–162, 227–234, 338 ff.). Dass er damit überfordert war, lag nicht nur an seiner fehlenden Kraft, ein konzises politisches Programm zu entwerfen und umzusetzen – und damit die ihm verfassungsmäßig auferlegte

Machtposition im Institutionengefüge auszufüllen –, sondern auch an der seit der Jahrhundertwende stark polarisierten politischen Kultur im Reich.

Zu Kriegsbeginn 1914 aber traf Wilhelm II. den richtigen Ton. Bereits nach Bekanntwerden der russischen Mobilmachung am 31. Juli gebrauchte der Kaiser das Motiv der Verteidigung. Eine Menschenmenge hatte sich abends vor dem Berliner Schloss versammelt. Nachdem Choräle und patriotische Lieder angestimmt worden waren, rief die Menge nach dem Kaiser. Dieser ließ nicht lange auf sich warten und betrat zusammen mit Kaiserin Auguste Viktoria den Balkon. Die Menschen jubelten ihnen zu. Nachdem sie sich beruhigt hatten, sagte Wilhelm II., Deutschland werde zu »gerechter Verteidigung« gezwungen: »Man drückt uns das Schwert in die Hand« (Obst 2011, 362). Nach Verkündung der deutschen Mobilmachung am Folgetag wandte sich der Kaiser erneut vom Balkon des Schlosses an eine – so die überlieferten Schilderungen – freudig erregte Menschenmenge. Schon im zweiten Satz seiner kurzen Ansprache stellte er den überparteilichen Zusammenhalt in den Mittelpunkt: »In dem jetzt bevorstehenden Kampfe kenne Ich in Meinem Volk keine Parteien mehr. Es gibt unter uns nur noch Deutsche«. Den Parteien, die sich im Rahmen früherer politischer Auseinandersetzungen gegen ihn gewandt hätten, so adressierte Wilhelm II. implizit die Sozialdemokratie, verzeihe er. Jetzt komme es darauf an, »daß alle wie Brüder zusammenstehen« (ebd., 362 f.). Zeitungsberichten zufolge jubelte die Menge und stimmte patriotische Lieder an. Zur Reichstagseröffnung am 4. August sollte Wilhelm II. seine Leitmotive der Verteidigung und der nationalen Geschlossenheit wieder aufgreifen. Die Begründung des Burgfriedens folgte an jenem Tag einer bemerkenswerten Choreographie. Sie berücksichtigte mit Dom, Schloss und Reichstag die zentralen symbolpolitischen Orte des Reiches und mit dem Oberhofprediger, dem Kaiser, dem Reichstagspräsidenten, dem Reichskanzler sowie dem Fraktionsvorsitzenden der SPD auch die Repräsentanten von Staat und Volk. Durch eine einstimmige Kreditbewilligung am 4. August sollte die Reichstagsitzung die geeinte deutsche Nation abbilden (Verhey 2000, 261–265; Nübel 2008, 38). Der besondere Tag begann um 10 Uhr mit einem Gottesdienst im Berliner Dom. Mittags versammelten sich die Abgeordneten und die Bundesratsvertreter zur Reichstagseröffnung im Schloss.

»In schicksalsschwerer Stunde«, begann Wilhelm II. seine Thronrede, habe er die gewählten Volksvertreter um sich versammelt. Er beschrieb die deutsche Friedenspolitik der letzten Jahre und betonte den Verteidigungscharakter des Krieges: »Uns treibt nicht Eroberungslust«. Es gelte vielmehr, Deutschlands Platz unter den Mächten zu bewahren. Die aktuelle Lage sei das Ergebnis einer langjährigen feindlichen Einkreisung. Die Deutschen müssten ihr Land nun vereint verteidigen. Deshalb sollten die Volksvertreter, so der Kaiser, die Kredite »einmütig und schnell« bewilligen. Nachdem er geendet hatte, ergriff Wilhelm II. noch einmal das Wort. An seine Rede vom Balkon des Schlosses anknüpfend, wiederholte er: »Ich kenne keine Parteien mehr, Ich kenne nur Deutsche« (Obst 2011, 364 ff.; Verhey 2000, 261 f.). Am Nachmittag versammelten sich die Abgeordneten im Reichstag. Zunächst sprach Reichstagspräsident Johannes Kaempf, der als Mitglied der Fortschrittlichen Volkspartei zugleich das bürgerliche Lager vertrat. Auch er betonte, dass es sich um einen Verteidigungskrieg handele. Anschließend erläuterte Reichskanzler von Bethmann Hollweg die defensive Politik der Reichsregierung und rechtfertigte den am Vortag erfolgten deutschen Einmarsch ins neutrale Belgien mit der akuten Gefahr einer französischen Invasion. Auch er schloss seine Rede mit einem Appell an die nationale Einheit. Hinter den deutschen Truppen stehe das »ganze deutsche Volk einig bis auf den letzten Mann!« (Verhey 2000, 263 f.).

Als das deutsche Parlament um 17 Uhr zur Schlusssitzung zusammenkam, sprach der SPD-Fraktionsvorsitzende Hugo Haase, der dem linken Flügel der Partei angehörte. Er verlas die mit Spannung erwartete Erklärung, um deren Wortlaut die SPD-Fraktion lange gerungen hatte. Denn obwohl die Bereitschaft überwog, die Verteidigung des Vaterlandes zu unterstützen, blieben Angehörige des linken Flügels skeptisch, darunter Hugo Haase, Karl Liebknecht und Georg Ledebour. Weil die Abstimmung schließlich unter Fraktionszwang gestellt wurde, stimmte die sozialdemokratische Fraktion am 4. August geschlossen für die Kriegskredite. Die entsprechende Erklärung Hugo Haases vor dem Plenum verdeutlichte das Bemühen der Sozialdemokraten, ihr Votum mit ihrer bisherigen Politik und Programmatik in Einklang zu bringen (Mai 1993, 31 f., 38–41; Kruse 2009, 12 f.).

So konstatierte Haase, dass die Anstrengungen der SPD, den Krieg zu verhindern, vergeblich gewesen seien. Jetzt stehe Deutschland vor »der ehernen Tatsache des Krieges«. Es drohten die Schrecken einer feindlichen Invasion. Ein Sieg des »russischen Despotismus« gefährde alles, was Deutschland aufgebaut habe, und deshalb »machen wir wahr, was wir immer betont haben: Wir lassen in der Stunde der Gefahr das eigene Vaterland nicht im Stich« (zit. n. Verhey 2000, 264). Zwar forderte er, dass der Krieg durch einen Frieden beendet werde, der eine Freundschaft mit den Nachbarvölkern ermögliche, aber dann sagte er den entscheidenden Satz, dass die SPD die geforderten Kredite bewillige. Es war das erste Mal, dass die Sozialdemokraten einem Reichshaushalt bzw. einem Ergänzungshaushalt zustimmten. Sie markierten damit eine grundsätzliche Abkehr von ihrem Rollenverständnis als Staatsopposition (Mai 1993, 38 ff.; Verhey 2000, 265). Insofern stellte der 4. August 1914 eine innenpolitische Zäsur dar, die durch den Krieg ausgelöst wurde. Vereint im ›Burgfrieden‹, so der zeitgenössische Terminus, stellte sich die SPD äußerlich geschlossen hinter die Politik der Kaiserlichen Reichsregierung. »Jetzt in diesen Tagen«, kommentierte der Augsburger Gymnasiast Bertolt Brecht in der Zeitung seiner Heimatstadt, »liegen alle Augen auf unserem Kaiser […] Auch die Sozialdemokraten haben ihm Treue geschworen. Jeder Mann weiß, dass dieser Krieg unumgänglich ist« (zit. n. Mittenzwei 1997, 49 f.).

Burgfrieden

Interessant ist, dass der Terminus des Burgfriedens nicht vom Kaiser oder anderen offiziellen Instanzen in die politische Debatte eingeführt wurde, sondern von der Presse, und zwar von der konservativen *Neuen Preußischen Zeitung*, der sog. ›Kreuzzeitung‹. Am 5. August berichtete sie von der denkwürdigen Reichstagssitzung und resümierte erfreut: »Im Innern unseres Vaterlandes ist voller Burgfriede beschlossen. Kein Sozialdemokrat, auch kein Pole, kein Däne, kein Elsässer entzieht sich seiner vaterländischen Pflicht. Aller Streit im Innern, der uns in den letzten Jahren das innenpolitische Leben so oft verbittert und vergiftet hat, ruht« (zit. n. Jeismann 1992, 313). Als ›Burgfrieden‹ wurden im Mittelalter ein befriedeter Bezirk um eine Burg oder das Gewaltverbot am Fürstenhof bzw. in einer Burg bezeichnet. Verstöße wurden geahndet. Es handelt sich gleichwohl nicht nur um einen Fachterminus der mittelalterlichen Rechtssprache, sondern auch um einen im damaligen Bildungskanon des Bürgertums durchaus präsenten historischen Begriff, der in den maßgeblichen Konversationslexika der Zeit erläutert wurde. Da die Burg ein Verteidigungsbauwerk ist, symbolisierte der Burgfrieden in Verbindung mit dem Allgemeinwissen über das Mittelalter und der konkreten

Wortbedeutung nicht nur Konfliktverzicht im Innern, sondern bestätigte das Deutungsmuster des Verteidigungskrieges. Innerhalb kurzer Zeit fand der Burgfriedensbegriff Eingang in das kriegspolitische Vokabular der Regierung, der Parteien sowie der Öffentlichkeit (Nübel 2008, 36 ff.).

Die Resonanz auf die ersten Kriegsreden Wilhelms II. war überwältigend. Ausführlich berichteten die Zeitungen von der Reichstagssitzung und zitierten die kaiserlichen Worte, fortan ›nur Deutsche‹ zu kennen. 1914 stand der deutsche Kaiser im Zenit seines öffentlichen Ansehens. Umso bemerkenswerter ist es, wie schnell er im Verlauf des Krieges in den Hintergrund trat und an Reputation verlieren sollte. Dies hatte mehrere Gründe: Zum einen boten sich ihm weniger Gelegenheiten für öffentliche Auftritte, weil er sich – der preußischen Tradition folgend, mit dem Heer ›ins Feld‹ zu ziehen – nur noch selten in Berlin, dem politischen Zentrum des Reichs, aufhielt. Zum anderen wurde seine Popularität sehr schnell von der Hindenburgs überstrahlt. General Paul von Hindenburg, der sich seit 1911 im Ruhestand befand, war mit Kriegsbeginn reaktiviert und am 22. August 1914 zum Oberbefehlshaber der in Ostpreußen eingesetzten 8. Armee im Rang eines Generalobersten ernannt worden. Gemeinsam mit seinem Stabschef, General Erich Ludendorff, gelang es ihm, die in Ostpreußen eingefallenen russischen Armeen im Sommer und Herbst vernichtend zu schlagen. Als ›Sieger von Tannenberg‹ avancierte er blitzschnell zum in der Öffentlichkeit gefeierten Kriegshelden. Der Kaiser verlieh ihm höchste Auszeichnungen und beförderte ihn im November 1914 zum Generalfeldmarschall. Ab August 1916 bildeten Hindenburg und Ludendorff die 3. Oberste Heeresleitung. Sie bestimmten aber nicht nur die Kriegführung, sondern mischten sich auch in die Innen- und Außenpolitik der Regierung ein. In dem Maße, wie ihr Einfluss wuchs, rückte Wilhelm II. so vollständig in den Hintergrund, dass Historiker ihn als ›Schattenkaiser‹ bezeichnet haben. Sein »relatives Verstummen« (Michael A. Obst) und seine eher banalen Ansprachen vor Soldaten während des Krieges trugen zur Erosion der monarchischen Stellung bei (Pyta 2007, 41 ff., 91–113; Nebelin 2010, 125 ff., 283–341; Obst 2011, XIIf.).

Schattenkaiser

Kaum etwas illustriert die Umkehrung der Machtverhältnisse zwischen dem Monarchen als Oberbefehlshaber und der Heeresleitung anschaulicher als die letzte große Kaiserrede vom 10. September 1918. Zu diesem Zeitpunkt hatte sich die Kriegslage entscheidend zuungunsten Deutschlands gewandelt: Nach dem Scheitern der deutschen Frühjahrs- und Sommeroffensiven war den Alliierten am 8. August in der Schlacht von Amiens der Durchbruch gelungen. Seitdem befand sich das deutsche Heer auf dem Rückzug. Auch die innenpolitische Situation hatte sich grundlegend gewandelt. Die Versorgungslage der Bevölkerung war aufgrund der alliierten Blockade katastrophal. Der Burgfrieden wurde sowohl von links als auch von rechts aufgekündigt. Neue Parteien wie die im April 1917 von der SPD abgespaltenen Unabhängigen Sozialdemokraten am linken und die im September 1917 gegründete Deutsche Vaterlandspartei am rechten Rand des politischen Spektrums bekämpften sich und die SPD, das Zentrum sowie die Fortschrittliche Volkspartei, die seit Juli 1917 als Reichstagsmehrheit zusammenarbeiteten. Ende Januar und Anfang Februar 1918 wurden die deutschen Rüstungsbetriebe von einer enormen Streikwelle erfasst (Verhey 2000, 296–306; Kruse 2009, 48 ff., 56 ff., 118 ff.). Insofern lag es nahe, zu den Arbeitern der Essener Firma Krupp zu sprechen, wenn es darum ging, den Durchhaltewillen in kriegswichtigen Betrieben zu stärken.

Die Rede, die Wilhelm II. am 10. September 1918 vor den Krupparbeitern hielt, war ungewöhnlich lang und weitschweifig. Landesväterlich und fürsorglich sollte der Ton sein, aber er klang altväterlich und anbiedernd zugleich. Wenn der Kaiser darlegte, dass er »jahrelang an der Front« gewesen sei und die Nöte der Soldaten kenne, wirkte das wenig glaubhaft. Indem er den Vernichtungswillen der Feinde hervorhob und den notwendigen Zusammenhalt im Innern beschwor, griff er zwar beide Leitmotive seiner Reden von 1914 auf, aber angesichts einer zutiefst polarisierten Lage an der Heimatfront klangen sie wie das Echo aus einer anderen Zeit. Fast komisch mutet es heute an, wenn der Kaiser, der als preußischer König zugleich oberster Landesbischof war, sagte: »Jeder von uns bekommt seine Aufgabe von oben zugeteilt, Du an Deinem Hammer, Du an Deiner Drehbank, Ich auf meinem Thron« (Obst 2011, 411). Interessant ist, dass er seinem Selbstzitat vom August 1914, »keine Parteien«, sondern »nur Deutsche« zu kennen, anfügte, die Parteien hätten ihn nicht verstanden. Im Krieg seien parteipolitische Auseinandersetzungen fehl am Platz; alle müssten sich zusammenschließen zu einem »Volksblock, zu Stahl zusammengeschweißt« (ebd., 412). Am Schluss seiner Rede forderte er die Arbeiter auf, ihm mit ei-

nem »lauten Ja« zu versprechen, weiterhin durchzuhalten. Nachdem die Kruppianer seinem Wunsch nachgekommen waren, sagte Wilhelm II., als wäre er ein Bote der Obersten Heeresleitung: »Mit diesem Ja gehe ich jetzt zum Feldmarschall« (ebd.).

Neuordnung

Die letzte, an die neuen Staatssekretäre gerichtete kaiserliche Rede vom 21. Oktober 1918 wurde nicht einmal mehr veröffentlicht. Dabei hätte sie gezeigt, dass der Kaiser hinter der lange geforderten und nun endlich erfolgten verfassungspolitischen Reform stand. Noch im April 1917 war seine ›Osterbotschaft‹, d. h. sein Erlass zur Änderung des preußischen Dreiklassenwahlrechts nach dem Krieg, als zu vage kritisiert worden. Mehr als die Ankündigung von Reformen war zu jenem Zeitpunkt – wegen des Widerstandes konservativer Kreise und der Obersten Heeresleitung – noch nicht durchsetzbar gewesen. Nach den Niederlagen vom Sommer 1918 war es ausgerechnet Ludendorff, der die sofortige Parlamentarisierung forderte. Einerseits wollte er dadurch dem Reformdruck nachgeben und andererseits der Volksvertretung die Verantwortung für die drohende Niederlage zuschieben. Mit dem Parlamentarisierungs-Erlass vom 30. September 1918 wurde in kürzester Zeit nachgeholt, was reformorientierte Staatsrechtslehrer wie Hugo Preuß und Gerhard Anschütz seit 1915 vergeblich gefordert hatten (Kruse 2009, 121 f.; Bruendel 2013, 223 ff.).

Am 21. Oktober 1918 begrüßte der Kaiser die Staatssekretäre der neuen Regierung Prinz Max von Badens im Berliner Schloss Bellevue. Zu ihnen gehörten erstmals Vertreter der Reichstagsmehrheit, darunter der Zentrumspolitiker Matthias Erzberger, Conrad Haußmann von der Fortschrittlichen Volkspartei und der Sozialdemokrat Philipp Scheidemann. Wilhelm II. verkündete, der »neuen Zeit soll eine neue Ordnung entsprechen«. Umfassend möge das deutsche Volk künftig an der Gestaltung seiner Geschicke mitwirken und in politischer Freiheit keiner anderen Nation nachstehen (Obst 2011, 431). Wenige Tage später, am 26. Oktober 1918, verabschiedete der Reichstag die sog. ›Oktoberreformen‹. Mit ihnen wurde verfassungsrechtlich nachvollzogen, was seit Bildung der neuen Regierung Max von Badens am 3. Oktober Verfassungspraxis geworden war: dass der Reichskanzler sich dem Parlament gegenüber verantworten musste. Deutschland war nun eine parlamentarische Monarchie (Mai 1993, 158–169). Als das *Berliner Tageblatt* am 4. November eine gekürzte Fassung der Kaiserrede veröffentlichte, hatte sich der Kieler Matrosenaufstand längst zu revolutionären Unruhen ausgeweitet. Die verfassungspolitische Neuordnung des Reiches ging ebenso wie die letzte Kriegsrede des Kaisers im Strudel der Ereignisse unter. Am 9. November erreichte die Revolution Berlin, und der Kaiser, der sich wieder im Großen Hauptquartier des Heeres befand, begab sich auf Anraten der Obersten Heeresleitung ins holländische Exil.

Damit überließ Wilhelm II. seinem Feldmarschall endgültig die politische Bühne. Zuvor hatte er Hindenburg bevollmächtigt, das Feldheer als – nun nicht mehr nur faktischer, sondern auch in rechtlichem Sinne – Oberbefehlshaber zurück in die Heimat zu führen. In einem Erlass vom 10. November 1918 rief Hindenburg die Offiziere dazu auf, seinem Beispiel zu folgen und »unvermindert ihre Pflicht zu tun zur Rettung der deutschen Lande aus größter Gefahr« (Pyta 2007, 384). Da auch der aus der Revolution hervorgegangene ›Rat der Volksbeauftragten‹ die neue Stellung des Feldmarschalls stillschweigend anerkannte, wurde Hindenburg so etwas wie das symbolische Bindeglied zwischen Kaiserreich und Republik. Dies galt umso mehr, als er 1925 sogar zum Reichspräsidenten gewählt und damit zu einer Art ›Ersatzkaiser‹ wurde, weil die Sehnsucht nach einer Führerpersönlichkeit in den 1920er Jahren besonders stark war. »Gott schenke uns Führer und helfe uns zu wahrer Gefolgschaft«, hieß es beispielsweise 1920 in einer rechtsnationalen Zeitschrift (Bruendel 2003, 309). Im Vergleich zu Wilhelm II. verkörperte Hindenburg den Typus eines neuen politischen Führers, dessen Autorität auf Charisma und seinem Nimbus als Kriegsheld beruhte. Er verkörperte Stabilität und personifizierte gewissermaßen die verbreitete Hoffnung, Deutschland in eine bessere Zukunft zu führen (Pyta 2007, 10).

Vor dem Hintergrund der öffentlich-medialen Omnipräsenz des Kaisers in der Vorkriegszeit und zu Kriegsbeginn sowie angesichts seiner Marginalisierung im Krieg bei parallelem Aufstieg Hindenburgs wird deutlich, dass der August 1914 eine Zäsur in der politischen Kultur sowie im politischen Diskurs des Reiches darstellte. Durch die Zustimmung der SPD zu den Kriegskrediten wurde ein ›Burgfriede‹ geschlossen. Er bewirkte zunächst eine politisch-soziale Kohäsion und war mehr als eine bloße Solidaritätsformel. Er repräsentierte ein politisches Ordnungsmodell, welches das Gemeinwohl in den Vordergrund rückte und zur Conditio sine qua non jeder politischen Zusammenarbeit erhob. Die umju-

belte Aussage des Kaisers vom Sommer 1914, fortan »nur Deutsche« zu kennen, wurde als Integrationsangebot an die vormaligen ›Reichsfeinde‹ aufgefasst. Indem dieses Angebot zugleich die Notwendigkeit zu politischen Kompromissen implizierte, deutete sich mit Blick auf die Zukunft eine stärkere politische Partizipation an (Bruendel 2011, 43–50). Verstanden als nationale Geschlossenheit, verpflichtete der Burgfrieden aber keineswegs nur die Sozialdemokratie, sondern alle Parteien auf diese Prämisse. Je länger der Krieg dauerte, die Partizipation ausblieb und innenpolitische Fronten wieder aufbrachen, desto schwieriger wurde es, den nationalen Zusammenschluss zu erhalten. Der Burgfrieden konnte das Aufbrechen sozialer Konflikte nicht verhindern. Der Vorwurf, den Burgfrieden zu brechen, wurde zu einem festen Bestandteil der immer radikaleren politischen Auseinandersetzung (Verhey 2000, 261–305; Schöning 2009, 16–41). Der Kampf um die Deutungshoheit bezog sich auch auf das sog. ›Augusterlebnis‹ und den ›Geist von 1914‹, die beide eng mit dem Burgfriedensschluss verbunden waren.

Augusterlebnisse: Die geistig-emotionale Mobilisierung

August 1914

»Wenn ich versuche, die Atmosphäre von 1914 wiedereinzufangen«, erinnerte sich Klaus Mann in seinem Lebensbericht, »so sehe ich flatternde Fahnen, graue Helme mit possierlichen Blumensträußchen geschmückt, strickende Frauen, grelle Plakate und wieder Fahnen – ein Meer, ein Katarakt in Schwarz-Weiß-Rot« (zit. n. Verhey 2000, 129). Auch Stefan Zweig, Carl Zuckmayer und andere Schriftsteller schilderten den August 1914 in ihren Erinnerungen als eine besondere Erfahrung von Vergemeinschaftung. Als ›Augusterlebnis‹ hat diese Wahrnehmung seit Jahrzehnten ihren festen Platz im kollektiven Gedächtnis der Deutschen. Dieser Erlebnisbegriff beschreibt die zeitgenössische Stimmung, die lange Zeit verkürzt als ›Kriegsbegeisterung‹ interpretiert wurde. Dabei suggerieren beide Termini – das Erlebnis und die Begeisterung –, dass es sich um Kollektivphänomene gehandelt habe. Zwar entsprach diese Darstellung zahllosen zeitgenössischen Selbstzeugnissen, wird aber in der neueren Forschung weitaus differenzierter betrachtet.

So ist zunächst zu konstatieren, dass die in bürgerlichen Kreisen artikulierte Euphorie sich vielfach nicht auf den Krieg als solchen, sondern – im Sinne einer mit dem Krisenbewusstsein der Vorkriegszeit zusammenhängenden apokalyptischen Deutung – auf die ihm zugeschriebene Erneuerung bezog. Mit dem Untergang der alten, verdorbenen Welt werde, so glaubte man, eine neue, vollkommene entstehen. Ferner ist entscheidend, dass die Euphorie durch jene nationale Geschlossenheit ausgelöst wurde, welche die Reichstagssitzung vom 4. August 1914 begründet hatte. Es handelte sich also weniger um eine Begeisterung über den Kriegsausbruch als vielmehr um eine nationale, im Massenmedium der Zeitungen zirkulierende und verstärkte »Selbstbegeisterung« (Jeismann 1992, 301, 318) bzw. eine »Mobilisierungseuphorie« (Bruendel 2003, 69 f.; Schöning 2009, 43), die ohne den Burgfriedensschluss so nicht denkbar gewesen wäre.

Allerdings haben Regionalstudien und Presseauswertungen ergeben, dass die euphorischen Stimmungen keineswegs überwogen. Vielmehr handelte es sich um schichten- und regionenspezifische Erlebnisse, die sehr von der individuellen Situation abhingen. Wer als Landwirt Sorge um die Ernte hatte oder als Arbeiter eher international gesonnen war, erlebte den Kriegsbeginn anders als der patriotische Bildungsbürger. Zudem machte es einen Unterschied, ob man in ländlichen oder städtischen, grenz- bzw. frontnahen oder grenzfernen Gegenden lebte. Aber selbst in den Großstädten war die Reaktion der Bevölkerung höchst unterschiedlich. So gab es in Berlin auf der einen Seite durchaus spontane patriotische Versammlungen sowie organisierte Kundgebungen, aber auf der anderen Seite auch Panikreaktionen. Schließlich zeigen Längsschnittanalysen, dass das Augusterlebnis in Phasen einzuteilen und in den letzten Julitagen sowie der ersten bzw. zweiten Augusthälfte differenziert zu betrachten ist. Abgesehen davon, dass die Stimmungslagen durchaus wechseln konnten, überwogen bis Ende Juli noch Skepsis und Angst, Ratlosigkeit und Neugier. Der Beginn der Mobilmachung Anfang August führte allerdings zu einer Synchronisation der Wahrnehmung, die durch erste Siegesmeldungen verstärkt wurde. Für die zweite Augusthälfte kann mit Blick auf zahlreiche Selbstzeugnisse und die veröffentlichte Meinung eine insgesamt positive Stimmung konstatiert werden. Seit dem endgültigen Fall der Festung Lüttich am 16. August wurde sogar in Berliner Arbeiterbezirken Schwarz-Weiß-Rot geflaggt (Verhey 2000, 106–167, 183–189; Schöning 2009, 28 ff.; Kruse 2009, 17–22).

Gerade die Tatsache, dass der August 1914 mit unterschiedlichen Erlebnissen verbunden war, begünstigte eine einheitliche Deutung. Angehörige der intellektuellen Elite interpretierten den Kriegsbeginn als ergreifendes Kollektiverlebnis und stilisierten ihn zu einer radikalen Zäsur. »Was alle fühlten, sollte auf die Höhe eines gemeinsamen Erlebens gebracht werden«, schrieben Berliner Professoren im Vorwort einer im Herbst 1914 veröffentlichten Sammlung akademischer Kriegsreden (zit. n. Bruendel 2003, 70). Der Erlebnis-Begriff war seit der Jahrhundertwende populär. Er bezeichnete ein unmittelbares Erfassen der Wirklichkeit und eine Sehnsucht vor allem bürgerlicher Kreise nach Tiefe und Ganzheit. Das Erlebnis, so war man überzeugt, verhelfe zu besonderer Einsicht und stifte Erkenntnis. Zwar hatten die Intellektuellen das, was sie 1914 programmatisch ›Erlebnis‹ nannten, so nicht erlebt, aber ohne empirische Grundlage wäre das Augusterlebnis als Narrativ »weder denk- noch kommunizierbar« gewesen (Schöning 2009, 32–35, 38, 41).

Ebensowenig wäre es ohne die reale Erfahrung einer Ausnahmesituation, kollektiver Erregungen und wechselnder Gefühle möglich gewesen, politische Forderungen für die Zukunft zu postulieren. So deuteten Konservative die jubelnden Menschenmassen vor den Schlössern der deutschen Landesfürsten als Stärkung des monarchischen Systems, so dass demokratischen Reformforderungen der Boden entzogen worden sei. Aus Sicht der Linksliberalen und der Sozialdemokratie hatte das Augusterlebnis demgegenüber zu mehr Brüderlichkeit und Gleichheit unter den Deutschen geführt, woraus sie die Forderung nach – zumindest schrittweiser – politischer Gleichberechtigung ableiteten (Verhey 2000, 230 f., 266 f., 288 ff.). Folgerichtig wurde das Narrativ des Augusterlebnisses, das eine emotionale und letztlich auch politische Mobilisierung in Deutschland in Gang gesetzt hatte, politisch umkämpft. Das galt auch für dessen kognitives Pendant, den sog. ›Geist von 1914‹.

Geist von 1914

Im Herbst 1914 schrieb der Münsteraner Staatswissenschaftler Johann Plenge, dass während der Mobilmachung im August ein »neuer Geist« geboren worden sei, »der Geist der stärksten Zusammenfassung aller wirtschaftlichen und aller staatlichen Kräfte zu einem neuen Ganzen, in dem alle mit dem gleichen Anteil leben« (zit. n. Bruendel 2003, 71). Diese neue Denkweise, die das Kollektiv der Nation in den Mittelpunkt stellte und die unmittelbar mit dem Augusterlebnis zusammenhing, wurde schon wenige Monate nach Kriegsbeginn als ›Geist von

1914‹ bezeichnet. Eine der ersten Erwähnungen dieses Begriffs findet sich im Dezember 1914 in einem Artikel der *Preußischen Jahrbücher*. Unter dem Titel »Der Geist von 1914« beschrieb der Osnabrücker Privatgelehrte Ernst Rolffs, ein evangelischer Pfarrer und Theologe, die Überwindung der politischen, sozialen und konfessionellen Konflikte zu Kriegsbeginn (ebd.). Auf Plenge ging allerdings die Formel der »Ideen von 1914« zurück, die im Krieg populär und vielfach den französischen »Ideen von 1789« gegenübergestellt wurde. Anders als diese Ideen war der »Geist von 1914« allerdings selbstreferentiell und bezog sich auf die im August 1914 entstandene neue, innere Einheit (ebd.). Nicht der Kaiser, sondern Generalfeldmarschall von Hindenburg, der seit der Befreiung Ostpreußens Kriegs- und Volksheld war, sollte sich erfolgreich als Treuhänder dieses Geistes positionieren. Schon Ende 1914 sowie im Januar 1915 ermahnte er die Deutschen in Ansprachen, jenen »Geist der Einigkeit [...] als wertvollstes Vermächtnis aus großer Zeit dauernd [zu] erhalten« (zit. n. Pyta 2007, 113). Das unterstreicht, wie schnell Hindenburg die noch im August 1914 von Wilhelm II. verkörperte Rolle des nationalen Einheitssymbols usurpierte und den Kaiser in den Schatten stellte.

Die politisch-gesellschaftliche Bedeutung des mit dem Begriff ›Geist von 1914‹ ausgedrückten Gemeinwohlprimats zeigt sich darin, dass sich im August nicht nur die Arbeiterschaft, sondern auch andere, bisher ebenfalls benachteiligte oder marginalisierte Bevölkerungsgruppen für die Unterstützung der deutschen Verteidigungsanstrengungen aussprachen. Zu ihnen gehörten beispielsweise die Deutsche Friedensgesellschaft, die deutschen Frauenvereine, die katholische Kirche und der Centralverein deutscher Staatsbürger jüdischen Glaubens. In einem dezidiert staatstreuen Verhalten während des Kriegs sahen sie die Chance, ihre gesellschaftliche Isolation zu überwinden. Das Bekenntnis zu Deutschland wurde ihnen dadurch erleichtert, dass die Regierung in den ersten Kriegsmonaten alle Organisationen verbot, die dezidiert antisozialdemokratisch, antikatholisch oder antisemitisch waren. Hinzu kam, dass sie mithilfe der Zensur spaltende politische Diskussionen untersagte. Schließlich lud die große Hilfs- und Spendenbereitschaft im ersten Kriegsjahr zu nationaler Solidarität ein. Gemeinnützige Organisationen, in denen oft Frauen aus dem Bürgertum mitwirkten, richteten noch im August die ersten Volksküchen ein und unterstützten Arbeitslose. Auch die Vorsitzende der deutschen Frauenbewegung, Gertrud Bäumer, engagierte sich im sog. ›Hei-

matdienst‹ (Verhey 2000, 182, 236–245). Wie stark die Kaiserworte vom 4. August nachwirkten, veranschaulicht ein Artikel der in Breslau erscheinenden *Jüdischen Volkszeitung*, die am 28. August feststellte, dass es »im Vaterlande keine Christen und Juden, Gläubige und Ungläubige, sondern nur Deutsche« gebe. Sie drückte ihre Hoffnung aus, dass dies so bleiben möge (zit. n. ebd., 266).

Die nationale Verteidigungsgemeinschaft war Ausdruck des ›Geistes von 1914‹ und repräsentierte ihn zugleich. Obwohl der Zusammenschluss freiwillig erfolgte, darf nicht übersehen werden, dass der ›Geist von 1914‹ auch ein regierungsoffizielles Narrativ war und somit ein Propagandainstrument, das die Öffentlichkeit beeinflusste. Ähnlich wie in Bezug auf das Augusterlebnis erblickten Konservative in dem neuen Geist der Eintracht primär eine Stärkung der Monarchie. Demgegenüber nutzte Reichskanzler von Bethmann Hollweg ihn zur Legitimierung seiner politischen Neuorientierung, die keine Partei mehr ausgrenzen sollte. Schon im August kam die Reichsleitung den Sozialdemokraten entgegen, indem sie erlaubte, dass das Parteiorgan *Vorwärts* an Bahnhöfen verkauft und sozialdemokratische Literatur in Kasernen und Schulen gelesen werde durften. Wichtiger aber war, dass Gewerkschaften als legale Organisationen anerkannt wurden. Zu gleichberechtigten Tarifpartnern wurden sie im Dezember 1916, als die Regierung ihre Zustimmung zum ›Hindenburgprogramm‹ benötigte, mit dem eine totale Mobilisierung aller Arbeiter angestrebt wurde (Mai 1993, 95–105; Verhey 2000, 227–236, 244 ff.).

Allerdings war Bethmann Hollwegs ›Politik der Diagonale‹ eine Gratwanderung zwischen konservativen Kräften (einschließlich der Obersten Heeresleitung), die einer Aufwertung des Parlaments ablehnend gegenüberstanden, und reformorientierten Politikern des liberalen Spektrums sowie der Sozialdemokratie. Damit wurde im Krieg ein verfassungspolitischer Zwiespalt virulent, der seit der Reichsgründung 1871 ungelöst war und die Debatten über eine angemessene Staatsform eines geeinten Deutschland letztlich seit den Befreiungskriegen bestimmte. Schon im sog. ›Vormärz‹ hatte die deutsche Politik um den Vorrang von politischer Freiheit oder nationaler Einheit gestritten. Mit der Formel ›Freiheit durch Einheit‹ erhielt schließlich letztere den Vorzug. Dass der Freiheitsgedanke sich erst in demokratischer Selbstregierung verwirkliche, blieb auch nach der Reichsgründung die Grundüberzeugung der Linksliberalen und der Sozialdemokratie und wurde durch den Begriff des ›Volksstaats‹ programmatisch ausgedrückt. Die Bismarcksche Verfassung galt ihnen als ›obrigkeitlich‹, d.h. undemokratisch. Konservative Kreise, die eine Demokratie nach westlichem Muster ablehnten, verteidigten deshalb den deutschen Konstitutionalismus, der durch die starke monarchische Stellung und die Beamtenregierungen sicherstelle, dass die Reichsleitung ›über den Parteien‹ stehe und sich somit nach ihrer Auffassung ›neutral‹ um die Interessen des gesamten Volkes kümmern könne. Linksliberale Juristen wie Hugo Preuß hielten dies für eine Chimäre, da die Reichsregierungen de facto eben nicht überparteilich waren (Bruendel 2013, 216 f.). Auch Bethmann Hollweg erkannte, dass die herkömmliche Auffassung nicht mehr zeitgemäß war, zumal die Sozialdemokraten mit ihrer Zustimmung zu den Kriegskrediten gewissermaßen in Vorleistung gegangen waren. Ihre im ›Geist von 1914‹ erfolgte faktische Anerkennung der monarchischen Staatsform implizierte die Erwartung einer künftig größeren politischen Partizipation.

Je länger der Krieg dauerte, desto deutlicher wurde, dass divergierende politische Auffassungen über Verfassungsfragen oder Kriegsziele kaum bis zum Friedensschluss aufgeschoben werden konnten. Die enormen Verluste in den Materialschlachten an der Westfront, die schlechte Versorgungslage in der Heimat und der zunehmende Reformdruck bewirkten, dass der Reichskanzler immer mehr zwischen die politischen Fronten geriet. Dass er qua Verfassung allein dem Kaiser gegenüber verantwortlich war, schützte ihn, als die 3. Oberste Heeresleitung unter Hindenburg und Ludendorff Anfang 1917 begann, seine Abberufung zu betreiben. Sie konnte sich allerdings erst im Juli 1917 durchsetzen, nachdem der Reichstag sich ebenfalls klar gegen Bethmann Hollweg gestellt hatte. Der Kanzlersturz illustriert zweierlei: den Bedeutungszuwachs des Parlaments und den Machtverfall des Kaisers, der von Hindenburg quasi gezwungen wurde, seinen engsten politischen Berater zu entlassen. In den letzten anderthalb Kriegsjahren blieb der ›Geist von 1914‹ zwar eine zentrale Referenzformel in der politischen Debatte, aber die in ihr prägnant repräsentierte nationale Kohäsion erodierte vollends (Verhey 2000, 227–235, 249–259; Pyta 2007, 254–283). Nachdem die Kriegszieldiskussion Ende 1916 erlaubt worden war, führten radikale wie gemäßigte Annexionsforderungen zu einer extremen Polarisierung und verdrängten das Postulat des Verteidigungskrieges, das 1914 die Conditio sine qua non des Burgfriedens, des mit ihm verbundenen ›Geistes‹ und der freiwilligen Meldungen bei Kriegsbeginn gewesen war.

Kriegsfreiwillige

> Über 2 000 000 Kriegsfreiwillige haben sich gemeldet aus allen Schichten, vom Reichsten bis zum Ärmsten; in der gleichmacherischen Uniform steht ohne Standesschranken der Sohn der vornehmsten Familie oder der akademische Bürger neben dem Fabrikarbeiter, alle geeint, zusammengeschweißt durch Disziplin und den einmütigen Gedanken: wir müssen, wir wollen siegen (zit. n. Verhey 2000, 170).

Mit diesen Worten erinnerte die konservative preußische ›Kreuzzeitung‹ am 17. September 1914 an die Mobilmachung vom August. Solche Angaben wurden von den Zeitgenossen nicht hinterfragt, weil sie sowohl den Charakter des Verteidigungskrieges als auch die nationale Einheit unterstrichen. Die hohe Zahl der Freiwilligen und ihre Herkunft aus allen Bevölkerungsschichten galten als Beleg einer kollektiven Begeisterung: »Jubelnd folgten die Einberufenen zu den Fahnen«, rief der Berliner Staatsrechtler Otto von Gierke am 18. September 1914 und bemerkte, dass die »zwei Millionen« Kriegsfreiwilligen gar nicht alle aufgenommen werden konnten (zit. n. Bruendel, 2003, 69). Bereits am 11. August hatte die Presse von 1 300 000 männlichen Freiwilligen berichtet sowie von zahlreichen jungen Frauen – allein in Frankfurt am Main wurden 32 000 gezählt –, die beim Roten Kreuz als Krankenschwester dienen wollten (Verhey 2000, 167 ff.).

Die Zahlenangaben waren jedoch stark übertrieben. Die jüngere Forschung geht reichsweit von insgesamt rund 185 000 Männern aus, die sich im August 1914 freiwillig gemeldet hatten und angenommen wurden. Da das deutsche Heer seinen Bedarf an Soldaten über die Einberufung von Wehrpflichtigen deckte, konnten sich überhaupt nur diejenigen melden, die unter 17 oder über 50 Jahre alt waren und damit entweder noch nicht wehrpflichtig oder bereits von der Dienstpflicht befreit waren. Alle anderen waren in der Regel einer Einheit zugeteilt. Zutreffend berichtete die Presse über die soziale Zusammensetzung der Kriegsfreiwilligen, wenngleich der größte Anteil auf das Bürgertum entfiel. In Regimentern, die z.B. in Großstädten wie Stuttgart und Leipzig stationiert waren, stellten Arbeiter und Bauern etwa 10 bis 15 % der Freiwilligen (Verhey 2000, 168–171). Bei Kriegsbeginn rekrutierte Deutschland 3,8 Millionen Soldaten. Sie dienten mehrheitlich in den 40 Armeekorps des Feldheeres. Es folgte eine umfassende Mobilisierung der personellen Ressourcen, so dass im Laufe des Kriegs schließlich insgesamt rund 13 Millionen Soldaten dienen sollten (Deist 2003, 870 ff.).

Wichtige Motive, sich freiwillig zu melden, waren Abenteuerlust und Erlebnishunger, Begeisterung und die Chance, aus bürgerlicher Enge auszubrechen. Aber natürlich spielten vielfach auch Pflichtgefühl und sozialer Druck eine Rolle. Diesen verspürten vor allem bürgerliche Kreise, Schüler und Studenten (Verhey 2000, 171–175). Die Tatsache, dass auch zahlreiche Vertreter der künstlerischen Avantgarde an die Front drängten, lässt sich zum einen durch ihre Hoffnung auf gesellschaftliche Anerkennung erklären. Zum anderen ist ihre Überzeugung zu berücksichtigen, den allgemeinen Kulturpessimismus der Vorkriegszeit nur durch einen Krieg, der Reinigung und Neubeginn verhieß, überwinden zu können. Hinzu kam, dass der seit gut vier Jahrzehnten in Mitteleuropa herrschende Friede als »faul, ölig und schmierig« galt, wie der Dichter Georg Heym 1910 notierte (zit. n. Anz/Vogl 1982, 228). Da zudem keiner der Künstler und Dichter eine realistische Vorstellung davon hatte, was ein moderner Krieg bedeuten sollte, galt es in den ersten Kriegsmonaten als undenkbar, abseits zu stehen. So notierte der Wiener Maler Oskar Kokoschka im September 1914, dass er sich freiwillig melden wolle, weil es eine »ewige Schande« wäre, »zu Hause gesessen zu haben« (zit. n. Papies 1994, 86).

Es entbehrt nicht einer gewissen Komik, dass Hindenburg im August 1914 ähnlich wie die deutlich jüngeren Künstler argumentierte, um reaktiviert zu werden. Unmittelbar nach Kriegsbeginn hatte er sich erstmals um ein Kommando bemüht, galt aber mit 66 Jahren als zu alt. Am 12. August schrieb er einem im Großen Generalstab tätigen Verwandten: »Mit welchen Gefühlen ich jetzt meine Altersgenossen ins Feld ziehen sehe, während ich unverschuldet zu Hause sitzen muß, können Sie sich denken. Ich schäme mich, über die Straße zu gehen« (zit. n. Pyta 2007, 42). Dass der pensionierte General knapp zehn Tage später doch noch reaktiviert wurde und sogar ein Armeeoberkommando erhielt, beruhte auf einer Verkettung verschiedener Umstände: Die Lage an der Ostfront spitzte sich gefährlich zu. Der dortige Oberbefehlshaber wurde am 21. August abberufen, als er sich hinter die Weichsel zurückziehen und Ostpreußen preisgeben wollte. Nun war der Posten vakant, und man suchte einen altgedienten Heerführer, der mit dem als schwierig geltenden Chef des Stabes, General Ludendorff, auskommen und ihm zugleich den nötigen Freiraum gewähren würde. In dieser Situation fiel die Wahl auf Hindenburg, der am 22. August ernannt wurde und schon einen Tag später in seinem Armeehauptquartier eintraf (ebd.,

42–46). Hindenburg freute sich über das unverhoffte Glück und seine neue Position.

Medien sozialer Kohäsion

Freude war auch das vorherrschende Gefühl zahlloser junger Männer, die als Wehrpflichtige oder Kriegsfreiwillige an die Fronten fuhren. Fotos lachender Soldaten in mit lustigen Sprüchen bemalten Eisenbahnwaggons gehören zum kulturellen Gedächtnis der Deutschen. An vielen Straßen und Bahnhöfen des Reiches vollzogen sich in den ersten Kriegsmonaten ähnliche Rituale: Frauen und junge Mädchen steckten den Soldaten Blumensträuße oder kleine Präsente wie Schokolade oder Zigaretten zu, sog. ›Liebesgaben‹. Gesang, Musik sowie ›Hurra‹- und ›Hoch‹-Rufe begleiteten die ausziehenden Truppen. »Auf den Bahnhöfen standen die Menschen dicht gedrängt, die den Zug mit stürmischen Hurras begrüßten. Aus fast allen Häuschen wurden Tücher geschwenkt«, notierte der SPD-Abgeordnete Friedrich Ebert Mitte August 1914 (zit. n. Verhey 2000, 176). Seine Wahrnehmung korrespondierte mit der Perspektive der Soldaten, die ein Rekrut folgendermaßen beschrieb: »Die Stimmung in der Mannschaft ist frisch und humorvoll. Jeder Militärzug, der an uns vorüberfährt, wird mit Hurra begrüßt. […] An eine Niederlage glaubt kein Mensch; der Wille zu siegen steckt in allen« (zit. n. ebd., 178). Diese Fröhlichkeit gab dem Ausrücken an die Front einen volksfestartigen, fast karnevalesken Anstrich. Sie wurde als Motiv zahlloser Fotos und Bildpostkarten dokumentiert. Das trug mit dazu bei, das Narrativ eines kollektiven Augusterlebnisses zu verbreiten. Aber auch das populäre Liedgut stärkte die nationale Geschlossenheit.

Zu den Liedern, die in Berlin und anderswo gesungen wurden, gehörten das Deutschlandlied und die inoffizielle Nationalhymne, die »Wacht am Rhein«. Auch die Kaiserhymne »Heil Dir im Siegerkranz« wurde gesungen. Hinzu kamen später sog. »Kriegslieder« (Carl Busse), also zu Marschliedern vertonte Gedichte bekannter und unbekannter Autoren. Dass militärische Kompositionen auf der Grundlage lyrischer Texte auch den Nachruhm von Dichtern steigern konnten, illustriert das Gedicht »Zug der Wildgänse« von Walter Flex, das 1916 vertont, aber erst in den 1920er Jahren populär wurde. Singende Menschenmengen trafen sich zumeist auf zentralen Plätzen der Städte, vor Residenzschlössern und unter Denkmälern. Das gemeinsame Singen generierte eine mit Blick auf Tonlage und Rhythmus harmonische Handlungs- bzw. Kommunikationsgemeinschaft. Zugleich formte sich eine Gruppenidentität, die Emotionen im Innern teilte und nach außen über die Liedtexte vermittelte (Fries 1995, 19; Koch 2006, 177 f.). Insofern wirkten Musik und Gesang sozial kohäsiv und vertieften das nationale Gemeinschaftsgefühl. Dass das laute Singen dennoch nicht immer ein musikalischer Genuss gewesen sein muss, lag daran, dass zuweilen auch nachts lautstark und unter Alkoholeinfluss gesungen wurde. Während Gerhart Hauptmanns Tagebuch schöne Männerstimmen festhielt, blieben Klaus Mann nur lärmende Gruppen in Erinnerung (Verhey 2000, 129; Nübel 2008, 83 f.).

In allen Ländern wurde die politische Kommunikation mit Kriegsbeginn ausgedehnt, intensiviert und gesteuert. Intellektuelle, Literaten und Journalisten unterstützten die offiziellen Propagandainstitutionen. Eine zielgerichtete, Plakate, Bildpostkarten und Karikaturen sowie Kriegsschriften und Kriegsromane umfassende Medienarbeit sollte nicht nur die Meinungs- und Urteilsbildung im In- und Ausland, sondern auch die Stimmung an Front- und Heimatfront beeinflussen (Jeismann 2003, 203 f.). Ein zentrales Element der Verbindung zwischen Front und Heimatfront stellte die Feldpost dar. Sie beförderte im gesamten Krieg Millionen von Sendungen aller Art zwischen Front und Heimat. Über die Hälfte davon waren Kartengrüße, durch die der Soldat mit seinen Angehörigen in Kontakt blieb (Verhey 2000, 177 f.; Kruse 2009, 61). Die Postkartenindustrie boomte, insbesondere Bildpostkarten waren gefragt. Beliebt waren zunächst Ulkkarten, die Karikaturen der Feinde zeigten, aber auch lustige oder sentimentale Begebenheiten aus dem Soldatenleben illustrierten. Allerdings beschwerten sich Frontsoldaten schon im September 1914, weil abwertende Feinddarstellungen ihre eigenen Leistungen nicht angemessen würdigten. Ab Oktober wurden die militärischen Zensurstellen deshalb angewiesen, Postkartenmotive zu verbieten, die dem Ernst der Lage und der Würde der Soldaten nicht gerecht wurden. Realistische Abbildungen eigener Gefallener waren tabu. Der Tod auf dem Schlachtfeld war nur als stilisierter Heldentod akzeptabel. Dass nicht nur Inhalte der Feldpost, sondern auch Kartenmotive zensiert wurden, zeigt, dass Regierung und Militärführung die propagandistische Wirkung von Bildpostkarten erkannt hatten (Verhey 2000, 209 f.; Hamann 2009, 92 ff.).

Im ersten Kriegsjahr wurden viele Postkarten produziert, die nationale Symbole wie Eichen und die Germania oder aber die kaiserliche Familie und andere deutsche Fürsten präsentierten. Nicht selten wurde neben dem Konterfei Wilhelms II. sein be-rühmtes Diktum von 1914 abgedruckt, »nur Deutsche« zu kennen. Auch Auszüge aus seiner Balkonrede vom 31. Juli 1914 wurden verbreitet, um den Verteidigungscharakter des Krieges zu betonen. Das Verteidigungsnarrativ wurde um ein Demutsmotiv ergänzt. Es zeigte den Kaiser mit gesenktem und entblößtem Haupt, mal auf einem leeren Schlachtfeld, mal vor einem Soldatengrab, und zitierte Varianten der ihm zugeschriebenen Worte, den Krieg »nicht gewollt« zu haben (Hamann 2009, 24, 39, 42, 44, 333). Während die multimediale Präsenz des Kaisers in der Vorkriegszeit mit seiner Reisetätigkeit – und einer damit verbundenen physischen Präsenz – korrespondierte, lieferte der Krieg wenig andere Kaisermotive als den Rückbezug zum August 1914. Da die Kriegsführung zwar nominell, aber nicht faktisch dem Monarchen oblag, sondern der militärischen Führung, wurden die ersten Siege an der Ostfront dieser zugeschrieben, medial wie emotional. Als ›Retter Ostpreußens‹ wurden Hindenburg und Ludendorff auf zahllosen Postkarten verewigt und damit zu Heldengestalten (ebd., 82 f., 194 ff.; Bruendel 2010, 90–93).

Helden und Mythen

Als der Krieg begann, meldete sich der Berliner Dichter Ernst Lissauer, 32 Jahre alt und einem großbürgerlichen Elternhaus entstammend, freiwillig. Da er als untauglich eingestuft wurde, widmete er sich fortan der Kriegslyrik und sollte rasch einer großen Öffentlichkeit bekannt werden. Am 14. September 1914 veröffentlichte die *Vossische Zeitung* sein Gedicht »Führer« (abgedr. in Anz/Vogl 1982, 57):

> An den Grenzen im Westen und Osten,
> An beiden Meeren, entlang den Strand,
> Erdharte Wolken lagern, Land überm Land,
> Himmlische Mannschaft steht in Lüften auf Posten.
>
> Luther, der Landsknecht Gottes, mit reisiger Bibel
>   bewehrt,
> Bach, vorbetend preisende Orgelgesänge,
> Kant, gewappnet mit Pflicht, gewappnet mit Strenge,
> Schiller, die mächtige Rede schwingend als malmendes
>   Schwert,
>
> Beethoven, von kämpfenden Erzmusiken umdröhnt,
> Goethe, kaiserlich ragend, von Tagewerksonne gekrönt,
> Bismarck, großhäuptig, geharnischt, pallaschbereit
> Des ewigen Bundes Kanzler in Ewigkeit,
>
> Seht sie gedrängt verdämmern in Ferneschein,
> Dürer und Arndt und Hebbel, Peter Vischer und Kleist
>   und Stein.
> Rings über Deutschland stehn sie auf hoher Wacht
> Generalstab der Geister, mitwaltend über der Schlacht.

Der Inhalt dieses Gedichts war symbolisch hoch aufgeladen, repräsentierten die von Lissauer benannten »Führer« doch die überzeitliche deutsche Kulturnation. Der Rekurs auf die als wahrhaft und tiefgründig definierte deutsche Kultur, die der als oberflächlich angesehenen westlichen ›Zivilisation‹ gegenübergestellt wurde, war eines der verbindenden Elemente kriegspublizistisch tätiger Dichter und Schriftsteller. Auch Thomas Mann rekurrierte auf Goethe und andere deutsche Geistesgrößen. Fragte man ihn »nach den Fundamenten [s]einer geistig-künstlerischen Bildung«, so Mann, würde er Schopenhauer, Nietzsche und Wagner nennen, das »Dreigestirn ewig verbundener Geister« (Mann 1993, 63 f.). Kultur bedeutete für ihn Geist, Bildung und Humanität. »Der Unterschied von Geist und Politik«, erläuterte Thomas Mann, »enthält den von Kultur und Zivilisation« (ebd., 23). Die Bezugnahme auf berühmte Träger der deutschen Kultur diente zugleich der Selbstvergewisserung und versinnbildlicht zudem ein gerade in Kriegszeiten verbreitetes Verlangen nach Führung und Vorbildern.

Nicht der Kaiser, sondern das ›Heerführerduo‹ Hindenburg und Ludendorff sollte nach wenigen Wochen dieses Bedürfnis stillen. Beide ergänzten sich ausgezeichnet. Der Feldmarschall strahlte als älterer und erfahrener Offizier Autorität und Ruhe aus, während Ludendorff ein kühner und impulsiver militärischer Stratege war. Beide haben, wie neueste Forschungen zeigen, aktiv an ihrem Ruf gearbeitet. Zwar setzten sie – Hindenburg als ›Held von Tannenberg‹ und Ludendorff als ›Held von Lüttich‹ – ihre militärischen Siege zur Selbststilisierung ein, aber es war Hindenburg, der – von den Medien zum ›Retter Ostpreußens‹ stilisiert – im Zentrum der öffentlichen Aufmerksamkeit stehen sollte. Das lag zum einen an seiner beeindruckenden physischen Erscheinung – er war groß, hatte eine dunkle Stimme und einen unverwechselbaren Charakterkopf – und zum anderen schlicht daran, dass die Siege primär ihm als nominellem Oberbefehlshaber zugeschrieben wurden, wenngleich sie eigentlich Ludendorffs Leistung darstellten (Pyta 2007, 94 ff.; Nebelin 2010, 140–145). Hindenburgs Selbststilisierung korrespondierte mit der großen Verehrung, die ihm von allen Teilen der Bevölkerung entgegengebracht wurde. Die »öffentliche Aneignung Hindenburgs« (Pyta 2007, 97) ging so weit, dass Bilder von ihm in Wohnstuben und öffentlichen Plätzen aufgehängt wurden, sein Konterfei auf Bildpostkarten und Plakaten verbreitet und später auch zur Kriegsanleihewerbung eingesetzt wurde. Auch literarisch wurde der Feldmar-

schall glorifiziert. Walter Flex widmete ihm ein Gedicht und erwähnte ihn 1916 in seiner berühmten Erzählung *Wanderer zwischen beiden Welten*: »Über Russland stand immerfort eine brandrote Wolke, in der der Donner des Namens Hindenburg grollte« (zit. n. Koch 2006, 136). Thomas Mann hielt es in seinen *Betrachtungen eines Unpolitischen* für selbstverständlich, dass »der Tag, an dem Feldmarschall Hindenburg die englischen Landungsheere ins Meer würfe«, kommen werde (Mann 1993, 422). Dass gerade ihm die Wende an der Westfront zugetraut wurde, war eine verbreitete Überzeugung. In vielen Städten wurden hölzerne Hindenburg-Statuen aufgestellt, in die man gegen eine Spende Nägel einschlagen konnte. Der ›Eiserne Hindenburg‹ in Berlin war 12 Meter groß und stand auf dem Königsplatz unweit der Siegessäule und des Reichstags. Durch solche Ehrungen war der Feldmarschall vielerorts sichtbar und stellte den Kaiser völlig in den Schatten. Hindenburg forcierte seine mediale Inszenierung, da er schnell verstand, dass symbolische Politik der Bilder bedurfte. Nach seiner Beförderung zum Generalfeldmarschall Ende November 1914 wetteiferten Künstler darum, Hindenburg malen zu dürfen (Pyta 2007, 115–145, 191 f.).

Nicht nur visuell war der Feldmarschall omnipräsent. Auch über die Bedeutung der Presse war sich Hindenburg im Klaren, konnte aber Medienberichte über sich nur begrenzt beeinflussen. Da die Öffentlichkeit zunächst kaum etwas über den Sieger von Tannenberg wusste, kam es zu einer wahren Publikationsflut, unter denen die Schriften Sven Hedins und Ludwig Ganghofers herausragen, die Hindenburg als beeindruckende Persönlichkeit schilderten (Pyta 2007, 146–149). Ähnlich früh wie der Feldherr seine Inszenierung zum Helden forcierte, entwickelte er auch politische Ambitionen. Hindenburgs Gesellenstück wurde die Abberufung des Generalstabschefs von Falkenhayn, die er seit Ende 1914 betrieben hatte und schließlich im August 1916 gemeinsam mit Reichskanzler Bethmann Hollweg und anderen Offizieren durchsetzen konnte. Sein Meisterstück sollte ein Jahr später die Entlassung Bethmann Hollwegs werden. Beide Aktionen zeigen, dass der Generalfeldmarschall sich aufgrund seiner Popularität für unersetzlich halten konnte und nicht davor zurückschreckte, in die verfassungsgemäß allein dem Kaiser zustehende militärische und politische ›Kommandogewalt‹ einzugreifen (ebd., 155–166, 219–223, 254 ff.).

Kein anderer militärischer Führer, weder der erfolgreiche Befehlshaber der Südarmee, August von

Mackensen, der nur zwei Jahre jünger als Hindenburg und im Juni 1915 ebenfalls zum Feldmarschall ernannt worden war, noch der als »Hindenburg zur See« bezeichnete Sieger der Skagerrak-Schlacht, Admiral Reinhard Scheer, sollte in ähnlicher Weise zum Volkshelden avancieren. Das ist erstaunlich, wenn man bedenkt, dass der Hindenburg-Mythos allein auf dem Sieg bei Tannenberg beruhte, der zwar ein entscheidender Sieg im Osten war, aber kein Gesamtsieg. Insofern ist jener gewiss bedeutende deutsche Erfolg ein prägnantes Beispiel für die Schaffung von Mythen: des Tannenberg- und des Hindenburg-Mythos. Die Kämpfe dauerten vom 26. bis zum 30. August 1914. Interessanterweise war es Ludendorff, der mit geschichtspolitischem Gespür vorschlug, die Schlacht nach dem nahegelegenen Ort Tannenberg zu benennen. Dort war der deutsche Ritterorden 1410 dem vereinigten polnisch-litauischen Heer unterlegen. Hindenburg stimmte zu und meldete dem Kaiser, die »Scharte von 1410« sei »gründlichst ausgewetzt worden« (zit. n. Nebelin 2010, 137; vgl. auch Pyta 2007, 141, 856). Die deutsche Öffentlichkeit ergötzte sich an dieser ›Revanche‹, die dem Sieg eine geradezu mythische Dimension verlieh.

Während dem Tannenberg-Mythos ein Sieg zugrundelag, handelte es sich bei dem anderen wirkmächtigen Mythos des Ersten Weltkrieges um einen vergeblichen Ansturm gegen feindliche Linien: Langemarck. Dieser Ortsname wurde noch Jahrzehnte nach dem Krieg als Synonym für unbedingte Opferbereitschaft, Heldenmut und jugendlichen Enthusiasmus gedeutet. Dabei war die Realität ernüchternd: Unzureichend ausgebildete Reservekorps, die zumeist aus jungen Kriegsfreiwilligen bestanden, wurden in Flandern nahe Ypern eingesetzt und beim Ansturm auf britische Stellungen in wenigen Tagen stark dezimiert. Der nach Beendigung der Kämpfe am 11. November 1914 veröffentlichte Heeresbericht stilisierte die Tragödie kurz und knapp zur Heldensage: »Westlich Langemarck brachen junge Regimenter unter dem Gesange ›Deutschland, Deutschland über alles‹ gegen die erste Linie der feindlichen Stellungen und nahmen sie [...]« (zit. n. Hüppauf 2003, 672). Indem der Text kurz gehalten und Langemark mit ›ck‹ geschrieben wurde, was markiger klang und lautmalerisch an Bismarck erinnerte, wurde dieser Mythos bewusst konstruiert und verfehlte seine Wirkung nicht. Der Hinweis auf die Jugend und das populäre Deutschlandlied erinnerte an den Auszug der Kriegsfreiwilligen im August. Außerdem wurde der Langemarck-Mythos auch bild-

lich vermittelt und seit 1915 in literarischer Form fortgeschrieben (ebd., 671 f.). Ähnlich verhielt es sich mit dem Mythos der ›stolzen Emden‹, einem deutschen Kreuzer, der am 9. November 1914 im Indischen Ozean aufgebracht wurde, nachdem er 23 feindliche Schiffe versenkt hatte. Da die ›Emden‹ monatelang einer Übermacht standgehalten hatte, konnte ihr Untergang gut zum Opfergang stilisiert werden. Der junge Bertolt Brecht widmete dem »Geist der ›Emden‹« im April 1915 ein patriotisches Gedicht (Salewski 2003, 829; Mittenzwei 1997, 40).

Kulturkrieg: Die ästhetische Mobilmachung

Literatur und Kunst

Bei Kriegsbeginn meldete sich der 27-jährige Dichter Walter Flex freiwillig. Obwohl er ein Jahr zuvor vom Militärdienst befreit worden war, wurde er genommen und ab 1915 zumeist an der Ostfront eingesetzt. Seine seit August 1914 in verschiedenen Tageszeitungen publizierten Kriegsgedichte machten ihn einer breiteren Öffentlichkeit bekannt. Im Oktober 1916 erschien seine Erzählung »Der Wanderer zwischen beiden Welten«. Sie enthält das Gedicht »Zug der Wildgänse«, das noch im selben Jahr zu einem Marschlied vertont wurde (abgedr. in Koch 2006, 177):

> Wildgänse rauschen durch die Nacht
> Mit schrillem Schrei nach Norden –
> Unstäte Fahrt! Habt acht, habt acht!
> Die Welt ist voller Morden.
>
> Fahrt durch die nachtdurchwogte Welt,
> Graureisige Geschwader!
> Fahlhelle zuckt, und Schlachtruf gellt,
> Weit wallt und wogt der Hader.
>
> Rausch' zu, fahr' zu, du graues Heer!
> Rausch' zu, fahr' zu nach Norden!
> Fahrt ihr nach Süden übers Meer –
> Was ist aus uns geworden!
>
> Wir sind wie ihr ein graues Heer
> Und fahr'n in Kaisers Namen,
> Und fahr'n wir ohne Wiederkehr,
> Rauscht uns im Herbst ein Amen!

Der Soldat wanderte »zwischen beiden Welten«, dem Dies- und dem Jenseits. Seine ›Fahrt‹ – ein in der Jugendbewegung beliebter Begriff, der gemeinsame Ausflüge, Besichtigungen und das Naturerleben bedeutete – war der Krieg, eine gefährliche, aber nicht bedrohliche Reise, weil der Tod letztlich die ewige Jugend und die Verschmelzung mit der Natur bedeutet (Koch 2006, 177–183).

Wie Walter Flex beteiligten sich viele Schriftsteller und Dichter an der »poetischen Mobilmachung« (Julius Bab). Unter ihnen waren anerkannte Geistesgrößen wie Gerhart Hauptmann und junge Talente wie Bertolt Brecht, der als 16-jähriger Augsburger Schüler chauvinistische Gedichte verfasste und – zunächst noch unter Pseudonym – in verschiedenen Tageszeitungen publizierte (Anz/Vogl 1982, 183; Fries 1995, 5 ff.; Mittenzwei 1997, 79 ff.). Die lyrische Produktion war enorm, wenn auch von sehr unterschiedlicher Qualität. Die Produktivität entsprang nicht nur der Vaterlandsliebe, sondern entsprach auch ökonomischem Kalkül, denn patriotische Literatur verkaufte sich gut. Bis Ende 1914 wurden 235 Kriegslyrik-Bände registriert. Der Literaturkritiker Julius Bab, der selbst einen Großteil dieser Werke rezensiert hatte, schätzte 1920, dass deutsche Zeitungs- und Zeitschriftenredaktionen zwischen August und Dezember 1914 aus der Bevölkerung pro Tag etwa 50 000 Kriegsgedichte erhalten hatten (Anz/Vogl 1982, 233; Fries 1995, 20 ff., 26 f.).

Während der mit ärztlichem Attest vom Kriegsdienst befreite Thomas Mann verkündete, er wolle »[s]oldatisch leben, aber nicht als Soldat« (zit. n. Bruendel 2006, 98), meldeten sich viele seiner Kollegen freiwillig. Zu ihnen gehörten bis heute geschätzte Schriftsteller wie Rainer Maria Rilke, Hugo von Hofmannsthal oder Stefan Zweig, aber auch inzwischen nahezu vergessene Dichter wie Richard Dehmel, Ernst Lissauer und Heinrich Lersch. Viele überlebten den Krieg nicht. Walter Flex, Gorch Fock, Ernst Stadler und August Stramm fielen. Andere wurden mit den Belastungen nicht fertig, wie z. B. Georg Trakl, der im November 1914 nach einem Selbstmordversuch im Krakauer Garnisonshospital starb (Anz/Vogl 1982; Küster 2008).

Wer die Mobilisierungseuphorie zu Kriegsbeginn nicht teilte, schwieg zunächst wie Heinrich Mann oder ging ins Schweizer Exil wie Iwan Goll. Nur wenige verweigerten sich; öffentliche Gegenstimmen gab es nicht. Die hohe künstlerische Aktivität stärkte die soziale Kohäsion, indem sie das Augusterlebnis pries und den Verteidigungscharakter des Kriegs hervorhob. Dies veranschaulicht beispielsweise das Gedicht »Der deutsche Feldgruß« des aus Bremen stammenden Dichters Rudolf Alexander Schröder. Im Herbst 1914 verfasste er den weihevollen »Deutschen Schwur«, in dem er die ›Nibelungentreue‹ zu Österreich-Ungarn beschwor und zur Rettung des Vaterlandes aufrief: »Heilig Vaterland, in Gefahren, deine Söhne stehn, dich zu wahren« (zit. n. Anz/Vogl 1982, 36 f.). Hugo von Hofmannsthal sandte daraufhin »Die österreichische Antwort«, in der auch er den gemeinsamen Abwehrkampf besang (ebd., 38). Gerhart Hauptmann, Literaturnobelpreisträger und Ehrendoktor der Universitäten Leipzig und Oxford, ließ in seinem »Reiterlied« französische, russische und englische »Räuber« rufen: »Deutschland, wir wollen an Deine Ehr'!«, woraufhin der Deutsche sprach: »Nimmermehr!! Und wärt ihr nicht drei, sondern wäret ihr neun, Meine Ehr' und mein Land blieben ewig mein: Nimmer nimmt sie uns irgendwer, Dafür sorgt Gott, Kaiser und deutsches Heer« (zit. n. ebd., 28 f.).

Angesichts der Zustimmung der Sozialdemokratie zu den Kriegskrediten überrascht es nicht, dass sich auch ›Arbeiterdichter‹ wie Heinrich Lersch von der Mobilisierungseuphorie anstecken ließen. Lersch, ein Kesselschmied und literarischer Autodidakt, war der Vertreter eines sozialistisch und zugleich katholisch geprägten Expressionismus. Er meldete sich freiwillig, aber wurde bereits Mitte 1915 wegen Asthmas als dienstuntauglich aus dem Heer entlassen. Berühmt wurde sein 1914 erschienenes Gedicht »Soldatenabschied«, in dem es heißt: »Deutschland muss leben, und wenn wir sterben müssen!« (zit. n. Fries 1995, 18). Auch die Künstler hatten endlich ihr ersehntes Erlebnis: Ernst Barlach verglich den Kriegsbeginn Ende August mit einem »großen Liebesabenteuer«. Er sei »erlöst von sich« und empfinde ein »Glücksgefühl«. Max Beckmann, als freiwilliger Krankenpfleger in Ostpreußen dienend, schrieb seiner Frau am 14. September, er hoffe, »noch viel zu erleben«, und Otto Dix betonte rückblickend, er habe in den Krieg ziehen müssen, um »alles ganz genau [zu] erleben« (alles zit. n. Papies 1994, 86 f., 90 f.; vgl. auch Küster 2008, 43–92). Zahlreiche Künstler hielten die Stimmung der Mobilmachung fest. Von Max Beckmann gibt es Zeichnungen, mit denen er jubelnde Menschenmengen in Berlins Prachtstraße Unter den Linden, am Brandenburger Tor oder vor dem Kronprinzenpalais illustriert hat. Auch Ernst Barlach übersetzte die Stimmung des Kriegsbeginns in Zeichnungen und eine Skulptur, die er bezeichnenderweise »Rächer« nannte. Seine Einziehung zum Landsturm 1915 kommentierte er wie folgt: »Für mein Empfinden ist es eine Erlösung von den ewigen Ich-Sorgen des Individuums, also eine Weitung und Erhöhung des Volkes« (zit. n. Papies 1994, 86).

Dieser Enthusiasmus hielt nicht lange an. Die Realitätskontakte an der Front führten zu einer tiefgreifenden Desillusionierung. Im Nachruf auf seinen Freund August Macke schrieb Franz Marc im Oktober 1914: »Mit seinem Tod wird der Kultur eines Volkes eine Hand abgeschlagen, ein Auge blind gemacht. Wie viele Verstümmelungen mag dieser grausame Krieg unserer zukünftigen Kultur gebracht haben?« Und Franz Nölken notierte im Oktober 1917, ihm komme inzwischen alles »wie ein böser Traum vor. [...] Jedenfalls sind die am besten dran, die dabei draufgehen, für die ist der Schwindel zu Ende« (alles zit. n. Küster 2008, 57). Knapp ein Jahr später fiel er. Wie er sollten viele Vertreter der künstlerischen Avantgarde den Krieg nicht überleben. Franz Marc und August Macke sind die Bekanntesten, aber auch Wilhelm Morgner und Hermann Stenner ließen ihr Leben. Von denen, die ihren Dienst leisteten, wurden einige wie Ernst Ludwig Kirchner aus Gesundheitsgründen vorzeitig entlassen; andere wurden zu Pazifisten. Dass es zur realistischen Darstellung grausamer Kriegsereignisse nicht unbedingt des eigenen Fronterlebens bedurfte, veranschaulichen die Grafik-Mappe »Memento 1914/15« von Willy Jaeckel, der erst Anfang 1916 eingezogen wurde, oder die 1920–22 entstandene Holzschnittfolge »Der Krieg« von Käthe Kollwitz, deren Sohn bereits im Oktober 1914 in Flandern gefallen war (Küster 2008, 48 ff., 72 ff., 93 f.).

Der Maler Georg Groß und der Graphiker Helmut Herzfeld, die sich 1915 während der militärischen Grundausbildung kennengelernt hatten, änderten 1916 ihre Namen aus Protest gegen den englandfeindlichen Nationalismus und nannten sich fortan George Grosz bzw. John Heartfield (Cork 1994, 329 ff., 345 f.). Heinrich Vogeler, der sich 1914 mit 42 Jahren freiwillig gemeldet hatte und den Rang eines Unteroffiziers bekleidete, verlieh seiner Verärgerung über die Kriegspolitik Anfang 1918 in einem an Kaiser Wilhelm und General Ludendorff gerichteten Brief Ausdruck, in dem er sich gegen einen Gewaltfrieden in Brest-Litowsk aussprach und Gott zum Obersten Kriegsherrn sagen ließ: »Du bist Sklave des Scheins, werde Herr des Lichtes, [...] setze [...] Demut an Stelle der Siegereitelkeit, [...] sei Erlöser, habe die Kraft des Dienens! Kaiser!« (zit. n. Papies 1993, 105 f.). Dass ein subalterner Soldat sich die Rolle Gottes anmaße und Kritik an der obersten Führung äußerte, war so ungeheuerlich, dass Vogeler zunächst erschossen werden sollte, dann aber in eine Psychiatrische Anstalt eingewiesen wurde. Bertolt Brecht, der seit dem 1. Oktober 1918 als Militärkrankenpfleger Dienst im Augsburger Reservelazarett leistete, hatte seine Einstellung seit 1916 geändert. Ende 1918 protestierte er mit seiner »Legende vom toten Solda-

ten« gegen den Kult des Opfertodes: Ein halbverwester Soldat wird aus dem Grab gezogen, von Ärzten kriegsverwendungsfähig geschrieben und an die Front geführt (abgedr. in Anz/Vogl 1982, 218–221):

> Und als der Krieg im vierten Lenz
> Keinen Ausblick auf Frieden bot
> Da zog der Soldat seine Konsequenz
> Und starb den Heldentod.
> [...]
> Der Doktor besah den Soldaten genau
> Oder was von ihm noch da war
> Und der Doktor fand, der Soldat war k.v.
> Und er drückte sich vor der Gefahr.
>
> Und sie nahmen sogleich den Soldaten mit
> Die Nacht war blau und schön.
> Man konnte, wenn man keinen Helm aufhatte
> Die Sterne der Heimat sehn.
>
> Sie schüttete ihm einen feurigen Schnaps
> In den verwesten Leib
> Und hängten zwei Schwestern in seinen Arm
> Und ein halbentblößtes Weib
> [...]
> Die Sterne sind nicht immer da
> Es kommt ein Morgenrot.
> Doch der Soldat, so wie er's gelernt
> Zieht in den Heldentod.

Der erschütternde Inhalt dieser Ballade steht in scharfem Gegensatz zu ihrer sentimentalen Melodie. Brechts Stilmittel des Kontrasts ähnelte der dissonanten Malweise von Grosz, dessen zarte Pastelltöne in Widerspruch zum dargestellten Schrecken seiner kriegskritischen Bilder standen (Mittenzwei 1997, 79 ff.). An beiden Beispielen wird deutlich, dass die Kunst angesichts des Massensterbens im Krieg und der sozialen Desintegration in der Heimat nach neuen Ausdrucksformen verlangte. Seit 1915 verließen immer mehr Dichter die lyrische Einheitsfront der Kriegsapologeten.

Die radikalsten künstlerischen Ausdrucksformen entstanden 1916, allerdings in der neutralen Schweiz, die ein Zufluchtsort für Kriegsgegner aus ganz Europa geworden war. Am 5. Februar eröffnete das ›Cabaret Voltaire‹, eine Kleinkunstbühne junger Dichter und Künstler, die später auch eine gleichnamige Publikation herausgab. Zu den Protagonisten gehörten der aus Straßburg stammende und seit 1909 in der Schweiz lebende Künstler Hans (Jean) Arp sowie die seit 1915 bzw. 1916 dorthin emigrierten Schriftsteller Hugo Ball und Richard Huelsenbeck. Was zunächst wie ein klassisches Kabarett begann, entwickelte sich immer mehr zum Experimentierfeld einer ganz neuen Kunstrichtung, in deren Zentrum – wie schon der sinnentleerte Name ›Dada‹

suggeriert – ein Nihilismus stand, der jede Art von Bedeutung leugnete. Gleichwohl liest sich Huelsenbecks 1916 verfasstes Gedicht »Das Ende der Welt« noch als groteske Anklage gegen den Krieg (abgedr. in Kruse 2009, 97 f.):

> Soweit ist es nun tatsächlich mit dieser Welt gekommen
> Auf den Telegraphenstangen sitzen die Kühe und
> spielen Schach.
> [...]
> Ich halte den Krieg und den Frieden in meiner Toga
> aber ich Entscheide mich für den Cherry-Brandy flip.
> [...]

Die Negierung von Inhalt, Form und Aussage führte konsequenterweise zur Dekonstruktion der Sprache, wie sein Gedicht »Die Primitiven« zeigt (abgedr. in Riha/Wende-Hohenberger 1995, 88). Die sinnlosen Wortkompositionen spiegelten die politischen Phrasen ebenso wider wie die gesellschaftliche Fragmentierung:

> indigo indigo
> Trambahn Schlafsack
> Wanz und Floh
> Indigo indigai
> Umbaliska
> Bumm DADAI

Noch radikaler waren Hugo Balls Laut- oder Klanggedichte, die aus ›Versen ohne Worte‹ bestanden. Die Künstler, so Ball 1917, nähmen nur »Zufall, Unordnung, Disharmonie« wahr und suchten »den Hintergrund der Erscheinungswelt« (zit. n. Fries 1995, 245). Dem entsprachen die bildnerischen Ausdrucksmittel der Dadaisten, mit denen sie die kriegerische Gewalt symbolisch verarbeiteten: Collage und Montage. Der Dadaismus entsprang der Desillusionierung der Schriftsteller und Künstler, zumal der Expressionismus angesichts massenhaftes Leides und tausendfachen Todes die Sprache verloren zu haben schien: »Entsetzlich. Ich habe kein Wort. Ich kenne kein Wort«, hatte August Stramm nach ersten Fronterfahrungen schon im Februar 1915 notiert. »Ich muss immer nur stieren, stieren, um mich stumpf zu machen« (zit. n. ebd., 99). Hatte sich schon Ende 1914 eine antiheroische Lyrik entwickelt, verarbeiteten die Dadaisten ab 1916 künstlerisch, was jenseits des Vorstellbaren lag (ebd., 101 ff.; Küster 2008, 157 ff.).

Im April 1918 wurde das »Dadaistische Manifest« als Flugblatt verteilt. Die Unterzeichner wandten sich gegen den Expressionismus und forderten eine unbeirrte Auseinandersetzung mit der brutalen Wirklichkeit. Nach dem Kriegsende 1918 bildete sich um Huelsenbeck eine Dada-Gruppe in Berlin, der sich auch George Grosz und John Heartfield anschlossen (Kruse 2009, 97). Wenngleich der Kunstkritiker Wilhelm Hausenstein schon im Frühjahr 1915 mit Blick auf die kriegsapologetischen Schriften des Kriegsbeginns postuliert hatte, »Kein Krieg bringt Kunst hervor« (zit. n. Fries 1995, 111), kann mit Blick auf die hohe Produktivität und die Wandlungen in Stil und Ausdruck zwischen 1914 und 1918 von einer ungeheuren künstlerischen Entwicklung gesprochen werden, welche die bedeutende kulturelle Dimension des Ersten Weltkrieges illustriert. Zur kulturellen Dimension dieses Krieges zählt freilich auch die propagandistische Konfrontation, welche die militärische Auseinandersetzung zum Kulturkrieg stilisiert.

Propaganda

> Wir als Vertreter deutscher Wissenschaft und Kultur erheben vor der gesamten Kulturwelt Protest gegen die Lügen und Verleumdungen, mit denen unsere Feinde Deutschlands reine Sache in dem ihm aufgezwungenen schweren Daseinskampfe zu beschmutzen trachten (zit. n. Kruse 2009, 77).

Mit diesem Satz beginnt der im Oktober 1914 in mehreren Sprachen veröffentlichte Aufruf »An die Kulturwelt«, den 93 Vertreter des deutschen Geistes- und Kulturlebens unterzeichnet hatten, darunter die Künstler Max Liebermann und Franz von Stuck, die Schriftsteller Richard Dehmel und Gerhart Hauptmann sowie die Professoren Adolf von Harnack und Reinhold Seeberg. Die Unterzeichner verwahrten sich gegen die alliierte Propaganda, die dem deutschen Heer seit Kriegsbeginn vorwarf, das Kriegsvölkerrecht massiv und systematisch zu verletzen, und behaupteten dagegen, der deutsche Soldat verhalte sich grundsätzlich ritterlich. Mit einem sechsfachen »Es ist nicht wahr« protestierten sie gegen die »Lügen und Verleumdungen«, mit denen Deutschland überzogen werde. Sie wiesen eine deutsche Schuld am Krieg ebenso zurück wie die Vorwürfe einer völkerrechtswidrigen Verletzung der belgischen Neutralität oder deutscher Kriegsgräuel. Zwar könne man den Feinden »die vergiftete Waffe der Lüge [...] nicht entwinden«, aber die Unterzeichner wollten mit dem Aufruf »in alle Welt hinausrufen«, dass die Feinde »falsch Zeugnis ablegen wider uns« (ebd.).

Wenngleich der Aufruf von Regierungsstellen unterstützt wurde, war er von verschiedenen Geschäftsleuten und Kulturschaffenden initiiert worden. Die Namen berühmter Unterzeichner, die wissenschaftliche Objektivität und hohe Kulturleistungen verbürgten, sollten ausreichen, um die englische

Propaganda gegenüber den Feinden wie den Neutralen als ›Lügen‹ zu entlarven und den Vorwurf eines brutalen Militarismus zurückzuweisen. Deshalb wurden die Anschuldigungen pauschal zurückgewiesen, ohne einzelne Vorwürfe zu überprüfen oder konkret zu widerlegen. Dadurch erreichten die Unterzeichner das Gegenteil dessen, was intendiert worden war: Nicht ihre Reputation machte den Aufruf per se glaubwürdig, sondern die pauschale Inschutznahme des deutschen Heeres zerstörte die Reputation des deutschen Kulturlebens. Was als demonstrativer Schulterschluss gedacht war, die Behauptung, deutsches Heer und deutsches Volk seien identisch und der Militarismus sei zum Schutz der deutschen Kultur gewissermaßen aus ihr hervorgegangen, lieferte der alliierten Propaganda eine willkommene Vorlage, um fortan die vermeintlich militaristische deutsche Kultur zum Propagandatopos schlechthin zu machen (ebd., 76; Bruendel 2008, 300 f.).

Der Aufruf symbolisierte eine – für die deutsche Propaganda typische – Verbindung von gutem Gewissen und Naivität (Ungern-Sternberg 1996, 53). Die Argumentation, die alliierten Vorwürfe als Gräuelpropaganda abzutun und zugleich den Feinden Gräueltaten zu unterstellen, findet sich in vielen Äußerungen deutscher Intellektueller und Publizisten. Den »Lügenfeldzug« (Alois Riehl) der Feinde konterten sie, indem sie ihrerseits Übergriffe belgischer Freischärler auf deutsche Truppen sowie Gewalttaten russischer Soldaten gegen deutsche Zivilisten anprangerten, wobei die Gräueltopoi denen der Alliierten ähnelten. Die staatliche Propaganda in Deutschland beschränkte sich zunächst vorwiegend auf Zensurmaßnahmen. Bedeutete der Propagandabegriff im deutschen Sprachgebrauch zunächst etwa ›Werbung‹, wurde er zunehmend zu einem Synonym für eine Manipulation der öffentlichen Meinung. Die innenpolitische Propaganda professionalisierte sich in der zweiten Kriegshälfte und war in vielen Bereichen erfolgreich. So bewirkte z. B. die Kriegsanleihewerbung, dass erhebliche Finanzmittel zur Verfügung standen. Die guten Ergebnisse der halbjährlichen Werbekampagnen veranschaulichen den Durchhaltewillen an der ›Heimatfront‹, der sich in Anleihezeichnungen ausdrückte. Mit der modernen alliierten Auslandspropaganda konnten deutsche Behörden allerdings nicht mithalten. Das lag daran, dass sie politischen ›Werbebotschaften‹ skeptisch gegenüberstanden und negative Feinddarstellungen für unangebracht hielten. Diese Hemmungen hatten die Alliierten nicht, so dass Deutschland den Kampf um die Meinung der Neutralen bald

verlor (Jeismann 2003, 204 ff.; Kruse 2009, 84–89; Bruendel 2010, 99 ff.). Der Erfolg der alliierten Propaganda resultierte vor allem aus der Nutzung sämtlicher Medien, ihrer Fähigkeit zur drastischen Vereinfachung und der Aktivierung antideutscher Feindbilder, so dass Geschichten über deutsche Kriegsverbrechen häufig geglaubt wurden.

Schon am 6. August 1914 hatte die französische Zeitschrift *Excelsior* den deutschen Kaiser als »chef des barbares« bezeichnet. Zwei Tage später stilisierte sogar der berühmte französische Philosoph Henri Bergson den Krieg gegen Deutschland zu einem Kampf der Zivilisation gegen die Barbarei. Damit begann eine Propagandastrategie, die wie im Krieg von 1870/71 darin bestand, den Kriegsgegner als Barbar zu verunglimpfen. Im Zentrum der französischen Agitation gegen Deutschland stand ein rassistisch aufgeladener Barbarenbegriff, der den Deutschen nicht nur jegliche Kulturleistungen, sondern auch alle menschlichen Qualitäten absprach. Er implizierte eine kategorische Ablehnung des Feindes, die jede Verständigung ausschloss (Jeismann 1992, 346–363; 2003, 206). Während die Deutschen der Überzeugung waren, einen Verteidigungskrieg zu führen, galt das Reich den Entente-Mächten als Aggressor. Der völkerrechtswidrige deutsche Einmarsch in Belgien am 3. August 1914 sowie Gerüchte und Berichte von Gewaltexzessen deutscher Soldaten dienten ihnen als Argument und erleichterten es ihrer Propaganda, ein eindeutiges Feindbild zu zeichnen (Horne/Kramer 2001, 213 f.).

Am 23. August erschien in der Londoner Satirezeitschrift *Punch* eine ganzseitige Karikatur, die unter dem Titel »The Triumph of Culture« einen deutschen Soldaten zeigte, der in einem Trümmerfeld stolz über den Leichen einer Frau und eines Kindes stand. Es handelte sich um eines der ersten Bildmotive zu deutschen Gräueltaten und markierte die Entstehung einer besonderen Form der Bildgrafik, die bestialische Szenen zeigte, um deutsche Truppen als Gefahr für die zivilisierte Menschheit darzustellen. Das entsprang nicht nur einer seit der Vorkriegszeit ausgeprägten antideutschen Haltung, sondern folgte einer eigenen Logik: Um Unmenschliches glaubhaft unterstellen zu können, musste der Feind als Unmensch präsentiert werden. Zudem war Großbritannien darauf angewiesen, Freiwillige zu rekrutieren – die Wehrpflicht wurde erst 1916 eingeführt – und musste deshalb in besonderer Weise an Emotionen appellieren. So wurden Illustrationen von Deutschen geschändeter Frauen und verstümmelter Kinder multimedial, d. h. auf Plakaten, Post-

karten und Flugblättern verbreitetet. Dass sie blut-
rünstig und geradezu pornographisch anmuteten,
resultierte auch aus einer seit dem späten 19. Jahrhundert verbreiteten obsessiven Beschäftigung mit
Gewalt und Sexualität (Horne/Kramer 2001, 224 f.,
428, 295; Jeismann 2003, 205 f.; Bruendel 2008, 297 f.).

Der alliierten ›Gräuelpropaganda‹, die den Hintergrund für den »Aufruf an die Kulturwelt« vom
Oktober 1914 bildete, hatten die Deutschen nichts
Gleichwertiges entgegenzusetzen. Das hing mit rechtlichen Rahmenbedingungen zusammen, die zunächst
keine politische Agitation mittels Bildern erlaubten.
Zudem fehlte es an Marketingexperten, überdies galten ›Staatsreklame‹ sowie die ›Verächtlichmachung‹
des Feindes als inopportun. Entsprechend bieder
und uninspiriert wirkten viele deutsche Plakate
(Jeismann 2003, 199 ff., 203, 205). Gleichwohl ist zu
berücksichtigen, dass die alliierte Propaganda ohne
reale Vorkommnisse nicht so erfolgreich hätte sein
können. Beim deutschen Vormarsch durch Belgien
und Frankreich kam es tatsächlich zu Gewaltexzessen, die zumeist im Zusammenhang mit Freischär-
ler-Überfällen standen. Insgesamt starben 1914 beim
deutschen Vormarsch im Westen über 5000 Zivilisten, und 129 Städte wurden ganz oder teilweise zerstört (Horne/Kramer 2001, 74). Die alliierte Propaganda konzentrierte sich vor allem auf die Beschädigung der Kathedrale von Reims und die Zerstörung
der belgischen Stadt Löwen durch deutsche Truppen. Diese und andere den Deutschen angelasteten
Normübertretungen führten gegen Kriegsende dazu,
dass die Alliierten die Verantwortlichen zur Rechen-
schaft ziehen wollten. Dementsprechend enthielt der
Versailler Vertrag nicht die seit dem 17. Jahrhundert
in Friedensverträgen üblichen Amnestieklauseln,
sondern Strafbestimmungen, die völkerrechtlich ein
Novum darstellten (Bruendel 2008, 303 ff.).

Feind- und Selbstbilder

Während das Deutsche Reich für die Alliierten ein
klares Feindbild darstellte, gelang es in Deutschland
bis Kriegsende nicht, sich auf einen Hauptfeind zu
einigen. Galt der russische Zarismus der Arbeiterschaft als europäisches Grundübel, konzentrierten
bürgerliche Kreise ihren Hass vor allem auf Großbritannien und seit 1917 auch auf die USA. Werner
Sombarts Abhandlung über *Händler und Helden*
spitzte den vielfach postulierten Gegensatz zwischen
Engländern und Deutschen 1915 besonders polemisch zu. Bemerkenswert ist, dass die Franzosen
zwar als eitel und dekadent bezeichnet wurden, aber

auch als kultiviert. Der Topos der Erbfeindschaft,
der in Deutschland eigentlich zum antifranzösischen Standardrepertoire gehörte, wurde kaum verwendet. Die Abgrenzung erfolgte auf ideenpoliti-
scher Ebene in der plakativen Verwendung der Jah-
reszahl 1789, die als Datum der Französischen
Revolution an den Umschwung eines Freiheitspro-
gramms in eine Schreckensherrschaft und einen europäischen Krieg erinnern sollte. Sie wurde deshalb
mit den Niederlagen von Jena und Auerstedt sowie
mit der Auflösung des ›Alten Reiches‹ und der napoleonischen Besetzung assoziiert, also mit einem negativen französischen Einfluss auf die deutsche Geschichte. ›1789‹ stand für eine Revolution, die eine
zerstörende Befreiung repräsentierte und den Beginn des jegliche Gemeinschaft auflösenden Indivi-
dualismus verkörperte (Bruendel 2003, 81 ff., 113 ff.;
Schöning 2009, 48 f.). Um die Zäsur gegenüber der
Vorkriegszeit zu verdeutlichen, wurde der Begriff
der Revolution – zuvor in Deutschland ein Synonym
für Umsturz, Anarchie und Chaos – positiv umgedeutet: Wie 1789 als Datum der französischen, so
sollte 1914 als ›deutsche Revolution‹ in die Geschichte eingehen (Bruendel 2003, 81 f.).

Bei der Konstruktion eines Selbstbildes spielte die
Abgrenzung von Frankreich eine besondere Rolle.
Die Befreiung von den Franzosen im Jahr 1813 war
im historischen Gedächtnis der Deutschen ebenso
gespeichert wie die deutsche Germanen-Ideologie,
die – angeregt durch Tacitus' Schrift *Germania* – das
Bild des Deutschen auf den Germanen rückbezog
und ihn antithetisch dem Römer bzw. dem Franzosen gegenüberstellte. Der Deutsche galt als treuer
und tapferer Gemeinschaftsmensch. Demgegenüber
wurde der Franzose als leichtlebiger und zugleich
materialistischer Individualist angesehen. Insofern
hatte der Kontrast zwischen Deutschen und Franzosen traditionell gesellschaftspolitische Implikationen und ging über bloße Nationalstereotype hinaus.
In zahlreichen Schriften des späten 19. und frühen
20. Jahrhunderts findet sich dieser Gegensatz. Die
Topoi ›Gemeinschaft‹ und ›Gesellschaft‹ wurden
ebenso konfrontativ einander gegenübergestellt wie
die von ›Kultur‹ und ›Zivilisation‹. Dass diese Gegensätze seit 1914 aufgegriffen und ausgeschmückt
wurden, stellte insofern nichts Neues, sondern eine
Zuspitzung bereits früher geäußerter Gedanken dar
(Bruendel 2011, 43 f.).

Die Begriffe ›Kultur‹ und ›Bildung‹ hatten zur
Zeit des deutschen Idealismus und Neuhumanismus
ihre nationale Prägung erhalten. Bilden könne sich
der Mensch, so die Überzeugung von Schiller, Wil-

helm von Humboldt und anderen, nur durch Sprache, Kunst und Wissenschaft. Diese Sichtweise entfaltete im 19. Jahrhundert, während sich das deutsche Bildungsbürgertum herausbildete, eine enorme
Breitenwirkung. Anfang des 20. Jahrhunderts beriefen sich gebildete Arbeiter, Angestellte und Bürger,
Vertreter aller politischen Parteien sowie gesellschaftliche Traditionalisten und Avantgardisten gleichermaßen auf Kultur, Bildung, die ›deutsche Kunst‹
oder den ›deutschen Geist‹ (Bollenbeck 1999, 18 ff.).
»Deutschtum«, schrieb Thomas Mann während des
Kriegs in seinen *Betrachtungen eines Unpolitischen*,
»das ist Kultur, Seele, Freiheit, Kunst, *nicht* Zivilisation, Gesellschaft, Stimmrecht, Literatur« (Mann
1993, 23). Damit lehnte er die Demokratie westlicher
Prägung ab und folgte exakt dem Argumentationsmuster, mit dem bedeutende Gelehrte den französischen ›Ideen von 1789‹ seit Kriegsbeginn die deutschen ›Ideen von 1914‹ gegenüberstellten.

Umgekehrt grenzten sich auch die Westalliierten
von Deutschland ab. Im Rahmen ihrer Kriegspropaganda verwendeten sie das Wort ›Kultur‹, indem sie
es zum Synonym für eine angeblich verbrecherische
deutsche Kriegführung umdeuteten und die Deutschen als unkultiviert, ja barbarisch darstellten
(Bruendel 2008, 293 f., 297 f.). Was für Frankreich
die Deutschen, waren für Deutschland wiederum
die Russen: Barbaren. Russland galt als Hort der Unkultur. Berichte über russische Gräueltaten in Ostpreußen schienen diese Vorurteile zu bestätigen. Die
Belgier spielten bei der Feindbildkonstruktion nur
insofern eine Rolle, als sie der mangelnden Neutralität und des Partisanenkriegs bezichtigt wurden
(Bruendel 2003, 82–88). Mit einer Vielzahl von Klischees konnte an Feindbilder aus der Vorkriegszeit –
französische Eitelkeit, englischer Utilitarismus und
zaristischer Despotismus – angeknüpft werden,
ohne jedoch einen Hauptfeind zu identifizieren. Somit hatte Deutschland »Feinde, aber keinen Feindbegriff« (Jeismann 1992, 338).

Nach der Marne-Schlacht im September 1914 waren die moralischen Kampflinien gezogen: Deutsche
beschuldigten Franzosen und Belgier, einen völkerrechtswidrigen Volkskrieg zu führen, und die Alliierten verurteilten die deutsche Kriegführung als grausam und verbrecherisch. Der Kontrast zwischen
dem deutschen Selbstbild als Kulturnation, deren
Soldaten ritterlich kämpften, und dem alliierten
Feindbild des brutalen deutschen Barbaren konnte
nicht größer sein. Allerdings bestimmten die Alliierten die Themen des Propagandakriegs – deutsche
Barbarei und deutscher Militarismus – und setzten

in Bezug auf umstrittene Vorfälle wie die Zerstörung
bedeutender Bauwerke und die Versenkung von
Passagier- und Lazarettschiffen durch U-Boote ihre
Interpretation der Ereignisse durch. Nach der Niederlage 1918 forderte die deutsche Seite vergeblich,
dass auch alliierte Völkerrechtsverstöße zur Sprache
kamen, z. B. die bis 1919 aufrechterhaltene englische
Seeblockade oder die Erschießung deutscher Kriegs-
gefangener (Bruendel 2008, 302, 307).

In den auf Druck der Siegermächte Anfang der
1920er Jahre vor dem Leipziger Reichsgericht stattfindenden Kriegsverbrecherprozessen ließen die
Alliierten allerdings keine jener ›deutschen Gräueltaten‹ verhandeln, die in der Kriegszeit zu ihren propagandistischen Hauptthemen gehört hatten. Verhandelt wurden vielmehr wenige eindeutige Verstöße
gegen das Kriegsvölkerrecht wie sie letztlich von allen Kriegsparteien begangen worden waren. Hierzu
gehörten die Tötung Schiffbrüchiger sowie die Erschießung oder Misshandlung von Kriegsgefangenen und Zivilisten. Das oberste deutsche Gericht tat
sich mit der Prozessführung gegen deutsche Soldaten schwer und verurteilte nur niedrige Dienstgrade,
nicht aber einen ebenfalls angeklagten bekannten
General. Vor dem Hintergrund der propagandistisch aufgepeitschten alliierten Erwartungen und
der einhelligen, mit der Verbitterung über die einseitige Verfolgung deutscher Kriegsverbrechen sowie
die harten Versailler Vertragsbestimmungen zusammenhängenden Ablehnung der Prozesse in Deutschland befand sich das Gericht in einem ›politischen‹
Dilemma, zumal die Beweislage teilweise nicht eindeutig war. Die milden Urteile und Freisprüche deuteten die Alliierten als Justizfarce, während die Deutschen die Prozesse als oktroyierte Siegerjustiz ablehnten (ebd.).

Vergemeinschaftungsangebote: Weltanschauliche Grundierungen

Volksheer

»Und wie in das Volksheer die ganze einheitliche
Seele unseres Volkes einströmt, so kehrt von der einheitlichen Armee und ihrer Kameradschaft […] der
Geist der Einheit zurück zu der Nation« (zit. n.
Schöning 2009, 46), schrieb der Theologe Ernst
Troeltsch am 3. November 1914. Er griff damit gleich
mehrere Topoi auf, die seit August die innenpolitische Debatte prägten und nationale Integration wie
soziale Kohäsion stärkten. Zum einen unterstrich

Troeltsch die enge Verzahnung von Heer und Volk, die im Begriff ›Volksheer‹ zum Ausdruck kam. Damit grenzte er die aus Überzeugung kämpfenden deutschen Soldaten von englischen ›Söldnern‹ ab, die aus rein ökonomischen Gründen in den Kampf zögen. Zudem knüpfte er damit an den Kulturwelt-Aufruf führender deutscher Intellektueller an, den er zwar nicht unterzeichnet hatte, dessen Aussage, Heer, Volk und Kultur seien eng verflochten, er jedoch teilte. Zum anderen postulierte Troeltsch eine Einheit von Front und Heimatfront, die sich aus gemeinsamer »vaterländischer Gesinnung« speise, in der »alle Parteien und Konfessionen, Stände und Klassen verschwunden« seien. Es komme nun darauf an, »allen sittlichen Erwerb des Krieges umzusetzen in Fortentwicklung und Vertiefung unseres eigenen innenpolitischen Lebens« (ebd.).

Damit sprach sich ein anerkannter Universitätsprofessor öffentlich für Reformen des deutschen Staatswesens aus. Er war nicht der einzige. Schon kurz nach Kriegsbeginn entwickelten namhafte Gelehrte Vorstellungen zur Konkretisierung der von Reichskanzler Bethmann Hollweg anvisierten ›Neuorientierung‹. Während Künstler und Dichter sich seit August 1914 aktiv daran beteiligten, den ›Geist von 1914‹ zu stärken und zu erhalten, waren es Angehörige der akademischen Welt, die versuchten, aus dem Burgfrieden Ideen für die Zukunft von Staat und Gesellschaft abzuleiten. Dabei bezogen sie sich häufig auf das Augusterlebnis. Der Berliner Germanist Gustav Roethe sprach öffentlich vom »Wunder« der Einheit, als mit der deutschen Mobilmachung die »Erlösung« gekommen sei »und mit ihr jene herrlichen Stunden, da unser Kaiser zu seinem Volke sprach und da dieses Volk auf einmal [...] entdeckte, daß es nicht sein könne ohne Kaiser und Reich«. Dieses »ungeheure Erlebnis« werde die Deutschen aneinander binden und läutern, solange sie sich an jene »Schicksalsstunde des Deutschen Reiches, des Deutschen Volkes« erinnerten (zit. n. Bruendel 2003, 67).

An der beginnenden Reformdebatte beteiligten sich nicht nur bekannte Professoren wie Troeltsch, der Jurist Gerhard Anschütz oder der Historiker Friedrich Meinecke, sondern auch Außenseiter im akademischen Feld wie der Münsteraner Staatswissenschaftler Johann Plenge, der an der Berliner Handelshochschule lehrende Hugo Preuß oder der Privatgelehrte Max Scheler. Auch der linkskonservative Bibliotheksdirektor des Preußischen Herrenhauses, Friedrich Thimme, und der Gewerkschaftsvorsitzende Carl Légien griffen mit einer gemeinsamen Publikation in die Debatte ein, weil sie in der nationalen Geschlossenheit, die durch die Zustimmung der Sozialdemokraten zu den Kriegskrediten symbolisierten wurde, den Keim einer dauerhaften Zusammenarbeit zwischen Bürgertum und Arbeiterschaft erblickten (Schöning 2009, 48 f.; Bruendel 2011, 40 ff.).

Die Motivation der Gelehrten entsprang – wie bei den Schriftstellern – nicht nur ihrem bürgerlichen Patriotismus, sondern auch dem Wunsch, wieder eine geistige, eine nationale Führungsrolle einzunehmen. Dass sich nicht nur Kriegslyrik, sondern auch akademische Kriegsliteratur gut verkaufte, mag ein weiteres Movens gewesen sein, doch spendeten viele Gelehrte den Erlös ihrer Werke an gemeinnützige Organisationen der Heimatfront. Den akademischen Außenseitern bot sich überdies die Möglichkeit – und auch hierin ähnelte ihre Situation jener der künstlerischen Avantgarde –, Anerkennung im akademischen Feld zu erlangen und über dessen Grenzen hinaus einer breiteren Öffentlichkeit bekannt zu werden. Bei aller Übereinstimmung in Bezug auf die Notwendigkeit, die nationale Einheit auf Dauer zu stellen, entwickelten sie doch verschiedene Vorstellungen für verfassungs- und gesellschaftspolitische Reformen. Aufgrund divergierender Grundüberzeugungen und Interessen entstand eine innenpolitische Debatte, die umso schärfer geführt wurde, je länger Reformen ausblieben. Insofern sollten gerade die Vergemeinschaftungsbestrebungen zu politischer Polarisierung führen. Neben dem Konzept eines demokratischen Volksstaats, das nur wenige Anhänger fand, wurden korporative Staatsmodelle entwickelt, die zunächst eine alle ethnischen und sozialen Gruppen einschließende Volksgemeinschaft zum Ziel hatten aber im Laufe des Kriegs zunehmend völkisch definiert wurden.

Volksstaat

Im Sommer 1915 stellte Hugo Preuß, der zu den Stichwortgebern der Reformdebatte gehörte, sein verfassungspolitisches Konzept des ›Volksstaats‹ vor. Da er eine konstitutionelle Weiterentwicklung der Verfassung durch eine Aufwertung des Reichstags anstrebte, zielte es auf einen reformierten Konstitutionalismus im Sinne einer parlamentarischen Monarchie. Preuß kritisierte das Kaiserreich als ›Obrigkeitsstaat‹, weil das Volk durch den Ausschluss der Parteien von einer verantwortlichen Mitgestaltung der Politik ausgeschlossen sei und politisch entmündigt werde. Das in Deutschland vielgelobte Ideal einer ›über den Parteien‹ stehenden obrigkeitlichen

Regierung sei eine Illusion, da auch sie Interessen verträte und abweichende Meinungen als systemfeindlich darstelle. So werde bloße Parteiopposition zur Staatsopposition. Diesem obrigkeitlichen Staatsverständnis stellte Preuß den ›Volksstaat‹ gegenüber und griff damit auf eine sozialdemokratische Terminologie zurück. Für die SPD waren Staat und Volk identisch, so dass der Begriff ›Volksstaat‹ zum einen die nationale Einheit und zum anderen die Selbstregierung des Volkes bezeichnete. Die Mehrdeutigkeit des Volksstaatsbegriffs ermöglichte es, sowohl ein ethnisches als auch ein kulturelles Volksverständnis mit der staatsbürgerlich-demokratischen Bedeutung des Volks zu verbinden. Der Staat war für Preuß die Organisation des Volks, weshalb alle politischen Richtungen politisch gleichbehandelt werden müssten. Aus der Selbstorganisation im Staat leitete Preuß seine Forderung nach der Selbstregierung des Volkes ab (Bruendel 2013, 214–218).

Die Reformkonstitutionalisten – neben Preuß auch der Staatsrechtler Gerhard Anschütz, der Historiker Hans Delbrück sowie Heinrich Mann – nahmen die Bevölkerung in ihrer Vielfalt ernst und akzeptierten – ausgehend von politisch mündigen Bürgern – alle politischen Richtungen als gleichberechtigte Meinungen. Sie lehnten die Vorstellung von einem apriorischen Volkswillen ab und gingen von einer verfahrensrechtlich strukturierten Willensbildung aus. Der Gemeinwille bildete sich ihrer Ansicht nach im öffentlichen Diskurs und insbesondere im Parlament. Der Reichstag sollte als tragende Säule der Politik deshalb so mit der Regierung verzahnt werden, dass die regierenden Politiker dem parlamentarischen Betrieb entstammten. Die Forderung nach parlamentarischer Verantwortlichkeit des Reichskanzlers und einer Wahlrechtsreform in Preußen entsprach einem »wahren Konstitutionalismus« (Anschütz). Das Dreiklassenwahlrecht sollte durch das Reichstagswahlrecht – das gleiche, direkte und geheime Wahlrecht für Männer – ersetzt werden; das Frauenwahlrecht wurde noch nicht gefordert. Der Volksstaat verkörperte in den Augen Heinrich Manns die rechtliche Gleichstellung, die politische Partizipation sowie die ›Brüderlichkeit‹ aller Volksteile. Thomas Mann lobte, als er sich in seinen *Betrachtungen eines Unpolitischen* mit Preuß und seinem Bruder auseinandersetzte, zwar »das gute und biedere Wort ›Volksstaat‹«, das sich »nach Klang und Sinn wohltuend von dem Worte ›Demokratie‹« (Mann 1993, 237) unterscheide, aber er gehörte zu den dezidierten Verfechtern einer Volksgemeinschaft (Bruendel 2006, 102 ff.; Bruendel 2013, 215 ff.).

Volksgemeinschaft

Im Frühjahr 1915 publizierte Johann Plenge unter der Formel der ›Ideen von 1914‹ Vorschläge für eine deutsche Korporativverfassung. Der schwedische Staatswissenschaftler Rudolf Kjellén spitzte sie einige Monate später zu und popularisierte den Ideenbegriff. ›Korporativismus‹ bezeichnet das Bestreben, den Staat durch die Schaffung berufsständischer Körperschaften sowie durch eine totale Staatsorganisation zu erneuern. Beruhend auf dem Primat des Gemeinwohls sollte die Klassengesellschaft zu einer ›Volksgemeinschaft‹ werden. Zu den Vertretern der Korporativisten gehörten neben Plenge und Kjellén auch der Theologe Ernst Troeltsch, der Nationalökonom Franz Oppenheimer und Thomas Mann (Bruendel 2006, 102 ff.; 2013, 209 ff.).

Die deutsche korporative Staatsverfassung sollte sich vom westlich-demokratischen ebenso wie vom östlich-autokratischen System unterscheiden. Allerdings stellten allein die westlichen Staats- und Politikkonzepte die Vergleichsfolie der Korporativisten dar. Sie bezeichneten sie als Ausdruck der ›Ideen von 1789‹ und kontrastierten sie mit spezifischen, aus den ›Ideen von 1914‹ abgeleiteten deutschen Gegenwerten: So galten ihnen Ordnung und Organisation sowie die Akzeptanz sozialer Bindungen als ›Deutsche Freiheit‹. Grundlage dieses Bindungsgedankens war die protestantische Überzeugung, dass alle Individuen ohnehin in verschiedene Rahmenbedingungen und Konstellationen eingebettet waren, es mithin keine umfassende Freiheit geben konnte, sofern man nicht in Anarchie und Chaos enden wollte. Folgerichtig sprach für die organisierte ›Deutsche Freiheit‹, dass Selbstbeschränkung und Einbindung nicht autoritär erzwungen werden mussten, sondern innerer Überzeugung entsprangen (Bruendel 2003, 115 ff.; 2013, 219 f.).

Der »deutsche[n] Idee von der Freiheit« (Troeltsch) entsprach eine als ›Kameradschaftlichkeit‹ bezeichnete deutsche Gleichheitsvorstellung, die eine klassenübergreifende Zusammenarbeit ohne Änderung der sozialen Hierarchie ermöglichen sollte und sich von westlicher Gleichförmigkeit unterschied. Sie entsprach dem Ideal einer konfliktfreien, harmonischen Gemeinschaft. Solch eine ›Ordnung unter Ungleichen‹ schloss ausdrücklich alle gesellschaftlichen Gruppen ein und ermöglichte eine kollektive Pflichterfüllung ohne Änderung der sozialen Hierarchie (Bruendel 2003, 117 f.; 2013, 220). Das galt auch für die spezifisch deutsche Form von »Brüderlichkeit und Einheit« (Adolf von Harnack), die als ›Sozialismus‹, ›nationaler Sozialismus‹, ›Kriegs-‹ oder ›Staatssozialismus‹ bezeichnet und dem westlichen Konkurrenzkapitalismus entgegengestellt wurde. Dieses Vokabular war nicht nur ein semantisches Identifikationsangebot an Sozialdemokraten, ›Kathedersozialisten‹ und konservative Antikapitalisten. Vielmehr implizierte es konkrete Reformen des Wirtschaftslebens. Zwar wurde keine Vergemeinschaftung der Produktionsmittel gefordert, aber immerhin die staatliche Organisation aller Produktivkräfte sowie eine zentralisierte Rohstoffbewirtschaftung. Diese hatten sowohl Rechtssozialisten als auch der einflussreiche Wirtschaftsführer Walther Rathenau in seinem Gemeinwirtschaftskonzept angeregt (Bruendel 2003, 118 f.; Kruse 2009, 39 ff.; Bruendel 2011, 45 f.; 2013, 221).

Institutionellen Ausdruck fanden die Vorstellungen von einer totalen Staatsorganisation in verschiedenen Kriegsgesellschaften und dem am 1. November 1916 gegründeten Kriegsamt unter der Leitung Rathenaus. Mit ihnen übernahm die Regierung ordnungspolitische Aufgaben und ersetzte Marktmechanismen durch Reglementierungen, so dass sich seit 1916 ein Interventionsstaat mit korporativen Steuerungsmechanismen herausbildete. Das im Rahmen des ›Hindenburgprogramms‹ erlassene ›Vaterländische Hilfsdienstgesetz‹ vom 5. Dezember 1916 sah eine allgemeine Arbeitspflicht für alle Männer vom 17. bis zum 60. Lebensjahr vor. Der staatliche Zwang wurde mit sozialpolitischen Maßnahmen kompensiert: In allen Betrieben mit über 50 Mitarbeitern mussten ständige Betriebsausschüsse eingerichtet werden. Damit wurde das korporative Arbeitsrecht, eine Vorform der Tarifautonomie, eingeführt und die Gewerkschaften als Arbeitnehmervertreter anerkannt. Insofern hatte das Hilfsdienstgesetz für die Fortentwicklung des deutschen Sozialstaats eine grundlegende Bedeutung (Bruendel 2003, 118–124, 262–266; Pyta 2008, 257, 248 ff.; Kruse 2009, 39–43; Bruendel 2011, 44 ff.).

Die wirtschaftspolitischen Implikationen der Volksgemeinschaftsidee markierten einen deutlichen Unterschied zur Volksstaatsvorstellung, in der Wirtschaftsfragen nur eine untergeordnete Rolle spielten. Ein weiterer wichtiger Unterschied zeigte sich in der Auffassung vom Volk. Die Korporativisten betrachteten das Volk als organische Einheit. Daraus folgte, dass nicht unterschiedliche Individualinteressen, sondern das Gesamtinteresse des Volks im Mittelpunkt staatlicher Politik standen. Der einheitliche Volkswille existierte *a priori* und musste deshalb nicht als Mehrheitsmeinung in der politischen Auseinandersetzung ermittelt, sondern von Führern erkannt oder punktuell durch direkte Akklamation – also außerhalb intermediärer Instanzen wie Parteien und Verbänden – festgestellt werden. Ein Wahlrecht, das unterschiedlichen politischen Interessen Rechnung trug, war deshalb zweitrangig. Das Parlament sollte kein Entscheidungs-, sondern ein beratendes Expertengremium der überparteilichen Regierung sein. Nicht Selbstregierung, sondern Mitbestimmung lautete das Credo der Korporativisten. Mit Blick auf die Systemkonkurrenz zum Westen sprach sich Thomas Mann in seinen *Betrachtungen eines Unpolitischen* entschieden gegen jeden opportunistischen ›Demokratismus‹ aus, weil er befürchtete, dass der Volksstaat letztlich doch die Einführung der Demokratie bedeute würde (Mann 1993, 237 ff., 263 f., 322; Bruendel 2006, 105; 2013, 214 f.).

Gegenmoderne

Die Korporativisten befanden sich mit ihrem Volksverständnis und ihrer Ablehnung der ›westlichen‹ Werte in dem Dilemma, damit zugleich allgemeine strukturelle Entwicklungen der bürgerlichen Moderne abzulehnen, obwohl diese auch in Deutschland längst das gesellschaftliche Leben bestimmten: der Kapitalismus, die mit einer zunehmenden Individualisierung verbundene Verstädterung sowie eine fundamentale Demokratisierung der Politik. Zwar wurde all das als ›undeutsch‹ abgelehnt, konnte aber nicht rückgängig gemacht werden. Das Problem der radikalen Distanzierung vom Westen sah Hugo Preuß 1915 darin, dass sich die westlichen Kriegsgegner auch kulturell abgrenzten und Deutschland selbst bei den Neutralen kaum Sympathie genieße (Kruse 2009, 79 ff.; Bruendel 2013, 218 f.). Gleichwohl imaginierten die Gelehrten mehrheitlich eine »Gegenmoderne« (Ulrich Beck): Sie versuchten, verlorene integrative Sinngehalte durch neue Substanzbegriffe zu ersetzen und damit andere Gewissheiten zu entwickeln. Zu entscheidender Bedeutung gelangte der Begriff des Volks. Er verhieß Kontinuität und Homogenität und stellte gerade in der Verbindung mit dem Gemeinschaftstopos einen fundamentalen integrativen Substanzbegriff dar (Koch 2006, 189 ff.).

Der Terminus der ›Volksgemeinschaft‹ wurde seit Mitte des 19. Jahrhunderts in Deutschland sowohl von Antisemiten als auch von Zionisten verwendet. Um die Jahrhundertwende wurde er von der Jugendbewegung aufgegriffen und dann zunehmend auch von liberalen Imperialisten, jungdeutschen Ideologen und völkischen Militaristen verwendet. Angehörige des rechten Flügels der SPD rezipierten den Volksgemeinschaftsbegriff als Verheißung nationaler Integration und verwendeten ihn im Krieg, um die Integration der SPD in die Nation auszudrücken. Auch die zunehmende Popularität des Begriffs ›Volksgenosse‹, einer in Anlehnung an SPD-Parteigenossen verwendete Bezeichnung für Mitbürger, zeigt, dass das Volk mehr und mehr zum politischen Referenzsubjekt wurde. Damit rückte die traditionelle Vorstellung eines von einem Monarchen geführten Reichs aus Untertanen in den Hintergrund. Die Volksgemeinschaftsidee war der Gegenentwurf sowohl zur intransigenten Klassengesellschaft des Kaiserreichs als auch zur revolutionären Staatsvision der Arbeiterschaft. Er verhieß Sozialisten wie Nationalisten einen Interessenausgleich zwischen den sozialen Gruppen, d. h. den Verzicht auf Klassenkampf zugunsten des Gemeinwohls und einer solidarischen Produktionsweise (Mai 1994, 590 f.; Bruendel 2013, 222 f.).

Sozialismus

Die radikale Systemtransformation, die sich 1917 in Russland ereignete, blieb nicht ohne Auswirkungen auf die anderen kriegführenden Länder. Hungerunruhen und Streiks in der Hauptstadt St. Petersburg – die im August 1914 in Petrograd umbenannt worden war – mündeten Anfang März (d. h. Ende Februar nach dem julianischen Kalender, der in Russland galt) in eine Erhebung, die zur Abdankung des Zaren und zur Umwandlung des Staates in eine Republik führte. Allerdings wurde eine Doppelherrschaft aus der bürgerlichen Regierung unter Alexander Kerenski und dem sie kontrollierenden Petersburger Arbeiter- und Soldatenrat (›Sowjet‹) gebildet. Nachdem konkrete Reformen ausblieben und die neue Regierung den Krieg an der Seite der Westmächte fortführte, setzte die einzige nicht in die provisorische Regierung eingebundene Gruppe, die der ›Bolschewisten‹, die Regierung am 25. Oktober 1917 (bzw. am 7. November) ab und bildete eine Räteregierung unter Wladimir Iljitsch Lenin. Sie errichtete die ›Diktatur des Proletariats‹, aber suchte den Frieden mit den Mittelmächten, um zunächst den Sozialismus im eigenen Land zu vollenden und dann die Revolution in andere Länder zu tragen (Kruse 2009, 37 f.).

Die Entwicklungen in Russland förderten die Radikalisierung innerhalb der deutschen Sozialdemo-

kratie. Vertreter ihres linken Flügels kritisierten die bedingungslose Unterordnung der Partei unter die Burgfriedenspolitik. Diese gewandelte Einstellung formulierten Hugo Haase und Karl Kautsky im Juni 1915 folgendermaßen: »[…] Man erlaubt der deutschen Sozialdemokratie, die Kriegsmittel zu bewilligen, man geht aber kühl über sie hinweg bei den für die Zukunft unseres Volkes folgenschwersten Beschlüssen. Dürfen wir dieses Verhältnis fortbestehen lassen […]?« Konsequenterweise müsse die SPD auf die »immer stärkere Friedenssehnsucht« des Volkes eingehen und, nachdem sich gezeigt habe, dass entgegen den Beteuerungen von 1914 doch ein Eroberungskrieg geführt werde, »ihren gegensätzlichen Standpunkt« deutlich artikulieren (zit. n. Kruse 2009, 50). Seit Ende 1915 stimmten Karl Liebknecht und weitere Abgeordnete gegen die Bewilligung der Kriegskredite. Die ›Abweichler‹ wurden von der Parteimehrheit, die sich durch die Zusammenarbeit im Interfraktionellen Ausschuss und die Zustimmung zu wichtigen Gesetzen immer stärker in das politische System des Kaiserreichs integrierte, erst aus der Reichstagsfraktion und schließlich auch aus der Partei gedrängt. Diese Entwicklung verdeutlicht, wie nah Kohäsion und Konflikt selbst in einer politischen Partei beieinander lagen. Deren linker Flügel sammelte sich im März 1916 in der Sozialdemokratischen Arbeitsgemeinschaft und gründete im April 1917 die Unabhängige Sozialdemokratische Partei, die USPD (Kruse 2009, 50 f.).

Vertreter sozialistischer Parteien, welche die Kriegspolitik ihrer jeweiligen Regierungen nicht unterstützten, trafen sich seit Ende 1915 in der Schweiz. Diese sog. Zimmerwalder Bewegung suchte die Sozialistische Internationale wiederzubeleben und eine gemeinsame Friedenspolitik vorzubereiten. Lenin kritisierte den Kriegskurs und den ›Sozialchauvinismus‹ der reformorientierten Sozialdemokraten in Europa, forderte eine neue Internationale und im April 1916 auf der Kientaler Konferenz sogar die sofortige Revolution. Er gab die Parole aus, den Krieg als Bürgerkrieg aufzufassen. Darunter verstand er, dass nicht die Heere gegeneinander, sondern gegen die Klassenfeinde in ihren Ländern kämpfen sollten. Nicht der Sieg einer Kriegspartei, sondern nur der Kampf gegen die Regierungen führe zum Frieden. Der Krieg wirkte somit als Motor der Konfliktverlagerung. Diese Umdeutung des Krieges führte in Deutschland zu einer Verschärfung der sozialen Konflikte, weil die USPD nun offen die Rolle der fundamentalen Staatsopposition einnahm und den Burgfrieden aktiv durch Streiks und politische Agitation gegen die Regierung und die anderen Parteien untergrub (ebd., 51, 118 ff.; Mühlhausen 2003, 977 f.).

Exklusion

Je länger der Krieg dauerte, desto mehr zersetzten politische und soziale Konflikte die im Laufe des Kriegs immer fragiler werdende nationale Geschlossenheit. Das lag unter anderem an der Kriegszielfrage: Je weniger das Kriegsende abzusehen war, desto heftiger wurden die Auseinandersetzungen um Kriegsziele und Friedensschluss, weil der Rückbezug auf den ›Geist von 1914‹ nicht mehr ausreichte, um den Burgfrieden zu erhalten. Stattdessen sollte das Volk, so forderten es nationalistische Kreise, auf verbindliche Kriegsziele eingeschworen werden. Gemäßigte Interessenverbände definierten deshalb ihrerseits Kriegsziele. Nachdem die Kriegszieldiskussion im November 1916 erlaubt wurde, trug sie zur Vergiftung der politischen Kultur bei, weil der verbreitete Annexionismus sich nicht mit dem Narrativ vom Verteidigungskrieg vertrug und deshalb keine einigenden Kriegsziele postuliert werden konnten. Die Unterschiedlichkeit der Vorstellungen repräsentierten zwei Verbände, die bereits im Juli 1916 gegründet worden waren: der ›Unabhängige Ausschuß für einen Deutschen Frieden‹, dem annexionistische Professoren und Großindustrielle angehörten, sowie der ›Deutsche National-Ausschuß für einen ehrenvollen Frieden‹, der von dem Zentrums-Abgeordneten Matthias Erzberger initiiert worden war und einen Verständigungsfrieden anstrebte (Bruendel 2003, 146 f.). Beide Verbände dokumentieren die Spaltung in der Kriegszielfrage und die Unmöglichkeit, die Nation über gemeinsame Kriegsziele zu einigen.

Das Jahr 1917 markierte wichtige Veränderungen des deutschen Parteiensystems. Zunächst formierte sich mit der Abspaltung der revolutionären USPD im April eine sozialistische Fundamentalopposition. Im Frühsommer bildeten die reformorientierten Mehrheitssozialisten gemeinsam mit den Liberalen und dem Zentrum die sog. Reichstagsmehrheit, welche die politische Mitte vertrat, den Burgfrieden unterstützte und einen Verständigungsfrieden anstrebte. Im September entstand mit der Gründung der konservativ-völkisch orientierten ›Deutschen Vaterlandspartei‹ eine radikale, außerparlamentarische Rechtsopposition zur Regierung und zur Reichstagsmehrheit, die schnell Züge einer Massenbewegung annahm. Um ihr entgegenzuwirken, konstituierte sich im Dezember der gemäßigte ›Volksbund für Freiheit und

Vaterland‹, der die Politik der Reichstagsmehrheit unterstützte. Damit erreichte die Polarisierung der Kriegsgesellschaft ihren Höhepunkt. Es kam zur »Ideenwende« (Kurt Flasch). Die USPD agitierte, bestärkt durch die Ereignisse in Russland, für eine Revolution in Deutschland, während im bürgerlichen Lager eine zunehmend exklusiv definierte Volksgemeinschaftsidee Zuspruch fand. Die gemäßigten Vorstellungen stellten nur mehr eine Minderheitsmeinung dar. Zwar waren die Anhänger der Vaterlandspartei und des Volksbundes in ihren Ansichten keineswegs homogen, aber sie bezogen doch entgegengesetzte Standpunkte zur innenpolitischen Reformfrage. Das unerfüllte Reformversprechen wurde zur Belastung: Je länger substanzielle Änderungen der Reichsverfassung und des preußischen Wahlrechts ausblieben, desto mehr wuchs der Unmut auf allen Seiten (ebd., 149 ff.; Verhey 2000, 296–306).

Dieser Radikalisierung lag eine gewisse Zwangsläufigkeit zugrunde. Im Kriegsfall werden Freund-Feind-Definitionen schärfer konturiert. Eine homogene Gemeinschaft kann letztlich nur über den Ausschluss innerer Feinde hergestellt werden. Insofern bewirkten die Integrationsbemühungen paradoxerweise gerade soziale Desintegration. Der Ausschluss traf diejenigen, denen vorgeworfen wurde, nicht ›national‹ genug zu sein. Hierzu gehörten aus Sicht der Vaterlandspartei die Katholiken sowie die ethnischen Minderheiten in Elsass-Lothringen, Nordschleswig und Posen. Seit 1916 richteten sich die Vorwürfe verstärkt gegen Juden und seit 1917 in besonderer Weise gegen die Sozialdemokraten, wobei nicht zwischen der SPD und der abgespaltenen radikalen USPD unterschieden wurde. Pauschal wurde allen eine nationale Unzuverlässigkeit attestiert und beiden Parteien vorgeworfen, kein Interesse an einem deutschen Sieg zu haben (Bruendel 2003, 191–204, 217, 275 ff.). Damit führte ausgerechnet die sich als staatstragend verstehende Vaterlandspartei die integrativen Kaiserworte vom August 1914 endgültig ad absurdum.

Im Herbst 1916 erfolgte die sog. ›Judenzählung‹ im deutschen Heer, mithilfe derer überprüft werden sollte, ob die Anzahl der Deutschen jüdischen Glaubens an der Front ihrem Anteil an der Gesamtbevölkerung entsprach. Zwar wurden die – statistisch zweifelhaften – Ergebnisse nicht veröffentlicht, aber allein die Tatsache, dass solch eine Zählung überhaupt durchgeführt wurde, illustriert, dass tiefsitzende antisemitische Ressentiments wieder aufbrachen. Eine vergleichbare Sonderprüfung hat es für andere Bevölkerungsgruppen nicht gegeben. Heute ist erwiesen, dass der Anteil deutsch-jüdischer Soldaten dem Bevölkerungsdurchschnitt entsprach. Außerdem wurden 30 000 der insgesamt 100 000 an der Front dienenden deutschen Juden für besondere Tapferkeit ausgezeichnet. Die ›Judenzählung‹ kann retrospektiv als Wendepunkt in der deutsch-jüdischen Emanzipationsgeschichte gedeutet werden, weil erstmals eine staatlich angeordnete Maßnahme dem deutschen Judentum kollektiv das Vertrauen entzog, zuverlässige Staatsbürger zu sein. Das Kriegsende und die Revolution sollten dann zu einem nochmaligen Anstieg des Antisemitismus führen (Kruse 2009, 63).

Die Radikalnationalisten im Umfeld der Vaterlandspartei, die immer mehr Zulauf erhielten, verbanden ihre völkische Gemeinschafts- mit einer ständischen Staatsvorstellung. Nicht ein Parlament als Volksvertretung, sondern eine Ständeversammlung als Berufsgruppenvertretung sollte das Organ politischer Mitbestimmung sein. Die Gliederung des Volkes in Berufsstände analog der mittelalterlichen Stände galt als kongeniale Verbindung traditionaler und moderner Elemente und als eigenständige, spezifisch deutsche Staatsform. Die Forderung nach einer ›Erneuerung‹ des Volkes, die mit einer scharfen Kritik an der pluralistischen Moderne einherging, stand in der Tradition völkischer Vorstellungen und Rassetheorien, die bereits im 19. Jahrhundert entwickelt worden waren und im radikalen Nationalismus ihren Niederschlag gefunden hatten (Bruendel 2003, 275–286).

Innerhalb von zwei Jahren, d. h. zwischen 1916 und 1918, verdrängte die exklusive Gemeinschaftsvorstellung die in der ersten Kriegshälfte entstandene inklusive Variante. Dass mit den Oktoberreformen von 1918 zunächst der Konstitutionalismus in Gestalt der parlamentarischen Verantwortlichkeit des Reichskanzlers eingeführt wurde, lag nicht etwa an der Schwäche der völkischen Korporativisten, sondern allein an der außenpolitischen Situation, aufgrund derer die Oberste Heeresleitung nach den gescheiterten deutschen Offensiven 1918 die unverzügliche Parlamentarisierung des Reichs durchsetzte. Die Mehrheit der Deutungsträger befürwortete korporative Staatsmodelle, d. h. eine wie auch immer definierte Volksgemeinschaft. Die Revolution von 1918 und die Gründung der Republik rückte ihre Umsetzung in weite Ferne. Als alternatives Ordnungsmodell bestand sie indes fort und sollte – zunehmend radikalisiert und völkisch exklusiv definiert – die gesamten 1920er Jahre hindurch das Gegenmodell zur Weimarer Demokratie bilden.

Die Übernahme oder Herausbildung radikaler politischer Vorstellungen in der zweiten Kriegshälfte zeigt, dass eine »kriegsbedingte oder durch den Krieg beschleunigte Tendenz zur Transformation der politischen Systeme« (Kruse 2009, 36) konstatiert werden kann. Diese war keineswegs nur auf Deutschland oder die Mittelmächte beschränkt, aber sollte hier eine besondere soziale Relevanz entwickeln. Indem die inklusive und die exklusive Volksgemeinschaftsidee ebenso wie das Volksstaatskonzept und die sozialistische Utopie einen Institutionenwandel implizierten, delegitimierten sie die deutsche Staatsordnung Bismarckscher Prägung. In ideengeschichtlicher Perspektive stellt daher nicht 1918, sondern 1914 eine Zäsur dar, weil der Burgfriedensschluss den Anstoß für die politische Reformdebatte gab.

Fronterlebnisse: Desillusionierung und Durchhaltewille

Vorneverteidigung

Bedenkt man, wie schnell der Burgfrieden endete und alte soziale und politische Konflikte in Deutschland wieder aufbrachen, ist es erstaunlich, dass die Soldaten trotz aller Grausamkeiten und Entbehrungen, trotz aller Desillusionierung und Friedenssehnsucht an den Fronten vier Jahre standhielten (Kruse 2009, 70 f.; Bauerkämper/Julien 2010). Während ältere Forschungen die Auflösungserscheinungen von 1918 betonten, liefern jüngere Studien differenziertere Betrachtungen. Demnach haben die deutschen Soldaten ihre subjektive Überzeugung, das Vaterland zu verteidigen, nie wirklich in Frage gestellt und deshalb überwiegend durchgehalten. Im Osten war der Verteidigungscharakter des Krieges zunächst offensichtlich, da russische Truppen in Ostpreußen einmarschiert waren und es dort galt, deutsches Territorium zu befreien. Für die Westfront lässt sich dagegen das Paradoxon konstatieren, dass die deutschen Soldaten ihren Vormarsch nicht als Angriff, sondern als Vorneverteidigung betrachteten. Nachdem der Stellungskrieg begonnen hatte, wähnten sie sich in einer vorgeschobenen Verteidigungsstellung. Die Erfahrungen, die sie auf ihrem Vormarsch durch Belgien und Frankreich mit einer ihnen feindlich gesonnenen Zivilbevölkerung gewonnen hatten, mögen zu dieser Einstellung beigetragen haben. Die deutschen Truppen glaubten, sie würden von belgischen bzw. französischen Freischärlern attackiert und verübten deshalb brutale und oft unverhältnis mäßige Vergeltungen für einen ›Volkskrieg‹, der in Wahrheit keiner war (Horne/Kramer 2001; Hirschfeld/Krumeich 2010, 50 f.).

Zwar hat es tatsächlich einige Sabotageakte und Übergriffe belgischer und französischer Zivilisten auf deutsche Soldaten gegeben, aber keinen organisierten Volkswiderstand der Belgier und Franzosen. Die Freischärler-Obsession der Soldaten beruhte auf den im kollektiven Gedächtnis der Deutschen gespeicherten französischen *franctireur*-Überfällen im Krieg von 1870/71. Diese hatten ein Feindbild präformiert, das 1914 aktualisiert wurde und die Wahrnehmung realer Vorfälle verfälschte. So wurden versehentliche Schüsse undisziplinierter Soldaten oder ›friendly fire‹ als heimtückischer Überfall gedeutet, der das Feindbild bestätigte und die diffuse Angst in der deutschen Armee vergrößerte. Auch bei Kämpfen mit der belgischen Bürgerwehr, der Garde Civique, die aufgrund ihrer unzulänglichen Uniformierung nicht als reguläre Truppe anerkannt wurde, wähnten sich die Soldaten Freischärlern ausgesetzt. Schließlich stand die deutsche Armee, bedingt durch die Zielvorgaben des Schlieffen-Plans, unter einem erheblichem Zeit- und Erfolgsdruck. Nicht nur die Erschöpfung der eigenen Truppen durch den schnellen Vormarsch, sondern auch der unerwartet heftige Widerstand der Belgier gefährdete den notwendigen schnellen Sieg. Es war also eine fatale Mischung aus Angst, Überanstrengung und Wut, die häufig zu der Überreaktion führte, vermeintliche Übergriffe mit z. T. drakonischen, aber nach Meinung der deutschen Soldaten legitimen Maßnahmen zu vergelten (Horne/Kramer 2001, 23, 89, 94, 120; Überegger 2008, 253–256).

Die Rahmenbedingungen an der Westfront, welche die Einstellungen der Soldaten zum Krieg beeinflussten, waren nicht statisch, sondern wandelten sich in Abhängigkeit von der allgemeinen Kriegslage sowie angesichts der individuellen Situation. Die hochgespannten Erwartungen vom August 1914 wurden durch das Marne-Debakel enttäuscht, das einen Rückzug der Deutschen hinter die Aisne zur Folge hatte. Die naiven Vorstellungen vom Krieg als ritterlichem Gefecht verflogen nach den ersten Fronterlebnissen. Als der ab Herbst beginnende Stellungskrieg verdeutlichte, dass es kein kurzer Krieg sein würde, verbreitete sich schon Mitte 1915 eine Sehnsucht nach Frieden. Gleichwohl belegen Selbstzeugnisse deutscher Soldaten, dass sie von jeder Offensive erwarteten, sie werde den Durchbruch und damit das Kriegsende bringen. Angriffe erlösten sie von der Inaktivität, dem als unerträglich empfundenen Warten. Somit verstärkten sie paradoxerweise die Kampfmotivation der Soldaten, deren eigentlicher Wunsch der Frieden war.

Ganz konkrete Auswirkungen auf die soldatische Einstellung zum Krieg hatten die verlustreichen Schlachten von Verdun und an der Somme 1916 sowie die drei Flandern-Schlachten (1914, 1915 und 1917), welche die Sinnlosigkeit der hohen Opferzahlen angesichts marginaler Geländegewinne offenbar werden ließen. Auch wenn die ersten drei Kriegsmonate die verlustreichsten waren, waren es doch die Materialschlachten von 1916, die in Erinnerung blieben und die Extremerfahrungen von Trommelfeuer, MG- und Artilleriebeschuss an spezifische Orte banden. Obwohl diese in Feindesland lagen, hielt sich im Heer die Überzeugung, dass Deutschland einen Verteidigungskrieg führe. Auch auf ihrem Rückzug im Herbst 1917, der durch aktive Zerstörungen gekennzeichnet war, hielten die Soldaten an dieser Überzeugung fest und schoben die Verantwortung für die von ihnen angerichteten umfangreichen Schäden den angreifenden alliierten Truppen zu, wie zahllose Feldpostbriefe belegen. Diese Wahrnehmung war letztlich entscheidend für das Selbstvertrauen der deutschen Soldaten und die Aufrechterhaltung von Disziplin und Ordnung in Heer und Marine bis zum Sommer 1918 (Ulrich/Ziemann 1995, 102–109; Ulrich 1997, 148; Ziemann 2003, 156).

Eroberung

Die soldatischen Kriegserlebnisse an der Ostfront, die erst nach der Jahrtausendwende wieder in den Fokus der Historiker rückten, unterschieden sich deutlich von denen im Westen. Zunächst bedeutete der Sieg über die russische Armee im Herbst 1914 die Befreiung Ostpreußens und bewirkte einen Motivationsschub bei den Soldaten. Nachdem die Deutschen 1915 zum Angriff übergegangen waren, eroberten sie ein ihnen unbekanntes Land. Wie anhand offizieller Dokumente und privater Aufzeichnungen rekonstruiert werden konnte, beeindruckte allein schon die Verschiedenheit von Flora und Fauna die Deutschen und insbesondere die schier endlose Weite des russischen Raumes. Zudem irritierten sie die Einwohner, die ganz unterschiedlichen Völkern, Kulturen und Religionen angehörten. Unbegreiflich war den deutschen Besatzern, wie aus Tagebuchaufzeichnungen und Feldpostbriefen hervorgeht, die Passivität der einheimischen Bevölkerung, die das unwirtliche Land nicht kultivierte und somit bestehende Stereotype bestätigte. Der Schmutz, aber auch das Leid der vielen, in Armut lebenden Menschen rief nicht nur Mitleid, sondern auch Abscheu hervor. Das Prinzip der verbrannten Erde, das die zaristischen Truppen beim Rückzug angewandt hatten, verstärkte den Eindruck allgemeiner Rückständigkeit und Kulturlosigkeit und festigte die ohnehin unter den Soldaten verbreitete Überzeugung von einem Kulturgefälle nach Osten sowie ihre Vorurteile gegenüber Russen. In neueren Studien wird angenommen, dass die Differenzerfahrung sich langfristig mentalitätsprägend ausgewirkt und zu einem Überlegenheitsgefühl gegenüber den slawischen Völkern geführt hat, das kulturell, aber in späteren Jahren auch rassisch begründet werden konnte (Liulevicius 2002, 17, 29 f., 35, 41 f., 44 f.; Überegger 2008, 261; Werber 2012, 89 ff.).

War schon in Schule und Universität vermittelt worden, die Deutschen seien seit der ›Ostkolonisation‹ durch die Deutschordensritter dazu berufen, das Land im Osten auf eine höhere Kulturstufe zu heben, wirkte die Eroberung gleichsam ›vormoderner‹ Gebiete auf die Soldaten wie eine Wiederholung der Geschichte. Die Ostarmee bewegte sich quasi auf den Spuren des Deutschen Ordens und setzte dessen Werk in geschichtlichem Auftrag fort. Die Ödnis im Osten verhieß den Deutschen unbegrenzte Möglichkeiten der landwirtschaftlichen Nutzung. In dem Maße, wie sie das von ihnen beherrschte Gebiet wirtschaftlich, verkehrs- und verwaltungstechnisch erschlossen, erhoben sie zugleich Anspruch auf das Land und entwarfen Siedlungspläne. Im eroberten Gebiet Litauens und Kurlands wurde auf Weisung Ludendorffs ab Herbst 1915 eine straff organisierte Militärverwaltung – nach dem Oberbefehlshaber Ost kurz ›Ober Ost‹ genannt – aufgebaut, die Ordnung herstellen und Kultur verbreiten sollte. Es galt, durch eine effiziente Verwaltung und die umfassende wirtschaftliche Ausbeutung von Land und Leuten die Versorgungslage der Deutschen zu verbessern und noch vor Friedensschluss eine dauerhafte Ordnung zu etablieren (Liulevicius 2002, 9, 26 f., 60, 68–74, 75 f., 116 ff.; Überegger 2008, 265).

Dieses Ziel wurde verfehlt, weil sich das deutsche Besatzungsregiment kaum um die Belange der Einheimischen kümmerte. Insofern bedeutete für sie die Befreiung vom Zarismus nicht Freiheit, sondern eine neue, diesmal deutsche Fremdherrschaft. Allerdings fehlte die rassistische und eliminatorische Komponente, welche später den nationalsozialistischen Vernichtungskrieg kennzeichnen sollte. Zudem trug das strenge Vorgehen der deutschen Verwaltung gegenüber den lokalen Volksgruppen zu einer Verrohung der Soldaten bei, so dass es zu Gewaltexzessen und unverhältnismäßigen Requisitionen kam. Je schlechter die Versorgungslage an der Ostfront wurde, desto mehr kam es zu Disziplinlosigkeiten, was sich in Diebstählen aus Heeresbeständen und einem zunehmenden Schwarzmarkthandel zeigte (Liulevicius 2002, 232 ff., 259; Überegger 2008, 264 f.).

Der Einsatz von Angehörigen der nationalen Minderheiten des Reichs wie der preußischen Polen, der Deutschlitauer und der Elsässer – letztere wurden von der Obersten Heeresleitung als zu unzuverlässig für einen Einsatz an der Westfront angesehen – sorgte für Spannungen unter den deutschen Soldaten. Zudem verloren sie in der völlig anderen Umgebung zunehmend ihre geistig-emotionale Verbundenheit zur ›deutschen Heimat‹. Die Soldaten arrangierten sich bis zu einem gewissen Grad mit ihrer Situation in ›Ober Ost‹, so dass sie gegenüber den Einheimischen nun vor allem ihre Privilegien und ihre im Vergleich zur Westfront recht komfortable Situation verteidigten. Das zeigt sich auch daran, dass seit dem Sommer 1917 Disziplinschwierigkeiten und Befehlsverweigerungen auftraten, wenn Truppen von der Ost- an die Westfront verlegt werden sollten, deren verlustreiche Materialschlachten bekannt waren (ebd.).

Resignation

Mit fortschreitender Kriegsdauer lässt sich eine resignative Grundhaltung beobachten. Sie war allerdings gerade kein Ausdruck von Kriegsverdrossenheit, sondern führte dazu, dass die Kriegshandlungen fortgesetzt wurden. Man kämpfte, um zu überleben oder um ggf. verwundet zu werden, was zu einer Entlassung als frontdienstuntauglich führen würde. Es war ein fatalistisches Arrangement mit dem Krieg, das aber den Durchhaltewillen stärkte. Zu den wichtigen stimmungsbildenden Faktoren gehörten weder propagandistische Verlautbarungen noch die seit September 1917 ›vaterländischer Unterricht‹ genannte Aufklärungstätigkeit unter den Truppen. Auch Hass auf den Feind spielte kaum eine Rolle. Es waren vielmehr die durch Feldpost und Heimaturlaube gestärkten Bindungen an die eigene Familie sowie die Verbundenheit innerhalb der einzelnen Kampfgruppen, die ganz wesentlich zum Durchhalten motivierten. Auch dem militärischen Sozialsystem kam eine große Bedeutung zu. Angehörige verschiedener Generationen sowie unterschiedlicher regionaler, sozialer und konfessioneller

Herkunft lebten auf engstem Raum zusammen, was zu einem starken Gruppendruck führte und hohe Anpassungsleistungen des Einzelnen erforderlich machte. Das wirkte stabilisierend, weil sich niemand Vorwürfen der ›Feigheit‹ oder der ›Drückebergerei‹ aussetzen wollte. Auch Kameradschaft, aber vor allem die sich angesichts der wechselseitigen Abhängigkeit entwickelnde Solidarität und Freundschaft innerhalb kleiner Kampfverbände stabilisierte die Kampfmoral. Ernst Jünger erlebte selbst, wie soziale Unterschiede an der Front überwunden wurden, und hat die sukzessive Verwandlung heterogener Gruppen in eine Gemeinschaft in seinen *Stahlgewittern* thematisiert (Jünger 1994, 19f., 34, 45f., 73, 91ff., 188ff., 263f.; Ulrich 1997, 145f.; Kruse 2009, 70ff.).

Demotivierend wirkten dagegen die alltäglichen Lebensbedingungen der Soldaten. Die Monotonie des Dienstes zwischen den Kampfhandlungen zermürbte die Truppen. Überdies führte die unregelmäßige, quantitativ wie qualitativ unzureichende Verpflegung zu verbreiteter Unzufriedenheit. Verstärkt wurde diese zum einen durch den Unterschied zwischen Front und Etappe. Dort, außerhalb der Reichweite der feindlichen Artillerie, herrschten fast friedensmäßige Zustände. Zum anderen empörte man sich darüber, dass Offiziere besser versorgt wurden als die Mannschaften. All diese Ungerechtigkeiten gefährdeten zwar die Motivation, stellten aber nicht unbedingt den Sinn des Krieges in Frage, den das Gros der Soldaten über vier Jahre hinweg durch einen Sieg zu beenden hofften. Wohl aber delegitimierten sie die militärische Hierarchie und, davon abstrahierend, die Klassengesellschaft daheim (Ulrich/Ziemann 1995, 29–62, 117–149; Ulrich 1997, 140–144; Ziemann 1999, 167; Liulevicius 2002, 233f.).

Verweigerung

Mit zunehmender Kriegsdauer waren allerdings verschiedene Formen von Verweigerung zu beobachten. Dazu gehörten gezielte Selbstverstümmelungen oder simulierte Krankheiten, durch die man dem Kriegseinsatz zeitweise oder dauerhaft entkommen konnte. Auch Dienstvergehen, die mit Arrest oder sogar Gefängnis bestraft wurden, boten sich an, um dem Fronteinsatz zu entgehen, bis diese Möglichkeit durch die Bildung von Militärgefangenen-Kompanien, die in Frontnähe zum Einsatz kamen, nicht mehr attraktiv war. Die ›unerlaubte Entfernung‹ von der Truppe war ein vorübergehender Entzug der eigenen Kampfkraft, die Fahnenflucht durch ›Überlaufen zum Feind‹ oder Absetzen ins neutrale Ausland ein dauerhafter. Nervenärztliche Gutachten bildeten oft die Grundlage für die Ahndung von versuchter Fahnenflucht, Selbstverstümmelung oder Befehlsverweigerung, so dass die deutsche Militärjustiz vergleichsweise mild reagierte; Todesurteile wurden kaum vollstreckt (Ulrich/Ziemann 1995, 150–180; Ulrich 1997, 139; Ziemann 2003, 161).

Für das deutsche Feldheer geht man unter Berücksichtigung der Dunkelziffer und von Grenzfällen von maximal 100 000 Fällen von Fahnenflucht sowie 2000 Verurteilungen aus. Auch wenn Arbeiter häufiger desertierten als Bauern und über drei Viertel der Fahnenflüchtigen familiär ungebunden waren, unterschieden sie sich in ihrer Einstellung zum Krieg nicht signifikant von den anderen Mannschaften. Denn selbst Desertion implizierte nicht zwangsläufig die Ablehnung des Kriegs als solchen, sondern drückte zunächst das Verlangen aus, sich der Gefahr für Leib und Leben zu entziehen. Proportional gesehen gab es unter den dienstverpflichteten Angehörigen nationaler Minderheiten die meisten Fahnenflüchtigen. Zu Revolten oder Meutereien kam es – im Gegensatz zum französischen Heer – nur vereinzelt in den Materialschlachten 1916/17. Individuelle Krisenbewältigungsstrategien, z. B. die Bewahrung des Pflichtgefühls, erhöhte Religiosität oder exzessives Schimpfen als Ventil, milderten die Auswirkungen der Belastungen auf die Soldaten und verhinderten die für eine Auflehnung notwendige gemeinsame Krisendeutung (Ulrich 1997, 153–156; Ziemann 2003, 161f.; Jahr 2003, 435–437).

Erst das sozialistische Gedankengut, das sich seit der russischen Oktoberrevolution 1917 an der Ostfront verbreitete, wurde als kollektives Deutungsmuster zum Problem für das militärische System. Tief empfundene Ungerechtigkeiten etwa bzgl. der besseren Behandlung der Offiziere ebneten den Weg für radikale Vorstellungen von Gleichheit, die durch Kontakt mit russischen Soldaten und bolschewistische Agitation vermittelt wurden. Schon nach der russischen Februar-Revolution war es an ruhigeren Frontabschnitten zu zahlreichen Fraternisierungen russischer und deutscher Truppen gekommen. Dabei übernahmen einige deutsche Einheiten teilweise sogar das bolschewistische Institut des Soldatenrats. Obwohl die Soldaten auf die osteuropäischen Bevölkerungen herabblickten, stimmten sie mit den Einheimischen in ihrer kritischen Haltung gegenüber der herrschenden Klasse, z. B. den deutschbaltischen Baronen, überein. Entwicklungen wie diese betrachtete die Oberste Heeresleitung mit Sorge und ließ an die Westfront beorderte Truppen einer politischen

Schulung unterziehen. Gleichwohl kann von einer ›Revolutionierung‹ des Feldheeres nicht gesprochen werden. Zwar galten Einheiten von der Ostfront als ideologisch ›verseucht‹, aber ihr Einsatz an der Westfront unterschied sich nicht von dem der dortigen Truppen. Sozialistisches Gedankengut spielte in der Marine eine größere Rolle, in der die Klassenunterschiede zwischen Offizieren und Mannschaften stärker ausgeprägt waren und es mangels Einsätzen kein Aggressionsventil gab. Ansätze einer Meuterei auf verschiedenen Schiffen wurden im Sommer 1917 durch harte Maßnahmen unterdrückt (Ziemann 1999, 181; Liulevicius 2002, 267; Salewski 2003, 831; Ziemann 2003, 165).

Siegeshoffnung

Seit Dezember 1917 verhandelten die deutsche und die sowjetische Friedensdelegation in der russischen Stadt Brest-Litowsk. Als die russische Delegation den Verhandlungsort im Februar 1918 aus Protest gegen den deutschen Separatfrieden mit der Ukraine verließ, brachte der darauffolgende deutsche Vormarsch wieder Bewegung in die Front. Ohne auf nennenswerten Widerstand zu stoßen, drangen die deutschen Truppen weiter vor und eroberten die restliche Ukraine, Weißrussland und das gesamte Baltikum. Der nahende Sieg beflügelte die Soldaten. Ende Februar kehrte die russische Delegation gezwungenermaßen an den Verhandlungstisch zurück und unterzeichnete am 3. März 1918 den Friedensvertrag mit Deutschland. Mit Abschluss des Bukarester Vertrags mit Rumänien am 7. Mai genoss Deutschland die Vormachtstellung in Ostmitteleuropa und konnte sich mit Öl und Lebensmitteln versorgen. Nun setzte Ludendorff alles auf eine Karte und wollte mit Großoffensiven im Frühjahr und Sommer 1918 auch im Westen den Durchbruch und damit den Sieg erlangen. Dafür musste er auf die im Osten stationierten Divisionen zurückgreifen, die nun an die Westfront transportiert wurden. Deren Stimmung wurde getrübt, da man kein ›Schlachtvieh für Flandern‹ sein wollte. Meutereiähnliche Vorfälle und Absetzbewegungen bei Truppentransporten unterstreichen, dass die Soldaten den Krieg vor allem überleben wollten (Liulevicius 2002, 256–259, 267; Kruse 2009, 74 f.).

An den Januarstreiks 1918 beteiligten sich bis zu eine Million Arbeiter im Reich. Trotz der unter den Frontsoldaten verbreiteten Friedenssehnsucht, lehnten sie die Streiks mehrheitlich ab, auch wenn es Übereinstimmungen mit einigen Forderungen der Arbeiter gab. Hauptgrund für die entschiedene Ab-

lehnung war die Annahme, der Krieg werde durch die Streiks gerade nicht verkürzt, sondern verlängert, weil er die Alliierten in ihrer Ansicht bestätige, Deutschland niederringen zu können. In vielen Selbstzeugnissen finden sich Formulierungen und Bilder, die – ganz wie die spätere ›Dolchstoß‹-Legende – die Überzeugung ausdrückten, mit dem Streik falle die Heimat der Front in den Rücken. Heimat und Front wurden in vielen Feldpostbriefen zu Antipoden (Ziemann 1999, 169 ff.; Ulrich/Ziemann 1995, 195 f.).

Gerade an der Westfront setzten die Soldaten auf neue Offensiven, die sich durch Truppenverschiebungen, Urlaubssperren und ähnliches ankündigten. Der Beginn der ersten Offensive am 21. März 1918 hatte eine erhebliche Mobilisierungswirkung auf die Soldaten. Vielfach wurden in den ersten Tagen und Wochen Vergleiche mit dem Kriegsbeginn gezogen und auf den ›Geist von 1914‹ Bezug genommen. Zahlreiche Egodokumente zeigen, dass die erneute ›Kriegsbegeisterung‹ keineswegs ein bloßes Propagandaergebnis war, sondern Ausdruck der Hoffnung, nach dem Endkampf endlich zu den Familien in die Heimat zurückkehren zu können (Ulrich/Ziemann 1995, 196–199; Ziemann 1999, 172 ff.; Deist 2003, 876).

Bei den an diesen Offensiven beteiligten Soldaten wiederholte sich noch einmal das Paradoxon, trotz aller Kriegsmüdigkeit alle Kräfte anzuspannen, um durch einen Sieg zum ersehnten Frieden zu gelangen. Umso größer waren das Entsetzen und die darauffolgende Demotivierung, als auch dieser Vormarsch steckenblieb und die Alliierten zu erfolgreichen Gegenangriffen übergingen. Die ausgelaugten und schlecht ausgerüsteten Soldaten wurden nicht nur durch die seit dem Sommer grassierende Grippe zusätzlich geschwächt, sondern angesichts der vollen alliierten Vorratslager, die in ihre Hände gefallen waren, auch psychisch zermürbt, führten sie ihnen doch die eigene materielle Unterlegenheit deutlich vor Augen. Damit verschob sich die Priorität der Soldaten auf das eigene Wohl und auf das eigene Überleben. Eher eine größere Risikoaversion und weniger eine offene Befehlsverweigerung kennzeichnete den nun beginnenden »verdeckten Militärstreik« (Wilhelm Deist). Allein am 8. August 1918, dem ›schwarzen Tag des deutschen Heeres‹, ergaben sich 16 000 Soldaten dem Feind. Seit dem Spätsommer beendeten bis zu einer Million deutsche Soldaten den Krieg auf eigene Faust, indem sie sich in das rückwärtige Gebiet absetzten und sich in Richtung Heimat durchschlugen. Erst die Erkenntnis von der unausweichlichen deutschen Niederlage erschütterte die allgemeine Kampfmoral. Nach dem Vertrauensvorschuss zu Beginn der Offensiven herrschte nun allgemeine Resignation. Im Herbst 1918 hatten sich die deutschen Soldaten mehrheitlich mit der Niederlage abgefunden. Die genauen Modalitäten des Waffenstillstands interessierten sie nicht; die unversehrte Heimkehr war das Entscheidende (Ulrich/Ziemann 1995, 199–207; Ziemann 1999, 175 f.; Liulevicius 2002, 269; Ziemann 2003, 162).

Enttäuschung

Der völlige Meinungsumschwung der Frontsoldaten im Herbst 1918 ist nur vor dem Hintergrund der angesichts aller Entbehrungen enorm hohen und desto bitterer enttäuschten Erwartungen zu verstehen. Das »Motiv der unmittelbaren Lebenssicherung« (Benjamin Ziemann) war in den letzten Kriegswochen weitaus wichtiger als sozialistisch-revolutionäre Vorstellungen. Das galt umso mehr für die Marinesoldaten. Der Befehl zu einer letzten Feindfahrt, die mit Blick auf den nahen Waffenstillstand sinnlos und angesichts der alliierten Übermacht ein Selbstmordkommando gewesen wäre, wurde zum Auslöser der Meuterei vom 29. Oktober 1918 in Wilhelmshaven (Ziemann 1999, 181; Salewski 2003, 831).

Die Durchhaltebereitschaft der Soldaten hing nicht nur von emotionalen Faktoren ab. Auch die militärische Ordnung spielte eine Rolle. Soldaten hielten so lange durch, wie sie in ein Netz von Zwängen eingebunden waren und nur wenige Freiheiten besaßen. Zwänge konnten rechtlicher oder psychologischer, aber auch sozialer Art sein. War dieses Netz zerstört oder geschwächt wie beim deutschen Heer Mitte 1918, erlahmte das Durchhalten bzw. suchten die Soldaten nach Handlungsalternativen. Gleichwohl ist hervorzuheben, dass es den Alliierten nach August 1918 nicht gelang, die Front der Deutschen erneut zu durchbrechen, die sich nun endgültig in der Defensive befanden. Diese Lageänderung bestärkte die Vorstellung der Soldaten von einer Selbstverteidigung, die auch erhebliche Zerstörungen rechtfertigte, um den Vormarsch des Feindes zu verlangsamen. Hinzu kamen die Autorität Hindenburgs sowie die berechtigte Erwartung, im Rahmen des geordneten Rückmarsches vielleicht sogar schneller nach Hause zu gelangen als auf eigene Initiative. Erst seit Oktober war eine umfangreiche Auflösung der deutschen Kommandoautorität festzustellen, als der nahende Waffenstillstand auch letzte Verteidigungshandlungen zu erübrigen schien (Jahr 1998, 166; Ziemann 1999, 179 f.).

Die militärischen Auflösungserscheinungen im Herbst 1918 korrelierten mit einer völligen Entwertung aller Werte und Überzeugungen der Vorkriegs-

zeit. Es bleibt mit Blick auf die spätere ›Dolchstoß‹-Legende festzuhalten, dass Front und Heimatfront trotz aller Belastungen durchhielten und dass revolutionäre Zustände im Innern erst auftraten, als nach dem Waffenstillstandsgesuch die militärische Niederlage des Reichs offensichtlich war. Weshalb die ›Dolchstoß‹-Legende nach dem Krieg trotzdem so erfolgreich werde sollte, bleibt eine spannende Forschungsfrage. Die Kaiserworte vom August 1914 begünstigten die Bildung des Burgfriedens und wirkten sozial kohäsiv. Allerdings unterminierten politische und soziale Konflikte, die im Laufe des Krieges wieder aufbrachen, den Zusammenhalt. Vor dem Hintergrund der innenpolitischen Gegensätze wirkte paradoxerweise gerade die Einheitsrhetorik polarisierend. Diesen Effekt brachte der Schriftsteller Hermann Bahr schon im Frühjahr 1915 auf den Punkt, als er schrieb: »Alle sind noch immer bereit, nur noch Deutsche zu sein, doch meint jeder jetzt schon wieder seine Art, deutsch zu sein« (zit. n. Fries 1995, 114).

Literatur

Anz, Thomas/Vogl, Joseph (Hg.): *Krieg. Die Dichter und der Krieg. Deutsche Lyrik 1914–1918*. München/Wien 1982.

Bauerkämper, Arnd/Julien, Elise (Hg.): *Durchhalten. Krieg und Gesellschaft im Vergleich 1914–1918*. Göttingen 2010.

Bollenbeck, Georg: *Tradition, Avantgarde, Reaktion. Deutsche Kontroversen um die kulturelle Moderne 1880 – 1945*. Frankfurt a. M. 1999.

Bruendel, Steffen: *Volksstaat oder Volksgemeinschaft. Die »Ideen von 1914« und die Neuordnung Deutschlands im Ersten Weltkrieg*. Berlin 2003.

Bruendel, Steffen: Zwei Strategien intellektueller Einmischung – Heinrich und Thomas Mann im Ersten Weltkrieg. In: Ingrid Gilcher-Holtey (Hg.): *Zwischen den Fronten. Positionskämpfe europäischer Intellektueller im 20. Jahrhundert*. Berlin 2006, 87–115.

Bruendel, Steffen: Kriegsgreuel 1914–18. Rezeption und Aufarbeitung deutscher Kriegsverbrechen im Spannungsfeld von Völkerrecht und Kriegspropaganda. In: Sönke Neitzel/Daniel Hohrath (Hg.): *Kriegsgreuel. Die Entgrenzung der Gewalt in kriegerischen Konflikten vom Mittelalter bis ins 20. Jahrhundert*. Paderborn u. a. 2008, 293–316.

Bruendel, Steffen: Vor-Bilder des Durchhaltens. Die deutsche Kriegsanleihe-Werbung 1917/1918. In: Arnd Bauerkämper/Elise Julien (Hg.): *Durchhalten! Krieg und Gesellschaft im Vergleich 1914–1918*. Göttingen 2010, 82–108.

Bruendel, Steffen: Solidaritätsformel oder politisches Ordnungsmodell? Vom Burgfrieden zur Volksgemeinschaft in Deutschland 1914–1918. In: Wolfram Pyta/Carsten Kretschmann (Hg.): *Burgfrieden und Union sacrée. Literarische Deutungen und politische Ordnungsvorstellungen in Deutschland und Frankreich 1914–1933*. München 2011, 33–50.

Bruendel, Steffen: Zur Identität von Volk und Staat. Die deutsche Verfassungsdiskussion 1915. In: Detlev Lehnert (Hg.):

Gemeinschaftsdenken in Europa. Das Gesellschaftskonzept »Volksheim« im Vergleich 1900–1938. Köln 2013, 206–226.

Clark, Christopher: *Wilhelm II. Die Herrschaft des letzten deutschen Kaisers*. München 2009.

Cork, Richard: Die Kunst der Avantgarde und der erste Weltkrieg. In: Rainer Rother (Hg.): *Die letzten Tage der Menschheit. Bilder des Ersten Weltkrieges*. Ausst.-Katalog Deutsches Historisches Museum Berlin. Berlin 1994, 301–396.

Deist, Wilhelm: Streitkräfte (Deutsches Reich). In: Gerhard Hirschfeld/Gerd Krumeich/Irina Renz (Hg.): *Enzyklopädie Erster Weltkrieg*. Paderborn u. a. 2003, 870–876.

Fries, Helmut: *Die große Katharsis. Der Erste Weltkrieg in der Sicht deutscher Dichter und Gelehrter*. Bd. 2: Euphorie – Entsetzen – Widerspruch: Die Schriftsteller 1914–1918. Konstanz 1995.

Groh, Dieter: *Negative Integration und revolutionärer Attentismus. Die deutsche Sozialdemokratie am Vorabend des Ersten Weltkrieges*. Berlin 1973.

Hamann, Brigitte: *Der Erste Weltkrieg. Wahrheit und Lüge in Bildern und Texten*. München/Zürich ²2009.

Hirschfeld, Gerhard/Krumeich, Gerd: Wozu eine »Kulturgeschichte« des Ersten Weltkriegs? In: Arnd Bauerkämper/Elise Julien (Hg.): *Durchhalten. Krieg und Gesellschaft im Vergleich 1914–1918*. Göttingen 2010, 31–53.

Horne, John/Kramer, Alan: *German Atrocities, 1914: A History of Denial*. London 2001.

Hüppauf, Bernd: Langemarck-Mythos. In: Gerhard Hirschfeld/Gerd Krumeich/Irina Renz (Hg.): *Enzyklopädie Erster Weltkrieg*. Paderborn u. a. 2003, 671 f.

Jahr, Christoph: *Gewöhnliche Soldaten. Desertion und Deserteure im deutschen und britischen Heer 1914–18*. Göttingen 1998.

Jahr, Christoph: Desertion. In: Gerhard Hirschfeld/Gerd Krumeich/Irina Renz (Hg.): *Enzyklopädie Erster Weltkrieg*. Paderborn u. a. 2003, 435–437.

Jeismann, Michael: *Das Vaterland der Feinde. Studien zum nationalen Feindbegriff und Selbstverständnis in Deutschland und Frankreich 1792–1918*. Stuttgart 1992.

Jeismann, Michael: Propaganda. In: Gerhard Hirschfeld/Gerd Krumeich/Irina Renz (Hg.): *Enzyklopädie Erster Weltkrieg*. Paderborn u. a. 2003, 198–209.

Jünger, Ernst: *In Stahlgewittern* [1920]. Stuttgart 1994.

Koch, Lars: *Der Erste Weltkrieg als Medium der Gegenmoderne. Zu den Werken von Walter Flex und Ernst Jünger*. Würzburg 2006.

Kruse, Wolfgang: *Der Erste Weltkrieg*. Darmstadt 2009.

Küster, Bernd: Der Erste Weltkrieg und die Kunst. Von der Propaganda zum Widerstand. In: Ders. (Hg.): *Der Erste Weltkrieg und die Kunst. Von der Propaganda zum Widerstand*. Ausst.-Kat. Landesmuseum für Kunst und Kulturgeschichte Oldenburg. Oldenburg 2008, 29–184.

Liulevicius, Vejas Gabriel: *Kriegsland im Osten. Eroberung, Kolonisierung und Militärherrschaft im Ersten Weltkrieg*. Hamburg 2002.

Mai, Gunther: *Das Ende des Kaiserreichs. Politik und Kriegführung im Ersten Weltkrieg*. München ²1993.

Mai, Gunther: ›Verteidigungskrieg‹ und ›Volksgemeinschaft‹. Staatliche Selbstbehauptung, nationale Solidarität und soziale Befreiung in Deutschland in der Zeit des Ersten Weltkrieges (1900–1925). In: Wolfgang Michalka (Hg.): *Der Erste Weltkrieg. Wirkung, Wahrnehmung, Analyse*. München 1994, 583–602.

Mann, Thomas: *Betrachtungen eines Unpolitischen* [1918]. Frankfurt a. M. 1993.

Mittenzwei, Werner: *Das Leben des Bertolt Brecht oder Der Umgang mit den Welträtseln*. Bd. 1. Berlin 1997.

Mühlhausen, Walter: Zimmerwalder Bewegung. In: Gerhard Hirschfeld/Gerd Krumeich/Irina Renz (Hg.): *Enzyklopädie Erster Weltkrieg*. Paderborn u. a. 2003, 977 f.

Nebelin, Manfred: *Ludendorff. Diktator im Ersten Weltkrieg*. Berlin 2010.

Nübel, Christoph: *Die Mobilisierung der Kriegsgesellschaft. Propaganda und Alltag im Ersten Weltkrieg in Münster*. Münster u. a. 2008.

Obst, Michael A. (Hg.): *Die politischen Reden Kaiser Wilhelms II. Eine Auswahl*. Paderborn u. a. 2011.

Papies, Hans-Jürgen: »Ich habe diesen Krieg längst in mir gehabt«. Selbstzeugnisse bildender Künstler. In: Rainer Rother (Hg.): *Die letzten Tage der Menschheit. Bilder des Ersten Weltkrieges*. Ausst.-Katalog Deutsches Historisches Museum Berlin. Berlin 1994, 85–106.

Pyta, Wolfram: *Hindenburg. Herrschaft zwischen Hohenzollern und Hitler*. Berlin 2007.

Riha, Karl/Wende-Hohenberger, Waltraud (Hg.): *Dada Zürich – Texte, Manifeste, Dokumente*. Stuttgart 1995.

Salewski, Michael: Seekrieg. In: Gerhard Hirschfeld/Gerd Krumeich/Irina Renz (Hg.): *Enzyklopädie Erster Weltkrieg*. Paderborn u. a. 2003, 828–832.

Schöning, Matthias: *Versprengte Gemeinschaft. Kriegsroman und intellektuelle Mobilmachung in Deutschland 1914–33*. Göttingen 2009.

Überegger, Oswald: »Verbrannte Erde« und »baumelnde Gehenkte«. Zur europäischen Dimension militärischer Normübertretungen im Ersten Weltkrieg. In: Sönke Neitzel/Daniel Hohrath (Hg.): *Kriegsgreuel. Die Entgrenzung der Gewalt in kriegerischen Konflikten vom Mittelalter bis ins 20. Jahrhundert*. Paderborn u. a. 2008, 241–278.

Ulrich, Bernd: Das soldatische Kriegserlebnis. In: Wolfgang Kruse (Hg.): *Eine Welt von Feinden. Der Große Krieg 1914–1918*. Frankfurt a. M. 1997, 127–158.

Ulrich, Bernd/Ziemann, Benjamin: *Frontalltag im Ersten Weltkrieg. Wahn und Wirklichkeit*. Frankfurt a. M. 1995.

Ungern-Sternberg, Jürgen/Ungern-Sternberg, Wolfgang: *Der Aufruf »An die Kulturwelt!«. Das Manifest der 93 und die Anfänge der Kriegspropaganda im Ersten Weltkrieg*. Stuttgart 1996.

Verhey, Jeffrey T.: *Der »Geist von 1914« und die Erfindung der Volksgemeinschaft*. Hamburg 2000 (amerik. 2000).

Werber, Niels: Archive und Geschichten des »Deutschen Ostens«. Zur narrativen Organisation von Archiven durch die Literatur. In: Thomas Weitin/Burkhardt Wolf (Hg.): *Gewalt der Archive. Studien zur Kulturgeschichte der Wissensspeicherung*. Paderborn 2012, 89–111.

Ziemann, Benjamin: Enttäuschte Erwartung und kollektive Erschöpfung. Die deutschen Soldaten an der Westfront 1918 auf dem Weg zur Revolution. In: Jörg Duppler/Gerhard P. Groß (Hg.): *Kriegsende 1918. Ereignis, Wirkung, Nachwirkung*. München 1999, 165–182.

Ziemann, Benjamin: Soldaten. In: Gerhard Hirschfeld/Gerd Krumeich/Irina Renz (Hg.): *Enzyklopädie Erster Weltkrieg*. Paderborn u. a. 2003, 155–168.

Steffen Bruendel

6. Medien des Krieges

Der Erste Weltkrieg führte zu einem tiefen Einschnitt in der beinahe dreitausendjährigen Mediengeschichte des Kriegs. Er hat eine Dynamik in der Beziehung zwischen Krieg und Medien freigesetzt, die in das folgende Jahrhundert hineingewirkt hat und noch immer nicht abgeschlossen ist.

Neuere Forschung legt die Annahme nahe, dass der physische Kampf von seinen symbolischen Repräsentationen nicht zu trennen ist. Es gibt demnach keinen Krieg ohne Diskurs. Der Diskurs macht einen Teil des Kriegs aus, nicht anders als die Kämpfe auf dem Schlachtfeld. Was Krieg war und ist, erfahren wir nur aus der Kombination von Schlachten und ihrer Vorbereitung und Verarbeitung durch Bilder und Vorstellungen, die eine Gesellschaft vom Krieg in Diskursen entwirft und in ihren Medien öffentlich zirkuliert. Dieser Prozess ist das Produkt einer durch Arbeitsteilung differenzierten Gesellschaft, in der physischer Kampf mit gesellschaftlichen Medien vermittelt ist. Stammesfehden oder Beutezüge sollten nicht als Krieg bezeichnet werden, da sie keine mediale Resonanz finden und keine Medien einsetzen. Krieg braucht den Diskurs, und der Kriegsdiskurs braucht Medien, in denen Zeichen und Bilder, Sprache und Kulturtechniken den Krieg in die Gesellschaft überführen. Damit Krieg entstehen konnte, mussten Medien entwickelt sein. Im Folgenden werden einige theoretische Bemerkungen zum Verhältnis von Krieg und Medien formuliert, an die sich ein kurzer Überblick über die Vorgeschichte des Kriegs in den Medien der Moderne anschließt. Danach richtet sich der Fokus auf das eigentliche Thema: Das Verhältnis von Medien und Erstem Weltkrieg als dem ersten Krieg der Massenmedien. Mit Kommentaren über die nachfolgende Entwicklung bis zur Gegenwart schließt dieser kurze Abriss.

Theorien

Ohne Medien kein Krieg

Medien sind das Mittel, durch das Gesellschaften den Krieg als Ganzes imaginieren, kommunizieren und erinnern. Krieg ist unter Einschluss von Technologie, Tod und Töten sowie anderen Realien eine Konstruktion aus Denken, Vorstellen, Imaginieren, Halluzinieren und praktischen kulturellen Interaktionen. In Medien stellt der Diskurs her, was wir als Krieg bezeichnen. Gleichzeitige, vorauslaufende und nachträgliche Imagination, Emotionen, Bilder und Reflexion bilden den *Kriegsdiskurs* der Medien. Diese Zusammensetzung macht den Krieg aus, der mehr ist als die Summe seiner Realien, und das Gedächtnis des Kriegs, das mehr ist als die Summe aller erinnerten Ereignisse. Erst der Diskurs in gesellschaftlichen Medien verleiht dem Krieg Wirklichkeit (Hüppauf 2013).

Seit einigen Jahren führen Medientheorien zu einer grundlegenden Veränderung des Kriegsbildes nach Clausewitz. Für sie ist der Zweikampf – Fundament von Clausewitz' Kriegstheorie – oft kaum der Erwähnung wert. Krieg und Frieden, argumentieren Capurro und Grimm, seien spezifische kulturelle Phänomene. Krieg sei Kampf *und* eine Kommunikationsform: »Mit dem ersten Kanonenschlag wird dem Angegriffenen eine Nachricht von Seiten des Angreifers mitgeteilt: ›Der Krieg beginnt.‹ Bomben sind real und zugleich Symbole einer in der Menschheitsgeschichte schon lange bekannten Form der Grenzüberschreitung« (Capurro/Grimm 2004, 11). Für Paul Virilio, radikaler Vertreter dieser Sicht, ist das Medium alles. Krieg ist Kino, und Kino ist Krieg (vgl. Virilio 1986).

Für die folgenden Überlegungen gilt: Krieg ist in den Medien, und Medien sind im Krieg. In Medien werden Symbole zum Kriegsdiskurs zusammengefügt und seine Bedeutung für die Beteiligten und die Beobachter definiert. Ideale, Ziele und der Kampf selbst werden durch Symbole, die oft das Denken auf binäre Oppositionen reduzieren – *wir* versus *sie: der Feind* – mediengerecht vereinfacht und in gesellschaftliche Praxis integriert. Die Reduktion auf symbolische Dichotomien verbindet sich mit moralischer Wertung, ohne die kein Krieg geführt wird. Was ›gut‹ und was ›schlecht‹ oder ›böse‹ ist, wird im »kulturellen Wissen« (Titzmann 1989; Breidbach 2008) einer Gesellschaft festgelegt und weitergegeben. Diese moralischen Urteile werden nicht nur in zeitlicher Nähe zum Krieg gefällt, sondern sie werden in Medien wie Filmen, Büchern und Bildern über einen längeren Zeitraum hinweg verhandelt und fixiert, selten verändert. Sie wirken am kommenden Krieg mit.

Krieg, das mag zunächst wenig plausibel klingen, kann nicht direkt wahrgenommen werden. Aus unmittelbarer Beobachtung lässt sich die Frage ›Was ist Krieg?‹ nicht beantworten. Denn der Beobachtung sind immer nur Facetten eines bestimmten Kriegs aus einer bestimmten Perspektive zugänglich. Was der Krieg ist und was zum Krieg führt, lässt sich nicht sehen und nicht abbilden. Kriegerische Auseinandersetzungen werden im Diskurs zu Bedeutungsnetzen transformiert, und die bedürfen der multiperspektivischen Analyse, die eine Deutung mit Absolutheitsanspruch in die Pluralität der Mediendiskurse auflöst und die Logik dieser Transformation von einer Vielzahl von Kämpfen zum singulären Krieg und die damit verbundenen Widersprüche offenlegt.

Es ist keine triviale Feststellung, dass die Mediengeschichte des Kriegs nicht vom Krieg, sondern von Vorstellungen und Repräsentationen des Kriegs handelt, insoweit sie durch Medien kollektiv kommuniziert werden. Die Frage ›Was ist Krieg?‹ meint aus der Perspektive der Militärgeschichte, die am Objektivitätsideal festhalten muss, etwas anderes als die Frage: ›Welche Vorstellungen vom Krieg gibt es?‹ Die Mediengeschichte stellt die zweite Frage.

Sie erfordert einen Blick auf die Perspektiven, aus denen der Krieg zu Vorstellungen wird, die das Subjektive übersteigen. Sie handelt von *Ansichten des Kriegs* im doppelten Wortsinn: von Ansichten als den wahrgenommenen Facetten des Kriegs selbst und von Ansichten, die Beobachter über den Krieg entwickeln. Der Zusammenhang der beiden *Ansichten* ist opak. Mediengeschichte des Kriegs ist aus dieser Sicht keine *Erweiterung* der Militärgeschichte (Kühne/Ziemann 2000), sondern ein Teil der Kulturgeschichte, deren Epistemologie und Erkenntnisinteresse in einem Spannungsverhältnis zur Militärgeschichte steht. Auf welche Weise Medien festlegen, wie Kriege öffentlich repräsentiert, kommunizierbar gemacht und erinnert werden, ist keine Frage, die mit den Mitteln der Militärgeschichte gestellt werden kann. Die Analyse des Verhältnisses von Krieg und Medien erfordert Methoden der Kommunikationstheorie, Anthropologie und Linguistik.

Medien und Dokumentation

Die fundierende Bedeutung der Medien für den Krieg, von der neuere Theorien ausgehen, macht den Bruch mit einer Kriegstheorie nötig, die auf einem mimetischen Verhältnis von Begriff und seinem Objekt aufbaut. Ein kurzer Blick auf die Begriffsgeschichte zeigt, dass erst am Ende des 18. Jahrhunderts der generische Begriff ›Krieg‹ entstanden ist. Traditionell bezeichnete ›Krieg‹ einzelne und die *eigenen* Kriege. Der Kollektivsingular wird im späten 18. Jahrhundert entwickelt. Frühere Lexika führen das Lemma ›Krieg‹ nicht auf (Hüppauf 2013, 162–165). Theorie und Diskurs handelten von einzelnen Kriegen oder Ausschnitten aus einem Krieg und beinahe ausnahmslos vom Krieg mit eigener Beteiligung. Der generische Kriegsbegriff folgte nicht aus Beobachtung, sondern aus der Theorie. Clausewitz war 1832 einer der ersten, der nach einer Logik der neuen Vorstellung von Krieg als einem Kollektivsingular suchte.

Sein Versuch, den Krieg (und nicht einzelne Kriege) begrifflich zu bestimmen, führte Clausewitz zu der immer wieder zitierten Bestimmung: »Der Krieg ist eine bloße Fortsetzung der Politik mit anderen Mitteln« (Clausewitz 1980, 27). Clausewitz postuliert den Zusammenhang von Politik und Krieg auf eine Weise, die die Kriegstheorie von der pragmatischen Aufgabe, Anwendungswissen zu produzieren, befreit. Kriegstheorie kann sich so gewendet auf andere Fragen kaprizieren. Aber er zeigt an der Dimension *Politik und Medien* wenig Interesse und schreibt stattdessen über die *anderen Mittel*. So spricht er vom Krieg als einem Zweikampf und einem »Akt der Gewalt, um den Gegner zur Erfüllung unseres Willens zu zwingen« (ebd., 17). Sein Begriff von Gewalt bezeichnet manifeste, physische Gewaltausübung. Für die Kriege seiner Zeit und die folgende Epoche ist Clausewitz' Studie zweifellos fundamental. Aber sie ermöglicht nur bedingt Einsicht in die Verflechtung von Kampf und Medien und ist daher auf den Ersten Weltkrieg kaum anwendbar.

Medien (will man den Begriff, den Clausewitz nicht kennt, einführen) existieren für Clausewitz als »Nachrichten« und Mittel im Kampf. Ihr Problem sieht er darin, dass »die meisten Nachrichten falsch sind« und sie im »Getümmel des Krieges«, wenn »eine Nachricht die andere drängt«, zu falschen Entscheidungen führen (ebd., 75 f.). Aufgrund dieser Konzentration auf den physischen Zweikampf geht in *Vom Kriege* die Dimension des Medialen im Krieg verloren.

Clausewitz' generelle Bestimmung des Kriegs wird immer wieder als zeitlose Antwort auf die Grundfrage verstanden. Das ist sie nicht. Die gesteigerte Bedeutung, die den Medien im Krieg der Gegenwart zukommt, verändert den Blick auf sie in früheren

Kriegen und macht ihre Bedeutung für den Ursprung des Kriegs erkennbar. Medien waren seit je konstitutiv für den Krieg. Ihre Bedeutung und Funktion unterlagen im Lauf der Geschichte gründlichem Wandel. Sie können aber für keine Zeit auf Nachrichten zur Information von Offizieren reduziert werden. Unter Berücksichtigung der Medien im Krieg ist Clausewitz' Bestimmung von Krieg nicht zu halten.

Wie stellen Medien den Krieg dar? Die Bedingungen des Entstehens von Diskursen liegen in der Kommunikationsstruktur der Gesellschaft, die sich in ihren Medien entfaltet. Die theoretische Klärung des Verhältnisses von Krieg und Medien hat daher außerhalb der Geschichtswissenschaft begonnen. Eine für die hier entwickelten analytischen Interessen geeignete Medientheorie ist im Entstehen begriffen (vgl. Baudrillard 1978; Kittler 1989; McLuhan 1992; Flusser 1995; Kittler 1997; Flusser 1999; Konitzer 2006). Der Beitrag der Medien zur Formung des Kriegsbildes müsste von den Anfängen der bildlichen Repräsentation an methodisch reflektiert und im Zusammenhang erforscht werden (vgl. Perlmutter 1999; Seeßlen/Metz 2002; Paul 2004). Das Spezifische der Medien im Zeitalter der fortgeschrittenen Technologie im Vergleich mit früheren Jahrtausenden ist signifikant. Dem Ersten Weltkrieg, dem ersten Krieg der fortgeschrittenen Kriegs- und Kommunikationstechnologie, kommt eine Schlüsselfunktion zu.

Medien und das Bild vom Krieg haben sich durch Fotografie, Telegrafie und neuere Kommunikationstechniken grundlegend verändert. Die Fotografie motivierte den Anspruch auf eine objektive Dokumentation des Kriegs durch eine subjektlose Technik des Apparats und einen chemischen Prozess und zog eine Theorie der objektiven Zeugenschaft nach sich. Der Anspruch hatte keine Vorläufer in der Geschichte der Bilder. Die Grafiker des Dreißigjährigen Kriegs waren parteiisch, und sie konnten nicht belegen, dass sie selbst gesehen hatten, was sie auf ihren Blättern zeigten. Sie waren stets dem Verdacht der Parteilichkeit und der Fabrikation inauthentischer Kriegsbilder ausgesetzt. Die Abbildung von Krieg wurde durch neue Verfahren der Bildproduktion massiv tangiert. Fotos informieren exakt über Details der Kriege, über Waffen, Kleidung sowie Verhaltensweisen. Mit Sorgfalt betrachtet, sind sie ebenso ein Gedächtnis der materiellen *Produktionsverhältnisse* und einzelner kriegerischer Ereignisse wie des Kriegs insgesamt. Kriegsfotos werden bis heute als Quellen mit Dokumentationscharakter gedeutet und von der Geschichtsschreibung und gelegentlich von Gerichten benutzt.

Für einen kurzen geschichtlichen Augenblick ließ die moderne Technologie, kombiniert mit der Objektivitätstheorie des wissenschaftlichen Zeitalters, die Hoffnung aufkeimen, ein objektives Kriegsbild sei möglich. Diese Erwartung erwies sich bald als Illusion. Eine ausgedehnte Debatte über den Dokumentationsanspruch von Fotos hat grundsätzliche Zweifel am Vermögen des Fotos genährt, Abbildungen von Wirklichkeit als einem integrierten Zusammenhang zu schaffen. Das Foto ist eine unzuverlässige Quelle. Der Objektivitätsanspruch war ein Irrtum. Die vermeintliche Objektivität des Fotos ist selektiv und daher partiell. Der Bildausschnitt ist von der Kamera und subjektiven Entscheidungen abhängig und durch die jeweilige Perspektive gebrochen. Die moderne Kriegsfotografie hat das Universalitätsideal und den Überblicksanspruch der früheren Kriegsbilder aufgegeben. Sie zeigt den Krieg aus einer spezifischen Perspektive. Aus perspektivischen Facetten lässt sich kein objektives Bild und kein Wesen des Kriegs zusammenfügen. Der Anspruch auf Objektivität beruht auf einer Illusion. Das gilt, wie an der Fotografie des Ersten Weltkriegs demonstriert werden kann, für Kriegsfotos in gesteigertem Maß.

Es war schon den Zeitgenossen klar, dass die Bilder den Anspruch auf wahre Dokumentation nicht erfüllen konnten. Ein objektives Bild vom Krieg, das den subjektiven Ansichten gegenübergestellt werden könnte, ist ein Phantom. Die Bilder dieses Kriegs oszillierten zwischen Dokumentation und Kunst, Subjektivität und Propaganda. Ohne die kulturellen Codes zu kennen, die erst einen Zusammenhang herstellen und die Perspektivik einzuordnen ermöglichen, ist der Betrachter ausgeschlossen, und das Verständnis bleibt an der Oberfläche oder ist gar falsch.

Als die Erwartung einer unverfälschten, rein dokumentierenden Abbildung durch die Kamera zerfiel, wurde die Frage ›Was ist Krieg?‹ auf eine neue Weise gestellt, die alle naturalistischen, an einem einfachen Sender-Empfänger-Modell orientierten Antworten ausschloss. Die Kriegsfotografie war nicht nur Zeuge des industrialisierten Kriegs, vielmehr trugen die neuen Medien zur veränderten Perspektive und damit zum Entstehen eines neuen Kriegs bei. Das Problem, das sich in der Gegenwart auf radikale Weise stellt, tauchte in den frühen Medientheorien, ausgelöst durch den Ersten Weltkrieg, zum ersten Mal auf.

Um das Verhältnis von Krieg und Medien zu klären, ist ein theoretischer Rahmen erforderlich. Er kann nur durch eine Medienphilosophie entwickelt werden. Eine oft hoch spekulative Medienphilosophie im Hinblick auf Krieg gibt es seit einigen Jahrzehnten, etwa von Gilles Deleuze oder Paul Virilio (vgl. Deleuze 1989; Virilio 1989; Deleuze 1991; Deleuze/Guattari 1992; Prokop 2009). Eine Verbindung dieser abstrakten Theorien mit konkreten Untersuchungen zum Krieg ist bisher allenfalls in Ansätzen versucht worden. Konkrete Untersuchungskategorien kann eine zu schreibende Mediengeschichte des Krieges nicht nur aus einer soziologischen Theorie der (Massen-)Kommunikation beziehen (vgl. Jürgens-Kirchhoff 1993; Löffelholz 1993; Reetze 1993; Imhof/Schulz 1995; Prokop 2001; Capurro/Grimm 2004). Vielmehr muss sie sich auf Theorien der Produktion und Rezeption von Bildern beziehen, wie sie in der Bildwissenschaft und philosophischen Anthropologie entwickelt werden.

Bilder

Die Mediengeschichte kann die Frage nach dem Krieg nicht angehen, ohne Bilder und ihre Funktion für die gesellschaftlichen Medien zu reflektieren. Das Kapitel über Bilder in der Geschichte des Kriegs reicht weit zurück, ist jedoch bisher ohne größeres Gewicht und theoretisch unterentwickelt. Es gibt allerdings Ausnahmen (Paret 1997; Rock 2003, 294–315; Kittsteiner 2004, 153–182; Hüppauf/Wulf 2006; Paul 2006; Bredekamp 2007). Die Mediengeschichte des Kriegs kann an aktuelle Diskussionen um die Möglichkeit von Täuschungen und die Retuschierung von Konflikten in politischen Bildern anschließen. Die Aufmerksamkeit für das Inauthentische im Kriegsbild der Gegenwart bleibt nicht ohne Rückwirkungen auf den Blick, den wir auf historische Kriegsbilder richten. Es wäre interessant, mit der gegenwärtigen Erfahrung des Inauthentischen die Medien des Ersten Weltkriegs neu zu betrachten – nicht nur Film und Fotografie, sondern ebenso konventionelle Gattungen wie Feldpostbriefe und -karten (vgl. Didczuneit u. a. 2011).

Wenn die Geschichtsschreibung das Thema *Bilddiskurs der Medien* bisher weitgehend ignoriert hat, war das nicht die Folge eines Übersehens. Wie kann das Thema übersehen werden, wenn vor über 20 Jahren der *iconic/pictorial turn* ausgerufen und jahrelang intensiv diskutiert wurde (Mitchell 1994; Boehm 1994)? Diese Leerstelle ist vielmehr die Folge eines theoretisch-methodischen Defizits. Medien können nicht als ein weiteres Themenfeld der Militärgeschichte angefügt werden, sondern erfordern,

um fruchtbar einbezogen werden zu können, ein methodisches Umdenken. Nur wenn Medien als kulturelle Fakten in die Konzeption von Krieg integriert werden, lässt sich Krieg angemessen beschreiben. Sie geben dem Krieg eine Gestalt, die wir ohne den Einschluss der Medien nicht sehen können.

Im Blick auf den Ersten Weltkrieg ist die Fotografie als das erste und grundlegende Massenmedium dargestellt worden. Medientheoretiker sprechen gelegentlich von Medien ohne Geräte und Techniken, die sie als ›Primärmedien‹ bezeichnen. Die Bezeichnung ist nur bedingt tauglich. Die Konstruktion von Krieg in Medien ist auf materielle Träger der Informationen angewiesen. Eine Unterscheidung von Medien, die zur Produktion, aber nicht zum Empfang technische Mittel benötigen, einerseits, und Medien, die sowohl für die Produktion als auch für die Aufnahme technische Hilfsmittel bedürfen, also nur in komplexen Prozessen technisch hoch entwickelten Kulturen entstehen, andererseits, führt jedoch eine theoretisch begründete und empirisch fruchtbare Unterscheidung ein, die vor der akustischen Telekommunikation, Telegrafie und dem Radio auch schon das fotografische Bild betraf.

Außer der Ikonographie gilt es in diesem Verständnis von modernen Medien, zwei weitere Dimensionen des Bildes zu erkunden: die der Bildbedeutung und die der kulturellen Bedeutung, also den Geist oder die Atmosphäre einer Zeit im Bild. Unterstellen wir, dass der westlich-europäische Blick, der distanzierte Blick, der empathische Blick, der Kriegerblick, der weibliche Blick oder der Blick der Kinder aus unterschiedlichen Einstellungen zum Bild und Krieg resultieren, ist die Einbettung der Bilder in gesellschaftliche Kontexte eine Bedingung für ihr Verständnis und für das Verständnis von Krieg.

Zu sehen ist allerhand auf Kriegsfotos: Schlachtfelder, Kriegstechnik, Soldaten im Kampf und in Ruhepositionen, Uniformen, Fahnen und Wimpel, Pferde und im 20. Jahrhundert ziehen Leichen, verhungernde Menschen, Exekutionen, Massenvertreibungen, endlose Felder mit Kreuzen, verwüstete Städte und Landschaften und Notlager das Interesse der Beobachter auf sich. Diese Fülle teilen sie (trotz des leeren Schlachtfelds) mit älteren Kriegsbildern. Aber während diese erlaubten, eine Vorstellung vom Krieg zu entwickeln, ist es nicht mehr möglich, aus den Einzelaspekten der Fotos ein Kriegsbild zusammenzusetzen. Entgegen dem Eindruck, den die Massenmedien erwecken, führen ihre Bilder nicht mehr zu einem integrierten Bild vom Krieg. Sie bleiben visuelle Fragmente. Dennoch scheint das Interesse an diesen Bildern unersättlich zu sein. Woher rührt dieses Interesse?

Fotos können nicht generalisieren, argumentiert Roland Barthes. Sie sind daher, im Vergleich mit schriftlichen Zeugnissen, *dumm*. Sie sind aber das ideale Medium der Subjektivität und machen Spezifisches sichtbar. Ihre Bedeutung für das Bild vom Krieg ist dubios (Sontag 2003, 77 f.). Es wäre aber ein Verlust, wenn die Subjektivität der Kriegswahrnehmungen in Bildern zu Gunsten des Objektivitätsideals geopfert würde. Subjektivität ist das Kapital der Kulturgeschichte des Visuellen. Aber Krieg darf nicht in den Relativismus subjektiver Ansichten aufgelöst werden. Die Kulturgeschichte des Kriegs muss eine Theorie des Subjektiven aufbauen und zugleich die Fragen stellen: was wir über Perspektiven wissen können und wie aus (perspektivischen) Bildern in den Medien ein zusammenhängendes und nicht-subjektives Wissen über den Krieg entsteht. Um diese Frage behandeln zu können, muss die Mediengeschichte des Kriegs, in Abgrenzung vom Wissenschaftsideal der Objektivität, die Kategorie einer *partiellen Objektivität* entwickeln.

Methodenfragen

Drei Methoden lassen sich für die Analyse der Mediengeschichte des Kriegs idealtypisch unterscheiden.

(1) Die Semiotik behandelt Diskurse als Zeichen und Zeichen als Mittler, denen sie einen bloßen Verweischarakter zubilligt. Eine aktive Teilhabe an den bezeichneten Ereignissen spricht sie ihnen ab. Ihre Objekte sind mit sich selbst identisch. Zeichen und Symbole stellen nach dieser Sicht keine Wirklichkeit her, sondern verweisen auf anderes, von dem sie abhängig sind.

Peirce nennt das Zeichen ein Ding, das ein Wissen von einem anderen Ding vertritt oder darstellt: »Dieses Ding nennt man *Objekt* des Zeichens. Die vom Zeichen hervorgerufene Idee im Geist, die ein geistiges Zeichen desselben Objekts ist, nennt man den *Interpretanten* des Zeichens« (zit. n. Nöth 2000, 43). Diese Beziehung ist willkürlich und unproduktiv. Medien stellen mit ihren Zeichen nach und schaffen eine Wirklichkeit der Nachträglichkeit. Das Medium selbst trägt gemäß dieser Theorie im Diskurs zum Repräsentierten nichts bei.

Die Auslegung von Zeichen und Bildern im Rahmen einer semiotischen Mediengeschichte des Kriegs richtet sich auf die Repräsentation, die gelesen werden kann. Als Folge begegnet der Betrachter im Medium stets Fremdem, nie sich selbst. Diese Konzeption von Medien eröffnet der Kulturgeschichte des Kriegs wenig Möglichkeiten. Die Vorstellung, Bilder könnten gelesen werden, ist dubios. Denn sie versteht Bilder als Texte. Das sind sie nicht. Sie sind mehr, offener und fragwürdig. Aber ein Stückchen kann der Kulturhistoriker auf diesem Weg ins Bild mitgehen, und für eine Mediengeschichte des Kriegs ist es wichtig, die »Rhetorik der Bilder« (Barthes) zu verstehen. Lässt sich die Rhetorik als Bildmittel so *lesen*, dass das Fragwürdige erhalten bleibt?

(2) Im Unterschied zur Semiotik geht eine alternative Definition von der Annahme aus, dass Medien nicht nur vermitteln, sondern aktiver Teil eines Konstruktions- und Diffusionsprozesses sind. Sie wirken dann nicht als bloße Übermittlungsinstanzen, sondern bestimmen die Regeln, nach denen subjektive Erlebnisse in öffentliche Diskurse übertragen werden. Sie sind selbst in den Prozess der Bildproduktion als Handelnde eingeschlossen, und ohne ihre aktive Tätigkeit gibt es kein Kriegsbild. Nur in den Strukturen von Medien und durch die Diffusion durch Medien entsteht die *Botschaft*, nur durch sie werden z. B. Erlebnisse zur kollektiven Kriegserinnerung. Wo Diskurs, Zeichen und Symbole als Teil der Wirklichkeit des Kriegs verstanden werden, ist die Übereinstimmung der Dinge mit sich selbst nicht mehr gesichert. Eine Beziehung der Dinge zu sich entsteht, verändert sich und kann befragt werden. Nur durch diese Beziehung, die aus Nicht-Identität folgt, kann das Bild sich wandeln und Abwesendes zum Gegenstand stets neuer Interpretationen werden.

Die Kulturgeschichte steht dann vor der Aufgabe, Medien zu analysieren, die *vor* der Wahrnehmung wirken und in denen das Kriegsbild entsteht. Am weitesten entwickelt sind systemtheoretische Medientheorien, die auf konstruktivistischen Annahmen basieren (vgl. Luhmann 1993; Schmidt 1999).

(3) Unter der Bezeichnung ›anthropologische Medientheorie‹ kann man Versuche zusammenfassen, die sich auf Rituale und die (körperliche) Interaktion von Menschen und von Menschen mit Techniken als Medien konzentrieren. Es gibt sie bisher nur in zögernden Ansätzen, die auf die spezifischen Probleme des Kriegs in den Medien selten angewandt worden sind.

Am Ende des 20. Jahrhunderts begann der strategische Einsatz von elektronischen Medien, den Krieg grundlegend zu verändern. Im *Infowar, Netwar* und *Lawfare* wird der physische Kampf durch den Einsatz von Medien als Kampfmittel nicht nur begleitet, sondern ersetzt. *Lawfare*, hat man zutreffend argumentiert, macht den juristischen Diskurs zu einer Waffe, die nur durch die weltweite Verbreitung durch Medien wirksam werden kann (Hüppauf 2013, 495–498).

Wie stellen Medien den Krieg dar?

Mit den Produktions- und Reproduktionstechniken änderten sich die Kriegsbilder und der Blick auf den Krieg. Die Fotografie hat es schwer, Zeit zu verdichten und den bedeutenden Augenblick zu zeigen, der im Zentrum der Kriegsmalerei stand und die Sehgewohnheiten über nahezu drei Jahrhunderte bestimmte. Für Veränderungen des Objekts und des Blicks ist der Erste Weltkrieg paradigmatisch. Der Mangel an Bedeutung des einzelnen Bildes wurde zunächst durch den *Anspruch auf Objektivität* kompensiert. Die fotografische Repräsentation von Wirklichkeit ohne ein sich dazwischen schiebendes Bewusstsein schien das ideale Medium der objektiven Dokumentation des Kriegs im industriellen Zeitalter zu sein.

Aber der Zweifel ließ sich nicht abweisen, ob Bilder den Krieg zeigen; oder sehen wir den Krieg der Bilder, also den Krieg als Bild aus dessen Perspektive? Die Forschung zur Kriegsfotografie zeigt, dass Bilder nicht gelesen werden können, sondern Interpretation und Konstruktion erfordern. Welche Konstruktionen wirken beim Herstellen von Bildern vergangener Kriege? Der Blick des Künstlers, die Blicke der Personen im Bild und die Blicke der Betrachter, sowie deren Zusammenspiel sind für die Geschichte der Konstruktionen vom Krieg aufschlussreich.

Subjektive Erlebnisse werden durch die Verdinglichung in den Strukturen von Medien zu kollektiven Bildern. Sie entstehen innerhalb der Machtverhältnisse der Medien: Was darf gezeigt werden und was nicht, wer darf sprechen, wer nicht, wer hütet und sanktioniert die Tabus? Die Medien Fotografie und Film sorgen dafür, dass Subjektivität in den öffentlichen Diskurs eintritt. Können sie ihren Fragmentcharakter erhalten oder heben sie ihn notwendig auf? Diese Transformation ist unmittelbar einsichtig für Zeiten des Kriegserlebnisses, also das 19. und frühe 20. Jahrhundert. Über die Funktion der Medien in Zeiten, als Subjektivität im modernen Verständnis nicht ausgebildet war und es das Kriegserlebnis nicht gab, sind nur Vermutungen möglich.

Zwischen Präsenz des Bildinhaltes und variablen Deutungen entsteht das Bild. Es vermittelt zwischen hier und dort, jetzt und damals, anwesend und abwesend, sichtbar und phantasiert. Das Abbild bietet

dem kulturellen Wissen Bedeutungen an, die der Betrachter in ihm zu finden glaubt, die er aber in das Bild hineinlegt und die sich im Lauf der Mediengeschichte ändern (vgl. Boehm 1994; Maar/Burda 2004; Wulf/Zirfas 2005; Bachmann-Medick 2009). Das Bild entsteht aus einem materiellem Objekt und der nach sozialer Lage, Stimmung und Zeitgeist entdeckten Bedeutung. Mit jeder neuen Betrachtung eines Bildes verschieben sich die Beziehungen in dem Wechselverhältnis, und ein neues Bild entsteht und wird als das echte Bild gespeichert. In diesem Prozess sind die Medien der dynamische Agent.

Bilder sind dann aufschlussreich, wenn sie von etwas handeln, von dem sie selbst nicht wissen, dass sie es zeigen. Wie für mentale Bilder gilt auch für die Medien-Bilder: Sie haben einen manifesten Inhalt, der eine große Menge an Informationen enthält. Aber der größere Schatz muss erst gehoben werden. Wissen ist gefordert, das nicht aus dem Bild zu gewinnen ist. Das Kriegsbild setzt die Leistung der Imagination voraus. Nur wer Wissen und zeitgeistimprägnierte Codierungen verbindet, kann wissen, wonach er sucht. Und nur wer weiß, kann beurteilen, was er gefunden hat und mit dem gegenwärtigen Wissen vermitteln. Woher kommt das Wissen für Selektion und Urteil? Das Ganze eines Kriegs ist nur in der Vorstellung gegeben. Sie gewinnt im gesellschaftlichen Diskurs Bedeutung, sobald das Partielle zu Serien zusammenfügt wird. Sie schreiben vor, was gesehen wird.

Für die Mediengeschichte des Kriegs ist es daher wichtig, nicht nur auf die Ikonographie der Bilder zu blicken, sondern nach der Codierung und den schwer lesbaren Spuren der Kulturtechniken, der Ästhetik und der kulturellen Produktionsmittel, die nicht thematisiert werden, zu suchen. Walter Benjamin hat nach dem Ende des Weltkriegs bereits auf die Schicht des Unbewussten im Optisch-Visuellen hingewiesen.

Authentizität

Für das Bild vom Krieg ist die Kategorie ›Authentizität‹ fundamental. Das Authentische entsteht nicht aus dem Gegensatz von ursprünglich und medialisiert und ist nicht die Folge eines mimetischen Verhältnisses von Texten und Bildern zur Wirklichkeit. Authentizität ist im Zeitalter der Massenmedien grundsätzlich eine Konstruktion (vgl. Luhmann 1993; Knaller/Müller 2000; Knaller/Müller 2006). Die Medienrevolution verschärfte das Problem der Authentizität, das im 19. Jahrhundert entstanden war (vgl.

Trilling 1980; Knieper/Müller 2003). Die Einführung der neuen Medien in die Konstruktion des Kriegsbildes macht die Klärung der medialen Produktions- und Konstruktionsleistungen zu einer unabdingbaren Voraussetzung für die Frage: ›Was ist das authentische Kriegsbild?‹ Medialisierung wurde und wird noch immer als Zerstörung von Authentizität empfunden. Dem Konzept vom Krieg, *wie er eigentlich gewesen ist*, in der Militärgeschichte liegt eine unzureichende Vorstellung von Authentizität zugrunde.

Das Problem der Authentizität ist mit dem der Subjektivität verknüpft. Die Grundfragen: ›Was ist Erfahrung‹? Und: ›Wie ist Erfahrung möglich?‹, müssen geklärt werden, um den Anspruch auf Authentizität zu verstehen. Wir können von einem Ereignis, das dem subjektiven Erlebnis voranging, nichts wissen, und die Kulturgeschichte des Kriegs kann nicht von einer dem Medialen vorausgehenden Erfahrung, die rekonstruiert werden könnte, ausgehen. Das Kriegserlebnis gibt es nur aus dem Zusammenwirken des einzigartigen Erlebnisses und seiner kulturellen Kodierung in einer von allen benutzten Sprache. Kein Vergleich mit einem *echten* Ereignis kann ein Erlebnis falsifizieren oder verifizieren. Das Erlebnis schafft seine eigene Realität. Es ist gegenüber dem Historiker im Recht, selbst wenn er es aufgrund seiner Kenntnis der Fakten als übertrieben oder verzerrt oder anderswie unwahrscheinlich einstuft. Er kann das Erlebnis eines Teilnehmers nicht korrigieren.

Entscheidend für die Authentizität vom Krieg in Medien ist nicht die Beziehung zum Ereignis, sondern die Stimmigkeit der Konstruktion. Aufgrund dieser immanenten Stimmigkeit, die im Kopf des Rezipienten hergestellt wird, wird Authentizität zugeschrieben. Diese Zuschreibungen lassen sich als ein kultureller Prozess der Authentifizierung begreifen, in dem politische und andere Interessen wirken. Sie entstehen nicht in der Isolation der Subjekte, sondern in beständiger und vorbewusster Auseinandersetzung mit dem kulturellen Diskurs. Für diese Transformationen sind die Medien konstitutiv.

Das Medienbild vom Krieg grenzt sich nach zwei Seiten ab: Gegen den Anspruch der akademischen Disziplin, durch die Suche nach historischer Wahrheit über die Vergangenheit authentisch zu verfügen, und gegen den Anspruch einzelner Zeugen, das authentische Kriegsbild zu besitzen. Ein Kriegsbild kann gerade dann authentisch wirken, wenn das Ziel einer mimetischen Wahrheit nicht angestrebt wird. Der Diskurs konstruiert seinen Gegenstand in einer unauflöslichen Verflechtung ins Mediale und folgt dabei Regeln. Es sind die Regeln der Medien, durch die Authentizität hergestellt wird. Fotografie, Film und Video gelingt die Illusion des Authentischen besonders widerstandslos. In der Umkehrung dient das Offenlegen der Konstruiertheit der Bilder dazu, den unreflektierten Authentizitätsanspruch zurückzuweisen oder ins Ridiküle oder Absurde zu verweisen.

Die Forschung spricht nicht nur von einer Konstruktion des Authentischen, sondern hat das gewagte Wort »Authentizitätsfiktion« eingeführt (Schultz 2003, 20; Knaller/Müller 2006, 8, sprechen von »Authentizitätsinszenierungen«). Kritische Medienanalyse beobachtet die Formen der diskursiven Herstellung von Authentizität durch Techniken von Konstruktion und Simulation und deckt die Zuschreibungen auf. Wirkt der als »Authentizitätsfiktion« bezeichnete Mechanismus in der Repräsentation von Krieg in Medien?

Er führt dazu, dass es nicht nur *einen* Kriegsdiskurs gibt. So trat z. B. der Flut von nationalistischen Bildern zur Verleugnung der Niederlage Deutschlands 1918 in den dominierenden Zeitungen (und der Kriegsliteratur der Offiziere) (vgl. Heinemann 1983; Mommsen 2011) ein pazifistischer Kriegsdiskurs entgegen, der sich anderer Mittel zur Verbreitung bediente (z. B. des Theaters oder der Fotosammlung in Ernst Friedrichs ›kleinem Museum‹ in Berlin-Wedding). Die dramatische Siegesstimmung in Frankreich mit der Betonung der Opfer für die Nation oder die Melancholie und ironisch gebrochene Interpretation in England sind Beispiele medialer Konstruktionsrahmen für Krieg und Kriegserinnerungen. Sie bezeichnen den Abstand zwischen einzelnen Kriegsdiskursen und zwischen Kriegsdiskurs und dem Kampf auf dem Schlachtfeld.

Vorgeschichte

Die Medien eines piktorialen Diskurses entstehen

Gehen wir vom Krieg als einer Kombination von Kampf und Diskurs aus, reicht die Verbindung von Krieg und Medien an die Anfänge der urbanisierten Gesellschaften zurück, zu den Hethitern, Assyrern und Ägyptern. Von den Anfängen führen Linien in die Gegenwart.

Die Frage, ob es gerechtfertigt ist, in dieser frühen Phase der Zivilisation von Medien zu sprechen, ist kontrovers. Mit der Absicht, die historische Spanne vom Krieg in den Medien zu illustrieren, weist Preusser (2005, 9–34) auf Kriegsbilder aus dem frühen Ägypten hin. Der öffentliche Kriegsdiskurs erforderte Bilder und Schrift sowie Material und Techniken zur Aufzeichnung und Dissemination: Architektur mit Wänden für Bilder oder Reliefs war das erste materiale Medium des Kriegsdiskurses. Die aus Steinen errichteten Wände von Palästen und Tempeln zeigen Reliefs mit Kriegsdarstellungen. Zu dieser Zeit entsteht ein Krieg, der sich von dem der Bilder auf Felswänden oder in Höhlen, die Menschen mit Waffen zeigen, unterscheidet. Diese Bilder sind Zeichen der Gewalt in der Frühgeschichte des Menschen. Aber nicht jede Gewalt ist Krieg. Gewaltgeschichte und die Kriegsgeschichte sind nicht identisch. An den Medien zeigt sich der Unterschied. Die Bilder aus Ägypten und Mesopotamien, auf denen metallene Waffen und geordnete Heere zu sehen sind, stellen eine Form der Reflexion des Kriegs in den Formen des frühen gesellschaftlichen Diskurses dar. Damit markieren sie den Beginn des medialen Kriegs (nicht des Kriegs als Medienereignis). Sie sind ein Anfang vor dem Anfang des sprachlich verfassten Diskurses. Mit dieser Beteiligung des Diskurses am Kampf können wir im eigentlichen Sinn von Krieg ausgehen.

Ein Blick auf außereuropäische Kulturen zeigt eine vergleichbare Bedeutung des piktoralen Kriegsdiskurses und der Wand als Medium. Aus dem 11. Jahrhundert stammen große Friese in Angkor What und Angkor Tom (Kambodscha). Ihre Bildordnung und Formen der Verbildlichung von Krieg unterscheiden sich von den europäischen und vorderasiatischen Reliefs. Aber die Funktion als Medien teilen sie mit ihnen.

Die großartigen Alabasterreliefs im Palast von Ninive bilden grausame Szenen mit fallenden Feinden im Augenblick ihrer Tötung, Leichen ohne Kopf und abgetrennte menschliche Köpfe ab (vgl. Kunst- und Ausstellungshalle der BRD 2002, 235–239; Ascalone 2005, 47–53 und 186–201; Sperlich 2003). Bilder der Schlacht bei Til-Tuba im Jahr 646 oder der Zerstörung von Susa durch Assurbanipal gehören zu den frühesten Beiträgen zu einer Mediengeschichte des Kriegs. Sie zeigen nicht nur bewaffnete Männer im Kampf und das Chaos der Kämpfe, sondern die Bilder erzählen Kriegsmythen, die eine visuelle und diskursive Ordnung erkennen lassen. Oben und unten (der Platz des Besiegten) werden getrennt. Die Bilder erlauben sogar, vorn und hinten zu unterscheiden. Sie heben einen König als visuelles Zentrum hervor und fordern Identifikation. Einige

Bilder wirken wie Propaganda und Anleitung zur Vorbereitung kommender Kriege – auf uns und wahrscheinlich auch auf die ersten Betrachter. Wir wissen nicht, wie viel Propaganda und Unwahrheit sich in ihnen verbirgt. Die frühen Medien setzen einen Krieg ins Bild, der sich als eine europäische Erfindung bezeichnen lässt, die sich vom Krieg und Kriegsbild anderer Kulturen unterscheidet – trotz der gemeinsamen Funktion der Medien.

In den frühen Beispielen sind die gesellschaftlichen Verhältnisse noch übersichtlich: der König verfügt über die Diskurshoheit. Sie wurde ihm, ebenso wie die Hoheit über Krieg und Frieden, von Gott verliehen. In Assyrien war das, was sich mit dem Wort ›Gesellschaft‹ bezeichnen lässt, überschaubar, und an den öffentlichen Medien nahmen der Adel, die Gelehrten und Künstler, die an der Herstellung der Bilder beteiligt waren, Anteil. Sie waren im Rahmen der vom Herrscher gezogenen Grenzen in der Lage, den militärischen Kampf in Bilder zu verwandeln. Damit übten sie eine der königlichen Deutungshoheit unterstellte Deutungsmacht aus, die den Krieg in kollektive Medien überführte.

Das änderte sich mit den politischen und kulturellen Strukturen der griechischen Stadt. Das Zusammenspiel der Kräfte wurde komplexer und unübersichtlicher. Der Kriegsdiskurs im eigentlichen Sinn begann in der griechischen Demokratie. In der politischen Situation der Athener Polis wurde die Diskurshoheit dezentralisiert und in einen Prozess der Demokratie aufgelöst. Das Medium ›Theater‹ entstand, und im Zuge einer politischen Liberalisierung entwickelte sich ein Diskurs, der nicht mehr um einen Herrscher zentriert und seiner Hoheit unterstellt war. Er entstand in der Sprache der athenischen Tragödie und bezog auch Frauen ein. Im Theater – etwa bei Euripides – wurden Fragen nach dem Sinn, nach den negativen Folgen des Kriegs gestellt und damit veränderte sich die Funktion und Bedeutung des Kriegsdiskurses im Medium Theater.

Wir können, trotz aller einschneidenden gesellschaftsstrukturellen und medientechnischen Umbrüche und Innovationen, von einer Kontinuität von diesem Anfang bis in unsere Gegenwart ausgehen. Eine gewundene Linie aus Ikonographie und Schrift zieht sich bis in den ersten Krieg der Massenmedien im 20. Jahrhundert. Einiges deutet darauf hin, dass die neuen elektronischen Medien diese Kontinuität unterbrechen.

Medien im Krimkrieg

Im 19. Jahrhundert leiteten die Kriegsberichterstattung und die Fotografie das Zeitalter des Kriegs der Massenmedien ein. Vor dem Ersten Weltkrieg entstanden Fotos des Krimkriegs und des amerikanischen Bürgerkriegs. Es sind Fotos von Berufsfotografen mit kommerziellen Interessen.

Vom Krimkrieg (1853–1856) berichtete der wohl erste Kriegskorrespondent der Geschichte. Zum ersten Mal wurde der Telegraph für die Übermittlung von Nachrichten eingesetzt. Berichte von Kriegsschauplätzen hatte es zuvor nicht gegeben, und William Howard Russell wurde durch seine Artikel in der *London Times* in ganz Europa berühmt (vgl. Russell 1995). Man kann Russell, der später auch von den Schauplätzen des amerikanischen Bürgerkriegs, von der Schlacht bei Königgrätz und dem Feldzug der Briten gegen die Zulus berichtete und für seine Verdienste 1895 geadelt wurde, den ersten Medienstar der Kriegsberichterstattung nennen. Russells Berichte von der Krim alarmierten die britische Öffentlichkeit durch Schilderungen des verlustreichen Kriegs (die hohen Todesraten waren in erster Linie die Folge von Krankheit und mangelnder Behandlung der Verwundeten). Der Rücktritt der Regierung von Lord Aberdeen (1855) war nicht zuletzt die Folge dieser Zeitungsberichte.

Maler wie Constantin Guys, Edward Armitage, Joseph Crowe und William Simpson dokumentierten den Krieg, die meisten im Auftrag von Zeitschriften und Verlegern, die auf ein Geschäft mit den Kriegsbildern hofften. Illustrierte Familienblätter und Journale mit Titeln wie *Die Gartenlaube* oder *Unterhaltungen am häuslichen Herd* waren populär. Sie illustrierten ihre Artikel mit Lithographien und Xylographien (Holzstiche) »nach der Natur«: Bilder zur Information und Unterhaltung. In der *Gartenlaube* erschienen in den Jahren 1854 bis 1856 mehr als 25 »Kriegsbilder aus der Krim« mit Titeln wie »Französische Scharfschützen in ihren Schanzen«, »Empfang fremder Offiziere«, »Die Belagerung von Sewastopol«, »Neue Feldlazarett-Wagen der Alliierten im Orient«. Diese frühen Bilder waren meist ungezeichnet. Zu den Illustratoren gehörten ausgebildete Zeichner und Maler wie Richard Illner, Gottfried Kühn, Wilhelm Obermann und andere, die dem Ideal der realistischen Abbildung folgten. Die Fotografie war keine Fortsetzung dieser Bilder und machte wenig vom Krieg sichtbar. Die Fotos aus diesem Krieg hatten den Effekt, den Krieg zu verharmlosen. Sie waren keine Dokumentation von Leid und Schrecken des Kriegs, sondern erfüllten Erwartungen an Kunst.

Der englische Jurist und Fotograf Roger Fenton fuhr mit dem politischen Auftrag auf die Krim, den aufrüttelnden Zeitungsberichten entgegenzuwirken. Seine Aufgabe bestand darin, Howards erschreckenden Zeitungsberichten über Krankheiten, Tod, Leid, Entbehrungen auf den Schlachtfeldern und skandalöse Fehlplanungen der Politik einen mäßigenden und beruhigenden Gegenpol durch Bilder entgegenzusetzen. Er erfüllte den Auftrag durch die Ästhetisierung des Kriegs mit den Mitteln der Fotografie. Sie bauten den Krieg in die Ästhetik einer visuellen Mode der Zeit ein: Sie entwarfen ein Bild des Pittoresken in exotischer Ferne (vgl. Hüppauf 1993; abweichend dagegen Keller 2001; Daniel 2006).

Will man hier den Anfang der neuen Medien in der Kriegsgeschichte sehen, war er bemerkenswert beschaulich. Von Konkurrenz, Leistungsdruck und Zeitmangel konnte nicht die Rede sein. Roger Fenton fuhr mit Assistent und komplizierter fotografischer Ausrüstung im Planwagen über das Schlachtfeld. Eine Forderung für Authentizität war zweifelsfrei erfüllt: Anwesenheit. Gehen wir von einer Konkurrenz zwischen Druckmedien und dem neuen Medium Fotografie aus, ging zunächst das traditionelle Medium, die Zeitung, aus diesem Duell siegreich hervor.

Fentons Fotosammlungen waren exklusiv und wurden in England und Frankreich in aufwendigen und teuren Alben an den europäischen Adel verkauft. Ein authentisches Bild vom Schlachtfeld stellten sie nicht her, und das war auch nicht ihre Absicht. Neben Porträts von hohen Offizieren zeigten Fentons Fotos Orte, die er nach der Art der Landschaftsmalerei komponierte. Diese Fotografie ist als frühe Kriegspropaganda bezeichnet worden. Das ist nicht unrichtig, aber diese Arbeit am Kriegsbild leitete ein anderes Ziel, und das war ein Kunstideal. Die Fotografie im Zusammenwirken mit ihrer Vermarktung in kostbaren Alben führte zu der Bildkonstruktion eines Ereignisses, das weniger dem kommenden Kriegsbild ähnelte, sondern dem Bildideal von Kunstliebhabern entsprach.

Erste Anzeichen eines Kriegsbildes der technischen Medien zeigten sich im amerikanischen Bürgerkrieg. Die visuelle Berichterstattung ging offensiv auf Distanz zur Kunst. Die Alben des Bürgerkriegs waren nicht mehr kostbar und entsprachen den Wünschen des amerikanischen Mittelstands, der sich gerade dem Glauben an Fortschritt durch Industrialisierung hingab. Sie taten den ersten Schritt, die Fotografie in die entstehenden Massenmedien zu integrieren und sie selbst zu einem Massenmedium zu machen. Sie verknüpften den Krieg mit einer Geschichte des Sehens, über die wir nur wenig wissen und für die die Literatur eine wesentliche Quelle bildet (vgl. Hüppauf 1996; Kunst- und Ausstellungshalle 1998; Jütte 2000). Diese Fotografie war noch nicht die der kleinen Leute. Deren Krieg entstand erst in der Amateurfotografie des Ersten Weltkriegs.

Medien im Ersten Weltkrieg

Zeitung, Plakat, Brief und Karte

Die These, im Krimkrieg oder auf den Schlachtfeldern des Amerikanischen Bürgerkriegs habe der moderne Krieg der Massenmedien und Telekommunikation eingesetzt, ist nicht zu belegen. Während einzelne Aspekte bereits vorhanden waren (Telegrafie, Fotografie), lässt sich das integrierte Gesamtbild des modernen Kriegs der Medien und der Übergang von Individualmedien zu Massenmedien nicht vor dem Ersten Weltkrieg beobachten. Erst mit dem Ersten Weltkrieg ist der endgültige Übergang von den klassischen Medien der Schrift zur Elektronik und der industrialisierten Produktion und Reproduktion von Bildern zu konstatieren. Diese Entwicklung ist unumkehrbar und wird auch nicht durch die vergleichsweise untechnische Anlage der »Neuen Kriege« (Kaldor, Münkler) am Ende des 20. Jahrhunderts abgeschwächt.

Die gedruckte Zeitung hatte weiterhin große Bedeutung für die Verbreitung von Informationen und die Meinungsbildung. In den großen Städten sorgten Extrablätter für eine gesteigerte Geschwindigkeit der Nachrichtenverbreitung. An der bewegungslosen Westfront entstanden professionelle Kriegszeitungen (z. B. die *Liller Kriegszeitung)*, die dem offiziellen Kriegsdiskurs folgten. Armee-, Korps-und Divisionszeitungen bestimmten die Informationspolitik stets in Abstimmung mit der OHL. Ihnen standen die von Amateuren gemachten kleinsten Presseerzeugnisse, die Schützengrabenzeitungen mit Auflagen bis zu 2000 Exemplaren gegenüber (z. B. *Der Drahtverhau*) und blieben bis zum Kriegsende »soldatennah« (Lipp 2003, 11, 61).

Zu den wirksamen Medien im Ersten Weltkrieg gehörten Kriegsplakate, eine Art *Übergangsmedium*. Im Laufe des 19. Jahrhunderts war das Plakat von der Wandzeitung der politischen Regierungen zum Werbeträger geworden. Die öffentliche Wand wurde,

was sie bereits in Ninive war: zum Medium. Den Ersten Weltkrieg kann man als den Höhepunkt der Wand als Medium (1855 war die Litfaßsäule erfunden worden) bezeichnen. Die Grenze zwischen Plakat und Flugblatt war fließend. Beide richteten sich an ein anonymes Publikum. In allen Ländern wurden Künstler verpflichtet. Ihre Plakate dienten der Information und Propaganda, und der Kunstcharakter trat hinter den Appellcharakter zurück. Der Krieg erfasste die Zivilgesellschaft, und die Massen der Industriegesellschaft wurden durch Massen von Plakaten erreicht. In allen kriegführenden Ländern war das Plakat zunächst das Massenmedium schlechthin. Es erfüllte zwei Aufgaben: Information und Agitation und diente der psychologischen Kriegsführung. Nach dem Ersten Weltkrieg übernahmen zunächst das Radio und seit den 1970er Jahren auch das Fernsehen diese Aufgaben und verdrängten die Wand.

Der »Krieg an der Wand« zeigte heftige Emotionen und kannte nur Extreme: Triumph und Heldentod oder die Anklage des meuchelnden Feindes. Plakate wurden wie Waffen im Zivilleben eingesetzt. Sie dienten dem Ziel der Diffamierung des Gegners. Sie entwickelten eine aggressive Bildsprache für die Popularisierung von Feindbildern. Mit ihnen wurde der Feind verunglimpft und bekämpft. Plakate sollten die Bürger mobilisieren und davon überzeugen, dass der Krieg notwendig war und unterstützt werden musste, weil der Feind die eigene Nation vernichten wollte und daher vernichtet werden musste. Im Ersten Weltkrieg wurden in dieser Hinsicht alle Grenzen überschritten und Tabus gebrochen.

Die Politik in Berlin wehrte sich zunächst – im Unterschied zur Entente – gegen die Kriegführung mit Plakaten. Es bestand vermutlich eine Abneigung gegen das mit dem Plakat verbundene moderne Element (*Rinnsteinkunst*) und die Furcht, der Emotionalisierung der Bevölkerung, war sie erst einmal freigesetzt, nicht mehr Herr werden zu können. Zunächst gab es in Deutschland und Österreich kaum ein Plakat, das die Feinde extrem negativ als Tier oder Unmensch darstellte. Erst ab Mitte 1916 entstanden auch im Deutschen Reich emotionalisierende Propagandaplakate. Sie waren weit weniger konsequent und zielgerichtet als die der britisch-amerikanischen Propaganda, und es fehlte ihnen oft der psychologische Pfiff.

Die Bevölkerung war zunächst ›Plakat-illiterat‹ und musste diese neue Bild-Text-Sprache erst lernen, um Missverständnisse und Fehldeutungen zu vermeiden. Das Problem war in den USA und in Großbritannien weniger virulent. Dort traf die Sprache der Plakate auf eine größere Bereitschaft zu *verstehen* und zu *glauben*. Ein Ziel vieler Plakate war es, den Kriegswillen der Bevölkerung zu stärken und die Unterstützung der neutralen Staaten zu erwerben. Die Propaganda forderte Mütter und Ehefrauen auf, ihre Söhne und Männer in den Krieg zu schicken.

Zur emotionalen Mobilisierung diente eine Gräuelpropaganda über tatsächliches oder unterstelltes unmenschliches Verhalten deutscher Soldaten in Belgien und Frankreich wie Geiselerschießungen oder die Verstümmelung von Frauen und Kindern. Der Überfall auf das neutrale Belgien, die Zerstörung der Bibliothek von Löwen, der U-Boot-Krieg gegen Zivilschiffe wie die 1915 versenkte »Lusitania« und andere Kriegstaten sorgten für Empörung und wurden in den Medien zu einem Feindbild zusammengesetzt, das die deutschen Soldaten als brutale Barbaren und Mörder erscheinen ließ. Wilhelm II. hatte 1900 das Stichwort geliefert: das deutsche Expeditionskorps in China sollte sich wie einst die Hunnen auf ihren Kriegszügen verhalten. Eine von London ausgehende Plakataktion machte die Deutschen während des ganzen Kriegs und in den folgenden Jahren zu Hunnen. Diese Stigmatisierung war weltweit äußerst erfolgreich.

Vulgäre Plakate verfehlten ihre Wirkung nicht. Sie trieben junge Männer zur Musterung und den Rest der Bevölkerung zur Hysterie, zu Spenden und zum Kauf von Kriegsanleihen. In Großbritannien, den Kolonien und in den USA entstanden Bilder von unge-

Plakat für eine amerikanische Rekrutierungskampagne (Harry Ryle Hopps, 1917)

kannter und vulgärer Aggressivität. Auf einem Plakat etwa schütten deutsche Krankenschwestern vor lachenden Offizieren Wasser auf den Boden, während britische Verwundete verdursten. Affenartige Soldaten ziehen mit gebleckten Zähnen, Brandfackeln und bluttriefenden Messern durch zerstörte Städte. In Australien war ein Affenmonster populär, ein Ungeheuer mit Pickelhaube und blutbedeckten Armen. Mit seinen Klauen hat es Europa erreicht, von dort läuft das Blut über den Globus in Richtung Australien. Das Plakat fragt die Bürger Australiens: *soll es so weit kommen?* Mit dem Plakat warb das abgelegene Australien um Kriegsfreiwillige und putschte zugleich die Emotionen gegen den Feind auf.

Eine andere Gruppe von Plakaten widmete sich der Stärkung der nationalen Identität. In den USA entstand 1917 eine Figur der Identifizierung: Uncle Sam mit Zylinder, Spitzbart und forderndem Zeigefinger (James Montgomery Flagg). Das Musterungsplakat »I want you for U.S. Army. Nearest Recruiting Station« wird noch heute verwendet und ist vielleicht das erfolgreichste aller Weltkriegsplakate.

Von Anfang an beherrschten Bilder von Soldaten die Plakate. Zunächst waren es nicht nur junge Männer von 1914, unverletzbare Helden im Sturm, sondern auch Helden aus der heroischen Vergangenheit, dem Mittelalter oder der Antike, die den Krieg verklären sollten. Im Lauf der Zeit wandelte sich das Bild. Aus den strahlenden Helden wurden ernste Männer. Erhofft wurde nicht mehr ein baldiger triumphaler Sieg, vielmehr artikulierten die Plakate nunmehr den Wunsch nach einem Ende des Kriegs und der Rückkehr in die Heimat. Aber selbst gegen Ende des Kriegs gab es noch immer Abbildungen von Heldenkörpern und mythologische Figuren. Die Realität der Schützengräben wurde auf Plakaten nicht dargestellt.

Auch Erotik wurde auf Plakaten eingesetzt. Das verbreitete Plakat mit einem betont erotischen US-Navy-Girl verkündet doppeldeutig: »Ich will Dich« (Howard Chandler Christy). Das französische Pendant trug den Titel »Quand Madelon« und zeigte ein verführerisches Mädchen, eine Weinflasche und den Poilu (den Haarigen). Erotik beschränkte sich nicht auf Frauendarstellungen. Plakate aller Länder stellten einen Zusammenhang zwischen Waffe und Phallus her und assoziierten eine gewisse Homoerotik (Fidus; hierzu und den entsprechenden Literarisierungen bei Walter Flex vgl. Koch 2006, 156–172).

Für die Organisation des Zivillebens waren Plakate unentbehrlich. Sie warben um Rekruten, Geld, das Durchhaltevermögen und die Seele der Bevölke-

rung. Die neue Frauenarbeit wurde auf Plakaten propagiert und verherrlicht. Je länger der Krieg dauerte, desto häufiger wurden Aufrufe zum Spenden nicht nur für die Front, sondern auch für Witwen und Waisen, und zum Sammeln von Materialien, die als Ersatzstoffe dienen konnten.

Anders als die Texte der Plakate wurden Briefe nicht mit Blick auf die Öffentlichkeit, sondern für die persönliche Kommunikation geschrieben. Im Nachhinein und nach ihrer retrospektiven Veröffentlichung reihen sie sich aber unter die Medien ein und lassen sich, allein durch die bloßen Zahlen, als Massenmedium interpretieren. Während des Kriegs wurden im deutschen Kaiserreich geschätzte 28,6 Milliarden Sendungen zwischen Front und Heimat verschickt, ungefähr 16,7 Millionen Sendungen jeden Tag (zum Vergleich: in Frankreich über 4 Millionen täglich).

Das System der Feldpost war im Krieg von 1870/71 eingerichtet worden und umfasste Feldpostanstalten mit uniformierten Postbeamten und Unterbeamten, Feldpostrelais, Feldpoststationen, Packdepots und Postzentren der einzelnen Truppenteile, die zunächst über Pferde und Fahrzeuge verfügten. Es wurde in den ersten Monaten des Weltkriegs radikal modernisiert, und bereits im ersten Kriegsjahr wurde die Eisenbahn systematisch eingesetzt. Das *System Feldpost* benutzte die Mittel der Technik für diese traditionelle Form der Kommunikation und war höchst effizient.

Die Oberste Heeresleitung sowie einzelne Armeekommandeure erließen über 600 Postsperren, die erste bereits im September 1914, um zu verhindern, dass aus der privaten Kommunikation Rückschlüsse auf militärische Operationen gezogen werden konnten. Das Briefgeheimnis galt weiter, aber Briefe mussten unverschlossen verschickt werden. Briefe von Offizieren waren ausgenommen. Die Zensur konnte nur stichprobenhaft eingesetzt werden und wurde sehr unterschiedlich, meist von rangnahen Vorgesetzten, ausgeführt. Das häufigste Mittel war die Schwärzung von Briefstellen vermuteter militärischer Geheimnisse, aber Eingriffe in persönliche Mitteilungen und das Zurückhalten ganzer Briefe kamen ebenso vor. Gegen Ende des Kriegs wurden die sogenannten »Jammerbriefe« immer häufiger. Sie waren ein Zeichen dafür, dass Briefe nie rein subjektiv sind. Das Kriegspresseamt suchte diese Welle zu unterbinden.

Außer Briefen dienten Feldpostkarten zur Kommunikation zwischen Front und Heimat (vgl. Flemming/Heinrich 2004). Es gab leere Karten, Karten mit wenigen, genormten Sätzen (manche Soldaten konnten nicht schreiben) und Bildpostkarten. Sie waren zutiefst artifiziell, folgten stets dem Hang zum Klischee, nicht anders als Kitschfilme, Instrumente zur Erzeugung von Sentimentalität. Bereits im August 1914 wurden die ersten bebilderten Postkarten mit genormter Beschriftung vertrieben, und bald waren etwa 250 Verlage und fotografische Kleinbetriebe am lukrativen Markt der Feldpostkartenproduktion beteilig. Feldpostkarten waren ein Tiefpunkt der Bildproduktion im Krieg. Sie machten nicht einmal den Versuch, Kriegsrealität vorzutäuschen, und waren stets ein Medium der Propaganda und Gefühlspolitik, vor allem in den ersten Monaten patriotisch und sentimental. Später dominierten andere Themen: neue Waffen, Verwundungen und gütige Krankenschwestern, zerstörte Gebäude, realitätsentleerte Friedensgebete (»Herr Gott, verleih uns Frieden gnädiglich«). Nicht selten waren Hasspostkarten, die den Gegner auf primitive Weise verunglimpften. Andere Karten zeigten Ruhestellungen und Unterstände wie harmlose touristische Attraktionen.

Es ist anzunehmen, dass das Falsche den Betrachtern nicht verborgen war. Es wäre gleichwohl zu fragen, welche emotionalen Bedürfnisse diese millionenfach versendeten Ästhetisierungen des Krieges bedienten und wie sehr sie, trotz ihrer Unwahrheit, das Bild vom Krieg, vom Feind und vom Selbst beeinflussten.

Krieg als Beschleuniger

Dieser Krieg kann als Muster des Kriegs der industrialisierten Moderne gelten. Die Struktur und Wirkung der Medien unterscheidet ihn von früheren Kriegen. Die Erfindung der neuen Medien, zunächst Fotografie, Film und Telegraphie, führte zu einem tiefen Einschnitt in der Genealogie der Kriegsbilder. Sie kamen im Ersten Weltkrieg zum Einsatz, führten zur Entwertung der Plakate und der Individualmedien und öffneten das Tor für die elektronischen Massenmedien.

> Der Erste Weltkrieg beschleunigte die Industrialisierung des Films, der sich als neues Leitmedium durchsetzte. Zugleich vollzog sich auf den Schlachtfeldern die Medialisierung der Sinne. Auge, Fernglas und Gedächtnis wurden durch Teleobjektiv und Filmkamera funktional erweitert. Licht- und Schallmessverfahren substituierten Auge und Ohr, während letzteres bei der Befehlsübermittlung an den Telefonhörer gebunden wurde (Köppen 2005, 82).

Durch die neuen Medien entstand ein neuer öffentlicher Kriegsdiskurs und mit ihm ein neuer Krieg.

Der entscheidende Schritt in der Geschichte der Medien war, so lässt sich aus der späteren Einsicht in die weitere Entwicklung sagen, den Kampf auf ein Epiphänomen des ›Medienevents Krieg‹ zu reduzieren, zugleich aber den Anspruch der Authéntizität zu erheben. Seit dem Ersten Weltkrieg nehmen wir nur noch von Kriegen Kenntnis, die wir aus Massenmedien kennen.

Dieser Krieg mit den ersten durch und durch industrialisierten Schlachtfeldern setzte ein Ende und entwickelte einen Anfang. Man kann ihn als Eklipse in der langen Bahn von Kriegen bezeichnen, eine Kreuzung vieler Linien – Wissenschaft, Technologie, Volkswirtschaft, Mentalitäten, Massenmedien – die zu einer Innovation und zugleich zu einer Verfinsterung führte. Der Erste Weltkrieg setzte nicht nur die im 19. Jahrhundert begonnene Entwicklung von Fotografie und Film fort, sondern führte zu einer Zäsur in der Konstruktion von Krieg in den Medien. Es war für die entstehende Mediengesellschaft eine Phase »schöpferischer Zerstörung« (hierzu, allerdings auf die ökonomischen Grundprinzipien des Kapitalismus fokussiert, Schumpeter 1993, Kap. 7), in der Medien und Krieg sich wechselseitig dynamisierten.

Das Verhältnis von Medien und Krieg betrifft zwei unterschiedliche Fragestellungen: Auf welche Weisen benutzt der Krieg Medien, und wie stellen Medien den Krieg dar? Medien als Mittel zur Kriegführung tauchten im engeren Verständnis erst mit der Fotografie auf. Sie gewannen im Lauf des 20. Jahrhunderts immer mehr Bedeutung und sind in der Gegenwart dabei, im *Infowar* oder *Netwar* das konventionelle Kriegsbild zu ersetzen.

Medien als strategisch-politisches Mittel der Kriegsführung

Im Ersten Weltkrieg hatte das Zeitalter der audio-visuellen Medien noch nicht begonnen. Aber Theorien der audio-visuellen Medien bereiteten sich vor. So war etwa die Schallforschung entstanden. Sie war eine Folge des amorphen Lärms der Front, der einer Ordnung der akustischen Wahrnehmung unterworfen werden sollte. Sie wurde frühzeitig zu einem Mittel der Kriegsführung.

Die ersten Versuche waren bereits am Ende des 19. Jahrhunderts unternommen worden. Bekannt geworden sind die Geschossfotografien von Ernst Mach und Peter Salcher (vgl. Berz/Hoffmann 2001). Erich Moritz von Hornbostel, Assistent des Psychologen Carl Stumpf, der selbst ein Experte der Akustik-Forschung war, entwickelte zusammen mit Max Wertheimer den Richtungshörer, einen Apparat zur Lokalisierung einer Schallquelle (etwa einem Geschütz). Die Technik wurde für die Ausrichtung der Artillerie seit 1915 angewandt (vgl. Hoffmann 1994). Die Forschung zur Akustik wurde am Psychologischen Institut der Berliner Universität bis in die Nachkriegszeit hinein fortgesetzt.

Während die visuellen Techniken den Vorrang hatten, gab es doch ebenso bedeutende Innovationen der akustischen Medien. Bereits mit dem Schlieffen-Plan sieht Stefan Kaufmann die Technologisierung der Kommunikation und die »konsequente Fortschreibung einer telegrafisch gesteuerten Kriegführung auf operativer Ebene [realisiert ...]. Kriegführung war im preußischen Generalstab zur technokratischen Operationsplanung geworden, die ausschließlich der Eigenlogik des Kriegs folgen sollte« (Kaufmann 1996, 164). Aus Schlieffens Sicht werde der Feldherr zum »reinen Technokraten: Als Spezialist der Kriegführung schottet er diese von allen äußeren Eingriffen ab und plant ausschließlich nach Kriterien operativer Effizienz, und deren Grundlage verschob sich von optisch übermittelten Nachrichten ins Akustische« (ebd., 160). In den Stellungskämpfen des Ersten Weltkriegs sei dann ein neues Niveau erreicht worden: telefonische Kommunikation und netzförmig gesteuerte Kriegführung, dem der »funktechnisch gesteuerte Krieg« zwischen 1918 und 1945 entsprach. Kaufmann beobachtet eine Verflechtung zwischen der akustischen Radiotechnik und Mobilmachung zum totalen Krieg nach 1939 (vgl. ebd., 170–261).

Luftfotografie

Im Ersten Weltkrieg wurden Flugzeuge als Mittel der Kriegführung eingesetzt, zunächst nur zur Aufklärung. Sie waren mit Kameras bestückt. Das erste nennenswerte Beispiel: Im September 1914 führte die Luftfotografie zur dramatischen Wende der Marne-Schlacht. Luftfotos wurden nach Paris gebracht und als Serie ausgewertet. Das so entstandene »Zeitbild« (Deleuze 1990) bildete die Grundlage für die neue Strategie Joffres.

Die Luftfotografie des Ersten Weltkriegs setzte das neue Medium bald systematisch als taktisch-strategisches Mittel ein. Eine komplizierte Technik, in der Einzelaufnahmen aus etwa zwei Kilometer Höhe aneinandergesetzt wurden und einen langen Frontabschnitt panoramaartig abbildeten, wurde entwickelt. Diese *Leporellos* wurden seit 1916, als

Glasplatten durch Filmstreifen ersetzt worden waren, in Labors unmittelbar hinter der Front zusammengesetzt. Sie hatten einen hohen Wert für die militärische Aufklärung, wurden aber nicht nur von den Auftraggebern betrachtet, und bereits 1916 begann eine massenhafte Produktion professioneller Fotos. Die Bilder der Luftaufklärung waren populär und wurden kommerziell gehandelt. Sie führten zu einem spezifischen Kriegsbild, das unbeabsichtigt eine eigene Ästhetik entwickelte, und setzten einen Schub der Abstraktion im Kriegsbild und im Landschaftsbild in Gang. Abstrakte Landschaftsmalerei hätte gewiss ohne den Impuls der veröffentlichten Luftbilder eine andere Entwicklung genommen. Das ist, gemessen an der Aufgabe dieser Fotos, ein bloßer Nebeneffekt, aber ein sprechendes Detail aus dem systemischen Zusammenhang zwischen Krieg und Medien in einer zivilen Gesellschaft. Wurde die Luftfotografie durch öffentliche Medien von einem Mittel der Kriegführung zu einer Schule des abstrahierenden Blicks (s. Kap. IV.5)?

Techniken der Tarnung gehörten in diesen Komplex von Übertragungen. Sie wurden zunächst im Frankreich entwickelt und mit dem französischen Wort ›Camouflage‹ bezeichnet. Sie verbreiteten sich rasch auf beiden Seiten über die Front. Seit einigen Jahren ist Forschung zur Technik der Camouflage im Entstehen begriffen und demonstriert u.a. die Verbindung der Anfänge nach 1915 mit den neuesten Tarnungstechniken im Krieg der Drohnen und im elektronischen Krieg (Loreck 2011; Elias u.a. 2014). An solchen Beispielen wird deutlich, dass die Frage nach den Medien im Krieg in die Frage nach dem Krieg in den Medien übergeht.

Kino für den Sieg

Am 30. Januar 1917 wurde auf Initiative von Erich Ludendorff und des Generalstabs in Berlin das Bild- und Filmamt (BUFA) gegründet. Sein Auftrag war, gelenkte Foto- und Filmpolitik zu einem Mittel der Kriegsführung zu machen und die Filmproduktion in Deutschland zu dokumentieren und zu überwachen. Ludendorffs Plan war umfassender und zielte auf einen großen Filmkonzern nach amerikanischem Vorbild. So wurde am 18. Dezember 1917 in Berlin die *Universum Film AG* (UFA) mit Sitz in Babelsberg als Zusammenschluss privater Filmfirmen gegründet. Diese Gründung kam vergleichsweise spät zustande, was von der Unterschätzung der Medien im Kaiserreich zeugt. Die britische Regierung hatte im August 1914 das War Propaganda Bureau gegründet. In Frankreich entstand im Februar 1916 das Maison de la Presse. Wenige Tage nach dem Kriegseintritt im April 1917 gründeten die USA das Committee on Public Information nach dem Vorbild in London.

Das BUFA übte nicht nur Zensur aus, sondern vergab auch Aufträge für Fotografie und Film. Seine Aufgabe war die Stärkung des Kampfwillens in Deutschland. Darüber hinaus war es für die Werbung für Kriegsanleihen zuständig und produzierte Filme und Plakate für neutrale Staaten. Um den Durchhaltewillen zu stärken, wurden die Bilder rekrutiert. Trotz Unterfinanzierung und geringer Unterstützung durch das Offizierskorps war die Leistung des BUFA für den Einsatz der Medien im Krieg beachtlich. In kurzer Zeit baute das Amt ein großes Foto- und Filmarchiv auf, das vorgeblich der Dokumentation diente, aber real Krieg und Kriegsführung rechtfertigte.

Dokumentarfilme waren während des Kriegs in allen beteiligten Ländern beliebt. Nur sehr wenige Kamerateams waren jedoch je an der Front. Die Ausrüstung war unhandlich; eine Kamera am Grabenrand aufzubauen, war ein Selbstmordunternehmen. Vermutlich bis zu 80 Prozent der Filme aus dem Ersten Weltkrieg sind manipuliert; die Kampfszenen wurden gestellt, bei Manövern oder in einer Graben- und Kulissenlandschaft hinter der Front aufgenommen. Die Technik ließ keine Originalaufnahmen zu (vgl. Ereignis und Erinnerung, 2004). Handlungen, Kulissen und Einstellungen waren aber mit Kenntnis der Frontbedingungen konzipiert, Lauf- und Schützengräben von denen der Front nicht zu unterscheiden. Filme wie *Landung auf Ösel* (1918) über die Einnahme der russischen Inselgruppe im Dezember 1917 und einer über die Isonzo-Schlacht von 1917 machten den Versuch, neben der offensichtlichen Propaganda den Kinogängern zugleich einen Eindruck von der Härte der Kämpfe zu vermitteln (vgl. Barkhausen 1982; 1995; Oppelt 2002). Auch in Großbritannien und Frankreich kamen zeitnah abendfüllende Filme mit dem Anspruch der Dokumentation in die Kinos. *The Battle of the Somme*, um ein Beispiel zu nennen, wurde bereits 1916 fertiggestellt und soll mehr als zwei Millionen Zuschauer angezogen haben.

Viele Propagandafilme zeigen in nachgestellten Szenen den heldenhaften Kampf der eigenen Truppen. Für die Mediengeschichte des Kriegs sind diese Filme nur bedingt aufschlussreich. Die Frage kann aber gestellt werden, wie die Täuschung zu verstehen und ihre Wirkung zu bewerten ist. Diese Bilder,

selbst wenn sie als *Fakes* erkannt werden konnten, trugen zum Bildgedächtnis dieses Kriegs bei. Die Wirkung von falschen Bildern auf das Kriegsbild hält bis heute an, und die Frage sollte gestellt werden, was diese Wirkung für das öffentliche Kriegsbild bedeutet.

Der Spielfilm trug von Anfang an zum öffentlichen Kriegsbild bei. Viele der ersten Filme dienten primär der Unterhaltung. Der Krieg bildete oft lediglich den Hintergrund für Liebeshandlungen oder Literaturverfilmungen. Hinter der Front wurden ab 1915 Soldatenkinos eingerichtet, und es gab fahrbare Kinos auf speziell umgerüsteten Lastwagen. Filme wurden auch in Städten und bevorzugt in Kinos nahe den Fabriken und in Arbeitervierteln vorgeführt. Wochenschauen wurden eingeführt, hinkten aber meist Wochen hinter den Ereignissen her. Dennoch hatten sie kurze Zeit großen Erfolg, der mit großer Wahrscheinlichkeit auf Identifikation beruhte. Mit zunehmender Dauer des Krieges setzte emotionale Distanz ein, und die Berichte der Wochenschauen verloren ihr Publikum bei gleichzeitig wachsender Kriegsmüdigkeit.

Filme dienten auch der militärischen Ausbildung als Lehrmittel. Sie wurden von Offizieren in Auftrag gegeben und betrachtet, besser: ausgewertet. Darüber ist wenig bekannt.

Ein immanenter Widerspruch: wahr – unwahr

Fotografie ersetzte seit 1916 die anderen Formen der Bildberichte. Die Amateurfotografie gewann im Krieg und durch den Krieg eine Bedeutung, die sich im Lauf des Jahrhunderts noch steigerte. Eine neue Ästhetik der Kriegsbilder entwickelte sich, die ohne das ›Knipsen‹ der Amateure nicht vorstellbar wäre.

In den Heeren der Briten, Australier und Kanadier dienten einige offizielle Kriegsfotografen in Uniform, und die Amateurfotografie blieb im Vergleich zum französischen und deutschen Heer selten. In Deutschland gab es zwar nur 19 akkreditierte Kriegsfotografen, doch es waren de facto wesentlich mehr, manche mit einer offiziellen Einladung, wie z. B. Sven Hedin und Luis Trenker. Fotografen durften mit einer Legitimation durch einen Ausweis der lokalen Militärbehörde und Armbinde an der Front fotografieren. Sie mussten sich verpflichten, ihre Bilder vor der Veröffentlichung der Zensurbehörde vorzulegen, die das Material an die Presse weiterreichte. Diese Fotografie war zunächst beherrschend.

Die massenhafte Amateurfotografie war eine Folge des lang anhaltenden Kriegs und ein Produkt des

Kriegserlebnisses. Die Kameraindustrie reagierte umgehend auf das Bedürfnis nach Fotoapparaten und baute handliche Geräte. Zunächst dominierte Kodak den Markt, andere Firmen folgten. An der Front entstand ein schwungvoller Handel mit Fotos. Fotozeitschriften wurden gegründet und veröffentlichten Anleitungen zum nächtlichen Entwickeln von Filmen im Schützengraben. Die Zeitschrift *Photographie für alle* fühlte sich genötigt, »Gebote« für das Fotografieren an der Front aufzustellen, damit die »Kameraden in den vordersten Stellungen nicht mit allzu häufigen Aufnahmen« belästigt oder gar in Gefahr gebracht würden (Photographie für alle 1916, 39). Die meisten Fotos sind verloren; einige liegen auf Dachböden oder wenig beachtet in Archiven und Museen. Manche Fotos wurden publiziert und bestimmen unser Bild von diesem Krieg bis heute (vgl. die Fotobände Rex 1926; Ziese/Ziese o. J.; Schauwecker o. J.; Jünger 1930; Buchholtz 1931).

Offizielle Kriegsfotografie und die Amateurfotografie, von der Heeresleitung ermuntert, hinterließen Millionen von Bildern, die zwischen Front und Heimat hin- und hergeschickt wurden. Ein wesentliches Kennzeichen der Medien im Krieg allgemein wie auch der Kriegsfotografie ist ihre instabile Referenzialität. Amateurfotografie und die offizielle Fotografie standen in einem von ambivalenten Wahrheitsansprüchen und Wahrheitsversprechen bestimmten Spannungsverhältnis. Die Zusammenstellung von Amateurfotos zu Alben zeugt von der Suche nach subjektivem Sinn. Die offiziellen Fotografien der Weltkriege wirkten dagegen an einer politisch geplanten Konstruktion mit, die sich nur als Ideologie bezeichnen lässt. Die beiden Typen von Fotografie fordern, getrennt betrachtet zu werden. Kritische Interpretation deckt das Ideologische der offiziellen Bilder auf und analysiert es. Es greift aber zu kurz, sie als Propaganda und eine Form der Lüge abzuwerten (oder zu ignorieren). Denn eine Rückwirkung dieser Bilder und ihrer Ideologie auf die Perspektive der Amateure und damit auf ihr Kriegsbild ist nicht zu bezweifeln. Sie trugen, ihrer Unwahrheit zum Trotz, zum Entstehen eines Horizonts visueller Darstellung und Deutung bei, in dem die privaten und vorgeblich authentischen Fotos gemacht wurden. Der Blick der ›Knipser‹ durch den Sucher der Kamera und der Blick auf ihre Fotos waren vom Einfluss der Propagandafotografie nicht frei. Dieses Verhältnis von Gegensatz und Wechselwirkung aufzudecken, führt die Kulturgeschichte in das Denken und die Affekte einer Zeit, die durch heterogene Bilder von einem Krieg geprägt war, der

als Kampf um Diskurshoheit in den Medien ausgefochten wurde.

Zweifel an der Darstellbarkeit von Krieg: Krise der Repräsentation

Der Erste Weltkrieg initiierte die Medienkonstruktion von Krieg, die in spätere Konflikte hineinwirkte und in unserer Gegenwart ans Ende zu kommen scheint. Die Fragen, ob der Krieg sich der neuen Medien bediente oder ob, anders herum, die Medien den Krieg schufen, den wir bis heute erinnern, sind nicht zu trennen.

Mit der Fotografie und Telekommunikation begann eine Ära der Geschichte des Kriegs, die bis heute unbeantwortete Fragen zu den optischen und akustischen Medien aufwirft. Wie werden Wahrnehmungen mit kollektiven Erinnerungen in Bildern verbunden, und lässt sich diese Vermittlung im öffentlichen Raum herstellen? Wie wird aus der Abstraktion der neuen Medien eine Form der Anschaulichkeit? Wie werden Kriegsmythen in Massenmedien ›gemacht‹ und verändert? Sind Kino und Fernsehen, die Leitmedien des 20. Jahrhunderts, geeignet, Erlebnisse auszudrücken? Oder sind sie der subjektiven Dimension von Erinnerung unangemessen und nur geeignet, generelle Aussagen über Krieg zu machen? Welche Folgen haben das Internet und die digitalen Kommunikationstechniken für das Entstehen neuer Kriege? Medien waren seit dem Anfang des Kriegs der wesentliche Motor des kollektiven Gedächtnisses. Aber zur Zeit des Ersten Weltkriegs steckte der Bildjournalismus, der später für die weltweite Verbreitung von Kriegsbildern sorgte, noch in den Kinderschuhen. Die Verbreitung von Kriegsbildern der Westfront bis ins ferne Australien und Neuseeland war eine Weltpremiere und schuf damit eine eigene Form des Weltkriegs in der Virtualität.

Unsere Vorstellung vom Krieg ist durch nichts so geprägt worden wie durch Literatur und Bilder. Tontafeln in Mesopotamien und die Reliefs der Paläste von Ninive bildeten den Anfang. Das Spektrum wurde immer breiter und umfasst Gedrucktes wie Memoiren, Tagebücher, Romane, Dramen, Gedichte, Essays, Zeitungen. Hinzu kamen bildhafte Darstellungen in der Malerei, der Graphik, der Skulptur und dem Denkmal. Im 19. Jahrhundert verbreiteten sich Fotografie und Film und im 20. Jahrhundert Fernsehen, Video und Mobiltelefon mit Kamerafunktionen. Auch performative Verfahren wie Theater, öffentliche Rituale und Feiern wurden zu Medien im Kriegsdiskurs. In Ausnahmefällen sind auch akustische Quellen von Relevanz: Interviews mit Augenzeugen, aufgezeichnete Gespräche und andere Tondokumente und seit 1923 der Rundfunk.

Die überlieferten Kriegsdarstellungen und -repräsentationen wurden im frühen 20. Jahrhundert hinsichtlich ihres Wahrheitswerts problematisiert. Mehr noch: Sie sahen sich dem Vorwurf ausgesetzt, der besonderen Wirklichkeit des Kriegs nicht gerecht zu werden und sie zu fälschen. Das Geschehen auf den Schlachtfeldern ebenso wie die neuen Medien machten den Ersten Weltkrieg zum ersten historischen Großereignis, das die Grundsatzfrage der Darstellbarkeit aufwarf. Für dieses Problem hatte es zuvor kein Bewusstsein gegeben, es war (außerhalb der Theologie) nicht als solches aufgefallen. Selbst für den monströsen Krieg, den Tolstoi in *Krieg und Frieden* (1868/69) schildert, hatte sich diese Frage nicht gestellt, und auch die Literatur des amerikanischen Bürgerkriegs hatte sie noch nicht belastet. Nach 1915 setzte der Zweifel an der Darstellbarkeit des Kriegs ein. Täuschung und Selbstbetrug wurden zu einem Problem (Trivers 2011). Die verzerrte zeitlich-räumliche Ordnung und die Verwirrung des Geistes im Krieg konnten im Rahmen der Erlebnispsychologie nicht behandelt werden. Das mit sich übereinstimmende Ich als Garant der Authentizität wurde verabschiedet, da seine kognitiven und emotionalen Möglichkeiten von der Wirklichkeit des Kriegs überfordert würden. Der psychologische Realismus könne dem Irrsinn der Wirklichkeit und der Position des Ichs in ihr nicht gerecht werden, argumentierten Künstler (exemplarisch: Otto Dix, vgl. Schubert 2013; Schneede 2013) und Theoretiker (Paul Plaut, Max Nonne, Hermann Oppenheim). Der Krieg wurde zu einer Zeit der Dissoziation (Hantke; Lüderitz) und damit undarstellbar. Diese Position wurde heftig bekämpft und als Ideologie diffamiert. Psychologie und Psychiatrie entwickelten sich zu einem Kampffeld (Ulrich 1962; Lerner 2003). Die Mediengeschichte des folgenden Jahrhunderts ist über die theoretische Reflexion der Darstellungsmöglichkeit hinweggegangen. Das Problem der Darstellbarkeit ist jedoch geblieben. An der Wahrheit der Medien war von Anfang an Zweifel angebracht. Medien schaffen einen Rahmen und Regeln, die es ermöglichen, von *dem* Krieg zu sprechen. Wie aber sieht dieser Krieg der Medien aus? Zeitgemäße Bildordnungen und politische Interessen lenkten den Krieg in den Medien und die Kriegserinnerungen seit Assurbanipal und den ägyptischen Pharaonen und werfen das Problem der (unwissentlichen) Selbsttäuschung auf.

Ein Fotograf in der Abbildkrise: Frank Hurley

In der Fotografie des Ersten Weltkriegs war eine Grenze zwischen ›inszeniert‹ und ›authentisch‹ schwer zu ziehen. Die Versicherung des Echten galt nur bedingt und für einen begrenzten Zeitraum. Je mehr Potentialitäten vorstellbar waren, desto größer war das Bedürfnis zu *wissen*, was echt war. Da der je eigene Diskurs als zeitlose *Wahrheit* durchgesetzt und damit ein Glauben geschaffen werden sollte, wurde die Beglaubigung von Authentizität desto wichtiger, je höher der Grad der Selektion aus der Wahrnehmungswelt war und je komplexer die beobachteten Objekte wurden. Die These von der Undarstellbarkeit zog künstlerische und ideologische Grabenkämpfe nach sich, und ›Authentizität‹ wurde zu einem Kampfwort mit einer Schärfe, die in der heutigen Diskussion über Kriegsfotografie nicht mehr zu finden ist. Die Authentizität des Kriegsbildes in den Medien gewann nach 1918 gesellschaftspolitische Sprengkraft und hatte weitreichende Auswirkungen auf Politik und Gesellschaft sowie auf das kollektive Gedächtnis. In dieser Glaubensfrage ist einer der Gründe für die Heftigkeit der politischen Auseinandersetzungen über Kriegsbilder zu suchen.

Ein aufschlussreiches Beispiel aus dem Ersten Weltkrieg ist die Kriegsfotografie Frank Hurleys (Hüppauf 1991; 1992). Sie steht zwischen zwei Positionen: der Forderung nach mimetischer Abbildung und der experimentierenden Fotomontage. Hurley war ein erfahrener Fotograf, der an Shackletons Endurance-Expedition zum Südpol teilgenommen und Erfahrung mit ethnografischer Fotografie gesammelt hatte. 1917 wurde er als offizieller Kriegsfotograf der Australischen Armee (330 000 Soldaten kämpften als ANZACs, d.h. als Mitglieder des Australian and New Zealand Army Corps unter britischem Oberkommando) berufen und kam auf dem Höhepunkt der Vernichtungsschlachten an die Westfront. Hurley blieb ein Außenseiter. Er war nur wenige Monate an der Front und wurde wegen eines Streits über die Authentizität seiner Fotos vom Oberkommando nach Palästina versetzt. In seiner kurzen Zeit an der Front nahm er an der Dritten Ypern-Schlacht (31. Juli bis 6. November 1917) teil. Sie gehört mit ca. 325 000 Toten und Verwundeten zu den verlustreichsten Schlachten.

Hurley war vom Krieg schockiert. Aber der Anblick der Kriegslandschaft war eine optische Enttäuschung: die Soldaten in den Gräben versteckt, Leere so weit das Auge reichte, und selbst wenn die Soldaten bei einem Angriff aus den Gräben sprangen und über das Niemandsland hetzten, war der mörderische Krieg, waren Sterben, Töten, Grausamkeit und Verzweiflung nicht zu sehen. Das leere Schlachtfeld, bereits von Schlieffen, Jan (Iwan) Bloch und anderen vor 1914 angekündigt, wurde im und nach dem Krieg oft mit Gefühlen der Verzweiflung beschworen.

Hurley beteiligte sich an keiner Debatte über die Darstellbarkeit, aber er stellte die grundsätzliche Frage nach der Verbindung von Fotografie und Authentizität von Bildern. Er entwickelte eine Dunkelkammertechnik, um das Unsichtbare sichtbar zu machen, und nannte sie *composite printing*. Die meisten seiner Kriegsfotos sind *composite prints* (vgl. Hurley 1986). Aus mehreren Negativen montierte er ein Bild, das die Dramatik der Kämpfe, wie er sie erfuhr, sichtbar machen sollte. Er änderte kein Foto, retuschierte nicht, sondern fügte Negative von verschiedenen räumlich und zeitlich getrennten Szenen zu einem Bild zusammen, das, wie er argumentierte, ein authentisches Bild des Kriegs zeige. In den *composite prints* kommt aber auch eine Diskrepanz zwischen Hurleys Bildästhetik und den Bildinhalten zum Ausdruck, etwa in den Fotos vom 23., 28., 29. Oktober, die selbst die heftigen Zerstörungen in einen angenehmen Ton für das Auge und eine aus Malerei und vom Theater bekannte Dramatik hüllen. Die Suche nach dem bedeutenden Augenblick inmitten der Leere des Schlachtfelds führte entgegen der erklärten Absicht zu einer Ästhetisierung der Destruktion.

Im Zuge der Gefechte bei Ypern fand am 12. Oktober bei Poelkapelle eine Schlacht statt, die als Schlacht von Passchendaele zu den traurigsten Kapiteln des Ersten Weltkriegs zählt. Neun Divisionen, unterstützt von einem riesigen Aufgebot an Geschützen, Panzern und Giftgas gingen gegen die deutschen Stellungen vor, um einen Durchbruch der Linien zu erzwingen. Hurley fotografierte, war aber mit der Aussagekraft der Fotos nicht zufrieden. Der Ausbruch von monströser Gewalt, das Töten, Leiden und Sterben ließen sich im Foto nicht sichtbar machen.

Eines seiner Fotos nannte Hurley »Der Morgen nach der ersten Schlacht von Passchendaele«. Das Bild ist eine Montage. Es kann beispielhaft für die Fotoästhetik dieses Fotografen stehen, die wiederum repräsentativ für eine bestimmte Bildästhetik dieses Kriegs ist: der bedeutende Augenblick des Grauens und einer Konzentration der Destruktionsgewalt. Um die Dramatik des grauenhaften Morgens zu zeigen, montierte Hurley einen Gewitterhimmel mit Wolken- und Lichteffekten in das Foto von Leichen auf dem zerschossenen Boden und von zerstörtem Material. Sein Vorbild waren wahrscheinlich Gemälde aus der christlichen Ikonik mit den Kreuzen auf Golgatha vor einem drohend verfinsterten Himmel.

Auch Hurleys bekanntestes Foto mit dem Titel »Over the top« reagierte auf die Leere, die nicht als Horror wirkte, sondern ihn verbarg. Es soll den Augenblick einfangen, in dem ein Angriff beginnt, in dem die Soldaten aus dem Graben springen und über das Feld vor dem feindlichen Graben rennen. Es ist aus 13 Negativen zusammengesetzt, um die nicht zu sehende Gewalt und das Grauen sichtbar zu machen. Die militärische Führung hielt diese fotografische Technik für eine Fälschung, lud ihn vor, verwarnte ihn und zog ihn, da er nicht einlenkte, nach wenigen Monaten von der Westfront ab.

Selten sind die Probleme der Darstellbarkeit und die gegensätzlichen Auffassungen von Authentizität so direkt aufeinandergeprallt wie im Konflikt zwischen dem eigensinnigen australischen Fotografen, der auf der Authentizität durch Montage beharrte, und dem Oberkommando, das an den Fotorealismus glaubte. Es ist eine besondere Pointe, dass das erwähnte Foto nach Kriegsende in einer repräsentativen Kriegsausstellung in London, auf drei mal vier Meter vergrößert, ausgestellt wurde und zu den Hauptattraktionen zählte. Tausende von Besuchern reckten die Köpfe nach dem hoch aufgehängten Bild, um die authentische Anschauung des Grabenkriegs zu gewinnen.

Hurley benutzte zwar die Technik der Fotomontage, aber er vermied den Schock und die politische Aussage, die Eisenstein und die Dadaisten mit dieser Technik verbanden. Raoul Hausmann, Hannah Höch und George Grosz stellten gleichzeitig und im Kontakt miteinander montierte Bilder her und stritten später über die Frage der Urheberschaft der Montage. Die Montage entstand aus dem Kampf um das moderne Bild, verband sich mit einer Schule des Sehens und bereitete eine kleine Medienrevolution vor. Für den Film hat Sergej Eisenstein eine Pionierleistung erbracht, den Filmschnitt zur Montage erweitert und damit den Film zu den Themen Revolution und Krieg nachhaltig verändert. Hurleys Experiment blieb für die Mediengeschichte des 20. Jahrhunderts folgenlos, während die Montage von Bildern Mediengeschichte machte. Der Krieg in den Medien wurde dadurch unweigerlich zu einem politischen Bild.

Medien und Medientheorien nach 1918

Dem Krieg folgte nach 1918 eine Phase intensiver gesellschaftlicher Auseinandersetzung mit dem Verhältnis von Krieg und Zivilisation (s. Kap. IV). Es hatte nie zuvor einen Krieg gegeben, der den Zusammenhang von Krieg und Gesellschaft, derangiertem Ich und Kultur so herausfordernd problematisiert und solche Anforderungen an die kollektive Sinnbildung gestellt hätte wie diese vier Jahre. Die Debatte war zermürbend und ähnelte dem Zermürbungskrieg selbst. In diesem Klima entstanden die ersten modernen Medientheorien. Massenmedien – wie die Presse und Illustrierten, aber vor allem der Film – wurden zum Gegenstand der Theoriebildung. Diese Pionierjahre lassen sich nur als eine Folge des Kriegs verstehen.

Der Krieg stieß Theorien über das Zusammenwirken von Auge und Ohr an. Das Radio wurde entwickelt und diente seit 1923 nicht nur der Unterhaltung. Es stand von Anfang an der experimentellen Literatur (Döblin, Schwitters, Ruttmann) offen, aber nicht dem Thema Krieg, obwohl der Zusammenhang von Kriegserfahrung, neuem Medium und neuer Gattung (Hörbild, Hörspiel) offensichtlich war (Hagen 2005).

Die Vermutung ist nicht zu weit hergeholt, dass die von radikalen politischen Ideen beeinflusste Radiotheorie der Nachkriegszeit ihre Wurzeln in den Versuchen einer theoretischen Aufarbeitung des durch den Krieg ausgelösten neuen Verhältnisses zum Massenmedium hatte. Brecht machte einen Vorschlag zu einer politischen Definition des neuen Mediums Radio und seiner Aufgaben: Statt vorhandenes Wissen auf neue Weise zu verteilen, sollte ein Kommunikationsapparat geschaffen werden, dessen Aufgabe darin bestehen sollte, nicht nur zu senden, sondern den Hörer aktiv zu machen, Formen der Interaktion zu finden, die aus der Passivität führen und dem Empfänger eine aktive Beteiligung ermöglichen (vgl. Brecht 1967a; Brecht 1967b; Arnheim 1979; Wöhrle 1988; Hoffmann 1999). Das war zu Brechts Zeit trotz der wachsenden Zahl an Rundfunkamateuren noch reine Phantasie. Inzwischen ermöglicht die Elektronik diese Interaktion. Aber der emanzipatorische Effekt, den Brecht erhoffte, ist vergessen, und die Medien werden den kommerziellen Interessen der Kriegsspiel-Produzenten untergeordnet. Die Medientheorie der 1920er Jahre, von Jünger, Benjamin und Brecht, sowie die von der Kritischen Theorie formulierten Thesen zur Kulturindustrie sind nicht mehr in der Lage, die Entwicklung der Medien gegen Ende des Jahrhunderts zu erfassen.

Der Erste Weltkrieg machte wie kein anderer Krieg zuvor offensichtlich, dass die Medien Kriege für das Bildgedächtnis zurichten, bevor sie sie zu einem Besitz der kollektiven Erinnerung machen. Der Erste Weltkrieg ist bis heute durch Fotografie und Film im Gedächtnis präsent. Es erfordert keine besondere Kenntnis, um ein unbekanntes Foto auf den ersten Blick den Schlachtfeldern des Krieges 1914–1918 zuzuordnen. Eine Fülle an Bildern seiner Technik, Maschinen, Instrumente und Waffen lassen ihn als den ersten echten Krieg des Industriezeitalters erscheinen. Stahlhelme, Apparate und Maschinen sowie die technische Ausrüstung identifizieren diesen Krieg. Es gab in einem kleinen Segment der Öffentlichkeit aber auch den Krieg des Abenteuers und – denken wir an Fotos vom Balkan – der Touristen in Uniform. Er erregte keine Medienaufmerksamkeit und blieb daher marginal.

Die Anfänge der Theorien der visuellen Medien sind mit den Namen Ernst Jünger und Walter Benjamin verbunden (Werneburg 1995). In Jüngers Werk finden sich zahlreiche, aber verstreute Bemerkungen zu den neuen Medien, dem neuen Blick und einer daraus folgenden neuen (Medien-)Welt. Liest man sie zusammen, entsteht ein Baukasten zu einer Medientheorie. Diese unterscheidet sich nur unwesentlich von der seines politischen Antipoden Walter Benjamin. Dessen Aufsätze kommen einer ausgeprägten Medienphilosophie näher. Benjamin entwickelte, u. a. in einer Besprechung von Ernst Jüngers Fotobüchern, den Zusammenhang der Technologie mit dem System des Kapitalismus und entwarf ein Schlachtfeld, das den fragilen Körper des Soldaten unter offenem Himmel in Metaphysik einfügte. Jünger sprach – seinen gleichnamigen Essays von 1932 antizipierend – konkret von Wahrnehmung und von dem Blick, den ein Soldat, verstanden als ›Arbeiter‹, hatte (Stiegler 2009, 77–93). In der Unterwerfung von Menschen unter das Material oder unter die unbeherrschbaren Produktivkräfte konvergieren ihre Theorien.

Die Konstruktionsprinzipien von Fotografie und Film und die Regeln, nach denen der öffentliche Diskurs im 20. Jahrhundert funktionierte, haben dieses Bild determiniert. Die Techniken und Regeln eines Systems der Repräsentation – im Unterschied zur Magie, zum Mythos oder einer ästhetischen Ordnung – produzierten ein Kriegsbild, das sich zwischen den Krieg und die Beobachter schob und als *die* Wirklichkeit erschien. Medien sind in die Konstruktion des Erinnerungsbildes aktiv einbezo-

gen, wie bereits die frühen Filmtheoretiker bemerkten (vgl. Balázs 1972; Arnheim 1988; Kracauer 1993).
Ein historischer oder ein internationaler Vergleich
könnte Licht auf das Spezifische der medialen Kriegs-
konstruktionen werfen. Die bemerkenswert kompetente BBC-Fernsehserie zum Ersten Weltkrieg (*The
Great War and the Shaping of the 20th Century*, 1996)
hat die Chance zum Vergleich nicht wahrgenommen. Die für das Jubiläumsjahr 2014 produzierten
Filme und Fernsehserien werden unter veränderten
Bedingungen gedreht und haben die Chance zu einer Öffnung auf vergleichende europäische Kriegs-
erzählungen, die einen Blick auf die Konstruiertheit
des Kriegsbildes ermöglichen. Eine Aufgabe der
Kulturwissenschaft wäre es zu untersuchen, wie das
in Medien produzierte Bild des Kriegs zum Krieg
wird (vgl. Brüggemann 2009). Nach 100 Jahren Me-
diendiskurs wird der Erste Weltkrieg im Jahr 2014
ohne Zweifel ein Medienereignis, das Anlass geben
könnte, diese Transformation wie in einem Labor-
experiment zu beobachten.

In den nach 1914 folgenden 100 Jahren wurden
aus dokumentierenden Medien immer mehr Ak-
teure. Wir können seit dem Ersten Weltkrieg kein
Kriegsbild mehr denken, in dem Medien nicht eine
aktive Rolle spielten – den Erwartungen Brechts und
seiner Mitstreiter der 1920er Jahre entsprechend.
Der Medialisierung des Kriegs korrespondiert eine
Militarisierung der Medien, die Paul Virilio oder
Friedrich Kittler analysiert haben (vgl. Kittler 1988;
Virilio 1997). Die Gleichsetzung von Kamera und
Gewehr oder Virilios populäre These, Film sei Krieg,
sind übertriebene Zuspitzungen, geben aber dem
Eindringen von kriegerischer Gewalt in die Medien
der Friedensgesellschaft, die seit dem Ersten Welt-
krieg beschrieben wurde, einen provokanten Aus-
druck. Der erste Golfkrieg, meinen Baudrillard,
Virilio und andere postmoderne Theoretiker, sei
von den USA nach den Regeln der Massenmedien
geführt worden. Krieg ahme das Fernsehen nach.
Ob diese These und ihre Umkehrung: Fernsehen
und Film seien die Fortsetzung des Kriegs mit den
Mitteln der Medien, haltbar ist und was sie für das
Kriegsbild bedeutet, wäre zu bedenken.

Faktizität und Bildjournalismus.
Authentizität und das Serielle

Die Mediengeschichte des Kriegs beschäftigt sich
nicht mit Werken, sondern löst das Werk auf. Stoff
und Form des Kunstwerks werden zugunsten un-
sinnlicher Vermittlungsfunktionen relativiert (vgl.

Belting 1990). Sie handelt gleichsam vom Äther zwischen den Dingen. Kriegsbilder waren vor der Fotografie auch Kunstwerke. Das erste Schlachtenge-
mälde der Neuzeit, Albrecht Altdorfers *Alexander-
schlacht* (1529), zeigt die Schlacht bei Issus als ein
imaginiertes Aufeinanderprallen von West und Ost,
Griechenland und Persien im Rahmen eines detailliert ausgeführten und prachtvollen Kunstwerks.

Beinahe 400 Jahre später stellte Kriegsfotografie
keinen künstlerischen Anspruch, oder tat das nur
sehr kurze Zeit, im Krimkrieg und zu Beginn des
Ersten Weltkriegs. Kriegsfotografie verfolgt andere
Ziele, und das einflussreichste Medium des 20. Jahrhunderts, der Film, folgt ihr. Kriegsfotografie und
Film sind ideale Mittel der Mediengeschichte, da sie
keinen primär ästhetischen Normen folgen (wenn
einzelne Fotografen in Kunst-Begriffen argumentieren, gehen sie am Geist der Kriegsfotografie vorbei).
Der Übergang vom Einzelbild zu Bildserien und zu
den seriellen Bildern der Massenmedien entstand.
Nicht die Ordnung von Welt in einem bedeutenden
Augenblick, sondern die große Zahl und das Serielle
sind ihre Prinzipien. Die Kriegsfotografie war ein
neues Mittel der Berichterstattung, das an archaische
serielle Kriegsdarstellungen (Angkor, Ägypten, Ninive) anschloss und damit den Kriegsdiskurs der
Moderne veränderte.

Unser Verhältnis zu Kriegsbildern ist vom Charakter des Seriellen geprägt. Ein einzelnes Kriegsbild
kann man nicht als Medium bezeichnen. Viele Fotos
nebeneinander lassen noch kein Kriegsbild entstehen. Ohne die Konstruktion eines Zusammenhangs
des Seriellen bleibt ein Foto als Kriegsfoto so unver-
standen wie das einer fremden Kultur. Das Kriegsbild der Medien entsteht aus dem Wechselspiel von
Wiederholung und Abweichung, deren Abfolge einem unbekannten Ordnungsprinzip folgt. Das einzelne Bild, das für einen Augenzeugen viel zu sagen
haben mag, bleibt für die meisten anderen Betrachter, auch Zeitzeugen, stumm. Erst durch das Serielle
wird die Kriegsfotografie zum gesellschaftlichen
Medium. Eine Aussage entsteht erst, wenn das Foto
mit anderen Bildern zusammengestellt und die Serie
in den Kontexten ihrer zeitgenössischen Produktion
und Rezeption gesehen wird.

Gefühle und Medien

Das Verhältnis von Krieg und Medien stellt seit den
Befreiungskriegen im frühen 19. Jahrhundert das
Problem der Emotionalität z. B. den Hass auf den
Feind (vgl. u. a. Scarry 1985; Frevert u. a. 2011;

Fauth/Krejberg/Süselbeck 2012). Die Anfänge dieser Beziehung lassen sich allerdings weiter zurückverfolgen. Es ist ungeklärt, ob wir berechtigt sind, für Kriege des 16. und 17. Jahrhunderts von denselben Gefühlen auszugehen wie für die Kriege im 19. und 20. Jahrhundert (Plamper 2012, 11–86). Auf alle Fälle bildete der Erste Weltkrieg einen zuvor nie erreichten Höhepunkt der Emotionalisierung. Medien verbreiteten und steigerten Emotionen vor, während und nach diesem Krieg. Medien hatten die Macht, für eine öffentliche Stimmung zu sorgen, die den Kritiker eines Kriegs heute ins Gefängnis brachte und morgen öffentlich feierte. Medien wurden aber auch von kriegsbedingten Emotionen beeinflusst, denken wir an die Berichterstattung über den Krieg in Belgien. Ein intensives Beispiel war später die Wirkung, die emotionale Reaktionen auf den Vietnamkrieg auf die amerikanische Presse hatten oder, mit dem umgekehrten Effekt, die Entwicklung des Internets als Nebenprodukt der amerikanischen Kriegstechnologe, die für Ent-Emotionalisierung sorgt.

Repräsentationen sind prinzipiell interpretierbar. Die Unterscheidung der Systemtheorie zwischen »Mitteilung« mit »Sinnangebot« und »Information« oder »Auswahl« (Luhmann 1987) erweist sich für das Kriegsbild der Medien als besonders fruchtbar. Gefühle wie Hass, Angst, Begierde, Begeisterung, Lust, Sadismus oder Gefühllosigkeit stehen im Austausch mit Objekten, etwa mit Gewalthandlungen im Krieg, sind aber ebenso Teile eines Beziehungsnetzes der Affekte. Medien machen solche Beziehungen auf ihre Weise im Bild sichtbar oder legen sie gemäß der jeweiligen Zeitvorstellungen hinein, so dass Betrachter nicht nur die Zeichen erkennen, sondern sie als Auswahl und als Sinnangebot in einem kulturellen Feld wahrnehmen. Allerdings ist es im Falle von Bildmedien immer schwer, Information und Signale der Kommunikation zu unterscheiden, was eine emotionalisierte Rezeption noch unterstützt (vgl. Luhmann 1997, 307 f.).

In einer Zirkelbewegung geben Medien den subjektiven Gefühlen einen öffentlichen Ausdruck, der auf individuelle Gefühle zurückwirkt. In dieser Rückkoppelung wird Gefühlen die Berechtigung zugesprochen oder entzogen. »Haben Gefühle Recht, und ist der Mensch ihnen gegenüber frei?«, formuliert Hastedt zutreffend eine für die Gefühle im Krieg zentrale Frage (Hastedt 2005, 130–140). Ob mein Gefühl Recht hat, wird mir von Medien im öffentlichen Diskurs gesagt, und auch was ich fühlen soll, erfahre ich aus Medien, vom Triumph bis zu Gefüh-

len von Schuld und Verzweiflung. Aus Medien lerne ich auch, was ich nicht fühlen soll.

Ein wichtiges Medium für die Erregung und Kontrolle von Emotionen im Ersten Weltkrieg war die öffentliche Rede von Kanzel und Katheder. Ihr Ursprung lässt sich in der frühen Neuzeit finden, als Luther die Bauernkriege und die Türkenkriege zum Anlass nahm, die Predigt zur emotionalen Mobilisierung der Öffentlichkeit einzusetzen. »Man darf beim Soldatsein nicht darauf sehen, wie man tötet, brennt, schlägt, gefangen nimmt usw. Das tun die ungeübten, einfältigen Kinderaugen [...]« (Luther 1897, 623 f.). Andere Prediger folgten seinem Beispiel. Während der zweiten Belagerung Wiens durch die Türken nahm Abraham a Santa Clara diese Tradition auf. Die Befreiungskriege von 1813 boten Gelegenheiten zur Erneuerung. Während des Ersten Weltkriegs wurde die Kriegspredigt erneut bedeutend. Reden deutscher Pastoren und Professoren beschäftigten sich nach August 1914 damit, Emotionen und patriotische Gefühle zu wecken (Zentralstelle für Volkswohlfahrt 1915; Böhme 1992). Sympathien für den Gegner, etwa die Bewunderung für Paris und die französische Kultur, wurden als unpatriotisch disqualifiziert. Die Massenmedien verbreiteten Emotionen, die dem Ziel der Stärkung des Kampfwillens und bald des bloßen Durchhaltewillens dienten, und Urteile über Emotionen, die Emotionsverboten gleichkamen.

Die historische Forschung hat diesen Zirkel selten offengelegt und die Rolle der Medien bei der Ausbildung eines emotionalen Wissens nicht geklärt. Als eine Aufgabe der Kulturgeschichte des Kriegs lässt sich bestimmen, Kriterien zu entwickeln, die das emotionale Wissen in den öffentlichen Medien wahrnehmbar machen und nicht mit Propaganda oder Ideologie gleichsetzen, sondern eher mit dem Begriff der Selbsttäuschung behandeln (Trivers 2011). Die Veräußerung von Emotionen durch Medien muss gemäß psychologischer und medientheoretischer Kategorien so analysiert werden, dass das Subjektiv-Emotionale nicht verlorengeht. Die Analyse der affektiven Bindungen und Abstoßungen oder, genauer, die Analyse der Medien, die Emotionalität und kriegsbedingte Veränderungen der Gefühle verursachen oder doch anstoßen, verspricht für das Verstehen des Verhältnisses von Krieg und gesellschaftlicher Kultur neue Einsichten.

Die Beschreibung muss sich von den Emotionen der untersuchten Zeit distanzieren, um die Logik der Medien erkennbar zu machen. Auch die umstrittene Frage der Kriegsbegeisterung vom August 1914 wäre unter dem Gesichtspunkt der aktiven Beteiligung von Medien an der Produktion von Gefühlen und Selbsttäuschung noch einmal zu stellen. Erst wenn die zeitgenössische Bewertung suspendiert und damit die Analyse vor vorschneller Parteilichkeit bewahrt ist, lassen sich die Interessen im Enthusiasmus, der ja 1914 zweifellos wirkte, wie die Fotos und Berichte in Zeitungen belegen, sowie in dessen Abwesenheit analysieren und die Nachwirkungen in der Literatur und den Massenmedien nach 1918 angemessen verstehen.

Raum und Film

Das Schlachtfeld war über Jahrtausende hinweg ein abgegrenzter, physikalisch-geografisch definierter Raum (vgl. Hüppauf 2003). Das Schlachtfeld war der augenscheinliche Beleg, dass Produktion und Destruktion der menschlichen Kultur Räume brauchten. Wir können das Schlachtfeld von Gettysburg oder Stalingrad besichtigen, und wenn wir die Lage eines Schlachtfelds nicht mehr kennen, wie das der Schlacht im Teutoburger Wald, sind wir doch sicher, wie es ausgesehen hat und können nach ihm in Wäldern der Gegend gezielt suchen. Bis in die Gegenwart behielten Raum, Orte, Regionen und ihre Topographie, das *Gelände*, ihre Bedeutung.

Medien haben mit ihren Mitteln diesen stabilen Raum als einen Raum des Erlebens verfestigt. Seit seinem Anfang setzte der Tonfilm alle Mittel ein, um Krieg zu einem Raumerlebnis zu machen. Das Maschinengewehrfeuer in Lewis Milestones *All Quiet on the Western Front* (1930) strebte ein möglichst authentisches Kriegserlebnis im Kinosessel an. Milestone machte nicht den Versuch, den ohrenbetäubenden Lärm der Front, der die Soldaten körperlich lähmte und langfristig zu psychosomatischen Störungen führte, irgendwie nachzumachen. Das hätte nichts als eine Überwältigung des Gehörs erreicht. Stattdessen setzte er die Tonspur ein, um einen Raumeindruck vom Schützengraben, der Enge, dem emotionalen Druck und der anhaltenden Todesdrohung akustisch zu erzeugen. Auch *Westfront 1918* (Georg Wilhelm Pabst, 1930) setzte (den neuen) Ton ein, um ein Raumerlebnis im Kino zu erzeugen. Im dunklen Kinoraum sollte der Raum eines Schlachtfelds durch visuelle Nachbildung *und* mit dem kinogerechten Einsatz von Geräusch authentisch entstehen. Diese Raumillusion zeichnete den Medien ihren Weg vor.

Regisseure von Joris Ivens bis Pierre Schoendoerffer setzten die Mittel des Dokumentarfilms ein, um auf der Leinwand und in den Köpfen der Zuschauer den authentischen Kriegsraum zu schaffen. Ivens hat im spanischen Bürgerkrieg Städte und Landschaften, auch den Himmel Spaniens als Kriegsraum gefilmt. Schoendoerffers Kriegsberichte aus Algerien und noch die späteren Filme über den Indochina-Krieg – allen voran *317. Sektion* (1965) und *Dien Bien Phu. Symphonie des Untergangs* (1992) – setzen die Tradition des Kriegsfilms, der nach dem Ersten Weltkrieg entstand, fort. Seine Dokumentation *2. Kompanie, 1. Zug. Vietnam 1966* (1967) zeigt den Krieg nicht aus der Sicht der Soldaten, sondern aus der Perspektive eines außenstehenden Filmerzählers, der die Soldaten nicht beurteilt und den Krieg nicht anklagt, sondern aus einer anthropologischen Warte spricht, beinahe aus einer Position ›von Nirgendwo‹ (aber nicht auktorial). Mit diesen Mitteln entwirft der Film ein konventionelles Kriegsbild mit einem fixierten Raum wie ein Behälter, in dem der französische Indochina-Krieg ebenso wie der Krieg, den die USA mit den Mitteln der modernsten Kriegstechnik führten, nach dem Muster des Ersten Weltkriegs stattfinden konnten. Die Konstruktion wird verborgen, um diesen Krieg der ›starken Männer‹ wie ein Naturschauspiel in einem empirisch gesicherten, stabilen Raum erscheinen zu lassen und Identifikation zu fördern. Die enge Verbindung von Krieg und fixiertem Raum setzt sich bis in unsere Gegenwart hinein fort (vgl. u. a. Wegner 2000, 20), wofür der überaus erfolgreiche Spielfilm *Saving Private Ryan* (Steven Spielberg, 1998) als Beispiel dienen mag.

Der durch Kriegstechnik produzierte Raum – die im Ersten Weltkrieg entwickelten Apparate des Sehens und Hörens sind symptomatisch – kann aber auch zu einer Distanzierung des Subjekts führen. Berichte über die Wirkung des Blicks durch ein Zielfernrohr sind exemplarisch (vgl. z. B. Carossa 1962, 429–431).

Es gab Versuche, die Medien aus der ästhetisch konservativen Position zu emanzipieren und für ein experimentierendes Verhältnis zum Krieg zu öffnen. Die Bildtechniken des Kubismus, die Montagen in den Filmen Eisensteins und die Bilder der Surrealisten und Dadaisten führten in eine Auflösung des starren (absoluten) Raums. An diese, in der Zeit des Ersten Weltkriegs einsetzende Auflösung des euklidischen Raums knüpfte das Kriegsbild der Medien erst sehr viel später und mit großer Zurückhaltung an. In Vietnamkriegfilmen – etwa in *Apocalypse Now* (Francis Ford Coppola, 1979) – lassen sich Spuren der Raumauflösung finden. Aber insgesamt ist die Konstruktion von Kriegsraum in den Massenmedien einer konservativen Ästhetik gefolgt.

Themen und Phasen
der bildlichen Repräsentation

Die folgenden sechs Themengruppen und zeitlichen Phasen der Bildmedien im Ersten Weltkrieg lassen sich unterscheiden (vgl. Dewitz 1989; Fotogeschichte 2002; Holzer 2003; Encke 2006; mit dem Fokus auf Film: Gethmann 1988; Kaes 2011).

Frühe Fotos aus dem Krieg:
Unterhaltung und Idyll

Fotografie und Film nahmen an einer Aktion ›Täuschung‹ der Öffentlichkeit durch entstellende Bilder von einer Welt im Frieden aktiv teil. Fotos der ersten Monate zeigen Soldaten mit Gewehr, schmucker Uniform und Pickelhaube in stolzer und siegesgewisser Haltung, im Atelier aufgenommen. Gruppenbilder von Soldaten mit kämpferischer Haltung wurden in Kasernen inszeniert und wirken theatralisch. Einige Fotos aus dieser frühen Phase des Kriegs werden auch durch ein Moment der Bewegung bestimmt: Soldaten schwärmen auf blühenden Sommerwiesen aus oder marschieren siegreich durch belgische Straßen. Fotografiert wurden gern harmlose Idyllen, mit denen sich später positive Erinnerungen verknüpfen ließen.

Zu den »Geboten« für die »Liebhaberphotographen im Felde« gehörte die Regel, das Fotografieren auf die eigene »Umgebung, Quartiere, liebgewonnene Kameraden, Vorgesetzte, Stimmungsbilder, die dich besonders reizen, interessante Momente in fröhlich verlebten Stunden« zu beschränken (Photographie für alle 1916, 38 f.).

Später gab es z. B. Fotos mit frisch errichteten Blockhäusern aus hellen Birkenstämmen und selbstgezimmerten Tischen und Stühlen. Auf Fotos sind rauchende Soldaten zu sehen, musizierend und schreibend vor dem Unterstand oder unter freiem Himmel. Auch das Waschen oder Nähen von Kleidung und Schwimmen im Fluss oder Teich waren beliebte Szenen. Diese Fotos gehören nicht zur Propaganda-Fotografie. Was sagen sie über das Leben an der Front? Zeigen sie die unglaubliche Nähe von Kampf und Friedlichkeit, Tod und Idylle? Oder sprechen sie von einer Selbsttäuschung, einer Wunschwelt der Soldaten?

Nervenkrieg: Zermürbung und Trauma im Bild

Motive, Stellungen und Haltungen änderten sich bald. Ab 1916 tauchen zermürbte Gesichter mit leerem Blick und gefrorenen Minen, verdreckte Uniformen, das Elend der Unterkünfte, zusammengefallene Gräben, Verwundete und Sanitäter auf. Eine Gruppe von Fotos lässt sich unter der Überschrift »Ich und die neue Kriegstechnik« subsumieren. Soldaten ließen sich mit Gasmaske oder Stahlhelm oder neben großen Geschützen und auf Kanonenrohren reitend fotografieren. Wenn Fotos nach Hause geschickt wurden, gab es Kommentare wie: »So sehe ich jetzt aus« oder »Erkennst du mich?«, von Otto Dix in einer Radierung satirisch zitiert. Die Errungenschaften des Kriegs, riesige Geschütze, Munitionsstapel, Handgranaten, Maschinengewehre, Flammenwerfer und Gasmasken, waren den Soldaten Fotos wert. Beliebte Fotos zeigen eroberte oder zerstörte britische und französische Panzer. Versehen mit Kommentaren wie: »Das ist das Schicksal unserer Feinde« oder »So siegen wir«, bilden diese Fotos Kriegsgefangene, zerschossene Häuser, Kirchen und später Bunker, zerstörte Panzer, abgestürzte Flugzeuge ab.

Es wäre aufschlussreich zu wissen, für welche soziale oder politische Gruppe die Wirklichkeit dieses Typus von Fotos relevant war, und auf welche Weise sie in die Kriegserinnerung welcher gesellschaftlichen Gruppen nach 1918 eingegangen sind.

Archaisierung der Bilder
und eine neue Bildästhetik

Der Kriegsdiskurs des Ersten Weltkriegs verband eine ältere Metaphorik mit der Sprache der modernen Medien. Das galt in der Bildwelt dieses Kriegs insbesondere für ein spezifisches Medium, das Kriegsplakat (vgl. Borkan 2002). Mit Bildern von Maschinen und dem Vokabular der modernen Technologie verschnitten, diente das Zitat des Mittelalters und der Archaik der Verschleierung und Pseudo-Legitimation der Vernichtungsmaschine. Das Archaische der Bildsprache wurde von der Propaganda gezielt in moderne psychologische Kriegführung übertragen und auf massenhaft verbreiteten Plakaten für die Zwecke der Finanzierung und Mobilisierung benutzt.

Die Sprache des öffentlichen Diskurses war von der Archaisierung des Kriegs in Bildern betroffen. Vom Schlachtfeld wurde als *Hölle* gesprochen. Sie hatte ihre Orte. Die ›Hölle von Verdun‹ wurde zu einer stehenden Wendung. Kriegsliteratur spricht von den tiefen Kasematten, wo sie von dunklen Mächten in Gang gehalten wurde, und wo die Dämonen (des *Douaumont* oder von *Le Mort Homme*) in der

›Schlacht um Verdun‹ regierten, um den Akteuren das Gesetz des Handelns aus der Hand zu nehmen. Durch diese Metaphorik schloss das Kriegsbild an Vorstellungen einer finsteren und von höllischen Kräften regierten Vorzeit an. Sie floss mit der in England, Frankreich und Deutschland verbreiteten Bildsprache des Mittelalters zusammen, die zur Übersetzung des Kriegsgeschehens in Metaphysik und der Ausdehnung des Kriegserlebnisses ins Mythisch-Visionäre beitrug und die Mittel der Massenmedien wirkungsvoll übernahm (vgl. Goebel 2007).

Zeit der Heldenbilder

Unter dem Titel *Der Weltkrieg in seiner rauhen Wirklichkeit* publizierte der Berufsfotograf Herman Rex 1926 in drei Bänden mehr als 500 Fotos. Einige waren bereits während des Kriegs in Zeitungen und Zeitschriften erschienen, manche mehrfach. Viele seiner Bilder hatten während des Kriegs die Zensur nicht passiert. Sie galten als zu realistisch und schockierend. Die Bedenken fielen nach 1918 weg. Es ist bemerkenswert, dass einige Zeitschriften der Entente Fotos von Rex publizierten. Lässt sich daraus auf Übereinstimmungen im Kriegsbild der Medien schließen? Im Gegensatz zu pazifistischen Bildbänden, allen voran Ernst Friedrichs *Krieg dem Kriege* (1924), verband Rex das raue Kriegsbild mit keiner politischen oder moralischen Intention. Er legte großen Wert auf Ästhetik. Aus Destruktion und Tod (viele Leichen sind zu sehen) setzte er kein abstoßendes, kein anklagendes und kein enthusiastisches Bild zusammen, sondern zeigte eine Art technischen Heroismus, der nicht den Stolz der technikbegeisterten Fotos der frühen Sowjetunion, stattdessen das Nüchterne der Fotografie als Technik ausstellte. *Die raue Wirklichkeit des Kriegs* betonte den Kontrast zum Kunstcharakter älterer Kriegsbilder. Wo Krieg nun als Kunstwerk erschien, in den Fotografien ästhetisierender Fotografen, waren Bilder eine Lüge.

Auch in anderer Hinsicht trugen die Massenmedien zu einem letzten Aufbäumen des Kriegs als Zeit der Heldengeburt bei: Die Piloten der Luftfahrt wurden zu Helden des industrialisierten Kriegs stilisiert (vgl. Fritzsche 1994; Hüppauf 2008; Kehrt 2010). Die These von der post-heroischen Gesellschaft seit dem Ersten Weltkrieg (Münkler 2007) trifft nur partiell zu. Die Mediengeschichte zeigt, dass der Held und die Massengesellschaft eine fragwürdige Symbiose eingingen. Die Verbindung von Massenmedien und der Wiedergeburt des Kriegshelden, der aus dem archaischen Krieg stammt, ist erst in Ansätzen unter-

sucht. Die (auf Fehlinterpretationen beruhende) Medienvermarktung des Roten Barons, Manfred von Richthofen, des charismatischen und erfinderischen Oswald Boelcke oder die weite Verbreitung von Fotos der Beerdigung eines anderen Helden der Lüfte, Max Immelmann, in Dresden, waren frühe Beispiele der Popularisierung des Kriegs durch Medienstars. In England und Frankreich wurde die Heldenwelt der Flieger ebenso massenmedial sensationalistisch inszeniert. Die neuen Medienstars in Uniform wurden ›Flying Aces‹ genannt. Dieser Kult kam mit dem Vietnamkrieg an sein endgültiges Ende.

Das Kriegsbild nach 1918

In den 1920er Jahren erschien eine Reihe von Fotobänden zum Weltkrieg. Sie stellten sich die Aufgabe, das Ganze des ›Großen Kriegs‹ sichtbar zu machen. Dieser Zusammenhang, in Vorworten ausgesprochen und in der Bildauswahl praktiziert, stellte einen Bedeutungsrahmen für das Einzelbild her (vgl. exemplarisch Jünger 1930; Buchholtz 1931). Einige Fotos wurden in verschiedene Anthologien aufgenommen, und es ist erstaunlich, wie sich ihre Bildaussage vom einen zum anderen Band durch den Kontext veränderte. Ein Bild sagt in der einen Sammlung, etwa *Kamerad in Westen* (1930) vom sozialkritischen Societäts-Verlag, etwas anderes aus als in Zieses *Das unsichtbare Denkmal* (o. J.), einem Band, der im nationalistischen Frundsberg Verlag erschien. Das Bild eines zerschossenen Panzers kann, je nach Kontext, für die bewunderte Macht des Kriegs oder die beklagte Ohnmacht des Menschen gegenüber der übermächtigen Technik stehen.

Das Thema der Sinnlosigkeit und Anklage der Todesmaschinerie beherrschte nach dem Krieg die Literatur von der Lyrik über die Essayistik zu den neuen Medien. Es dauerte eine Weile, bis der Krieg auf die Leinwand kam. Nach den Propagandafilmen der Kriegsjahre entstanden ab Mitte der 1920er Jahre Filme der Opposition zum Krieg. Ein Vorläufer war *J'accuse* (Abel Gance, 1919). Ein einflussreicher Anti-Kriegs-Film kam aus den USA: *The Big Parade* (King Vidor, 1925). Er gehörte zu den erfolgreichsten Stummfilmen nach *Birth of a Nation* (David Wark Griffith, 1915), auch eine Art Kriegsfilm über die Gründung der USA, und spielte etwa 5 Millionen Dollar ein. Als Beispiel sei *Westfront* (Georg Wilhelm Pabst, 1930) genannt, Film einer moralischen Anklage aus der Perspektive der kleinen Gruppe Soldaten. Das war auch die Sicht auf den Krieg in Remarques Roman *Im Westen nichts Neues* (1928) und in der Verfilmung von Lewis Milestone (1930, in Deutschland 1932). Der Film wurde trotz heftigen Protests und randalierender SA-Horden, die auf Befehl von Joseph Goebbels in einem Berliner Kino Ratten aussetzten, in Berlin für kurze Zeit vorgeführt.

In den späten 1920er Jahren drehten bellizistische und nationalistische Regisseure zunehmend kriegsverherrlichende Filme. Ihre Perspektive ist die der Herrschaft, die den verlorengegangenen Beobachtungs- und Kommandoort, den Feldherrnhügel, mit den Mitteln des Films virtuell ersetzt. Diese Filme zeigen selten den heroischen Krieg, sondern den Kampf der feldgrauen Soldaten im Zermürbungs- und Abnutzungskrieg: *Die Somme* (Heinz Paul, 1927); *Douaumont. Die Hölle von Verdun* (Heinz Paul, 1931). Nach 1933 wurde diese Filmerzählung fortgesetzt, mit einer meist offensiven antirepublikanischen Ideologie und besonders zur Stützung der Dolchstoßlegende: *Urlaub auf Ehrenwort* (Karl Ritter, 1937). Weltkriegsfilme wurden nun als ideologische Unterrichtung gedreht und hatten das Ziel, eine Lehre zu vermitteln, die aus dem Ersten Weltkrieg zu ziehen sei: Militärische Stärke, Rüstung und Kampfgeist sollten zu den obersten Prioritäten der Gesellschaftspolitik werden. Mit diesen Filmen entfernte sich die deutsche Medienkultur vom Rest der Welt auf dieselbe Weise wie in der Kunst und Politik. Außerhalb Deutschlands blieb der kritische Kriegsdiskurs erhalten.

In der Folge des Zweiten Weltkriegs ging die Erinnerung an den Krieg von 1914 bis 1918 in Deutschland verloren. Die Medienlandschaft nach 1945 knüpfte nicht beim kriegskritischen Diskurs der Weimarer Republik an. Das galt nicht für die öffentliche Erinnerung der Alliierten. In den USA und in England entstanden erneut Filme zum Ersten Weltkrieg, ausnahmslos als moralische Anklage *Paths of Glory* (Stanley Kubrick, 1957), *King and Country* (Joseph Losey, 1964), *Johnny Got his Gun* (Dalton Trumbo, 1971; vgl. die Auswahlliste der Filme zum Ersten Weltkrieg in Hirschfeld/Krumeich/Renz 2003, 481–483).

Homogenisierung des Kriegsbildes

Lange Zeit war das Bild des Ersten Weltkriegs nicht zuletzt aufgrund von Filmen weitgehend homogen. In Deutschland und in Frankreich gab es eine Deutung der Westfront als erstem Krieg des industrialisierten Schlachtfelds und der Soldaten als Arbeiter

der Zerstörung. Die Kriegsbilder von Autoren, die politisch und gesellschaftlich durch Welten getrennt waren, ähnelten sich: Jünger und Benjamin arbeiteten ein homogenisiertes Bild des Kriegs heraus, in dem die Westfront als Krieg der Maschinen, Flugzeuge, Panzer, Flammenwerfer und einer durch Technik veränderten Wahrnehmung zugespitzt und verdichtet war.

Die Ostfront, der Bewegungskrieg in Galizien, auf dem Balkan, die Isonzo-Front, Caporetto, der Krieg in den Bergen usw. waren Jahrzehnte lang in den Medien nicht vorhanden und nur wenigen Spezialisten bekannt. Sie werden seit einigen Jahren wahrgenommen. Zum veränderten Bild trägt die Fotografie entscheidend bei (vgl. Liulevicus 2000, 26–29; Holzer 2012). Mit diesen Erweiterungen ändert sich die Vorstellung vom Weltkrieg als Ganzem und wird spannungsreicher. So kommt, um nur dieses Beispiel zu nennen, die emotionale Grausamkeit zurück ins Kriegsbild. Sie verdrängt nicht die systemische Grausamkeit des industrialisierten Kriegs der Westfront, sondern ergänzt sie, so dass wir uns mit einem in sich widersprüchlichen Bild abfinden müssen, das eine angemessenere Vorstellung von diesem Krieg vermittelt.

Vom Medienbild des Ersten Weltkriegs zum Kriegsbild der Postmoderne

Die Unsicherheit im Umgang mit Bildern, durch den Ersten Weltkrieg ausgelöst, war nie so groß wie in der Gegenwart. Die Krise der Abbildung, mit der Fotografie entstanden, hat nicht nur das Vertrauen auf den dokumentarischen Charakter der Analogfotografie erschüttert, sondern die grenzenlosen technischen Möglichkeiten zur Bildmanipulation durch digitale Techniken haben zu einem zynischen Generalverdacht gegenüber dem Kriegsbild der Medien geführt. Zugleich ist zu konstatieren, dass die Macht der Medien, Krieg präsent zu machen, uneingeschränkt ist. Über Kriege, die nicht durch mediale Repräsentation verbreitet werden, wissen wir und die Weltöffentlichkeit nichts, und so sind sie inexistent. Ein Krieg, der keine Sendezeit im Fernsehen findet, ist für das Bewusstsein und die Erinnerung verloren. Gelitten und gestorben wird dennoch. Die Präsentation auf dem Bildschirm wird dagegen als Wirklichkeit wahrgenommen. Dass sich die Erwartung der Dokumentation durch Fotografie trotz aller Enttäuschungen und theoretischen Zweifel bis in die Gegenwart erhalten konnte, ist nicht leicht zu verstehen. Erhält sie sich als eine Art von Wissensverleugnung zu Gunsten einer Lust an der Illusion?

Mit dem Krimkrieg hat es angefangen. Er wurde als Spektakel in Varietés und anderen Vergnügungsstätten von Paris aufgeführt. Das 20. Jahrhundert fügte dieser perversen Sicht des Kriegs ganz neue Dimensionen hinzu.

Die Technikbegeisterung hat eine komplementäre Seite: Ein wildes Phantasieren, das vage Kenntnisse von technischen Innovationen zum Ausgangspunkt nimmt. Nach dem Ersten Weltkrieg fanden Phantasien von einem zukünftigen Gaskrieg aus der Luft weite Verbreitung. Nachdem der Weltkriegsgeneral Giulio Douhet die Phantasie eines Luftkriegs mit Gaseinsatz popularisiert hatte (1921), lebten sich die Ängste des überstandenen Kriegs in Massenmedien aus, in dem die Hilflosigkeit gegenüber dem Gas und dem Krieg aus der Luft zu einer apokalyptischen Vision kombiniert wurde (Schütz 2005).

Hatte bereits der Surrealismus nach dem Ersten Weltkrieg das Antinomische betont, so führte das Nachleben des Vietnamkriegs in der amerikanischen Öffentlichkeit und sehr bald weltweit zu einer Umwertung des Kriegs. Es wurde nicht als Widerspruch empfunden, sich aktiv in der Anti-Kriegsbewegung zu engagieren und zugleich eine Affirmation des Kriegs im Lebensstil, in der Unterhaltung und in Präferenzen des Alltags zu praktizieren. Tom Holert und Mark Terkessidis belegen an zahlreichen Beispielen, wie der Irrsinn des Kriegs zum kulturellen Zentrum einer von Unterhaltungssucht und Drogen beherrschten Gesellschaft werden kann (vgl. Holert/ Terkessidis 2002). »Idealerweise befindet sich der professionelle Fighter als Borderline-Typ auf einem surrealen Dauertrip, auf einer ›magical Mystery Tour‹. [...] Je durchgeknallter, desto effizienter« (ebd., 10). Damit ist eine globale Tendenz bezeichnet, die mit dem Vietnamkrieg begann und in *Apocalypse Now* (Francis Ford Coppola, 1979) zu einem Medienprogramm wurde. Die Dissoziationsmentalität, die im Ersten Weltkrieg zuerst beobachtet wurde (Spreen 2011a), fordert psychologische Therapie, oder sie führt in verantwortungsloses Spiel.

Die Entwicklung lässt vermuten, dass die neuen Formen von Krieg mit der Medienkultur zunehmend verschmelzen werden. Die Medialisierung ist die bisher extremste Steigerung der Fernwirkung, also der visuellen und emotionalen Entkoppelung von Tätern und Opfern, die im Ersten Weltkrieg mit einer »Tendenz zum Unsichtbaren« durch Funk- und Radiotechnik (Kaufmann1996, 117 f.) sowie mit dem Luftkrieg und den neuen Geschützen mit einer Reichweite bis zum Horizont in einer Ebene begann, und nach deren Muster auch die neuen Formen der Info-Kriege und des Kriegs mit Drohnen wirken. Die Elektronik steigert eine Entwicklung, die im Ersten Weltkrieg begann und inzwischen eine neue Qualität erreicht. Authentizität wird zu einer Frage der Einstellung gegenüber den elektronischen Medien. »Damit werden Originalität, Einzigartigkeit, Mimesis und Autonomie ebenso obsolet wie die Vorstellung eines distanziert und isoliert betrachtenden und schöpferischen Subjekts« (Knaller/Müller 2000, 62). Authentizität sinkt, nicht anders als Forderungen nach Realismus im Abbild, zu einer ideologischen oder polemischen Position herab. Ein Konflikt von der Art, wie ihn Hurleys Kriegsfotografien auslösten, ist nicht mehr denkbar.

Das Zukunftsszenario zeigt einen grenzenlosen Krieg von geringer Intensität, ohne juristische Regeln und ohne Diskurs und Beteiligung der Öffentlichkeit. Die Frage: ›Was ist Krieg?‹ stellte sich zunächst als Folge der Technisierung nach 1915 und hielt sich als offenes Problem durch das 20. Jahrhundert. Sie wird gegenwärtig durch die unaufhaltsame Entwicklung der elektronischen Kriegstechnologie immer diffuser. Die Kriegsführung der Gegenwart gibt die Entscheidungen an die Exekutive zurück. Die Öffentlichkeit bleibt uninformiert und von den Entscheidungen ausgeschlossen. Die Medien, die, ausgehend vom Ersten Weltkrieg, am Kriegsbild konstitutiv beteiligt waren, geraten in eine Randposition, und die Tendenz, den Krieg zur Unterhaltung zu verflachen, wird dominant.

Literatur

Arnheim, Rudolf: *Rundfunk als Hörkunst.* München/Wien 1979.

Arnheim, Rudolf: *Film als Kunst* [1932]. Frankfurt a. M. 1988.

Ascalone, Enrico: *Mesopotamien. Sumerer, Assyrer und Babylonier.* Berlin 2005 (ital. 2005).

Bachmann-Medick, Doris: Iconic Turn. In: Dies.: *Cultural Turns. Neuorientierungen in den Kulturwissenschaften.* Reinbek bei Hamburg ³2009, 329–380.

Balázs, Béla: *Der Geist des Films* [1930]. Frankfurt a. M. 1972.

Barkhausen, Hans: *Filmpropaganda für Deutschland im Ersten und Zweiten Weltkrieg.* Hildesheim u. a. 1982.

Barkhausen, Hans: *Filmpropaganda.* Amsterdam 1995.

Baudrillard, Jean: Requiem für die Medien. In: Ders.: *Kool Killer oder der Aufstand der Zeichen.* Berlin 1978, 83–118 (franz. 1972).

Belting, Hans: *Bild und Kult.* München 1990.

Berz, Peter/Hoffmann, Christoph (Hg.): *Über Schall. Ernst Machs und Peter Salchers Geschoßfotografie.* Göttingen 2001.

Boehm, Gottfried: *Was ist ein Bild?* München 1994.

Böhme, Klaus: *Aufrufe und Reden deutscher Professoren im Ersten Weltkrieg.* Stuttgart 1992.

Borkan, Gary A.: *World War I Posters.* Atglen 2002.

Bossert, Helmuth Theodor: *Kamerad im Westen. Ein Bericht in 221 Bildern.* Frankfurt a. M. 1930.

Brecht, Bertolt: Der Rundfunk als Kommunikationsapparat [1932]. In: Ders.: *Gesammelte Werke in 20 Bänden.* Bd. 18. Frankfurt a. M. 1967a, 127–134.

Brecht, Bertolt: Radiotheorie [1927–1932]. In: Ders.: *Gesammelte Werke in 20 Bänden.* Bd. 18. Frankfurt a. M. 1967b, 119–136.

Brecht, Bertolt: Über eingreifendes Denken [1948]. In: Ders.: *Gesammelte Werke in 20 Bänden.* Bd. 20. Frankfurt a. M. 1967c, 158–179.

Bredekamp, Horst: *Theorie des Bildakts Frankfurter Adorno-Vorlesungen.* Frankfurt a. M. 2007.

Breidbach, Olaf: *Neue Wissensordnungen. Wie aus Informationen und Nachrichten kulturelles Wissen entsteht.* Frankfurt a. M. 2008.

Brüggemann, Michael/Weßler, Hartmut: Medien im Krieg. Das Verhältnis von Medien und Politik im Zeitalter transnationaler Konfliktkommunikation. In: Frank Marcinkowski/Barbara Pfetsch (Hg.): *Politik in der Mediendemokratie. Politische Vierteljahresschrift.* Sonderheft 42 (2009), 635–657.

Buchholtz, Ferdinand (Hg.): *Der gefährliche Augenblick. Eine Sammlung von Bildern und Berichten.* Berlin 1931.

Capurro, Rafael/Grimm, Petra (Hg.): *Krieg und Medien. Verantwortung zwischen apokalyptischen Bildern und paradiesischen Quoten?* Stuttgart 2004.

Carossa, Hans: Rumänisches Tagebuch. In: Ders.: *Sämtliche Werke I.* Frankfurt a. M. 1962, 391–502.

Clausewitz, Carl von: *Vom Kriege. Hinterlassenes Werk* [1832]. Frankfurt a. M./Berlin/Wien 1980.

Daniel, Ute (Hg.): *Augenzeugen. Kriegsberichterstattung vom 18. zum 21. Jahrhundert.* Göttingen 2006.

Daniel, Ute: Der Krimkrieg 1853–1856 und die Entstehungskontexte medialer Kriegsberichterstattung. In: Dies. (Hg.): *Augenzeugen. Kriegsberichterstattung vom 18. zum 21. Jahrhundert.* Göttingen 2006, 40–67.

Deleuze, Gilles: *Das Bewegungs-Bild. Kino I.* Frankfurt a. M. 1989 (franz. 1983).

Deleuze, Gilles: *Das Zeit-Bild. Kino II.* Frankfurt a. M. 1990 (franz. 1985).

Deleuze, Gilles/Guattari, Félix: *Tausend Plateaus. Kapitalismus und Schizophrenie.* Frankfurt a. M. 1992 (franz. 1980).

Deleuze, Gilles/Guattari, Félix: *Anti-Oedipus.* Frankfurt a. M. 1972 (franz. 1972).

Dewitz, Bodo von: *»So wird bei uns Krieg geführt«. Amateurfotografie im Ersten Weltkrieg.* München 1989.

Didczuneit, Veit/Ebert, Jens/Jander, Thomas (Hg.): *Schreiben im Krieg – Schreiben vom Krieg. Feldpost im Zeitalter der Weltkriege.* Essen 2011.

Elias, Ann/Harley, Ross/Tsoutas, Nicholas (Hg.): *Camouflage Cultures.* Sydney 2014.

Encke, Julia: *Augenblicke der Gefahr. Der Krieg und die Sinne.* München 2006.

Ereignis und Erinnerung. Eine Ausstellung im Deutschen Historischen Museum. Berlin 2004.

Fauth, Søren/Krejberg, Kasper Green/Süselbeck, Jan (Hg.): *Repräsentationen des Krieges. Emotionalisierungsstrategien in der Literatur und in den audiovisuellen Medien vom 18. bis zum 21. Jahrhundert.* Göttingen 2012.

Flemming, Thomas/Heinrich, Ulf (Hg.): *Grüße aus dem Schützengraben. Feldpostkarten im Ersten Weltkrieg aus der Sammlung Ulf Heinrich.* Berlin 2004.

Flusser, Vilém: *Lob der Oberflächlichkeit. Für eine Phänomenologie der Medien* (= Vilém Flusser: *Schriften.* Bd. 1). Hg. von Stefan Bollmann/Edith Flusser. Mannheim ²1995.

Flusser, Vilém: *Für eine Philosophie der Photographie.* Göttingen ¹¹1999.

Fotogeschichte, Themenheft: Krieg und Fotografie 85/86 (2002).

Frevert, Ute u. a.: *Gefühlswissen. Eine lexikalische Spurensuche.* Frankfurt a. M./New York 2011.

Fritzsche, Peter: *A Nation of Fliers: German Aviation and the Popular Imagination.* Harvard 1994.

Gaus, Bettina: *Frontberichte. Die Macht der Medien in Zeiten des Krieges.* Frankfurt a. M. u. a. 2004.

Gethmann, Daniel: *Das Narvik-Projekt. Film und Krieg.* Bonn 1988.

Goebel, Stefan: *The Great War and Medieval Memory. War Remembrance and Medievalism in Britain and Germany, 1914–1940.* Cambridge 2007.

Gray, Chris Hables: *Postmodern War. The New Politics of Conflict.* New York 1997.

Grundner, F./Obermeier, Otto (Hg.): *Der Drahtverhau. Schützengraben-Zeitung 1916–1918.* Bayrische Landwehr Inf. Rg. No.1, 3. Kompanie. Colmar o. J.

Hagen, Wolfgang: *Das Radio. Zur Geschichte und Theorie des Hörfunks. Deutschland/USA.* München 2005.

Hantke, Lydia: *Trauma und Dissoziation. Modelle der Verarbeitung traumatischer Erfahrungen.* Berlin 1999.

Hastedt, Heiner: *Gefühle. Philosophische Bemerkungen.* Stuttgart 2005.

Heinemann, Ulrich: *Die verdrängte Niederlage. Politische Öffentlichkeit und Kriegsschuldfrage in der Weimarer Republik.* Göttingen 1983.

Hirschfeld, Gerhard/Krumeich, Gerd/Renz, Irina (Hg.): *Enzyklopädie Erster Weltkrieg.* Paderborn u. a. 2003, 481–483.

Hoffmann, Christoph: Wissenschaft und Militär. Das Berliner Psychologische Institut und der Erste Weltkrieg. In: *Psychologie und Geschichte* 3/4 (1994).

Hoffmann, Christoph: *Der Dichter am Apparat.* München 1999.

Holert, Tom/Terkessidis, Mark: *Entsichert. Krieg als Massenkultur im 21. Jahrhundert.* Köln 2002.

Holzer, Anton (Hg.): *Mit der Kamera bewaffnet. Krieg und Fotografie.* Marburg 2003.

Holzer, Anton: *Die andere Front. Fotografie und Propaganda im Ersten Weltkrieg.* Darmstadt ³2012.

Hüppauf, Bernd: Hurleys Optik. Über den Wandel von Wahrnehmung und das Entstehen von Bildern in der kollektiven Erinnerung des Weltkriegs. In: Knut Hickethier/Siegfried Zielinski (Hg.): *Medien/Kultur.* Berlin 1991, 113–130.

Hüppauf, Bernd: Kriegsfotografie an der Schwelle zum Neuen Sehen. In: Bedrich Loewenstein (Hg.): *Geschichte und Psychologie. Annäherungsversuche.* Pfaffenweiler 1992, 205–234.

Hüppauf, Bernd: The emergence of modern war imagery in early photography. In: *History and Memory* 5/1 (1993), 130–151.

Hüppauf, Bernd: Das Ich und die Gewalt der Sinne. Döblin – Musil – Mach. In: Eberhard Lämmert/Barbara Naumann (Hg.): *Wer sind wir? Europäische Phänotypen im Roman des 20. Jahrhunderts*. München 1996, 115–152.

Hüppauf, Bernd: Das Schlachtfeld als Raum im Kopf. In: Steffen Martus/Marina Münkler/Werner Röcke (Hg.): *Schlachtfelder. Codierung von Gewalt im medialen Wandel*. Berlin 2003, 207–233.

Hüppauf, Bernd: Fliegerhelden des Ersten Weltkriegs. Fotografie, Film und Kunst im Dienst der Heldenbildung. In: *Zeitschrift für Germanistik* XVIII/3 (2008), 575–595.

Hüppauf, Bernd: *Was ist Krieg? Grundlegung einer Kulturgeschichte des Kriegs*. Bielefeld 2013.

Hüppauf, Bernd/Wulf, Christoph (Hg.): *Bild und Einbildungskraft*. München 2006.

Hurley, James B.: *Hurley at War. The Photography and Diaries of Frank Hurley*. Sydney 1986.

Imhof, Kurt/Schulz, Peter (Hg.): *Medien und Krieg – Krieg in den Medien*. Zürich 1995.

Jünger, Ernst (Hg.): *Das Antlitz des Weltkrieges. Fronterlebnisse deutscher Soldaten*. Mit etwa 200 photographischen Aufnahmen auf Tafeln, Kartenanhang, sowie einer chronologischen Kriegsgeschichte in Tabellen. Berlin 1930.

Jürgens-Kirchhoff, Annegret: *Schreckensbilder. Krieg und Kunst im 20. Jahrhundert*. Berlin 1993.

Jütte, Robert: *Geschichte der Sinne von der Antike bis zum Cyberspace*. München 2000.

Kaes, Anton: *Shell Schock Cinema*. Princeton 2011.

Kaufmann, Stefan: *Kommunikationstechnik und Kriegsführung 1815–1945. Stufen telemedialer Rüstung*. München 1996.

Kehrt, Christian: *Moderne Krieger. Die Technikerfahrungen deutscher Militärpiloten 1910–1945*. Paderborn 2010.

Keller, Ulrich: *The Ultimate Spectacle. A Visual History of the Crimean War*. Amsterdam 2001.

Kittler, Friedrich: *Zur Theoriegeschichte von Information Warfare*. Berlin 1988.

Kittler, Friedrich: *Literature, Media, Information Systems*. Amsterdam 1997.

Kittler, Friedrich/Flusser, Vilém/Baudrillard, Jean: *Philosophien der neuen Technologie*. Berlin 1989.

Kittsteiner, Heinz-Dieter: ›Iconic turn‹ und ›Innere Bilder‹ in der Kulturgeschichte. In: Ders. (Hg.): *Was sind Kulturwissenschaften?* München 2004, 153–182.

Knaller, Susanne/Müller, Harro: Authentisch/Authentizität. In: *Ästhetische Grundbegriffe*. Bd. 7. Hg. von Karlheinz Barck u. a. Stuttgart/Weimar 2000, 43–47.

Knaller, Susanne/Müller, Harro (Hg.): *Authentizität. Diskussion eines ästhetischen Begriffs*. München 2006.

Knieper, Thomas/Müller, Marion (Hg.): *Authentizität und Inszenierung von Bilderwelten*. Köln 2003.

Knightley, Philip: *The First Casualty. The War Correspondent as Hero and Myth-Maker from the Crimea to Iraq*. Baltimore MD u. a. [3]2004.

Koch, Lars: *Der Erste Weltkrieg als Medium der Gegenmoderne. Zu den Werken von Walter Flex und Ernst Jünger*. Würzburg 2006.

Konitzer, Werner: *Medienphilosophie*. München 2006.

Köppen, Manuel: Von Tolstoi bis Griffith. Krieg im Wandel der Mediendispositive. In: Heinz-Peter Preusser (Hg.): *Krieg in den Medien*. Amsterdam/New York 2005, 55–82.

Köppen, Manuel/Schütz, Erhard (Hg.): *Kunst der Propaganda. Der Film im Dritten Reich*. Publikationen zur Zeitschrift für Germanistik, Bd. 15. Bern [2]2008.

Kracauer, Siegfried: *Theorie des Films. Die Errettung der äußeren Wirklichkeit* [1964]. Frankfurt a. M. [2]1993.

Kühne, Thomas/Ziemann, Benjamin (Hg.): *Was ist Militärgeschichte?* Paderborn u. a. 2000.

Kunst- und Ausstellungshalle der BRD (Hg.): *Der Sinn der Sinne*. Bonn/Göttingen 1998.

Kunst- und Ausstellungshalle der BRD (Hg.): *Die Hethiter und ihr Reich. Das Volk der 1000 Götter*. Stuttgart 2002.

Lerner, Paul: *Hysterical Man. War, Psychiatry, and the Politics of Trauma in Germany 1890–1938*. Ithaca 2003.

Lipp, Anne: *Meinungslenkung im Krieg. Kriegserfahrung deutscher Soldaten und ihre Deutung 1914–1918*. Göttingen 2003.

Liulevicus, Vejas Gabriel: *War Land on the Eastern Front. Culture, National Identity, and German Occupation in World War I*. Cambridge 2000.

Löffelholz, Martin (Hg.): *Krieg als Medienereignis*. Bd. 1: *Grundlagen und Perspektiven der Krisenkommunikation*. Opladen 1993.

Löffelholz, Martin (Hg.): *Krieg als Medienereignis*. Bd. 2: *Krisenkommunikation im 21. Jahrhundert*. Wiesbaden 2004.

Loreck, Hanne: Mimikry, Mimese und Camouflage: Biologische, ästhetische und technisch-militärische Praktiken der Tarnung um 1900. In: Anne-Rose Meyer/Sabine Sielke (Hg.): *Verschleierungstaktiken. Strategien von eingeschränkter Sichtbarkeit, Tarnung und Täuschung in Natur und Kultur*. Frankfurt a. M. 2011, 159–184.

Luhmann, Niklas: *Soziale Systeme. Grundriß einer allgemeinen Theorie* [1984]. Frankfurt a. M. 1987.

Luhmann, Niklas: *Die Realität der Massenmedien*. Opladen 1993.

Luhmann, Niklas: *Die Gesellschaft der Gesellschaft*. Frankfurt a. M. 1997.

Luther, Martin: Ob kriegsleutte auch ynn seligem stande seyn kuenden [1526]. In: Ders.: *Martin Luthers Werke. Kritische Gesamtausgabe*. Bd. 19. Köln 1897, 623–662.

Luther, Martin, Eine Heerpredigt widder den Türcken [1529]. In: Ders.: *Martin Luthers Werke. Kritische Gesamtausgabe*. Bd. 30. Köln 1909, 160–197.

Maar, Christa/Burda, Hubert (Hg.): *Iconic Turn. Die neue Macht der Bilder*. Köln 2004.

McLuhan, Marshall: *Die magischen Kanäle. Understanding Media*. Düsseldorf/Wien/New York/Moskau 1992 (amerik. 1964).

Mitchell, W.J.T.: *Picture Theory: Essays on Verbal and Visual Representation*. Chicago 1994.

Mommsen, Hans: Germany. War without public backing? In: Lothar Kettenacker/Torsten Riotte (Hg.): *The Legacies of Two World Wars. European Societies in the Twentieth Century*. New York/Oxford 2011, 140–149.

Münkler, Herfried: Heroische und postheroische Gesellschaften. In: *Merkur. Zeitschrift für europäisches Denken* 61 (2007), 742–752.

Nonne, Max: Therapeutische Erfahrungen an den Kriegsneurosen in den Jahren 1914 bis 1918. In: Otto von Schjerning (Hg.): *Handbuch der Ärztlichen Erfahrungen im Weltkriege 1914/1918*. Bd. 4: *Geistes- und Nervenkrankheiten*. Hg. von Karl Bonhoeffer. Leipzig 1922, 102–121.

Nöth, Winfried: *Handbuch der Semiotik.* Stuttgart ²2000.

Oppelt, Ulrike: *Film und Propaganda im Ersten Weltkrieg.* Stuttgart 2002.

Oppenheim, Herman: Der Krieg und die traumatischen Neurosen. In: *Berliner klinische Wochenschrift* 52/11 (1915), 257–261.

Oppenheim, Hermann: *Stand der Lehre von den Kriegs- und Unfallneurosen.* Berlin 1918.

Paret, Peter: *Imagined Battles. Reflection of War in European Art.* London 1997.

Paul, Gerhard: *Bilder des Krieges – Krieg der Bilder. Die Visualisierung des modernen Krieges.* Paderborn u. a. 2004.

Paul, Gerhard: *Visual History. Ein Studienbuch.* Göttingen 2006.

Perlmutter, David D.: *Visions of War: Picturing Warfare from the Stone Age to the Cyber Age.* New York 1999.

Petersen, Christer: Terrorismus. In: Lars Koch (Hg.): *Angst. Ein interdisziplinäres Handbuch.* Stuttgart/Weimar 2013, 342–350.

Photographie für alle. Zeitschrift für alle Zweige der Photographie. V/3 (1916).

Plamper, Jan: *Geschichte und Gefühl. Grundlagen der Emotionsgeschichte.* München 2012.

Plaut, Paul: *Psychographie des Kriegers (Zeitschrift für angewandte Psychologie.* Beiheft 21). Berlin 1920.

Preusser, Heinz-Peter: Perzeption und Urteilsvermögen. In: Ders. (Hg.): *Krieg in den Medien.* Amsterdam/New York 2005, 9–34.

Prokop, Dieter: *Der Kampf um die Medien. Das Geschichtsbuch der neuen kritischen Medienforschung.* Hamburg 2001.

Prokop, Dieter: *Ästhetik der Kulturindustrie.* Marburg 2009.

Reetze, Jan: *Medienwelten. Schein und Wirklichkeit in Bild und Ton.* Berlin 1993.

Rex, Hermann (Hg.): *Der Weltkrieg in seiner rauhen Wirklichkeit. Das Frontkämpferwerk. 600 Originalaufnahmen des Kriegs- Bild- und Filmamtes und des Kriegsphotographen Hermann Rex.* Oberammergau 1926.

Rock, Bernd: Visual Turn? Kulturgeschichte und die Bilder. In: *Geschichte und Gesellschaft* 29 (2003), 294–315.

Russell, Wiliam Howard: *Special Correspondent of the Times.* Hg. von Roger Hudson. London 1995.

Scarry, Elaine: *The Body in Pain. The Making and Unmaking of the World.* New York/Oxford 1985.

Schauwecker, Franz: *So war der Krieg. 200 Kampfaufnahmen aus der Front.* Berlin o. J.

Schneede, Uwe M. (Hg.): *1914. Die Avantgarden.* Katalogbuch. Bundeskunsthalle Bonn. Bonn 2013.

Schmidt, Siegfried J.: *Kalte Faszination. Medien-Kultur – Wissenschaft in der Mediengesellschaft.* Weilerswist 1999.

Schneider, Barry R./Grinter, Lawrence E.: *Battlefield of the Future. 21ˢᵗ Century Warfare Issues.* Maxwell Air Force Base. Alaska 1995.

Schubert, Dietrich: *Künstler im Trommelfeuer des Krieges 1914–1918.* Heidelberg 2013.

Schultz, Tanjev: Alles inszeniert und nichts authentisch? Visuelle Kommunikation in den vielschichtigen Kontexten von Inszenierung und Authentizität. In: Thomes Knieper/Marion G. Müller (Hg.): *Authentizität und Inszenierung von Bilderwelten.* Köln 2003, 10–24.

Schumpeter, Joseph A.: *Kapitalismus, Sozialismus und Demokratie.* Stuttgart ⁷1993 (amerik. 1942).

Schütz, Erhard: Wahn-Europa. Mediale Gas-Luftkrieg-Szenarien in der Zwischenkriegszeit. In: Hans-Peter Preusser (Hg.): *Krieg in den Medien.* Amsterdam 2005, 127–147.

Seeßlen, Georg/Metz, Markus: *Krieg der Bilder – Bilder des Krieges: Abhandlung über die Katastrophe und die mediale Wirklichkeit.* Berlin 2002.

Sontag, Susan: *Das Leiden anderer betrachten.* München/Wien 2003 (amerik. 2003).

Sperlich, Waltraud: *Die Hethiter. Das vergessene Volk.* Ostfildern 2003.

Spreen, Dierk: Cruelty and total war. Political-philosohical reflections of the dissociation mentality. In: Trutz von Trotha/Jakob Rösel (Hg.): *On Cruelty.* Köln 2011a, 231–252.

Spreen, Dierk/Galling-Stiehler, Andreas (Hg.): *Ästhetik & Kommunikation* 152/153 (2011b): Kriegsvergessenheit in der Mediengesellschaft.

Stiegler, Bernd: Ernst Jüngers photographische Bildpolitik. In: Susi Frank u. a. (Hg.): *Zwischen Apokalypse und Alltag. Kriegsnarrative des 20. und 21. Jahrhunderts.* Bielefeld 2009, 77–93.

Stocker, Gerfried/Schöpf, Christine (Hg.): *Infowar.* Wien/New York 1998.

Titzmann, Michael: Kulturelles Wissen. Diskurs. Denksystem. In: *Zeitschrift für französische Sprache und Literatur* 94 (1989), 74–61.

Trilling, Lionel: *Das Ende der Aufrichtigkeit.* München 1980.

Trivers, Robert: *The Folly of Fools. The Logic of Deceit and Self Deception in Human Life.* New York 2011.

Ulrich, Bernd, Nerven und Krieg. Skizzierung einer Beziehung. In: Bedrich Loewenstein (Hg.): *Geschichte und Psychologie. Annäherungsversuche.* Pfaffenweiler 1992, 163–192.

Ulrich, Bernd: *Die Augenzeugen. Deutsche Feldpostbriefe in Kriegs- und Nachkriegszeit 1914–1933.* Essen 1997.

Virilio, Paul: *Krieg und Kino. Logistik der Wahrnehmung.* München/Wien 1986 (franz. 1984).

Virilio, Paul: *Der negative Horizont. Bewegung – Geschwindigkeit – Beschleunigung.* München/Wien 1989 (franz. 1984).

Virilio, Paul: *Open Sky.* London 1997.

Wegner, Bernd: Einführung: Was kann Historische Kriegsursachenforschung leisten? In: Ders. (Hg.): *Wie Kriege entstehen. Zum Historischen Hintergrund von Staatenkonflikten.* Paderborn u. a. 2000, 9–21.

Werneburg, Brigitte: Ernst Jünger, Walter Benjamin und die Photographie. Zur Entwicklung einer Medienästhetik in der Weimarer Republik. In: Hans-Harald Müller/Harro Segeberg (Hg.): *Ernst Jünger im 20. Jahrhundert.* München 1995, 39–57.

Winkelhofer, Martin: *Familienschicksale 1914–1918.* Wien 2013.

Winter, Jay: *Remembering War.* New Haven 2006.

Wöhrle, Dieter: *Bertolt Brechts medienästhetische Versuche.* Köln 1988.

Wulf, Christoph/Zirfas, Jörg (Hg.): *Ikonologie des Performativen.* München 2005.

Zentralstelle für Volkswohlfahrt (Hg.): *Deutsche Reden in schwerer Zeit, gehalten von Professoren der Berliner Universität.* 2 Bde. Berlin 1915.

Ziese, Maxim/Ziese, Hermann: *Das unsichtbare Denkmal.* Berlin o. J.

Bernd Hüppauf

IV. Nachkrieg?

1. Grenzüberschreitungen: Vom Belagerungszustand zum Ausnahmezustand

Gesellschaft im Ausnahmezustand

Seit der militärischen Mobilmachung im Sommer 1914 waren Erklärungen des Belagerungs- und Ausnahmezustands in Verbindung mit weitreichenden Ermächtigungsgesetzen des Reichstags nicht nur ein Grundzug politischer Praxis und Gegenstand theoretischer Reflexionen, sondern auch Ausdruck mentaler Dispositionen einer von Krieg, Revolution und Bürgerkriegsängsten geprägten Gesellschaft. Damit verbunden waren kritische Grenzüberschreitungen, mit denen schon Zeitgenossen das Ende einer Epoche verbanden. Diese Grenzüberschreitungen betrafen die unterschiedlichsten Bereiche, sei es die verfassungspolitische Ordnung einschließlich der Sozial- und Wirtschaftsverfassung, den Umgang mit innerstaatlicher Gewalt oder die habituelle und mentale Prägung einer »Generation des Unbedingten« (Wildt 2003). Die Suspendierung von (Rechts-)Ordnungen nahm dabei eine prominente Rolle ein. Die klassische Formel des Juristen Carl Schmitt – »Souverän ist, wer über den Ausnahmezustand entscheidet« – stammt nicht zufällig aus dem Jahr 1922. Noch zehn Jahre zuvor hätte niemand argumentiert, dass der Ausnahmezustand »ein allgemeiner Begriff der Staatslehre« sei, dazu prädestiniert, das Wesen der Souveränität des Staates zu bestimmen (Schmitt 2009, 13). Der Reiz der apodiktischen Formulierungen Carl Schmitts lag in ihrem Appell, in Situationen zu handeln, in welchen die Normalität und die Normen positiver Rechtsordnungen nicht mehr gesichert waren. Eine Kultur der ›Maßnahmen‹, des Dezisionismus und des Tatdenkens kennzeichnen diese Mentalität des Ausnahmezustands, die sich seit dem Krieg breit machte.

Der souveräne Staat und die theoretischen Begründungen von Exekutivmacht waren ein Thema. Aber Zeitgenossen, die vom Ausnahmezustand sprachen, postulierten kollektive wie individuelle – existentielle – Entscheidungssituationen in einer Zeit der Umbrüche und ›Krisen‹ unter Umgehung der üblichen Entscheidungsinstanzen (vgl. Bielefeld 1994; Graf 2011). Die Adressaten waren nicht nur die akademischen ›Hüter der Verfassung‹. Krieg und Revolution schufen auch eine Vielzahl neuer Konstellationen existentiellen Entscheidungshandelns, die einhergingen mit rivalisierenden Selbstermächtigungen von Individuen sowie von sozialen und politischen Gruppen. Die Ereignisse des Krisenjahres 1923 und die seit 1929/30 heraufziehende Weltwirtschafts- und Staatskrise zeigen mit aller Deutlichkeit, dass diese Konstellation nicht auf die Zeit des Krieges und der unmittelbaren Nachkriegszeit beschränkt blieb. Die sogenannte ›Reichstagsbrandverordnung‹ vom 27. Februar 1933 und das »Ermächtigungsgesetz« des Reichstags vom 23. März stehen in einer Tradition, die 1914 neu begründet wurde. Anders formuliert: Der Erste Weltkrieg brachte Mentalitäten und vor allem rechtliche Praktiken des Ausnahmehandelns hervor, die gleichermaßen in die Staatspraxis der Weimarer Republik wie des nationalsozialistischen Staates mündeten.

›Ausnahmezustand‹ war in den 1920er Jahren ein »Modewort« (Boldt 1972, 375). Es bezeichnete zum einen ein verfassungsmäßiges Ausnahmerecht, zum anderen war es eine Metapher für den drohenden Verlust von Ordnung. Erkennbar wird dies in der Karikatur des bekannten Münchener *Simplicissimus*-Künstlers Karl Arnold, die im August 1922 unter der Überschrift »Ausnahmezustand« erschien. Der Zeitpunkt der Veröffentlichung ist keine Nebensächlichkeit: Am 24. Juni war der Außenminister Walther Rathenau von Rechtsradikalen ermordet worden, worauf der Reichspräsident unter Rückgriff auf Artikel 48 der Weimarer Reichsverfassung (WRV) noch im gleichen Monat zwei wichtige Republikschutzverordnungen erließ, die im Juli in die Verabschiedung des »Gesetzes zum Schutz der Republik« mün-

»Ausnahmezustand«
(Zeichnung von
Karl Arnold, aus:
Simplicissimus 18
(2.8.1922), 268;
© VG Bild-Kunst,
Bonn 2014)

deten. In der konkreten Situation handelte es sich zunächst um eine Kampfansage der republikanischen Regierungsmehrheit an die Gegner aus dem Spektrum der radikalen Rechten. Die politischen Morde schufen eine Notlage: »Der Staat selbst ist in Gefahr«, so der Reichskanzler Wirth, der sich bei seiner Rechtfertigung des Gesetzes, auf die »elementare Bewegung« gerade auch in den unteren Schichten, die ihn an den 9. November 1918 erinnere, berief. Dagegen war für die konservative Opposition das Gesetz, insbesondere aber der eingerichtete »Staatsgerichtshof zum Schutz der Republik«, ein nicht akzeptables »Ausnahmegericht«, der BVP-Abgeordnete Emminger sprach gar von einem »Revolu-

tionstribunal« (Verh. d. RT, 11.07.1922. Bd. 356, 8445; vgl. auch Mergel 2005, 264–269; Gusy 1991; Hueck 1996). Anlass für die Karikatur war zweifellos die Tatsache, dass die bayerische Regierung gegen zentrale, die bayerische Eigenständigkeit einschränkende Elemente des Republikschutzgesetzes protestierte und gestützt auf Artikel 48 Absatz 4 der Reichsverfassung und Artikel 64 der Landesverfassung »zur Aufrechterhaltung der öffentlichen Sicherheit und Ordnung« eine eigene (Not-)Verordnung »zum Schutz der Verfassung der Republik« erließ (Huber 1975b; Lange 1989, 141–186).

Im Mittelpunkt der Karikatur stehen aber nicht primär staatsrechtliche Debatten, sondern das Tohuwabohu von im Raum stehenden Zeichen und Figuren, mithin Sinnbilder eines von Ideologien, Weltanschauungen sowie anderen ›modernen‹ Phänomen belagerten Landes. Leser des *Simplicissimus* (aber auch des ebenso populären *Kladderadatsch)* kannten die benutzte Bildsprache. Hervor sticht im linken oberen Teil des Bildes die als schwarzer Affe karikierte französische Besatzungsmacht. Ein Bild, das schon vor der Besetzung des Ruhrreviers durch belgisch-französische Truppen im Januar 1923 an die ›schwarze Schmach‹ sowie die koloniale ›Versklavung‹ Deutschlands gemahnte (vgl. Wigger 2007). Auf gleicher Höhe und aus Sicht des Betrachters auf der rechten Seite platzierte Arnold den ›russischen Iwan‹, das mit dem Feuer drohende Schreckgespenst der bolschewistischen ›Diktatur des Proletariats‹. Das Skelett im Hintergrund vermochte Assoziationen nicht nur an die Gewalt der zurückliegenden revolutionären Bewegungen im In- und Ausland zu wecken, sondern auch an die jüngste russische Hungerkatastrophe, über die Geschichten von Kannibalismus kursierten.

Die Niederschlagung revolutionärer Unruhen und Aufstände zwischen 1919 und 1921 bewegte die verschiedenen politischen Lager mehr als alles andere dazu, das Thema ›Ausnahmezustand‹ auf die Tagesordnung zu setzen. In diesem Kontext gehörte der pistolenschwingende und Feuer an die Lunte des Bürgerkriegs legende Hitler-Hampelmann, den Arnold mit monarchisch-restaurativen Tendenzen des Hauses Wittelsbach in Verbindung bringt, ebenso wie der als typischer Münchener Kleinbürger gezeichnete frühere (und spätere) bayerische Ministerpräsident und damalige Regierungspräsident von Oberbayern Gustav Ritter von Kahr. Der Bannerträger der »Bayerischen Ordnungszelle«, die sich 1920 im Kontext des gegenrevolutionären Ausnahmezustands über Bayern nach dem Kapp-Putsch etabliert und die Hintermänner des Mordes an Matthias Erzberger und Walther Rathenau aufgenommen hatte, stützte sich nicht nur auf den »bayerischen Ausnahmezustand«. Seit 1921/22 wurde der bayerische Separatist Gustav von Kahr auch als potentieller Reichserneuerer gehandelt (auch wenn Arnold ironisch anzudeuten scheint, dass es seiner Klientel mehr als alles andere um das von den Bayern geliebte Starkbier, das ethno-spezifische ›Ausnahmezustände‹ eigener Art erzeugte, ging). Verbissen kämpften diese Kreise gegen den nach dem Rathenaumord im Eilverfahren etablierten Staatsgerichtshof in Leipzig, im Bild karikiert als Sozialdemokrat mit sozialistischer Ballonmütze mit den Insignien des Rechts und

der Republik, wobei das massive Schwert unschwer auf die republikanische Staatsgewalt und das von Emminger beschworene »Revolutionstribunal« verweist. Es lag nahe, Verbindungen zu Bemühungen um Zensur und Kampagnen gegen ›Schmutz und Schund‹ herzustellen, die in regelmäßigen Abständen die Gemüter der Öffentlichkeit wie der betroffenen Künstler erregten (vgl. Petersen 1995).

Aspekte eines wirtschaftlichen Ausnahmezustands spielen eine prominente Rolle in der Karikatur. Seit dem Krieg gehörte es zum breiten – zumindest rhetorischen – Konsens der deutschen Gesellschaft, dass der Kampf gegen ›Wucherer‹ und ›Schieber‹, also diejenigen, die von der allgemeinen wirtschaftlichen Not profitierten, ›Ausnahmegesetze‹ erfordere. Das Dollar- und Pfundzeichen waren die materialistischen Embleme der Nachkriegszeit. Sie versinnbildlichten mehr als vieles andere den durch die Hyperinflation hervorgerufenen sozialen, wirtschaftlichen und politischen Ausnahmezustand. Die Zeichen der ›harten Devisen‹ stehen im Bild Arnolds in Konkurrenz und als Alternative nicht nur zur langsam sterbenden Mark, sondern auch zu den politischen Zeichen, ob schwarz-weiß-rot, schwarz-rotgold oder dem bolschewistischen roten Stern und dem christlichen Kreuz. Diese politischen Zeichen waren zugleich einer anderen Rivalität ausgesetzt, die der Karikaturist sehr prominent – und einigermaßen ungewöhnlich für Diskussionen über den Ausnahmezustand – in den Mittelpunkt stellt: Dazu zählt der sich seit dem Krieg mit rapider Geschwindigkeit ausbreitende Sport mit seinen exzessiven Zusammenstößen von sogenannten ›Raudies‹ vor und in den Stadien (vgl. Oswald 2008). Mit Bedacht siedelte Arnold daneben die neue Kultur der Herzen und der Erotik an. Dazu zählten nicht nur Zeitschriften und Filme mit nationalen und internationalen Filmstars und Berichte über amerikanische Schönheitswettbewerbe, sondern auch die vielfältigen Bilder misogyner sexueller Gewalt- und »Männerphantasien«, sei es von Freikorpsmännern oder sei es eines George Grosz (vgl. Theweleit 1977; Tatar 1995). Ein ganz anderes Beispiel dafür sind die erotischen Tagträume und die damit verbundenen Täuschungen Carl Schmitts, dessen erste Ehe mit einer sich als adelig ausgebenden Hochstaplerin 1924 geschieden wurde (Mehring 2009; Schmitt 2010).

Arnolds Karikatur des Ausnahmezustands beschreibt somit weit mehr als nur eine rechtliche Praxis. Vielmehr handelt es sich um ein Sinnbild für die in der Zeit nach dem Weltkrieg wahrgenommenen

Grenzüberschreitungen von Individuen, Gruppen und Parteien. Dabei steht die Karikatur in einem Interdiskurs mit einer Vielzahl öffentlicher Debatten in anderen Medien wie Zeitschriften und Zeitungen. Verstanden Schmitts Bonner und später Berliner Studenten auch deshalb den Meister, weil sie Verbindungen zu anderen Diskursen und Bildern herstellen konnten? In ihrer aphoristischen Zuspitzung war die Sprache des aufsteigenden Meisterdenkers zweifellos ähnlich expressiv wie die Karikatur Arnolds, der mit dem über das Schreibpult gebeugten Mann mit dem Tintenfass – ein Professor oder ein Beamter, das zu entscheiden bleibt dem Leser überlassen – das Rätseln über den Ausnahmezustand aufs Korn nahm.

Die Welt von gestern: Der eingehegte Belagerungszustand

Zehn Jahre zuvor wäre eine solche Karikatur kaum verständlich gewesen, und das auch, weil vor dem Krieg der ›Ausnahmezustand‹ als Begriff kaum in der politischen und juristischen, am ehesten noch in der Alltagssprache eingeführt war (eine Begriffsgeschichte liegt bislang nicht vor; vgl. Gemelin 1921; Boldt 1967, 14). Gebräuchlich war dagegen der Begriff des ›Belagerungszustands‹, der mit dem monarchisch-militärischen Obrigkeitsstaat assoziiert wurde und so in der staatsrechtlichen Literatur Verwendung fand. Umstritten war, wie und ob er in Friedenszeiten eingesetzt werden konnte. Die Zabern-Affäre 1913 ist dafür ein gutes Beispiel. In Reaktion auf öffentliche Proteste in der elsässischen Garnisonsstadt Zabern (das heutige Saverne), die sich an der Beleidigung der elsässischen Bevölkerung durch einen deutschen Offizier entzündet hatten, verhängten die militärischen Stellen nach einer Serie von Demonstrationen und Verhaftungen, die zu neuen Protesten der Zaberner führten, den militärischen Belagerungszustand. Mit dem nun herrschenden Ausnahmerecht wurde die zivile Verwaltung unter militärische Kontrolle gestellt; das Militär bezog in der Stadt mit Maschinengewehren Stellung; möglich war die Zensur der Presse, die Einschränkung persönlicher Freiheitsrechte und die Verhängung der ›militärischen Schutzhaft‹. Im Reich erhob sich ein Sturm der Entrüstung über dieses Vorgehen des Militärs, wobei die Zeitgenossen grundsätzliche Fragen der Reichsverfassung, der Rolle des Kaisers, des Rechts des Staates auf Notwehr, des wachsenden Militarismus und in diesem Zusammenhang auch des Einsatzes von Militär ge-

gen die Zivilbevölkerung debattierten, was schnell in die Reichspolitik überschwappte (vgl. Mackey 1991).

Die Zabern-Affäre illustriert zwar recht gut die Gesinnung des Militärs und das Funktionieren obrigkeitlicher Herrschaftsstrukturen vor dem Weltkrieg, wobei das Reichsland Elsass-Lothringen zudem einen Sonderfall darstellt: Militär und Beamte sahen sich immer in einem latenten mentalen Belagerungszustand infolge einer, wie es vielen schien, feindlich gesinnten Zivilbevölkerung. Aber der formale Belagerungszustand war im Reichsgebiet eher die Ausnahme. Zehn Jahre später sah dies anders aus. Der Waffeneinsatz gegen die Zivilbevölkerung mit Toten war eher die Regel als die Ausnahme; es gibt kaum Hinweise auf breite Proteste dagegen, vergleichbar mit denen im Fall Zabern.

Das »Preußische Gesetz über den Belagerungszustand« (PrBZG) vom 4. Juni 1851 bestimmte, dass für den »Fall eines Aufruhrs […] bei dringender Gefahr für die öffentliche Sicherheit, der Belagerungszustand sowohl in Kriegs- als auch in Friedenszeiten erklärt werden« kann (Huber 1978b, Bd. 1, Nr. 199). Das in der Verfassung des Deutschen Reichs in Artikel 68 in Aussicht gestellte Reichsgesetz wurde nie realisiert, so dass das Gesetz von 1851 und in Bayern ein partikulares, 1912 revidiertes Pendant, das »Gesetz über den Kriegszustand«, Geltung hatten (vgl. Boldt 1967; Lange 1989). Die Verhängung des Belagerungszustands war für den »Kriegsfall« (§ 1) vorgesehen, zugleich aber auch im Fall »innerer Unruhen« (§ 2). Das implizierte eine militärische und zugleich politisch-polizeiliche Dimension, was nicht zuletzt vor dem Hintergrund der Revolution 1848/49 zu erklären ist. Die Rede vom ›Belagerungszustand‹ appellierte damit an das Bild der im Krieg nach außen wie nach innen gefährdeten Festung Staat. Ein Bild, das sich aber auch auf die zivile Ordnung im Frieden übertragen ließ: Die Gefährdung der öffentlichen Sicherheit und des Privateigentums durch »Kommunisten«, »Pöbelmassen«, und »demokratische Dunkelmänner« (Schmitt 1978, 1). Alf Lüdtke hat gezeigt, wie diese Mentalität des Belagerungszustands das polizeiliche Denken und Handeln auf allen Ebenen prägte (Lüdtke 1982). Die Vorstellung der gefährdeten inneren wie äußeren Sicherheit implizierte ein Staatsnotrecht, das die Durchbrechung, Suspendierung und die »Ausnahme« vom Gesetzesrecht ermöglichte, ja erforderte. Diese Logik begründete das Ausnahmerecht und war auch im Kaiserreich als Charakteristikum des Ausnahmezustandsdenkens tief verwurzelt, das im Krieg eine Renaissance erfahren sollte.

Vor dem Krieg rückte diese Idee angesichts des sich erfolgreich durchsetzenden modernen Verfassungs- und Rechtsstaates zunächst jedoch in den Hintergrund. Das Interesse der Staatsrechtler an Fragen des Belagerungszustands gegen Ende des 19. Jahrhunderts erlahmte zunehmend. Der Fokus auf Zusammenhänge, die wir heute unter ›innerer Sicherheit‹ subsumieren würden, trat demgegenüber in den Vordergrund. Der Begriff wurde weitgehend aus der politischen Sphäre in den Bereich des Verwaltungsrechts abgedrängt und galt als primär polizeiliches Instrument zur Wahrung von Ruhe, Sicherheit und Ordnung (Boldt 1972, 186–188). Die Empörung in der Zabern-Affäre rührte nicht zuletzt aus der Tatsache her, dass das Militär sich nicht nur derartige Kompetenzen anmaßte, sondern auch noch – über alle bestehenden Gesetze hinweg – ein Notrecht der Selbstverteidigung reklamierte und dazu den Belagerungszustand ausrief.

Diese staatsrechtliche Einhegung des Belagerungszustands sollte nicht darüber hinwegtäuschen, dass dieser als Mittel der Herrschaftstechnik und als Teil eines politischen und militärischen Herrschaftsdiskurses stets präsent war. Sozialdemokraten erinnerten sich zu Beginn des 20. Jahrhunderts noch an die Verhängung der ›militärischen Schutzhaft‹ im Rahmen des erklärten Belagerungszustands während des deutsch-französischen Krieges, mehr noch an das Sozialistengesetz der Bismarck-Ära, das als Repressionsmittel auch den zeitlich befristeten, auf Städte und Regionen angewendeten ›kleinen Belagerungszustand‹ vorsah. Es handelte sich dabei um eine spezifische Form des zivilen, de facto polizeilichen Ausnahmezustands: Eine förmliche Erklärung des Belagerungszustands war nicht erforderlich. Statt des Militärs wurde das preußische Staatsministerium ermächtigt, bestimmte Freiheitsrechte außer Kraft zu setzen (und zwar ohne die Sondergerichte des militärischen ›großen‹ Ausnahmezustands). Ausweisungen, Versammlungs- und Publikationsverbote hatten einzelne Parteiführer und Zeitungsredakteure hart getroffen, stark verunsichert, und im Übrigen viele Fragen zur rechtsstaatlichen Praxis aufgeworfen. Den Aufstieg der Sozialdemokratischen Partei hatten diese Repressionsversuche aber insgesamt wenig gebremst, was eine gewisse Relativierung der politischen Brisanz zur Folge hatte. Eine nachwachsende jüngere Generation in der Partei August Bebels konnte mit solchen, später auch nostalgisch-verklärten Erinnerungen an eine heroische Kampfzeit nicht mehr sehr viel anfangen, wenngleich die Zabern-Affäre einmal mehr zeigt, welche Sensibili-

täten der Belagerungszustand zu evozieren vermochte (vgl. Auer 1929; Saul 1972; Neugebauer 2000, 95–105).

Reaktionäre Bedrohungsszenarien der Konservativen und radikalen Rechten marginalisierten das Vertrauen in den konstitutionellen Rechtsstaat. Zu diesen Szenarien zählen die seit den 1870er Jahren immer wieder ventilierten ›Staatsstreichpläne‹ des Reichskanzlers Otto von Bismarck: Die Nichtverlängerung des Sozialistengesetzes durch den Reichstag und der ›neue Kurs‹ Wilhelms II. ließen ihn Überlegungen formulieren, die Volksvertretung aufzulösen und im Fall von öffentlichen Protesten mit scharfen Maßnahmen wie der Verhängung des Belagerungszustands zu reagieren. Diese »letzte politische Idee« Bismarcks blieb in der öffentlichen Diskussion bis weit in die Weimarer Republik auch in dem Sinne präsent, dass der Reichsgründer den verfassungsmäßigen Status quo des Kaiserreichs durchaus als veränderbar angesehen habe, wie der bekannte Militärhistoriker Hans Delbrück vor und auch während des Weltkriegs formulierte (Delbrück 1912; Delbrück 1915; Llanque 2000, 153 f.; Holm 2008). Die Militärführung traktierte intensiv die Frage, wie auf mögliche Gefahren innerer Unruhen und eines Generalstreiks zu reagieren war. Eine 1907 fertiggestellte Studie zum Thema »Der Kampf in insurgierten Städten« (Deist 1991a, 19–42), die auf konkrete historische Beispiele im In- und Ausland zurückgriff, empfahl als Vorbedingung eines erfolgreichen militärischen Eingreifens die möglichst frühzeitige Verhängung des Belagerungszustands und ein rücksichtsloses Vorgehen, das den Aufständischen klar gemacht werden müsse: »Kampf auf Leben und Tod oder Unterwerfung auf Gnade und Ungnade« (ebd., 26). Das war die eine Seite des militärischen Belagerungszustandsdenkens, dem die vor dem Krieg wachsende Erkenntnis gegenüberstand, dass nicht das Militär, sondern die Polizei dazu berufen war, Unruhen niederzuschlagen. Offenkundig ist aber die vorherrschende Angst vor der »internationalistisch« ausgerichteten, sozialdemokratischen Arbeiterbewegung, deren Führung, so die Pläne für den Kriegsfall, präventiv in militärische Schutzhaft genommen werden sollte.

Radikale Gruppen gingen weiter. Für den unter dem Pseudonym Freymann publizierenden Vorsitzenden des Alldeutschen Verbands, Heinrich Class, war der Ausnahmezustand ein Mittel zur Revision des politischen und sozialen Systems. In seinem vor dem Krieg unter Pseudonym erschienenen Buch *Wenn ich der Kaiser wär'* (1912) malte er mögliche

Optionen aus: Wenn die »Demokratie« – d. h. die demokratischen und republikanischen Parteien – den Staatsstreich fordere und verteidige, heißt es mit Blick auf die vermeintlich revolutionäre Sozialdemokratie, könne die Antwort nur der »Staatsstreich gegen sie« sein. Notwendig war der »entschlossene Wille zur Tat«: Dazu zählten notfalls die Auflösung des Reichstags, Ausnahmegesetze gegen Juden – für Class die »Hilfstruppen der Sozialdemokratie« – ebenso wie die Ausweisung und Repression der Linken mit Hilfe des ursprünglichen Entwurfs des Sozialistengesetzes, d. h. eines (vom Verfasser selbst in Anführungszeichen gesetzten) »Umsturzgesetz[es]« (Freymann/Class 1914, 66, 68, 259 f., 269). Unübersehbar in diesem damals vielbeachteten politischen Statement war die Kritik nicht nur an der vermeintlich schwächlichen Reichsleitung, sondern – verklausuliert – auch am Kaiser.

Der militärische Belagerungszustand ermöglichte nicht nur die Überwindung der bestehenden Verfassungsordnung, sondern auch eine Revision der bürgerlichen Rechtsstellung der deutschen Juden. Eine in dieselbe Richtung zielende Ausarbeitung des prominenten Mitglieds des Alldeutschen Verbandes (und nach dem Krieg des scharf anti-semitischen Deutschvölkischen Schutz- und Trutzbundes) Konstantin Freiherr von Gebsattel erreichte auch Wilhelm II. In einem Schreiben an den Kronprinzen zeigte sich der Kaiser – trotz Übereinstimmungen in einzelnen Punkten – entsetzt über die Vorstellung des Generals, dass der Belagerungszustand nach einem »glücklichen Krieg« oder nach »einem Konflikt mit dem Reichstag« etabliert werden könnte. Staatsstreiche mochten in süd- und mittelamerikanischen Republiken zu den Mitteln der Regierungskunst gehören, so der Kaiser im Dezember 1913, der in diesem Zusammenhang auf die bestehenden Gesetze des Deutschen Reichs verwies: »Das sind gefährliche Leute, die so etwas anzuraten wagen, gefährlicher für die Monarchie und ihren Bestand als der wildeste Sozialdemokrat« (zit. n. Standmann 1965, 5–45, 38).

Wenn der Kaiser auf die Gesetze, namentlich die Regeln der Verfassung verwies, so reflektiert das gut die oft betonte, rechtliche Einhegung des Belagerungszustands im Rahmen des Verfassungsstaates: Auch im staatsrechtlichen Sinne bezog sich der Kaiser wie die Mehrzahl der Juristen auf das Territorium des Deutschen Reiches, nicht dagegen auf die außereuropäischen deutschen Schutzgebiete. Zumindest bis 1914 gab es in den Kolonien keine formal-rechtlichen Bestimmungen über den Belagerungszustand, selbst der in der neueren Kolonial-Literatur regelmäßig verwandte Begriff des Ausnahmezustands entstammt offenbar nicht der Sprache der Zeitgenossen und der Quellen (ich danke Ulrike Lindner, Köln, und Tanja Bührer, Zürich, für diesen Hinweis). De facto war der koloniale Zustand aber eine auf Dauer gestellte Form des Belagerungsbzw. Ausnahmezustands. Das bezeichnet erstens die mentale Disposition der Europäer, die sich als Fremde angesichts einer fremden Mehrheitsbevölkerung in einer Situation permanenter Unsicherheit und Bedrohung befanden, was vielfach die Anwendung schierer Gewalt der Kolonialmacht wie die Übergriffe der Siedler erklärt. Zweitens, auf formaler Ebene, schrieben die für die einzelnen Kolonien sehr unterschiedlichen »Eingeborenen«-Verordnungen die gegenüber den Europäern mindere Rechtsstellung der »Eingeborenen« fest. Zumindest auf einer formalen Ebene weisen sie einige Ähnlichkeiten mit den Ausnahmebestimmungen des PrBZG auf.

Am weitesten gingen solche Einschränkungen im Deutschen Reich seit 1904 in Deutsch-Südwestafrika. Gegenüber »den Eingebornen […], die durch Waffengewalt zur Unterwerfung unter die Macht des Reiches gezwungen waren«, könne, so ein Kommentator, von einer »Selbstbeschränkung [des] Staates im Sinne der [Gewährung von] Grundrechte[n] heute noch nicht die Rede sein« (Mallmann 1913, 171 f.). Gewähr für die Sicherung der Rechte, so der Autor, seien die deutschen Beamten und Militärpersonen, da diese dem Disziplinar- und Strafrecht unterstanden; außerdem gab es bestimmte Einschränkungen wie zum Beispiel die der Prügelstrafe. Dieses Argument ist insofern auch interessant, weil sich dahinter – wie noch zu zeigen sein wird – eine spezifische Sichtweise auf Rechte, auch der Bevölkerung im Reich, unter den Bedingungen des Belagerungszustands erkennen lässt (vgl. ebd., 178–190; vgl. mit anderen Akzenten Mann 2004; Eckert 2008; Morton 2013).

Drittens und vielleicht entscheidend ist die Tatsache, dass eine »Differenzierung in Kriegs- und Friedenszustand« schon deshalb wenig sinnvoll war, weil die Gouverneure in den Kolonien in zahllosen Fällen unterhalb der Ebene formeller Kriegserklärungen im »kleinen Krieg« gegen die den Gehorsam verweigernde oder rebellierende Bevölkerung »nach eigenem Gutdünken« vorgingen, etwa auch im Unterschied zum formellen militärischen Kriegszustand, mit dem das Deutsche Reich seit 1904 in Deutsch-Südwest-Afrika operierte (Bührer 2011, 394 f., 256–259; vgl. auch Hull 2005).

Zäsuren: Die Ermächtigungen 1914 und die Suspendierung von Ordnungen

Im Anfang waren Akte der Suspendierung der bestehenden Verfassungs- und Wirtschaftsordnung. Wie in anderen kriegführenden Staaten begann der Krieg im Deutschen Reich mit weitreichenden Ermächtigungen des Militärs wie der Zivilbehörden zur Sicherstellung der militärischen Mobilmachung und der Kriegsführung (Folz 1962; mit Blick auf Frankreich vgl. Ballreich 1955). Dass im Kriegszustand diese staatlich-exekutive (Zwangs-)Gewalt umfassend aktiviert werden würde, gehörte auch in Deutschland zu den kaum hinterfragten Prämissen der Militärs, der Staatsführung und Staatsrechtler. Sie wurden überrascht von der Dauer der ›totalen‹ Mobilmachung und dem Umfang der unter den Kriegszustand fallenden Regelungen, die alle bis dahin üblichen Vorstellungen hinsichtlich der vom Staat zu übernehmenden Sicherheitsaufgaben insbesondere auch im Bereich der Wirtschaft überstieg.

Der auf die Dauer des Krieges gestellte Belagerungszustand und die damit verbundene Suspendierung von zentralen Aspekten der Verfassungsordnung warf Fragen nach politischer Herrschaft und neuen Formen des Regierens auf. Letztere gingen Hand in Hand mit der Hypostasierung von vielfach diffusen Vorstellungen und Modellen ›diktatorischer‹ Herrschaft. Sie entwickelten über den Krieg hinaus ein Eigenleben, mit zahllosen Reminiszenzen an die vergangene Zeit eines umfassenden Ausnahmezustands (vgl. Thoss 1987).

Zeitgenössische Panegyriker haben seit dem militärischen Desaster in Verdun vor allem die 3. Oberste Heeresleitung unter Erich Ludendorff und Paul von Hindenburg als Säulen der ›Militärdiktatur‹ gefeiert, so wie schon zuvor Alfred von Tirpitz, dessen Flotte zwar kaum zum Einsatz kam, der mit seiner Propagierung des »Tauchboot-Kriegs« aber schon vorher zu einem großen Hoffnungsträger aufgestiegen war (Scheck 1996). Viele Historiker haben sich an diesem Bild der ›Militärdiktatur‹ abgearbeitet und gefragt, ob sie wirklich je existierte oder vielleicht nur in einer semi-, krypto- oder pseudo-Form (Kitchen 1976; Pyta 2007, 285–293; Nebelin 2011). Diese Unentschiedenheit lässt sich auf die vielfältigen und ausführlich beschriebenen Verwerfungen nicht nur zwischen ziviler und militärischer Herrschaft, von »Staatskunst und Kriegshandwerk« (Gerhard Ritter), sondern auch zwischen militärischen Stellen zurückführen. Hinzu trat der sich vor allem seit 1916 wieder regende Parlamentarismus.

Entgegen aller Erwartungen, zumal konservativer Zeitgenossen, schuf der Belagerungszustand eine liminale Dynamik, die nicht nur eine Vielzahl von Handlungsoptionen, sondern auch den Kampf um die politische Souveränität eröffnete. Wie in den folgenden Abschnitten zu zeigen sein wird, spielte dabei die Handhabung und die erweiterte Definition von Sicherheit im Rahmen des Belagerungszustands eine wichtige Rolle.

Die Erklärung des Kriegszustands ist »im wesentlichen als die Einführung einer Militärdiktatur zu bezeichnen«, formulierte der Staatsrechtler Paul Laband vor dem Krieg (Laband 1911–1914, Bd. 4, 44). Als der Kaiser am 31. Juli 1914 unter Rückgriff auf Artikel 68 der Reichsverfassung den ›inneren‹ Kriegszustand verhängte, veröffentlichten die regionalen Militärbefehlshaber im Reich in der Regel noch am selben Tag in Form von öffentlichen Proklamationen und Anschlägen die Bekanntmachungen über die Erklärungen des Kriegszustands und damit das Inkrafttreten des »Preußischen Gesetzes über den Belagerungszustand«, bzw. in Bayern (nach einem etwas anderen Procedere) des »Gesetzes über den Kriegszustand« (zu den rechtlichen Grundlagen auch für das Folgende vgl. Huber 1978a, Bd. V, 25–61, 52; Deist 1991b, 103–152; Schudnagies 1994, 39–48).

Da seit der Reichsgründung das heiße Eisen einer reichseinheitlichen Lösung auf Grund des Artikels 68 nicht angepackt worden war, ging die vollziehende Gewalt von den Zivilverwaltungen über auf die insgesamt 62 Militärbefehlshaber, d. h. die kommandierenden Militärbefehlshaber in den Militärdistrikten, die Festungskommandanten in den Festungsstädten und die Kommandanten im Zuständigkeitsbereich der Marine. Ihre Aufgabe war die Sicherstellung der militärischen Mobilmachung und der Kriegsanstrengungen sowie die Aufrechterhaltung der öffentlichen Ordnung. Das »Preußische Gesetz über den Belagerungszustand« kannte dazu genaue Bestimmungen mit Differenzierungen, so den erklärten ›einfachen‹ und den ›verschärften‹ Kriegszustand. Neben der Unterordnung der zivilen Behörden eines Bezirks unter das Kommando des Militärs und der Möglichkeit, das geltende Strafrecht zu verschärfen und Kriegsgerichte einzurichten, erlaubte das Gesetz den Militärbefehlshabern sieben bürgerliche Freiheits- und Grundrechte der preußischen Verfassung – persönliche Freiheit, Unverletzlichkeit der Wohnung, Garantie eines gesetzlichen Richters und Verbot von Ausnahmegerichten, Meinungsfreiheit, Vereins- und Versammlungsfreiheit –

zu suspendieren; nicht zuletzt konnten sie auch Befugnisse im Rahmen eines wirtschaftlichen Notrechts wahrnehmen, d. h. private Eigentumsrechte
beschneiden, was in den ersten Kriegstagen etwa die
Requirierung von Pferden und Automobilen bedeutete.

Die Aufgaben der Militärbefehlshaber erstreckten
sich, ganz im Sinne einer modernen Sicherheitsdefi-
nition, gleichermaßen auf die Überwachung des politischen und sozialen Lebens sowie auf Fragen wirtschaftlicher und sozialer Sicherheit. Ihre Befugnisse
erweiterten sich aber bald auf unterschiedliche Felder wie die extensiv praktizierte Zensur, die Kriegs-
fürsorge und die im Reich eingesetzten Kriegsgefangenen. Außerhalb Bayerns (dort waren sie dem
Kriegsminister unterstellt) waren diese Militärbefehlshaber zunächst weitgehend autonom, da sie weder dem Generalstab der Obersten Heeresleitung
(OHL) noch dem preußischen Kriegsminister, sondern vielmehr direkt dem Kaiser unterstanden. Das
erklärt auch, warum die kommandierenden Generäle in den einzelnen Militärdistrikten des Reiches
ihre Kompetenzen von Anfang an sehr unterschiedlich handhaben konnten. Dem Kaiser gegenüber waren sie zwar formell berichtspflichtig und weisungs-
gebunden, jedoch besaß das Staatsoberhaupt keinen
Apparat, der die Arbeit hätte koordinieren oder
Streitigkeiten unter den Militärbefehlshaber hätte
schlichten können. Diese Defizite waren nur schwer
zu beheben, und der im Krieg einsetzende Prozess
der Zentralisierung machte das System nicht über-
sichtlicher. Eine wichtige Rolle übernahm die Oberzensurstelle des beim Generalstab angesiedelten
Kriegspresseamtes; Ähnliches galt für die Spionage-
abwehr (Nicolai 1923; Welch 2000).

Erst Ende 1916 etablierte sich das preußische
Kriegsministerium, dieser anachronistische Zwitter
aus Reichsbehörde und Ministerium eines Bundes-
staates, als Koordinationszentrum und Zentralin-
stanz (so wie das in Bayern von Kriegsbeginn an der
Fall gewesen war): Die Gründung des Kriegsamtes
Ende 1916, das weitreichende Kompetenzen bei der
Leitung der Kriegswirtschaft übernahm, war dabei
eine wichtige Etappe. In diesem Zusammenhang
wurde auch das Amt eines militärischen »Obermilitärbefehlshabers« geschaffen und zwar in Personal-
union mit der traditionell aus militärischen Reihen
besetzten Leitung des preußischen Kriegsministeriums. So war auf elegante Weise eine Koordinie-
rung der weiteren Militärbefehlshaber sicher gestellt,
ohne dass dies ganz formalisiert worden wäre: Im
Fall von »besonderer Aufsässigkeit« (Huber 1978a,

52) war aber nach wie vor nur die Drohung mit einer
Intervention des Kaisers möglich; bezeichnenderweise konnte erst die Übergangsregierung Max von
Baden im Oktober 1918 die Anordnungsbefugnisse
dieses Obermilitärbefehlshabers verbindlich regeln.
Die konkrete Zusammenarbeit der Militärbefehlshaber, des Kriegsamts, des Kriegsministeriums und
der seit 1916 auf allen Ebenen intervenierenden
und Kompetenzen an sich ziehenden 3. OHL verweisen auf die polykratischen Strukturen dieses sich
krakenhaft ausbreitenden, militärisch-administrativ-
bürokratischen Komplexes (vgl. Feldman 1966), dessen formales Oberhaupt, der Kaiser, im Laufe des
Krieges in den Hintergrund rückte, zumal als die
Ägide der 3. OHL begann (Sösemann 1981).

Die prinzipiellen Vorbehalte gegen eine Verein-
nahmung des Militärs selbst durch das Kriegsministerium veranschaulicht die Beharrlichkeit, mit der
sich das Militär gegen jegliches Mitspracherecht ziviler Stellen in Fragen der Kriegsführung stemmte.
Tatsächlich warf die formale Unterstellung der Zivilbehörden unter die Militärbefehlshaber von Anfang
an Probleme auf, die sich im Krieg verschärften und
erst am Ende des Krieges zumindest ansatzweise gelöst wurden: Im Oktober 1918 hielt ein kaiserlicher
Erlass die Militärbefehlshaber an, ihre Befugnisse
nur im Einvernehmen mit den von den Landesregierungen zu bestimmenden Zivilbehörden auszuüben.
Das grundlegende Problem bestand darin, dass parallel zur ›militärischen Diktatur‹ auf der Grundlage
des Belagerungszustands die Abgeordneten des
Reichstags die Voraussetzungen für eine befristete
›zivile Diktatur‹ der Reichsleitung geschaffen hatten.

Am 4. August, also an dem Tag, an dem deutsche
Truppen die Grenzen nach Belgien überschritten,
rief die Reichsregierung den vertagten Reichstag in
Berlin zusammen. In einer wohl kalkulierten Show,
namentlich in Form einer Initiative aus den Reihen
des Reichstags selbst, stimmten die versammelten
Abgeordneten nicht nur für den außerordentlichen
Kriegshaushalt und einer ganzen Reihe von Kriegs-
gesetzen, sondern auch – und nicht minder wichtig, obwohl dieser Aspekt oft unterschlagen wird –
für ein sogenanntes »Kriegs-Ermächtigungsgesetz«.
Diese Aktion trug den Charakter eines Plebiszits:
Für die Dauer des Kriegs übertrugen die Abgeordneten damit die legislative Gewalt formell auf den Bundesrat, dessen Bedeutung aber gering war, so dass es
sich de facto um eine Ermächtigung der zivilen
Reichsleitung handelte; damit verbunden war die
Ermächtigung zum Erlass von sogenannten »geset-
zesvertretenden Verordnungen«, die den Charakter

von Gesetzen hatten (Huber 1978a, 33–38, 62–71). Dieser politische Akt war für sich genommen auch von großer symbolischer Bedeutung. Zum einen handelte es sich um die Materialisierung des ›Burgfriedens‹, von dem Kaiser Wilhelm II. am selben Tag in seiner Funktion als nomineller militärischer Oberbefehlshaber gesprochen hatte. Verstanden werden konnte er zum anderen aber auch als Resultat jener nationalen Mobilisierung im Juli/August 1914, die Historiker zwar weitgehend relativiert haben, die zeitgenössisch aber – parteiübergreifend – als Ausdruck einer neuen ›Volksgemeinschaft‹ interpretiert wurde (vgl. Fritzsche 1998, 11–83; Verhey 2000).

Die emotionale Vergemeinschaftung der Seelen begründete die auf die Zeit des Krieges begrenzte ›zivile Diktatur‹: Die Parlamentarier setzten aus freien Stücken den gewaltenteilenden Verfassungsstaat zugunsten der Exekutive temporär außer Kraft. Soziale und politische Uneinigkeit, womit die Zeitgenossen nicht zuletzt den Parlamentarismus in Verbindung brachten, galt es, so der Tenor, zugunsten nationaler Schlagkraft zu überwinden. Die wirtschaftliche Mobilmachung stand dabei ganz im Vordergrund: »Zur Abhilfe wirtschaftlicher Schädigungen« erteilte das Kriegs-Ermächtigungsgesetz vom 4. August den zivilen Stellen ein weitreichendes (Kriegs-Not-)Verordnungsrecht (Huber 1978a), das vor allem die Bereiche Finanzen, Wirtschaft und Volksernährung betraf; Kompetenzen, die sich mit denen der militärischen Stellen überschnitten und zu einer von mehreren Arenen wurden, in denen Souveränitätskonflikte zwischen »Staatskunst und Kriegshandwerk« ausgetragen wurden (Ritter 1964; 1968).

Der Reichstag vertagte sich und trat nur mehr unregelmäßig zusammen, unter anderem zu den jährlichen Abstimmungen über den Kriegshaushalt, ein wichtiges Mitspracherecht, das sich die Parlamentarier reserviert hatten. Dieser ›Burgfrieden‹ war prekär. Im Zusammenhang mit der Handhabung des Belagerungszustands, insbesondere auf dem Feld der Zensur, und dann vor allem mit den kriegswirtschaftlichen Anstrengungen seit 1916 sowie den umstrittenen innenpolitischen Fragen der Kriegsziele und des U-Boot-Kriegs begannen der Reichstag und mehr noch einzelne Abgeordnete, sich wieder stärker zu regen. Haushaltsfragen boten dabei ein wichtiges Mittel, den sprichwörtlichen Fuß in die Tür politischer Entscheidungsprozesse zu bekommen: Die Friedensresolution des Reichstags vom Sommer 1917 ist das beste und zeitgenössisch umstrittenste Indiz für die wiedergewonnene Initiative des Reichs-

tags (vgl. Schiffers 1981/1983; Llanque 2000). Vor diesem Hintergrund sind die vielfältigen formellen und weit mehr noch informellen Kooperationsformen zwischen Reichstag und Reichsleitung zu sehen. Sie federten die weitreichenden Ermächtigungen der Reichsleitung ab und führten in zahllosen Einzelfragen zu kooperativen Lösungen. Zugleich behielt die 3. OHL eine wichtige Veto-Macht, wie anlässlich der Entlassung Bethmann Hollwegs und der Ernennung seines Nachfolgers Michaelis, 1917 deutlich wurde. Seit 1917 waren Pläne und Diskussionen über eine mögliche Militärdiktatur virulent: Und das konnte nichts anderes heißen, als mit verschärften Mitteln den Belagerungszustand gegen alle Widerstände durchzusetzen (Deist 1970, Bd. 1, 421–424; Bd. 2, 1211, 1230 ff.; Kitchen 1976; Thoss 1987, 57 f.; Pyta 2007; Nebelin 2011).

Auf den ersten Blick eher eine Nebensächlichkeit ist die Handhabung des Belagerungszustands in den Kolonien; sie verweist zugleich aber auf eine Reihe von grundsätzlichen Fragen, die auch die Reichspolitik betrafen. Kaum bekannt ist die Tatsache, dass der Begriff ›Ausnahmezustand‹ erstmals 1914 in offiziellen Dokumenten auftauchte, und zwar in zwei verschiedenen Verordnungen des Reichskanzlers über den Ausnahmezustand vom 1. bzw. 15. August 1914, von denen die eine die Einwohner und die andere die »Eingeborenen« in den Schutzgebieten Afrikas und der Südsee betraf (Falck 1916; Bührer 2011, 387–399). Drei Aspekte sind in diesem Zusammenhang von Interesse. Die militärpolitische Abteilung des Reichskolonialamtes hatte erstens zunächst nur für die deutsche Bevölkerung die im Reich geltenden Bestimmungen des Artikels 68 RV vorgesehen. Da die Erwähnung des Kriegszustands mit Blick auf zu dieser Zeit diskutierte, mögliche Arrangements der Kolonialmächte in den Kolonien nicht erwünscht war, entschied man sich für den Begriff ›Ausnahmezustand‹. Bezeichnend ist ein zweiter Punkt. Gegen die Überlegung, auch in den Kolonien den Militärbefehlshabern die vollziehende Gewalt zu übertragen (obwohl in den Kolonien das Militär nach hergebrachter Ordnung *de jure* dem zivilen Gouverneur unterstand), erhob das Auswärtige Amt erfolgreich Einspruch: Es handele sich dabei, so das für die weitere Entwicklung und für eine Reihe von Konflikten denkwürdige Argument, um »preußische Erbstücke« (Bührer 2011, 297) auf die in den Schutzgebieten problemlos verzichtet werden könne; man verwies dabei auf die zeitgemäße bayerische Regelung. Die Gouverneure konnten im Falle eines Aufstands oder Aufruhrs sowie bei unmittelbar drohender Gefahr eines Krieges, Aufstands oder Aufruhrs den Ausnahmezustand über das ganze oder Teile des Schutzgebiets verhängen und ihre Vollmachten auch an Militärs delegieren. Drittens, der Ausnahmezustand galt offenbar als der angemessenere, modernere Begriff: Er umschloss (wie de facto auch der Belagerungszustand) gleichermaßen Aspekte der militärischen, der polizeilichen und der ›politischen‹ Sicherheit. Ein Kommentator aus den Reihen der Berliner Staatsanwaltschaft verwies denn auch darauf, dass der Begriff ›Ausnahmezustand‹ »zweckmäßigerweise auch zur Kennzeichnung des hier erörterten Rechtszustands im Mutterland angewendet« werden sollte, »bringt er doch die Rechtsgrundlage, Sinn und Zweck dieses Zustandes klarer zum Ausdruck als die Bezeichnung Kriegs- und Belagerungszustand« (Falck 1916, 215). Ähnliche Begründungen findet man dann auch nach dem Krieg, ohne dass eine Kontinuität zur kolonialen Begriffsbildung nachzuweisen ist (Gemelin 1921).

»Not kennt kein Gebot« I: Rechtssuspensionen und die Logiken des Maßnahmenstaates

Die deklamatorischen Akte der dekretierten Suspendierung von Gesetzesbestimmungen und des gewaltenteilenden Verfassungsstaats und ihre Implikationen für die gesellschaftliche Ordnung faszinierten nicht nur Juristen, sondern alle diejenigen, die sich im weiteren Sinne mit Fragen der sich verändernden Rolle des Staates im Krieg beschäftigten. Ungewiss war, welche Möglichkeitsräume ›die Ausnahme‹ schuf und wie weit sie gehen sollte und konnte, eine Diskussion, die seit dem Krieg nicht mehr verstummte (Boldt 1967, 198). Im Folgenden können nur einzelne Aspekte dieser Diskussion schlaglichtartig angerissen werden.

Den vielleicht interessantesten, wenn auch wenig beachteten Beitrag lieferte gleich im ersten Kriegsjahr der promovierte Jurist und Dr. rer. pol. Emil Lederer in seinem Beitrag mit dem Titel »Zur Soziologie des Weltkriegs« im *Archiv für Sozialwissenschaft und Sozialpolitik*. Die Überlegungen des Sozialwissenschaftlers, in denen zentrale Topoi und Fragen der nun einsetzenden Diskussion auftauchten, waren, wie er betonte, keineswegs auf Deutschland beschränkt. Das Phänomen von verschiedenen, zusammenhängenden Formen von »Suspendierungen« war der Ausgangspunkt seiner Überlegungen. Wenn auch nur auf den ersten Blick folgte er der

vom Soziologen Ferdinand Tönnies entwickelten Dichotomie und sprach von der »Suspendierung« der Gesellschaft und ihrer Transformation in Gemeinschaft. »Wir sagen ausdrücklich suspendiert, zeitweise (für die Hineingezogenen) aufgehoben, nicht gelöst, in einen anderen Zustand überführt« (Lederer 1914/15, 350). Diese Transformation beruhte aber nicht auf freiwilligen Akten der Individuen, sondern auf der kruden Zwangsgewalt des modernen Staats, der sich im Heerwesen als »universale soziale Form« (ebd., 351) manifestierte und der in der Verbindung mit der modernen Verkehrs- und Waffentechnik sowie dem Kapitalismus ganz neue Formen annahm. Diese »Vergemeinschaftung« basierte nicht auf »Solidarität« (wie bei Tönnies), sondern auf »Abhängigkeit« (ebd.). Tatsächlich kreisen Lederers Überlegungen ganz um die »Omnipotenz des modernen Staates« (ebd., 357), der sich erst im Krieg voll entfaltete und alles und jeden vereinnahmte, Menschen genauso wie wirtschaftliche Ressourcen und aufgespeicherten Wohlstand, was nach Meinung des Experten auf dem Gebiet des Arbeitsmarktes und der Wirtschaft im Übrigen eine ungeahnte Dauer des Krieges möglich machte. Suspendiert war der moderne Rechtsstaat:

> Vergessen ist auch der leiseste Anklang an ein inhaltliches Naturrecht des Individuums, das die Verfassungsgesetze der modernen Staaten hat sichern wollen. Gegenüber dem modernen Machtstaat gibt es keine Verfassung; wird sie doch auch im Krieg suspendiert (ebd., 373).

In einer Diktion, die an den späteren Carl Schmitt erinnert, behauptet Lederer, »daß der Souverän kraft des Rechtes der Mobilisierung und Kriegserklärung [d. h. auch der Erklärung des Belagerungszustands, MHG] wirklich über die Gesellschaft verfügt, für sich einen ›Staat‹ repräsentiert« (ebd.). Den »anderen Staat«, nämlich den der Gesellschaft, repräsentierte der Reichstag, wobei Lederer, ohne das Ermächtigungsgesetz anzusprechen, den Vorbehalt der Kriegskreditbewilligung nicht als entscheidend betrachtete: »Die Bewilligung der Kredite ist ein hinkendes Recht, wenn das Parlament nicht auch das Recht der Kriegserklärung und des Friedensschlusses besitzt« (ebd., 379). Die Ablehnung von Heeresvorlagen sei zu begreifen

> als Kampf der Gesellschaft mit dem Staat; im Moment des Krieges ist die Gesellschaft im Staat suspendiert. Das Heer, unter der Befehlsgewalt des Staatsoberhaupts oder Heerführers, bedeutete, in seiner Aktivität im Kriege den Ausschluss jeder gesellschaftlichen Institution (ebd.).

Immerhin war sich Lederer des grundlegenden strukturellen Problems bewusst: »Im Falle eines

Konflikts würde sich sogleich zeigen, daß hier zwei universale ›Staaten‹ aufeinanderstoßen« (ebd., 373).

Den letzten Punkt sollte (der zum Zeitpunkt des Erscheinens des Aufsatzes noch nicht einmal zum Militärdienst eingezogene) Ernst Fraenkel in seinem 1941 in der Emigration veröffentlichten Buch *Dual State (Doppelstaat)* weiterentwickeln. Lederer beschreibt einen *Behemoth* – so der Titel eines Buches des ebenfalls zu den Lederer-Adepten zu zählenden Franz Neumann aus dem Jahr 1941 –, der sich, so seine bemerkenswerte Diagnose, jeder funktionalen Erklärung entzieht: als Agent der Nation, der Kapitalinteressen oder überhaupt einer Staats-Idee, sei es des »Rechts-« oder des »Kulturstaates«. Der Krieg produziere letztlich nicht einmal »Gemeinschaft«, sondern »Menge« – das also, was bei ihm und anderen Vertretern der Totalitarismustheorie später dann als »Masse« diskutiert wurde (vgl. Lederer 1940). Nur zynischen Hohn und Spott hatte Lederer für Intellektuelle, Pfarrer und andere übrig, die – in allen Ländern – solche Sinnstiftungen zu liefern versuchten. Diesen höheren Sinn des Staates im Krieg gab es für ihn nicht. Im Text scheint eine nüchterne, fast schon zynische Kälte auf, die sich vor dem Hintergrund des bereits 1915 in die Ferne gerückten Kriegsendes und der Unmöglichkeit eines nahen Sieges auch bei den militärischen Stellen ausbreitete und die dann eine ganze Generation von meist jüngeren Autoren als Lederer kennzeichnen sollte.

Für den dialektisch geschulten Sozialwissenschaftler vermochte die Diskrepanz zwischen der Logik des expansiven Militärstaats und dem Fehlen einer Sinnstiftung durchaus Folgen haben. Im Gegensatz zu Staatsapologeten sah er sehr klar die Aporien eben dieses Staats: »Wer diese Entwicklung [zum Militärstaat, MHG] verneint, wird die Zeit für gekommen erachten, den Kampf für die Rechte des Individuums und der Gesellschaft gegenüber dem Staat wieder aufzunehmen oder fortzusetzen« (Lederer 1914/15, 382). Das war eine sehr treffende Vorhersage der Beweggründe der sich seit 1916 formierenden radikalen politischen Opposition gegen den Krieg.

Carl Schmitts Karriere war eng mit dem Thema des Ausnahmezustands verknüpft. Mit seinen Studien *Die Diktatur. Von den Anfängen des modernen Souveränitätsgedankens bis zum proletarischen Klassenkampf* (1921) und vor allem *Politische Theologie* (1922) beflügelte er die zeitgenössischen akademischen Debatten über den Ausnahmezustand. Existentiellen Entscheidungssituationen im Fronteinsatz entkam der 1888 geborene Schmitt dank der Protek-

tion seines akademischen Lehrers, der ihm eine Beschäftigung im Stellvertretenden Generalkommando in München verschaffte. Hier war Schmitt zunächst als Briefzensor aktiv und dann für die Überwachung der USPD, der Friedensbewegung und der Alldeutschen und die Einfuhr von Druckschriften tätig. Akademische Meriten verdiente er mit seiner 1916 während einer Beurlaubung an der Universität Straßburg verfassten Schrift zum Thema »Diktatur und Belagerungszustand«. Darin reflektiert er die eng mit der Entstehung moderner Verfassungen verwobene Geschichte dieses Rechtsinstituts, des Belagerungszustands, ohne sich dabei auf Lederer zu beziehen, dessen Aufsatz er sicherlich kannte. Für den Juristen stand der Belagerungszustand außerhalb der rechtsstaatlichen Kriterien des gewaltenteilenden Verfassungsstaats und, trotz einer Reihe von rechtlichen Einschränkungen, so etwa der Gewalt der Militärgerichte, außerhalb der Rechtsordnung. Abgesteckt sei damit ein rechtsfreier Raum, innerhalb dessen der Militärbefehlshaber zur Erreichung des Ziels jedes ihm erforderliche Mittel anwenden dürfe. »In der Suspension von Verfassungsbestimmungen liegt demnach der Kern der Regelung; die Suspension enthält die Aufhebung der gesetzlichen Schranken, auf die es ankommt« (Schmitt 1995, 15, 18; vgl. Mehring 2009). Damit meinte er nicht die Aufhebung des gewaltenteilenden Verfassungsstaats, sondern die mit dem Belagerungszustand auf das Militär übergehende zivile Verwaltungstätigkeit: Er bedeutete eine Machtkonzentration in der Exekutive. Sie war der »Urzustand« des Staates (Schmitt 1995, 19) und die Verkörperung eines Rechtszustands, in dem die Konzentration in der Exekutive realisiert war. Davon unterschied Schmitt, wie er selbst wusste ungewöhnlich für die Zeit, die »Diktatur«. Hier war die Trennung von Gesetzgebung und Vollzug zwar temporär aufgehoben und ruhte in einer Hand (ebd., 17), sie blieb aber grundsätzlich bestehen und fügte sich damit in den Kontext der überkommenen Rechtsstaatlichkeit ein. Dafür gab es eine Reihe von historischen Beispielen, ohne dass Schmitt konkret das Ermächtigungsgesetz ansprach (ebd., 3–23, 17, 19; vgl. Mehring 2009, 90 f.).

Die Kraft der Negation von Gesetzen durch Anordnungen steht im Mittelpunkt der Ausführungen Lederers wie Schmitts. Entscheidend ist der Möglichkeitsraum einer rechtlichen *tabula rasa*, mithin die Suspendierung der Verfassungs- und Rechtsordnung. Giorgio Agamben spricht in diesem Zusammenhang prägnant von einem »anomische[n] Raum, in dem eine Gesetzeskraft ohne Gesetz (die man jedoch ~~Gesetzes~~kraft [sic] schreiben müßte) zum Einsatz kommt« (Agamben 2004, 49).

An die Stelle des regulären Gesetzesprozesses traten Erlasse und gesetzesvertretende Verordnungen der Exekutive. Dabei ist der Akt der Suspension von Recht von großer Bedeutung. Das betrifft gleichermaßen den gewaltenteilenden Verfassungsstaat wie die Grund- und Freiheitsrechte oder Völkerrechtsnormen. Das folgende längere Zitat ist in dieser Hinsicht ein illustratives Beispiel, umso mehr, als der Autor, ein Jurist, versuchte, sich demonstrativ auf autoritative Lehrmeinungen zu stützten (wobei die in seinen Anmerkungen genannten Autoren dem Text beigefügt werden, um sein intellektuelles Referenzsystem zu verdeutlichen):

> Die ›Voraussetzung der Rechtsordnung‹ (Jellinek), ›die alleinige Quelle des Rechts‹ (Ihering) ist der Staat. ›Zu dem Rechtsbegriff gelangt man nur durch den Staatsbegriff. Es gibt kein Recht, außer im Staate.‹ ›Recht ist die in einem Staate geltende äußere Ordnung des Verhältnisses der Menschen zueinander, welche von dem Staate aufrecht erhalten und geschützt wird‹ (Sarvey). Das Individuum besitzt deshalb keine angeborenen Rechte. Alle Beziehungen des Individuums sind zuerst tatsächliche gewesen und erst dadurch zu rechtlichen geworden, daß die Staatsgewalt vermöge ihrer Rechtsordnung sie dazu erhob (Crome; Treitschke; Zitelmann). ›Das subjektive Recht entsteht immer erst mit der Rechtsordnung‹ (Zitelmann; Jellinek; Dernburg) (Mallmann 1913, 142).

Der Autor argumentiert in der Tradition des Neuhegelianismus der Jahrhundertwende und repräsentiert damit nicht alle Lehrmeinungen der Zeit: Zu erkennen ist aber die charakteristische Annahme, dass die Suspension der gesetzten Rechtsordnung, des positiven Rechts, zu den Ursprüngen staatlicher Gewalt im Sinne von »~~Gesetzes~~kraft« zurückführt. Das galt umso mehr vor dem Hintergrund eines Notstandes des Staates, der es erforderlich machte, die Fesseln des bestehenden »positiven« Rechts abzuwerfen.

Der Verfassungsrechtler Erich Kaufmann hatte schon vor dem Krieg in einem viel beachteten Buch mit dem Titel *Das Wesen des Völkerrechts und die Clausula rebus sic stantibus* (1911) argumentiert, dass Verträge zwischen Staaten nur so lange Gültigkeit hätten, wie sie aus dem ursprünglichen Willen der vertragsschließenden Parteien ableitbar waren. Der Krieg, der »Kampf des Staates um Selbsterhaltung« (Kaufmann 1911, 17), markierte in dieser Hinsicht einen Einschnitt: »das Selbsterhaltungsrecht bezeichnet die Grenze, die allen völkerrechtlichen Vertragstexten gezogen ist« (ebd.), ist bei Kaufmann zu lesen; ähnlich wie Carl Schmitt liebte auch dieser

Jurist eingängige aphoristische Formulierungen, von denen eine der bekanntesten lautet: »Im Krieg offenbart sich der Staat in seinem wahren Wesen [...]. Nicht die ›Gemeinschaft frei wollender Menschen‹, sondern der siegreiche Krieg ist das soziale Ideal: der siegreiche Krieg als das letzte Mittel zu jenem obersten Ziel« (ebd., 146 f.; vgl. Rüthers 1997, 93–95; Korb 2010, 32–37, 113–117).

In eine ähnliche Kerbe schlug der Berliner Jurist und Mitherausgeber des *Jahrbuches für Völkerrecht* Josef Kohler mit seiner Schrift *Not kennt kein Gebot*. Bei dem handelt es sich um einen in vielen Kulturen geläufigen Rechtssatz, den auch der Reichskanzler Bethmann Hollweg in der denkwürdigen Reichstagssitzung am 4. August 1914 bemüht hatte. Im Anschluss an den Reichskanzler liefert Kohler eine ausdrückliche Rechtfertigung des deutschen Durchmarschs und der Besetzung Belgiens. Ähnlich wie die konservative Fronde gegen den Reichskanzler verneinte Kohler die Verletzung völkerrechtlicher Normen, die zu einer Wiedergutmachung der entstandenen Schäden nach Abschluss der Kriegshandlungen verpflichtete, wie das Bethmann Hollweg noch angekündigt hatte. Deutschland befand sich in einem Zustand des Notstands, der Selbstverteidigung:

> Eine Schmutzliteratur ohnegleichen wurde über Deutschland geschüttet, und die hohle Ignoranz des Auslandes, die von Persönlichkeitsrecht und Notrecht keine Ahnung hatte, hat einen Sprühregen von Verleumdungen über uns zu ergießen versucht (Kohler 1915, Vorwort o.S.).

Mit den Rechtfertigungen der Besetzung Belgiens und der Bekämpfung der »Franc-Tireurs« begannen gleich zu Beginn des Kriegs hitzige Debatten im als auch mit dem feindlichen Ausland über die Geltung und Einhaltung von Völkerrechtsnormen, die Bedingungen des nationalen Notstands und die, die Existenz des Landes betreffende, Selbstverteidigung. Ähnliche Begründungen lassen sich für die wirtschaftliche Ausbeutung Belgiens und anderer besetzter Gebiete und die Deportation von Arbeitskräften in das Reich finden. Ihre Schärfe erklärt sich im Zusammenhang mit der parallel verlaufenden Diskussion über die britische Seeblockade Deutschlands und deren Folgen für die Volksernährung. Heftig umkämpft war die Frage, wer den ersten Schritt der Entgrenzung von Recht gemacht hatte. Dass dieses Thema allenthalben auftauchte ist dagegen keine Frage. Der Slogan »Not kennt kein Gebot« diente auch als Begründung für die Anstachelung von ethnischen und revolutionären Aufstandsbewegungen im – auch kolonialen – Hinterland des Feindes, des Einsatzes von chemischen Kampfstoffen, des völkerrechtlich umstrittenen »unbeschränkten« U-Boot-Kriegs, letzteres, so das Argument, eine Form der »Notwehr« nicht zuletzt im Hinblick auf die illegitime Bewaffnung der feindlicher Handelsschiffe (vgl. Hull 2005, 226–262; Offer 1989; Schwanitz 2004; Toppe 2008).

(Selbst-)Ermächtigungen unter den Bedingungen des Belagerungszustands

Der Ausnahmezustand und seine Konzeptualisierung als ein Zustand von »~~Gesetzes~~kraft« ist eine Gedankenfigur. Im Sinne einer Grenzüberschreitung vermochte er neue »unabdingbare« und »notwendige« Maßnahmen und damit Möglichkeitsräume zu rechtfertigen und zu eröffnen – und mündete letztlich doch in vielfältige Enttäuschungen und Desillusionierungen. Ganz in diesem Sinne monierte rückblickend der spätere Parteiführer der Deutschnationalen Volkspartei, Kuno von Westarp, die »absolute Regierungsgewalt im Sinne der videant consules schien jener Zeit außerhalb des Bereiches der Möglichkeit und politische[n] Zweckmäßigkeit zu liegen«: Die »diktatorischen Befugnisse«, die der Belagerungszustand bot, waren seiner Meinung nach durch »ein überspanntes Rechtsstaatsbewußtsein« und das »Agitations- und Machtbedürfnis der Parteien« gescheitert (Westarp 1935, 24; vgl. auch Gasteiger 2014). Warum diese Mobilisierung angeblich scheiterte, diskutierten seit den Publikationen Erich Ludendorffs schon nach dem Krieg – meist konservative – Intellektuelle sowie Militärtheoretiker unter dem Vorzeichen des »totalen Krieges« (Herbst 1982; Chickering 2000). Prägend war die Metapher und das Bild ›belagerten Festung‹ mit ihren knappen Ressourcen und der Herausbildung einer Kriegs- und Arbeitsgesellschaft, wie sie bei Lederer aufscheint. Damit einher ging die Hypostasierung von diffusen Modellen ›diktatorischer‹ Herrschaft im Sinne eines Maßnahmenstaats. Diese Ideen wurzelten in der Zeit des Kriegs, und gleich dem aus der Flasche entwichenen Geist waren sie fortan nicht mehr zu bannen (Thoss 1987).

Die Diagnose der konservativen Kritiker der Weltkriegspolitik bestand darin, dass, wie das obige Zitat Westarps verdeutlicht, die Ausrufung des Belagerungszustands die eine Sache, seine Exekution jedoch eine ganz andere war: Demnach war die Geschichte des Belagerungszustands die des Umbiegens, ja der Verfälschung der ursprünglichen Ab-

sichten durch die politischen Akteure. Diese Sicht war unter konservativen Zeitgenossen weit verbreitet. Kaum jemand wäre auf die Idee gekommen, dass das grundlegende Problem nicht die exekutiven Vollmachten an sich waren, sondern der durch den Belagerungszustand und das Ermächtigungsgesetz geschaffene Zustand ›diktatorischer‹ Ermächtigungen selbst: Die Suspendierung der Rechts- und Verfassungsordnung legte Kräfte frei, die unter dem extremen Druck der Kriegsmobilisierung systemsprengendes Potential hatten und die allein mit staatlichen Machtmitteln kaum begrenzt werden konnten. Ganz im Gegensatz zu den Hypostasierungen seiner meist konservativen zeitgenössischen Interpreten führte der zivile und militärische Ausnahmezustand zu einer latenten Anarchisierung und einem Hobbesschen Zustand eines Kampfes aller gegen alle (was in einer Welt von Rechthaberei und Dünkel auch viele skurrile Ausprägungen hatte). Das zeigen die mitunter fast selbstzerstörerischen Selbstermächtigungen sich gegenseitig bekämpfender Personen und Gruppen in den zivilen und den militärischen Bürokratien, die nur mit Schwierigkeiten im Zaun gehalten werden konnten, zumal eine effektive autoritative Oberinstanz fehlte.

Der Belagerungszustand erwies sich somit als ein zwiespältiges Instrument. All jene, die meinten, mit großem Selbstverständnis sich privilegiert zu nationalen Fragen zu äußern, bekamen zu ihrer Überraschung ebenfalls die Zensur zu spüren. Bezeichnenderweise monierte selbst Westarp in seiner Funktion als Berichterstatter des Haushaltsausschusses in Ernährungsfragen, dass die mit der Zensur beauftragten Offiziere »in politischen Dingen nicht die genügende Erfahrung« hätten (Stenographische Berichte über die Verhandlungen des Reichstags, 19.3.1915. Bd. 306, 93; im Folgenden »Verh. d. RT«), eine Kritik, die allemal aus den Reihen der Sozialdemokraten zu hören war (Verh. d. RT, 30.10.1916. Bd. 308, 1899 f., 1907; Koszyk 1968). Westarp wusste, wovon er, der Verfechter von Kriegszielforderungen und des uneingeschränkten U-Boot-Kriegs, sprach; das galt ebenso für diejenigen, die in der Tradition der Vorkriegszeit den verhassten Reichskanzler Bethmann Hollweg, die Juden und die vermeintliche Unfähigkeit all jener in zivilen und militärischen Führungspositionen, die nicht den eigenen Zirkeln angehörten, geißelten (Liebig o. J.; Verhey 2000).

Höchst irritierend war, dass sich im Zuge der ›Totalisierung‹ des Kriegs zunehmend Personen und Gruppen zum Reden und Handeln ermächtigt sahen – und das offenbar nicht ohne Erfolg. So paradox es klingen mag: Der Zustand der ›Ausnahme‹ infolge des Kriegs öffnete einen unerwarteten Möglichkeitsraum, um unter Hinweis auf die ›Volksgemeinschaft‹, den ›Burgfrieden‹, aber auch den außerordentlichen Notstand des Kriegs, Forderungen anzumelden. Der populäre Kriegsnationalismus, in den sich große Teile der Arbeiterbewegung einreihten, ermöglichte neue Formen der Selbstmobilisierung und der Selbstermächtigung (vgl. Müller 2002, 349–352), die unter den Bedingungen des Belagerungszustands zugleich neue soziale und politische Netzwerke hervorbrachten, und zwar genau aufgrund der Logik, mit der Schmitt »Diktatur« als »die Herrschaft eines ausschließlich an der Bewirkung eines konkreten Erfolges interessierten Verfahrens« definierte (Schmitt 1978, XVIf.).

Dieser konkrete Erfolg hieß erfolgreiche Kriegsmobilisierung. In dieser Koalition der Not und des Notstandes fanden seit 1916 Sozialdemokraten, Gewerkschafter der verschiedenen politischen Richtungen, Reformer, Beamte nicht zuletzt aus den neuen Kriegswirtschaftsbehörden aber auch Militärs zusammen. Rudimentär formierte sich hier der neue Staat – der moderne Interventionsstaat genauso wie der Staat einer spätwilhelminischen Notkoalition, welche mit den Oktoberreformen 1918 und einer Regierung Max von Baden zufrieden gewesen wäre, dann aber teils getrieben, teils mangels Alternativen die Weimarer Republik begründen und unterstützen sollte. Von Anfang an war ›Vernunft‹ ein treibendes Moment, wenn auch zunächst einmal nur um diesen Krieg erfolgreich zu führen.

Die Planungen für den inneren Kriegs- und Belagerungszustand waren davon ausgegangen, dass die sozialdemokratische Arbeiterbewegung ein Sicherheitsrisiko darstellte. Die Kriegskreditbewilligung und die Beteiligung am Kriegsermächtigungsgesetz sowie die Tatsache, dass große Teile der SPD und der Gewerkschaften den Kriegskurs unterstützten, verbannten diese früheren Pläne in die Schubladen. Die Arbeiterbewegung blieb zwar unter besonderer Beobachtung, und ihre Zeitungen hatten regelmäßig mit der Zensur zu kämpfen. Das trifft insbesondere für die innerparteiliche Opposition zu, die den – in der Vorkriegszeit wurzelnden – »bellizistischen Kurs« (Bergien) der SPD-Führung kritisierte und die vor allem seit 1916 und mit der Gründung der USPD im folgenden Jahr Zulauf verzeichnen konnte (Deist 1970, 1–60; Mühlhausen 2006, 70–97; Bergien 2012). Dennoch: Der Kurswechsel 1914 musste all diejenigen überraschen, die im Belagerungszustand ein Mittel der Unterdrückung der ›Reichsfeinde‹ gesehen hatten. Auch andere marginalisierte politische Gruppen schienen plötzlich unerwartete Handlungschancen zu erhalten. Dazu zählen jüdische Staatsbürger, die ihrer Erwartung Ausdruck gaben, dass überkommene Religionsschranken fallen würden, ebenso wie die Vertreterinnen der Frauenverbände, die sich überraschend überparteilich zusammengeschlossen hatten und die ihr soziales und fürsorgliches Engagement an der Heimatfront honoriert sehen wollten (Müller 2002; Kundrus 1995; Reidegeld 1996, 304–324; Volkov 2000; Rosenthal 2007; Canning 2008).

Es ist nicht ohne Ironie, dass die regionalen Stellvertretenden Generalkommandos mit der Kriegswirtschaft nicht zuletzt in einem Bereich tätig werden mussten, auf den sie am wenigsten vorbereitet waren (Feldman 1966; eine Zusammenfassung bei Mai 1997; Deist 2002; Mertens 2004). Die Aufgaben reichten von der Herstellung von militärischer Ausrüstung, von Waffen und Munition, bis zur Sicherstellung der Versorgung des Militärs wie der Zivilisten mit Nahrungsmitteln und der Stilllegung von Betrieben. Es war eine Illusion zu glauben, dass der Belagerungszustand eine militärische »kriegswirtschaftliche Sachlogik« und damit eine »entpolitisierte Staatlichkeit« ermöglichte (so die treffende Überschrift mit Blick auf die mit dem Jahr 1914 verbundenen Erwartungen bei Llanque 2000), mit anderen Worten, dass der Zugriff auf Menschen, Wirtschaft und Gesellschaft nur eine Frage der Dezision war. Die Androhung von kruder militärischer Gewalt war eine Sache. In der Praxis ging es jedoch nicht ohne ein gewisses taktisches Geschick, egal ob es sich um Verhandlungen mit Vertretern der Gewerkschaften, der Unternehmerseite, des Handels, des Handwerks und der Landwirte oder mit der wachsenden Zahl unzufriedener und renitenter Bürger handelte, die sich nicht unbedingt nur als staatliche »Untertanen« behandeln ließen. Ihre Mitarbeit und Kooperation in der Kriegswirtschaft erschien umso notwendiger, als Militär- und Zivilbehörden und die auf Grundlage der Kriegsnotgesetze aus dem Boden schießenden Verwaltungsbehörden sich auf allen Ebenen in einem Wust von Verordnungen verstrickten und in Legitimationsprobleme gerieten: Konfliktlinien verliefen nicht nur zwischen, sondern auch innerhalb von zivilen und militärischen Stellen, zwischen Nord- und Süddeutschland, zwischen Industriegruppen und nicht zuletzt zwischen Stadt und Land.

Statt staatlicher Obrigkeit und ›Diktatur‹ machte sich der Eindruck von lähmender Polykratie breit.

Hoffnungsträger waren »Ernährungs-« und »Wirtschaftsdiktatoren«, allemal aber die Männer der 3. OHL, die mit ›diktatorischen‹ Befugnissen alle partikularen Widerstände brechen sollten. Dennoch: Am Ende des Tages war klar, dass zur Lösung der verschiedenen Fragen nicht allein die Dezision von Personen, sondern Formen von Kooperationen staatlicher und militärischer Stellen mit sozialen Gruppen notwendig waren (Waldecker 1917; Feldman 1966; Deist 1970; Geyer 1984; Bruendel 2003).

Ein wesentlicher Grund für diese Konflikte ist im Bereich der Kriegswirtschaft zu suchen. Die andere Seite der temporären Suspendierung des liberalen Verfassungsstaates war die Suspendierung zentraler Elemente der liberalen Wirtschaftsordnung. Die Kriegs(ernährungs)wirtschaft (wie im Übrigen die analogen Regelungen im Bereich des Wohnungswesens) war ein spezieller Fall des Kriegsnotrechts. Das PrBZG sowie das Ermächtigungsgesetz des Reichstages schufen die Voraussetzungen für weitreichende Interventionen auf dem Feld der Wirtschaft und der Finanzen mit dem Ziel des Ausgleichs der Interessen von Konsumenten, Produzenten, Handel und staatlich-militärischen Stellen, welche die Truppenversorgung sicherzustellen hatten: Die neuen Gebote – Höchstpreise, Ablieferungspflichten, Konfiskationen, die Rationierung mittels Lebensmittelkarten – schränkten wirtschaftliche Eigentumsrechte massiv ein. Kaum ein anderes Thema empörte die ansonsten an das Gemeinwohl und den Belagerungszustand appellierenden agrarischen Interessenvertreter so sehr wie die Lebensmittelzwangswirtschaft und die aus dem Boden schießenden neuen Kriegsgesellschaften, die, wie es hieß, unter jüdischem Einfluss stünden. Misstrauen verursachten vor allem Diskussionen darüber, ob die Kriegsernährungswirtschaft und die Experimente eines gemeinwirtschaftlichen ›Kriegssozialismus‹ nicht ein Modell der Zukunft sein könnten (Bessel 1993, 49–68).

Der Belagerungszustand ermöglichte, politisch unliebsame Arbeiter zu disziplinieren. Im Zuge der Streikbewegungen 1917 und 1918 wurden vereinzelt ganze Betriebe unter Kriegsrecht gestellt, was in Verbindung mit der Androhung außerordentlicher Kriegsgerichte und der Entsendung von Streikenden an die Front eine drastische, repressive Maßnahme bedeutete (Deist 1970, Bd. 1, 636–639). Effektiver für die Kriegsmobilisierung der Gesellschaft waren flexiblere Formen der Herrschaft und der ›Menschenführung‹. Vom Leiter des im November 1916 zur Koordination der Rüstungsanstrengungen eingerichteten Kriegsamtes, Wilhelm Groener, stammt

der vielzitierte Satz, dass man *gegen* die Arbeiter »diesen Krieg überhaupt nicht gewinnen« könne (zit. n. ebd., 513; Reidegeld 1996, 324–326). Konsens war dies nicht, aber dass ein Militär das formulierte, war bezeichnend. Das Ende 1916 vom Reichstag im Rahmen des Hindenburg-Programms verabschiedete vaterländische Hilfsdienstgesetz stieß auf Seiten der Unternehmer auf massive Ablehnung: Nicht durch Verhandlungen mit den in diesem Gesetz vorgesehenen Arbeitervertretern in den Betrieben, sondern nur durch konsequente Anwendung des Gesetzes über den Belagerungszustand und die Stärkung der Autorität der Regierungsbehörden und der Betriebsführung könne der Radikalismus der Arbeiter eingedämmt werden, so der Verband der Eisen- und Stahlindustriellen (vgl. Weber 2010, 130).

Dabei zeigt die Entstehung des Hilfsdienstgesetzes mit aller Deutlichkeit die Grenzen einer Herrschaft auf Basis des PrBZG. Denn selbst die OHL, von der die Initiative für das Gesetz im Rahmen des Hindenburg-Programms ausging, hatte ursprünglich nicht auf den sonst üblichen (Kriegs-)Verordnungsweg, sondern auf ein Gesetz des Reichstags gesetzt: Die Kriegsmobilisierung als plebiszitärer Akt des Reichstags, der stattdessen, so die Kritiker, die ursprünglichen Intentionen des Gesetzes verwässert und so umgebogen hätte, dass es sich bei dem Gesetz um einen Sieg der Gewerkschaften und bürgerlichen Sozialreformer handelte. Das Militär war gespalten. Auch aus der OHL war zu hören, dass man das Gesetz aufheben und sich lediglich auf das Gesetz über den Belagerungszustand und das Kriegsleistungsgesetz stützen könne. Andere, die einen Einblick in die in jeder Hinsicht an Grenzen stoßende Rüstungsindustrie in ihren Bezirken hatten, waren ganz anderer Meinung (vgl. Feldman 1966; Deist 1970; Mai 1997, 95–105; Reidegeld 1996, 336–346). Der Streit entzündete sich bezeichnenderweise an der von den Gewerkschaften durchgesetzten Etablierung von Arbeiterausschüssen in den Betrieben, also einer Lösung, die dem älteren Denken in Kategorien des Belagerungszustands, diametral entgegenstand. Umgekehrt gibt es gute Gründe zu argumentieren, dass der Zugriff der militärischen Stellen auf stillzulegende Betriebe und potentielle Arbeiterinnen und Arbeiter, die in ihrer Mobilität und Arbeitswahl eingeschränkt wurden, mit dem Gesetz tatsächlich radikal ausgeweitet wurde: Nicht nur der spätere USPD-Abgeordnete Haase sprach im Reichstag von einem »Ausnahmegesetz gegen die Arbeiter«, das ihn nach den Erfahrungen mit der Handhabung des Gesetzes über den Belagerungszustand pessimistisch stimmte (Verh. d. RT, 02.12.1916. Bd. 308, 2292).

Neben der Arbeitskräfteknappheit entwickelten sich die Kriegsgewinne und die ›Kriegsgewinnlerei‹ zu einem hoch brisanten Thema: Die weitgehende Monopolstellung und Kontrolle der Rüstungsproduzenten, die sich nicht gerne in die Preiskalkulation reinreden ließen; die Beanspruchung öffentlicher Haushalte, die in einer wachsenden Verschuldung zum Ausdruck kam; die Verknappung, Verteuerung und Verteilung von Lebensmitteln; der krasse Unterschied zwischen der wirtschaftlichen Not der Mehrheit der Bevölkerung und dem ›Luxus‹ einer kleinen Gruppe. Viele Unternehmen hatten sich nicht zuletzt dank der lockenden Kriegsgewinne in die Kriegsfront eingereiht, was ihnen auch den Vorwurf eintrug, gar nicht an einem schnellen Kriegsende interessiert zu sein und nicht einlösbare Kriegszielforderungen zu erheben (vgl. Wette 1984; Burchardt 1987; Buschmann 1998, 100–172). Umstritten war die Frage, wer eine effektive Kontrolle ausüben konnte und sollte. Kühne Dezisionen und ›harsches Durchgreifen‹ waren leichter gefordert als durchgesetzt. Die verschiedenen Kriegsstellen, die sich des Themas intensiv annahmen, waren vielfach schon aufgrund der chaotischen Beschaffungslage machtlos, auch wenn im Fall der Daimler Motoren-Werke 1918 den Militärs im zuständigen Generalkommando der Kragen platze und – auch auf politischen Druck der Parteien – sie den Betrieb unter Bezug auf den Belagerungszustand unter militärische Aufsicht stellten. Im Gegensatz zur Praxis der Militarisierung von Betrieben im Fall von Streiks wurde damit die Betriebsleitung unter militärische Oberaufsicht gestellt (Buschmann 1998, 17 f.).

Die Mobilisierung von Arbeitskräften, Kriegsgewinne und (die im nächsten Abschnitt zu behandelnden) Ernährungsfragen, die Versorgung der Kriegsinvaliden brachten auch oder gerade unter den Bedingungen des Belagerungszustands eine Vielzahl von neuen Kooperationsformen zwischen Militär, staatlichen Bürokratien und gesellschaftlichen Akteuren hervor. Es handelte sich um politisch-soziale Netzwerke, die weit über den Krieg hinaus von Bedeutung waren: Vielen Beobachtern erschienen sie als Gegenentwurf zum Belagerungszustand, und doch waren solche neuen korporativen Arrangements genuine Produkte des Kriegs, die ihn überdauern sollten.

Im Hauptausschuss des deutschen Reichstags, der sich in der Zeit der langen Vertagung der Volksvertretung neben Haushaltsfragen auch der Außenpolitik und brisanten innenpolitischen Themen wie den Kriegsgewinnen (als Teilaspekt des Haushaltsrechts) widmen sollte, kam der durch das Ermächtigungsgesetz fast ganz erlahmte politische Prozess sukzessive wieder in Gang (vgl. Schiffers 1981/1983; Llanque 2000). Paradigmatisch für die sich abzeichnende neue Konstellation war die Kritik am Belagerungszustand und an politischen Initiativen, die bestehende Praxis des Belagerungszustands genauer gesetzlich zu regeln. Waren die Militärs geeignet, politische, administrative und richterliche Fragen zu beurteilen? War der Belagerungszustand überhaupt erforderlich, nachdem sich zeigte, dass die innere Sicherheit nicht gefährdet war? Auf solche Nachfragen wusste der Staatssekretär des Inneren, Clemens von Delbrück, 1915 eine klare Antwort zu geben:

> Was die Militärbehörden, in deren Hand durch den Belagerungszustand die vollziehende Gewalt gelegt ist, auf Grund dieser ihrer Machtvollkommenheit tun, entzieht sich dem Einfluß des Herrn Reichskanzlers und entzieht sich insoweit verfassungsmäßig auch der Kritik des Hauses (Verh. d. RT, 10.03.1915. Bd. 306, 49).

Nach der Inhaftierung von Mitgliedern der linken Opposition, darunter Karl Liebknecht und Rosa Luxemburg im Mai 1916, nahm diese Diskussion im Reichstag Fahrt auf. Das Gesetz betraf die Verhaftung und Aufenthaltsbeschränkung auf Grund des Kriegszustands und des Belagerungszustands vom Dezember 1916 und regelte unter anderem die vielfach kritisierte militärische ›Schutzhaft‹ (so die von nun an übliche Bezeichnung, die den Begriff ›militärische Sicherheitshaft‹ ersetzte): Neu geschaffen wurden Aufsichts-, Nachprüfungs- und Beschwerdeinstanzen, die zumindest einen gewissen Schutz vor willkürlichen Eingriffen der Militärbefehlshaber in persönliche Freiheitsrechte, die Presse- und die Versammlungsfreiheit bieten sollten. Damit wurden die Festgesetzten nicht frei. Aber es war doch ein Sieg derjenigen, die argumentierten, dass der bisherige Zustand »unhaltbar« war und gegen Prinzipien des Rechtsstaates verstieß, ja mehr noch: Hinterfragt wurde das Prinzip der »Ausnahme« in der Hand des Militärs (Romen 1917, 5; Schudnagies 1994, 177–203). Und die Debatte intensivierte sich in der Folgezeit und zwar ganz in dem Sinne, den Lederer in seinem Aufsatz 1915 vorausgesehen hatte, nämlich als Protest gegen den Krieg, der nicht als Verteidigungskrieg, sondern als Annexionskrieg geführt werde.

Beachtung fand dabei die Zusammenstellung des Beschwerdematerials gegen die repressive Handhabung des Belagerungszustands bei gleichzeitiger wohlwollender Haltung der Zensurbehörden gegenüber den alldeutschen Annexionisten durch den prominenten Vertreter der zersplitterten bürgerlichen Friedensbewegung, Ludwig Quidde, unter dem Titel »Pazifismus und Belagerungszustand«. Sie ging als Eingabe an den Reichstag, wo der Hauptausschuss im August 1917 eine Resolution annahm und darin die Grundsätze für die Handhabung der militärischen Befugnisse aufstellte (Quidde 1979, 144–148). Schon zuvor hatten aber die Streikwelle 1917 und die Gründung der USPD mit ihrer ganz ähnlichen Kritik die Verschärfung des Belagerungszustands durch die Militärbehörden bewirkt und damit gerade das Gegenteil erreicht (Deist 1970, Bd. 2, 316, 376).

»Not kennt kein Gebot« II: Hunger, Selbsthilfe und der soziale Maßnahmenstaat

Armut, Arbeitslosigkeit und prekäre wirtschaftliche Existenz waren keine spezifischen Phänomene des Kriegs. Aber der Krieg bedeutete für einen großen Teil – zumal der städtischen Bevölkerung der Mittelmächte – über Standes- und Klassengrenzen hinweg ein Leben im Ausnahmezustand (Roerkohl 1991; Flemming 2011). Dieses Ausnahmezustandsdenken (auf rechtlicher und mentaler Ebene) verlor nach dem Waffenstillstand keineswegs an Bedeutung. Soziale und wirtschaftliche Notstände provozierten neuartige Interventionen des Staats, ja es ist keine Übertreibung zu sagen, dass der moderne (Sozial-) Staat im Kontext des Belagerungszustands entstand. Kriegs- und Notverordnungen regelten zunächst die Versorgung der Familien der Soldaten und dann die Versorgung der Kriegsinvaliden und Hinterbliebenen; die Kriegswohlfahrt schaffte überkommene Formen der Bedürftigkeitsprüfung ab und bezog neue Gruppen wie die Kapitalkleinrentner in die Versorgung mit ein; Teuerungszuschläge zum Ausgleich der Kriegsteuerung und später der Inflation in der Sozialversicherung etablierten ein neues Prinzip der Versorgung und garantierten Reichsmittel. Diese und zahlreiche andere Maßnahmen auf dem Feld der Sozialpolitik lassen sich als Vorgeschichte des Sozialstaates der Weimarer Republik beschreiben, der seit dem Krieg und 1918/19 zunächst ganz entscheidend auf dem Verordnungsweg etabliert wurde und der zunächst durch und durch vom Geist des – zweifellos für viele soziale Gruppen existierenden – wirtschaftlichen Notstands durchzogen war (Sachße 1988, 46–67; Kundrus 1995; Reidegeld 1996; 2006, 281–342). Dabei gibt es eine (in der Forschung kaum systematisch thematisierte) direkte Kontinuität zu

den wirtschaftlichen Notverordnungen in der Weimarer Republik.

Zu den beherrschenden innenpolitischen Themen des Kriegs zählten die Kriegsteuerung, die Verknappung von Lebensmitteln und der Hunger. Zusammen evozierten sie ein weites Feld von Assoziationen, die alle um den Kriegs-, Not- und Ausnahmezustand kreisten. Sie verdeutlichten, wie sehr der Belagerungszustand in Verbindung auch mit technischen Fragen von Rohstoffzuteilungen, dem Hilfsdienstgesetz und damit kriegswirtschaftlichen Fragen eine Ausweitung traditioneller Sicherheitskonzepte in neue Sicherheitsfelder bedeutete. Ein Grund dafür war, dass die kritische Versorgungslage ein Resultat der faktischen ›Belagerung‹ war, in der sich Deutschland infolge der englischen Seeblockade und der Absperrung von den Weltmärkten befand. Noch Jahre später wussten die Zeitgenossen von den am Körper ablesbaren Spuren des Mangels zu berichten. Damit verbanden sich individuelle und kollektive Narrationen und vielfach auch obsessive Phantasien, die sich um Not, Verschwendung und Bereicherung drehten.

Für die Städter ging es nicht alleine um den Mangel an Nahrungsmitteln und Gegenständen des täglichen Bedarfs, sondern auch um Fragen einer moralischen Gerechtigkeitsökonomie: Moralische Grenzen der wirtschaftlichen Angemessenheit und Gerechtigkeit in Form von ›wucherischen‹ Preisen; Grenzen sozialer Hierarchien, wenn Konsumenten und Produzenten sich plötzlich in neuen Konstellationen gegenüberstanden; und nicht zuletzt Grenzen der Legalität, sei es in Form der Frequentierung des aus dem Boden schießenden illegalen Schwarzmarkts oder sei es in der Form von ›Selbsthilfeaktionen‹, darunter Geschäfts- und Feldplünderungen (Geyer 1998; Gasteiger 2014). Wenn es eine Gewissheit gab, dann die, dass derjenige, der sich an Recht und Gesetze hielt, den Kürzeren zog. Eine Flut von Bildern thematisierte diese Grenzüberschreitungen. Das waren meist ›die Anderen‹, namentlich die ›Kriegs- und Inflationsgewinnler‹, vielfach auch ›die Juden‹ und nach dem Krieg dann auch ›die Ausländer‹: Dass gegen diese Personen notfalls auch mit ›Ausnahmegesetzen‹ vorzugehen sei, zumal wenn ›Notmarktlagen‹ herrschten, war bald fester gesellschaftlicher Konsens (vgl. die Beispiele in Roerkohl 1991; Flemming 2011).

Versorgungskrisen und Hunger gingen einher mit Appellen an das Sicherheitsversprechen des Belagerungszustands – und drohten ihn zugleich auszuhöhlen. Kohlers Argument in seiner Schrift *Not kennt kein Gebot* drehte sich im weitaus längsten, weniger beachteten ersten Teil nicht um den Durchmarsch durch Belgien, sondern um rechtsgeschichtliche Fragen der Nahrungsbeschaffung, mithin des wirtschaftlichen Notrechts und der ›Selbsthilfe‹ im alltäglichen Leben, das dem Juristen im Analogieschluss Perspektiven auf ein Selbstverteidigungs- und Notrecht des Staates lieferte. Die zugrundeliegende Argumentation war ambivalent: Positiv affirmativ leitete Kohler zum einen das Recht auf individuelle Selbsthilfe im wirtschaftlichen Notfall her. Dazu zählte insbesondere der Mundraub. Umständlich rekonstruierte der Polyhistor den historischen Traditionsbestand des Naturrechts, um es gleich wieder zu verwerfen. Für den Berliner Juristen stand die sittliche Aufgabe des Staats, geeignete Vorkehrungen zur Abhilfe in der Not zu schaffen, außer Frage; damit fiel auch die Berechtigung zur ›Selbsthilfe‹ weg (Kohler 1915; Spendel 1996).

In diesem Spannungsverhältnis von staatlichem Aktivismus einerseits und organisierter oder anarchischer ›Selbsthilfe‹ andererseits entfaltete sich über den Krieg hinaus das höchst umstrittene Thema der wirtschaftlichen Not, wobei das eine wie das andere Mal die Gerechtigkeit von Gesetzen und Bestimmungen auf der Tagesordnung stand. Hunger provozierte neue Formen individueller Selbstermächtigung. Das zeigten die in der Regel von Frauen angeführten Lebensmittelproteste und Teuerungsunruhen, die sich schon seit 1915 in vielen Teilen des Reichs bemerkbar machten (und auf die noch vor den Zivilbehörden zunächst insbesondere die Militärbehörden mit Eingriffen im Bereich der Ernährungswirtschaft reagierten). Diese Proteste führten zur Herausbildung neuer proletarischer Kommunikations- und Proteststrukturen und mündeten in Aktionen, bei denen – wie etwa bei den ersten großen Streiks im Jahr 1917 – sich Proteste gegen die wirtschaftliche Not mit politischen Forderungen verbanden (auch für das Folgende vgl. die prägnante Darstellung von Weinhauer 2013; Davis 2000).

Brisant war ein mehr oder weniger explizit begründetes Recht auf Selbstverteidigung. Die russischen Oktoberrevolutionäre propagierten die leninistische ›Diktatur des Proletariats‹ als neues politisches Nahziel. Die Parolen ›Friede, Freiheit, Brot‹ und ›Frieden ohne Annexionen und Kontributionen‹ spielten von nun an auch in Deutschland eine wichtige Rolle. Unter den Bedingungen von Hunger, Kriegsmüdigkeit und dem Tod von Angehörigen hatte dies in den industriellen Zentren einen Protestschub zur Folge, dem mit polizeilicher oder militärischer Gewalt allein nur mehr schwer beizukommen war, zumal die Militärbehörden vielfach die Berechtigung zumindest der wirtschaftlichen Forderungen eingestehen mussten (vgl. die Dokumente in Deist 1970, Bd. 1, Kap. 5 und 6; Stern 1959; insbesondere Ulrich 1999; Boll 1995; zu den längerfristigen Folgen Lüdtke 1987).

Sozialdemokraten und Teile der Gewerkschaften ließen sich in Kooperation mit den militärischen Stellen in die öffentliche ›Volksaufklärung‹ einbinden: Den Protest auf der Straße wie in den Betrieben galt es in ›geregelte Bahnen‹ zu lenken, sei es durch Lohnforderungen, sei es durch besonnene Aufklärung über die kritische Lage. In diesem Zusammenhang sind die Polemiken gegen die ›Kriegsgewinnlerei‹ der Landwirtschaft zu verstehen. Anders gewendet, handelte es sich dabei um nichts anderes als um Aktionen der ›Selbsthilfe‹, sei es in der Form der Zurückhaltung von Produkten oder in der Belieferung des illegalen schwarzen Marktes. Diese Themen blieben bis zum Ende der Hyperinflation 1923 akut.

Bis zum Import größerer Nahrungsmittelkontingente im Sommer 1919 verschlechterte sich die Situation, da die öffentliche Bewirtschaftung zeitweise zusammenbrach und die auf dem Schwarzmarkt zu bezahlenden Lebensmittelpreise explodierten. Die im Krieg zurückgestaute Inflation machte sich nun bemerkbar und führte in Phasen rapider Geldentwertung besonders aber seit dem Spätsommer 1923 zu empfindlichen Störungen der städtischen Lebensmittelversorgung. In der Öffentlichkeit bestand wenig Zweifel, dass es sich um wirtschaftliche Notstände handelte, die außerordentliche Maßnahmen erforderlich machten (Feldman 1993b; Geyer 1998, 167–204). Der Abbau der Zwangswirtschaft für Lebensmittel ging einher mit der Verschärfung des Ausnahmerechts gegen ›Preistreiberei‹.

Mit Blick auf das verbreitete Ausnahmezustandsdenken ist besonders die Feststellung von ›Notmarktlagen‹ von einigem Interesse: ›Notmarktlagen‹, so der bezeichnende Begriff, entstanden infolge der eklatanten Diskrepanz zwischen Nachfrage und Angebot und in Phasen ›unangemessener‹ Preissteigerungen und ermöglichten öffentliche Interventionen zur Bestimmung ›angemessener Preise‹. Was angemessen war, blieb umstritten; es gab Bemühungen um Regularien, aber letztlich handelte es sich vielfach um politische wie um juristisch-dezisionistische Akte (so wie die Militärbehörden schon zu Beginn des Kriegs vielfach Höchstpreise festgesetzt hatten): In der Praxis war die Handhabung der rechtlichen Bestimmungen regional höchst unterschiedlich und abhängig vom Engagement staatlicher Behörden, den Beamten der Preisprüfungsbehörden, Richtern und der jeweiligen politischen Konstellation. Bis 1923 kam es immer wieder zu sozialen Teuerungsprotesten, in denen Individuen und Gruppen in nicht wenigen Fällen zur ›Selbsthilfe‹ aufriefen, nicht nur in Form von Plünderungen, sondern auch von öffentlichen, von kleinen Gruppen organisierten Zwangsverkäufen von Lebensmitteln zu ›angemessenen Preisen‹. Die Antwort staatlicher Stellen waren die (auf der Grundlage der Preistreibereiverordnungen) eingerichteten Sondergerichte – ›Wuchergerichte‹ –, die bis Ende 1923 reichsweit Tausende von Fällen von ›Preistreiberei‹ verfolgten und aburteilen (Geyer 1998, 167–204; Haupt 2013).

Mit dem Ende der Inflation fielen diese Bestimmungen zunächst weg, das Thema blieb aber in der Diskussion und mündete unter anderem in die Bemühungen um ›Preisabbau‹ mittels Notverordnungen unter Brüning. Im Gegensatz zur Lebensmittelzwangswirtschaft, entwickelte sich das Kriegsnotrecht im Bereich der Wohnungswirtschaft – Festsetzung von Mietpreisen und Bewirtschaftung von Wohnraum, etc. – zu einer zentralen Säule des Weimarer Sozialstaats (Rudloff 1998).

Die Republik im Ausnahmezustand

Die auf Grundlage des Ermächtigungsgesetzes vom August 1914 erlassenen Bestimmungen im Bereich der Volksernährung sind ein Beispiel für die Kontinuität von Ausnahmebestimmungen im Kontext der Wirtschaft über den Krieg hinaus. Das gilt auch für die Ermächtigung zu Maßnahmen im Bereich der wirtschaftlichen Demobilmachung, die am 7. November 1918, also kurz vor der Revolution, erlassen wurde und die noch auf der gleichen Grundlage beruhte. Zwar erlosch das alte Ermächtigungsgesetz vom 4. August 1914 formal mit der Bildung einer rechtmäßig gewählten Reichsregierung und dem vom Reichstag kurz danach erlassenen »Gesetz über die vorläufige Reichsgewalt« vom 10. Februar 1919. Das galt aber nicht für diese ›Alt-Ermächtigungen‹. Auf ihrer Grundlage erfolgten 215 Rechtsetzungsakte, davon 163 im Bereich der Volksernährung (Huber 1975a, 437 f.).

Die neu gewählte Nationalversammlung knüpfte an die andere, 1914 begründete Tradition an: Mit Blick auf den schnellen und außerordentlichen Handlungsbedarf bei der Räumung von Elsass-Lothringen, den Vorbereitungen des Friedensschlusses und insbesondere der Demobilmachung des Millionenheeres und der Übergangswirtschaft begann schon im April 1919 eine neue, bemerkenswerte Phase von insgesamt acht bis Ende 1923 vom Reichstag beschlossenen, zeitlich befristeten ›Ermächtigungsgesetzen‹. Ihre weitaus größte Bedeutung lag auf den Gebieten der Finanz-, Wirtschafts- und Sozialpolitik (ebd., 438–441). Binnen weniger Wochen stampfte zunächst die Provisorische Regierung des Rats der Volksbeauftragten und dann die im Januar 1919 gewählte Reichsregierung Philipp Scheidemann in enger Zusammenarbeit mit dem Reichsamt für Demobilmachung unter dem »Wirtschaftsdiktator auf Zeit«, Joseph Koeth, zum Teil unter Rückgriff auf frühere Verordnungen und vorliegende Pläne im Rahmen der Übergangswirtschaft und der Demobilmachung, ein umfassendes Programm sozialpolitischer und arbeitsrechtlicher Reformen aus dem Boden (das erste Gesetz über eine vereinfachte Form der Gesetzgebung für die Zwecke der Übergangswirtschaft vom 17. April 1919 war ein ›Ermächtigungsgesetz‹, ebd., 438). Sogenannte ›Altermächtigungen‹ und neue Ermächtigungen »kraft eines revolutionär begründeten Notrechts« (ebd.) gaben ein nur schwer zu entwirrendes Amalgam: Revidiert wurde nicht nur die zu Beginn des Krieges suspendierte Sozialgesetzgebung, etwa im Bereich der Arbeitsschutzgesetzgebung und der Arbeitszeit. In großer Hektik entstanden im Winter 1918/19 die Grundlagen des Weimarer Sozialstaates. Dazu zählten die Versorgung und Beschäftigung von Arbeitslosen unter anderem durch ›Notstandarbeiten‹, die Anordnung über die Reglung der Arbeitszeit mit der Einführung des Achtstundentags, die Verordnung über Tarifverträge, Verordnungen, welche die Kriegs- und Sozialrentner und anderer Fürsorgegruppen, die unter dem Notstand infolge der Inflation besonders zu leiden hatten, ebenso wie das Miet- und Arbeitsrecht und viele andere Bestimmungen wie die erwähnten Preistreibereiverordnungen (für einen Überblick mit weiterführender Literatur vgl. ebd., 1087–1117; Feldman 1993a; Reidegeld 2006a, 15–38).

Es ist eine vielleicht gewöhnungsbedürftige Perspektive, die soziale und wirtschaftliche Neuordnung unmittelbar nach dem Krieg in die Entwicklungslogik des seit 1914 bestehenden Ausnahmezustands zu stellen. Mehrere Aspekte sprechen für eine solche Perspektive. Ein näherer Blick auf die Zentralbehörden des Reichs und ihre Überführung in die Republik zeigt erstens die Bedeutung der im Kontext des Belagerungszustands entstandenen Netzwerke (mit einer anderen Perspektive vgl. Ehlert 1982). Ihre Klammer war ein (Staats-)Notstandsdenken, das alles andere als inkompatibel zur republikanischen Neuordnung war und in der Tradition des Kriegs Reformer und Bürokraten zusammenführte. Sicherheit und Ordnung sowie die Aufrechterhaltung der Staatautorität waren zentrale Prämissen. Zweitens stellte die bevorstehende Demobilmachung für die meisten der involvierten Zeitgenossen zweifellos einen akuten Notstand dar, insbesondere in der revolutionären Konstellation der Republikgründung. Die Angst vor dem wirtschaftlichen, sozialen und politischen Chaos vermischte sich mit der Furcht, gerade auch führender Politiker der MSPD, vor »russischen Verhältnissen« und dem Bolschewismus (Bessel 1993, 68, 123; Mühlhausen 2006, 98–164, 286–315). Drittens ist eine außerordentliche Ausweitung öffentlicher Ordnungskompetenzen im Bereich wirtschaftlicher und sozialer Sicherheit zu erkennen, die sich im Krieg deutlich abgezeichnet hatte. Dazu passte die Generalklausel des Artikels 48 der Weimarer Reichsverfassung, in dem die Garantie und Wahrung »öffentlicher Sicherheit und Ordnung« an die Stelle von *konkreten* Bedingungen – Kriegszustand oder Unruhen – an die der Belagerungs- und Ausnahmezustand bis dahin geknüpft war, trat. Viertens wirft der Ursprung dieser sozialpolitischen Neuordnung im Kontext außerordentlicher Maßnahmen zugleich einen Schatten auf seine Veränderbarkeit, ein Aspekt, der viel zu wenig Beachtung findet. Das gilt für die beiden Ermächtigungsgesetze, mit denen die Regierungen Gustav Stresemann und Wilhelm Marx den Übergang von der Hyperinflation zur Währungsstabilisierung ebneten, und dabei auch einzelne Aspekte des Arrangements im Bereich der Sozialpolitik und des Arbeitsrechts nach 1918 in einzelnen Bereichen rückgängig machten und veränderten. Und noch deutlicher sollte das wenige Jahre später zu sehen sein, als unter den Bedingungen der Weltwirtschaftskrise die Regierung Brüning, gestützt auf den Artikel 48, mit dem Instrument von Notverordnungen eine umfassende Gesetzesrevision gerade des gesamten Tableaus sozialpolitischer ›Errungenschaften‹ der Nachkriegszeit betrieb (Huber 1975a, 441–443; Eilers 1988; Blomeyer 1999, 81–84; am besten Boldt 1994).

Auf die neue, revolutionär legitimierte Regierung der Volksbeauftragten gingen all diejenigen Befugnisse der Ausnahmegewalt über, die ursprünglich dem Kaiser vorbehalten waren. Zeichen dieser neuen Souveränität war die rasche Aufhebung des Belagerungszustands schon am 12. November (Huber 1978a, 723–42). Dem vorausgegangen war zwei Tage zuvor die Übereinkunft zwischen Friedrich Ebert in seiner Funktion als Vorsitzender des Rats der Volksbeauftragten und der Obersten Heeresleitung vertreten durch Wilhelm Groener, der schon im Oktober zum Nachfolger Ludendorffs ernannt worden war. So problematisch vieles an dieser Kooperation sein sollte, so bezeichnend ist zunächst ihr Ursprung im Kontext der sozialen und politischen Kriegsarrangements im Belagerungszustand: Groener hatte 1916 die Leitung des Kriegsernährungsamtes übernommen und war noch im selben Jahr Chef des Kriegsamtes im preußischen Kriegsministerium und stellvertretender Kriegsminister geworden. In dieser Funktion hatte er gerade auch auf dem Feld der Kriegswirtschaft intensiv mit den stellvertretenden Generalkommandos zu verhandeln gehabt und im Übrigen die Vorlage des Hilfsdienstgesetzes vor dem Reichstag vertreten. Konflikte mit der 3. OHL führten zu seiner Entlassung aus dem Kriegsministerium (Mühlhausen 2006, 129–130; Rakenius 1977).

Das »Gesetz über die vorläufige Reichsgewalt« vom 10. Februar 1919 übertrug dem vorläufigen Reichs(minister)präsidenten unter Gegenzeichnung eines Ministers das Recht zur Proklamierung des Belagerungszustands. Nach wie vor konnten aber sowohl die regionalen Militärbefehlshaber, aber auch die Länder in Notfällen selbständig aktiv werden. So wurde in Bayern nicht am 12. November, sondern erst 1921 der seit dem Krieg bestehende Belagerungszustand aufgehoben. Schon im Januar und Februar 1919 verhängten einzelne örtliche Militärbefehlshaber im Zusammenhang mit den Kämpfen an der Grenze zu Polen selbständig den Belagerungszustand und die preußische Staatsregierung bestätigte diese Akte; dies sollte sich in anderer Konstellation bei der Niederschlagung des kommunistischen »Märzaufstands« und wenig später in Sachsen anlässlich der Ermordung des sächsischen Kriegsministers wiederholen (vgl. Boldt 1967, 274 f.; Kimmel 1971, 23–25; Huber 1975a, 437 f.; Lange 1989, 45–121). Seit dem März 1919 unterdrückte Friedrich Ebert regionale Unruheherde systematisch mit militärischen Mitteln und unter Rückgriff auf den Ausnahmezustand, so dass bis Herbst 1919 in mehr als 50 Fällen der Belagerungszustand über verschiedenen Landesteile verfügt worden war – mit oder gegen den Willen der Landesregierungen (Kimmel 1971; Richter 1997; Mühlhausen 2006, 728–731).

Mit der seit dem 14. August 1919 gültigen Reichsverfassung verloren diese früheren Erklärungen des Belagerungs- und Kriegszustands nicht ihre Gültigkeit. Ohne große Schwierigkeiten ließen sie sich in die neue Rechtspraxis einfügen: Artikel 48 der Weimarer Reichsverfassung übertrug allein dem Reichspräsidenten (und nicht wie bisher den 62 Militärbefehlshabern) das Ausnahmerecht (vgl. Boldt 1994; prägnant Richter 1997, 210–221): Wenn im Deutschen Reich »die öffentliche Sicherheit und Ordnung erheblich gestört oder gefährdet« war, konnte der Reichspräsident die »zur Wiederherstellung der öffentlichen Sicherheit und Ordnung nötigen Maßnahmen […] erforderlichenfalls mit Hilfe der bewaffneten Macht« treffen (Art. 48, Abs. 2). Nur bei Gefahr in Verzug durften auch die Landesregierungen die Notstandsgewalt an sich ziehen (Abs. 4). Umgekehrt konnte der Reichspräsident, wenn »ein Land die ihm nach der Reichsverfassung oder den Reichsgesetzen obliegenden Pflichten nicht erfüllt«, es mit Hilfe der bewaffneten Macht dazu anhalten (Abs. 1), was erstmals 1920 gegen Sachsen-Gotha praktiziert wurde (vgl. Poetzsch 1925; Richter 1997, 221–225). Auch wenn der Reichspräsident unverzüglich dem Reichstag von den ergriffenen Maßnahmen Mitteilung machen musste, und die Maßnahmen »auf Verlangen des Reichstages außer Kraft zu setzen« waren (Abs. 3), handelte es sich um weitreichende exekutive Vollmachten. Das waren weitreichende präsidiale Vollmachten, weil mittels der Generalklausel auch im Gegensatz zu den definierten Bestimmungen des alten Belagerungszustands – Krieg und Aufruhr – keine Konkretisierungen der Notlagen oder Maßnahmen erfolgten.

In dieser umfassenden Sicherheitsprävention spiegelte sich zweifellos auch der formelle Ausnahmezustand wider, in dem sich das Reich in der ersten Jahreshälfte 1919 befand. Bekanntlich hatten sich die Abgeordneten nicht freiwillig nach Weimar begeben. Mit Blick auf die Vollmachten griffen auch schon zeitgenössische Juristen schnell die vom Staatsrechtler Richard Grau 1922 geprägte Bezeichnung »Diktaturgewalt des Reichspräsidenten« auf (Grau 1922).

Details der Anwendung des Artikels 48 der Weimarer Reichsverfassung waren einem Reichsgesetz vorbehalten (Abs. 5), das in der Folgezeit aber nicht erlassen wurde. De facto lieferte aber schon im Herbst 1919 eine »Musterverordnung« solche Spezifizierungen, worauf dann in der Form des »Baukastenprinzips« (Raithel/Strenge 2000, 423) alle späteren Erlasse rekurrierten. Das ältere Belagerungsgesetz diente dieser Musterverordnung in vielerlei Hinsicht als Vorbild. Das galt für die Suspendierung einzelner Grundrechte, die Strafandrohungen bei Zuwiderhandlungen, die Einsetzung von Kriegs- und Stand-

gerichten und die Verhängung der Schutzhaft. Neu und im Sinne der republikanischen Verfassung konsequent war die Übertragung der vollziehenden Gewalt auf den Reichswehrminister, der sie an die Militärbefehlshaber delegieren konnte. Es bestand weiterhin die Möglichkeit, dem Militärbefehlshaber einen zivilen Regierungskommissar zur Seite zu stellen, der bei allen Maßnahmen mitzuwirken hatte – wenn dieser Regierungskommissar nicht, wie nach dem Kapp-Putsch, mit den Funktionen des Militärbefehlshaber betraut wurde, d.h. ein »ziviler« statt eines »militärischen« Ausnahmezustands geschaffen wurde (vgl. ausführlich Hürten 1977, 16–21, 31 f.; Richter 1997, 226–229; Raithel/Strenge 2000, 421–424). Schon im Sommer 1919 konnte der Erste Generalquartiermeister, Generalleutnant Groener, dem kurz zuvor zurückgetretenen Paul von Hindenburg berichten, dass für »Zeiten neuer revolutionärer Unruhen« eine Verordnung auf Grund der neuen Reichsverfassung vorbereitet sei, »die dem Reichswehrminister in denjenigen Gebieten, wo die Verordnung durch den Reichspräsidenten in Kraft gesetzt wird, so umfassende Vollmachten gibt, daß man von einer diktatorischen sprechen kann.« Und nicht nur das: »Die Verordnung übertrifft in dieser Beziehung die Vollmachten des alten Belagerungszustandsgesetzes«. Eine offene Frage war für Groener allenfalls, »ob der Reichspräsident rechtzeitig die Verordnung aus dem Schubfach hervorholt« und sie »für das ganze Reichsgebiet in Kraft setzt« (Brief vom 7.8.1919, zit. n. Hürten 1977, 25).

Es konnte kein Zweifel aufkommen, dass der Reichspräsident seine Befugnisse ausschöpfte. Ebert und Reichswehrminister Gustav Noske stützten sich auf reguläre Truppenteile der Reichswehr sowie Freikorpseinheiten, die kurz zuvor noch im Baltikum und an der umstrittenen deutsch-polnischen Grenze gekämpft hatten. Zum Einsatz kamen aber auch republikanische ›Nosketruppen‹ und Einwohnerwehren, die seit den Berliner Januarunruhen systematisch in Preußen und im Reich als »Selbstschutzorganisationen« aufgebaut worden waren (vgl. Barth 2010; Bergien 2012, 33–41). Dies zeigte sich anlässlich der Niederschlagung von Streiks und Unruhen in Thüringen, im Siegerland und Ostpreußen im Herbst 1919, dem Eisenbahnerstreik im Ruhrgebiet im Januar 1919 und bei der Niederschlagung blutiger Unruhen vor dem Reichstag im Zusammenhang mit dem Betriebsrätegesetz, als die Reichsregierung den Ausnahmezustand dann auch auf große Teile Nord- und Mitteldeutschlands ausdehnte. Kritisch spitzte sich die Situation im März und April 1920 zu, als die Frage auftauchte, ob der Bock zum Gärtner gemacht worden war: Mit dem Kapp-Lüttwitz-Putsch traten Teile des Militärs und der Freikorps gegen den neuen Staat an. Der daraufhin ausgerufene Generalstreik mündete im Ruhrgebiet in eine breite Protestbewegung, die sich schnell radikalisierte. Mit scharfen militärischen Mitteln wurde die Rote Ruhrarmee niedergeschlagen; erst in der Zeit ab Mitte April wurde infolge des Protests aus den Reihen der Arbeiterbewegung und der demokratischen Presse in verschiedenen Regionen der ›große‹ militärische durch den ›kleinen‹ zivilen Ausnahmezustand ersetzt (was zunächst konkret bedeutete, dass die vollziehende Gewalt auf einen vom Reichsinnenminister bestellten Reichskommissar überging und die außerordentlichen Kriegsgerichte in ihrer Befugnis eingeschränkt wurden).

Im Zusammenhang mit der lokal begrenzten kommunistischen Aufstandsbewegung in Mitteldeutschland 1921 ordnete der Reichspräsident nicht den ›großen militärischen‹, sondern den zivilen Ausnahmezustand an, wobei der eingesetzte zivile Kommissar, der SPD-Politiker Otto Hörsig, sich auf die Sicherheitspolizei stützte (vgl. Mühlhausen 2006, 736–744). Zu einer reichsweiten Anwendung des militärischen Ausnahmezustands kam es erstmals 1923. Im Zusammenhang mit der Beendigung des ›passiven Widerstands‹ an Rhein und Ruhr verhängte am 26. September 1923 Reichspräsident Friedrich Ebert den Ausnahmezustand über das Reich und übertrug (im Sinne des ›zivilen Ausnahmezustands‹) die vollziehende Gewalt zunächst an Reichswehrminister Otto Geßler; zur Niederschlagung des Münchener Hitler-Ludendorff-Putsches in der Nacht vom 8. auf den 9. November übertrug Ebert dann die vollziehende Gewalt an General von Seeckt, der damit bis zum 28. Februar 1924 über weitreichende ›diktatorische‹ Vollmachten verfügte (Hürten 1980; Mühlhausen 2006, 745–774; weiterführend hierzu Gasteiger 2014).

Ausnahmezustand und Gewalt

In der Zeit vor dem Krieg hatte es intensive Debatten und auch konkrete Pläne für den Einsatz des Militärs im Fall innerer Unruhen und zur Unterdrückung der Sozialdemokratie gegeben. Das Säbelrasseln des Kaiserreiches stand im umgekehrten Verhältnis zu den realen Aktionen. Dies änderte sich schon im Krieg, als erstmals im Zusammenhang von Protesten gegen die Teuerung und Streiks Soldaten gegen Zivi-

listen eingesetzt worden waren, wobei die Soldaten Schusswaffen meist nur zur Abschreckung mitführten. Die Schärfe, mit der die republikanischen Regierungen zwischen dem Januar 1919 und 1921 und dann wieder 1923 nicht nur die an verschiedenen Orten und Regionen des Reiches auflodernden revolutionären Bewegungen, sondern auch Streiks und Teuerungsdemonstrationen niederschlagen ließ, stellt jedoch eine kritische Grenzüberschreitung dar. Ganz im Gegensatz zur späteren Legendenbildung der radikalen Rechten waren die Republikaner in der Regierung alles andere als zimperlich im Umgang mit den Aufständischen. Das Militär, die Freikorps und die Freiwilligenverbände nutzen die Freiräume mit Aktionen, die sich vielfach verselbständigten. Sie führten diesen Krieg im Inneren nicht nur in voller militärischer Montur, sondern waren mit Maschinengewehren und schweren Geschützen ausgerüstet. Der nun überall sichtbare Stahlhelm symbolisierte den militärischen Charakter des Kampfes (Schulze 1969; Barth 2003, 229–301).

Die revolutionäre und gegenrevolutionäre Gewalteskalation des Jahres 1918/19 hinterließ tiefe Spuren in der politischen Kultur der Weimarer Republik (Weisbrod 1992; Schumann 1997; 2001). Seit den militärischen Einsätzen im Winter 1918/19 zirkulierten Bilder des Ausnahmezustands in der Form von vielfach reproduzierten Fotografien und Postkarten zerschossener Häuser, belagerter Plätze, Maschinengewehrposten, abgeführter Spartakisten, der jubelnd empfangenen Reichswehr und Freikorps und nicht zuletzt militärischer Führer (vgl. Herz/Halfbrodt 1988; Neue Gesellschaft für Bildende Kunst 1989). Die Handhabung des militärischen Ausnahmezustands schuf Präzedenzfälle, sowohl was den Appell an staatliche Notwehr und Notstand als auch die Stigmatisierung des zu bekämpfenden inneren Feindes betrifft. Vielerorts kam es zu einer dramatischen Eskalation von Gewalt, und das in einem Milieu von Gerüchten, Falschmeldungen und Latrinenparolen, welche die Grenzen der Ermächtigung bei der Gegnerbekämpfung verschoben. Dazu zählt der berüchtigte Einsatzbefehl des ersten Reichswehrministers Gustav Noske vom 9. März 1919: »Jede Person, die mit Waffen in der Hand gegen Regierungstruppen kämpfend angetroffen wird, ist sofort zu erschießen« (Wette/Noske 1987, 419–428). Dem Befehl vorausgegangen waren gezielt lancierte Falschmeldungen über den Mord an 60 Kriminalbeamten und anderen Gefangenen durch Spartakisten in Berlin. Der Befehl wurde zwar schon am 16. März wieder aufgehoben. Mit oder ohne Bezug auf Noskes Politik der ›eisernen Faust‹ wurden Erschießungen – unmittelbar oder ›auf der Flucht‹ – seit den revolutionären Bewegungen im Frühjahr 1919 bis zur Niederschlagung der Roten Ruhrarmee 1920 zum Inbegriff des politischen und militärischen Ausnahmezustands und der sich ausbreitenden politischen Gewalt und Gegengewalt (Beispiele in Eliasberg 1974; Schueler 1995; zu den Berliner Ereignissen vgl. Wirsching 1999, 59–111). Gerüchte und Meldungen über Tote und Verletzte bei militärischen (Straßen-)Kämpfen oder infolge von Geiselhinrichtungen ließen den Ruf nach Vergeltung aufkommen. Dabei kam es zu unverhältnismäßigen Gewaltexzessen der Truppen, wie sie unter anderem in dem folgenden Brief eines Soldaten und Studenten der Brigade Epp vom April 1920 drastisch zum Ausdruck kommen:

> Pardon gibt es überhaupt nicht. Selbst die Verwundeten erschießen wir noch. Die Begeisterung ist großartig, fast unglaublich. Unser Bataillon hat 2 Tote. Die Roten 200 bis 300. Alles was in die Hände kommt, wird mit dem Gewehrkolben zuerst abgefertigt und dann noch mit einer Kugel. Ich dachte während des ganzen Gefechtes an [das Reservelazarett] Station A. Das kommt nämlich daher, daß wir auch 10 Rote-Kreuzschwestern sofort erschossen haben; von denen hatte jede eine Pistole bei sich. Mit Freuden schossen wir auf diese Schandbilder und, wie sie geweint und gebetet haben, wir sollten ihnen das Leben lassen. Nichts! Wer mit einer Waffe getroffen wird, der ist unser Gegner und muß daran glauben. Gegen die Franzosen waren wir im Felde humaner (Ernst 1921, 68; vgl. auch Barth 2003, 287).

Die Truppen Epps hatten wenige Monate zuvor mit großer Gewalt in München die Räterepublik niedergeschlagen und dabei eine Blutspur hinterlassen (Geyer 1998, 88). Im Berliner Salon von Harry Graf Kessler diskutierte man 1919 intensiv diese Grenzüberschreitungen, namentlich ob die »privaten Banden und Freikorps«, wie der Berliner Anwalt Johannes Werthauer meinte, mit Billigung der Regierung einen regelrechten Krieg gegen »einen Teil des deutschen Volkes« führten, in dem Menschen wie im Krieg »kurzer Hand erschossen« werden: »Allerdings eine phantastische Vorstellung«, so Kessler, »die das Ärgste, was früher in Deutschland vom deutschen Militarismus erlebt worden ist, in den Schatten stellen würde« (Kessler 2007, 204 f.).

Neu war die große Zahl von Personen, die in ›Schutzhaft‹ genommen und die in den zahlreichen Lagern untergebracht wurden, die zur Entlastung der übervollen Gefängnisse eingerichtet worden waren. Schon im Mai 1916 waren nach einer Friedensdemonstration in Berlin führende Personen der

Gruppe Internationale in ›Schutzhaft‹ gekommen. Neben Rosa Luxemburg und Karl Liebknecht waren davon einige hundert Personen betroffen, die unmittelbar nach der Revolution zunächst freigesetzt wurden (Laschitza 2007, 301–323). Zwischen 1919 und 1921 und dann wieder 1923 wuchs die Zahl der Inhaftierten schnell an, ohne dass zuverlässige, reichsweite Daten vorliegen. Allein bei den sog. Hamburger ›Sülzeunruhen‹ im Sommer 1919, Teuerungsunruhen, bei denen Freikorpseinheiten gegen die Zivilbevölkerung eingesetzt worden waren und bei denen 26 tote Zivilisten, 16 tote Sicherheitskräfte und Dutzende von Verwundeten zu beklagen waren, nahmen die außerordentlichen Kriegsgerichte Ermittlungen in 3441 Fällen auf und verurteilten 290 Personen (Weinhauer 2013, 85–88). Im Ruhrgebiet waren 1920 mehrere Tausend, mindestens aber 3000 Personen, in regulären Gefängnissen, Festungseinrichtungen und Barackenlagern unter zum Teil katastrophalen Bedingungen inhaftiert. Außerordentliche Kriegs- und Standgerichte verhängten im Schnellverfahren Gefängnis-, Zuchthaus und Todesurteile: Im März/April wurden 205 standrechtliche Todesurteile gefällt, von denen dank der Intervention der Reichsregierung dann aber ›nur‹ 50 vollstreckt wurden (Lucas 1974–1978, Bd. 3, 384–401; Heimes 2004; Mühlhausen 2006, 743–740).

Bemerkenswert ist in diesem Zusammenhang, dass die Initiatoren und Unterstützer des Kapp-Putsches fast ohne Ausnahme straflos blieben, ja dass einige von ihnen teilweise rückwirkend ihre Pensionen erstreiten konnten. Das gilt offenbar auch für die Soldaten der Brigade Ehrhardt, die bei ihrem Abzug aus Berlin in die Menge schossen, aus der Beschimpfungen der Putschisten zu hören waren; neben 12 Toten gab es viele Verletzte (Erger 1967, 264–268; Christoph 1988, 90–98; Heimes 2004, 409–412). Reichswehrminister Geßler sprach im Spätsommer 1924 von 3515 Schutzhäftlingen, die offenbar zum größten Teil der radikalen Linken einschließlich der KPD angehörten. Im Zeitraum zwischen Januar 1924 und August 1925 wurden – nach einer unvollständigen Statistik – 6349 Straftäter aus den Reihen der politischen Linken zu insgesamt 4672 Jahren Freiheitsstrafe und Geldstrafen von insgesamt über einer viertel Million Mark verurteilt. Vor allem die KPD versuchte, die überfüllten Schutzhaftgefängnisse und ›Konzentrationslager‹, wie die Internierungslager vielfach bezeichnet wurden, sowie die dort vorherrschenden Bedingungen immer wieder zu skandalisieren. Sie organisierte dazu 1921 einen großen Hungerstreik in mitteldeutschen Gefängnissen (für einen Überblick vgl. Lucas 1974–1978, Bd. 3, 402–418; Herzfeld 1976; Christoph 1988, 116–126, 172 f.; Drobisch/Wieland 1993, 16–20).

In diesen Kämpfen von 1919 bis 1920 brachten die Truppen »Relikte des Krieges und des Militarismus zurück in die Innenpolitik« (Weinhauer 2013, 85). Kaum zu beantworten ist die Frage, welche Rolle bei dieser Niederschlagung der Unruhen im Reich die militärischen Erfahrungen bei der Niederschlagung von inneren Unruhen in den Kolonien spielten: Vieles erinnert an die militärischen Einsätze in den Kolonien, in welchen sich die europäischen Siedler und Kolonialbeamten in einem permanenten Ausnahmezustand befanden und wo das Militär vielfach einen ›kleinen Krieg‹ ohne Regeln geführt hatte, der in Deutsch-Südwestafrika in einen genozidalen Krieg mündete (vgl. Hull 2005; Bührer 2011; s. Kap. II.1). Aber ähnliche Eskalationen der Gewalt gab es wohlgemerkt auch bei Kämpfen mit Partisanen in der 1918 besetzten Ukraine und bei den anhaltenden Grenzkämpfen, an denen viele der im Reich eingesetzten Soldaten kurz zuvor noch beteiligt waren. Außerdem waren die sozialen und politischen (gegen-)revolutionären Auseinandersetzungen in ganz Mitteleuropa gleichermaßen von exzessiver Gewalt geprägt. Die Bürgerkriegsparolen der Sowjets in Verbindung mit alltäglicher Gewalt gegen Individuen und Gruppen, vielfach angefacht durch den Ausnahmezustand des blutigen Bürgerkriegs, trugen das ihre dazu bei, diese Gewalt weiter anzufachen (Gerwarth 2008; Schnell 2012).

Solche Erfahrungen mit Kolonial-, Kriegs- und Nachkriegskämpfen waren bei einigen prominenten Militärführern der Nachkriegszeit vorhanden, die im Übrigen alle an Operationen in Südwestafrika teilgenommen hatten. Dazu zählt neben Oberst Franz Xaver Epp, der in der Zwischenkriegszeit auch eine wichtige Rolle in der Kolonialbewegung spielte, der General Georg Maercker, der sich mit seinen Einsätzen in Berlin 1919 und im Ruhrrevier 1920 einen umstrittenen Namen machte, in erster Linie der General von Lettow-Vorbeck, der 1904 das militärische Kommando geführt hatte und vor diesem Hintergrund mit Blick auf seinen Einsatz in Hamburg 1919 doppeldeutig meinte: »Gottlob ging mir als Afrikaner der Ruf von Rücksichtslosigkeit voraus« (zitiert nach Schulte-Varendorff 2006, 81).

Vieles deutet auf solche von der Vorkriegszeit über den Krieg hinaus bestehenden Kontinuitäten von Gewalt hin. Wie auch immer, als Realität oder als Metapher, Formen und Praktiken des Ausnahmezustands wie sie im Deutschen Reich kaum vorstell-

bar waren, manifestierten sich nun allenthalben seit dem Krieg. Sie waren Teil einer neuen politischen Kultur der Gewalt wenn nicht im erklärten, dann in einem latenten militärischen Ausnahmezustand. Das ist die, wenn auch nur kryptisch ausgeführte, Pointe Hannah Arendts, die von der Ausweitung der den »Wilden« vorbehaltenen Gewalt auf die »zivilisierten« Völker Europas spricht; dabei hat sie den Nationalsozialismus im Kontext eines sich seit der Nachkriegszeit neu formierenden Totalitarismus vor Augen: »Man mordet keinen Menschen, wenn man einen Eingeborenen erschlägt, sondern einen Schemen [sic!]« (Arendt 1995, 315; vgl. Gerwarth/Malinowski 2007).

Belagerungszustand: Das Krisenjahr 1923 als Exerzierfeld

Dass sich die Geschichte der Republik auch ganz anders hätte entwickeln können, zeigen die Ereignisse der Zeit zwischen 1923 und 1924; dass sie überlebte, hat auch mit dem Ausnahmezustand und Ermächtigungsgesetzen zu tun, auch damit, dass die im Krieg geschmiedete Notkoalition trotz vieler zentrifugaler Kräfte zusammenhielt. Es war eine Hochzeit von Dezisionen auf der Grundlage des erklärten und nicht erklärten Ausnahmezustands, den viele im Umfeld der politischen Rechten als Chance für eine Überwindung der Republik sahen und die doch eines Besseren belehrt wurden (zur Geschichte des Jahres 1923 mit weiterführender Literatur vgl. Deuerlein 1962; Hürten 1980; Winkler 1984; Feldmann 1993b; Mühlhausen 2006, 594–721). Ab dem Spätsommer und Winter 1923/24 agierten die Reichsregierungen zunächst unter Gustav Stresemann (DVP) und dann unter Wilhelm Marx (Zentrum) mit Ermächtigungen mittels Artikel 48 WRV und Ermächtigungsgesetzen des Reichstags. Aber die Situation 1923 war dramatisch. Angesichts der belgisch-französischen Besetzung des Ruhrgebiets, separatistischer und revolutionärer Bewegungen, der verbreiteten wirtschaftlichen Not zunächst infolge der ›sterbenden Mark‹ in der Hyperinflation und dann infolge der Währungsstabilisierung, erhielt das Denken in Kategorien des militärischen wie des zivilen, sozialen und wirtschaftlichen Not- und Ausnahmezustands eine durchaus neue Qualität (vgl. Eilers 1988; Blomeyer 1999).

Wer 1923 vom Ausnahmezustand sprach, artikulierte zunächst einmal die Möglichkeit und Gefahren eines neuen, drohenden Bürgerkriegs. Die »Verhinderung von Vorgängen, die uns in einen Krieg der

Bürger gegen die Bürger hineinbrächten«, war Gustav Stresemanns rückblickende Begründung für die Verhängung des Ausnahmezustands im September 1923 (Verh. d. RT, 6.10.1923. Bd. 361, 11937). Allenthalben schossen zu diesem Zeitpunkt Diktatur- und Bürgerkriegs(abwehr)pläne aus dem Boden. Die von vielen erwartete und tatsächlich auch geplante, aber schließlich abgeblasene Erhebung der Kommunisten war Wasser auf die Mühlen der radikalen Rechten, so wie im Übrigen bei den Kommunisten der Abwehrkampf gegen einen faschistischen ›Marsch auf Berlin‹ eine wichtige Rolle spielte. Die »weiße Diktatur«, die seit der Revolution mit Artikel 48 WRV die Arbeiterbewegung unterdrücke, könne nur durch eine »rote Diktatur« vernichtet werden, argumentierte der kommunistische Reichstagsabgeordnete Hermann Remmele (ebd., 12004) im Zusammenhang mit dem von seiner Partei abgelehnten Ermächtigungsgesetz.

Einig waren sich die Zeitgenossen darin, dass der sich seit dem Rathenaumord 1922 und dann seit der Ruhrbesetzung immer deutlicher abzeichnende Funktionsverlust der Mark als Wertmesser und Tauschmittel eine unkalkulierbare, nicht nur wirtschaftliche und soziale, sondern auch politische Notsituation heraufbeschwor. Das zirkulierende Papiergeld repräsentierte als gesetzliches Zahlungsmittel zum einen die staatliche Ordnung und vermittelte zum anderen den wirtschaftlichen und sozialen Austausch zwischen Individuen. Im Raum stand die ungewisse Frage, wie die Menschen sich in der Hyperinflation verhalten würden, namentlich ob es zu spontanen Protest- und Plünderungsbewegungen kommen würde, ob diese politische Formen annehmen oder als ›Krieg aller gegen alle‹ eher in Anarchie, Chaos und Aktionen der Selbsthilfe münden würden (vgl. Geyer 1998, 319–354).

Seit dem Sommer 1923 stand erneut das Gespenst einer bevorstehenden Hungerkatastrophe im Raum, was Erinnerungen an den Weltkrieg evozierte. Insbesondere wenn das eintreten sollte, was der deutschnationale Parteiführer Graf von Westarp ausgerechnet bei den Debatten über das Ermächtigungsgesetz bekundete, nämlich dass die Landwirte nicht bereit wären, das wertlose Papiergeld anzunehmen (Verh. d. RT, 6.10.1923. Bd. 361, 11970). Allen war klar, was dies bedeutete: Städter würden sich ›selbst helfen‹, Geschäfte plündern, mit viel Ungewissheit seitens der Beobachter darüber, ob solche Unruhen in politisches Fahrwasser der radikalen Linken oder wie im November 1923 im Berliner Scheunenviertel (wie schon vorher in Breslau) in antisemitisches Fahrwasser geraten oder vielleicht auch nur kriminelle

Energien nach oben spülen würden. Bei solchen Aktionen fehlte es nicht an Hinweisen auf einen existentiellen Notstand im Sinne von ›Not kennt kein Gebot‹, was nun aber nicht den in vielen Fällen massiven Einsatz von Polizeitruppen mit Schusswaffen verhinderte (vgl. Geyer 1990; Lefèvre 1994; Schumann 2001; Weinhauer 2013, 95–99).

Die wirtschaftliche Notlage war 1923 aber nur ein Aspekt des sich ausbreitenden Notstandsdenkens und der anhaltenden Bürgerkriegsdebatten. Fragen innerer und äußerer Sicherheit waren eng miteinander verwoben. Dazu ist in Erinnerung zu rufen, dass seit dem Waffenstillstand Formen eines nicht erklärten Kriegszustands weiterbestanden. Die französisch-belgische Besetzung des Ruhrreviers seit dem Januar 1923 war in dieser Hinsicht ein Höhepunkt. Sie zeigte mit aller Deutlichkeit die prekäre militärische Lage Deutschlands und zwar an der West- wie an der umstrittenen Ostgrenze des Reiches. Grenzkämpfe von Freiwilligenverbänden an der Grenze zu Polen und 1921 mit polnischen Verbänden in Oberschlesien bestärkten das verbreitete Belagerungszustandsdenken. Die militärische Führung wusste sehr genau, was auch für viele Beobachter offenkundig war, dass nämlich nationale militärische Sicherheit und territoriale Integrität allenfalls auf tönernen Füßen standen, mithin, dass der ungewisse Zustand der ›Belagerung‹ nicht zu Ende war. Hinzu kamen separatistische Bewegungen, welche die Reichseinheit bedrohten (vgl. Geyer 1980, 23–58; Barth 2006; Bjork/Gerwarth 2007).

Nationale Appelle waren wohlfeil, zeitweise auch nützlich, um die Geschlossenheit der inneren Front zu verdeutlichen, dann aber auch dysfunktional, da sie 1923 eine unkalkulierbare politische Radikalisierung vorantrieben. Das Dilemma bestand darin, dass in Verbindung mit der tatsächlichen wirtschaftlichen Not ein Zustand der Ohnmacht hypostasiert wurde. Im Sommer zeichnete sich klar ab, dass der vom Reich mit dem Druck von Papiergeld finanzierte ›passive Widerstand‹ gescheitert war, und zwar nicht zuletzt infolge »finanzieller Erschöpfung«, wie Stresemann im Oktober 1923 im Kontext seines Werbens um ein Ermächtigungsgesetz betonte: »Der Gedanke, daß eine Festung kapitulieren muß, weil sie keinen Proviant mehr hat oder weil die Zuführung von Proviant die Gefahr in sich birgt, daß das ganze Volk nachher nicht mehr in der Lage ist, sich zu ernähren«, so die bezeichnenden Worte des Reichskanzlers, sei keine Sache, »der man sich als nationaler Mann zu schämen hat« (Verh. d. RT, 6.10.1923. Bd. 361, 11937). Die Vernunft, so Stresemann im Oktober, gebot daher nicht nur ein Arrangement mit den Alliierten in der Reparationsfrage, sondern auch schnelles Handeln mittels einer »legalen Diktatur« in Form eines Ermächtigungsgesetzes und »das alles beim Belagerungszustand«, sprich: den im September erlassenen Ermächtigungen auf der Grundlage des Artikels 48 WRV (ebd., 11943).

Die Handhabung des zivilen und militärischen Ausnahmezustands wurde 1923 zur Nagelprobe der republikanischen Ordnung. Auf breiter Front stimmten die Vertreter der Regierungsparteien zwar nicht in einen Lobgesang, dann aber doch in eine pragmatische Rechtfertigung dieses politischen Instruments ein, zunächst auch die SPD. Es war, wie die Vertreter der republikanischen Parteien betonten, eine ›Diktatur auf Zeit‹, die sich mit dem akuten politischen wie wirtschaftlichen Notstand begründen ließ, der nicht mit Mitteln parlamentarischer Arbeit gelöst werden könnte. Auch die Sozialdemokraten wogen sich in Sicherheit, dass mit ihrem Austritt aus der Regierung das Ermächtigungsgesetz hinfällig war. Dieser Fall trat infolge von Differenzen über sozialpolitische Fragen, die Handhabung des Ausnahmezustands und die ausgebliebene militärische Reichsexekution gegen das renitente Bayern und den Generalstaatskommissar von Kahr (im Gegensatz zu Sachsen, wo die Regierung Zeigner abgesetzt worden war) tatsächlich auch ein.

In der neuen Regierung unter Wilhelm Marx (mit Stresemann als Außenminister) war die SPD nicht vertreten, auch wenn die Partei dem neu eingebrachten, bis Mitte Februar des folgenden Jahres gültigen Ermächtigungsgesetz zähneknirschend zustimmte. Im Gegensatz zu allen anderen vorangegangenen Ermächtigungsgesetzen seit 1919, kannte es keine Beschränkungen auf bestimmte Einzelbereiche wie die Demobilmachung oder die Räumung Elsass-Lothringens: Dennoch war es aus Sicht der SPD das »geringere Übel« angesichts der Gefahr einer »völlige[n] Zerstörung des Wirtschafts- und Soziallebens«; zugleich war die Zustimmung auch eine Frage der politischen Opportunität, da der Reichskanzler mit der Auflösung des Reichstags drohte (Verh. d. RT, 05.12.1923. Bd. 361, 12299; Eilers 1988, 304–306). Der Verweis auf einen akuten Staatsnotstand als Begründung des Ausnahmezustands war weit verbreitet: Das »unveräußerliche Naturrecht jedes einzelnen Menschen, der Leib und Leben bedroht sieht«, müsse »erst recht für die Volksgemeinschaft und für den Rechtsstaat« gelten, so das Urteil des Zentrumsabgeordneten Johannes Bell (Verh. d. RT, 8.10.1923. Bd. 361, 11959).

Deutschnationalen war nicht der Ruf nach dem Ausnahmezustand an sich, sondern die Aneignung dieses politischen Instruments durch Republikaner suspekt: »Der Ruf nach Diktatur« gehe durch das ganze Volk und eine solche Diktatur sei eigentlich nicht mehr zu umgehen, meinte Graf von Westarp, der sich aber bezeichnenderweise gegen die von der Regierung Stresemann beantragten weiteren »Vollmachten im Belagerungszustand« aussprach. Für Westarp bestand das Problem darin, dass »nicht eigentlich eine vom Parlament unabhängige diktatorische Gewalt errichtet« werde, sondern darin, dass diese lediglich eine »Vollstreckung dieser Regierung« sei (ebd., 11970). Solche Äußerungen illustrieren die hochgesteckten Erwartungen, die Konservative im Winter 1923/24 in General von Seeckt setzten (Eilers 1988, 272–296). Diese entpuppten sich als grandiose Fehlkalkulation, die schon im Krieg nicht wirklich aufgegangen war und sich auch in Zukunft nicht erfüllen sollte: Wie schon im November 1918 setzte die Reichswehrführung in dieser kritischen Lage auf die Republik – wenn auch in einer ihr eigenen, gefälligen Fassung, die auch das Resultat fehlender Optionen war.

Der General Joachim von Stülpnagel brachte das Dilemma auf den Punkt: »Es ist unser Unglück, daß wir in Deutschland keinen Mann großer Qualitäten haben, der diktatorisch regieren kann und will. Diesen Mann würden *wir* unterstützen, aber den Mann selbst spielen wollen, können *wir* nicht« (Hürten 1980, Dok. 163, Kursivierung im Original). Entscheidend war aber das außerordentlich geschickte Taktieren des Reichspräsidenten, der Ende Oktober die Reichswehr mit der ›Reichsexekution‹ nach Artikel 48 Absatz 1 WRV gegen die sächsische SPD-KPD-Regierung beauftragte und erst nach dem Vorpreschen der Brandköpfe Ludendorff und Hitler im Münchener Bürgerbräukeller im November das Land unter militärischen Ausnahmezustand stellte. Die Reichsexekution gegen Bayern blieb aus, zumal sich die bis dahin renitenten Bayern auf den Rückzug machten. Das national-reaktionäre Lager war infolge der Ereignisse in München und der Entscheidungen Eberts und Seeckts tief gespalten. Die KPD hatte schon zuvor den geplanten revolutionären Aufstand als aussichtslos abgeblasen. Lokale, auch durch Fehlkommunikation ausgelöste Aufstandsbewegungen wie in Hamburg oder im abgelegenen südwestdeutschen Wiesental wurden ebenso niedergeschlagen wie die unkalkulierbar ausbrechenden Teuerungsunruhen in den verschiedenen Teilen des Reiches (Winkler 1984; Bayerlein 2003; Mühlhausen 2006).

Fast über Nacht verschwanden mit dem gescheiterten Ludendorff-Hitler-Putsch die bis dahin verbreiteten Diktatur-Debatten. Allenthalben waren die Härten der bestehenden ›militärischen Diktatur‹ zu spüren. Dazu zählten nicht nur die Außerkraftsetzung von Grundrechten, die Verbote von KPD und anderer links- und rechtradikaler Parteien einschließlich der NSDAP, sondern mehr noch die drastischen Einschnitte auf dem Feld der Finanz-, Wirtschafts- und Sozialpolitik mittels Notverordnungen. Damit verpasste die Regierung Wilhelm Marx dem Land eine Rosskur, die mit parlamentarischen Mitteln – auch unter anderen als den schwierigen Weimarer Bedingungen – kaum durchzuführen gewesen wäre. Dass man sich dabei in einem Grenzbereich des in der Verfassung abgesteckten Rahmens bewegte, war allen Beteiligten klar und war auch Anlass für heftige Kontroversen (vgl. Eilers 1988, 232–353; Richter 1997, 244–246).

Der Ausnahmezustand in der Zeit von Hyperinflation und Währungsstabilisierung hätte nicht umfassender sein können. Der Prozess der Normalisierung zog sich über das ganze Jahr 1924 hin. Im Februar 1924 ersetzte der Reichspräsident Friedrich Ebert den militärischen durch einen zivilen Ausnahmezustand, womit Grundrechtseinschränkungen gelockert wurden und zugleich die Übertragung von weitreichenden exekutiven Vollmachten an den Reichsinnenminister vorgesehen war. Das Ziel war die Unterdrückung radikaler Parteien der Linken wie der Rechten. In Bayern zog sich die endgültige Aufhebung des Ausnahmezustands bis Dezember 1925 hin (Eilers 1988, 232–353; Mühlhausen 2006, 772 f.).

Ausnahmezustand und republikanische Nachkriegs-Normalität

In der Weimarer Reichsverfassung, in der ›Musterverordnung‹, aber auch in zeitgenössischen Urkunden und öffentlichen Verlautbarungen, tauchten die Begriffe ›Ausnahme- und Belagerungszustand‹, von einigen wenigen Ausnahmen 1919 abgesehen, nicht auf (Richter 1997, 226). Ganz allgemein war die Rede von der »Wiederherstellung« oder der »Sicherung der öffentlichen Sicherheit und Ordnung«, und zwar entsprechend der Formulierung in Artikel 48 Absatz 2 WRV. Zur gleichen Zeit setzte sich im öffentlichen, mehr aber im akademischen Sprachgebrauch der modernere Begriff ›Ausnahmezustand‹ durch, wenngleich insbesondere im Fall von Einsät-

zen der Polizei oder des Militärs regelmäßig vom ›Belagerungszustand‹ gesprochen wurde. Dennoch: Was der Belagerungszustand für das Kaiserreich war, war der Ausnahmezustand für die Republik. Er bezog sich sehr umfassend auf allgemeine öffentliche Notstände, die außerordentliche Maßnahmen notwendig machten, sei es im Bereich der inneren, äußeren aber auch der wirtschaftlichen und sozialen Sicherheit. Mindestens genauso interessant wie die ›erklärten‹ Ausnahmezustände sind die weniger untersuchten Bereiche des Notstandshandelns, seien es polizeiliche Aktionen, Umweltkatastrophen wie Überschwemmungen oder Explosionen oder humanitäre Notlagen, wobei das Beispiel der in einer Hochphase zwischen 1919 und 1923 nach Deutschland strömenden, jüdischen Flüchtlinge aus Osteuropa einen interessanten Fall darstellt.

Vor dem Hintergrund der überwundenen Krisen entpuppte sich der Ausnahmezustand zunächst als eine, wenn auch zwiespältige Erfolgsgeschichte: Auf Reichsebene hatte sich der Ausnahmezustand zu einem fest etablierten Mittel republikanischer Regierens in Krisenzeiten entwickelt. Eine Flut von zeitgenössischen Beiträgen, die sich dem Thema annäherten und Grenzen ausloteten, zeigt die Macht des Faktischen. Und nicht nur mit der Betonung auf dem Entscheidungshandeln und strengen Begriffsbildungen wie ›souveräne‹ und ›kommissarische Diktatur‹ gewann der Begriff ›Ausnahmezustand‹ gerade bei Carl Schmitt, der ihn wahrscheinlich mehr als jeder andere (im Gegensatz zu allgemeinen Verweisen auf Artikel 48) auf die Tagesordnung setzte, eine kühle, neusachliche Dimension (Schmitt 1924; Jacobi 1925; Blomeyer 1999, 100–120, 121–123). Diese merkwürdige Erfolgsgeschichte war nicht zuletzt auf die Person des Reichspräsidenten Friedrich Ebert zurückzuführen, der die Republik mit Ausnahmebestimmungen durch die Krise steuerte und zugleich wichtige Präzedenzfälle für die Handhabung dieses Instruments schuf (Mühlhausen 2006, 774). Das Gegenbeispiel dazu war Bayern, wo der Ausnahmezustand seit dem Kapp-Putsch und der Republikschutzverordnung 1922 als ein Mittel des Kampfes gegen das Reich und die republikanische Staatsordnung eingesetzt wurde. Der Generalstaatskommissar von Kahr liebäugelte 1923 dabei unmissverständlich mit den verschiedenen Diktaturplänen der radikalen Rechten und provozierte die Krise von Oktober bis November ganz wesentlich mit (Lange 1989, 216 f.). 1924 war das Geschichte. Den konservativen Verfechtern des Belagerungszustands des Kaiserreichs und mehr noch denjenigen, die sich unter den Vorzeichen der Diktatur 1923 einen politischen Kurswechsel versprochen hatten, schien der Donner des Belagerungszustands abhanden gekommen zu sein: Wie schon im Kapp-Putsch 1920 war die Reichswehr trotz des zweifelhaften Taktierens von Seeckts und mehr noch einzelner Einheiten nicht zur Speerspitze der rechten Opposition geworden. Im Gegenteil, die republikkritische Opposition musste zusehen, wie eben diese Republik den Ausnahmezustand für sich erfolgreich reklamierte, und das in einer Weise, die alles andere als ›überdemokratisch‹ und ›pazifistisch‹ war. Und das gilt nicht zuletzt für Preußen, das größte und bevölkerungsreichste Land. Der Ausnahmezustand und die Ermächtigungsgesetze waren 1923/24 hier einmal mehr eine Symbiose eingegangen.

Bis 1923 hatte sich eine Vielzahl abgestufter Herrschaftstechniken des Ausnahmezustands auf der Grundlage des Artikels 48 herausgebildet. Die zeitgenössisch gängige und zunächst praktikable Unterscheidung zwischen ›zivilem‹ und ›militärischem‹ Ausnahmezustand (analog zum älteren ›kleinen‹ und ›großen‹ Belagerungszustand) verdeckt seine vielfältigen Erscheinungsformen: (1) den ›kleinen zivilen Ausnahmezustand‹, womit nicht nur eine Verschärfung der allgemeinen Strafbestimmungen, sondern auch eine Suspension der Grundrechtsartikel verbunden sein konnte; (2) den ›zivilen Ausnahmezustand‹ mit einer Bestellung eines zivilen Reichskommissars unter Einsatz von Landespolizei und anderen Sicherheitskräften; (3) den ›militärischen Ausnahmezustand‹, bei dem wie seit Januar 1920 und 1923 der Reichspräsident einem Militärbefehlshaber die vollziehende Gewalt übertrug, neben dem aber unter Umständen ein Zivilkommissar eingesetzt wurde. Auch hier gab es eine Reihe von Abstufungen im Hinblick auf die jeweiligen Befugnisse (für eine detaillierte Übersicht vgl. Poetzsch 1925, 149–158; Mühlhausen 2006, 722–774). Geregelt wurde die Etablierung, die Zusammensetzung und das Prozedere der umstrittenen Sondergerichte, die im Fall des zivilen wie militärischen Ausnahmezustands eingerichtet werden konnten (Poetzsch 1925, 151–154). Daneben gab es andere Sondergerichte, darunter die im Rahmen der Verordnungen zum Schutz der Republik, die der Reichspräsident erstmals nach dem Attentat auf Erzberger und dann mit den wichtigen Verordnungen vom Juni 1922 jeweils auf der Grundlage des Artikel 48 erließ; sie richteten sich zwar zunächst gegen die radikale Rechte, trafen aber in der Folgezeit dann weit stärker die radikale Linke (hierzu fehlt eine genuin historische Studie vgl. Gusy 1991; Hueck 1996).

Polizeilich-militärische Aspekte der öffentlichen Sicherheit und Ordnung waren enger verknüpft mit sozialen und wirtschaftlichen Interventionen, als das auf den ersten Blick erscheinen mag. Die zahlreichen bayerischen Maßnahmen zur Regulierung des Handels, darunter im Bereich der Preistreiberei, sind dafür ein Beispiel. Als interventionistischer Wirtschafts- und Sozialstaat benutzte die Weimarer Republik in den ersten Jahren ihrer Existenz die ihr zur Verfügung stehenden Instrumente außerordentlicher Befugnisse sehr intensiv. Das betraf eine kaum überschaubare Serie von (Not-)Verordnungen und zwar auf Reichs- wie auf Länderebene zur Sicherstellung von Nahrungsmitteln in der Hyperinflation und die wirtschaftlichen Notverordnungen im Zusammenhang mit der Währungsstabilisierung. Das tangierte auch wichtige Aspekte des Sozialstaats, der, wie bereits gezeigt, im Kontext der Demobilmachung neue Gestalt angenommen hatte. Auf Grundlage des Artikels 48 schränkte der Reichspräsident zwischen 1920 bis 1922 das Streikrecht für Arbeiter, Angestellte und Beamte in lebenswichtigen Betrieben ein. Diese Maßnahmen liefen parallel zum Aufbau einer ›Technischen Nothilfe‹ (Kater 1979; Wirsching 1999, 116–119; Reidegeld 2006b, 142 f.). Unter den Bedingungen des Ermächtigungsgesetzes 1923/24 betrieben die Regierungen Stresemann und Marx die Revision des Schlichtungswesens und des Acht-Stundentags; im Bereich der Wohlfahrtspflege wurde in dieser Zeit aber auch die polizeiliche Aufsicht etwa über Obdachlose durch eine fürsorgerische Politik ersetzt (ebd., 140–153; Winkler 1984, 681–689).

Artikel 48 in Verbindung mit den jeweiligen Ermächtigungsgesetzen ermöglichte eine ›Diktatur auf Zeit‹ mit dem Ziel einer Rückkehr zur ›Normalität‹. Als Carl Schmitt und der Staatsrechtlehrer Erwin Jakobi 1924 die Meinung vertraten, dass Artikel 48 nicht nur die Wiederherstellung der zeitweise suspendierten Verfassungsordnung, sondern unbegrenzte Machtfülle einschließlich einer begrenzten Umgestaltung der Verfassung implizierte – etwa im Sinne der Erhaltung eines »organisatorischen Minimums« – stießen sie auf den fast ungeteilten Widerstand ihrer Kollegen. Immerhin zeigten solche Vorstöße wie problematisch der Artikel 48 war. Die zurückliegenden Jahre, insbesondere die Ereignisse 1923, hatten verdeutlicht, welche weitreichenden Vollmachten sich daraus eröffneten. Vor diesem Hintergrund kam es schon seit 1925 zu Gesetzesinitiativen, welche die Ausnahmegewalt eingrenzen sollten, Initiativen, die aber versackten.

Rückkehr zur ›Normalität‹ hieß, dass Teile der Notgesetze *ad acta* gelegt werden konnten und der zeitweise lahmgelegte Parlamentarismus seit 1924 schnell wieder in Gang kam. Deutlich wird das am Beispiel der Behandlung der sogenannten ›Straffreiheitsgesetze‹, mit denen Personen amnestiert wurden, die aufgrund von Verstößen gegen Wirtschaftsgesetze und – weit wichtiger – wegen politischer Vergehen bestraft worden waren (für das Folgende vgl. Christoph 1988; Gusy 1991, 219–243). Seit Kriegsende kam es zu immer neuen Anläufen zur Gewährung von Straffreiheit und Strafmilderung. Der kaiserliche Amnestieerlass vom 12. Oktober 1918 (im Zuge der Parlamentarisierung des Reiches) und die erste politische Generalamnestie der Regierung der Volksbeauftragten betrafen vor allem wirtschaftliche, politische aber teilweise auch andere Straftaten, darunter viele politische – eine solche Klassifikation gab es im eigentlichen Sinne noch nicht – die ihm Rahmen des PrBZG verhängt worden waren. Am 7. Dezember erfolgte eine militärische Amnestie unter die vor allem Strafen wegen Fahnenflucht, Feigheit und Vergehen gegen die militärische Ordnung fielen. Konkrete Zahlen liegen nicht vor, aber sie gehen mit Sicherheit in den hohen sechsstelligen Bereich, wenn man bedenkt, dass allein 1918 weit über 70 739 Personen gegen Wirtschaftsgesetze verstoßen hatten (Christoph 1988, 22) und Fahnenflucht in der zweiten Hälfte 1918 ein weit verbreitetes Phänomen war. Neun Begnadigungsaktionen für politische Straftaten beschloss der Reichstag im Sommer 1921 und 1922. Sie betrafen zum einen die in die revolutionären Kämpfe des Jahres 1919 Involvierten, sowie Beteiligte der Märzaktion im Ruhrrevier 1920 und des mitteldeutschen Aufstandes 1921.

Unter diese Amnestien fielen nicht die Initiatoren und maßgeblich Beteiligten am Kapp-Lüttwitz-Putsch, was erklärt, dass 1925 die DNVP und die KPD das Thema erneut auf die Agenda setzten und zeitweise am selben Strang zogen. Umstritten waren zum einen das Datum der Straftaten – die Zäsur am 1. Oktober 1923 bedeutete, dass viele KPD-Mitglieder und andere Beteiligte der Aufstände 1923 nicht unter die Amnestie fielen – und die Art der unter die Amnestie fallenden Straftaten. Zentrale Bedeutung hatte etwa die Frage, ob Zuchthausstrafen oder Landesverratsdelikte mit einbezogen werden sollten. Die langen Verhandlungen im Reichstag und zwischen dem Reich und den Ländern, die auf der Grundlage des als ›Hindenburg-Amnestie‹ bekannten Straffreiheitsgesetzes vom 17. August 1925 in der Folgezeit jeweils eigene Amnestiegesetze erließen,

zeigten wie schon in früheren Jahren neben dem Gerangel um die Frage, ob die politische Linke oder Rechte durch das Gesetz begünstigt war, das verbreitete Unbehagen vor allem seitens der Vertreter des Justizwesens, dass die Härte des Ausnahmezustands durch die Amnestie aufgeweicht würde. Immerhin waren 1925 im Reich und in den Ländern 29 000 Personen betroffen (vgl. ebd., 21).

Wurde damit nicht die Autorität des Staates in Frage gestellt, wenn Straftaten nach dem Republikschutzgesetz mit einbezogen wurden? War es nicht ein Freibrief für Verbrechen? Wurde mit der Einbeziehung von ›Notdelikten‹ wie ›Notdiebstahl‹ auch im Zusammenhang mit Plünderungen von Lebensmittelgeschäften (nicht im Reichsgesetz, wohl aber in den Gesetzen einiger Länder) nicht nur die zivile Ordnung gefährdet, sondern das wirtschaftliche Notrecht auch übermäßig ausgedehnt, etwa indem Sachsen schon 1923 auch Abtreibungen darunter subsumiert hatte? Neben solche prinzipiellen juristischen Fragen traten 1925 und mehr noch 1927/28, als das Thema erneut zur Verhandlung kam, Überlegungen dahingehend, dass ein Schlussstrich unter die jüngste Vergangenheit zu ziehen sei. Nicht nur in den Reihen radikaler Linker und Rechter, die davon am meisten profitierten, stand dieser Gedanke im Vordergrund, sondern er fand auch Befürworter in den Reihen der Republikaner. Amnestien waren als ein Schlussstrich unter die Zeit der politischen und wirtschaftlichen Krisen gedacht. Die Tatsache, dass das Gesetz 1925 mit dem Namen des Reichspräsidenten in Verbindung gebracht wurde – ähnlich auch die nach dem Reichsjustizminister Erich Koch-Weser (DDP) genannte »Koch-Amnestie« 1928, die anlässlich des Geburtstags Hindenburgs erlassen wurde – konnte nicht darüber hinwegtäuschen, dass es sich um souveräne Akte des Reichstags und der Länderparlamente handelte.

Selbst wenn man die Problematik der Amnestie für die radikalen Parteien im Auge behält, sollte nicht übersehen werden, dass nicht der Reichspräsident, der gerade auch mit Blick auf die politische Rechte die Initiativen befürwortete, sondern die Parteien mit den Amnestiegesetzen wichtige Hinterlassenschaften des zurückliegenden Ausnahmezustands beendeten. Im Zeichen eines funktionierenden Parlamentarismus war der Umfang der Amnestie vielleicht problematisch, aber mit Blick auf das frühere monarchische Gnadenrecht – auch auf einer symbolischen Ebene – konsequent. Wie so vieles in den letzten Jahren der Weimarer Republik entwickelten sich diese Amnestien vor allem seit 1930 zu einem zunehmend absurden Spiel, als sich in einem Moment der sich zuspitzenden politischen Konflikte die radikalen Oppositionsparteien um die Amnestie ihrer Anhänger bemühten.

Ausnahmezustand und Selbstermächtigungen

In der Weimarer Republik entwickelte sich eine politische und soziale Sprache des Ausnahmezustands. Das betraf nicht nur die ›Aufrechterhaltung und Wiederherstellung von Sicherheit und öffentlicher Ordnung‹. Gefragt waren ›Pragmatismus‹, ›kühle Vernunft‹, ›beherztes Durch- und Zugreifen‹ sowie ›(Entscheidungs-)handeln‹. Im Munde republikanischer Politiker wie Gustav Noske, Friedrich Ebert, Carl Severing oder Heinrich Brüning wirkte das staatstragend nüchtern, republikanisch, manchmal auch bellizistisch. Eingewoben waren diese Begriffe in die neusachliche Kultur der Weimarer Republik, sie waren Teil jener »Verhaltenslehre der Kälte« (Helmut Lethen), der Distanz und des Bruchs, mit dem sich auch die Zäsur zur vermeintlich behäbigen Bürgerlichkeit der wilhelminischen Zeit beschreiben ließ (vgl. Lethen 1994).

Von diesem Bruch zeugen neben dem im Ausnahmezustand des Kriegs ›gestählten‹, radikalen Subjektivismus eines Ernst Jünger die elektrisierenden Aphorismen eines Carl Schmitt: »Das Normale beweist nichts, die Ausnahme beweist alles; sie bestätigt nur die Regel, die Regeln leben nur von der Ausnahme. In der Ausnahme durchbricht die Kraft des wirklichen Lebens die Kunst einer in Wiederholung erstarrten Mechanik« (Schmitt 1923, 11). Das waren kühne und elektrisierende Formulierungen, die gleichermaßen Ausdruck wie Bestärkung dieser Mentalitäten des Ausnahmezustands waren. In der Ausnahme bestätigte sich für den Juristen die Existenz und Souveränität des Staates, der sich in Krisensituationen als höchste und absolute Entscheidungsinstanz beweisen musste. Normen waren an den Zustand der Normalität gebunden, im Ausnahmefall waren sie hinfällig, da es keine Norm gebe, »die auf ein Chaos anwendbar wäre« (Schmitt 2009, 19). Das war die Voraussetzung für ordnungsstiftende Maßnahmen.

Wenn man diese Sätze aus dem engeren juristischen Kontext löst – und nicht nur dann – waren sie ambivalent und zweideutig. Denn solche Appelle an die Ausnahme, in der das ›Leben‹ die ›erstarrte Mechanik‹ durchbricht, findet sich auch bei den Avantgarden der Zwischenkriegszeit mit ihren emphatischen Selbstermächtigungen des Redens und Schreibens: Der Bruch mit den Konventionen als Ausnahmezustand, der neue Optionen eröffnete. Auch hier ging es um ›Kampf und Entscheidung‹ (Bielefeld 1994; Krockow 1990; Graf 2011): Entscheidung für oder gegen die ›proletarische Revolution‹, für oder gegen den ›totalen Staat‹, für oder gegen die Nation, Blut oder Rasse. Die Kritik an den Gesetzen und Normen als Ausdruck eines ›erstarrten Rechtspositivismus‹ war ein Grundzug eines diffusen Ausnahmezustandsdenkens, das die Republik durchzog.

Dies illustriert eine auf den ersten Blick nebensächliche Episode. Im Eilverfahren schuf die Regierung Marx mit der 3. Steuernotverordnung Realitäten. Dazu zählten auch Maßnahmen, die Forderungen nach Aufwertung der durch die Hyperinflation geschädigten Gläubiger unterbanden: Die vieldiskutierten Bestimmungen »[Vorkriegsgold-]Mark = [Inflationspapier-]Mark« bedeuteten nichts anderes, als dass die Gläubiger die Folgen der Inflation zu tragen hatten, vor allem aber, dass der Staat sich seiner öffentlichen Schulden entledigte. Protest dagegen formierte sich nicht nur unter den betroffenen Gruppen. An die Spitze stellten sich die im Richterverein des Reichsgerichts zusammengeschlossenen Richter, die die Verordnung in einer aufsehenerregenden Erklärung als einen Verstoß gegen die Verfassung kritisierten. Neben der Tatsache, dass sich Richter des Reichsgerichts ein bis dahin in der deutschen Rechtstradition nicht bekanntes ›Richterrecht‹ anmaßten, ist das unverkennbare Misstrauen gegen das ›positive Recht‹ von Bedeutung. Dass Gesetze, Recht und Gerechtigkeitsempfinden auseinanderdrifteten, ja dass Gesetze wie die 3. Steuernotverordnung ›Unrecht‹ schufen und nicht mit dem ›Volksempfinden‹ übereinstimmten, war der entscheidende Grundton. Unübersehbar waren die naturrechtlichen Begründungen, die sich um die den Gläubigern zustehende ›Gerechtigkeit‹ drehten, mit allem damit verbundenen Misstrauen gegen die Gesetze des republikanischen Staates (vgl. Rüthers 1997; Geyer 1994; 1998, 205–222). Auch wenn die aktivistischen Richter des Reichsgerichts es sicherlich weit von sich gewiesen hätten: Mit ihrer Rebellion gegen die Steuernotverordnung befanden sie sich in einer merkwürdigen Eintracht mit all jenen, die sich mit Hinweis auf den akuten Notstand mittels ›Selbsthilfeaktionen‹ zum Handeln gegen die Gesetze ermächtigt sahen, wie Plünderer von Lebensmittelgeschäften, Kommunisten und rechtsradikale Verbände, die die Revolution planten.

Kennzeichnend für das Not- und Ausnahmezustandsdenken der Weimarer Republik sind die vielfältigen Verschmelzungen des Zivilen und des Militärischen. Der Friede war ein neuer »zur Organisation erhobener Burgfriede« (Geyer 1978). Das Bild der ›belagerten Festung‹ stammte aus dem militärischen Denken und gewann infolge der Präsenz alliierter Truppen auf deutschem Boden an Plausibilität. Diese Kriegsmetaphorik bezog sich zum einen auf die inneren Gegner und Feinde, die, so die vielfachen Erklärungen im Umkreis der Konservativen und der radikalen Rechten, seit dem Krieg dem Feind zuarbeiteten (vgl. Geyer 1978; Barth 2003). Sie bezog sich aber auch auf Individuen und Gruppen, ja ganze Regionen, Städte oder Stadtteile, welche die öffentliche Sicherheit bedrohten (dass städtebauliche, auch sozialpolitische ›Maßnahmen‹ dafür eine Lösung boten, sei hier nur andeutungsweise vermerkt). Zugleich evozierte das Bild der ›belagerten Festung‹ Assoziationen zu der Handelsblockade und dem Hunger und mehr noch zu der militärischen Niederlage im vergangenen Krieg: Der ›totale Krieg‹ und die ›totale Mobilmachung‹ von Heimat und Militär erforderte den ›totalen Staat‹, und zwar als autoritären militärischen Arbeits- und Wohlfahrtsstaat mit allgemeiner Dienstpflicht (vgl. Jünger 1930; 1932; Herbst 1982, 33–92; Koch 2006, 207–259).

Bilder in Zeitschriften wie dem *Simplicissimus* und dem *Kladderadatsch* bearbeiteten intensiv die verschiedensten Szenarien der Belagerung Deutschlands durch die Feindmächte. Der Topos der Demütigung Deutschlands als ›Kolonie‹ mit allen damit verbundenen Anspielungen auf den in den Kolonien praktizierten Ausnahmezustand lebte von den Bildern hungernder Kinder, die durch die Reparationslasten in ihrer jetzigen und künftigen Entwicklung bedroht waren, von den Bildern von durch Besatzungssoldaten sexuell bedrohten Frauen sowie von Bildern eines schwächlichen, wirtschaftlich erschöpften deutschen Michels. Hervor sticht die allenthalben anzutreffende, post-koloniale Verkehrung der Fronten, namentlich der Einsatz französisch-afrikanischer Kolonialtruppen gegen die weiße deutsche Bevölkerung. Und diese Bilder ließen keinen Zweifel daran, dass der vermeintlich ›koloniale Zustand‹ Deutschlands gleichbedeutend mit einem permanenten Ausnahmezustand war. Hand in Hand damit gingen auch hier vielfach in Form von Bildern formulierte Appelle an ein kollektives Widerstandsrecht, das quasi naturrechtlich in der Existenznot des Einzelnen wie der Nation begründet war. Die Aufrufe und Durchhalteappelle der Regierungen, die Heroisierungspraxis der

Helden des ›passiven Widerstands‹, die sich 1923 der Besatzungsmacht entgegenstellten, sowie die Agitation gegen den Young-Plan waren durchzogen von solchen Argumenten (vgl. Wigger 2007; Koller 2001).

›Selbsthilfe‹, ›nationaler Notstand‹, ›übergesetzlicher Notstand‹ und ›Nothilfe‹ sind Topoi des Ausnahmezustandsdenkens, die sich in verschiedenen semantischen Kombinationen auffinden lassen. Das Urbild des ›übergesetzlichen Notstandes‹ tauchte 1927 bezeichnenderweise im Kontext einer Entscheidung des Reichsgerichts als Rechtfertigung der Unterbrechung der Schwangerschaft auf und zwar im Kontext der Güterabwägung zwischen dem Leben und Tod der Mutter (Siegert 1931; Radbruch 1998, 60). Alles deutet darauf hin, dass es von hier in den politischen Diskurs der radikalen Rechte wanderte. Auf einen solchen ›übergesetzlichen Notstand‹ berief sich dann auch die zur Selbstjustiz greifende schleswig-holsteinische Landvolkbewegung mit ihrem Führer Claus Heim, die mit ihren Boykott- und Selbsthilfeaktionen nicht zufällig zum Helden der radikalen Rechten wurde (Luetgebrune 1931; Otto-Morris 2013). Die Verteidiger der ›Fememörder‹, d. h. von Angehörigen der sogenannten ›schwarzen Reichswehr‹, die ›Verräter‹ aus den eigenen Reihen ermordet hatten und sich dafür vor Gericht verantworten mussten, beriefen sich auf die ›nationale Notwehr‹, einen ›übergesetzlichen Notstand‹ und ein ungeschriebenes Recht, das sich angeblich im ›gesunden Volksempfinden‹ offenbare. Die ›Nothilfe‹ erwuchs aus der ›Not des Staates‹ und der gefährdeten völkischen Ordnung (zur Diskussion Boldt 1937). Aktivisten rechtfertigten damit so unterschiedliche Dinge wie den Kapp-Putsch, die Störung von Theaterstücken der Avantgarde oder eben den Fememord. 1923 wären solche ›Maßnahmen‹ zum Schutz der inneren und äußeren Ordnung erforderlich gewesen, so das Argument der Verteidiger der Fememörder. »Nur wenn es um das Volk als solches geht, um die Nation und um den Staat, kann der übergesetzliche Notstand bejaht werden, niemals wenn es sich um Einzelinteressen oder Parteiinteressen handelt«, argumentierte später der bekannte Anwalt der Fememörder Friedrich Grimm (Grimm 1938, 35; Grosshut 1962, 149–51; Sauer 2004). Hier findet sich der Bezug nicht nur auf den Staat und dessen Leben, sondern auch auf das Volk. Akteure solcher Fememordaktionen waren – auch wenn die Rolle einzelner Vertreter der Reichswehr umstritten war – nicht staatliche Instanzen, sondern Individuen und Gruppen, die sich selbst ermächtigt sahen, die erforderlichen Maßnahmen zu ergreifen.

Beim Fememord handelte es sich, wie der Chronist des politischen Mordes, Emil Gumbel, 1929 schrieb, um eine Tat »auf Grund eines Spruchs oder eines Befehls einer bestimmten Gemeinschaft oder ihres Leiters in Ausübung einer privaten, selbstherrlichen ›Justiz‹, oder nur auf Grund einer Verabredung einzelner Mitglieder dieser Gemeinschaft« (Gumbel 1929, 16 f.). Diese kritische Charakterisierung des Fememords trifft zweifellos auch auf das von Bertolt Brecht in Zusammenarbeit mit dem Komponisten Hanns Eisler entwickelte und 1930 aufgeführte Theaterstück *Die Maßnahme* zu: Russische Revolutionäre, die nach China eingedrungen waren, sahen sich in diesem Lehrstück gezwungen, zum Wohl der Revolution den unzuverlässigen Mitstreiter zu töten, um nicht enttarnt zu werden. Zu verteidigen hatten sie sich dafür vor einem ›Kontrollchor‹, der diese ›Maßnahme‹ billigte (Brecht 1998).

Hitler und die Nationalsozialisten hatten nie einen Zweifel an ihrer Verachtung rechtsstaatlicher Praxis aufkommen lassen: Nützlich war, was der Rasse und der Nation diente, was weitreichende Ermächtigungen implizierte. Dazu zählten, ganz in der Tradition des Antisemitismus des 19. Jahrhunderts, ›Ausnahmegesetze‹ gegen Juden, die diese außerhalb der zivilen und der staatlichen Rechtsordnung stellten. Dazu zählten aber auch der Boykott jüdischer Geschäfte mit oder ohne direkte Gewaltaktionen (Ahlheim 2008; Wildt 2007). Ähnliches galt für die ›Novemberverbrecher‹, denen (im Übrigen ganz in der Terminologie des alten PrBZG) der Prozess wegen Landesverrat und Anstiftung zum Aufruhr gemacht werden sollte. Der »übergesetzliche Notstand« im Kontext von § 218 fand sich schon 1933 im »Gesetz zur Verhütung erbkranken Nachwuchses« wieder (Radbruch 1998, 63). Die nationalsozialistische Programmatik der fundamentalen Verneinung – bürgerlicher Normen, des Rechtsstaats, des Parlamentarismus und der Republik (und de facto auch der Monarchie) – bedeutete nichts anderes, als den Ausnahmezustand unter der Fahne des ›Führerprinzips‹ zum zentralen Ordnungsprinzip zu erheben.

Schwebezustand: Aporien des präsidialen Maßnahmenstaates

Es gab andere Gründe, warum seit 1930 die Themen ›Notstand‹, ›Ausnahmezustand‹ und ›Diktatur des Reichspräsidenten‹ in den öffentlichen Debatten wieder allgegenwärtig waren. Der ›wirtschaftliche Notstand‹ wurde zur Signatur der Zeit und überschattete andere Ereignisse. In allen größeren Städten waren Aktionen der Nothilfe, darunter Nothilfesammlungen, für Arbeitslose, Obdachlose und Hungernde notwendig (Kilian 2013). Die Not der Landbevölkerung schrieb sich die Landvolkbewegung auf die Fahnen. Dass die wenigen Jahre der Nachkriegsprosperität zu Ende waren und dass die Wirtschaftskrise länger dauern würde als viele erwartet hatten, zeigte sich mit großer Dramatik im Sommer 1931 (vgl. Winkler 1987; James 1988). Die schwere Bankenkrise 1931 drohte die Wirtschaft in den Abgrund zu ziehen und mündete – unter den Bedingungen der sich zuspitzenden wirtschaftlichen Krise – in eine ganze Serie umfassender staatlicher Notverordnungen, darunter die Verstaatlichung und Regulierung der Großbanken und die finanziellen Rettungsaktionen des Reiches für einzelne Unternehmen. Schon das Präsidialkabinett Brüning forcierte den Abbau des Weimarer Sozialstaates und riss mit Initiativen für einen Abbau von Preisen und Löhnen alte Wunden auf. Der Kanzler wurde in der Öffentlichkeit als ›Hungerkanzler‹ geschmäht, was viele Assoziationen an die Zeit des Weltkriegs wachrief.

Vor ähnlichen Problemen standen auch andere Länder, in denen die Weltwirtschaftskrise Formen des politischen und wirtschaftlichen Ausnahmezustands provozierte (vgl. Folz 1962; Neocleous 2008, 51–57). Die deutsche Situation war aber infolge der spezifischen Verquickung von Wirtschafts- und Staatskrise von Anfang an besonders explosiv. Dazu trugen vielerorts Unruhen und blutige Auseinandersetzung bei, die die ›öffentliche Sicherheit und Ordnung‹ auf die Tagesordnung setzten. Die neue politische Gewaltserie begann noch vor der Wirtschaftskrise. Eine erste Eskalation kam mit der erwähnten Landvolkbewegung in Schleswig-Holstein. Zu einer unnötigen Eskalation kam es in den ersten Maitagen 1929 in Berlin, als der sozialdemokratische Polizeipräsident nicht nur ein öffentliches Versammlungsverbot erließ, sondern mit Polizeieinheiten gegen kommunistische Demonstrationszüge in den Berliner Arbeitervierteln vorging. Drei Tage lang lieferten sich Polizei und Demonstranten Straßenschlachten, über Teile der Stadt wurde der Ausnahmezustand verhängt, und die Polizei setzte scharfe Munition sowie mit Maschinengewehren bestückte Fahrzeuge ein. Mit über 30 toten Demonstranten und vielen Verletzten auf beiden Seiten gingen die Ereignisse als ›Blutmai‹ in die Geschichte ein. Sie gaben einen Vorgeschmack auf die sich seit 1930 in vielen Städten ausbreitenden Auseinandersetzungen zwischen politischen Gruppen und paramilitärischen Verbänden, eingekeilt dazwischen die öffentlichen Sicherheitsorgane. Trotz der meist regionalen Dimension solcher Unruhen evozierte diese sich ausbreitende, medial gezielt verbreitete politische Gewalt einmal mehr das Gespenst eines bevorstehenden Bürgerkriegs und des zivilen Notstands (Wirsching 1999; Blasius 2005).

Die Wirtschaftskrise und Fragen der öffentlichen Sicherheit waren überschattet von einer zunehmenden Lähmung des Reichstags und damit einer Krise des Parlamentarismus. Das Zerbrechen der Großen Koalition unter Hermann Müller im März 1930 und die Bildung der Präsidialregierung unter Heinrich Brüning mit der Auflösung des Reichstags, nachdem dieser Einspruch gegen die geplante Notverordnung erhoben hatte, waren wichtige Etappen auf dem Weg in die Weimarer Staatskrise. Die vielstimmige Rede war von einem ›Verfassungsnotstand‹, ja einer ›Verfassungslähmung‹, die grundlegende (Verfassungs-) Reformen erforderlich machen würde (vgl. Winkler 1987, 802–809; Blomeyer 1999, 191–247). Diese Konstellation eröffnete politische Chancen im Sinne einer Revision des Status quo und damit kritische Grenzüberschreitungen, die zügig aufeinander folgten: Ende Mai 1932 die Bildung des Kabinetts der ›nationalen Konzentration‹ unter Franz von Papen, Anfang Dezember das Kabinett Kurt von Schleichers und am 30. Januar 1933 die folgenreiche Übertragung der Reichskanzlerschaft an Adolf Hitler und seine Koalitionspartner aus den Reihen der DNVP (vgl. Winkler 1992; zusammenfassend Kolb/Schumann 2013, 124–146, 220–222).

Ohne Unterstützung durch die Parteien im Parlament wurde das politische System zunehmend unkalkulierbar. Wie nicht nur Brüning feststellen musste, lag das zum einen an der Person des Reichspräsidenten und der ihn umgebenden, eigene Pläne und Intrigen schmiedenden Kamarilla. Zum anderen führten die Erfolge der NSDAP erstmals bei den vorzeitigen Neuwahlen im September 1930 und im Juli 1932 zur politischen Blockade. Die radikal-oppositionellen Parteien KPD und NSDAP waren damit in der Lage, jede Regierung zu Fall zu bringen. Vor diesem Hintergrund sind die Debatten über die ›Verfassungslähmung‹ zu verstehen, die zum absurden Katz-und-Maus-Spiel führten: Einerseits präsidiale Notverordnungen und andererseits Aufhebung dieser Notverordnungen durch den Reichstag, gegebenenfalls in Verbindung mit Misstrauensanträgen, die in der Folge wiederum die erneute Auflösung des

Reichstags, dem eigentlichen Verlierer dieses Spiels, nach sich zogen. Immobilisierte Regierungen im Kontext wirtschaftlicher Notlagen inmitten einer Kultur von Gewalt in den Straßen, die als ›Bürgerkrieg‹ systematisch publizistisch aufbereitet wurde, haben die Weimarer Republik nachhaltig diskreditiert. Sie waren Ausdruck einer Staatskrise, wobei die Rede darüber ihrerseits wiederum diese Krise befeuerte. In dieser Konstellation verließen vor allem die bürgerlichen Organisationen, Parteien und Wähler, die die im Krieg entstandene Weimarer Ordnungskoalition aufrechterhalten hatten, das Schiff fluchtartig, und zwar ohne konkretes Ziel vor Augen.

Die auf den ersten Blick verwirrende Ereignisgeschichte dieser Zeit haben Historikerinnen und Historiker detailliert nachgezeichnet. Dazu gehört die Frage, ob, wie und zu welchem Zeitpunkt einzelne Personen und Gruppen die Zerstörung der Weimarer Republik mehr oder wenig systematisch betrieben haben, wobei die (Fehl-)Konstruktion des Artikels 48 WRV und die Ausweitung präsidialer Befugnisse, darunter die erst 1923/24 eingeführte Praxis der wirtschaftlichen Notverordnungen, viel Aufmerksamkeit gefunden hat (vgl. Blomeyer 1999; Kolb/Schumann 2013, 130–153, 255–278). Die Praxis, mit Hilfe des Ausnahmezustands zu regieren, war nicht neu. Die ›Diktatur auf Zeit‹ war eine ebenso eingeübte Praxis, wie das Justieren von ordnungspolitischen Stellschrauben im Bereich der Finanz- und Sozialpolitik mittels Notverordnungen. Der Ausnahmezustand hatte sich als ein Bestandteil der republikanischen politischen Praxis erwiesen, dessen Defizite und Gefahren für den parlamentarischen Prozess viele Zeitgenossen zwar erkannten, die sie aber, ganz im Gegensatz zu vielen Nachlebenden mit ihren gelegentlich etwas besserwisserischen Ratschlägen an die damaligen Akteure, vor dem Hintergrund der zurückliegenden, überwundenen politischen und wirtschaftlichen Krisen, auch nicht übermäßig dramatisierten.

Immerhin, schon aus der rückblickenden Betrachtung der frühen 1930er Jahre war klar, dass sich mittels des Ausnahmezustands Strukturen und Praxisformen hatten etablieren können, die sich in dem Augenblick als höchst problematisch erweisen sollten, als seit 1929/30 die Große Koalition scheiterte und Revisionen und Pläne für eine Überwindung nicht nur des (verfassungs-)politischen Status quo in den Vordergrund rückten. Dazu zählten erstens die Bemühungen um Revisionen im Bereich der Wirtschafts- und Sozialpolitik, die (wenn auch nicht nur) im Kontext der Bemühungen Brünings um das Aussetzen der Reparationen zu sehen sind. Sein Nachfolger Papen setzte gezielt auf Revisionen der Weimarer Verfassung, wobei die Konturen des »Neuen Staates« (Schotte 1932) vage umrissen blieben und »aus heutiger Sicht phantastisch« und »einigermaßen realitätsfern« anmuten (Pyta/Kolb 1992, 163). Dazu zählte zweitens im Sommer 1932 auch die Zerschlagung des republikanischen ›Bollwerks‹ Preußen, die Absetzung der (nach den vorangegangenen Wahlen in Preußen nur mehr) geschäftsführenden preußischen Regierung und die Einsetzung eines Reichskommissars. Die Kontrolle über die preußische Polizei war ein Ziel; das andere eine umfassende, schon lange diskutierte Reichsreform. Verknüpft waren diese Bemühungen drittens mit Bemühungen der Reichswehr um Wiederaufrüstung und Remilitarisierung, notfalls auch gegen die Republik.

Offen blieb dabei die Frage, wie, ob und welche ›zuverlässigen‹ nationalen Verbände in die neu aufzubauenden Wehrstrukturen integriert werden könnten. Unklar war, ob die Reichswehr sich unter den Bedingungen des erklärten militärischen Ausnahmezustands in einen Bürgerkrieg einmischen oder ihn sogar provozieren würde. Die Prognosen dafür waren, wie sich Papen sagen lassen musste, nicht günstig. Die Reichswehr, so das Ergebnis eines ›Planspiels‹ unter Regie des Generalmajors Eugen Ott, das auch vor dem Hintergrund des Berliner Verkehrsarbeiterstreiks im November 1932 zu sehen ist, könne sich im Bürgerkrieg gegen linke und rechte Gruppen, die sich möglicherweise im Kampf gegen die Ordnungskräfte verbünden würden, nicht nur nicht behaupten, sondern wäre auch nicht in der Lage, gleichzeitig einen drohenden Krieg gegen Polen zu führen (Geyer 1980, 214; Pyta/Kolb 1992, 171–175; Pyta 1992). Das hieß noch lange nicht, dass die Planungen für einen möglichen Einsatz nicht auf Hochtouren liefen und in der Zeit der Reichskanzlerschaft Schleichers vorangetrieben wurden (ebd.).

Die Geschichte der Präsidialkabinette und ihrer weitreichenden diktatorischen Ermächtigungen ist eine Geschichte der Illusionen und Täuschungen. Der Grund dafür ist in der rückwärtsgewandten Erwartungshaltung der zeitgenössischen politischen Akteure zu suchen, die alle nur möglichen Grenzüberschreitungen planten und im Bereich der Sozial- und Wirtschaftsverfassung auch vorantrieben und dabei dennoch merkwürdig in den Grenzen des vielfach verformten und als revisionsbedürftig erachteten Systems blieben. Zu sehen ist das an Schleichers Plänen, den Reichstag ohne die parallele Ansetzung von Neuwahlen aufzulösen, die NSDAP und die KPD zu verbieten und gegebenenfalls mittels des fest eingeplanten militärischen Ausnahmezustands zu unterdrücken. Nach einer Beruhigung der politischen und der wirtschaftlichen Lage, wäre demnach eine Rückkehr zu früheren Verhältnissen möglich gewesen – haben auch Historiker mit Blick auf mögliche, letzte Alternativen zum Hitlerregime argumentiert (Pyta/Kolb 1992). Hindenburg konnte Papen damit im Januar 1933 nicht überzeugen, da sich dieser – zumindest auf den ersten Blick – verfassungskonform verhielt und auf die Bildung einer mehrheitsfähigen Regierung unter Hitler zu setzen begann, die er bis dahin abgelehnt hatte, die dann am 30. Januar aber realisiert wurde.

Die Möglichkeiten des Ausnahmezustands schufen nicht nur den Boden für Illusionen, sondern aktivierten just die Geister, die es zu bannen galt. Peter Blomeyer hat diesen Punkt in Auseinandersetzung mit Carl Schmitts Hypostasierung des Staates als Alternative zum gewaltenteilenden Verfassungsstaat prägnant auf den Punkt gebracht: Wer über den Eintritt des Ausnahmezustands entscheidet »ist nicht souverän, sondern eröffnet den Kampf um die Souveränität, von dem niemand weiß, wie er ausgeht« (Blomeyer 1999, 406 f.). In vielerlei Hinsicht erinnert das an die Konstellation im Weltkrieg – mit einem entscheidenden Unterschied. Im Zuge der Weltwirtschaftskrise zerbrach jene Notkoalition des Kriegs, die sich um einen reformistischen, ›starken Staat‹ gesammelt hatte, der sich bis dahin behaupten konnte. Die Staatskrise lief seit 1930 auf eine Anarchisierung des politischen Prozesses hinaus, die sich aber nicht allein mit den Strukturproblemen des Parlamentarismus erklären lässt. Vielmehr war sie essentieller Teil des präsidialen Herrschaftssystems und der Anwendung des Ausnahmezustands: Es ist eine Geschichte von Täuschungsmanövern und Intrigen, von taktischen Bündnissen und Spaltungsmanövern, nicht zuletzt aber auch von sich selbst verzehrenden Optionen, die ihrerseits in ›Ausweglosigkeiten‹ mündeten und damit einen Hohn für den verklärten ›Dezisionismus‹ darstellen, den viele umso nachhaltiger einforderten. Am Schluss triumphierte nicht der jenseits der Parteiinteressen neu zu organisierende Staat, sondern eine politische Bewegung, die sich diesen Staat aneignete. Die neue Regierung war zwar ein genuines Produkt der Hinterzimmerpolitik des Präsidialregimes, das sie binnen kurzer Zeit zugleich unwiederbringlich überwand, so wie das neue Regime jede andere, frühere Regierungsform hinter sich ließ.

Die Auflösung des Reichstags und die Ankündigung von Neuwahlen gehörten zu den ersten politischen Akten der am 31. Januar auf die Regierungsbank gehievten Regierung unter Adolf Hitler. Zugleich hatte Hitler schon im Vorfeld seiner Ernennung kategorisch auf Neuwahlen gesetzt, und das im Konflikt mit seinem Koalitionspartner dem deutschnationalen Alfred Hugenberg. Von Anfang an baute Hitler auf ein Ermächtigungsgesetz des Reichstags, das ihm, wie er meinte, der bestehende Reichstag nicht bewilligen werde (Winkler 1987, 860).

1914 – 1933: Die Alternative des totalen Maßnahmenstaats

»Die Verfassung des Dritten Reiches ist der Belagerungszustand. Seine Verfassungsurkunde ist die Notverordnung zum Schutz von Volk und Staat vom 28. Februar 1933«, lautet die prägnante Formulierung, mit der Ernst Fraenkel 1941 das erste Kapitel seiner in der Emigration veröffentlichten Darstellung des nationalsozialistischen »Doppelstaat[s]« einleitete: Der Maßnahmenstaat war für den früheren Berliner Anwalt das »Herrschaftssystem der unbeschränkten Willkür und Gewalt, das durch keinerlei rechtliche Garantien eingeschränkt ist«; unter »Normenstaat« verstand er das Regierungssystem, »das mit weitgehenden Herrschaftsbefugnissen zwecks Aufrechterhaltung der Rechtsordnung ausgestattet ist, wie sie in Gesetzen, Gerichtsentscheidungen und Verwaltungsakten der Exekutive zum Ausdruck kommt«. Mit dem Begriff »Doppelstaat« verwies Fraenkel auf das aus seiner Sicht bezeichnende Nebeneinander dieser beiden Staatsformen im Nationalsozialismus (Fraenkel 2001, 55). Die Begriffe »martial law« für Belagerungszustand und »prerogative state« für Maßnahmenstaat können im Englischen nicht die gleichen Assoziationen evozieren wie im Deutschen – ein Punkt, der leicht übersehen wird (dies geschieht auch bei Wildt 2006). Tatsächlich stellt Fraenkel den »Doppelstaat« in eine Genealogie des staats- und naturrechtlichen Denkens seit der Frühen Neuzeit. Referenz erweist er nicht dem im Hintergrund stehenden Carl Schmitt, sondern dem inzwischen ebenfalls in die USA emigrierten, an der New Yorker School for Social Research tätigen Emil Lederer, in dessen akademischem Umfeld sich Fraenkel in den USA bewegte.

Wie dargestellt, hatte Lederer im Weltkrieg von »zwei Staaten« gesprochen, die sich in Form einer Dichotomie gegenüberstünden: Einerseits zwischen (macht-)staatlichem militärischen Denken und Praxisformen, die in ihrer reinen Form im militärischen Belagerungszustand und dem Maßnahmenstaat verkörpert würden und andererseits dem parlamentarisch-konstitutionellen Rechtsstaat. Wie für eine ganze Generation war der Krieg auch für Fraenkel ein Kampf um die Entscheidung, auch wenn er das nicht so formulierte: Besagter »Dualismus« sei 1917 mit aller Gewalt ausgetragen worden, als die »Reichstagsmehrheit mit der Vaterlandspartei die Klingen kreuzte« (Fraenkel 2001, 220). Die hieraus resultierende Konkurrenzsituation schien nach der ›Novemberrevolution‹ und der Republikgründung endgültig überwunden, zu Unrecht, wie Fraenkel meinte: Der alte »Machtstaatsgedanke« und seine Verfechter lebten, auch nachdem die »traditional legitimierten Herrschaftsträger von der Bühne verschwanden«, fort. Sie hatten zwei Alternativen:

> Entweder (a) *praeter legem* eine außerhalb der rechtsstaatlichen Ordnung stehende politische Gewalt zu etablieren und die Verfassung mit dem Ziel der Begründung eines autoritären Machtstaates zu revidieren, oder (b) *contra legem* eine Diktatur an die Stelle der rationalen rechtsstaatlichen Verfassungsordnung zu setzen. Diese Diktatur würde alsdann sowohl von den traditionellen Schranken der Monarchie als auch von den rationalen Schranken der republikanischen Verfassung losgelöst sein (ebd., 221).

Die »Ära Brüning«, damit meinte Fraenkel das System der Präsidialkabinette, beschritt den ersten Weg, wobei, so seine Beobachtung, »vorübergehend das vertraute Bild des dualistischen Staates auftauchte«, und zwar in der Form des Nebeneinanders der Präsidialgewalt aufgrund Artikel 48 WRV und der »Aufrechterhaltung eines beträchtlichen Teiles der rechtsstaatlichen Ordnung« (ebd., 20 f.). Das Scheitern dieser Option öffnete den Weg für die »vollständige Annullierung der Entscheidung von 1918«, mithin dem Jahr, als im Umfeld der Vaterlandspartei und der Alldeutschen Bewegung in München der »Ausschuß für einen deutschen Arbeiterfrieden« gegründet worden war, aus dem die NSDAP hervorgehen sollte. Das Ziel der Partei war es zu realisieren, was im zurückliegenden Krieg misslungen war, nämlich »die militärische und wirtschaftliche Mobilmachung durch die politische Mobilmachung zu ergänzen« (ebd., 202). Der Satz, »die Verfassung des Dritten Reichs ist der Belagerungszustand«, ist damit – ganz im Sinne der zeitgenössischen Debatten um den »totalen Krieg« – doppeldeutig: Da ist zum einen der Staat und seine Sozial- und Wirtschaftsverfassung im Zustand eines – nicht-erklärten – Kriegszustandes mit dem Ziel der totalen Kriegsmobilisierung; zum anderen der formale Belagerungszustand in der

Tradition des PrBZG (mit den von Fraenkel unterschlagenen Traditionslinien, die in die 1920er Jahre führen) als konkrete »Staatsverfassung«, die sich in Form, der »Verordnung zum Schutz von Volk und Staat« vom 27. Februar 1933, der sogenannten ›Reichstagsbrandverordnung‹, konkretisierte.

Es gehört zu den Merkwürdigkeiten der Historiographie, dass seit einem halben Jahrhundert eine Vielzahl von zeitgeschichtlichen Arbeiten – auch mit Hinweis auf Fraenkel – die Anfänge des »totalitären Maßnahmenstaates« (Schulz 1960; Raithel/Strenge 2000) im Jahr 1933 beschrieben haben, ohne dabei die in die Kriegs- und Vorkriegszeit zurückführenden Kontinuitätslinien anzusprechen; dies gilt selbst für Thomas Raithel und Irene Strenge, die die Reichstagsbrandverordnung systematisch und plausibel mit der konkreten Handhabung des Artikel 48 seit 1919 in Verbindung gebracht haben (Raithel/ Strenge 2000). Diese Leerstelle ist einigermaßen verwunderlich, bedenkt man, dass die nationalsozialistische, aber auch die deutschnationale Hugenberg-Propaganda zweifellos alles getan hatte, um die Ereignisse seit dem 30. Januar in Verbindung mit der Zeit der überschwänglich stilisierten, nationalen Euphorie im Juli und August 1914 zu bringen: Ein neues, »zweites August-Wunder« (*Deutsche Zeitung*), das in eingeübter rhetorischer und propagandistischer Manier in Kontrast gesetzt wurde zum Ausgang des Kriegs, der vermeintlichen Schuld der ›Novemberverbrecher‹ und nicht zuletzt der ›Schmach‹ der folgenden 14 Jahre der Republik (Evans 2003, 417–421). Die Massendemonstrationen am Abend des 30. Januar bis weit in die Nacht hinein, in denen zehntausende nicht nur NS-Mitglieder dem Reichskanzler und dem Reichspräsidenten huldigten, mochten in der Tat Erinnerungen zu evozieren, zumal sie ebenfalls wie 1914 sofort medial über Bilder und Filme vermittelt wurden. Dass der zum einfachen, unbekannten Zivilisten und Weltkriegssoldaten stilisierte Hitler, den der Fotograf Hoffmann in einer dieser nationalen Kundgebungen 1914 in München fotografiert haben will, 1933 just die Rolle einnahm, die zuvor der Hassfeind der politischen Rechten, Bethmann Hollweg, eingenommen hatte, ist auch mit Blick auf die bekannte Kritik der Radikalen an der ›schwächlichen‹ Politik der politischen Elite des Kaiserreichs, nicht ohne Pointe (Fritzsche 1998, 137–214).

Der Reichspräsident ermächtigte am 28. Februar mit der sogenannten ›Reichstagsbrandverordnung‹ nicht wie 1914 der Kaiser das Militär, sondern die Reichsregierung und damit den Reichskanzler; dem folgte am 23. März das Ermächtigungsgesetz, das unschwer auch in der Tradition des Ermächtigungsgesetzes vom 4. August 1914 und späterer Ermächtigungsgesetze zu sehen ist.

Tatsächlich erscheinen die Etappen der nationalsozialistischen Machtetablierung seit dem Februar 1933 als eine Wiederholung der Vergangenheit: der Vergangenheit als unterlassenen Möglichkeitsform, wobei nun alle Optionen ausgeschöpft wurden, die auszuschöpfen das Kaiserreich unterlassen hatte. Das Skript hieß Belagerungszustand, der in der Hand des Reichskanzlers zum Dauerzustand erhoben wurde. Wie 1914 war es am 24. März 1933 ein Ermächtigungsgesetz, mit dem der – um die KPD dezimierte – Reichstag diesen Prozess der Ermächtigung abschloss. Dazwischen lag der ›Tag von Potsdam‹, jenes denkwürdige nationale Spektakel in der Potsdamer Garnisonskirche. Der gemeinsame Auftritt des Reichspräsidenten und des Reichskanzlers, eingerahmt vom Militär, den nationalen Verbänden und Vertretern der bürgerlichen Parteien, beschwor nicht nur Kontinuitäten der preußischen Tradition, sondern auch den in der zurückliegenden jüngsten Geschichte vermissten Gleichklang zwischen Staatsoberhaupt, militärischer Führung und ziviler Reichsleitung.

Die Umwälzungen 1933 haben Historiker zwar kaum in diesem Kontext, so doch im Detail und Verlauf sehr ausführlich und nuanciert beschrieben, so dass im Folgenden nur einige wenige Punkte eher pauschal angesprochen werden.

Im Gegensatz zu den versöhnlichen Formeln des Kaiser am 4. August und der darauf aufbauenden Burgfriedenspolitik, setzten die Nationalsozialisten (1) unmissverständlich auf die Bekämpfung der ›inneren Feinde‹, die 1914 eben nicht, wie geplant, in Schutzhaft genommen worden waren. Die Evozierung einer ›nationalen Revolution‹ in den Reden Hitlers und seiner Gefolgschaft und damit eines revolutionären Rechts (mit vielen Anspielungen auf die Revolution 1918/19) ging einher mit einem praktizierten Ausnahmezustand der Gewalt ›von unten‹, der insbesondere von der SA entfacht und getragen wurde und der sich gegen alle nur möglichen Gegner des Regimes – vor allem aber zunächst gegen Kommunisten, Sozialisten, dann Juden und andere missliebige Personen – richtete. Seit dem 22. Februar konnten SA, SS und Stahlhelm als freiwillige Hilfspolizei eingesetzt werden. Wenige Tage zuvor hatte Hermann Göring in seiner Funktion als kommissarischer preußischer Innenminister unmissverständlich erklärt, dass die preußische Polizei die »nationalen Verbände« und »nationalen Parteien« im Wahlkampf zu unterstützen hätte; dagegen sei dem »Treiben staatsfeindlicher Organisationen« mit den schärfsten Mitteln entgegenzutreten: »Polizeibeamte, die in Ausübung ihrer Pflichten von der Schußwaffe Gebrauch machen, werden ohne Rücksicht auf die Folgen des Schußwaffengebrauchs von mir gedeckt; wer hingegen in falscher Rücksichtnahme versagt, hat dienststrafrechtliche Folgen zu gewärtigen« (zit. n. Gruchmann 2001, 320). Solche Ermächtigungen im Kontext eines vielfach beschworenen »Bürgerkriegs« schufen eine eigene Realität der Gewalt, wobei auch alte Rechnungen aus früheren Jahren beglichen wurden.

Die Reichstagsbrandverordnung folgte (2) der Tradition des Belagerungszustands und der Praxis der Weimarer Republik, ging aber zugleich weit darüber hinaus. Daher rührt die nicht zu unterschätzende Plausibilität der Verordnung für die Zeitgenossen. Der Weltkrieg war ein Krieg der Verordnungen gewesen, und zwar von militärischen wie von zivilen Stellen, und eine Vielzahl von (Not-)Verordnungen des Reichspräsidenten hatten seit 1919 zum Schutz der öffentlichen Sicherheit und Ordnung nach Artikel 48 temporär den militärischen oder zivilen Ausnahmezustand verhängt und wirtschaftliche und fiskalische Regelungen getroffen. Diesen Weg beschritt auch das neue Regime, mit zahlreichen (Not-)Verordnungen (Morsey 1992, 7). Dazu zählt auch die »Verordnung zum Schutze des deutschen Volkes« vom 4. Februar (RGBl. 1933 I, 35). Sie stammte noch aus der Zeit der Regierung Schleicher und ermächtigte (im Sinne eines zivilen Ausnahmezustands) den Reichsinnenminister und die obersten Landesbehörden, Versammlungen und Publikationen zu verbieten und die Schutzhaft zu verhängen, wobei diese an konkrete Delikte gebunden war und ein formalisiertes rechtsstaatliches Procedere des Einspruchs vorsah (mithin jenes Verfahren, das sich seit der Initiative des Reichstags 1916 etabliert hatte und später weiterentwickelt worden war, vgl. Drobisch 1993, 25). Offenbar gab es schon vor dem Reichstagsbrand Pläne zur Verschärfungen dieser Verordnung. In der hoch-emotionalen und rhetorisch eskalierenden Atmosphäre eines vermeintlichen Fanals zum kommunistischen Aufstand und des ›Bürgerkriegs‹, übernahm Reichsinnenminister Wilhelm Frick die Ausarbeitung der »Verordnung zum Schutz von Volk und Staat« vom 28. Februar 1933, an der verschiedene Dienststellen und das Kabinett Änderungen anbrachten (Raithel/Strenge 2000, 427–434; Gruchmann 2001, 535–544). Wie seit 1919 üblich, taucht im Text weder der Begriff ›Belagerungszustand‹ noch

der des ›Ausnahmezustands‹ auf. Im Rahmen des bis dahin Üblichen, war auch die Tatsache, dass die Verordnung Grundrechte »bis auf weiteres außer Kraft« setzte: die Freiheit der Person, die Unverletzbarkeit der Wohnung, die Meinungsfreiheit, das Brief- und Fernsprechgeheimnis, die Meinungsfreiheit, die Versammlungsfreiheit, das Vereinigungsrecht, einschließlich der »Gewährleistung des Eigentums«. Das in der Präambel erklärte Ziel war nicht wie in der Weimarer Zeit üblich die »Wiederherstellung von Sicherheit und Ordnung«, sondern konkret die »Abwehr kommunistischer staatsgefährdender Gewaltakte«.

Damit war ein klarer Gegner benannt, wenngleich jeder, der gegen die »zur Durchführung dieser Verordnung erlassenen Anordnungen« verstieß (§ 4,1) oder »zu gemeingefährlichen Zuwiderhandlungen auffordert oder anreizt« (§ 4, 3) mit Gefängnis bzw. Zuchthaus bestraft werde konnte. § 5 bestimmte Strafverschärfungen für einzelne Delikte des Strafgesetzbuchs – darunter Hochverrat, Giftbeibringung, Brandstiftung, Explosion, Beschädigungen von Eisenbahnanlagen und Verursachung von Überschwemmungen (§ 5,1) sowie schweren Aufruhr und schweren Landfriedensbruch (§ 5, 2) – die sich alle am PrBZG und früheren Verordnungen orientierten und zugleich neue Tatbestände wie die Durchführung, Mithilfe oder Aufforderung zur Tötung des »Reichspräsidenten oder ein[es] Mitglied[es] oder ein[es] Kommissars der Reichsregierung oder einer Landesregierung« (§ 5,2) einführten.

Der entscheidende Unterschied zu allen Vorläufern war die Tatsache, dass die ›Reichstagsbrandverordnung‹ zeitlich nicht befristet war (und bis zum Ende des ›Dritten Reiches‹ auch nicht aufgehoben wurde), womit die Ausnahmebestimmungen zum Regelzustand erhoben wurden. Etabliert wurde nicht ein militärischer, sondern ein ziviler und zwar *reichsweiter* Ausnahmezustand. Angesichts der in das Kaiserreich zurückreichenden Widerstände des Militärs gegen einen Einsatz im Kontext innerer Konflikte, der Probleme, auf die das Militär im Krieg stieß, wenn es um die Lösung administrativ-ziviler Fragen ging, nicht zuletzt aber vor dem Hintergrund der Diskussionen von 1932 über den militärischen Ausnahmezustand im Kontext des ›Planspiels Ott‹ und dem wechselseitigen Misstrauen zwischen NS-Führung und einzelnen Militärs, ist das zwar bemerkenswert, wenn auch nicht ganz verwunderlich.

Der zivile reichsweite Ausnahmezustand war in dieser Form neuartig (so wie der militärische reichsweite Ausnahmezustand nur einmal mit der Verordnung vom 26. September 1923 etabliert worden war, vgl. Raithel/Strenge 2000, 431, 439–441). Der Reichsregierung wurden außerordentliche, nicht näher spezifizierte Anordnungsbefugnisse übertragen (§ 2). Das war 1933 zweifellos wohl kalkuliert, wenn auch nicht ohne Ironie, war doch der zivile Ausnahmezustand in der Weimarer Republik als Kontrolle militärischer Macht durch zivile Instanzen gedacht gewesen. Wie sich zeigte, waren die zivilen Instanzen nun nicht mehr zu kontrollieren, und das umso mehr, als die Reichsregierung zur »Wiederherstellung der öffentlichen Sicherheit und Ordnung« die Befugnisse der Landesbehörden »vorübergehend wahrnehmen« konnte (§ 3), ohne dass dies der Reichspräsident anordnen musste (wie Artikel 48, 1 WRV bestimmte), und die Länder und Gemeinden den Anordnungen des Reichsregierung Folge zu leisten hatten. Damit waren die Voraussetzungen nicht nur für die ›Gleichschaltung‹ der Länder, sondern auch für die Kontrolle über die Polizei geschaffen. Mindestens genauso interessant ist das Fehlen bestimmter früherer Regelungen: ›Die Schutzhaft‹ wurde nicht mehr erwähnt, vor allem aber gab es keine juristischen Verfahrens- und Beschwerdebestimmungen mehr (wenngleich es auch dafür Präzedenzfälle in der Weimarer Republik gab, vgl. Drobisch 1993, 25–28; Raithel/Strenge 2000, 437).

Das auf umfassende Ermächtigung abzielende »Gesetz zur Behebung der Not von Volk und Reich« vom 28. März gab der neuen Regierung Hitler Vollmachten, wie sie keine der früheren Regierungen, die sich auf ähnliche Ermächtigungsgesetze hatte stützen können, besessen hatte. Trotz vieler Illusionen und (Selbst-)Täuschungen wurde von zahlreichen Zeitgenossen bemerkt, dass damit endgültig eine Grenze überschritten wurde: »Aber wir müssen auch durch dieses Nadelöhr durch und der Staat von Weimar ist begraben«, so der Reichstagsabgeordnete der aus der Demokratischen Partei hervorgegangenen Staatspartei, Reinhold Maier, in einem Brief an seine Frau (zit. n. Morsey 1992, 26). Das Gesetz war an die Dauer der Regierung Hitler gebunden und zeitlich zunächst auf vier Jahre befristet. Von entscheidender Bedeutung war § 2: »Die von der Reichsregierung beschlossenen Reichsgesetze können von der Reichsverfassung abweichen, soweit sie nicht die Einrichtung des Reichstags und des Reichsrats als solche zum Gegenstand haben«. Bestimmungen über etwaige Kontrollmöglichkeiten durch den Reichstag oder Reichsrat fehlten. In Verbindung mit der ›Reichstagsbrandverordnung‹ garantierte diese außerordentliche Gesetzesmacht die Voraussetzung für eine »souveräne (Führer-)Diktatur«.

Unmissverständlich lieferte Hitler eine historische Begründung des Ermächtigungsgesetzes: Innerhalb weniger Wochen seit der Machtübernahme am 30. Januar waren die »seit dem November 1918 herrschenden Mächte beseitigt und in einer Revolution die öffentliche Gewalt in die Hand der nationalen Führung gelegt« worden (zit. n. Morsey 1992, 26). Auf diesem Weg galt es nun weiterzugehen. Mit dem Appell, dass nun die »wirkliche Volksgemeinschaft über die Interessen und Gegensätze der Stände und Klassen« trete, knüpfte Hitler an die Rede des Kaisers im August 1914 an, wohl wissend, dass es sich dabei inzwischen um einen weit verbreiteten, überparteilichen Topos handelte. Der Hinweis auf die »wirkliche Volksgemeinschaft« verweist auf ein früheres Scheitern: »diejenigen Elemente [seien] von der Einflussnahme auf die Gestaltung des Leben[s] der Nation« fernzuhalten, »die bewusst und mit Absicht dieses Leben negierten«. Eine »monarchische Restauration« stand ohnehin für Hitler nicht zur Debatte. Die Idee einer neuen Verfassung, »die den Willen des Volkes mit der Autorität einer wirklichen Führung verbindet«, kann gleichermaßen als Kritik der Republik wie des Kaiserreichs gelesen werden. Der Reichstag war dabei nicht die Verkörperung des Volkswillens. Zwar wollte auch Hitler nicht den »Reichstag als solchen« aufheben; im Gegenteil, er behielt sich »auch für die Zukunft vor, ihn von Zeit zu Zeit über seine Maßnahmen zu unterrichten oder aus bestimmten Gründen, wenn zweckmäßig, auch seine Stimmung einzuholen« (ebd., 31); dennoch sollte er zukünftig nicht mehr als ein Mittel der Akklamation sein.

Fehlentwicklungen seit dem Krieg galt es zu korrigieren, das war der ›nationale‹ Grundkonsens des Jahres 1933. Deutlich wird dieser Punkt in Carl Schmitts bekanntem Aufsatz »Der Führer schützt das Recht«: »Das starke, von Bismarck gegründete Deutsche Reich«, so der Jurist, der zustimmend – von ihm in Anführungszeichen gesetzte – Passagen aus der Rede des ›Führers‹ im Reichstag am 13. Juli 1934 zitierte und kommentierte, war

> während des Krieges zusammengebrochen, weil es im entscheidenden Augenblick nicht die Kraft hatte, ›von seinen Kriegsartikeln Gebrauch zu machen‹. Durch die Denkweise eines liberalen ›Rechtsstaats‹ gelähmt, fand eine politisch instinktlose Zivilbürokratie nicht den Mut, Meuterer und Staatsfeinde nach verdientem Recht zu behandeln (Schmitt 1934, 945).

Schmitt ließ keinen Zweifel daran, was nach dem Ende des »alte(n) und kranke(n) Zeitalters« die Quellen der neuen Rechtspraxis waren: das »Lebensrecht des Volkes«, das der Führer kraft seines »Führertums« schütze (ebd.; vgl. auch Mehring 2009, 352 f.).

Deutschland befand sich seit 1933 im Ausnahmezustand, der bis zum Ende des ›Dritten Reichs‹ dauerte. Das traf zunächst all diejenigen, die als ›Staats- und Volksfeinde‹ stigmatisiert und verfolgt wurden und die nicht auf den nach wie vor bestehenden – wie sich schnell zeigte, selbst brüchigen – ›Normenstaat‹ vertrauen konnten, sondern die volle Wucht des ausgrenzenden und vernichtenden totalitären ›Maßnahmenstaats‹ zu spüren bekamen. Politische Ermächtigungen verliefen parallel zu Selbstermächtigungen von Gruppen und Personen, die auf eigene Initiative hin sich nicht nur in Form eines vorauseilenden Gehorsams dem neuen Regime anpassten, sondern von Anfang an seine Radikalisierung vorantrieben. Ermächtigt sah sich eine »Generation des Unbedingten«, die geübt im Freund-Feind-Denken war, die Denklogik in Dezision verinnerlicht hatte und mit einer Mischung aus Zynismus und Spott, den Parlamentarismus, Humanitarismus, Liberalismus und das darauf aufliegende System von Rechten abtat (vgl. Herbert 1996; Wildt 2003). Die zunächst vielfach hastig etablierten Konzentrationslager wurden schnell nicht nur zu Symbolen, sondern auch zu Orten, in denen der Ausnahmezustand ohne Grenzen herrschte. Die Verhängung der Schutzhaft war nicht länger zeitlich oder verfahrensrechtlich beschränkt. Im System der Lager und Ghettos, das sich dann vor allem im Zweiten Weltkrieg krakenhaft ausbreitete, fand dieser Ausnahmezustand als Modell einer Organisation der Gesellschaft seinen klarsten Ausdruck (Sofsky 1993; Gruchmann 2001, 545–582; Benz/Distel 2001).

Widerstand?

Die Staatspraxis nicht nur des nationalsozialistischen Deutschlands, sondern auch der liberalen Demokratien (ganz zu schweigen von der stalinistischen Sowjetunion) in ihrem Kampf gegen die wirtschaftliche Notlage, innere Feinde und innenpolitische Turbulenzen warfen in den 1930er Jahren viele Fragen hinsichtlich der Zukunft der Anwendung des Ausnahmezustands auf. Handelte es sich noch um eine Übergangserscheinung oder schon um eine neue Form von Gouvernementalität, die seit dem Ersten Weltkrieg zunehmend an Boden gewonnen hatte? Gab es einen Ausnahmezustand ohne förmliche Erklärungen, etwa in der Form »einer Abmachung zwischen den beteiligten Stellen«, wie die national-

sozialistischen Organisatoren des Terrors im ›Generalgouvernement‹ besorgt auch mit Blick auf ausländische Beobachter formulierten (Protokoll 1943, 542). Unterschied sich die Entwicklung in Europa so wesentlich vom Zustand in den kolonialen Peripherien? Und nicht zuletzt: Welche Formen des Widerstands konnte es geben? Walter Benjamin gab darauf in seinem Beitrag *Über den Begriff der Geschichte*, der 1942 in der vom Institut für Sozialforschung in Los Angeles herausgegebenen *Zeitschrift für Sozialforschung* erschien, eine kryptische Antwort:

> Die Tradition der Unterdrückten belehrt uns darüber, daß der ›Ausnahmezustand‹, in dem wir leben, die Regel ist. Wir müssen zu einem Begriff der Geschichte kommen, der dem entspricht. Dann wird uns als unsere Aufgabe die Herbeiführung des wirklichen Ausnahmezustands vor Augen stehen; und dadurch wird unsere Position im Kampf gegen den Faschismus sich verbessern. Dessen Chance besteht nicht zuletzt darin, daß die Gegner ihm im Namen des Fortschritts als einer historischen Norm begegnen. – Das Staunen darüber, daß die Dinge, die wir erleben, im zwanzigsten Jahrhundert ›noch‹ möglich sind, ist kein philosophisches. Es steht nicht am Anfang einer Erkenntnis, es sei denn der, dass die Vorstellung von Geschichte, aus der es stammt, nicht zu halten ist (Benjamin 1991, 697).

Das Staunen über die Dauerhaftigkeit des als ›Ausnahme‹ und nicht als ›Norm‹ gedachten Belagerungszustands steht am Anfang der Krise liberaler politischer wie wirtschaftlicher Ordnungsmodelle, die sich in die Gesellschaften der Zwischenkriegszeit eingenistet hatte. Wenige Bereiche blieben davon unberührt. In den Ausführungen Benjamins vermag man Anklänge an Carl Schmitt und mehr noch an Emil Lederer erkennen, der schon 1915 auf das explosive Potential des Widerstands hingewiesen hatte, das der Belagerungszustand zu provozieren vermochte. Die Alternative, nämlich den ›wirklichen Ausnahmezustand‹ herbeizuführen, appellierte an einen Menschen in der Revolte und an revolutionäre Selbstermächtigungen der Unterdrückten und Besiegten. Ohne auf theoretische Begründungen angewiesen zu sein, beschreibt das zu einem guten Teil die revolutionären Aktionen der Jahre 1917–1920. Zweifellos inspirierten solche Vorstellungen antifaschistische Aktionskomitees wie dann auch antikoloniale Bewegungen, die sich zunächst mit einem verschärften Ausnahmezustand konfrontiert sahen (Morton 2013). Verlängert wurden damit über die erste Hälfte des 20. Jahrhunderts hinaus die Aporien des Ausnahmezustands, die nicht zuletzt darin zu suchen sind, dass der Ausnahmezustand weniger Ordnung zu schaffen vermag als viele seine Verfechter erwarten.

Literatur

Agamben, Giorgio: *Ausnahmezustand* (Homo Saccer II, 1). Frankfurt a. M. ²2004 (ital. 1995).

Ahlheim, Hannah: *»Deutsche, kauft nicht bei Juden!«. Antisemitismus und politischer Boykott in Deutschland 1924 bis 1935.* Göttingen 2011.

Arendt, Hannah: *Elemente und Ursprünge totaler Herrschaft* [1955]. München/Zürich 1995.

Auer, Ignaz: *Nach zehn Jahren. Material und Glossen zur Geschichte des Sozialistengesetzes.* Nürnberg 1929.

Ballreich, Hans: *Das Staatsnotrecht in Belgien, Frankreich, Großbritannien, Italien, den Niederlanden, der Schweiz und den Vereinigten Staaten von Amerika.* Köln/Berlin 1955.

Barth, Boris: *Dolchstoßlegenden und politische Desintegration. Das Trauma der deutschen Niederlage im Ersten Weltkrieg 1914–1933.* Düsseldorf 2003.

Barth, Boris: Die Freikorpskämpfe in Posen und Oberschlesien 1919–1921. Ein Beitrag zum deutsch-polnischen Konflikt nach dem Ersten Weltkrieg. In: Dietmar Neutatz (Hg.): *Die Deutschen und das östliche Europa. Aspekte einer vielfältigen Beziehungsgeschichte.* Essen 2006, 317–334.

Barth, Boris: Freiwilligenverbände in der Novemberrevolution. In: Rüdiger Bergien/Ralf Pröve (Hg.): *Spießer, Patrioten, Revolutionäre. Militärische Mobilisierung und gesellschaftliche Ordnung in der Neuzeit.* Göttingen 2010, 95–115.

Bayerlein, H. Bernhard (Hg.): *Deutscher Oktober 1923. Ein Revolutionsplan und sein Scheitern.* Berlin 2003.

Benjamin Walter: Über den Begriff der Geschichte. In: Rolf Tiedemann/Hermann Schweppenhäuser (Hg.): *Walter Benjamin, Gesammelte Schriften.* Frankfurt a. M. 1991, 691–704.

Benz, Wolfgang/Distel, Barbara (Hg.): *Terror ohne System. Die ersten Konzentrationslager im Nationalsozialismus 1933–1935.* Berlin 2001.

Bergien, Rüdiger: *Die bellizistische Republik. Wehrkonsens und ›Wehrhaftmachung‹ in Deutschland 1918–1933.* München 2012.

Bessel, Richard: *Germany after the First World War.* Oxford 1993.

Bielefeld, Heiner: *Kampf und Entscheidung. Politischer Existentialismus bei Carl Schmitt, Helmuth Plessner und Karl Jaspers.* Würzburg 1994.

Bjork, James/Gerwarth, Robert: The Annaberg as a German-Polish Lieu de Memoire. In: *German History* 25 (2007), 372–400.

Blasius, Dirk: *Weimars Ende. Bürgerkrieg und Politik 1930–1933.* Göttingen 2005.

Blomeyer, Peter: *Der Notstand in den letzten Jahren von Weimar.* Berlin 1999.

Boldt, Gottfried: Staatsnotwehr und Staatsnotstand. In: *Zeitschrift für die gesamte Strafrechtswissenschaft* 56 (1937), 183–226.

Boldt, Hans: *Rechtsstaat und Ausnahmezustand. Eine Studie über den Belagerungszustand als Ausnahmezustand des bürgerlichen Rechtsstaates im 19. Jahrhundert.* Berlin 1967.

Boldt, Hans: Ausnahmezustand, necessitas publica, Belagerungszustand, Kriegszustand, Staatsnotstand, Staatsnotrecht. In: Otto Brunner/Werner Conze/Reinhart Koselleck (Hg.): *Geschichtliche Grundbegriffe, Bd. 1.* Stuttgart 1972, 343–376.

Boldt, Hans: Der Artikel 48 der Weimarer Reichsverfassung. In: Michael Stürmer (Hg.): *Die Weimarer Republik.* Königstein i.T. ⁴1994, 288–309.

Boll, Friedhelm: Hungerstreiks und Jugendunruhen. In: Birgit Pollmann (Hg.): *Schicht, Protest, Revolution in Braunschweig 1892 bis 1947/48. Beiträge zu einem Kolloquium der Technischen Universität Braunschweig, des Instituts für Sozialgeschichte und des Kulturamtes der Stadt Braunschweig vom 26. bis 28. Oktober 1992.* Braunschweig 1995, 197–224.

Brecht, Bertolt: *Die Maßnahme* [1930]. Zwei Fassungen. Anmerkungen. Frankfurt a. M. 1998.

Bruendel, Steffen: *Volksgemeinschaft oder Volksstaat. Die ›Ideen von 1914‹ und die Neuordnung Deutschlands im Ersten Weltkrieg.* Berlin 2003.

Bührer, Tanja: *Die Kaiserliche Schutztruppe für Deutsch-Ostafrika. Koloniale Sicherheitspolitik und transkulturelle Kriegführung 1895–1918.* München 2011.

Burchardt, Lothar: Zwischen Kriegsgewinnen und Kriegskosten. Krupp im Ersten Weltkrieg. In: *Zeitschrift für Unternehmensgeschichte* 32 (1987), 71–122.

Buschmann, Birgit: *Unternehmenspolitik in der Kriegswirtschaft und der Inflation. Die Daimler Motoren-Gesellschaft 1914–1923.* Stuttgart 1998.

Canning, Kathleen: Sexual crisis and the writing of citizenship. Reflections on states of exception in Germany, 1914–1920. In: Dies. (Hg.): *Staats-Gewalt. Ausnahmezustand und Sicherheitsregime. Historische Perspektiven.* Göttingen 2008, 169–213.

Chickering, Roger: World war I and the theory of total war. Reflections on the british and german cases 1914–1915. In: Ders./Stig Förster (Hg.): *Great War, Total War. Combat and Mobilization on the Western Front, 1914–1918.* Washington, D.C./Cambridge, Mass. 2000, 35–53.

Christoph, Jürgen: *Die politischen Reichsamnestien 1918–1933.* Frankfurt a. M. 1988.

Davis, Belinda: *Home Fires Burning. Daily Life and Politics in World War I Berlin.* Chapel Hill 2000.

Deist, Wilhelm (Hg.): *Militär und Innenpolitik im Weltkrieg 1914–1919.* 2 Bde. Düsseldorf 1970.

Deist, Wilhelm: Die Armee in Staat und Gesellschaft 1890–1914. In: Ders. (Hg.): *Militär, Staat und Gesellschaft. Studien zur preußisch-deutschen Militärgeschichte.* München 1991a, 19–42.

Deist, Wilhelm: Voraussetzungen innenpolitischen Handelns des Militärs im Ersten Weltkrieg. In: Ders. (Hg.): *Militär, Staat und Gesellschaft. Studien zur preußisch-deutschen Militärgeschichte.* München 1991b, 103–152.

Deist, Wilhelm: Das Militär an der Heimatfront 1914 bis 1918 und 1939 bis 1945. In: Bruno Thoß (Hg.): *Erster Weltkrieg, Zweiter Weltkrieg. Ein Vergleich.* Paderborn 2002, 375–389.

Delbrück, Hans: Bismarcks letzte politische Idee. In: *Preußische Jahrbücher* 147 (1912), 1–16.

Delbrück, Hans: *Bismarcks Erbe.* Berlin/Wien 1915.

Deuerlein, Ernst: *Der Hitler-Putsch. Bayerische Dokumente zum 8./9. 11. 1923.* Stuttgart 1962.

Discher, Holm: *Staatsstreichgedanken bei Bismarck. Unter besonderer Berücksichtigung der Staatsstreichpläne von 1889/90.* Saarbrücken 2008.

Drobisch, Klaus/Wieland, Günter: *System der NS-Konzentrationslager 1933–1939*. Berlin 1993.

Eckert, Andreas: Vom Segen der (Staats-)Gewalt. Staat, Verwaltung und koloniale Herrschaftspraxis in Afrika. In: Alf Lüdtke/Michael Wildt (Hg.): *Staats-Gewalt. Ausnahmezustand und Sicherheitsregime. Historische Perspektiven*. Göttingen 2008, 147–165.

Ehlert, Hans Gotthard: *Die wirtschaftliche Zentralbehörde des Deutschen Reiches 1914 bis 1919. Das Problem der ›Gemeinwirtschaft‹ in Krieg und Frieden*. Wiesbaden 1982.

Eilers, Sylvia: *Ermächtigungsgesetz und militärischer Ausnahmezustand zur Zeit des ersten Kabinetts von Reichskanzler Wilhelm Marx 1923/24*. Köln 1988.

Eliasberg, George: *Der Ruhrkrieg von 1920*. Bonn/Bad Godesberg 1974.

Erger, Johannes: *Der Kapp-Lüttwitz-Putsch. Ein Beitrag zur deutschen Innenpolitik 1919/20*. Düsseldorf 1967.

Ernst, Josef: *Kapptage im Industriegebiet. Nach Tagebuchblättern und Akten*. Hagen 1921.

Evans, Richard: *Das Dritte Reich, Bd. 1. Aufstieg*. München 2003.

Falck, Chrisoph: Der Ausnahmezustand in den deutschen Schutzgebieten. In: *Koloniale Rundschau* (1916), 211–227.

Feldman, Gerald D.: *Army, Industry and Labor in Germany 1914–1918*. Princeton 1966.

Feldman, Gerald D.: Die Demobilmachung und die Sozialordnung der Zwischenkriegszeit in Europa. In: *Geschichte und Gesellschaft* 9 (1993a), 156–177.

Feldman, Gerald D.: *The Great Disorder. Politics, Economics, and Society in the German Inflation, 1914–1924*. New York/Oxford 1993b.

Flemming, Jens/Saul, Klaus/Witt, Peter-Christian (Hg.): *Lebenswelten im Ausnahmezustand. Die Deutschen, der Alltag und der Krieg, 1914–1918*. Frankfurt a. M. 2011.

Folz, Hans-Ernst: *Staatsnotrecht und Notstandsrecht*. Köln 1962.

Fraenkel, Ernst: *Der Doppelstaat*. Hamburg ²2001 (engl. 1941).

Freymann, Daniel (Class, Heinrich): *Wenn ich der Kaiser wär‹. Politische Wahrheiten und Notwendigkeiten* [1912]. Leipzig ⁵1914.

Fritzsche, Peter: *Germans into Nazis*. Cambridge, Mass. 1998.

Gasteiger, Daniela: *Kuno von Westarp (1864–1945): Führung und Krise im deutschen Konservatismus*, Phil. Diss. München 2014.

Gemelin, Hans: Der Ausnahmezustand. In: Gerhard Anschütz (Hg.): *Handbuch der Politik, Bd. 3. Die politische Erneuerung*. Berlin/Leipzig ³1921, 156–160.

Gerwarth, Robert/Malinowski, Stephan: Europäische Kolonialgewalt und nationalsozialistische Vernichtungspolitik. In: *Geschichte und Gesellschaft* 33 (2007), 439–466.

Gerwarth, Robert: The central european counter-revolution. Paramilitary violence in germany, austria and hungary after the great war. In: *Past and Present* 200 (2008), 175–209.

Geyer, Martin H.: Teuerungsprotest, Konsumentenpolitik und soziale Gerechtigkeit während der Inflation. München 1920–23. In: *Archiv für Sozialgeschichte* 30 (1990), 181–215.

Geyer, Martin H.: Recht, Gerechtigkeit und Gesetze. Reichsgerichtsrat Zeiler und die Inflation. In: *Zeitschrift für Neuere Rechtsgeschichte* 4 (1994), 349–372.

Geyer, Martin H.: *Verkehrte Welt. Revolution, Inflation und Moderne. München 1914–1924*. Göttingen 1998.

Geyer, Michael: Der zur Organisation erhobene Burgfrieden. In: Klaus-Jürgen Müller/Klaus Opitz (Hg.): *Militär und Militarismus in der Weimarer Republik*. Düsseldorf 1978, 15–100.

Geyer, Michael: *Aufrüstung oder Sicherheit. Die Reichswehr in der Krise der Machtpolitik*. Wiesbaden 1980.

Geyer, Michael: *Deutsche Rüstungspolitik 1860–1980*. Frankfurt a. M. 1984.

Graf, Friedrich Wilhelm: Die ›antihistorische Revolution‹ in der protestantischen Theologie der zwanziger Jahre. In: Ders. (Hg.): *Der heilige Zeitgeist*. Tübingen 2011, 111–137.

Grau, Richard: *Die Diktaturgewalt des Reichspräsidenten und der Landesregierungen aufgrund des Artikels 48 der Reichsverfassung*. Berlin 1922.

Grimm, Friedrich: *Politischer Mord und Heldenverehrung. Vortrag, gehalten auf der Arbeitstagung des Rechtsamtes der Auslandsorganisation der NSDAP. Aus Anlass der sechsten Reichstagung der Auslandsdeutschen in Stuttgart am 27. August 1938*. Berlin 1938.

Grosshut, Friedrich Sally: *Staatsnot, Recht und Gewalt*. Nürnberg 1962.

Gruchmann, Lothar: *Justiz im Dritten Reich. Anpassung und Unterwerfung in der Ära Gürtner*. München 2001.

Gumbel, Emil Julius: ›*Verräter verfallen der Feme‹. Opfer, Mörder, Richter*. Berlin 1929.

Gusy, Christoph: *Weimar, die wehrlose Republik. Verfassungsschutzrecht und Verfassungsschutz in der Weimarer Republik*. Tübingen 1991.

Haupt, Heinz-Gerhard: Gewalt in Teuerungsunruhen in europäischen Großstädten zu Beginn des 20. Jahrhunderts. Ein Überblick. In: Friedrich Lenger/Elisabeth Müller-Luckner (Hg.): *Kollektive Gewalt in der Stadt. Europa 1890–1939*. München 2013, 167–186.

Heimes, Alexander: *Die Rechtsordnung des außerordentlichen Kriegsgerichts in Dortmund 1919–1920*. Münster 2004.

Herbert, Ulrich: *Best. Biographische Studien über Radikalismus, Weltanschauung und Vernunft, 1903–1989*. Bonn ²1996.

Herbst, Ludolf: *Der Totale Krieg und die Ordnung der Wirtschaft. Die Kriegswirtschaft im Spannungsfeld von Politik, Ideologie und Propaganda 1939–1945*. Stuttgart 1982.

Herz, Rolf/Halfbrodt, Dirk: *Revolution und Fotografie. München 1918/19*. Berlin 1988.

Herzfeld, Wieland: Schutzhaft. Erlebnisse vom 7. bis 20. März 1919 bei den Berliner Ordnungstruppen. In: Ders. (Hg.): *Zur Sache geschrieben und gesprochen zwischen 18 und 80*. Berlin/Weimar 1976, 31–50.

Huber, Ernst Rudolf: *Deutsche Verfassungsgeschichte seit 1789. Bd. VI: Die Weimarer Reichsverfassung*. Stuttgart 1975a.

Huber, Ernst Rudolf: Militärgewalt, Notstandsgewalt, Verfassungsschutzgewalt in den Konflikten zwischen Bayern und Reich. In: Ders. (Hg.): *Bewahrung und Wandlung. Studien zur deutschen Staatstheorie und Verfassungstheorie*. Berlin 1975, 171–192.

Huber, Ernst Rudolf: *Deutsche Verfassungsgeschichte seit 1789. Bd. V.: Weltkrieg, Revolution und Reichserneuerung*. Stuttgart 1978a.

Huber, Ernst Rudolf: *Dokumente zur deutschen Verfassungsgeschichte*. 4 Bde. Stuttgart 1978b.

Huber, Ernst Rudolf: *Deutsche Verfassungsgeschichte seit 1789*. Bd. VII: Ausbau, Schutz und Untergang der Weimarer Republik. Stuttgart 1984.

Hueck, Ingo J.: *Der Staatsgerichtshof zum Schutze der Republik*. Tübingen 1996.

Hull, Isabel von: *Absolute Destruction. Military Culture and the Practices of War in Imperial Germany*. Ithaca/NY. 2005.

Hürten, Heinz: *Reichswehr und Ausnahmezustand*. Düsseldorf 1977.

Hürten, Heinz: *Das Krisenjahr 1923. Militär und Innenpolitik 1922–1924*. Düsseldorf 1980.

Jacobi, Ernst: Die Diktatur des Reichspräsidenten nach Art. 48 der Reichsverfassung. In: *Veröffentlichung der Vereinigung deutscher Strafrechtslehrer* (1925), 105–136.

James, Harold: *Deutschland in der Weltwirtschaftskrise 1924–1936*. Stuttgart 1988.

Jünger, Ernst (Hg.): *Krieg und Krieger*. Berlin 1930.

Jünger, Ernst: *Der Arbeiter. Herrschaft und Gestalt*. Hamburg ²1932.

Kater, Michael: Die ›Technische Nothilfe‹ im Spannungsfeld von Arbeiterunruhen, Unternehmerinteressen und Parteipolitik. In: *Vierteljahreshefte für Zeitgeschichte* 27 (1979), 30–79.

Kaufmann, Erich: *Das Wesen des Völkerrechts und die Clausula rebus sic stantibus. Rechtsphilosophische Studie zum Rechts-, Staats-, und Vertragsbegriffe*. Tübingen 1911.

Kessler, Harry Graf: *Das Tagebuch*. Bd. 7: 1919–23. Stuttgart 2007.

Kilian, Lothar: *Die unbekannte Winterhilfe. Die großen Nothilfesammlungen in den Krisenjahren der Weimarer Republik*. Paderborn 2013.

Kimmel, Hans-Dieter: *Der Belagerungs- bzw. Ausnahmezustand im Deutschen Reich von 1919–1921*. Göttingen 1971.

Kitchen, Martin: *The Silent Dictatorship*. London 1976.

Fabian Klose, *Menschenrechte im Schatten kolonialer Gewalt. Die Dekolonisierungskriege in Kenia und Algerien 1945–1962*. München 2009.

Koch, Lars: *Der Erste Weltkrieg als Medium der Gegenmoderne. Zu den Werken von Walter Flex und Ernst Jünger*. Würzburg 2006.

Kohler, Josef: *Not kennt kein Gebot. Die Theorie des Notrechtes und die Ereignisse der Zeit*. Berlin/Leipzig 1915.

Kolb, Eberhard/Schumann, Dirk: *Die Weimarer Republik*. München ⁸2013.

Koller, Christian: ›*Von Wilden aller Rassen niedergemetzelt‹. Die Diskussion um die Verwendung von Kolonialtruppen in Europa zwischen Kolonial- und Militärpolitik (1914–1930)*. Stuttgart 2001.

Korb, Axel Johann: *Kelsens Kritiker*. Tübingen 2010.

Koszyk, Kurt: *Deutsche Pressepolitik im 1. Weltkrieg*. Düsseldorf 1968.

Krockow, Christian Graf von: *Die Entscheidung. Eine Untersuchung über Ernst Jünger, Carl Schmitt, Martin Heidegger*. Frankfurt a. M./New York 1990.

Kundrus, Birthe: *Kriegerfrauen, Familienpolitik und Geschlechterverhältnisse im Ersten und Zweiten Weltkrieg*. Hamburg 1995.

Laband, Paul: *Das Staatrecht des deutschen Reiches*, 4. Bde. Tübingen ⁵1911–1914.

Lange, Thomas: *Bayern im Ausnahmezustand 1919–1923. Zur politischen Funktion des bayerischen Ausnahmerechts in den ersten Jahren der Weimarer Republik*. München 1989.

Laschitza, Annelise: *Die Liebknechts. Karl und Sophie, Politik und Familie*. Berlin 2007.

Lederer, Emil: Zur Soziologie des Weltkriegs. In: *Archiv für Sozialwissenschaft und Sozialpolitik* 39 (1914/15), 347–384.

Lederer, Emil: *State of the Masses. The Threat of Classless Society*. New York 1940.

Lefèvre, Andrea: Lebensmittelunruhen in Berlin 1920–23. In: Manfred Gailus/Heinrich Volkmann (Hg.): *Der Kampf um das tägliche Brot. Nahrungsmangel, Versorgungspolitik und Protest 1700 – 1990*. Opladen 1994, 446–360.

Lethen, Helmut: *Verhaltenslehren der Kälte. Lebensversuche zwischen den Kriegen*. Frankfurt a. M. 1994.

Liebig, Hans Freiherr von: *Die Politik von Bethmann-Hollwegs [sic!]. Eine Studie. Teil I. Das B-System vor dem Kriege; Teil II. Das B-System im Kriege. Als Handschrift gedruckt. Streng vertraulich*. o. O. o. J.

Llanque, Marcus: *Demokratisches Denken im Krieg. Die deutsche Debatte im Ersten Weltkrieg*. Berlin 2000.

Lucas, Erhard: *Märzrevolution 1920*. 3 Bde. Frankfurt a. M. 1974–1978.

Lüdtke, Alf: ›*Gemeinwohl‹, Polizei und ›Festungspraxis‹. Staatliche Gewaltsamkeit und innere Verwaltung in Preußen, 1815–1850*. Göttingen 1982.

Lüdtke, Alf: Hunger in der Großen Depression. Hungererfahrungen und Hungerpolitik am Ende der Weimarer Republik. In: *Archiv für Sozialgeschichte* 27 (1987), 145–176.

Luetgebrune, Walter: *Neu-Preußens Bauernkrieg. Entstehung und Kampf der Landvolkbewegung*. Hamburg 1931.

Mackey, Richard W.: *The Zabern Affair, 1913–1914*. Lanham 1991.

Mai, Gunther: *Das Ende des Kaiserreichs. Politik und Kriegführung im Ersten Weltkrieg*. München ³1997.

Mallmann, Rudolf: *Recht und Pflichten in den deutschen Schutzgebieten*. Berlin 1913.

Mann, Michael: Das Gewaltdispositiv des modernen Kolonialismus. In: Mihran Dabag/Horst Gründer/Uwe-K. Ketelsen (Hg.): *Kolonialismus, Kolonialdiskurs und Genozid*. München 2004, 111–35.

Mehring, Reinhard: *Carl Schmitt. Aufstieg und Fall*. München 2009.

Mergel, Thomas: *Parlamentarische Kultur in der Weimarer Republik. Politische Kommunikation, symbolische Politik und Öffentlichkeit im Reichstag*. Düsseldorf 2005.

Mertens, Peter: *Zivil-militärische Zusammenarbeit während des Ersten Weltkriegs. Die ›Nebenregierung‹ der Militärbefehlshaber im Königreich Sachsen*. Leipzig 2004.

Morsey, Rudolf (Hg.): *Das ›Ermächtigungsgesetz‹ vom 24. März 1933. Quellen zur Geschichte und Interpretation des ›Gesetzes zur Behebung der Not von Volk und Reich‹*. Düsseldorf 1992.

Morton, Stephan: *States of Emergency. Colonialism, Literature and Law*. Liverpool 2013.

Mühlhausen, Walter: *Friedrich Ebert 1871–1925. Reichspräsident der Weimarer Republik*. Bonn 2006.

Müller, Seven Oliver: *Die Nation als Waffe und Vorstellung. Nationalismus in Deutschland und Großbritannien im Ersten Weltkrieg*. Göttingen 2002.

Nebelin, Manfred: *Ludendorff. Diktatur im Ersten Weltkrieg*. Berlin 2011.

Neue Gesellschaft für Bildende Kunst: *Revolution und Fotografie. Berlin 1918/19*. Berlin 1989.

Neugebauer, Wolfgang: *Handbuch der Preußischen Geschichte*. Bd. 3: Vom Kaiserreich zum 20. Jahrhundert und Große Themen der Geschichte Preußens. Berlin 2000.

Neocleous, Mark: *Critique of Security*. Edinburgh 2008.

Nicolai, Walter: *Nachrichtendienst, Presse und Volksstimmung im Weltkrieg*. Berlin 1923.

Offer, Avner: *The First World War. An Agrarian Interpretation*. Oxford 1989.

Oswald, Rudolf: *Fußball-Volksgemeinschaft. Ideologie, Politik und Fanatismus im deutschen Fußball 1919–1964*. Frankfurt a. M. 2008.

Otto-Morris, Alexander: *Rebellion in the Province. The Landvolkbewegung and the Rise of National Socialism in Schleswig-Holstein*. Frankfurt a. M. 2013.

Petersen, Klaus: *Zensur in der Weimarer Republik*. Stuttgart 1995.

Poetzsch, Fritz: Vom Staatsleben unter der Weimarer Verfassung vom 1.1.1920 bis 31.12.1924. In: *Jahrbuch des Öffentlichen Rechts der Gegenwart* 13 (1925), 1–248.

Protokoll über eine Arbeitssitzung zur Sicherheitslage im Generalgouvernement am 31. Mai 1943. In: Herbert Michaelis u. a. (Hg.): *Ursachen und Folgen*. Bd. 18: Das Dritte Reich. Die Wende des Krieges. Berlin 1973, 539–542.

Pyta, Wolfram: Vorbereitungen für den militärischen Ausnahmezustand unter Papen/Schleicher. In: *Militärgeschichtliche Mitteilungen* 51 (1992), 385–428.

Pyta, Wolfram: *Hindenburg. Herrschaft zwischen Hohenzollern und Hitler*. München 2007.

Pyta, Wolfram/Kolb, Eberhard: Die Staatsnotstandsplanung unter den Regierungen Papen und Schleicher. In: Heinrich August Winkler (Hg.): *Die deutsche Staatskrise 1930–1933. Handlungsspielräume und Alternativen.* München 1992, 155–181.

Quidde, Ludwig: *Der deutsche Pazifismus während des Weltkrieges 1914–1918. Aus dem Nachlaß Ludwig Quiddes*. Boppard am Rhein 1979.

Radbruch, Gustav: *Gesamtausgabe*. Bd. 8: Strafrecht II. Heidelberg 1998.

Raithel, Thomas/Strenge, Irene: Die Reichstagsbrandverordnung. Grundlegung der Diktatur mit den Instrumenten des Weimarer Ausnahmezustands. In: *Vierteljahreshefte für Zeitgeschichte* 48 (2000), 413–460.

Rakenius, Gerhard W.: *Wilhelm Groener als Erster Generalquartiermeister. Die Politik der Obersten Heeresleitung 1918*. Boppard am Rhein 1977.

Reichherzer, Frank: *›Alles ist Front‹. Wehrwissenschaften in Deutschland und die Bellifizierung der Gesellschaft vom Ersten Weltkrieg bis in den Kalten Krieg*. Paderborn 2012.

Reidegeld, Eckart: *Staatliche Sozialpolitik in Deutschland. Historische Entwicklung und theoretische Analyse von den Ursprüngen bis 1918*. Wiesbaden 2006a.

Reidegeld, Eckart: *Staatliche Sozialpolitik in Deutschland*. Bd. II: Sozialpolitik in Demokratie und Diktatur. Wiesbaden 2006b.

Richter, Ludwig: *Das präsidiale Notverordnungsrecht in den ersten Jahren der Weimarer Republik. Friedrich Ebert und die Anwendung des Artikel 48 der Weimarer Reichsverfassung*. In: Eberhard Kolb (Hg.): *Friedrich Ebert als Reichspräsident. Amtsführung und Amtsverständnis*. München 1997, 207–257.

Ritter, Gerhard: *Staatskunst und Kriegshandwerk. Das Problem des ›Militärismus‹ in Deutschland*. Bd. 3: Die Tragödie der Staatskunst. Bethmann Hollweg 1914–1917. München 1964.

Ritter, Gerhard: *Staatskunst und Kriegshandwerk. Das Problem des ›Militärismus‹ in Deutschland*. Bd. 4: Die Herrschaft des deutschen Militarismus und die Katastrophe von 1918. München 1968.

Roerkohl, Anne: *Hungerblockade und Heimatfront. Die kommunale Lebensmittelversorgung in Westphalen während des Ersten Weltkrieges*. Stuttgart 1991.

Romen, A.: *Gesetz, betreffend die Verhaftung und Aufenthaltsbeschränkung auf Grund des Kriegs- und Belagerungszustandes vom 4. Dezember 1916*. Berlin 1917.

Rosenthal, Jacob: *›Die Ehre des jüdischen Soldaten‹. die Judenzählung im Ersten Weltkrieg und ihre Folgen*. Frankfurt a. M./New York 2007.

Rudloff, Wilfried: *Die Wohlfahrtsstadt. Kommunale Ernährungs-, Fürsorge- und Wohnungspolitik am Beispiel Münchens, 1910–1933*. 2 Bde. Göttingen 1998.

Rüthers, Bernd: *Die unbegrenzte Auslegung. Zum Wandel der Privatrechtsordnung im Nationalsozialismus*. Heidelberg 1997.

Sachße, Christoph: *Geschichte der Armenfürsorge in Deutschland*. Bd. 2: Fürsorge und Wohlfahrtspflege 1871–1929. Stuttgart 1988.

Sauer, Bernhard: *Schwarze Reichswehr und Fememorde. Eine Milieustudie zum Rechtsradikalismus in der Weimarer Republik*. Berlin 2004.

Saul, Klaus: Der Staat und die ›Mächte des Umsturzes‹. Ein Beitrag zur den Methoden antisozialistischer Repression und Agitation vom Scheitern des Sozialistengesetzes bis zur Jahrhundertwende. In: *Archiv für Sozialgeschichte* 12 (1972), 293–350.

Scheck, Raffael: *Alfred von Tirpitz and German Right-Wing Politics 1914–1930*. New Jersey 1998.

Schiffers, Reinhard u. a. (Bearb.): *Der Hauptausschuss des Deutschen Reiches: 1915–1918*. 4 Bde. Düsseldorf 1981/1983.

Schmitt, Carl: Soziologie des Souveränitätsbegriffs und politische Theologie [1923]. In: Melchior Palyi (Hg.): *Hauptprobleme der Soziologie. Erinnerungsgabe für Max Weber*. Bd. 2. München/Leipzig 1923, 5–35.

Schmitt, Carl: Die Diktatur des Reichspräsidenten. In: *Veröffentlichung der Vereinigung deutscher Strafrechtslehrer* (1924), 63–105.

Schmitt, Carl: Der Führer schützt das Recht. Zur Reichstagsrede Adolf Hitlers vom 13. Juli 1934. In: *Deutsche Juristen-Zeitung* 39 (1934), Sp. 945–950.

Schmitt, Carl: *Die Diktatur. Von den Anfängen des modernen Souveränitätsgedankens bis zum proletarischen Klassenkampf* [1921]. Berlin 1978.

Schmitt, Carl: Diktatur und Belagerungszustand. Eine staatsrechtliche Studie [1916]. In: Ders.: *Staat, Großraum, Nomos. Arbeiten aus den Jahren 1916–1969*. Berlin 1995, 3–23.

Schmitt, Carl: *Politische Theologie. Vier Kapitel zur Lehre von der Souveränität* [1922]. München 2009.

Schmitt, Carl: *Tagebücher 1930–1934*. Berlin 2010.

Schnell, Felix: Ukraine 1918. Besatzer und Besetzte im Gewaltraum. In: Jörg Baberowski/Gabriele Metzler (Hg.): *Gewalträume. Soziale Ordnungen im Ausnahmezustand*. Frankfurt a. M./New York 2012, 135–187.

Schotte, Walther: *Der neue Staat*. Berlin 1932.

Schudnagies, Christian: *Der Kriegs- oder Belagerungszustand im Deutschen Reich während des Ersten Weltkrieges. Eine Studie zur Entwicklung und Handhabung des deutschen Ausnahmezustandsrechts bis 1918*. Frankfurt a. M. 1994.

Schueler, Hermann: *Auf der Flucht erschossen. Felix Fechenbach 1894–1933. Eine Biographie*. Warburg 1995.

Schulte-Varendorff, Uwe: *Kolonialheld für Kaiser und Führer. General Lettow-Vorbeck – Mythos und Wirklichkeit*. Berlin 2006.

Schulz, Gerhard: Die Anfänge des totalitären Maßnahmenstaates. In: Karl Dietrich Bracher/Wolfgang Sauer/Gerhard Schulz (Hg.): *Die nationalsozialistische Machtergreifung. Studien zur Errichtung des totalitären Herrschaftssystems in Deutschland 1933/34*. Köln/Opladen 1960, 271–684.

Schulze, Hagen: *Freikorps und Republik*. Boppard am Rhein 1969.

Schumann, Dirk: Gewalt als Grenzüberschreitung. Überlegungen zur Sozialgeschichte der Gewalt im 19. und 20. Jahrhundert. In: *Archiv für Sozialgeschichte* 37 (1997), 366–386.

Schumann, Dirk: *Politische Gewalt in der Weimarer Republik 1918–1933. Kampf um die Straße und Furcht vor dem Bürgerkrieg*. Essen 2001.

Schwanitz, Wolfgang G.: Max von Oppenheim und der Heilige Krieg. Zwei Denkschriften zur Revolutionierung islamischer Gebiete 1914 und 1940. In: *Sozial.Geschichte* 19 (2004), 28–59.

Siegert, Karl: *Notstand und Putativnotstand*. Tübingen 1931.

Sofsky, Wolfgang: *Die Ordnung des Terrors. Das Konzentrationslager*. Frankfurt a. M. 1993.

Spendel, Günter: *Josef Kohler (1848–1919)*. In: *Zeitschrift der Svingy Stiftung für Rechtsgeschichte* 113 (1996), 443–451.

Sösemann, Bernd: Der Verfall des Kaisergedankens im Ersten Weltkrieg. In: John C.G. Röhl (Hg.): *Der Ort Kaiser Wilhelms II in der deutschen Geschichte*. München 1981, 145–170.

Standmann, Hartmut Pogge von: Staatsstreichpläne, Alldeutsche und Bethmann Hollweg. In: Hartmut Pogge von Standmann/Imanuel Geiss (Hg.): *Die Erforderlichkeit des Unmöglichen. Deutschland am Vorabend des 1. Weltkrieges*. Frankfurt a. M. 1965, 5–45.

Stenographische Berichte über die Verhandlungen des Reichstags, online unter: http://www.reichstagsprotokolle.de

Stern, Leo: *Archivalische Forschungen zur Geschichte der Deutschen Arbeiterbewegung*. Bd. 4: Die Auswirkungen der Grossen Sozialistischen Oktoberrevolution auf Deutschland. Berlin (Ost) 1959.

Strobl, Andreas: *Der Zeichner Karl Arnold. Zeichner des Simplicissimus*. Berlin 2012.

Tatar, Maria: *Lustmord. Sexual Murder in Weimar Germany*. Princeton/NJ 1995.

Theweleit, Klaus: *Männerphantasien*. Bd. 1: Frauen, Fluten, Körper, Geschichte; Bd. 2: Männerkörper. Zur Psychoanalyse des weißen Terrors. München 1977.

Thoss, Bruno: Nationale Rechte, militärische Führung und Diktaturfrage in Deutschland 1913–1923. In: *Militärgeschichtliche Mitteilungen* 41 (1987), 27–76.

Toppe, Andreas: *Militär und Kriegsvölkerrecht. Rechtsnorm, Fachdiskurs und Kriegspraxis in Deutschland 1899–1940*. München 2008.

Ulrich, Volker: Brot und Frieden. die Hungerrevolten 1916/17. In: Ders. (Hg.): *Vom Augusterlebnis zur Novemberrevolution. Beiträge zur Sozialgeschichte Hamburgs und Norddeutschlands im Ersten Weltkrieg*. Bremen 1999, 54–67.

Verhey, Peter Jeffrey: *Der ›Geist von 1914‹ und die Erfindung der Volksgemeinschaft*. Hamburg 2000.

Volkov, Shulamit: *Die Juden in Deutschland. 1780–1918*. München 2000.

Waldecker, Ludwig: Die Grundzüge des militärischen Verordnungsrechts in Zivilsachen während des Kriegszustands. In: *Archiv des öffentlichen Rechts* (1917), 389–500.

Weber, Petra: *Gescheiterte Sozialpartnerschaft, gefährdete Republik? Industrielle Beziehungen, Arbeitskämpfe und der Sozialstaat. Deutschland und Frankreich im Vergleich (1918 – 1933/39)*. München 2010.

Weinhauer, Klaus: Protest, kollektive Gewalt und Polizei in Hamburg zwischen Versammlungsdemokratie und staatlicher Sicherheit ca. 1890–1933. In: Friedrich Lenger/Elisabeth Müller-Luckner (Hg.): *Kollektive Gewalt in der Stadt. Europa 1890–1939*. München 2013, 69–102.

Weisbrod, Bernd: Gewalt in der Politik. Zur politischen Kultur in Deutschland zwischen den beiden Weltkriegen. In: *Geschichte in Wissenschaft und Unterricht* 43 (1992), 391–404.

Welch, David: *Germany, Propaganda and Total War, 1914–1918*. New Jersey 2000.

Westarp, Kuno von: *Konservative Politik im letzten Jahrzehnt des Kaiserreiches*. Bd. 2: Von 1914 bis 1918. Berlin 1935.

Wette, Wolfram: Reichstag und ›Kriegsgewinnlerei‹ (1916–1918). Die Anfänge parlamentarischer Rüstungskontrolle in Deutschland. In: *Militärgeschichtliche Mitteilungen* 36 (1984), 31–56.

Wette, Wolfram: *Gustav Noske: Eine politische Biographie*. Düsseldorf 1987.

Wigger, Iris: *Die ›Schwarze Schmach am Rhein‹. Rassistische Diskriminierung zwischen Geschlecht, Klasse, Nation und Rasse*. Münster 2007.

Wildt, Michael: *Generation des Unbedingten. Das Führungskorps des Reichssicherheitshauptamtes*. Hamburg 2003.

Wildt, Michael: The political order of the volksgemeinschaft: Ernst Fraenkel's ›Dual State‹ revistied. In: Moshe Zimmermann (Hg.): *On Germans and Jews und the Nazi Regime. Essays by Three Generations of Historians. A Festschrift in Honor of Otto Dov Kulka*. Jerusalem 2006, 143–160.

Wildt, Michael: *Volksgemeinschaft als Selbstermächtigung. Gewalt gegen Juden in der deutschen Provinz 1919 bis 1939*. Hamburg 2007.

Winkler, Heinrich August: *Von der Revolution zur Stabilisierung. Arbeiter und Arbeiterbewegung in der Weimarer Republik 1918 bis 1924*. Berlin/Bonn 1984.

Winkler, Heinrich August: *Der Weg in die Katastrophe. Arbeiter und Arbeiterbewegung in der Weimarer Republik 1930 bis 1933*. Berlin/Bonn 1987.

Winkler, Heinrich August (Hg.): *Die deutsche Staatskrise 1930–1933*. München 1992.

Wirsching, Andreas: *Vom Weltkrieg zum Bürgerkrieg? Politischer Extremismus in Deutschland und Frankreich 1918–1933/39*. München 1999.

Martin H. Geyer

2. Ideenkrieg: Sinnstiftungen des Sinnlosen

Es ist schon fast zum Klischee geworden, den Ersten Weltkrieg als »Urkatastrophe des 20. Jahrhunderts« (George F. Kennan) zu bezeichnen. Dieser erste große industrialisierte Krieg habe die Selbstverständlichkeiten des 19. Jahrhunderts zerstört und damit eine neue Epoche eingeläutet. Ein bis dahin unvorstellbares Ausmaß der Mobilisierung von Mensch und Waffen gab dem Krieg einen so neuartigen Charakter, dass der neu geprägte, in jeder Hinsicht extreme Begriff »totaler Krieg« ihn am besten zu beschreiben schien (vgl. Chickering 2000; Chickering/Förster 2003). Schätzungsweise 20 Millionen Menschen verloren ihr Leben als Folge des Krieges. In Deutschland allein wurden etwa 13 Millionen Männer eingezogen, von denen 2 Millionen fielen. 60 Prozent der über 10 Millionen Frontsoldaten mussten mindestens einmal wegen Verwundung oder Krankheit von der Front abgezogen werden. In den ersten fünf Monaten wurden etwa eine Million deutsche Soldaten verwundet oder getötet, allein in Verdun 800 000. Hunger und Kälte führten zu unvorstellbarem Leid und Tod in der Heimat. Staatliche Ordnungen zerbrachen unter den Belastungen des Krieges, und seine Folgen bedeuteten eine kaum zu bewältigende Bürde für die Weimarer Republik und andere Nationen (Bessel 1993, 5 ff.; Eksteins 1989, 100, 144; Hobsbawm 1995, 40 ff.). Fast jeder Deutsche wird eine Verwundung oder einen Tod im Familien- und Freundeskreis zu beklagen gehabt haben. Und gerade das Bildungsbürgertum, das bei der Deutung des Krieges eine zentrale Rolle spielte, hatte besonders hohe Verluste zu ertragen: 20 Prozent der dienenden Studenten fielen, angeblich sogar zwei Drittel der ehemaligen Mitglieder der Jugendbewegung (Breuer 1993, 31 f.).

Im Ersten Weltkrieg verletzte die politische und militärische Führung offensichtlich fundamentale moralische Prinzipien und zeigte sich hoffnungslos überfordert. In den großen Schlachten fielen Hunderttausende, ohne dass ein klares strategisches Ziel zu erkennen gewesen wäre. Man verbreitete Propagandalügen und zensierte Feldpostbriefe, wenn diese die Wirklichkeit des Krieges zu realistisch darstellten. Die Truppe kämpfte und litt, ohne die Heimat vor Hunger schützen zu können. Während sich die Lage für die Masse der Bevölkerung immer mehr zu-

spitzte, machten Kriegsgewinnler ein Vermögen und konnten sich auf dem Schwarzmarkt gut versorgen (s. Kap. IV.4). Während heldenhafte Erfolge und weitreichende Kriegsziele beschworen wurden, war es eigentlich offensichtlich, dass Deutschland bei einem langen Krieg wegen der schwächeren Wirtschaftskraft und der Handelsblockade schließlich unterliegen musste. Und tatsächlich kapitulierte Deutschland; Soldaten und Zivilisten hatten trotz ihres Einsatzes nichts erreicht.

Aus heutiger Sicht – und besonders von einer, selbst innerhalb der westlichen Welt, besonders kriegskritischen bundesrepublikanischen Perspektive – muss ein solch langer und destruktiver Krieg als sinnlos erscheinen. Muss nicht ein Soldat, der jahrelang Hunger, Angst und Strapazen ertragen hat, Kameraden hat sterben sehen und vielleicht Schaden fürs Leben genommen hat, muss nicht eine Frau, die in verzweifelten materiellen Umständen mit allen Kräften dafür kämpfte, auf sich allein gestellt die Familie über Wasser zu halten, müssen nicht die um einen Liebsten Trauernden oder einen Kriegsversehrten Bemitleidenden den Glauben an die Sinnhaftigkeit eines solchen Krieges verlieren? Muss nicht der Erste Weltkrieg eine tiefe Zäsur sein, weil er den Glauben an überkommene Autoritäten und Werte fundamental erschütterte: An Kaiser und Generäle, die die Nation in diesen Krieg führten, an die Kirchen, die in allen Ländern die Waffen segneten, an eine nationalistische und militaristische Ideologie, die Krieg und Tod fürs Vaterland verherrlichte, und an jede Art von Fortschrittsglauben, der eine kontinuierliche historische Aufwärtsbewegung postulierte?

Militär und Krieg im Deutschen Kaiserreich

Der Inhalt eines Erlebens ergibt sich jedoch nicht allein aus der erlebten Situation, sondern auch aus der mentalen Disposition derer, die die Situation erleben. Im Deutschen Kaiserreich prägte ein sozialer Militarismus die Mentalität weiter Teile der Bevölkerung. Durch die erfolgreichen Einigungskriege 1870/71 hatte das Militär ein hohes Prestige gewonnen. Die Bessergestellten zierten sich gern mit dem Rang des Reserveoffiziers, während viele einfache Männer nach Kriegs- oder Militärdienst einem Kriegerverein beitraten (etwa 15 Prozent der männlichen Bevölkerung war Mitglied im Kyffhäuserbund der Deutschen Landeskriegerverbände; daneben gab es noch schwer zu erfassende unabhängige Kriegervereine). Der Dienst in der Armee hatte mithin häufig eine prägende Kraft für das gesamte Leben. Es bestand ein breites Bedürfnis, die eigene soldatische Männlichkeit zu betonen und öffentlich zur Schau zu stellen (vgl. Rohkrämer 1990; Frevert 2001; Ulrich 2001; Wette 2008, Kap. II). Dies musste nicht in Kriegstreiberei münden, bedeutete aber doch zumindest, militärische Konflikte und Kriegsdienst als Notwendigkeit zu akzeptieren. Man verherrlichte weithin den ›Tod fürs Vaterland‹ als heroisches Opfer, wenn man nicht sogar dem Krieg als angeblichen ›Jungbrunnen der Völker‹ einen positiven Sinn zuschrieb.

Wohl gab es auch Pazifisten im Kaiserreich, doch die 1892 gegründete Deutsche Friedensgesellschaft kam vor dem Ersten Weltkrieg nicht über magere 10 000 Mitglieder hinaus. Obwohl sie keine radikale Kriegsgegnerschaft propagierte, fand sie sich heftigen Anfeindungen ausgesetzt. Man warf den Pazifisten in schäumendem Ton vor, dass ihre ›Friedensschwärmerei‹ die Nation durch eine Unterminierung soldatischer Männlichkeit schwäche. Dabei stellte sich die Friedensgesellschaft nicht gegen den Militärdienst oder gegen die Überzeugung, dass es notwendige und gerechte Kriege gebe, sondern sah sich eher als Vorreiter eines allgemeinen geschichtlichen Trends zu einer internationalen Rechtsordnung. Gerade in den Schriften des prominenten Pazifisten Alfred Fried zeigte sich die fortschrittsgläubige Hoffnung, dass die wachsende wirtschaftliche und kommunikative Vernetzung der Welt mit einer gewissen Notwendigkeit auf eine Stärkung des Völkerrechts und schließlich auf eine internationale politische Gemeinschaft hinführe. Wegen dieser moderaten Einstellung konnten sogar Aussprüche des Kaisers Wilhelm II. als pazifistisch gepriesen werden – obwohl er eigentlich eher für provozierende Äußerungen bekannt war, die immer wieder diplomatische Spannungen provozierten (vgl. Holl/Wette 1981; Holl 1988, Kap. II; Benz 1988).

Ungleich mächtiger als der Pazifismus war die starke Sozialdemokratische Partei Deutschlands, die sich mit aller Schärfe gegen den Militarismus des Kaiserreichs aussprach. Allerdings schwächte sich ihre antimilitaristische Haltung während des Kaiser-

reichs ab; galt zunächst ›[d]iesem System keinen Mann und keinen Groschen!‹ so wurde zunehmend akzeptiert, dass Deutschland wehrhaft sein müsse, um sich notfalls auch militärisch verteidigen zu können. Unter dem lebhaften Beifall seiner Fraktion konnte der Parlamentarier Gustav Noske 1907 im Namen der sozialdemokratischen Reichstagsabgeordneten erklären: »Wir wünschen, daß Deutschland möglichst wehrhaft ist, wir wünschen, dass das ganze deutsche Volk an den militärischen Einrichtungen, die zur Verteidigung unseres Vaterlandes notwendig sind, ein Interesse hat« (zit. n. Wette 2008, 80). Wie man jedoch bei einem drohenden Krieg, wenn jede nationale Regierung sich in einer wenig transparenten Situation ins Recht zu setzen sucht, feststellen kann, ob ein Verteidigungsfall vorliegt, darüber machte sich die Sozialdemokratie offenbar keine Gedanken.

Insgesamt lief die historische Entwicklung entgegen der Überzeugungen von Alfred Fried nicht auf eine internationale Rechtsgemeinschaft zu; vielmehr war die Situation von einem Wettrüsten und scharfen internationalen Konflikten um imperiale Besitztümer und Einflusssphären geprägt. Dies war keine reine Politik ›von oben‹: Gerade Bildungsbürger, und dabei noch einmal mehr die Jüngeren, begleiteten diese Entwicklung mit begeisterter Zustimmung. Der Historiker Gerhard Ritter erinnerte sich mehr als Zeitzeuge denn als Wissenschaftler, dass gerade »die jüngere Generation [...] die neuen Schlagworte von Streben nach ›Weltmacht‹ und ›Seemacht‹« mit Begeisterung aufnahm (Ritter 1965, 126 f.), und der Soziologe Max Weber nannte den Kampf um die deutsche Einigung einen »Jugendstreich«, der nicht mehr sein solle als »der Ausgangspunkt einer deutschen Weltmachtpolitik« (Weber 1993, 571; vgl. Boemeke u. a. 1999).

Begeisterte Kraftmeierei begleitete den Machtdrang des wilhelminischen Deutschlands, aber auch der Glaube an die Unausweichlichkeit internationaler Konkurrenz. Ein sozialdarwinistisches Denken prägte die Zeit, das den Kampf zwischen Nationen zum ewigen Naturgesetz erklärte. Das Überleben verlange die ständige Anspannung aller Kräfte; ein Mangel an Kampfbereitschaft sei der erste Schritt zum unausweichlichen Niedergang. Im Kampf zwischen den Nationen könne sich nur das Land behaupten, welches mit allen Mitteln um Machtsteigerung kämpfe. Der Krieg erschien so als ultimativer Test für die Nation, der Frieden als Phase der Kriegsvorbereitung. Die Zukunft werde von wenigen hegemonialen Weltmächten bestimmt, so eine weitere

Überzeugung, zu denen Deutschland aufsteigen müsse; ansonsten werde es zum Satellitenstaat einer anderen Weltmacht degradiert (Neitzel 2000).

Der Erste Weltkrieg

Eine solche militarisierte Weltsicht hatte entscheidenden Einfluss auf das Erleben und Verstehen des Ersten Weltkriegs. Dies zeigte sich zunächst bei Kriegsbeginn im August 1914. Wohl war sicherlich nicht ganz Deutschland von einem ›August-Enthusiasmus‹ erfasst, wie es weithin im Rückblick erschien (Verhey 1997); auffällig ist aber doch, wie groß die Bereitschaft war, der politischen und militärischen Führung Glauben zu schenken und in den Krieg zu folgen. Neben der öffentlichen Begeisterung gerade von jungen Männern des Bürgertums gab es durchaus Angst und Sorge in der Bevölkerung, aber eine Gegnerschaft zum Kriegseintritt äußerte sich praktisch nicht.

Wie die Geschichtslegende von der allgemeinen Kriegsbegeisterung im August 1914, so ist auch die Verherrlichung von Kameradschaft, Opferbereitschaft und männlichem Heldentum in vielen Weimarer Kriegsromanen eine nachträgliche Stilisierung (s. Kap. II.4). Was immer an anfänglicher Begeisterung bestanden haben mag, zerstob sie doch schnell in der Konfrontation mit der Realität des Krieges. Das soldatische Leben war hart und entbehrungsreich. Die hierarchische Ordnung führte zu Ungerechtigkeiten, und so mancher Vorgesetzte war schikanös und brutal. In den Schlachten waren die Soldaten oft von Angst überwältigt, die ruhigeren Phasen waren häufig von zermürbender Langeweile geprägt. Kameradschaft war in dieser Situation eine Notwendigkeit, aber sie konnte nicht nur eine gewisse Geborgenheit vermitteln, sondern auch einen grausamen Gruppenzwang darstellen. Nicht nur sorgten sich die Menschen daheim um ihre Soldaten, sondern die Frontsoldaten erfuhren auch mit Sorge von den Entbehrungen an der Heimatfront (vgl. Ulrich/Ziemann 1994; Ulrich 1997; Ziemann 1997). Selbst ein kriegsfreiwilliger Elitesoldat wie der Stoßtruppführer Ernst Jünger schrieb in sein Tagebuch:

> Ich bekomme [...] ganz andere Ideale. Ein solides Studentenleben mit Lehnstuhl und weichem Bett und einem kleinen Freundeskreis. [...] Lange schon bin ich im Krieg, schon manchen sah ich fallen, der wert war zu leben. Was soll das Morden und immer wieder Morden? Ich fürchte, es wird zu viel vernichtet und es bleiben zu wenige, um wieder aufzubauen. Vorm Kriege dachte ich wie mancher: nieder, zerschlagt das alte Gebäude, das

neue wird auf jeden Fall besser. Aber nun – es scheint mir, daß die Kultur und alles Große langsam vom Krieg erstickt werden. Der Krieg hat in mir doch die Sehnsucht nach den Segnungen des Friedens geweckt (Jünger 2010, Tagebucheintrag vom 8.1.1915 und 1.12.1915).

Es ist Richard Bessel zuzustimmen, wenn er in seiner grundlegenden Studie zum Kriegsende feststellt: »Far from wanting to glorify violence and things military, many men came away from their wartime experiences with a profound antipathy towards war« (Bessel 1993, 258). Wenn im Folgenden vor allem jene betrachtet werden, die sich aktiv mit der Erinnerung an den Krieg auseinandersetzten, so ist doch auch zu beachten, dass viele nach 1918 vor allem den Krieg vergessen wollten, sich in Familie und Beruf zurückzogen oder mit Amerikanismus und populärer Kultur zivile Zerstreuungen und Ideale lebten (s. Kap. IV.4 und Kap. IV.5).

Die Ich-Dokumente der Zeit zeigen mit aller Deutlichkeit, dass die Menschen an Front und Heimatfront viel über die Schrecken und Entbehrungen, die sozialen Ungerechtigkeiten und offensichtliche Propagandalügen schimpften. Mindestens ebenso bemerkenswert ist jedoch, wie lang die Unterstützung für den Krieg anhielt. Insgesamt vollzog sich eine graduelle Desillusionierung, doch solange man noch auf einen Sieg hoffen konnte, wurde der Krieg weithin mitgetragen. Die anfängliche Vorstellung eines politischen Burgfriedens für die Kriegszeit zerstob bei der Auseinandersetzung zwischen Befürwortern weitreichender Kriegsziele und denen, die einen Verständigungsfrieden anstrebten, es gab Streiks um bessere Arbeitsbedingungen, aber bis zum offensichtlichen Zusammenbruch existierte keine Massenbewegung, die ein sofortiges Ende des Krieges gefordert hätte. Die Erfahrung des Krieges war uneinheitlicher, als es im Nachhinein oft erscheint: So beherrschten die deutschen Truppen etwa im Osten weite Gebiete und fühlten sich nicht selten als überlegene Herrenmenschen (Liulevicius 2009; 2010; Sammartino 2010). Noch die Frühjahrsoffensive 1918 ließ Optimismus und Einsatzbereitschaft aufblühen; erst nach ihrem Scheitern zeigten sich weitflächige Zersetzungserscheinungen. Die Zahl der Deserteure erreichte schließlich eine solche Höhe, dass der Militärhistoriker Wilhelm Deist zurecht von einem »verdeckten Militärstreik« gesprochen hat (Deist 1992), die Matrosen weigerten sich schließlich, in eine letzte aussichtslose Seeschlacht zu ziehen, und der Krieg mündete in eine Revolution gegen die alte Ordnung, doch all dies erst, als man die völlige Hoffnungslosigkeit der Lage erkannt

hatte. Die Kriegsbedingungen allein genügten offensichtlich nicht, Massenprotest zur Beendigung
des Krieges zu entzünden. Trotz der schrecklichen
menschlichen Folgen dieses ›totalen Krieges‹ erschien der Kriegseinsatz weiten Teilen der Bevölkerung erst dann als unsinnig, als sie die Unausweichlichkeit der Niederlage erkannten. Der gemeinsame
Nenner von ›verdecktem Militärstreik‹ und Revolution war damit nicht der Glaube, dass ein moderner
industrialisierter Krieg mit seinen millionenfachen
Opfern an sich sinnlos sei; als sinnlos galten vielmehr weitere Opfer für einen verlorenen Krieg.

Der Erste Weltkrieg
als geistige Herausforderung

Der Weltkrieg erschien zu Beginn der Weimarer Republik für viele als Katastrophe, weil er manche zuvor bestehenden Vorstellungen gründlich durch-
kreuzte. Er stellte zunächst den Fortschrittsglauben
fundamental in Frage – und dies weit über die pazifistische Hoffnung auf eine Entwicklung zum friedlichen Weltstaat hinaus. Industrialisierung und
Technisierung dienten offensichtlich nicht zwangsläufig einer Steigerung des Lebensstandards, sondern bedeuteten auch eine Potenzierung der zerstörerischen Kräfte. Das Erkennen der Ambivalenzen
der Moderne war zwar nicht neu – die Kulturkritik
des 19. Jahrhunderts hatte sie schon intensiv thematisiert –, aber sie waren durch den Weltkrieg so augenscheinlich geworden, dass sich dieses Gedankengut radikalisierte und vor allem viel weitere gesellschaftliche Kreise erreichte.

Auch wenn die Schrecken des Krieges den modernen Fortschrittsglauben fundamental erschütterten, so konnten antimoderne Denker und Bewegungen nicht triumphieren. Die Schrecken der Technik
waren mit neuer Macht hervorgetreten, aber auch
ihre Alternativlosigkeit. Wenn man nicht der Realität ausweichen wollte, musste man sich der Frage
stellen, wie die moderne Technik zu nutzen und einzubinden sei. So erschienen gerade der jüngeren Generation Antimodernismus und Romantik nach
dem Krieg als unrealistisch. Nicht harmonische Vorstellungen von einer natürlichen und guten menschlichen Existenz bestimmten nun das vorherrschende
Weltbild, sondern eher ein Verständnis geprägt von
Konflikt, Aggression, Unversöhnlichkeit und Härte
(vgl. Lethen 1994). Eine zur Schau getragene »Sachlichkeit« und illusionslose Akzeptanz der Härten des
Lebens, um mit einer »sachlich[en], rationell[en]

und ökonomisch[en]« Haltung eine »Beherrschung
der Welt der Sachen« zu erreichen, konnte schließlich geradezu als Signum der jungen Generation erscheinen (Gründel 1933, 94).

Auf einer fundamentalen Ebene warf der Erste
Weltkrieg so durchaus grundsätzliche Sinnfragen
auf. Nietzsches Diagnose einer Bewegung des Nihilismus gewann an Plausibilität (Hemming u. a. 2011),
und auf populärwissenschaftlicher Ebene wurde Oswald Spenglers Buch *Der Untergang des Abendlandes*
(1918–1922) zu einem Bestseller. Auch wenn der
Verfasser große Teile des Werks schon vor 1914 geschrieben und noch im Vorwort von 1917 an einen
deutschen Sieg geglaubt hatte, auch wenn es ihm
nicht allein um Deutschland, sondern viel allgemeiner um den Niedergang der abendländischen Kultur
ging, so schufen doch Krieg und Niederlage den Re-
sonanzraum, in dem das Werk zu einem Medienereignis avancierte. Spenglers Grundthese, dass sich
die Möglichkeiten der abendländischen Kultur erschöpft hätten, traf einen Nerv der Zeit, wobei sie
eine höchst umstrittene Diagnose anbot: Schon bald
sah sich der Autor mit heftigen Vorwürfen konfrontiert, sein Denken sei fatalistisch und tathemmend –
und er wehrte sich entschieden gegen diese Lesart
in seiner Schrift »Pessimismus« (in Spengler 1937).
Die Faszination, die Spengler mit seiner These vom
»Untergangs des Abendlands« hervorrief, illustriert,
wie hingezogen sich viele Zeitgenossen zu einem
pessimistischen Fatalismus fühlten. Aber die Debatte um das Buch zeigt auch den Willen, sich gegen
einen angeblichen Niedergang aufzubäumen durch
die Suche nach realitätsgerechten Handlungsmöglichkeiten.

Der Kampf um die ideologische
Besetzung der Erinnerung:
Die kritischen Deutungen des Krieges

Für alle politischen Lager stellte die Erinnerung an
den Ersten Weltkrieg ein Problem dar. Nicht nur war
die Linke im Krieg ungleich nationalistischer gewesen, als die marxistische Lehre hatte erwarten lassen,
sondern sie musste sich auch der Frage stellen,
warum die mächtige Arbeiterbewegung so wenig
Einfluss auf Kriegsbeginn und -verlauf hatte nehmen können. Und wenn zunächst der Glaube bestand, dass die Republik den Weg zum Sozialismus
beschreiten werde, so ergab sich doch schon bald aus
den Wahlen, dass es nicht zu einer Mehrheit der Ar-
beiterparteien kommen würde.

Die Antikriegsstimmung artikulierte sich nie so stark, wie man es nach einem solchen Krieg hätte erwarten können. Zwar wuchs die Deutsche Friedensgesellschaft als Folge des militärischen Konflikts, doch kam sie über bescheidene 30 000 Mitglieder nicht hinaus. Es gab eine katholische Friedensbewegung, ein Deutsches Friedenskartell und eine ›Nie wieder Krieg‹-Bewegung, aber Demonstrationen gegen den Krieg mobilisierten nicht mehr als 100 000 bis 200 000 Demonstranten. Es gelang somit nur in sehr begrenztem Maße, dem Weltkrieg als aufrüttelnde Warnung einen pazifistischen Sinn zu geben.

Die größte zumindest kriegskritische Organisation der Weimarer Republik stellte der SPD-nahe Veteranenverband ›Reichsbanner Schwarz-Rot-Gold‹ mit schätzungsweise ein bis zwei Millionen Mitgliedern dar (Ziemann 1998). Auf verbaler Ebene sprach sich der Verband deutlich gegen eine Verherrlichung der Kriegserinnerung aus. Gegen eine Verharmlosung des Krieges betonte er dessen Schrecken und Unmenschlichkeit, gegen den Glauben an eine harmonische Kameradschaft den Gegensatz von Offizieren und Mannschaft. Der Krieg galt als Unglück und Kulturschande, als ein Versagen der Politik. Jedoch bestand ein grundsätzlicher Gegensatz zwischen Form und Inhalt: Der Reichsbanner war eine männerbündische Organisation, die damit den Anteil von Frauen am Krieg in der Erinnerungskultur marginalisierte. Er war ein Veteranenverband, der die Verbundenheit ehemaliger Soldaten betonte und die Heldenhaftigkeit der einfachen Soldaten nicht in Frage stellte, und er war vom Auftreten her sehr ähnlich zu den Kampfverbänden der Rechten. Kinder, Frauen und Gebrechliche sollten in den Umzügen nicht mitmarschieren, weil dies im Widerspruch zum männlich-heroischen Image stand, das der ›Reichsbanner‹ verkörpern wollte. »Soldatische Härte, soldatische Entschiedenheit und radikale Kompromisslosigkeit« (Rohe 1966, 111) waren selbst in diesem republikanischen Verband höchste Tugenden. Bei aller Distanz zur Verherrlichung des Weltkriegs wurde doch der Soldat zum Ideal der Männlichkeit stilisiert und die Bereitschaft zur Landesverteidigung betont (vgl. Saehrendt 2004). Die Macht des Militarismus in der Weimarer Republik zeigt sich vielleicht gerade darin am deutlichsten, dass auch der Reichsbanner in Form und Haltung davon geprägt war. Auch in der Arbeiterbewegung bestand das Bedürfnis, die Kriegserinnerung zu pflegen, und es gelang nicht, dafür eine eigene Form zu finden.

Die KPD unterschied sich von der SPD darin, dass sie den Weltkrieg als imperialistischen Krieg vorbehaltlos verdammte. Auch das bedeutete allerdings keine Ablehnung des Krieges an sich; nur müsse der Einsatz der Revolution dienen. Letztlich galt Krieg als unvermeidlich im revolutionären Kampf, und um Wähler zu gewinnen, konnte die Partei gegen Ende der Weimarer Republik sogar im unverantwortlich-populistischen Ton proklamieren, Deutschland solle nicht länger die Verpflichtungen des Versailler Vertrages akzeptieren.

Der Kampf um die ideologische Besetzung der Erinnerung: Die nationalistische Deutung des Krieges

Mit der Niederlage 1918 hatten die militärischen Ambitionen der nationalistischen Rechten völligen Schiffbruch erlitten. Für sie war es deshalb zunächst einmal eine besonders große Herausforderung, ihre bisherige politische Haltung zu rechtfertigen und dem Krieg einen Sinn abzugewinnen – und dennoch dominierte mit den Jahren die nationalistische Deutung des Krieges. Wie konnte die Rechtfertigung einer gescheiterten Politik in Kombination mit einem verbissenen ›Weiter so!‹ und einem weiter geführten Streben nach Weltmacht gelingen und schließlich politisch erfolgreich sein?

In einem fundamentalen Sinne bedeutete der Weltkrieg für die nationalistische Rechte keine Zäsur. Das Ziel, Deutschland als hegemoniale europäische Macht und damit als Weltmacht zu etablieren, wurde auch im Rückblick nicht infrage gestellt. Der Krieg an sich – und selbst ein so verlustreicher militärischer Konflikt wie der Weltkrieg – erschien nicht, wie für die linken Kriegsgegner, als »Blutbad«, das man in Zukunft unbedingt vermeiden müsse (Bavaj 2005, 487). Die Opfer wären vielmehr für die nationalistische Rechte durchaus gerechtfertigt gewesen, wenn Deutschland den Krieg nur gewonnen hätte. Nicht die Sinndeutung des ›totalen Krieges‹ war damit die zentrale Herausforderung, sondern die Erklärung der Niederlage.

In der nationalistisch-militaristischen Perspektive erschien die Kapitulation zudem nicht als historischer Bruch mit vergangenen Ambitionen. Im Gegensatz zu 1945 sah die Rechte die Niederlage von 1918 überraschenderweise nie als ein Ereignis, an dem das Weltmachtstreben endgültig Schiffbruch erlitten hätte. Das Ende des Kampfes galt eher als Erschöpfungsphase, als eine Phase des Lernens aus der Vergangenheit und der Konsolidierung für eine Zukunft, in der man besser vorbereitet noch einmal den Griff nach der Weltmacht wagen würde. Der Kampf gegen die Folgen der Niederlage, gegen den Versailler Vertrag und für eine neue Stärkung Deutschlands war auf der Rechten eine unumstrittene Grundüberzeugung.

Wenn der Erste Weltkrieg dennoch zu einem Wandel der nationalistischen Rechten führte, so war dies vor allem durch eine ganz praktische Frage motiviert: Warum sind wir gescheitert, und wie können wir in der Zukunft Erfolg haben? Die Antworten auf diese Frage und deren politische Konsequenzen hatten einen entscheidenden Einfluss auf die Geschichte Deutschlands bis zum Ende des Zweiten Weltkriegs.

Die Antwort, die am meisten Verbreitung fand, war die Dolchstoßlegende (vgl. Barth 2003): Nicht die Armee habe den Krieg verloren; vielmehr sei der Zusammenbruch durch die Revolution in Deutschland verursacht worden. Die Soldaten hätten mit Erfolg gekämpft, aber dieser Kampf habe nicht fortgesetzt werden können, weil sie nicht länger von der Heimat die nötige Unterstützung erhalten hätten. Es seien nicht die Feinde gewesen, die über die kaiserliche Armee triumphiert hätten; vielmehr sei die Armee hinterrücks durch die Revolution in Deutschland so geschwächt worden, dass sie den Kampf nicht mehr fortsetzen konnte.

Die Dolchstoßlegende basierte auf einer Geschichtslüge: Schon vor Ausbruch der Revolution hatte die Oberste Heeresleitung unter Hindenburg und Ludendorff die Regierung gedrängt, unverzüglich einen Waffenstillstand zu unterschreiben, da die deutsche Front jeden Tag zusammenbrechen könne. Im Rückblick leugneten sie dann ihre Verantwortung, indem sie den politischen Kräften der neuen Republik die Schuld in die Schuhe schoben. Vor allem die organisierte Arbeiterbewegung, die schon im Kaiserreich als ›Vaterlandsverräter‹ gegolten hatte, diente als Sündenbock, zunehmend aber auch ›die Juden‹. Alte Stereotype wurden aktiviert, um die eigene Verantwortung zu verschleiern. In der Folge erfuhren die Vorurteile gegen Marxisten und Juden durch die Dolchstoßlegende eine noch nie dagewesene hasserfüllte Aufladung (Wette 2002, Teil II).

Die Dolchstoßlegende stellte für viele eine bequeme Erklärung der Niederlage dar, und deshalb fand sie breite Aufnahme über die verantwortlichen Größen des Kaiserreichs hinaus auch in der Bevölkerung. Sie entlastete nicht nur die militärische Führung, sondern auch Veteranen, deren soldatisches Selbstbild als Verteidiger von Heim und Herd durch die Niederlage erschüttert war, und allgemeiner all jene, die an dem Glauben an Deutschlands Stärke

festhalten wollten. Sie rechtfertigte im Rückblick nicht nur die Entscheidung für den Krieg und für weitreichende Kriegsziele, sondern auch die lang fortgesetzte nationalistische Unterstützung für den Kriegseinsatz (vgl. Bessel 1993).

Einen Sündenbock zu finden, hatte somit eine Entlastungsfunktion, doch die historischen Lehren, die sich aus dieser Geschichtsklitterung ergaben, waren nicht so bequem. Zum einen zog die Rechte bis hin zum Nationalsozialismus aus dieser Sicht die Konsequenz, man müsse rücksichtsloser gegen die politische Opposition vorgehen, besonders im Kriegsfall. Wenn Marxisten, Pazifisten und Juden in Zukunft rechtzeitig ausgeschaltet würden, so die simple Überlegung, dann könnten sie auch nicht die Einstellung der Bevölkerung vergiften und Widerstand gegen den Krieg bis hin zu einer Revolution schüren.

Während die eher rückwärtsgewandten Konservativen, die auch nach der Kriegsniederlage ihr positives Bild des Kaiserreichs hochhielten, es weithin bei diesen diktatorischen Zukunftsvisionen bewenden ließen, gingen die extremeren und revolutionäreren Kräfte auf der Rechten weiter. Vom »soldatischen Nationalismus« etwa Ernst Jüngers (Jünger 1925, 194) bis hin zu Adolf Hitlers *Mein Kampf* (1925 f.) betonte man die Notwendigkeit, die Einstellung der Bevölkerung durch Propaganda zu steuern. Die materielle Mobilmachung, so das Argument, sei nicht genug; die geistige Mobilmachung spiele ebenfalls eine entscheidende Rolle. Auch wenn man für die Zukunft die Überwindung der Demokratie anvisierte, so durfte der zukünftige Staat nicht allein mit Gewalt über die Bevölkerung herrschen. Vielmehr sollten die Menschen durch Propaganda für die politische Ordnung und ihre Ziele gewonnen werden, um in der Zukunft mit Geschlossenheit Konflikte erfolgreicher durchzustehen. Nur mit einem solchen gemeinsamen Glauben könne ein zukünftiger Krieg mit der Aussicht auf Erfolg geführt werden (vgl. Rohkrämer 2007, Kap. 5 und 6).

Schließlich bestand bei der extremen Rechten, die gegen den Traum von einem Zurück zum Kaiserreich die Notwendigkeit einer neuen, modernen und totalitären Ordnung betonte, auch Einigkeit darüber, dass es mit Propaganda allein nicht getan sei. Ein Zerbrechen des gesellschaftlichen Zusammenhalts wie in der Revolution von 1918 könne in der Zukunft nur vermieden werden, wenn in einem zukünftigen Deutschland mehr soziale Gerechtigkeit herrsche (Werth 1996). Die gemeinwirtschaftlichen Ideen des Ersten Weltkriegs dienten vielfach als Inspiration in der Formulierung von Vorstellungen, die alle darauf zielten, die Klassengegensätze in Deutschland durch mehr Chancengleichheit und mehr soziale Sicherheit zu überwinden. Nicht materielle und politische Gleichheit war das Ziel, sondern Gleichheit in gemeinsamer Verpflichtung auf das Gemeinwohl: Bereitschaft zum Dienst am Volk einerseits, Wertschätzung aller Arbeit und eine angemessene Vergütung andererseits. Diese Vorstellungen, die unter verschiedenen Etiketten auftraten – Oswald Spengler sprach von ›preußischem Sozialismus‹, Arthur Moeller van den Bruck und Werner Sombart von ›deutschem Sozialismus‹, und am geschichtswirksamsten wurde der Begriff ›Nationalsozialismus‹ –, werden uns im Fortgang der Darstellung noch weiter beschäftigen.

Die militaristische Einstellung der Rechten drückte sich nicht nur auf dem Papier aus. Schon gleich nach dem Krieg formierten sich Freikorps, die der Linken mit aller Gewalt entgegentraten und im Osten besetzte Gebiete verteidigen wollten, die Reichswehr entwickelte schon bald nach der Niederlage wieder Pläne für den Aufstieg Deutschlands zur Weltmacht, und die Parteien der Rechten bekämpften mit allen Mitteln den Versailler Vertrag. Die Niederlage im Weltkrieg wurde offensichtlich nie als endgültiges Scheitern des Weltmachtstrebens akzeptiert.

Erinnerung zwischen Trauer und ideologischer Aufladung: Kriegerdenkmäler

Die Schwierigkeit, im gewaltsamen Kriegstod von zumeist jungen Männern einen Sinn zu sehen, zeigt sich an der Vielzahl von Kriegerdenkmälern in allen europäischen Ländern. Mit der Wehr- und Kriegspflicht der Masse der männlichen Bevölkerung reichte der Kriegstod in alle Bereiche der Bevölkerung. Die namentliche Nennung der Gefallenen zeigt, dass nicht nur an die Leistung der Armee insgesamt, sondern auch an jeden Soldaten erinnert werden sollte. Die Bevölkerung ehrte unabhängig von Rang und Leistung jeden persönlich, der beim Kampf für die Gemeinschaft sein Leben gegeben hatte.

Die Kriegerdenkmäler sollten ein Ort für persönliche Trauer sein, aber sie brachten auch die Trauer einer Gruppe zum Ausdruck – so wurden sie etwa häufig von Veteranen- und Traditionsvereinen finanziert und erinnerten an die Toten eines Ortes, eines Regimentes oder einer Institution wie Schule oder Universität. Als visuelle Symbole im öffentlichen Raum waren sie auch zentraler Ausdruck der kollektiven Erinnerung. Sie waren Orte des traurigen Gedenkens, aber auch der Sinnstiftung: Dem vergangenen Ereignis wurde eine Bedeutung zugeschrieben, und diese Bedeutung konnte in Gegenwart und Zukunft Wirkung entfalten. Die Kriegerdenkmäler sollten helfen, »Leid in einem Ausmaß« zu bewältigen, »das althergebrachte Ansichten über politisches Heldentum zumindest teilweise zur Disposition stellte«, diente aber auch der Manifestation von nationalem Stolz und Kampfbereitschaft (Stoffels 2011, 11).

Die Forschung hat anfänglich vor allem die politische Bedeutung von Kriegerdenkmälern herausgearbeitet (Mosse 1993; Koselleck/Jeismann 1994); erst später sind sie – zunächst im internationalen, dann auch im deutschen Kontext – zudem als Mittel zur Bewältigung von Trauer in den Blick gekommen (vgl. Winter 2000; Stoffels 2011). Und tatsächlich sind Kriegerdenkmäler beides, und es kommt darauf an, sie in dieser doppelten Funktion – und der Relation zwischen beiden – zu sehen.

Es ist bemerkenswert, dass unzählige Kriegerdenkmäler errichtet wurden, aber keine Kriegsdenkmäler. Es war der Dienst und das Opfer des Soldaten, dem das Gedenken gewidmet war, nicht dem Leiden der zivilen Bevölkerung. Das Leid und die Last von Soldatenfrauen, die sich während des Krieges allein um die Familie kümmerten, in schwierigen Zeiten das Lebensnotwendige beschafften und oft durch bezahlte Arbeit das Einkommen aufbessern mussten, galt ebenso wenig als denkmalwürdig wie der Hunger, der viele Opfer forderte, oder auch die überwiegend von Frauen geleistete Hilfstätigkeit. Obwohl der ›totale Krieg‹, wie ihn Ernst Ludendorff in seiner gleichnamigen Darstellung 1930 nannte, alle Menschen und alle Bereiche der Gesellschaft beeinträchtigte, obwohl etwa die Produktion ebenso kriegsrelevant war wie die kämpfende Front, kam diese in den Denkmälern für die Krieger nicht in den Blick. Dem Kriegerdenkmal zufolge kämpften und starben Männer im Krieg, während die Frauen um sie trauerten.

Weiterhin ist auffällig, dass weniger der Staat oder Zivilisten die Initiative zur Errichtung von Kriegerdenkmälern ergriffen, sondern vor allem Veteranenvereine. Kriegerwitwen mögen die Denkmäler auch für ihr Gedenken genutzt haben, aber auf ihre Gestaltung hatten sie ebenso wenig Einfluss wie auf die öffentlichen Feiern im Zusammenhang mit Denkmälern. Kriegerdenkmäler waren vor allem Denkmäler von Veteranen für ihre gefallenen Kameraden, dann Denkmäler von Männern der nachgeborenen Generation, die das Opfer der Vätergeneration würdigten, und erst zuletzt Denkmäler persönlicher Trauer.

Schließlich waren es vor allem militaristisch Gesinnte, welche die Initiative zur Errichtung von Kriegerdenkmälern ergriffen. Es gab zwar einen andauernden erbitterten Konflikt um das Gedenken an den Weltkrieg, aber die kriegskritischen Kräfte entwickelten keine eigene Symbolik des Gedenkens. Indem sie eine bessere Versorgung für Veteranen sowie ihre Familien anmahnten und Geld für Denkmäler als Verschwendung diffamierten, verkannten sie die Bedeutung einer Besetzung des öffentlichen Raumes mit einer kriegskritischen Ikonografie. Die politischen Gegensätze zeigten sich in aller Schärfe. Die Kriegervereine verwandten zur Einweihung ›ihres‹ Kriegerdenkmals oft nicht die Fahne der Republik, sondern die des Kaiserreichs, und sie erlaubten nicht die Teilnahme von Reichsbanner und SPD. Umgekehrt lehnte der Reichsbanner oft eine Teilnahme von sich aus ab oder organisierte sogar eine Gegendemonstration. Er organisierte seine eigenen, eher pazifistischen Kriegerehrungen, aber die öffentliche Symbolik war doch ganz von Kriegerdenkmälern dominiert, die dem Kriegseinsatz einen nationalistischen und heroischen Sinn zuschrieben.

Eine Einschränkung der Kriegsverherrlichung im öffentlichen Raum konnte allerdings von staatlichen Stellen ausgehen (Stoffels 2011, 90–126). Bei dem Kriegerdenkmal für die Friedrich-Wilhelms-Universität Berlin etwa wählte der Rektor schon in der Planungsphase die lateinische Formulierung »Invictis victi victuri« als Sinnspruch. Die Formulierung »Invictis« – auf dt. ›den Unbesiegten‹ – betonte die Heldenhaftigkeit der Gefallenen, welche die Niederlage nicht mehr erlebten und in dem Sinne nicht besiegt worden waren, »victi« erinnerte an den Schmerz der Niederlage und implizierte auch die Unterlegenheit der überlebenden Besiegten gegenüber den unbesiegten heroischen Gefallenen, und »victuri« ist ein Aufruf für die Zukunft. Zwar meinte der Rektor in seiner Rede, »victuri« könne sowohl die »leben« als auch die »siegen« bedeuten, aber die letztere Übersetzung ist, auch in der Reihung mit den vorhergehenden Wörtern, zweifellos die näherliegende: Eine Beschwörung, dass die Niederlage nicht endgültig sei, sondern von der nachkommenden Generation durch einen neuen Sieg überwunden werde. Die Erinnerung an die unbesiegten Helden sollte so die Besiegten an ihre Verpflichtung erinnern, doch noch für die Gefallenen den Sieg zu erringen. Die

dann Denkmäler von Männern der nachgeborenen Generation, die das Opfer der Vätergeneration würdigten, und erst zuletzt Denkmäler persönlicher Trauer.

Verpflichtung gegenüber den Toten begründete die Fortsetzung einer aggressiven Politik, um die Niederlage schließlich in einen Sieg zu wenden.

Die überwiegend nationalistisch gesinnte Berliner Studentenschaft ging noch einen Schritt weiter mit dem Antrag, kein künstlerisch gestaltetes Denkmal, sondern einen unbearbeiteten Findling aufzustellen. Auf Nennung von den Namen der Gefallenen sollte verzichtet werden, der Stein allein sollte auf vermeintlich germanische Findlingsgräber verweisen. Der zu wählende Granit galt als typisch nordischer Stein, der für die Härte der nordischen Rasse stehe. Das Konzept des Findlings stand nicht für irgendeine Form von Trauer, sondern sollte die Ewigkeit des völkischen Kampfes symbolisieren. Während die Universitätsleitung dem Vorschlag zustimmte und schon einen Findling bestellte, stoppte der preußische Kultusminister Otto Boelitz trotz eines Aufruhrs der Studentenschaft den Plan. Doch schließlich kam es nach langem Streit nur zu einem Kompromiss: Die namentliche Nennung der Gefallenen, die das Kultusministerium als Element der Trauer für individuelle Personen angemahnt hatte, unterblieb, aber statt des Findlings entschied man sich für die Skulptur eines gebeugt sitzenden Jünglings. Dies passte zu der oben erwähnten lateinischen Inschrift, die beibehalten wurde: Die gebeugte Haltung zeigte die Schwäche nach der Niederlage, aber der monumental gestaltete Jüngling war nicht zerstört, sondern konnte auch wieder aufstehen und weiterkämpfen. Während die Linke das Denkmal als militaristisch kritisierte, ging die gebeugte Haltung des Kriegers einigen Veteranen schon zu weit: Schließlich sei doch, so betonten sie im Anschluss an die Dolchstoßlegende, das Heer nicht besiegt worden (vgl. Stoffels 2011, 117).

Warum scheiterten die kriegskritischen Kräfte daran, eine eigene Ikonografie zu entwickeln und der militaristischen Ideologie entgegenzusetzen? Warum entstanden nur ganz vereinzelt Denkmäler, bei denen die Trauer im Zentrum stand? Dies lag nicht allein an den politischen Machtverhältnissen oder allein am mangelnden Verständnis der Pazifisten für eine öffentliche Visualisierung ihrer Überzeugung. Vielmehr war es leicht, die Gefallenen zu ehren, solange man den Sinn des Krieges nicht infrage stellte, aber weitaus schwerer war es, die Solidarität mit den Opfern zu wahren, aber zugleich das Ziel ihres Einsatzes abzulehnen. Die Schwierigkeit einer solchen Haltung zeigt sich deutlich an der Herstellung des Denkmals »Die Eltern« von Käthe Kollwitz.

Käthe Kollwitz' Sohn Peter meldete sich im August 1914 als Kriegsfreiwilliger und fiel am 22. Oktober des gleichen Jahres in Flandern. Die Tagebücher der Mutter zeigen, wie schwer es ihr fiel, ihren noch minderjährigen Sohn ziehen zu lassen, doch war sie auch von seiner Einsatzbereitschaft – und jener der anderen Kriegsfreiwilligen – zutiefst beeindruckt: »Die Jungen sind in ihrem Herzen ungeteilt. Sie geben sich mit Jauchzen. Sie geben sich wie eine reine schlackenlose Flamme, die steil zum Himmel steigt. Diese an diesem Abend zu sehn […] war mir sehr weh und auch wunder-wunderschön«. Angesichts solcher Entschlossenheit sagte sie: »Glaube nicht, daß ich feige bin, wir sind bereit« (Kollwitz 2012, 154, 152).

Als Bildhauerin entschloss sich Kollwitz gleich nach dem Tod ihres Sohnes, ein Denkmal für ihn und die anderen Kriegsfreiwilligen zu entwerfen. Ihre ersten Vorstellungen waren noch ganz vom Glauben an die Sinnhaftigkeit des Einsatzes geprägt: Sie dachte etwa Ende 1914 an ein Ehrenmal aus Eisen und Bronze an idyllischer Stelle mit Ausblick über die Havel. »Das Denkmal soll Peters Gestalt haben, ausgestreckt liegend, den Vater zu Häupten, die Mutter zu Füßen, es soll dem Opfertod der jungen Kriegsfreiwilligen gelten«. Bei der Einweihung würden, so ihre Vorstellung, Schulkinder Lieder wie »Wir treten zum Beten« und »Kein schönrer Tod ist auf der Welt als wer vom Feind erschlagen« singen (ebd., 177). Doch schon bald änderte sich ihre Einstellung zum Krieg. Die Sozialdemokratin war immer schockierter von dem schrecklichen Blutvergießen. Wohl bewunderte sie noch immer den Idealismus der Jugend vom August 1914, aber es gab ihr zu denken, dass dieser Idealismus auch bei den Kriegsgegnern geherrscht hatte. Es war für sie weiterhin eine offene Frage, wie Idealismus in eine unbeschreibliche Destruktion umschlagen konnte, aber schon 1916 galt es ihr als »schreckliche[r] Unsinn, daß die europäische Jugend gegeneinander rast« (ebd., 279).

Schließlich schuf sie ein Mahnmal, das wie kein anderes künstlerisches Gedenken in der Weimarer Republik nur noch endlose Trauer im Rückblick auf den Ersten Weltkrieg zum Ausdruck bringt. Es stellt nicht mehr den Gefallenen dar, sondern allein die Eltern, denen ihr Sohn entschwunden ist. Die Eltern sind nicht vereinigt in der Trauer, wie sie in einem früheren Entwurf geplant hatte, wo die Frau den Kopf auf die Schulter des Mannes legen sollte (vgl. ebd., 339), sondern als getrennt aufgestellte Einzelfiguren. Wohl knien die Eltern, was vielleicht als religiöse Haltung aufgefasst werden könnte, aber die Hände sind nicht zum Gebet gefaltet. Vielmehr umfassen ihre Arme krampfhaft den eigenen Körper; dies ist der einzige Halt, den sie in ihrer einsamen Trauer finden. Nicht nur ist ihnen der tote Sohn entschwunden, sie finden auch keine Geborgenheit beieinander oder in der nationalen Gemeinschaft, dem sein Kriegseinsatz gegolten hat. Jedes Elternteil ist einsam in der Trauer um den Sohn.

Käthe Kollwitz stellte das Mahnmal »Die Eltern« 1931 fertig, und es fand 1932 seinen Platz auf dem deutschen Soldatenfriedhof in Roggeveld-Essen bei Diksmuide. Warum brauchte sie 17 Jahre für ein Denkmal, zu dem sie sich schon gleich nach dem Tod ihres Sohns Peter entschlossen hatte? Der Einstellungswandel von Kriegsbereitschaft zu Gegnerschaft hatte sich schon vor 1918 vollzogen; warum dann noch einmal mehr als ein Jahrzehnt? Kollwitz' zentrale Schwierigkeit war, so zeigen die Tagebücher, dass es sie mit Schuldgefühlen erfüllte, mit den patriotischen Idealen ihres Sohnes zu brechen. Sie hatte im patriotischen Aufbruch vom August 1914 Peters Entscheidung zum Kriegseinsatz unterstützt, sogar den Vater gebeten, die Einwilligungserklärung für den Minderjährigen zu unterschreiben, und nun erfüllte sie das Gefühl des Verrats, wenn sie nachträglich so anders über seinen Einsatz urteilte. »Ist es treulos gegen Dich – Peter – daß ich nur noch den Wahnsinn jetzt sehen kann im Kriege?«, so fragte sie sich. »Peter, Du starbst gläubig«, was bedeutete es dann, wenn sie Kriegseinsatz und Kriegstod mit der Zeit als einen Sprung »in den Abgrund« verstand (ebd., 280)? Es wäre emotional weitaus bequemer gewesen, den Einsatz des Sohnes nicht infrage zu stellen, und die Mehrheit der Deutschen ging diesen einfacheren Weg; aber künstlerische Integrität und der Wille, dem eigenen Gefühl adäquaten Ausdruck zu geben, zwangen sie auf einen ungleich steinigeren Weg, der mit der beeindruckenden Darstellung trostloser Trauer sein Ziel erreichte. »Mein Peter – ich will versuchen treu zu sein«, so suchte sie die von ihr ausgetragene Spannung zwischen Solidarität mit dem Toten und historischem Lernprozess zu rationalisieren:

> Dein Vermächtnis zu erkennen und zu bewahren. Was ist das? Mein Vaterland so zu lieben auf meine Art wie Du es liebtest auf Deine. Und diese Liebe zu betätigen. Auf die Jugend zu sehn und ihr liebevoll treu bleiben. […] Ich will wahr sein, echt und ungefärbt. Wenn ich versuche so zu sein, mein Peter, dann bitte ich Dich sei um mich. Hilf mir und *zeige Dich mir*. Ich weiß Du bist da, aber ich erkenne Dich nur durch einen Nebel. Sei bei mir (ebd., 180 f.).

Zeigt die Abwesenheit der Gestalt des Gefallenen im Denkmal, dass ihr der kriegsfreiwillige Sohn bei ihrer kriegsverneinenden Trauer trotz des beschwörenden ›Sei bei mir‹ doch schließlich im Nebel verschwand?

Sinnstiftung bei Veteranen: Der »soldatische Nationalismus«

Das Beispiel von Käthe Kollwitz illustriert, wie schwierig es für Angehörige der Gefallenen sein konnte, mit der Kriegsideologie zu brechen. Emotional leichter war es allemal, im Gedenken an die Opfer des Weltkrieges nicht grundsätzlich die Sinnhaftigkeit des Kampfes infrage zu stellen.

Für viele Veteranen war es ähnlich schwierig, den Krieg im Rückblick abzulehnen. Waren die verlust- und entsagungsreichen Jahre wirklich umsonst gewesen? War man vier Jahre völlig fremdbestimmt gewesen, hatte für nichts als Lügen Todesgefahren ausgestanden und getötet? Hatten die gefallenen Kameraden in einem falschen Krieg ihr Leben verloren? Kommunisten konnten den Krieg als letztes Aufzucken des kapitalistischen Systems sehen, gegen das ihr ganzer Einsatz gerichtet war, aber sonst war es leichter, wenn man den Krieg im Rückblick nicht völlig ablehnte. Zudem hatte der Soldat die harte und gefährliche Zeit hinter sich; wollte er nun nicht von dem Prestige der Veteranenrolle in der Zivilgesellschaft profitieren? Man konnte nur dann besonderen sozialen Respekt oder staatliche und private Hilfe verlangen, wenn man zugleich die eigene Leistung im Krieg betonte, und als Leistung erschien es am deutlichsten, wenn man dem Krieg einen Sinn zuschrieb.

Genauso wie ein rückwärtsgewandter, kaisertreuer Teil der Gesellschaft hielten manche Veteranen stur an den Idealen der Vorkriegsordnung fest, doch es gab auch jene, die versuchten, sich den desillusionierenden Erfahrungen des ›totalen Krieges‹ zu stellen in dem Versuch, dem Weltkrieg einen Sinn zu geben (vgl. Rohkrämer 1999, Kap. 17; Koch 2006; s. auch Kap. II.4). Ein ähnlich illustratives Beispiel wie der kreative Prozess von Käthe Kollwitz – dieses Mal für den umgekehrten Versuch eines Veteranen, trotz der Desillusionierung, die praktisch alle Soldaten während ihres Kriegseinsatzes erlebt hatten, dem Weltkrieg einen positiven Sinn abzugewinnen – bietet das Frühwerk von Ernst Jünger. Von der Masse der Schriftsteller, die den »soldatischen Nationalismus« (Karl Prümm) zelebrierten – etwa Werner

Beumelburg, Edwin Erich Dwinger, Franz Schauwecker, Helmut Franke, Friedrich Hilscher, Wilhelm Kleinau, Albrecht Erich Günther und Ernst von Salomon, um nur einige der Bekannteren zu nennen –, zeichnet sich Ernst Jünger nicht nur durch seine exzeptionelle literarische Qualität aus, wodurch der heutige Leser besonders anschaulich den damaligen Kult um Heroik und männlicher Härte in seiner Attraktivität nachvollziehen kann. Wichtiger ist noch die einzigartige Qualität von Jüngers Schriften als historische Quelle: Zum einem schrieb er früh über seine Erfahrung im Ersten Weltkrieg und kehrte während der gesamten Weimarer Republik regelmäßig zum Weltkriegsthema zurück, so dass sich die Entwicklung seines Denkens genau verfolgen lässt. Des weiteren stellte er sich schonungsloser als die anderen kriegsverherrlichenden Autoren der Weimarer Zeit den negativen Aspekten des Krieges. Viele Passagen in seinen Schriften schildern die Realität des Krieges nicht anders als die schärfsten pazifistischen Anklagen; wie konnte Ernst Jünger dennoch zu einer positiven Deutung kommen, und wie konnten seine Schriften eine so breite Wirkung entfalten? War auch bei anderen nationalistischen Veteranen die Erinnerung viel ambivalenter als die offizielle rechte Ideologie vermuten ließe, so dass eine Sinnstiftung, die nicht die Augen vor der dunklen Seite des Krieges verschloss, ihr aber schlussendlich im Ganzen eine positive Deutung abgewann, auch für weitere Kreise eine Hilfe bei der Bewältigung der Vergangenheit darstellte? Bedeutete sein Werk schließlich noch einmal eine Steigerung des heroischen Ideals, weil Jünger selbst den Härten des totalen Krieges einen militaristischen Sinn abgerungen hat?

Der Kriegsfreiwillige Ernst Jünger hat, wie oben geschildert, an der Front auch die Desillusionierung des Krieges mitgemacht. Er hatte Abenteuer und heroische Kämpfe erwartet, aber in der Wirklichkeit dominierten zumeist die Waffen über die Soldaten. Der Krieg nahm eine Entwicklung, die keiner intendiert hatte: Statt eines schnellen Angriffs mit spektakulären Schlachten endlose, zermürbende Grabenkämpfe, in denen man den Gegner noch nicht einmal zu Gesicht bekam. Zwischen Flugzeugen gab es noch Kämpfe von Soldat gegen Soldat, aber beim Heer verwandelte sich das Soldatenhandwerk zu einer arbeitsteiligen Arbeit der Vernichtung, wobei schließlich die Übermacht der feindlichen Waffen die Niederlage brachte. Lange Zeit hat die Forschung den martialischen Ton Jüngers als wahren Ausdruck seines Kriegserlebnisses genommen, aber das schiere Entsetzen tritt nicht nur im Tagebuch immer wieder hervor.

Jünger versteckte die schreckliche Seite des Krieges nicht hinter der schwülstigen Rhetorik der offiziellen Kriegspropaganda. Er versuchte keine Ehrenrettung des Kaiserreichs durch eine Beschwörung der Dolchstoßlegende. Vielmehr kritisierte er nicht nur scharf den Kaiser und die Führung seines Heeres, sondern argumentierte darüber hinaus, dass der Weltkrieg die lebensferne Schwäche des gesamten Kaiserreichs, ja des gesamten 19. Jahrhunderts enthüllt habe. Eine konservative Nostalgie gegenüber der Ordnung des Kaiserreichs war deshalb seine Sache nicht, aber auch die Weimarer Republik entsprach nicht seiner von konservativen Werten geprägten Sehnsucht nach Geschlossenheit, Ordnung und einer klaren Hierarchie. Er war damit einer der vielen ›Konservativen Revolutionäre‹ in der Weimarer Republik, die mit revolutionären Mitteln einen neuen Staat schaffen wollten: Im Einklang mit den Erfordernissen der Moderne, wie sie sich auch im Weltkrieg gezeigt hatten, aber zugleich konservativ: Eine stabile und harmonische oder sogar ›organische‹ hierarchische Gemeinschaft (vgl. auch Breuer 1993).

Wie so viele andere Veteranen wollte Ernst Jünger seinem Einsatz im Rückblick einen Sinn abgewinnen: Für sich und die anderen Veteranen, aber auch als »heilige Pflicht« gegenüber den Gefallenen (Jünger 1925, X), denen sein erstes Buch gewidmet war. Doch das geradezu zwanghafte Schreiben über den Weltkrieg in immer neuen Varianten zeigt, wie schwierig es für ihn war, eine positive Einstellung zu gewinnen. Vor allem die widerspruchsvolle Spannung zwischen industrialisiertem Krieg und Heroismus bereitete ihm endlose Schwierigkeiten: Einerseits ließ sich die Realität der technischen Welt nicht ignorieren, doch wie konnte der Soldat andererseits bei der Übermacht der Technik noch der Inbegriff heroischer Männlichkeit sein? Und wie konnte der Weltkrieg für deutsche Soldaten einen Sinn besitzen, wenn sie schon bei der ›Verteidigung des Vaterlands‹ gescheitert waren – nicht zu sprechen von den viel weiter reichenden Ambitionen, durch Erringung eines klaren Sieges Deutschland zur Weltmacht aufsteigen zu lassen?

»Nicht wofür wir kämpfen ist das Wesentliche, sondern wie wir kämpfen« (Jünger 1922, 76): Dies war das zentrale Motto für Jüngers erste große Deutung des Krieges. Wenn im Rückblick weder die Verteidigung des Kaiserreichs noch die Kriegsziele den persönlichen Einsatz rechtfertigen konnten, dann konnte es nur die persönliche Haltung und Leistung sein. In den *Stahlgewittern*, seinem 1920 veröffentlichten ersten Buch über seinen Einsatz im Welt-

krieg, betont er nicht nur schon im Titel seine Rolle als ›Stoßtruppführer‹ – d. h. als Elitesoldat an vorderster Front, der die höchst brenzlige Aufgabe übernahm, im Stellungskrieg die Positionen des Gegners im Nahkampf aufzubrechen –, sondern auch seine hohen Auszeichnungen: Die Porträtaufnahme des Verfassers, die gleich auf das Titelblatt folgt, zeigt alle Auszeichnungen die ihm zuteil wurden, von Verwundetenabzeichen über das Eiserne Kreuz bis hin zum ›Pour le Mérite‹, dem höchst selten vergebenen höchsten preußischen Orden. Gegen die Vorstellung einer Dominanz des Kriegsmaterials betont er, dass auch der Weltkrieg »seine großen Augenblicke« gehabt habe:

> Man hört so oft die irrige Ansicht, daß der Infanteriekampf zu einer uninteressanten Massenschlächterei herabgesunken ist. Im Gegenteil, heute mehr denn je entscheidet der Einzelne. Das weiß jeder, der sie in ihrem Reich gesehen hat, die Fürsten des Grabens mit den harten, entschlossenen Gesichtern, tollkühn, so sehnig, geschmeidig vor- und zurückspringend, mit scharfen, blutdürstigen Augen, Helden, die kein Bericht nennt. Der Grabenkampf ist der blutigste, wildeste, brutalste von allen, doch auch er hat seine Männer gehabt, Männer, die ihrer Stunde gewachsen waren, unbekannte, verwegene Kämpfer. Unter allen nervenerregenden Momenten des Krieges ist keiner so stark, wie die Begegnung zweier Stoßtruppführer zwischen den engen Lehmwänden des Grabens. Da gibt es kein Zurück und kein Erbarmen. Blut klingt aus dem schrillen Erkennungsschrei, der sich wie Alpdruck von der Brust ringt (Jünger 1920, 133).

In diesem Zitat geht es vor allem um die eigene Rolle im Krieg, doch mit der Zeit entwickelten sich Jüngers Schriften zunehmend zu einer Glorifizierung des Weltkriegssoldaten schlechthin. Im totalen Krieg habe sich ein neuer Menschenschlag herausgebildet: Wohl sei der Enthusiasmus vom August 1914 verschwunden, doch stattdessen habe sich ein völlig neuer Typus herausgebildet, der sich selbst dem totalen Krieg gewachsen zeigte: Der harte, unerbittliche Kämpfer unterm Stahlhelm, der trotz aller Belastungen mit unerschütterlicher Beharrlichkeit und kalter Effizienz seine Arbeit der Vernichtung leistet. Mit diesem heroischen Bild soldatischer Männlichkeit leistete Ernst Jünger einen zentralen Beitrag zur Schaffung einer Figur, die nicht nur in unendlichen Variationen in den gesamten militaristischen Schriften der Weimarer Republik und der NS-Zeit auftaucht, sondern auch in Ich-Dokumenten des Zweiten Weltkriegs (vgl. Rohrkrämer 2013, 250f.). Noch in der Kriegsgefangenschaft distanzierten sich die deutschen Soldaten kaum vom Krieg, sondern versuchten sich vielmehr mit Anekdoten über exzeptionelle militärische Leistungen zu übertrumpfen (Neitzel/Welzer 2011).

Eine ähnlich weite Verbreitung fand eine zweite Deutung des Ersten Weltkriegs durch Ernst Jünger: Seine, durch die Lektüre von Nietzsche und Spengler inspirierte, Zurückführung auf die menschlich-männliche Raubtiernatur (vgl. Koch 2006, 249 f.). Moralische und politische Urteile seien im letzten ebenso irrelevant wie materielles Selbstinteresse, denn der Krieg sei Ausdruck einer instinktiven Aggression im Kampf ums Dasein. »Wenige Urtriebe« würden den wahren Mann bestimmen, vor allem »der Wille zum Leben, der Wille zum Kampf und zur Macht« (Jünger 1922, 116). Während die bürgerliche Existenz diese Triebe mit allen Mitteln unterdrücke, seien sie im Krieg wieder mit fundamentaler Macht durchgebrochen. In diesem elementaren Raum »entschädigte sich der wahre Mensch in rauschender Orgie für alles Versäumte. Da wurden seine Triebe, zu lange schon durch Gesellschaft und ihre Gesetze gedämmt, wieder das Einzige und Heilige und die letzte Vernunft« (ebd., 76). Nicht eine umsichtige Lebensführung war in dieser Sichtweise das Ideal, sondern ein vitalistisches »Raubbau treiben, prassen, vergeuden, das ganze Feuerwerk in tausend Sonnen und kreisenden Flammenrädern verspritzen« (ebd., 31). Und deshalb stecke auch im technischen Zeitalter hinter dem Krieg letztendlich

> der Mensch. Er gibt den Maschinen erst Richtung und Sinn. Er jagt aus ihnen Geschosse, Sprengstoffe und Gifte. Er erhebt sich in ihnen als Raubvogel über den Gegner. Er hockt in ihrem Bauche, wenn sie feuerspeiend über das Schlachtfeld fauchen. Er ist das gefährlichste, blutdürstigste und zielbewußteste Wesen, das die Erde tragen muß (ebd., 114).

Alle diese Strategien, die auch von anderen Soldaten später herangezogen wurden, konnten Jüngers Schwierigkeiten mit der Realität des Krieges nicht völlig verdrängen. In der Erzählung *Sturm*, die Jünger 1922/23 verfasst und dann angeblich vergessen hat, finden sich Passagen, in denen die Verzweiflung über die Sinnlosigkeit des Weltkriegs schonungslos Ausdruck findet. Der Krieg erschien hier nicht als Gegenkraft, sondern als destruktivste Seite der modernen Welt. Wie der Protagonist des Romans, in dem der Autor sich selbst porträtieren wollte, anlässlich des Selbstmords eines Kameraden reflektierte:

> Hier hatte wieder ein Einzelner gegen die Sklavenhalterei des modernen Staates protestiert. Der aber stampfte als unbekümmerter Götze über ihn hinweg. [...] Der Kampf spielte in riesenhaften Ausmaßen, vor denen das Einzelschicksal verschwand. [...] Man schleuderte sich

den Tod zu, ohne sich zu sehen; man wurde getroffen, ohne zu wissen, woher es kam. [...] Die Entscheidung lief auf ein Rechenexempel hinaus: Wer eine bestimmte Anzahl von Quadratmetern mit der größeren Geschoßmenge überschütten konnte, hielt den Sieg in der Faust. Eine brutale Begegnung von Massen war die Schlacht, ein blutiger Ringkampf der Produktion und des Materials. Daher kam auch den Kämpfern, diesem unterirdischen Bedienungspersonal mörderischer Maschinen, oft wochenlang nicht zu Bewußtsein, daß hier Mensch gegen Menschen stand. [...] Da war es verständlich, daß einen, der jahrelang in diese Wildnis verschlagen war, das Grauen überwand. Es war im Grunde wohl dasselbe Gefühl von Sinnlosigkeit, das aus den kahlen Häuserblöcken von Fabrikstädten zuweilen in traurige Hirne sprang, jenes Gefühl, mit dem die Masse die Seele erdrückte (Jünger 1978, 16 f.).

Die Gleichgültigkeit der Kriegsführung gegenüber dem Einzelschicksal, die Dominanz der Waffen über die Soldaten, die Zufallsentscheidungen über Leben und Tod, die Anonymität des Kampfes, der Mangel an Sinnhaftigkeit für den einzelnen Soldaten, all dies ist hier schonungslos angesprochen, wobei für Jünger das Gespenst des Nihilismus die gesamte Moderne bedrohte. In der ›August-Begeisterung‹ war seiner Meinung nach noch einmal ein Sinn im Leben aufgeschienen, doch der Ausbruch aus dem Alltag hatte nur tiefer in die Abhängigkeit von einem anonymen, unmenschlichen System geführt.

In seinem Frühwerk *Die Geburt der Tragödie aus dem Geiste der Musik* (1872) schreibt Nietzsche, dass »nur als ästhetisches Phänomen das Dasein der Welt *gerechtfertigt* ist« (Nietzsche 1966, 17). Nur aus einer solchen distanzierten Außensicht würden die Menschen eine positive Einstellung zu dem ewigen Prozess von Werden und Vergehen, Aufblühen und Vernichten finden können. Im Nachvollzug der Dramatik der tragischen Handlung und der mit ihr zur Ansicht gebrachten heroischen Großartigkeit der Opferbereitschaft solle das persönliche Gefühl von Schmerz und Angst in seiner Bedeutungslosigkeit erkannt werden. Der Blick auf Krieg und Gewalt sollte auch in Bezug auf die Gegenwart so sein, wie man etwa die Kämpfe in Homers *Ilias* genießen kann. Wie ein Schauspieler sollte der Soldat die heroische Rolle spielen in dem stolzen Gefühl, Teil eines großartigen Ereignisses zu sein. »Es kommt darauf an«, so Jünger in dieser, seiner dritten Rechtfertigungsstrategie des Weltkrieges, »einen Punkt der Betrachtung zu gewinnen, von dem aus die Orte des Verlusts als die Gesteinsmassen gesehen werden können, die während der Bildung einer Statue vom Block verloren gehen« (Jünger 1932, 116). Aus vergleichbarer Perspektive antizipiert Oswald Spengler globale Kriege um die Weltherrschaft mit heroischem Pathos: »Ein Endkampf um die Herrschaft auf diesem Planeten« kann nicht vermieden werden, so tönt er. »Wessen Schwert hier den Sieg verficht, der wird der Herr der Welt sein. Da liegen die Würfel des ungeheuren Spiels. Wer wagt es, sie zu werfen?« (Spengler 1933, 212).

Das gesamte Geschehen konnte als ein großes heroisches Drama gesehen werden, um Distanz von Dreck und Langeweile, Schmerz und Lebensangst zu gewinnen, doch eine solche ästhetische Distanzierung konnte auch im Kleinen geschehen. In einer Technik, die für Ernst Jüngers Werk charakteristisch ist, hebt sich die Erzählperspektive durch Konzentration auf das visuell Spektakuläre aus dem Geschehen heraus in eine genießerische Beobachterposition. Die persönliche Gefährdung, aber auch Fragen nach den politischen Hintergründen, bleiben – wie etwa im folgenden Beispiel – ausgeblendet in der Konzentration auf den Krieg als visuelles Naturschauspiel:

> Minen ziehen ihre perlenden Funkenbögen über uns und zerschellen in vulkanischen Explosionen. Weiße Leuchtbälle überschwemmen das blitzende Gewölk aus Rauch, Gasen und Staub, das als kochender See über dem Gefilde brodelt, mit grellem Licht. Bunte Raketen hängen über den Gräben, in Sternchen zersprühend und plötzlich erlöschend wie farbige Signale eines riesigen Rangierbahnhofs (Jünger 1922, 76).

Nach dem Krieg war Jünger zunächst vor allem darum bemüht, unter Ausblendung politischer Fragen im Einsatz des einzelnen Soldaten einen Sinn herauszuarbeiten. Doch in der Mitte der 1920er Jahre erweiterte sich der Erklärungsrahmen: Nun sollte aus dem Kriegserlebnis auch eine politische, ja schließlich gegen Ende der Republik eine geschichtsphilosophische Perspektive der Weltenwende folgen: Der Krieg als nihilistischer Tiefpunkt auf dem apokalyptischen Weg zu einer neuen Ordnung (Vondung 1988; Brokoff 2001; Koch 2006, 287–319).

Als zentraler Wortführer des ›soldatischen Nationalismus‹ schreibt Jünger Mitte der 1920er Jahre eine Flut an politischen Aufsätzen – für eine Weile auch in Verbindung mit dem Veteranenverband ›Stahlhelm‹ –, in denen er die Vision eines Staates propagiert, der auf Weltkrieg und Fronterlebnis aufbauen sollte. Mehr denn je verachtete er das Deutsche Kaiserreich ebenso wie die Weimarer Republik; ihm ging es um eine neue, gleichermaßen konservativ-hierarchische und heroische Ordnung. Der in den Schlachten des Weltkriegs gehärtete Soldat sollte eine Revolution anführen: Dieser neue Typus Mensch werde eine ihm gemäße neue Welt herbeiführen.

Der Glaube an die Entstehung einer neuen Ordnung machte es leichter, die zerstörerische Seite des Weltkriegs zu akzeptieren. Jünger zufolge war die Vernichtung notwendig, um Platz für das Neue zu schaffen. Zerstört habe der Krieg das Marode, während die neuen Kräfte gehärtet aus ihm hervorgegangen seien. Der ›Neue Mensch‹ sei ein Arbeiter, ob in der wirtschaftlichen Produktion für den machtvollen Staat oder im kriegerischen Kampf um die Gestaltung der Zukunft. Im ersten Schritt gehe es um die Verwirklichung einer neuen nationalen Ordnung; im zweiten dann um den Kampf zur Etablierung einer Weltherrschaft. Das Ziel, das Jünger ausgibt, ist ein neuer Staat in totalitär-militaristischer Form, um in Zukunft auch jedem ›totalen Krieg‹ gewachsen zu sein: »Er wird national sein. Er wird sozial sein. Er wird wehrhaft sein. Er wird autoritativ gegliedert sein« (Jünger 2001, 218). Eine autoritäre und gerechte soziale Ordnung sollte die Menschen bereit machen für den totalen kämpferischen Einsatz für die Nation.

Mit der Orientierung auf eine straffe autoritäre Gliederung verband sich der Wille, dass die neue Nation in einem gemeinsamen Glauben vereint sein müsse. Ein liberaler Pluralismus war für Ernst Jünger das Schreckbild schlechthin. In einem nationalistischen Staat würden, so seine Prophezeiung, »alle antinationalen Mächte einen schlechten Tag erleben« und »die eiserne Faust an der Gurgel spüren« (ebd., 294). In einem wahrhaft deutschen Staat werde kein Platz sein für das Undeutsche. Auch wenn der Antisemitismus in Jüngers Denken keine zentrale Rolle spielt, so beinhaltet der militante Antipluralismus doch auch eine Ausgrenzung von Juden. Statt spezifisch antisemitischer Maßnahmen gibt es ihm zufolge

> eine bessere Medizin, die darin besteht, daß man sich Schritt für Schritt der großen, feurigen Sonne nähert, die das heroische Leben bestrahlt […]. Der Deutsche gewinne sein eigentliches Element – in ihm ist das Fremde zur tiefsten Ohnmacht verdammt wie ein Fisch, der auf eine vulkanische Insel geschleudert ist (ebd., 544). – Tun wir dem Geschmeiß nicht zuviel Ehre an! Nur in dem Maße, in dem wir das Deutsche in uns kräftigen, wird die Position aller feindlichen Kräfte geschwächt. Alles Entscheidende liegt in uns selbst. Alles, was gegen uns ist, verneinen wir am schärfsten, indem wir uns selbst mit Macht bejahen (ebd., 295).

Im Einklang mit der gesamten extremen Rechten fordert Jünger einen autoritären nationalistischen und militaristischen Staat. Im Gegensatz zum traditionellen Konservatismus sieht er soziale Gerechtigkeit als Voraussetzung für eine homogene Ordnung,

wobei aber die Betonung auf dem Prinzip der opferbereiten Diensterfüllung liegt. Ziel ist eine Anspannung aller Kräfte für den Kampf um die Weltherrschaft. Nicht auf individuelles Glück kommt es an,
sondern auf die totale Mobilmachung. Der Lohn besteht zunächst in einem Kampf von höchster heroischer Dramatik, und später dann in der aktiven Mitarbeit an der Etablierung einer neuen grandiosen
Herrschaft. Für Jünger ist die Moderne von pluralis-
tischer Zerrissenheit geprägt: Es gibt für ihn kein
Gemeinschaftsgefühl, keinen alles überragenden
Sinn, keine großen Individuen mit klarer Lebensge-
staltung und keinen Einklang von Natur und Technik (vgl. Koch 2006, 55). Alle diese Defizite der Moderne würden durch die neue Ordnung überwunden werden:

> Seit langem kennt man die Einheit einer Herrschaft
> nicht mehr, die dem Höchsten verpflichtet ist, – nicht
> mehr das Schwert der Macht und Gerechtigkeit, das al-
> lein den Frieden der Dörfer, den Glanz der Paläste, die
> Einigkeit der Völker verbürgt. Und doch ist diese Sehn-
> sucht überall irgendwie lebendig. [...] Erst aus einer sol-
> chen Einheit sind Gestaltungen und Sinnbilder mög-
> lich, in denen das Opfer sich erfüllt und legitimiert,
> Gleichnisse des Ewigen im harmonischen Gesetz der
> Räume und in Monumenten, die den Angriffen der Zeit
> gewachsen sind (Jünger 1932, 217 f.).

Jüngers Aussagen über eine heroische Zukunft
bleiben unbestimmt, aber die Intention ist klar. Er
träumt von einer »Einheit der Gestaltung«, einer
»Konstanz der Einrichtungen, Sitten und Gebräu-
che, Sicherheit der Ökonomie, [einem] Verständnis
für die Befehlssprache und die Befehlsordnung,
kurzum ein[em] Leben nach dem Gesetz« (ebd.,
225, 233). Eine solche Ordnung werde dem individuellen Leben und der Gemeinschaft Sinn und
Größe geben. Der neue, aus dem Weltkrieg hervorgegangene Arbeiter-Typus werde durch Kriege un-
geahnter Intensität eine harmonische Weltordnung
etablieren, eine Ordnung durchdrungen von einem
heroischen Weltbild. Jüngers Schriften entwickelten
keine Massenwirksamkeit, aber fanden viel Aufmerksamkeit und Zustimmung in einer gebildeten
jüngeren Generation völkischer Ausrichtung, die –
geprägt durch politische Radikalität und die Betonung kompromissloser Sachlichkeit – wichtige Teile
der jüngeren Funktionselite im NS-Regime ausmachte (vgl. Herbert 1991; Wildt 2002).

Stärker als jede andere öffentliche Stimme in der
Weimarer Republik war Ernst Jünger vom Ersten
Weltkrieg geprägt. Kann man sein Frühwerk deshalb
als Sinnstiftung für den sinnlosen Weltkrieg verstehen? Richtig an einer solchen Sicht ist, dass Jünger

sich mit vielen Aspekten seiner Kriegserfahrung
schwertat, vor allem der Dominanz des Materials
über traditionelle Vorstellungen von Heroik. Zudem
stellte sich auch für ihn angesichts der Niederlage die
Frage, wofür denn die ganzen Opfer gut gewesen
sind. Doch die Problemwahrnehmung war zu weiten
Teilen von kulturkritischen Vorstellungen der Vorkriegszeit geprägt: die Ablehnung von Pluralität und
die Sehnsucht nach Gemeinschaft; die Wahrnehmung eines Sinnverlusts in der Moderne und die
Sehnsucht nach einem neuen Glauben; das Gefühl,
wie der Zauberlehrling die Kontrolle über die technische Welt verloren zu haben; und schließlich die
Frage, wie in einer solchen entfremdeten Welt ein
authentisches und sinnerfülltes Leben möglich ist.
Die Hoffnung Jüngers – und all jener, die von der
›August-Begeisterung‹ und den ›Ideen von 1914‹ erfasst worden waren – hatte darin bestanden, dass der
Krieg diese Schattenseite der Moderne überwinden
werde; und die Enttäuschung kam, als dies offensichtlich nicht der Fall war. Für Jünger hatte nicht
erst der Weltkrieg den Nihilismus der Moderne enthüllt; vielmehr schien der Kriegseinsatz im August
1914 einen Ausbruch aus der nihilistischen Moderne zu ermöglichen, und die Enttäuschung war,
dass auch der Weltkrieg durch und durch als von der
gleichen Moderne bestimmt erwies. Dementsprechend versucht Jünger in den politischen und geschichtsphilosophischen Betrachtungen des Krieges
auch weniger, gegen eine scheinbare Sinnlosigkeit
des Krieges anzuschreiben. Vielmehr geht es ihm vor
allem darum, den Glauben vom August 1914 in rea-
litätsgehärteter Form wiederzugewinnen, d. h. den
Glauben an den nationalen Kampf als entscheidenden Schritt zu einer anderen und besseren Moderne
(vgl. Rohkrämer 1999).

Wenn die Problemwahrnehmung keine scharfe
Zäsur mit der Vorkriegszeit bedeutet, kann dies
dann von Jüngers Geschichtsdeutung und Zukunfts-
vision gesagt werden? Hier sind tatsächlich Elemente zu finden, die erst nach dem Weltkrieg eine so
starke Ausprägung erfahren haben. Auch wenn wilhelminische Kulturkritiker die moderne Technik
nicht völlig negierten, so ist doch Jüngers Verherrlichung der modernen Arbeitswelt ein neues Element.
Der Weltkrieg hatte für ihn zum einen bewiesen,
dass man der modernen Technik nicht entfliehen
kann; wenn man nicht in Spannung mit ihr leben
will, was Zerrissenheit und Entfremdung bedeutet,
dann bleibt nur die Hoffnung, sie in einer neuen
Form der technischen Existenz »organisch« einzubinden (Jünger 1932, 226). Zum anderen führt der

Weltkrieg nicht nur bei Ernst Jünger zu einem historisch neuen apokalyptischen Denken. Im radikalen Denken der Weimarer Republik versucht man nicht länger, die moderne Welt durch vorsichtige Veränderungen in die richtige Richtung zu lenken, sondern setzt auf eine katastrophische Entwicklung: Erst müsse es zum absoluten Zusammenbruch – dem »magischen« oder »nihilistischen Nullpunkt« – kommen (Jünger 1929, 156); erst so werde der Raum für die Entstehung einer besseren Welt geschaffen. Selbst in seiner Friedensschrift gegen Ende des Zweiten Weltkriegs hält Jünger über alle Verbrechen und alles menschliche Elend hinweg an der Vorstellung fest, dass es falsch sei, sich der Zerstörung entgegenzustellen, da nur sie in langfristiger Perspektive eine heilsame Wirkung entfalte und den Weg zu einer besseren Zukunft eröffne (zur Ausdifferenzierung dieser Position in Jüngers Schriften nach dem Zweiten Weltkrieg vgl. auch Koch 2011).

In Jüngers Denken zeigt sich eine gefährliche Radikalisierung der rechten Kulturkritik als Folge des Ersten Weltkriegs, da vor allem das apokalyptische Denken zu einer menschenverachtenden Desperado-Politik ermunterte. Doch zugleich zeigt sich eine überraschende Konstanz von Idealen und Zielvorstellungen: Das heroische Ideal als Idealbild der männlichen Persönlichkeit; die Verherrlichung des Kriegs als monumentales Drama und Bewährungsprobe; die Sehnsucht nach einem Glauben, der alle Deutschen vereinen würde; der Wunsch nach einer organischen Gemeinschaft auf der Grundlage eines autoritären Staates; und schließlich die imperialistische und sozialdarwinistische Vision einer unbegrenzten Machtsteigerung.

Nationalsozialismus und Erster Weltkrieg

Während das Werk von Ernst Jünger – bei aller Wirkung gerade auf das extremistische Milieu der Konservativen Revolution – vor allem Interesse verdient für seine aufschlussreiche intellektuelle Auseinandersetzung mit dem Ersten Weltkrieg, so steht der Nationalsozialismus politisch im Zentrum als wirkungsmächtige Massenbewegung, die aus Weltkrieg und Niederlage hervorgegangen ist (Krumeich 2010). Der Glaube an die Dolchstoßlegende war ebenso zentral für die Nationalsozialisten wie die Überzeugung, dass der Versailler Vertrag und die angeblich undeutsche demokratische Republik die Nation in den Abgrund führe. In stilisierter Abset

zung von ›Karrierepolitikern‹ betonte Hitler, dass nur diese nationale Zwangslage ihn bewogen hätte, seine künstlerischen Ambitionen für den Kampf in der politischen Arena aufzugeben. Der Nationalsozialismus sah sich nicht als eine Partei unter vielen, sondern als ultra-nationalistische politische Bewegung gegen den Niedergang Deutschlands und für ein neues völkisches Erwachen.

Über den Glauben an die Dolchstoßlegende hinaus diente der Weltkrieg in vielerlei Hinsicht zur Rechtfertigung der nationalsozialistischen Weltanschauung, wie sie mit besonderer Verbindlichkeit in Hitlers *Mein Kampf* formuliert worden war. Doch wie bei der gesamten Rechten handelt es sich auch in Hitlers Programmschrift weniger um etwas geistig Neues, sondern vor allem um einen Aufguss radikalisierter Vorkriegsideen. Der Krieg dient Hitler als Bestätigung eines sozialdarwinistischen Denkens, das den ›Waffengang‹ naturalisiert und den Kampf um einen Weltmachtstatus zur unausweichlichen Notwendigkeit und zum dramatischen Höhepunkt des Geschichtsprozesses erklärt. Die Dolchstoßlegende begründete für Nationalsozialisten sowohl die Notwendigkeit der Gewalt zur Ausschaltung politischer Gegner und ›undeutscher Rassen‹ als auch die Notwendigkeit für eine sozial gerechte Volksgemeinschaft in einem neuen ›Dritten Reich‹. Nur die vorsorgliche Ausschaltung aller oppositionellen Kräfte und die Befriedigung der Bevölkerung in einer harmonischen Volksgemeinschaft auf zufriedenstellender materieller Grundlage würde ein Deutschland schaffen, das harte Konflikte und schwere Kriege durchstehen könne. Auch eine eugenische Politik der Ausmerzung all derer, die man für schwach hielt, und der Züchtung eines neuen Menschen voller Stärke und Willenskraft muss im Zusammenhang mit dem Glauben an zukünftige Kriege gesehen werden: Der ›hochgezüchtete Arier‹ sollte auch dem schwersten Krieg gewachsen sein, und der kriegerisch gewonnene ›Lebensraum‹ sollte die Grundlage bieten für die Züchtung von immer mehr rassisch hochwertigen Menschen. Wie auf der gesamten Rechten galt der Weltkrieg den Nationalsozialisten als eine verlorene Schlacht, nach der es nur noch notwendiger war, mit einer Politik der Stärke für Deutschlands Weltmachtstellung zu kämpfen.

Die Verbindung von Nationalsozialismus und Weltkrieg bestimmte auch das Denken der ›einfachen Mitglieder‹, wie die *Abel Collection* zeigt, eine Sammlung von 481 autobiografischen Darstellungen, in der die Autoren kurz nach Hitlers Machtantritt beschreiben, wie sie zur nationalsozialistischen Bewegung ge funden haben. In dieser umfangreichen, allerdings nicht nach repräsentativen Kriterien ausgesuchten Sammlung erklären 18,8 Prozent die Kriegserfahrung und das Fronterlebnis zu entscheidenden historischen Konstellationen in ihrer politischen Prägung, 23,8 Prozent die Niederlage und die revolutionären Konflikte. Nicht die Schrecken des Krieges bestimmen in den Lebensgeschichten den Rückblick auf den Weltkrieg, sondern es dominiert – wie auf der gesamten politischen Rechten – ein nostalgisch verklärtes Kriegsbild. Fast die Hälfte der Kriegsbeschreibungen sprechen mit Enthusiasmus über die Zeit an der Front und äußern Stolz auf ihren Einsatz, während nur etwa 3 Prozent vor allem ihre persönliche Desillusionierung und weitere 5 Prozent das allgemeine menschliche Leiden betonen (Merkl 1980, 222 ff.). Diese rückblickende Glorifizierung des Kriegsdienstes verbindet sich in diesen Darstellungen eng mit dem nationalsozialistischen Ideal einer militarisierten Frontgemeinschaft: »Die Geburtsstunde des Nationalsozialismus liegt im Fronterlebnis«, so heißt es etwa in einem der Lebensberichte. »Und nur aus dem Verstehen dieses Fronterlebens ist der Nationalsozialismus zu verstehen« (Abel Collection, Nr. 199).

Die Berichte schreiben der Fronterfahrung vor allem zu, gegen die soziale und ideologische Zerrissenheit des Kaiserreichs ein Gefühl nationaler Solidarität gefördert zu haben. So meinte etwa ein katholischer Veteran:

> Mein Erleben ließ zunächst eine alte Welt zerbrechen. Die Welt des Schützengrabens erschloß sich mir. Einst zog ich einsam meinen Weg, hier fand ich Brüder. Deutschlands Söhne standen in heißen Gefechten Schulter an Schulter, das Gewehr im Anschlag: gemeinsamer Kampf. In den Unterständen lag ich mit ihnen gemeinsam, wir tauschten unser Leben aus, wir teilten unsere Habe, wir lehrten uns verstehen. […] In den Schlachten verbanden wir unsere Wunden. Wer fragte hier, ob wahres Volkstum lebte, nach dem Gebildeten, wer nach dem Katholizismus oder Protestantismus? Hier war der Glaube Gemeingut, der Glaube an den einigen Gott und unser Vaterland (Abel Collection, Nr. 8).

Während die Berichte so die Fronterfahrung als paradigmatische Verdichtung wahrer Volksgemeinschaft verherrlichen, gilt die Revolution als Ausdruck des heimtückischen Undanks. Die Beteiligung von Veteranen am Aufstand gegen die alten Kräfte wird in diesen hasserfüllten Schilderungen verdrängt; die extreme Rechte allein scheint aus der kämpfenden Truppe hervorgegangen zu sein: »Unsere Truppen kehren wieder in die Heimat zurück«, so meinte ein Bericht, der viele typische Klischees in extremer Form vereint,

> [a]ber der Anblick, der sich einem bietet, ist ekelerregend. Blutjunge Burschen, heruntergekommene Deserteure und Dirnen reißen unseren Besten, die draußen an der Front gestanden, die Achselstücke herunter und bespeien die feldgraue Uniform […]. Wehrlose Menschen, verwundete Soldaten werden viehisch hingemordet […]. Da begann zum ersten Mal in mir der brennende Haß gegen dieses Untermenschentum aufzulodern (Abel Collection, Nr. 174).

Nicht aus sozialistischer Revolution und Demokratie, sondern aus dem Geist militaristischer Veteranen sollte, so der immer wiederholte Refrain, eine neue Ordnung hervorgehen:

> Die traurigen Bilder der roten Herrschaft, die sich uns auf dem Rückmarsch boten, bedrückten uns Frontsoldaten alle sehr. Wir konnten und wollten nicht verstehen, daß solch ein Ausgang des Krieges der Sinn unseres 4½-jährigen Ringens war. […] In der Heimat, die mir so fremd und undeutsch geworden war, erwachte in mir das Sehnen und Trachten nach einer neuen Ordnung, die gegründet auf das Fronterlebnis das gequälte Vaterland besser und herrlicher wieder aufrichte (Abel Collection, Nr. 55).

Die Generation von 1900

Auch wenn unter ehemaligen Kriegsteilnehmern schönfärberische Schilderungen des Weltkriegs den Erinnerungsdiskurs dominierten, so konnte dies doch nie völlig die Erinnerung an die schreckliche Seite des Krieges verdrängen. Man stilisierte sich zum treuen Kameraden und heldischen Kämpfer, doch im Hinterkopf blieb auch die Erinnerung an Leiden und Entbehrungen, an die Empörung über Ungerechtigkeiten in der Armee, an Angst und Überdruss im Kriegsalltag – wenn nicht sogar an peinliche Situationen, in denen man dem Selbstbild des unerschütterlichen Kämpfers und treuen Kameraden in keiner Weise gerecht geworden war. Das zeigt sich nicht nur in den Ambivalenzen selbst jener Schilderungen, die den Krieg glorifizieren, sondern wurde besonders auch in den allgemeinen Reaktionen auf die nationalsozialistische Außenpolitik während der Friedensjahre deutlich. Auch die Älteren bejubelten zwar die außenpolitischen Erfolge des Regimes, aber brachten immer auch in Krisensituationen ihre tiefe Sorge über die Gefahr eines Krieges zum Ausdruck. Während die jüngere Generation zunehmend der Mär von Deutschlands unaufhaltsamen Vormarsch Glauben schenkte, konnten Propagandatöse und Meinungskontrolle nie die Sorge der Älteren über einen neuen Weltkrieg zum Schweigen bringen.

Während somit für Veteranen die Realität des Krieges nicht völlig hinter einer nachträglichen Stilisierung verschwinden konnte und auch Zivilisten nie die Härten des Alltags an der Heimatfront vergessen konnten, so war dies ganz anders für die um 1900 geborene Generation, die den Krieg als Jugendliche nur an der Heimatfront erlebt hatten. Auch sie ertrugen mit der gesamten Bevölkerung Hunger und Entbehrungen, doch scheint sich dies nicht so tief in die Persönlichkeit eingegraben zu haben wie bei den Älteren, die sich – ungleich mehr von der Vorkriegszeit geprägt – schwerer mit der Umstellung taten und als Verantwortliche den Alltag organisieren mussten. Vor allem aber wurde die propagandistische Verherrlichung des heroischen Soldaten, der die junge Generation an der Heimatfront ausgesetzt war, nicht im gleichen Maße von der Realität korrigiert wie bei den Frontkämpfern. Peter Merkl hat für diese Generation, die Anfang der 1930er Jahre die SA zahlenmäßig dominierte und auch die junge Funktionselite des nationalsozialistischen Staates stellte, die treffende Bezeichnung *victory watcher* geprägt: Die Härten des Kriegseinsatzes waren für sie weniger real als die Siegesfeiern, der Erinnerungskult und die Heldengeschichten. Die unausweichliche Niederlage des materiell unterlegenen Deutschlands, die auch viele Soldaten hatten kommen sehen, blieb für die Jüngeren versteckt hinter der verlogen-optimistischen Kriegspropaganda. Das Leben der männlichen Jugendlichen war geprägt von der sehnsüchtigen Erwartung der heroischen Herausforderungen des Kriegsdienstes, wo sie es älteren Brüdern und anderen Männern im persönlichen Umfeld gleichtun wollten – und dann mussten sie völlig überraschend die bedingungslose Kapitulation erleben. Weite Teile der deutschen Bevölkerung stellten sich nicht der Realität der Niederlage, aber keine Bevölkerungsgruppe war mehr in Illusionen gefangen als die *victory watchers* oder ›Kriegsjugendgeneration‹ (vgl. auch Fulbrook 2011; Kohut 2012).

Die Illusionen dieser Kriegsjugend zeigen sich in vielen autobiographischen Darstellungen. So meint ein Autor in der *Abel Collection*, seine Jugend sei von dem Wunsch bestimmt gewesen, »so schnell wie möglich groß zu werden, um teilnehmen zu können an dem gewaltigen Kriegsgeschehen« (Abel Collection, Nr. 20), und der jüngere Bruder eines Kriegsfreiwilligen erzählt, dass er mit Freunden 24 Kilometer zu Fuß bewältigte, um den Bruder »zu besuchen und das Soldatenleben kennen zu lernen« (ebd., Nr. 15). Darüber hinaus nahmen er und sein Freundeskreis mit gespannter Aufmerksamkeit mittelbar am Kriegsgeschehen teil:

> Die Frontberichte der Zeitung wurden verschlungen, und die Siege festlich begangen, gab es doch bei jedem größeren Sieg schulfrei. In der Schulklasse hatte jeder den Ehrgeiz, möglichst viel Post von Frontsoldaten zu erhalten, darum wurde fleißig an sämtliche Verwandte und Bekannte an der Front geschrieben, sowie um Kriegsandenken gebeten (ebd.).

Der Junge half gegen Ende des Krieges in einem Lazarett, doch sein größter Wunsch war, »dass der Krieg noch solange dauere, bis ich alt genug sei, auch mitzukämpfen« (ebd.).

Besonders eindrücklich schildert der 1907 geborene Sebastian Haffner, der 1938 aus politischen Gründen emigrierte, die militaristische Euphorie in seiner Kindheit. Der Krieg war seiner Erinnerung zufolge ein Ereignis, das »so offensichtlich glücklich machte und so unalltäglich-festliche Rauschzustände verschenkte« (Haffner 2000, 19). Selbst als Gegner des Nationalsozialismus diagnostiziert er, dass in einer solchen Kindheit eine Erwartungshaltung an Politik erzeugt wurde, der eine kämpfende Nachkriegsdemokratie nie gerecht werden konnte:

> So oder so ähnlich hat eine ganze deutsche Generation in ihrer Kindheit oder frühen Jugend den Krieg erlebt – und zwar sehr bezeichnenderweise die Generation, die heute seine Wiederholung vorbereitet. […] Der Krieg als ein großes, aufregend-begeisterndes Spiel der Nationen, das tiefere Unterhaltung und lustvollere Emotionen beschert als irgendetwas, was der Frieden zu bieten hat, das war 1914 bis 1918 die tägliche Erfahrung von zehn Jahrgängen deutscher Schuljungen; und das ist die positive Grundvision des Nazitums geworden (ebd., 21 f.).

Auch andere Kindheitserinnerungen an den Weltkrieg bringen das gleiche Gefühl vom Krieg als Abenteuer und aufregender *reality show* zum Ausdruck. Klaus Mann meint etwa:

> Was merkten wir inzwischen vom Krieg? Man ging nachmittags zur nächsten Ecke, um den Tagesbericht zu lesen. 2000 Gefangene an der Ostfront gemacht, triumphales Vorrücken im Westen: immer gab es nur Siege. Die großen Siege waren so ähnlich wie die hohen Feiertage: Als Hindenburg die kolossale Sache in den Masurischen Sümpfen gemacht hatte, fühlten die Kinder sich hochgestimmt wie am Heiligen Abend […]. Wir freuten uns an den bunten Kitschpostkarten, die es überall gab, auf denen das bärtige Feldgraue das Mädchen in der properen Schürze herzte, oder Katzelmacher, Franzmann und der Engländer, den Gott strafen sollte, als abscheuliche Narren anschaulich verhöhnt wurden […] – Wohl wußten wir, daß täglich viele brave Männer ›fielen‹ […]: aber vermochten wir uns den ungeheuerlichen Vorgang dieses ›Fallens‹ irgend zu realisieren? (Mann 1932, 53, 56).

Nach einer solch spektakulären Zeit, in der man sich so intensiv mit dem propagandistisch geschilderten Bild des Kriegsverlaufs identifiziert hatte, brach für Haffner mit der Niederlage »eine ganze Phantasiewelt« zusammen. »Wo aber war ein Halt, wo Sicherheit, Glauben und Vertrauen, wenn das Weltgeschehen so hinterhältig war? […] Ich blickte in Abgründe. Ich empfand ein Grauen vor dem Leben« (Haffner 2000, 31 f.).

Am militaristischen Ende des politischen Spektrums beschreibt der damalige Kadettenschüler Ernst von Salomon, der sich kurz darauf einem Freikorps anschloss, wie er versuchte, nach der Niederlage seine Fassung wiederzugewinnen:

> Ich hatte auf dem Tisch die Dinge aufgebaut, die mir den Halt geben sollten. Das Bild meines Vaters, in Uniform, bei Kriegsausbruch aufgenommen, die Bilder von Freunden und Verwandten, die im Kriege gefallen waren, die Feldbinde, den krummen Husarensäbel, die Achselstücke, den französischen Stahlhelm, die durchschossene Brieftasche meines Bruders – das Blut war schon ganz dunkel und fleckig geworden – die Epauletten meines Großvaters […], ein Bündel Briefe aus dem Felde auf stockigem Papier […]. Ich war der gefährlichen Stille ausgeliefert und wußte nur, daß ich zu bestehen hatte, um jeden Preis zu bestehen […]. Denn was sich nun aus dem Wirre anbot, konnte nicht anders bezwungen werden als durch die Unbeirrbarkeit einer Haltung, um die ich von nun an zu ringen hatte (Salomon 1930, 8 f.).

Aus einer solchen Perspektive konnte eine pragmatische Politik des Möglichen, die die Niederlage und den Versailler Vertrag als Realität anerkannte und mit vorsichtigen Schritten auf eine Besserung der Lage hinarbeitete, ebenso wenig überzeugen wie eine pazifistische Vergangenheitspolitik, die versuchte, aus einer kritischen Auseinandersetzung mit dem Weltkrieg Lehren für eine friedlichere Zukunft zu ziehen. Vielmehr dominierte unter der Kriegsjugendgeneration der Wille zur Fortsetzung einer Politik als spektakuläres Drama.

Die Durchsetzung einer militaristischen Sinnstiftung gegen Ende der Weimarer Republik

Schon 1918 war es schwierig gewesen, den Bruch mit der militaristischen Tradition zu vollziehen. Wohl war die Mehrheit der Deutschen und besonders der Veteranen kriegsmüde, aber dies hing mehr mit dem negativen Verlauf des Krieges als mit seiner grundsätzlichen Ablehnung zusammen. Zudem musste es eine Erinnerung, die die Opfer für sinnlos erklärte, immer

schwer haben gegenüber der nationalistischen und militaristischen Ehrung der Gefallenen als heldenhafte Kämpfer für das Vaterland. Aber vielleicht hatte Kurt Tucholsky doch nicht ganz unrecht, wenn er 1926 in dem Aufsatz »Vorwärts« meint, dass der deutsche Pazifismus mit dem Kriegsende den Augenblick verpasst hätte, »wo ein Volk bereit war, auf ihn zu hören. […] Da waren die Wunden frisch, und die Wunden schmerzten; da brannte die Erinnerung, und da zitterte das ungeheure Erlebnis lebendig nach; da wußte jeder zu bestätigen und zu erzählen und tats gern, weil er endlich, endlich sprechen durfte – da war viel zu machen« (Tucholsky 1960, Bd. 2, 311).

Gegen Ende der Weimarer Republik fanden sich Pazifisten und kriegskritische Linke in einer ungleich schwierigeren Situation als 1918. Nicht nur waren die Härten des Krieges in den Hintergrund getreten, sondern die Republik hatte auch viel Unterstützung verloren. Die außenpolitische Situation blieb angespannt, und mit der Weltwirtschaftskrise gewannen die radikalen Kräfte an Unterstützung in der Bevölkerung. Vor allem die NSDAP wuchs mit den Wahlen von 1930 und 1932 in dramatischer Geschwindigkeit zu einer Partei mit entscheidendem Gewicht im Parlament. Schon in der Periode der relativen Stabilisierung dominierten militaristische Veröffentlichungen und Filme deutlich gegenüber solchen mit kriegskritischer und pazifistischer Ausrichtung; 1929 setzte darüber hinaus eine noch ungleich größere Welle von kriegsverherrlichenden Werken ein mit einer Spitze im Jahr 1930 und einem absoluten Höhepunkt in der Jahren von 1933 bis 1935 (zum Nachfolgenden s. auch Kap. IV.4). Die tiefgreifende Verunsicherung des krisengeschüttelten Deutschlands förderte offensichtlich in der Öffentlichkeit die Sehnsucht nach Darstellungen von soldatischer Stärke und einer klaren Freund-Feind-Unterscheidung (Wette 1979, 94 f.).

Gegen diesen Trend stand der 1929 erschienene Roman *Im Westen nichts Neues* von Erich Maria Remarque, der zum erfolgreichsten deutschsprachigen Bestseller aufstieg. Schon im Erscheinungsjahr erreichte er im Inland eine Auflage von einer Million; im Ausland verkaufte er sich doppelt so häufig. Nicht nur der Titel avancierte zur oft benutzten Phrase in der Alltagskommunikation, sondern auch Romanfiguren wie der gleichermaßen sadistische wie feige Unteroffizier Himmelstoß stiegen zu typologischen Charakteren auf. Auch wenn der Autor seinen Roman als unpolitisch bezeichnet und eine pazifistische Ausrichtung leugnet, so wurde er gerade in der liberalen Presse in kriegskritischer Weise rezipiert.

Tatsächlich ist *Im Westen nichts Neues* zumindest dadurch als kriegskritisch einzustufen, dass hier nicht Heldengestalten dargestellt werden, sondern Menschen mit ihren kleinen Freuden angesichts guten Essens und ein wenig Sicherheit sowie ihren großen Ängsten in Kampfsituationen. Die Latrine ist genauso präsent wie das Leiden unter Läusen. Gestorben wird nicht mit großer Geste, sondern mit heraushängenden Gedärmen nach tagelangen Schmerzensschreien, die schließlich in ein elendes Röcheln übergehen, während die Kameraden wegen des ständigen Beschusses passive Zeugen des Todeskampfes bleiben müssen. Der bewusste Akt des Tötens findet ebenso Erwähnung wie die Schuldgefühle, wenn der militärische Gegner einmal in seiner Menschlichkeit wahrgenommen wird.

Auch die Sinnfrage wird vom Protagonisten des Romans thematisiert. Nicht nur enthüllt der Kriegsalltag das hohle und wirklichkeitsfremde Gerede von Lehrern und Stammtischstrategen, die in bequemer Distanz zur Front die Kriegsideologie reproduzieren, als leere Phrase; der Krieg stellt darüber hinaus den Wert aller angeblichen kulturellen Errungenschaften infrage: »Es muß alles gelogen und belanglos sein, wenn die Kultur von Jahrtausenden nicht einmal verhindern konnte, daß diese Ströme von Blut vergossen wurden« (Remarque 1987, 236). Als der Ich-Erzähler Paul Bäumler das Leiden und Sterben von Kriegsgefangenen miterlebt, stellt sich für ihn die Frage, warum einfache Soldaten einander so gnadenlos gegenüberstehen:

> Jeder Unteroffizier ist dem Rekruten, jeder Oberlehrer dem Schüler ein schlimmerer Feind als sie uns. Und dennoch werden wir wieder auf sie schießen und sie auf uns, wenn sie frei wären. Ich erschrecke; hier darf ich nicht weiterdenken. Dieser Weg geht in den Abgrund. Es ist noch nicht die Zeit dazu; aber ich will den Gedanken nicht verlieren, ich will ihn bewahren, ihn fortschließen, bis der Krieg zu Ende ist. Mein Herz klopft: ist hier das Ziel, das Große, das Einmalige, an das ich im Graben gedacht habe, das ich suchte als Daseinsmöglichkeit nach dieser Katastrophe aller Menschlichkeit, ist es eine Aufgabe für das Leben nachher, würdig der Jahre des Grauens? (Remarque 1987, 236).

Die Möglichkeit, eine militärkritische oder pazifistische Lehre aus dem Krieg zu ziehen, ist hier angedeutet, doch es finden sich auch andere Themen im Roman. Remarque singt ein ungebrochenes Loblied auf die Kameradschaft unter einfachen Soldaten, und der Ich-Erzähler kehrt gerne von der ihm fremd gewordenen Heimat an die Front zurück. Die Kriegsursachen werden völlig ausgeblendet, und der Roman hinterfragt nicht die behauptete Unaus-

weichlichkeit des soldatischen Einsatzes. Der Krieg erscheint als Unglück; ob aber Deutschland den Einsatz seiner Soldaten hätte vermeiden können oder ob ein unvermeidlicher Verteidigungsfall vorgelegen hat, wird nicht thematisiert. Die positiven Charaktere im Roman erfüllen ihre Pflicht an der Front, während der Schinder Himmelstoß in panischer Angst von seinen ehemaligen Untergebenen zum Kampf gezwungen wird. Selbst die Leistung des deutschen Soldaten wird verteidigt: Er sei »besser und erfahrener« gewesen, sei aber schließlich »einfach von der vielfachen Übermacht zerdrückt und zurückgeschoben worden« (ebd., 255). Die linke Presse hatte nicht unrecht, wenn sie in dem Roman eine klare politische Aussage vermisste.

Solche interpretatorischen Feinheiten interessierten jedoch die militaristische Rechte nicht: Sie verdammten, nachzulesen bei Friedrich Georg Jünger, *Im Westen nichts Neues* als ein Buch, »das nicht die heroischen Kämpfe der deutschen Heere darstellte, sondern sich in schwächlichen Klagen gegen den Krieg erging« (zit. n. Sontheimer 1983, 95). Während der wahre Mann das Großartige im Krieg sehe, schildere Remarque, so Franz Schauwecker, das »Kriegserlebnis des Untermenschen« (zit. n. ebd.). Der ›soldatische Nationalismus‹ beantwortete Remarques schonungslose Schilderung des Krieges nicht nur mit einer Unmenge an kriegsverherrlichenden Schriften, sondern versuchte auch, den ideologischen Gegner mit Gewalt mundtot zu machen. Als die Verfilmung des Romans die Kinos erreichte, störten die Nationalsozialisten Vorführungen etwa durch das Aussetzen von weißen Mäusen und Blindschleichen. Der Film brauchte Polizeischutz und wurde schließlich am 11. Dezember 1930 verboten, weil er das Ansehen Deutschlands im Ausland gefährde. Die Staatsmacht bezog hier skrupellos Stellung für die militaristische Erinnerung an den Weltkrieg.

Jedoch ist es nicht hinreichend, in den offiziellen Maßnahmen zur Steuerung der öffentlichen Erinnerung oder in dem Mangel an einer klaren politischen Aussage den Hauptgrund dafür zu sehen, dass *Im Westen nichts Neues* keine stärkere Wirkung ausübte. Mindestens ebenso wichtig dürfte gewesen sein, dass es Remarque – wie dem gesamten Pazifismus – nicht gelang, der heroischen Verherrlichung von Krieg und Kriegern eine ebenso attraktive Vision des Einsatzes für eine friedliche Welt entgegenzusetzen. Vor allem sind die sympathischen Charaktere im Roman nichts als Getriebene: Sie reagieren auf die Umstände, ohne selbst Initiative zu ergreifen oder klare

Gegenvorstellungen zu entwickeln. Diese Passivität beschränkt sich nicht allein auf die Kriegssituation. Obwohl der Roman mit dem Tod des Protagonisten an der Westfront endet, ist er durchzogen von der Klage, dass die jungen Soldaten, die direkt von der Schule in den Krieg geworfen wurden, für das ganze Leben Schaden genommen haben. Nachdem ein junger Soldat ein Gespräch mit den Worten zum Abschluss bringt: »Der Krieg hat uns alle verdorben«, kommentiert der Protagonist, indem unschwer die Stimme des Autors zu vernehmen ist:

> Er hat recht. Wir sind keine Jugend mehr. Wir wollen die Welt nicht mehr stürmen. Wir sind Flüchtende. Wir flüchten vor uns. Vor unserem Leben. Wir waren achtzehn Jahre und begannen die Welt und das Dasein zu lieben; wir mußten darauf schießen. Die erste Granate, die einschlug, traf in unser Herz. Wir sind abgeschlossen vom Tätigen, vom Streben, vom Fortschritt. Wir glauben nicht mehr daran; wir glauben an den Krieg (Remarque 1987, 84).

Remarque mag recht gehabt haben, dass die schrecklichen Kriegserfahrungen viele Soldaten für ihr gesamtes Leben traumatisierten. Doch unabhängig vom etwaigen Wahrheitsgehalt ist es offensichtlich, dass dieser Roman im Gegensatz zu den heroischen Ergüssen des ›soldatischen Nationalismus‹ der nachfolgenden Generation keine Identifikationsmöglichkeiten mit glänzenden Rollenvorbildern anbot. Er erlaubte weder, aus der deprimierenden Misere der Weltwirtschaftskrise in eine Welt heldenhafter Dramatik zu fliehen, noch bot er Verhaltenslehren für schwierige Situationen. Eine solche pessimistische Weltsicht war nicht in der Lage zu begeistern und vermochte es dementsprechend nicht, viele Kämpfer für den Frieden zu gewinnen. *Im Westen nichts Neues* konnte daher den Trend zum militaristischen Denken nicht stoppen; vermutlich ist die Welle an Kriegsromanen durch die öffentliche Auseinandersetzung um die Wertung dieses Romans und seine Verfilmung sogar noch gesteigert worden. Eine Umfrage von 1930 bei Arbeitern in Berlin – wo eine militärkritische Haltung zweifellos weiter verbreitet war als im Bevölkerungsdurchschnitt – ergab beispielsweise, dass Jugendliche vor allem Kriegs- und Marinefilme schätzten (Winkler 1985, 137 f.).

Heldenhafte Erzählungen oder lustige Anekdoten dominierten im Rückblick zunehmend die Erinnerung. So meint Kurt Tucholsky etwa schon 1922 in dem Aufsatz »Das Felderlebnis«,

> ein Teemädchen in Baranowitschi, die Geschichte mit den zwei Schweinen in Flandern, der verzögerte Feldpostbrief, der Krach mit dem Bataillonsführer wegen des Hanseatenkreuzers – das wird behalten. Aber der

Schmerz, der Schmerz ist fast vergessen. Und da nur ein beschränkter Teil aller Erfahrung vererbt wird (denn wie wären wir sonst), so ist noch gar nicht gesagt, daß nicht die nächste Generation mit frisch-dämlicher Begeisterung […] die Knarre wieder auf den Buckel nimmt (Tucholsky 1960, Bd. 1,1035 f.).

August 1914 und September 1939

Über den Beginn des Zweiten Weltkriegs notierte der in Berlin lebende amerikanische Journalist William Shirer in seinem Tagebuch:

> I was standing in the Wilhelmplatz about noon when the loud-speakers suddenly announced that England had declared herself at war with Germany. Some 250 people were standing there in the sun. They listened attentively to the announcement. When it was finished, there was not a murmur. They just stood there as they were before. stunned. […] I walked in the streets. On the faces of the people astonishment, depression. […] In 1914, I believe, the excitement in Berlin on the first day of the World War was tremendous. Today, no excitement, no hurrahs, no cheering, no throwing of flowers, no war fever, no war hysteria. There is not even any hate for the French and British – despite Hitler's various proclamations to the people, the party, the East Army, the West Army, accusing the ›English warmongers and capitalistic Jews‹ of starting this war. When I passed the French and British Embassies this afternoon, the sidewalk in front of each of them was deserted. A lone *Schupo* paced up and down before each (Shirer 1970, 158 f.).

Dies ist eines der vielen Zitate, die zu zeigen scheinen, dass der Schrecken des Ersten Weltkriegs doch bei allem militaristischen Gehabe in Deutschland untergründig nachwirkte. Insgesamt, so steht in einem Bericht aus Bayern, wurden zwar außenpolitische Erfolge »mit heller Freude aufgenommen«, aber es bestand nur eine »geringe Neigung zu kriegerischen Verwicklungen«, besonders als sich der Krieg durch den Eintritt der Westmächte schnell ausweitete (Broszat 1977, Bd. 1, 128 und 130). Bedeutete eine solche Sorge vor einem größeren Krieg doch, dass der Erste Weltkrieg letztendlich eine Zäsur darstellte, weil im August 1914 noch eine viel größere Naivität und Begeisterung vorgeherrscht hatte?

Schon die öffentliche Reaktion auf den weiteren Kriegsverlauf lässt Zweifel aufkommen. Mit dem Sieg über Frankreich war die Skepsis verschwunden, und Hitler befand sich auf dem Gipfel seiner Popularität. Die Vorbehalte bei Kriegsbeginn hatten weithin nicht einem Krieg an sich gegolten, sondern der Angst vor einem weiteren verlustreichen und erfolglosen Krieg. Für den Triumph über Frankreich war die große Mehrheit der Bevölkerung offensichtlich gern bereit, den Preis einer schnellen militärischen Auseinandersetzung in Kauf zu nehmen. Nach dem verlustreichen Ersten Weltkrieg wollten viele nicht leichtfertig eine neue umfassende militärische Auseinandersetzung riskieren, aber Nationalismus und Militarismus waren noch so weit verbreitete Überzeugungen, dass man zugleich den Wiederaufstieg Deutschlands zur Großmacht ersehnte und dafür auch einen ›Blitzkrieg‹ befürwortete.

Doch selbst der angebliche Widerwille gegenüber einem Krieg im September 1939, den viele Zeitgenossen und Historiker konstatiert haben, muss relativiert werden (Rohkrämer 2013, 113–120, 255–257). Ein militaristischer Nationalismus prägte die Bevölkerung in den Friedensjahren des NS-Regimes stärker als oft angenommen. Zwar bestand immer die Sorge vor einem neuen verlustreichen Krieg, aber Angst bedeutete nicht prinzipielle Gegnerschaft, und eine Mehrheit scheint die vorgebliche Unausweichlichkeit des Krieges akzeptiert zu haben. So heißt es in einem Stimmungsbericht der Exil-SPD von 1936: »Die Friedensbeteuerungen Hitlers werden in Deutschland von den Massen mehr ernst genommen, als dies geglaubt wird«. Bis in die Arbeiterschaft hinein herrsche die Auffassung, »daß ›wir uns‹ […] wehren müssen« (Deutschlandberichte 1980, Nov. 1936, 1382). Und ein Jahr später meint ein Bericht im gleichen Tenor: »Die unpolitische Masse […] fürchtet den Krieg«, aber glaube auch, »daß ›die anderen‹ Deutschland nicht den Lebensraum gönnen, den es braucht« (ebd., Okt. 1937, 1365). Die Mehrheit der Bevölkerung bevorzugte offensichtlich die kampflosen Erfolge nationalsozialistischer Machtpolitik, aber der Glaube, dass Deutschland zur Durchsetzung seiner Interessen einen Krieg riskieren müsse, war doch weit verbreitet. 1939 war die Bevölkerung wohl weniger naiv als 1914 in Bezug auf einen Krieg zwischen Großmächten im Industriezeitalter, und damit auch besorgter, aber dennoch bestand eine überraschende Bereitschaft, den Krieg mitzutragen. Schon vor den Erfolgen im Westen vermerkt ein weiterer Bericht der Exil-SPD in diesem Sinne, dass »gegen alle Erwartungen die Perspektiven des Nazismus im Volke populär sind. Das gilt auch für den Krieg. […] Es ist ein Irrtum, wenn man den Krieg im Reich für unpopulär hält und den Willen zum Sieg gering schätzt« (ebd., Feb. 1940, 112).

Und weiterhin war es wieder vor allem die Jugend, die eine militaristische Orientierung aufwies. »Auf dem Lande«, so ein Bericht der Exil-SPD, herrsche unter der Jugend die Stimmung: »Es gibt nichts

schöneres als Soldat zu sein« (ebd., Juli 1936, 830 f.). Junge Männer in Zivil wurden bei Kriegsbeginn, Dieter Wellershoff zufolge, als »Zivilunken« diffamiert (Wellershoff 1984, 146), und ein anderer Zeitzeuge bestätigt: »Die Nicht-Tauglichen haben sich geschämt. Wer nicht tauglich war, war kein Mann« (zit. n. Zimmermann 1983, 123). Eva Sternheim-Peters stellt schließlich im Rückblick fest, dass bei ihr und anderen Jugendlichen trotz der sorgenvollen Miene der älteren Jahrgänge ganz andere Gefühle vorherrschten: »Sie war«, so schreibt sie in der Distanz signalisierenden Rede in der dritten Person über ihr früheres Selbst, »traurig über den Krieg, weil sich das so gehörte, aber in ihrem Gedächtnis ist auch eine klammheimliche Freude vorhanden. […] Es gab damals wohl mehr Kinder und Jugendliche, die es heimlich ›toll‹ fanden, daß jetzt eine ›große Zeit‹ begann« (Sternheim-Peters 1992, 422 f.). Es scheint, dass nicht nur die durch eine Jugend im Ersten Weltkrieg geprägten *victory watcher* weitaus militaristischer waren als die Veteranen, sondern ebenso die gesamten nachfolgenden Generationen, die von der militaristischen Erinnerungskultur an den Ersten Weltkrieg beeinflusst wurden. Gerade junge Männer, die noch keine Verantwortung für Frau, Kinder oder familiären Besitz übernommen hatten, scheinen stark von der Rolle des ›soldatischen Mannes‹ beeindruckt gewesen zu sein. Ohne die Möglichkeit, gegen risikofreudige Kampf- und Opferbereitschaft auch die Rolle des männlichen Versorgers ins Spiel zu bringen, war ihre Kriegsbereitschaft besonders massiv.

»No more Heroes any more?«

Für ein Handbuch, dass sich mit dem Ersten Weltkrieg beschäftigt, hat dieser Beitrag einen weiten chronologischen Bogen abgeschritten, doch nur so hat die Frage adressiert werden können, inwieweit der ›Große Krieg‹ eine Zäsur darstellt. Nicht nur die Vorkriegszeit muss Beachtung finden, sondern auch der nächste Kriegsbeginn, denn erst in dieser konkreten Situation zeigt sich deutlich, inwieweit sich die Einstellung zu Krieg und Frieden im Laufe der Zeit geändert hat. Stellte der Weltkrieg für die Zeitgenossen die Sinnhaftigkeit der Geschichte so fundamental in Frage, dass die Erinnerung durch angestrengte Versuche der Sinnstiftung geprägt war? Bei manchen schimmert dies tatsächlich durch: Remarque stellt in seinem Roman die Frage, ob nicht ein solches ›Menschenschlachten‹ die gesamten humanitären Ansprüche, die sich mit der modernen Zivilisation verbinden, als leere Phrase entlarven. Auf einer systematischeren Ebene machten auch kulturkritische Philosophen von Ludwig Klages bis hin zu Martin Heidegger die angebliche Fehlentwicklung der Modernisierung dafür verantwortlich, dass es zu einem solch furchtbaren Ereignis kommen konnte. Sie griffen dabei auf die Kulturkritik des 19. Jahrhunderts zurück, in der schon von den Gefahren der Technisierung und einer drohenden ›Entwertung aller Werte‹ zu lesen war. Diese Diagnose einer kulturellen Krise radikalisierte sich durch den Krieg und stieß danach auf noch breitere Resonanz.

Auch gab es Intellektuelle wie Käthe Kollwitz, die sich durch die unermesslichen Schrecken und Leiden zu Kriegsgegnern entwickelten. Die Zahl der Pazifisten nahm deutlich zu; allerdings blieben sie auch in der Weimarer Republik eine kleine, politisch randständige Gruppe. Wichtiger war die Kritik des Krieges durch die organisierte Arbeiterbewegung, die aber nie die Form einer prinzipiellen Ablehnung des Kriegs als radikale Form der Politik annahm. Zudem stellte der Weltkrieg für sie nicht die Sinnfrage: Er war eine Folge kapitalistischer und imperialistischer Konkurrenz, die durch den weiteren Fortschritt hin zum Sozialismus überwunden werde.

Die größten Schwierigkeiten hatte die Mehrheit der Deutschen nicht mit dem Krieg, sondern mit der Niederlage. Mit den von vielen *public intellectuals* verkündeten ›Ideen von 1914‹ war der Sieg der deutschen Kultur zur geschichtsphilosophischen Notwendigkeit erklärt worden (s. Kap. III.5), und die Kriegspropaganda hatte den Glauben an den ›Sieg der deutschen Waffen‹ weit verbreitet. Der Zusammenbruch konnte deshalb gerade in nationalistischen Kreisen als historische Ungerechtigkeit erscheinen, wenn nicht sogar mit der Dolchstoßlegende auf einen Verrat zurückgeführt und politische Gegner als Sündenböcke identifiziert wurden. Diese Deutung der historischen Ereignisse entwickelte die größte politische Dynamik in der Nachkriegszeit.

Was alle diese retrospektiven Deutungen des Weltkriegs verbindet, ist nicht, dass sie völlig neue Perspektiven eröffneten, sondern dass sie bestehende Überzeugungen radikalisierten. Für Kulturkritiker bestätigte der Krieg die gefährliche Dynamik der modernen Welt, für Pazifisten die Notwendigkeit von politischen Mechanismen zur Vermeidung und Eindämmung militärischer Konflikte. Für militaristische Nationalisten bedeutete der Weltkrieg schließlich eine Bestätigung ihrer sozialdarwinistischen

Sicht der Geschichte und der Überzeugung, dass Deutschland entweder den Schritt zur europäischen Hegemonialmacht schaffen oder seine Bedeutung auf dem internationalen Parkett verlieren werde.

Der Erste Weltkrieg bedeutet deshalb in vieler Hinsicht keine Zäsur, besonders nicht in Bezug auf die Wertorientierungen und Zielvorstellungen. Was sich änderte war vor allem, dass die moderne technische Welt als unausweichliche Notwendigkeit akzeptiert wurde. Wohl hatte die Technik in ungeahntem Maße ihr destruktives Potential gezeigt, aber zugleich erschien auch jeder Gedanke an ihre Abschaffung oder Eindämmung als naiv-romantische Weltflucht. Der Krieg schien zu zeigen, dass die Menschheit die Fähigkeit zur sinnvollen Steuerung der modernen Mittel verloren hat, doch die Möglichkeit zur Lösung dieses Problems wurde zumeist nicht darin gesehen, das Rad der Geschichte zurückzudrehen, sondern darin, einen konstruktiveren Umgang mit der modernen Technik zu erlernen. Die wirtschaftlichen Verwerfungen der Zwischenkriegszeit mit ihrem langsamen ökonomischen Wachstum und den vielen Krisen schienen diese Sicht nur immer wieder zu bestätigen. Nicht Antimodernismus bestimmte das Nachdenken der Zeit, sondern die Suche nach einer anderen und besseren Moderne. Diese Akzeptanz moderner Mittel als unausweichliche Notwendigkeit markierte besonders den Militarismus der Weimarer Republik: Wie anders als mit einer intensiven Nutzung der modernen Technik – wenn nicht sogar darüber hinaus mit allen Mitteln zur Züchtung eines neuen Menschen und der Schaffung einer kampffähigen, hierarchisch und sozial gerechten Volksgemeinschaft – konnte man hoffen, Deutschland wieder international stark zu machen?

Der Erste Weltkrieg bedeutete auch keinen Bruch der Dominanz einer militaristischen Ausrichtung. Nicht kriegskritische Bewegungen profitierten schließlich von den schrecklichen Erfahrungen des Ersten Weltkriegs; vielmehr verbreitete sich eher noch die gesellschaftliche Wirkungsmacht einer radikalisierten Sehnsucht nach Weltgeltung ebenso wie das Idealbild des heroischen Kämpfers. Mehrere Fakten trugen dazu bei, dass im Lauf der Weimarer Republik die militaristische Erinnerung an den Ersten Weltkrieg die Deutungsmacht erlangte: Zunächst war es immer leichter, den Kriegsopfern ehrend zu gedenken, wenn man die Sinnhaftigkeit des Weltkriegs nicht hinterfragte. Zweitens waren die 1920er Jahre von so vielen internationalen Konflikten und deutschen Aufstiegssehnsüchten geprägt, dass der Pazifismus nur wenig Überzeugungskraft entwickeln konnte. Und schließlich gelang es den Kriegsgegnern nicht, ähnlich attraktive Visionen zu entwerfen wie der ›soldatische Nationalismus‹ mit seiner Vision dramatischer Kämpfe und männlichem Heroismus. Zu Beginn des Zweiten Weltkriegs war die Kriegsbereitschaft in der Bevölkerung deshalb ungebrochen. Gerade bei Teilen der jüngeren Generation konnte der Kriegsbeginn sogar eine positive Resonanz auslösen, und die anfänglichen Erfolge wurden in weiten Kreisen mit Begeisterung begrüßt. Erst mit dem noch viel dramatischeren Zusammenbruch als Folge des Zweiten Weltkriegs setzte sich eine viel breitere Ablehnung von Machtpolitik und Krieg in Deutschland durch.

Georg Orwell unterscheidet zwei gegensätzliche Aspekte der menschlichen Natur: »There is one part of you that wishes to be a hero or a saint, but another part of you is a little fat man who sees very clearly the advantage of staying alive with a whole skin«. Er erkannte somit deutlich die in der deutschen Geschichte so lange heruntergespielte pragmatische Seite des Menschen, der sich nach Sicherheit und Komfort sehnt. »Nevertheless«, so setzt er jedoch fort, »the high sentiments always win in the end. Leaders who offer blood, toil, tears and sweat always get more out of their followers than those who offer safety and a good time. When it comes to the pinch, human beings are heroic« (Orwell 1968, 163 f.). Selbst im Rückblick auf den Zweiten Weltkrieg äußern Zeitzeugen eine starke Ablehnung von Deserteuren; darin dokumentiert sich die Überzeugung, dass die deutschen Soldaten in einem offensichtlich falschen Krieg ihre nationalsozialistisch definierte vaterländische Pflicht zu erfüllen hatten (vgl. Philipp 2010, 410–417). In den 1950er Jahren galten die wenigen Kriegsdienstverweigerer vielen noch als ›Drückeberger‹, und ihre Zahl wuchs erst deutlich seit dem Ende der 1960er Jahre. Schreckliche Kriegserfahrungen allein konnten die Macht des Rollenbilds vom ›soldatischen Mann‹ nicht brechen; erst mit dem Aufstieg von Konsumgesellschaft und Massenkultur, so scheint es, gewannen konkurrierende zivile Idealbilder so starken Einfluss, dass viele junge Männer nicht länger die Notwendigkeit verspürten, den Vorstellungen von militärischem Heroismus gerecht zu werden.

Vor zwei Jahrzehnten hat eine Gruppe von Historikern vor allem im Hinblick auf soziale und kulturelle Entwicklungen dafür plädiert, eine lange Jahrhundertwende von 1880 bis 1933 als zusammenhängende Epoche zu sehen (vgl. Nitschke 1990). Darüber hinausgehend argumentiert Jürgen Osterhammel aus weltgeschichtlicher Perspektive: »Man könnte auch bis 1945 gehen und die gesamte Zeit von den 1880er Jahren bis zum Ende des Zweiten Weltkriegs als ›Zeitalter der Imperien und des Imperialismus‹ apostrophieren, denn *beide* Weltkriege waren zweifellos im Kern Zusammenstöße zwischen Imperien« (Osterhammel 2009, 103).

Zumindest für eine Geschichte des Militarismus in Deutschland wäre das Denken innerhalb einer solchen Epoche sinnvoll, wobei nicht nur die Kontinuität imperialer Ambitionen, sondern auch die Stärke eines kulturellen und sozialen Militarismus zu betonen wäre: Ein sozialdarwinistisches Denken, das den Krieg als Kampf ums Überleben und als Willen zur Macht zum unausweichlichen Naturgesetz erklärt, eine Überhebung des Soldatischen in der Gesellschaft, eine ästhetische Glorifizierung von Gewalt und Krieg sowie die Wirkungsmacht eines männlichen Rollenvorbilds, das sich eng mit soldatischen Werten verbindet. In diesem Zusammenhang erscheint der Erste Weltkrieg bei allen von ihm mitverursachten Wechseln von Staatsformen, politischen Eliten und kulturellen Formen weniger als Zäsur, die andere Werte und Ziele setzte, sondern vor allem als ein Ereignis, das zu einer gesellschaftlichen Verbreitung, Stärkung und Radikalisierung von überkommenen Ideologien und Zielvorstellungen, von individuellen und kollektiven militaristischen Identitäten und vor allem der Mittel führte, so dass rücksichtslose Brutalität zunehmend zur Selbstverständlichkeit wurde.

Literatur

Abel Collection. Hoover Institution Archive, Stanford University.

Barth, Boris: *Dolchstoßlegende und politische Desintegration: das Trauma der deutschen Niederlage im Ersten Weltkrieg 1914–1933*. Düsseldorf 2003.

Bavaj, Riccardo: *Von links gegen Weimar. Linkes antiparlamentarisches Denken in der Weimarer Republik*. Bonn 2005.

Benz, Wolfgang: *Pazifismus in Deutschland: Dokumente zur Friedensbewegung 1890–1939*. Frankfurt a. M. 1988.

Bessel, Richard: *Germany after the First World War*. Oxford 1993.

Boemeke, Manfred/Chickering, Roger/Förster, Stig (Hg.): *Anticipating Total War? The German and American Experiences, 1871–1914*. Cambridge 1999.

Breuer, Stefan: *Anatomie der Konservativen Revolution*. Darmstadt 1993.

Brokoff, Jürgen: *Die Apokalypse in der Weimarer Republik*. München 2001.

Broszat, Martin u. a. (Hg.): *Bayern in der NS-Zeit. Soziale Lage und politisches Verhalten der Bevölkerung im Spiegel vertraulicher Berichte*. 2 Bde. München/Wien 1977.

Chickering, Roger: *Great War, Total War: Combat and Mobilization on the Western Front, 1914–1918.* Cambridge 2000.

Chickering, Roger/Förster, Stig (Hg.): *The Shadows of Total War. Europe, East Asia, and the United States, 1919–1939.* Cambridge 2003.

Deist, Wilhelm: Verdeckter Militärstreik im Kriegsjahr 1918. In: Wolfram Wette (Hg.): *Der Krieg des kleinen Mannes.* München 1992, 146–167.

Deutschlandberichte der Sozialdemokratischen Partei Deutschlands (Sopade) 1934–1940. 7 Bde. Frankfurt a. M. 1980.

Eksteins, Modris: *Rites of Spring. The Great War and the Birth of the Modern Age.* Boston 1989.

Frevert, Ute: *Die kasernierte Nation. Militärdienst und Zivilgesellschaft im Deutschland.* München 2001.

Fulbrook, Mary: *Dissonant Lives. Generations and Violence through the German Dictatorships.* Oxford 2011.

Gründel, Günther: *Die Sendung der jungen Generation. Versuch einer umfassenden revolutionären Sinndeutung der Krise.* München 1933.

Haffner, Sebastian: *Geschichte eines Deutschen. Die Erinnerungen 1914–1933.* Stuttgart/München 2000.

Hemming, Laurence P. u. a. (Hg.): *The Movement of Nihilism.* London 2011.

Herbert, Ulrich: »Generation der Sachlichkeit«. Die völkische Studentenbewegung der frühen zwanziger Jahre in Deutschland. In: Frank Bajohr u. a. (Hg.): *Zivilisation und Barbarei.* Hamburg 1991, 115–144.

Hitler, Adolf: *Mein Kampf* [1925/1926]. München [365]1938.

Hobsbawm, Eric J.: *Das Zeitalter der Extreme. Weltgeschichte des 20. Jahrhunderts.* München 1995 (engl. 1994).

Holl, Karl: *Pazifismus in Deutschland.* Frankfurt a. M. 1988.

Holl, Karl/Wette, Wolfram (Hg.): *Pazifismus in der Weimarer Republik.* Paderborn 1981.

Horne, John: Kulturelle Demobilmachung 1919–1933. Ein sinnvoller historischer Begriff? In: Wolfgang Hardtwig (Hg.): *Politische Kulturgeschichte der Zwischenkriegszeit: 1918–1939.* Göttingen 2005, 129–150.

Jünger, Ernst: *In Stahlgewittern. Aus dem Tagebuch eines Stoßtruppführers.* Leisnig 1920.

Jünger, Ernst: *Der Kampf als inneres Erlebnis.* Berlin 1922.

Jünger, Ernst: *Das Wäldchen 125. Eine Chronik aus den Grabenkämpfen 1918.* Berlin 1925.

Jünger, Ernst: *Das Abenteuerliche Herz. Aufzeichnungen bei Tag und Nacht.* Berlin 1929.

Jünger, Ernst: *Der Arbeiter. Herrschaft und Gestalt.* Hamburg 1932.

Jünger, Ernst: Sturm [1923]. In: Ders.: *Sämtliche Werke.* Bd. 15. Stuttgart 1978.

Jünger, Ernst: *Politische Publizistik 1919–1933.* Hg. von Sven Olav Berggötz. Stuttgart 2001.

Jünger, Ernst: *Kriegstagebuch 1914–1918.* Hg. von Helmuth Kiesel. Stuttgart 2010.

Koch, Lars: *Der Erste Weltkrieg als Medium der Gegenmoderne. Zu den Werken von Walter Flex und Ernst Jünger.* Würzburg 2006.

Koch, Lars: Angst in der verwalteten Welt. Emotive Kulturkritik bei Jünger, Gehlen und Adorno. In: *Zeitschrift für Literaturwissenschaft und Linguistik* 159 (2011), 41–58.

Kohut, Thomas A.: *A German Generation. An Experiential History of the Twentieth Century.* New Haven 2012.

Kollwitz, Käthe: *Die Tagebücher 1908–1943.* Hg. und mit einem Nachwort von Jutta Bohnke-Kollwitz. München 2012.

Koselleck, Reinhart/Michael Jeismann (Hg.): *Der politische Totenkult. Kriegerdenkmäler in der Moderne.* München 1994.

Krumeich, Gerd (Hg.): *Nationalsozialismus und Erster Weltkrieg.* Essen 2010.

Lethen, Helmut: *Verhaltenslehre der Kälte. Lebensversuche zwischen den Kriegen.* Frankfurt a. M. 1994.

Liulevicius, Vejas G.: *War Land on the Eastern Front: Culture, National Identity and German Occupation in World War I.* Cambridge 2000.

Liulevicius, Vejas G.: *The German Myth of the East: 1800 to the Present.* Oxford 2009.

Mann, Klaus: *Kind dieser Zeit.* Berlin 1932.

Merkl, Peter H.: *The Making of a Storm Trooper.* Princeton 1980.

Mosse, George L.: *Fallen Soldiers. Reshaping the Memory of the World Wars.* Oxford 1990.

Mosse, George L.: *Gefallen für das Vaterland. Nationales Heldentum und namenloses Sterben.* Stuttgart 1993.

Neitzel, Sönke: *Weltmacht oder Untergang. Die Weltreichslehre im Zeitalter des Imperialismus.* Paderborn 2000.

Neitzel, Sönke/Welzer, Harald: *Soldaten. Protokolle vom Kämpfen, Töten und Sterben.* Frankfurt a. M. 2011.

Nietzsche, Friedrich: Die Geburt der Tragödie aus dem Geiste der Musik [1872]. In: Ders.: *Kritische Studienausgabe.* Bd. 1. Hg. von Giorgio Colli/Mazzino Montinari. München 1966, 9–156.

Nitschke, August u. a.: *Jahrhundertwende. Der Aufbruch in die Moderne 1880–1930.* 2 Bde. Reinbek 1990.

Orwell, George: *The Collected Essays. Journalism and Letters of George Orwell.* Bd. 2. Hg. von Sonia Orwell/Ian Angus. London 1968.

Osterhammel, Jürgen: *Die Verwandlung der Welt. Eine Geschichte des 19. Jahrhunderts.* München 2009.

Philipp, Marc: *Hitler ist tot, aber ich lebe noch. Zeitzeugenerinnerungen an den Nationalsozialismus.* Berlin 2010.

Remarque, Erich Maria: *Im Westen nichts Neues* [1929]. Mit Materialien und einem Nachwort von Tilman Westphalen. Köln [4]1987.

Ritter, Gerhard: *Staatskunst und Kriegshandwerk. Das Problem des »Militarismus« in Deutschland.* Bd. 2: Die Hauptmächte Europas und das wilhelminische Reich (1890–1914). München 1965.

Rohe, Karl: *Das Reichsbanner Schwarz Rot Gold. Ein Beitrag zur Geschichte und Struktur der politischen Kampfverbände zur Zeit der Weimarer Republik.* Düsseldorf 1966.

Rohkrämer, Thomas: *Der Militarismus der »kleinen Leute«. Die Kriegervereine im Deutschen Kaiserreich 1871–1914.* München 1990.

Rohkrämer, Thomas: *Eine andere Moderne? Zivilisationskritik, Natur und Technik in Deutschland 1880–1933.* Paderborn 1999.

Rohkrämer, Thomas: *A Single Communal Faith? The German Right from Conservatism to National Socialism.* Oxford 2007.

Rohkrämer, Thomas: *Die fatale Attraktion des Nationalsozialismus. Über die Popularität eines Unrechtregimes.* Paderborn 2013.

Saehrendt, Christian: *Der Stellungskrieg der Denkmäler.*

Kriegerdenkmäler im Berlin der Zwischenkriegszeit (1919–1939). Bonn 2004.

Salomon, Ernst von: *Die Geächteten*. Berlin 1930.

Sammartino, Annemarie H.: *The Impossible Border: Germany and the East, 1914–1922*. Ithaca 2010.

Shirer, William L.: *Berlin Diary* [1941]. London 1970.

Sontheimer, Kurt: *Antidemokratisches Denken in der Weimarer Republik. Die politischen Ideen des deutschen Nationalismus zwischen 1918 und 1933*. München 1983.

Spengler, Oswald: *Jahre der Entscheidung* [1933]. München ²1951.

Spengler, Oswald: *Reden und Aufsätze*. München 1937.

Sternheim-Peters, Eva: *Die Zeit der großen Täuschungen. Eine Jugend im Nationalsozialismus*. Bielefeld 1992.

Stoffels, Michaela: *Kriegerdenkmale als Kulturobjekte. Trauer- und Nationskonzepte in Monumenten der Weimarer Republik*. Köln 2011.

Tucholsky, Kurt: *Gesammelte Werke*. 10 Bde. Hamburg 1960.

Ulrich, Bernd: *Die Augenzeugen. Deutsche Feldpostbriefe in Kriegs- und Nachkriegszeit 1914–1933*. Essen 1997.

Ulrich, Bernd/Vogel, Jakob/Ziemann, Benjamin (Hg.): *Untertan in Uniform. Militär und Militarismus im Kaiserreich 1871–1914*. Frankfurt a. M. 2001.

Ulrich, Bernd/Ziemann, Benjamin (Hg.): *Frontalltag im Ersten Weltkrieg. Wahn und Wirklichkeit. Quellen und Dokumente*. Frankfurt a. M. 1994.

Ulrich, Bernd/Ziemann, Benjamin (Hg.): *Krieg im Frieden. Die umkämpfte Erinnerung an den Ersten Weltkrieg*. Frankfurt a. M. 1997.

Verhey, Jeffrey: *The »Spirit of 1914« in Germany*. Cambridge 1997.

Vondung, Klaus: *Die Apokalypse in Deutschland*. München 1988.

Weber, Max: *Gesamtausgabe, I/4: Landarbeiterfrage, Nationalstaat und Volkswirtschaftspolitik. Schriften und Reden 1892–1899*. Hg. von Wolfgang Mommsen/Rita Aldenhoff. Tübingen 1993.

Wellershoff, Dieter: Ein Allmachtstraum und sein Ende. In: Marcel Reich-Ranicki (Hg.): *Meine Schulzeit im Dritten Reich. Erinnerungen deutscher Schriftsteller*. München 1984, 137–152.

Werth, Christoph H.: *Sozialismus und Nation. Die deutsche Ideologiediskussion zwischen 1918 und 1945*. Wiesbaden 1996.

Wette, Wolfgang: Ideologien, Propaganda und Innenpolitik als Voraussetzung der Kriegspolitik des Dritten Reiches. In: *Das Deutsche Reich und der Zweite Weltkrieg*, Bd. 1: Ursachen und Voraussetzungen der deutschen Kriegspolitik. Hg. von Wilhelm Deist u. a. Stuttgart 1979, 25–173.

Wette, Wolfgang: *Die Wehrmacht. Feindbilder, Vernichtungskrieg, Legenden*. Frankfurt a. M. 2002.

Wette, Wolfgang: *Militarismus in Deutschland. Geschichte einer kriegerischen Kultur*. Frankfurt a. M. 2008.

Wildt, Michael: *Generation des Unbedingten. Das Führungskorps des Reichssicherheitshauptamtes*. Hamburg 2002.

Winkler, Heinrich August: *Arbeiter und Arbeiterbewegung in der Weimarer Republik. Der Schein der Normalität. 1924–1930*. Berlin/Bonn 1985.

Winter, Jay: *Sites of Memory, Sites of Mourning. The Great War in European Cultural History*. Cambridge ⁴2000.

Ziemann, Benjamin: *Front und Heimat: ländliche Kriegserfahrungen im südlichen Bayern 1914–1923*. Essen 1997.

Ziemann, Benjamin: Republikanische Kriegserinnerung in einer polarisierten Öffentlichkeit. Das Reichsbanner Schwarz-Rot-Gold als Veteranenbund der sozialistischen Arbeiterschaft. In: *Historische Zeitschrift* 267 (1998), 357–98.

Zimmermann, Michael: Aufbruchshoffnungen. Junge Bergleute in den dreißiger Jahren. In: Lutz Niethammer (Hg.): *»Die Jahre weiß man nicht, wo man die heute hinsetzen soll«. Faschismuserfahrungen im Ruhrgebiet. Lebensgeschichte und Sozialkultur im Ruhrgebiet 1930 bis 1960*. Berlin 1983, 97–132.

Thomas Rohkrämer

3. Grenzen der Gesellschaft – Grenzen der Gemeinschaft

Lukács und Plessner: Alternative Sozialphilosophien im Ausgang des Weltkrieges

»Krieg, Krise, Revolution« (Lukács 1968a, 52): Der Weltkrieg und die unmittelbar folgenden mitteleuropäischen Revolutionen bringen zwei sozialphilosophische Parallelaktionen hervor, die alternative soziale, moralische und politische Konsequenzen ziehen: Lukács' *Geschichte und Klassenbewußtsein* von 1923 und Plessners *Grenzen der Gemeinschaft* von 1924. Ohne selbst unmittelbar zu den aktiven Weltkriegsteilnehmern zu gehören, waren beide wache Beobachter der mit ihm und durch ihn ausgelösten gesellschaftlichen Umwälzungen, die sie 1918 unmittelbar zu politischen Engagements führten. Der damals 33-jährige Lukács wird als Volkskommissar (für Unterrichtswesen) der Ungarischen Räterepublik und als Politischer Volkskommissar in der Roten Armee aktiv: »Mit der russischen Revolution [...] sahen wir, daß – endlich! endlich! – ein Weg für die Menschheit aus Krieg und Kapitalismus eröffnet wurde« (Lukács 1968b, 9). Der 26-jährige, in der Freistudentenschaft jugendbewegte Doktor Plessner der Universität Erlangen hingegen »versuchte, neben dem Arbeiter- und Soldatenrecht dem studentischen Element Gehör zu verschaffen« (Plessner 1985c, 314). Dementsprechend engagierte er sich 1918 als Mitglied der bayrischen Rätebewegung in der Münchener Räterepublik. Nach 1920 wirkt Plessner dann an der neu gegründeten Universität Köln, also mitten im französisch und britisch besetzten Nachkriegs-Rheinland.

In den genannten Werken ziehen beide intellektuell alternative Konsequenzen für die Konstitution von Sozialität, Gemeinschaft *oder* Gesellschaft, in der Moderne, und beide Texte machen – durch die soziologische und sozialwissenschaftliche Öffentlichkeit hindurch – parallele Buchkarrieren im 20. Jahrhundert, die auch im 21. Jahrhundert noch nicht zum Ende gekommen scheinen.

Plessner (Jg. 1892) und Lukács (Jg. 1885) waren übrigens seit dem Weberschen *jour fixe* mit einander bekannt, der 1913, also ein Jahr vor Kriegsausbruch in Heidelberg abgehalten wurde – Plessner lernte den älteren Lukács gleichzeitig mit dessen Philoso-

phenfreund Ernst Bloch kennen: Lukács und Bloch beherrschten das Gespräch der jüngeren Leute im Max-Weber-Kreis, »von ihnen ging«, so erinnert sich Plessner,

> die Sage, sie seien Gnostiker. Jedenfalls erinnere ich mich noch temperamentvoller Äußerungen Blochs in bestem Mannheimerisch zur Eschatologie, die Max Weber dräuendes Stirnrunzeln und Griffe in seinen Assyrerbart entlockten [...]. Wer sind die vier Evangelisten, fragte man damals: Markus, Matthäus, Lukács und Bloch (Plessner 2001, 320 f.).

Auch wegen dieser persönlichen Vertrautheit hat Plessner nicht nur die eschatologischen Zungenreden der Sozialphilosophie bei Ernst Bloch, insbesondere in dessen Buch *Geist der Utopie* (1919) verfolgt, sondern vor allem auch sofort das 1923 erschienene Buch von Lukács registriert und darauf reagiert: Für seine 1922 von Köln aus gegründete, anspruchsvolle Philosophie-Zeitschrift, den *Philosophischen Anzeiger*, plante er eine Besprechung durch den befreundeten Philosophen Josef König, mit dem er über das Buch diskutierte (König/Plessner 1994, 51). Auch wenn diese Besprechung letztlich nicht zustande kam – und auch ohne dass er irgendeinen direkten Bezug auf Lukács' *Geschichte und Klassenbewußtsein* in seiner eigenen Schrift nimmt –, kann man Lukács und Plessner in einem *challenge-response*-Verhältnis sehen. Im Vorgriff lässt sich sagen, dass Plessner mit seiner Gesellschaftstheorie in den *Grenzen der Gemeinschaft* von 1924 in nuce ein charakteristisches Gegenprogramm zu Lukács und damit zur Kritischen Theorie der Gesellschaft und zur Frankfurter Schule insgesamt entwickelt. Dieser Kontrast – Plessners *Kritische Theorie der Gemeinschaft* als Alternative zu Lukács' *Kritischer Theorie der Gesellschaft* –, der sein fortwirkendes Energiepotential aus dem Erregungszentrum des Sozialereignisses des Weltkrieges und der damit verschränkten »nahe erscheinenden Perspektive der Weltrevolution« (Lukács 1968b, 31) zieht, soll im Folgenden vorgeführt werden.

1923 bündelt der marxistische Sozialphilosoph Georg Lukács Studien zwischen 1919 und 1921 zum Buch *Geschichte und Klassenbewußtsein. Studien über marxistische Dialektik* (Lukács 1968a), das v. a. mit dem Kapitel »Die Verdinglichung und das Bewußtsein des Proletariats« eine neue kritische Diagnostik der modernen Gesellschaft als eines in ihrer »Totalität« verdinglichten Lebenszusammenhanges offeriert und zugleich das Proletariat als die Umschlagstelle umkreist, das diesen totalen Zusammenhang der »Menschenfremdheit« bürgerlich-kapitalistischer Verhältnisse durch eine revolutionäre Sprengung des eigenen verdinglichten Bewusstseins in einen neuen solidarischen Lebenszusammenhang verwandeln wird. Da die bürgerliche Gesellschaft die totale Zerstörung aller menschlichen Gemeinschaft nach sich zieht, zeigt Lukács ›Grenzen der Gesellschaft‹ im Namen der ›Gemeinschaft‹ auf.

Nur ein Jahr später, 1924, veröffentlicht Helmuth Plessner seine Schrift *Grenzen der Gemeinschaft. Eine Kritik des sozialen Radikalismus* (Plessner 2002), in der er – bezugnehmend auf die schon 1887 von Ferdinand Tönnies in die soziologische Diskussion eingeführte Unterscheidung von *Gemeinschaft und Gesellschaft* (vgl. Tönnies 2005) – erstmals und folgenreich im deutschsprachigen Raum eine systematische Umkehrung der Reihenfolge dieser Begriffe vornimmt: Während bei Tönnies – und v.a. bei den Tönnies-Lesern – Gemeinschaft als die primäre Kernzone der menschlichen Sozialität gilt, dergegenüber die Gesellschaft eine sekundäre, abstraktere Sphäre bildet, ist Plessner zufolge umgekehrt nicht die Gemeinschaft, sondern die Gesellschaft der zentrale Raum des Sozialen, die Gesellschaft als öffentlicher Raum, in dem Menschen sich im vermittelnden Medium der Masken, Rollen und Konventionen indirekt auf einander beziehen; während Formen der Gemeinschaft – die Familiengemeinschaft *oder* die wissenschaftliche Sach- und Arbeitsgemeinschaft – nachgeordnete Möglichkeiten direkter Bezugnahme von mit einander vertrauten Menschen unter bestimmten, begrenzten Bedingungen bleiben. Die Formulierung »Grenzen der Gemeinschaft« meint deshalb, dass Plessner die ›Geltungsgrenzen‹ der Gemeinschaft im Verhältnis zur Gesellschaft bestimmen will. Die Moderne ist dem Sozialphilosophen Plessner zufolge eine ausdifferenzierte Gesellschaft im Sinne des »offenen Systems des Verkehrs zwischen unverbundenen Menschen« (Plessner 2002, 95), und das Risiko, die ständige latente Gefahr dieser modernen Gesellschaft, ist der Einbruch der Gemeinschaftsutopien in die komplexe Vergesellschaftung. Es droht der Aufstieg »soziale[r] Radikalismen«, wie Plessner sie nennt, die im Namen einer totalen Vergemeinschaftung, entweder unter dem Titel des »nationalen Kommunismus« *oder* des »internationalistischen Menschheitskommunismus«

(ebd., 49) die komplexen Umgangsformen, die institutionellen und rituellen Verfahren und die entsprechenden Mentalitäten der Moderne zu liquidieren beabsichtigen.

Wo Lukács (und mit ihm die ganze von ihm beeindruckte Frankfurter Schule) hegelianisch gesonnen ist, ist Plessners Gesellschaftstheorie kantisch orientiert, wie man auch am später eingeführten Rückgriff auf den kantischen Begriff der »ungeselligen Geselligkeit« erkennt (Plessner 1983, 294). Will Lukács gleichsam die fehlgeleitete kriegerische Weltkriegsgewalt, die unerhörte soziale, moralische und politische Organisations- und Energieerfahrung des Weltkrieges als Bürgerkriegsgewalt des klassenbewussten Proletariats ein letztes Mal zur Überwindung der kapitalistisch-bürgerlichen Gesellschaft zuspitzen (»mein aus der Knabenzeit stammender, verachtungsvoller Haß gegen das Leben im Kapitalismus« Lukács 1968a, 8), um die nichtentfremdete ›Gemeinschaft‹ zu erreichen, so setzt Plessner auf die kunstvolle Obhut und Pflege distanzierter Umgangsformen im Zeichen der bürgerlichen »Gesellschaft«, auf die Zivilisierung der Gewalt – gegen die »Utopie der Gewaltlosigkeit« im Namen der »Gemeinschaft«, die letzte revolutionäre Gewalteruptionen in Kauf nimmt (vgl. Plessner 2002, 113). Hat man Lukács' und Plessners Ansätze als bereits Anfang der 1920er Jahre diametral verschiedene sozialphilosophische Konsequenzen der Weltkriegsepoche erkannt, lassen sie sich als Orientierungsalternativen im 20. Jahrhundert, mit einer neuen Wirkungsgeschichte noch nach dem Zweiten Weltkrieg verfolgen.

Radikalkritische Theorie der Gesellschaft im Namen der militanten Gemeinschaft (Lukács)

Um die Alternative deutlich zu machen, soll mit der ›Kritischen Theorie der Gesellschaft‹ begonnen werden. ›Kritische Theorie‹ ist, wie bekannt, ein von Horkheimer in der späteren amerikanischen Emigration selbst gewählter Deckbegriff für die marxistische Theorie der Gesellschaft, und wie alle marxistische Theorie begreift sie die Ökonomie als zentrale Vergesellschaftungszone – alle anderen Sphären der Vergesellschaftung wie Politik, Kultur, Erziehung sind abgeleitete, sekundäre Zonen, in letzter Hinsicht bestimmt und durchdrungen vom in der Ökonomie herrschenden Prinzip der Produktionsverhältnisse. Jedenfalls gilt das für die bürgerlich-kapitalistische Moderne, als deren Theorie sich die marxistische Theorie begreift. Deshalb ist es konsequent, dass Lukács in seinen *Studien über marxistische Dialektik* (so der Untertitel von *Geschichte und Klassenbewußtsein*) als Ahnherr der Frankfurter Schule mit dem Warentausch und der mathematisch-technischen Rationalitätskalkulation der Produktionsverhältnisse ansetzt, die alle weiteren Verkehrsverhältnisse der Subjekte in letzter Hinsicht bestimmt. Die kapitalistische »Warenstruktur«, die vor allem die menschliche Arbeitskraft erfasst, verwandelt demzufolge die Beziehungen zwischen den Personen in eine Dinghaftigkeit – die, obwohl von Menschen gemacht, ihnen als »gespenstische Gegenständlichkeit« gegenübersteht und sie durchfährt – wie Lukács Marx zustimmend zitiert. Es verdrehen sich die Verhältnisse, in denen »der Mensch weder objektiv noch in seinem Verhalten zum Arbeitsprozess als deren eigentlicher Träger, sondern als mechanischer Teil in eine mechanisches System eingefügt« (Lukács 1968a, 171) erscheint.

Der folgenreiche Schlüsselgedanke von Lukács und der Kritischen Theorie von Horkheimer, Adorno und Marcuses ist, dass der »menschenfremde« (ebd., 175) Charakter der kapitalistischen Produktions- und Tauschverhältnisse von der Ökonomie her die »Totalität« der menschlichen Lebensverhältnisse bestimmt – das »Urphänomen der Verdinglichung« (ebd., 186) in seiner gesellschaftlichen Totalität. »Es gibt kein Problem dieser Entwicklungsstufe der Menschheit [der »kapitalistischen Gesellschaft«] […], dessen Lösung nicht in der Lösung des Rätsels der Warenstruktur gesucht werden müsste« (ebd., 170). »Dieses Zur-Ware-werden […] des Menschen« enthüllt »den entmenschten und entmenschenden Charakter der Warenbeziehung« (ebd., 183). Die »Warenstruktur« drückt also auch dem ganzen Bewusstsein des Menschen ihre Struktur auf; die Eigenschaften und Fähigkeiten des lebendigen Menschen sind nicht länger in der »organischen Einheit der Person« verbunden (ebd., 194) – in Formen der nicht-kapitalistischen Vergemeinschaftung (muss man ergänzen) –, sondern erscheinen als »Dinge«, die er besitzt und entäußert und die ihn im Zweifelsfall erschlagen.

In den total verdinglichten Verhältnissen ist der Mensch sich selbst »entfremdet« – obwohl Lukács diesen Begriff in dem Buch von 1923 nicht verwendet, weil er die erst 1932 herausgegebenen Frühschriften von Marx nicht kennen kann, ist er doch von der Sache her gemeint: die »menschenfremde Objektivität von gesellschaftlichen Naturgesetzen«

in der bürgerlich-kapitalistischen Gesellschaft (ebd., 175). Lukács erfasst hier in strenger Begriffslogik die ambivalente Stimmung der Verzweiflung und Hoffnung über den Weltzustand der Moderne im und nach dem Weltkrieg – »Krieg, Krise, Revolution« (ebd., 52). Eine desperatistische und zugleich messianische Stimmung, die sich durch die Frankfurter Schule bis Marcuse und Adorno durchziehen wird. Denn Lukács erkennt auch den dialektischen Umschlagpunkt: das Bewusstsein und die Tat des Proletariats. Die Arbeiterklasse, im Prozess der Verdinglichung zur quantifizierten, rational kalkulierten Arbeitskraft degradiert, »ist gezwungen, ihr zur-Ware-werden, das Auf-reine-Quantität-sein als Objekt des Prozesses zu erleiden« (ebd., 178) und wird gerade dadurch, mehr als die anderen sozialen Lagerungen und Gruppen, über die Unmittelbarkeit der Verhältnisse hinausgetrieben – die Produktivkraft in der Arbeitskraft ist das Moment der negativen Dialektik, die sich in der revolutionären Spontaneität, aktiviert durch die Avantgarde der politischen Partei und der Kunst, entäußert. Das Proletariat enthüllt sich als das »identische Subjekt-Objekt des gesellschaftlich-geschichtlichen Entwicklungsprozesses« (Lukács 1968b, 24). Obwohl Lukács es selbst nicht direkt anspricht, werden bei den eindrücklichen Passagen über das »Zur-Ware-werden«, das Reduziertwerden »Auf-reine-Quantität-sein als Objekt des Prozesses«, zeitgenössische Leser wie von selbst die Degradierung der Arbeiter-Soldaten zum Kanonenfutter in den Materialschlachten des Weltkrieges assoziiert haben. In jedem Fall deutet Lukács aber auf die objektiv messianischen Umschlagsmomente im Krieg an: »Die Krisen des Krieges und der Nachkriegszeit« signalisieren in der »Planwirtschaft« der Kriegsführung sogar der fortgeschrittenen Bourgeoisie das Ende der kapitalistischen »Produktionsanarchie« (Lukács 1968a, 150). Mit der »russischen Revolution« im Krieg wurde »ein Weg für die Menschheit aus Krieg und Kapitalismus eröffnet« – so Lukács noch im Rückblick (1968b, 9). »Das Proletariat vollendet sich erst«, so der Lukács von 1923, »indem es sich aufhebt, indem es durch Zuendeführen seines Klassenkampfes die klassenlose Gesellschaft zustandebringt« – samt der Phase der »Diktatur des Proletariats« (Lukács 1968a, 169).

Lukács' Buch von 1923, das die Gesellschaftstheorie der leninistischen Revolution von 1917 und die Möglichkeit ihrer flächendeckenden Fortsetzung in Mitteleuropa als Beginn der »Weltrevolution« reflektiert, wird vor allem in seinem analytischen Teil – dem Verdinglichungs- und Entfremdungstheorem der spätbürgerlich-kapitalistischen Gesellschaft – *der* Leitfaden der acht Tage andauernden Konferenz mit dem Titel »Marxistische Arbeitswoche« werden, an der Lukács (neben Karl Korsch) 1923 teilnimmt und die in ihrem Personal so etwas wie die Formationsstunde des Frankfurter Instituts für Sozialforschung und damit ab 1930 des um Horkheimer organisierten Kreises der Kritischen Theorie der Gesellschaft werden wird (vgl. Dubiel 1988). Die gesamte theoretische Grundlegung der Kritischen Theorie der Gesellschaft – vor allem auch bei Adorno und Marcuse – ist ohne *Geschichte und Klassenbewußtsein* nicht zu verstehen.

Kritik der radikalen Gemeinschaftsutopien im Zeichen der zivilen Gesellschaft (Plessner)

Dass Plessners Gesellschaftstheorie als eine Alternative zur Frankfurter Schule auftritt, und zwar bereits 1924, denkt man an den Kontrast zu Lukács von 1923, entscheidet sich bereits am Grundbegriff der ›Entfremdung‹. Sowohl 1924 wie 1960 ist aus Sicht Plessners die Kritische Theorie der Gesellschaft nämlich eine Kritische Theorie, die die moderne Gesellschaft als Entfremdung von der Gemeinschaft begreift, sie ist eigentlich eine kritische Theorie im Namen der Gemeinschaft. In der Frankfurter Schule – ob bei ihrem Ahnherrn Lukács oder bei Adorno, Horkheimer und Marcuse selbst – werden die modernen Tauschverhältnisse der kapitalistisch-kalten Gesellschaft im Zeichen einer utopischen Vernunft- und Authentizitätsgemeinschaft kritisiert. Ist also die von Marx und Lukács her inspirierte Kritische Theorie der Gesellschaft im Kern eine Gemeinschaftstheorie, von der aus die Gesellschaft als Entfremdungsphänomen perspektiviert wird, so ist umgekehrt Plessners Theorie in Konsequenz der Weltkriegs- und revolutionären Nachkriegserfahrung eine genuine Gesellschaftstheorie, von der aus die Gemeinschaft als Möglichkeits- und Gefährdungspotential in ihren ›Geltungsgrenzen‹ fokussiert wird – sie ist eine ›Kritische Theorie der Gemeinschaft‹.

Plessner beginnt also mit einer »Kritik des sozialen Radikalismus«, genauer gesagt zweier sozialer Radikalismen oder Extremismen, die die menschliche Möglichkeit von Gemeinschaft in zwei ›Gemeinschaftsutopien‹ überdehnen: einerseits die vollkommene Vergemeinschaftung der Gesellschaft aus dem Geist der Vernunft, der rational koordinierten Sach-

lichkeit oder »Sachgemeinschaft« (des gemeinsamen Arbeitsplans) – oder konträr die vollkommene Vergemeinschaftung aus dem Geist der kommunitären »Vertrautheit«, die sich am Vorbild der verwandtschaftlichen oder religiös orientierten Brüderlichkeit orientiert:

> Marschiert heute die Diktatur, in Rußland den Privatbesitz enteignend, in Italien und Spanien ihn schützend, so wagt sie es doch nur aus dem Gemeinschaftsethos heraus, das ihr, ob bolschewistisch oder faschistisch, als Unterstützung ihrer Macht immer willkommen ist (Plessner 2002, 43).

Plessner formulierte nach 1917, nach der leninistischen Revolution mit ihrer Übergriffsabsicht auf Europa und den Räterepublikerfahrungen unmittelbar im Ausgang des Weltkrieges, *und* nach 1921, dem Marsch der Faschisten auf Rom – also nach zwei praktisch gewordenen Moderne-Projekten im Namen der totalen Gemeinschaft – eine sozialphilosophische Theorie der Moderne offensiv als Theorie der Gesellschaft.

Gesellschaft, das ist von Plessner her die »Logik der Diplomatie« und die »Hygiene des Takts« (ebd., 95). Diese »Öffentlichkeit« ist »das offene System des Verkehrs zwischen unverbundenen Menschen«, in dem die Menschen in künstlichen Verfahren des »Prestige-Erwerbs« und der »Zeremonien«, in »Masken« und »Rollen« indirekt miteinander zu tun haben (ebd., 95):

> In sich weitmaschig genug, um das Fluktuieren des Lebens in all seinen Schattierungen zu beherbergen und zugleich durch sich hindurchgehen zu lassen […] besondert sich dieses offene System des Verkehrs zu je eigenartigen Sphären nach Maßgabe bestimmter Wertklassen, zur Sphäre des Rechts, der Sitte und Erziehung, des Staates, der Wirtschaft […] (ebd., 94).

Plessners Gesellschaftstheorie behauptet also im Ansatz keinen Primat der Ökonomie vor den anderen Sphären der Gesellschaft, sondern beobachtet eine parataktische Ausdifferenzierung der sozialen Systeme zwischen den unverbundenen Menschen, die durch die verschiedensten Verkehrssysteme in verschiedenste mögliche Kommunikationen eingebunden werden. Plessner operiert hier mit dem Begriff des »Verkehrs«, wie er seit dem 18. Jahrhundert als kommunikativer Grundbegriff verwendet wurde. Gesellschaft als Inbegriff verschiedener ausdifferenzierter sozialer Systeme ist die Schlüsselzone, das »Daseinsgebiet zwischen Familiarität und Objektivität« (ebd., 96), also zwischen den Spezialformen der Gemeinschaft, entweder der privaten Liebes- und Lebensgemeinschaft oder der wissenschaftlichen Vernunft- oder Sachgemeinschaft der Forscher. Entscheidend ist, dass diese Schlüsselzone der Gesellschaft weder nach dem Code der Liebe oder der Vertrautheit miteinander verbundener Menschen noch nach dem Code der Wahrheit (des ›zwanglosen Zwanges des besseren Argumentes‹ – wie Jürgen Habermas das Ethos der ›kommunikativen Rationalität‹ später nennen wird) geregelt werden kann. Ohne Zweifel operiert Plessner hier innerhalb der deutschen Semantik mit einer originären Akzentverschiebung von Kultur (Vernunft, Liebe) zur Zivilisation (Technik, Umgangsformen), um die im Kriegsdiskurs folgenreiche Gegenüberstellung von Kultur (Deutschland) und Zivilisation (Westen) zu entkräften.

Die prinzipielle Unergründlichkeit der Menschen im Verhältnis zueinander und die Unvorhersehbarkeit der Lebenssituationen verlangt Plessner zufolge nach der Öffentlichkeit als einem vermittelnden Medium der Umgangs- und Distanzformen. Aus seiner Gesellschaftstheorie heraus hat Plessner großen Wert auf die Soziologie dieser künstlichen Codes gelegt, auf die artifiziellen Umgangsformen, auf das Erfordernis der soziologischen Beobachtung ihrer immer erneuten sozialisatorischen und öffentlichen Genese, auf die Beobachtung des Habitus der »Geselligkeit« als Kern der indirekten Kommunikation: Wenn es die Gesellschaft im Sinne der Einheit des Verkehrs unbestimmt vieler und einander unbekannter und durch Mangel an Gelegenheit, Zeit und Interesse höchstens zur Bekanntschaft gelangender Menschen gibt, dann bedarf es zur Aufrechterhaltung des komplexen Spiels der Gesellschaft des Habitus des Taktes und der Diplomatie, der Distanz und der Ironie: In einer berühmten Stelle seiner Schrift über die *Grenzen der Gemeinschaft* hat Plessner vom »tänzerischen Geist, vom Ethos der Grazie« (ebd., 80) gesprochen, ohne dessen Vorbildfunktion die moderne Gesellschaft implodieren wird: es geht um

> das gesellschaftliche Benehmen, die Beherrschung nicht nur der geschriebenen und gesatzten Konventionen, die virtuose Handhabung der Spielformen, mit denen sich Menschen nahe kommen, ohne sich zu treffen, in denen sie sich voneinander entfernen, ohne sich durch Gleichgültigkeit zu verletzen. […] Die erzwungene Ferne von Mensch zu Mensch wird zur Distanz geadelt, die beleidigende Indifferenz des Aneinandervorbeilebens durch die Formen der Höflichkeit, Ehrerbietung und Aufmerksamkeit unwirksam gemacht (ebd., 80).

Wenn Marx die Referenzfigur von Lukács und des Horkheimer-Kreises ist, so ist Georg Simmel die indirekte Referenzfigur bei Plessner, und zwar *der* Simmel, der in seinem Text über die komplexe und kompliziert zu handhabende »Geselligkeit« über »Formen der Wechselwirkung«, der sozialen Interaktion nachgedacht hatte (Simmel 1984, 50); der Unterschied Plessners zu Simmel ist: Plessner konstruiert seine Sozialphilosophie gegen die »Gesellschaftsfeindschaft«, gegen den antigesellschaftlichen Affekt (Plessner 2002, 44), der im und durch den Weltkrieg aufbrechenden »sozialen Radikalismen« und der aus diesen erwachsenden revolutionären Gemeinschaftsutopien.

Plessners Buch ist eine systematische Argumentation gegen den von links wie rechts sicher erwarteten Untergang der bürgerlichen Gesellschaft – die durch die Figur des militanten Proletariats oder des ›Arbeiters‹ überwunden und transformiert werden würde. Insofern muss man neben Lukács' Erwartung der Weltrevolution durch das Proletariat noch an die Kritische Theorie der Gesellschaft durch die Gemeinschaft von rechts denken, wie sie Ernst Jünger 1932 in seinen Großessay *Der Arbeiter. Herrschaft und Gestalt* entwerfen wird (vgl. hierzu u. a. Koch 2006, Schlusskapitel). Auch hier findet sich die Überwindung der bürgerlichen Welt durch den »Typus« des Arbeiters, in dem das Proletariat mit dem Soldatentum verschmilzt. Der Arbeiter tritt bei Jünger an mit dem Auftrag der Weltumgestaltung, sein Handlungsraum ist der Arbeiterstaat, koordiniert wird er durch den Arbeitsplan (vgl. Jünger 2007). Plessners Buch ist – obwohl es eine aufmerksame Besprechungen fand, z. B. 1924 von Siegfried Kracauer in der *Frankfurter Zeitung* (Kracauer 2002) und z. B. auch durch den jungen Münsteraner Sozialphilosophen Josef Pieper unter dem Titel *Die Grundformen sozialer Spielregeln* (Pieper 1933) Beachtung fand – als originelle sozialphilosophische Begründung bürgerlicher Vergesellschaftung in den 1920er Jahren aber nicht wirklich zum Zuge gekommen.

Spuren durch das 20. Jahrhundert: Lukács und Plessner als sozialphilosophische Marken nach dem Zweiten Weltkrieg

Nach 1945, nach der zweiten Weltkriegskatastrophe, haben Lukács und Plessners Schriften erneute Rezeptionen gefunden – als diametral verschiedene Markierungen in der Theorie der Gesellschaft. Lukács' Schrift ist nach dem Zweiten Weltkrieg keinesfalls vergessen gewesen oder vergessen worden: Überall, wo die Kritische Theorie der Gesellschaft als Frankfurter Schule auftrat, war diese Schrift von 1923 über das Prinzip der Verdinglichung als analytisches Rückgrat der Gegenwartsgesellschaft präsent. Es ist klar, dass der Horkheimer-Kreis nach den Erfahrungen der 1930er und 1940er Jahre nicht länger an der dort formulierten Erwartung der proletarischen Revolution als Wende des modernen Entfremdungs-Weltzustandes festgehalten hat – aber die Protagonisten haben als Kritische Theorie an der Kritik der totalen Verdinglichung in allen kapitalistischen Verhältnissen festgehalten, einschließlich des kulturindustriell formatierten Bewusstseins. Es war eine Kritik der entfremdenden Rollenhaftigkeit der modernen Welt, der total verwalteten Welt, der totalitären Waren-, Medien-, Werbungs- und Konsumwelt der bürgerlich-kapitalistischen Gesellschaft – zu der nun an Stelle des rettenden Proletariats andere Instanzen der ›negativen Dialektik‹ oder des Umschlages gesucht wurden – die Avantgardekunst, später die neuen sozialen Bewegungen.

Dass die Frankfurter Schule mit Lukács' Verdinglichungstheorie eine dezidierte Gesellschaftstheorie ausgebildet hat, ist bekannt, und sie gilt im Rückblick sogar als die dominante, einflussreichste Gesellschaftstheorie in der Soziologie der Bundesrepublik. Dieser Eindruck lässt sich korrigieren, wenn man im Ausgang von der Ersten Weltkriegs- und Nachkriegserfahrung Lukács *und* Plessner als raffinierte intellektuelle Parallelakteure der Sozialphilosophie beobachtet. Plessners Gesellschaftstheorie liegt nicht sofort gleichermaßen auf der Hand, aber zieht man alle seine einschlägigen Schriften zusammen, also neben dem gesellschaftstheoretischen Entwurf in den *Grenzen der Gemeinschaft* vor allem seine davon inspirierten, vielrezipierten beiden Schlüsselaufsätze um 1960 zu »Das Problem der Öffentlichkeit und die Idee der Entfremdung« und »Soziale Rolle und menschliche Natur« (vgl. Plessner 1985a und 1985b), mit denen Plessner in die sich in der jungen Bundesrepublik entwickelnde Rollendebatte intervenierte, lässt sich die Konstruktion und Konstanz dieser Gesellschaftstheorie klar herausarbeiten. Plessners Schrift hat in der Formierung der bundesrepublikanischen Soziologie nach 1945/49 ihren bedeutenden Part gespielt, und zwar vor allem in der Auseinandersetzung um den Rollen-Begriff und den Dahrendorfschen *Homo sociologicus* um 1960 (vgl. Fischer 2010).

Und es ist auch klar, dass Plessners Gesellschaftstheorie in der zweiten Hälfte des 20. Jahrhunderts in der bundesrepublikanischen Soziologie wirkungsgeschichtlich nur deshalb eine Forschungs- und Ur-

teilspraxis der Gegenwartsgesellschaft inspirieren konnte, weil sie in der Zivilisationstheorie von Norbert Elias und z. B. in der Soziologie des öffentlichen Raumes des US-amerikanischen Soziologen Erving Goffman kongeniale Partner fand, die auch auf bestimmte jüngere Soziologen wie Helmut Schelsky, Heinrich Popitz, Hans Paul Bahrdt, Dieter Claessens und Niklas Luhmann Einfluss ausübten. Nicht Vernunft und kommunikative Rationalisierung, nicht Erlösung und Versöhnung (»Die Utopie der Gewaltlosigkeit« seitens der Gemeinschaftsutopien; Plessner 2002, 113) waren die Leitbegriffe dieser Gesellschaftsanalytik; vielmehr stand die »Zivilisierung« des Verhaltens, letztlich also der Gewalt, in ihrem Zentrum. Insofern erstaunt es nicht, dass im Umkreis der Philosophischen Anthropologie (durch den Soziologen Dieter Claessens) bereits Anfang der 1960er Jahre das große Buch von Norbert Elias über den *Prozeß der Zivilisation* (1939) wiederentdeckt und sein Autor in die bundesrepublikanische Soziologie einbezogen wurde.

Der wirkungsgeschichtliche Durchbruch von Plessners Gesellschaftstheorie in der bundesrepublikanischen Soziologie ereignet sich in der Debatte um den Rollenbegriff bzw. den von Ralf Dahrendorf sogenannten ›homo sociologicus‹, eine erst jüngst als erste und weichenstellende Debatte der bundesrepublikanischen Soziologie erkannte Kontroverse. Im Kern ging es dabei um den Entfremdungscharakter der sozialen Rolle. Der junge Jürgen Habermas – als Vertreter der Frankfurter Schule – erkannte im soziologisch prominent werdenden Rollenbegriff eine Verdinglichungskategorie der bürgerlich-kapitalistischen Gesellschaft (vgl. Habermas 1971) und regte eine ›Kritik der Rollentheorie‹ an, die von der Soziologin Frigga Haug als Kritik der sogenannten »bürgerlichen Soziologie« (Haug 1972) mit durchschlagender Resonanz ausgeführt wurde. Gegen diesen »antigesellschaftlichen Affekt« der Frankfurter Schule, gegen die erneute »Idee einer menschlichen Selbstentfremdung« (Plessner 1985a, 218) in der Verdinglichung der entfremdenden Rolle, aus der heilsgeschichtlich eine Rückkehr in authentische und konsensuelle Verhältnisse der Gemeinschaft möglich sei, erkannte Plessner das Spiel des komplexen Rollengefüges als Schlüsselelement der gesellschaftlichen »Öffentlichkeit«, als unhintergehbaren Zwischenglied der indirekten, vermittelten Beziehung zwischen Menschen.

Arnold Gehlen hatte bereits zuvor Plessners Kerngedanken der lebensnotwendigen distanzierten Vermitteltheit zwischenmenschlicher Beziehungen in der Formel auf den Punkt gebracht: »Die Geburt der Freiheit aus der Entfremdung« (Gehlen 1963, 232). Plessner und die, die ihm im Umkreis der soziologischen Denkrichtung der Philosophischen Anthropologie folgten (vgl. Fischer 2006) – Popitz, Bahrdt, Schelsky, Claessens – gewannen zunächst diese Debatte (gegenüber Habermas und Haug). Der Rollenbegriff wurde ein Schlüsselbegriff der Soziologie und für eine Zeit lang in den 1960er Jahren auch ein Selbstverständigungsbegriff der bundesrepublikanischen Gesellschaft – z. B. im allerorts geübten virtuos-distanzierten Rollenspiel (vgl. Fischer 2010).

In dieser Rollendebatte, der ersten soziologischen Kontroverse (noch vor dem Positivismusstreit) in der jungen bundesrepublikanischen Soziologie, identifizierte sich die bundesrepublikanische Gesellschaft als moderne, urbane, ja auch medienvermittelte Gesellschaft – eben in Alternative zur kritisch-utopischen Gemeinschaftstheorie der Frankfurter Schule. Man könnte sagen: In der kritischen Gemeinschaftstheorie der Frankfurter Schule erhielt sich ein Kindertraum vertrauten Gemeinschaftsglückes – Plessners Gesellschaftstheorie bot in der Bundesrepublik alternativ eine Soziologie für Erwachsene. »Soziologie – ein Werkzeug der Freiheit« – so hat ein Plessner-Schüler dessen Motto formuliert (Ferber 1995).

Im »roten Jahrzehnt« (vgl. Koenen 2001) der 68er-Bewegung hat Lukács' *Geschichte und Klassenbewußtsein* aber erneut die Köpfe ganz neuer Lesergenerationen bewegt und ausgerichtet. Vor allem die von ihm in diesen *Studien über marxistische Dialektik* bestechend aufgewiesene Totalität des Verdinglichungszusammenhanges in der nun – mit einer gewissen neuen Transformations- und Revolutionserwartung versehen – ›Spätkapitalismus‹ genannten modernen Gesellschaftsformation hat auch neue revolutionäre Praxisformen inspiriert und die Unerbittlichkeit des revolutionären Umschlagpunktes mitten in der Moderne legitimiert: die avantgardistische Stadtguerilla in Mittel- und Westeuropa im Namen der revolutionär möglichen Gemeinschaft der verdinglichten, entfremdeten, sich in der Gewaltaktion emanzipierenden und solidarisierenden Subjekte. Die Gesellschaftstheorie der Frankfurter Schule von Horkheimer, Adorno und Marcuse fungierte in der bundesrepublikanischen Gesellschaft in dieser Epoche als die kritische »Theorie des totalitären Spätkapitalismus« – wie ihr Geschichtsschreiber Helmut Dubiel das gekennzeichnet hat (Dubiel 1988, 23).

Obwohl auch in dieser Zeit unter Kennern als Antidotum von Hand zu Hand gereicht, ist Plessners *Kritik des sozialen Radikalismus* in seiner ganzen gesellschaftstheoretischen Tragweite bezeichnenderweise erst nach 1989 erkannt worden (vgl. Eßbach/ Fischer/Lethen 2002), also in einem historischen Augenblick, als die Epoche der großen Experimente der »sozialen Radikalismen« im 20. Jahrhundert, der gewaltgeladenen Gemeinschaftsutopien der Moderne von den davon Betroffenen und Unterworfenen selbst in revolutionären Bürgerbewegungen verabschiedet wurden, um aus sozialistischen Sicherheitsgesellschaften tatkräftig zu bürgerlichen Risikogesellschaften überzugehen. Umgehend hat der in früherer Zeit im Linksradikalismus der 68er Jahre beheimatete Germanist Helmut Lethen die Plessnersche Schrift einer dekonstruierenden Lektüre unterzogen, in dem er sie als Schlüsselschrift der »kalten persona« der Zwischenkriegszeit las und sie als zum sogenannten Neoliberalismus kompatible »Verhaltenslehre der Kälte« (Lethen 1994) stilisierte – und damit durchaus interessant werden ließ.

Insgesamt war die Überraschung nach 1989 aber doch groß, dass es sich hier um eine seltene deutsche Sozialphilosophie aus einem »liberalen Ethos« handelte (Kuhlmann 2002), die die bürgerliche Lebensform politisch-philosophisch auszeichnete und damit eine Reihe mit Dolf Sternberger, Hannah Arendt und Joachim Ritter bilden konnte (vgl. Hacke 2010). Die beharrliche »Verweigerung der Bürgerlichkeitsverweigerung« durch Odo Marquard, der gleichzeitig als Ritter-Schüler und Plessner-Herausgeber figurierte, ist in jedem Fall von Plessners *Kritik des sozialen Radikalismus* im 20. Jahrhundert inspiriert (Marquard 2004). Wenn die ostmitteleuropäische Gesellschaftsrevolution 1989 den weltgeschichtlich unwahrscheinlichen Auftritt des »Bürgertums als stupor mundi« bedeutet (Fischer 2012), nach seiner Kontingenzgeschichte im 20. Jahrhundert, nach dem auch in *Geschichte und Klassenbewußtsein* sicher erwarteten Untergang der bürgerlichen Gesellschaft, dann ist Plessners *Grenzen der Gemeinschaft* offensichtlich eine Kronzeugenschrift dieser unerwarteten Epiphanie. Bezogen auf Lukács hingegen, aus dessen Theoriesicht die Gesellschaftsrevolution von 1989 in der revolutionären Wiederherstellung bürgerlicher Verhältnisse in der sozialistischen Moderne in eine verkehrte Richtung sich verlief, gab es nach 1989 für einen historischen Moment eine Irritation – die z. B. der Lukács-Schüler und ungarische Heidegger-Übersetzer in einem für Lukács desaströsen Vergleich des jeweiligen politischen Engagements der Philosophen Heidegger und Lukács auf den Punkt brachte (Vajda 1991).

Im Gegenzug kommt aber Lukács' Prinzip der Verdinglichung und Entfremdung als radikal zu kritisierendes generatives Strukturprinzip der bürgerlichen Gesellschaft wieder zum Zuge: »Zur Aktualität von ›Geschichte und Klassenbewusstsein‹« (Dannemann 1999) oder *Entfremdung. Zur Aktualität eines sozialphilosophischen Problems* (Jaeggi 2005) – erneut werden im Namen einer erwartbaren ›Gemeinschaft‹ ungestörter, nicht-entfremdeter Beziehungen der Menschen zu sich selbst, zur Welt, zu anderen die uns bestimmenden und entfremdenden Zwangsverhältnisse der bürgerlichen Gegenwartsgesellschaft, in denen Subjekte sich in ihren Rollen nur verlieren, dem Gerichtshof der Liebe und der Vernunft unterworfen. ›Re-thinking Marx‹ ist dann die Losung.

Habent sua fata libelli – es ist eine offene Geschichte, wie die Wirkungsgeschichte dieser beiden bahnbrechenden Sozialphilosophien von Lukács und Plessner als Ausgangsreflexionen des Ersten Weltkrieges im 21. Jahrhundert fortgeht und Orientierungen fortzeugen wird.

Literatur

Dannemann, Rüdiger: Dossier: Zur Aktualität von ›Geschichte und Klassenbewußtsein‹. In: Frank Benseler/Werner Jung (Hg.): *Lukács-Jahrbuch* (1998/99). Paderborn 1999.

Dubiel, Helmut: *Kritische Theorie der Gesellschaft. Eine einführende Rekonstruktion von den Anfängen im Horkheimer-Kreis bis Habermas*. Weinheim/München 1988.

Elias, Norbert: *Über den Prozeß der Zivilisation. Soziogenetische und psychogenetische Untersuchungen* [1939]. Frankfurt a. M. 1976.

Eßbach, Wolfgang/Fischer, Joachim/Lethen, Helmut (Hg.): *Plessners ›Grenzen der Gemeinschaft‹. Eine Debatte.* Frankfurt a. M. 2002.

Ferber, Christian von: Die Soziologie – ein Werkzeug der Freiheit. In: Jürgen Friedrich/Bernd Westermann (Hg.): *Unter offenem Horizont. Anthropologie nach Helmuth Plessner.* Frankfurt a. M. 1995, 327–335.

Fischer, Joachim: Philosophische Anthropologie. Ein wirkungsvoller Denkansatz in der deutschen Soziologie nach 1945. In: *Zeitschrift für Soziologie* 35/5 (2006), 1–25.

Fischer, Joachim: Die Rollendebatte – der Streit um den Homo sociologicus. In: Stephan Moebius/Georg Kneer (Hg.): *Soziologische Kontroversen. Beiträge zu einer anderen Geschichte der Wissenschaft vom Sozialen.* Frankfurt a. M. 2010, 79–101.

Fischer, Joachim: Bürgertum als stupor mundi. In: Ders.: *Wie sich das Bürgertum in Form hält.* Springe 2012, 9–34.

Habermas, Jürgen: Zwischen Philosophie und Wissenschaft: Marxismus als Kritik [1963]. In: Ders.: *Theorie und Praxis. Sozialphilosophische Studien.* Frankfurt a. M. 1971, 228–289.

Hacke, Jens: Politische Bürgerlichkeit. Variationen einer Denkfigur in der deutschen Sozialphilosophie nach 1945. In: Heinz Bude/Joachim Fischer/Bernd Kaufmann (Hg.): *Bürgerlichkeit ohne Bürgertum. In welchem Land leben wir?* München 2010, 33–53.

Haug, Frigga: *Kritik der Rollentheorie und ihrer Anwendung in der bürgerlichen Soziologie.* Frankfurt a. M. 1972.

Jaeggi, Rahel: *Entfremdung. Zur Aktualität eines sozialphilosophischen Problems.* Frankfurt a. M. 2005.

Jünger, Ernst: *Der Arbeiter. Herrschaft und Gestalt* [1932]. Stuttgart 2007.

Koch, Lars: *Der Erste Weltkrieg als Medium der Gegenmoderne. Zu den Werken von Walter Flex und Ernst Jünger.* Würzburg 2006.

Koenen, Gerd: *Das rote Jahrzehnt. Unsere kleine deutsche Kulturrevolution 1967–1977.* Frankfurt a. M. 2001.

König, Josef/Helmuth Plessner: *Briefwechsel 1923–1933.* Mit einem Briefessay von Josef König über Helmuth Plessners ›Die Einheit der Sinne‹. Vorwort von Frithjof Rodi. Hg. von Hans-Ulrich Lessing/Almut Mutzenbecher. Freiburg/München 1994.

Kracauer, Siegfried: Philosophie der Gemeinschaft [1924]. In: Wolfgang Eßbach/Joachim Fischer/Helmut Lethen (Hg.): *Plessners ›Grenzen der Gemeinschaft‹. Eine Debatte.* Frankfurt a. M. 2002, 357–362.

Krockow, Christian Graf: *Die Deutschen in ihrem Jahrhundert. 1890–1990.* Hamburg 1990.

Kuhlmann, Andreas: Deutscher Geist und liberales Ethos. Die frühe Sozialphilosophie Helmuth Plessners [1993]. In: Wolfgang Eßbach/Joachim Fischer/Helmut Lethen (Hg.): *Plessners ›Grenzen der Gemeinschaft‹. Eine Debatte.* Frankfurt a. M. 2002, 15–20.

Lethen, Helmut: *Verhaltenslehren der Kälte. Lebensversuche zwischen den Kriegen.* Frankfurt a. M. 1994.

Lukács, Georg: *Geschichte und Klassenbewußtsein. Studien über marxistische Dialektik* [1923]. Neuwied/Berlin 1968a.

Lukács, Georg: Vorwort [1967]. In: Ders.: *Geschichte und Klassenbewußtsein. Studien über marxistische Dialektik.* Neuwied/Berlin 1968b, 5–45.

Marquard, Odo: Verweigerung der Bürgerlichkeitsverweigerung. 1945: Bemerkungen eines Philosophen. In: Ders.: *Individuum und Gewaltenteilung. Philosophische Studien.* Stuttgart 2004, 23–37.

Pieper, Josef: *Grundformen sozialer Spielregeln. Eine soziologisch-ethische Untersuchung zur Grundlegung der Sozialpädagogik.* Freiburg 1933.

Plessner, Helmuth: Ungesellige Geselligkeit. Anmerkungen zu einem Kantischen Begriff [1966]. In: Ders.: *Gesammelte Schriften.* Bd. VIII: Conditio humana. Hg. von Günter Dux/Odo Marquard/Elisabeth Ströker. Frankfurt a. M. 1983, 294–306.

Plessner, Helmuth: Das Problem der Öffentlichkeit und die Idee der Entfremdung [1960]. In: Ders.: *Gesammelte Schriften.* Bd. X: Schriften zur Soziologie und Sozialphilosophie. Hg. von Günter Dux/Odo Marquard/Elisabeth Ströker. Frankfurt a. M. 1985a, 212–226.

Plessner, Helmuth: Soziale Rolle und menschliche Natur [1960]. In: Ders.: *Gesammelte Schriften.* Bd. X: Schriften zur Soziologie und Sozialphilosophie. Hg. von Günter Dux/Odo Marquard/Elisabeth Ströker. Frankfurt a. M. 1985b, 227–241.

Plessner, Helmuth: Selbstdarstellung [1975]. In: Ders.: *Ge-sammelte Schriften*. Bd. X: Schriften zur Soziologie und Sozialphilosophie. Hg. von Günter Dux/Odo Marquard/ Elisabeth Ströker Frankfurt a. M. 1985c, 302–341.

Plessner, Helmuth: In Heidelberg 1913 [1963]. In: Salvatore Giammusso/Hans-Ulrich Lessing (Hg.): *Politik – An-thropologie – Philosophie. Aufsätze und Vorträge*. Mün-chen 2001, 320–324.

Plessner, Helmuth: *Grenzen der Gemeinschaft. Eine Kritik des sozialen Radikalismus* [1924]. Mit einem Nachwort von Joachim Fischer. Frankfurt a. M. 2002.

Simmel, Georg: Die Geselligkeit [1917]. In: Ders.: *Grund-fragen der Soziologie. Individuum und Gesellschaft*. Ber-lin/New York 1984, 50–71.

Tönnies, Ferdinand: *Gemeinschaft und Gesellschaft. Grund-begriffe der reinen Soziologie* [1887]. Darmstadt 2005.

Vajda, Mihaly: Der Philosoph und die Politik. Über Hei-degger und Lukács. In: *Kommune. Forum für Politik, Ökonomie, Kultur* 9/8 (August 1991), 6–11.

Joachim Fischer

4. Kriegsfolgen und Neuorientierung: Geld und Geschlecht

Inflation und Stabilisierung

Volkswirtschaftlicher Hintergrund

Der Erste Weltkrieg hatte Deutschland fast 200 Mrd. Mark gekostet. Finanziert wurde dies durch inflationsträchtige Maßnahmen: Im Vertrauen auf den Sieg hatten weite Teile der deutschen Bevölkerung ihr Vermögen in Kriegsanleihen investiert. England und die USA dagegen hatten im Wesentlichen auf ihre Haushaltsmittel und Steuererhöhungen gesetzt. Die Kalkulation mit dem Sieg war ohnehin fragwürdig und einer Konstellation aus blindem Enthusiasmus und effizienter Propaganda entsprungen, die die Möglichkeit einer Niederlage ausgeblendet hatte. Doch waren bereits während des Krieges die Anleihen schon sehr bald nicht mehr durch Gold gedeckt. Da die Regierung schon im ersten Kriegsjahr nicht mehr zur Einlösung von Papiergeld in Gold verpflichtet war (Fergusson 2011, 42) und die deutsche Börse im Krieg geschlossen blieb, waren die Auswirkungen der Kriegsfinanzierung zunächst nicht direkt spürbar. Aber am Kriegsende hatte eine deutliche Inflation eingesetzt, die nicht durch einen Währungsschnitt korrigiert wurde, sondern sich in den nächsten Jahren als unmittelbare Kriegsfolge dramatisch verschärfen sollte. Der fatale Irrtum war 1914 unterlaufen und nun, nach dem Krieg, musste Geld verfügbar bleiben und zirkulieren, um im Zuge der Demobilisierung Kriegsheimkehrern Arbeitsplätze zu sichern, Kriegsopfer zu versorgen und die Wirtschaft von Rüstungs- auf Friedensproduktion umzustellen.

Die inneren Umstrukturierungsmaßnahmen zum Aufbau einer funktionierenden Wirtschaft und zur Beschäftigungssicherung hatten höchste Priorität. Nicht zuletzt hätte eine Währungsreform die sofortige Enteignung der Bevölkerung zur Folge gehabt (vgl. Peukert 1987, 72 f.; Geyer 1998, 130–133). Die »Politik des leichten Geldes« (Peukert 1987, 72) brachte bei den initialen Maßnahmen zur Bewältigung der Kriegsfinanzierung und der Kriegsfolgen entscheidende Vorteile. Auch die Reparationszahlungen im Rahmen des harten (Keynes 1920, 184 ff.; Fergusson 2011, 11) oder als hart empfundenen (Peukert 1987, 52) Versailler Vertrages wären ohne eine ›Verflüssigung‹ des Geldes nicht zu leisten gewesen. Dabei stand eine Stärkung der Wirtschaft im Vordergrund und weniger der mit Blick auf die Reparationszahlungen für Deutschland potentiell günstige Währungsverfall – nicht allein Erich Maria Remarque platzierte den Vorwurf, dass die Inflation der Regierung deshalb gelegen käme (Remarque 1998, 53). Die Reparationen waren aber ab 1922 ohnehin in Sachleistungen abzugelten (Fergusson 2011, 14). Als die Erfüllung des Versailler Vertrages Anfang 1923 überhaupt nicht mehr möglich war, befeuerte dies die Inflation enorm: Nachdem das Ruhrgebiet von französischen und belgischen Truppen besetzt wurde und es zu einem Generalstreik der dortigen Arbeiter kam, explodierten die Geldsummen u. a. in dem Bemühen, den Lebensunterhalt jener passiven Widerstandskämpfer zu gewährleisten (ebd., 14). Der Ruhrkampf war nur der letzte in einer Vielzahl von Faktoren, die die Folgen der wilhelminischen Kriegsfinanzierung verschärften (Peukert 1987, 73 f.) und letztlich in die Hyperinflation von 1923 münden ließen.

In konkreten Zahlen bedeutet die skizzierte Zuspitzung, dass ein Dollar im Jahr 1914 4,28 Mark wert war, 1918 schon 6,01 Mark und im Jahr 1923 dann 534 914 Millionen Mark (Feldman 1993, 5). Selbst diese ohnehin unvorstellbaren Summen verdeutlichen nicht im Geringsten die wöchentliche, tägliche und sogar stündliche Dynamik der Geldentwertung. Veranschaulicht wird die Entwertung der Mark eher durch Bilder und Geschichten, die Schubkarren voller Geld und aufgestapelte Geldberge für einen einfachen Einkauf (Widdig 2001, 4) zeigen und vom enormen Zeitaufwand für das Zählen des gezahlten Kaufbetrags berichten (Fergusson 2011, 244). Das Chaos und die Unsicherheit, die entstehen, wenn eine solide Preisermittlung, also Wertschätzung kaum noch möglich ist, mag das häufig zitierte Narrativ, dass eine Restaurantmahlzeit beim Bezahlen bereits teurer war als beim Bestellen, vor Augen führen (Widdig 2001, 46; Fergusson 2011, 212; vgl. auch Th. Mann 1983, 366).

Elias Canettis eindringliche Schilderung der Inflationsdynamik in seiner Autobiographie *Die Fackel im Ohr* (1980) ist im Vergleich mit anderen Darstellungen dieser Zeit weniger hyperbolisch, als es den Anschein haben mag, wenn er von einer »tobsüchtige[n] Bewegung des Geldes« (Canetti 1980, 62) spricht. »Es war mehr als Unordnung, was über die Menschen hereinbrach, es war etwas wie tägliche *Sprengungen*, blieb von einer etwas übrig, geriet es tags darauf in die nächste« (ebd.). Die rasend schnelle Geldentwertung zieht eine Reihe von Alltagspraktiken nach sich, die widersinnig und absurd erscheinen. Remarque beschreibt in seinem Roman *Der schwarze Obelisk* (1956), wie sich der Ich-Erzähler mit einem 10-Mark-Schein die Zigarette anzündet (Remarque 1998, 12); die Nennung von Millionenbeträgen für kleine Alltagsartikel durchzieht den gesamten Text; Geld wird in Kilos bemessen (ebd., 16) und Gehaltserhöhungen werden täglich ausgehandelt (ebd., 15).

Schon ab 1922 konnte die Reichsbank das Geld nicht so schnell drucken, wie dessen Wert verfiel, so dass Industrieunternehmen und lokale Behörden Notgeldscheine ausgaben. Zur Vervielfachung gesellte sich eine Diversifikation, die, wie Thomas Mann trocken bemerkt, dazu führte, dass »[d]er Begriff des Geldfälschens […] damals notwendig aus der Mode [kam]« (Th. Mann 1983, 367). Dass die Notgeldscheine häufig in dekorativer Gestaltung die Versailler Verhandlungen und ihre Folgen abbildeten (Feldman 1993, 410), zeigt auch im übertragenen Sinne die – mehr oder weniger angemessene – Prägung der Inflation, die noch ein Jahrzehnt später fatale Auswirkungen haben sollte.

Die im Folgenden zitierten Texte repräsentieren keine Fakten, sondern Diskurse oder die Atmosphäre der Inflation, die auch die Retrospektive auf diese Zeit prägen. Dabei liegt ein erstaunlich begrenztes Repertoire an Topoi, Bildlichkeiten und Narrativen vor, die wieder und wieder zum Ausdruck kommen. Fast immer zeigt sich eine oftmals grotesk verkehrte, extrem bipolare Struktur von Glanz und Elend, Luxus und Armut, Gewinnern und Verlierern. Sie rankt sich um Motive wie Millionengehälter, Geldberge, Kohlessen, Ohnmachten, Hunger, permanente, erschöpfende Berechnungen« des Geldwerts und die Freude am Sonntag, wenn das Rechnen aufgrund der geschlossenen Börse ausbleiben konnte; außerdem um kritische bis wütende Darstellungen über Börsenspekulanten, Industrielle, reiche Bauern und nächtliche Vergnügungssucht. Und zumeist wird eine atemlose Dynamik inszeniert, die die Bedrohung spürbar machen soll, dass die eine Seite sehr schnell in die andere umschlagen kann.

Atmosphärische Nebenfolgen der Inflation

Der Erste Weltkrieg hat sich nach der massenhaften Vernichtung menschlicher Körper in den Kampfhandlungen in den Jahren nach der Niederlage über die Inflation ein zweites Mal ins kollektive Gedächtnis eingeschrieben als massenhafte Entwertung des Geldes und damit menschlicher Lebensschicksale. ›Vermassung‹ als umfassende Beschreibungsformel für die Moderne und insbesondere für die ersten Nachkriegsjahre ist das entscheidende Stichwort (Widdig 2001, 213): In *Masse und Macht* (1960) beschreibt Canetti die Inflation als »Hexensabbat der Entwertung« (Canetti 1960, 211), in dem die Hierarchie der Werte, die Persönlichkeit der einzelnen Einheit sowie der Schatzcharakter der Millionen »ins Schwanken« geraten: »durch die Inflation wird er selber, der Mann, *geringer*« (ebd., 210). Dass die täglichen Lohnerhöhungen die Inflation nicht wettmachten, die Reallöhne also sanken und die arbeitende Bevölkerung verarmte und letztlich sogar hungerte, ist noch – zynisch genug – Teil einer kalkulierbaren Talfahrt. Das Empfinden einer persönlichen Degradierung oder Demütigung ist darüber hinaus bedrückend und letztlich gefährlich. Walter Benjamin konstatiert in der *Einbahnstraße* (1928): »[…] die Leute haben nur das engherzigste Privatinteresse im Sinne, wenn sie handeln, zugleich aber werden sie in ihrem Verhalten mehr als jemals bestimmt durch die Instinkte der Masse. Und mehr als jemals sind die Masseninstinkte irr und dem Leben fremd geworden« (Benjamin 2011, 20).

Noch schlimmer ist die alogische und amoralische Umkehrung der Werte, die sich im Zuge der Inflation vollzieht: Wenn nicht schon der Erste Weltkrieg selbst, dann bewirkt spätestens dieser Prozess den unkontrollierten und von der Bevölkerung als unkontrollierbar empfundenen »Verlust von Ordnungen, Werten und Orientierungen im privaten, öffentlichen wie politischen Leben« (Geyer 1998, 22; vgl. auch Benjamin 2011, 23). Indem eine stabile Währung als obligatorischer Maßstab den Tauschhandel reguliert, macht sie zahlreiche zwischenmenschliche Handlungen kalkulierbar und schafft insgesamt soziale Verbindlichkeit (Burghardt 1988, 31; Geyer 1998, 22 f.). Nun gehen wirtschaftliche Ordnung und soziale Sicherheit im Zuge der Inflation nicht einfach verloren, sondern aufgrund des Grundsatzes ›Mark ist gleich Mark‹ verkehren sich gültige Normen, Prinzipien und Logiken in ihr Gegenteil. »[Z]ero's power to signify growth and multiplication is fused with zero's signification of a void […]« (Widdig

2001, 99), und so kommt es im Zuge einer einfachen mathematischen Verschiebung zu einer tiefgreifenden gesellschaftlichen Umschichtung, der Relativierung bürgerlicher Eigentumsbegriffe, der Verwässerung von Rechtsvorstellungen sowie einem allgemeinen ›Verfall der Sitten‹ (Geyer 1998, 162, 251, 261; Widdig 2001, 99), wenn Schulden reich machen und Geldbesitz verarmt, wenn der Verkauf von Waren kein gutes Geschäft mehr ist und die Findigkeit bei der Beschaffung von Lebensmitteln und Gebrauchsgütern die Grenzen von Legalität und Illegalität verschiebt: »Betrügen – was für ein vulgäres Wort für die feinste, letzte Unzufriedenheit, das Suchen nach mehr, immer mehr –« (Remarque 1998, 361).

Die Figur des Kriegsgewinnlers

Verlust, Armut, Hunger und Degradierung stehen auf der Seite des sozialen Elends, das sich in Folge der Inflation eingestellt hat. Die Verlierer sind Sparer, Anleger und Lohnempfänger, das Bürgertum, die Mittelschicht, Intellektuelle, Angestellte, Beamte und auch Arbeiter (Peukert 1987, 75). Aber es gibt nicht nur Verlierer, und gerade diese Umschichtung der ökonomischen Verhältnisse zieht eine gravierende soziale Destabilisierung nach sich. »Es war die Zeit der starken Umwertung. [...] Alles schien sich umzukehren« (Ostwald 1931, 7). »Die Sparer sind natürlich alle pleite. Die Arbeiter und Gehaltsempfänger auch. Von den kleinen Geschäftsleuten die meisten, ohne es zu wissen. Wirklich glänzend geht es nur den Leuten mit Devisen, Aktien und großen Sachwerten« (Remarque 1998, 16 f.). Gewinner der Inflation waren, genauer gesagt, Industrielle, Börsenspekulanten, Spieler und Kriminelle sowie Landwirte, Sachwertbesitzer und Schuldner (Peukert 1987, 75; Geyer 1998, 183).

Selbstverständlich verhielten sich bei Weitem nicht alle Profiteure gesetzwidrig, aber im öffentlichen Diskurs setzte sich der Gedanke fest, dass ›Straftaten‹ geradezu unvermeidlich waren, um die Inflation zu überstehen. Thomas Mann berichtet von deren Integration in den ›normalen‹ Alltag: »Die Schleichhändler spielten eine dominierende Rolle in beinahe jedem deutschen Haushalt [...]« (Th. Mann 1983, 363). Kleinere Diebstähle oder Mogeleien, um an Nahrungsmittel zu gelangen, können sicherlich als Notkriminalität gelten. In der Novelle *Unordnung und frühes Leid* (1925) schildert es Mann noch fast als spaßige Familienerinnerung, wie die Kinder verschiedene Identitäten erfinden, um mehrmals die eigentlich pro Familie begrenzten »Sechs-

tausend-Mark-Eier« zu besorgen (Th. Mann 2005, 145). So beschreibt Hans Fallada in *Wolf unter Wölfen* (1937), wie sich vereinzelter Holzdiebstahl mit zunehmenden Geldverfall und Warenknappheit zur Aktivität ganzer Dörfer ausweitete (Fallada 1980, 253). So zahlt auch der Ich-Erzähler bei Remarque sein Mittagessen mit alten, also inzwischen wertlosen Essensgutscheinen noch mit jungenhaftem Charme (Remarque 1998, 27).

Wirklich schädlich für die Volkswirtschaft sind dagegen beispielsweise die in Remarques Roman beschriebenen Wechselgeschäfte, wenn der Deckungsbetrag nach einer zeitlichen Verzögerung beim Einlösen keinerlei Wert mehr hat, und am Ende die Reichsbank auf den wertlosen Wechseln sitzen bleiben soll (ebd., 53, vgl. auch 24). Was Remarque fiktionalisiert, ist die psychologisch bedeutsame Pervertierung, dass es bei aller Armut und Unsicherheit großen und einigen mittelständischen Unternehmern möglich war, die Mechanismen der Inflation zu ihrem Vorteil zu nutzen. Günstige Kredite verhalfen zu Investitionen, deren Erträge wiederum durch Kapitalflucht auf Auslandskonten gesichert wurden (Fergusson 2011, 90–92, 123), während die Angestellten und Arbeiter nicht nur für sinkende Reallöhne tätig waren, sondern Nahrungsmittel und Güter für den täglichen Bedarf nur mit äußersten Schwierigkeiten beschaffen konnten. Bei den beschriebenen Handlungen klaffen Rechtsnormen und Rechtsempfinden auseinander, denn sie waren keineswegs immer kriminell. Auch dies bildet einen relevanten Aspekt der Inflation, der den Vertrauensverlust in die geltende Ordnung ebenso schürte, wie Misstrauen gegenüber den Gewinnern. Die Wut auf den ›Egoismus‹ der Industriellen, personifiziert in Hugo Stinnes, kursierte allerorts (Peukert 1987, 74; Feldman 1993, 272–305).

Wie selbstverständlich webt Canetti in seine ›Kindheitserinnerungen‹ an die Inflation ein, dass man den Namen Stinnes in der Zeitung lesen konnte (Canetti 1980, 21), und Heinrich Mann setzt dem Magnaten in seiner düsteren, expressionistisch-surreal bis neusachlichen Inflationsnovelle *Kobes* (1925) ein ›Negativ-Denkmal‹. Es ist in dieser Novelle der Rayonchef für Ersparnisse, der die Vorteile für den Industriellen zwischen ausgequetschten Arbeitern und einem maroden Staat sieht: »Den Arbeitern vom Lohn die Steuern sofort abziehen, sie aber erst zwei Monate später, ausgenützt und entwertet, dem Staat erstatten« (H. Mann 1971, 10). Auch Thomas Mann beschreibt die Verkehrung von Besitzverhältnissen und den Verlust von Verantwortungsgefühl in seinen *Erinnerungen aus der deutschen Inflation* (1942): »Die Krupps, Stinnes, Thyssen usf. wurden in diesen Jahren alle ihre echten Millionenschulden los, indem sie ihre Gläubiger mit Inflationsmillionen abspeisten [...]« (Th. Mann 1983, 365). Diese von sozialem und persönlichem Misstrauen geprägten Positionen sind bezeichnend für die Atmosphäre der Inflationsjahre.

Inflation und die Figur des Verbrechers

Auch Börsenspekulationen galten im öffentlichen Bewusstsein als Verbrechen (Geyer 1998, 244). G.W. Pabst zeigt in seinem Inflationsfilm *Die freudlose Gasse* (1925) das Schicksal des anständigen Hofrats Rumfort, der sein letztes Vermögen an der Börse verliert, nachdem Herren der glamourösen Gesellschaft bei Zigarren und Champagner illegale Absprachen getroffen hatten. Der Kreis schließt sich, wenn Grete Rumfort, die von Greta Gabo gespielte Tochter der verarmten Familie, bei ihrem Versuch, sich aus Not zu prostituieren, auf diese Gesellschaft trifft. Der amerikanische Leutnant Davy reagiert angesichts des Wiens der Nachkriegsjahre entsetzt: Er glaubte Elend vorzufinden und trifft an den Orten des Nachtlebens, an die er geführt wird, zunächst nur Glanz und Dekadenz – »frantic exuberance« (Widdig 2001, 8).

Neben Kriminalität, Gewalt und Aufständen zeichnet Hans Ostwald in seiner *Sittengeschichte der Inflation* (1931) »das tolle Bild eines höllischen Karnevals«: Er beschreibt also auch eine andere Seite, Luxus und Verschwendung, »wüste Schlemmerei«, »ausschweifende Tanzwut«, »Nackttänze«, »Vergnügungstaumel«, »Genußsucht«, »Spielwut«, »Rauschgifte« usw. (Ostwald 1931, 7). Und wenn sich täglich alles um den Geldwert dreht, verwundert es kaum, wenn in Pabsts *Die freudlose Gasse* der Satz fällt: »Heutzutage braucht man nur Geld, um glücklich zu sein!«

Bei der Gier nach schnellem Geld ist der Weg in den frühen 1920er Jahren vom Börsenhandel zum Glücksspiel nicht weit. So heißt es in Norbert Jacques' Roman *Dr. Mabuse, der Spieler* (1921), dessen Titel Programm ist, »daß das Spiel den Herzschlag hergeben müsse, in dem das wirtschaftliche Leben pulsiere« (Jacques 2004, 29). In Staatsanwalt Wenks Erinnerung stellt der Erste Weltkrieg einen »Spielerprozeß« oder eine »Lotterie um Sein oder Nichtsein« dar (ebd., 27). Mit der Inflation scheint der Krieg nicht vorüber zu sein, sondern der Schauplatz für ein zerstörerisches und amoralisches Spiel hat ge-

wechselt und befindet sich nun auf dem Feld der Wirtschaft. In die allgemeine »Spielwut« (ebd., 23) der Zeit, in der »Geld ein Schlüssel auf alle Schlösser war, ein Pelzmantel jeden Beruf bedeckte und eine Brillantnadel jeden Charakter überstrahlte« (ebd., 22 f.), platziert der Erzähler einen »aus unheimlichen Kräften sich Nährende[n]« (ebd., 23) Hypnotiseur, Glücksspieler, Börsenmanipulateur, Falschgeldhändler und Gangsterboss. Dieser setzt das Kaiserreich Eitopomar in Brasilien als krankhafte Utopie oder Dystopie gegen ein Europa, dessen Bevölkerung er als »Filzläuse, die Schmarotzer, die Stinker, die Heimlichen, die Hautjucker« bezeichnet (ebd., 93). Auch Fritz Langs legendäre Verfilmung verhandelt »die Kraft des Bösen, die einer korrumpierten Zeit den Spiegel vorzuhalten hatte [...]« (Lang 1924, zit. n. Farin/Scholdt 1997, 258). Ohne die Vision von Eitopomar steht die phantastische Figur Mabuse für das schiere gesetzlose, anarchische Streben nach Macht in einem endlosen Spiel mit echtem und falschem Geld, Menschen, Frauen, Abhängigen. Dabei ist Dr. Mabuse eine Allegorie der Inflation, er ist – wie das Inflationsgeld – ein zirkulierendes Medium, das alle Klassen durchfließt und dem man nicht trauen, aber auch nicht entkommen kann. Vor allem stellt er jedoch eine, in gewisser Weise sogar erlösende, Personifikation der Inflationsdynamik dar: Die ökonomischen Kräfte, die hinter dem als unaufhaltsam empfundenen Geldwertverfall stehen und die zeitgenössisch für die wenigsten fassbar oder verstehbar waren, erhalten mit Dr. Mabuse als Drahtzieher ein Gesicht. Der Mann der tausend Masken und Identitäten verkörpert nicht nur mit seiner Vielfältigkeit, sondern vereint letztlich doch in seiner Person bis zu einem gewissen Grad die »threatening force that cannot be pinned down, because it constantly multiplies itself« (Widdig 2001, 121).

Sachwert-Fixierungen

Andere Profiteure der Inflation kamen bodenständiger daher: Die Landwirte verfügten über die höchst wertvollen und stets beständigen Nahrungsmittel, die sie fast nach Belieben teuer verkaufen oder horten konnten. Zumindest entsprach dies dem Feindbild der hungernden, wütenden Stadtbevölkerung (Widdig 2001, 46), die das Klischee pflegte, dass Bauern plötzlich ihre Stuben mit sinnlos bis dekadent erscheinenden Einrichtungen füllten (Geyer 1998, 183), also ihre Gewinne sogleich in Sachwerten anlegten. Auch Thomas Mann urteilt pauschal:

»Bauern füllten ihre Häuser mit Nähmaschinen, Klavieren, Perserteppichen und weigerten sich, Eier und Milch anders als im Tausch gegen solide Waren herauszurücken« (Th. Mann 1983, 366). Insgesamt gelten die ersten Jahre nach dem Krieg als das »Zeitalter der Sachwerte« (Remarque 1998, 21). Es kann geradezu eine »Kaufwut« (Geyer 1998, 349) für die frühen 1920er Jahre konstatiert werden, weil nur diejenigen gut durch die Inflation kamen, die es schafften, Geld schnellstmöglich, also vor der nächsten Entwertung, in wertbeständige Güter umzusetzen. Der Handel mit solchen wirklich oder vermeintlich wertbeständigen Gegenständen florierte, und daher kam es zu absurden ›Anlagen‹ in Kunstwerke, Luxusdrucke etc. (Geyer 1998, 263). Aber auch Sachwerte mussten erhalten bleiben, ihre erneute Umsetzung in Geld unbedingt vermieden werden.

Thomas Mann beschreibt in seiner Inflationserzählung, wie die Familie als »Villenproletarier« lebte (Th. Mann 2005, 144). Um das Vorstadthaus nicht zu einem Preis verkaufen zu müssen, der in der nächsten Woche tatsächlich nur noch dem des sprichwörtlichen ›Apfels und Eis‹ entsprach, blieb es verwahrlost, man trug abgetragene Kleidung (ebd.) und aß »Wirsing-Koteletts« und »ein Flammerie, hergestellt aus einem der nach Mandeln und Seife schmeckenden Puddingpulver« (ebd., 141). Tatsächlich erlebt hatte Thomas Mann die Entwertung von 10 000 Mark, die einem halben Landhaus entsprachen. Er hatte das Geld gemeinsam mit einem Freund vor der Inflation in das Haus investiert. 1923, als nur noch Millionenbeträge zählten, veräußerte der Freund das Haus und gab Mann die nun wertlosen 10 000 Mark zurück (Th. Mann 1983, 368).

Hunger und Ohnmacht und Gewalt

So steht auf der Gegenseite eines jeden Gewinners mindestens ein Verlierer. Bei Remarque kommen – wie bei Thomas Mann – der Ich-Erzähler und die übrigen Figuren zunächst noch über die Runden, obwohl schon im zweiten Satz des Romans zum Ausdruck kommt, dass in Zeiten der Geldentwertung gerade diejenigen verlieren, deren Geschäft läuft: »Es ist April 1923, und das Geschäft geht sehr gut. Das Frühjahr hat uns nicht im Stich gelassen, wir verkaufen glänzend und werden arm dadurch […]« (Remarque 1998, 11). Vergleichsweise moderate Probleme, wie sie hier zum Ausdruck kommen, prägen eigentlich weniger das Bild der Weimarer Republik und schon gar nicht das der Anfangsjahre, die

vor allem vom Gegensatz von Glanz und Elend gezeichnet waren. Zwar darf nicht unterschätzt werden, dass gerade das bildungsbürgerliche, kulturinteressierte und intellektuelle Milieu enteignet wurde (Hermand/Trommler 1978, 144), was sicherlich verheerende ideologische Konsequenzen zeitigte und zur politischen Radikalisierung in der Folgezeit beitrug.

In besonderem Maß Leidtragende waren aber diejenigen, die hungerten, vor allem Stadtbewohner, darunter zahllose Arbeiter und Arbeiterinnen, weil es zu Versorgungsproblemen kam und ihr Geld ohnehin die Lebensmittel kaum wert war. Canetti berichtet, wie er als Heranwachsender mit schlechtem Gewissen an einem gedeckten Tisch saß, nachdem er auf der Straße gesehen hatte, wie eine Frau vor Unterernährung zusammengebrochen war (1980, 48, 52). Gleiches widerfährt einer Frau in einer Schlange vor dem Metzgergeschäft in *Die freudlose Gasse*: Der Metzger bildet den Inbegriff von Egoismus, Unmenschlichkeit, Machtgebaren und Inflationsgewinnlertum. Fleisch verkauft er kaum noch gegen Geld, und die Schlangen prallen vor seiner verschlossenen Tür ab, während Familie Rumfort nur noch Kohl zu essen hat. Allerdings erhalten diejenigen Frauen Fleisch von ihm, die ihm sexuell zu Willen sind. Diese Erniedrigung macht die Frauen in Pabsts Film zu den besonders betroffenen Opfern der Inflation, die damit ein patriarchalisches Gesicht erhält.

Die in der Forschung gängige Sichtweise, es als Schritt auf dem Weg zur Gleichberechtigung anzusehen, dass auch bürgerliche und verheiratete Frauen arbeiten mussten, um den Lebensunterhalt für die Familie zu verdienen (Grossmann 1993, 138), übergeht das Elend der Inflationsjahre. Während körperliche Beschädigung bei Männern auf den Krieg direkt zurückgeht und Kriegsversehrte in Literatur und Film auch häufig auftauchen, sind es Frauen, an denen massenmedial der Hunger und die Ohnmacht der Inflationsjahre inszeniert werden. Der Mann leidet im Krieg, die Frau im Nachkrieg. Am Ende von Pabsts Film bringt eine der erniedrigten Frauen den Metzger um, und die Szenerie geht in Rauch und Flammen auf. Hier wird immerhin noch ein Kind kollektiv gerettet. In Falladas *Wolf unter Wölfen* liegt deutlicher eine verrohtere Atmosphäre der Gewalt in der Luft. Gleich zu Beginn thematisiert der Erzähler »Teuerungskrawalle« (Fallada 1980, 10), und im Verlauf des Romans skizziert die Kapitelüberschrift »Land in Brand« (ebd., 333) wie Hilflosigkeit in Egoismus und Aggression umschlägt.

»Schnitt und Weiter«

Historisch wie narrativ folgt dann relativ abrupt der Schnitt: »Der Spuk verflog« (Ostwald 1931, 8). 1923 kommt es zu einer Währungsreform. Die Rentenmark wird eingeführt. Unmittelbar brachte das allein wenig Erleichterung, denn kaum jemand hatte nun Geld, um das Notwendige zu kaufen: Die Wirtschaft stockte. Doch der Dawes-Plan läutete 1924 die Zeit der relativen wirtschaftlichen Stabilisierung ein: die ›Goldenen Zwanziger‹. Auch wenn diese ebenfalls von Extremen geprägt waren – wiederum von Glanz und Elend –, kann ab 1924 doch von einer neuen Ära gesprochen werden, der nicht Genüge getan wird, wenn sie lediglich als Nach- oder Zwischenkriegszeit zur Debatte steht.

Geschlechterbilder und Geschlechterwandel

Frauenbilder im Spiegel des Ersten Weltkrieges

Für Geschlechterbilder und deren Wandel im ersten Drittel des 20. Jahrhunderts bildet der Erste Weltkrieg lediglich eine Etappe in einer sprunghaften, widersprüchlichen und inhomogenen Bewegung im Zuge gesellschaftlicher und kultureller Modernisierungsprozesse: Von einer Zäsur mit dem oder durch den Krieg kann keine Rede sein; allenfalls sind kurzzeitige Ausschläge oder leichte Akzentuierungen langfristiger Entwicklungen zu konstatieren (vgl. Higonnet/Higonnet 1987, 31, 33). Dennoch hält sich die These, dass der Erste Weltkrieg Geschlechterbilder wie deren Konstruktionsbedingungen maßgeblich verändert hat, vom Krieg selbst an bis heute, und sie muss ernstgenommen werden, weil allein der Glaube an sie die faktischen und diskursiven Verschiebungen, die tatsächlich zu verzeichnen sind, katalysiert hat. Auffällig ist, dass gerade von männlicher Seite Selbst- und Frauenbilder vom Krieg an bis zum Ende der 1920er Jahre im Spiegel des Ersten Weltkrieges ausgehandelt werden. Exemplarisch zeigt dies der von Friedrich M. Huebner 1929 herausgegebene Sammelband *Die Frau von morgen, wie wir sie wünschen.* Der Band stellt ein großes Spektrum an Projektionen von und Erwartungen an Weiblichkeit vor, aber noch für die divergentesten Entwürfe bildet der Erste Weltkrieg den Bezugspunkt. So betont Robert Musil (1929), dass der Erste Weltkrieg Frauen die Gelegenheit geboten hat, sich auf zuvor männlich besetzten Gebieten zu beweisen,

und verweist – ganz progressiv – insgesamt auf deren performative Selbstermächtigungsgesten, während Männlichkeit – angesichts des Krieges – in die Krise geraten zu sein scheint:

> Der Krieg ist es gewesen, der den Massen der Frauen die Scheu vor den Mannesidealen und dabei auch vor dem Ideal der Frau genommen hat, und die entscheidende Schlacht ist nicht von den Vorkämpferinnen der Emanzipation, sondern am Ende von den Schneidern geschlagen worden. [...] Die Frau ist es müde geworden, das Ideal des Mannes zu sein, der zur Idealisierung nicht mehr die rechte Kraft hat, und hat es übernommen, sich als ihr eigenes Wunschbild auszudenken. [...] Der menschliche Körper ist auf die Dauer außerstande, sich als Empfänger von Sinnesreizungen zu fühlen, er geht immer dazu über, Darsteller, Schauspieler seiner selbst zu sein [...] (Musil 1990, 91–93).

Arnolt Bronnen beharrt dagegen im gleichen Jahr – ganz konservativ – auf einem traditionellen, biologistischen Geschlechterkonzept, das der Krieg ebenso stabilisiert habe wie eine ›männliche Männlichkeit‹. Während der Mann metaphysisch-heroische Haltungen und Handlungen an den Tag lege, sei die ›biologische‹ Instinktgebundenheit des weiblichen Handelns, manifest etwa in der Aufopferung für die eigenen Kinder, deutlich geworden (Bronnen 1990, 70). Und während der Mann sich in seinem heroischen Haltungsmodell als solcher stabilisiert, gerät die Frau in Dysbalancen und kann allenfalls in ihrer Schwäche noch dazu beitragen, Geschlechtergrenzen zu stärken:

> Zu jenen sechs Millionen Männern, welche durch gewaltige Ereignisse plötzlich auf die männliche Seite ihres Daseins gezwungen wurden, – und das ist die gefährliche, kämpferische, zum Opfer bereite, die nicht mehr ersehnt als die tödliche Unterordnung unter die Idee und den Männer mordenden Ruf des großen Kommandos, – gehörten sechs Millionen Frauen, welchen die Bindungen entzogen wurde, auf der ihre Balance beruhte. Die Männer fanden eine neue Balance: im Feind. Die Frauen Welt aber begann zu taumeln. [...D]er unvergängliche Wert der weiblichen Kriegsgeneration liegt in der Stabilisierung der Geschlechtsgegensätze, für die sie sich opfert. Die Front der Männer Welt blieb so unangetastet (Bronnen 1990, 68–71).

Kulturell wandelbare emanzipatorische Prozesse oder biologistische Festschreibungen in Bezug auf Frauen; heroische Tatkraft oder kraftlose und krisenbesetzte Identitätskonzepte in Bezug auf Männer – der Gegenstand könnte kaum unterschiedlicher konstruiert werden, aber jeweils beide Beobachterpositionen setzen den Ersten Weltkrieg als zentrale Determinante voraus. Die Perspektive ist in beiden Fällen männlich, was repräsentativ und signifikant ist, wenn es um das Themenfeld ›Geschlechterprojektionen und Erster Weltkrieg‹ geht.

Dass der Erste Weltkrieg, wie Musil konstatiert, in gewisser Weise zur Emanzipation der Frau beigetragen habe, weil sie im Zuge der Mobilisierung verstärkt am Arbeitsprozess beteiligt wurde, war eine weit verbreitete Annahme, die sich auch in der Forschung lange gehalten hat. Modernisierungsphänomene der 1920er Jahre von der weiblichen Angestellten über eine pragmatische (Arbeits-)Bekleidung und einem kurzen Haarschnitt bis hin zur Frau in der urbanen Öffentlichkeit – oder kurz: die ›Neue Frau‹ – werden oftmals in einem Atemzug mit einer Umstrukturierung des Arbeitsmarkts und somit des Tätigkeitsspektrums und Erfahrungshorizonts von Frauen im Gefolge des Ersten Weltkrieges genannt (Sykora 1993, 10). Nicht nur der Männermangel an der ›Heimatfront‹, sondern auch die Not bürgerlicher Familien während des Kriegs sowie der Inflationsjahre habe die weibliche Erwerbsarbeit nicht nur möglich, sondern nötig gemacht. Sicherlich führte dies zu neuen weiblichen Selbstbildern (Higonnet/Higonnet 1987, 31) und eben solchen Fremdwahrnehmungen: Vor allem die von der Frauenbewegung vorgebrachte Forderung nach politischer Partizipation profitierte vom öffentlichen Diskurs der arbeitenden, die Kriegslast mittragenden Frau, der sogar in konservativen Hausfrauenblättern bedient wurde. 1918 wurde Frauen das Wahlrecht zugesprochen, von dem sie 1919 bei der Wahl zur Deutschen Nationalversammlung erstmals Gebrauch machen konnten. Aber die bürgerliche Frauenbewegung war damit an ihr Ende gekommen, weil sie keine weiterreichenden Forderungen hatte, während sich die proletarische Frauenbewegung stärker auf Klassen- denn auf Geschlechterfragen konzentrierte. In gewisser Weise spielte die Frauenbewegung in der Weimarer Republik also gerade im Anschluss an den Ersten Weltkrieg keine Rolle mehr, während sie den Geschlechterdiskurs im Kaiserreich durchaus mitgeprägt hatte (vgl. Nave-Herz 1997, 24f.; Bastkowski 1980, 8). Nicht zuletzt hatte die Frage nach der Bejahung oder Ablehnung des Ersten Weltkriegs die Frauenbewegung zutiefst gespalten.

Nun würde allein das eher die These einer durch den Weltkrieg initiierten Zäsur bestätigen, und schließlich ließe sich fragen, wofür die Frauenbewegung noch stehen kann, wenn die Verhältnisse ihre Forderungen eingeholt haben. Dagegen muss betont werden, dass es ein Mythos war, als unmittelbare Kriegsfolge eine gestiegene Frauenerwerbsarbeit

und damit einhergehende Selbständigkeit zu sehen. Ein Mythos, der zwar der Erlangung des Wahlrechts diente, dessen Wirkung aber vielleicht deshalb nicht viel weiter reichte, weil ihm eine faktische Grundlage fehlte. Die Statistik entmythologisiert: Die Zahl weiblicher Erwerbstätiger stieg von 31,2 Prozent im Jahr 1907 nur auf 35,6 Prozent im Jahr 1925 an (Peukert 1987, 101; Daniel 1993, 133). Allerdings ist über das erste Drittel des 20. Jahrhunderts eine Umschichtung der Tätigkeitsfelder zu verzeichnen. Es kommt zu einer Abnahme von Hausangestellten und Aushilfen in der Landwirtschaft und einer Zunahme der Arbeit in Fabriken und der Anstellungen in Büros und im Einzelhandel. Die Gründe für diese Umschichtung liegen nicht im Krieg, sondern in einer Umstrukturierung der Wirtschaft sowie der Produktionsbedingungen und Arbeitsprozesse in den genannten Sektoren. Über diese Dynamik hinaus gab es im Krieg spezifische Bemühungen, Frauen für die Industrien, auch die Rüstungsindustrie, zu gewinnen, die unter dem kriegsbedingten Mangel an männlichen Beschäftigten litten. Dies war aber keineswegs flächendeckend von Erfolg gekrönt, und selbst dort, wo diese Mobilisierung von Frauen stattgefunden hat, bedeutete dies nicht die »Eröffnung arbeitsmarktpolitischer Chancen, sondern nur [eine] zeitweilige Quelle von Gelderwerb« (Daniel 1993, 132, 134). Der Lohn blieb für Frauen niedrig, in der öffentlichen Wertschätzung galt weibliche Erwerbsarbeit als Provisorium, ein Andauern derselben über den Krieg hinaus war nicht erwünscht (ebd., 135).

Aufgrund der Demobilmachungsverordnungen nach dem Krieg wurden Frauen wieder aus ihren Berufen verdrängt, da die Arbeitsplätze für Heimkehrer vorgesehen waren (Higonnet/Higonnet 1987, 10). Die weibliche Erwerbstätigkeit, die ohnehin nicht sehr stark zugenommen hatte, sank wieder auf das Vorkriegsniveau zurück (Bastkowski 1980, 88; Rouette 1993, 35, 122). Faktisch spricht nichts dafür, den Ersten Weltkrieg als Gelegenheit für Frauen zu betrachten, sich aufgrund ihrer Berufstätigkeit zu emanzipieren. Vielmehr muss konstatiert werden, dass Frauenarbeit und »ihre kriegsbedingten strukturellen Veränderungen ohne direkte Wirkung über den Krieg hinaus war« (Daniel 1989, 35). 1918 bietet sich ein ähnliches Szenario wie 1914 dar. Nur der öffentliche Diskurs um den Anteil an der geschulterten Kriegslast hatte die Frauenbewegung für ihren vorerst letzten Akt gestärkt. Ob er auch – für sich genommen – das Bild der berufstätigen Frau längerfristig so in Szene setzen konnte, dass spätere Entwicklungen in der Realität und im allgemeinen Bewusstsein auf den Krieg zu Recht rückzubeziehen sind, muss äußerst fraglich bleiben.

Dass der Erste Weltkrieg zu einer Zementierung von biologisch verankerten Geschlechtergrenzen geführt habe, wie Bronnen vermutet, und dass Frauen dies mit ihrer eigenen ›natürlichen‹ Verfassung garantiert hätten, entspricht einer Haltung, die der ersten Hälfte des 20. Jahrhunderts nicht mehr angemessen zu sein scheint. Tatsächlich sind es lebensideologische Versatzstücke vergangener Jahrzehnte, die bei Bronnen sedimentieren (Lindner 1994, 84), wenn er Frauen mit Natur kurzschließt und sie damit auf den biologischen Körper reduziert. Es koexistieren noch und auch nachhaltig aus dem 19. Jahrhundert stammende, »konventionelle Rollenschemata« (ebd.) von Weiblichkeit, die eine inszenierte, kultivierte Weiblichkeit beschreiben, aber zunächst nur im lebensideologischen Diskurs, dann gerade im Zuge des Ersten Weltkriegs und dessen Nachwehen, der Inflation, verlieren diese an Bedeutung, d. h. es herrscht während des und unmittelbar nach dem Krieg auf breiterer Ebene männlicherseits kein Mangel an naturalisierten und auch sexualisierten Projektionen von Weiblichkeit. Magnus Hirschfeld und Andreas Gaspar thematisieren in ihrer Diskursgeschichte bzw. *Sittengeschichte des Ersten Weltkrieges* (1930) Verschiebungen der Geschlechterbilder im Kontext einer zunehmenden Sexualisierung: »Das Geschlechtsleben und seine Gefahren wurden erstmals im Kriege öffentlich besprochen, die Sexualität hörte in den Jahren des Blutvergießens auf, Tabu zu sein« (Hirschfeld/Gaspar 1978, 310). Was bei den Autoren teilweise progressive, befreiende Züge trägt (ebd., 28, 30), impliziert aber auch deutlich negative Seiten: Hirschfeld und Gaspar zeigen, wie beispielsweise aufgrund der öffentlichen Behandlung und Diskussion von Kriegsprostitution sowie Geschlechtskrankheiten das Bild der Frau als ›Hure‹ und ›Krankheitsüberträgerin‹ zwangsweise mitgeführt wurde (ebd., 171–173, 231–234).

Während sich aber Männer im Wesentlichen durch sexualhygienische Prävention fronttauglich erhalten sollten und kein entsprechendes Männerbild des der Ehefrau untreuen ›Freiers‹ kursierte, rankte sich eine weitere öffentliche Debatte um die (Un-)Treue der Soldatenfrauen im Hinterland (ebd., 97). Diese reichte von der schlichten Entdeckung *in flagranti* während des Heimaturlaubs und nach der Kriegsheimkehr bis zu Verratsszenarien (ebd., 102), in denen Ehebetrug mit feindlichen Kriegsgefangenen imaginiert wurde (ebd., 114). Der Diskurs war virulent: So finden zwei desorientierte Kriegsheim-

kehrer-Figuren in Remarques Roman *Der Weg zurück* (1930/1931) ihre Frauen in Beziehungen mit anderen Männern vor. In Georg Wilhelm Pabsts 1930 erschienenen Film *Westfront 1918* spielt eine klischeehafte, erotische Inszenierung einer kokettverführerischen Französin an der Front gleich zu Beginn eine große Rolle, während im Hinterland wiederum Betrug und Verrat auf den Soldaten Karl warten: Auf Heimaturlaub findet dieser seine Ehefrau mit dem örtlichen Metzger im Bett. Die Frau rechtfertigt sich mit der Beschwörung eines Prostitutionsverhältnisses – schließlich war es der Metzger, der ihr hin und wieder Fleisch mitgebracht hat –, während der Soldat resigniert schweigt.

Dies ist jedoch nur eine Variante der oftmals sexuell aufgeladenen weiblichen Bedrohung für die tapferen Kämpfer: Das Angst-Bild der Frau als Soldatin oder Spionin war, so zeigen Hirschfeld und Gaspar des Weiteren, weit verbreitet. Über »[r]ussische Kriegerinnen« (Hirschfeld/Gaspar 1978, 195) gab es Zeitungsberichte, die jene der »bestialischen Wildheit« ebenso bezichtigen wie einer Ängstlichkeit, die in irrsinnigen spontanen Suizid münde (ebd., 198). »Verkleidete Französinnen« (ebd., 195) werden von Hirschfeld und Gaspar selbst in ihren »transvestitischen und homosexuellen Neigungen« (ebd.) analysiert – auch wo grundsätzlich keine negative Einschätzung vorliegt, sind Erotisierungen nicht weit.

Spätestens die Spionin gilt dann als Inbegriff der erotischen Kriegerin (ebd., 387–389) und stellt eines der wichtigsten Frauen-Phantasmen des Ersten Weltkriegs dar (Horn 2007, 228). Vor allem in der legendären Figur der Mata Hari verwischen die Grenzen zwischen Funktionsträgerin und Verführerin (ebd., 232). Es kommt zu einer »Verknüpfung von Schauspielerei, Selbstmystifikation und sexueller Inszenierung« (ebd., 243), was im Krieg, der Eindeutigkeit erfordert, eine besondere Destabilisierung bewirkt (ebd., 254). Die Figur wirkt lange nach. Schon 1920 war Asta Nielsen im Kino in der Rolle der Mata Hari zu sehen, und noch 1931 konnte Greta Garbo in der Rolle mit ihrer geheimnisvollen Strahlkraft glänzen. Auch in Brechts Film *Kuhle Wampe* von 1932, der längst anderen Kämpfen als dem Ersten Weltkrieg gewidmet ist, wird der Fall Mata Hari am Rande eingebracht. Die Figur der verführerischen, verräterischen, aber letztlich ambivalenten Spionin erscheint auch unabhängig von der erregten Diskussion um Mata Hari, so etwa mit Sonja in Thea von Harbous und Fritz Langs Film *Spione* von 1928.

Berühmt wurden aggressiv aufgeladene Infiltrationsszenarien aller Art durch Klaus Theweleits

Analyse der Freikorps-Literatur der 1920er Jahre. Theweleit extrahiert aus seinen psychoanalytisch angeleiteten Lektüren im Wesentlichen einige topische Frauenbilder als *Männerphantasien*, die eng an den Ersten Weltkrieg gekoppelt werden, aber doch darüber hinaus Geltung entfalteten: Mutter, Krankenschwester, Hure und Flintenweib. Hierbei handele es sich aber keineswegs um erotische Wunschphantasien, sondern um Entwirklichungs- und Abwehrmechanismen (vgl. Theweleit 1980, 42, 66) dessen, was generell als amorphe, den männlichen Körper irritierende Masse in Semantiken und Bildern von Schlamm, Sumpf, Schleim, Brei etc. imaginiert werde (ebd., 401–410). Man mag Theweleits psychoanalytisch fundierten Interpretationen folgen oder nicht, in jedem Fall koinzidieren seine Schlussfolgerungen mit anderen Befunden: Die Frau wird im Angesicht des Ersten Weltkriegs ebenso dämonisiert und bedrohlich wie dieser selbst. »Der sinnfällige Wandel in der Erscheinung des Weiblichen sprengte in den Augen der meisten Autoren die Dimension einer bloßen Modelaune, schien er doch in einem dunklen Zusammenhang mit dem zweiten Element der Beunruhigung zu stehen: mit der Erfahrung des Ersten Weltkrieges« (Bovenschen 1990, 15). Theweleit zeigt, wie dem entsprechend das Flintenweib öffentlich als Männer kastrierendes Phantasieprodukt mit phallischer Potenz kursierte (Theweleit 1980, 80) und wie selbst Krankenschwestern verdächtigt wurden, sie seien bewaffnete Prostituierte (ebd., 89). Generell gelte: »Frauen, die nicht im Lichte eines der guten Frauenbilder erscheinen, gelten automatisch als ›Trieb‹, als ›Hure‹; sie sind bösartig und auf Kastration aus« (ebd., 178).

Theweleit unterscheidet nicht zwischen Krieg und Nachkrieg, die besagten Bilder kursieren während und nach dem Ersten Weltkrieg. Gerade die Inflation verstärkt die sexualisierte Komponente noch. Hans Ostwald berichtet in seiner *Sittengeschichte der Inflation* (1930), wie Frauen Männer mit Drogen – Kokain und, seit der zunehmenden Zugänglichkeit im Krieg, Morphium sind in Mode – außer Gefecht setzen, um sie auszurauben (Ostwald 1931, 123), wie Frauen unter falschem Namen private Spielsalons betreiben (ebd., 130) und wie Ehefrauen ihren Männern nach dem Besuch eines Tanzklubs davonlaufen (ebd., 125). Die »Massenhaftigkeit der *Nackttanz-Vorführung*«, die »nur nach dem Krieg möglich« war (ebd., 134), rundet das Bild eines wilden Treibens ab. Von den »Lustseuchen« (Theweleit 1995, 12) des Krieges geht die Imagination der weiblichen Bedrohung über zur Klage über »[s]ittliche und geistige

Infektionen in der Inflationszeit« (Ostwald 1931, 183). Dieses Bild durchzieht die gesamten 1920er Jahre, aber 1923/24 markiert doch eine entscheidende Zäsur: Der Weltkriegsdiskurs bricht in manchen Bereichen ab, und mit dem Anbruch der relativen wirtschaftlichen Stabilisierungsphase beginnt die Zeit der ›Neuen Frau‹.

Männerbilder angesichts des Ersten Weltkrieges

Und die Männer? Zunächst einmal ist zu betonen, dass gerade die skizzierten Frauenbilder im ersten Drittel des 20. Jahrhunderts sehr viel über Männer aussagen, handelt es sich doch um männliche Projektionen. Es war die männliche Beobachterperspektive, die den Ersten Weltkrieg zum zentralen Bezugspunkt ihres Frauenbildes erhob – als Determinante, Katalysator oder Einschnitt. Dabei ergibt sich als Objekt das Bild einer durch den Krieg irgendwie aktivierten, vielleicht emanzipierten und oftmals sexualisierten Frau, das in jeder dieser Varianten vorwiegend negative Konnotationen birgt. Während aber die Frau als Gegenstand dadurch nicht zuverlässig erfasst werden kann und sehr differenziert beurteilt werden muss, wie es um die diskursiv-semantische Konstruktion der ›Frau‹ im Zusammenhang mit dem Ersten Weltkrieg bestellt ist, zeigt sich mit Sicherheit die ungeheure Bedeutsamkeit des Krieges für das kulturelle Bild des ›Mannes‹. Im Wesentlichen hat der Erste Weltkrieg den Geschlechterdiskurs insofern geprägt, als er die männliche Beobachterperspektive auf beide Geschlechter zementiert hat.

Als männliches Selbstbild ergibt sich aus dem Krieg vordergründig zunächst einmal das des geschwächten Mannes – psychisch traumatisiert und körperlich verwundet. Remarque zeigt in *Der Weg zurück* nicht nur die von Frauen betrogenen Männer, sondern parallel dazu einen Krieg, den die Heimkehrer kaum verwinden können, und eine Gesellschaft, die die Heimkehrer nicht mehr heimisch werden lässt. Selbstmord und Mord bilden zentrale Motive des Romans. Als Karl in *Westfront 1918* seine Frau mit dem Metzger im Bett erwischt, richtet er sein Gewehr auf beide, vermag aber nicht zu schießen. Der Mann bleibt kraft- und beinahe wortlos und kehrt resigniert an die Front zurück. Hier warten Tod und Verstümmelung. Ein Kamerad ist gefallen; man sieht nur noch die Hand seiner Leiche aus dem Schlamm herausragen. Ein anderer wird wahnsinnig; er salutiert über Leichenbergen zum Sieg. Die letzte Szene spielt in einem Feldlazarett.

Neben einer tiefgreifenden Destabilisierung von Psyche und Körper der Männer bildet eine vom Ersten Weltkrieg ausgehende Brutalisierung des Verhaltens ein zweites Thema (Hirschfeld/Gaspar 1978, 491). Ausdrücklich beschreiben Hirschfeld und Gaspar, dass der Mann im Schützengraben aufhört, Mensch oder Mann zu sein, dass er auf seine Kreatürlichkeit, auf das Dasein und Funktionieren als Tier reduziert wird (ebd., 140). Differenzierter führen die Autoren aus: »Beim Drill werden nun diese [...] Instinkte befreit und ins Krankhafte gesteigert. Der ideale Typ eines Soldaten, der ›gute‹ Unteroffizier, ist nach unten Sadist und nach oben Masochist« (ebd., 429). Auch Theweleit betont, dass Männer im Krieg Tier sein dürfen: »[d]er Automatismus ihrer Tat wird ausdrücklich bejaht« (Theweleit 1980, 190). Im Wesentlichen ranken sich Theweleits Beobachtungen aber gerade um die kompensatorische männliche Etablierung und Stilisierung eines fest formierten oder konturierten Körperpanzers, der den Mann – gegen Frauen – nach außen abgrenzt. Eine klare Freund/Feind-Unterscheidung im Kampf und diese Abgrenzung und Panzerung – bei Ernst Jünger wird dies auch im Bild der Maschine erzeugt (Theweleit 1995, 160; vgl. auch Koch 2006, 221–250) – bedingen sich gegenseitig oder gehen miteinander einher. Solange dies aufrechterhalten werden kann, ist die krisenhafte Kehrseite im Griff, kann sich der animalische Instinkt als Heroismus der Tat ausweisen. So stellen Kreatur und Panzer allgemein gängige Männerbilder dar, wie sie von Männern als Selbstbild im Zuge des Ersten Weltkriegs fixiert und gesellschaftlich breit gestreut werden.

Nur am Rande taucht bei Ostwald nach dem Ersten Weltkriegs schon der Gigolo auf, der Eintänzer, die männliche Hostesse (Ostwald 1931, 150). Ansonsten ist der Mann im männlichen Diskurs ›männlich‹; dies wird in den 1920er Jahren insgesamt nahezu bruchlos fortgesetzt. Nicht dass der Soldat die einzige Figur für Männlichkeit darstellen würde, aber sie gerät aus männlicher Perspektive bis zum Ende der Weimarer Republik nicht in Vergessenheit. Im Gegenteil: Gerade in deren Spätphase boomen Kriegsromane und Kriegsfilme, die Männlichkeit in der Retrospektive im Spannungsfeld von Krise und Heros festschreiben. Man denke an *O.S.* von Arnolt Bronnen, an Franz Schauweckers *Aufbruch der Nation* (1929) oder an *Flandern 1917* (1928) und *Die stählernen Jahre* (1929) von Werner Beumelburg. Diese Texte, die den gesunden nationalen Helden in ein Kontrastverhältnis zum schwachen, erkrankten Nachkriegsdeutschland setzen,

argumentieren ebenso entlang der Geschlechtermatrix, wie der zeitgenössische Kriegsfilm, etwa *Westfront 1918* (G.W. Pabst, 1930). Schreibende Kriegsteilnehmer formieren mehr als zehn Jahre nach dem Krieg einen eigenen, die Literaturlandschaft prägenden Diskurs. So prägend, dass er bei Irmgard Keun – um die ›weibliche Perspektive‹ vorwegzunehmen – enerviert anzitiert wird, indem die Protagonistin in *Gilgi – eine von uns* (1931) für nichtig erklärt, was sie im Rahmen eines Nebenjobs als Kriegserinnerungen diktiert bekommt: »Blödsinniger Quatsch, was man da schreibt: bißchen Degengerassel – ganze Kompanie halt!« (Keun 2003, 100).

In Anbetracht der Virulenz des Kriegsdiskurses für drei Männergenerationen, mag in der gesamten Weimarer Republik kaum Raum für zivile Selbstkonzepte bleiben (Theweleit 1995, 344–383), wenn Männer Männlichkeit definieren. Auch in den von Helmut Lethen beschriebenen *Verhaltenslehren der Kälte* vollzieht sich eine Engführung von Männlichkeit und Krieg: »Liegt es in der Natur der Sache, etwa in den Verhaltenslehren als virilem Genre, daß meine Abhandlung zu einem Männerbuch geraten ist?« (Lethen 1994, 14). Lethens Analyse kommt ohne zeitliche Abstufungen aus. Vom Beginn bis zum Ende der Weimarer Republik, von der frühen Frontkämpferliteratur bis zu späten Kriegserinnerungen, formiert sich, folgt man Lethen, ein relativ stabiles Bild von Männertypen im Angesicht des Krieges. Als dominante Figur der (Re-)Stabilisierung taucht die kalte Persona auf. Sie repräsentiert eine Möglichkeit, die schockierenden Materialschlachten des Ersten Weltkrieges (ebd., 26) sowie den damit verbundenen Schmerz zu verarbeiten, indem all dies mit einem Kältepanzer aus Ehre, Ruhm, Tapferkeit und Härte abgewehrt wird, während die Kehrseite, die Kreatur, einen unvermittelten Ausdruck des Schmerzes darstellt (ebd., 115). Zwar schlägt sich die kalte Persona gemäß Lethen auch im Zivilen nieder (ebd., 202) und insgesamt verwendet er im Sinne Helmuth Plessners ein höchst ziviles Konzept, das u. a. »gegen die Ideologie der unentfremdeten Leiblichkeit« (ebd., 8) gerichtet ist – gerade Masken und Panzer transformieren den Körper in ein kultiviertes Kommunikationsmedium, indem Verhalten in einem behavioristischen Wechselspiel ablesbar wird (ebd., 194) –, aber im Hinblick auf Ernst Jüngers Texte zeigt sich auch ein physischsinnliches Moment des Kältepanzers, das einen männlichen Körperpanzer vorstellbar macht. Und dieser wirkt fort. Insgesamt konstatiert Lethen: »Aus der Typologie der Neuen Sachlichkeit ist der Schatten der soldatischen Ikone schwer zu entfernen« (ebd., 169). Und bleibt vor allem der Erste Weltkrieg die Hintergrundfolie für männliche Identitätsentwürfe, schwingen stets körperliche Vitalität und mentale Kälte als Maßstab für Souveränität und Funktionalität mit. Damit kann auch der neuen Bedrohung durch die ›Neue Frau‹ begegnet werden, weil eine klischeehafte, biologistisch verankerte geschlechtliche Grenzziehung zementiert wird.

Perspektivenwechsel:
Das Bild der Frau in der Weimarer Republik

1923/1924 markiert aber durchaus eine Zäsur, wenn es um Projektionen von Geschlechterbildern geht, und letztlich werden doch der naturalisierte Frauen- und Männerkörper ebenso performativ überschritten wie der Erste Weltkrieg in dieser Hinsicht zurückgelassen wird. In Lethens außengeleitetem ›Radar-Typ‹ deutet sich an, was letztlich – dies wird von Lethen nicht behandelt – den Gender-Diskurs der 1920er Jahre entscheidend prägt. Es gibt einen Typus, der der relativen wirtschaftlichen Stabilisierung entspringt, mythisiert in den sprichwörtlichen ›Goldenen Zwanzigern‹, »der sich in der Signalwelt der Massenmedien und Moden bewegt« (Lethen 1994, 239), statt zwischen kriegsbedingtem Tod und Verstümmelung. Der Einschnitt ist hier auf der Beobachterebene zu verzeichnen. Und auf dieser Ebene gibt es Neues bei den Frauen – neu ist zunächst nicht einfach nur ein neues Frauenbild, sondern, dass Frauen nun an der populärkulturellen und massenmedialen Konstruktion der Geschlechter beteiligt sind. Davon ausgehend werden dann neue Aspekte von Männlichkeit und Weiblichkeit entworfen. Natürlich geht es nicht oder nicht nur um das biologische Geschlecht der Beobachtenden. Wichtig ist vielmehr für die Geschlechterprojektionen in den 1920er Jahren, dass sich mit auflagenstarken Zeitschriften wie der *Uhu*, *Die Dame*, die *Elegante Welt*, *Scherl's Magazin* ein ›weiblicher‹ Diskursraum eröffnet, in dem neue Geschlechterimaginationen verhandelt werden. So avancieren Frauen vom Objekt fremder Zuschreibungen, Musil hat dies bemerkt, zu Subjekten – seien sie nun konkret Autorinnen dieser Texte oder nicht –, die sich selbst ebenso zu inszenieren imstande sind wie sie Männlichkeitsimaginationen entwerfen.

Und auf dieser Basis bildet nun die ›Neue Frau‹ Inbegriff und Paradigma der 1920er Jahre (vgl. Frevert 1988; Sykora 1993; Roebling 1999/2000). Sie kursiert als Medienmythos oder Medienklischee

und wird – mit Modernität, Fortschrittlichkeit, Urbanität sowie Berufstätigkeit, Mode, Technikbegeisterung usw. gleichgesetzt – in wiederkehrenden Schlagwörtern und ikonografischen Formen festgeschrieben.

Zwei Varianten spielen in der Weimarer Republik eine besondere Rolle. ›Weiblicher‹ und noch deutlicher sexualisiert ist der mondäne, luxusorientierte, selbstbewusste, berechnende *Flapper*. Der Flapper changiert zwischen Selbstermächtigung und Bemächtigung von Männern mittels Lebensfreude und Sexualität sowie der Abhängigkeit von Männern auf Basis von Prostitutionsverhältnissen. Dieser Typus fußt sicherlich noch im Jahrhundertwende-Diskurs und mehr noch in der wilden unmittelbaren Nachkriegszeit bzw. der Inflation, spinnt also in einigen Aspekten alte Fäden fort. Allerdings muss auch in Bezug auf den Flapper betont werden, dass er in den ›Goldenen Zwanzigern‹ – amerikanisch inspiriert – von weiblicher Seite neu akzentuiert wird. So erschien Anita Loos' Roman *Gentlemen prefer Blondes* (1925), in dem sich eine Ich-Erzählerin selbst als Flapper inszeniert, in Deutschland Mitte der 1920er Jahre in der Zeitschrift *Die Dame* unter dem Titel *Die Blonde und die Herren. Reisetagebuch einer New Yorker Berufsschönheit*.

Bodenständiger als der Flapper erscheint das sportlich-androgyne, kameradschaftliche *Weimarer Girl*. In dem Bild findet die weibliche Angestellte ihren – stilisierten – Ausdruck, denn das Girl setzt auf Berufstätigkeit und Eigenständigkeit. Dabei wird ein sachlicher, nüchterner, pragmatischer Habitus gepflegt wie beispielsweise von Gilgi aus Keuns gleichnamigem Roman oder Vicki Baums Helene Willfüer. Fritz Giese und Siegfried Kracauer beschreiben die mit dem Girl einhergehende Mechanisierung, Uniformierung und Enterotisierung des weiblichen Körpers anhand der Tanzrevuegruppe Tiller Girls (Giese 1925, 139–141; Kracauer 1977, 50). Massenhafte, standardisierte Bewegung eint die Girls auf der Bühne mit den Dutzenden von Schreibkräften in Großraumbüros in Tischreihen hinter Schreibmaschinen und den Scharen von Verkäuferinnen in Warenhäusern. Sämtliche dieser Aspekte finden auch noch oder erst recht in der Spätphase der Weimarer Republik ihren romanesken Niederschlag bei weiblichen Autoren wie Vicki Baum (*stud. chem. Helene Willfüer*, 1928; *Menschen im Hotel*, 1929), Anita Brück (*Schicksale hinter den Schreibmaschinen*, 1930; *Ein Mädchen mit Prokura*, 1932), Marieluise Fleißer (*Mehlreisende Frieda Geier*, 1928), Irmgard Keun (*Gilgi – eine von uns*, 1931; *Das kunstseidene Mäd-*

chen, 1932) und Joe Lederer (*Das Mädchen George*, 1928), die teilweise den Diskurs in der Frühphase mit Feuilletonbeiträgen für die neuen Zeitschriften mitbestimmt hatten. Sie bilden aber auch die Hintergrundkulisse in Erich Kästners *Fabian* (1931) oder Heinrich Manns *Die große Sache* (1930).

In der Realität war die weibliche Angestellte nicht so erfolgreich und unabhängig, wie öffentlich propagiert wurde. Zwar stieg die Zahl der weiblichen Angestellten im ersten Drittel des Jahrhunderts an, und gerade die Phase der relativen wirtschaftlichen Stabilisierung war deren Hochphase, aber ihre Einstellung erfolgte unter dem Gesichtspunkt der Rationalisierung und im Zuge der Mechanisierung und Monotonisierung der Büroarbeit. Für Männer galt diese Arbeit allgemein als zu niedrig, und Frauen wurden zu geringeren Löhnen beschäftigt. Sie hatten kaum Chancen, ihren Lebensunterhalt alleine zu bestreiten oder gar aufzusteigen und somit ihr gesamtes Leben selbständig auf Basis ihrer Anstellung zu steuern. Berufstätigkeit blieb jungen, ledigen Frauen vorbehalten; sie schieden mit der Heirat in frühem Alter wieder aus dem Erwerbsleben aus (Peukert 1987, 102; Frevert 1981, 511–520; Suhr 1930, 8, 10, 19). Immerhin konnte gerade durch die starke Medialisierung eine Gewöhnung an Frauen im urbanen Straßenbild, auf dem Weg zur Arbeit und während ihrer Arbeit stattfinden. Eine längerfristige diskursbildende Kraft war der weiblichen Angestellten sowie der ›Neuen Frau‹ aufgrund des aufkommenden Nationalsozialismus, unter dem der reaktionäre ›Gretchen-Typus‹ auflebte, jedoch nicht beschieden.

Perspektivenwechsel: ›Weibliche‹ Männerbilder in der Weimarer Republik

Im ›weiblichen Diskursraum‹ findet 1923/24 aber auch ein Bruch mit dominanten Männlichkeitsimaginationen statt. Der Erste Weltkrieg wird abgeschüttelt, und ein ziviles, wenngleich nicht zwingend ungepanzertes Männerbild in den öffentlichen Diskurs der Weimarer Republik eingespeist. Frauen imaginieren Männer – oder Männer imaginieren Männer für Frauen – nach weiblichen Maßstäben. Dies kreiert in gewisser Weise den ›Neuen Mann‹ der 1920er Jahre. Nicht, dass dieser keine Vorbilder hätte – beispielsweise im Dandy –, aber nach dem Krieg und im Kontrast zu männlichen Männerbildern erscheint er neu. In *Uhu* oder *Dame* werden Männlichkeitskonzepte verbreitet, die an die Mode-, Lifestyle- und Unterhaltungsthemen der ›Goldenen Zwanziger‹ gebunden sind. Männer aus kreativen

oder bürgerlichen Berufen oder mondänen Gefilden sind zu diesem Zweck sehr beliebt. Es erscheint vorwiegend der kultivierte, elegant gekleidete Mann, der die Frau auf Sport- und Abendveranstaltungen sowie auf Reisen begleiten kann. Vor allem der Generaldirektor taucht in seiner boulevardesken Variante als Männertypus unabhängig von wirtschaftlichen Kontexten auf. Der Generaldirektor ist das männliche Pendant zu und der Traum einer jeden Privatsekretärin, die sich von einer Heirat mit ihrem Chef ein komfortables Leben verspricht.

Im Mode-, Lifestyle- und Unterhaltungsbereich gilt als einprägsame Formel für eine positiv besetzte Männlichkeit: Generaldirektor statt General bzw. Frack oder Anzug statt Militäruniform (z. B. *Uhu* Juni 1925, 81; Nov. 1929, 74 ff.). So finden sich in der Frauenmodezeitschrift *Die Dame* auch Abbildungen von eleganter Herrenmode (z. B. o. A. 1927, 6), und vor allem in der Werbung taucht der gepflegte Angestellte oder der elegante Herr auf. Dabei zeigt sich weniger der Mann, mit dem sich Männer identifizieren, als der Traummann für Frauen. Die Werbung selbst thematisiert die Tatsache, dass Männer als derartige Objekte von und für Frauen eingesetzt werden. In der Reklame für *Odol* dient die Verwendung des Mundwassers der Steigerung der Attraktivität für die Frau: »Schon wieder ein Korb – Tabakgeruch aus dem Munde des Tänzers schreckt jede Dame ab« (Werbung 1927b, 35). In einer *Kupferberg Gold*-Werbung wird dann explizit ausgeführt: »Was denkt ›sie‹ von Ihnen? Die Dame, welche Sie einladen, beobachtet Sie vielleicht genauer als Sie glauben« (Werbung 1927a, 45).

Nicht nur die Dame in dieser Werbung tat das, sondern auch die Zeitschrift *Die Dame* sondierte Männerbilder nach Verwendbarkeit für Frauen, aber erst Recht die Rezipientinnen trugen einiges zur Bewertung und Diffusion von neuen Männlichkeitskonzepten in den 1920er Jahren bei. So legt Irmgard Keun in einem Feuilletonbeitrag für den *Querschnitt* von 1932 über das »System des Männerfangs« eine provozierende Männertypologie vor, in der diese nach Prestige und Einkommen geordnet werden, und erläutert, mit welchen weiblichen Strategien diese erobert werden können. Hier werden Subjekt und Objekt bewusst und ostentativ umgedreht und mit der weiblichen Definitionsmacht über Männer gespielt. Letztlich handelt es sich, passend zur relativen wirtschaftlichen Stabilisierung, um ein sachlichkühles, kapitalistisches oder materialistisches Männerbild. Zu gutem Aussehen, Charme und Eleganz muss, überspitzt formuliert, Wohlstand hinzutreten, damit Männer für Frauen attraktiv sind. Zahlreiche Selbstmorde im Zuge des Börsenkrachs von 1929 zeugen davon, dass auch Männer im Lauf der Weimarer Republik ihre Identität und Wertigkeit an ihr Vermögen geknüpft hatten – Kriegsliteratur hin oder her. Mit dem Niedergang der Wirtschaft ist dies aber nicht weniger fatal als die Niederlage des Ersten Weltkriegs.

So ist der ›Neue Mann‹ der 1920er Jahre am Ende der doppelt geschwächte Mann, weil sich zuerst sein Identitätskonzept – mitgespeist aus einer weiblichen Perspektive – in der Abkehr vom Ersten Weltkrieg verflüchtigt, und es dann versagt oder sich als uneinholbar erwiesen hat. Ablesbar ist die Katastrophe (der Männlichkeit) auch an neusachlichen Romanen. Es sind die zivilen und profanen kleinen Buchhalter, Kaufleute und Werbetexter (Kimmich 2002), die der neuen Welt aus ihrer ohnehin schon marginalen oder nischenhaften Perspektive nicht gewachsen sind und u. a. vom Wirtschaftssystem in der Krise geradezu zermalmt werden. An den Krieg gekoppelte Imaginationen, wonach die ›Stahlbäder‹ des Krieges die Männer gehärtet hätten – wie Jünger in *In Stahlgewittern* (1920) und *Der Kampf als inneres Erlebnis* (1922) postuliert und hofft, tauchen am Ende der Weimarer Republik in einem bestimmten Diskurs nicht mehr auf. Hans Falladas Buchhalter Pinneberg aus *Kleiner Mann – was nun?* aus dem Jahr 1932 ist seiner Ehefrau und seiner Tochter treu ergeben und stellt auf rührende Weise Haushaltspläne auf. Aber am Ende des Romans muss die Familie in eine Gartenlaube ziehen, wo er sie unter schlechtesten finanziellen Bedingungen zusammenzuhalten versucht. Erich Kästners Fabian aus dem gleichnamigen Roman von 1931 bewegt sich passiv durch die Handlung. Er wird vom Fluss der modernen Zeit getrieben, bis er am Ende ertrinkt, als er bezeichnenderweise als Nicht-Schwimmer einen Jungen aus einem Fluss rettet. Hans Keilson konstruiert in seinem 1933 erschienenen Roman *Das Leben geht weiter* den anständigen Kaufmann Seldersen, der in eine verzweifelte Kredit- bzw. Schuldenfalle gerät. Seldersen hatte – dies ist bemerkenswert – den Ersten Weltkrieg überstanden: »[S]eine Kraft war ungebrochen«, »er packte tüchtig mit an, überall hieß es eben wieder aufbauen« (Keilson 2011, 15). Erst am Ende der Weimarer Republik vor dem Hintergrund der Weltwirtschaftskrise sieht das anders aus. In einem Gespräch mit seiner Frau, konstatiert wiederum sie als weibliche Protagonistin: »Du hast keine Kraft mehr. Er nickt traurig: ›Nein.‹ ›Du bist kein Mann mehr.‹ ›Nein.‹ Schweigen« (ebd., 173).

Während die weiblichen Protagonisten bei Keilson stark, bei Keun kokett mit der Wirtschaftskrise umgehen können und dieses zumindest alten wie neuen Klischees von Weiblichkeit keinen Abbruch tut, sind die männlichen Protagonisten am Ende der Weimarer Republik die Versager, weil es in den 1920er Jahren ganz forciert dem männlichen Ideal oder der Männlichkeit entspricht, sich auf dem Wirtschaftssektor zu beweisen.

Als Fazit lässt sich betonen, dass es gerade in Bezug auf Geschlechterbilder eine eigenständige Zeit zwischen den beiden Kriegen gegeben hat, die eben nicht bloß Nach-, Zwischen- oder Vorkriegszeit war, dass der Erste Weltkrieg mit all seinen Spezifika in Bezug auf den Geschlechterdiskurs nicht direkt zum Nationalsozialismus und in den Zweiten Weltkrieg führte und überhaupt in dem Kontext nur einen Faktor neben vielen bildete. Kontinuitätsthesen, wie sie Theweleit vertritt, werden deutlich geschwächt, betrachtet man das ›weibliche‹ Textkorpus oder den ›weiblichen‹ Diskursraum. Wo Frauen als Subjekte von Selbst- und Fremdzuschreibungen auftreten bzw. dies in der Forschung beachtet wird, erscheint die Weimarer Republik als eigenständige Phase mit großen Chancen. Dennoch endet Weimar nach zahlreichen Hin- und Herbewegungen so, wie der Erste Weltkrieg begonnen hat: Die männliche Beobachterperspektive gewinnt letztlich wieder die Deutungsmacht über die Geschlechterbilder. Zuerst entzieht die Weltwirtschaftskrise den ›Goldenen Zwanzigern‹ den Boden. Ihre männlichen und weiblichen Ikonen leben noch eine Weile fort. Aber dann bereitet der Nationalsozialismus dem ein rasches Ende. Ausgehend von einem männlichen Männerbild mag der Einschnitt weniger drastisch sein als aus weiblicher Perspektive, aber so oder so kommt es zu einer neuerlichen Wandlung bzw. extremen Regression der Geschlechterimaginationen.

Literatur

Bastkowski, Friedrun/Lindner, Christa/Prokop, Ulrike: *Frauenbewegung und die »Neue Frau«. 1890–1933.* Bd. 2. Frankfurt a. M. 1980.

Benjamin, Walter: Einbahnstraße [1928]. In: Ders.: *Einbahnstraße. Berliner Kindheit um Neunzehnhundert.* Frankfurt a. M. 2011, 7–76.

Bovenschen, Silvia: Krieg und Schneiderkunst oder Wie sich die Männer von gestern die Frau von morgen vorstellten. Vorwort zur Neuausgabe. In: Friedrich M. Huebner (Hg.): *Die Frau von morgen, wie wir sie wünschen.* Mit einem Vorwort von Silvia Bovenschen. Frankfurt a. M. 1990, 9–21.

Bronnen, Arnolt: Die weibliche Kriegs Generation [1929]. In: Friedrich M. Huebner (Hg.): *Die Frau von morgen, wie wir sie wünschen.* Mit einem Vorwort von Silvia Bovenschen. Frankfurt a. M. 1990, 68–74.

Burghardt, Anton: *Soziologie des Geldes und der Inflation.* Wien/Köln 1988.

Canetti, Elias: *Masse und Macht.* Hamburg 1960.

Canetti, Elias: *Die Fackel im Ohr. Lebensgeschichte 1921–1931.* München/Wien 1980.

Daniel, Ute: *Arbeiterfrauen in der Kriegsgesellschaft. Beruf, Familie und Politik im Ersten Weltkrieg.* Göttingen 1989.

Daniel, Ute: Der Krieg der Frauen. 1914–1918. Zur Innenansicht des Ersten Weltkriegs in Deutschland. In: Gerhard Hirschfeld u. a. (Hg.): *»Keiner fühlt sich hier mehr als Mensch ...« Erlebnis und Wirkung des Ersten Weltkrieges.* Essen 1993, 131–149.

Fallada, Hans: *Wolf unter Wölfen* [1937]. Reinbek bei Hamburg 1980.

Feldman, Gerald D.: *The Great Disorder. Politics, Economics, and Society in the German Inflation. 1914–1924.* New York/Oxford 1993.

Fergusson, Adam: *Das Ende des Geldes. Hyperinflation und ihre Folgen für die Menschen am Beispiel der Weimarer Republik.* München 2011.

Frevert, Ute: Traditionelle Weiblichkeit und moderne Interessenorganisation: Frauen im Angestelltenberuf 1918–1933. In: *Geschichte und Gesellschaft. Zeitschrift für historische Sozialwissenschaft* 7, 3/4 (1981), 507–533.

Frevert, Ute: Kunstseidener Glanz. Weibliche Angestellte. In: Kristine von Soden/Maruta Schmidt (Hg.): *Neue Frauen. Die zwanziger Jahre.* Berlin 1988, 25–31.

Geyer, Martin: *Verkehrte Welt. Revolution, Inflation und Moderne. München 1914–1924.* Göttingen 1998.

Giese, Fritz: *Girlkultur. Vergleiche zwischen amerikanischem und europäischem Rhythmus und Lebensgefühl.* München 1925.

Grossmann, Atina: »Eine ›neue Frau‹ im Deutschland der Weimarer Republik?« In: Helmut Gold/Annette Koch (Hg.): *Fräulein vom Amt.* München 1993, 136–162.

Hermand, Jost/Trommler, Frank: *Die Kultur der Weimarer Republik.* München 1978.

Higonnet, Margaret R./Higonnet, Patrice L.-R.: The double helix. In: Margaret Higonnet/Jane Jenson/Sonya Michel/Margaret Collins Weitz (Hg.): *Behind the Lines. Gender and the Two World Wars.* New Haven/London 1987, 31–50.

Hirschfeld, Magnus/Gaspar, Andreas: *Sittengeschichte des Ersten Weltkrieges* [1930]. Nachdruck der 2., neubearb. Aufl. Hanau 1978.

Horn, Eva: *Der geheime Krieg. Verrat, Spionage und moderne Fiktion.* Frankfurt a. M. 2007.

Jacques, Norbert: Dr. Mabuse, der Spieler [1921]. In: Ders.: *Dr. Mabuse, der Spieler. Dr. Mabuses letztes Spiel.* Hg. von Günter Scholdt. Saarbrücken 2004.

Jünger, Ernst: *In Stahlgewittern* [1920]. Stuttgart [31]1988.

Jünger, Ernst: *Der Arbeiter. Herrschaft und Gestalt* [1932]. Stuttgart 1982.

Keilson, Hans: *Das Leben geht weiter* [1933]. Frankfurt a. M. 2011.

Keun, Irmgard: *Gilgi – eine von uns* [1931]. Berlin 2003.

Keun, Irmgard: System des Männerfangs. In: *Der Querschnitt* 12 (1932), H. 4, April, 259–261; zit. n. Stefanie

Arend/Ariane Martin (Hg.): *Irmgard Keun. 1905/2005. Deutungen und Dokumente.* Bielefeld 2005, 138–141.

Keynes, John Maynard: *Die wirtschaftlichen Folgen des Friedensvertrages.* München/Leipzig 1920.

Kimmich, Dorothee: Moralistik und Neue Sachlichkeit. Ein Kommentar zu Helmuth Plessners »Grenzen der Gemeinschaft«. In: Wolfgang Eßbach/Joachim Fischer/Helmut Lethen (Hg.): *Plessners Grenzen der Gemeinschaft.* Frankfurt a. M. 2002, 160–182.

Koch, Lars: *Der Erste Weltkrieg als Medium der Gegenmoderne. Zu den Werken von Walter Flex und Ernst Jünger.* Würzburg 2006.

Kracauer, Siegfried: Das Ornament der Masse [1927]. In: Ders.: *Das Ornament der Masse.* Frankfurt a. M. 1977, 50–63.

Lang, Fritz im Interview mit Eduard Jawitz: »Mein ideales Manuskript. Gespräche mit Regisseuren« [1924]. In: Norbert Jacques: *Das Testament des Dr. Mabuse.* Hg. von Michael Farin/Günter Scholdt. Reinbek bei Hamburg 1997, 257 f.

Lethen, Helmut: *Verhaltenslehren der Kälte. Lebensversuche zwischen den Kriegen.* Frankfurt a. M. 1994.

Lindner, Martin: *Leben in der Krise. Zeitromane der Neuen Sachlichkeit und die intellektuelle Mentalität der klassischen Moderne.* Stuttgart 1994.

Mann, Heinrich: *Kobes* [1925]. Mit sechs Federzeichnungen von Klaus Ensikat. Berlin/Weimar 1971.

Mann, Thomas: Erinnerungen aus der deutschen Inflation [1942]. In: Ders.: *Über mich selbst. Autobiographische Schriften.* Nachwort von Martin Gregor-Dellin. Gesammelte Werke in Einzelbänden. Frankfurter Ausgabe. Hg. von Peter de Mendelssohn. Frankfurt a. M. 1983, 361–371.

Mann, Thomas: Unordnung und frühes Leid [1925]. In: Ders.: *Unordnung und frühes Leid und andere Erzählungen.* Frankfurt a. M. 2005, 141–179.

Musil, Robert: Die Frau von gestern und morgen [1929]. In: Friedrich M. Huebner: *Die Frau von morgen, wie wir sie wünschen.* Mit einem Vorwort von Silvia Bovenschen. Frankfurt a. M. 1990, 85–93.

Nave-Herz, Rosemarie: *Die Geschichte der Frauenbewegung in Deutschland.* Hannover 1997.

o. A.: o. Titel. In: *Uhu* 9. Juniheft (1925), 81.

o. A.: Der getupfte Herr. In: *Die Dame* 1. Aprilheft 14/54 (1927).

o. A.: Herr Generaldirektor Woellermann entdeckt die Gymnastik. In: *Uhu* 2. Novemberheft (1929), 74 ff.

Ostwald, Hans: *Sittengeschichte der Inflation. Kulturdokument aus den Jahren des Marktsturzes.* Berlin 1931.

Peukert, Detlev J. K.: *Die Weimarer Republik. Krisenjahre der Klassischen Moderne.* Frankfurt a. M. 1987.

Remarque, Erich Maria: *Der schwarze Obelisk. Geschichte einer verspäteten Jugend* [1956]. Hg. von Tilman Westphalen. Köln 1998.

Roebling, Irmgard: ›Haarschnitt ist noch nicht Freiheit‹. Das Ringen um Bilder der Neuen Frau in Texten von Autorinnen und Autoren der Weimarer Republik. In: *Jahrbuch zur Literatur der Weimarer Republik* 5 (1999/2000), 13–76.

Rouette, Susanne: *Sozialpolitik als Geschlechterpolitik. Die Regulierung der Frauenarbeit nach dem Ersten Weltkrieg.* Frankfurt a. M./New York 1993.

Suhr, Susanne: *Die weiblichen Angestellten. Arbeits- und Lebensverhältnisse. Eine Umfrage des Zentralverbandes der Angestellten.* Berlin 1930.

Sykora, Katharina: Die Neue Frau. Ein Alltagsmythos der Zwanziger Jahre. In: Dies./Annette Dorgerloh/Ada Raev/Doris Noell-Rumpeltes (Hg.): *Die Neue Frau. Herausforderung für die Bildmedien der Zwanziger Jahre.* Berlin 1993, 9–24.

Theweleit, Klaus: *Männerphantasien. Bd. 1: Frauen, Fluten, Körper, Geschichte.* Reinbek bei Hamburg 1980; *Bd. 2: Männerkörper. Zur Psychoanalyse des weißen Terrors.* München 1995.

Werbung für Kupferberg Gold. In: *Die Dame* 2. Juliheft 21/54. (1927a), 45.

Werbung für Odol. In: *Die Dame* 2. Dezemberheft 6/54 (1927b), 35.

Widdig, Bernd: *Culture and Inflation in Weimar Germany.* Berkeley u. a. 2001.

Maren Lickhardt

5. Medienkultur: Entwürfe des Menschen

Medium und Diskurs

Obwohl nachfolgend die durch die kulturelle Modernisierung hervorgerufene Krise der Repräsentation und damit veränderte Körperbilder im Zentrum stehen, betreibt der Beitrag methodisch Diskurs- und Textanalyse. Wird die politische Kultur der Weimarer Republik modern dadurch, dass Menschenbilder, Vorbilder, Führerbilder, Körperbilder, Denk-, Welt- und Medienbilder bestimmend werden, so werden im Folgenden die literarischen Vertextungen und theoretischen Diskursivierungen der Bilder dieser akustischen und visuellen Medienkultur behandelt. In den 1920er Jahren driften audiovisuelle und schriftliche Kultur auseinander, was eine Medienkonkurrenz hervorruft, die entweder produktiv und kreativ ausfällt oder kulturkritisch konservativ beklagt wird. Ist das Ergebnis ein modernes Mediensystem, welches das seit 1800 durchgesetzte Literatursystem mit der Fixierung auf Schrift und Buch ablöst, so integriert dieses Mediensystem den zum Schriftsteller mutierten Dichter in ebenso neuartiger Weise wie die zu Publizisten und Essayisten gewordenen Wissenschaftler und Intellektuellen. Insofern schlägt sich die Medienkonkurrenz in einer Konvergenz von Medium und Diskurs nieder.

Die sich ausbreitende Medienkultur wird von Diskurs- und Literaturproduzenten kultur- und medienkritisch kommentiert und reflektiert und erhält erst durch diese Versprachlichung eine Lesbarkeit, die ihre heutige Darstellung ermöglicht. Ist es ein Kennzeichen der Moderne, dass die Welt und ihre Wahrnehmung in divergierende »Weltbilder« (Max Weber) zerfällt, so werden hierdurch Diskurse notwendig, die diese Bilder im Zuge einer »reflektierten Moderne« (Helmuth Kiesel) ordnen und deuten (vgl. Koch 2006).

Literarische und theoretische Texte etablieren Deutungs- und Verständnismuster, die von der sich ausbreitenden Geistes- und Kulturwissenschaft sowie der Essayistik des Feuilletons geliefert werden. Diese Plausibilisierungen einer Moderne, die zunächst als unverständlich abstrakt oder sozial chaotisch erscheint, enthalten zugleich Verhaltenslehren. Die Erklärungen und Analysen der Wissenschaft haben oft pragmatischen oder performativen Charakter, indem die Gesellschaft so oder so durch Diskurse und Künste verändert werden soll.

Menschen- und Körperbilder

Diese »Parallelaktion« (Robert Musil), über Ideen und Kunst die Gesellschaft und Lebenswelt zu verändern, setzt oft am ›Neuen Menschen‹ mit sozial- und kulturanthropologischen Entwürfen an, die anthropologisch insbesondere deswegen sind, weil sie das Verhalten und die Körperlichkeit des Menschen und nicht seine Rationalität und Geistigkeit in den Mittelpunkt stellen. Begriff und Bild vom ›Neuen Menschen‹ als modernem Individuum vollziehen damit die Ablösung bisheriger Menschenbilder und Typisierungen wie des von Heinrich Mann 1914 noch vor Kriegsausbruch beschriebenen »Untertans« (vgl. Mann 2008) oder des »Übergangsmenschen« (vgl. Doerry 1986) der Kaiserzeit, die die Ordnung der Gesellschaft mitsamt ihren Autoritäten wie Kaiser, Generälen oder Vätern repräsentierten (Delabar 2010). Insofern erhält der Krieg im Nachkrieg etwa durch Fotografien ein anderes »Antlitz« (vgl. Jünger 1930), wodurch ein anderes Menschenbild figuriert wird. Entscheidend ist dabei, dass der Bildbegriff mitsamt seiner Wahrnehmung sich verändert und dass diese soziale und medienkulturelle Veränderung von kunst-, medienwissenschaftlichen oder kulturanthropologischen Diskursen reflektiert wird. Insbesondere die Ordnung der Sinne und die Anordnung der Wahrnehmung werden dabei von Texten und Diskursen gedeutet und reflektiert (Encke 2006). Pointiert gesagt, wird das die Natur nachahmende Nachbild, das immer auch soziale und kulturelle Hierarchien repräsentierte, abgelöst durch das Vorbild, das über Körperbilder Wahrnehmungsprojektionen und damit Verhalten steuert. Dass solch tiefgreifende Veränderungen Verunsicherungen und Autoritätskrisen verursachen, die durch andere Körperbilder und Wahrnehmungsdispositive aufgehoben werden, ist Leitgedanke des Beitrags.

Umbruch und Latenz

Der Erste Weltkrieg wird eingerahmt von zwei medienkulturellen Umbrüchen, die als Zäsur sowohl für die Kultur der Vorkriegszeit latent wie für diejenige der Nachkriegszeit langfristig bestimmend sind. Zum einen erfolgt seit ca. 1910 in einer rasanten Abfolge die radikale Modernisierung der Kultur durch die -ismen der Avantgarde, also im deutschen Kriegsumfeld insbesondere des Expressionismus und Dadaismus. Zum anderen werden die neuen Medien Film, Fotografie und Radio seit Mitte des 19. Jahrhunderts erfunden und entwickelt. Sie erfahren am Kriegsende eine entscheidende neue Qualität. Der Film wird durch die Gründung der UFA 1917, die noch im militärischen Kontext stattfindet, gesellschaftlich institutionalisiert. Gerade das Radio erfährt durch die öffentlich-rechtliche Institutionalisierung 1918 seine Ausbreitung als Massenmedium mit kulturellem Anspruch. Die Fotografie schließlich wird nach ihrem Kriegseinsatz im ersten wirklichen Krieg der Bilder (Holzer 2012) in den 1920er Jahren medienästhetisch zu einer neuen Qualität weiterentwickelt (Stiegler 2006). Auch wenn es immer wieder kausale oder zumindest analoge Querverbindungen zwischen Krieg und Kunst oder Kultur gibt (Ausstellung Metz 2012), die es erlauben, das Kriegsende und die politische Revolution 1918 kurzzuschließen mit dem gleichzeitigen Medienumbruch, so werden für den Zeitraum 1918 bis 1933 solche kausalen und an ein Ereignisdatum gekoppelten kontinuierlich und progressiv fortschreitenden Beziehungen ersetzt werden müssen durch die langfristigen Entwicklungen im Spannungsfeld von Latenz und Diskontinuität, von Kontingenz und Regression.

Ambivalenz der Moderne

So ist das Nachkriegsjahrzehnt durch eine sich radikalisierende Auseinandersetzung um die kulturelle Modernisierung gekennzeichnet, die von den Avantgardekünsten einerseits und der Medienkultur andererseits initiiert wird. Dem »ästhetischen Fundamentalismus« der »konservativen Revolution« (Breuer 1995a; 1995b) und seiner antimodernen Attitüde (Koch 2006) steht entgegen die latente und langfristige Durchsetzung einer »Kulturindustrie« (Theodor W. Adorno/Max Horkheimer), der auch konservative Protagonisten wie Stefan George nicht entgehen, indem sie sich als Dichterführer fotografieren lassen und nur so ihre charismatische Wirkung entfalten. Einflussreiche Bestseller wie Hitlers *Mein Kampf* (1924) oder *Der Untergang des Abendlandes* (1923) des »genialen Publizisten« Oswald Spengler (Hermann Lübbe), Thomas Manns *Buddenbrooks* (1901) sowie *Der Zauberberg* (1924) werden zwar von Kritikern der Moderne und ihrer Medien geschrieben, sind aber ohne die Errungenschaften der Modernisierung in Drucktechnik und Buchmarkt nicht denkbar, die in den 1920er Jahren eine neue Qualität erreichen.

Zwar werden die Avantgardekünste 1937 für entartet erklärt und können sich erst nach 1945 durchsetzen, breiten sich indessen als »freigesetzte Moderne« (Bollenbeck 1999, 217) in der Weimarer Republik aus. Was der bildungsbürgerliche Kulturbegriff als Vermassung der Kultur attackiert, bleibt als Ausbreitungstendenz der Massenmedien Radio, Film, Grammophon, Lautsprecher etc. nach 1933 als reaktionäre Modernisierung erhalten. Ambivalenz der Moderne als paradoxe Konvergenz von kontinuierlichem Fortschritt und diskontinuierlichem Rückschritt oder von Archaik und Moderne (Theodor W. Adorno/Walter Benjamin) ist eine Epochensignatur und beeinflusst auch die kulturhistorische Darstellungsweise und Methode, durch die die politischen Zäsuren 1914/18 zu beweglichen Zäsuren von Latenz und Umbruch werden; strukturelle Entwicklungen kumulieren in oder kollidieren mit der Präsenz und Evidenz der Ereignisse. Wenn sowohl die sich ausbreitenden Medien wie die kulturanthropologischen Diskurse in den 1920er Jahren ein indirektes Verfahren der historischen und theoretischen Darstellung präferieren, dann widerspiegelt dies die besondere Darstellungsproblematik einer Historiografie von Krieg, Nach- und Zwischenkrieg als Vorbereitung des Zweiten Weltkriegs.

In den Daten 1926 (Gumbrecht 2001) oder 1929 (Andriopoulos/Dotzler 2002) werden latente und langfristige Entwicklungen punktuell sicht- und zeigbar, ohne dass diese Oberflächenereignisse die Logik und Kausalität preisgeben würden, die erst im indirekten Modus der diskursiven Darstellung und im Rückblick von 2013 gefunden werden. Eine annalistische und additive Darstellungsweise, wie sie selbst in ambitionierten Werken wie Hans Ulrich Wehlers *Deutscher Gesellschaftsgeschichte* (2003) zu finden ist, wird im Folgenden ersetzt durch eine kulturwissenschaftliche und diskursanalytische Methode, die erst die verborgenen Kausalitäten und Interferenzen entschlüsseln kann.

Ästhetisierung der Lebenswelt

Die Diagnose Walter Benjamins in *Das Kunstwerk im Zeitalter seiner technischen Reproduzierbarkeit* (1939), im Faschismus finde eine Ästhetisierung der Politik statt, setzt an in der Zwischenkriegszeit, insofern seit 1918 eine Popularisierung der Avantgarde sowie eine Medialisierung der Kultur zu konstatieren sind, die eine Ästhetisierung der Lebenswelt herbeiführen. Dies unterscheidet die Epoche von der vorgängigen seit 1900, in der sowohl das Abstraktionsprinzip der Avantgarde wie auch das Montageprinzip des Films als wirklichkeitszerstörend gelten. Um 1918 erfahren diese Zerteilungen letzte Höhepunkte in der destruierenden Montage der sowjetischen Avantgardefilmer um Sergej Eisenstein oder in der entsemantisierten Klanglyrik des Dadaismus.

Wird Abstraktion als ästhetisch-formaler Generalnenner der Avantgarden mit Blick auf das 20. Jahrhundert fortschreitend und mit Blick auf 1937 rückschrittlich zur »Weltsprache« moderner Kunst (von Beyme 2005), so wird die ursprünglich provokative Geste der Attacke auf die Rahmung der Kunst und ihre autonomieästhetische Abtrennung vom Leben (Fähnders 1998) im Laufe der 1920er Jahre popularisiert etwa durch eine Musikalisierung der Avantgarde (Theodor W. Adorno/Helmuth Plessner). Die avantgardistische Zwölftonmusik wird in der Weimarer Republik durch das Radio und Komponisten wie Hanns Eisler, Curt Weill und Paul Dessau popularisiert, die in der Zusammenarbeit mit Brechts Theateropern außerdem die amerikanische populäre Musik des Jazz oder der Songs einbeziehen. Brechts Oper *Aufstieg und Fall der Stadt Mahagonny* (1929) markiert diese innovative Schnittstelle einer populären Avantgarde recht genau. Das antinaturalistische und antimimetische Prinzip der Abstraktion wird in Filmen synästhetisch musikalisiert wie in Walter Ruttmanns Film *Sinfonie der Großstadt* (1927). Großstadtromane wie *Berlin Alexanderplatz* (1929) oder die Romane Robert Musils und Hermann Brochs literarisieren Abstraktion als Sprachzerstörung im inneren Monolog oder von Klängen und Geräuschen. Die dadaistische Abstraktion der Lautpoesie findet Fortsetzung in Hörspielen wie Brechts *Lindberghflug* (1927) oder im autonomen Klang der neuen Medien Radio und Grammophon.

Das Theater kennzeichnet als langfristiger Trend eine *Ästhetik des Performativen* (vgl. Fischer-Lichte 2004), die das von Hugo von Hofmannsthal und Max Reinhardt wieder erweckte Gesamtkunstwerk der Salzburger Festspiele in all seinen räumlich-sze-nischen, klanglich-musikalischen und gestisch-körperlichen Elementen sozial realisiert. In Anlehnung an das Konzept des Gesamtkunstwerks entfaltet Brecht sein episches Theater der *Lehrstücke* (1930) im Rahmen einer multimedialen und sozialen Ästhetik, die insbesondere in der *Dreigroschenoper* (1928) zu großer Publikumsresonanz geführt hat.

Abstraktion und Einfühlung

Wird diese Theaterreform von einer Kritik an der aristotelischen Konzeption der Mimesis und Einfühlung begleitet, so ist die für die Avantgardebewegung einflussreiche Dissertation von Wilhelm Worringer mit dem Titel *Abstraktion und Einfühlung* (1908) um die Kategorie der Projektion (Müller-Tamm 2005) zu ergänzen. Gottfried Benns Diktum, dass die expressionistische Generation die ästhetische und intellektuelle Autorität von nachzuahmender Wirklichkeit durch Abstraktion von dieser Wirklichkeit zerstört habe, wird insofern zu revidieren sein durch den Hinweis auf die Popularisierung der Abstraktion in der filmischen oder fotografischen Projektion. So wird der Erste Weltkrieg durch Medien und Romane noch 2013 popularisiert, etwa in Florian Illies' *1913. Der Sommer des Jahrhunderts* (2012), erhält dabei eine intermediale Struktur, welche die mehrfachen Gegenläufigkeiten durch deren montageartige Darstellung widerspiegelt. Stellt der Krieg eine Abstraktion als Erfahrungsverlust auch von und zwischen Generationen dar, so ermöglicht dies der jugendbewegten ›Generation ohne Väter‹ nach 1918 den Gewinn anderer Erfahrungen medialer und insofern sekundärer Art, wie Benjamin in *Erfahrung und Armut* (1932) konstatiert. So unterscheidet sich die kriegsbegeisterte expressionistische Generation von der Folgegeneration durch die Medien, mit denen der Krieg verarbeitet wird. Populäre oder durch den Film popularisierte Prosatexte wie Ludwig Renns *Krieg* (1928), Erich Maria Remarques *Im Westen nichts Neues* (1929), Edlef Köppens *Heeresbericht* (1930) oder Ernst Tollers Autobiografie *Eine Jugend in Deutschland* (1933) ermöglichen nach dem realen kriegsbedingten Erfahrungsverlust, der auch ein literarisches Verstummen der expressionistischen und dadaistischen Lyrik verursachte, einen mediengestützten Erfahrungsgewinn im erinnernden Erzählen und seiner neu gewonnenen Publizität. Köppens, Tollers und Döblins Erzählweise entlehnt dem Film dabei das kriegsadäquate Darstellungsmittel der dokumentierenden Montage (s. auch Kap. II.4).

Prosaformen wie Roman, Essay, Fragment oder Denkbild setzen sich endgültig als paradigmatische Gattungen der Moderne durch und demontieren die Leitfunktion traditioneller Gattungen wie Lyrik und Theater. Die akustische Hörbarkeit wird im Hörspiel oder im Hörbuch etwa von Köppens *Heeresbericht* (2012) bis heute populär gewährleistet. Erst in den Projektionen seiner medialen Rezeption und epischen Erinnerung gewinnt der Krieg nach 1918 eine sinnliche Gestalt und Darstellungsform, die an die Stelle der wirklichkeits-, sinn- und körperzerstörenden Abstraktion des realen Kriegs tritt.

Intermedialität

Durch das neue Medium Film wird die Montage zu einem innovativen und in anderen Künsten sich ausbreitenden Formprinzip, das sich dabei verbindet mit dem künstlerischen Darstellungsprinzip der Collage, das im Kubismus, Dadaismus und Surrealismus Anwendung findet (Möbius 2000). Durch das Prinzip der »Trennung der Elemente« (Brecht 1967, 132) verbinden sich die beiden zentralen Darstellungs- und Formprinzipien der kulturellen Moderne, Abstraktion und Montage. Dies ermöglicht vielfältige Kombinationsmöglichkeiten von bisher getrennten Formen und Künsten, so dass die Literatur und Kultur der Weimarer Republik eine intermediale Struktur des *Cross-Over* erhält (vgl. Becker 2000). Die Montage generiert dabei neue Genres und Formate wie die Kurzprosa der Denkbilder bei Kafka und Musil, in Brechts *Keuner-Geschichten* (1930) oder Benjamins *Einbahnstraße* (1928), die durch miniaturisierende Fragmentierung und die montierende Zusammenstellung dieser Teile gekennzeichnet ist. Die medienästhetische Verarbeitung der Kriegserfahrung, die die Kultur der Weimarer Republik prägt, ist insofern intermedial und wird so erst zur populären kollektiven Erinnerungs- und Gedächtniskultur. Remarques *Im Westen nichts Neues* wird durch Verfilmung und als Fortsetzungsroman zum Bestseller ebenso wie Vicki Baums *Menschen im Hotel* (1929/1930) oder die Romane Alfred Döblins, in denen die intermediale Struktur zur literarisierten Montage des »Kinostils« (Döblin 1989, 121) wird.

John Heartfield, George Grosz und Otto Dix verbinden die Kriegsdarstellung und -erfahrung mit den Formmitteln der Abstraktion und Montage. Intermedialität charakterisiert die medienästhetische Verarbeitung des Krieges in einem indirekten und vermittelnden Sinn. *Kafka geht ins Kino* (Zischler 1998), aber diese Filmerfahrung geht nur implizit in sein Schreiben ein, dem trotz der Kinofaszination ein indirektes filmisches Schreiben zu attestieren ist. Dies gilt auch für den wahrnehmungstheoretischen und repräsentationalen Zusammenhang von Krieg und Kino, dem Paul Virilio und Friedrich Kittler ein ursächliches Bedingungsverhältnis zugesprochen haben. Vorgedacht wurde diese These schon von Siegfried Kracauer, der in seiner Filmgeschichte der Weimarer Republik eine Kontinuität *Von Caligari zu Hitler* (1947) ausgemacht hatte. Mehr indirekt ist aber dieses Verhältnis, insofern etwa eine Bevorzugung der Farbe schwarz oder Licht-Schatten Oppositionen sowohl die Kriegserfahrung des Ersten wie die apokalyptische Kriegsvorbereitung des Zweiten Weltkriegs bei Regisseuren wie Fritz Lang oder Robert Wiene symbolisieren. Die indirekte Form der assoziativen Darstellung überwiegt die direkte Darstellung des Krieges als Plot und Sujet der Filme (Engell 1992, 136), auch und gerade in Zeiten der Mobilmachung, die die 1920er Jahre bestimmt.

Montage und Projektion

Dabei wird ›Projektion‹ als für die Epoche 1900 bis 1930 zentrale Denkfigur (Müller-Tamm 2005) in einer längerfristigen Entwicklung gekoppelt an für Kino und Film charakteristische Dispositive der Wahrnehmung eines »Blickregimes« (Elsaesser/Hagener 2007, 211), die dem Zuschauer von Bildern und Filmen eine aktive Tätigkeit der Einstellung sowie des Verhaltens abverlangen. Dadurch wird die zunächst unpopuläre Provokation der avantgardistischen Abstraktion und Wirklichkeitszerstörung doch wieder popularisiert, was dann die weitere Entwicklung zur »Abstraktion als Weltsprache« im 20. Jahrhundert (von Beyme 2005) bestimmt. Dieser Wandel findet statt seit 1918 und erklärt oder rahmt den Aufstieg des sogenannten ›expressionistischen Films‹ von Murnau, Pabst, Lang, von Sternberg, Wiene u. a., dessen Filmästhetik mannigfaltige Beziehungen zur expressionistischen Abstraktion aufweist wie die verfremdeten Perspektiven der szenischen Architektur oder die dominierende visuelle Kultur des Stummfilms, die Körper, Gesicht und Gestik in irritierend neuer Weise darstellen.

Zur Verständlichmachung und Verhaltensregulierung dieses ›neuen Sehens‹ etwa der Fotografie entwickelt sich eine essayistische Film- und Medientheorie bei Balázs und Musil, in Kracauers Essays in der *Frankfurter Zeitung*, Benjamins Medienessays oder denjenigen Rudolf Arnheims zum *Rundfunk als Hörkunst* (1936) oder *Film als Kunst* (1932). Verweist Benjamin darauf, dass der Film den Zuschauer in ganz neuer Weise optisch-unbewusst und haptisch-taktil ergreift, so wird diese sinnliche Attraktion und gestische Animation des Rezipienten dadurch gesteigert, dass die »sinnliche Kultur des Films« ein neues Körper- und Menschenbild generiert, das wiederum einer »neuen Ästhetik« (Musil 1978, 1148) und Anthropologie bedarf. Kino und Film erzeugen und erfordern den unbegrifflichen »anderen Zustand« (ebd., 1151) von Halluzinationen und Projektionen, der im Wahrnehmungsdispositiv des Kinos zwischen Zuschauerkörper und Körper des Schauspielers freigesetzt wird durch körperliche Fremd- und Selbstbespiegelung (vgl. Elsaesser/Hagener 2007). Zwar ähnelt dieser Vorgang der Empathie und Identifikation, doch durch die distanzierende Zwischenschaltung der technischen Medien Film und Kino ist ›Projektion‹ der bessere Begriff. Denn zwischen Innen und Außen, Gefühl und Körper, Ich und Anderem findet keine wirkliche Interaktion statt, sondern die filmische Maskierung und mediale Distanzierung ist beherrschend sowie die Zerteilung des Körpers durch die Montage. Ent- und Verkörperung kennzeichnen einen Vorgang sowohl der Distanzierung vom eigenen und fremden Körper des Films wie auch die haptische Ergreifung und intensive Einfühlung des eigenen Körpers durch den fremden Filmkörper.

Aisthesis der Großstadt

Der Krieg zerstört Sinne und Wahrnehmung durch Gesichtsverletzungen, Lärm und Gas. Die bereits im Krieg stattfindende Ersetzung und Erweiterung des Körpers und der Sinne (Marshall McLuhan) durch Medientechniken schützt vor dieser Zerstörung und repariert durch Prothesen und Körperreproduktionen; dies ist ein Vorgang, der sich im Nachkrieg verstärkt und theoretisch unterstützt wird durch eine technische Medialisierung der Anthropologie (Rieger 2000). Durch die fotografische oder autobiografische Erinnerungsarbeit findet eine literarische und mediale Verarbeitung des Krieges statt, die die verlorene sinnliche Wahrnehmung und Erinnerung durch Fotografien und Aufzeichnungen restituiert. Diese mediale Re-Konstruktion des Krieges in Fotobänden stellt bei Ernst Jünger auch eine Retuschierung dar, die mobilisierend funktionalisiert wird für den

nächsten Krieg und den anthropologischen Typ der kalten, gepanzerten Person erzeugt, der ihn durchführen kann (vgl. Encke 2006; Koch 2006).

In der Architektur wird das 1919 gegründete Bauhaus großstädtische Wohn- und Lebensformen entwickeln, die in Reaktion auf die Kriegszerstörung entworfen werden als anthropologisches Projekt einer Lebensumwelt für den ›Neuen Menschen‹ (Koschorke 1999). Der Funktionalismus der einflussreichen Bauhausarchitekten stellt eine lebensweltliche Ästhetisierung der avantgardistischen Abstraktion dar, die durch Reduktion aufs Material und dessen Zertrümmerung zu kennzeichnen ist. Fordern die modernen Künste und die audiovisuellen Medien neue Wahrnehmungsweisen ein, so bedarf die Lebenswirklichkeit der Großstadt entsprechender neuer Sehweisen. War die Buchkultur an den Sinn gekoppelt, so benötigt die sich ausbreitende urbane Medienkultur die Sinne und eine nervöse Sensibilität und Aufnahmebereitschaft im Wahrnehmen von Klängen, Farben und Formen.

Anordnung der Wahrnehmung

Zwischen wahrnehmendem Subjekt und medialisierter Lebensumwelt verändert sich dabei die Wahrnehmungsanordnung insbesondere im Verhältnis von innen- und außengeleiteter Wahrnehmung (vgl. Riesman 1986). Denn wenn die Großstadt einerseits den sozialen Verkehr steigert, so handelt es sich doch um einen kommunikativen Austausch von maskierten und verkleideten, eine Rolle spielenden Individuen, bei denen die Äußerlichkeit die Introspektion des Ausdrucks verdrängt. Wie in den Massenmedien Radio und Film, in denen die wahrnehmbaren Entäußerungen der Akteure überwiegen, wird die großstädtische Masse von anonymen, seelenlosen und nur äußerlich wahrnehmbaren Individuen bevölkert, denen die signifikante Individualisierung fehlt, was den Bedarf einer neuen Ordnung der Sichtbarkeit des Menschen erweckt. Der Gebärden- und Affektatlas Aby Warburgs, die soziale Ordnung der Gesichtsfotografien in August Sanders *Antlitz der Zeit* (1929), die Typenlehre in Ernst Kretschmers *Körperbau und Charakter* (1921), die rassentheoretische Typologie von Gesichtern in Hans F. K. Günthers *Rassenkunde des deutschen Volkes* (1922) oder diejenige vom Soldaten und Arbeiter in Ernst Jüngers *Arbeiter* (1932) oder dem Sportler und Boxer sind Versuche einer ordnenden Typisierung der Wahrnehmung und Bilderflut (Horn 1999).

Ergebnis sind auch die Pluralisierung und Differenzierung des Bildes in Bilder: in gerasterte oder formierte, semantisch aufgeladene Frauen-, Männer-, Menschen-, Sprach-, Bewegungs- und Hörbilder.

Tanz und Mode

In den Tanzreformen breiten sich neuartige Körperbilder aus, wobei gerade der freie Ausdruckstanz sozialanthropologisch überhöht wird. Vor dem Hintergrund der epochalen Zeichenkrise der Repräsentation seit und um 1900 fordert er angemessene Lese-, Schreib- und Verstehensweisen heraus. Insofern der freie Tanz andere Bewegungen, Gebärden oder Masken erfindet und in Körperbilder umsetzt, bedarf er sowohl adäquater Wahrnehmungs- und Rezeptionsweisen wie auch Lese- und Diskursweisen. Der Ausdruckstanz ist in eine gestische Ästhetik des Verhaltens und der sozialen Bezüge integriert, die anschließbar ist an neue Frauen-Bilder, die der ›Neue Tanz‹ repräsentiert und emanzipiert (Brandstetter 1995). Tanz- und Kleiderreform gehen eine enge Beziehung zu neuen Weiblichkeitsmustern und deren Körperbildern in der Mode oder in Tanztheatern und Revuen ein. Die Ausbreitung der Mode in der Weimarer Republik ist an eine großstädtische Populär- und Medienkultur gekoppelt mit Kaufhäusern, Filmen, Cafés und Zeitschriften etc. sowie Typisierungen wie der ›Neuen Frau‹, die als weiblicher Flaneur öffentlich in Erscheinung tritt und Schönheitsideale nachahmt und ausprobiert. Wie der Tanz prägt auch die Mode Körperbilder aus, die wiederum angemessen gesehen und gelesen werden müssen, was in diversen Textsorten von der Publizistik bis zu den Romanen Irmgard Keuns wie *Das kunstseidene Mädchen* (1932) geschieht, die als Diskursromane diese mehrfache Kontextualisierung von Körperbild, Frauenemanzipation, Medienkultur, Großstadt und Krisenbewusstsein vornehmen (vgl. Bertschik 2005; Lickhardt 2009). Auch die nonverbale Mode benötigt »Vertextung« (Bertschik 2005, 17), in der die neuartige Körper- und Kleiderästhetik eine eigene Darstellungs- und Reflexionsform findet.

Tongesten und Radiostimmen

Der Krieg befördert eine Enthierarchisierung der Sinne: War für die europäische Kultur der Sehsinn dominant etwa in der kunsttheoretischen Orientierung am Mimesisprinzip der Naturnachahmung, so wird durch den Krieg der Hörsinn aufgewertet, so dass die Kultur der Weimarer Republik wesentlich eine Hörkultur wird. Ernst Jünger stellt diese Differenz zwischen Sehen und Hören im Kriegsroman *In Stahlgewittern* (1920) dar. Die Tendenzen zur Synästhesie und zum Gesamtkunstwerk befördern diese Egalisierung von Sehen und Hören ebenso wie die Musikalisierung der Abstraktion. Durch die Einführung des Tonfilms 1928 wird die visuelle Dominanz des Stummfilms abgelöst, insbesondere das Radio entfaltet eine eigenständige akustische Kultur, die die Dominanz der bereits durchgesetzten visuellen Medien Fotografie und Film konterkariert. Die Entkörperung durch Abstraktion als Entwertung der äußeren Wahrnehmung wird im Radio perfektioniert durch die Konzentration auf das sinnliche Hören sowie dessen medientechnische Herstellung. Diese Distanzierung zwischen Stimme und Hörer macht die Rekorporierung einer »Physiognomik der Stimme« als »Ausdruckswahrnehmung« nötig (Meyer-Kalkus 2001, 2 f.), um die ursprüngliche Distanzlosigkeit des Hörens im Unterschied zum distanzierenden Sehen wiederherzustellen. Diese die mediale Distanz überwindende Verkörperung durch Projektion ist notwendig, um die Stimme der Autorität als »his master's voice«, wie Thomas A. Edison seinen Phonographen nennt (vgl. Umschlagbild bei Göttert 2004), oder als »Sound der Väter« bei Gottfried Benn (vgl. Lethen 2006) zu gewährleisten, wie dies später im Volksempfänger oder im Lautsprecher geschieht. Die mediale Entkörperung und kriegerische Entsinnlichung bedarf der Verkörperung durch Darstellungsformen, die diese Sinnlichkeit und Unmittelbarkeit wiederherstellen. Reproduktive Medien wie Film und Foto aber auch literarische Textsorten der Prosa simulieren und reproduzieren die Unmittelbarkeit des Hörens im inneren Monolog, im Hörspiel oder in radiophonen Formaten wie dem Feature oder dem Reportageroman Egon Erwin Kischs.

Abstraktion und Sinnlichkeit

Der Krieg und die Avantgarden bringen die sinnliche Wahrnehmung der äußeren Welt zum Kollabieren durch Lärm und visuelle Explosionen, die keine Gestaltwahrnehmung mehr zulassen. Dieser Verlust einer signifikanten sinnlichen Impression und Repräsentation wird zu ergänzen sein um die innere Konstruktion oder Projektion von Bildern wie in

Film und Radio, in denen der Wahrnehmungsvorgang des Sehens und Hörens nicht mehr natürlich, sondern künstlich durch den vermittelnden Apparat als neuartige »Uniformierung des Auges« (so Franz Kafka im Gespräch mit Gustav Janouch, zit. n. Greve 1976, 314) reguliert wird. Helmuth Plessner und Ernst Cassirer widmen diesem Dilemma anthropologische Theorien einer Kritik der Sinne (Cassirer) oder einer ›Ästhesiologie‹, die ausgehend von der modernen Sinnes- und Mediendifferenzierung nach der wiederherzustellenden koexpressiven *Einheit der Sinne* (Plessner 1923) in der Ganzheit der Gestalt fragt. Angesichts der beständig gesteigerten Mediendifferenz konstatiert Plessner eine partikularisierende Trennung der Sinne und der korrespondierenden Semantiken. Ist die Hörwelt unterschieden von der Sehwelt, was Stummfilm und Radio radikal vor Augen führen in ihrer monomedialen Isolierung auf einen sinnlichen Modus, so verbietet sich hierdurch jede ganzheitliche Weltsicht eines totalisierenden Blicks. Sind damit immer nur Ausschnitte wahrnehmbar, dann entspricht dieser Zerlegung auch die Körperzerteilung in Gesten. Ton- und Lautgesten spalten sich ab von Gesichtern oder mimischen Gesten und müssen im Zuge einer synästhetischen Koexpressivität durch den Rezipienten rekombiniert werden.

Ausdruck und Darstellungsmaske

Diese Zerteilung des Körperausdrucks in divergierende Einzelgesten des Hörens und Sehens überantwortet die Einheit der Sinne der besonderen Syntheseleistung der sprachlichen, literarischen oder theoretischen Darstellung. Mit dieser Überführung von Ausdruck in Darstellung wird Karl Bühler zu einem Begründer der modernen Sprachwissenschaft, vergleichbar der Begründung der Sprachphilosophie durch Ludwig Wittgenstein. Beide entstammen dem intellektuellen Biotop der Wiener Moderne, die ähnlich wie das Weimarer Jahrzehnt durch den Weltkrieg eingerahmt und bestimmt wird. So bewerkstelligt die Prosa der Kriegsromane durch Montage eine literarische Synthese der auseinanderfallenden Wahrnehmung und Erfahrung, die es aber nur im Text, nicht in der Realität gibt (s. Kap. II.4). Ähnlich wird die Gesichtskultur der 1920er Jahre ergänzt um einen physiognomischen Diskurs oder Literarisierungen des Gesichts bei Kafka.

Die Jahre der Weimarer Republik sind durch eine Prosaisierung und Episierung der Literatur gekennzeichnet: in Brechts epischem Theater ebenso wie in den Kurzprosaformen der Essayistik und Aphoristik, in der erzählenden Erinnerungsverarbeitung des Krieges oder der Diskursprosa der Theorien. Zu bestimmenden Gattungen der Poetologie und Ästhetik der Epoche werden Prosaformen, die in einem intermedialen Wechselspiel mit audiovisuellen sowie performativen Formaten die kulturelle Lebenswelt bestimmen. Hatte es in der Anthropologie des 18. und 19. Jahrhunderts eine Ausdruckstheorie gegeben, die in ihrem Anspruch, das Verhältnis von Ausdruck und Innerem zu erklären, die Transparenz von Körper und Seele voraussetzte, so erlebt diese monistische Anthropologie um 1900 ihren letzten Höhepunkt (Braungart 1995), um fortan von einer soziologischen Anthropologie verdrängt und ersetzt zu werden, die die Trennung von Innen und Außen, von Körper und Seele nachweist. Wird in der *Ausdruckstheorie* Karl Bühlers 1933 diese Defizitbilanz getätigt und in seiner einflussreichen Sprach- und Zeichentheorie überboten, so wird in den Schriften Plessners in den 1920er Jahren eine soziologische Anthropologie und Ästhetik entwickelt, die an die Stelle des Körperausdrucks des Inneren die Maskierungen des äußeren Körpers setzt. Zu diesen Maskierungen gehört auch die sprachliche Darstellung in theoretischen oder literarischen Prosatexten. Während Plessner den Ausdruck der geständnisfähigen Gemeinschaft zuordnet, gilt ihm die flexible Maske als Basis des Verhaltens in der modernen Gesellschaft, wodurch die Theorie eine politische Brisanz erhält (vgl. Plessner 2002). In seiner Dissertation von 1928 definiert Plessner die entsprechenden anthropologischen Grundgesetze von Immanenz, natürlicher Künstlichkeit und exzentrischer Positionalität (vgl. Plessner 1975).

Gestische Zerteilung

Hatte die Anthropologie um 1900 noch die Ganzheit des Körpers gekoppelt an die Ganzheit des Menschen, so zerfällt dieses Identitätskonstrukt im Expressionismus und mit den traumatisierten Kriegskrüppeln des Ersten Weltkriegs. Diese »Auflösung des Ich« (Gottfried Benn) wird seit 1918 ergänzt um die Prothesen, die die Körperzerstörungen und Amputationen künstlich ersetzen. Es handelt sich dabei durchaus um einen medialen Vorgang der »extensions of man« (Marshall McLuhan), so dass die Medialisierung des Menschen Voraussetzung der neu zu konstituierenden Anthropologie wird (vgl. Rieger

2000). Der Zerlegung des Körpers in Teile und deren künstliche Ersetzung entspricht die Aufwertung der beweglichen und teilbaren Geste als dem modernen Ausdrucksträger des Menschen in Differenz zur physiognomischen Ganzheit des Gesichts.

Im Unterschied zum feststehenden Gesichtsausdruck ist die Geste beweglich, modellier- und nachahmbar, was sie für Film und Theater geeignet macht. Insofern wird Brecht seine Theatertheorie und -praxis wie auch seine Lyrik der 1920er Jahre als ›gestisch‹ bezeichnen; Benjamin wird diese literarischen Experimente analysieren als gestisches Schreiben und Denken. Die Geste ist teilbar und deswegen genauer zu bestimmen; als Teil lässt sie sich versachlichen und verdinglichen etwa in Prothesen oder gestischen Zeichen. Damit ist die Geste anschließbar an die Sachen und Dinge, die in der Entwicklung der Fotografie (Stiegler 2006) wie der phänomenologischen Theorie mit ihrem Leitsatz ›Zurück zu den Sachen‹ in den 1920er Jahren eine zentrale Bedeutung haben.

Die Fotografie erfährt in den 1920er Jahren eine Wendung von der Nachahmung zur Kreation, von der Naturwissenschaft zur Ästhetik, vom bereits Gesehenen zum neuen und genauen Sehen, das immer auch verändert und eingreift, ordnet, aktive Wahrnehmung als Ästhetisierung und nicht nur passive Aufnahme ist (ebd., 196 f.). An die Stelle der expressionistischen Innerlichkeit oder des ganzheitlichen Diskurses von Anthropologie und Gemeinschaft setzt die neusachliche Anthropologie Plessners die Außenzentrierung durch die Gesellschaft und die Künstlichkeit der Maske. Maske und Geste sind sowohl für Film und Foto wie auch für Werbung und Mode die angemessenen anthropologischen Leitbegriffe. Die Geste entspricht in ihrer körperlichen Zerlegung der Zerteilung der Montage, die Maske der Künstlichkeit der Abstraktion, dem Affektbild korrespondieren die E-Motions der beweglichen Bilder der Movies.

Filmische und diskursive Einstellung

Filmtheorie beginnt nach 1918 mit Béla Balázs' *Der sichtbare Mensch oder die Kultur des Films* (1924) und reflektiert diesen Sachverhalt im Rahmen einer sozialanthropologischen Ästhetik, zu deren Vordenkern Georg Simmel, Georg Lukács, Bertolt Brecht, Walter Benjamin und Robert Musil gehören. Für Balázs verkörpert der Stummfilm zugleich ein neues Menschenbild durch die Beschränkung auf visuelle Oberflächen und körperlichen Ausdruck; dadurch findet eine Abspaltung der visuellen von der sprachlichen Kultur statt, die die daran gekoppelten Menschenbilder trennt. Während das bisherige sprachlich fundierte Menschenbild durch Ganzheit und Identität von Innen und Außen, Körper und Seele zu kennzeichnen ist, werden im Menschenbild des Films die bewegte Geste sowie die Physiognomie der Dinge und Gesichter profiliert. Wenn das Äußere den modernen Menschen dominiert, dann entfallen auch die bisherigen Deutungsmuster und -instanzen, so dass etwa Karl Bühler eine *Krise der Psychologie* (1933) konstatiert und mannigfache Versuche einer anthropologischen, phänomenologischen und soziologischen Erneuerung der Philosophie stattfinden.

Hatte das Gesicht in der bisherigen Bildkunst eine symbolische Referenz der Ähnlichkeit mit und auf Natur, so beginnt Balázs 1924 noch im Rahmen dieser Diskursform; doch in seinem zweiten Werk *Der Geist des Films* (1930) ändert sich die Argumentation dahingehend, dass nun die durch die Montage hervorgebrachten Ausschnitte des im Film dargestellten Körpers im Zentrum stehen sowie die hierdurch veränderte Wahrnehmung des Zuschauers. Sowohl für die filmische Darstellung gilt dabei das Prinzip der ausschnitthaften, gestischen und fragmentierten Einstellung wie auch für die entsprechende Wahrnehmungsweise des Zuschauers im Rahmen eines filmischen Wahrnehmungsdispositivs. Wie die Projektion verkoppelt die Einstellung die Perspektive der Kamera mit derjenigen des Zuschauers; diese Wahrnehmungsanordnung ist sinnstiftend, so dass die Einstellung in den Begriffen der Haltung oder des Habitus philosophisch transzendiert wird. Diese Abspaltung der sprachlosen »Kultur des anderen Zustands« von der normalen alltagskulturellen Wahrnehmung und Welthaltung bringt die filmische Medienkultur hervor, die andere philosophische, soziale und ästhetische »Haltungen« (Musil 1978, 1141) benötigt.

Anthropologie und Phänomenologie

Auch wenn Husserl das phänomenologische Konzept durch die Kriegserfahrung ändert, indem an die Stelle der natürlichen Einstellung die künstliche Einstellung tritt, bleibt eine Distanz zur Anthropologie bestehen sowie zu Medien und Problemen einer Krise der Kultur und der Wissenschaft. Dass die Dinge und Phänomene wesentlich nur als medialisierte, fotografierte oder literarisch beschriebene in den Fokus des phänomenologischen Blicks geraten, ist eine bei Husserl und einflussreichen Schülern wie Heidegger unterentwickelte mediale Reflexion. Während sich die Medien zur Autoritäts- und Realitätsinstanz emanzipieren, indem sie die Phänomene und Dinge sowie den Blick auf sie bzw. die Reflexion über sie bestimmen, reagieren einige Autoren ambivalent oder ignorant auf diese neue Realität, während andere die neue Entwicklung reflektieren.

Das Streitgespräch zwischen Heidegger und Cassirer in Davos 1929 erfasst diese Differenz zwischen ontologisch zu bestimmenden Sachen und deren medienkultureller Verformung und Erzeugung. Seine *Philosophie der symbolischen Formen* (1923) wird Cassirer später als anthropologischen *Versuch über den Menschen* (1944) epistemologisch genauer kennzeichnen. Dem *homo symbolicus* als beständig Zeichen, Bilder und Medien erschaffendem Wesen korrespondiert dabei in der Wissenschaft ein indirektes Verfahren. Denn die durch Vermittlungen geprägte Realität kann nie zur Substanz der Sachen vordringen, sondern immer nur künstliche Masken und mediale Oberflächen analysieren oder in den Wissenschaften die Diskurse und Denkstile, in die Sachverhalte eingebettet und inkorporiert sind. Die in den 1920er Jahren fortschreitende Medienkultur trifft also einerseits auf eine zusätzlich durch den Krieg verunsicherte traditionelle Wissenschaft, die mit den ›Ideen von 1914‹ diesen Krieg auch ideologisch vorbereitet hatte (vgl. Flasch 2000). Andererseits leitet eine neue Wissenschaft, die der Kriegserfahrung entspringt, etwa bei Ludwig Wittgenstein (vgl. Mayer 2010) und anderen eine kulturalistische Wende in den avancierten Diskursen der Kultur- und Wissenssoziologie ein (vgl. Lichtblau 1996).

Kultur und Sein

Die kulturwissenschaftliche Perspektivierung des Nachkriegs ermöglicht – anders als die vorwiegend politische, soziale und historische Perspektive – eine theoretische Aufwertung von ›Oberflächen‹ der sich ausbreitenden Medien- und Alltagskultur wie sie sich unter Bezeichnungen wie z. B. ›Angestellte‹, ›Bars‹, ›Bergsteigen‹, ›Boxen‹, ›Eisenbahn‹, ›Fernsprecher‹, ›Fließband‹, ›Flugzeug‹, ›Ingenieure‹, ›Lichtspielhäuser‹, ›Ozeandampfer‹, ›Reporter‹ etc. fassen lassen (vgl. Gumbrecht 2001, 5 f.) bis hin zum »schönen Schein des Dritten Reichs« (Reichel 1991). Cassirer formuliert dementsprechend als Ausgangs-

punkt einer kulturwissenschaftlichen Analyse der symbolischen Formen, dass die stetig sich vermehrenden Bilder der Empirie in geistige oder symbolische Bilder umgeformt werden müssen, um analysefähig zu sein. Dies impliziert eine Differenzierung und Multiplikation des Bildes in differierende Vorbilder, Menschenbilder, Körperbilder und entsprechende differierende Diskursformen einer Semantik über das Bild wie Filmtheorie, Bildwissenschaft oder Anthropologie.

Erinnerungs- und Bewegungsbilder sind ein Ordnungs- und Orientierungsvorschlag der entstehenden Ikonographie Aby Warburgs. Wenn Teil und Ganzes nicht mehr koinzidieren und Innen und Außen, Körper und Seele nicht mehr in einem transparenten Lesbarkeitsverhältnis zueinander stehen, macht sich Unverständnis breit wie angesichts der abstrakten Avantgardekünste. In vielfältiger Weise reagiert die Kultur der Weimarer Republik auf diese Herausforderung, etwa durch die Etablierung von Theorien des Verstehens innerhalb der Geistes- und Kulturwissenschaft oder der Soziologie. Die Gestalttheorie versucht als universelle Formtheorie eine Restitution von Ganzheit angesichts ihrer medienkulturellen Zerlegung. Das Feuilleton entwickelt eigene essayistische Formen der Kunst-, Film- und Medienkritik und damit, wie es Robert Musil 1925 nennt, »Ansätze zu neuer Ästhetik« (vgl. Musil 1978), die mit dem kritischen Räsonnement auch dem Orientierungsbedarf des wachsenden Publikums dient.

Charakter und Typologie

In den Körperausdruckstheorien von Theodor Lessing, Ludwig Klages oder Ernst Kretschmer wird der Charakter in der physiognomischen Theorietradition fortgeschrieben. Sie halten am Identitätsschema von Innen und Außen fest und behaupten die entsprechende Transparenz und Lesbarkeit (Person 2005). Diese monistische oder holistische Anthropologie entfaltet auch politische Wirkung, etwa im Rahmen der Kulturkritik der konservativen Revolution, deren wesentliche Grundsätze ebenfalls auf Ein- und Ganzheitlichkeit der Gemeinschaft und der Führer und Dichter setzen oder zumindest ein einheitliches Bild von ihnen entwerfen. Der vermeintlich authentische Blickkontakt der *Face-to-face*-Interaktion, der immer Bestandteil dieser Denkweise war, wird durch die neu entstehende Soziologie entwertet. Allein schon dadurch, dass der

Soziologe Charles H. Cooley die *Face-to-face*-Interaktion 1900 entdeckt, sie damit aber auch entnaturalisiert und reflektiert (vgl. Cooley 1902). Insbesondere die Ästhetisierung und Medialisierung der Lebenswelt ersetzen seit 1918 die direkte Kommunikation durch Körperausdruck und Blick, der der Status einer überzeitlichen anthropologischen Konstante entzogen wird. Werden Blick und Stimme durch Telefon oder Radio, Foto oder Film medialisiert, dann funktioniert Verständigung über vermittelte, distanzierte Kommunikation. Indem die neuen Medien die sichtbaren Phänomene und hörbaren Zeichen steigern, entsteht der Bedarf einer Ordnung dieser chaotischen Welt der zunächst bedeutungslosen Zeichen. Dieser Krise der symbolischen Repräsentation und Ordnung wird durch klassifizierende Typologien, Sammlungen, Atlanten und Archive begegnet. Die Archive, in denen die Fotos des Krieges gesammelt und geordnet werden, ermöglichen nach 1920 eine neue Art der fotografischen Erinnerung und medialen Verarbeitung der Kriegserfahrung (Holzer 2012, 15 ff.; Encke 2006).

Insofern sind in paradoxer Weise auch konservativen Theorien die Signaturen der Moderne eingeschrieben, wie z. B. das fotografische Detail oder die exakte Messbarkeit der grafischen Notation (Rieger 2000). Auch wenn theoretisch oder ideologisch an der *Ganzheit* des Menschen als Charakter festgehalten wird, obsiegt in den empirischen Untersuchungen das Interesse für die partikulare *Einzelheit*, etwa in der Wissenspraxis des genauen ärztlichen oder ethnologischen Blicks. Gesten sind durch Rahmung genau bestimmt und nicht fälschbar, konstatiert Benjamin mit Blick auf Brechts episch-gestisches Theater (Benjamin 1978, 19). In der Übertragung der Denkfigur der Gestalt auf Texte und andere Artefakte und Medien, die den geistes- und kulturwissenschaftlichen Diskurs zwischen 1900 und 1933 prägt, wird einerseits der Übergang von einem naturalistischen zu einem künstlichen Gestaltbegriff deutlich; andererseits dient diese Gestalt der Darstellung ähnlich wie die Typologie der Bilder der Orientierung und Reglementierung.

Vorbilder

Wird das Bild zum Film- oder Fotobild, dann wird der Bildbegriff kritisch reflektiert werden müssen, was in der Kunstwissenschaft insbesondere durch Aby Warburg und Erwin Panofsky geschieht, auch in einer intellektuellen und biografischen Krisenreak-

tion auf den Ersten Weltkrieg. Die Ganzheitlichkeit der Person im Porträt, die seit der Renaissance auch anthropologisch repräsentiert wurde, wird durch die Abstraktion im Kubismus oder die Montage im Surrealismus zerstört. Die naturalistische Bildform von Körper und Porträt wird zum Erinnerungsbild. Durch den Film werden Gesicht und Körper zum Bewegungsbild, was ihnen die gerahmte Statik des Porträts nimmt. Wird von Balázs gleichwohl die filmische Großaufnahme des Gesichts hervorgehoben, so findet im Sinne Kracauers in der Großaufnahme eine Restitution des Gesichts als filmische »Errettung der äußeren Wirklichkeit« als Verkörperung statt, die aber die soziale Entkörperung als kriegerische Verletzung oder großstädtische Anonymisierung des Gesichts voraussetzt (vgl. Kracauer 1964). Vor allem orientiert sich das Filmbild weniger an der mimetisch nachzuahmenden Vorlage als Referenz und Repräsentant, sondern sein Adressat ist der Zuschauer, der ›gefangen‹ werden soll und dessen Projektionen über das Dispositiv der Wahrnehmung im Filmbild freigesetzt werden.

Der Erste Weltkrieg als erster Krieg der Bilder trägt – zeichentheoretisch und epistemologisch verstanden – dazu bei, dass Status und Spezifik des Bildes mit der entsprechenden anthropologischen Semantik sich verändern. Bilder sind nicht mehr mimetische Nachbilder der Natur oder repräsentieren soziale Ordnungen, sondern medial erzeugte Vorbilder für ein Massenpublikum, das sich an ihnen nachahmend orientiert (Macho 2011). Die Kriegsfotografie entwickelt sich von einer rein militärtechnischen Notwendigkeit zu einem Mittel der Propaganda des Medienkriegs sowie der Medienöffentlichkeit (Holzer 2012, 32 ff.). Schönheitsideale werden von Stars vorgegeben ebenso wie die Moden der Kleidung, der Kosmetik oder der Körperbau der Sportler. Aber auch die Prothesen für die körperlichen Entstellungen sind vorgefertigt und die politische Werbegrafik von Heartfield und Grosz macht ideologische Vorgaben. Zwar steht das Gesicht im Zentrum der Weimarer Republik (Schmölders/Gilman 2000), doch ist es fotografisch oder filmisch hervorgebracht und gerinnt zum Typus, durch den erst die massenhafte Nachahmung möglich wird.

Die faciale Semantik verliert die individuelle Authentizität und Natürlichkeit, die bisher dem Gesicht und dem Körperausdruck zugesprochen wurden, und wird in ein weit gefächertes »Star-System« (Engell 1992, 110) im sich entwickelnden Film- und Mediensystem integriert. Auch das Star-System zielt auf die Typologie von Schönheitsidealen oder athleti-

schen Sportkörpern. In den Revuen und Tanztheatern der 1920er Jahre werden diese Prozesse populär
umgesetzt (Brandstetter 1995). Dazu gehören Werbung, Kosmetik, Mode, Styling, Bodybuilding und
andere ökonomische Faktoren. Dass *Amerika*, wie
Kafkas Roman 1927 heißt, sowie ein Amerikanismus diesen Prozess begleiten, wird von der konservativen Kulturkritik bemerkt und moniert.

Führerbilder

Dadurch verändert sich das Verhältnis von Ästhetik,
Kultur und Politik. Denn der »Dichter als Führer«
(Max Kommerell), den Stefan George im ästhetischen Fundamentalismus der konservativen Revolution repräsentiert oder Thomas Mann in den
Betrachtungen eines Unpolitischen (1918) ersehnt,
benötigt das fotografische Bild ebenso wie der politische Führer in spe, Hitler, dessen Gesicht vom Fotografen Heinrich Hoffmann und der Filmregisseurin
Leni Riefenstahl als Führerbild inszeniert wird. Führerbild und Charakter werden literarisch in der
Tradition der Physiognomik als geniehaft codiert
und prägen den demokratischen, bürgerlichen Diskurs der populären Presse und des Feuilletons
(Lange 2012; Leo 2013).

Die Leitbilder und Deutungsfiguren sind typologisch ausgewiesen als Genie, Führer oder charisma-
tischer Charakter; ihre mediale Semantik und diskursive Konstruktion erlaubt keine genaue politische Zuordnung. Die Differenzierung erfolgt über
die mediale Typisierung, so dass *Macht und menschliche Natur* (Plessner 1981) in eine neue Konstellation treten, bei der die sichtbare Äußerlichkeit der
Rolle oder des inszenierten Bildes entscheidenden
Einfluss gewinnen und menschliche Natur oder Gesellschaft als bestimmende Faktoren verdrängen
oder entwerten. Die Vorbilder sind dabei mit Denk-
mustern und Deutungsfiguren verflochten, die von
diversen publizistischen, literarischen und theoretischen Diskursen hervorgebracht werden und keine
distinkte Semantik erbringen. Die Verschränkung
von Medien-Bild und Text-Diskurs wurde diskurs-
und medienanalytisch im Sinne von Cassirers indi-
rekter oder Plessners vermittelter Methode bislang
noch nicht ausreichend untersucht. Hier ist künftig
einzusetzen, um die neue Macht der Bilder und Diskurse zu entschlüsseln, die sich in der Weimarer Republik ausbreitet.

Exzentrische Position

Plessner widmet sich in den 1920er Jahren dem Projekt, diese neuartige Konstellation von Körper und
Macht, Ästhetik und Politik zu reflektieren und in ein
modernes anthropologisches Konzept zu bringen.
Aufgrund einer Kritik an den Ansätzen Heideggers,
Schmitts und Schelers sowie einer Auseinandersetzung mit den populärwissenschaftlich-populisti-
schen Oppositionen Gesellschaft/Gemeinschaft sowie Freund/Feind kommt er zu einer kultur- oder
medienanthropologischen Fundierung von politischer Macht, die demokratisch den »Mensch als
Macht« durch das und als Medium (Plessner 1981,
185 f.) in den Mittelpunkt stellt und nicht charismatische Führer oder psychologische Charaktere
(s. auch Kap. IV.2). Diese Exponiertheit des Menschen macht sich geltend in seiner Entäußerungs-
und Ausdrucksfähigkeit, die Plessner aber kritisch
von den physiognomischen Ausdruckstypologien
absetzt (vgl. Plessner 2002). Es geht ihm nicht um
statische Bilder des Charakters oder des Führers,
sondern um den beweglichen Menschen als Medium, der sich situationsadäquat und sozialexpressiv
in immer anderen Maskierungen und Haltungen
zeigt und inszeniert. Insofern ist der Mensch als
»Mittel« und »Medium« (Plessner 1981, 186) außen-
und nicht innengeleitet, Verhalten und Haltung,
Habitus oder Einstellung werden entscheidend und
verdrängen psychologische Formen der Innerlichkeit wie Geständnis und Autobiografie, Gewissen
und Schuld. Körperliche und seelische Enthüllung
wird ersetzt durch die Schamkultur der Verstellung,
deren mediale Distanz erst eine Verständigung mit
dem Anderen ermöglicht, im Unterschied zur intimen Nähe, die die Angst vor dem Fremden als Feind
und so auch den Krieg hervorbringt. Damit entwickelt Plessner eine neue Typologie, die die Kreatur
des Kriegskrüppels, der in seiner nackten Körperlichkeit entblößt und entstellt wird, ersetzt durch die
kalte Person, die sich selbst und ihren Körper pan-
zert, sich verstellt und Angst überwindet (Lethen
1994).

Anthropologie und Ästhetik finden dort zusammen, wo der Mensch sich beständig künstlich verstellt oder künstlerisch maskiert, um dadurch seine
Natürlichkeit zu überformen und Künstlichkeit die
Maske der Natur zu verleihen, was ihm ein nicht
feindseliges soziales Verhalten durch indirekte Vermittlung und Distanzierung gegenüber dem Anderen ermöglicht. Mittel oder Medien dieses Vorgangs
der Maskierung können künstlerische Produkte

sein, aber auch solche der Medien- und Alltagskultur wie Kleidung oder nachgeahmte Vorbilder, künstlerische Herstellung wie auch mediale »*Wieder*herstellung« (Plessner 1981, 199) und mimetisches Verhalten. Die kreative Explosion der Avantgarden seit 1910, die an die Stelle der Nachahmung des Äußeren die Projektion durch innere Bilder setzt, wird von Plessner ins soziale Verhalten übersetzt. Dort entspricht der Distanz zum Anderen die Abstraktion vom Äußeren der Natur in den Künsten, eine Parallele zwischen abstrakter Avantgarde und sozialer Distanz, die Plessner wie auch Adorno oder Gehlen gesehen haben.

Verhaltenslehre und soziale Ästhetik

In der Zwischenkriegszeit geschrieben und somit in direkter Kriegsverarbeitung das Weimarer Ende voraussehend, versteht Plessner seine Anthropologie als politische Handlungsanweisung und soziale Verhaltenslehre (Lethen 1994). Genauer noch, indem der Mensch als exzentrisch und in beständiger Verformung befindlich bestimmt wird, wird diese Medialisierung Basis von sozialem Verhalten und politischem Handeln. Umgekehrt werden Ästhetik und Literaturtheorie sich abwenden von jeder Form des *l'art pour l'art* autonomer Kunst, sei es ästhetizistisch oder avantgardistisch, und sich hinwenden zu einer *l'art social et industriell*.

Seit 1918 wird die Kombination von Soziologie und Ästhetik, die seit den Anfängen der Soziologie als Wissenschaft etwa bei Simmel um 1900 eng mit der kulturellen Moderne verwoben war, nun zur Wirklichkeit der Medien- und Lebenskultur depotenziert (Lichtblau 1996). Die Durchdringung von Soziologie und Ästhetik auf theoretischer Ebene führt zur Ästhetisierung und Medialisierung der Lebenswelt auf praktischer und sozialer Ebene. Im 1919 gegründeten Bauhaus kann man diese Soziologisierung der Ästhetik, die Funktionalisierung von Kunst für den Alltag und den kunsthandwerklichen Gebrauch ebenso feststellen wie in der Wertschätzung des sozialen Gebrauchswerts in der Literaturtheorie Brechts oder in den Popularisierungen der Avantgarde in der Fotomontage der Werbegrafik oder der Propaganda. Der Schauspieler ist der anthropologische Typus, der diese Konstellation personifiziert. Er wird seit Nietzsche deswegen zur Inkarnation von Modernität, zur Ikone einer kulturellen Moderne, die die Tendenzen der Theatralisierung der Politik oder der Inszenierung der Lebenswelt mit

einschließt. Die naturalistischen, expressionistischen und epischen Theaterreformen der kulturellen Moderne zwischen 1890 und 1933 sind gekennzeichnet durch eine Tendenz zur gestischen Körperlichkeit der Performanz, die zum anderen sozial- und kulturanthropologisch rückgebunden wird in entsprechenden Diskursen. Einflussreich dabei sind diverse Bildungsreformbewegungen wie das das Konzept der ›ästhetischen Erziehung‹ propagierende pädagogische Engagement Wilhelm Flitners oder die Anthroposophie Rudolf Steiners.

Gestisches und episches Theater

Benjamin, einer der ersten Interpreten von Brechts epischem Theater, seines Aufsatzes »Über reimlose Lyrik mit unregelmäßigen Rhythmen« aus der *Hauspostille* (1927) und des *Lesebuchs für Städtebewohner* (1930), bestimmt die Neuerungen dieser Formen als gestisch und zeigend (Benjamin 1978, 19). Ursprung sei wie bei Kafka das Staunen, das Fremdheit voraussetze, als soziale Basis der Verfremdung im Theater. Die Transparenz von Innen und Außen im Im- oder Expressionismus wird ersetzt durch die distanzierte und maskierte Darstellungsweise des Schauspielers, die Einfühlung verhindern soll. Schließt Brecht dabei an die Überlegungen zur Projektion und Abstraktion der Einfühlung an, so lesen sich seine literatur- und theatertheoretischen Überlegungen wie eine Anwendung der Anthropologie Plessners, verklammern sie doch sozialanthropologische Theorie mit sozialer oder soziologischer Ästhetik. Führt die Verfilmung der *Dreigroschenoper* zu einem *Dreigroschenprozess* (1931), der medienästhetisch die mangelhafte filmische Umsetzung beklagt, so ist das Buch ein soziologisches Experiment, das die neue intermediale Anordnung von Oper, Roman und Film um den Diskurs der Soziologie erweitert. Typen und Haltungen stehen dabei im Mittelpunkt sowie eine Orientierung an der medialisierten Lebenswelt der symbolischen Ordnung und Körperkultur der Äußerlichkeit des Habitus, also des Sports, der Mode, der Presse, Medien und Werbung.

Die amerikanischen Ursprünge dieser Medienkultur, deren Versatzstücke wie Songs oder der Atlantikflug Charles Lindbergs zu einem Experimentierfeld des epischen Theaters und seiner Vorform in den *Lehrstücken* der 1920er Jahren werden, sind Brecht bewusst. Die Distanz, die Brecht für den Erfolg seiner Belehrungen einfordert, entspricht sowohl der Distanz, die Medien zum Anderen und zum Körper etablieren wie auch der kalten Distanzkultur Plessners. Dabei soll intermedial und synästhetisch das Gesamtkunstwerk Oper reformiert werden, indem die schockartigen Unterbrechungen der Montage einerseits der Distanzierung dienen und andererseits durch Musik und Masken die popularisierende und belehrende Wirkung des Theaters ermöglicht wird. Benjamin hat Brecht und Kafka zusammengeführt, dadurch dass er beider Schreiben unter den Begriff des ›Staunens‹ fasste: Staunen vor der unverständlich gewordenen Moderne, deren Wahrnehmung Bilder und Gesten liefert, die im Akt des Schreibens und Denkens eine deskriptive Genauigkeit und exakte Darstellung, aber kein hinreichendes und expliziertes Verständnis erhalten, so dass der Leser und Zuschauer ins Staunen gebracht wird und aktiv am Verstehens- und Wahrnehmungsvorgang partizipiert.

Literatur

Andriopoulos, Stefan/Dotzler, Bernhard J. (Hg.): *1929. Beiträge zur Archäologie der Medien.* Frankfurt a. M. 2002.

Ausstellungskatalog »1917«. Centre Pompidou, Metz 2012.

Becker, Sabina: *Neue Sachlichkeit.* 2 Bde. Köln/Weimar/Wien 2000.

Benjamin, Walter: *Versuche über Brecht* [1966]. Frankfurt a. M. 1978.

Bertschik, Julia: *Mode und Moderne. Kleidung als Spiegel des Zeitgeistes in der deutschsprachigen Literatur (1770–1945).* Köln/Weimar/Wien 2005.

Beyme, Klaus von: *Das Zeitalter der Avantgarden. Kunst und Gesellschaft 1905–1955.* München 2005.

Bollenbeck, Georg: *Tradition, Avantgarde, Reaktion. Deutsche Kontroversen um die kulturelle Moderne 1880–1945.* Frankfurt a. M. 1999.

Brandstetter, Gabriele: *Tanz-Lektüren. Körperbilder und Raumfiguren der Avantgarde.* Frankfurt a. M. 1995.

Braungart, Georg: *Leibhafter Sinn. Der andere Diskurs der Moderne.* Tübingen 1995.

Brecht, Bertolt: Der Dreigroschenprozeß. Ein soziologisches Experiment [1931]. In: Ders.: *Gesammelte Werke.* Bd. 18. Schriften zur Literatur und Kunst I. Frankfurt a. M. 1967, 139–209.

Breuer, Stefan: *Ästhetischer Fundamentalismus. Stefan George und der deutsche Antimodernismus.* Darmstadt 1995a.

Breuer, Stefan: *Anatomie der konservativen Revolution.* Darmstadt 1995b.

Cooley, Charles H.: *Human Nature and the Social Order.* New York 1902.

Delabar, Walter: *Klassische Moderne. Deutschsprachige Literatur 1918–33.* Berlin 2010.

Döblin, Alfred: *Schriften zu Ästhetik, Poetik und Literatur.* Hg. von Erich Kleinschmidt. Olten/Freiburg i. Br. 1989.

Doerry, Martin: *Übergangsmenschen. Die Mentalität der Wilhelminer und die Krise des Kaiserreichs.* Weinheim/München 1986.

Elsaesser, Thomas/Hagener, Malte: *Filmtheorie zur Einführung.* Hamburg 2007.

Encke, Julia: *Augenblicke der Gefahr. Der Krieg und die Sinne.* München 2006.

Engell, Lorenz: *Sinn und Industrie. Einführung in die Filmgeschichte.* Frankfurt a. M. 1992.

Fähnders, Walter: *Avantgarde und Moderne 1890–1933.* Stuttgart/Weimar 1998.

Fischer-Lichte, Erika: *Ästhetik des Performativen.* Frankfurt a. M. 2004.

Flasch, Kurt: *Die geistige Mobilmachung – Die deutschen Intellektuellen und der Erste Weltkrieg. Ein Versuch.* Berlin 2000.

Göttert, Karl-Heinz: *Geschichte der Stimme.* München 2004.

Greve, Ludwig: *Hätte ich das Kino! Der Schriftsteller und der Stummfilm.* Stuttgart 1976.

Gumbrecht, Hans Ulrich: *1926. Ein Jahr am Rand der Zeit.* Frankfurt a. M. 2003 (amerik. 1997).

Holzer, Anton: *Die andere Front. Fotografie und Propaganda im Ersten Weltkrieg.* Darmstadt 2012.

Horn, Eva: Krieg und Krise. Zur anthropologischen Figur des Ersten Weltkriegs. In: Gerhart von Graevenitz (Hg.): *Konzepte der Moderne.* Stuttgart/Weimar 1999, 633–654.

Jünger, Ernst (Hg.): *Das Antlitz des Weltkriegs.* München 1930.

Koch, Lars: *Der Erste Weltkrieg als Medium der Gegenmoderne. Zu den Werken von Walter Flex und Ernst Jünger.* Würzburg 2006.

Köppen, Edlef: *Heeresbericht.* Hörbuch unter der Regie von Andreas Karmers. Königs Wusterhausen 2012.

Koschorke, Albrecht: Moderne als Wunsch. Krieg und Städtebau im 20. Jahrhundert. In: Gerhart von Graevenitz (Hg.): *Konzepte der Moderne.* Stuttgart/Weimar 1999, 656–674.

Kracauer, Siefried: *Theorie des Films. Die Errettung der äußeren Wirklichkeit.* Frankfurt a. M. 1964.

Lange, Carolin Dorothée: *Genies im Reichstag. Führerbilder des republikanischen Bürgertums in der Weimarer Republik.* Hannover 2012.

Leo, Per: »*Der Wille zum Wesen«. Weltanschauungskultur, charakterologisches Denken und Judenfeindschaft in Deutschland 1890–1940.* Berlin 2013.

Lethen, Helmut: *Verhaltenslehren der Kälte. Lebensversuche zwischen den Kriegen.* Frankfurt a. M. 1994.

Lethen, Helmut: *Der Sound der Väter – Gottfried Benn und seine Zeit.* Berlin 2006.

Lichtblau, Klaus: *Kulturkrise und Soziologie um die Jahrhundertwende. Zur Genealogie der Kultursoziologie in Deutschland.* Frankfurt a. M. 1996.

Lickhardt, Maren: *Irmgard Keuns Romane der Weimarer Republik als moderne Diskursromane.* Heidelberg 2009.

Macho, Thomas: *Vorbilder.* München 2011.

Mann, Heinrich: *Der Untertan* [1914]. Frankfurt a. M. 2008.

Mayer, Mathias, *Der Erste Weltkrieg und die literarische Ethik. Historische und systematische Perspektiven.* München 2010.

Meyer-Kalkus, Reinhart: *Stimme und Sprechkünste im 20. Jahrhundert.* Berlin 2001.

Möbius, Hanno: *Montage und Collage: Literatur, bildende Künste, Film, Fotografie, Musik, Theater bis 1933.* München 2000.

Müller-Tamm, Jutta: *Abstraktion als Einfühlung. Zur Denk-*

figur der Projektion in Psychophysiologie, Kulturtheorie, Ästhetik und Literatur der frühen Moderne. Freiburg 2005.

Musil, Robert: Ansätze zu neuer Ästhetik. Bemerkungen über eine Dramaturgie des Films [1925]. In: Adolf Frisé (Hg.): *Musil. Gesammelte Werke*, Bd. 2. Reinbek bei Hamburg 1978, 1137–1154.

Person, Jutta: *Der pathographische Blick. Physiognomik, Atavismustheorien und Kulturkritik 1870–1930.* Würzburg 2005.

Plessner, Helmuth: *Die Stufen des Organischen und der Mensch. Einleitung in die philosophische Anthropologie* [1928]. Frankfurt a. M./New York ³1975.

Plessner, Helmuth: Macht und menschliche Natur. Ein Versuch zur Anthropologie der geschichtlichen Weltansicht [1931]. In: Günter Dux/Odo Marquard/Elisabeth Ströker (Hg.): *Gesammelte Schriften V: Macht und menschliche Natur.* Frankfurt a. M. 1981, 135–235.

Plessner, Helmuth: *Die Grenzen der Gemeinschaft. Eine Kritik des sozialen Radikalismus* [1924]. Frankfurt a. M. 2002.

Reichel, Peter: *Der schöne Schein des Dritten Reichs. Gewalt und Faszination des deutschen Faschismus.* München 1991.

Rieger, Stefan: *Die Individualität der Medien. Eine Geschichte der Wissenschaften vom Menschen.* Frankfurt a. M. 2000.

Riesman, David: *Die einsame Masse.* Reinbek bei Hamburg 1986 (amerik. 1950).

Schmölders, Claudia/Gilman, Sander L. (Hg.): *Gesichter der Weimarer Republik: Eine physiognomische Kulturgeschichte.* Köln 2000.

Stiegler, Bernd: *Theoriegeschichte der Photographie.* München 2006.

Zischler, Hanns: *Kafka geht ins Kino.* Reinbek bei Hamburg 1998.

Andreas Käuser

6. Der Einbruch des Krieges in die künstlerische Form

Für Literaturwissenschaft und Kulturgeschichte ist der Erste Weltkrieg vorwiegend dort zum Thema geworden, wo er in der Literatur selbst als Sujet in den Vordergrund trat. Das war zum einen in der kriegsbegeisterten Mobilmachungslyrik, an der sich auch renommierte Dichter wie Hauptmann, Hofmannsthal oder Rilke beteiligt hatten; zum anderen in den Kriegsbüchern und Romanen der späteren Weimarer Republik, die sowohl seitens linkspazifistischer Autoren (Remarque, Arnold Zweig, Renn, Köppen, Plievier) wie auch von Vertretern der ›konservativen Revolution‹ (wie Freyer, Niekisch und vor allem Ernst Jünger) vorgelegt wurden (Vondung 1980; Travers 1982; Vogl 1983; Schneider 1999; Koch 2007; Schöning 2009; s. auch Kap. II.4).

In erweiterter Perspektive fungiert der Krieg als eine kulturhistorische Zäsur und als hilfreicher Markstein für Periodisierungsfragen. Die einprägsamen Grenzjahre 1914 und 1918 markieren eine Epochenschwelle, jenseits derer bestimmte Wahrnehmungs- und Erfahrungsmuster samt der von ihnen getragenen literarischen Formen ihre Bedeutung verlieren bzw. nicht mehr ungebrochen reproduziert werden können. Walter Benjamin sprach im Nachkrieg von einer »Krise der Erfahrung« unter den zutiefst verstörten Frontheimkehrern; als Krise des Erzählens oder »Romankrise« (Otto Flake) prägt sie auch das Selbstverständnis und das Gestaltungsbewusstsein der nachnaturalistischen, nachimpressionistischen usw. Moderne. In der Prosa, die sich in eine verschärfte Konkurrenz zu den aktuellen, stilistisch offenen Formen des Films und der Zeitungsreportage versetzt sieht, dominiert in den 1920er Jahren zunehmend der *work-in-progress*-Charakter und die Selbstreflexion der literarischen Produktion. Der neutrale Sammelbegriff des Schriftstellers (*poets, essayists, novelists*) ersetzt – freilich weder reibungslos noch vollständig – das traditionelle, mit hierarchischen oder gar metaphysischen Wertvorstellungen besetzte Bild des ›Dichters‹ als Priester, Künder und Meister (*poeta vates*). In Jahren kurz, aber habituell und stilgeschichtlich gewaltig ist der Weg von Stefan George zu Bertolt Brecht.

Im Hinblick auf die kulturelle Bedeutung des Ersten Weltkriegs und seine Folgen für das Geistesleben, die Literatur und die anderen Künste kann man die Kriegsjahre von 1914 bis 1918 als eine komprimierte, lang anhaltende Makrozäsur beschreiben; als eine Bruchlinie, an der traumatische Gewalterfahrungen angelagert sind, mit der zugleich aber auch bis dahin noch unterschwellige Modernisierungstendenzen sich manifestieren. Seit August 1914, als deutsche Dichter, Literaten, Philosophen und Gelehrte in überwiegender Mehrheit sich in den Dienst von Mobilmachung und Parteinahme gestellt, viele sogar eigens ersonnene Kriegsgesänge angestimmt hatten, war in den Arbeiten der meisten Schriftsteller und Künstler die eigene Produktion unter das Zeichen des Krieges gerückt und jedes andere Thema aus den Geschäften des Tages verdrängt worden.

Es waren schlechte Zeiten für längerfristige Schreibprojekte und für dichterische Inspirationen, die auf Reise- und Gedankenfreiheit angewiesen waren. Thomas Manns anfangs als Novelle konzipierte, dann in Umfang und Tragweite zum Roman anwachsende Erzählung vom Schweizer Lungensanatorium auf dem Davoser »Zauberberg« ruhte ab Juli 1914 – zugunsten kleinerer publizistischer Arbeiten, ehe dann über Jahre die Schreibdisziplin des Autors für die *Betrachtungen eines Unpolitischen* (1918) reserviert war. An eine Rückkehr zum *Zauberberg*-Komplex war erst wieder, unter gründlich veränderten Vorzeichen, im Jahr 1919 zu denken. Ebenso ruhten bis auf weiteres die in verschiedene Richtungen weisenden Romanpläne des erst im Frühjahr 1914 zum Redakteur von S. Fischers *Neuer Rundschau* bestellten Robert Musil, und es stagnierte auch Hugo von Hofmannsthals 1907 begonnener, bis zum vorläufigen Abbruch der Niederschrift im Sommer 1913 in immer neuen Ansätzen und unter wechselnden Titeln verfolgter Venedig-Roman *Andreas* (1932 postum als Fragment erschienen). Für lange Zeit unterbrochen war die eigentümliche Sogkraft, mit der Rainer Maria Rilke den auf Schloss Duino an der Adria ertasteten Anfängen eines sich ins Zyklische auswachsenden Elegienwerks gefolgt war. Franz Kafka hingegen wird vom Datum des Kriegsausbruchs, seiner bekannten Tagebuchnotiz zufolge, weniger tangiert als dann zweieinhalb Jahre später vom Ableben des österreichisch-ungarischen Monarchen, dem er in der Parabel *Eine kaiserliche Botschaft* (1919) exotisch verschobenen Ausdruck gibt, indem er die »Botschaft« vom Sterbebett des Kaisers an der undurchmesslichen Weite des Raumes scheitern lässt.

Der Kriegs-›Ausbruch‹ im Sommer 1914 war für die Schriftsteller überwiegend ein von außen und unerwartet über sie hereinbrechendes, gewaltsames Ereignis, das ihre laufenden Schreibarbeiten jäh unterbrach und sie mit einem gesellschaftlichen Ausnahmezustand nie gekannten Ausmaßes konfrontierte. Es war schlichtweg unmöglich, dem drangvollen Zeitgeschehen nun *nicht* seine primäre Aufmerksamkeit zu widmen und zur allgemeinen Kriegseuphorie selber Stellung zu beziehen – ganz abgesehen von den unmittelbar praktischen Fragen wie derjenigen, wer allenfalls selbst mit einer Einberufung oder sogar mit einem Fronteinsatz zu rechnen hatte. Und doch, trotz der Vehemenz des ›Augusterlebnisses‹, von der viele Zeitzeugnisse und Tagebucheinträge künden, war es zu dieser Eruption der Gewalt in einem großen europäischen Krieg keineswegs ohne Vorboten gekommen. Nicht nur die expressionistische Generation hatte in ihrer schwermütigen Bildsprache (Georg Trakl) und in ihrem zivilisationsmüden Aufbegehren (Georg Heym) schon in den Vorkriegsjahren eine ›Neigung zum Kriege‹ artikuliert; auch in Thomas Manns *Tod in Venedig* (1912) scheint die Entgrenzungssehnsucht und Gewaltphantasie einer bildungsbürgerlichen Verfallsbewegung eingefangen, der in Heinrich Manns *Der Untertan* (1914) die sozialgeschichtlichen Befunde eines grotesken, autoritätshörigen Obrigkeitssystems zur Seite gestellt werden.

In einem furiosen Romanfinale lässt Heinrich Mann seine Symptomdiagnose der wilhelminischen Epoche auf die hochpathetische Einweihung eines Kaiserdenkmals zulaufen, der wiederum ein lange dräuender, verheerender Gewittersturm den plötzlichen Garaus bereitet, so dass die Kaiser-Huldigung, mit fast prophetisch strafender Gerechtigkeit, in bizarrem Tumult und allgemeiner Auflösung endet. Als Gewitterausbruch, Donnerschlag und eruptives Großereignis wird der überraschende Beginn des Weltkriegs im Nachhinein in einigen Romanwerken figurativ gedeutet (neben Thomas Manns 1924 veröffentlichtem Roman *Der Zauberberg* etwa sind Josef Roths *Radetzkymarsch* von 1932 und Robert Musils 1921 begonnenes Werk *Der Mann ohne Eigenschaften* zu nennen), während Heinrich Mann das apokalyptische Szenario in *Der Untertan* (seinerzeit noch nicht auf konkrete historische Geschehnisse gemünzt) bereits in den letzten Monaten vor dem Kriegsbeginn beendet hatte. Auch Karl Kraus hatte

in seiner Zeitschrift *Die Fackel* in den letzten Vorkriegsjahren mehrfach die apokalyptischen Erwartungen und Deutungsmuster der Zeit aufgenommen – und dabei die mangelnde Fähigkeit der alten K.u.k.-Gesellschaft, sich das Vernichtungspotential eines kommenden Krieges konkret vorstellbar zu machen, aufs Schärfste kritisiert. Nach Ende des Krieges rückt Kraus in seinem enzyklopädischen Drama *Die letzten Tage der Menschheit* (1922) nochmals die Diskrepanz zwischen alltäglichem Gewohnheitstrott und phrasenhafter Geschichtsmetaphysik ins Scheinwerferlicht, um zu erklären, wie etwas, das nachträglich angeblich alle immer schon hatten kommen sehen, überhaupt ohne große Gegenwehr tatsächlich geschehen konnte. Der Kaiser sagt in ultimativer Ratlosigkeit, was schließlich sogar Gott selbst wiederholt, die den Geltungsverlust des souveränen Ich gleichsam unfreiwillig affirmierende Phrase: »Ich hab es nicht gewollt« (Kraus 1986, 770).

Vor und nach dem ›Datum‹ des Krieges wurden also literarische Perspektivierungen einer geschichtlichen Optik entworfen, die in ihren Rückblenden und Vorausdeutungen just mit der Vorher-Nachher-Differenz realgeschichtlicher Perspektiven arbeiten, indem sie diese thematisieren oder sogar in Frage stellen. Hier wird eine analytische Kompetenz insbesondere der retrospektiven fiktionalen Erzählmuster erkennbar, die im Hinblick auf den Ersten Weltkrieg als eine der wichtigsten, langfristig folgenreichsten Funktionen literarischer Kriegsdarstellung anzusehen ist. Doch war der Krieg, der dann tatsächlich kam, mehr als vier lange Jahre dauerte und jeder der hauptbeteiligten europäischen Nationen Millionen an Toten und Verwundeten abforderte, durchaus nicht der kulturell ›irgendwie‹ erwartete oder erahnte Krieg, und er war auch nicht (oder nur ganz am Anfang) der Krieg, den der Zivilisationsüberdruss und die Tatsehnsucht mancher kulturellen Strömungen der sogenannten ›Jungen Generation‹ (etwa unter den Expressionisten, Futuristen oder den deutschnationalen Teilen der Jugendbewegung) herbeigeredet hatten. Von dem Ausmaß an technisch und zahlenmäßig entfesselter Gewalt, von der Länge der Kampfhandlungen und auch von ihrer (zumindest im Westen) territorialen Folgenlosigkeit wurden selbst die politischen und militärischen Protagonisten völlig unvorbereitet getroffen. Desto überraschter und geschockter waren die einfachen Kriegsteilnehmer und auch die Zivilbevölkerung.

Geschichte ist, was einzutreten »eigentlich keinen rechten Grund hat«, heißt es in Robert Musils *Mann ohne Eigenschaften* (1978a, 134). Der tatsächliche

Kriegsverlauf ist, als Gegenstand literarischer Geschehensdarstellung in die erwähnten Vorher-Nachher-Differenzen aufgespannt, ein Problem der in multifaktorielle Determinanten verflochtenen, geschichtlichen Kontingenz; er umfasst all das, was in der Konkretheit seines Eintretens nicht vorherzusehen und selbst im Nachhinein nicht zwingend herzuleiten ist. In und mit dem Krieg werden spezifische Erscheinungsformen der Moderne wie etwa die wachsende Rolle von Technik und Mechanisierung, die Massengesellschaft, das Vordringen statistischer Gesetzmäßigkeiten und die Entwertung individueller Schicksale erstmals für größere Bevölkerungsgruppen am eigene Leibe erfahrbar. Die gesellschaftliche Erschütterung, die bei den Mittelmächten oberflächlich im Abdanken der Monarchien und im Neuzuschnitt der Staatsgrenzen Ausdruck findet, reicht tief; sie hat grundstürzende, in ihrer Tragweite noch unabsehbare Veränderungen auch der Bildungsstrukturen, der Geschlechterverhältnisse und des wirtschaftlichen Gefüges zur Folge.

In den sogenannten ›Kriegsbüchern‹, den mit Ernst Jüngers *Stahlgewittern* (1920) einsetzenden, gegen Ende der 1920er Jahre dann in vermehrter Zahl publizierten epischen Darstellungen des Frontgeschehens (Remarque, Renn), meldet sich, gegen das Vergessen und die Abstraktion gerichtet, von Seiten der Kriegsteilnehmer selbst ein Beharren auf der sinnlichen Konkretion des durchlebten Kampfes zu Wort (s. Kap. II.4). Sie reklamieren Aufmerksamkeit und Mitgefühl für eine Generation, die, wie es Remarque in der Vorrede seines berühmten Buches *Im Westen nichts Neues* ausdrückte, »vom Kriege zerstört wurde – auch wenn sie seinen Granaten entkam« (Remarque 1929, 5). Doch sind die direkten Thematisierungen des Krieges durch diese Fokussierung auf das unmittelbare Erleben der Beteiligten meistens in ihren ästhetischen Mitteln und (mit Ausnahme Jüngers und Köppens) oft auch in ihrer analytischen Tragweite stark beschränkt. Die prinzipielle Aporie der ›Kriegsbücher‹ aber liegt darin, dass sie einerseits den gleichsam ›exterritorialen‹ Status des Krieges, seiner Regeln und seiner Erfahrungswelt um ihrer eigenen ästhetischen Wirkung willen in drastischer Schärfe darlegen, ja überpointieren müssen, während sie andererseits in den späteren Jahren der Weimarer Republik um die Anschlussfähigkeit dieses thematischen Profils für die Diskurssituation einer sich rasch wandelnden Gegenwart besorgt sein müssen (vgl. Müller 1986).

Tiefgreifender kommt deshalb die kulturelle Bedeutung der Kriegsjahre und -erfahrungen in solchen literarischen Gestaltungsformen zum Ausdruck, die sich nicht oder nicht primär mit den Fronterlebnissen und dem direkten Kampfgeschehen beschäftigen, sondern nach der gesellschaftlichen ›Einbettung‹ und den Folgen dieses Ausnahmezustandes fragen. Von jener expliziten, auf äußere Handlung orientierten Adressierung des Krieges, wie sie in den Kriegsbüchern von Jünger, Renn, Köppen und Remarque statthat (die für die Aktualität der kontroversen politischen Situation Ende der 1920er Jahre durchaus von hoher Relevanz waren), sind deshalb jene komplexeren literarischen Gestaltungen abzugrenzen, die sich (a) auf die symptomalen Erscheinungsformen des Krieges beziehen, (b) auf das analytische Verständnis der geschichtlichen Verlaufsweisen und gesellschaftlichen Bedingungen und (c) auf die durch den Krieg als Katalysator induzierte poetologische Erweiterung des zeitgenössischen Wirklichkeitsverständnisses.

Die genuin *ästhetischen* Reaktionen von Literatur und Kunst auf die darstellerische Herausforderung des Krieges sind demnach nachzuzeichnen in den drei Hauptformen (a) der symptomalen Inkorporation, (b) der analytischen Rekonstruktion und (c) der poetisch-poetologischen Assimilation. In diesen Bereichen nimmt eine strukturelle ›Folgenabschätzung‹ des Krieges den Platz der expliziten Thematisierung ein. Es ist hier zu zeigen, dass und wie in den ästhetischen Reaktionen auf den Weltkrieg vorwiegend diese tiefenstrukturelle Auffassung der Bedeutung des Krieges als eines Kulturbruchs nachhaltige Konsequenzen gezeitigt hat. Indem der Krieg von einem äußerlichen Gegenstand sich wandelt zum inkludierten Movens symptomaler, analytischer und poetologischer Ausgestaltung, hat die Zäsur der Jahre 1914 bis 1918 wesentlichen Anteil an der mit dem Sammelbegriff der kulturellen Moderne umschriebenen Neuausrichtung von Literatur und Kunst.

Krieg der Symptome (Gottfried Benn, Carl Einstein, Carl Sternheim, Alfred Döblin)

Gottfried Benns ›Rönne-Novellen‹

»Rönne, ein junger Arzt, der früher viel seziert hatte«, unternimmt eine Bahnreise durch Deutschland, um in einer entfernt gelegenen medizinischen Anstalt den Chefarzt auf einige Wochen zu vertreten. So beginnt Gottfried Benns im Juli 1914 entstandene Erzählung *Gehirne*, das erste Prosastück der sogenannten ›Rönne-Novellen‹. Die Skepsis und lakonische Kälte des Dr. Rönne richtet sich sowohl gegen das humanistische Ethos des Mitgefühls wie gegen die im medizinischen Routinebetrieb erfolgte professionelle Abstumpfung. Die Handlung basiert, was das Äußerliche angeht, auf autobiographischen Elementen (vgl. Brode 1978; Ridley 1990; Lethen 2006; Hof 2011) und geht auf Gottfried Benns eigene, umfangreiche Obduktionserfahrungen im Berliner Westend-Klinikum 1913, seine auf eigenen Wunsch erfolgten mehrfachen Versetzungen und seine Vertretungszeit in einer Lungenheilanstalt im Fichtelgebirge zurück. Der 1915 in der expressionistischen Zeitschrift *Die weißen Blätter* erschienene Text *Gehirne* lässt Motive anklingen, die über das individuelle lebensgeschichtliche Material hinaus eine Verdichtung der Zeit und ihrer kulturellen Tendenzen vornehmen – einiges davon im Vorgriff auf Erfahrungen, die kurze Zeit später in der Mobilmachung und an der Front allgemein wurden. Die Eisenbahnreise weithin über Land tritt an die Stelle eigenen Handelns: »Jetzt saß er auf einem Eckplatz und sah in die Fahrt.« Die Flucht der rasch wechselnden Eindrücke bebt im Rhythmus der Räder und Schienen; »[…] ich will mir jetzt möglichst vieles aufschreiben, damit nicht alles so herunterfließt« (Benn 1987a, 29). In Benns ›Sekundenstil‹ (wie mit einem Konzept des Naturalismus gesagt werden könnte) richten sich die Sätze und ihre Impulse auf die bloße Abfolge der mechanischen Bewegung. Was über die eigene Arbeit und die Atmosphäre des Schauplatzes zu sagen ist, kann an Äußerlichkeiten ausgerichtet werden; zwar müssen Worte gemacht, gefunden werden, doch wie stark und unbeirrbar sind dagegen die Befestigungen, Vorrichtungen und Hebel der Apparate: »[…] es tat ihm wohl, die Wissenschaft in eine Reihe von Handgriffen aufgelöst zu sehen« (ebd., 30). Und nicht nur die Wissenschaft, sondern auch die Begriffe des Menschen und des Menschlichen.

Rönne macht Visite, und er durchstreift die Umgegend. Seine Hände werden zum eigentlichen Sprachausdruck seiner Befindlichkeit. Ins Zentrum des Textes *Gehirne* hat Benn eine simple, habitualisierte Handbewegung des Protagonisten gerückt, die offenkundig dem Titelgegenstand gilt und in ihrer kruden Motorik nicht weniger als eine »Jahrhundertgeste« (Lethen 2006, 42) darstellt:

> Oft, wenn er von solchen Gängen in sein Zimmer zurückgekehrt war, drehte er seine Hände hin und her und sah sie an. Und einmal beobachtete eine Schwester, wie er sie beroch oder vielmehr, wie er über sie hinging, als prüfe er ihre Luft, und wie er dann die leicht gebeugten Handflächen, nach oben offen, an den kleinen Fingern zusammenlegte, um sie dann einander zu und ab zu bewegen, als bräche er eine große, weiße Frucht oder als böge er etwas auseinander. Sie erzählte es den anderen Schwestern; aber niemand wußte, was es zu bedeuten habe (Benn 1987a, 32).

Die enigmatische Geste der prüfenden Handflächen ist als umschließende, spielende Ertastung eines Hohlraumes, einmal aufgelöst, skandalöser und schockierender, als es viele explizite Gewalt- und Verwundungsbeschreibungen des kommenden Gemetzels in den Schützengräben sein würden. Denn Benns Dr. Rönne hält nichts anderes als die aufs krude knöcherne Gehäuse reduzierte Schalenform menschlicher Schädel in seinen leeren Händen, respektive das in der Handhaltung selbst unsichtbar bleibende Geistige und Seelische, das als von dieser in zwei Halbschalen zerfallenen Schädelform umschlossen zu denken ist. Da Rönne »viel seziert« hat, ist ihm die Bewegungsabfolge, die hälftigen Hirnschalen gegeneinander abzuheben, in eine gewohnheitsmäßig ablaufende Manier übergegangen. Er repetiert im formenden Rund seiner Hände die hier (noch) stumm bleibende Erkenntnis, dass mit dem Fortschreiten der Erkenntnisse von Medizin und Technik die anthropozentrische Basis der bürgerlichen Kultur und ihrer Werte auf fundamentale Weise erschüttert wurde und buchstäblich ausgehöhlt erscheint. Indem Benns Rönne in habituell wiederkehrendem Muster die Geste eines wiegenden Abtastens von Gehirnhälften ausführt, kontrastiert er, lange vor den einschlägigen wissenschaftsgeschichtlichen Ausführungen seines Autors (z. B. *Der Aufbau der Persönlichkeit*, 1930), auf bildhafte Weise die tierische Natur mit dem geistigen Anspruch des Menschen. Der Arzt stellt damit zugleich den zeitgenössisch konkretisierbaren Phänotyp und den biologischen Genotyp der menschlichen Spezies einander gegenüber: »Zerfallen ist die Rinde, die mich trug« (ebd., 32).

In rückblickenden Selbstdarstellungen des Lebens und Werks, von denen Gottfried Benn zu wechselnden Zeiten etliche vorlegte, wird dem »1. August 1914«, der ihn nach seinem vermeintlichen Abschied von der Tätigkeit eines Militärarztes unerwartet wieder zum »Waffenrock mit den Äskulapstäben« zurückbringt, eine weniger gewichtige Bedeutung zuerkannt als der offensichtlich höchst produktiven, darauf folgenden Zeit der Brüsseler Jahre (Benn 1989, 163). Denn es ist gerade die nun im Nebenberuf leichter mögliche Kunstausübung (und die damit verbundene ästhetisch-distanzierte

Haltung), die es Benn gestattet, mitten in der Kriegssituation ein gutes, genussvolles und weltverachtendes Leben zu führen. Getragen ist diese Haltung von einem Gestus der radikalen Indifferenz: »In Krieg und Frieden, in der Front und in der Etappe, als Offizier wie als Arzt, zwischen Schiebern und Exzellenzen, vor Gummi- und Gefängniszellen, an Betten und an Särgen, im Triumph und im Verfall verließ mich die Trance nie, daß es diese Wirklichkeit nicht gäbe« (ebd.). Mit einer »Art innerer Konzentration« setzt Benn auf die poetische Eigenkraft der Sprachmagie und der Assoziationen. Ein »Anregen geheimer Sphären« sei unter den Bedingungen der isolierten Brüsseler Kriegsexistenz gelungen; »eine Urschicht stieg herauf, berauscht, an Bildern reich und panisch« (ebd.).

Es ist der Krieg, der Benns Produktivität stimuliert – und ihm nihilistische Freiheiten eröffnet. »Periodisch verstärkt, das Jahr 1915/16 in Brüssel war enorm, da entstand *Rönne*, der Arzt, der Flagellant der Einzeldinge, das nackte Vakuum der Sachverhalte, der keine Wirklichkeit ertragen konnte« (ebd., 163 f.). Mit retrospektiver Sinnverstärkung hat Benn die Arbeit an der Rönnefigur und sämtliche Innovationen dieses Stoffes auf die Brüsseler Etappe datiert. Dort, in der nur von fern am Krieg teilhabenden Stationierung, gedeiht die Dichtung im Intermezzo zwischen Eroberungs- und Belagerungszustand. Das »Urerlebnis« von Brüssel 1916, wie Reinhold Grimm (1994, 267) dieses Amalgam aus literarischer Fiktion und autobiographischer Selbstdeutung Benns bezeichnet, besteht seiner Lesart zufolge aus einer räumlichen, modellhaften Vorstellung von »eingekreistem Mittelpunkt« (ebd.), an dessen geometrische Suggestionskraft auch spätere Bennsche Formeln wie ›Radardenker‹ und ›Ptolemäer‹ appellieren, und es hat in militärisch-logistischer Hinsicht das »Umschlossen- oder Eingekreistsein von Schlachten« (ebd., 262), allerdings in gewissem Abstand zur Front, zur Voraussetzung. In Rönne konzipierte der Schriftsteller einen Protagonisten, der die Nichtanerkennung des konventionell als Wirklichkeit Bestimmten zur Lebenshaltung stilisiert, »und der, vor das Erlebnis von der tiefen, schrankenlosen Fremdheit zwischen dem Menschen und der Welt gestellt, unbedingt der Mythe und ihren Bildern glaubte« (Benn 1989, 164).

Gottfried Benn zählt zu denjenigen Autoren, die bereits während der Kriegsjahre den Symptomen dieser Krisenerfahrung ihre literarische Aufmerksamkeit und Gestaltungskraft zuwenden. Von Ernüchterung und einer resignativen Grundstimmung

durchzogen, zeigt sich bereits die im letzten Vorkriegsmonat entstandene Erzählung *Gehirne*. Aus dem Arkanwissen des Arztes schöpft Rönne eine bedrückende Illusionslosigkeit, während man in der Anstalt gerade die »Aussichtslosen« mit ihren ahnungslosen Hoffnungen zum Sterben nach Hause entlässt:

> Auf einen solchen trat Rönne zu, besah ihn sich: die künstliche Öffnung auf der Vorderseite, den durchgelegenen Rücken, dazwischen etwas mürbes Fleisch; beglückwünschte ihn zu der gelungenen Kur und sah ihm nach, wie er von dannen trottete. Er wird nach Hause gehen, dachte Rönne, die Schmerzen als eine lästige Begleiterscheinung der Genesung empfinden [...] (Benn 1987a, 30 f.).

Der ärztliche Normalbetrieb steht, nicht anders als die soziale Ordnung im Ganzen, unter dem Regiment der strikten Unantastbarkeit falscher Voraussetzungen. »Überall wohin ich sehe«, sagt sich Rönne, »bedarf es eines Wortes, um zu leben« (ebd., 31). Von solchen Trostworten des Lebens sich zu entfernen, ist der Anfang einer poetischen Dissidenz.

Die weiteren Rönne-Geschichten, die von Benns Militäreinsatz in Belgien geprägt sind und überwiegend während seines ärztlichen Dienstes in einem Brüsseler Spital in den Jahren 1915 und 1916 entstanden, entfalten in mehreren Aspekten die Darstellungsformen einer ›posthumanistischen‹ Konzeption des Ich, und zwar sowohl durch assoziative Erweiterung (teilweise schon jenseits der narrativ-syntaktischen Ordnung) wie auch durch situative Plausibilisierung (die ›noch‹ dem Schema der ereigniszentrierten novellistischen Bauform verpflichtet ist). In charakteristischen Details treten dabei Begleitumstände der äußeren Situation Benns zutage: des Lebens in der Kriegsetappe, der ärztlichen Arbeit in einer Krankenhaus-Abteilung für Haut- und Geschlechtskrankheiten (»in einem Prostituiertenkrankenhaus« wie in *Epilog und Lyrisches Ich* zu lesen ist, Benn 1987e, 127) und der gelegentlichen Zusammenkünfte mit Schriftstellerkollegen. »Er kannte sie alle« (Benn 1989, 53), bemerkt Rönne wegwerfend, als es um Frauen geht; ein »Bordell, durch das der Krieg gezogen«, firmiert unter dem Stichwort »letzte Wallungen« (Benn 1987d, 53); und nochmals: »Er kannte sie alle; aber er wollte nicht mehr« (ebd., 54). Rönnes (und Benns) Reihenuntersuchungen an den Brüsseler Prostituierten geben ein Musterbeispiel ab für die Entwertung des Einzelschicksals durch das Gesetz der großen Zahl, Zynismus inbegriffen: »Rönne aber dachte, ich kenne euch Tiere, über dreihundert Nackte jeden Morgen! aber wie stark ihr die Liebe spielt!« (Benn 1987c, 45). Liegt sie hier nicht ganz auf Seiten der Männer, die unbegreifliche Illusion des Je-Besonderen? »Eine kannte ich, die war an einem Tag von Männern einem Viertelhundert der Rausch gewesen, die Schauer und der Sommer, um den sie blühten« (ebd., 45 f.). Aber diskreditiert wird das altbewährte Rauschmittel der Liebe nicht: »Sie stellte die Form, und es geschah das Wirkliche« (ebd., 46). In solchen Fällen zieht sich der Schriftsteller aus der Affäre, indem er zum Lyriker mutiert und lautlich eingängige Formeln (*Akusmata*) prägt.

Benn hatte, wie er selbst bezeugt, an der Erstürmung Antwerpens Ende 1914 teilgenommen. Im Reflex dieser Erfahrung entwirft die im Frühjahr 1915 niedergeschriebene Erzählung *Die Eroberung* eine subjektive, männlich-sexualisierte Phantasmagorie der Besitzergreifung. »Dies Land will ich besitzen, dachte Rönne, und seine Augen rissen den weißen Schein der Straße an sich« (Benn 1987b, 35). Im Gegensatz zur militärischen Okkupation, die dieser Szenerie erkennbar vorausgeht, ist Rönnes Besitzdrang nicht von strategischem Kalkül getragen, sondern macht sich auf elementarästhetischer Ebene bemerkbar als der Impuls, mit dem (weiblich codierten) Stadtraum eins zu werden: »Die Erstürmung ist zu Ende, sagte er sich; es ist fester Fuß gefaßt« (ebd.). Die Rollen in der Aktiv-passiv-Verteilung zwischen Stadt und Eroberer beginnen sich umzukehren. »Er schritt aus; schon blühte um ihn die Stadt. Sie wogte auf ihn zu, sie erhob sich von den Hügeln, schlug Brücken über die Inseln, ihre Krone rauschte« (ebd.). In das intendiert ›lyrische‹ Szenario bettet das Prosastück die als männlich-aporetische Rollenrede markierte Apostrophe der (eroberten) Stadt ein: »Liebe Stadt, laß Dich doch besetzen! Beheimate mich! Nimm mich auf in die Gemeinschaft!« (ebd., 35). Diese Verschmelzungssehnsucht artikuliert sich »[a]us der Ohnmacht langer Monate und unaufhörlichen Vertriebenheiten« (ebd.) und bildet demzufolge *ex negativo* die dezentrierte, marginalisierte Position des Protagonisten ab. Der Gang »in ein Café« verheißt: »hier ist die Gemeinschaft« (ebd., 36). Es wird dabei allerdings ein sozialer Zusammenhang gezeigt, der von außen, mit geradezu ethnographischer Distanz und dem partiellen Unverständnis des Nichtbeteiligten, in seinen opaken, und doch so vorgeformten, Verhaltensmustern erfasst wird. »Auf allen Tischen standen Geräte, welche für den Hunger, welche für den Durst. Ein Herr machte ein Angebot; Treue trat in sein Auge, Weib und Kind verernsteten seine Züge. Einer bewertete sachlich ein Gespräch« (ebd.).

In einem weiteren Anlauf versucht der Protagonist, durch Angleichung im Straßengeschehen mit den fremden Bewohnern gemein zu werden. »Hart heran an Gangart und Gesichtsausdruck von anderen Männern trat er, schloß sich dem an, glättete seine Züge, um sie gelegentlich aufzucken zu lassen in der Erinnerung an ein Vorkommnis im Laufe des Tages, sei es heiterer, sei es ernster Art« (ebd., 37). Sich mitteilen, durch das eigene Mienenspiel auf abwesende, eigene Vergangenheit hindeutend, in einem für Außenstehende ›lesbaren‹ Gesicht; das sind letzte Anknüpfungen an die Verhaltensmuster bürgerlichen Interagierens auf Wechselseitigkeit. Rönne gibt den Passanten unfreiwillig ein wieder anderes Schauspiel, als er wegen einer vergessenen dienstlichen Obliegenheit sich gezwungen sieht, plötzlich umzudrehen, statt zu seiner abendlichen Verabredung zu eilen. »Erregt machte er kehrt; die einreihenden Gedanken der Nachblickenden wärmten ihn und trieben ihn an: Vielleicht erzählte nun einer von ihm zu Hause, vielleicht spöttelte er ein wenig, vielleicht sagte er etwas schadenfroh: ein Herr, der etwas vergessen hatte« (ebd., 38). Nur für Augenblicke wie diesen hört der Passant auf, anderen Passanten opak zu sein; er wird durch diese kleine szenische Einbettung seines Verhaltens zum Träger einer Geschichte.

Mehrfach handeln die Situationen, die der assoziativen Tätigkeit Rönnes als Auslösefaktoren dienen, von Fehlleistungen, Verhinderungen, Ausfallerscheinungen. Etwa die geplante Reise, die Rönne antritt – oder auch nicht: »Und nun stellte er sich vor, er säße im Zug und müßte sich plötzlich erinnern, wie jetzt bei Tisch davon gesprochen wurde, daß er fort sei; wenn auch nur nebenbei, als Antwort auf eine kurz hingeworfene Frage« (Benn 1987c, 42). Dann wiederum geht einmal in geselliger Runde die Rede »von den Eigentümlichkeiten einer tropischen Frucht«, die mit ihren Seltsamkeiten zu allerhand Mutmaßungen, Korrekturen und befremdlichen Geschmacksvorstellungen Anlass gibt. Jene Frucht, so der Experte, enthalte einen Kern von der Größe eines Eis; ihren weichen Inhalt von gallertartiger Konsistenz »äße man mit einem Löffel«, gewürzt »mit Pfeffer und Salz«. Das unbekannte Exotikum, um dessen Namen *Avocado* der Text einen enigmatischen Bogen macht (ihre tatsächliche Art und Herkunft spielt ohnehin keine Rolle), wird von der Runde »eine Erscheinung« genannt, dann »ein Vorkommnis« oder ein »Erlebnis« gar (ebd., 43). Sie hat, wie andere fremde und seltene Wort-Trophäen in Benns Sprachkunst, vornehmlich die Funktion, eine symbolische Ausweitung des Geschehenshorizonts anzubahnen.

Carl Einsteins Afrika

In Brüssel ging es während der Kriegsjahre durchaus weltläufig zu. Der am Tisch das Wort führende »Kongokenner« und »langjährige Befahrer des Moabangi« aber lässt sich durch die Skepsis der anderen Herren nicht beirren und scheint mit seiner vielbestaunten Beschlagenheit in Gefilden des Fremden eine Art Vorbild für Rönne zu sein, zu dem der Satzakzent nun beiläufig zurückkehrt: »Aber saß denn nicht schließlich auf dem Stuhl aus Holz er, schlicht umrauscht von dem Wissen um das Gefahrvolle der Tropenfrucht, wie in Sinnen und Vergleichen mit Angaben und Erzählungen ähnlicher Erlebnisse, der schweigsame Forscher, der durch Beruf und Anlage wortkarge Arzt?« (ebd., 44). In der syntaktisch instabilen Vergleichskonstruktion sieht sich der Arzt Rönne in vergleichbar privilegierter Position wie jenen weitgereisten, welterfahrenen Kenner; gleichauf zum ethnologischen Forscher, so der etwas mühsam zu entschlüsselnde Gedankengang, verfügt auch der Arzt über ein stummes Geheimwissen, das ihm die Entwertung des humanistischen Wertekanons als eine vertraute Einsicht erscheinen lässt. Medizinischer und anthropologischer Blick stehen in Konkurrenz zueinander, gerade weil sie sich in ihrer Skepsis gegenüber dem *common sense* so treffend ergänzen. Diese nur an peripherer Stelle auftretende Rolle des rhetorisch auftrumpfenden Kongokenners mit der vielberätselten Avocado ist realiter nach dem Vorbild des Schriftstellers und Kunstkritikers Carl Einstein modelliert, der wie einige weitere deutsche Literaten zu jener Zeit mit militärischen Aufgaben in Brüssel stationiert war.

Der Brüsseler literarischen »Kriegskolonie« (vgl. Roland 1999; Baumann/Roland 2001) gehörten um 1916 unter anderen Carl Sternheim und seine Frau Thea, Gottfried Benn, Carl Einstein, Otto Flake, Friedrich Eisenlohr, Erwin Piscator, Wieland Herzfelde, Ludwig Renn, Rudolf Alexander Schröder und der Insel-Verlagsleiter Anton Kippenberg an. Nicht alle jedoch waren erst kriegsbedingt nach Belgien gekommen; von 1910 bis 1914 hatte der expressionistische Lyriker Ernst Stadler an der Universität Brüssel deutsche Sprache und Literatur unterrichtet und in Brüssel einige Gedichte seines 1914 veröffentlichten Zyklus' *Der Aufbruch* verfasst (Roland 1999, 15, 43), und auch die Sternheims waren bereits seit 1912 in der Nähe von Brüssel ansässig. Dort hatten sie das Gut La Hulpe erworben und sich darauf den Landsitz Clairecolline eingerichtet, der in den Folgejahren zu einer vielfrequentierten Anlaufstelle

deutscher und auch belgischer Künstler avancierte. Einige der Genannten waren in offizieller Kulturmission tätig: Carl Einstein arbeitet seit Anfang 1916 für die dem Generalgouvernement Belgiens in Brüssel unterstellte Kolonialverwaltung; Kippenberg, Schröder und Wilhelm Hausenstein waren seitens der deutschen Zivilverwaltung Belgiens in der sogenannten ›Flamenpolitik‹ engagiert, einem von der deutschen Kriegspropaganda gesteuerten Versuch der kulturellen Abspaltung des flämischen Bevölkerungsteils vom französisch-wallonischen Belgien. Man suchte durch literarische Übersetzungs- und Editionsprojekte sowie durch gemeinsame Zeitschriften die deutsch-flämischen Verbindungen zu festigen, was teilweise durchaus zu einem wirklichen Interesse an zeitgenössischer flämischer Literatur, teils aber auch zu einer verklärenden Flamenromantik führte (vgl. Tiedau 2001, 150 f., 163 ff.).

Die Bestrebungen Carl Einsteins waren während seiner Brüsseler Zeit auf einen anderen Aspekt gerichtet, auf das koloniale Schwarzafrika. Einstein hatte mit seinem durch afrikanische Skulpturen illustrierten Traktat *Negerplastik* von 1915 den Ruf eines Experten für afrikanische Kunst erlangt (Penkert 1969), und vermutlich hatte ihm dieser Nimbus eines Afrika-Sachverständigen zu Anfang des Jahres 1916 auch die Versetzung nach Brüssel eingetragen. Thea Sternheim erwähnt in ihrem Tagebuch fasziniert die exotischen Anekdoten des neuen, nun fast täglich sich einfindenden Gastes: »Er war in Afrika. Erzählt vom Congo und von Ägypten« (13.4.1916; zit. nach Roland 1999, 64). Der Wahrheitsgehalt dieser afrikanischen Reiseerzählungen Einsteins muss »in Zweifel gezogen werden« (ebd.), doch der damit erweckte Eindruck gleicht frappant jener befremdlichen Faszination, die in Benns Rönne-Geschichte *Die Reise* die erwähnte Erzählung von der Avocadofrucht hervorruft.

Einsteins großes Vorhaben war die (u. a. durch die Forschungen und Anthologien von Leo Frobenius angeregte) integrale Zusammenstellung einer afrikanischen Mythologie, für die er in Brüssel, in Paris und Berlin zahlreiche völkerkundliche Quellen auswertete. Die Studie *Negerplastik* von 1915 ist ein erstes Ergebnis dieser Bemühungen, weitere Erkenntnisse hat Einstein in dem Band *Afrikanische Plastik* von 1921 verarbeitet, während er die Präsentation seines ethnologischen und mythologischen Materials in den 1925 erschienenen *Afrikanischen Legenden* unternahm. Von stärkster Wirkung aber blieb »die phänomenale Schrift über die *Negerplastik*«, die als »ein leidenschaftliches Plädoyer für den Kubismus« (Herding 1992, 718) aufgefasst wurde. Einstein nimmt darin die malerischen Transformationen der Tiefendarstellung in der zeitgenössischen Malerei (Picasso, Picabia) zum Ausgangspunkt einer systematischen Gegenüberstellung der europäischen künstlerischen Avantgarde mit Werken afrikanischer Volkskunst.

Die Abbildungen der aus den Beständen ethnologischer Museen zusammengestellten afrikanischen Skulpturen erfolgten in dem schmalen Band ganz ohne Bildlegenden (Neundorfer 2001), so dass die Plastiken durch den ›schweigenden‹ Präsentationsakt nochmals opaker, dinglich-rätselhafter wirken mussten – als ein, wie der Autor später einräumte, kriegsbedingter publizistischer »Torso« (Baacke 1990, 142). Ihre ungewöhnlichen, disproportionalen Formen bei der figuralen Modellierung des menschlichen Leibes konnten ebenfalls zur ästhetischen Irritation der Betrachter beitragen. Einsteins Ziel war es nicht so sehr, die ethnisch-kulturelle Differenz in den Vordergrund zu rücken, als vielmehr das Nachdenken über die Thematisierung von Räumlichkeit und dreidimensionalen Strukturen in der künstlerischen Darstellung zu befördern. Einsteins entscheidender, aus den europäischen Wahrnehmungskonventionen herausführender These zufolge stellt die afrikanische Kunst in erster Linie (und ungeachtet ihrer auch religiösen, auch magischen etc. Bedeutungen) »einen bedeutenden Fall plastischen Sehens dar« (Einstein 1994, 247). Wo nach herkömmlicher Technik ein dreidimensionales Kunstwerk frontal auf den Beschauer hin ausgerichtet werde, gelange meist »ein malerisches oder zeichnerisches Verfahren« (ebd., 244) zum Einsatz, das Tiefe nur suggeriere, anstatt sie zu formen. Gerade das Plastische, wie es in der afrikanischen Kunst hervortritt, so Einsteins Argument, ist genuine Ausdruckskunst, Instrument der »formalen Klärung«. Es geht insofern bei der Plastik »darum, die nicht sichtbaren Teile in ihrer formalen Funktion, […] das Kubische, den Tiefenquotienten […] an den sichtbaren als Form darzustellen« (ebd., 246).

Den »Negerplastiken« ihre »Unproportioniertheit« vorzuwerfen oder aus ihnen vergleichende anatomische Rückschlüsse auf den Körperbau einzelner afrikanischer Stämme ziehen zu wollen, sind für Einstein zwar naheliegende, gleichwohl aber verfehlte europäische Reaktionsmuster auf die Herausforderung des Wahrnehmungsvorgangs, die mit derjenigen der kubistischen Malweise vergleichbar sei. Auch dort habe eine Krise des Sehens und seiner Gestaltungsmittel am Ausgangspunkt gestanden: »Ei-

nige Maler verfügten über genügende Kraft vom mechanisch weiterrutschenden Handwerk abzusehen; losgelöst von den üblichen Mitteln untersuchten sie die Elemente der Raumanschauung, was denn diese erzeuge und bestimme« (ebd., 237 f.). Der Ablösung von handwerklich eingeschliffenen perspektivischen Konventionen, wie die Kubisten sie betrieben, entspricht im Falle der afrikanischen Kunst eine vollständige Dekontextualisierung der bei Einstein abgebildeten Artefakte, die unbeschriftet, mehrheitlich auch nicht durch Sockel oder andere bildliche Rahmungen begleitet in Erscheinung treten. Die ästhetische Botschaft freizulegen, das war das von der Präsentationsform wie vom interpretatorischen Zugriff Einsteins verfolgte Ziel der *Negerplastik*. Es ging einher mit einer erklärten Skepsis gegenüber der in Belangen afrikanischer Kunst als Leitwissenschaft auftretenden Ethnologie: »[…] sicherer als alle mögliche Kenntnis ethnographischer usw. Art gilt die Tatsache: die afrikanischen Skulpturen! Man wird das Gegenständliche, respektive die Gegenstände der Umgebungsassoziationen ausschalten und diese Bildungen als Gebilde analysieren« (ebd., 236).

Genauere ethnologische Kenntnisse zum afrikanischen Kunstschaffen blieben auf dem Stand dieser Publikation dennoch ein Desiderat. »Diese wissenschaftliche Lücke versucht die *Afrikanische Plastik* zu schließen, indem Hinweise über die Quellen, die Stämme der Künstler, die sozialen Funktionen der Plastiken gegeben werden« (N'Guessan 2001, 72). Hierbei waren Einstein die während seiner Brüsseler Stationierung unternommenen Studien von besonderem Nutzen. Dem Tafelverzeichnis von *Afrikanische Plastik* ist zu entnehmen, dass die plastischen Werke »in der Mehrzahl aus dem Riesengebiet des belgischen Kongo« stammen (ebd., 73). Ohne Zweifel kam Einstein bei seinen Studien zugute, dass er als Angestellter der Kolonialverwaltung über ungehinderten Zugang zu deren Sammlungen und Quellen verfügte. Wie durch die Erinnerungen der Schriftsteller-Kollegen Wilhelm Klemm und Hermann Kasack bezeugt ist, arbeitete Einstein während seiner Brüsseler Zeit sowohl in der Bibliothek des Kolonialamtes wie auch im (wegen der darin dokumentierten rassistischen Grausamkeiten) berüchtigten Kongo-Museum von Tervuren (Roland 1999, 64).

Mit der deutschen Besetzung Belgiens war auch die Kolonialverwaltung des Belgischen Kongo in die Zuständigkeit des Brüsseler Generalgouvernements gerückt. Auch wenn Einsteins Funktion und Tätigkeit innerhalb der Kolonialverwaltung nicht genau geklärt sind, so ist doch seine »Abkommandierung«, vergleichbar der Rolle Hausensteins oder Schröders für die ›Flamenpolitik‹, durchaus als ein »Politikum« zu betrachten (Kiefer 1994, 214), das auf die einschlägigen Aspirationen des Deutschen Reiches hinsichtlich kolonialer Herrschaftsgebiete in Zentralafrika hindeutet. Reichskanzler Bethmann Hollweg hatte im September 1914 die »Schaffung eines zusammenhängenden mittelafrikanischen Kolonialreiches« als ein deutsches Kriegsziel propagiert (Gründer 1985, 214). Der militärische Überfall auf das neutrale Belgien scheint vor diesem Hintergrund mehr als nur eine taktisch bedingte ›Notlösung‹ innerhalb der starren Strategie des im Schlieffen-Plan vorgesehenen Zangenangriffs gewesen zu sein, denn Belgisch-Kongo war just der zwischen Kamerun und Deutsch-Ostafrika noch fehlende Baustein. Auch das von Gottfried Benn miterstürmte Antwerpen, mit dessen Besitz eine Öffnung der Seewege für deutschen »Welt- und Handelsverkehr« einhergeht, fungierte als Objekt solcher kolonialen Expansionspläne (Kiefer 1994, 215 f.).

Rückblickend verwahrt sich Einstein deutlich gegen die Nähe zu solchen militärischen und kolonialpolitischen Überlegungen und betont in einem Brief an Kurt Wolff vom Mai 1919, er habe unter den Bedingungen der Okkupation selbst die Mitwirkung an der wissenschaftlichen Erschließung der kolonialen Kunstbestände Belgiens abgelehnt: »Die Kunst der Kongovölker schrieb ich nicht, da es mir peinlich wäre, aus der Okkupation Belgiens literarische oder pekuniäre Vorteile zu ziehen [...]« (zit. n. Kiefer 1994, 215). Allerdings ermöglichte es die Mitarbeit in der Kolonialverwaltung Einstein, anhand der belgischen Sammlungen und Archive Kenntnisse zu gewinnen, die zur ethnologischen Fundierung seiner ästhetischen Thesen durchaus nutzbringend waren – und die es ihm überdies gestatteten, gegenüber allzu schlichten Formen von ›Negromanie‹ ein überlegenes Expertentum für sich zu reklamieren. Im weiteren Verlauf seiner Brüsseler Tätigkeit muss es 1917 oder 1918 zu einem Nervenzusammenbruch Einsteins gekommen sein. Sowohl diese biographische Zäsur wie auch die Wendung des Kriegsgeschehens wurden als erklärende Faktoren herangezogen, um jene plötzliche Politisierung des Autors zu plausibilisieren, die sich in seinem Eintreten für den Brüsseler Soldatenrat 1918 und in seiner revolutionären Rhetorik bekundet. Innerhalb des geselligen Kreises um Sternheim und die anderen Künstler und Schriftsteller der Brüsseler ›Kriegskolonie‹ jedenfalls hatte sich Einstein durchweg in einer »Außenseiter-

rolle« befunden, so dass seine Sympathien für eine sozialistische Räterepublik bei den Kollegen ohne Echo blieben (Kiefer 1994, 232). Benn traf wohl ein allgemeines Urteil, als er in ihm vorwiegend, wenn nicht ausschließlich, den Stichwortgeber exotischer Namen und Gegenstände sah.

Carl Sternheims Sprachverknappung

Nach dem Krieg legten Otto Flake (*Die Stadt des Hirns*, 1919), Friedrich Eisenlohr (*Das gläserne Netz*, 1927) und auch Thea Sternheim (*Sackgassen*, 1952, entstanden ab 1917) romanhafte Schilderungen der Brüsseler Konstellationen und Ereignisse vor; auch den Tagebuchaufzeichnungen Thea Sternheims, ihren Briefwechseln und den autobiographischen Skizzen und Prosastücken Gottfried Benns sind gewisse Grundzüge jener offenbar von besonderer Intensität gekennzeichneten gemeinsamen Monate in Brüssel zu entnehmen. Auch Benns Rolle in diesem Kreise war eher diejenige eines skeptisch betrachteten Einzelgängers, der seine Freiheiten zu nutzen verstand. Benn verfügte in der Brüsseler Vorstadt Saint-Gilles über eine geräumige, repräsentative Wohnung, »hatte wenig Dienst«, »war mit nichts behaftet«, »verstand die Sprache kaum« und »strich durch die Straßen, fremdes Volk; eigentümlicher Frühling, drei Monate ganz ohne Vergleich, was war die Kanonade von der Yser, ohne die kein Tag verging, das Leben schwang in einer Sphäre von Schweigen und Verlorenheit, ich lebte am Rande, wo das Dasein fällt und das Ich beginnt« (Benn 1987e, 127 f.).

Die Schilderung der Lebensumstände und Arbeitsbedingungen, die Benn 1920 in der Prosaskizze *Epilog und Lyrisches Ich* von der Brüsseler Zeit gibt, inszeniert in nachlässiger Zufriedenheit das erstaunliche exorbitante Wohlbehagen des Autors unter den Bedingungen des Krieges. Augenscheinlich ist hier die Topologie der ›geschützten Umlagerung‹ schon voll ausgebildet. In der Diktion hat sich Benn dabei hörbar dem lapidaren, subjektlosen Prosastil des Brüsseler Gefährten Carl Sternheim angeglichen, dessen Vermeidung von Adjektiven, Artikeln und flektierten Satzformen geradezu notorisch war. Bereits einen Monat nach dem ersten Zusammentreffen der beiden Schriftsteller in Sternheims Clairecoline verfasste Benn sein »rapides Drama« *Karandasch* (1917), in welchem eine zunächst als »[d]er Dramatiker«, dann als »Sternheim« eingeführte Figur auftritt, deren Figurenrede sich durch sprachliche Kargheit bis an die Grenze des syntaktisch Ungefügen bemerkbar macht. Noch in einem Brief von 1949 bekennt Benn, er halte es gegenüber jüngeren Schriftstellern mit dem Rat Sternheims: »streichen Sie die Adjektiva« (Benn/Sternheim 2004, 135). Sternheim wiederum legte in einem Aufsatz unter dem Titel *Kampf der Metapher* (1917) sein Credo einer expressionistischen »Sprachverknappung« (Roland 1999, 229) dar, für das er wiederum die Lyrik Benns als Musterbeispiel anführt. »Benn ist der wahrhaft Aufständische.« Seine Sprache ist Sternheims Plädoyer zufolge als einzige schon »tauglich, morsche Vorstellungen aus Fesseln zu lösen« (Sternheim 1966, 34). In den Grundzügen einer solcherart bestimmten expressionistischen Prosa – der Sternheimschen Knappheit, den steilen Substantiv-Assoziationen Benns, dem parataktischen Reihungsstil Döblins – ist ein (syn-)ästhetisches Pendant zu Carl Einsteins Betonung der räumlichen Dynamik kubischer Formen zu erkennen.

Der stilistische Einfluss Sternheims jedenfalls scheint nicht allein in Drama und Lyrik, sondern eben auch in Benns Prosaton durch, wie etwa an der Eingangspassage des *Epilog* abzulesen ist:

> Geboren 1886 als Sohn eines evangelischen Pfarrers und einer Französin aus der Gegend von Yverdon […], aufgewachsen in einem Dorf […] in der Mark. Kam aufs Gymnasium, […] studierte […], war aktiver Militärarzt […] bildete mich ärztlich weiter aus, fuhr nach Amerika, impfte das Zwischendeck, zog in den Krieg, erstürmte Antwerpen, lebte in der Etappe einen guten Tag, war lange in Brüssel, wo Sternheim, Flake, Einstein, Hausenstein ihre Tage verbrachten […] (Benn 1987e, 127).

In Benns autobiographischem Abriss fällt den gesamten ersten Absatz hindurch, bei einer wahren Kaskade von curricularen Stationen, nicht ein einziges Mal das Wörtchen »ich«: Dieses gedeiht, wie Benn zum Brüsseler Frühling bemerkt hatte, unter den Sprachbedingungen einer spröden, assoziativen Prosa und Lyrik. Den knappen Rückblick schließt Benn mit einem für seine Verhältnisse geradezu emphatischen Gefühlsbekenntnis: »Ich denke oft an diese Wochen zurück; sie waren das Leben, sie werden nicht wiederkommen, alles andere war Bruch« (ebd., 128). Längst ist Benn zur Zeit dieser Niederschrift, nachdem der Krieg verloren und Brüssel, das besetzte Belgien und auch Elsass-Lothringen geräumt sind, wieder als niedergelassener Arzt für Allgemeinmedizin im proletarischen Berlin-Kreuzberg tätig.

Alfred Döblin an der Front

Gottfried Benn teilt den medizinischen Brotberuf und einige weitere Umstände seines Schreibens (so etwa die Kriegsjahre in militärärztlichem Dienst, das Interesse für psychische Grenzfälle, das Faible für die urbane Betriebsamkeit Berlins sowie eine offene Neugier für die Herausforderung des literarischen ›Tons‹ durch Technik und Medien) mit dem um acht Jahre älteren Schriftsteller Alfred Döblin. Döblin hatte nach dem Studium in Berlin und Freiburg (1900–1905) seine weitere medizinische Berufsausbildung an der Freiburger Psychiatrischen Klinik mit einer Dissertation über die Korsakoffsche Psychose fortgesetzt und war dabei auf den Zusammenhang von Gedächtnisstörungen und sogenannten »Confabulationen«, also den von Patienten zur Überbrückung von Ausfallerscheinungen fabrizierten Erzählungen, gestoßen (vgl. Schoeller 2011). Damit eröffnete sich für den jungen Arzt und angehenden Schriftsteller zugleich ein intrinsischer Zusammenhang zwischen der Diagnose seelischer Leiden und den Potentialen der narrativen Einbildungskraft. Auch Döblins erzählende Fallstudien sind Beiträge zur Symptomatologie des Krieges; ihre Entzifferungen verschobener traumatischer Spuren setzen lange vor den Kriegsjahren ein (vgl. die aus der Freiburger Zeit hervorgegangene Erzählung *Die Ermordung einer Butterblume*, veröffentlicht 1913) und reichen weit über sie hinaus.

Es folgten Anstellungen an der Regensburger Kreisirrenanstalt Karthaus-Prüll sowie an der als architektonisch mustergültige moderne Reformklinik angelegten Irrenanstalt von Berlin-Buch (die 1929 als Behandlungsort Franz Biberkopfs in dem Roman *Berlin Alexanderplatz* geschildert wird). Nach einer weiteren stationären Tätigkeit am Kreuzberger Urban-Krankenhaus eröffnete Döblin am Halleschen Tor eine kassenärztliche Praxis als praktischer Arzt und Geburtshelfer, später ließ er sich als Internist und Nervenarzt in der Frankfurter Allee nieder. – Zum Ausbruch des Krieges finden sich weder briefliche Erwähnungen noch sonstige Aufzeichnungen oder Kommentare: »Die Schlüsselsituation der Epoche gerinnt für Döblin zur Leerstelle« (Kleinschmidt 1999, 17). Ende 1914 allerdings erscheint in der *Neuen Rundschau* der Artikel *Reims*, ein gegen die englische Kriegsführung gerichtetes propagandistisches Pamphlet, das die international mit großer Empörung quittierte deutsche Bombardierung der Kathedrale von Reims zu rechtfertigen bzw. zu relativieren versucht.

Einer Einberufung zum Kriegsdienst kam Döblin durch seine freiwillige Meldung für den »Einsatz in Belgien und Frankreich« zuvor. Als »Civilarzt« konnte er mit einem erheblich besseren Sold rechnen und bald mit der Familie in einem gemeinsamen Haushalt nahe seinem Stationierungsort, dem Kasernengelände der lothringischen Stadt Saargemünd, eine Wohnung nehmen (Schock 2010, 211). Sein täglicher Dienstplan ließ ihm viel freie Zeit (Schoeller 2011, 149), von ferne war an der Geräuschkulisse der Frontverlauf zu erahnen. Noch vor dem eigenen Kriegseinsatz hatte Döblin in fieberhafter Arbeit bis Dezember 1914 das Manuskript seines zweiten Romans, *Wadzeks Kampf mit der Dampfturbine*, beenden können, dessen Handlung um den Konkurrenzkampf zweier Fabrikanten in der Industrielandschaft des Berliner Nordens kreist. Während der ersten Kriegsjahre erfolgt die Publikation des Romanerstlings *Wang-lun* (1915), es entstehen mehrere Novellen, die Döblin in der Umgebung Saargemünds ansiedelt (*Das Gespenst vom Ritthof, Das Femegericht, Das verwerfliche Schwein*) oder als imaginative Verarbeitung des an den Garnisonsort herandringenden Schlachtenlärms ausgestaltet (*Die Schlacht, die Schlacht!*, 1915).

In der *Schlacht*-Novelle setzt sich der Autor erstmals mit dem Grauen des Stellungskrieges auseinander. Die Geschichte spielt in den französischen Kohlerevieren hinter der Front; die alltägliche Grubenerfahrung der Bergleute mischt sich mit den neuen Erscheinungsformen des gleichfalls sich in die Erde wühlenden Grabenkampfes. Ein Bergmann begibt sich auf die Suche nach seinem verschollenen Kumpel, von dem das Gerücht geht, er sei ums Leben gekommen. Er durchstreift die französischen Stellungen, erweckt Verdacht, wird gestellt und wieder freigelassen. Der Mann sieht die Welt des Krieges aus der Perspektive eines unter wechselnder Maskierung vorrückenden *underdog* und Schelmen, der auf seiner abenteuerlichen Suche mit den schrecklichsten Gesichtern des Todes konfrontiert wird. Ringsumher ein Toben martialischer Geräusche: »›Dumm, Dumm‹ von rechts hinten; das Echo rollt ›Dumm –‹ lang zwischen den Zähnen aus« (Döblin 1979, 189). In ausführlicher, bedrückender Schilderung ist die Vorbeifahrt eines Transports mit Verwundeten beschrieben, welchen ihre jeweiligen Leidenserfahrungen anzusehen sind:

> […] den zerschossenen Soldatenleibern, die angeblafft sind von den aufbäumenden Granaten, den stöhnenden, über deren Köpfe Mauerwerk gepoltert ist, die japsenden, halb erstickt aus den Giftdämpfen der Schüt-

zengräben gezogen, ausgestreckte Leiber in nicht endender Reihe hintereinander, in weiße Verbände geschlagen, durch die das Blut sickert (ebd., 191).

Die Einzelheiten dieser Beschreibung setzte Döblin aus den Berichten seiner Patienten zusammen und gab ihnen durch eine eng an den Phänomenen haftende, sie nicht mit Sinnzuweisungen relativierende Sprachkraft die größtmögliche Wirkung. Den vom französischen Bergmann gesuchten Freund, so stellt sich heraus, haben nicht Kugeln oder Granaten dahingerafft, sondern der Typhus. Unterdessen lernte der Protagonist bei seinen gefährlichen Erkundungen, sich an der Art und Richtung des Feuerlärms auszurichten und so mit heiler Haut zwischen Unterständen und Gräben durchs Gelände zu kommen. Die eine Sorte des Lärms ist »der hohe Granatengesang«, die andere das Stakkato der Gewehre: › ›Hui – i – i – iahh!‹ der Granaten, meckerndes ›Päng – päng – päng‹ dazwischen« (ebd., 190). Und so immer wieder, auch mit Denotationsgeräuschen durchmischt: ›Da!! ›Radumm, dummdumm, päng-päng, päng‹‹ (ebd., 198). Neu und unerhört, ein wenig plump vielleicht in der Ausführung, ist Döblins Versuch, die Geräuschkulisse des Geschützfeuers onomatopoetisch, das heißt: in ihrer eigenen Klanglichkeit, einzufangen. Ebenfalls bemerkenswert sind die erzählten Blicke und Erkundungswege ins dunkle Innere der Stellungen und Gräben: »Die Schützengräben; gedrängt hinein, hintereinander Mann für Mann durch die schmalen Verbindungsgräben, rechts, links sich teilend, zusammenfließend; an den Latrinen vorbei, durch die völlige Finsternis, die Meldestelle mit den Telephonen, der stinkende gestöhnerfüllte Verbandraum« (ebd., 198). Der Krieg wühlt sich in die Erde hinein, die Menschen mit ihm; am Ende hat der französische Bergmann »Erde zwischen den Zähnen und einen weißen Mund« (ebd., 200). Das Dunkel, der Gestank, die Geräusche formen eine in ihrer verzerrten Sinnlichkeit unausdenkbare Hölle auf Erden. Doch der Ton bleibt lapidar.

Trotz der vergleichsweise geringen zeitlichen Auslastung durch die ärztlichen Pflichten kommt Döblins literarische Produktivität während der Kriegszeit ins Stagnieren. Es vergehen Monate, halbe Jahre fast, in denen Döblin mehr mit den eigenen Leiden beschäftigt ist und selber etliche Spitalaufenthalte und Kuren absolvieren muss. »Dr. Döblin«, so betitelt der Schriftsteller eine 1916 skizzierte knappe »Selbstbiographie«, ist, so scheint es, in eine handfeste psychische Krise geraten. »Es sind nicht leichte Erschütterungen und Erregungen, unter denen ich diese Lebensbeschreibung beginne, die mich treiben, sie anzufangen. [...] Mir hilft nicht Brom, ich kann nicht schlafen, mein Appetit ist wie erloschen« (Döblin 1986a, 14). Der Autor und Arzt sucht die eigene innere Unruhe durch ein Exerzitium der Anamnese zu lindern: »Es ist ein unnatürliches körperliches Feuer, eine Hitze, der ich mit der Selbstbetrachtung, der Rückschau begegnen will« (ebd.). Der Schreibende weiß um das Paradoxe und objektiv Ironische seiner Situation: Arzt, heile dich selbst! Autor, mache dein eigenes Leben zum Thema! Was helfen wird, sind indes weder Retrospektion noch Introspektion, sondern ist allein der akzeptierende Umgang mit diesem inneren Feuer, das auf so verräterische Weise jenem anderen permanenten, Tag und Nacht als Geschützdonner vernehmbaren Feuer ähnelt, das von der Front herandringt. Döblins Weg heraus aus dieser Krise wird nicht in der Selbstanalyse liegen, sondern, ausgehend von den hier skizzierten symptomalen Lektüren, in der Analyse der geschichtlichen Verlaufsform und epochalen Bedeutung des Krieges.

Analytische Rekonstruktion I: Der Krieg in Rückblick und Vorzeichen (Hermann Broch, Robert Musil, Thomas Mann)

> Kling, klang, Gloria,
> Wir ziehen in die Schlacht,
> Wir wissen nicht, warum wirs tun,
> Doch Mann an Mann im Grab zu ruhn
> Vielleicht Vergnügen macht (Broch 1974, 19).

Angeregt durch antimilitaristische Beiträge vor allem von Karl Kraus fasst Hermann Broch in einer als *Cantos 1913* betitelten Serie von teils als Liedern, teils als Figurenrede inszenierten Gedichten den Zeitgeist als Ungeist des Krieges in Verse, so dass der im Gleichschritt paradierende Marschrhythmus im sprachlichen Metrum widerbebt. Erst sehr viel später, im Herbst 1949, kam Hermann Broch für die Arbeit an dem novellistischen Roman *Die Schuldlosen* auf das 1913 und 1914 entstandene, im Original leider verlorene lyrische Zeitbild von einst zurück, um es als »Stimmen 1913« in die Vorgeschichte des Handlungsganges zu integrieren. Dem beißend kriegskritischen Ton sind auch elegische Betrachtungen beigemengt, die den von der Zeitschwelle zwischen Vorkrieg und Kriegsbeginn markierten Epochenumbruch als letztes Aufglühen einer versinkenden Welt festhalten.

> Oh, herbstlicher Frühling;
> nie gab es schöneren Frühling, als
> jenen im Herbst.
> Noch einmal blühte das Vergangene,
> das Zuchtvolle,
> die lieblichste Ruhe vor dem Gewitter.
> Sogar Mars lächelte (ebd., 16).

Bezeichnend ist im Falle Brochs der auch von etlichen weiteren Autoren (wie u. a. Thomas Mann, Robert Musil, Hermann Hesse, Josef Roth) unternommene Versuch, in einer retrospektiven Darstellung an den früheren Kenntnisstand anzuknüpfen; sei es an die ahnungsvolle Schwermütigkeit der letzten Vorkriegszeit, sei es an die Offenheit einer gesellschaftlichen Umbruchsituation kurz nach der Niederlage.

»Narrative Sätze« (Danto 1965, 232, 246) sind solche, die *nolens volens* (d. h. weil sie über historisches Mehrwissen verfügen) retrospektiv eine metareferentielle Einbettung ihres Objektbezuges vornehmen. Analytisch erzählende Darstellungen der transitorischen Abfolge von Vorkrieg, Krieg und Nachkrieg sind solche, die in doppelter geschichtlicher Optik das rekonstruktive Erschließen von einem Erzählerstandpunkt ex post mit der konstruktiven Geschehensentwicklung gemäß der Chronologie der Handlungsganges verbinden, so dass narrative Stringenz und prozessuale Kontingenz, als zusammenspielende Wirkfaktoren von *discours* und *histoire*, gleichermaßen zum Zuge kommen.

Historisch-chronographische Markierungen fungieren als Spiegelungen eines gesellschaftlichen Gemenges, die vorausgreifen und zurückkreichen, und sind somit Ausdruck einer widersprüchlichen Gleichzeitigkeit des Ungleichzeitigen. »Daß Krieg wurde, werden mußte, ist die Summe all der widerstrebenden Strömungen und Einflüsse und Bewegungen, die ich zeige« (Musil 1978b, 941). So äußerte sich Robert Musil 1926 in einem Interview über sein *work in progress*, den Zeit- und Geschichtsroman *Der Mann ohne Eigenschaften*. Versammelt wird dort ein groß angelegtes gesellschaftliches Panorama der Charaktere, Funktionsträger, Klassen, Stände und Einflussgruppen in der österreichisch-ungarischen Reichshaupt- und Residenzstadt Wien am Vorabend des Ersten Weltkriegs.

Den Einsatz der Romanhandlung bildet bei Robert Musil ein schöner Augusttag des Jahres 1913, der mit einem Hochdruckgebiet anfängt und mit einem schweren Autounfall endet; eine Konstellation, aus welcher der selbstironischen Kapitelüberschrift zufolge »bemerkenswerter Weise nichts hervorgeht«

(Musil 1978a, 9), die aber *post festum* gelesen hochgradig signifikant wirkt. Schwung nimmt die Haupthandlung auf, nachdem Ulrich, der titelgebende Protagonist des Romans, den Auftrag gefasst hat, das für 1918 anstehende 70-jährige Thronjubiläum Kaiser Franz Josephs vorzubereiten. Da auch Preußen 1918 ein Kaiserjubiläum zu feiern haben würde, gilt es, dem vermutlichen Auftrumpfen des Erzrivalen durch eine so genannte »Parallelaktion« in der K.u.k.-Metropole zuvorzukommen. Ulrich wird zu deren Sekretär berufen und arbeitet sich an der unmöglichen Aufgabe ab, die für den Fluchtpunkt 1918 anvisierten österreichischen Feierlichkeiten mit einer so umfassenden wie pointierten Botschaft zu versehen.

Anfang und Ende sind dem Roman insofern als historische Hypothek in einer Konstruktion vorgegeben, die das ausgeführte Erzählwerk nur zum Teil überhaupt einzulösen vermag (vgl. Honold 1995). Den Krieg sah Musil als eine Epochenzäsur, die das alte Österreich in den Orkus beförderte, und zugleich schon als symptomalen Ausdruck der inneren Verwerfungen der Moderne selbst. Diese zentrale, einschneidendste Erfahrung seines Lebens und Herausforderung für sein Schreiben ist durch die Eckwerte 1914 und 1918, so signifikant sie auch sein mögen, nur ungenügend zu kennzeichnen, und als kausaler Erzählbogen mit Anfang und Ende schon gar nicht.

Wichtiger ist es, der poetologischen Funktion des Krieges für den Roman nachzuspüren. Sie liegt, neben der bereits erwähnten analytischen Erzählkomponente, die *post eventum* die gesellschaftlichen Kräfte unter dem gemeinsamen Nenner des Zum-Kriege-Führens als dessen widersprüchliche Determinanten zu erfassen sucht, auch in jenem Ereigniswert, den Musil dem Phänomen der von den Massen begeistert getragenen Mobilmachung beimaß. Im September 1914, als die erste Kriegsnummer von Samuel Fischers *Neuer Rundschau* erschien, mit eilfertigen Aufrufen zur kulturellen Mobilmachung u. a. von Thomas Mann, Gerhart Hauptmann, Hermann Hesse, lancierte Robert Musil, der erst ein halbes Jahr zuvor zum Redakteur dieser tonangebenden Zeitschrift avanciert war, dort einen Aufsatz mit dem Titel »Europäertum, Krieg, Deutschtum«. Im Frühjahr noch hatte Musil seine neue Stellung für die Durchsetzung des Prager Nachwuchsautors Franz Kafka zu nutzen versucht und sich um den Abdruck der *Verwandlung* (1918) bemüht. Nun setzte er seinen rhetorischen Ehrgeiz darein, eine dräuende Verschwörung zu bekämpfen, die er »von allen Rändern dieses Weltteils« über die Mittelmächte hereinbrechen sah, und feierte als deutsche Antwort das religiöse Gemeinschaftserlebnis der ersten Augusttage: »[E]ine betäubende Zugehörigkeit riß uns das Herz aus den Händen, die es vielleicht noch für einen Augenblick des Nachdenkens festhalten wollten« (Musil 1978b, 1021). Auch als die Anfangseuphorie verflogen und die patriotischen Obertöne stumpf geworden waren – bei Musil übrigens schneller als bei anderen –, hielt er an der geradezu ekstatischen Deutung der Mobilmachungstage fest und versuchte, das Kriegserlebnis mit den Mitteln einer vielfigurigen, weit ausgreifenden Narration in seiner psychosozialen Dynamik und in seinen gesellschaftlichen Voraussetzungen zu durchleuchten.

Durch seine Thematik und Darstellungsweise wirft Musils Roman die Frage nach der Erzählform des Endes auf. Die Textbasis der zu Lebzeiten publizierten Kapitel und nachgelassenen Entwürfe des *Mann ohne Eigenschaften* lässt zwar eine Extrapolation des fehlenden Finales nicht zu; wohl aber gibt sie Aufschluss über die Bedeutung, die der Krieg für die Romankonstruktion hat respektive hätte erhalten sollen. Das historische Datum des Krieges war innerhalb des Handlungsrahmens entweder durch indikatorische Vorausdeutungen anzuzeigen, die auf außerhalb der Fiktion liegendes Vorwissen verwiesen (z. B. die Zeit »damals kurz vor dem großen Kriege«; Musil 1978a, 520), oder aber an einer fiktionsimmanenten *imitatio* darzustellen, die zur Katastrophe des Krieges in ein ästhetisches Analogieverhältnis eintreten konnte.

Ein solches literarisches Substitut hat Musil für den Kriegsbeginn und den Zusammenbruch des Habsburgerreiches gefunden; ein Motiv, das die gesellschaftliche Bedeutung des Endes einer Epoche sinnfällig macht, ohne sie explizit darzustellen. Es ist dies die im Kontext von Zivilisationskritik und Geschichtspessimismus verbreitete Rede von Apokalypse und Weltuntergang (vgl. Vondung 1988; Sorg/Würffel 2010), jene Grundstimmung besonders des österreichischen *Fin de Siècle*, die Hermann Broch als »fröhliche Apokalypse« (Broch 1974, 145) bezeichnete und die sich bei Musil mit dem imaginativen Topos eines bevorstehenden Vulkanausbruchs verbindet. Mit diesem Vorzeichen der Naturkatastrophe schlechthin gibt sich die Vorkriegsgesellschaft des Romans als Endzeit zu verstehen, ragt der Krieg, der als historisches Ereignis außerhalb des erzählten Zeitraums der fertiggestellten Kapitel verbleibt, auf zweifache Weise in die Handlung hinein.

Einerseits als auktorialer Vorgriff einer in der Nachkriegszeit angesiedelten Erzählinstanz, die ihren historischen Informationsvorsprung zur Geltung bringt:

> Die Welt wurde damals von allerlei erschüttert, und wer gegen Ende des Jahres neunzehnhundertdreizehn gute Nachrichten besaß, hatte das Bild eines kochenden Vulkans, wenn auch die von der friedlichen Arbeit ausgehende Suggestion, dieser könne niemals wieder ausbrechen, allgemein war. Sie war nicht allgemein gleich stark (Musil 1978a, 381).

Andererseits dient das hier nur anklingende Mehrwissen des Erzählers dazu, die vorausdeutenden Ahnungen jener Akteure hervorzuheben, die, sofern sie wie der Protagonist Ulrich selbst, aber auch manche seiner Freunde und Kollegen »à la baisse« spekulieren, mit einem untrüglichen Gespür für den nahenden Zusammenbruch der altösterreichischen Gesellschaftsordnung ausgestattet sind. »›Große Kusine, erinnern Sie sich daran, daß ich Ihnen diesen Zusammenbruch seit je vorhergesagt habe‹?« (ebd., 466).

Gemeint ist hier freilich der Zusammenbruch der leitenden Kommission der »Parallelaktion«, zu der sich unter sanfter Regie von Ulrichs Kusine Ermelinda Tuzzi, genannt »Diotima«, die Spitzen der Wiener Gesellschaft zusammenfanden, um eine gemeinsame Idee für das ferne Jubiläumsjahr 1918 zu kreieren. Und wenn Ulrich der erstaunten und ob des Defätismus ihres Mitstreiters empörten Diotima entgegenhalten kann, mit seiner Skepsis recht behalten zu haben, so liegt die Ironie dieser Prophezeiung darin, dass er selbst nicht weiß, wie sehr sich kurz darauf die Rede vom Zusammenbruch bewahrheiten wird. Gerade in ihren unbewussten Anteilen ist seine Prophezeiung am hellsichtigsten – ein Muster, das Musil wiederholt zur Vorausdeutung auf den Kriegsausbruch einsetzte. Die wohl signifikanteste Szene dieser Art spielt sich im Rahmen einer gegen Ende des ausgeführten Handlungsstranges stattfindenden Friedensdeklaration ab. Ulrich gibt hier seinem ehemaligen Regimentskameraden General Stumm, den die endlosen Debatten völlig im unklaren darüber gelassen hatten, was er als Ergebnis der Sitzung höherenorts berichten könne, folgenden Ratschlag:

> ›Melde eben‹, erwiderte Ulrich, ›das sei der Tausendjährige Glaubenskrieg. Und noch nie seien die Menschen so schlecht gegen ihn gerüstet gewesen wie in dieser Zeit […]. Das Kriegsministerium darf also beruhigt dem nächsten Massenunglück entgegensehen.‹ Ulrich sagte das Schicksal vorher und hatte davon keine Ahnung (ebd., 1038).

Die historische Wahrheit wird in dieser unabsichtlichen Vorhersage als Textereignis inszeniert, als Entgleisung der Rede, die genau dadurch ihr wahres

Ziel findet. Das Faktum des Krieges ist in diesen apokalyptischen Motiven an- und abwesend zugleich; er fungiert als Fluchtpunkt der Perspektive, der sich selbst außerhalb des abgebildeten Raums befindet und doch alle sichtbaren Elemente untereinander in Relation setzt. Dass die Figurenreden von einem bevorstehenden »Zusammenbruch« oder einem »Massenunglück« ihren historischen Sinn erst außerhalb des dargestellten Geschehens erhalten, ist für ihre Wirkung unerlässlich. Nur so kann die Erzählung das Paradox aller Zeitreisen umschiffen, dass jede korrekte Vorhersage einer bestimmten Entwicklung präventive Eingriffe in deren Verlauf erlaubt, die dann wiederum das vorausgesetzte historische Wissen Lügen strafen würden, dem sie diese Möglichkeit des Eingreifens verdanken.

Für Musil galt es also, dieses nachträgliche historische Wissen derart in die Erzählung der Vorkriegsgesellschaft einzuflechten, dass deren Entwicklung zum Krieg als zu jedem Zeitpunkt ›offener‹ und dennoch unumkehrbarer Prozess erscheinen konnte. In einer Nachlassnotiz finden sich zwei Hinweise, welche die Traditionslinien erhellen, an die Musils Gestaltung des vorhersehbaren und dennoch unbeachteten Endes anknüpft: »Krieg: Milit. Spiel – Keiner glaubt (Venedig)« (Musil 2009, Heft 36, 59). Die Popularisierung apokalyptischer Schreckbilder in der Kultur des Fin de Siècle hatte erheblich zur Entwertung ihres warnenden Charakters beigetragen. Musils Tagebucheintragung verknüpft die vergebliche Warnung vor den Konsequenzen des »militärischen Spiels« mit der Chiffre »Venedig«, die sich, wie der Zusammenhang nahelegt, wohl auf die von Musil geschätzte Erzählung *Tod in Venedig* bezieht.

Thomas Mann hatte in der 1912 erschienenen Novelle die Reise und letzte Liebe des Schriftstellers Aschenbach mit dem ›Ausbruch‹ einer Cholera-Epidemie verflochten, an deren Vorzeichen ebenfalls »keiner geglaubt« hatte (insbesondere nicht der an einer Lockerung der Sitten zunehmend interessierte deutsche Schriftsteller). Mit der Schilderung der moribunden Lagunenstadt, die um des Fremdenverkehrs willen, doch mehr noch aufgrund ihrer inneren *Morbidezza* vor der nahenden Katastrophe die Augen verschließt, zeichnete Mann zugleich das Psychogramm der Vorkriegsgesellschaft: unbewusst, doch mit genauem Gespür die Verbindung von Auflösungssehnsucht und kalter Berechnung treffend, die zwei Jahre später in der massenhaften Kriegsbereitschaft zusammenwirkte.

Den Todesreigen vom Herbst 1914 anzuführen, zu dem das heitere Augusterlebnis aufspielte, das wird schließlich Hans Castorp, dem Protagonisten des *Zauberberg* in Thomas Manns wiederaufgenommenen Arbeitsprozess anfangs der 1920er Jahre als letzte Mission auf den Weg gegeben. Es ist überaus bezeichnend, dass der Romancier nicht den gelernten Offizier Joachim Ziemßen einrücken lässt, den Repräsentanten der soldatischen Haltung par excellence – denn dieser verfiel unehrenhaft im Sanatorium. Nein, es ist Hans Castorp, das Sorgenkind des Lebens, der in einem brüsken Schlussakt des siebenjährigen Romangeschehens an die Front geworfen wird. Ihn, den »Siebenschläfer«, hat der »Donnerschlag« von 1914 plötzlich und gewaltsam seinem Davoser Refugium entrissen und »fünftausend Fuß tief« hinabgestürzt, »kopfüber ins Flachland der Heimsuchung« (Th. Mann 2002, 1079). »Wo sind wir?« so fragt sich zugleich mit dem Erzähler der Leser, der ebenfalls zum Opfer des abrupten Szenenwechsels wird; und das Ohr meldet ihm die schon vermutete Antwort früher als das Auge. Die Luft ist erfüllt von »schwerem Donner« und »Trommeltakt«, von »Stöhnen und Schreien«: »Es ist das Flachland, es ist der Krieg« (ebd., 1080 f.). Nach den annähernd tausend Seiten eines fast vollständig in Konversation eingelegten, stagnierenden Bildungsromans, in denen das Schiffchen des angehenden Werftingenieurs auf dem Berg festsaß, wird der Held zum schlechten Schluss noch in einen Sturmangriff geworfen, der arge Ähnlichkeit mit dem Gemetzel von Langemarck hat:

> Dort ist ein Wald, aus dem sich farblose Schwärme ergießen, die laufen, fallen und springen. Dort zieht eine Hügelkette sich vor dem fernen Brande hin […]. Um uns ist welliges Ackerland, zerwühlt, zerweicht. […] Hier ist ein Wegweiser, – unnütz ihn zu befragen; Halbdunkel würde uns seine Schrift verhüllen, auch wenn das Schild nicht von einem Durchschlage zackig zerrissen wäre (ebd.).

Ein vermutlich tödliches Ende im flachen Niemandsland, das war die leichte Lösung jener schweren Konstruktionskrise, die erst nach der Unterbrechung des Schreibprozesses 1914 manifest geworden war und dann aber, eben mithilfe dieser gewaltigen Zäsur, bei der Wiederaufnahme des Schreibens vom befreiten Autor im Sinne eines poetischen Kunstmittels genutzt werden konnte.

Analytische Rekonstruktion II: Schlafwandler in den Krieg

Der Schriftsteller Hermann Broch war einer der wenigen, der sich im August 1914 und erst recht in der Folgezeit als »immun gegen den Bazillus Kriegsbegeisterung« erwies (Lützeler 1985, 62). Broch trat in der Zeit zwar nicht explizit, wie etwa Karl Kraus, Heinrich Mann, René Schickele oder mit gewisser Verzögerung auch Hermann Hesse dies taten, mit dezidiert pazifistischen, kriegskritischen Äußerungen hervor, stand aber in skeptischer Distanz zu der kollektiven nationalistischen ›Welle‹, der sich im Hause Broch auch der Vater des Schriftstellers, Inhaber einer florierenden Garnfabrik, angeschlossen hatte. In den »Stimmen 1913« zu dem Roman *Die Schuldlosen* von 1949 wird Broch gegen die mangelnde Vorstellungskraft und die »gotterbärmliche Dummheit« der »Philosophen und Dichter« wettern«, die »triefenden Geistes, triefenden Mundes / von des Krieges Heiligkeit daherschwatzen«. Diese zeittypische patriotische »Dummheit« von 1914 »schwatzt Abstrakta, schwatzt vom Heiligen, / schwatzt vom Heimatboden und von der Landesehre«, so Broch, aber »wo's konkret / wird, da wird sie stumm, und die zerfetzten / Gesichter, Leiber und Glieder der Männer / Sind ihr ebenso unvorstellbar wie der Hunger, / den sie den treuen Frauen und den geliebten / Kinderchen auferlegt« (Broch 1974, 15). Auch hierin gibt Broch sich als ein Schüler von Karl Kraus zu erkennen, der die Neigung der Menschheit, sich selbstzerstörerischen Entwicklungen hinzugeben, mit ihrem eklatanten Mangel an Vorstellungsvermögen bezüglich all des Schrecklichen erklärte, das in Konsequenz der Taten und Unterlassungen sich unweigerlich einstellen würde.

Broch, der sich aus Statusgründen kriegsfreiwillig gemeldet hatte, wurde bei der Musterung als für den Waffendienst nicht geeignet eingestuft; man übertrug ihm Mitte September 1914 die Führung eines Rekonvaleszentenheims, das sich als Zweigstelle des Garnisonsspitals auf dem Grundstück des Brochschen Fabrikgeländes befand (Lützeler 1985, 61–65). Wegen der emporschnellenden Nachfrage nach Uniformstoff prosperierte und expandierte die väterliche Textilfabrik in Teesdorf, so dass Hermann Broch ab 1915 eine leitende Funktion in der Geschäftsführung wahrnehmen musste; parallel dazu aber zog er sich an den Abenden und Wochenenden immer stärker zu seinen einsamen philosophischen Studien zurück. Durch sein Direktorengehalt gewinnt der knapp Dreißigjährige endlich, und in sehr schwierigen Zeiten, finanzielle Unabhängigkeit, die Schriftstellerei stagniert hingegen. Die immer häufigeren Wiener Geschäftsaufenthalte nutzt der junge Firmenleiter zu literarischen Kontakten im Café Herrenhof, wo er sich dem Kreis um Alfred Polgar und Ea von Allesch, Franz Blei, Robert Musil und Albert Paris Gütersloh anschließt. Broch vertieft sich mit größtem Engagement in grundlegende ethische Reflexionen, die seit der Kantlektüre und der Beschäftigung mit dem Neukantianismus um 1916 vermehrt um die Problematik einer werttheoretischen Geschichtsauffassung kreisen. Die Fragmente eines in diesem Zusammenhang bis 1922 verfolgten Buchprojektes fließen später in modifizierter Form in das epochale Romanprojekt der *Schlafwandler*-Trilogie und deren Binnen-Essay über den »Zerfall der Werte« ein.

Mit der dezidierten Arbeit an der Romantrilogie im Winter 1928/29 beginnt erst im eigentlichen Sinne Hermann Brochs literarische Karriere und Wirkung (Lützeler 1985, 107). Die *Schlafwandler*-Trilogie reflektiert die mit dem Ersten Weltkrieg manifest gewordene Erfahrung eines kulturellen Bruchs als eine dreistufige Bestandsaufnahme, die vom preußischen Drei-Kaiser-Jahr 1888 über das außenpolitische Krisenjahr 1903 (russische Unruhen, Ermordung des serbischen Königs, im darauffolgenden Jahr Gründung der Entente cordiale) in die militärische Niederlage und gesellschaftliche Depression von 1918 voranschreitet. Die Trilogie, entstanden Ende der 1920er Jahre, veröffentlicht zwischen 1930 und 1932, bezieht die Perspektivierung ihrer sozioskopisch breit entfalteten Zeitdarstellung (vgl. Vollhardt 1986), wie die anderen großen Epochenromane von Thomas Mann, Alfred Döblin oder Robert Musil, aus dem Spannungsverhältnis der Schreibgegenwart und ihres analytischen Mehrwissens zum Einschnitt des Ersten Weltkriegs. Während das Lebensgefühl der 20er Jahre dabei in expliziter Form etwa in Hesses *Steppenwolf* (1927) oder in Döblins *Berlin Alexanderplatz* auftaucht, beschränken Thomas Mann und Robert Musil ihre Bestandsaufnahmen auf die Vorkriegsgesellschaft und allenfalls den Anbruch der Kriegszeit. Bei Hermann Broch wiederum liegt mit der dreistufigen Abfolge eine Sonderform vor. Brochs Trilogie arbeitet mit historischen Querschnitten, die im Abstand von 15 Jahren angesetzt sind und im Schlussteil 1918 zum militärischen Debakel führen, sowie über dieses hinaus in die Erscheinungen gesellschaftlicher Auflösung und Umgestaltung.

Der Erstling *Pasenow oder die Romantik* spielt im Wechsel in Berlin und auf den zwei preußischen Landgütern der Familien Pasenow und Baddensen. Die Handlung dieses Romanteils entwickelt sich in wechselnden Dreiecks-Figurationen; da sind zunächst der Protagonist Joachim von Pasenow, dessen Vater sowie der bei einem ›Ehrenduell‹ ums Leben gekommene erstgeborene Sohn Helmuth, der eigentlich die Nachfolge des Gutsbesitzes hatte antreten sollen. Für Joachim war schlichtweg nichts anderes übriggeblieben als die mit wenig Begeisterung verfolgte militärische Laufbahn. Wie zum Hohn entdeckt er erst, als er dann unvermutet doch an Helmuths Stelle das Gut übernehmen soll, die Vorzüge des Soldatenstandes. Da ist ferner und als insgeheimes Kraftzentrum der ganzen Handlung ein guter Freund Joachims aus gemeinsamen Militärzeiten, Eduard von Bertrand, der den Dienst quittierte und nun als aufstrebender Kaufmann und Industrieller in der Weltgeschichte herumreist. Bertrand nimmt sich offensichtlich all jene Freiheiten heraus, die Joachim von Pasenow sich nicht zugestehen kann, und kommentiert sarkastisch, diesem Romanteil das Motto gebend, »die strenge und eigentliche Romantik dieses Zeitalters« sei »die der Uniform« (Broch 1978, 23).

Wie zwischen den beiden typisch preußischen Berufswegen so schwankt Joachim auch zwischen dem böhmischen Animiermädchen Ruzena und der vornehmen Elisabeth von Baddensen. Mit dieser Konfiguration setzt Broch einen kulturtypologischen Gegensatz in Szene, der die ›kleindeutsche‹, preußisch dominierte Reichsgründung reflektiert und zugleich der im Wilhelminischen auflebenden Faszination für das südliche und östliche, verführerisch weiblich konnotierte Fremde Ausdruck verleiht. Trotz einer heftigen Liebesaffäre mit Ruzena, der als südländisch-sinnlich gezeichneten Wirtschaftsmigrantin, wird Joachim genau das tun, was man von ihm erwartet, und sich für den preußischen Landadel entscheiden. Bertrand aber stellt sich zwischen Joachim und dessen Geliebte, drängt sich dann auch zwischen ihn und seine Braut; und selbst bei Joachims Vater nimmt er bald die Position des engen Vertrauten ein. In solchen Fügungen erweisen sich die Dreiecks-Konstellationen des Romans und mehr noch seine Schauplätze und Konversationselemente als ein Echo Theodor Fontanes.

Für die überkommenen Vorstellungen von soldatischer Haltung, Pflicht und Ehre indes scheint ein Herr von Bertrand nicht mehr allzu viel übrig zu haben. Als vermeldet wird, Joachims Bruder sei bei einem Duell gefallen, kommentiert Bertrand sarkastisch: »Das Merkwürdigste ist doch, daß man in einer Welt von Maschinen und Eisenbahnen lebt und daß zur nämlichen Zeit, in der die Eisenbahnen fahren und die Fabriken arbeiten, zwei Leute einander gegenüberstehen und schießen« (ebd., 59). Das für den ersten Querschnitt gewählte Jahr 1888 markiert zwischen Reichsgründung und Erstem Weltkrieg jene Phase, in der das Deutsche Reich von den kulturellen Begleiterscheinungen eines nachholenden Kolonialismus bewegt wurde und die imperial expandierende deutsche Handels-, Reise- und Missionstätigkeit sich anschickte, den halben Erdball zu umspannen. Gelegentlich diskutieren Pasenow und Bertrand die Möglichkeit, sich zu den Kolonialtruppen zu melden. Die exotische Spielart kolonialer Globalisierung (in diesem Falle britischer Provenienz) fängt ein Besuch der im Berliner Kaiserpanorama an der Leipziger Straße gezeigten Indien-Schau mit Dioramen aus Ceylon, Delhi, Bombay und Kalkutta ein.

Im Rhythmus wechselnder Bilderszenen schreitet auch der Roman selber zu einem zweiten geschichtlichen Querschnitt voran, dem im Jahr 1903 spielenden Teilband *Esch oder die Anarchie*, in dem sowohl der Schauplatz wie auch das Personal mehrheitlich gewechselt haben. Buchhalter Esch ist eine symptomale Verkörperung des Zusammenhanges von Ordnungsliebe und anarchischer Gewaltphantasie. Esch ist gebürtiger Luxemburger und lebt im Rheinland, er ist gelernter Buchhalter und wird zu Beginn des Geschehens, am 2. März 1903, von seinem Arbeitgeber, einem Kölner Weingroßhändler, entlassen. Man hat ihm einen »Buchungsfehler vorgeworfen« (ebd., 183), der bei Lichte besehen freilich keiner war; Esch protestiert, auch kennt er Vorgänge in der Firma, die besser nicht ans Licht kämen. Nach seinem Rauswurf geht Esch mit dem Gedanken um, den betrügerischen Vorgesetzten anzuzeigen, doch lieber beschwichtigt er seinen Zorn beim Saufen und bei einem Mädchen. Esch ist eine Figur aus jener neuen Welt gut ausgebildeter, aber subalterner Angestellten, wie sie auch von Robert Walser und Franz Kafka porträtiert wurden.

Binnen kurzem erhält Esch eine neue Anstellung durch Vermittlung eines Gewerkschafters und Sozialdemokraten. Arbeitgeber ist nun die Mittelrheinische Reederei mit Sitz in Mannheim; ihr Besitzer jener Eduard von Bertrand, den die Leser im ersten Teil als Freund Pasenows und aufstrebenden, international tätigen Kaufmann kennengelernt hatten. Im Leben Eschs spielt von Bertrand als abwesende Ursache eines undurchschaubaren Wirtschaftsgeflechts eine zwar weniger explizite, aber trotzdem

einflussreiche Rolle. Die Quelle der Ungerechtigkeit ist das kapitalistische Wirtschaftsleben, und dieses wiederum inkorporiert sich für Esch in der Gestalt dieses sagenhaften Industriellen und Finanzmannes, der schon im ersten Teil der Trilogie das geheime Zentrum der Konfiguration darstellte. Bertrand, in dessen Porträt viele physiognomische und habituelle Züge des Autors selbst einfließen, ist der Dreh- und Angelpunkt der ersten beiden Teile. Zu Zeiten, als diese Abschnitte noch in Novellenform ausgearbeitet wurden, hatte Broch erwogen, den ganzen Erzählkomplex nach der Figur Bertrands zu benennen; der von den Umständen in seinem rapiden Aufstieg begünstigte Fabrikant ist ein »Vorläufer der Zeitentwicklung« (ebd., 720).

Das anschauliche Beispiel für jenes Schwindelgefühl, das den Schlafwandler wie den Seiltänzer umhüllt, ohne sie selbst zu erreichen, sind jene Varieté-Unternehmungen in Mannheim und Köln, zu denen Esch seine geschäftlichen und buchhalterischen Kenntnisse beisteuert. Es gelingt ihm aufgrund seines soliden Habitus, Teilhaber und Mitfinanziers in seinem Bekanntenkreis anzuwerben, und auch bei der Requirierung des weiblichen Personals ist seine Leutseligkeit von Vorteil. Erst als der Impresario mit dem Kapital verschwunden ist, merkt Esch, wie weit er sich bei diesen Geschäften von seinem buchhalterischen Ethos entfernt hat. Durch eine letzte große Investition aus dem Vermögen seiner Frau hofft er die von ihm unabsichtlich Geschädigten endlich zufriedenstellen zu können, er will sich schließlich nicht mit einem Buchungsfehler aus der Geschichte verabschieden. Das bespielte Theater geht bankrott, alle getätigten Einlagen sind »endgültig verloren« (ebd., 381). Buchhalter Esch und seiner Frau aber begegnen wir Jahre später erneut, im dritten Roman, überschrieben mit *Huguenau oder die Sachlichkeit*.

Nun ist die historische Zeit vorgerückt ins letzte Kriegsjahr, ein wiederum verjüngter Protagonist betritt die Szene: der aus einer alt-elsässischen, das heißt, deutsch-französisch gemischten Familie stammende Wilhelm Huguenau, der schon im Namen die preußische und die romanische Lesart der elsässischen Zwischenexistenz vereinigt. Der Landstrich ist über die Jahrhunderte hin oft Schauplatz erbitterter Kriege gewesen, und auch im Ersten Weltkrieg massierten sich etwa in den Südvogesen die militärischen Stellungen und Schlachten. Der Huguenau-Roman gibt als dritter Teil eine Bestandsaufnahme aus der Spätzeit des Krieges, als die Verluste auf beiden Seiten schon gewaltig sind und von Siegeswillen nicht mehr viel zu spüren ist. Schreckliche Kriegsverletzungen füllen die Lazarette, in einigen Nebenlinien erzählt dieser dritte Teil von der Traumatisierung Verschütteter, von den durch Gasangriff Verstümmelten, von der Zerstörung des Nervenkostüms durch die Schockgewalt des Krieges. Huguenau ist so, wie ihn die Zeit modelliert hat: einfallsreich, geschäftstüchtig, prinzipienlos; er verkörpert den Zeitgeist der Sachlichkeit. Sein Denken und Handeln ist »ornamentfrei« (ebd., 463, vgl. 437) wie der architektonische Funktionalismus der Zeit. Die Handlung spielt in einem kleinen, alten Städtchen in der Moselgegend, das trotz der Kriegsereignisse ein beschauliches Alltagsleben führt, wenn man von den schon erwähnten grauenhaften Pflegefällen des örtlichen Lazaretts einmal absieht.

In diesen toten Winkel der Zeit hat es den Geschäftsmann Huguenau verschlagen, nachdem er Ende 1917 an der belgischen Front von den deutschen Truppen desertierte. Mit buchstäblich nichts kommt Huguenau im letzten Kriegsjahr in dem Städtchen an, und binnen kurzem gelingt es ihm, durch List, Raffinesse und Einfallsreichtum zu einem der einflussreichsten Männer zu werden. Er übervorteilt den merklich gealterten Esch, der zwischenzeitlich dank einer unverhofften Erbschaft vom Buchhalter zum Zeitungsbesitzer aufgestiegen war, und bringt diesen skrupellos um Druckerei und Zeitung. Huguenau ist der Typus des Kriegs- und Krisengewinners, der seine Herrschaft auf die ideologische Lenkung der Massen stützt. Seine Handlungsweise steht im Zeichen einer ökonomischopportunistischen Sachlichkeit. Die Figur hat die romantische wie die anarchische Schlagseite des gefühligen Bürgertums abgelegt, um sich ungebrochen und ausschließlich der individuellen Vermehrung von Besitz, Macht und Einfluss zu widmen. Die ironische Kehrseite besteht darin, dass der Aufstieg von Existenzen wie Huguenau durch einen gesellschaftlich-kulturellen Prozess ermöglicht wurde, den Broch unter der kulturkonservativ anmutenden Leitformel »Zerfall der Werte« (ebd., 418) zusammenfasst.

Weit zurück in die Geschichte führt diese von Broch vorgeschlagene Analytik des Wertzerfalls (Mayer 2010, 233). Merkantilisierung, Individualisierung und Säkularisierung – es sind die großen Tendenzen der europäischen Neuzeit, welchen im Moment der Zeitenwende die negative Bilanz eröffnet wird. Damit setzt die geistesgeschichtliche Bearbeitung viel tiefer an als jene Rekonstruktionen, welche die, auf Brochs Unternehmen direkt oder indirekt einwirkenden, Zeitromane Thomas Manns oder Robert Musils anbieten. Während dort jeweils ein breit angelegtes Vorkriegspanorama in die perspektivischen Fluchtlinien des am Ende stehenden Kriegsausbruchs eingepasst wird, liest Broch das Datum der Epochenzäsur selbst von seinem Ende her, den Auflösungserscheinungen des Jahres 1918. Das Kriegsende und der mitten darin befindliche Wilhelm Huguenau sind der textgenetische Nukleus der gesamten dreiteiligen Konstruktion. Broch hatte im ersten Ansatz, dem Manuskript der sogenannten Novellenfassung des *Huguenau*, den Handlungsgang einer »in sich geschlossenen« Erzählung skizziert (vgl. Lützeler in den Kommentaren zu Broch 1978, 743), welche die Kenntnis früherer Vorgänge nicht voraussetzt. Erst in einem zweiten Schritt entwirft Broch eine ebenfalls zunächst novellenartige Fassung des *Pasenow*, um dann 1929 die nun historisch einander zugeordneten drei Teile in einem durchgestalteten Werkkomplex zusammenzuführen. Vom textgenetischen Ausgangspunkt der novellistisch komprimierten Situation 1918 wird demnach der Umweg einer episch ausgreifenden Stufenfolge beschritten, um wieder auf diesen Ausgangs- als Endpunkt hinzuschreiben. »Um dieses Epiloges willen«, vermerkt Broch in der frühen Fassung, »wurde die ganze Geschichte erzählt und wohl auch der Weltkrieg geführt« (Broch 1980, 121).

Anders als die früheren Teile gibt der dritte Roman die Geschlossenheit einer literarisch-fiktionalen Erzählform preis. Er vervielfacht das Figurenpersonal in zahlreichen parallel geführten Episoden, so dass in je wechselnden Arrangements ein veritables Kaleidoskop von Existenzen aufblitzt. Vor allem aber hat dieser Roman Teil an jener Tendenz der Entfabelung, wie sie für die sogenannte Romankrise der späten 1920er und frühen 1930er Jahre bezeichnend war, also dem Vordringen räsonierender Betrachtungen im Erzählgerüst. Liest man die *Schlafwandler*-Trilogie als eine fortschreitende Zeitreise durch die literarische Formengeschichte, so ist nach den Stationen Fontane und Walser bzw. Kafka der Erzähler Hermann Broch im zeitgenössischen Essayismus und in der Montagekunst angekommen, d. h. auch im Dreieck aus *Zauberberg, Berlin Alexanderplatz* und *Mann ohne Eigenschaften* (dessen erster Band sich mit dem Erscheinen der *Schlafwandler* überkreuzte). Bei Broch scheint der Befund des Schlafwandlertums auf eine Art von Dauernarkose hinauszulaufen, in der die Menschen ihrer eigenen Entwirklichung beiwohnen. »Hat dieses verzerrte Leben noch Wirklichkeit? hat diese hypertrophische Wirklichkeit noch Leben?« (Broch 1978, 418). Was im Krieg stattfand, war nur der Extremfall einer allgemeinen Derealisierung, die gleichwohl nicht ohne erschreckend handgreifliche Folgen geblieben war:

> Eine Zeit, feige und wehleidiger denn jede vorhergegangene, ersäuft in Blut und Giftgasen, Völker von Bankbeamten und Profiteuren werfen sich in Stacheldrähte, eine wohlorganisierte Humanität verhindert nichts, sondern organisiert sich als Rotes Kreuz und zur Herstellung von Prothesen (ebd., 418).

Brochs dritter *Schlafwandler*-Roman liefert angesichts der im Krieg entfesselten Zerstörungsgewalt eine Art von literarischer Spätdiagnose, man kann auch sagen: Er unternimmt Aufräumarbeiten und leistet Erste Hilfe. Zu diesen therapeutischen Maßnahmen zählt auch die Einführung der Figur des kleinen Berliner Heilsarmeemädchens. Zur unscheinbaren Großstadtbevölkerung, ja eigentlich zu den Verlierern der Modernisierung zählend, bietet eine solche Figur indes die Möglichkeit, in den Strudel der Annihilierung aller Werte letztlich doch wieder ein Positivum einzuführen, eine Geste des Glaubens in ungläubiger, kreditloser Zeit. Unverkennbar, dass Broch es nicht bei der Verfallsdiagnose belassen will und übrigens auch nicht bei dem Verfahren der erzählerischen Zersplitterung. Wo diese Auflösungstendenzen am größten sind, antwortet ihnen auch die stärkste kompositorische Gegenkraft, die vom Ende her der ganzen Anlage des Werkes eine überraschend kohärente sinnbildliche Grundstruktur verleiht.

Die *Schlafwandler*-Trilogie ist ein Roman, der schon von der Taktung der drei selbständigen Teile her eine Mehrgenerationen-Bestandsaufnahme unternimmt. Freilich eine solche, die den einzelnen Figuren keine chronologische Position innerhalb eines linearen zeitlichen Fortganges zuschreibt, sondern ein Tableau von simultanen, kopräsenten Biographien, Haltungen und Handlungsoptionen präsentiert. Im Dreischritt von Romantik, Anarchie und Sachlichkeit, den die Protagonisten personifizieren, ist eine synchrone triadische Werkstruktur nach dem aus der bildenden Kunst entlehnten Schema des Triptychons zu sehen, wie etwa jenes großformatigen Altarbildes mit Seitenflügeln, das Broch während seiner Ausbildung zum Textilingenieur in den Jahren 1906/07 in Gestalt des Isenheimer Altars in Colmar kennengelernt hatte. Dieser frühen Begegnung mit dem Werk Matthias Grünewalds verdankte Broch nicht nur ein für sein späteres geschichtsphilosophisches Denken bedeutsam werdendes spirituelles Kunsterlebnis, sondern auch ein kompositorisches Vorbild seines großen Romans.

Dass der Grünewald-Altar gerade in den epochalen Krisenerfahrungen der Kriegs- und Nachkriegs-

jahre zu einem künstlerischen und geistigen Bezugspunkt ersten Ranges werden konnte und von der »expressionistischen Generation neu entdeckt« (Lützeler 2001, 14) wurde, ist nicht verwunderlich und drückt sich im Falle Brochs in etlichen expliziten Anspielungen auf Grünewald in den *Schlafwandlern* aus. Entscheidend ist über die Aufnahme und Abwandlung einzelner Motive des Altars hinaus die Frage nach der Bedeutung von Grünewalds Altarbild für die Werkstruktur der *Schlafwandler* (vgl. ebd.). Da gibt es eine Fülle von sprechenden Indizien wie etwa den Namen der Hauptfigur des dritten Teils, »Huguenau«, einer Abwandlung der französischen Ortsbezeichnung für Hagenau, das wiederum an den Künstler Hagenauer erinnert, Grünewalds Vorgänger bei der Gestaltung des Isenheimer Altars. Von jenem Hagenauer stammt noch der geschnitzte Mittelteil des Antonius-Altars, dessen Seitenflügel dann von Grünewald gemalt wurden. Grünewald gestaltete zwei weitere Triptychen des Wandelaltars, deren eines die Geburt Jesu in den Mittelpunkt rückt, flankiert von den Szenen der Verkündigung und der Auferstehung, während das andere in seinem Hauptteil die Szene der Kreuzigung darstellt. Besonders eindrucksvoll ist die im rechten Seitenflügel des Geburts-Triptychons entworfene Szene der Auferstehung, in der die entrückte Gestalt Jesu, vor leuchtendem Hintergrund eines orange flammenden Sonnenballs, bereits die schwebende Positur des Himmelfahrtsgeschehens einnimmt. Gerade dieses berühmte Christusbild der Auferstehung wird von Broch in unmissverständlicher Direktheit, freilich mit kleinen Abwandlungen, im Huguenau-Teil der Trilogie ausführlich zitiert. Als Huguenau noch im Frühjahr 1918 an der Westfront eingesetzt wird, erweckt der »feuerwerkartige Himmel« des Gefechtssturmes in ihm die Erinnerung an den Auferstandenen in der Version Grünewalds, den »in einer Orangewolke gen Himmel auffliegenden Herrn mit erhobener Hand« (Broch 1978, 387).

Der Krieg evoziert nicht etwa Geschehnisse und Szenen aus dem Bildervorrat der Passionsgeschichte, sondern er lässt – kontrafaktisch, aber ästhetisch plausibel – ausgerechnet das Heilsversprechen der Auferstehungsgeschichte lebendig werden. Teils wird dessen Bildlichkeit in schroffer Fügung unmittelbar neben die grauenvolle Wirklichkeit des Grabenkrieges gestellt, wie in dem parallel zur Haupthandlung entfalteten Schicksal des Landwehrmannes Gödicke, der per Zufall aus einem »verschütteten Graben herausgebuddelt« wurde und, wie es in Anspielung auf den orangeroten Feuerball der Grünewaldschen

Gnadensonne heißt, »die besonnte Welt aufs neue sehen sollte« (ebd., 393). Das Jahr 1918, das mit der militärischen Niederlage und den politischen Wirren einer kaum in Ansätzen gelungenen Revolution eine höchst ambivalente historische Chiffre darstellt, taucht bei Broch durch diese Bildzitate der Grünewaldschen Auferstehung in deren orangehelles Licht einer eschatologischen Endzeit-Erwartung. Freilich wird auch diese Hoffnungslinie wiederum sarkastisch durchbrochen durch die skrupellosen Geschäfte Huguenaus, für den sich die Zeit der Auflösung und des Zerfalls in der Tat als güldene Wolke der Selbstbereicherung ausnimmt. Was aus den Ruinen der Niederlage aufersteht, ist eben nicht der ›neue Mensch‹, und nicht zuletzt diese Einsicht unterscheidet Brochs Bildzitate vom religiösen Pathos der Expressionisten aus der unmittelbaren Nachkriegszeit.

Ist der Huguenau-Teil der *Schlafwandler* in seinen Referenzen auf den Isenheimer Altar am sprechendsten, so lassen sich auch in den beiden vorausgehenden Teilbänden subtile Anspielungen auf das Bildwerk und seine Thematik finden. Die *Schlafwandler* folgen in ihrem Aufbau als dreiteiliges soziales Gesamtbild der Epoche selbst dem Schema des dreiteiligen Altarbildes von Grünewald, dem wiederum die christologische Triade von Verkündigung, Geburt und Auferstehung zugrunde liegt. Als Triptychon gelesen, entbergen die *Schlafwandler* im ersten Teil zahlreiche Anspielungen auf die ›Heilige Familie‹ der Weihnachtsszene, mit der noblen Elisabeth Baddensen als unberührbarem Frauenideal und ihrem angetrauten Pasenow »in der Rolle des keuschen Josef« (Lützeler 2001, 42). Das Mittelstück der Trilogie schließlich entfaltet, zwischen der freudenreichen Bildwelt von Jesu Geburt und der glorreichen des Ostergeschehens, das schmerzvolle Zwischenspiel der Passionsgeschichte, dem Grünewald den Mittelteil eines eigenen Triptychons reserviert hatte. Für Broch aktualisiert sich die Motivwelt der Leidensgeschichte im Bildzitat eines – doppelt verfremdeten – Kreuzes; es ist dies zum einen das aus der preußischen Militärtradition stammende Verwundetenabzeichen des Eisernen Kreuzes, zum anderen das ihm kontrapunktisch entgegengesetzte Zeichen des Roten Kreuzes. Mit diesen Bildchiffren gelingt es Broch, die Passionsgeschichte in den historischen Bezugsrahmen des deutschen Kaiserreichs einzuschreiben und zugleich die im ersten Romanteil evozierte preußische Traditionslinie mit der im dritten Teil reflektierten Erfahrung des Weltkriegs symbolästhetisch zu verbinden.

Analytische Rekonstruktion III: Revolutionstage im Elsass (Alfred Döblins *November 1918*)

> In dem Städtchen wurde an diesem Mittag die Stimmung fröhlicher und erregter. Dabei konnte keiner sagen, warum. Es war Dienstag, der Zwölfte, die Flugblätter, die die französischen Flugzeuge in der Sonntagnacht abgeworfen hatten – der letzte Fliegeralarm –, hatten das Eintreffen der französischen Truppen für den Fünfzehnten angekündigt. Jetzt hieß es: es würden schon morgen welche da sein, das wurde von einigen Alteinsässigen verbreitet, um den Reichsdeutschen Furcht zu machen und billig zu ihren Sachen zu kommen (Döblin 1991, I, 67).

Zieht man für die Topographie und Chronographie des Krieges einen streng gewählten Ausschnitt heran, so lässt sich in der Beschränkung ein reichhaltiges und komplexes soziales Panorama ausfalten. Jenes elsässische Städtchen, das in Alfred Döblins *November 1918* (1939/1949) den Handlungsort der letzten Kriegstage, der Auflösung staatlicher Ordnung (Hahn 2003, 335) und des gesellschaftlichen Übergangs abgibt, ist ein vielstimmiger Tummelplatz von Meldungen, Gerüchten, Meinungen und auf Umwegen sich Bahn brechenden geschichtlichen Daten und Fakten. Modelliert nach den Erfahrungen Döblins als Lazarettarzt 1918 in Hagenau, wird es im ersten Band des vierbändigen Romanwerks *November 1918* zum Schauplatz und Spielball sich überlagernder Ausnahmezustände.

Aufgrund einer Eingabe, mit der Döblin gegen die mangelhafte Versorgung seiner Patienten protestiert hatte, war er im August 1917 von Saargemünd in das elsässische Städtchen Hagenau versetzt worden, wo er in zwei Krankenhäusern Dienst tat und für die Ausbildung von Krankenschwestern verantwortlich war (Döblin 2010, 226 f., 232). Immerhin rückte ihn die Versetzung näher an die Straßburger Bibliotheksbestände heran, die er für die in den letzten beiden Kriegsjahren unternommene Recherche und Schreibarbeit an seinem *Wallenstein*-Roman kräftig in Anspruch nahm (etliche Leihscheine haben sich im Nachlass erhalten). Im November 1918 war Döblin in die Räumung des Lazaretts und den Abzug der deutschen Truppen involviert und wurde zum Zeitzeugen der Versuche revoltierender Truppenteile, im Elsass eine Herrschaft der Arbeiter- und Soldatenräte zu etablieren. In den Artikeln »Die Vertreibung der Gespenster« sowie »Revolutionstage im Elsaß« berichtet Döblin zu Anfang 1919 detailliert und größtenteils aus eigener Anschauung über die turbulenten Vorgänge.

»Dicht hinter den deutschen Fronten«, so fasst später eine Erzählpassage des Romans die entstandene Situation im besetzten Hinterland zusammen, »lagen jahrelang halbfriedlich französische, belgische Städte und Dörfer« (Döblin 1991, I, 195). Doch im Elsass ist die Konstellation merklich zwiespältiger. Was war es, das nach einem mehr als vierjährigen Krieg eine so seltsame, fast fröhliche Erregung verursachen konnte? Eine Art *drôle de guerre* hat sich des Städtchens und seiner Bewohner bemächtigt; statt der elementaren Unterteilungen in Freund und Feind, in Front und Hinterland gelten plötzlich wieder andere Unterscheidungsmerkmale, vor allem dasjenige zwischen den angestammten Elsässern und Franzosen einerseits, den Altdeutschen und den reichsdeutschen Eindringlingen und Besatzern andererseits. Man befindet sich in einem Zwischenzustand, auf der geschichtlichen Schwelle vom noch amtierenden deutschen Kriegsregiment zu einer mit den Franzosen erwarteten Friedensordnung. Und plötzlich können sich wieder andere Teile der Bevölkerung gewisse Vorteile ausrechnen als in den Zeiten davor. Noch aber ist nicht klar, ob der Krieg überhaupt schon vorbei ist, weshalb die Situation undurchsichtig und auf ihre Art auch gefährlich bleibt, erfüllt von angespannter Erwartung eines klärenden Signals. »Am Paradeplatz vor dem Hotel standen nur wenig Leute. Man hörte Musik. Sofort öffneten sich wie auf ein Zeichen die Fenster, Leute in Hut und Mantel blickten hinaus« (ebd., 34).

Alfred Döblin verzeichnete die letzten Zuckungen des Ersten Weltkriegs und die turbulenten Revolutionstage im Elsass als ein Zeitzeuge aus nächster Nähe. Er ist unter den literarischen Autoren wohl der genaueste und ergiebigste Chronist jener Umbruchzeiten des November 1918, als die militärische Niederlage und Kapitulation des Deutschen Reichs besiegelt waren und binnen Zwei-Wochen-Frist der Rückzug aller deutscher Truppen aus den besetzten Teilen Frankreichs und Belgiens sowie auch aus dem seit 1871 unter deutscher Herrschaft stehenden Elsass-Lothringen zu bewerkstelligen war. Lothringen und das Elsass bildeten in der Mitte Europas einen jener transkulturellen Kontakträume, in welchen sich die Vielfalt der Einflüsse wie auch die Unversöhnlichkeit konfligierender Interessen in besonderer Weise verdichteten. Hier hatten erbitterte Gefechte stattgefunden, waren zehntausende ›im Feld‹ geblieben (noch Schlimmeres allerdings war auf den Schlachtfeldern Flanderns und Nordfrankreichs geschehen). Am Oberrhein und im Saargebiet würde nun das Kriegsende und der vereinbarte Abzug

deutscher Truppen für eine so rasche und deutliche Veränderung der politischen Landkarte sorgen, dass der Gang der Geschichte *in actu* zu beobachten war. Nach den Jahren in Saargemünd konnte Döblin in Hagenau und Straßburg den Zusammenbruch der deutschen Kommandantur, der medizinischen Dienste in den Lazaretten, des Versorgungswesens und des Kriegsregiments buchstäblich an vorderster Front miterleben. In der zweiten Novemberhälfte verlagert sich mit dem Brennpunkt des Geschehens dann auch seine Zeitzeugenschaft in die Reichshauptstadt Berlin, wo Döblin feierliche Proklamationen besucht, unbeholfen improvisierte Kundgebungen beobachtet, dann wiederum mehrfach Zeuge militanter Demonstrationen und gefährlicher Straßenkämpfe wird.

Auch im Elsass hat das Volk seinen Auftritt – das Volk als kritische Masse: »Man hörte das Pauken der Musik und eine Signaltrompete, jetzt schmetterte und trommelte es aus einer engen Straße hervor, dabei das Johlen und Brodeln einer Volksmasse« (ebd.). Der eben noch unbelebte Platz »war rasch von Menschen überflutet, sie kamen aus anderen Straßen hervor, und jetzt schallte und bumste die Musik, die den Hohlweg verlassen hatte, auf dem schlauchartig langen Platz, von Beifallklatschen begrüßt« (ebd., 34 f.). Im Roman ist streckenweise noch die atemlose Direktheit der Chronik am Werk. Stilistische Vergleiche zwischen Döblins politischer Essayistik von 1919/1920 und der knapp zwei Jahrzehnte später gestalteten Romandarstellung sind, soweit sie denselben Gegenständen und Vorgängen gelten, durchaus erhellend; sie erweisen innerhalb der publizistischen Arbeiten weniger Monate größere Verwerfungen, als sie dem Abstand der Jahrzehnte ablesbar sind. Aus dem unmittelbaren Eindruck des Geschehens formuliert sind vor allem Döblins zwischen Kriegsreportage, politischem Essay und geschichtlicher Anekdote oszillierende Artikel »Revolutionstage im Elsaß« und »Die Vertreibung der Gespenster«. Diese zeigen den Autor zunächst als desillusionierten deutschen Kriegsteilnehmer und als – ob der Sinnlosigkeit seines Tuns – müde und mürbe gewordenen Arzt: über das Kriegsende erleichtert, an einer offenen Zukunft und einer gerechteren, moralischeren Gesellschaftsordnung hoffnungsvoll interessiert.

Der Einsatz des Berichts aus dem Elsass erfolgt im gedrängten Reporterstil. Döblin springt *medias in res* zur Impulskette eines hektisch bewegten Ausnahmezustands, mit dem druckfrischen (aber ahnungslosen) Presseerzeugnis als Beleg: »Samstag früh ›Straßburger Neue Zeitung‹: ›Unsere Telephonnachrichten aus Berlin sind heute ausgeblieben, der Draht ist gesperrt, wir hoffen, unseren Lesern bald Aufklärung darüber zu geben‹« (Döblin 1972a, 59). Das berichtende Ich erfährt die ersten Vorzeichen vom nahen Ende »in der Stube des Oberinspektors«, der eine neue, ungewöhnliche Order aus Saarbrücken erhielt: »er solle sich Zivil anziehen, Matrosen seien angekommen, es gebe Revolution wie in Kiel«. Eine »verrückte Welt« sei dies, kommentiert abgebrüht der alte »Kommißstiefel« (ebd.). Erschwerte Kommunikation, unklare Nachrichten und absonderliche Anweisungen schaffen eine irritierende Situation, in der sich zwei Umschwünge ineinanderschieben; eine plötzliche Wendung der so lange unverrückbar erschienenen Kriegslage und der mindestens ebenso überraschende Umsturz der Herrschaftsverhältnisse. Die Chiffre des November 1918 als Geschichtszeichen zu lesen, das bedeutet, zunächst und vor allem diese ineinander verwobenen Signaturen von Niederlage und Revolution getrennt voneinander zu entziffern.

Dazu gilt es, in allen Textschichten, genau auf die Zeitspuren zu achten. Besagter Samstag, mit dem Döblins »Revolutionstage im Elsaß« einsetzen, trägt, wie sich erschließen lässt, das Datum des 9. November; zwei Tage zuvor, am »7. November in der Nacht«, so wird es dann der Roman ausführen, »bat die deutsche Heeresleitung in einem Funktelegramm an den Befehlshaber der alliierten Truppen um einen sofortigen Waffenstillstand« (ebd., 197). Allen weiteren Ereignissen und Entwicklungen vorausgegangen waren die Eilmeldungen deutscher Militärs von diversen Fronten, dass die eigenen Stellungen im Feld nicht mehr gehalten werden konnten, und »jeder neue Tag die Alliierten den bis da so geschützten Reichsgrenzen näher« (ebd., 295f.) bringen würde. Am 8. November, einem Freitag, wurden der deutschen Delegation im Wald von Compiègne die Vertragsbedingungen ausgehändigt; am Samstag, am Sonntag verstrich die Bedenkzeit, »es kam keine Antwort« (ebd., 198); unterdessen war den französischen Zeitungen schon zu entnehmen, dass der deutsche Kaiser abgedankt hatte. Niemand scheint auf deutscher Seite zuständig, willens und in der Lage zu Verhandlungen oder verbindlichen Beschlüssen.

Über jene Tage des ungeordneten Abzuges schreibt Döblin zeitnah in seinem Bericht aus dem Elsass: »Am Mittwoch sind wir gänzlich kopflos, das heißt: Chef, Oberinspektor, Feldwebel, alles weg unter irgendwelchen Gründen. Das Lazarett soll abmarschieren, wir warten unruhig auf unseren Zug« (Döblin 1972a, 69). Döblins Chronistenstimme fragt

bang: »In welche Welt fahren wir hinein?«, und befindet nach der Abreise: »ich muß mich erst zurechtfinden« (ebd., 70, 71). Kopflos, das ist das Stichwort; weder ein Kollektivsubjekt noch ein Individuum taugt zur tragfähigen Basis verantwortlichen Handelns. »Wir«, will sagen: das deutsche Militär und seine Verwaltung, standen kopflos und ohne Führung da. Im Roman vertieft der Autor diesen subjektiven Eindruck zu einer aus dem Ablauf der Ereignisse gut begründbaren Erkenntnis: Nach mehr als vier Jahren Krieg erfolgte das Ende vollkommen kopflos. Innerhalb der deutschen Delegation agiert man unkoordiniert; erst werden stundenlang die eigenen Boten bei ihrer Rückkehr beschossen, dann findet sich über mehrere Tage niemand, der die harten, unverhandelbaren Bedingungen der Alliierten kommentieren oder gar unterzeichnen kann. Den Krieg für beendet zu erklären, geriet unter solchen Auspizien zur Farce eines dementsprechend kopflosen Sprechaktes, von Döblin im Roman fast slapstickartig in Szene gesetzt:

> Endlich das erlösende Wort, [...] ein Funkspruch an die deutsche Waffenstillstandskommission: ›Die deutsche Regierung nimmt die Waffenstillstandsbedingungen an, die ihr am 8. November gestellt sind. Reichskanzler Schluß.‹ Die Unterhändler müssen sich mit dem französischen Dolmetscheroffizier zusammenstellen, der fragt, wer der Reichskanzler Schluß ist, man kenne ihn weder hier noch in Paris, und der Führer der Deutschen, ein mittelgroßer, behäbiger Herr [...], Journalist und Abgeordneter namens Erzberger, muß sich den Schaden besehen und erklären: das heißt nichts als Reichskanzler, Schluß heißt Schluß, Endpunkt (ebd., 198).

Der Reichskanzler Prinz Max von Baden hatte sein Amt am Vortag (eben dem 9. November) an den Sozialdemokraten Friedrich Ebert übergeben, so dass in der Ausfertigung des folgenschweren Antwortschreibens tatsächlich eine Autorisierungslücke klaffte, welche die wahren Urheber der Kapitulation (Auswärtiges Amt und Oberste Heeresleitung) im Dunkeln beließ (vgl. Althen 1993, 143). Die hier grotesk ausgemalte Unfähigkeit, dem Töten und Schießen ein Ende zu setzen, wirft ein anekdotisches Schlaglicht auf die autor- und intentionslose Prozessualität des Krieges selbst, der in seiner anomischen Eskalationsdynamik zugleich das Planbare übersteigt und das Zurechnungsfähige unterschreitet, wie auch Robert Musil in seinem großen Roman zu demonstrieren nicht müde wurde.

Um von dieser Niederlage und mehr noch vom schmählichen Wegducken der Verantwortlichen abzulenken, kam die Rebellion der Matrosen an Nord- und Ostsee allerdings gerade recht. So zogen die

deutschen Generäle, vermutet im Roman der französische Schriftsteller Maurice Barrès, »auch die Revolution in ihr Spiel« (Döblin 1991, I, 334). Man habe
sogar mit strategischem Kalkül, so der dezidierte
französische Patriot weiter, »elsaß-lothringische Matrosen« in Wilhelmshaven »frisch von der Quelle«
eingesammelt und in einen Sonderzug verfrachtet,
um den drohenden Gebietsverlust im Elsass durch
eine demonstrativ inszenierte Vertreibung der wilhelminischen Obrigkeit noch abzuwenden. »Das
Arrangement, die Linie ist deutlich: die Verantwortung abwälzen, sich den Konsequenzen entziehen.
Den braven Herrn Erzberger hat man dann für
später als Prügelknaben« (ebd., 334 f.). Obwohl der
Roman grundsätzlich vielstimmig und perspekti-
venreich angelegt ist und speziell im ersten Band mit
wechselnden stilistischen Registern orchestriert, ist
diese Barrès in den Mund gelegte Analyse mehr als
nur eine Einzelmeinung; sie hat kompositorischen
Rückhalt und passt zu den zitierten Umständen
beim Zustandekommen des Waffenstillstands. Der
von Döblin pointierte »Reichskanzler Schluß« ist die
bündige Analyse des Umstands, dass die deutsche
Kriegsseite das unrühmliche Ende erfolgreich auf
eine marionettenhafte Stellvertretung abzuschieben
vermochte – vielleicht nicht der erste, aber ein
höchst folgenreicher Fehler, der aus der Koinzidenz
von (uneingestandener) Niederlage und (unvollzo-
gener) Revolution entsprang.

Gewiss, ein Roman ist kein Geschichtsbuch. Doch
ist dieser Roman sichtlich darum bemüht, sich der
Chronologie und damit auch der Kausalität der Geschehnisse versichert zu halten. Die markante Betonung der Daten- und Ereignisabfolge vor allem im
ersten Band des Romanwerks ist als implizite Kritik
der im Nachkrieg aufgekommenen und von der
deutschen Generalität geschürten ›Dolchstoß‹-Le-
gende zu verstehen (Althen 1993, 112 ff.). Insbesondere hält Döblins Erzählverfahren den Umstand klar
und eindringlich fest, dass das militärische Desaster
den Auflösungserscheinungen und Revolutionsten-
denzen vorangegangen war, und nicht etwa umgekehrt. Die erzählerische Beharrlichkeit erfolgt nicht
ohne Grund, hatten sich doch in den Weimarer Jahren der rechte Terror und die Hitler-Bewegung wesentlich auf das geschichtsverfälschende Bild von einer im Felde unbesiegten, erst durch die Aufstände
zur Kapitulation gezwungenen deutschen Kriegsführung gestützt, erst recht dann der etablierte Nazismus seit 1933 mit seinem offen revanchistischen
Programm. Insofern zeigt sich die *November*-Tetra-
logie auch und gerade am Vorabend eines Zweiten

Weltkrieges als ein höchst aktuelles, zeitgebundenes
Unternehmen (Kiesel 1986, 273; Althen 1993, 48;
Schoeller 2011, 493 ff.).

Die Entstehungszeit des großen Erzählwerks *November 1918* fällt in die Pariser Emigrantenzeit und
in die ersten Kriegsjahre (Auer 1977). Mit der Niederschrift des ersten Bandes begann Döblin Ende
1937, Anfang 1939 war dieser abgeschlossen und im
gleichen Jahr im Druck erschienen (vgl. die »Einführung« von Stauffacher in Döblin 1991). Während
der Arbeit am zweiten Band musste Döblin Paris
verlassen und vor den anrückenden deutschen Truppen in den Süden fliehen. Die »Schicksalsreise«
durch Südfrankreich mit Döblins von ihm selbst
ausführlich geschildertem Konversionserlebnis in
der Kathedrale von Mende drängte sich als ein neuer
literarischer Gegenstand (dann schon im kalifor-
schen Exil) dazwischen, ehe der Autor 1942, bei allerdings reduziertem Quellenzugang, die Arbeit mit
der Niederschrift jenes Teils fortsetzen konnte, der
die Ermordung von Rosa Luxemburg und Karl Liebknecht darstellt. Das innige, bewegende Erzählen
vom verzweifelten Kampf und grausamen Tod dieser
beiden Leitfiguren der deutschen Linken ist, wie die
in großen Bögen nachgestaltete Verlaufsgeschichte
der Novemberrevolution überhaupt, ein Unterfan-
gen literarischer Trauerarbeit (Kiesel 1986). Nicht
minder prekär als die Schreibphase verlief die Publi-
kationsgeschichte des gesamten Romankomplexes,
welcher der Öffentlichkeit lange nur in einer stark
gekürzten und verzerrten Form zugänglich war.

Dem hartnäckigen politischen Missverhältnis der
deutschen Geschichtskultur zur Niederlage und Revolution von 1918 konnte Döblins Werk in der verstümmelten Fassung nicht abhelfen, eher fiel es ihr
selbst zum Opfer. Vermutlich waren auch Konzeption und Niederschrift des ersten Romanteils bereits
negativ beeinflusst worden von der propagandistisch
umfunktionierten Rolle des 9. November, der bei
Hitlers Putschversuch an der Münchner Feldherren-
halle 1923 als symbolisches Datum gegen die Republik benutzt worden war und sich dann erst recht
mit den antijüdischen Pogromen von 1938 als ein
Fanal des Schreckens ins Gedächtnis einbrannte.
Während René Schickele 1919 und Bernhard Kellermann 1920 jeweils unter dem Titel *Der neunte November* literarische Darstellungen des Schicksalsta-
ges der Revolution geliefert hatten, setzt Döblin im
Handlungsgang seines Romans, und zwar abweichend von der eigenen Materialvorlage der »Revolutionstage im Elsaß«, erst mit dem Sonntag, dem
10. November ein. Das prominente Datum rutscht

somit in das nur durch Rückblenden einbezogene Vorfeld der explizit behandelten Chronologie.

Dieser maskierte Nullpunkt der Konstruktion wird freilich als ein solcher durch die sukzessive Vorgehensweise sowohl des Schreibprozesses wie auch der Diegese desto sichtbarer. Döblin charakterisiert das eigene Schreibverfahren als »stückweise«, als ein Erzählen »scheinbar am Faden der Tagesereignisse« entlang; »ich schob mich langsam Tag um Tag vom 9. November bis zum Jahresende vor« (Döblin 1986c, 275). Der Schriftsteller füllt erst zwei, dann drei Bände, trennt zudem noch deren mittleren in zwei Teilbände auf; das Material gewinnt Eigendynamik und epische Breite, wie es der Autor rückblickend mit Metaphern eines elementaren Naturgeschehens formuliert:

> Die Dinge blieben auf der Erde, aber merkwürdige Lichter fielen auf sie und machten ihre Farben schwimmen, anderes schob sich vor, [...] bis es klar wurde, daß ich mich zwischen Himmel und Hölle bewegte und daß alle Dinge in diesem Raum standen, ja die Tagesvorgänge, die realpolitischen Dinge mit den Namen der und jener bekannten Politiker (ebd., 275).

Was im Tageskorsett einer unerbittlichen Chronologie nicht aus der feststehenden Faktenlage heraus kann, birgt für den Epiker zugleich eine zweite, imaginierte Welt mit simultanem Eigenleben, welches sich nicht in die Horizontale eines weiterziehenden Zeitstrahls zwängen lässt. Über und unter der Tageschronik tun sich Kuppelgewölbe und Abgründe eines Welttheaters auf (Kiesel 1986, 316 f.). Schon in der Schreibzeit Ende der 1930er Jahre, desto mehr aus einem bald hundertjährigen Abstand zu den damaligen Zeitereignissen, schwindet die pragmatische Referenz der realhistorischen Personen und Ereignisse zugunsten ihrer (im Sinne der Semiotik Jurij Lotmans) ›mythischen‹, menschlich-allgemeinen Sinndimension. Wie der Autor um 1917 und 1918 im *Wallenstein*-Roman aus dem recherchierten Material zum Dreißigjährigen Krieg eine expressionistisch zersprengte Ansicht des Krieges überhaupt entworfen hatte, ein »Kolossalgemälde für Kurzsichtige« (Scherpe 1990), so erwecken die Figuren und Handlungsumstände in *November 1918* die emotionale Resonanz ihrer späteren Leser nicht mehr primär aus historisch-›archivalischem‹, sondern aus weltlichem und kreatürlichem Interesse.

»Krieg ist sehr, sehr vieles in einem; vor allem grenzenlose Dämonie und Entfesselung«, schrieb Döblin 1930 über »Entstehung und Sinn« seines Buches *Wallenstein* (Döblin 1986b, 185). Analog ist auch für die zwei Jahrzehnte später entstandene *No-*

vember-Tetralogie eine entgrenzende Wirkung der Erzählweise anzusetzen, die den realiter nicht vollzogenen Zeitenbruch, aus einem Grundimpuls rettender Kritik, rückwirkend in die und alternativ zur Vergangenheit im Medium der Sprache bewerkstelligt. Dass innerhalb der geschehenen Geschichte zugleich eine obertonreiche Möglichkeitswelt an Umgestaltungen, an Unerhörtem und Ungesagtem mitschwingt, kann vom Romancier gerade dann produktiv aufgenommen und im Text vorgeführt werden, wenn er die Phänomene ›Krieg‹ und ›Revolution‹ loslöst aus der Historie und sie in einem erweiterten Sinne auf das eigene poetische Verfahren bezieht, als hephaistische Schmieden der Umgestaltung. Das bedeutet für das zwischen Himmel und Hölle liegende Romangeschehen von Ende 1918 – trotz der chronologischen Ordnung und gegen sie – eine gewisse Suspendierung des Zeitsinns: zugunsten des Raumes und seiner szenischen Entfaltung in epischer Gleichzeitigkeit. Auf Döblins Simultanbühne und ihren diversen Ebenen und Schauplätzen löst sich ›die Geschichte‹ vom suggestiven Zwang einer aus rückwärtigem Mehrwissen gespeisten teleologischen Geschichtsbetrachtung; auch darin knüpft die *November*-Tetralogie an den *Wallenstein* an.

Bedenkenswert ist der Umstand, dass die bis in den Januar 1919 reichenden vier Bände des epischen Werks den Obertitel *November 1918* tragen. In der Konstruktion pocht permanent eine Grundspannung von bedeutungsvoll herausgehobenen Entscheidungspunkten und aufgefächerter Sukzession. Wie Döblin in den weiteren Bänden entwickelt, waren zudem noch etliche andere Daten als Weichenstellungen der scheiternden Revolution zu beleuchten; so etwa die Zeit vor Weihnachten, als die Kieler Volksmarinedivision das Berliner Schloss und zeitweilig sogar die Reichskanzlei besetzt hielt, sich dann aber vom alarmierten Ebert, der in jenem Moment wirklich »der Revolution ins Auge« (Döblin 1991, III, 135) geblickt hatte, und von dem Rat der Volksbeauftragten zur Aufgabe drängen ließ; sodann der 6. Januar, als die revoltierenden Arbeiter und Soldaten in gewaltigen Massen auf die Straßen zogen, ohne dann auch nach der Gewaltausübung im Staate zu greifen; und schließlich, nach der Niederschlagung des »Spartakusaufstands«, der 15. Januar: jener Tag, an dem Rosa Luxemburg und Karl Liebknecht unter dem Gejohle einer Hetzmeute grausam misshandelt und ermordet wurden. Dies wird am Ende das trauervolle Geschichtszeichen sein, in dem sich Kriegsende und Revolution für Alfred Döblin und seinen mit epischem Atem vorgetragenen Roman darstellen; nach jenen Mordtaten wird dem November 1918 nichts Nennenswertes mehr hinzuzufügen sein.

Döblins spätere geschichtlichen Darstellungen des Kriegsendes und der Revolutionsgeschehnisse stehen unter dem Vorzeichen einer grundstürzenden Enttäuschung und Trauer über die vereitelte, misslungene deutsche Revolution, in deren Verlauf, so seine Diagnose, nicht allein der Gegenterror von rechts zum geschichtlichen Verhängnis wurde, sondern auf durchaus vermeidbare Weise Sozialdemokraten, Gewerkschafter, Sozialisten und Kommunisten einander gegenseitig bekämpften und letztlich auch sich selbst entmutigten und entmündigten. War also die Weimarer Demokratie nichts als ein großes, schon in ihren Gründungsjahren von kaum jemandem ernst gemeintes Missverständnis, ein schmetternder, das kritische Denken betäubender Karneval? Im Mai 1920 sieht es Döblins »Linke Poot« so: *Der deutsche Maskenball* registriert eine oberflächliche demokratische Maskerade, unter deren Tarnung die alte wilhelminische Untertanengesellschaft wacker fortbesteht. Mit solchen Deutungsakzenten schließt der politische Kolumnist anderthalb Jahre nach der Ausrufung einer deutschen Republik in skeptischer und sogar sarkastischer Tonlage an die einstigen bunten Szenenbilder einer revolutionären Karnevalisierung (Mattick 2003, 114) aus den November-Unruhen in der Elsässer Garnisonsstadt an.

Im November 1918, um damit nochmals zum Einsatz der »Revolutionstage« zurückzukommen, waren es »die Gesichter der Elsässer«, die im reichsdeutschen Zeitzeugen den Eindruck erweckten, »als wenn es ein Maskenball wäre und sie Zuschauer«. »Jetzt ist es völlig heraus«, setzte der Lazarettarzt Döblin seinerzeit (und noch im Banne des militärischen Kollektivsubjekts) hinzu, »daß wir schachmatt sind, daß wir ihnen nichts mehr können« (Döblin 1972a, 60). Damals konnte man aus dem Schauspiel der Straße ebenfalls zunächst einen falschen Eindruck gewinnen. Mit dem Ende des Krieges war unmissverständlich auch die deutsche Besetzung des Elsass zu Ende, doch wurde diese Wendung der Dinge für einige Tage dramatisch überlagert von den besagten, in revolutionärer Attitüde umherziehenden Soldaten, die versuchten, die Welle des Matrosenaufstands aus Kiel und Wilhelmshaven an den Oberrhein zu tragen. Am Nachmittag des 9. November, so schildert es Döblin, zieht eine »riesige Horde Soldaten qualmend in aufgelösten Gliedern, Hände in den Taschen, […] hinter einer wild geschwenkten roten Fahne« her, »die Wachtposten grinsen und las-

sen sie durch […], der Zug wird immer länger, Johlen, Schreien, Andrang der Zivilbevölkerung, sie holen Gefangene aus den Arrestlokalen« (ebd.).

Solche Beobachtungen und Ereignisse, wie überhaupt das Zeit- und Handlungsgerüst jener Tage, hat der Zeitzeuge Döblin später für sein großes Erzählwerk über den *November 1918* weitgehend übernommen. Manche Passagen aus den Schilderungen der »Revolutionstage im Elsaß« gehen in nur leicht modifizierter Form in die Romanwelt ein, darunter auch die zu aufschlussreichem Kontrast verbundenen Darstellungen des leeren, sich selbst überlassenen Spitals und der sonderbar überdrehten, verqueren Feier auf dem Paradeplatz. Zurückhaltender in der Wertung, aber vielsagender in der Deutung wird der Roman das Schauspiel kommentieren. Auf dem Platz haben sich, von der Musik herbeigelockt, allerhand Menschen versammelt, Einwohner des Städtchens, Soldaten und sogar »Offiziere, ohne Achselstücke« (Döblin 1991, I, 38). Wie geht eigentlich Revolution? Womöglich ist sie an dem »Johlen und Brodeln einer Volksmasse« erkennbar, bei dem alle buchstäblich »aus dem Häuschen« (Döblin 1972a, 59) sind? Die gespannte Erwartung bei der Versammlung auf dem Paradeplatz verbindet sich mit der Suggestivkraft festen Marschierens und lauten Musizierens. Das aber hatte es im August 1914 auch schon gegeben; und wieder akklamieren die Umstehenden nun, was sich da auf der Straße abspielt: »Winken aus den Fenstern mit Taschentüchern, Hüte- und Mützeschwenken« (Döblin 1991, I, 35). In ein unsichtbares Gefäß zusammengedrängt, steigert die Menge stetig ihre Lautstärke und Betriebstemperatur. »Der Platz war für Musikdarbietungen nicht eingerichtet. Es gab ein Echo und Wiederecho, man hörte das Krachen der Pauken dreimal, […] das steigerte den Tumult und amüsierte« (ebd.). Eine Schar Infanteristen mischt sich unter das versammelte Volk, »Haufen von Soldaten« (ebd.). Auf den Dächern werden rote Fahnen geschwenkt, ein großes rotes Tuch an einer Häuserfront herabgelassen; im vierten Stock dieses Wohnhauses sieht man einen »erregten alten Herrn« (ebd.) das Fahnentuch beiseiteschieben, es verdunkle ihm die Aussicht.

Auf je eigene Art erzählen Pathos, Ironie und Satire von einem verzweifelten, vergeblichen Kampf nach dem Krieg. Der satirische Ton richtet sich dabei (nach einer Beobachtung Helmuth Kiesels) vor allem auf die zaudernden Sozialdemokraten wie den Volksbeauftragten Friedrich Ebert, der das Land und seine Hauptstadt mithilfe der Reichswehr rasch zu Ruhe und Ordnung zurückführen möchte, und dabei, so Döblins Kritik, Verrat an der Arbeiterbewegung begeht. Mit Ironie hingegen (und das heißt: nachsichtiger) behandelt der Schriftsteller jene Vertreter der Revolution, die sich in ihrem Elan kurzlebige Illusionen über Art und Umfang der nun möglichen gesellschaftlichen Veränderungen machen; so beispielsweise jene aus dem Elsass rekrutierten, nun zurückgekehrten Matrosen, die mit ihren Waffen ins Landgerichtsgebäude einzogen, um dort »unverzüglich die elsaß-lothringische Republik auszurufen« (ebd., 153). Geht es um die Auftritte von Schriftstellerkollegen – erfundene bzw. nach abgewandelten Vorbildern gebildete –, setzt Döblin teils ironische, teils satirische Elemente ein; die verzeihlichen Schwächen des dezent anachronistischen Dramatikers Stauffer, der sich im Umbruch der Nachkriegszeit nur schwer zurechtfindet, kontrastieren dem bedenkenlosen Opportunismus anderer Schriftsteller, die mühelos von der Kriegsbegeisterung auf Republiktreue umschwenken.

Mit leiser Ironie erzählt wird auch das Schicksal mancher Frauengestalten, die in den Lazaretten mit großer Lebenstüchtigkeit, tagtäglichen Gefahren ausgesetzt, höchst schwierige Zeiten bemeistern, sich gleichzeitig aber in für sie schädliche emotionale Abhängigkeit von unzuverlässigen Männern begeben. Was da im Spiel ist (sagt die Ironie), braucht keinen zwingenden Grund. Da ist die Krankenschwester Hilde, zwischen den zwei schwer verwundeten Offizieren Becker und Maus, die ihr den Hof machen, und die aus dem Vorkrieg einem Dritten nachhängt, der sie verlassen hatte. Hanna wiederum ist schwanger vom Soldaten Heilmann, der in den Wirren der ersten Tage aus Notwehr zwei zu den Revolutionstrupps gehörende Kameraden erschossen hatte und daraufhin fliehen musste. Die Situation dieser Frauen ist eigentlich desaströs, verzweifelt; und doch bricht sich, unbelehrbar und hartnäckig, in ihnen der Anfang neuen Lebens Bahn. Eine pathetische Schlagseite haben Döblins intensive Schilderungen der letzten Tage im Leben Rosa Luxemburgs, die fraglos die verehrte und betrauerte »Heldin« seines Revolutionsromans darstellt. Innerhalb des fiktiven Figurenpersonals ist es der ehemalige und im Krieg schwer verwundete Studienrat Friedrich Becker, an dem der Autor ernsthaft die Möglichkeit eines neuen, vom Krieg existentiell erschütterten Lebens aufzeigt. Döblins montierte, panoramatische Geschichtserzählung will das Vergangene nicht in quasi-naiver Unmittelbarkeit historisieren, sie macht die Distanz zum Geschehen jederzeit kenntlich und spannt ihr Material in ein energetisches Wirkungsfeld gegensätzlicher Kräfte. Die Weite und Tiefe der Konfiguration des vierbändigen Romans sind freilich durch die klassifizierende Anwendung eines solchen dreiwertigen Stil-Registers längst nicht hinreichend zu ermessen, stellen die einzelnen Szenen und Episoden doch trotz ihres chronotopisch begrenzten (wiewohl höchst folgenreichen) Segments als Gesamtbild genommen nichts Geringeres dar als das Treiben der ›menschlichen Komödie‹ schlechthin.

Poetische Assimilation I: Aby Warburg und die Krise im Nachkrieg

Der Zusammenbruch kam unerwartet. Die während der Kriegsjahre bewahrte Haltung fiel Ende 1918, angesichts der restlosen Zernichtung der mit den ›Ideen von 1914‹ mobilisierten Energien und Ziele, ganz ohne innere Gegenwehr in sich zusammen. Diejenigen, welche die jahrelangen Abnutzungsschlachten des Stellungskrieges mitgemacht hatten, waren an Leib und Seele zerstört, auch wenn sie die Salven des Trommelfeuers, die Einschläge von schwerer Artillerie, die ätzenden Wolken der Gasangriffe überlebt hatten. Traumatisiert durch heftige Detonationen oder durch das Lebendig-Begrabensein in den Schützengräben, trugen sie den Krieg in sich, als unaufhörliche und tief in sie eingekapselte Gewalterfahrung. Die Menschen in der Heimat hatte man bis zuletzt im Glauben an einen deutschen Sieg gelassen. In den Städten und auf dem Land war der Krieg nur indirekt zu spüren gewesen, an den alltäglichen wirtschaftlichen Entbehrungen und auch an der Militarisierung des politischen und kulturellen Lebens; doch blieb die Aufrechterhaltung des gesellschaftlichen Betriebes von den Kampfhandlungen weitgehend unbeeinträchtigt. Im Unterschied zum Zweiten Weltkrieg, der mit den Luftbombardierungen deutscher Städte der Zivilbevölkerung unmissverständlich zeigte, dass die verbrecherische NS-Diktatur und die Kriegsführung des Aggressors Deutschland nicht ohne existenzgefährdende Folgen für die gesamte Nation und für jeden Einzelnen bleiben würden, konnte während der Kriegsjahre 1914 bis 1918 die deutschnational eingestellte Bevölkerung hartnäckig und bis zum Ende hin der Überzeugung anhängen, es handele sich erstens um einen gerechtfertigten und zweitens um einen aus deutscher Sicht siegreich zu beendenden Krieg.

Umso heftiger geriet die Erschütterung, als anfangs November 1918 alles verloren war und die vermeintlich unantastbare Ordnung des Kaiserreichs urplötzlich hinweggefegt wurde. Die Erfahrungsdifferenz zwischen der Frontsituation und dem Leben im Hinterland war immens. Das Auseinanderklaffen von propagandistischer Meinungsmanipulation und tatsächlicher Lage führte nicht nur zu einer weitverbreiteten und teils recht hartnäckigen Leugnung der deutschen Niederlage und Kriegsschuld; es erklärt auch, warum es die Kriegsneurotiker schwer hatten, nach ihrer Heimkehr Gehör und Verständnis zu finden oder gar eine adäquate Behandlung zu erhalten. Wie viele Zeitgenossen es waren, die nicht während des Krieges und an der Front, sondern am Ende in der Heimat die Besinnung und ihren Lebenshalt verloren, wurde nicht erfasst. Bemerkenswert ist der Fall eines kriegsbedingten Nervenzusammenbruchs bei einem herausragenden Vertreter des deutschen Geisteslebens, dem Kunsthistoriker Aby Warburg.

Warburg war in den Vorkriegsjahren zu Studien- und Vortragszwecken oft gereist und verfügte über weitgespannte internationale Kontakte. Unter den reaktionären Tendenzen im Deutschen Reich der Jahrhundertwende waren auch die großbürgerlichen jüdischen Familien immer wieder zur Zielscheibe antisemitischer Feindseligkeiten geworden. Aby Warburg, der sich von der jüdischen Religion schon in jungen Jahren abgewandt hatte, sollte den verbreiteten Antisemitismus in seiner Militärzeit deutlich zu spüren bekommen. Andererseits konnten sich die Warburgs von der obrigkeitsstaatlichen Ordnung des Kaiserreichs auch einen gewissen Schutz gegen Anfeindungen und Übergriffe erhoffen, was eine starke Identifikationsbereitschaft der ›Kaiserjuden‹ mit der Ordnungsmacht und den Autoritäten erklärt (Chernow 1994). Der Intellektuelle, der mit seiner Bibliomanie aus der Familientradition der Kaufleute und Bankiers ausscherte (Gombrich 1984), war gewiss kein engstirniger, nationalistischer Parteigänger der wilhelminischen Kanonenbootpolitik, nahm aber gleichwohl an der, wie er glaubte, Schicksalsprüfung und militärischen Selbstbehauptung Deutschlands im Krieg großen emotionalen Anteil.

Der Kriegsausbruch selbst habe ihn »innerlich nicht unvorbereitet getroffen«, weiß sein Schüler und erster Biograph, Carl Georg Heise, zu berichten; Übles vorausahnend, soll Warburg mehrfach zum Ausdruck gebracht haben, er »fühle sich wie Kassandra und rechne wie sie nicht damit, daß seine Vorausverkündigungen verstanden würden« (Heise 1959, 56). Die Leidensrolle des Warners war in den Vorkriegsjahren und auch nach dem Krieg nichts Ungewöhnliches; im Fall Warburgs aber eröffnet sie höchstens einen Teil des in seiner Gesamtheit verdeckten Bildes, vor allem, wenn es um die Rekonstruktion der Ursachen von Warburgs nervlichem Zusammenbruch geht. Über die äußere Haltung, innere Einstellung und kulturellen Aktivitäten Warburgs während des Ersten Weltkriegs geben die inzwischen von der Forschung teilweise ausgewerteten Materialsammlungen und Tagebuch-Aufzeichnungen jener Zeit einen gewissen Aufschluss. Sie belegen eindringlich die enorme geistige und affektive Bindung Warburgs an den Gang der Ereignisse. Die Umstellung seines Habitus ›auf Kriegszustand‹ ging soweit, dass sich der Privatgelehrte einen Revolver kaufte und Schießübungen absolvierte (McEwan 2007, 141); außerdem intensiviert sich der Kontakt zur Presse, zu Kollegen und zu staatlichen Stellen.

Wie ein Großteil der deutschen Gelehrten- und Künstlerwelt betrachtete Warburg die Kampfhandlungen als ein vordergründiges Austragen tieferer, kulturprägender Gegensätze und nahm es für eine selbstverständliche Pflicht, im »Krieg der Idee« (zit. nach McEwan 2007, 161) das Seinige beizutragen. Wenn Thomas Mann die jahrelange Schreibtischarbeit an den *Betrachtungen eines Unpolitischen* patriotisch zum »Gedankendienst mit der Waffe« (Th. Mann 2009, 11) überhöhte, so traf auf das geistige Kriegsengagement Aby Warburgs implizit das Nämliche zu. Er beschloss, auf seine Weise zu »kämpfen«, das heißt: »mit seinen bibliographischen Hilfsmitteln« (Heise 1959, 56). Die Antwort auf den Ausnahmezustand war der Rückgriff auf das bewährte Requisit des Karteikastens, nun allerdings mit einem ins Gigantische erweiterten Einzugsbereich. »Er hatte eine Kartothek anzulegen begonnen, in der er die wichtigsten Ereignisse ›verzettelte‹«. Seine Arbeitsräume, erinnert sich Heise, »glichen immer mehr einem Schlachtfeld, auf dem er mit kurzen, markanten Befehlsrufen einen wachsenden Mitarbeiterstab befehligte« (ebd., 56 f.).

Im Zuge einer immensen Sammeltätigkeit von Zeitungsmeldungen, publizistischen Aufrufen, Kommentaren und Bilddokumenten, für die er den gesamten Mitarbeiterstab seiner Bibliothek, sein wissenschaftliches Netzwerk und auch die eigene Familie einspannte, wollte Warburg das Wirken der Kriegspropaganda (notabene der feindlichen) belegen und entkräften. Dutzende von Zeitungen wurden dafür tagtäglich ausgewertet, dazu eine Unmenge von Broschüren und Kriegsbüchern. Die Grundidee war, all dasjenige, was im Getümmel des Tages nicht näher hinterfragt oder geprüft werden konnte, durch sorgsame Exzerpte und bibliographische Annotationen für das Urteil einer Zeit ›danach‹ zu sichern und aufzubewahren. Allerdings setzte Warburg auch selbst auf direkte propagandistische Interventionen; er bezog Stellung gegen die Vorwürfe seitens der Alliierten nach dem deutschen Überfall auf Belgien, der Zerstörung der Löwener Bibliothek und der Kanonade auf die Kathedrale von Reims. Die in all diesen Fällen und auch gegen den deutschen Kunstraub in Belgien erhobenen, berechtigten Vorwürfe tat Warburg als »Lügen« bzw. als einen »Feldzug der Lüge« ab (zit. nach Schwartz 2007, 45, 46), wie es in einem an die deutsche Presse gerichteten Aufruf vom Dezember 1914 hieß, in dem Warburg um Kooperation bei seinen dokumentarischen Bestrebungen bat. Nichts Geringeres als die Aufrüstung der Kriegspropaganda zum Zwecke der Verteidigung gegen eine auf ideologischem Gebiete noch bestehende feindliche Übermacht wird in Warburgs Aufruf proklamiert.

Um eine »gefährliche Schlappe« künftig zu vermeiden, müsse ein großer »Generalstab der Presse« aufgebaut werden, mit den zwei Zielen, dass dieser erstens »selbständig Nachschriften über die ganze Welt verbreitet« und zweitens »die gegen uns verbreiteten Lügen schonungslos verfolgt und Berichtigungen erzwingt« (zit. nach Schwartz 2007, 45). Hier ist ein aus heutiger Sicht befremdlicher Mechanismus der Leugnung am Werk. Zwar ist der Ausgangsimpuls des Vorschlags so abwegig nicht – spielte doch auf deutscher Seite die Kriegspropaganda als eine systematische und von Staats wegen zu koordinierende Aufgabe erst ab 1916 eine nennenswerte Rolle (Schivelbusch 2001). Dem waren Initiativen von deutschen Wissenschaftlern und Verbänden wie der am 4. Oktober 1914 in der deutschen Presse lancierte »Aufruf an die Kulturwelt« zuvorgekommen, in dem von 93 prominenten Unterzeichnern (Philosophen, Schriftstellern, Naturwissenschaftlern, darunter 19 Nobelpreisträger) die im Ausland gegen die deutsche Kriegsführung erhobenen Vorwürfe pauschal und argumentationslos zurückgewiesen wurden (Schivelbusch 1987; s. Kap. II.4). Insofern passt Warburgs publizistische Materialschlacht durchaus ins Zeitgeschehen. Die Annahme allerdings, dass während der noch andauernden, erbitterten Kampfhandlungen und unter dem Vorzeichen einer Umstellung des gesamten gesellschaftlichen Lebens auf Kriegswirtschaft die deutsche Publizistik es als vorrangig betrachten würde, Warburgs Appell zu folgen und ausgerechnet jetzt in den von Sondermeldungen überfluteten Zeitungsredaktionen die Standards bibliographischer Sorgfalt

einzuführen, legt ein gewisses Maß an skurriler Weltfremdheit an den Tag. Das Übermaß der gleichzeitigen Ansprüche an Vollständigkeit und Genauigkeit sorgte denn auch dafür, dass das Unternehmen über den Effekt der buchstäblichen »Verzettelung« kaum hinaus gedieh. Das gesammelte Material aber war auch jenseits des (verfehlten) Tageszwecks von erheblicher Aussagekraft, was etwa die propagandistischen Mechanismen betraf. Warburgs eigene Auswertungsinteressen lagen vor allem auf der Verbindung zwischen den im Kriegszustand aufgebotenen kulturellen Beschwörungsgesten und der verstärkten Hinwendung zu Magie und Weissagung (Wedepohl 2005; 2007) zu Praktiken des Volks- oder Aberglaubens. Letztere dokumentierte Warburgs Archiv in eigenen Unterabteilungen, wobei sich ein innerer Zusammenhang zu Warburgs kunsthistorischen Forschungsarbeiten im Krieg und nach dem Krieg aufweisen lässt (Roeck 1998).

Zunächst und vor allem wird man aus dem verschwenderischen, hingebungsvollen Aufwand der Kriegssammeltätigkeit Warburgs schließen dürfen, dass der Initiator der Kampagne und des Dokumentationsarchivs von der sachlichen Stichhaltigkeit seines Anliegens wirklich durchdrungen war, und nicht allein das übliche Propagandaspiel der simplen Umkehrung von polemischen Vorzeichen betrieb, das von allem, was in der feindlichen Presse steht, einfach das Gegenteil behauptet. Warburg glaubt, wofür er eintritt. An die Stelle der aufgekündigten konfessionellen Bindung tritt 1914 das kulturelle Investment für die deutschen Kriegsziele und für eine Erneuerung des Dreibunds. Vehement setzt er sich dafür ein, sein geliebtes Italien davon abzuhalten, sich an der Seite der Alliierten am Krieg zu beteiligen, und gründet eigens zu diesem Zweck eine italienischsprachige Zeitschrift (*Revista italiana*), die Ende 1914 und Anfang 1915 in mehreren Nummern erscheint und in der italienischen Öffentlichkeit die Stimmung zugunsten der deutschen Sichtweise kippen sollte (McEwan 2007) – letztlich ohne Erfolg, wie man weiß. Doch lässt dieser schwere Rückschlag Warburg nicht an der Legitimität der eigenen Position zweifeln, es meldet sich vielmehr die »Frage: ›sind wir zu anständig?‹«, die er am Tag der italienischen Kriegserklärung in seinem Tagebuch notiert (zit. n. ebd., 161). Bei den Vorwürfen gegen das Deutsche Reich und dessen Truppen *konnte* es sich *nur* um Verleumdung handeln, so besagt der Schutzmechanismus, dem Warburg sich auch über das Scheitern dieser publizistischen Initiative hinaus anvertraute.

Das kulturwissenschaftliche Interesse Warburgs an den kollektiven seelischen Mechanismen von Aberglaube, Weissagung, symbolischen Straf- und Wunschdeklarationen gewann neben der sachlich-historischen Dimension auch eine persönliche Komponente. Ohnehin stand Warburg dem Fortleben heidnisch-astrologischer Deutungsfiguren zu jener Zeit schon ambivalenter gegenüber, als er sich eingestand. Als Sammler strebte er nach einem Standort ›über‹ den Positionen. Im Besitz dokumentierter Kriegsereignisse und ihrer massenwirksamen publizistischen Deutungen zu sein, war die aus dem Gelehrtenhabitus und der Methodik Warburgs geschöpfte Verfahrensweise der Wahl, sich auf der Höhe der Zeit zu halten –allerdings mit fatalen Konsequenzen. Heise hat ein dramatisches Bild jener Zettelkasten-Krisenschübe gezeichnet: Immer leidenschaftlicher und auswegloser wurden in Warburgs Arbeitsräumen chronikalische Belege zusammengetragen und zu »unerledigten Papiermassen« gehäuft, in der Konsequenz vollständiger Arbeitsüberlastung erlitt Warburg »Zusammenbrüche« in dichter werdender Folge, die er »mit äußerster Selbstdisziplin« zu parieren suchte (Heise 1959, 57).

Für die »Tiefe« von Warburgs »Miterleben der Weltkatastrophe« sprach dem jungen, studentischen Freund zufolge dann auch der als »symptomatisch« bewertete Umstand, dass der Krisengeschüttelte nur mehr »bis zu jenen Tagen durchhielt, als auch in Hamburg durch die von Kiel her herüberbrandenden revolutionären Ausschreitungen die Auflösung unverkennbar wurde« (ebd.). Der pathogene Urgrund seiner affektiven Investitionen ins Kriegsgeschehen und die vollständige Vergeblichkeit der daran geknüpften wissenschaftlichen Betätigungen traten mit dem gesellschaftlichen Kollaps der alten Wertehierarchie offen zutage. Aufs Stärkste getroffen, erlitt Warburg durch die deutsche Niederlage und den Sturz des Kaiserreichs im November 1918 eine schwere Nervenkrise; auch die Abkehr von der jüdischen Familientradition mochte hierbei als akut hervorbrechender Schuldkomplex eine gewisse Rolle gespielt haben (vgl. Chernow 1994, 261). In dem Gelehrten gerieten Geistes- und Gemütszustand so sehr außer Kontrolle, dass er damit drohte, seine Familie und sich selbst zu erschießen. Warburg wurde daraufhin zunächst in eine Heilanstalt in Jena eingewiesen, im Frühjahr 1921 sodann in die von Ludwig Binswanger geleitete psychiatrische Klinik Bellevue im schweizerischen Kreuzlingen am Bodensee.

Nach der Materialschlacht der Zettel also die *tabula rasa*, weitab vom Getümmel der Zeitgeschichte.

Bellevue, mit schönem Blick auf die Konstanzer Bucht, dient anfangs der 1920er Jahre als Zufluchtsort einer langsamen Regeneration des Patienten. Zugleich wird die Klinik, in der Warburg im Frühjahr 1923 mit einer Studie zu indianischen Ritualen seine Arbeit wieder aufnimmt, zum Schauplatz einer von dieser ›Gelegenheitsarbeit‹ angestoßenen Neuausrichtung seiner kulturwissenschaftlichen Verfahrensweisen, die ohne die Zäsur des Krieges und des psychischen Zusammenbruchs so nicht zustande gekommen wäre. In markantem Spannungsverhältnis zur topographischen Situation des Genesungsortes hat Warburg seinen Aufenthalt zuweilen als ein veritables »Inferno zu Kreuzlingen« (Diers 1979, 5; Königseder 1995) empfunden, was bis zu einem gewissen Grad auch für die dort aufgenommene Durcharbeitung einiger biographischer und sachlicher Kernmotive seiner Kunst- und Kulturauffassung gegolten haben dürfte.

In den ersten Jahren nach Kriegsende sah es allerdings nicht danach aus, dass Warburg je wieder einer konzentrierten geistigen Tätigkeit würde nachgehen können. Ludwig Binswanger, der als Schüler Eugen Bleulers seine Forschungen auf das Gebiet der Schizophrenie spezialisiert hatte, kam wie bereits der Jenenser Kollege Hans Berger nach einigen Monaten der Beobachtung des Patienten zu dem Schluss, dass im Fall Warburgs die psychische Störung so schwerwiegend war, dass an eine Heilung und Wiederherstellung der Arbeitsfähigkeit überhaupt nicht gedacht werden konnte. Weil Ende 1922 eine kurzzeitige Besserung im Befinden Warburgs eingetreten zu sein schien, bestärkte Binswanger seinen Patienten in dem seit spätestens ab Oktober bekundeten Vorhaben, die Abfassung der Schilderung eines schon länger zurückliegenden Reiseerlebnisses anhand von Aufzeichnungen und mitgebrachten Fotografien in Angriff zu nehmen. Es ging dabei um die Ausarbeitung des Materials einer Reise Warburgs durch den Südwesten der USA, die ihn 1896 unter anderem zu den indianischen Kulturen Colorados, Arizonas und New-Mexicos geführt hatte.

Damals hatte Warburg schon kurz nach seiner Rückkehr von der Reise Anfang 1897 in einer Reihe von Diavorträgen von den besuchten indianischen Kulturen berichtet. Durch das lebhafte Interesse an dem Gegenstand ermutigt, plante Warburg seinerzeit zu den indianischen Kulttänzen, die bei den Hopi besonders reichhaltig ausgeprägt waren, einen kommentierten Bildband herauszubringen, beließ es dann allerdings bei der mehrmaligen Präsentation seines Bildmaterials als illustriertem Tagebuch. An diesen Komplex vertiefend nochmals anzuknüpfen, fand Warburg lange Zeit nicht die Gelegenheit; nun, nach einem schon mehr als drei Jahre dauernden Klinikaufenthalt, war offenbar der Moment gekommen, die Schlangenbeschwörungen der Hopi wieder ans Licht treten zu lassen.

Das Thema setzte unverzüglich die intensivsten Energien frei. Warburg wollte seinen Hamburger Assistenten Fritz Saxl an den Bodensee holen, um ihn mit Aufgaben bei der Recherche und der Vorbereitung des Vortrags zu betrauen; die aufs Neue angeworfene Maschine seiner wissenschaftlichen Produktion geriet jedoch durch heftige Rückfälle des Patienten wiederum ins Stocken. In dieser Phase wurde auf Veranlassung der Familie der bekannte Münchner Psychiater Emil Kraepelin eingeschaltet, der im Februar 1923 Warburg in Kreuzlingen untersuchte und bei ihm eine manisch-depressive Erkrankung diagnostizierte. Kraepelin sprach sich dafür aus, den schwierigen Weg einer Selbsttherapierung Warburgs durch konzentrierte geistige Arbeit entschlossen weiterzuführen, da er ihn für alternativlos hielt (Stimilli 2007, 10). Solcherart ermutigt, nahm der Patient, zeitweise unterstützt durch Fritz Saxl, die Arbeit an der Auswertung und Darstellung des Materials seiner Amerikareise wieder auf und fertigte im März und April 1923 eine Reihe von Notizen sowie zwei durchgearbeitete Niederschriften seines Themas an.

Den eigentlichen Vortrag in der Kreuzlinger Klinik hält Warburg, seine früheren diesbezüglichen Gepflogenheiten wiederaufnehmend, dann am 21. April 1923 auf Grundlage der schriftlichen Ausarbeitungen in freier Rede, die trotz der das Format einer Vorlesung füllenden Länge durchweg zusammenhängend gerät und mit Querverweisen auf frühere Arbeiten gespickt ist. Dieser Umstand wird sowohl in Saxls Bericht an Warburgs Ehefrau Mary wie auch später in einem rückblickenden Schreiben Warburgs an die behandelnden Ärzte mit freudiger Genugtuung vermerkt: »Ich sprach eineinhalb Stunden frei, verlor den Faden nicht und brachte kulturpsychologische Zusammenhangsbemerkungen in engste Verknüpfung mit meiner früheren Lebensarbeit« (Binswanger/Warburg 2007, 111). In der Krankenakte Warburgs werden das zahlreich anwesende Publikum und die »gute Inszenierung der Lichtbilder« als positive Aspekte notiert; die dort mit einer Stunde angegebene Vortragsdauer wird als »große dynamische Leistung« gewürdigt (vgl. ebd., 77; Eintrag vom 22.4.1923).

Das Gelingen der Darbietung ist, noch vor der Würdigung ihres wissenschaftlichen Ertrags, auf performativer Ebene zu sehen: Warburg kann, indem er bei frei formulierter Rede seine Notizen und Ausarbeitungen souverän auf Abstand hält, vor seinem wissenschaftlichen Mitarbeiter und vor den ihn behandelnden Ärzten, die Zeugen seines umfassenden Kontrollverlustes gewesen waren, eine Probe davon ablegen, dass ihm die Meisterung eines komplexen Stoffes wieder gelingt, und zwar ohne stützende Hilfskonstruktionen für Geist und Gedächtnis. Vermutlich aber blieb diesbezüglich eine gewisse Diskrepanz bestehen zwischen Warburgs Selbsteinschätzung (die vom getreuen Mitarbeiter geteilt wird) und seiner Wirkung auf Dritte, auf das Ärztekollegium zumal. Dass dem berichtführenden Arzt (vermutlich Ludwig Binswanger selbst) die inhaltlichen Ausführungen Warburgs eingeleuchtet hätten, oder dass ihm auch nur die Kernpunkte und wichtigsten Argumentationslinien des als sehr kenntnisreich, aber etwas konfus eingestuften Vortrages klar geworden wären, wird man aus den distanzierten, etwas ratlosen Bemerkungen hierzu in der Krankenakte indes nicht folgern können. Wie angeschlagen Warburgs physischer und psychischer Zustand tatsächlich war, das offenbarte den Zuhörern der akustische Eindruck des Vortragenden, dessen Stimme heiser geschrien war und kaum zu Modulationen fähig; die Krankenakte konstatiert anlässlich des Auftritts, »daß das Organ des Vortragenden ruiniert und unklar ist« (ebd., 77; Eintrag vom 22.4.1923). Die hörbare Schädigung war auch in späterer Zeit nicht mehr kurierbar, Warburgs Stimme blieb bis zuletzt »gebrochener als in alten Tagen« (Heise 1959, 60).

Der Schlangentanz als Kampf ums Dasein

Gewann Warburg eine aus dem Schlangentanz und seiner Analyse geschöpfte Energie der Heilung? Wie das geschehen – respektive: Evidenz gewinnen – konnte, ist nur durch das inhaltliche und methodologische Nacharbeiten der in Warburgs Aufzeichnungen zum Vortrag entwickelten Überlegungen zu rekonstruieren. Hierbei sind vor allem jene Passagen von Interesse, die das Hervorgehen künstlerischer Tätigkeit aus heidnisch-religiösen Vorstellungen und magischer Ritualpraxis zum Gegenstand haben. Die erneute Beschäftigung mit den damaligen Fotografien, Skizzen und Aufzeichnungen muss Warburg in eine durchaus ambivalente, auch ohne die Begleitumstände des Klinikaufenthaltes schon irritierende Gefühlslage gebracht haben, konfrontierte er doch die Situation eines längst etablierten, aber in schlechter geistiger Verfassung befindlichen Gelehrten mit der zukunftsoffenen Perspektive eines Dreißigjährigen, dem die verbindliche Wahl von Beruf und Existenzweise noch bevorsteht.

Der nach Abschluss seiner Studien- und Militärzeit unternommene USA-Aufenthalt 1895/1896 war von insgesamt neunmonatiger Dauer und hatte Warburg zunächst zu Verwandten an die Ostküste geführt. Erst eine Reise in den Südwesten, zu den (freilich bereits arg dezimierten) Indianergebieten in Colorado, New Mexico und Arizona versöhnte den Besucher mit den bis dahin eher negativen Eindrücken von der neuen Welt. Es ging ihm dabei vornehmlich um jene Indianerstämme, die traditionell nicht als Nomaden, sondern in dörflichen Siedlungsstrukturen (seit der spanisch-mexikanischen Kolonialzeit *pueblos* genannt) lebten.

In New Mexico erkundete Warburg anfangs des Jahres 1896 die Regionen um Santa Fé und Albuquerque. Unterstützt von einem französischen Priester, den er auf dessen ›Inspektions-Reise‹ begleitete, konnte Warburg die kirchliche Ornamentik und die Masken in den östlichen, bereits seit längerem in Kontakt mit dem »offiziellen Katholizismus« stehenden Pueblos besichtigen (Warburg 2010a, 534). Mehrere Wochen verbrachte Warburg im Frühjahr sodann bei den »Moki oder Hopi Indianern« (Warburg 2010b, 586) weiter westlich in Arizona, in den auf die Kammlinien des Hochplateaus gesetzten Dörfern Walpi und Oraiba. Diese lagen mehrere Tagesreisen ab von der nächsten Eisenbahnstation; und nur dort konnte der »kultisch-magische, auf die unbelebte Natur selbst wunschhaft gerichtete Maskentanz […] noch einigermaßen urtümlich beobachtet werden« (Warburg 2010a, 541). Die Schwierigkeit, Aufschlüsse über die Praktiken jener Indianer zu erlangen, bestand neben der aufwendigeren Anreise in dem Umstand, dass die »Zulassung« zum »eigentlichen Geheimdienst« nur durch die Vermittlung einer bereits dort eingeführten Vertrauensperson erfolgen konnte (Warburg 2010b, 586). Warburg bediente sich hierfür der Dienste eines weiteren Geistlichen, der nahe den Felsensiedlungen wohnte und über profunde ethnologische Kenntnisse der Indianerstämme und ihrer Rituale verfügte.

Die Deutung, die Warburg im Frühjahr 1923 vorlegt, kann erst aus der Krankheit heraus erfolgen, und das bedeutet zugleich: nach dem Krieg. Die Ausarbeitungen der Reise zu den Pueblo-Indianern stehen im doppelten Sinnzeichen des schlangenführenden Heilgottes Asklepios und der tödlichen Erschütterungen des Weltkriegs. Die Heilkunst und das durch die Erkrankung gesteigerte Wissen um

ihre archaischen Herkunftsanteile werden zum hermeneutischen Schlüssel, den der Patient dem Gelehrten in die Hand gibt. Der Gegenstand Warburgs – kurzgefasst umschrieben als die »bildende Kunst der Pueblos [wie er die besuchten indianischen Ethnien abkürzend nennt, A.H.] mit ihrer symbolischen Ornamentik und ihrer Maskentanzkunst« (Warburg 2010a, 525) – fungiert in zwei ineinander verschachtelten Handlungskontexten gleichzeitig. Einmal als symbolische Interaktion mit den unbeherrschbaren Kräften einer von elementaren Härten gekennzeichneten Natur, zum zweiten als ein vom ethnographischen Beobachter mitnotiertes, quasi-künstlerisches Ausdrucksgeschehen. Auch das Quellenkorpus, aus dem Warburg seine Analysen der indianischen Vorstellungswelt und ihrer Ausdrucksformen zieht, besteht demzufolge aus zweierlei Arten von Materialien, aus den Manifestationen im Tanz und in der bildenden Kunst.

Die Zusammenhänge werden in Warburgs beiden größeren Niederschriften von 1923 auf unterschiedliche Weise ausgearbeitet. Dokumentiert sind sie in einer Reihe von im Warburg Institute Archive befindlichen Typoskripten, die Korrekturen von der Hand des Verfassers aufweisen. In der Hauptsache handelt es sich um zwei Fassungen, die stark voneinander abweichen und erst im Vergleich die vielschichtige Arbeit Warburgs an und in seinem Material erfassbar machen: als in mehrfachen Anläufen unternommenes, ständig auf Widerstände und Spannungen treffendes gestalterisches Ringen. Einer der Texte trägt die Überschrift *Bilder aus dem Gebiet der Pueblo-Indianer in Nord-Amerika* und ist versehen mit dem Untertitel »Materialien zur Psychologie primitiver Religiosität« (Warburg 2010a, 524) sowie mit mehreren, zum Teil stichwortartigen Vorsprüchen. Der ›zweite‹ Text (möglicherweise als spätere Textstufe ausgearbeitet) trägt den Titel *Reise-Erinnerungen aus dem Gebiet der Pueblo-Indianer in Nordamerika* und die ergänzenden, stärker durchformulierten Untertitel: »Fragmente zur Psychologie der primitiven Kunstausübung« sowie »das Nachleben primitiven Menschentums in der Kultur der Pueblo-Indianer« und diverse Datierungen (wie 10.4., und 27.10.1923). Die Titeleien beider Fassungen weisen ferner dasselbe, ein Zitat aus Goethes »Klassischer Walpurgisnacht« im *Faust II* (1832) paraphrasierende Motto auf: »Es ist ein altes Buch zu blättern / Athen – Oraiba – alles Vettern« (Warburg 2010b, 567).

Ausgangspunkt der Darlegungen Warburgs ist die anschaulich aus der Reiseerfahrung vor Ort abgeleitete existentielle Bedeutung des Wassers und seiner schicksalhaften Knappheit. Es handelt sich bei den bereisten Indianergebieten der Pueblos um Plateaulandschaften, die von tiefen Erosionsschluchten zerfurcht sind und an den Rändern steil abfallen. Die längste Zeit des Jahres sind diese Regionen niederschlagsarm oder sogar völlig trocken, die Canyons ausgedörrt. Ohne Wasser aber könnte nichts und niemand dort gedeihen, das, wenn überhaupt, mit Sturzgewalt und von oben kommt. So lässt sich ein dem ganzen geographischen Gebiet »ureigentümlicher […] religionsbildender Faktor«, schreibt Warburg, »in der Wasserarmut des Landes erkennen« (Warburg 2010a, 526). Die »Wassersehnsucht« führe zu »magischen Praktiken«, um damit »die widerstrebenden Naturgewalten zu bezwingen«, denn, wie der Verfasser in signifikanter Abwandlung eines bekannten mitteleuropäischen Sprichworts postuliert: »Wassernot lehrt zaubern und beten« (ebd.).

Sämtliche Ornamente und schmückenden Bilder der Pueblo-Indianer, ihre den Maskentänzern nachgebildeten Katcina-Puppen und die Ritualtänze selbst verortet Warburg als aus dem alltäglichen Leben hervorgegangene Gestaltungen, in welchen auf geradezu ubiquitäre Weise die elementaren Naturbedingungen des Wassermangels zum Thema werden. Zu zeigen war anhand dieses für Warburg exemplarischen Kulturbefundes das Hervorgehen künstlerischer Tätigkeit aus heidnisch-religiösen Vorstellungen und magischer Ritualpraxis. Symbolisches Zeichenhandeln und Kunstproduktion gehören demzufolge auf intrinsische Weise zusammen; in dieser hier von Warburg erstmals in vehementer Deutlichkeit verfochtenen Auffassung manifestiert sich eine Neudeutung der sogenannt primitiven Kulturen, zu deren Schärfung auch der implizite Appell an das Gedächtnis des jüngstvergangenen Krieges beiträgt. Dezidiert redet Warburg einer Enthübschung und Entharmlosung der oft als bloß dekorativ eingestuften exotischen Tänze das Wort:

> Die Maskentänze, die uns zunächst als festliche Begleiterscheinungen seines alltäglichen Lebens erscheinen, sind in Wirklichkeit durchaus als soziale Lebensmittelfürsorge durch magische Praktik anzusehen. Der Maskentanz, den wir bloss als Spiel zu betrachten gewohnt sind, ist seinem Wesen nach eine ernsthafte, man kann sagen, kriegerische Massregel im Kampf ums Dasein (Warburg 2010a, 537).

Diesen Kampf führen die Indianer auf eine symbolische und zugleich magische Weise, indem sie sich einerseits eine bestimmte Weltsicht erarbeiten, die den für die Lebensvollzüge relevanten Faktoren und Ge-

walten in einem repräsentativen Wissensmodell ihre je spezifische Erscheinungsform und Stellung zuschreibt – Warburg interpretiert dies als die »kosmologische« Dimension ihres Symbolhandelns (ebd., 526). Andererseits schaffen die bildlichen und ornamentalen Darstellungen der Lebenswelt durch ihre Symbolisierungsleistung zugleich eine Mensch und Natur umgreifende Ordnung von Ursachen- und Wirkungszusammenhängen, in welchen es möglich ist, durch symbolisches Mithandeln existentiell bedeutsame Fremd-Gewalten wie insbesondere das Wasser in seinem Verhalten zu beeinflussen; sei es, die Regengüsse in ihrer Wucht zu bändigen, oder ihr Kommen nach längerem Ausbleiben zu erwirken.

Die Dualität von symbolisch-erkennender, kosmographischer Wirklichkeitsrepräsentation und magisch-eingreifender Wirkungsausübung ist für Warburgs Interpretation der indianischen Kunstformen und ihrer kulturellen Bedeutung wesentlich. Als Kernstück seiner Analyse darf gelten: Die Ornamentik und das Maskenbilden weisen *beide* einen stark performativen, *Wirklichkeit setzenden* Anteil auf, auch wenn dieser im Maskentanz dramatischer zur Entfaltung gelangt als in den ornamentalen Zacken und Stufen. Konnten bei den Indianern durch entsprechende kosmologische Konzepte (wie etwa der stufenweise gewonnenen Symbolisierung des Regens durch Gewitter, Blitz und Schlange) erst einmal Zusammenhänge zwischen den Naturereignissen selbst erfasst und gestaltet werden, so war es dann auch möglich, auf der Ebene symbolischer Bearbeitungen selbst in mimetische und magische Interaktion mit den so bezeichneten Vorgängen zu treten.

Zumindest in einem Fall, nämlich beim »Schlangentanz der Moki Indianer«, darauf insistiert Warburg, bleibe »eine unmittelbare Stufe magischen Annäherungsversuches an die Natur durch die Tierwelt selbst erhalten« (ebd., 547). Die durchaus »barbarischen Züge« besagten Schlangentanzes äußern sich darin, dass hier noch keine symbolische Substitution greift, bei der die Naturgewalt durch ein künstlerisches Ähnlichkeitszeichen vertreten werden kann, sondern tatsächlich ein »Tanz mit lebendigen Schlangen« (ebd.) stattfindet. Ein besonders spektakulärer Teil der Zeremonie besteht darin, dass einer der Tänzer die Schlange in den Mund nimmt, in einem Akt größtmöglicher körperlicher Nähe und Verbundenheit. Der Reisebericht von John Gregory Bourke, den auch Warburg im *Smithsonian* als Quelle herangezogen hatte, brachte diesen Moment, in welchem »Tänzer […] lebende Schlangen in den

Mund nahmen«, sogar als Titelphotographie prominent heraus und wurde damit zur ikonografischen Vorlage künftiger Beschreibungen des Rituals, wie eben auch derjenigen Warburgs in Kreuzlingen (Schüttpelz 2005, 144).

Von dieser »heidnischsten aller Zeremonien« (Warburg 2010a, 547) besitzt Warburg selbst keine Augenzeugenschaft, statt dessen nur »einige Fotografien« seines örtlichen Gewährsmannes Heinrich Richert Voth, aufgenommen bei einer Zeremonie in Walpi. Statt der in den östlicheren Indianer-Gebieten längst üblichen bloßen Nachahmung jenes dämonischen Bandes zwischen Gewitterregen, Kornwachstum, Blitzfigur und Schlange gehe es bei dem Schlangentanz noch darum, das »Werden und Vergehen der Natur« nicht »im Gezeichneten« zu vergegenwärtigen, »sondern im wirklich dramatisch nacherlebten Zaubertanz«, also nicht symbolisch, sondern performativ (ebd., 546). Dieser Schlangentanz ist »Tiertanz und Jahreszeiten-Kulttanz zugleich« (ebd., 547). Seine Zeit ist die sommerliche Höhe und Mitte des Jahres: »[...] im August, wo die Ackerbaukrisis dadurch eintritt, weil von Gewitterregen das ganze Ergebnis der Ernte abhängt, wird durch einen Tanz mit lebenden Schlangen, der abwechselnd in Oraibi und Walpi stattfindet, das Erlösung bringende Gewitter heraufbeschworen« (ebd.). In Betracht zu ziehen ist dabei freilich, dass es sich im Gefolge des Aufsehen erregenden Berichtes des Ethnographen J. G. Bourke und seiner plakativen Cover-Illustration des *Snake Dance* von 1884 je schon um ein medial auf- und vorbereitetes Großereignis handelte, dessen Bedeutung deshalb weniger in der intrinsischen Funktion für den Zeremonialzyklus der Hopi lag, als in deren Beziehung zur zeitgenössischen amerikanischen Umwelt (Schüttpelz 2005, 143 f.). Für ein Mysterium genoss der *Snake Dance* ein bemerkenswert umfangreiches und gut informiertes, medial bestens eingestelltes Publikum.

Für Warburg wird das verpasste Ritual zum unfassbaren Gravitationszentrum seiner Studie. Beim Schlangentanz im August, so glaubt er, »macht der Totemismus noch Ernst« (Warburg 2010a, 548). Das geschieht folgendermaßen: »Auf dem Boden der Kiwa« (des umbauten Arkanbezirkes) »befinden sich Sandgemälde«. Eines der Bilder zeigt Blitzschlangen, ein anderes eine »Wolkenmasse«. Auf das Sandgemälde mit dem Wolkengebilde »werden die Schlangen mit aller Wucht geworfen, wodurch die Zeichnung zerstört wird und die Schlange sich mit dem Sand vermischt« (ebd.). In einem performati-

ven Tatbeweis fährt die Schlange hernieder und wird symbolisch eins mit dem Blitz, der aus der Gewitterwolke fährt, die den Regen bringt. Auf just diesen Übersprung zwischen zwei Darstellungsebenen hat es Warburgs Deutung abgesehen: »Mir scheint es unfraglich, daß eben durch diesen magischen Wurf die Schlange gezwungen werden soll, als Blitzerreger oder als Wassererzeuger einzuwirken« (ebd.). Tanzende Bewegung, magische Verkörperung und symbolische topographische Repräsentation greifen bei diesem Vorgang ineinander, oder anders gesagt: Sie mischen sich durch das Ereignis des Wurfes selbst auf blitzartige Weise.

Der Darstellungsakt evoziert selbst, wovon er handelt: Die Hopi nehmen konkret die Schlange und symbolisch den Blitz in die Hand, um die Glückswendung eines kräftigen Regens zu erzwingen. »Daß dies der Sinn der ganzen Zeremonie ist«, liegt für Warburg sofort und »ohne weiteres« klar zutage (Warburg 2010a, 549). Am hohen Evidenzwert der Zeremonie für den europäischen Beobachter wirkt auch die umfangreiche symbolische Vorgeschichte der Schlange seit ältesten Zeiten mit. Warburg führt mythische, alttestamentliche und christlich-typologische Beispiele an, die allesamt von der Ambivalenz der Schlange handeln, sie als zwar bedrohliche, doch zugleich auch rettende Kraft in eindrücklichen archetypischen Szenen bekunden. Im Dionysoskult tragen die Mänaden sich windende Schlangen in ihren Händen (ebd., 550); der Erzählung vom Paradies gilt sie »als Ursache des Bösen und der Erbsünde« (ebd., 555); bei Laokoon figuriert die Schlange als Sinnbild lähmenden Verstricktseins des Warners in ein doch nicht aufzuhaltendes Schicksal; Moses wiederum empfiehlt die demonstrative Aufrichtung der Schlange als Heilmittel (ebd., 554) und gleicht damit dem Bildprogramm des mit einem Schlangenstab ausgestatteten Asklepios. Deutlich mit den beiden letztgenannten Fällen, implizit aber ebenso in den anderen symbolisch-rituellen Vorkommnissen der Schlange basiert ihr besonderer Ausdruckswert auf ihrem Windungstalent und der darin sinnfällig werdenden Verwandlungs- und Umwertungspotenz.

In der Herkunftslegende des Arztes Asklepios vermischen sich die Symboliken von Schlange und Heilgott, die Narration setzt sowohl den kreatürlichen Kreislauf wie die mythische Wiedergeburt voraus. »Der Schlange als Dämon in der pessimistischen Weltanschauung der Antike steht eine Schlangen-Gottheit gegenüber, in der wir endlich den klassischen verklärten menschenfreundlichen Genius begrüßen dürfen. Der Asklepios, der Heilgott der

Antike hat die Schlange, die sich um seinen Heilstab windet, als Symbol« (ebd., 552). Im Wirken des Heilenden ist der Schreckensbereich des Todes nicht etwa verbannt, sondern einbezogen; eine Verbindung, die das figurale Sinnzeichen der Schlange besiegelt. Sie steht Asklepios als dessen Gegenkraft zur Seite, aber auch als dessen eigenes Attribut, als eine Durchgangsphase seiner selbst.

> Es ist bezeichnend, daß auch dieser erhabenste und abgeklärteste antike Gott der abgeschiedenen Seelen im unterirdischen Erdreich wurzelt, wo die Schlange lebendig haust. Er findet seine früheste Verehrung als Schlange. Was sich um seinen Stab ringelt, das ist gewissermaßen er selbst, nämlich die abgeschiedene Seele des Verstorbenen, die in Gestalt der Schlange fortdauert und wieder erscheint (Warburg 2010a, 552).

Im Resultat, folgert Warburg, habe man es mit einer paradoxen, aus widerstreitenden Kräften verbundenen Symbolik zu tun.

Im Krieg hatte Warburg das Augenmerk auf die magisch-symbolische Bearbeitung der allgemeinen, die Zeit umklammernden Krise gelegt. Das dokumentarische Material zum »Schützengrabenaberglauben« und zur apotropäischen Symbolbehandlung, das »Münzamulette«, »Himmels- und Schutzbriefe« sowie »Kleinformen abergläubischer Praktiken« umfaßte (Korff 2007, 192), konnte eindrucksvoll belegen, welcher Mechanismen sich Menschen auf alltäglicher Ebene zur Bewältigung schwerster existentieller Kontingenz bedienten. Eine strikte wissenschaftliche Demystifikation solcher affektiven Bann- und Trostmittel, die im Namen der aufgeklärten Vernunft das apotropäische Denken schlichtweg für faulen Zauber erklärte, wäre dem darin gestalteten Ausdruckszusammenhang gegenüber sachlich unangemessen gewesen. »Wenn Religion Verknüpfung heißt« (Warburg 2010a, 557), wie Warburg in Kreuzlingen festhält, dann kann man in seiner Vorgehensweise selbst ein gewisses magisches Verlangen am Werk sehen. Die Beschäftigung mit dem Schlangenritual konnte solche Verknüpfungen gleich in zwei Dimensionen herstellen: *temporal* zu den wissenschaftlichen Arbeiten vor dem eigenen Zusammenbruch, *sozial* zu den unzähligen Menschen, die im Weltkrieg auf sinnlose Weise ihr Leben oder ihre Gesundheit verloren hatten.

Asklepios' Attribut der Schlange wird sprechend für solche Querverbindungen, weil und sofern jene Schlange die »Rückkehr aus der Erde« zu bewerkstelligen hat, »wo die Toten ruhen« (ebd., 552). Mit dem Totsein der Toten hat sie die Zugehörigkeit zu den chtonischen Mächten gemeinsam, mit den Prinzipien der Heilkunst ihre Fähigkeit zur Selbstregeneration durch Häutung; »aus der leiblichen Hülle« (ebd.) zu schlüpfen, führt bei der Schlange eben gerade nicht zum Tod, es befördert vielmehr ihre intrinsische Symbolwerdung. Dem Schlangenritual entlang wie an einem Äskulapstabe sich empor windend, meldet Warburg sich nach langer Absenz in der akademischen Welt zurück; und es melden sich damit zugleich auch jene im Zusammenbruch forciert zur Macht gelangten phobischen Energien vital wieder zur Stelle, die der dominante therapeutische Ansatz vorübergehend sediert hatte. Die Schlange fungiere, so die Weiterführung der vorgenommenen Übertragung, als »ein internationales Antwortsymbol auf die Frage: Woher kommt elementare Zerstörung, Tod und Leid in die Welt?« (ebd., 558)

Damit stehen sich nach Warburgs symbolischer Analytik Schlangentanz und Kriegsgeschehen als aufeinander bezogene, in stärkst möglicher Weise affektiv aufgeladene Bereiche kollektiven Ausnahmehandelns in phänomenaler Entsprechung gegenüber. Der jüngst vergangene Krieg spiegelt sich in der einer früheren biografischen Schicht zugehörigen, archaischen Indianerwelt und in deren Daseinskämpfen; auf ihrem ins Exotische entrückten Terrain kann die traumatische Gewalt des Krieges, stellvertretend inkorporiert in den Ausdrucksformen des Schlangenrituals, dann auch gebannt und wieder ausgetrieben werden. Ein solcher Ausdruckszusammenhang zwischen der Zäsur des Krieges und dem Akt der Darstellung gilt, mehr noch als für den lange geprobten Vortragsauftritt Warburgs, für die in selbsttherapeutischer Absicht verfertigten schriftlichen Vorbereitungen und Materialstudien. In den Kreuzlinger Aufzeichnungen, darauf hat Georges Didi-Huberman (2010) aufmerksam gemacht, nehmen die Schriftzüge Warburgs eine kräftige, zu großen Schwüngen ausgeformte Bogenführung an, die freilich mehrfach durch graphische Markierungen schroff unterbrochen ist. Da finden sich scharf gezackte Linien, senkrecht mitten durch die Textzeilen hindurch, und kreisende, spiralartige Schwünge, die von den Ecken der Papierseite aus auf die Mitte zulaufen. Die Linien sind experimentelle Bahnungen, in welchen die den Stift führende Hand sich raumgreifend über das Blatt bewegte, um innerhalb des Aufzeichnungsgitters eingreifende Trennungen oder Verbindungen, oder etwas undefinierbar Drittes, herzustellen. Didi-Huberman hebt in seiner ›Lektüre‹ dieser Zeichen- und Linienlandschaft auf die »graphischen Spaltungen« ab, welche »die Oberfläche des Papiers zerkratzen« und schriftbildlich an die geschlagenen Breschen der Frontlinie und des Schützengrabens erinnern (ebd., 412). Durch die »Unterbrechung des eigenen Schriftzugs« (ebd., 414) habe Warburg sich einer Gewalt der senkrechten, energiegeladenen Linie bemächtigt, die ihrerseits nichts anderes als den symbolischen »Blitz« der Schlange noch einmal symbolisiere, der nun mit den graphischen Emblemen einer Frontlinie, mitten in Warburgs Schreibwerk, auf gemeinsamem Ausdrucksträger verbunden ist. So nah ist Warburg einer genuin ästhetischen *Nachschrift des Krieges* nirgendwo sonst gekommen wie in den Schlangenlinien der Kreuzlinger Hefte. Die getätigten Investitionen in die deutsche Kriegsführung und ideologische Propaganda konnte Warburg *post festum* weder negieren noch ungeschehen machen. Wohl aber kann er ihnen im Akt des Schreibens einen neuen, therapeutischen Sinn zuerkennen; als dem für einen mit phobischer Imaginationskraft begabten Menschen nicht abweisbaren Wagnis, einmal selbst im Tanz mit der Schlange den Kampf ums Dasein aufgenommen zu haben.

Poetische Assimilation II: Franz Biberkopf im Nachkrieg

Alfred Döblin hatte als Lazarett-Arzt im Elsass die Gewalt des Krieges hautnah miterlebt und auch die traumatisierenden Folgen von Verletzungen und Verschüttungen, wie sie der Grabenkrieg mit seinen Materialschlachten anrichtete. Die ästhetische Antwort des Romanautors auf diese Erfahrungen besteht darin, traumatisierten Personen in seiner Erzählwelt eine eigene Stimme zu geben, ihre ›Logik‹ gegen die Tendenz einer allgemeinen Verdrängung zur Geltung zu bringen. Und dabei zeigt sich: was der Krieg anrichtete, ist nur die Kehrseite einer viel umfassenderen Zurichtung des Menschen durch die industrialisierte Arbeitswelt und die modernen Verkehrsformen, wie sie besonders in den großen Städten seit Beginn des 20. Jahrhunderts zunehmend spürbar wird. Im Nervenzentrum Berlins, am Alexanderplatz, findet Döblin den ungeheuren und aufregenden Resonanzkörper für seine Spurensuche nach den Auswirkungen und Folgen einer verschütteten historischen Erfahrung.

Aus Döblins *Wallenstein* war zu lernen: Die Geschichte setzt ein, nachdem die Schlachten geschlagen sind. Denn dann beginnt ihre Wiederholung. »Nachdem die Böhmen besiegt waren, war niemand

darüber so froh wie der Kaiser« (Döblin 2001, 9). Dieser erste Satz, ein Nukleus der Döblinschen Wallenstein-Phantasie (Hecker 1986, 190; Quack 2004), bricht in seiner dezidierten Nachträglichkeit mit den Konventionen des Historismus. Er nähert sich der Tragödie aus der Perspektive ihrer Wiederholung als Farce. Döblin schlägt einen Erzählton an, der den Wiederholungs-, ja den Zitatcharakter der Geschichte von Beginn an als Index mit sich führt. Die Verlängerungslinien des Nachkriegs führen bei Döblin zu dem Roman *Berlin Alexanderplatz. Die Geschichte vom Franz Biberkopf* von 1929. Nach dem Krieg auf den Schlachtfeldern beginnt der in den Köpfen. Ein vierjähriger Ausnahmezustand ist zu Ende, der den Helden fernab der zivilisierten Welt festgehalten hatte, im Kasernenton unter Männern einer abstumpfenden Monotonie ausgesetzt, deren Nachhall er nun mit sich herumträgt: »In ihm schrie es entsetzt: Achtung, Achtung, es geht los« (Döblin 2000, 15). Dabei sollte es doch nun eigentlich zu Ende sein.

»Die Geschichte vom Franz Biberkopf« fängt an, nachdem er seine Haftzeit in Tegel abgesessen hat und in die Stadt zurückkehren kann; »die vier Jahre waren um« (ebd., 15). Zugleich aber gilt für den Haftentlassenen, paradox genug, der Satz: »Die Strafe beginnt« (ebd.). Die Strafe, ihrerseits als juristische Replik das Echo eines Verbrechens, sollte dem Delinquenten im Gefängnis ausgiebig Gelegenheit zum reuevollen Durcharbeiten seiner Tat bieten, deren Wiederholung allerdings gerade vereiteln. Doch steckt die Geschichte Franz Biberkopfs voller Wiederholungen. Auf das Absitzen der Gefängnisstrafe folgt ihre Wiederkehr unter den Bedingungen der Freiheit. Biberkopfs Weg in die Zivilisation zurück, auf dem der Held mit aller Gewalt von den Tentakeln der Großstadt eingezogen wird, bleibt geradezu starrsinnig fixiert auf das, was er hinter sich hat. »Er drehte den Kopf zurück nach der roten Mauer, aber die Elektrische sauste mit ihm auf den Schienen weg, dann stand nur noch sein Kopf in der Richtung des Gefängnisses« (ebd.).

Was auf den Helden einstürmt, sind die ungeordneten Sensationen des urbanen Wahrnehmungsraumes: die roten Mauern von Tegel, die Dächer und blanken Scheiben, die von den Häusern zu stürzen scheinen. In einem Straßenbahnwagen der Linie 41, vom Tegeler Gefängnis bis zum Rosenthaler Platz, fährt der Protagonist Biberkopf durch die Stadt, zugleich aber fährt die Stadt mitten durch ihn. »Die Wagen tobten und klingelten weiter, es rann Häuserfront neben Häuserfront ohne Aufhören hin. Und

Dächer waren auf den Häusern, die schwebten auf den Häusern, seine Augen irrten nach oben: wenn die Dächer nur nicht abrutschten, aber die Häuser standen grade« (ebd., 17). An Rilkes *Die Aufzeichnungen des Malte Laurids Brigge* (1910) ist bei solchen Passagen zu denken, dem die Straßenbahnen durch Hirn und Stube jagen, an das *Weltende*-Gedicht Jakob van Hoddis' (1911), an Ludwig Meidner und andere, auf deren Großstadtbildern über kleinen, verängstigten Menschenleibern zerfließende Straßenschluchten zusammenschlagen.

Wie einst die Kriegslandschaft (*Die Schlacht, die Schlacht!*), so wird nun der Stadtraum zum Schauplatz eines akustisch untermalten Feldversuchs, bei dem Döblin den Menschen und seinen Umgebungsraum miteinander zu intermittierenden Schwingungsgefäßen verspannt. Ob der Beobachter stillhält und die Stadtkulisse an ihm vorbeirauscht, oder umgekehrt, ist kaum zu unterscheiden. Ihr Verhältnis ist nicht kontemplativer Art, sondern eines der Resonanz; ein Abgeben und Aufnehmen von Impulsen, von überfallartigen akustischen Innervationen, deren Gewalt mit dem Begriff ›Lärm‹ nur unzureichend beschrieben ist. In Biberkopf drinnen hallt es, da dröhnen tumultuarische Klangprozessionen von Befehlen, Ausrufen, Sinnsprüchen, unterlegt mit der obstinaten Rhythmik militärischer Marschmusik. Dieses Dröhnen muss aus ihm heraus, muss der Stadt zurückgegeben werden, da kommen ihm die engen dunklen Hinterhöfe der Sophienstraße gerade recht. In sie flüchtet Biberkopf vor dem Straßenlärm, um seine eigene Lärmschlacht zu schlagen. »Und plötzlich sang er schallend los, sang die Wände an« (Döblin 2000, 18). Was in Biberkopf tönt und klingt, das wird umgestülpt, nach außen gekehrt, bis es die ihn peinigenden Häuserfronten zum Erzittern bringt:

> Von den Wänden kam der Ton wieder. Das war gut. Seine Stimme erfüllte seine Ohren. Er sang mit so lauter Stimme, wie er im Gefängnis nie hätte singen dürfen. Und was er sang, daß es von den Wänden widertönte! ›Es braust ein Ruf wie Donnerhall.‹ Kriegerisch fest und markig. Und dann: ›Juvivallerallera‹ mitten aus einem Lied (ebd.).

Sein Singen ist »schallend«, was keineswegs tautologisch zu verstehen ist, sondern darauf abhebt, dass der Zweck unmittelbarer physischer Affektion durch die Druckwellen intentional mit dem gewählten musikalisch-poetischen Programm verbunden ist. Es geht um Bewegung, um Erschütterung von Mensch, Haus und Hof durch die schiere akustische Wucht des Biberkopf-Gesangs. Nicht von ungefähr bedient er sich patriotischen Liedgutes (vgl. Sander 1998),

das im zitierten Vers einen Ruf wie Donnerhall brausen lässt, d. h. auf metareferentieller Ebene die eigene akustische Rezeptionswirkung thematisiert. Marschieren und kräftig Ausschreiten lässt es sich zur »Wacht am Rhein« (1870) obendrein, ebenso zu dem geschmetterten Juvivallerallera-Refrain von »Schwarzbraun ist die Haselnuss«. Die auch im Falle Biberkopfs betonte »kriegerische« Bedeutung seiner gegen die Hauswände gerichteten Sangeskraft erinnert an die berühmte biblische Geschichte der Posaunen von Jericho. Manchmal, so belegt dieses Beispiel, sind Sang und Klang von einer Vehemenz, deren man sich nur schwer zu erwehren vermag. Die Szene des Gesangs im Hinterhof stammt aus Döblins Berlin-Feuilleton »Östlich um den Alexanderplatz« aus dem Jahr 1923 und ist eine motivische »Initialzündung« des Romans (Müller-Salget 1975, 121).

Biberkopf singt nicht freiwillig. Wie ein gutes Jahr später sein tage- und nächtelanger Schreikrampf im Festen Haus der Psychiatrischen Klinik von Berlin-Buch, so hat auch das Singen im Hinterhof eine sowohl traumatische wie therapeutische Dimension. Er singt, weil es im Gefängnis hieß: »Alles Singen, Pfeifen, Lärmen ist verboten« (Döblin 2000, 19). Zugleich aber singt er, auf eine paradoxe Weise, auch von einem Gefängnis, das er weiterhin mit sich schleppt:

> Der Entlassene saß allein. Es braust ein Ruf wie Donnerhall, wie Schwertgeklirr und Wogenprall. Er fuhr mit der Elektrischen, blickte seitlich hinaus, die roten Mauern waren sichtbar zwischen den Bäumen […]. Die Mauern standen vor seinen Augen, sie betrachtete er auf dem Sofa, betrachtete sie unentwegt. Es ist ein großes Glück, in diesen Mauern zu wohnen, man weiß, wie der Tag anfängt und wie er weiter geht (ebd.).

Weil die roten Mauern nicht aufhören wollen, sondern immer wieder erscheinen, und ihr disziplinär geregelter Tageslauf so viel mehr Halt gegeben hat als die Freiheit und die hohen Dächer der Großstadt: deshalb muss Biberkopf singen. Seine Lieder hat man ihm einst in einem vierjährigen Ausnahmezustand eingebläut, dessen Wirkungen tiefer sitzen als die vier Jahre Tegel. Es sind »Kriegslieder« (ebd., 20), die Biberkopf singt. Weil sich aber die eingängigen Liedzeilen aus der »Wacht am Rhein« oder vom Uhlandschen »Guten Kameraden« (1809) aus dem Gedächtnis nicht verdrängen lassen, so oft Biberkopf auch versucht, sie hinauszusingen, durchziehen ihre Auftritte den Roman nicht minder penetrant als die Erinnerungen an Tegel. Später kommt noch die Weise vom »Schnitter Tod« (entstanden im 17. Jh.) hinzu und anderes Zitatgut. Das wiederkehrende musikalisch-akustische Material schafft Leitmotive, oder vielmehr: kalkulierte Wiederholungseffekte. In Döblins Roman sind sie nicht nebenherlaufende ästhetische Signale, sondern als Wiederholungen Teil des Geschehens selbst.

Das Gesetz der Wiederholung ist es, das den entlassenen Biberkopf in die Ackerstraße treibt, zur Schwester jener Ida, die er vor Jahren totschlug im Affekt. Und wieder braucht er Gewalt. »Minna kann ihre Hand nicht loskriegen, [...] da kann man nichts machen, solche Männerarme sind aus Eisen, Eisen. Ich schrei Hilfe. Sie schrie. [...] Und – sie hat richtig gesehen. Jetzt weiß sie, sie ist die Schwester von Ida, so hat er manchmal Ida angeschaut« (ebd., 39). Das nämliche Prinzip waltet in Reinholds nach gleichbleibendem Muster ablaufenden Frauengeschichten, und sogar noch in seinen schließlichen Durchbrechungen dieses Stereotyps. Mit Cilly, die er wie andere abgelegte Geliebte vor ihr an Biberkopf weitergeschoben hatte, plant Reinhold plötzlich eine »Reprise«. Bei Mieze, der neuen und so anhänglichen Freundin Biberkopfs, will Reinhold den Frauentausch in umgekehrte Richtung wiederholen und begeht dabei eine Reprise des von Biberkopf verübten Verbrechens. Dass schließlich Biberkopf wiederholt zu Reinhold zurückkehrt, der ihn erst um seinen rechten Arm, dann um die Geliebte brachte, ist nicht allein treuherziger Naivität geschuldet, sondern ebenfalls dem Prinzip, dass sich Täter wie Opfer alles zwei- und dreifach sagen lassen müssen. Und immer wieder durch dieselben Straßen laufen, an denselben Ecken stehen, in den gleichen Kneipen hängenbleiben. Die ganze Stadt ist nichts anderes als eine unendliche Wiederholung und Kopie ihrer selbst. Trotz seiner Größe ist in diesem Berlin jeder fast jederzeit wiederzufinden.

Franz Biberkopfs höchstpersönlicher Stadtplan von Berlin ist genordet, ist auf Tegel geeicht. Auch wenn dort nur der schon hinlänglich bekannte Anblick der roten Mauern auf ihn wartet, hat jede Wiederbegegnung einen eigenen Wert.

> Und wie die roten Mauern auftauchen, links die roten Mauern, die schweren Eisentore, ist Franz stiller. Das ist von meinem Leben, das muß ich betrachten, betrachten. Die Mauern stehen rot, und die Allee zieht davor lang, die 41 fährt dran vorbei, General-Pape-Straße. West-Reinickendorf, Tegel, Borsig hämmert (ebd., 387).

Die wiederholte Rückkehr zur Strafanstalt könnte man im Sinne einer erfolgreichen Resozialisierung als intensive Auseinandersetzung mit dem begangenen Unrecht deuten; und tatsächlich fällt Biberkopfs Blick dort auf das versammelte Böse. »An allen Fens-

tern stehen Gefangene, stoßen die Köpfe gegen die Stangen [...]. Da stehn Mörder, Einbruch, Diebstahl, Fälschung, Notzucht, die ganzen Paragraphen, und klagen mit grauen Gesichtern, da sitzen sie, die Grauen, jetzt haben sie Miezen den Hals eingedrückt« (ebd., 388). Weil an dieser institutionellen Adresse das geballte juristische Regelwerk in tristen Verbrechervisagen Spalier steht, ist das Tegeler Gefängnis im Gefüge der Großstadt zugleich ein exterritorialer Ort. Es ist ein Ort der Verbringung, Verwahrung und Verdrängung und gleicht darin anderen Disziplinarmächten wie der Schule, dem Militär oder den psychiatrischen Kliniken. Je unüberwindlicher und unbeugsamer sie sich gerieren, umso länger tragen die Menschen diese Institutionen mit sich herum. »Ich – träume von der Schule wie ein anderer nach einem Unfall!«, vertraute Döblin in einem autobiographischen Abriss von 1928 seinen Lesern an (Döblin 1998, 78).

Und aus genau diesem Grunde melden sich auch Tegels rote Mauern immer wieder zu Wort. Nicht nur als Schauplatz oder Motiv, sondern öfter noch als Chiffre eines unbestimmten Leidens, das auf ein traumatisches Erlebnis zurückgeht und dessen Auftreten mit kleinen, unkontrollierbaren Flashbacks verbunden ist. »Das Zittern läuft über ihn, ohne daß ers will. Er ist wo beim Alex auf dem Einbruch, es ist alles weg von ihm, das muß mit dem Unfall zusammenhängen, das sind die Nerven« (Döblin 2000, 296). Der Unfall jedoch, bei dem Biberkopf vom Auto überrollt wurde und anschließend seinen rechten Arm verlor, ist nicht Auslöser, sondern symptomaler Bestandteil einer Verkettung und Verschiebung von Wiederholungsfiguren. Biberkopfs Neigung, dasselbe nochmals zu tun unter anderen Vorzeichen, folgt widerstreitenden Impulsen; es ist der Versuch, eine schmerzhafte Vergangenheit zu berühren, ohne ihr wirklich nahekommen zu müssen. In seinem psychiatrischen Gutachten wird ihm attestiert: »Alles wehrt sich in dem Mann, diesen Weg zurückzugehen. Der ist wie versperrt. [...] Es war ein psychisches Trauma, anschließend eine Art Dämmerzustand« (ebd., 445). Den Weg zurückzugehen, mit der Linie 41 retour, das bedeutet – wenn wir die Kriegsgesänge Biberkopfs ernstnehmen – eine Lektüre in Gegenrichtung: alles zurück auf die 14, zum Augusterlebnis der Mobilmachung und den vier Jahren danach. Biberkopfs Trauma ist nichts anderes als eine Kriegsneurose. In drei großen Romanen nutzte Döblin, so Wolfgang Schäffner, sein psychiatrisches Wissen dazu, Protagonisten mit traumatischen Kriegsschäden darzustellen:

den Kriegsneurotiker Franz Biberkopf in *Berlin Alexanderplatz*, der seit dem Grabenkrieg bei Arras an Anfällen leidet; Oberleutnant Friedrich Becker, der in *November 1918* nach einer Granatsplitterverletzung regelmäßig in Delirien verfällt; Edward Allison, der in *Hamlet oder Die lange Nacht nimmt ein Ende* (1946) einen Kamikaze-Angriff im Zweiten Weltkrieg mit hartnäckigen kriegstraumatischen Symptomen überlebt (Schäffner 1995, 360 f.; vgl Schäfer 1996, 296; vgl. Koch 2007).

Auch kleinere Prosaarbeiten wie *Die Ermordung einer Butterblume* (1910) oder *Die beiden Freundinnen und ihr Giftmord* (1924) bringen Wahrnehmungs- und Handlungsmuster zur Anschauung, die als lehrreiche Störfälle des psychiatrischen und juristischen Normalisierungsdrucks angelegt sind. Anders als empirische Personen, die sich durch Kategorien wie diejenige der verminderten Zurechnungsfähigkeit jederzeit einordnen lassen müssen, können literarische Figuren im Eigensinn ihres bizarren Erlebens verharren – und von diesem Privileg machen sie bei Döblin reichlichen Gebrauch.

Immer wieder reflektiert Döblin an exemplarischen Fallgeschichten und Modellstudien die dramatischen Veränderungen auf dem Feld der klinischen und forensischen Psychiatrie. In Berlin-Buch konnte er zwischen 1906 und 1908 auf einer Beobachtungsstation für Kriminelle Krankheitsformen und Behandlungsmethoden studieren, die dann als literarisches Material wiederkehren. Später waren es die sogenannten Materialschlachten an der Westfront, die Nervenärzte mit massenhaften pathologischen Befunden wie Tremor, Lähmungserscheinungen, Sprach- und Wahrnehmungsstörungen versorgten. Kriegsbedingte Neurosen, so manifest sie waren, wurden keineswegs von allen Psychiatern als Krankheitsgrund akzeptiert, im Gegenteil (s. Kap. III.3). Die nervlichen Schädigungen wurden, statt auf starke mechanische und psychische Erschütterungen etwa durch Granatexplosionen, vorzugsweise auf Fehlbildungen oder Fehlverhalten der Soldaten selbst zurückgeführt (Köhne 2009) – und entsprechend forsch behandelt. Da nicht etwa Heilung, sondern die erneute Kriegsverwendungsfähigkeit oberstes Ziel war, kam es weniger auf Ursachenforschung an als darauf, die Therapie für den Patienten nicht angenehmer erscheinen zu lassen als den Fronteinsatz (Riedesser/Verderber 1996). Tatsächlich führten die verabreichten Elektroschocks, Hypnosen, Scheinoperationen oder quälendes Zwangsexerzieren dazu, dass die solcherart Behandelten lieber in die Lebensgefahr der Schützengräben zurückflüchteten. Während der Krieg mit seinen technophysischen Effekten in der Ätiologie der Neurosen zuneh-

mend verdrängt wurde, zog er in die Therapie selbst ein; die Behandlungsmethoden wurden »dem Geschehen auf den Schlachtfeldern immer ähnlicher« (Schäffner 1995, 378).

Um 1920 beschäftigten sich die Arbeiten Sigmund Freuds, allen voran *Das Unheimliche* (1919) und *Jenseits des Lustprinzips* (1920), mit den Manifestationen von Wiederholung und Zwang, mit Stereotypen und Automatismen. Die starre Wiederholung fixierter Handlungsmuster oder die zwanghafte Wiederkehr halluzinierter Sinneseindrücke, so erkannte er, haben oft einen traumatischen Erlebniskern zum Inhalt, dessen pathogene Energien durch das beständige Umkreisen und Aufrufen zum Abklingen gebracht werden sollen. Im Zusammenhang damit entwickelte Freud eine Theorie des Schocks als plötzlicher und gewaltsamer Durchbrechung des vom Bewusstsein errichteten Reizschutzes (Freud 1982, 241). Psychischer oder habitueller Wiederholungszwang können helfen, diesen Schutzschild wiederaufzubauen; einen vergleichbaren Trainingseffekt, so ergänzte Walter Benjamin, haben die gesteigerten Wahrnehmungsintensitäten der Großstadt oder des Kinos (vgl. Benjamin 1974). Dass es vor allem die im Weltkrieg erlittenen schockhaften Erlebnisse waren, die zu schwersten psychischen Schädigungen führten und von ihren Patienten imaginär immer wieder durchlaufen und wiederholt werden mussten, hat Döblin in seinem bereits erwähnten autobiographischen Essay von 1928 ausführlich dargelegt:

> Im Krieg sind viele erkrankt nach Erschütterungen, Granatexplosionen, Bombenabwürfen. In ihren Träumen trat immer diese Situation vor sie; beängstigte sie. Warum? Es sind keine Mörder. Die Leute sucht im Traum wieder die Situation heim, die sie überrascht hat. Das ist die Gegenreaktion ihrer Seele. Sie ist erkrankt, weil sie sich damals nicht wehren konnte […]. Jetzt zaubert sie sich im Traum die Situation vor, geht sie von neuem an, und allmählich erstarkt sie daran. Der Schock heilt aus, das Gleichgewicht zwischen innerer Kraft und äußerem Stoß wird wieder hergestellt (Döblin 1998, 78 f.).

Die ihn zeitlebens prägende Erfahrung seiner Ankunft in Berlin nennt Döblin »gewissermaßen eine Nachgeburt« (ebd., 11), und als symbolischen Vorgang einer »zweiten Geburt« hat man auch die Anfangsszene des Romans verstanden, in der die blutroten Mauern ihren Schützling entlassen und in die Stadt austreiben (Widdig 1992, 160). Ein entborgenes Leben, eine Strafe beginnt. Traumatische Fixierungen lässt Biberkopf erkennen, der zwar *de iure* ein verurteilter Totschläger ist, *de facto* aber als Kriegsneurotiker in immer neuen Anläufen seine

Erlebnisse im Grabenkrieg durchzuarbeiten versucht – und dies bis fast ans Ende des Romans vergeblich. Der Held selbst bringt die Gefängnis- und die Kriegsjahre als die entscheidenden Bruchstellen seines Lebens ausdrücklich in einen Zusammenhang: »Erst bei de Preußen im Graben und dann in Tegel« (Döblin 2000, 36). Doch erst mit Biberkopfs Zwangstherapierung in der Irrenanstalt Buch lockert sich die Blockade. Dort riskiert man ein offenes Wort unter Ärzten: »Sehen Sie, Elektrizität ist schon gut, schon besser wie das Gequatsche. Aber nehmen Sie einen schwachen Strom, so nützt der nichts. Und nehmen Sie einen starken, dann können Sie was erleben. Kennt man ausm Krieg, Starkstrombehandlung, Mann Gottes. Das ist nicht erlaubt, moderne Folter« (ebd., 426).

Biberkopf also darf sich mit Recht in die Schreckenswelt der Jahre 1914 ff. zurückversetzt fühlen. »Und Rollen von Eisenbahnen, Kanonen krachen, Platzen der Handgranaten, Sperrfeuer, Chemin des dames und Langemarck, Lieb Vaterland magst ruhig sein, lieb Vaterland magst ruhig sein. Die Unterstände verschüttet, hingesunken die Soldaten« (ebd., 443). Die schwere Kriegsneurose durch Verschüttung des Grabens nach Granateinschlägen ist in seinem Fall unschwer zu rekognoszieren, da im Text fast schulmäßig durchgeführt. Ihr offenbares Geheimnis steht allerdings in merkwürdigem Kontrast zu der geringen Beachtung, die der Erste Weltkrieg als Hintergrund des Romangeschehens erfahren hat. Es ist, als hätte die Logik der Verdrängung die Aufmerksamkeit auf allerlei bedeutsame Begleitumstände des Biberkopfschen Traumas gelenkt: sei es die schwierige Resozialisierung Haftentlassener oder die politische Polarisierung unter dem Druck der Arbeitslosigkeit, die Entwertung des Individuums im Moloch Großstadt oder die Unfähigkeit des Mannes zu gewaltfreien Liebesbeziehungen. Dass es aber für viele Sonderbarkeiten in Biberkopfs Symptomkatalog eine gemeinsame Ursache gibt, scheint dabei leicht aus dem Blick zu geraten.

»Wer könnte das erzählen?«
Die fortwirkende Gewalt des Krieges

Dabei war der große Krieg, wie er in Europa allgemein genannt wurde, in der Literatur der späten 1920er Jahre als »Thema« (wenn auch überwiegend nicht in seinen strukturellen Dimensionen) präsenter denn je. Die ›Kriegsbücher‹, Frontmemoiren und Romane über den Ersten Weltkrieg sind ein Phäno-

men der späten Weimarer Republik. Nachdem eine erste Welle nationalistischer Kriegsromane und Erinnerungen bereits abgeebbt war und mit Arnold Zweig (*Der Streit um den Sergeanten Grischa*, 1927) und Ludwig Renn (*Krieg*, 1928) zwei Darstellungen aus dezidiert antimilitaristischer Perspektive vorlagen, erschien im Januar 1929 mit Remarques *Im Westen nichts Neues* ein weiterer Roman über die Fronterfahrungen, der zum »Westbestseller in Millionenauflagen« (Schrader 1992, 5) avancierte. Der Kulminationspunkt der literarischen Kriegsthematik lag also, wenn man die Vorabdrucke aus *Berlin Alexanderplatz* einbezieht, annähernd zeitgleich mit dem öffentlichen Auftritt Franz Biberkopfs. Ins weitere Umfeld gehören die anderen großen Zeitromane der klassischen Moderne, die auf den Epochenbruch von 1914 fokussiert sind, und zwar meist so, dass sie, wie das paradigmatisch im *Zauberberg* oder im *Mann ohne Eigenschaften* realisiert ist, sich der Chiffre 1914 in einem Modus des Indirekten nähern. Die feine Tischgesellschaft im Schweizer Sanatorium, der Wiener Hofadel mit seinen auf 1918 terminierten Jubiläumsverlegenheiten: Sie alle befinden sich im Vorlauf zum Kriegsausbruch, dessen »Donnerschlag« ihre Geschichte beenden wird. Auch in diesen panoramatischen Werken, die sich als Anatomie einer ganzen Gesellschaft verstehen, ist die Anwesenheit des Krieges letztlich nicht so sehr auf thematischer als auf symptomatologischer Ebene zu suchen. Denn die Beziehung der gesellschaftlichen Lage zum Krieg ist ebenso unabweisbar wie kompliziert, kein Fall für einsträngige Ursachenforschung oder Täterermittlung.

Kunstvoll orchestrierte Vorzeichen stigmatisieren die Vorkriegsgesellschaft als moribund, nicht minder vielfältig sind die Folgespuren dieses Epochenbruchs. Die Kultur pflegt, solange sich der Krieg leise grollend in ihrem Epizentrum befindet, zu seiner Nennung und Darstellung ein tangentiales Verhältnis. Kaum irgendwo dürfte man dieses eleganter und zugleich treffsicherer ausgedrückt finden als in Hugo von Hofmannsthals Lustspiel *Der Schwierige*. Dort ist nicht die schwitzende, zappelnde, derbe Spielart des Kriegsneurotikers zur Besichtigung freigegeben, sondern die subtil neurasthenische Variante. Das Stück sollte nach ersten Notizen 1909 bis 1911 zunächst einen entscheidungsschwachen Wiener Aristokraten darstellen, wurde dann mit der Ausarbeitung der ersten beiden Akte im Herbst 1917 spezifisch auf die in ihm als Vorgeschichte angespielte Situation des Krieges ausgerichtet. Seit Hofmannsthal im Juni des Jahres 1917 bei seinem Pragaufenthalt den enttäuschenden Eindruck gewonnen hatte, dass die von Krieg erhoffte Stärkung einer habsburgischen Völkerunion aufgrund energischer Unabhängigkeitsbestrebungen der nicht-österreichischen Nationen in das Gegenteil wachsenden zentrifugalen Aufbegehrens umzuschlagen im Begriff stand, hielt der Dichter eine grundlegende Revision seines kulturpolitischen Engagements für unvermeidlich und begann, geistige Szenarien für eine Situation des Nachkriegs zu entwerfen. Der Protagonist ist nun ein Kriegsheimkehrer, der in nervlich angespannter Situation unter dafür verständnislosen Protagonisten des Status quo seine neue Rolle finden muss.

Die Aufgabe des ›Schwierigen‹, Hans Karl Bühl, ist die in der Tat schwierige Mission der – möglichst unbeschadeten, aber doch nicht folgenlosen – Rückkehr aus dem Krieg; in gewisser Weise ›erbt‹ Hans Karl damit eine sich seit dem Sommer 1917 vehement eröffnende Schwierigkeit Hofmannsthals selbst, seines mühevollen, desillusionierten Wiedereintritts in den geordneten Rhythmus literarischer Produktion. Die Arbeit an der Komödie wurde nach der grundlegenden Konzeption von Konfiguration und Handlungsführung und der Ausarbeitung der ersten beiden Akte im November 1917 vorläufig abgebrochen, dann im September 1918 wieder aufgenommen, als der Autor erneut mit der Möglichkeit einer Aufführung rechnen konnte; sie endet nach einer erneuten, langen Phase intensiver Beschäftigung mit der Fertigstellung des Stücks und seinem Abdruck im Herbst 1920 (vgl. Hofmannsthal 1993, 147–170). Einige Jahre später hat Hofmannsthal die unnennbaren Wirren und Lasten eines Kriegsheimkehrers nochmals zu einem dramatischen Sujet ausgestaltet, anhand des mythischen Helden Menelaos und seiner Rückkehr aus dem trojanischen Krieg. Dort hält der Verblendete weit über das Ende hinaus zwanghaft am phantasmatischen Kriegsgrund und an seiner eigenen Kampfbereitschaft fest, bis ihm Helena die heilende Wahrheit eröffnen kann. »Er ist kein Wahnsinniger«, kommentiert Hofmannsthal selbst das irre Tun seines spartanischen Helden, »aber er ist in dem Zustand völliger Zerrüttung, den man in so vielen Kriegslazaretten bei denen, die aus allzu furchtbaren Situationen kamen, tage- und wochenlang beobachtet hat« (Hofmannsthal 1979b, 506). Was den Kriegsheimkehrer gegenüber seiner Umwelt heraushebt und ihn von ihr isoliert, ist das im Krieg erlebte Trauma, von dem er nicht reden kann (vgl. Mülder-Bach 2001). Der Protagonist Hans Karl Bühl ist ein in der misanthropischen Tradition stehender Eigenbrötler und Hagestolz, der sich beharr-

lich allen Versuchen seiner Verheiratung zu entziehen vermag, bis er am Ende – schließlich sind wir in der Komödie – eben doch unters glückliche Ehejoch tritt. Auch Hans Karl verdankt seine mangelnde Umgänglichkeit, die ihn zum »Schwierigen« stempelt, dem Umstand, etliche Zeit »draußen« gewesen zu sein. Von seinen Kriegserlebnissen ist kaum je anders die Rede als in der leersten aller Paraphrasen. »Nach allem«, was er »draußen durchgemacht« hat, ist es selbst Nahestehenden wie seiner Schwester Crescence »unbegreiflich, daß man da nicht abgehärtet ist« (Hofmannsthal 1993, 13). Doch weiterhin, oder gar nun erst recht, gilt Hans Karl der stets amüsierbereiten Gesellschaft teils als »Spielverderber«, teils als »Hypochonder« (ebd., 11). Seit sieben Wochen erst aus dem Krieg zurückgekehrt, wirkt in ihm unterschwellig und für die Mitwelt kaum verständlich jenes einschneidende Erlebnis fort, als er in der Stellung bei einem Angriff für eine halbe Minute verschüttet worden war (ebd., 101 f.). Es sind »die Nerven seit der Geschichte« (ebd., 104), die ihm zu schaffen machen und ihn zugleich am Reden hindern, denn: »Da draußen, da war manchmal was – mein Gott, wer könnte das erzählen!« (ebd.).

Hans Karl vermag jedoch nicht mehr jene Leichtigkeit aufzubringen, die im standesgemäßen Konversationston gefordert ist. Auch seine erotische Spielernatur hat der offenkundig ehemals Leichtlebige in den Grenzerlebnissen des Kriegs eingebüßt. In den Waldkarpathen habe er im Winter 1915 »vis-á-vis dem Tod« gestanden, ausgerechnet zusammen mit dem Mann seiner früheren Geliebten, der ihm seither als »völlig anständiger Mensch« hohen Respekt und sogar Freundschaft abnötige (ebd., 18). Von dort her verteilen sich für den Schwierigen die Gewichte anders; er »bouleversiert« (ebd., 104) seine Zuhörer durch konfuses Reden und reagiert ›verkehrt‹ auf die verkehrte Zivilisationswelt der trivialen Belanglosigkeiten, in welcher er sich nicht mehr zurechtfinden mag:

> Mir können über eine Dummheit die Tränen in die Augen kommen – oder es wird mir heiß vor Gêne über eine ganze Kleinigkeit, über eine Nuance, die kein Mensch merkt, oder es passiert mir, daß ich ganz laut sag', was ich mir denk' – das sind doch unmögliche Zuständ', um unter Leut' zu gehen (ebd., 13).

Seine Schrullen erzeugen Befremden; man versteht nicht, was mit ihm los ist, denn er sei schließlich, so wird ihm vorgehalten, »in einer so ausgezeichneten Verfassung zurückgekommen« (ebd., 11). Genau das aber ist das Problem: die Unsichtbarkeit und demzufolge Unkommunizierbarkeit mancher Kriegsfolgen.

Sie wird einerseits durch die Diskrepanz zwischen der Hauptfigur und ihrer Umgebung zu einer skurrilen Form der Weltskepsis ›entdramatisiert‹ und findet andererseits Ausdruck in der Verschiebung zweier kulturgeschichtlicher Zeitschichten gegeneinander. Das Stück ist als »Konversationskomödie« noch in der »Kunstsprache der inzwischen untergegangenen Aristokratie« gehalten (Mayer 2010, 172), in der etwa das »Herrenhaus« als Signifikant über seinen historischen Untergang hinaus phantomsemiotisch noch fortbesteht. Doch schon während des Sommers 1918 notierte Hofmannsthal, die Handlung spiele »in der unmittelbaren Gegenwart« und setze »den Krieg als beendet voraus« (Hofmannsthal 1993, 484), damit wohl auch dessen absehbare wie nicht absehbare Konsequenzen. Aus diesem kalkulierten Anachronismus entspringt die für die »Struktur dieses Lustspiels« bezeichnende »Als-ob-Wirklichkeit« (Mayer 2010, 172). »Indem die Komödie gegen die Faktizität ihrer eigenen Datierung den Krieg als beendet voraussetzt, spricht sie […] zugleich von der Position des Geretteten und Heimgekehrten aus« (Mülder-Bach 2001, 161).

Die Zäsur des Krieges wirkt damit auf doppelte Weise inkommensurabel; sie schafft in der Altwiener Standeskomödie ungleichzeitige Sprachformen, Interaktionsmuster und Gattungsvorgaben, und sie durchtrennt eine Werkkontinuität, in der sich die Hereinkunft des Neuen zugleich unter dem emphatischen Begriff des Unvorstellbaren wie unter der alltäglichen Tendenz zur Bagatellisierung zeigen können soll. Im *Schwierigen* nehmen der historische Anachronismus und die aus ihm resultierende poetische Diskrepanz erheiternde Formen an. Komisch ist hier, und zwar im vollsten Sinne des Wortes, dass und wie plötzlich ein Abstand, eine Erfahrungskluft in der Gesellschaft aufreißt, die um keinen Preis überbrückt, ja auch nur besprochen werden kann. »Nach einem unglücklichen Krieg müssen Komödien geschrieben werden«, bemerkt Hofmannsthal 1921 in dem Essay »Die Ironie der Dinge« (Hofmannsthal 1979a, 138). Die Komödie ist nicht nur ein effektvolles Gegengift zum heroischen oder tragischen Pathos der Kriegsverlautbarungen und ihrem sprichwörtlichen ›Ernst der Lage‹, sie bringt auf verträglich-heitere Weise auch die verstörenden Aspekte der Kriegserfahrung zu Bewusstsein und gewährt durch ihre Ironisierung einen *comic relief*.

Bei Döblin geht es offenkundig nicht ganz so heiter zu, doch auch ihm gerät die Hervorkehrung evidenter Kriegsfolgen stellenweise zur Burleske, in der Hypochondrie oder Hochstapelei das Sagen haben.

Der Vater eines vermeintlich falsch oder zu spät behandelten Kindes, das im Krankenhaus verstarb, erregt sich: »Ich bin ein Krüppel, wir haben im Feld geblutet, uns läßt man warten, mit uns kann man machen« (Döblin 2000, 115).

Kriegskrüppel und solche, die es scheinen wollen, bilden durch den Roman eine Parade von derber und drastischer Komik. Da ist der schlimme Reinhold, der als Stotterer im Soldatenmantel eingeführt wird, und da ist die »Schicksalstragödie des Fliegers Beese-Arnim«, der einmal aus 1700 Metern »heruntergeschossen« wurde, so richtig aber erst nach dem Krieg abstürzt, Geld und Familienehre verliert und am Ende eine Prostituierte erschießt (ebd., 303). Da sind jede Menge als Statisten auftretende Kriegsinvalide, und da ist der durch einen Unfall gelähmte Johann Kirbach, der auf selbstfabriziertem Fahrgestell mit seinen Bildpostkarten auf Mitleidstournee geht und sein Schicksal mit dem »Ausbruch des Weltkrieges« (ebd., 246) in ursächliche Verbindung bringt. Ein junger Bursche, den dieser Fall exemplarisch dünkt, redet sich in Rage: »Und fängt nun im Lokal ein Geschrei darüber an und was sie auch mit seinem Vater gemacht haben, der hat einen Brustschuß, und jetzt hat er knappe Luft, aber mit einmal soll das bloß Nervenleiden sein, und die Rente haben sie ihm gekürzt, und nächstens kriegt er gar keine mehr« (ebd.). Unter der Last steigender Sozialausgaben werden die Folgen des Kriegs psychologisiert, individualisiert, bagatellisiert. Was einst im kollektiven Taumel der allgemeinen Mobilmachung begann, wird für die bewegungsunfähigen Krüppel plötzlich zu einer Frage der Selbstbeteiligung. Die Kneipenrunde allerdings ist sich uneins, je nach Grad der eigenen Betroffenheit. »›Puh! Die Krüppel – für die sollten sie überhaupt keinen Sechser geben.‹ ›So siehste aus. Erst rausholen inn Krieg und dann nicht zahlen.‹ ›Gehört sich ooch so, Mensch. Wenn du woanders ne Dummheit machst, kriegste du ooch nich noch was druff gezahlt‹« (ebd., 247).

Widerfahrenes Schicksal oder selbstverschuldetes Unglück, da muss man sich gar nicht entscheiden: Denn für Biberkopf kommt eins zum anderen. »Er hat einen Schlag auf den Kopf bekommen, man hat ihm einen Stoß vor die Brust gegeben, dann hat man ihn durch die Tür vor ein Auto geworfen. Das hat ihn überfahren. Sein Arm ist weg« (ebd., 226). Schon bald nach der Amputation wird Franz lernen, mit den Scherzen über seinen fehlenden Arm die Frauen zum Lachen zu bringen. Dieser negative Bildungsroman steht nicht an, den Verlust sogar als Fortschritt zu verbuchen. Denn zum verborgenen Trauma hat

Franz jetzt die manifeste Verstümmelung und obendrein noch, gut sichtbar, »für besondere Feierlichkeiten« (ebd., 254) ein Eisernes Kreuz, mit dem sein Leiden erstmals und vollständig als kriegsbedingt Anerkennung findet. Biberkopf ist als einarmiges verspätetes Kriegsopfer, um eine sarkastische Formulierung Ernst Blochs zu entlehnen, endlich zur Kenntlichkeit entstellt.

Wie im Falle des Hofmannsthalschen *Schwierigen* lagen auch Biberkopfs Schwierigkeiten (und die der Gesellschaft mit ihm) hauptsächlich darin, Krieg und Trauma nicht in eine schlüssige Verbindung bringen zu können. Der Text wiederum evoziert diesen blinden Fleck dadurch, dass er die Analogie von Biberkopfs Großstadterfahrungen mit der traumatischen Zeit im Schützengraben zwar immer wieder suggeriert, aber eben nicht ausspricht. Zu den unterschwelligen Hinweisen gehört beispielsweise die Vierjahresfrist, die vom historischen ›Ereignis‹ abgelöst ihr Eigenleben führt: »Vier Jahre nach achtzehn war ich in Berlin. Länger hat vorher der ganze Krieg nicht gedauert, stimmt doch« (ebd., 85). Die quantitative Koinzidenz beweist nichts und ist doch ein relevantes ästhetisches Merkmal. Der von Biberkopf gezogene Vergleich indes bleibt stumpf und offenbart seine Unfähigkeit, aus den im Krieg geopferten Jahren soziale Anerkennung zu ziehen:

> Na, und haben wir hier was von Arras gemerkt [...]? Haben gehabt Inflation, Papierscheine, Millionen, Billionen, kein Fleisch, keine Butter, schlimmer als vorher, das haben wir alles gemerkt, [...] und wo ist Arras gewesen, kannst du ausrechnen an deinen eigenen Fingern. Nichts war da, wo denn? Sind bloß rumgelaufen und haben den Bauern Kartoffeln geklaut (ebd.).

Das ziellose Herumlaufen, dessen Motorik auch die sprunghafte Wahrnehmungsweise und den Erzählton bestimmt, charakterisiert einen depravierten Kriegsheimkehrer, der seiner Vorkriegsexistenz entfremdet ist und nirgends mehr hingehört. Mit dem rapiden Wandel der Verhältnisse, der in der Inflationszeit zusätzliche Dramatik erhielt, war den Kriegsteilnehmern der Boden unter den Füßen entzogen. Eine ähnliche Verbindung zwischen Inflation, Ortlosigkeit und Geschichtsverlust hat Walter Benjamin in seinem »Erzähler«-Aufsatz 1936 gezogen. Die Entwertung und Enteignung von Erfahrungen, wie sie Benjamin an der deutschen Nachkriegszeit abliest, betrifft vor allem den Umgang mit den Kriegserlebnissen selbst, in denen Erfahrungsbildung als solche grundlegend erschüttert worden war (vgl. Mülder-Bach 2000): »Denn nie sind Erfahrungen gründlicher Lügen gestraft worden als die strate-

gischen durch den Stellungskrieg, die wirtschaftlichen durch die Inflation, die körperlichen durch die Materialschlacht, die sittlichen durch die Machthaber« (Benjamin 1977, 439). Die Abwesenheit des Krieges im renormalisierten Wirtschafts- und Gesellschaftsleben der Weimarer Republik macht es so schwierig, seiner traumatischen Spätfolgen habhaft zu werden. Gerade in dem Sinne ist der Krieg verloren, dass mit dem Wissen der Opfer auch seine Gewaltdimension abhanden gekommen ist. »Einen Krieg gewinnen oder verlieren, das greift, wenn wir der Sprache folgen, so tief in das Gefüge unseres Daseins ein, daß wir damit auf Lebenszeit an Malen, Bildern, Funden reicher oder ärmer geworden sind« (Benjamin 1972, 242 f.).

Die Konsequenz dieses Gedankens liegt auf der Hand: Wer den Krieg in der von Benjamin gemeinten Weise »verloren« hat, der muss ihn wiederholen. Die politische Ästhetik des Döblinschen Romans aber zielt darauf, ihn wiederzuholen, ins kulturelle Gedächtnis zurück. *Berlin Alexanderplatz* ist, als Großstadtroman, zugleich eine Schrift gegen die Abwesenheit des Krieges. Das betrifft nicht nur die Angstträume Biberkopfs, in deren Metaphernbestand ganze Panzerschlachten geschlagen werden:

> Die Welt ist von Eisen, man kann nichts machen, sie kommt wie eine Walze an, auf einen zu, da ist nichts zu machen, da kommt sie, da läuft sie, da sitzen sein drin, das ist ein Tank, Teufel mit Hörnern und glühenden Augen drin, sie zerfleischen einen, sie sitzen da, mit ihren Ketten und Zähnen zerreißen sie einen (Döblin 2000, 210).

Wichtiger, und auch strukturell belastbar, ist Döblins Entdeckung des Krieges im Großstadtbetrieb selbst; in Gestalt eines Schlachtfeldes, auf dem das Töten nie aufgehört hat:

> Die Eldenaer Straße entlang ziehen sich die schmutziggrauen Mauern, oben mit Stacheldraht. [...] Gelbe Verwaltungsgebäude, ein Obelisk für Gefallene aus dem Weltkrieg. Und rechts und links langgestreckte Hallen mit gläsernen Dächern [...]. Die Rinderhalle, die Schweinehalle, die Schlachträume: Totengerichte für die Tiere, schwingende Beile, du kommst mir nicht lebend raus. Friedliche Straßen grenzen an, Straßmannstraße, Liebigstraße, Proskauer, Gartenanlagen, in denen Leute spazieren. Sie wohnen warm beieinander, wenn einer erkrankt und Halsschmerzen hat, kommt der Arzt gelaufen (ebd., 136 f.).

Inmitten der friedliebenden bürgerlichen Sekurität gibt es ein Areal, das nicht nur mit seinem stummen Kriegerdenkmal an den Weltkrieg erinnert. Es ist der ganz normale Schlachtbetrieb, der in seiner Logistik den Vergleich mit Mobilmachung und Truppentransporten, mit Materialschlacht, Schützengräben und Massensterben förmlich erzwingt, sieht man ihn mit den Augen dieser Schilderung:

> Aus den Provinzen rollt das Vieh ran, Exemplare der Gattung Schaf, Schwein, Rind, aus Ostpreußen, Pommern, Brandenburg, Westpreußen. Über die Viehrampen mähen, blöken sie herunter. Die Schweine grunzen und schnüffeln am Boden, sie sehen nicht, wo es hingeht, die Treiber mit den Stecken laufen hinterher. In die Ställe, da legen sie sich hin, liegen weiß, feist beieinander, schnarchen, schlafen. Sie sind lange getrieben worden, dann gerüttelt in den Wagen, jetzt vibriert nichts unter ihnen, nur kalt sind die Fliesen, sie wachen auf, drängen an andere. […] In Furcht klettert eins über die Leiber der andern, das andere klettert hinterher, schnappt, die unten wühlen sich auf, die beiden plumpen herunter, suchen sich (ebd., 137).

Zuletzt, als das massenhafte Töten vollbracht ist, bleibt nur mehr das reflexhafte eigenmotorische Zucken der Körperteile – auch den Ärzten der Kriegsneurotiker wohlbekannt –, während von einem Ichbewusstsein, wie es die kantianische Rechtsphilosophie unterstellt, bei jedweder Art von Schlachtvieh nicht die Rede sein kann:

> […] das Beil ist heruntergesaust, getaucht in das Gedränge mit der stumpfen Seite auf einen Kopf, noch einen Kopf. […]. Das zappelt unten. Das strampelt. Das schleudert sich auf die Seite. Das weiß nichts mehr. Und liegt da. Was machen die Beine, der Kopf. Aber das macht das Schwein nicht, das machen die Beine als Privatperson (ebd., 139).

Mehr noch als die anderen Bilder, Stimmen und Rhythmen der Stadt findet dieses Grauen von der Eldenaer Straße in Biberkopfs Angstvisionen einen Widerhall, denn er hat es selbst erlebt. Sein Delirium im Außenposten Berlin-Buch ist aus ästhetischer Sicht ein Zitat des Schlachthofs, symptomatologisch dagegen eine Wiederkehr des Schlachtfeldes. »Da blitzt ein Beil durch die Luft. […] Es blitzt, es fällt, es fallbeilt im Halbbogen vorn vor durch die Luft, schlägt ein, schlägt ein, ein neues saust, ein neues saust, ein neues saust. Schwing hoch, fall nieder, hack ein, schwing hoch, schlag nieder, hack ein« (ebd. 431).

Der industrialisierte Tötungsakt, d. h. die massenhafte und mechanische Verwandlung von Lebewesen in tote Waren, gibt auch bei der psychiatrischen Zurichtung von Körper und Geist den Takt vor. »Es werden auf dem Block geschlagen von seinem Körper Stück um Stück. Sein Körper schiebt sich automatisch vor, muß sich vorschieben, er kann nicht anders« (ebd., 390). Diese Reprise des Schlachthofs in der Anstalt zu Berlin-Buch erhebt die Zerstückelung des Menschen zu einem Signum der Großstadt-

kultur, ja der Moderne schlechthin. Im Zuge der Maschinisierung von Arbeitsabläufen waren schematisierte Verhaltensweisen, die in psychologischer Hinsicht als Indizien reduzierter Geistestätigkeit zu gelten hatten, durchaus erwünscht. Die Montage-Technik, als innovative Qualität der Biberkopf-Geschichte vielfach hervorgehoben, kam dort, wo sie industriell angewandt wurde, durchaus nicht »mit Kleister und Schere« (Stenzel 1972, 39) aus. Bekanntlich bestimmen Fließband und Uhr die arbeitsphysiologischen Standards der *modern times*, indem sie die stumpfsinnige Wiederholung immergleicher Handgriffe verlangen.

Solcherart verlässliche Monotonie findet ihr romaninternes Sinnbild im dumpfen »rumm rumm« (Döblin 2000, 165) der Dampframme am Alexanderplatz. »Viele Menschen haben Zeit und gucken sich an, wie die Ramme haut.« Weil sie arbeitslos sind, können sie dem Schauspiel ihrer Ersetzung beiwohnen und bestaunen, wie im repetierten Zusammenprall von Metallgewicht und Eisenstange stellvertretend auch die Physiognomie des Menschen gezüchtigt wird. »Da stehen die Männer und Frauen und besonders die Jungens und freuen sich, wie das geschmiert geht: ratz kriegt die Stange eins auf den Kopf« (ebd.). Erst die brutale Vereinfachung komplexer Bewegungen sichert ihre abweichungsfreie und endlose Wiederholbarkeit. Sie rüstet den Menschen nach den Erfordernissen der Maschinenarbeit zu. Zwischen organischem Leib und maschinellen Standards vermittelt im Fall Biberkopfs vornehmlich die »Psychotechnik« des Marschierens (Schäffner 1995, 338), mit der das Subjekt, vermeintlich auf traditionale Rituale des Exerzierens und der soldatischen Haltung zurückfallend, sich zur industriellen Disposition hält und damit in einen leibhaftigen Modernisierungseffekt verwandelt. Biberkopf marschiert, »mit festem Schritt, links rechts, links rechts, keine Müdigkeit vorschützen« (Döblin 2000, 291 f.), und unterstellt sich damit den elementaren Rhythmen mechanischer Impulse und metallischer Gebärden.

Wenn der eigene Körper als Zugriffsobjekt der Maschinengewalt erlebt wird, so lassen sich umgekehrt die Baustellen des technisierten Stadtraums als Operationen an einer schmerzempfindlichen Extension des kollektiven Leibes verstehen. Besonders der Alexanderplatz, mit den Ausschachtungsarbeiten für die U-Bahn, der Verbreiterung des S-Bahn-Viadukts und dem Abriss ganzer Häuserzeilen zugunsten moderner Bauquader, kann als Zentralstelle der Amputation gelten. Selbst der Volksmund macht mit und beginnt vorsorglich schon den Namen des Platzes zu amputieren. »Wind gibt es massenhaft am Alex, an der Ecke von Tietz zieht es lausig. Es gibt Wind, der pustet zwischen die Häuser rein und auf die Baugruben« (ebd., 166). Als Baron Haussmann in Paris brutale Schneisen durch den mittelalterlichen Stadtkern schlagen ließ, um dem rebellischen Volk die Errichtung von Barrikaden zu erschweren, inspirierte das den Dichter Baudelaire zu seiner Bestimmung der Moderne als des stets transitorischen Augenblicks. Auf halber Strecke zwischen Vergänglichkeit und Ewigkeit angesiedelt sah Baudelaire auch das Wesen der poetischen Allegorie. Döblin hatte seinen Roman zunächst mit der Haussmannisierung Berlins eröffnen wollen, mit dem Blick auf die Bauwut am Alexanderplatz und auf jene Ikone des antropomorphen, des mythischen Berlin, die während der Niederschrift der neuen Zeit weichen musste. »Alles ist mit Brettern belegt. Die Berolina stand vor Tietz, eine Hand ausgestreckt, war ein kolossales Weib, die haben sie weggeschleppt. Vielleicht schmelzen sie sie ein und machen Medaillen draus« (ebd., 165). Nur konsequent wäre es, wenn der Umbau des Platzes die allegorische Schutzfigur in einen Rohstoff für Gedenk- oder Tapferkeitsmedaillen verwandeln würde.

Die Erdaushebungen erinnern nicht nur an Schützengräben, auch sie fordern ihre Opfer; jenes Pferd beispielsweise, das in der Brunnenstraße aus dem für die U-Bahnlinie angelegten Schacht befreit werden muss (ebd., 241). »In den Boden rin, in die Erde rin, wo es finster ist« (ebd., 21), fühlt sich auch der Kriegsneurotiker wie magisch gezogen, ohne diesem elementaren Schutzreflex nachzugeben:

> Mit Genugtuung wanderte Biberkopf weiter. […] Aber dann glitten seine Blicke im Ruck die Häuserfronten hoch, prüften die Häuserfronten, versicherten sich, daß sie stillstanden und sich nicht regten, trotzdem eigentlich so ein Haus viele Fenster hat und sich leicht vornüber beugen kann. Das kann auf die Dächer übergehen, die Dächer mit sich ziehen; sie können schwanken. Zu schwanken können sie anfangen, zu schaukeln, zu schütteln. Rutschen können die Dächer, wie Sand schräg herunter, wie ein Hut vom Kopf. Sind ja alle, ja alle schräg aufgestellt, die ganze Reihe lang (ebd., 131).

Sieht Franz Biberkopf Gespenster? Jedenfalls steht er damit nicht allein da. »Warum ist alles so schlecht gebaut, dass bisweilen hohe Häuser einstürzen, ohne dass man einen äußeren Grund finden könnte?«, fragt der Protagonist einer kleinen Prosaskizze Franz Kafkas. »Ich klettere dann über die Schutthaufen und frage jeden, dem ich begegne: ›Wie konnte das nur geschehn! In unserer Stadt – ein neues Haus –

das ist heute schon das fünfte – bedenken Sie doch‹. Da kann mir keiner antworten« (Kafka 1994, 305). Die Begegnung von Mensch und Stadt ist ein Schock, und ihr Schauplatz ein Schlachtfeld. »Als ich mich zum Schreiben niedersetzte«, berichtet Kafka über die Entstehung der Erzählung *Das Urteil*, »wollte ich […] einen Krieg beschreiben, ein junger Mann sollte aus seinem Fenster eine Menschenmenge über die Brücke herankommen sehn, dann aber drehte sich mir alles unter den Händen« (Kafka 1976, 394).

Dieser Krieg, von dem so unzureichend nur sich erzählen lässt, wird nicht von ungefähr in die Großstadt verlegt, denn in ihm kommen jene Verwerfungen zum Tragen, die das Wahrnehmungsgefüge der Menschen von Grund auf in Frage stellen. Walter Benjamin hat sie in seinem Aufsatz über die Krise des Erzählers bündig zusammengefasst:

> Eine Generation, die noch mit der Pferdebahn zur Schule gefahren war, stand unter freiem Himmel in einer Landschaft, in der nichts unverändert geblieben war als die Wolken und unter ihnen, in einem Kraftfeld zerstörender Ströme und Explosionen, der winzige, gebrechliche Menschenkörper (Benjamin 1977, 439).

Literatur

Primärtexte

Benjamin, Walter: Theorien des deutschen Faschismus Zu der Sammelschrift »Krieg und Krieger«. Hg. von Ernst Jünger [1930]. In: Ders.: *Gesammelte Schriften*. Bd. III: Rezensionen. Hg. von Hella Tiedemann-Bartels. Frankfurt a. M. 1972, 238–250.

Benjamin, Walter: Über einige Motive bei Baudelaire [1939/1940]. Ders.: *Gesammelte Schriften*. Bd. I/2: Abhandlungen. Hg. von Rolf Tiedemann/Hermann Schweppenhäuser. Frankfurt a. M. 1974, 605–653.

Benjamin, Walter: Der Erzähler. Betrachtungen zum Werk Nikolai Lesskows [1936]. In: Ders.: *Gesammelte Schriften*. Bd. II/2: Aufsätze – Essays – Vorträge. Hg. von Rolf Tiedemann/Hermann Schweppenhäuser. Frankfurt a. M. 1977, 438–465.

Benn, Gottfried: Gehirne [1914]. In: Ders.: *Sämtliche Werke*. Stuttgarter Ausgabe. Bd. III: Prosa 1. Hg. von Gerhard Schuster. Stuttgart 1987a, 29–34.

Benn, Gottfried: Die Eroberung [1915]. In: Ders.: *Sämtliche Werke*. Stuttgarter Ausgabe. Bd. III: Prosa 1. Hg. von Gerhard Schuster. Stuttgart 1987b, 35–41.

Benn, Gottfried: Die Reise [1916]. In: Ders.: *Sämtliche Werke*. Stuttgarter Ausgabe. Bd. III: Prosa 1. Hg. von Gerhard Schuster. Stuttgart 1987c, 42–49.

Benn, Gottfried: Der Geburtstag [1916]. In: Ders.: *Sämtliche Werke*. Stuttgarter Ausgabe. Bd. III: Prosa 1. Hg. von Gerhard Schuster. Stuttgart 1987d, 50–61.

Benn, Gottfried: Epilog und Lyrisches Ich [1921/1927]. In: Ders.: *Sämtliche Werke*. Stuttgarter Ausgabe. Bd. III: Prosa 1. Hg. von Gerhard Schuster. Stuttgart 1987e, 127–133.

Benn, Gottfried: Lebensweg eines Intellektualisten [1934]. In: Ders.: *Sämtliche Werke*. Stuttgarter Ausgabe. Hg. von Gerhard Schuster. Bd. IV: Prosa 2. Hg. von Gerhard Schuster. Stuttgart 1989, 154–197.

Benn, Gottfried/Sternheim, Thea: *Briefwechsel und Aufzeichnungen*. Hg. von Thomas Ehrsam. Göttingen 2004.

Broch, Hermann: Stimmen 1913 [1949]. In: Ders.: *Die Schuldlosen. Roman in elf Erzählungen. Kommentierte Werkausgabe*. Bd. V. Hg. von Paul Michael Lützeler. Frankfurt a. M. 1974, 15–19.

Broch, Hermann: Hofmannsthal und seine Zeit [1947/48]. In: Ders.: *Kommentierte Werkausgabe*. Bd. IX/1. Hg. von Paul Michael Lützeler. Frankfurt a. M. 1975, 111–284.

Broch, Hermann: *Die Schlafwandler. Eine Romantrilogie* [1931/1932]. *Kommentierte Werkausgabe*. Bd. I. Hg. von Paul Michael Lützeler. Frankfurt a. M. 1978.

Broch, Hermann: *Huguenau* [1928]. *Kommentierte Werkausgabe*. Bd. VI. Hg. von Paul Michael Lützeler. Frankfurt a. M. 1980.

Döblin, Alfred: Revolutionstage im Elsaß [1919]. In: Ders.: *Schriften zur Politik und Gesellschaft*. Hg. von Heinz Graber. Olten/Freiburg i. Br. 1972a, 59–70.

Döblin, Alfred: Vertreibung der Gespenster [1919]. In: Ders.: *Schriften zur Politik und Gesellschaft*. Hg. von Heinz Graber. Olten/Freiburg i. Br. 1972b, 71–82.

Döblin, Alfred: Die Schlacht, die Schlacht! [1915]. In: Ders.: *Erzählungen aus fünf Jahrzehnten*. Hg. von Edgar Pässler. Olten 1979, 185–200.

Döblin, Alfred: Doktor Döblin. Selbstbiographie [1917/1918]. In: Ders.: *Zwei Seelen in einer Brust. Schriften zu Leben und Werk*. Hg. von Erich Kleinschmidt. Solothurn 1986a, 14–23.

Döblin, Alfred: Entstehung und Sinn meines Buches »Wallenstein« [1930]. In: Ders.: *Zwei Seelen in einer Brust. Schriften zu Leben und Werk*. Hg. von Erich Kleinschmidt. Solothurn 1986b, 184–185.

Döblin, Alfred: Zu »November 1918« [1946]. In: Ders.: *Zwei Seelen in einer Brust. Schriften zu Leben und Werk*. Hg. von Erich Kleinschmidt. Solothurn 1986c, 272–275.

Döblin, Alfred: *November 1918. Eine deutsche Revolution. Erzählwerk in drei Teilen*. 4 Bde. Hg. von Werner Stauffacher. Solothurn 1991.

Döblin, Alfred: Erster Rückblick [1928]. In: Ders.: *Im Buch – Zu Haus – Auf der Straße*. Vorgestellt von Alfred Döblin und Oskar Loerke [1928]. Mit einer Nachbemerkung von Jochen Meyer. Marbach 1998, 7–126.

Döblin, Alfred: *Berlin Alexanderplatz. Die Geschichte vom Franz Biberkopf* [1929]. Hg. von Werner Stauffacher. Düsseldorf/Zürich 2000.

Döblin, Alfred: *Wallenstein* [1920]. Hg. von Erwin Kobel. Düsseldorf/Zürich 2001.

Döblin, Alfred: ›Meine Adresse ist: Saargemünd‹. Spurensuche in einer Grenzregion. Zusammengetragen und kommentiert von Ralph Schock. Merzig 2010.

Einstein, Carl: Negerplastik [1915]. In: Ders.: *Werke*. Bd. I. Hg. von Hermann Haarmann/Klaus Siebenhaar. Berlin 1994, 234–253.

Freud, Sigmund: Jenseits des Lustprinzips [1920]. In: Ders.: *Studienausgabe*. Bd. 3. Hg. von Alexander Mitscherlich. Frankfurt a. M. 1982, 213–272.

Hofmannsthal, Hugo von: Die Ironie der Dinge [1921]. In: Ders.: *Gesammelte Werke*. Bd. IX: Reden und Aufsätze II. Hg. von Bernd Schoeller/Ingeborg Beyer-Ahlert. Frankfurt a. M. 1979a, 138–141.

Hofmannsthal, Hugo von: Die ägyptische Helena [1928]. In: Ders.: *Gesammelte Werke*. Hg. von Bern Schoeller in Beratung mit Rudolf Hirsch. Bd. V.: Dramen V. Operndichtungen. Frankfurt a. M. 1979b, 498–512.

Hofmannsthal, Hugo von: Der Schwierige [1921]. In: Ders.: *Sämtliche Werke*. Kritische Ausgabe. Bd. XII: Dramen 10. Hg. von Martin Stern in Zusammenarbeit mit Ingeborg Haase/Roland Haltmeier. Frankfurt a. M. 1993.

Kafka, Franz. Gespräch mit dem Beter [1909]. In: Ders.: *Gesammelte Werke in 12 Bänden*. Bd. 1. Hg. von Hans-Gerd Koch. Frankfurt a. M. 1994, 299–306.

Kafka, Franz: *Briefe an Felice und andere Korrespondenz aus der Verlobungszeit*. Hg. von Erich Heller/Jürgen Born. Frankfurt a. M. 1976.

Kraus, Karl: *Die letzten Tage der Menschheit. Tragödie in fünf Akten mit Vorspiel und Epilog* [1922]. Hg. von Christian Wagenknecht (= *Schriften*. Bd. X). Frankfurt a. M. 1986.

Mann, Thomas: *Der Zauberberg*. Große kommentierte Frankfurter Ausgabe, Bd. V.1 (Text), V.2 (Kommentar). Hg. von Michael Neumann. Frankfurt a. M. 2002.

Mann, Thomas: *Betrachtungen eines Unpolitischen*. Große kommentierte Frankfurter Ausgabe, Bd. XIII.1 (Text), XIII.2 (Kommentar). Hg. und textkritisch durchgesehen von Hermann Kurzke. Frankfurt a. M. 2009.

Musil, Robert: *Der Mann ohne Eigenschaften* [1921/1942]. 2 Bde. Hg. von Adolf Frisé. Reinbek bei Hamburg 1978a.

Musil, Robert: *Gesammelte Werke*. Bd. II: Prosa und Stücke, Kleine Prosa, Aphorismen, Autobiographisches, Essays und Reden, Kritik. 2 Bde. Hg. von Adolf Frisé. Reinbek bei Hamburg 1978b.

Musil, Robert: *Klagenfurter Ausgabe*. Kommentierte digitale Edition sämtlicher Werke, Briefe und nachgelassener Schriften. Hg. von Walter Fanta/Klaus Amann/Karl Corino. Klagenfurt 2009.

Remarque, Erich Maria: *Im Westen nichts Neues*. Berlin 1929.

Sternheim, Carl: Kampf der Metapher [1917]. In: Ders.: *Gesamtwerk*. Bd. VI: Zeitkritik. Hg. von Wilhelm Emrich. Neuwied/Darmstadt 1966, 32–39.

Warburg, Aby: Bilder aus dem Gebiet der Pueblo-Indianer in Nord-Amerika [1923]. In: Ders.: *Werke in einem Band*. Hg. und kommentiert von Martin Treml/Sigrid Weigel/Perdita Ladwig. Berlin 2010a, 524–566.

Warburg, Aby: Reise-Erinnerungen aus dem Gebiet der Pueblo Indianer in Nordamerika [1923]. In: Ders.: *Werke in einem Band*. Hg. und kommentiert von Martin Treml/Sigrid Weigel/Perdita Ladwig. Berlin 2010b, 567–600.

Forschungsliteratur

Althen, Christina: *Machtkonstellation einer deutschen Revolution. Alfred Döblins Geschichtsroman »November 1918«*. Frankfurt a. M. 1993.

Auer, Manfred: *Das Exil vor der Vertreibung. Motivkontinuität und Quellenproblematik im späten Werk Alfred Döblins*. Bonn 1977.

Baacke, Rolf-Peter (Hg.): *Carl Einstein Materialien. Bd. 1: Zwischen Bebuquin und Negerplastik*. Berlin 1990.

Baumann, Roland/Roland, Hubert (Hg.): *Carl Einstein-Kolloquium 1998. Carl Einstein in Brüssel: Dialoge über Grenzen*. Frankfurt a. M. u. a. 2001.

Binswanger, Ludwig/Warburg, Aby: *Die unendliche Heilung. Aby Warburgs Krankengeschichte.* Hg. von Chantal Marazia/Davide Stimilli. Zürich, Berlin 2007.

Brode, Hanspeter: *Gottfried Benn. Chronik. Daten zu Leben und Werk.* München/Wien 1978.

Chernow, Ron: *Die Warburgs. Odyssee einer Familie.* Berlin 1994 (amerik. 1993).

Danto, Arthur C.: *Analytical Philosophy of History.* Cambridge 1965.

Didi-Huberman, Georges: *Das Nachleben der Bilder. Kunstgeschichte und Phantomzeit nach Aby Warburg.* Berlin 2010 (franz. 2002).

Diers, Michael: Kreuzlinger Passion. In: *Kritische Berichte 7* (1979), 5–13.

Gombrich, Ernst H.: *Aby Warburg. Eine intellektuelle Biographie.* Frankfurt a. M. 1984 (amerik. 1970).

Grimm, Reinhold: Im Auge des Hurrikans: Brüssel 1916: Gottfried Benns »Urerlebnis«. In: Ders.: *Versuche zur europäischen Literatur.* Bern u. a. 1994, 255–274.

Gründer, Horst: *Geschichte der deutschen Kolonien.* Paderborn u. a. 1985.

Hahn, Thorsten: *Fluchtlinien des Politischen. Das Ende des Staates bei Alfred Döblin.* Köln 2003.

Hecker, Axel: *Geschichte als Fiktion. Alfred Döblins Wallenstein – eine exemplarische Kritik des Realismus.* Würzburg 1986.

Heise, Carl Georg: *Persönliche Erinnerungen an Aby Warburg* [New York 1947]. Hamburg 1959. Reprint hg. von Björn Biester/Michael Schäfer. Wiesbaden 2005.

Herding, Klaus: Schlüsseltexte der Kunstgeschichte (V): »immer auf der flucht vor einem bindenden milieu«: Carl Einstein. In: *Merkur 46/8* (1992), 717–725.

Hof, Holger: *Gottfried Benn: Der Mann ohne Gedächtnis. Eine Biographie.* Stuttgart 2011.

Honold, Alexander: *Die Stadt und der Krieg. Raum- und Zeitkonstruktion in Robert Musils Roman »Der Mann ohne Eigenschaften«.* München 1995.

Kiefer, Klaus H.: *Diskurswandel im Werk Carl Einsteins. Ein Beitrag zur Theorie und Geschichte der europäischen Avantgarde.* Tübingen 1994.

Kiesel, Helmuth: *Literarische Trauerarbeit. Das Exil- und Spätwerk Alfred Döblins.* Tübingen 1986.

Kleinschmidt, Erich: »Die Zeit dringt verschieden tief in unsere Poren ein«– Alfred Döblin als politischer Autor 1914. In: Ira Lorff/Gabriele Sander (Hg.): *Internationales Alfred-Döblin-Kolloquium Leipzig 1997.* Bern 1999, 17–31.

Koch, Lars: Die Kriegsschuldfrage als existenzielle Erinnerungsarbeit – Alfred Döblins Roman »Hamlet oder die lange Nacht hat ein Ende«. In: Ders./Marianne Vogel (Hg.): *Imaginäre Welten im Widerstreit. Krieg und Utopie in der deutschsprachigen Literatur seit 1900.* Würzburg 2007, 109–128.

Köhne, Julia Barbara: *Kriegshysteriker. Strategische Bilder und mediale Techniken militärpsychiatrischen Wissens (1914–1920).* Husum 2009.

Königseder, Karl: Aby Warburg im ›Bellevue‹. In: Robert Galitz/Brita Reimers (Hg.): *Aby M. Warburg. »Ekstatische Nymphe, trauernder Flußgott«. Porträt eines Gelehrten.* Hamburg 1995, 74–98.

Korff, Gottfried: Im Zeichen des Saturn. Vorläufige Notizen zu Warburgs Aberglaubensforschung im Ersten Weltkrieg. In: Ders. (Hg.): *Kasten 117. Aby Warburg und der Aberglaube im Ersten Weltkrieg.* Tübingen 2007, 181–214.

Lethen, Helmut: *Der Sound der Väter. Gottfried Benn und seine Zeit.* Berlin 2006.

Lützeler, Paul Michael: *Hermann Broch. Eine Biographie.* Frankfurt a. M. 1985.

Lützeler, Paul Michael: *Kulturbruch und Glaubenskrise. Hermann Brochs »Die Schlafwandler« und Matthias Grünewalds Isenheimer Altar.* Tübingen/Basel 2001.

Mattick, Meike: *Komik und Geschichtserfahrung. Alfred Döblins komisierendes Erzählen in ›November 1918‹. Eine deutsche Revolution.* Bielefeld 2003.

Mayer, Mathias: *Der Erste Weltkrieg und die literarische Ethik. Historische und systematische Perspektiven.* München 2010.

McEwan, Dorothea: Ein Kampf gegen Windmühlen. Warburgs pro-italienische publizistische Initiative. In: Gottfried Korff (Hg.): *Kasten 117. Aby Warburg und der Aberglaube im Ersten Weltkrieg.* Tübingen 2007, 135–164.

Mülder-Bach, Inka (Hg.): *Modernität und Trauma. Beiträge zum Zeitenbruch des Ersten Weltkriegs.* Wien 2000.

Mülder-Bach, Inka: Herrenlose Häuser. Das Trauma der Verschüttung und die Passage der Sprache in Hofmannsthals Komödie »Der Schwierige«. In: *Hofmannsthal Jahrbuch zur europäischen Moderne 9* (2001), 137–162.

Müller, Hans-Harald: *Der Krieg und die Schriftsteller. Der Kriegsroman der Weimarer Republik.* Stuttgart 1986.

Müller-Salget, Klaus: Zur Entstehung von ›Berlin Alexanderplatz‹. In: Matthias Prangel (Hg.): *Materialien zu Alfred Döblins »Berlin Alexanderplatz«.* Frankfurt a. M. 1975, 117–135.

N'Guessan, Bechie Paul: Zwischen Ethnologisierung und Ästhetisierung. Die Kunst des Belgischen Kongo in Carl Einsteins »Afrikanischer Plastik«. In: Roland Baumann/Hubert Roland (Hg.): *Carl Einstein-Kolloquium 1998. Carl Einstein in Brüssel: Dialoge über Grenzen.* Frankfurt a. M. u. a. 2001, 71–78.

Neundorfer, German: Ekphrasis in Carl Einsteins »Negerplastik«. In: Roland Baumann/Hubert Roland (Hg.): *Carl Einstein-Kolloquium 1998. Carl Einstein in Brüssel: Dialoge über Grenzen.* Frankfurt a. M. u. a. 2001, 49–64.

Penkert, Sybille: *Carl Einstein. Beiträge zu einer Monographie.* Göttingen 1969.

Quack, Joseph: *Geschichtsroman und Geschichtskritik. Zu Alfred Döblins »Wallenstein«.* Würzburg 2004.

Ridley, Hugh: *Gottfried Benn. Ein Schriftsteller zwischen Erneuerung und Reaktion.* Opladen 1990.

Riedesser, Peter/Verderber, Axel: *»Maschinengewehre hinter der Front«. Zur Geschichte der deutschen Militärpsychiatrie.* Frankfurt a. M. 1996.

Roeck, Bernd: Aby Warburg und Max Weber. Über Renaissance, Protestantismus und kapitalistischen Geist. In: Enno Rudolph (Hg.): *Die Renaissance als Aufklärung III. Die Renaissance und ihr Bild in der Geschichte.* Tübingen 1998, 189–205.

Roland, Hubert: *Die deutsche literarische Kriegskolonie in Belgien, 1914–1918. Ein Beitrag zur Geschichte der deutsch-belgischen Literaturbeziehungen 1900–1920.* Bern u. a. 1999.

Sander, Gabriele (Hg.): *Alfred Döblin. Berlin Alexanderplatz. Erläuterungen und Dokumente.* Stuttgart 1998.

Saxl, Fritz: Warburgs Besuch in Neu-Mexico. In: Aby M. Warburg: *Ausgewählte Schriften und Würdigungen.* Hg. von Dieter Wuttke. Baden-Baden ³1992, 317–326.

Schäfer, Armin: *Biopolitik des Wissens. Hanns Henny Jahnns literarisches Archiv des Menschen.* Würzburg 1996.

Schäffner, Wolfgang: *Die Ordnung des Wahns. Zur Poetologie psychiatrischen Wissens bei Alfred Döblin.* München 1995.

Scherpe, Klaus R.: »Ein Kolossalgemälde für Kurzsichtige«. Das Andere der Geschichte in Alfred Döblins »Wallenstein«. In: Ders./Hartmut Eggert/Ulrich Profitlich (Hg.): *Geschichte als Literatur. Formen und Grenzen der Repräsentation von Vergangenheit.* Stuttgart 1990, 226–241.

Schivelbusch, Wolfgang: Zwei Aufrufe. In: Tilmann Buddensieg/Kurt Düwell/Klaus Jürgen Sembach (Hg.): *Wissenschaften in Berlin.* Bd. 2: Gedanken. Berlin 1987, 111–113.

Schivelbusch, Wolfgang: *Die Kultur der Niederlage.* Berlin 2001.

Schneider, Thomas F. (Hg.): *Kriegserlebnis und Legendenbildung. Das Bild des ›modernen‹ Krieges in Literatur, Theater, Photographie und Film.* Bd. 1: Vor dem Ersten Weltkrieg. Der Erste Weltkrieg. Osnabrück 1999.

Schneider, Thomas F./Wagener, Hans (Hg.): *Von Richthofen bis Remarque. Deutschsprachige Prosa zum I. Weltkrieg.* Amsterdam/New York 2003.

Schneider, Uwe/Schumann, Andreas (Hg.): *Krieg der Geister. Erster Weltkrieg und literarische Moderne.* Würzburg 2000.

Schock, Ralph: Spurensuche in einer Grenzregion. In: *Alfred Döblin: »Meine Adresse ist: Saargemünd«. Spurensuche in einer Grenzregion.* Zusammengetragen und kommentiert von Ralph Schock. Merzig 2010, 203–294.

Schoeller, Wilfried F.: *Alfred Döblin. Eine Biographie.* München 2011.

Schöning, Matthias: *Versprengte Gemeinschaft. Kriegsroman und intellektuelle Mobilmachung in Deutschland 1914–1933.* Göttingen 2009.

Schrader, Bärbel: Vorbemerkung. In: Dies. (Hg.): *Der Fall Remarque. »Im Westen nichts Neues«. Eine Dokumentation.* Leipzig 1992, 5–15.

Schüttpelz, Erhard: *Die Moderne im Spiegel des Primitiven. Weltliteratur und Ethnologie (1870–1960).* München 2005.

Schwartz, Peter J.: Aby Warburgs Kriegskartothek. Vorbericht einer Rekonstruktion. In: Gottfried Korff (Hg.): *Kasten 117. Aby Warburg und der Aberglaube im Ersten Weltkrieg.* Tübingen 2007, 39–70.

Sorg, Reto/Würffel, Stefan Bodo (Hg.): *Utopie und Apokalypse in der Moderne.* München 2010.

Stauffacher, Werner: Einführung [zu *November 1918*]. In: Alfred Döblin: *November 1918. Eine deutsche Revolution. Erzählwerk in drei Bänden.* Hg. von Werner Stauffacher. Solothurn 1991, 9*–64*.

Stenzel, Jürgen: Mit Kleister und Schere. Zur Handschrift von »Berlin Alexanderplatz«. In: *Text und Kritik* 13/14: Alfred Döblin. München ²1972, 39–44.

Stimilli, Davide: Tinctura Warburgii. In: Ludwig Binswanger/Aby Warburg: *Die unendliche Heilung. Aby Warburgs Krankengeschichte.* Hg. von Chantal Marazia/Davide Stimilli. Zürich/Berlin 2007, 7–25.

Tiedau, Ulrich: Kultur durch Macht oder Macht durch Kultur. Deutsche Kulturvermittler in Belgien 1914–1918. In: Roland Baumann/Hubert Roland (Hg.): *Carl Einstein-Kolloquium 1998. Carl Einstein in Brüssel: Dialoge über Grenzen.* Frankfurt a. M. u. a. 2001, 143–167.

Travers, Martin: *German Novels on the First World War and their Ideological Implications, 1918–1933.* Stuttgart 1982.

Vogl, Joseph: Kriegserfahrung und Literatur. In: *Der Deutschunterricht* 5 (1983), 88–102.

Vollhardt, Friedrich: *Hermann Brochs geschichtliche Stellung. Studien zum philosophischen Frühwerk und zur Romantrilogie »Die Schlafwandler« (1914–1932).* Tübingen 1986.

Vondung, Klaus: *Die Apokalypse in Deutschland.* München 1988.

Vondung, Klaus (Hg.): *Kriegserlebnis. Der Erste Weltkrieg in der literarischen Gestaltung und symbolischen Deutung der Nationen.* Göttingen 1980.

Wedepohl, Claudia: Ideengeographie. Ein Versuch zu Aby Warburgs »Wanderstraßen der Kultur«. In: Helga Mitterbauer/Katharina Scherke (Hg.): *Ent-grenzte Räume. Kulturelle Transfers um 1900 und in der Gegenwart.* Wien 2005, 227–254.

Wedepohl, Claudia: »Agitationsmittel für die Bearbeitung der Ungelehrten«. Warburgs Reformationsstudien zwischen Kriegsbeobachtung, historisch-kritischer Forschung und Verfolgungswahn. In: Gottfried Korff (Hg.): *Kasten 117. Aby Warburg und der Aberglaube im Ersten Weltkrieg.* Tübingen 2007, 325–368.

Weigel, Sigrid u. a. (Hg.): *Generation. Zur Genealogie des Konzepts – Konzepte von Genealogie.* München 2005.

Widdig, Bernd: *Männerbünde und Massen. Zur Krise männlicher Identität in der Literatur der Moderne.* Opladen 1992.

Alexander Honold

V. Ausblick:
Der Erste Weltkrieg als Katastrophe

Kennans Schlagwort

Der amerikanische Diplomat und Historiker George F. Kennan (1904–2005) hat mit seinem Schlagwort »*the* great seminal catastrophe of this century« (Kennan 1979, 3) die zentrale Deutungsperspektive auf den Ersten Weltkrieg geliefert. Seine Metapher der »great seminal catastrophe« verfolgt eine doppelte Strategie: Zum einen wird der Erste Weltkrieg als Kontinuitätsbruch der Weltgeschichte herausgehoben und zum anderen in eine Linie mit dem Zweiten Weltkrieg als ›großer Katastrophe‹ gestellt. Kennan imaginiert den Ersten Weltkrieg in diesem Sprachbild als Samen, der zwei Jahrzehnte später aufgeht und die Katastrophe erst im vollen Umfang sichtbar macht. Ausgehend von der deutschen Übersetzung ist das Wort ›Urkatastrophe‹ zu einem Narrativ ausgeweitet worden, das den Beginn des ›kurzen 20. Jahrhunderts‹ (Eric Hobsbawm) markiert und so die Wahrnehmung des vergangenen Jahrhunderts maßgeblich bestimmt. Doch schon in der Weimarer Republik, bevor der Krieg auf die noch größere Katastrophe des Zweiten Weltkrieges bezogen werden und bevor von einer ›*Ur*-Katastrophe‹ die Rede sein konnte, hatte sich die Metapher der Katastrophe als Deutungsperspektive etabliert.

Die Konjunktur dieser Metapher hat den Blick darauf verstellt, welcher ideengeschichtliche Umbruch sich hinter diesem Schlagwort verbirgt. Denn nun wurde erstmals ein von Menschen verursachtes Ereignis, also ein kulturell hervorgebrachtes Phänomen, mit einem Begriff charakterisiert, der zuvor auf die Zerstörungskraft von Naturgewalten wie Fluten und Erdbeben beschränkt war. In diesem Beitrag soll daher untersucht werden, welche Konsequenzen sich aus dem Wechsel vom Paradigma der Naturkatastrophe im 19. Jahrhundert zu dem der Kulturkatastrophe im 20. Jahrhundert ergeben haben. Methodologisch setzen die folgenden Überlegungen eine Art ›Historiographie zweiter Ordnung‹ oder eine ›metaphorologische Historiographiegeschichte‹ voraus, die nicht die Katastrophe des Ersten Weltkriegs untersucht, sondern den Ersten Weltkrieg *als* Katastrophe.

Die Leitfrage lautet: Was bedeutet die diskursive Bearbeitung des Ersten Weltkriegs als globale Katastrophe für die Vorstellung einer geopolitischen Ordnung bzw. einer katastrophalen Unordnung und wie wirkt diese Vorstellung bis in die gegenwärtige europäische Kultur nach? Bei der Beantwortung dieser Frage gilt es insbesondere, die These zu untersuchen, ob die Charakterisierung des Ersten Weltkriegs als (Ur-)Katastrophe nicht sogar eine geschichtsphilosophische Zäsur plausibel machen kann. Wenn es nämlich einen Bruch zwischen dem Aufklärungsoptimismus des 19. Jahrhunderts und einem ›katastrophistischen Pessimismus‹ des 20. Jahrhunderts gibt, könnte dieser gerade dadurch möglich geworden sein, dass die Katastrophe nicht mehr nur als Bedrohung von außen, von einer unkontrollierbaren Natur wahrgenommen wurde, sondern selbst Teil der Kultur und der Kulturgeschichte geworden ist.

Zur Metapherngeschichte von ›Katastrophe‹

Im gegenwärtigen Katastrophendiskurs wird die Metapher auf unterschiedlichste Ereignisse bezogen, die teils nur lokal begrenzte Wirkungen haben, teils gewaltige globale Konsequenzen nach sich ziehen. Wenn in den Massenmedien von Katastrophen berichtet wird, reicht das Spektrum von Niederlagen in Sport und Politik, von Erdbeben, Hochwasser, Pandemien und Hungersnöten über nukleare Unfälle und Unfälle im Schiffs- und Flugverkehr bis hin zu Wirtschaftskrisen, Krieg und Vertreibung. Die Entgrenzung des Bezugsfeldes der Metapher hat so dazu beigetragen, dass die Gegenwart insgesamt als eine Zeit von permanenten Katastrophen erscheint.

Die geistes- und sozialwissenschaftliche Forschung hat spät begonnen, Katastrophen und Katastrophendiskurse in historischer Konstellation zu untersuchen. Die historische Semantik von ›Katastrophe‹ ist erst seit der Arbeit von Olaf Briese und Timo Günther (Briese 2009; Briese/Günther 2009) begriffsgeschichtlich erschlossen. Sie haben gezeigt, dass im 20. Jahrhundert »›Katastrophe‹ zu einer ubiquitären Krisenkategorie [wurde], die sich allmählich von einem *Ereignis*- in einen *Prozeß*- und schließlich in einen *Zustands*begriff wandelte« (ebd., 188). Die Katastrophe ist am Ende dieser begriffsgeschichtlichen Entwicklung nicht mehr das Ereignis, das schon vorbei ist, wenn die kulturelle Deutung einsetzt, sondern sie ist ein permanenter Zustand, dessen Deutung immer auch eine Deutung der eigenen Gegenwart ist. Genau diesen Umbruch, so ließe sich die These von Briese/Günther ergänzen, leistet die Metapher von der *Ur*katastrophe, weil sie den Anfang einer Serie von Katastrophen bezeichnet. Wer also vom Ersten Weltkrieg als Urkatastrophe spricht, richtet seinen Blick auf das ganze 20. Jahrhundert. Wenn Volker Ullrich (2007, 407) schreibt, »[d]er Erste Weltkrieg war ›die große Urkatastrophe‹ (George F. Kennan) des an Katastrophen reichen 20. Jahrhunderts«, dann lässt sich darin exemplarisch die zukunftsgerichtete Perspektive der Metapher ablesen.

In der Antike bezieht sich das griechische ›katastrophé‹ auf ein bestimmtes Ereignis, es bedeutet weitgehend wertneutral ›Umwendung‹. In diesem Sinn wurde der Katastrophenbegriff auch in der Geschichtsschreibung verwendet, wo er vor allem eine militärische Unterwerfung bezeichnete. Als poetologischer Begriff fand er dann in der Dramentheorie Anwendung, in der er bis ins 18. Jahrhundert hinein die Wende zu einem eher *positiven* Ende von Komödien – und explizit auch von Tragödien – meinte. Auch in dieser Bedeutung steht das Ereignis der Umwendung im Vordergrund, nicht der Blick auf mögliche Folgen eines Unglücks.

In der Neuzeit entwickelte sich das Konzept der Naturkatastrophen allmählich zu einem neuen Prototyp. Über das Motiv der Sintflut war die Katastrophe dabei zunächst an einen theologischen Diskurs gekoppelt. In einer Wissensordnung, die dem Beispiel einen epistemologischen Wert zumaß, war die Sintflut *das* Exemplum der Katastrophe schlechthin. Und es war im 18. Jahrhundert auch ein ursprünglich theologischer Diskurs, nämlich die Debatte um die Theodizeefrage, die zu einem neuen Verständnis von Naturkatastrophen führte. Das einschneidende Ereignis hierfür war das Erdbeben von Lissabon im Jahr 1755 (vgl. Lauer/Unger 2008). Wenn seither in der zweiten Hälfte des 18. Jahrhunderts im Zuge der neu entstehenden Geologie ein Erdbeben mit dem Begriff der Katastrophe thematisiert wurde, dann hatte das zwei Konsequenzen: Erstens traten nun zwei typologische Konzepte gegeneinander an, die sich bis in die Kriegsmetaphorik des 20. Jahrhunderts nachvollziehen lassen, nämlich die Katastrophe als Sintflut, wie sie um 1800 im Paradigma des Neptunismus verhandelt wurde, und die Katastrophe als Erdbeben, wie im Paradigma des Vulkanismus. Zweitens war mit Aufkommen der Erdbebenmetaphorik eine Säkularisierung des Katastrophenbegriffs verbunden. Es genügte eben nicht mehr, das Erdbeben von Lissabon als göttliche Strafe zu begreifen. Die Ent-Theologisierung der Metapher löste die Katastrophe von einem providentiellen Kausalzusammenhang und schuf einer modernen Kontingenzerfahrung in geradezu epochalem Ausmaß Raum (vgl. Walter 2010, 95–180). Denn diese Erfahrung hat es ermöglicht, Naturkatastrophen nicht nur passiv zu erdulden, sondern ihr Risiko vorausschauend zu kalkulieren. Katastrophen wurden so zu Ereignissen, vor denen man sich schützen und gegen die man sich versichern konnte. Gerade der Fortschrittsoptimismus seit der Aufklärung lässt sich als ein Versuch begreifen, das Katastrophenrisiko mithilfe moderner Technik (etwa durch die Erfindung des Blitzableiters, vgl. ebd., 96–116) zu minimieren.

Das Erdbeben von Lissabon kann aufgrund dieser historischen Entwicklung als ›Ursprungskatastrophe‹ für den Katastrophendiskurs seit der Aufklärung gelten. Es macht zudem darauf aufmerksam, dass sich die Katastrophe als Ereignis nicht losgelöst von seiner kulturellen Deutung und Verarbeitung beobachten lässt. Nicht erst die Kulturkatastrophen des 20. Jahrhunderts, sondern bereits die Naturkatastrophen des 18. Jahrhunderts sind »von vornherein hybride (›gemischte‹) Ereignisse« (Schenk 2009, 11 f.), die eine scharfe Grenzziehung zwischen Natur und Kultur unterlaufen. Erst in der medialen Vermittlung werden Naturereignisse zu Katastrophen. Naturbegriff und Theodizeeproblematik gehen ineinander über und schaffen so die Voraussetzung, Naturkatastrophen zugleich als Erklärungsmodelle für künstliche und kulturelle Ereignisse zu verwenden (Kittler 1987).

Das Deutungsmuster der Katastrophe zwischen den Kriegen: Natur/Technik, Religion und Décadence

Die Katastrophenmetapher hat sich schon bald nach Kriegsende als Deutungsperspektive etabliert. Sie fungiert zwischen den Kriegen als hochgradig ambigues Konstrukt, mit dem unterschiedliche und widersprüchliche Konzepte ausgedrückt werden können. Zunächst wird noch nicht einmal klar unterschieden, worauf sich die Metapher bezieht, auf den Krieg selbst oder lediglich auf die Niederlage. Beispielsweise verwendet Karl Friedrich Nowak die Metapher in *Der Weg zur Katastrophe* (1919) in beiden Zusammenhängen: Einerseits ist die Katastrophe

der Weltkrieg selbst, der »Zusammenstoß aller«
(ebd., 17), andererseits ist sie der endgültige Verlust
des Krieges: »Das Spiel war aus. Dies war der Weg in
die Katastrophe« (ebd., 293 f.).

Im Einklang mit der antiken Verwendung der
Metapher bleibt es lange Zeit möglich, die Niederlage einer einzelnen Schlacht als Katastrophe zu bezeichnen, so etwa den sogenannten ›schwarzen Tag
des deutschen Heeres‹ bei Amiens (Bose 1930). Diese
Verwendung bleibt allerdings die Ausnahme. In den
1920er Jahren wird das Schlagwort der Katastrophe
zur konventionellen Metapher für den Krieg als
Ganzen. So kann schon wenige Jahre nach Kriegsende die letzte Abteilung der groß angelegten Quel-
lensammlung der diplomatischen Akten des Auswärtigen Amtes mit »Europa vor der Katastrophe.
1912–1914« überschrieben werden (Schwertfeger
1927).

Die Kriegskatastrophe wird dabei als ein Ereignis
imaginiert, das sogar – jedenfalls im Rückblick auf
die Vorkriegszeit – eine prognostische Qualität gewinnt. In diesem Sinn verwendet beispielsweise
Thomas Mann im *Zauberberg* (1924) die Metapher.
Gegen Ende des Romans – Settembrini versucht, mit
Hans Castorp über »[d]ie Weltlage« (Mann 2002a,
960) zu sprechen – reflektiert dieser über die nahende Zukunft:

> Ihm war, als könne ›das alles‹ kein gutes Ende nehmen,
> als werde eine Katastrophe das Ende sein, eine Empö-
> rung der geduldigen Natur, ein Donnerwetter und auf-
> räumender Sturmwind, der den Bann der Welt brechen,
> das Leben über den ›toten Punkt‹ hinwegreißen und der
> ›Sauregurkenzeit‹ einen schrecklichen Jüngsten Tag be-
> reiten werde (ebd., 961).

Dieses Zitat ist aufschlussreich, weil es die drei zentralen Konnotationsräume der Metapher verbindet:
Die Décadence-Thematik, die religiöse Semantik
des ›Jüngsten Tages‹ und vor allem das semantische
Feld der Natur, wobei dieser letzte Bereich, der hier
mit Begriffen aus dem Umfeld von Naturkatastrophen als »Donnerwetter« und »Sturmwind« angedeutet wird, in vergleichbaren Texten oft mit dem
Thema der Technik in Verbindung steht. Diese drei
Bedeutungsfelder – Natur/Technik, Religion und
Décadence – finden sich in der Zwischenkriegszeit
immer wieder, wenn vom Krieg als Katastrophe die
Rede ist.

(1) Natur und Technik: Der Bereich der Naturkatastrophen ist für die Metapher der Kriegskatastrophe zentral, weil in ihr Elemente aus dem Herkunfts-
bereich (dem Zerstörungspotenzial der Natur) auf
den Zielbereich der Kultur übertragen werden. Im-

mer wieder greifen die Autoren der Zeit auf die
Metaphern von Orkan, Flut und Sturm zurück. So
ist beispielsweise vom »Orkan des Trommelfeuers«
(Volkmann 1922, 101) oder von »einem Orkan von
Eisen und Feuer« (Stegemann 1917, 163) die Rede.
Im Juli 1918 findet sich in einem Flugblatt der Ausdruck von »furchtbaren Flutwellen sinnlos vergosse-
nen Blutes« (Frölich 1924, 237), und Hans von Hentig benutzt die Metapher einer »große[n] Flutwelle
der russischen Armee« (Hentig 1927, 68). Karl Helfferich, 1916/17 Vizekanzler unter Bethmann Hollweg, formuliert in seiner frühen Abhandlung über
den Krieg mit Bezug auf die Wirtschaft im Sommer
1914: »Nun brach der Sturm des Krieges über die
Welt herein und erschütterte den wirtschaftlichen
Aufbau aller Völker in seinen Grundfesten« (Helfferich 1919, 25), und noch in einem Text über die zeitgenössische französische Literatur schreibt Otto
Forst-Battaglia: »Über ein gewaltiges Meer [des
französischen Schrifttums] ist der Sturm des Krieges
dahingebraust« (Forst-Battaglia 1927/28, 1059).

Diese Beispiele illustrieren, dass die Metapherntradition der Naturkatastrophe des 18. und 19. Jahrhunderts einerseits für die Metapher der Kriegskatastrophe lebendig bleibt, andererseits dadurch Natur/
Kultur-Differenzen systematisch unterlaufen werden. Es geht nicht nur um die Zerstörung durch die
Katastrophe, sondern auch darum, dass sie mit einem bestimmten Zustand der Kultur bricht, den
Thomas Mann im genannten Zitat ironisch als »Sau-
regurkenzeit« tituliert (Mann 2002a, 947 u. 961).
Für manche Beobachter – und Thomas Mann selbst
stand dieser Auffassung zeitweise nahe – bestand die
Katastrophe dann auch nicht so sehr in der Zahl von
Abermillionen getöteten Menschen, sondern mehr
noch im Untergang einer Humanitätsideologie, wie
sie gerade die deutsche Kultur des 19. Jahrhunderts
geprägt hatte. Damit wird der Katastrophenbegriff
reflexiv aufgeladen, weil er alle kulturellen Deutungsmuster von vornherein auf die Kultur rückbezieht –
als kulturelle Reflexion über Kultur und nicht über
Natur, wie es im 19. Jahrhundert der Fall war.

Eine besondere Bedeutung in diesem neuen Kata-
strophenparadigma kommt der Technik zu. Im
18. Jahrhundert erfüllte der technische Fortschritt
nicht zuletzt die Funktion, das Risiko zukünftiger
Katastrophen zu minimieren. Seit dem 19. Jahrhundert mehrten sich allerdings die Fälle, in denen die
Technik selbst Katastrophen (wie beispielsweise Eisenbahnunfälle, vgl. Schivelbusch 1977, 117–141)
hervorrief. Obwohl diese technologischen Unfälle
ein beträchtliches Ausmaß erreichen konnten, lie-

ßen sie sich im Rahmen des modernen Vorsorgestaates (Ewald 1993) noch versicherungstechnisch bewältigen. Das änderte sich durch den Ersten Weltkrieg, weil die technifizierte Kriegsführung und die daraus resultierende gewaltige Zerstörungskraft eine neue Qualität erreicht hatten. Kriegsklauseln, die den Versicherer von seiner Zahlungspflicht befreiten, gab es vereinzelt schon im 19. Jahrhundert. Aber erst mit dem Ersten Weltkrieg wurden sie in großem Umfang juristisch geltend gemacht (Kegel/Rupp/Zweigert 1941, 25–44). Der Kriegsfall ist seitdem eines der wenigen Ereignisse, die nicht versicherbar sind (vgl. Werber 2010, 96–101).

Die Katastrophensemantik war besonders gut geeignet, um den Krieg in seinem nicht mehr kontrollierbaren Ausmaß zu erfassen. Peter Sloterdijk hat in diesem Sinne das 20. Jahrhundert unter der Perspektive des Terrors historisch rekonzeptualisiert. Der *terminus a quo* ist für ihn signifikanterweise ein Ereignis des Ersten Weltkrieges, nämlich der 22. April 1915, der Tag, an dem erstmals in der Geschichte Gas als Kriegsinstrument eingesetzt wurde. Dieses Ereignis verbindet Peter Sloterdijk zufolge Terrorismus und Umweltgedanken: Es sei darauf angekommen, den Gegner zu vernichten, indem man seine Umwelt vernichtet (Sloterdijk 2002, 7 u. 15 f.).

Pazifisten wie Kurt Hiller müssen dann auch den Zusammenhang zwischen Kriegskatastrophe und Technik explizit umcodieren, damit der Krieg nicht als unausweichliches Menschheitsschicksal erscheint. Hiller schreibt: »Der Krieg ist etwas von Menschen – bösen oder törichten – Gemachtes, und kein Erdbeben. Aber wäre er selbst ein Erdbeben: auch über Erdbeben wird die Technik einst Herrin sein« (Hiller 1932, 89). Damit steht Hiller in der Tradition eines rationalistisch-technischen Optimismus, der davon ausgeht, dass sich der Verlauf der Menschheitsgeschichte durch die menschliche Vernunft steuern lässt. Die Metapher der Katastrophe ist dabei nicht nur eine Deutungskategorie der Vergangenheit, sondern sie wird zu einer auf die Zukunft gerichteten Kategorie im politischen Diskurs.

Den Ersten Weltkrieg als Kulturkatastrophe zu begreifen erfordert über die Neubewertung der Technik hinaus ein neues Verständnis menschlichen Handelns. Handlungen lassen sich in der Logik dieses sprachlichen Bildes nicht mehr alleine dadurch verstehen, dass sie auf Intentionen oder auf ihr Problemlösungspotenzial zurückgeführt werden. Schließlich ist seit dem 18. Jahrhundert klar, dass niemand die Schuld an einem Erdbeben trägt. Dann aber müssen menschliche Handlungen auf ihre unkontrollierbaren Folgen hin untersucht werden – umso mehr, wenn die Technik als das Produkt menschlicher Vernunft selbst katastrophale Auswirkungen haben kann.

In der Zwischenkriegszeit wird so der Unfall zu einem Miniaturbild der Katastrophe, das eine besondere Faszination ausstrahlt. Diese Entwicklung lässt sich beispielsweise in Ernst Jüngers Fotobüchern *Der gefährliche Augenblick* (1931; vgl. Gil 2010) und *Die veränderte Welt* (1933), in den Aufnahmen der Hindenburg-Katastrophe (1937) oder auch im ersten Kapitel von Robert Musils *Der Mann ohne Eigenschaften* (1930; vgl. allgemein Geisenhanslüke 2010, 99–104) erkennen. Die Unfalldarstellungen verbildlichen exemplarisch die Vorstellung einer Welt, die durch Technik nicht mehr in Ordnung gehalten wird, sondern aus der Ordnung fällt und in einen Ausnahmezustand gerät.

(2) Religion: Ältere Fortschrittstheorien hätten aus diesem Technikbezug abgeleitet, dass Katastrophen in der Moderne nur mehr säkular gedeutet würden, während sie früher in einem heilsgeschichtlichen Zusammenhang gestanden wären. Tatsächlich lässt sich die Katastrophensemantik seit 1918 aber nicht von religiösen Konzepten lösen – wenn auch nur in Form einer negativen Heilsgeschichte, die zum Untergang führt (vgl. Walter 2010, 182). Gerade in der Katastrophenmetapher lässt sich so eine Dialektik der Säkularisierung beobachten, in der religiöse Deutungsmöglichkeiten nicht einfach ersatzlos entfallen.

Dieser Dialektik folgen Mythisierungen des Krieges als »Heiliger Krieg« etwa bei Ernst Borkowsky, der alttestamentarische Katastrophenmetaphern verwendet, um »Jehova« als »Kriegsgott« zu beschwören (Borkowsky 1915, 57). Albert Ehrenstein greift das Motiv vom ›Kriegsgott‹ in seinem gleichnamigen Gedicht auf. Bei ihm erscheint das lyrische Ich in der Rolle des griechischen Kriegsgottes Ares, der die Erde »zerschmetter[t]« und ein apokalyptisches Szenario überblickt (Ehrenstein 1914/1997, 93). Solche mythologisch-apokalyptischen Darstellungen sind durchaus zeittypisch. Wie Klaus Vondung (1988) gezeigt hat, haben die theologischen Konnotationen des Katastrophenbegriffs gerade dort fortbestanden, wo der Erste Weltkrieg als Apokalypse gedeutet wurde. Neu war, dass der Begriff der Apokalypse von seiner heilsgeschichtlich-optimistischen Bedeutung gelöst wurde. Mit ihm verband sich nun gerade nicht mehr die Möglichkeit einer Erlösung, sondern er erschien nur noch als ein Weltgericht, das sein Urteil über den Untergang der Menschheit gefällt hatte –

und zwar über das Kriegsende hinaus. Die Katastrophe markiert nicht mehr das eschatologische Ende der Geschichte, sondern das Verharren in diesem Endzustand.

Wie verbreitet die Auffassung eines katastrophalen Endzustands der Kultur in der Weimarer Republik war, lässt ein Zitat Arnolt Bronnens erahnen, in dem er die Berliner Zeit um 1930 charakterisiert:

> Eine leere Zeit, eine eitle Zeit. Nacht für Nacht saß ich in den Bars, überall, wo man mich kannte, mit dem Faschisten-Marsch begrüßt, und bis vier Uhr früh alkoholische Mixturen süffelnd. Der Rest der Nacht gehörte dann Amor in seinen verschiedenen Gestalten. Kaum vor ein Uhr mittags kreuzte ich im Rundfunk auf, der Nachmittag gehörte unfruchtbaren Gesprächen mit Bomben-Legern und Zynikern. […] Es war etwas Erloschenes in meinem Hirn und in meinem Herzen. Es war, als ob ich für O. S. [Bronnens Oberschlesien-Roman von 1929] mit Unfruchtbarkeit gestraft worden wäre. Aber wozu denn schreiben, beruhigte ich mich wieder. Wir waren ja alle Anhänger der Katastrophen-Theorie, wir sahen den völligen Niederbruch unserer Zivilisation, unserer Kultur voraus (Bronnen 1954, 227).

Das ist zwar apologetisch, da Bronnen zu dieser Zeit bereits einem nationalistischen Kreis angehörte, der die Fortsetzung der Katastrophe nicht nur erwartet hatte, sondern aktiv vorantrieb (vgl. Kiesel 2009, 324). Aber hinter dieser »Katastrophen-Theorie« lässt sich eben doch auch die Verbindung von traditionellen Décadence-Vorstellungen mit der Katastrophenerfahrung des Ersten Weltkrieges erkennen und damit die Idee, sich mitten im Prozess des Weltendes zu befinden.

(3) Décadence: Das Bronnen-Zitat führt so zum dritten semantischen Bereich der Katastrophenmetapher über, zu den Décadence-Vorstellungen. Für diese Verbindung ist das Werk Oswald Spenglers aufschlussreich. Denn im *Untergang des Abendlandes*, dessen erste Niederschrift Spengler bereits zu Kriegsbeginn vollendet hatte, verwendet er den Begriff der Katastrophe nur am Rande und recht unsystematisch. Doch schon einige Jahre später, in *Jahre der Entscheidung* (1933), wird für ihn die Katastrophe zu einer zentralen Metapher, mit der er seiner Ansicht nach falsche Deutungskategorien der Gegenwart ablehnt: »Und in allen Versammlungen und Zeitungen hallt das Wort Krise wider als der Ausdruck für eine vorübergehende Störung des Behagens, mit dem man sich über die Tatsache belügt, daß es sich um eine Katastrophe von unabsehbaren Ausmaßen handelt, die normale Form, in der sich die großen Wendungen der Geschichte vollziehen« (Spengler 1961, 22; vgl. Koebner 1992, 195). Die Ra-

dikalität der Katastrophenmetapher nutzt Spengler für eine Kritik an allen Bestrebungen, den Einschnitt des Ersten Weltkriegs als bloße Krise, als historische Episode zu begreifen, die überwunden werden kann. Ihm gilt die Katastrophe als Normalfall, Sicherheit und Frieden sind der Ausnahmezustand. Die Rhetorik der Katastrophe wird dabei zum Argument für Spenglers Niedergangsprophezeiung: »Der Weltkrieg war für uns nur der erste Blitz und Donner aus der Gewitterwolke, die schicksalsschwer über dieses Jahrhundert dahinzieht« (ebd.). Die Katastrophe ist bei Spengler das Motiv eines Geschichtsfatalismus, die alle Versuche blockiert, einen alternativen Weg der Geschichte zu denken. War die Metapher im 19. Jahrhundert noch geeignet, um Kontingenz und die prinzipielle Offenheit der Zukunft zu denken, erfüllt sie nun wieder die Funktion, die Vorstellung eines unausweichlichen kulturellen Schicksals zu plausibilisieren.

Kriegsschuldfrage und Katastrophenmetapher

Bei der in der Weimarer Republik intensiv geführten Diskussion um die Kriegsschuldfrage spielt die Katastrophenmetapher eine wichtige Rolle, wobei sie auch hier in völlig unterschiedlichen Zusammenhängen verwendet wird und kein einheitliches Deutungsmuster darstellt. Dieser Umstand ist insofern bemerkenswert, als es nur mit Mühe möglich ist, zugleich von individueller Schuld zu sprechen und die Metapher der Katastrophe zu verwenden. Denn gerade im Paradigma von säkular verstandenen Naturkatastrophen war es ja nicht mehr die sündhafte Schuld der Menschen, die zur Zerstörung geführt hat, sondern die Naturkatastrophe galt als das kontingente Ergebnis eines komplexen Netzwerks von Ursachen, die sich nicht exakt berechnen lassen. Wie also wurden Schuldfrage und Katastrophenmetapher miteinander vereinbart?

Die Kriegsschuldfrage war vor allem aus zwei Gründen politisch aufgeheizt. Erstens stellte der Kriegsschuldartikel des Versailler Vertrags die Grundlage für die erheblichen Reparationsforderungen dar, und zweitens stand die Legitimität der Weimarer Republik selbst auf dem Spiel. Wer nämlich als Deutscher eine deutsche Kriegsschuld ins Gespräch brachte, musste damit rechnen, dass ihn konservative, antirepublikanische Kreise der Kriegsschuldlüge bezichtigten und ihm vorwarfen, den vermeintlichen Dolchstoß zu wiederholen, der zur

Niederlage geführt hätte. »Die Kriegsschulddis-
kussion führt so«, wie Michael Dreyer und Oliver
Lembcke konstatieren, »auf nicht allzu großen Umwegen zu einem der Hauptagitationsmittel gegen die
Republik« (1993, 226).

Zumindest in der Tendenz lässt sich erkennen,
dass sich in dieser Auseinandersetzung die Metaphern von Dolchstoß und Katastrophe widersprechen. Zur Popularisierung der Dolchstoßlegende hat
insbesondere eine Erklärung Hindenburgs aus dem
Jahr 1919 beigetragen. Als Bühne nutzte er einen der
Parlamentarischen Untersuchungsausschüsse, die
sich mit den Schuldfragen um den Ersten Weltkrieg
beschäftigten. Hindenburg leugnet die Verantwortung des Militärs für die Niederlage und zitiert einen
englischen General, dem zufolge die deutsche Armee von hinten erdolcht worden sei. Weder den Krieg
noch die Niederlage bezeichnet er als Katastrophe.
Die Katastrophenmetapher vermeidet er auch noch
in seiner Biographie *Aus meinem Leben* (1920), in
der er die Dolchstoßlegende in einer literarischen
Analogie ausweitet: »Wie Siegfried unter dem hin-
terlistigen Speerwurf des grimmen Hagen«, so sei
die Front durch revolutionäre Kräfte aus der Heimat
gestürzt worden (ebd., 403). Dass Hindenburg den
Krieg angesichts dieser Analogie nicht mit der Katastrophenmetapher bezeichnen kann, hängt unmittelbar mit der Frage zusammen, wer die Schuld an
der Niederlage trägt. Während nämlich die Katastrophenmetapher Schuldfragen unentschieden lässt,
kommt Hindenburg das Hagen-Mythem gerade deswegen so gelegen, weil hier ganz unzweifelhaft bleibt,
wer Täter und wer Opfer ist.

Wenn vom Krieg hingegen als Katastrophe die
Rede ist, muss die Schuld zumindest verteilt sein.
Täter und Opfer lassen sich dann nicht eindeutig bestimmen. Oscar Müller spricht in *Warum mußten
wir nach Versailles?* (1919) eine Haltung aus, die
nach dem Friedensvertrag von Versailles für viele
Deutsche nachvollziehbar war: Deutschland sei gezwungen worden, den Kriegsschuldartikel zu unterschreiben, es habe auch eine »psychische Mitschuld
und Mitverantwortung am schließlichen Ausbruch
der Katastrophe«, doch die »größere[] historische[]
Schuld« treffe »vor allem Rußland und Frankreich«
(ebd., 3). Es sei nicht die freie Wahl, sondern ein
»Verhängnis« (ebd.) gewesen, das Deutschland in
den Krieg geführt habe. Ganz ähnlich argumentiert
der frühere russische Politiker Michael von Taube in
Der großen Katastrophe entgegen (1937). Nachdem
er die Verantwortungen der Großmächte durchde-
kliniert hat, resümiert er: »Dies ist, wie man sieht,

die *internationale* Summe der unmittelbaren Verant-
wortlichkeiten des Weltkrieges; Völker, Regierungen
und Staatsoberhäupter haben, jedes an seinem Teil,
dazu beigetragen« (ebd., 363). Die Erklärung der
Katastrophe kann sich weder für Müller noch für
Taube monokausal auf eine Nation beschränken.

Das sieht Hans Delbrück in seiner Rede anlässlich
des 10. Jahrestages des Versailler Vertrages anders.
Er argumentiert, »daß die leitenden französischen
Staatsmänner selber alles, was in ihren Kräften
stand, getan haben, diesen Krieg zu entfesseln«,
während Deutschland, »was den Willen zum Weltkriege betrifft, vollständig unschuldig« gewesen sei
(Delbrück 1930, 11 f.). Um aber diese eindeutige
Schuld festzustellen, ist er genötigt, die Katastrophenmetapher geschichtsphilosophisch zu wenden:
»Eine solche Katastrophe kommt nicht über ein Volk
ohne Verschulden«, schreibt er über den Weltkrieg
(ebd., 4). Die Katastrophe dürfe also keinesfalls als
eine Art Unfall aufgefasst werden, in den »die
Mächte sämtlich […] hineingeschliddert seien«
(ebd., 11). Darauf besteht er vehement: »Also bloßer
Zufall und Ungeschicklichkeit sollen die Welt in
diese entsetzliche Katastrophe gestürzt haben. Es
kann keine trostlosere Vorstellung von der Natur der
Völkerschicksale geben, als einen derartigen Kultus
des Zufalls. O nein!« (ebd.). Dabei übersieht Delbrück, dass die säkularisierte Katastrophenmetapher
genau einem solchen »Kultus des Zufalls« entstammt. Also dreht er die Antwort auf die Schuldfrage einfach um und behauptet, dass es alleine »die
französische Politik [war], die auf den Weltkrieg
hinsteuerte« (ebd., 12). Trotz der Katastrophenmetapher bleibt der Krieg bei ihm damit ein Ereignis im
Kontinuum eines historischen Sinnzusammen-
hangs, in dem von Kausalitäten, freien Entscheidungen und somit von Schuld gesprochen werden kann.

Ein besonders originelles Beispiel für die Verwendung der Katastrophenmetapher in der Debatte um
die Kriegsschuldfrage ist Heinrich Kanners *Kaiserliche Katastrophenpolitik* (1922). Auch er verteidigt
die Suche nach der Kriegsschuld gegen die Semantik
der Katastrophenmetapher. Nur »Denkfaule[]« würden behaupten, dass sich »elektrische Spannungen
[…] unvermeidlicherweise in einem Krieg entladen
hätten« (ebd., 389). Wie Delbrück lehnt er die Metapher des Unfalls ab: »Ebenso falsch ist die Auffassung einer anderen Sorte von Denkfaulen, die den
Krieg gar als Unfall aufgefaßt wissen möchten, an
dem natürlich auch niemand schuld ist« (ebd., 392).
Sein Vorschlag, die Katastrophensemantik dennoch
zu gebrauchen, ist allerdings ausgefeilter als bei Del-

brück, da er das Kontingenzprinzip beibehält. Er vergleicht den Krieg mit einem Glücksspiel, das Politiker aus zwei Gründen eingehen: Erfolgreiche Politiker wählen den »Eroberungskrieg«, um ihre Macht weiter zu vergrößern, erfolglose Staatsmänner hingegen müssen zu einem »Katastrophenkrieg« greifen, um zumindest noch eine Chance zu haben, ihre innenpolitische Niederlage zu verhindern (407). Zu diesem zweiten Typus einer »Katastrophenpolitik« (ebd., 406 u. 411) zählt Kanner den habsburgischen Kaiser Franz Joseph wie auch Wilhelm II. – selbst wenn dieser erst aus Not zu einem solchen Glücksspieler geworden sei. Interessant ist Kanners Ansatz, da er mit dem Verweis auf das Glücksspiel an die Risikosemantik seit dem 18. Jahrhundert anschließt. Auch der ›Katastrophenpolitiker‹ verhält sich bei Kanner rational, weil selbst eine verschwindend geringe Chance auf einen Sieg immer noch besser sei als die sichere innenpolitische Niederlage. Dadurch unterscheidet Kanner in seiner Verwendung der Katastrophenmetapher zwei Kontingenzformen: Die Entstehung des Krieges bleibt an die rationalen Entscheidungen der historischen Akteure gebunden. Die Frage, wer an einem Kriegsausbruch Schuld hat, ist daher sinnvoll zu beantworten. Doch der Ausgang des Krieges ist nicht mit Gewissheit vorherzusagen. Darin gleicht der Krieg einem Hasardspiel.

Im Sinne einer Risikokalkulation wurde auch der Schlieffen-Plan der deutschen Militärführung interpretiert. Er sollte nach dem Zusammenbruch des Bismarckschen Bündnissystems durch die Politik Wilhelms II. das Risiko eines Zweifrontenkrieges durch entsprechende militärische Vorbereitungen und Maßnahmen handhabbar machen (vgl. Ehlert u. a. 2006). Es ging dabei um die Frage, wie man bei einer ungünstigen Ausgangslage, der Einklammerung des Reiches durch Frankreich und Russland, das Risiko einer militärischen Niederlage nicht nur ausschalten, sondern sein Management als Voraussetzung für einen militärischen Erfolg nutzen konnte. Interessanterweise enthielt der Schlieffen-Plan nun selbst wieder ein riskantes Element, nämlich die völlige Entblößung der Ostfront, um zuerst Frankreich militärisch zu besiegen, ein Moment, das die Heeresleitung im Herbst 1914, aus Befürchtungen um den Vabanque-Charakter, nicht konsequent genug verfolgte (vgl. Nebellin 2011).

Hitler selbst hat vor Ausbruch des Zweiten Weltkriegs die Interpretation des Krieges als Glücksspiel für sich übernommen und strikt danach gehandelt. Als ihn Hermann Göring davor warnte, den Krieg wie ein Vabanque-Spiel zu beginnen, antwortete

Hitler: »Ich habe in meinem Leben immer va banque gespielt« (Hill 1974, Bd.1, 162). Stellt man in Rechnung, dass Göring seine Einschätzung als Offizier im Ersten Weltkrieg aus dem Kontext des Schlieffen-Plans bezog, dann ging es ihm der Sache nach um eine Warnung davor, ohne Not eine Katastrophenpolitik im Sinne Kanners zu ergreifen. Für Hitler wiederum muss der Sieg über Frankreich ein Jahr nach dem Gespräch bedeutet haben, dass sein Vabanque-Spiel gewonnen war, mit fatalen Folgen für seine zukünftigen Angriffsplanung: Im Vabanque-Spiel sah er wohl ab diesem Zeitpunkt die Garantie des siegreichen Spiels.

Jenseits dieser Glücksspielrhetorik gab es in der Weimarer Republik aber auch Stimmen, die die Katastrophenmetapher verwenden, um die Schuldfrage schlechthin abzulehnen und damit eine neue Perspektive auf die Deutung des Krieges zu gewinnen, mit der sich neue Wege einer Friedenspolitik einschlagen lassen sollen. Zu diesen gehört beispielsweise Wilhelm Doms mit der Schrift *Raum für alle hat die Erde!* (1919):

> Immer wieder bin ich der höchst werkwürdigen [sic] Auffassung begegnet, und journalistische Kinderei hat sie täglich breitgetreten, daß dieser Krieg das Werk Einzelner sei.
> Als ob eine Katastrophe so allgemeiner Art durch den Willen einzelner, noch so mächtiger Personen heraufbeschworen werden konnte.
> Gewiß, wer den Funken in das Pulverfaß wirft, wird die unmittelbare Veranlassung der Explosion. Aber das Wesentliche ist doch, daß das Pulverfaß dasteht. [...] Die Dummheit ist geradezu eine Naturgewalt. Und alle großen Katastrophen sind als Ausflüsse solch stupiden Beharrungsvermögens der Geister anzusehen, zu welchem in besonders fatalen Fällen noch die seelische Triebkraft Einzelner hinzutritt. Sie machen darum den Eindruck von etwas Unabwendbarem, eines Naturereignisses (ebd., 16).

Für Doms ist der Weltkrieg nicht die Schuld von Individuen, sondern das unausweichliche Resultat einer komplexen Situation, zu der er vor allem »die ungeheuerliche Kriegsrüstung« zählt, »die schon an und für sich mit Notwendigkeit eine Katastrophe herbeiführen mußte« (ebd., 17). Das Pulverfass dient ihm als ein Bild, das die spannungsgeladene Ausgangssituation verdeutlicht. Um die historische Fatalität, die Unabwendbarkeit und Notwendigkeit des Krieges auszudrücken, bedient er sich hingegen der Katastrophenmetaphorik, die den Krieg als ›Naturereignis‹ erscheinen lässt.

Eine solche Katastrophenvorstellung, wonach sich die Katastrophe als historische Notwendigkeit dem Einfluss des Menschen entzieht, bricht mit idealistischen Subjektkonzeptionen. Für den Ersten Welt-krieg lassen sich, wenn er auf diese Weise als Kata-strophe imaginiert wird, keine einzelnen, ›großen‹, handlungsmächtigen Individuen ausmachen, die alleine verantwortlich wären. Dieser Gedanke liegt auch Thomas Manns Essay *Gedanken im Kriege* (1915) zugrunde, in dem er den Ersten Weltkrieg als »Elementar- und Grundmacht des Lebens« aufwer-tet, um dann von der »Notwendigkeit der europäi-schen Katastrophe« zu sprechen (Mann 2002b, 31). Eine Notwendigkeit aber lässt sich bestenfalls hin-auszögern, nicht vermeiden.

So unterschiedlich die Verwendung der Metapher in der Kriegsschuldfrage ist, lässt sich doch zumin-dest eine Tendenz erkennen: Während bis zu Beginn des 20. Jahrhunderts Katastrophen (auch im juristi-schen Sinn) auf eine individuelle Schuld zugerech-net werden konnten, und sei es nur, weil man sich vor einer Gefahr nicht ausreichend geschützt hatte, entsteht mit dem Ersten Weltkrieg ein Katastro-phenbegriff, bei dem sich die Schuld auf die Lebens-weise eines Kollektivs verteilt und die gesamte Rechtsordnung außer Kraft setzt (Walter 2010, 181–285). Die Frage der Kriegsschuld ist zumindest in der Metapherntradition der Naturkatastrophe zu komplex, um sie mit der Schuld eines einzelnen han-delnden Individuums zu beantworten. Darin zeigt sich die Nähe zwischen der Katastrophensemantik des Ersten Weltkriegs und der Idee einer »Risikoge-sellschaft« (Beck 1986; vgl. Luhmann 1991), die im-mer mit katastrophalen Ereignissen rechnen muss, die sich nicht einfach durch bessere Voraussicht oder technischen Fortschritt vermeiden lassen.

Um es noch einmal zu betonen: Wenn hier ver-sucht wird, einen blinden Fleck für die Schuldfrage zu skizzieren, ist das lediglich eine metaphorologi-sche These, keine Aussage darüber, ob es nicht doch ›tatsächlich‹ Einzelne gab, die die Katastrophe durch eine freie Entscheidung hätten verhindern können. In der Logik der Katastrophenmetapher wird aber, wenigstens dort, wo sie streng ausgelegt wird, das Konzept einer individuellen Schuld, auf dem die ju-ristische wie auch die theologische Systematik auf-baut, aufgegeben – und zwar umso stärker, je erfolg-reicher die Metapher ist. Es bleibt nur mehr ein komplexes Netzwerk von Zusammenhängen, bei dem nicht mehr plausibilisiert werden kann, was Ur-sache und was Folge ist, wer schuldig und wer nur betroffen ist. Und es ist zumindest zu vermuten, dass eine solche Exkulpation nicht die unwichtigste sozi-ale Funktion der Katastrophenmetapher ist. Wer ›Katastrophe‹ sagt, denkt wenigstens zunächst nicht

an Fragen der Verantwortung. »In der Wurstelei un-seres Jahrhunderts«, so Dürrenmatt noch 1954 in seinem Vortrag »Theaterprobleme«, »gibt es keine Schuldigen und auch keine Verantwortlichen mehr. Alle können nichts dafür und haben es nicht gewollt. Es geht wirklich ohne jeden« (Dürrenmatt 1980, 62). Mit Blick auf die gegenwärtigen Netzwerktheorien scheint dieses Deutungsmuster seine Aktualität bis heute zu behalten.

Die Umstellung von einem monokausalen auf ein poly- oder sogar transkausales Denken in komple-xen Netzwerkstrukturen, wie sie sich aus der Be-griffslogik der Katastrophe ergibt, spiegelt dann auch ein neues Konzept von Geopolitik wider. Im 19. Jahrhundert war die Nation sicherlich das do-minante geopolitische Deutungsmuster. Nach dem Chaos der Kriegskatastrophe ließ sich die Weltge-sellschaft aber kaum mehr durch lediglich nationale Narrative beschreiben. Allerdings konnte sich nach dem Ersten Weltkrieg auch keine alternative Seman-tik durchsetzen, mit der es gelungen wäre, die neu erfahrene geopolitische Komplexität angemessen zu erfassen. Vor diesem Hintergrund lässt sich festhal-ten, dass der Erste Weltkrieg insofern eine geopoliti-sche Katastrophe war bzw. als eine solche gedeutet werden muss, als er die Strukturen von Geopolitik, soweit sie bis dahin gegolten haben, gänzlich aus den Angeln hebt und zu völlig neuen und gegebenenfalls mit der alten Ordnung inkommensurablen Struktu-ren führt. Dass solche geopolitische Strukturen nicht nur in Narrativen, sondern auch konkret in Litera-tur, Film, Bildender Kunst und Malerei verhandelt werden, darauf hat Niels Werber mit seiner Studie *Die Geopolitik der Literatur* (2007) aufmerksam ge-macht. Er macht dabei deutlich, dass diese Kom-plexitätserfahrung dem 20. Jahrhundert als ein Deu-tungs*problem* erhalten geblieben ist, nämlich als ein permanentes Überangebot von konkurrierenden Er-klärungsversuchen.

Geschichtsphilosophische Dimensionen des Katastrophenbegriffs

Dieser Deutungspluralismus verändert die episte-mologische Ordnung in der Zeit der Weimarer Re-publik. Exemplarisch lässt sich das an der Krise des Historismus ablesen. In seiner Abhandlung über den *Historismus und seine Probleme* (1922) bringt Ernst Troeltsch die Verbindung von Katastrophenerfah-rung und wissenschaftlicher Verunsicherung auf den Punkt:

Wir theoretisieren und konstruieren nicht mehr unter dem Schutz einer alles tragenden und auch die kühnsten oder frechsten Theorien zur Harmlosigkeit machenden Ordnung, sondern mitten im Sturm der Neubildung der Welt, wo jedes ältere Wort auf seine praktische Wirkung oder Wirkungslosigkeit geprüft werden kann, wo Unzähliges Phrase und Papier geworden ist, was vorher feierlicher Ernst zu sein schien oder auch wirklich war. Da schwankt der Boden unter den Füßen und tanzen rings um uns die verschiedensten Möglichkeiten weiteren Werdens, selbstverständlich da am meisten, wo der Weltkrieg zugleich eine totale Umwälzung bedeutet hat, in Deutschland und in Rußland (Troeltsch 2008, 173).

Was in der Krise des Historismus offensichtlich wird, ist der Verlust eines metaphysischen Zentrums, eines festen Beobachterstandpunktes. Mit dem »Sturm der Neubildung der Welt« gingen für Troeltsch alle traditionellen Ordnungsmuster verloren, die einen solchen Standpunkt garantiert hatten. Wo sich im 19. Jahrhundert verschiedene Ideologien zumindest ihrer eigenen Verbindlichkeit sicher waren, bleibt im 20. Jahrhundert nur noch, wie Karl Mannheim in *Ideologie und Utopie* (1929/1978) schreibt, das Bewusstsein für eine »*allgemeine*[] Fassung des totalen Ideologiebegriffes« (ebd., 70) – und das bedeutet: das Bewusstsein für die Kontingenz des eigenen Denkstandorts. Wenn dieser Verlust eines metaphysischen Zentrums (wie Gott, Vernunft, Nation, Klasse oder vielleicht sogar der Kaiser) charakteristisch für das Denken der Postmoderne ist, dann ist der Erste Weltkrieg dasjenige politische Ereignis, aus dem die Postmoderne entsteht.

Für diese Vermutung gibt es zumindest noch ein zweites Indiz, das für das Verständnis des Katastrophenbegriffs wichtig ist: Die Katastrophensemantik nach dem Zweiten Weltkrieg schließt nämlich ein neues Zeitmodell ein, das jenseits eines modernen Fortschrittsdenkens steht und das sich mit der bereits erwähnten Unterscheidung zwischen der Katastrophe als Ereignis und als Zustand erläutern lässt. Solange ›Katastrophe‹ ein Ereignisbegriff war, bezeichnete er einen Moment in der Geschichte, einen historischen Ausnahmezustand, der bewältigt werden musste, um zu einer Ordnungsstruktur zurückzukehren. Katastrophen waren in diesem Sinne Zäsuren im Lauf der Geschichte, die entweder in einer religiösen Semantik zur ›Reinigung‹ und Wiederherstellung einer ursprünglichen Ordnung beitragen konnten, oder in einer Fortschrittssemantik die Etablierung einer neuen, besseren Ordnung ermöglichten. Wenn im 20. Jahrhundert hingegen vom Ersten Weltkrieg als Katastrophe und insbesondere als *Ur*katastrophe gesprochen wird, dann wird die Katastrophe als ein Zustandsbegriff konzipiert, der weder eine Rückkehr zur alten Ordnung zulässt, noch die Etablierung einer neuen Ordnung erlaubt.

Das ließ sich dann schon in der Weimarer Republik so deuten, wie es Ernst Jünger in *Der Arbeiter* (1932) formuliert hat: »Nach dem Waffenstillstand, der den Konflikt nur scheinbar beendet, in Wahrheit aber alle Grenzen Europas mit ganzen Systemen von neuen Konflikten umzäunt und unterminiert, bleibt ein Zustand zurück, in dem die Katastrophe als das a priori eines veränderten Denkens erscheint« (Jünger 1981, 61). Und Jünger sieht dann die paradoxe »Notwendigkeit neuer Ordnungen, in die das Außerordentliche einbezogen ist« (ebd., 63). Wie lässt sich aber diese Paradoxie auflösen, wie kann also die neue Ordnung einer Welt der Arbeiter, die auf stabilen Strukturen beruhen soll, gedacht werden, wenn sie sich nicht von dem Ausnahmezustand der Katastrophe lösen lässt? Dass Jüngers Konzeption einer solchen Ordnung am Ende der Geschichte letztlich unterbestimmt bleibt, lässt sich nicht zuletzt damit erklären, dass diese Frage unbeantwortet bleibt (vgl. Koch 2006, 319–330). Aber gerade weil die Katastrophe in solchen konzeptionellen Entwürfen zu einem kulturellen Apriori geworden war, wurde der Ausnahmezustand für Jünger und viele andere durch den Versailler Frieden nicht beendet, sondern hat sich nach 1918 fortgesetzt.

Aus der Perspektive der Nachkriegszeit ließ sich sogar noch deutlicher sehen, dass die Katastrophe des Ersten Weltkriegs ein Stadium beginnen lässt, das durch die Kontinuität der Ausnahme charakterisiert ist. Die Geschichte von 1914 bis 1945 erscheint unter dieser Perspektive als ein Verharren in der Katastrophe, ja mehr noch als Serialität der Katastrophe, d. h. als Weg von der Urkatastrophe des Ersten Weltkriegs in die ›große Katastrophe‹, oder mit dem hebräischen Wort: in die Shoah.

Manche Beobachter der Weimarer Republik versuchten, trotz der Kriegserfahrung ihren Fortschrittsoptimismus mit der Katastrophenmetapher zu versöhnen. Theodor Salburg-Falkenstein schreibt beispielsweise im Vorwort zu seinem Kriegstagebuch: »Auch die furchtbarste Katastrophe, die Millionen Opfer fordert, ist nur ein Übergang, eine Stufe zu weiterer Erkenntnis, eine Sühne begangener Fehler und Irrtümer« (1920, III). Das ist der Versuch, an einem geschichtsphilosophischen Optimismus festzuhalten und den Krieg in die Kontinuität des 19. Jahrhunderts einzuordnen. Zu einem ähnlichen Ergebnis kommt der Statistiker Hermann Losch. Für ihn ist die »Katastrophe des Weltkriegs [...] ein notwen-

diges Stadium der Geschichte der Menschheit«
(Losch 1919, 48). Seine optimistische Sicht auf die
Zukunft ist wirtschaftlich begründet. Den Weltkrieg
sieht er als einen Katalysator, der einen Prozess volkswirtschaftlichen Wandels von einer Erwerbs- zu
einer Bedarfswirtschaft beschleunigt. Dieser zu be-
grüßende Effekt muss Losch zufolge in der Katastrophenmetapher berücksichtigt werden: »›Katastrophe‹
bedeutet hier nicht etwa nur Vernichtung und
Einschrumpfung auf der *einen*, sondern auch An-
schwellen und Verdienen auf der anderen Seite«
(ebd., 55). Wenn Joseph Schumpeter dann im Jahr
1942 das Konzept einer »schöpferischen Zerstörung«
(Schumpeter 1942/1950, 134) entwickelt, verlegt er
die Revolutionen zwar ins Innere des Wirtschafts-
systems – die Veränderungen entstünden weniger
durch den Krieg als durch die Verwendung neuer
Produktionstechniken –, er schließt aber auch an
das katastrophische Konzept an, dem zufolge die
Produktivität nur gesteigert wird, wenn alte Strukturen zerstört werden.

Die Katastrophenmetapher kann allerdings auch
im entgegengesetzten Sinn für eine pessimistische
Geschichtserwartung verwendet werden. So leitet die
paneuropäische Bewegung ihre Forderung nach einer europäischen Einheit daraus ab, dass das nach
dem Krieg »zersplitterte Europa […] einer *drei-
fachen* Katastrophe entgegen[geht]« (Coudenhove-
Kalergi 1925, 9). Diese dreifache Katastrophe besteht
für Coudenhove-Kalergi in der Drohung eines zweiten Weltkrieges, in einer Eroberung Europas durch
Russland und in einer wirtschaftlichen Hegemonie
der USA. Auch in dieser Vorstellung zeichnet sich
ab, dass die Katastrophe nicht mehr als singuläres
Ereignis betrachtet wird, das überwunden werden
kann, sondern in der Zukunft weiterzuwirken und
wiederzukehren droht.

Bereits im Friedensangebot der Mittelmächte
vom 12. Dezember 1916 wurde die Katastrophenmetapher mit einer geschichtsphilosophischen Bedeutung aufgeladen. Über die ersten zweieinhalb
Jahre des Krieges heißt es dort: »Diese Katastrophe,
die das Band einer gemeinsamen tausendjährigen
Zivilisation nicht hat aufhalten können, trifft die
Menschheit in ihren wertvollsten Errungenschaften.
Sie droht, den geistigen und materiellen Fortschritt,
der den Stolz Europas zu Beginn des zwanzigsten
Jahrhunderts bildete, in Trümmer zu legen« (Mi-
chaelis/Schraepler o. J., 68). Die Katastrophe ist hier
nicht etwa die Metapher für das Massensterben der
Soldaten oder für die Totalisierung des Krieges, sondern für den Bruch mit dem Glauben an einen Fort-

schritt in Wissenschaft und Ökonomie. Das Deutungsmuster der Katastrophe führt so zu einer Revision der optimistischen Geschichtsphilosophie aus
der Vorkriegszeit.

Prominent findet sich dieser Gedanke in Walter
Benjamins Thesen *Über den Begriff der Geschichte*,
die erstmals 1942 posthum als Privatdruck des Instituts für Sozialforschung in Los Angeles erschienen
sind. In der berühmten neunten These schreibt er:

> Es gibt ein Bild von Klee, das Angelus Novus heißt. Ein
> Engel ist darauf dargestellt, der aussieht, als wäre er im
> Begriff, sich von etwas zu entfernen, worauf er starrt.
> Seine Augen sind aufgerissen, sein Mund steht offen
> und seine Flügel sind ausgespannt. Der Engel der Ge-
> schichte muß so aussehen. Er hat das Antlitz der Ver-
> gangenheit zugewendet. Wo eine Kette von Begebenhei-
> ten vor *uns* erscheint, da sieht *er* eine einzige Kata-
> strophe, die unablässig Trümmer auf Trümmer häuft
> und sie ihm vor die Füße schleudert. Er möchte wohl
> verweilen, die Toten wecken und das Zerschlagene zu-
> sammenfügen. Aber ein Sturm weht vom Paradiese her,
> der sich in seinen Flügeln verfangen hat und so stark ist,
> daß der Engel sie nicht mehr schließen kann. Dieser
> Sturm treibt ihn unaufhaltsam in die Zukunft, der er
> den Rücken kehrt, während der Trümmerhaufen vor
> ihm zum Himmel wächst. Das, was wir den Fortschritt
> nennen, ist *dieser* Sturm (Benjamin 1974a, 697 f.).

Benjamins geschichtsphilosophische These verläuft
entlang einer Dichotomie, deren zweite Seite vom
Begriff der Katastrophe ausgeht: Wo ›wir‹ eine »Kette
von Begebenheiten«, eine Kontinuität der Historie
erkennen, sieht der Engel der Geschichte nur die
Trümmer, die von ›einer einzigen Katastrophe‹
stammen. Wo Heilsgeschichte und Aufklärungsoptimismus ein Ziel der Geschichte angenommen haben, sieht der moderne Historiker ein Bild von Ruinen, Toten und Zerstörung, aus dem alle Erlösungs-
versprechen getilgt sind. Benjamin markiert in seiner
Interpretation eine geschichtsphilosophische Zäsur
zwischen dem Aufklärungsoptimismus des 19. Jahrhunderts und einer Art ›katastrophistischem Pessimismus‹ des 20. Jahrhunderts. An dieser Stelle lässt
sich exemplarisch beobachten, wie die Katastrophe
als permanenter historischer Zustand gedacht wird.

Über den Begriff der Geschichte ist Benjamins
letzte (zumindest weitgehend) vollendete Arbeit. Er
formuliert sie unter dem Eindruck des beginnenden
Zweiten Weltkriegs. Man könnte also einwenden,
dass die darin festgehaltene Entwicklung gar nicht
das Thema des Ersten Weltkriegs berührt. Dagegen
spricht allerdings eine Aussage Benjamins in einem
Brief an Gretel Adorno aus dem Jahr 1940. Darin
schreibt er, dass er seine geschichtsphilosophischen
Gedanken schon »an die zwanzig Jahre« mit sich he-

rumgetragen hatte (Benjamin 2010, 311). Benjamins Thesen über die Geschichte sind also nicht so sehr ein Versuch über den *Zweiten*, als vielmehr ein Deutungsmuster für die Zeit nach dem *Ersten* Weltkrieg. Und es ist für ihn Ausdruck eines katastrophistischen Geschichtsmodells, das durch die Erfahrung des Ersten Weltkriegs ermöglicht wurde und seine Plausibilität noch lange behalten hat.

Dass dieses katastrophistische Geschichtsmodell im 20. Jahrhundert als Deutungsfigur derart plausibel bleiben konnte, liegt in der Erfahrung des Nationalsozialismus begründet. So markiert dann auch die Geschichtsphilosophie im Spätwerk Walter Benjamins den ideengeschichtlichen Bruch, der sich in der Katastrophenmetapher widerspiegelt. Das lässt sich besonders deutlich in den *Zentralpark*-Fragmenten erkennen: »Der Begriff des Fortschritts ist in der Idee der Katastrophe zu fundieren. Daß es ›so weiter‹ geht, *ist* die Katastrophe« (Benjamin 1974b, 683). In aphoristisch verdichteter Form gehen hier Fortschrittskritik, historischer Pessimismus und Permanenz der Katastrophe eine Verbindung ein. Daran konnte die Historiographie in den folgenden Jahren anschließen.

Das Stichwort der (Ur-)Katastrophe in der jüngeren Historiographie

In der Geschichtsschreibung unmittelbar nach 1945 wurde die Katastrophenmetapher nicht mehr auf den Ersten, sondern auf den Zweiten Weltkrieg bezogen. So bezeichnet Friedrich Meinecke in *Die deutsche Katastrophe* (1946) seine Gegenwart als »Endkatastrophe« (ebd., 7), den Herbst 1918 hingegen als »Zusammenbruch« (ebd., 51). Zeitgleich nennt Alexander Abusch den Nationalsozialismus die Zeit der »tiefsten nationalen Katastrophe« Deutschlands (Abusch 1946, 32), und Fritz Helling verwendet in *Der Katastrophenweg der deutschen Geschichte* (1947) die Katastrophenmetapher als Fluchtpunkt seiner Geschichtsdarstellung, die im Zweiten Weltkrieg als der »größte[n] Katastrophe der deutschen Geschichte« mündet (ebd., 205). In den 1950er Jahren wurde dann bereits kritisiert, dass die ›deutsche Katastrophe‹ – insbesondere im Geschichtsunterricht der Nachkriegsjahre – beschönigt würde (vgl. Grote 1956). Als Deutungsmuster für den Ersten Weltkrieg spielte die Katastrophenmetapher zunächst kaum mehr eine Rolle

In den folgenden Jahrzehnten war vor allem Fritz Fischers *Griff nach der Weltmacht* (1961) dafür aus-

schlaggebend, dass die apologetischen Interpretationen des Ersten Weltkriegs in den Geschichtswissenschaften an Einfluss verloren. Erst dieser Wandel hat die Wiederkehr des Deutungsmusters und den Erfolg von Kennans Metapher der Urkatastrophe ermöglicht, weil sich die Verantwortung Deutschlands für beide Kriege immer schwerer bestreiten und damit deren Kontinuität kaum noch leugnen ließ. So konnte Wolfgang J. Mommsen in seinem Band *Die Urkatastrophe Deutschlands* (2002) resümieren: »In der Geschichtswissenschaft besteht heute weithin Einigkeit darüber, daß der Erste Weltkrieg, wie George Kennan dies formuliert hat, die ›Urkatastrophe‹ des 20. Jahrhunderts gewesen ist« (ebd., 14). Tatsächlich ist das Schlagwort der Urkatastrophe zu einem historiographischen Topos geworden, der immer wieder aufgegriffen wird, um auf die langfristigen Folgen des Ersten Weltkriegs hinzuweisen (Schulin 1997; Arand 2006; Burgdorff/Wiegrefe 2008; Angelow 2010; auch das *Spiegel special* 1 aus dem Jahr 2004 ist übertitelt mit »Die Urkatastrophe des 20. Jahrhunderts«). Noch wenn Eric Hobsbawm (1994, 7) die Zeit zwischen 1914 und 1945 als »Age of Catastrophe« bezeichnet, bewegt er sich in diesem Metaphernfeld.

Etwa seit den 1990er Jahren wurde aber auch kritisiert, dass die Metapher der Urkatastrophe zu einer teleologischen Verknappung der Sicht auf den Ersten Weltkrieg führt. Diese Kritik wurde durch Detlev J.K. Peukerts Monographie über die Weimarer Republik (1987) vorbereitet. Peukert fordert, die Weimarer Republik als eigene Epoche zu betrachten und nicht teleologisch von ihrem Scheitern her zu erklären. In der Konsequenz lehnt er es auch ab, von einem Katastrophenzeitalter zu sprechen, und verwendet als alternatives Deutungsmuster für die Weimarer Republik die Bezeichnung »Krisenzeit der *klassischen Moderne*« (ebd., 11).

Die Abkehr von der Katastrophenmetapher hat auch dazu geführt, die Geschichtsphilosophie dieser Zeit differenzierter zu bewerten. So hat Rüdiger Graf (2008, 83–133) beispielsweise im Anschluss an Peukert gezeigt, dass optimistische Zukunftsperspektiven gerade in der Anfangszeit der Weimarer Republik weit verbreitet waren. Ein katastrophistischer Pessimismus wie derjenige Benjamins kann folglich nicht als repräsentativ für die Zwischenkriegszeit als Ganze aufgefasst werden.

Die Metapher der Urkatastrophe muss zudem im internationalen Vergleich differenziert betrachtet werden. Wenn man, wie in England und Frankreich, den Ersten Weltkrieg als *La Grande Guerre* bzw. *The*

Great War bezeichnet, ist eine teleologische Perspektive nicht schon dadurch vorgegeben, dass man von einem Katastrophenzeitalter oder gar einem ›neuen Dreißigjährigen Krieg‹ (vgl. Winkler 2011, 1197–1201) spricht. So wurde in der jüngsten Geschichtsschreibung nach der Jahrtausendwende verschiedentlich angemerkt, dass sich das Schlagwort des ›Großen Krieges‹ besser als die Metapher der Urkatastrophe eignet, um den Ersten Weltkrieg in seiner Eigenständigkeit zu konzeptualisieren (vgl. Reimann 2004; Ullrich 2007, 726). Außerdem muss, wie Heinrich August Winkler bemerkt hat, berücksichtigt werden, dass in all denjenigen Ländern, die in der Folge des Ersten Weltkrieges ihre nationale Unabhängigkeit erlangt haben, die Metapher der Urkatastrophe wenig Zuspruch erhält (Winkler 2011, 127).

Wo es um die singuläre Verknüpfung zwischen Erstem und Zweitem Weltkrieg (vgl. Thoß 2002) und insbesondere um die Verknüpfung mit dem Komplex der Shoah geht, ist folglich ein differenzierter Umgang mit der Katastrophenmetaphorik angebracht. Der Zweite Weltkrieg als Kontext, innerhalb dessen sich die Shoah überhaupt erst ermöglichen und radikalisieren konnte, macht die unterschiedliche Qualität dieser beiden Großereignisse des 20. Jahrhunderts aus. Der Begriff der Urkatastrophe verweist aber dennoch auf historische Kontinuitäten und Konsequenzen. Reflektiert verwendet, deutet die Metapher den Ersten Weltkrieg nicht als direkte Voraussetzung oder gar als Ursache des Zweiten Weltkriegs, sondern sie verweist auf ideologische Umwälzungen, die vom Ersten Weltkrieg ihren Ausgang nehmen, die den Boden für verschiedene Entwicklungslinien bereiten und die mehr oder weniger direkt zum Zweiten Weltkrieg führen. Damit sind die nationalistischen und militaristischen Radikalisierungen ebenso gemeint wie die Ermöglichung der russischen Revolution von 1917, die zu der Verwerfungslinie, die später eine Frontlinie werden sollte, zwischen faschistischen und kommunistischen Ideologien führte. In diesem Doppelsinn ist der Erste Weltkrieg, mit dem Titel von Thomas Webers Hitler-Biografie formuliert, *Hitlers erster Krieg* (Weber 2011). Weber macht deutlich, wie Hitlers Erfahrungen im Ersten Weltkrieg eine politische Überzeugung profilierte, aus der er dann als Diktator den Zweiten Weltkrieg provozierte. Zumindest in dieser Perspektive treten Erster Weltkrieg und Zweiter Weltkrieg in eine Konstellation von Ur- und Folgekatastrophe, eine Konstellation, die sich über den Kalten Krieg bis ins Jahr 1989 mit seinem Zusam-

menbruch kommunistischer Systeme oder gar bis ins 21. Jahrhundert hinein verlängern ließe.

Eine weitere Möglichkeit, die Katastrophenmetapher zu verwenden, besteht darin, den Ersten Weltkrieg nicht als Urkatastrophe des kurzen 20. Jahrhunderts, sondern als eine Art ›Endkatastrophe‹ des langen 19. Jahrhunderts zu betrachten (vgl. Kocka 2002; Bauer 2004; Osterhammel 2009). Denn die Singularität des Ersten Weltkriegs lässt sich nicht nur dadurch behaupten, dass er erstmals oder in besonders hohem Maße kontinentübergreifend geführt wurde. Gleichermaßen ist der Erste Weltkrieg keineswegs der erste Krieg, der in umfassendem Maße nicht allein den Sieg über den Gegner, sondern vielmehr, und verstärkt im weiteren Kriegsverlauf, die Vernichtung des Gegners bzw. seiner (Über-)Lebensbedingungen zum Ziel hatte. Das ist insbesondere dort sichtbar, wo moderne Technik und Massenvernichtung zu kriegsentscheidenden Faktoren werden, während eine Medialisierung eine neue Qualität des Schreckens einsichtig macht (und gleichzeitig auch schon propagandistisch subvertiert wird), wie im Krimkrieg (1853–1856), im amerikanischen Bürgerkrieg (1861–1865) oder im russisch-japanischen Krieg (1904/05). Und selbst die Napoleonischen Kriege und sogar der Siebenjährige Krieg ließen sich in diese Kontinuitätslinie stellen. Damit ist keineswegs bestritten, dass die Waffen- und Vernichtungstechnik im Ersten Weltkrieg ein bislang unbekanntes Niveau und Potenzial erreicht hat, doch die Einschätzung ihrer historischen Signifikanz beruht nicht auf dem wissenschaftlichen und technischen Fortschritt, wie tiefgreifend und vernichtend er sich auch immer ausdrückt, sondern in der Interpretation eines Mentalitätswandels, der insbesondere im Begriff der Katastrophe zum Ausdruck kommt. In diesem mentalitätsgeschichtlichen Sinn kann mit der Metapher der Katastrophe plausibel gemacht werden, dass es nicht mehr möglich war, den Krieg mit traditionellen Deutungsmustern (beispielsweise aus der Tradition des Nationalismus) zu erklären.

Angesichts der Kritik an der Katastrophenmetaphorik sind einige Historiker dazu übergegangen, die Metapher entgegen ihrem semantischen Konnotationsraum auf ein bloßes Schlagwort zu reduzieren. Bisweilen entstehen dadurch rhetorische Figuren an der Grenze zur Katachrese, etwa wenn von einem ›langen Weg in die Katastrophe‹ (Geiss 1990) oder einem ›Weg in die Urkatastrophe‹ (Angelow 2010) die Rede ist. Diese Begriffsbildungen nehmen der Katastrophenmetapher den Aspekt einer Plötzlichkeit oder Ereignishaftigkeit, sie werden aber notwendig, um den Ersten Weltkrieg in die Kontinuität seiner Vorgeschichte einzuordnen.

Mit dem allmählichen Abebben der Fischer-Kontroverse in den 1980er Jahren, die über Jahrzehnte mit großer Intensität geführt worden war, hat auch das Interesse an der Kriegsschuldfrage in den Geschichtswissenschaften nachgelassen. Diese Entwicklung spricht für eine Beibehaltung der Katastrophenmetapher. Denn eine ihrer Stärken ist es, ein komplexes Bündel von Einflussfaktoren anzunehmen, die zum Ausbruch der Katastrophe geführt haben. In der gegenwärtigen Forschung besteht weitgehend Einigkeit darin, dass sich diese Faktoren angeben lassen und man nicht angemessen von einem ›Hineinschlittern‹ in den Krieg sprechen kann (Schulin 1997, 5; Mommsen 2002, 15). Vielmehr lässt sich, wie beispielsweise John Keegan anführt, der Ausbruch der Katastrophe gerade an seiner Vermeidbarkeit erkennen, »weil die Kette der Ereignisse, die zu seinem Ausbruch führte, während der fünfwöchigen Krise, die dem ersten bewaffneten Zusammenstoß vorausging, noch jederzeit hätte unterbrochen werden können« (Keegan 2001, 13).

In dieser Entwicklungslinie ist es nur konsequent, wenn Christopher Clark in seiner großen Monographie über den Ersten Weltkrieg mit der Metapher der »Schlafwandler« ein Konzept in den Fokus rückt, das anders als die Katastrophenmetapher das Jahr 1914 nicht als scharfen historischen Einschnitt markiert. Mit dem poetischen Bild der »Schlafwandler« greift Clark zwar auch ein altes Deutungsmuster auf, das bereits in der Zwischenkriegszeit durch Hermann Brochs gleichnamige Romantrilogie (1930–32/1994) Berühmtheit erlangte. Die Metapher imaginiert bei Clark jedoch nun die politischen Akteure als »wachsam, aber blind, von Albträumen geplagt, aber unfähig, die Realität der Gräuel zu erkennen, die sie in Kürze in die Welt setzen sollten« (Clark 2013, 718). Schlafwandlern gleich ließen sie sich einerseits als aktiv Handelnde ausmachen und könnten andererseits doch nicht die volle Verantwortung für ihre Handlungen übernehmen. Denn die Risikokalkulation der nahenden Katastrophe sei daran gescheitert, dass die Hoffnung auf einen schnellen Sieg die Angst vor dem militärischen Zerstörungspotential aufhob.

Fazit

Mit Blick auf die Neubesetzung des Katastrophenbegriffs in der Folge des Ersten Weltkrieges und mit Blick auf die epochalen Umbrüche, die an dem entsprechenden Katastrophendiskurs deutlich werden, lässt sich vielleicht auch die paradoxe Figur einer ›Zäsur als Bewegungsmuster‹ erklären, die diesem Handbuch zugrunde liegt. Mit ›Zäsur als Bewegungsmuster‹ ist der Versuch gemeint, den Ersten Weltkrieg als diskontinuierliches Ereignis zu erfassen und zugleich in seiner historischen Kontinuität wahrzunehmen. Es ist gerade die Metapher der Urkatastrophe, die diese Einheit von Einschnitt und Dauer zu denken ermöglicht. Denn mit der Idee eines katastrophalen Ereignisses greift sie einerseits die Vorstellung einer Zäsur, eines historischen Einschnitts oder einer Diskontinuitätsschwelle auf, andererseits verbirgt sich hinter der Umdeutung in einen Zustandsbegriff als Ur-Katastrophe die rhetorische Strategie, diesen Umbruch als Dauer zu imaginieren. Und noch die Katastrophenrhetorik der Gegenwart, in der Umwelt-, Finanz- oder humanitäre Katastrophen kaum noch als endlich erscheinen, folgt dieser Begriffslogik. Vielleicht liegt darin der besondere Wert einer Reflexion über die Metaphorik der Katastrophe im 20. Jahrhundert, die von der Deutung des Ersten Weltkriegs angeleitet wird: Wenn sie nämlich dazu beiträgt, besser zu verstehen, worin noch in unserer Gegenwart das Problem geschichtsphilosophischer Zukunftskonzeptionen jenseits von heilsgeschichtlichen, fortschrittsgeschichtlichen oder apokalyptischen Teloi besteht.

Literatur

Abusch, Alexander: *Der Irrweg einer Nation. Ein Beitrag zum Verständnis deutscher Geschichte.* Berlin 1946.

Angelow, Jürgen: *Der Weg in die Urkatastrophe. Der Zerfall des alten Europa 1900–1914.* Berlin 2010.

Arand, Tobias (Hg.): *Die »Urkatastrophe« als Erinnerung. Geschichtskultur des Ersten Weltkriegs.* Münster 2006.

Argelès, Daniel: Der ›Zauberberg‹ und der Erste Weltkrieg. Thomas Manns schwankende Geschichtsauffassung in der ersten Hälfte der Zwanziger Jahre. In: Elizabeth Guilhamon/Daniel Meyer (Hg.): *Die streitbare Klio. Zur Repräsentation von Macht und Geschichte in der Literatur.* Frankfurt a. M. 2010, 71–85.

Bauer, Franz J.: *Das »lange« 19. Jahrhundert (1789–1917). Profil einer Epoche.* Stuttgart 2004.

Beck, Ulrich: *Risikogesellschaft. Auf dem Weg in eine andere Moderne.* Frankfurt a. M. 1986.

Benjamin, Walter: Über den Begriff der Geschichte [1942]. In: Ders.: *Gesammelte Schriften.* Bd. I.2. Hg. von Rolf Tiedemann/Hermann Schweppenhäuser. Frankfurt a. M. 1974a, 691–704.

Benjamin, Walter: Zentralpark. In: Ders.: *Gesammelte Schriften*. Bd. I.2. Hg. von Rolf Tiedemann/Hermann Schweppenhäuser. Frankfurt a. M. 1974b, 655–690.

Benjamin, Walter: Über den Begriff der Geschichte. Hg. von Gérard Raulet. Berlin 2010.

Borkowsky, Ernst: *Unser Heiliger Krieg*. Weimar 1915.

Bose, Thilo von: *Die Katastrophe des 8. August 1918*. Oldenburg i.O./Berlin 1930.

Briese, Olaf: »Genommen auß den Comoedien«. Katastrophenbegriffe der neuzeitlichen Geologie. In: Michael Eggers/Matthias Rothe (Hg.): *Wissenschaftsgeschichte als Begriffsgeschichte. Terminologische Umbrüche im Entstehungsprozess der modernen Wissenschaften*. Bielefeld 2009, 23–50.

Briese, Olaf/Günther, Timo: Katastrophe. Terminologische Vergangenheit, Gegenwart und Zukunft. In: *Archiv für Begriffsgeschichte* 51 (2009), 155–195.

Broch, Hermann: *Die Schlafwandler. Eine Romantrilogie* [1930–32]. Hg. von Paul Michael Lützeler. Frankfurt a. M. 1994.

Bronnen, Arnolt: *Arnolt Bronnen gibt zu Protokoll. Beiträge zur Geschichte des modernen Schriftstellers*. Hamburg 1954.

Burgdorff, Stephan/Wiegrefe, Klaus (Hg.): *Der Erste Weltkrieg. Die Ur-Katastrophe des 20. Jahrhunderts*. München 2008.

Clark, Christopher: Die *Schlafwandler. Wie Europa in den Ersten Weltkrieg zog*. München 2013 (engl. 2012).

Coudenhove-Kalergi, Richard Nikolaus: *Kampf um Paneuropa. Aus dem 1. Jahrgang von Paneuropa*. Wien/Leipzig 1925.

Delbrück, Hans: *Der Friede von Versailles*. Berlin ²1930.

Doms, Wilhelm: *Raum für alle hat die Erde!* München 1919.

Dreyer, Michael/Lembcke, Oliver: *Die deutsche Diskussion um die Kriegsschuldfrage 1918/19*. Berlin 1993.

Dürrenmatt, Friedrich: Theaterprobleme. In: Ders.: *Theater. Essays, Gedichte und Reden*. Zürich 1980, 31–72.

Ehlert, Hans/Epkenhans, Michael/Groß, Gerhard P. (Hg.): *Der Schlieffenplan. Analysen und Dokumente*. Paderborn 2006.

Ehrenstein, Albert: Der Kriegsgott [1914]. In: Ders.: *Werke*. Bd. 4/I. Hg. von Hanni Mittelmann. München 1997, 93 f. (frz. 1986).

Ewald, François: *Der Vorsorgestaat*. Frankfurt a. M. 1993.

Fischer, Fritz: *Griff nach der Weltmacht. Die Kriegszielpolitik des kaiserlichen Deutschlands 1914/18*. Düsseldorf 1961.

Forst-Battaglia, Otto: Hauptströmungen des französischen Schrifttums der Gegenwart. In: *Die Horen. Monatshefte für Kunst und Dichtung* 4.2 (1927/28), 1059–1073.

Frölich, Paul: *10 Jahre Krieg und Bürgerkrieg*. Bd. 1: Der Krieg. Berlin 1924.

Geisenhanslüke, Achim: Permanenz der Katastrophe. Zur Darstellung der Geschichte in Robert Musils »Der Mann ohne Eigenschaften«. In: Elizabeth Guilhamon/Daniel Meyer (Hg.): *Die streitbare Klio. Zur Repräsentation von Macht und Geschichte in der Literatur*. Frankfurt a. M. 2010, 87–105.

Geiss, Imanuel: *Der lange Weg in die Katastrophe. Die Vorgeschichte des Ersten Weltkriegs 1815–1914*. München/Zürich 1990.

Gil, Isabel Capeloa: The visuality of catastrophe in Ernst Jüngers »Der gefährliche Augenblick« and »Die veränderte Welt«. In: *KulturPoetik* 10.1 (2010), 62–84.

Graf, Rüdiger: *Die Zukunft der Weimarer Republik. Krisen und Zukunftsaneignungen in Deutschland 1918–1933*. München 2008.

Grote, Adolf: Die beschönigte Katastrophe. Lage und Praxis der gegenwärtigen deutschen Geschichtsrevision. In: *Deutsche Rundschau* 82.1 (1956), 21–26.

Helfferich, Karl: *Der Weltkrieg*. Bd. 2: Vom Kriegsausbruch bis zum uneingeschränkten U-Bootkrieg. Berlin 1919.

Helling, Fritz: *Der Katastrophenweg der deutschen Geschichte*. Frankfurt a. M. 1947.

Hentig, Hans von: *Psychologische Strategie des großen Krieges*. Heidelberg 1927.

Hill, Leonidas E. (Hg.): *Die Weizsäcker-Papiere*. 2 Bde. Berlin/Frankfurt a. M./Wien 1974, 1982.

Hiller, Kurt: *Der Sprung ins Helle. Reden/Offne Briefe/Zwiegespräche/Essays/Thesen/Pamphlete gegen Krieg, Klerus und Kapitalismus*. Leipzig 1932.

Hindenburg, Paul von: *Aus meinem Leben*. Leipzig 1920.

Hobsbawm, Eric: *Age of Extremes. The Short Twentieth Century 1914–1991*. London 1994.

Jünger, Ernst: *Der Arbeiter. Herrschaft und Gestalt* [1932]. In: Ders.: *Essays II. Der Arbeiter*. Stuttgart 1981, 9–317.

Kanner, Heinrich: *Kaiserliche Katastrophenpolitik. Ein Stück zeitgenössischer Geschichte*. Leipzig/Wien/Zürich 1922.

Keegan, John: *Der Erste Weltkrieg. Eine europäische Tragödie*. Reinbek bei Hamburg 2001 (engl. 1999).

Kegel, Gerhard/Rupp, Hans/Zweigert, Konrad: *Die Einwirkung des Krieges auf Verträge in der Rechtsprechung Deutschlands, Frankreichs, Englands und der Vereinigten Staaten von Amerika*. Berlin 1941.

Kennan, George F.: *The Decline of Bismarck's European Order. Franco-Russian Relations, 1875–1890*. Princeton 1979.

Kiesel, Helmuth: *Ernst Jünger. Die Biographie*. München 2009.

Kittler, Friedrich A.: Ein Erdbeben in Chili und Preußen. In: David E. Wellbery (Hg.): *Positionen der Literaturwissenschaft. Acht Modellanalysen am Beispiel von Kleists »Das Erdbeben in Chili«*. München ²1987, 24–38.

Koch, Lars: *Der Erste Weltkrieg als Medium der Gegenmoderne. Zu den Werken von Walter Flex und Ernst Jünger*. Würzburg 2006.

Kocka, Jürgen: *Das lange 19. Jahrhundert. Arbeit, Nation und bürgerliche Gesellschaft*. Stuttgart 2002.

Koebner, Thomas: Die Erwartung der Katastrophe. Zur Geschichtsprophetie des »neuen Konservativismus« (Oswald Spengler, Ernst Jünger). In: Ders.: *Unbehauste. Zur deutschen Literatur in der Weimarer Republik im Exil und in der Nachkriegszeit*. München 1992, 183–196.

Lauer, Gerhard/Unger, Thorsten (Hg.): *Das Erdbeben von Lissabon und der Katastrophendiskurs im 18. Jahrhundert*. Göttingen 2008.

Losch, Hermann: Die deutsche Volkswirtschaft nach dem Weltkrieg. In: *Zeitschrift für die gesamte Staatswissenschaft* 74 (1919), 41–61.

Luhmann, Niklas: *Soziologie des Risikos*. Berlin/New York 1991.

Mann, Thomas: *Der Zauberberg* [1924]. Hg. von Michael Neumann. Frankfurt a. M. 2002a.

Mann, Thomas: Gedanken im Kriege [1915]. In: Ders.: *Essays II*. 1914–1926. Hg. von Hermann Kurzke. Frankfurt a. M. 2002b, 27–46.

Mannheim, Karl: *Ideologie und Utopie* [1929]. Frankfurt a. M. ⁶1978.

Meinecke, Friedrich: *Die deutsche Katastrophe. Betrachtungen und Erinnerungen*. Wiesbaden 1946.

Michaelis, Herbert/Schraepler, Ernst (Hg.): *Ursachen und Folgen. Vom deutschen Zusammenbruch 1918 und 1945 bis zur staatlichen Neuordnung Deutschlands in der Gegenwart*. Bd. 1: Die Wende des ersten Weltkrieges und der Beginn der innerpolitischen Wandlung 1916/1917 Berlin 1958.

Mommsen, Wolfgang J.: *Die Urkatastrophe Deutschlands. Der Erste Weltkrieg 1914–1918*. Stuttgart 2002.

Müller, Oscar: *Warum mußten wir nach Versailles? Von der Friedensresolution zum Friedensschluß*. Berlin 1919.

Nebellin, Manfred: *Ludendorff. Diktator im ersten Weltkrieg*. München 2011.

Nowak, Karl Friedrich: *Der Weg zur Katastrophe*. Berlin 1919.

Osterhammel, Jürgen: *Die Verwandlung der Welt. Eine Geschichte des 19. Jahrhunderts*. München 2009.

Peukert, Detlev J.K.: *Die Weimarer Republik. Krisenjahre der Klassischen Moderne*. Frankfurt a. M. 1987.

Reimann, Aribert: Der Erste Weltkrieg. Urkatastrophe oder Katalysator? In: *Aus Politik und Zeitgeschichte* B 29–30 (2004), 30–38.

Salburg-Falkenstein, Theodor: *Das Wesen des Weltkrieges. Nachdenkliches Kriegstagebuch 1914–1919*. Wien 1920.

Schenk, Gerrit Jasper: Katastrophen in Geschichte und Gegenwart. Eine Einführung. In: Ders. (Hg.): *Katastrophen. Vom Untergang Pompejis bis zum Klimawandel*. Ostfildern 2009, 9–19.

Schivelbusch, Wolfgang: *Geschichte der Eisenbahnreise. Zur Industrialisierung von Raum und Zeit im 19. Jahrhundert*. München/Wien 1977.

Schulin, Ernst: Die Urkatastrophe des zwanzigsten Jahrhunderts. In: Wolfgang Michalka (Hg.): *Der Erste Weltkrieg. Wirkung – Wahrnehmung – Analyse*. Weyarn 1997, 3–27.

Schumpeter, Joseph A.: *Kapitalismus, Sozialismus und Demokratie*. München 1950 (engl. 1942).

Schwertfeger, Bernhard: *Die Diplomatischen Akten des Auswärtigen Amtes. Ein Wegweiser durch das große Aktenwerk der Deutschen Regierung*. Bd. 8 des Gesamtkommentars: Europa vor der Katastrophe. 1912–1914. Berlin 1927.

Spengler, Oswald: *Der Untergang des Abendlandes. Umrisse einer Morphologie der Weltgeschichte* [Bd. 1: 1918; Bd. 2: 1922]. München 1972.

Spengler, Oswald: *Jahre der Entscheidung. Deutschland und die weltgeschichtliche Entwicklung* [1933]. München 1961.

Sloterdijk, Peter: *Luftbeben. An den Quellen des Terrors*. Frankfurt a. M. 2002.

Stegemann, Hermann: *Geschichte des Krieges*. Bd. 1. Stuttgart/Berlin 1917.

Taube, Michael von: *Der großen Katastrophe entgegen. Die russische Politik der Vorkriegszeit und das Ende des Zarenreiches (1904–1917)*. Leipzig ²1937.

Thoß, Bruno: Die Zeit der Weltkriege. Epochen- als Erfahrungseinheit? In: Ders./Hans-Erich Volkmann (Hg.): *Erster Weltkrieg – Zweiter Weltkrieg. Ein Vergleich. Krieg, Kriegserlebnis, Kriegserfahrung in Deutschland*. Paderborn u. a. 2002, 7–30.

Troeltsch, Ernst: Die Krisis des Historismus [1922]. In: Ders.: *Kritische Gesamtausgabe*. Bd. 15: Schriften zur Politik und Kulturphilosophie (1918–1923). Hg. von Gangolf Hübinger. Berlin/New York 2002, 433–455.

Troeltsch, Ernst: *Der Historismus und seine Probleme* [1922]. In: Ders.: *Kritische Gesamtausgabe*. Bd. 16.1 und 16.2. Hg. von Friedrich W. Graf. Berlin/New York 2008.

Ullrich, Volker: *Die nervöse Großmacht. Aufstieg und Untergang des deutschen Kaiserreichs 1871–1918*. Durchges. u. mit einem Nachwort vers. Lizenzausgabe. Frankfurt a. M. 2007.

Volkmann, Erich Otto: *Der Große Krieg 1914–1918. Kurzgefaßte Darstellung auf Grund der amtlichen Quellen des Reichsarchivs*. Berlin 1922.

Vondung, Klaus: *Die Apokalypse in Deutschland*. München 1988.

Walter, François: *Katastrophen: Eine Kulturgeschichte vom 16. bis ins 21. Jahrhundert*. Leipzig 2010.

Weber, Thomas: *Hitlers erster Krieg. Der Gefreite Hitler im Weltkrieg – Mythos und Wahrheit*. Berlin 2011.

Werber, Niels: *Die Geopolitik der Literatur. Eine Vermessung der medialen Weltraumordnung*. München 2007.

Werber, Niels: Zur Genealogie des Nicht-Kriegs. Ein Epochenwandel in der gesellschaftlichen Selbstbeschreibung. In: Herfried Münkler/Matthias Bohlender/Sabine Meurer (Hg.): *Handeln unter Risiko. Gestaltungsansätze zwischen Wagnis und Vorsorge*. Bielefeld 2010, 83–104.

Winkler, Heinrich August: *Geschichte des Westens. Die Zeit der Weltkriege 1914–1945*. München 2011.

Oliver Jahraus/Christian Kirchmeier

VI. Anhang

1. Die Autorinnen und Autoren

Friedrich Balke, Dr., Professor für Medienwissenschaft unter besonderer Berücksichtigung der Theorie, Geschichte und Ästhetik bilddokumentarischer Formen an der Ruhr-Universität Bochum.

Steffen Bruendel, Dr., Leiter Kultur- und Wissenschaftsförderung der E.ON Global Commodities SE, Düsseldorf, sowie Lehrbeauftragter der Universitäten Bielefeld (2003–06) und Bochum (2010–12).

Joachim Fischer, Dr. habil., Honorarprofessor für Soziologie an der TU Dresden.

Martin H. Geyer, Dr., Professor für Neuere Geschichte und Zeitgeschichte an der Ludwig-Maximilians-Universität München.

Alexander Honold, Dr., Professor für Neuere deutsche Literaturwissenschaft an der Universität Basel.

Bernd Hüppauf, Dr., Professor em. für deutsche Literatur und Literaturtheorie der New York University.

Christoph Jahr, Dr. habil., Privatdozent am Institut für Geschichtswissenschaften der Humboldt-Universität zu Berlin.

Oliver Jahraus, Dr., Professor für Neuere deutsche Literatur und Medien an der Ludwig-Maximilians-Universität München.

Stefan Kaufmann, Dr., apl. Professor am Institut für Soziologie der Albert-Ludwigs-Universität Freiburg.

Andreas Käuser, Dr., apl. Professor für Neuere deutsche Literaturwissenschaft an der Universität Siegen.

Christian Kirchmeier, Dr., Akademischer Rat a. Z. am Institut für Deutsche Philologie der Ludwig-Maximilians-Universität München.

Lars Koch, Dr., Professor für Neuere deutsche Literatur und Kulturwissenschaft an der Technischen Universität Dresden.

Markus Krajewski, Dr., Professor für Medienwissenschaft an der Universität Basel.

Jörn Leonhard, Dr., Professor für Westeuropäische Geschichte an der Albert-Ludwigs-Universität Freiburg.

Maren Lickhardt, Dr., Wissenschaftliche Mitarbeiterin am Germanistischen Seminar der Universität Siegen.

Jürgen Reulecke, Dr., Professor em. für Zeitgeschichte an der Justus-Liebig-Universität Gießen.

Thomas Rohrkrämer, Dr., Reader in Modern European History am History Department der Lancaster University.

Bernd Ulrich, Dr., Historiker und Autor (Berlin), www.berndulrich.com.

Niels Werber, Dr., Professor für Neuere deutsche Literaturwissenschaft an der Universität Siegen.

2. Personenregister